All in One®

Recommended by **Teachers** Trusted by **Toppers**

हिंदी ऐच्छिक

कक्षा 11

EVERYTHING YOU NEED TO SCORE

- सभी खंडों–अपठित बोध, अभिव्यक्ति एवं माध्यम व पाठ्यपुस्तक की अध्ययन सामग्री
- वस्तुनिष्ठ प्रश्नों का कवरेज
- NCERT के प्रश्न व अन्य महत्त्वपूर्ण प्रश्न
- प्रतिदर्श प्रश्न–पत्र

CBSE परीक्षा 2026

All in One®

Recommended
by **Teachers** Trusted
by **Toppers**

हिंदी ऐच्छिक

कक्षा 11

EVERYTHING YOU NEED TO SCORE

- सभी खंडों-अपठित बोध, अभिव्यक्ति एवं माध्यम व पाठ्यपुस्तक की अध्ययन सामग्री
- वस्तुनिष्ठ प्रश्नों का कवरेज
- NCERT के प्रश्न व अन्य महत्त्वपूर्ण प्रश्न
- प्रतिदर्श प्रश्न-पत्र

CBSE परीक्षा 2026

लेखक

बनानी विश्वास

arihant
SUCCESS AND NOTHING LESS

arihant
SUCCESS AND NOTHING LESS

अरिहन्त प्रकाशन

(स्कूल डिवीज़न सीरीज़)

卐 रजि. कार्यालय

'रामछाया' 4577/15, अग्रवाल रोड, दरिया गंज, नई दिल्ली-110002
फोन: 011-47630600, 43518550; फैक्स: 011-23280316

मुख्य कार्यालय

कालिन्दी, टी०पी० नगर, मेरठ (यूपी)-250002 फोन: 0121-7156203, 7156204

卐 शाखा कार्यालय

आगरा, अहमदाबाद, बरेली, बंगलुरु, चेन्नई, दिल्ली, गुवाहाटी, हैदराबाद, जयपुर, झाँसी, कोलकाता, लखनऊ, नागपुर तथा पुणे

卐 PO No : TXT-XX-XXXXXXX-X-XX

Published by Arihant Publications (India) Ltd.

'अरिहन्त' की पुस्तकों के बारे में अधिक जानकारी के लिए हमारी वेबसाइट
www.arihantbooks.com पर लॉग इन करें या info@arihantbooks.com पर सम्पर्क करें।

Follow us on

卐 मूल्य ₹ 400.00

प्रोडक्शन टीम

पब्लिशिंग मैनेजर	कवर डिज़ाइनर	इनर डिज़ाइनर
महेन्द्र सिंह रावत, केशव मोहन	सलमान	अंकित त्यागी
प्रोजेक्ट हैड	*पेज लेआउट*	*प्रूफ रीडर*
मोहित महरोल	रवि सागर	दीपक, शिवानी

Index *cum* Study Planner

खंड ग : पाठ्यपुस्तक व पूरक पाठ्यपुस्तक

अंतरा भाग-1 : गद्य भाग

अंतरा भाग-1 : पद्य भाग

Studied | Revised | Exam ready

One Book- Endless Features

to Help you Succeed

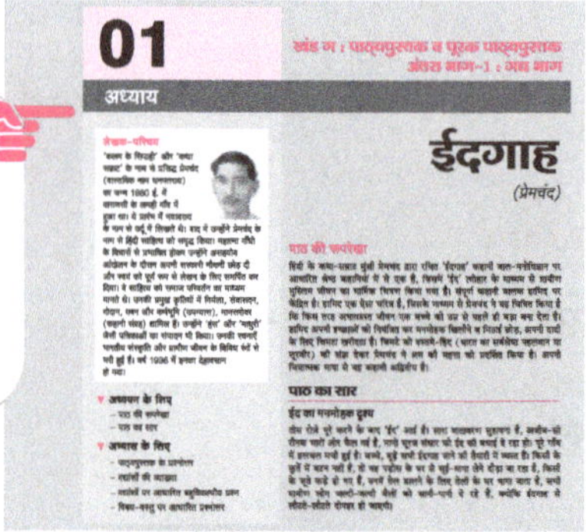

पाठ का सार

पाठ्यपुस्तक के प्रत्येक अध्याय में NCERT Theory का सरल शब्दों में Coverage किया गया है, जिससे छात्र संपूर्ण अध्याय के CRUX को कम-से-कम समय में समझ सकें व याद कर सकें।

पाठ्यपुस्तक के प्रश्नोत्तर

पाठ्यपुस्तक के प्रत्येक अध्याय में NCERT पाठ्यपुस्तक के अभ्यास प्रश्नों का उत्तर सरल भाषा में दिया गया है तथा उतना ही उत्तर दिया गया है जितना की प्रश्न में अनिवार्य रूप से पूछा गया है। NCERT प्रश्नोत्तर को यहाँ देने का मुख्य उद्देश्य यह है कि छात्र NCERT का पूर्ण अभ्यास एक ही पुस्तक में कर सकें।

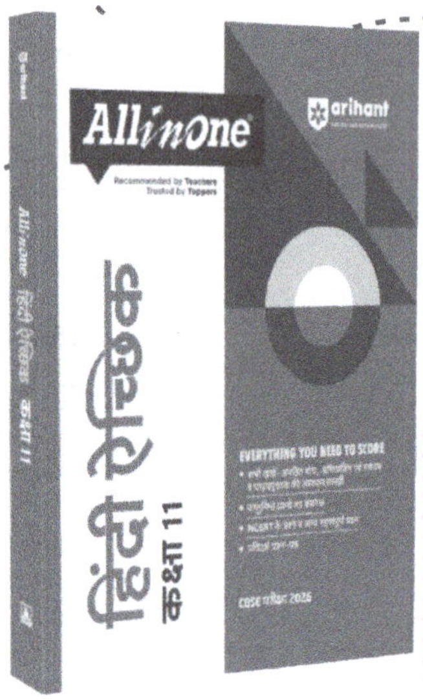

शब्दार्थ

पाठ्यपुस्तक के प्रत्येक अध्याय में दिए गए कठिन शब्दों को उनके सरल अर्थ के साथ 'शब्दार्थ' रूप में दिया गया है, जिससे छात्र कठिन शब्दों को सरलता से समझ सकें व उनके अर्थ के साथ उन्हें याद कर सकें।

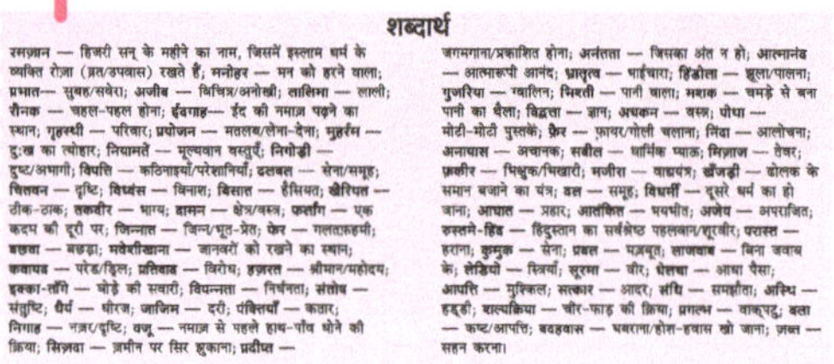

One Book- Endless Features

to Help you Succeed

अभ्यास प्रश्न

पाठ्यपुस्तक के प्रत्येक अध्याय के NCERT प्रश्नोत्तर के पश्चात् 'अभ्यास प्रश्न' दिया गया है। इस खंड में दिए गए प्रश्न पूर्णतः CBSE के नवीनतम पाठ्यक्रम व नवीनतम सैंपल पेपर पर आधारित हैं। इसे देने का मुख्य उद्देश्य यह है कि छात्र अपने द्वारा अध्याय में पढ़ी हुई पाठ्य सामग्री से संबंधित प्रश्नोत्तर का अध्ययन कर सकें।

अभ्यास प्रश्न

गद्यांशों की व्याख्या

निम्नलिखित गद्यांशों की सप्रसंग व्याख्या कीजिए

गद्यांश 1

रमजान के पूरे तीस रोज़ों के बाद आज ईद आई है। कितना मनोहर, कितना सुहावना प्रभात है। वृक्षों पर कुछ अजीब हरियाली है, खेतों में कुछ अजीब रौनक है, आसमान पर कुछ अजीब लालिमा है। आज का सूर्य देखो, कितना प्यारा, कितना शीतल है, मानो संसार को ईद की बधाई दे रहा है। गाँव में कितनी हलचल है। ईदगाह जाने की तैयारियाँ हो रही हैं। किसी के कुरते में बटन नहीं है, पड़ोस के घर सूई-तागा लेने दौड़ा जा रहा है। किसी के जूते कड़े हो गए हैं, उनमें तेल डालने के लिए तेली के घर भागा जाता है। जल्दी-जल्दी बैलों को सानी-पानी दे दें। ईदगाह से लौटते-लौटते दोपहर हो जाएगी।

संदर्भ प्रस्तुत गद्यांश हमारी पाठ्यपुस्तक 'अंतरा भाग-1' में संकलित कहानी 'ईदगाह' से लिया गया है। इसके रचयिता कथा सम्राट 'मुंशी प्रेमचंद' हैं।

प्रसंग प्रस्तुत गद्यांश में प्रेमचंद ने ईद के त्योहार पर मुस्लिम समाज में मनाए जाने वाले उत्साह का सजीव चित्रण किया है।

व्याख्या प्रस्तुत गद्यांश में लेखक कहते हैं कि आज पूरे तीस दिनों के रोज़े रखने के बाद ईद का त्योहार आया है। चारों ओर मनोहारी प्राकृतिक वातावरण की छटा दिखाई दे रही है। आज की सुबह बड़ी ही सुहावनी प्रतीत हो रही है। पेड़ों के ऊपर हरियाली छाई हुई है।

चारों ओर एक विशेष प्रकार की रौनक दिखाई दे रही है। आज का आसमान भी अजीब तरह की लाली से चमक रहा है। आज सूर्य बहुत अच्छा और लालिमायुक्त लग रहा है, क्योंकि यह गर्मी न देकर शीतलता देता जान पड़ रहा है अर्थात् मन की खुशी के कारण सारा वातावरण ही हर्षमय प्रतीत हो रहा है।

यह प्राकृतिक सुंदर वातावरण भी संसार को ईद की बधाई देता जान पड़ता है। ईद के अवसर पर गाँव में विशेष हलचल है। सभी ईदगाह जाने की तैयारी में लगे हुए हैं। किसी के कुर्ते में बटन नहीं है, तो वह पड़ोस के घर से सूई-धागा लाने के लिए दौड़ा जा रहा है। किसी के जूते कड़े (कठोर) हो गए हैं, तो उन्हें नरम बनाने के लिए उनमें तेल डालने के लिए तेली के घर से तेल लेने भागा जा रहा है। कोई बैलों को जल्दी-जल्दी सानी-पानी देने में लगा हुआ है, बैल भूखे न रह जाएँ, क्योंकि ईदगाह से लौटते-लौटते दोपहर हो जाएगी।

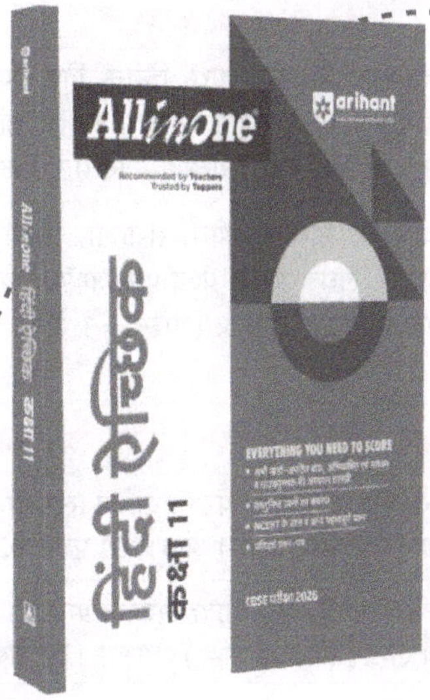

प्रतिदर्श प्रश्न-पत्र (Model Paper)

पुस्तक के अंत में CBSE के नवीनतम पाठ्यक्रम व नवीनतम सैंपल पेपर पर आधारित प्रतिदर्श प्रश्न-पत्र दिए गए हैं। सभी प्रतिदर्श प्रश्न-पत्रों को परीक्षा पैटर्न व समय-सीमा को ध्यान में रखकर तैयार किया गया है। इन प्रतिदर्श प्रश्न-पत्रों की प्रैक्टिस कर छात्र परीक्षा की सटीक तैयारी कर सकते हैं।

स्वमूल्यांकन

अध्याय के इस चरण में छात्र अध्याय से संबंधित अपने ज्ञान का मूल्यांकन कर सकते हैं। इस चरण में दिए गए सभी प्रश्न पूर्णतः CBSE के नवीनतम पाठ्यक्रम व नवीनतम सैंपल पेपर पर आधारित हैं।

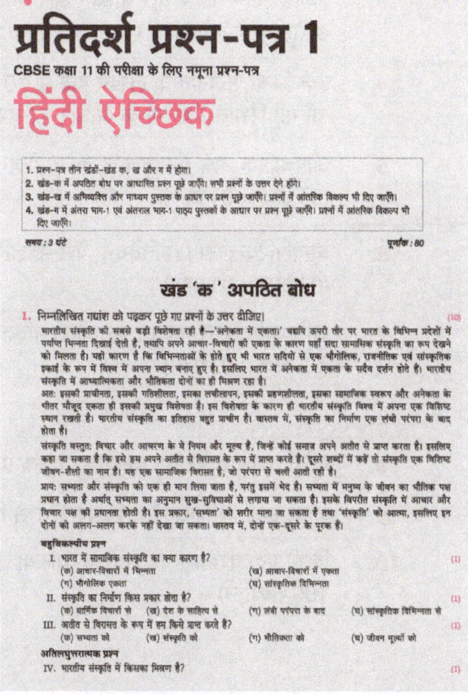

प्रतिदर्श प्रश्न-पत्र 1

CBSE कक्षा 11 की परीक्षा के लिए नमूना प्रश्न-पत्र

हिंदी ऐच्छिक

1. प्रश्न-पत्र तीन खंडों-खंड क, ख और ग में होगा।
2. खंड-क में अपठित बोध पर आधारित प्रश्न पूछे जाएँगे। सभी प्रश्नों के उत्तर देने होंगे।
3. खंड-ख में अभिव्यक्ति और माध्यम पुस्तक के आधर पर प्रश्न पूछे जाएँगे। प्रश्नों में आंतरिक विकल्प भी दिए जाएँगे।
4. खंड-ग में अंतरा भाग-1 एवं अंतराल भाग-1 पाठ्य पुस्तकों के आधार पर प्रश्न पूछे जाएँगे। प्रश्नों में आंतरिक विकल्प भी दिए जाएँगे।

समय : 3 घंटे *पूर्णांक : 80*

खंड 'क' अपठित बोध

1. निम्नलिखित गद्यांश को पढ़कर पूछे गए प्रश्नों के उत्तर दीजिए। (10)

भारतीय संस्कृति की सबसे बड़ी विशेषता रही है—'अनेकता में एकता।' यद्यपि ऊपरी तौर पर भारत के विभिन्न प्रदेशों में पर्याप्त भिन्नता दिखाई देती है, तथापि अपने आचार-विचारों की एकता के कारण यहाँ सदा सामासिक संस्कृति का रूप देखने को मिलता है। यही कारण है कि विभिन्नताओं के होते हुए भी भारत सदियों से एक भौगोलिक, राजनीतिक एवं सांस्कृतिक इकाई के रूप में विश्व में अपना स्थान बनाए हुए है। इसलिए भारत में अनेकता में एकता के सदैव दर्शन होते हैं। भारतीय संस्कृति में आध्यात्मिकता और भौतिकता दोनों का ही मिश्रण रहा है।

अतः इसकी प्राचीनता, इसकी गतिशीलता, इसका लचीलापन, इसकी ग्रहणशीलता, इसका सामाजिक स्वरूप और अनेकता के भीतर मौजूद एकता ही इसकी प्रमुख विशेषता है। इस विशेषता के कारण ही भारतीय संस्कृति विश्व में अपना एक विशिष्ट स्थान रखती है। भारतीय संस्कृति का इतिहास बहुत प्राचीन है। वास्तव में, संस्कृति का निर्माण एक लंबी परंपरा के बाद होता है।

संस्कृति वस्तुतः विचार और आचरण के वे नियम और मूल्य हैं, जिन्हें कोई समाज अपने अतीत से प्राप्त करता है। इसलिए कहा जा सकता है कि इसे हम अपने अतीत से विरासत के रूप में प्राप्त करते हैं। दूसरे शब्दों में कहें तो संस्कृति एक विशिष्ट जीवन-शैली का नाम है। यह एक सामाजिक विरासत है, जो परंपरा से चली आती रही है।

प्रायः सभ्यता और संस्कृति को एक ही मान लिया जाता है, परंतु इसमें भेद है। सभ्यता में मनुष्य के जीवन का भौतिक पक्ष प्रधान होता है अर्थात् सभ्यता का अनुमान सुख-सुविधाओं से लगाया जा सकता है। इसके विपरीत संस्कृति में आचार और विचार पक्ष की प्रधानता होती है। इस प्रकार, 'सभ्यता' को शरीर माना जा सकता है तथा 'संस्कृति' को आत्मा, इसलिए इन दोनों को अलग-अलग करके नहीं देखा जा सकता। वास्तव में, दोनों एक-दूसरे के पूरक हैं।

बहुविकल्पीय प्रश्न

I. भारत में सामाजिक संस्कृति का क्या कारण है? (1)
(क) आचार-विचारों में भिन्नता (ख) आचार-विचारों में एकता
(ग) भौगोलिक एकता (घ) सांस्कृतिक विभिन्नता

II. संस्कृति का निर्माण किस प्रकार होता है? (1)
(क) धार्मिक विचारों से (ख) देश के साहित्य से (ग) लंबी परंपरा के बाद (घ) सांस्कृतिक विभिन्नता से

III. अतीत से विरासत के रूप में हम किसे प्राप्त करते हैं? (1)
(क) सभ्यता को (ख) संस्कृति को (ग) भौतिकता को (घ) जीवन मूल्यों को

अतिलघुत्तरात्मक प्रश्न

IV. भारतीय संस्कृति में किसका मिश्रण है? (1)

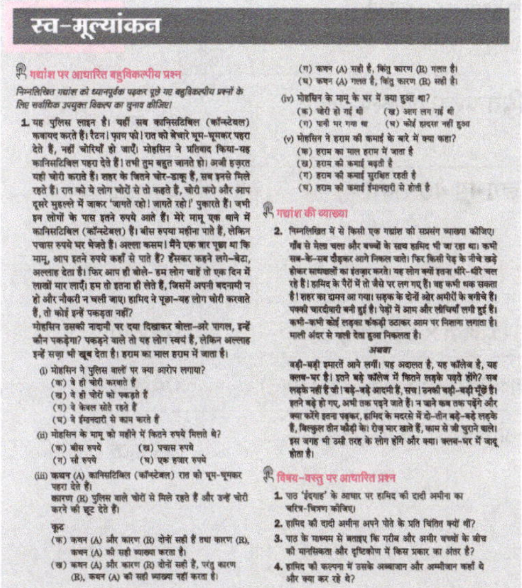

स्व-मूल्यांकन

गद्यांश पर आधारित बहुविकल्पीय प्रश्न

निम्नलिखित गद्यांश को ध्यानपूर्वक पढ़कर पूछे गए बहुविकल्पीय प्रश्नों के लिए सर्वाधिक उपयुक्त विकल्प का चुनाव कीजिए।

1. यह पुलिस लाइन है। यहीं सब कानिसटिबिल (कॉन्स्टेबल) कवायद करते हैं। रैटन! फाय फो! रात को बेचारे घूम-घूमकर पहरा देते हैं, नहीं चोरियाँ हो जाएँ। मोहसिन ने प्रतिवाद किया-यह कानिसटिबिल पहरा देते हैं! तभी तुम बहुत जानते हो। अजी हज़रत यही चोरी कराते हैं। शहर के जितने चोर-डाकू हैं, सब इनसे मिले रहते हैं। रात को ये लोग चोरों से तो कहते हैं, चोरी करो और आप दूसरे मुहल्ले में जाकर 'जागते रहो! जागते रहो!' पुकारते हैं। जभी इन लोगों के पास इतने रुपये आते हैं। मेरे मामू एक थाने में कानिसटिबिल (कॉन्स्टेबल) हैं। बीस रुपया महीना पाते हैं, लेकिन पचास रुपये घर भेजते हैं। अल्ला कसम! मैंने एक बार पूछा था कि मामू, आप इतने रुपये कहाँ से पाते हैं? हँसकर कहने लगे—बेटा, अल्लाह देता है। फिर आप ही बोले- हम लोग चाहें तो एक दिन में लाखों मार लाएँ। हम तो इतना ही लेते हैं, जिसमें अपनी बदनामी न हो और नौकरी न चली जाए। हामिद ने पूछा—यह लोग चोरी करवाते हैं, तो कोई इन्हें पकड़ता नहीं?
मोहसिन उसकी नादानी पर दया दिखाकर बोला—अरे पागल, इन्हें कौन पकड़ेगा? पकड़ने वाले तो यह लोग स्वयं हैं, लेकिन अल्लाह इन्हें सज़ा भी खूब देता है। हराम का माल हराम में जाता है।

(i) मोहसिन ने पुलिस वालों पर क्या आरोप लगाया?
(क) वे ही चोरी करवाते हैं
(ख) वे ही चोरों को पकड़ते हैं
(ग) वे केवल सोते रहते हैं
(घ) वे ईमानदारी से काम करते हैं

(ii) मोहसिन के मामू को महीने में कितने रुपये मिलते थे?
(क) बीस रुपये (ख) पचास रुपये
(ग) सौ रुपये (घ) एक हजार रुपये

(iii) कथन (A) कानिसटिबिल (कॉन्स्टेबल) रात को घूम-घूमकर पहरा देते हैं।
कारण (R) पुलिस वाले चोरों से मिले रहते हैं और उन्हें चोरी करने की छूट देते हैं।
कूट
(क) कथन (A) और कारण (R) दोनों सही हैं तथा कारण (R), कथन (A) की सही व्याख्या करता है।
(ख) कथन (A) और कारण (R) दोनों सही हैं, परंतु कारण (R), कथन (A) की सही व्याख्या नहीं करता है।
(ग) कथन (A) सही है, किंतु कारण (R) गलत है।
(घ) कथन (A) गलत है, किंतु कारण (R) सही है।

(iv) मोहसिन के मामू के घर में क्या हुआ था?
(क) चोरी हो गई थी (ख) आग लग गई थी
(ग) पानी भर गया था (घ) कोई हादसा नहीं हुआ

(v) मोहसिन ने हराम की कमाई के बारे में क्या कहा?
(क) हराम का माल हराम में जाता है
(ख) हराम की कमाई बढ़ती है
(ग) हराम की कमाई सुरक्षित रहती है
(घ) हराम की कमाई ईमानदारी से होती है

गद्यांश की व्याख्या

2. निम्नलिखित में से किसी एक गद्यांश की सप्रसंग व्याख्या कीजिए।
गाँव से मेला चला और बच्चों के साथ हामिद भी जा रहा था। कभी सब-के-सब दौड़कर आगे निकल जाते। फिर किसी पेड़ के नीचे खड़े होकर साथवालों का इंतज़ार करते। यह लोग क्यों इतना धीरे-धीरे चल रहे हैं! हामिद के पैरों में तो जैसे पर लग गए हैं। वह कभी थक सकता है! शहर का दामन आ गया। सड़क के दोनों ओर अमीरों के बगीचे हैं। पक्की चारदीवारी बनी हुई है। पेड़ों में आम और लीचियाँ लगी हुई हैं। कभी-कभी कोई लड़का कंकड़ी उठाकर आम पर निशाना लगाता है। माली अंदर से गाली देता हुआ निकलता है।

अथवा

बड़ी-बड़ी इमारतें आने लगीं। यह अदालत है, यह कॉलेज है, यह क्लब-घर है। इतने बड़े कॉलेज में कितने लड़के पढ़ते होंगे? सब लड़के नहीं हैं जी! बड़े-बड़े आदमी हैं, सच! उनकी बड़ी-बड़ी मूँछें हैं। इतने बड़े हो गए, अभी तक पढ़ने जाते हैं। न जाने कब तक पढ़ेंगे और क्या करेंगे इतना पढ़कर, हामिद के मदरसे में दो-तीन बड़े-बड़े लड़के हैं, बिल्कुल तीन कौड़ी के। रोज़ मार खाते हैं, काम से जी चुराने वाले। इस जगह भी उसी तरह के लोग होंगे और क्या। क्लब-घर में जादू होता है।

विषय-वस्तु पर आधारित प्रश्न

1. पाठ 'ईदगाह' के आधार पर हामिद की दादी अमीना का चरित्र-चित्रण कीजिए।
2. हामिद की दादी अमीना अपने पोते के प्रति चिंतित क्यों थीं?
3. पाठ के माध्यम से बताइए कि गरीब और अमीर बच्चों के बीच की मानसिकता और दृष्टिकोण में किस प्रकार का अंतर है?
4. हामिद की कल्पना में उसके अब्बाजान और अम्मीजान कहाँ थे और क्या कर रहे थे?

नवीनतम पाठ्यक्रम

हिंदी (ऐच्छिक) (कोड सं. 002) कक्षा-11वीं

- प्रश्न-पत्र तीन खंडों-खंड-क, ख और ग में होगा।
- खंड-क में अपठित बोध पर आधारित प्रश्न पूछे जाएँगे। सभी प्रश्नों के उत्तर देने होंगे।
- खंड-ख में अभिव्यक्ति और माध्यम पुस्तक के आधार पर प्रश्न पूछे जाएँगे। प्रश्नों में आंतरिक विकल्प दिए जाएँगे।
- खंड-ग में अंतरा भाग-1 एवं अंतराल भाग-1 पाठ्यपुस्तकों के आधार पर प्रश्न पूछे जाएँगे। प्रश्नों में आंतरिक विकल्प दिए जाएँगे।

भारांक – 80 | **निर्धारित समय – 3 घंटे**

वार्षिक परीक्षा हेतु भार विभाजन

	खंड-क (अपठित बोध)	**18 अंक**
1.	01 अपठित गद्यांश (लगभग 250 शब्दों का) पर आधारित बोध, चिंतन, विश्लेषण पर बहुविकल्पीय प्रश्न, अतिलघूत्तरात्मक प्रश्न, लघूत्तरात्मक प्रश्न पूछे जाएँगे। (बहुविकल्पीय प्रश्न 01 अंक × 3 प्रश्न = 3 अंक, अतिलघूत्तरात्मक प्रश्न 01 अंक × 1 प्रश्न = 1 अंक, लघूत्तरात्मक प्रश्न 02 अंक × 3 प्रश्न = 6 अंक)	10 अंक
2.	01 अपठित पद्यांश (लगभग 100 शब्दों का) पर आधारित बोध, सराहना, सौंदर्य, चिंतन, विश्लेषण आदि पर बहुविकल्पीय प्रश्न, अतिलघूत्तरात्मक प्रश्न, लघूत्तरात्मक प्रश्न पूछे जाएँगे। (बहुविकल्पीय प्रश्न 01 अंक × 3 प्रश्न = 3 अंक, अतिलघूत्तरात्मक प्रश्न 01 अंक × 1 प्रश्न = 1 अंक, लघूत्तरात्मक प्रश्न 02 अंक × 2 प्रश्न = 4 अंक)	08 अंक
	खंड-ख (अभिव्यक्ति और माध्यम पुस्तक के आधार पर)	**22 अंक**
3.	इकाई एक – जनसंचार माध्यम और लेखन (पाठ 1 और 2) पर आधारित (लगभग 30-40 शब्दों में) अतिलघूत्तरात्मक प्रश्न एवं लघुत्तरात्मक प्रश्न पूछे जाएँगे। (01 अंक × 01 प्रश्न, 02 अंक × 02 प्रश्न)	05 अंक
4.	इकाई-दो सृजनात्मक लेखन पाठ 9, 10 और इकाई-तीन व्यावहारिक लेखन पाठ 14, 15 दी गई स्थिति / घटना के आधार पर दृश्य लेखन (विकल्प सहित) लगभग 120 शब्दों में (05 अंक × 01 प्रश्न)	05 अंक
5.	औपचारिक-पत्र / स्ववृत्त लेखन / रोजगार संबंधी आवेदन पत्र (विकल्प सहित) लगभग 100 शब्दों में (05 अंक × 01 प्रश्न)	05 अंक
6.	व्यावहारिक लेखन (प्रतिवेदन, प्रेस-विज्ञप्ति, परिपत्र, कार्यसूची, कार्यवृत्त से संबंधित प्रश्न) (विकल्प सहित) (03 अंक × 01 प्रश्न)	03 अंक
7.	अभिव्यक्ति और माध्यम पुस्तक से पठित पाठों पर आधारित दो प्रश्नों के उत्तर (लगभग 40 शब्दों में) (02 अंक × 02 प्रश्न)	04 अंक
	खंड-ग (अंतरा भाग-1 एवं अंतराल भाग-1 पाठ्यपुस्तकों के आधार पर)	**40 अंक**
8.	पठित काव्यांश पर 05 बहुविकल्पात्मक प्रश्न। सभी 05 प्रश्नों के उत्तर देने होंगे। (1 अंक × 05 प्रश्न)	05 अंक
9.	काव्य खंड पर आधारित 03 प्रश्नों में से किन्हीं 02 प्रश्नों के उत्तर (लगभग 40 शब्दों में) (02 अंक × 02 प्रश्न)	04 अंक
10.	किसी एक काव्यांश की सप्रसंग व्याख्या (विकल्प सहित) (दीर्घउतरीय प्रश्न) (06 अंक × 01 प्रश्न) (लगभग 100 शब्दों में)	06 अंक

11.	पठित गद्यांश पर 05 बहुविकल्पात्मक प्रश्न। सभी 05 प्रश्नों के उत्तर देने होंगे। (1 अंक × 05 प्रश्न)	05 अंक
12.	गद्य खंड पर पर आधारित 03 प्रश्नों में से किन्हीं 02 प्रश्नों के उत्तर (लगभग 40 शब्दों में) (02 अंक × 02 प्रश्न)	04 अंक
13.	एक गद्यांश की सप्रसंग व्याख्या (विकल्प सहित) (दीर्घउतरीय प्रश्न) (06 अंक × 01 प्रश्न) (लगभग 100 शब्दों में)	06 अंक
14.	अंतराल के पठित पाठों पर 03 में से किन्हीं 02 प्रश्नों के उत्तर (लगभग 100 शब्दों में) (05 अंक × 02 प्रश्न)	10 अंक
15.	(अ) श्रवण तथा वाचन (ब) परियोजना कार्य	10+10= 20 अंक
कुल अंक		**100**

नोट: निम्नलिखित पाठों से परीक्षा में प्रश्न नहीं पूछे जाएँगे।

पाठ्यपुस्तक–अंतरा भाग-1

1. नए की जन्म कुंडली (एक) (पूरा पाठ)
2. पद्माकर (पूरा पाठ)
3. महादेवी वर्मा–सब आँखों के आँसू उजले (घटाया गया पाठ का अंश और उससे संबंधित प्रश्न अभ्यास)
4. नरेंद्र शर्मा–नींद उचट जाती है (पूरा पाठ)

पाठ्यपुस्तक–अंतराल

1. अंडे के छिलके (एकांकी) (पूरा पाठ)

01

अध्याय

खंड क : अपठित बोध

अपठित गद्यांश

अपठित गद्यांश का अर्थ

'अपठित' का सामान्य अर्थ है–'बिना पढ़ा हुआ' अर्थात् जो नियमित अध्ययन के लिए निर्धारित पाठ्यपुस्तक का हिस्सा न हो। इस प्रकार 'अपठित गद्यांश' वह रचना-अंश होता है, जिसे गद्य के रूप में पहले न पढ़ा गया हो।

▼ प्रश्न प्रारूप

गद्यांश की संख्या 1

शब्द-सीमा 250

- बहुविकल्पीय प्रश्न
- अतिलघूत्तरात्मक प्रश्न
- लघूत्तरात्मक प्रश्न

कुल अंक 10

अपठित गद्यांश को हल करने के चरणबद्ध तरीके

- सर्वप्रथम दिए गए अपठित गद्यांश को दो-तीन बार ध्यानपूर्वक पढ़कर उसके मूलभाव को भली-भाँति समझना चाहिए।
- गद्यांश में दी गई महत्त्वपूर्ण सूचनाओं को रेखांकित करते रहना चाहिए। इससे प्रश्नों को हल करने में आसानी होती है।
- भाषिक संरचना एवं व्याकरण संबंधी प्रश्नों के लिए गद्यांश में दिए गए कठिन शब्दों, मुहावरों आदि को रेखांकित करना चाहिए।
- शीर्षक संबंधी प्रश्न पर विशेष ध्यान देना चाहिए तथा पूरे गद्यांश को पढ़ने व समझने के पश्चात् ही उसका उत्तर तर्क सहित लिखना चाहिए। अन्य प्रश्नों को भी ध्यानपूर्वक पढ़ने व समझने के पश्चात् ही उसका उत्तर लिखना प्रारंभ करना चाहिए।

अपठित गद्यांश के प्रश्नों को हल करते समय ध्यान रखने योग्य बातें

- गद्यांश के भावार्थ (मूल भाव) को उचित प्रकार से समझना चाहिए तथा प्रश्नों के उत्तर गद्यांश में ही ढूँढने चाहिए।
- गद्यांश में सूचनाओं के माध्यम से किसी बात का वर्णन किया जाता है, उन सूचनाओं पर विशेष ध्यान देना चाहिए।
- शीर्षक के चयन के दौरान इस बात पर ध्यान दिया जाना चाहिए कि वह गद्यांश के मूल भाव को प्रकट करता हो।
- लेखक के विचार को ध्यान में रखकर ही अपने उत्तरों का चयन करना चाहिए।
- प्रत्येक प्रश्न का उत्तर गद्यांश के अनुरूप ही होना चाहिए। गद्यांश के बाहर के मिलते-जुलते भावों का प्रयोग नहीं करना चाहिए।

सैंपल गद्यांश

यहाँ कुछ उदाहरण दिए जा रहे हैं। विद्यार्थी इन उदाहरणों की मदद से अपठित गद्यांशों को सही प्रकार से हल करना सीख सकते हैं। निम्नलिखित गद्यांशों को पढ़कर इन पर पूछे गए प्रश्नों के उत्तर दीजिए

गद्यांश 1

भाषा अपने समाज का प्रतिबिंब होती है, यदि वह संरक्षित नहीं रहेगी तो प्रतिबिंब की कल्पना नहीं की जा सकती। आज न जाने कितनी बोलियाँ आम लोगों की जुबान और व्यवहार से दूर जाती दिख रही हैं। बोलियों की एक गूढ़ बात यह है कि इनमें पारंपरिक ज्ञान का विशाल भंडार छिपा रहता है, किंतु इस ख़ासियत से बेपरवाह दुनिया में प्रचलित हजार भाषाओं में से लगभग 300 को लुप्तप्राय माना जाता है। जनजातीय भाषाएँ वहाँ की वनस्पतियों, जीवों और औषधीय पौधों के बारे में ज्ञान का खजाना है। आमतौर पर यह ज्ञान पीढ़ी-दर-पीढ़ी हस्तांतरित होता है। ऐसे में भाषाओं का विलुप्त होना गंभीर समस्या है। पृथ्वी की मौजूदा भाषायी विविधता का करीब आधा हिस्सा खतरे में है।

किसी भी देश या समाज की मूलभाषा के विलुप्त होने के कई कारण हैं; जैसे—प्राकृतिक या मानवीय कारणों से लोगों का एक स्थान से दूसरे स्थान पर पलायन करना, आधुनिक शिक्षा प्रणाली, अंग्रेज़ी का बढ़ता वर्चस्व और तकनीक का बढ़ता प्रसार। भाषा किसी भी सभ्यता व संस्कृति तथा उसके रहन-सहन को पहचान देती है। ईसाइयों और यहूदियों के धर्मग्रंथों की मूल भाषा हिब्रू, जैन और बौद्ध धर्म की भाषा प्राकृत और पाली सहित अनेक भाषाओं का अस्तित्व खो गया है। इसलिए यदि सही अर्थों में किसी संस्कृति की प्रगाढ़ता को समझना है, तो उसकी भाषा को समझना होगा, संरक्षित करना होगा। लोकतंत्र के समुचित विकास के लिए भी विभिन्न भाषाओं का समृद्ध होना बहुत ज़रूरी है, क्योंकि इनके माध्यम से देश के एक कोने से दूसरे कोने की समस्या को समझकर उसका समाधान किया जा सकता है। स्थानीय भाषाओं का संरक्षण करके ही समाज का समावेशी विकास हो पाता है।

भारतीय भाषाओं का केंद्रीय संस्थान खतरे में पड़ी देश की भाषाओं और बोलियों के संरक्षण के उपाय में जुट गया है। ये सब वे भाषाएँ हैं, जिन्हें दस हजार से भी कम लोग बोलते हैं। जल-जंगल-जमीन के लिए जाग्रत समाज भी अब समझने लगा है कि अपनी संस्कृति को बचाने के लिए इन तीनों की सुरक्षा के अलावा भी बहुत कुछ करने की आवश्यकता है। वे समझ गए हैं कि जब किसी भाषा का पतन होता है, तो उसमें बसी ज्ञान-प्रणाली भी पूरी तरह समाप्त हो जाती है।

बहुविकल्पीय प्रश्न

I. प्रस्तुत गद्यांश का वर्ण्य विषय है
(क) विश्व की प्राचीन भाषाएँ और बोलियाँ
(ख) आम जुबान से दूर होती मातृ-भाषा
(ग) विदेशी भाषा के प्रति बढ़ता मोह
(घ) विलुप्त होती बोलियाँ और भाषाएँ

II. बोलियों के विषय में निम्नलिखित में से क्या सत्य है?
(क) इन्हें सीखना-सिखाना सरल होता है।
(ख) ये पारंपरिक ज्ञान का भंडार होती हैं।
(ग) पीढ़ी-दर-पीढ़ी इनका स्वरूप बदलता है।
(घ) भाषा का प्रारंभिक रूप है।

III. गद्यांश के संदर्भ में निम्नलिखित कथनों को पढ़कर सही विकल्प का चयन कीजिए
1. मूल भाषा को समझे बिना संस्कृति की प्रगाढ़ता को नहीं समझा जा सकता।
2. लोकतंत्र के समुचित विकास के लिए भाषायी विविधता आवश्यक नहीं है।
3. समावेशी विकास के लिए भाषायी विविधता का संरक्षण आवश्यक है।

कूट
(क) केवल 1 (ख) केवल 3
(ग) 1 और 3 (घ) 2 और 3

अतिलघूत्तरात्मक प्रश्न

IV. गद्यांश के अनुसार, जनजातीय भाषाएँ क्या हैं?

लघूत्तरात्मक प्रश्न

V. गद्यांश के अनुसार बोलियों के विलुप्त होने का क्या प्रभाव पड़ता है?

VI. भाषाओं का विलुप्त होना गंभीर समस्या क्यों है? स्पष्ट कीजिए।

VII. भाषाओं के संरक्षण के लिए कौन-कौन से प्रयास किए जा रहे हैं?

उत्तर

I. (घ) विलुप्त होती बोलियाँ और भाषाएँ

II. (ख) ये पारंपरिक ज्ञान का भंडार होती हैं।

III. (ग) 1 और 3

IV. गद्यांश के अनुसार, जनजातीय भाषाएँ वनस्पतियों, जीवों और औषधीय पौधों के बारे में पारंपरिक ज्ञान का खजाना हैं।

V. बोलियों के विलुप्त होने से पारंपरिक ज्ञान और सांस्कृतिक धरोहर समाप्त हो जाती है। यह वनस्पतियों, जीवों और औषधीय पौधों से संबंधित ज्ञान का खजाना खोने के समान है। साथ ही भाषाओं में छिपी ज्ञान-प्रणालियाँ भी खत्म हो जाती हैं, जो स्थानीय विकास और समावेशी समाज निर्माण में मददगार होती हैं।

VI. भाषाओं का विलुप्त होना गंभीर समस्या है, क्योंकि यह केवल शब्दों का खोना नहीं, बल्कि उसमें निहित पारंपरिक ज्ञान, सांस्कृतिक धरोहर और सामाजिक पहचान का भी अंत है। जनजातीय भाषाओं में वनस्पतियों, जीवों और औषधीय पौधों का ज्ञान संरक्षित रहता है, जो पीढ़ी-दर-पीढ़ी हस्तांतरित होता है। इनके विलुप्त होने से यह अनमोल ज्ञान समाप्त हो जाता है।

VII. भाषाओं के संरक्षण के लिए अनेक प्रयास किए जा रहे हैं। भारतीय भाषाओं का केंद्रीय संस्थान उन भाषाओं और बोलियों को संरक्षित करने के उपायों में जुटा है, जिन्हें दस हजार से कम लोग बोलते हैं। समाज भी भाषाओं की सांस्कृतिक महत्ता को समझते हुए इनके संरक्षण के लिए जागरूक हो रहा है। भाषायी विविधता को बचाने के लिए क्षेत्रीय और स्थानीय स्तर पर पहल की जा रही है। आधुनिक तकनीक और शिक्षा के माध्यम से भी भाषाओं को जीवित रखने के प्रयास किए जा रहे हैं।

गद्यांश 2

वर्ष 2023 को 'अंतर्राष्ट्रीय मोटा अनाज वर्ष' घोषित किया गया है। इस प्रस्ताव का सत्तर से अधिक देशों ने समर्थन किया है। इसका उद्देश्य पोषक अनाज के टिकाऊ उत्पादन और गुणवत्ता में सुधार के साथ इसके उपभोग के लिए लोगों को प्रेरित करना है। राष्ट्रीय स्तर पर अब किसी को संदेह नहीं रह गया है कि मोटे अनाज का उत्पादन, खपत, प्रसंस्करण, निर्यात और इसमें प्रौद्योगिकी का इस्तेमाल बढ़ना तय है। मोटे अनाज केवल भविष्य ही नहीं हैं, मोटे अनाज का समृद्ध इतिहास भी रहा है। मोटे अनाज में मुख्य तौर पर ज्वार, बाजरा, महुआ, जौ, कोदो, साँवा, बाजरा, कुटकी, कांगनी जैसे अन्न शामिल हैं। इन्हें श्री अन्न या कदन्न भी कहते हैं। श्री अन्न भारत और दुनिया के लोगों द्वारा खेती और उपभोग किए जाने वाले सबसे शुरुआती अनाजों में से एक है।

वैश्विक स्तर पर जलवायु परिवर्तन से अनाजों के उत्पादन पर असर दिखने लगा है। भविष्य में अति विषम जलवायु का अनुमान लगाया जा रहा है। कदन्न फसलें ऐसी जलवायु में अच्छी साबित हो सकती हैं। कृषि वैज्ञानिकों ने भी मोटे अनाज के महत्त्व को समझा है। अनेक मोटे अनाज की खेती कम पानी और विषम जलवायु में भी संभव है। जलवायु और जमीन के हिसाब से मोटे या पोषक अनाजों की खेती को बढ़ावा देने का कार्य युद्ध स्तर पर जारी है। ये अनाज किसानों के लिए ज्यादा कारगर हो सकते हैं, क्योंकि मोटे अनाज के उत्पादन में लागत कम आती है। ये फसलें मिट्टी की कमियों के प्रति भी कम संवेदनशील हैं तथा इन्हें कम जलोढ़ या लोमी मिट्टी में भी उगाया जा सकता है। इन्हें जल, उर्वरक और कीटनाशकों की भी न्यूनतम जरूरत पड़ती है। मोटे अनाज की खेती कार्बन फुट प्रिंट को भी कम करने में मदद करती है।

मोटे अनाज के सेवन से स्वास्थ्य सुदृढ़ हो सकता है। ये अनाज अपने उच्च प्रोटीन, फाइबर, विटामिन और लौह तत्त्व जैसे खनिजों के कारण गेहूँ और चावल की तुलना में कम खर्चीले और पौष्टिक रूप से बेहतर होते हैं। मोटापा और मधुमेह जैसी स्वास्थ्य चुनौतियों से निपटने में मदद करते हैं, इसलिए इन्हें 'सुपर फूड' भी कहा जाता है।

बहुविकल्पीय प्रश्न

I. मोटे अनाज को 'भविष्य का भोजन' क्यों कहा गया है?
(क) भविष्य में केवल इन्हीं की खेती संभव होने के कारण
(ख) तेजी से बदलती जलवायु परिस्थितियों में भी इनकी खेती संभव होने के कारण
(ग) कम लागत में अधिक पैदावार होने के कारण
(घ) विश्व को खाद्य सुरक्षा प्रदान करने की क्षमता के कारण

II. **कथन** (A) कदन्न की फसल को कम जलोढ़ या लोमी मिट्टी में भी उगाया जा सकता है।
कारण (R) इन्हें जल, उर्वरक और कीटनाशकों की न्यूनतम जरूरत पड़ती है।
कूट
(क) कथन (A) और कारण (R) दोनों सही हैं तथा कारण (R), कथन (A) की सही व्याख्या करता है।
(ख) कथन (A) और कारण (R) दोनों सही हैं, परंतु कारण (R), कथन (A) की सही व्याख्या नहीं करता है।
(ग) कथन (A) सही है, किंतु कारण (R) गलत है।
(घ) कथन (A) गलत है, किंतु कारण (R) सही है।

III. गद्यांश के आधार पर निम्नलिखित कथनों में से सही कथनों पर विचार कीजिए
1. मोटे अनाज के सेवन से स्वास्थ्य सुदृढ़ होगा।
2. मोटा अनाज कृषि क्षेत्र को मजबूत करेगा।
3. बदलती जलवायु परिस्थितियों में केवल बाजरा अनाज ही उगाया जा सकेगा।
कूट
(क) केवल 1 (ख) केवल 3
(ग) 1 और 2 दोनों (घ) 2 और 3

अतिलघूत्तरात्मक प्रश्न

IV. 'अंतर्राष्ट्रीय मोटा अनाज वर्ष' कब घोषित किया गया?

लघूत्तरात्मक प्रश्न

V. जलवायु परिवर्तन की चुनौती में मोटे अनाज का महत्त्व बताइए।
VI. मोटे अनाज को 'सुपर फूड' क्यों कहा जाता है?
VII. मोटे अनाज किसानों के लिए ज्यादा कारगर कैसे हो सकते हैं?

उत्तर

I. (ख) तेजी से बदलती जलवायु परिस्थितियों में भी इनकी खेती संभव होने के कारण
II. (क) कथन (A) और कारण (R) दोनों सही हैं तथा कारण (R), कथन (A) की सही व्याख्या करता है।
III. (ग) 1 और 2 दोनों
IV. वर्ष 2023 को 'अंतर्राष्ट्रीय मोटा अनाज वर्ष' घोषित किया गया है।
V. जलवायु परिवर्तन के कारण कृषि पर नकारात्मक प्रभाव पड़ रहा है। मोटे अनाज विषम परिस्थितियों में भी उगाए जा सकते हैं और इनके लिए कम जल और संसाधनों की आवश्यकता होती है। ये भविष्य में खाद्य सुरक्षा प्रदान करने में सहायक हो सकते हैं।
VI. मोटे अनाज प्रोटीन, फाइबर, विटामिन और खनिजों से भरपूर होते हैं। ये गेहूँ और चावल की तुलना में सस्ते और पौष्टिक होते हैं। इनके सेवन से मोटापा और मधुमेह जैसी समस्याओं से निपटा जा सकता है, इसलिए इन्हें 'सुपर फूड' कहा जाता है।
VII. मोटे अनाज किसानों के लिए ज्यादा कारगर हो सकते हैं, क्योंकि मोटे अनाज के उत्पादन में लागत कम आती है। ये फसलें मिट्टी की कमियों के प्रति भी कम संवेदनशील हैं तथा इन्हें कम जलोढ़ या लोमी मिट्टी में भी उगाया जा सकता है। इन्हें जल, उर्वरक और कीटनाशकों की भी न्यूनतम जरूरत पड़ती है।

परीक्षा अभ्यास

गद्यांश 1

दुर्बलों की शक्ति जब एकाकार हो उठती है, तब वह अपराजय बन जाती है। तिनकों की परस्पर आबद्ध कर बनाई गई रस्सी से हाथी को बाँध लिया जाता है। वस्तुत: एकता की शक्ति महान प्राकृतिक एवं दैवी वरदान स्वरूप है। यही कारण है कि साधारणत: कोई भी जीव-जंतु अकेले नहीं रहना चाहता। मनुष्य को इसीलिए सामाजिक प्राणी कहा जाता है। जंगलों और गुफाओं में रहने वाला आदिम मानव भी अकेला नहीं रहता था। भोजन और सुरक्षा की खोज में उसे भी दल बनाकर ही रहना पड़ता था। आज भी जीवन के प्रत्येक क्षेत्र में उसे सहयोगियों की आवश्यकता रहती है और यही आवश्यकता उसे अन्य लोगों के साथ हिल-मिलकर रहना सिखलाती है। वह अच्छी तरह जानता है और अनुभव करता है कि 'अकेला चना भाड़ नहीं फोड़ सकता।' इसी अनुभव एवं आवश्यकता के कारण एकता की भावना का विकास हुआ और हो रहा है। प्रत्येक जाति, समाज अथवा राष्ट्र के जीवन में एकता महत्त्वपूर्ण स्थान रखती है।

एकता की शक्ति अपराजय है। वह जिसे प्राप्त हो गई, वही अपराजेय बन गया। वह एक ऐसा केंद्रीय तत्त्व है, जो विभिन्न इकाइयों के बीच दूरी समाप्त कर उनमें संगठन, समन्वय, शक्ति और साहस का संचार करती है। इसके बल पर तुच्छ से तुच्छ प्राणी भी बड़े-बड़े कार्य पूरे कर डालता है। वह समाज नष्ट हो जाता है, जिसके सदस्य आपस में एक नहीं होते। वह राष्ट्र उन्नतिशील नहीं होता, जिसके नागरिक मात्र स्वार्थपूर्ति में लगे रहते हैं और जिनकी सामूहिक शक्ति का विकास नहीं होता। समाज में उन परिवारों की दुर्दशा आए दिन देखने को मिलती है, जिसके सदस्य पारस्परिक फूट के कारण पारिवारिक बँटवारा करके अलग-अलग परिवार बसाने लगते हैं। ''हम तभी खड़े हैं जब तक हम संगठित हैं, जहाँ असंगठित हुए वहीं हम गिरे। जहाँ एकता नहीं विनाश निश्चित है।''

एकता की स्थापना उतनी सहज बात नहीं। यह वहीं स्थापित हो सकती है, जहाँ त्याग, क्षमा, सहयोग और सहानुभूति की भावनाएँ होती हैं। अहंकार और स्वार्थ एकता के शत्रु हैं। मनुष्य स्वभाव से भूलें करता है। यदि उन भूलों को क्षमा न किया जाए तो आपसी कटुता, भय और शत्रुता का वातावरण बनता है। ऐसे वातावरण में एकता कभी नहीं फलती-फूलती। यदि हम पारस्परिक स्नेह भावना का विकास करें और एक-दूसरे के सुख-दु:ख में सहभागी बनें, तो एकता की भावना का विकास निश्चय ही होगा।

बहुविकल्पीय प्रश्न

I. मनुष्य को सामाजिक प्राणी क्यों कहा जाता है?
(क) सामाजिक इकाई का अंग होने के कारण
(ख) समाज में उसके हितों की रक्षा के कारण
(ग) समूह में रहने की इच्छा के कारण
(घ) समाज में रहकर उसके व्यक्तित्व विकास के कारण

II. मनुष्य को सहयोगियों की आवश्यकता क्यों पड़ी?
(क) कार्य को सुगमतापूर्वक करने के लिए
(ख) जंगलों और गुफाओं के भय से बचने के लिए
(ग) समाज की संरचना के लिए
(घ) भोजन और सुरक्षा के लिए

III. **कथन** (A) एकता की स्थापना सहज बात नहीं है।
कारण (R) एकता के लिए अहंकार और स्वार्थ को छोड़ त्याग और क्षमा को धारण करना पड़ता है।

कूट
(क) कथन (A) और कारण (R) दोनों सही हैं तथा कारण (R), कथन (A) की सही व्याख्या करता है।
(ख) कथन (A) और कारण (R) दोनों सही हैं, परंतु कारण (R), कथन (A) की सही व्याख्या नहीं करता है।
(ग) कथन (A) सही है, किंतु कारण (R) गलत है।
(घ) कथन (A) गलत है, किंतु कारण (R) सही है।

अतिलघूत्तरात्मक प्रश्न

IV. अहंकार और स्वार्थ एकता के लिए क्यों हानिकारक हैं?

लघूत्तरात्मक प्रश्न

V. एकता की आवश्यकता समाज और राष्ट्र के लिए क्यों है?
VI. एकता के अभाव में क्या परिणाम होते हैं?
VII. एकता की स्थापना के लिए कौन-कौन सी बाधाएँ हैं?

गद्यांश 2

तत्त्ववेत्ता शिक्षाविदों के अनुसार विद्या दो प्रकार की होती है। प्रथम वह, जो हमें जीवनयापन के लिए अर्जन करना सिखाती है और द्वितीय वह, जो हमें जीना सिखलाती है। इनमें से एक का भी अभाव जीवन को निरर्थक बना देता है। साथ ही दूसरी विद्या के बिना सार्थक जीवन नहीं जिया जा सकता। बहुत अर्जित कर लेने वाले व्यक्ति का जीवन यदि सुचारु रूप से नहीं चल रहा है, उसमें यदि वह जीवंत-शक्ति नहीं है, जो उसके अपने जीवन को तो सत्पथ पर अग्रसर करती ही है, साथ ही वह अपने समाज, जाति एवं राष्ट्र के लिए भी मार्गदर्शन करती है, तो उसका जीवन भी मानव-जीवन का अभिधान नहीं पा सकता। वह भारवाही गर्दभ बन जाता है या पूँछ-सींग-विहीन पशु कहा जाता है। वर्तमान भारत में पहली विद्या का प्राय: अभाव दिखाई देता है, परंतु दूसरी विद्या का रूप भी विकृत ही है, क्योंकि न तो स्कूल-कॉलेजों से शिक्षा प्राप्त करके निकला छात्र जीविकोपार्जन के योग्य बन पाता है और न ही वह उन संस्कारों से युक्त हो पाता है, जिनसे व्यक्ति 'कु' से 'सु' बनता है, सुशिक्षित, सुसभ्य और सुसंस्कृत कहलाने का अधिकारी होता है।

वर्तमान शिक्षा-पद्धति के अंतर्गत हम जो विद्या प्राप्त कर रहे हैं, उसकी विशेषताओं को सर्वथा नकारा भी नहीं जा सकता। यह शिक्षा कुछ सीमा तक हमारे दृष्टिकोण को विकसित भी करती है, हमारी मनीषा को प्रबुद्ध बनाती है तथा भावनाओं को चेतन करती है, किंतु कला, शिल्प, प्रौद्योगिकी आदि की शिक्षा नाममात्र की होने के फलस्वरूप इस देश के स्नातक के लिए जीविकोपार्जन टेढ़ी खीर बन जाता है और बृहस्पति बना युवक नौकरी की तलाश में अर्जियाँ लिखने में ही अपने जीवन का बहुमूल्य समय बर्बाद कर लेता है। जीवन के सर्वांगीण विकास को ध्यान में रखते हुए यदि शिक्षा के क्रमिक सोपानों पर विचार किया जाए, तो भारतीय विद्यार्थी को सर्वप्रथम इस प्रकार की शिक्षा दी जानी चाहिए जो आवश्यक हो, दूसरी जो उपयोगी हो और तीसरी जो हमारे जीवन को परिष्कृत एवं अलंकृत करती हो। ये तीनों सीढ़ियाँ एक के बाद एक आती हैं, इनमें व्यतिक्रम नहीं होना चाहिए। इस क्रम में व्याघात आ जाने से मानव-जीवन का चारु प्रासाद खड़ा करना असंभव है। यह तो भवन की छत बनाकर नींव बनाने के सदृश है। वर्तमान भारत में शिक्षा की अवस्था देखकर ऐसा प्रतीत होता है कि प्राचीन भारतीय दार्शनिकों ने 'अन्न' से 'आनंद' की ओर बढ़ने को जो 'विद्या का सार' कहा था, वह सर्वथा समीचीन ही था।

बहुविकल्पीय प्रश्न

I. गद्यांश के अनुसार जीवनयापन के लिए अर्जन करना कौन सिखाता है?
(क) परिवार
(ख) प्रथम प्रकार की विद्या
(ग) द्वितीय प्रकार की विद्या
(घ) समाज

II. 'कु' से 'सु' बनाने में क्या आशय सन्निहित है?
(क) दुर्लभ से सुलभ बनाना
(ख) दुर्गम से सुगम बनाना
(ग) दुष्कर से सुकर बनाना
(घ) दुर्जन से सुजन बनाना

III. प्रस्तुत गद्यांश किस विषय-वस्तु पर आधारित है?
(क) जीने की कला पर
(ख) वर्तमान भारतीय शिक्षा पर
(ग) मानव जीवन की सार्थकता पर
(घ) शिक्षा के सोपान पर

अतिलघूत्तरात्मक प्रश्न

IV. देश के स्नातक के लिए टेढ़ी खीर क्या बन जाता है?

लघूत्तरात्मक प्रश्न

V. भारतीय विद्यार्थी को कैसी शिक्षा दी जानी चाहिए?

VI. वर्तमान भारत में शिक्षा की अवस्था देखकर कैसा प्रतीत होता है?

VII. गद्यांश के अनुसार, व्यक्ति पूँछ-सींग-विहीन पशु कब कहा जाता है?

गद्यांश 3

भारत एक विशाल देश है, जिसमें भिन्न-भिन्न प्रकार की समस्याएँ व्याप्त हैं, जिनमें से एक है—जनसंख्या वृद्धि। जनसंख्या वृद्धि देश के विकास में बाधा का कार्य करती है, इसलिए हमारी सर्वोच्च प्राथमिकता जनसंख्या वृद्धि को रोकना है। इस क्षेत्र में हमारे सभी प्रयत्न निष्फल रहे हैं। ऐसा क्यों है? यह इसलिए भी हो सकता है, क्योंकि समस्या को देखने का हर एक का अलग दृष्टिकोण है। जनसंख्याशास्त्रियों के लिए यह आँकड़ों का अंबार है। अफसरशाही के लिए यह टारगेट तय करने की कार्यविधि है। राजनीतिज्ञ इसे वोट बैंक की दृष्टि से देखता है। ये सब अपने-अपने ढंग से समस्या को सुलझाने में लगे हैं। अत: पृथक्-पृथक् किसी के हाथ सफलता नहीं लगी। परंतु यह स्पष्ट है कि परिवार के आकार पर आर्थिक विकास और शिक्षा का बहुत प्रभाव पड़ता है।

यहाँ आर्थिक विकास का तात्पर्य पाश्चात्य मतानुसार भौतिकवाद नहीं जहाँ बच्चों को बोझ माना जाता है। हमारे लिए तो यह सम्मानपूर्वक जीने के स्तर से संबंधित है। यह मौजूदा संपत्ति के समतामूलक विवरण पर ही निर्भर नहीं है वरन् ऐसी शैली अपनाने से संबंधित है, जिसमें अस्सी करोड़ लोगों की ऊर्जा का बेहतर उपयोग हो सके। इसी प्रकार स्त्री-शिक्षा भी है। यह समाज में एक नए प्रकार का चिंतन पैदा करेगी, जिससे सामाजिक और आर्थिक विकास के नए आयाम खुलेंगे और साथ ही बच्चों के विकास का नया रास्ता भी खुलेगा। अत: जनसंख्या की समस्या सामाजिक है। इसे सरकार अकेले नहीं सुलझा सकती। केंद्रीकरण से हटकर इसे ग्राम-ग्राम, व्यक्ति-व्यक्ति तक पहुँचाना होगा। जब तक यह जन-आंदोलन नहीं बन जाता, तब तक सफलता मिलनी संदिग्ध है।

बहुविकल्पीय प्रश्न

I. प्रस्तुत गद्यांश किस विषय-वस्तु पर आधारित है?
(क) जनसंख्या वृद्धि : समस्या और समाधान पर
(ख) आर्थिक विकास में जनसंख्या की भूमिका पर
(ग) विकास के नए आयाम पर
(घ) शिक्षा के योगदान पर

II. निम्नलिखित कथनों पर विचार कीजिए
1. जनसंख्या वृद्धि के संबंध में प्रत्येक व्यक्ति का दृष्टिकोण अलग होने के कारण इस समस्या का समाधान असंभव है।
2. आर्थिक विकास का अभिप्राय भौतिकवाद है।
3. स्त्री-शिक्षा बच्चों के विकास का एक नया द्वार है।

उपर्युक्त कथनों में से कौन-सा/से सही है/हैं?
(क) केवल 1 (ख) केवल 3
(ग) 1 और 2 (घ) 1 और 3

III. सामाजिक और आर्थिक विकास के नए आयाम किसके माध्यम से खुलेंगे?
(क) जनसंख्या वृद्धि (ख) आपसी समझ
(ग) शिक्षा (घ) भेदभाव

अतिलघूत्तरात्मक प्रश्न

IV. आर्थिक विकास से क्या तात्पर्य है?

लघूत्तरात्मक प्रश्न

V. 'स्त्री-शिक्षा समाज में एक नए चिंतन को पैदा करेगी' इस कथन से लेखक क्या सिद्ध करना चाहते हैं?

VI. जनसंख्या की समस्या को किस प्रकार की समस्या माना गया है?

VII. स्त्री-शिक्षा समाज में किस प्रकार का चिंतन पैदा करेगी और उससे क्या होगा?

गद्यांश 4

शिक्षा जीवन के सर्वांगीण विकास हेतु अनिवार्य है। शिक्षा के बिना मनुष्य विवेकशील और शिष्ट नहीं बन सकता। विवेक से मनुष्य में सही और गलत का चयन करने की क्षमता उत्पन्न होती है। विवेक से ही मनुष्य के भीतर उसके चारों ओर घटते घटनाक्रमों के प्रति एक उचित दृष्टिकोण उत्पन्न होता है। शिक्षा ही मानव को मानव के प्रति मानवीय भावनाओं से पोषित करती है।

शिक्षा से मनुष्य अपने परिवेश के प्रति जाग्रत होकर कर्त्तव्याभिमुख हो जाता है। 'स्व' से 'पर' की ओर अग्रसर होने लगता है। निर्बल की सहायता करना, दुखियों के दु:ख दूर करने का प्रयास करना, दूसरों के दु:ख से दु:खी हो जाना और दूसरों के सुख से स्वयं सुख का अनुभव करना जैसी बातें एक शिक्षित मानव में सरलता से देखने को मिल जाती हैं। इतिहास, साहित्य, राजनीतिशास्त्र, समाजशास्त्र, दर्शनशास्त्र इत्यादि पढ़कर विद्यार्थी विद्वान ही नहीं बनता, वरन् उसमें एक विशिष्ट जीवन दृष्टि, रचनात्मकता और परिपक्वता का सृजन भी होता है। शिक्षित सामाजिक परिवेश में व्यक्ति अशिक्षित सामाजिक परिवेश की तुलना में सदैव ही उच्च स्तर पर जीवनयापन करता है।

आज के आधुनिक युग में शिक्षा का अर्थ बदल रहा है। शिक्षा भौतिक आकांक्षा की पूर्ति का साधन बनती जा रही है। व्यावसायिक शिक्षा के अंधानुकरण से छात्र सैद्धांतिक शिक्षा से दूर होते जा रहे हैं, जिसके कारण रूस की क्रांति, फ्रांस की क्रांति, अमेरिकी क्रांति, समाजवाद, पूँजीवाद, राजनीतिक व्यवस्था, सांस्कृतिक मूल्यों आदि की सामान्य जानकारी भी व्यावसायिक शिक्षा ग्रहण करने वाले छात्रों को नहीं है। यह शिक्षा का विशुद्ध रोज़गारोन्मुखी रूप है। शिक्षा के प्रति इस प्रकार का संकुचित दृष्टिकोण अपनाकर विवेकशील नागरिकों का निर्माण नहीं किया जा सकता। भारत जैसे विकासशील देश में शिक्षा रोज़गार का साधन न होकर साध्य हो गई है। इस कुप्रवृत्ति पर अंकुश लगाना आवश्यक है। जहाँ मानविकी के छात्रों को पत्रकारिता, साहित्य-सृजन, विज्ञापन, जनसंपर्क इत्यादि कोर्स भी कराए जाने चाहिए, ताकि उन्हें रोज़गार के लिए भटकना न पड़े, वहीं व्यावसायिक कोर्स करने वाले छात्रों को मानविकी के विषय; जैसे—इतिहास, साहित्य, राजनीतिशास्त्र, दर्शन आदि का थोड़ा-बहुत अध्ययन अवश्य करना चाहिए, ताकि समाज को विवेकशील नागरिक प्राप्त होते रहें, तभी समाज में संतुलन बना रह सकेगा।

बहुविकल्पीय प्रश्न

I. शिक्षा के द्वारा मनुष्य में कैसी भावना उत्पन्न होती है?

(क) भौतिक उन्नति की (ख) वसुधैव कुटुंबकम की

(ग) स्वार्थ पूर्ति की (घ) अनुशासनहीनता की

II. निम्नलिखित कथनों पर विचार कीजिए

1. शिक्षा से ही व्यक्ति में जागरूकता आती है तथा अपने इर्द-गिर्द होने वाले घटनाक्रम के प्रति सचेत होकर वह सही निर्णय ले पाता है।
2. व्यावसायिक शिक्षा ग्रहण करने वाले छात्रों में सामाजिक, राजनीतिक व सांस्कृतिक मूल्यों का भी समावेश होता है।
3. वर्तमान में शिक्षा का स्वरूप केवल रोजगारोन्मुखी रह गया है।

उपर्युक्त कथनों में से कौन-सा/से सही है/हैं?

(क) केवल 1 (ख) केवल 3

(ग) 1 और 3 (घ) 2 और 3

III. "इस कुप्रवृत्ति पर अंकुश लगाना आवश्यक है" इससे लेखक सिद्ध करना चाहता है कि शिक्षा

(क) रोजगार का साधन होना चाहिए

(ख) मानवीय भावनाओं का पोषण नहीं करती

(ग) भौतिक आकांक्षा की पूर्ति का साधन है

(घ) विवेकशील नागरिकों के निर्माण में सहायक नहीं है

अतिलघूत्तरात्मक प्रश्न

IV. "शिक्षा भौतिक आकांक्षा की पूर्ति का साधन बनती जा रही है", पंक्ति का क्या आशय है?

लघूत्तरात्मक प्रश्न

V. व्यावसायिक शिक्षा के अंधानुकरण का क्या परिणाम सामने आया है?

VI. मानविकी छात्रों व व्यावसायिक छात्रों को कौन-से कोर्स कराए जाते हैं व क्यों?

VII. गद्यांश के आधार पर शिक्षित मनुष्य के योगदान को स्पष्ट कीजिए।

गद्यांश 5

वर्तमान सांप्रदायिक संकीर्णता के विषम वातावरण में संत-साहित्य की उपादेयता बहुत है। संतों में शिरोमणि कबीरदास भारतीय धर्मनिरपेक्षता के आधार पुरुष हैं। संत कबीर एक सफल साधक, प्रभावशाली उपदेशक, महान नेता और युग-द्रष्टा थे। उनका समस्त काव्य विचारों की भव्यता और हृदय की तन्मयता तथा औदार्य से परिपूर्ण है। उन्होंने कविता के सहारे अपने विचारों और भारतीय धर्मनिरपेक्षता के आधार को युग-युगांतर के लिए अमरता प्रदान की। कबीर ने धर्म को मानव धर्म के रूप में देखा था। सत्य के समर्थक कबीर हृदय में विचार-सागर और वाणी में अभूतपूर्व शक्ति लेकर अवतरित हुए थे। उन्होंने लोक-कल्याण की कामना से प्रेरित होकर स्वानुभूति के सहारे काव्य रचना की।

वे पाठशाला या मकतब की ड्योढ़ी से दूर जीवन के विद्यालय में 'मसि कागद छुयो नहिं' की दशा में जीकर सत्य, ईश्वर पर विश्वास, प्रेम, अहिंसा, धर्मनिरपेक्षता और सहानुभूति का पाठ पढ़ाकर अनुभूतिमूलक ज्ञान का प्रसार कर रहे थे। कबीर ने समाज में फैले हुए मिथ्याचारों और कुत्सित भावनाओं की धज्जियाँ उड़ा दीं। स्वकीय भोगी हुई वेदनाओं के आक्रोश से भरकर समाज में फैले हुए ढोंग और पाखंडों, कुत्सित विचारधाराओं के प्रति दो टूक शब्दों में उन्होंने जो बातें कहीं, उनसे समाज की आँखें फटी-की-फटी रह गईं और साधारण जनता उनकी वाणियों से चेतना प्राप्त कर उनकी अनुगामिनी बनने को व्यग्र हो उठी। देश की सामाजिक, राजनीतिक, धार्मिक, आर्थिक एवं सांस्कृतिक आदि सभी प्रकार की समस्याओं का समाधान वैयक्तिक जीवन के माध्यम से प्रस्तुत करने का अनूठा प्रयत्न संत कबीर ने किया। उन्होंने बाँह उठाकर बलपूर्वक कहा

कबीरा खड़ा बाज़ार में, लिए लुकाठी हाथ।
जो घर जारे आपना, चले हमारे साथ।।

बहुविकल्पीय प्रश्न

I. वर्तमान युग में संत साहित्य को अधिक उपयोगी क्यों माना जाता है?
(क) सांप्रदायिक भेदभाव के कारण
(ख) प्रेम, भाईचारे एवं सद्भावना पर अत्यधिक बल देने के कारण
(ग) कबीर के विचारों को महत्त्वपूर्ण न मानने के कारण
(घ) लोक-कल्याण को महत्त्व न देने के कारण

II. निम्नलिखित कथनों पर विचार कीजिए
1. कबीर ने अपनी कविता के माध्यम से धर्मनिरपेक्षता की भावना जनता में जागृत की।
2. कबीर ने शिक्षा अच्छे विद्यालय से प्राप्त की थी।
3. जनसामान्य की समस्याओं का समाधान करने में कबीर की वाणी अग्रणी थी।

उपर्युक्त कथनों में से कौन-सा/से सही है/हैं?
(क) केवल 1 (ख) 1 और 2
(ग) 1 और 3 (घ) केवल 3

III. 'कबीर ने धर्म को मानव धर्म के रूप में देखा था' पंक्ति से लेखक का आशय है कि
(क) कबीर ने एकमात्र मानव धर्म को स्वीकार किया
(ख) कबीर लोक-कल्याण को ही मानव धर्म स्वीकार करते थे
(ग) कबीर हिंदू धर्म के समर्थक थे
(घ) कबीर ने ईश्वर की सर्वव्यापकता बताई

अतिलघूत्तरात्मक प्रश्न

IV. कबीर ने अनुभूतिमूलक ज्ञान का प्रसार किसके द्वारा किया था?

लघूत्तरात्मक प्रश्न

V. प्रस्तुत गद्यांश के अनुसार, कबीर ने धर्म को किस रूप में देखा?
VI. सामान्य जनता कबीर के बताए मार्ग पर चलने के लिए व्यग्र क्यों हो गई?
VII. कबीर धर्मनिरपेक्षता के आधार पुरुष कैसे हैं?

गद्यांश 6

दुनिया शायद अभी तक के सबसे बड़े संकट से जूझ रही है। वर्तमान समय की इस महामारी ने हर किसी के जीवन में हलचल मचा दी है। इस महामारी ने जीवन की सहजता को पूरी तरह से बाधित कर दिया है। भारत में इतनी अधिक आबादी है कि इसमें किसी नियम-कायदे को पूरी तरह से अमल में लाना अपने आप में एक बड़ी चुनौती है।

इस महामारी के संक्रमण को रोकने के उद्देश्य से पूर्ण बंदी लागू की गई और इसे कमोबेश कामयाबी के साथ अमल में भी लाया गया। परंतु यह भी सच है कि जिस महामारी से हम जूझ रहे हैं, उससे लड़ने में मुख्य रूप से हमारे शरीर की प्रतिरोधक क्षमता की बड़ी भूमिका है, लेकिन सबसे बड़ी चिंता बच्चों और बुजुर्गों की होती है।

इस मामले में अधिकतर नागरिकों ने जागरूकता और सहज बोध की वजह से अनेक सावधानियाँ बरती हैं, लेकिन इसके समानांतर अन्य कई समस्याएँ खड़ी हुई हैं; जैसे—आर्थिक गतिविधियाँ जिस प्रकार बुरी तरह प्रभावित हुई हैं, उसने बहुत सारे लोगों के सामने संकट और ऊहापोह की स्थिति उत्पन्न कर दी है।

एक तरफ नौकरी और उसकी तनख्वाह पर निर्भर लोगों की लाचारी यह है कि जहाँ उन्हें यह आश्वासन दिया गया था कि उन्हें नौकरी से नहीं निकाला जाएगा, वेतन नहीं रोका जाएगा, वहीं उनके साथ हुआ उल्टा। नौकरी गई, कई जगहों पर तनख्वाह नहीं मिली या कटौती की गई और किराये के घर तक छोड़ने की नौबत आ गई। इस महामारी का दूसरा असर शिक्षा जगत पर भी पड़ा है, उसका तार्किक समाधान कैसे होगा, यह लोगों के लिए समझना मुश्किल हो रहा है। विशेष तौर पर, स्कूली शिक्षा पूरी तरह से बाधित होती दिख रही है। फिर भी इसमें किए गए वैकल्पिक इंतजामों की वजह से स्कूल भले बंद हों, लेकिन शिक्षा जारी रखने की कोशिश की गई है।

स्कूल बंद होने पर बहुत सारे शिक्षकों की वेतन की चिंता प्राथमिक नहीं थी, बच्चों के भविष्य की चिंता उन्हें सता रही है। हालाँकि एक ओर, एक बड़ी संख्या उन बच्चों की है, जो लैपटॉप या स्मार्ट फोन के साथ जीते हैं, लेकिन दूसरी ओर बहुत सारे शिक्षक ऐसे भी हैं, जिन्हें कम्प्यूटर चलाना ही नहीं आता। उन सबके सामने चुनौती है—ऑनलाइन कक्षाएँ लेने की, परंतु उन्होंने हार नहीं मानी और तकनीक को खुले दिल से सीखा। इस तरह फिलहाल जो परिस्थिति है, उसमें पढ़ाई-लिखाई को जारी रखने की पूरी कोशिश की जा रही है।

बहुविकल्पीय प्रश्न

I. शिक्षकों ने तकनीक को खुले दिल से क्यों सीखा?
(क) ऑनलाइन पढ़ाने की विवशता के कारण
(ख) अपने वेतन के कारण
(ग) बच्चों के भविष्य की चिंता के कारण
(घ) अभिभावकों के भय के कारण

II. **कथन** (A) ऑनलाइन शिक्षा एक चुनौती है।
कारण (R) इसमें अभिभावकों की रुचि नहीं होती है।
कूट
(क) कथन (A) और कारण (R) दोनों सही हैं तथा कारण (R), कथन (A) की सही व्याख्या करता है।

(ख) कथन (A) गलत है, किंतु कारण (R) सही है।
(ग) कथन (A) तथा कारण (R) दोनों गलत हैं।
(घ) कथन (A) सही है, किंतु कारण (R) उसकी गलत व्याख्या करता है।

III. जीवन की सहजता के बाधित होने से आप क्या समझते हैं?
(क) जीवन में हलचल उत्पन्न हो जाना
(ख) जीवन में संकट उत्पन्न हो जाना
(ग) जीवन में संघर्ष का बढ़ जाना
(घ) जीवन में आराम न होना

अतिलघूत्तरात्मक प्रश्न

IV. पूर्ण बंदी लागू करने का क्या उद्देश्य था?

लघूत्तरात्मक प्रश्न

V. महामारी का आर्थिक गतिविधियों पर क्या प्रभाव पड़ा?

VI. महामारी काल में शिक्षा व्यवस्था को किस प्रकार जारी रखा गया?

VII. भारत में नियम-कानून लागू करना अपने आप में चुनौतीपूर्ण कैसे है?

गद्यांश 7

एकांत ढूँढने के कई सकारात्मक कारण हैं। एकांत की चाह किसी ऐसे घायल मन की आह भर नहीं, जो जीवन के काँटों से बिंधकर घायल हो चुका है, एकांत सिर्फ उसके लिए शरणमात्र नहीं, यह उस इंसान की ख्वाइश भर नहीं, जिसे इस संसार में 'फेंक दिया गया हो' और वह फेंक दिए जाने की स्थिति से भयभीत होकर एकांत ढूँढ रहा हो। हम जैसे एकांत में होते हैं, वही वास्तव में होते हैं। एकांत हमारी चेतना की अंतर्वस्तु को पूरी तरह उजागर कर देता है। अंग्रेजी का एक शब्द है—'आइसोनोफिलिया'। इसका अर्थ है—अकेलापन अर्थात् एकांत से गहरा प्रेम। परंतु इस शब्द को गौर से समझें, तो इसमें अलगाव की एक परछाईं भी दिखती है। एकांत प्रेमी हमेशा ही अलगाव की अभेद्य दीवारों के पीछे छिपना चाह रहा हो, यह भी जरूरी नहीं। एकांत की अपनी एक विशेष सुरभि है और जो भीड़ के अशिष्ट प्रपंचों में फँस चुका हो, ऐसा मन कभी इसका सौंदर्य नहीं देख सकता। एकांत और अकेलेपन में थोड़ा फर्क समझना आवश्यक है। एकांतजीवी में कोई दोष या मनोमालिन्य नहीं होता। वह किसी व्यक्ति या परिस्थिति से तंग आकर एकांत की शरण में नहीं जाता और न ही आततायी नियति के विषैले बाणों से घायल होकर एकांत की खोज करता है। अंग्रेजी कवि लॉर्ड बायरन ऐसे ही एकांत की बात करते हैं। वे कहते हैं कि ऐसा नहीं कि वे इंसान से कम प्रेम करते हैं, बस प्रकृति से अधिक प्रेम करते हैं।

बुद्ध अपने शिष्यों से कहते हैं कि वे जंगल में विचरण करते हुए गैंडे के सींग की तरह अकेले रहें। वे कहते हैं—'प्रत्येक जीव-जंतु के प्रति हिंसा का त्याग करते हुए, किसी की भी हानि की कामना न करते हुए, अकेले चलो-फिरो, वैसे ही जैसे किसी गैंडे का सींग'। हक्सले 'एकांत के धर्म' या 'रिलीजन ऑफ सोलीट्यूड' की बात करते हैं। वे कहते हैं, जो मन जितना अधिक शक्तिशाली और मौलिक होगा, एकांत के धर्म की तरफ उसका उतना ही अधिक झुकाव होगा। ज्यां पॉल सार्त्र इस बारे में बड़ी ही खूबसूरत बात कहते हैं, उनका कहना है—"ईश्वर एक अनुपस्थिति है, ईश्वर ही है इंसान का एकांत।"

वास्तव में, एकांत एक दुधारी तलवार की तरह है। लोग क्या कहेंगे इसका डर भी हमें अकसर एकांत में रहने से रोकता है। यह बड़ी अजीब बात है, क्योंकि जब आप वास्तव में अपने साथ या अकेले होते हैं, तभी इस दुनिया और ईश्वर के साथ अपने गहरे संबंध का अहसास होता है। इस संसार को अधिक गहराई और अधिक समानुभूति के साथ प्रेम करके ही हम अपने दु:खदाई अकेलेपन से बाहर आ सकते हैं।

बहुविकल्पीय प्रश्न

I. एकांत हमारे जीवन के लिए क्यों आवश्यक है?
(क) परेशानी से भागने के लिए
(ख) आध्यात्मिक चिंतन के लिए
(ग) स्वयं को जानने के लिए
(घ) अशांत मन को शांत करने के लिए

II. एकांत की खुशबू को कैसे महसूस किया जा सकता है?
(क) संसार से अलग होकर
(ख) भीड़ में नहीं रहकर
(ग) एकांत से प्रेम करके
(घ) अकेले रहकर

III. धर्म के क्षेत्र में एकांत का क्या योगदान है?
(क) समर्पण की भावना
(ख) पूजा और साधना
(ग) धर्मांधता से मुक्ति
(घ) धर्म के वास्तविक स्वरूप की पहचान

अतिलघूत्तरात्मक प्रश्न

IV. एकांत प्रेमी इंसान की क्या विशेषता है?

लघूत्तरात्मक प्रश्न

V. बुद्ध अपने शिष्यों को अकेले रहने के लिए क्या उदाहरण देते थे?

VI. ज्यां पॉल सार्त्र की एकांत के विषय में क्या विचारधारा थी?

VII. एकांत और अकेलेपन में क्या अंतर है?

गद्यांश 8

जब समाचार-पत्रों में सर्वसाधारण के लिए कोई सूचना प्रकाशित की जाती है तो उसको विज्ञापन कहते हैं। यह सूचना नौकरियों से संबंधित हो सकती है, खाली मकान को किराए पर उठाने के संबंध में हो सकती है या किसी औषधि के प्रचार से संबंधित हो सकती है। कुछ लोग विज्ञापन के आलोचक हैं। वे इसे निरर्थक मानते हैं। उनका मानना है कि यदि कोई वस्तु यथार्थ रूप में अच्छी है तो वह बिना किसी विज्ञापन के ही लोगों के बीच लोकप्रिय हो जाएगी, जबकि खराब वस्तुएँ विज्ञापन की सहायता पाकर भी भंडाफोड़ होने पर बहुत दिनों

तक टिक नहीं पाएँगी, परंतु लोगों की यह सोच गलत है। आज के युग में मानव का प्रचार-प्रसार का दायरा व्यापक हो चुका है।

अत: विज्ञापनों का होना अनिवार्य हो जाता है। किसी अच्छी वस्तु की वास्तविकता से परिचय पाना आज के विशाल संसार में विज्ञापन के बिना नितांत असंभव है। विज्ञापन ही वह शक्तिशाली माध्यम है, जो हमारी जरूरत की वस्तुएँ प्रस्तुत करता है, उनकी माँग बढ़ाता है और अंतत: हम उन्हें जुटाने चल पड़ते हैं। यदि कोई व्यक्ति या कंपनी किसी वस्तु का निर्माण करती है तो उसे 'उत्पादक' कहा जाता है। उन वस्तुओं और सेवाओं को खरीदने वाला उपभोक्ता कहलाता है। इन दोनों को जोड़ने का कार्य विज्ञापन करता है। वह उत्पादक को उपभोक्ता के संपर्क में लाता है तथा माँग और पूर्ति में संतुलन स्थापित करने का प्रयत्न करता है।

पुराने जमाने में किसी वस्तु की अच्छाई का विज्ञापन मौखिक तरीके से होता था। काबुल का मेवा, कश्मीर की ज़री का काम, दक्षिण भारत के मसाले आदि वस्तुओं की प्रसिद्धि मौखिक रूप से होती थी। उस समय आवश्यकता भी कम होती थी तथा लोग किसी वस्तु के अभाव की तीव्रता का अनुभव नहीं करते थे। आज समय तेज़ी का है। संचार क्रांति ने जिंदगी को स्पीड दे दी है। मनुष्य की आवश्यकताएँ बढ़ती जा रही हैं। इसीलिए विज्ञापन मानव-जीवन की अनिवार्यता बन गया है।

बहुविकल्पीय प्रश्न

I. विज्ञापन का होना अनिवार्य क्यों है?
- (क) मानव का प्रचार-प्रसार का दायरा संकुचित होने के कारण
- (ख) मानव का प्रचार-प्रसार का दायरा व्यापक होने के कारण
- (ग) उत्पादक वस्तु पर अधिक लाभ प्राप्त करने के लिए
- (घ) उपर्युक्त में से कोई नहीं

II. गद्यांश के आधार पर सही विकल्प का चयन करके लिखिए।
- (क) जरूरतों को देखते हुए कोई भी विज्ञापन की आलोचना नहीं करता
- (ख) संचार क्रांति ने विज्ञापन के तरीके को नहीं बदला
- (ग) विज्ञापन हमारी जरूरत की वस्तुओं को प्रस्तुत करके माँग बढ़ाता है
- (घ) विज्ञापन केवल नौकरियों की सूचनाएँ उपलब्ध कराते हैं

III. **कथन** (A) विज्ञापन प्रचार-प्रसार का शक्तिशाली माध्यम है।

कारण (R) यह वस्तुओं की माँग को बढ़ाने में सहायक है तथा ज़रूरत की वस्तुएँ प्रस्तुत करता है।

कूट
- (क) कथन (A) और कारण (R) दोनों सही हैं तथा कारण (R), कथन (A) की सही व्याख्या करता है।
- (ख) कथन (A) गलत है, किंतु कारण (R) सही है।
- (ग) कथन (A) तथा कारण (R) दोनों गलत हैं।
- (घ) कथन (A) सही है, किंतु कारण (R) उसकी गलत व्याख्या करता है।

अतिलघूत्तरात्मक प्रश्न

IV. उत्पादक का क्या अभिप्राय है?

लघूत्तरात्मक प्रश्न

V. उत्पादक व उपभोक्ता को जोड़ने का कार्य कौन करता है?

VI. विज्ञापन के आलोचक विज्ञापन को निरर्थक क्यों मानते हैं?

VII. वर्तमान समय में जिंदगी को तेज गति किसने प्रदान की है?

गद्यांश 9

बड़ी चीजें बड़े संकटों में विकास पाती हैं, बड़ी हस्तियाँ बड़ी मुसीबतों में पलकर दुनिया पर कब्जा करती हैं। अकबर ने तेरह साल की उम्र में अपने पिता के दुश्मन को परास्त कर दिया था, जिसका एकमात्र कारण यह था कि अकबर का जन्म रेगिस्तान में हुआ था और वह भी उस समय, जब उसके पिता के पास एक कस्तूरी को छोड़कर और कोई दौलत नहीं थी। महाभारत में देश के प्राय: अधिकांश वीर कौरवों के पक्ष में थे, मगर फिर भी जीत पांडवों की हुई, क्योंकि उन्होंने लाक्षागृह की मुसीबत झेली, वनवास के जोखिम को पार किया था। विंस्टन चर्चिल ने कहा है कि ज़िंदगी की सबसे बड़ी दौलत हिम्मत है। आदमी के सारे गुण उसके हिम्मती होने से ही पैदा होते हैं। ज़िंदगी की दो ही सूरतें हैं—एक तो यह कि आदमी बड़े-से-बड़े मकसद के लिए कोशिश करे, जगमगाती हुई जीत पर पंजा डालने के लिए हाथ बढ़ाए और अगर असफलताएँ कदम-कदम पर जोश की रोशनी के साथ अँधियारे का जाल बुन रही हों, तब भी वह पीछे को पाँव न हटाए। दूसरी सूरत यह है कि उन गरीब आत्माओं का हमजोली बन जाए, जो न तो बहुत अधिक सुख पाती हैं और न जिन्हें बहुत अधिक दु:ख पाने का ही संयोग है, क्योंकि वे आत्माएँ ऐसी गोधूलि में बसती हैं, जहाँ न तो जीत हँसती है और न कभी हार के रोने की आवाज सुनाई देती है। इस गोधूलि वाली दुनिया के लोग बँधे हुए घाट का पानी पीते हैं, वो जिंदगी के साथ जुआ नहीं खेल सकते और कौन कहता है कि जिंदगी को दाँव पर लगा देने में कोई आनंद नहीं है? अगर रास्ता आगे ही निकल रहा है तो फिर असली मज़ा तो पाँव बढ़ाते जाने में ही है।

साहस की जिंदगी सबसे बड़ी जिंदगी होती है। ऐसी ज़िंदगी की सबसे बड़ी पहचान यह है कि वह बिल्कुल निडर, बिल्कुल बेखौफ होती है। साहसी मनुष्य की पहली पहचान यह है कि वह इस बात की चिंता नहीं करता कि तमाशा देखने वाले लोग उसके बारे में क्या सोच रहे हैं। जनमत की उपेक्षा करके जीने वाला आदमी दुनिया की असली ताकत होता है और मनुष्यता का प्रकाश भी उसी आदमी से मिलता है। अड़ोस-पड़ोस को देखकर चलना, यह साधारण जीव का काम है। क्रांति करने वाले लोग अपने उद्देश्य की तुलना न तो पड़ोसी के उद्देश्य से करते हैं और न अपनी चाल को ही पड़ोसी की चाल देखकर मद्धिम बनाते हैं।

बहुविकल्पीय प्रश्न

I. आदमी में गुणों की उत्पत्ति कैसे होती है?
- (क) उसके हिम्मती होने से
- (ख) परिवार का सहारा मिलने से
- (ग) बड़े-बुजुर्गों के दिए संस्कार से
- (घ) उपर्युक्त में से कोई नहीं

II. गद्यांश के अनुसार, लाक्षागृह की मुसीबत किसने झेली?
(क) श्रीकृष्ण ने (ख) कौरवों ने
(ग) पांडवों ने (घ) द्रौपदी ने

III. जिंदगी का असली मजा है
(क) पाँव हटाते जाने में (ख) पाँव पीछे करने में
(ग) पाँव बढ़ाते जाने में (घ) पाँव रोककर रखने में

अतिलघूत्तरात्मक प्रश्न

IV. बड़ी हस्तियाँ दुनिया पर अधिकार कैसे करती हैं?

लघूत्तरात्मक प्रश्न

V. महाभारत के युद्ध में अधिकांश वीरों के कौरवों के पक्ष में होने पर भी पांडवों की जीत का क्या कारण था?

VI. जिंदगी की कितनी सूरतें हैं?

VII. साहस की जिंदगी की सबसे बड़ी पहचान क्या होती है?

गद्यांश 10

मानव की प्रकृति प्रदत्त विभूतियों में एक बड़ी ही मोहक विभूति है हास्य-विनोद। जीवन में यदि हास्य-विनोद न हो तो ज़िंदगी केवल कराहों का सिलसिला, आहों का जलजला, दर्द की दास्तान बन कर रह जाए। हास्य लाख दु:खों की एक दवा है, स्वास्थ्य का एक अनोखा मंत्र है। चिंताओं के पुलिंदे को थोड़ी देर के लिए अलग करने में हास्य और विनोद बड़े ही सहायक हैं। कविता केवल हृदय का उद्गार है, विनोद रोम-रोम का उद्गार है। विनोद एक प्रकार की पुष्टई है, जिससे शरीर और मस्तिष्क को नई शक्ति मिलती है, स्रस्त-त्रस्त शिराओं में मकरध्वज की ऊष्मा आ जाती है। संतों का कथन है कि यदि दु:ख में सुख की अनुभूति चाहते हो तो हँसमुख बनो।

विधाता से हास्य और विनोद का बहुमूल्य वरदान पाने वाला मनुष्य बड़ा ही भाग्यशाली है। फोटोग्राफर फोटो खींचने के समय चाहता है कि आप एक क्षण के लिए मुस्कुराएँ, किंतु विधाता-फोटोग्राफर तो चाहता है कि आप जीवन भर मुस्कुराते रहें। जिस मुख पर हास्य की दुग्ध धवल चाँदनी छिटकनी चाहिए उसे क्या अधिकार है कि वह अपनी अयस्कान्तीय आकृति को अवसाद की काली रेखाओं से अमावस की काली रात बना डाले?

हँसमुख व्यक्ति वह फव्वारा है, जिसके शीतल छींटे मन को प्रफुल्लित करते रहते हैं। वैयक्तिक जीवन की सफलता के अनेक रहस्यों में एक रहस्य हँसमुख आकृति का होना भी है। हँसमुख व्यक्ति को देखकर यह धारणा बनती है कि उसके मन में कोई गाँठ नहीं, कोई उलझन नहीं है। एक विक्रेता की मोहक मुस्कान वह काम कर जाती है, जो किसी जेबकतरे की कैंची नहीं कर पाती। एक सहज प्रसन्न शिक्षक की कक्षा में कभी उदासी की घटा नहीं छाती।

दीर्घायु होने का सर्वोत्तम साधन है-हँसमुख स्वभाव। हँसमुख आकृति मानो ऐसा आईना है, जिसमें परमात्मा की प्रसन्नता हर क्षण दिखाई पड़ती रहती है। मानसोपचारशास्त्री तो हास्य-विनोद के द्वारा अनेक रोगों की चिकित्सा भी किया करते हैं।

भाषा और भाषण का भूषण है-विनोद। भाषण में हास्य-विनोद का पुट रखने वाले व्यक्ति से लोग सर्वाधिक प्रभावित होते हैं। हास्य-विनोद केवल उदासी ही नहीं मिटाती, वरन् इससे शत्रु भी मित्र बन जाते हैं। महान साहित्यकारों ने अपने गहन-गंभीर साहित्य में हास्य-विनोद की अवधारणा कर उसके आकर्षण को बहुगुणित कर दिया है । महान नाटककारों ने अपने नाटकों में विदूषक का प्रयोग इसी उद्देश्य से किया गया है, किंतु यह ध्यान रखना चाहिए कि हास्य मर्यादित रहे ताकि दूसरों की नींद हराम न हो जाए।

बहुविकल्पीय प्रश्न

I. हास्य-विनोद जीवन की मोहक विभूति क्यों है?
(क) दु:ख दर्द को बढ़ाने के कारण
(ख) चिंता, व्यथा, उच्छ्वास को समाप्त करने के कारण
(ग) दु:खों की दवा होने के कारण
(घ) पृथ्वी पर होने वाले भूकंप के कारण

II. गद्यांश में आए 'पुष्टई' शब्द का आशय है
(क) बाँहों में होने वाली पीड़ा
(ख) पैरों में बढ़ने वाला मोटापा
(ग) शरीर और बुद्धि को मिलने वाला बल
(घ) शरीर और मस्तिष्क को दुखाने वाली चिंता

III. फव्वारे का क्या गुण है?
(क) उसके शीतल जल की छींटों से मन प्रफुल्लि होता है।
(ख) उसके शीतल जल की छींटों से मन व्याकुल हो उठता है।
(ग) उसके गर्म जल की छींटों से आँखें चौंधिया जाती हैं।
(घ) उसके शीतल जल प्रपात से शरीर रोमांचित हो जाता है।

अतिलघूत्तरात्मक प्रश्न

IV. नाटकों में विदूषक का प्रयोग क्यों किया जाता है?

लघूत्तरात्मक प्रश्न

V. गद्यांश के अनुसार, हँसमुख व्यक्ति का क्या महत्त्व है?

VI. गद्यांश में फोटोग्राफर और विधाता की तुलना कैसे की गई है?

VII. हास्य-विनोद को मर्यादित क्यों रखना चाहिए?

गद्यांश 11

चरित्र का मूल भी भावों के विशेष प्रकार के संगठन में ही समझना चाहिए। लोकरक्षा और लोकरंजन की सारी व्यवस्था का ढाँचा इन्हीं पर ठहरा है। धर्म-शासन, राज-शासन, मत-शासन सबमें इनसे पूरा काम लिया गया है। इनका सदुपयोग भी हुआ है और दुरुपयोग भी।

जिस प्रकार लोक-कल्याण के व्यापक उद्देश्य की सिद्धि के लिए मनुष्य के मनोविकार काम में लाए गए हैं, उसी प्रकार संप्रदाय या संस्था के संकुचित और परिमित विधान की सफलता के लिए भी। सब प्रकार के शासन में चाहे धर्म-शासन हो, चाहे राज-शासन हो, मनुष्य-जाति से भय और लोभ से पूरा काम लिया गया है। दंड का भय और अनुग्रह का लोभ दिखाते हुए राज-शासन तथा नरक का भय और स्वर्ग का लोभ दिखाते हुए धर्म-शासन और मत-शासन चलते आ रहे

हैं। प्रायः इसके द्वारा भय और लोभ का प्रवर्तन सीमा के बाहर भी हुआ है और होता रहता है। जिस प्रकार शासक वर्ग अपनी रक्षा और स्वार्थसिद्धि के लिए भी इनसे काम लेते आए हैं, उसी प्रकार धर्म-प्रवर्तक और आचार्य अपने स्वरूप वैचित्र्य की रक्षा और अपने प्रभाव की प्रतिष्ठा के लिए भी।

शासक वर्ग अपने अन्याय और अत्याचार के विरोध की शांति के लिए भी डराते और ललचाते आए हैं। मत-प्रवर्तक अपने द्वेष और संकुचित विचारों के प्रचार के लिए भी कँपाते और डराते आए हैं। एक जाति को मूर्तिपूजा करते देख दूसरी जाति के मत-प्रवर्तकों ने उसे पापों में गिना है। एक संप्रदाय को भस्म और रुद्राक्ष धारण करते देख दूसरे संप्रदाय के प्रचारकों ने उनके दर्शन तक को पाप माना है।

बहुविकल्पीय प्रश्न

I. लोकरंजन की व्यवस्था का ढाँचा किस पर आधारित है?
(क) सामाजिक न्याय पर
(ख) मनुष्य के भावों के विशेष प्रकार के संगठन पर
(ग) धर्म व्यवस्था के मत पर
(घ) मनुष्य के समुचित क्रिया कर्म पर

II. आपके अनुसार, प्रस्तुत गद्यांश का सर्वाधिक उपयुक्त शीर्षक क्या हो सकता है?
(क) शासन व्यवस्था और समाज
(ख) धर्म और संस्कृति
(ग) मनुष्य के मनोविकार
(घ) सामाजिक दंड विधान

III. शासक वर्ग अपने अन्याय और अत्याचार के विरोध की शांति के लिए क्या करते आए हैं?
(क) दुलारते (ख) डराते
(ग) ललचाते (घ) 'ख' और 'ग' दोनों

अतिलघूत्तरात्मक प्रश्न

IV. दूसरे संप्रदाय के प्रचारकों ने किसके दर्शन को पाप माना है?

लघूत्तरात्मक प्रश्न

V. धर्म-प्रवर्तकों ने स्वर्ग-नरक का भय और लोभ क्यों दिखाया है?

VI. शासन व्यवस्था किन कारणों से भय और लालच का सहारा लेती है?

VII. किसी जाति विशेष के किन कार्यों को अन्य जाति अनिष्ट कार्य मानती है?

गद्यांश 12

फिजूलखर्ची एक बुराई है, इसके पीछे बारीकी से नज़र डालें तो अहंकार नज़र आएगा। अहं के प्रदर्शन से तृप्ति मिलती है। अहं की पूर्ति के लिए कई बार बुराइयों से रिश्ता भी जोड़ना पड़ता है। अहंकारी लोग बाहर से भले ही गंभीरता का आवरण ओढ़ लें, लेकिन भीतर से वे उथलेपन से भरे रहते हैं।

जब कभी समुद्र तट पर जाने का मौका मिले, तो आप देखेंगे कि लहरें आती हैं, जाती हैं और चट्टानों से टकराती हैं। पत्थर वहीं रहते हैं, लहरें उन्हें भिगोकर लौट जाती हैं। हमारे भीतर हमारे आवेगों की लहरें भी हमें ऐसे ही टक्कर देती हैं।

इन आवेगों, आवेशों के प्रति अडिग रहने का अभ्यास करना होगा, क्योंकि अहंकार यदि लंबे समय तक टिकने की तैयारी में आ जाए, तो वह नए-नए तरीके ढूँढेगा। स्वयं को महत्त्व मिले अथवा स्वेच्छाचारिता के प्रति आग्रह, ये सब धीरे-धीरे सामान्य जीवन-शैली बन जाती है। ईसा मसीह ने कहा है—"मैं उन्हें धन्य कहूँगा, जो अंतिम हैं।" आज के भौतिक युग में यह टिप्पणी कौन स्वीकारेगा, जब 'चारों ओर नंबर वन' होने की होड़ लगी है।

ईसा मसीह ने इसी में आगे जोड़ा है कि "ईश्वर के राज्य में वही प्रथम होंगे, जो अंतिम हैं और जो प्रथम होने की दौड़ में रहेंगे, वे अभागे रहेंगे।" यहाँ 'अंतिम' होने का संबंध लक्ष्य और सफलता से नहीं है। जीसस ने विनम्रता, निरहंकारिता को शब्द दिया है—'अंतिम'। आपके प्रयास व परिणाम प्रथम हों, अग्रणी रहें, पर आप भीतर से अंतिम हों यानी विनम्र, निरहंकारी रहें। अन्यथा अहं अकारण ही जीवन के आनंद को खा जाता है।

बहुविकल्पीय प्रश्न

I. जीसस के अनुसार, मनुष्य को भीतर से कैसा होना चाहिए?
(क) विनम्र
(ख) निरहंकारी
(ग) 'क' और 'ख' दोनों
(घ) स्वेच्छाचारी

II. प्रस्तुत गद्यांश का सर्वाधिक उपयुक्त शीर्षक क्या होगा?
(क) अहंकार : एक बड़ा अवगुण
(ख) फिजूलखर्ची का महत्त्व
(ग) मनुष्य की जीवन-शैली
(घ) जीसस के विचार

III. अहं के प्रदर्शन से .... मिलती है।
(क) अच्छाई
(ख) तृप्ति
(ग) बुराई
(घ) शिक्षा

अतिलघूत्तरात्मक प्रश्न

IV. प्रस्तुत गद्यांश में फिजूलखर्ची को सूक्ष्म दृष्टि से क्या कहा गया है?

लघूत्तरात्मक प्रश्न

V. लेखक ने मानव मन में उद्वेलित होने वाली भावनाओं की तुलना किससे की है?

VI. आवेशों के प्रति अडिग रहने का अभ्यास क्यों करना होगा?

VII. अहंकारी व्यक्तियों की किन कमियों की ओर संकेत किया गया है?

गद्यांश 13

पाठक आमतौर पर रूढ़िवादी होते हैं, वे सामान्यत: साहित्य में अपनी मर्यादाओं की स्वीकृति या एक स्वप्न-जगत में पलायन चाहते हैं। साहित्य एक झटके में उन्हें अपने आस-पास के उस जीवन के प्रति सचेत करता है, जिससे उन्होंने आँखें मूँद रखी थीं। शुतुरमुर्ग़ अफ्रीका के रेगिस्तानों में नहीं मिलते, वे हर जगह बहुतायत में उपलब्ध हैं। प्रौद्योगिकी के इस दौर का नतीजा जीवन के हर गोशे में नक़द फ़सल के लिए बढ़ता हुआ पागलपन है और हमारे राजनीतिज्ञ, सत्ता के दलाल, व्यापारी, नौकरशाह- सभी लोगों को इस भगदड़ में नहीं पहुँचने, जैसा दूसरे करते हैं वैसा करने, चूहादौड़ में शामिल होने और कुछ-न-कुछ हासिल कर लेने को जिए जा रहे हैं।

कुछ लोग सोचते हैं कि पश्चिम का आधुनिकतावाद और भारत तथा अधिकांश तीसरी दुनिया के नव-औपनिवेशिक चिंतन के साथ अपनी जड़ों से अलगाव, व्यक्तिवादी अजनबियत में हमारा अनिवार्य बे-लगाम धँसाव, अचेतन के बिंब, बौद्धिकता से विद्रोह, यह घोषणा कि दिमाग अपनी रस्सी के अंतिम सिरे पर है, यथार्थवाद का विध्वंस, काम का ऐन्द्रिक सुख मात्र रह जाना और मानवीय भावनाओं का व्यावसायीकरण तथा निम्नस्तरीयकरण इस अंधी घाटी में आ फँसने की वजह है। लेकिन वे भूल जाते हैं कि आधुनिकीकरण इतिहास की एक सच्चाई है, जो नई समस्याओं को जन्म देने और विज्ञान को अधिक जटिल बनाने के बावजूद एक तरह से मानव जाति की नियति है।

मेरा सुझाव है कि विवेकहीन आधुनिकता के बावजूद आधुनिकता की दिशा में धैर्यपूर्वक सुयोजित प्रयास होने चाहिए। एक आलोचक किसी नाली में भी झाँक सकता है, पर वह नाली-निरीक्षक नहीं होता। लेखक का कार्य दुनिया को बदलना नहीं, समझना है, साहित्य क्रांति नहीं करता, वह मनुष्यों का दिमाग बदलता है और उन्हें क्रांति की आवश्यकता के प्रति जागरूक बनाता है।

बहुविकल्पीय प्रश्न

I. गद्यांश में 'शुतुरमुर्ग़' की संज्ञा किसे दी गई है?
(क) लेखक, जो संसार को समझना चाहता है
(ख) राजनीतिज्ञ, जो अपना स्वार्थ साधना चाहता है
(ग) पाठक, जो सपनों की दुनिया में रहना चाहता है
(घ) नौकरशाह, जो दूसरों जैसा बनने की होड़ में शामिल है

II. 'नक़द फ़सल के लिए बढ़ता हुआ पागलपन' से क्या तात्पर्य है?
(क) लोग तुरंत व अधिक-से-अधिक लाभ कमाना चाहते हैं
(ख) लोग प्रकृति को समय नहीं देना चाहते हैं
(ग) लोग थके हुए हैं पर विश्राम नहीं करना चाहते
(घ) लोग भौतिकवादी तथा अमीर लोगों की नकल करना चाहते हैं

III. प्रौद्योगिकी के इस दौर का नतीजा क्या है?
(क) जीवन के हर गोशे में नकद फसल के लिए बढ़ता हुआ पागलपन है
(ख) पश्चिम का आधुनिकतावाद
(ग) मानव की काम के प्रति अरुचि
(घ) उपर्युक्त सभी

अतिलघूत्तरात्मक प्रश्न

IV. साहित्य क्या करता है?

लघूत्तरात्मक प्रश्न

V. आधुनिकता की दिशा में सुयोजित प्रयास क्यों होने चाहिए? लेखक के अनुसार आधुनिकीकरण क्या है?

VI. पाठक साहित्य से आमतौर पर क्या अपेक्षा रखते हैं?

VII. लेखक का कार्य क्या है? लेखक के अनुसार, साहित्य क्या कार्य करने के लिए प्रेरित करता है?

गद्यांश 14

सिनेमा जगत के अनेक नायक-नायिकाओं, गीतकारों, कहानीकारों और निर्देशकों को हिंदी के माध्यम से पहचान मिली है। यही कारण है कि गैर-हिंदी भाषी कलाकार भी हिंदी की ओर आए हैं। समय और समाज के उभरते सच को परदे पर पूरी अर्थवत्ता में धारण करने वाले ये लोग दिखावे के लिए भले ही अंग्रेज़ी के आग्रही हों, लेकिन बुनियादी और ज़मीनी हकीकत यही है कि इनकी पूँजी, इनकी प्रतिष्ठा का एकमात्र निमित्त हिंदी ही है।

लाखों-करोड़ों दिलों की धड़कनों पर राज करने वाले ये सितारे हिंदी फ़िल्म और भाषा के सबसे बड़े प्रतिनिधि हैं। 'छोटा परदा' ने आम जनता के घरों में अपना मुकाम बनाया तो लगा हिंदी आम भारतीय की जीवन-शैली बन गई। हमारे आद्यग्रंथों 'रामायण' और 'महाभारत' को जब हिंदी में प्रस्तुत किया गया तो सड़कों का कोलाहल सन्नाटे में बदल गया। 'बुनियाद' और 'हम लोग' से शुरू हुआ सोप ऑपेरा का दौर हो या सास-बहू धारावाहिकों का, ये सभी हिंदी की रचनात्मकता और उर्वरता के प्रमाण हैं। 'कौन बनेगा करोड़पति' से करोड़पति चाहे जो बने हों, पर सदी के महानायक की हिंदी हर दिल की धड़कन और हर धड़कन की भाषा बन गई। सुर और संगीत की प्रतियोगिताओं में कर्नाटक, गुजरात, महाराष्ट्र, असम, सिक्किम जैसे गैर-हिंदी क्षेत्रों के कलाकारों ने हिंदी गीतों के माध्यम से पहचान बनाई। ज्ञान गंभीर 'डिस्कवरी' चैनल हो या बच्चों को रिझाने-लुभाने वाला 'टॉम एंड जेरी'। इनकी हिंदी उच्चारण की मिठास और गुणवत्ता अद्‌भुत, प्रभावी और ग्राह्य है। धर्म-संस्कृति, कला-कौशल, ज्ञान-विज्ञान सभी कार्यक्रम हिंदी की संप्रेषणीयता के प्रमाण हैं।

बहुविकल्पीय प्रश्न

I. प्रस्तुत गद्यांश का सर्वाधिक उपयुक्त शीर्षक क्या होगा?
(क) टी.वी. चैनल का इतिहास
(ख) हिंदी भाषा की गुणवत्ता एवं उपयोगिता
(ग) हिंदी भाषा बनाम अंग्रेजी भाषा
(घ) हिंदी धारावाहिक

II. निम्नलिखित में से किसकी हिंदी ने दर्शक वर्ग को सर्वाधिक प्रभावित किया?
(क) रामायण की (ख) सास-बहू धारावाहिक की
(ग) सदी के महानायक की (घ) डिस्कवरी चैनल की

III. किसने आम जनता के घरों में अपना मुकाम बनाया?
(क) अभिनेताओं ने (ख) छोटा परदा ने
(ग) निर्देशकों ने (घ) नाटकों ने

अतिलघूत्तरात्मक प्रश्न

IV. हिंदी की रचनात्मकता और उर्वरता के प्रमाण क्या हैं?

लघूत्तरात्मक प्रश्न

V. फिल्मों तथा टी.वी. धारावाहिकों ने हिंदी के प्रचार-प्रसार में क्या भूमिका निभाई है?

VI. गैर-हिंदी भाषी कलाकारों के हिंदी सिनेमा में आने का क्या कारण था?

VII. गद्यांश के आधार पर बताइए कि हिंदी की संप्रेषणीयता के क्या प्रमाण हैं?

गद्यांश 15

भारत की जलवायु में काफी क्षेत्रीय विविधता पाई जाती है। संपूर्ण विश्व आज जिस बड़ी समस्या से जूझ रहा है, वह है—जलवायु परिवर्तन। जलवायु परिवर्तन आज एक ऐसी विश्वस्तरीय समस्या का रूप ले चुका है, जिसके समाधान के लिए संपूर्ण विश्व को संयुक्त रूप से अंतर्राष्ट्रीय स्तर पर सतत प्रयास करने की आवश्यकता है। सामान्य मौसमी अभिवृत्तियों में किसी विशेष स्थान पर होने वाले विशिष्ट परिवर्तन को ही जलवायु परिवर्तन कहते हैं। मौसम में अचानक परिवर्तन, फसल-चक्र का परिवर्तित होना, वनस्पतियों की प्रजातियों का लुप्त होना, तापमान में वृद्धि, हिमनदों का पिघलना और समुद्र जल-स्तर में लगातार वृद्धि ऐसे सूचक हैं, जिनसे जलवायु परिवर्तन की परिघटना का पता चलता है।

हिमनदों का पिघलना जलवायु परिवर्तन का सबसे संवेदनशील सूचक माना जाता है। पृथ्वी पर हिमनदों के लगातार कम होने तथा उनके स्तर के नीचे खिसकने से समुद्र के जल-स्तर में वृद्धि हुई है। जलवायु परिवर्तन के पीछे कोई एक कारण नहीं है, किंतु वातावरण में ग्रीन हाउस गैसों की मात्रा के निरंतर बढ़ते रहने को इसका सबसे बड़ा कारण माना जाता है। पृथ्वी पर आने वाली सौर ऊर्जा की बड़ी मात्रा अवरक्त किरणों के रूप में पृथ्वी के वातावरण से बाहर चली जाती है। इस ऊर्जा की कुछ मात्रा ग्रीन हाउस गैसों द्वारा अवशोषित होकर पुनः पृथ्वी पर पहुँच जाती है, जिससे तापक्रम अनुकूल बना रहता है। ग्रीन हाउस गैसों में मीथेन, कार्बन-डाइऑक्साइड, नाइट्रस ऑक्साइड इत्यादि शामिल हैं। वातावरण में ग्रीन हाउस गैसों का होना अच्छा है, किंतु जब इनकी मात्रा बढ़ जाती है, तो तापमान में वृद्धि होने लगती है। इससे जो समस्या सामने आई है, उसे 'ग्लोबल वार्मिंग' अर्थात् 'वैश्विक तापवृद्धि' की संज्ञा दी गई है। वास्तव में, ग्लोबल वार्मिंग जलवायु परिवर्तन का ही एक रूप है।

बहुविकल्पीय प्रश्न

I. निम्नलिखित में से प्रस्तुत गद्यांश का सर्वाधिक उपयुक्त शीर्षक क्या होगा?
(क) जलवायु परिवर्तन की समस्या
(ख) ग्रीन हाउस का प्रभाव
(ग) पृथ्वी का बढ़ता तापमान
(घ) हिमनदों का पिघलना

II. गद्यांश में जलवायु परिवर्तन का सबसे संवेदनशील सूचक किसे माना जाता है?
(क) तापमान में वृद्धि को
(ख) मौसम में परिवर्तन को
(ग) हिमनदों के पिघलने को
(घ) समुद्र जल स्तर में वृद्धि को

III. ग्लोबल वार्मिंग का दूसरा नाम है
(क) नाइट्रस ऑक्साइड (ख) ताप आपूर्ति
(ग) वैश्विक तापवृद्धि (घ) ग्रीन हाउस

अतिलघूत्तरात्मक प्रश्न

IV. जलवायु परिवर्तन विश्वस्तरीय समस्या के समाधान के लिए किस स्तर पर सतत् प्रयास करने की आवश्यकता है?

लघूत्तरात्मक प्रश्न

V. वातावरण में ग्रीन हाउस गैसों की मात्रा बढ़ जाने के फलस्वरूप किसकी समस्या उत्पन्न होती है?

VI. समुद्र के जल स्तर में वृद्धि होने का एक प्रमुख कारण क्या है?

VII. सौर ऊर्जा की कुछ मात्रा ग्रीन हाउस गैसों द्वारा अवशोषित होकर पुनः पृथ्वी पर पहुँच जाती है, इसका तापक्रम पर क्या प्रभाव पड़ता है?

उत्तर

गद्यांश 1

I. (ग) समूह में रहने की इच्छा के कारण

II. (घ) भोजन और सुरक्षा के लिए

III. (क) कथन (A) और कारण (R) दोनों सही हैं तथा कारण (R), कथन (A) की सही व्याख्या करता है।

IV. अहंकार और स्वार्थ आपसी कटुता और शत्रुता पैदा करते हैं, जिससे एकता का विकास नहीं हो पाता।

V. समाज और राष्ट्र की प्रगति और स्थिरता के लिए एकता अनिवार्य है। यह संगठन, समन्वय और सामूहिक शक्ति का आधार है। असंगठित समाज या राष्ट्र आंतरिक कलह के कारण कमजोर हो जाते हैं और बाहरी आक्रमणों का सामना नहीं कर पाते। एकता के बल पर ही किसी समाज या राष्ट्र में आर्थिक, सामाजिक और सांस्कृतिक विकास संभव हो पाता है।

VI. एकता के अभाव में समाज या परिवार में फूट, संघर्ष और अव्यवस्था उत्पन्न हो जाती है। इसका परिणाम समाज की प्रगति रुकने और राष्ट्र की अस्थिरता के रूप में होता है। परिवार टूट जाते हैं, सामाजिक ताना-बाना बिखर जाता है और व्यक्तिगत स्वार्थों के कारण सहयोग की भावना समाप्त हो जाती है।

VII. एकता की स्थापना में अहंकार, स्वार्थ, कटुता और क्षमा न करने की प्रवृत्ति सबसे बड़ी बाधाएँ हैं। ये नकारात्मक भावनाएँ पारस्परिक सहयोग और स्नेह को समाप्त कर देती हैं। इसके अतिरिक्त परस्पर शत्रुता और गलतफहमियाँ भी एकता को पनपने नहीं देतीं।

गद्यांश 2

I. (ख) प्रथम प्रकार की विद्या **II.** (घ) दुर्जन से सुजन बनाना

III. (घ) शिक्षा के सोपान पर

IV. देश के स्नातक के लिए जीविकोपार्जन टेढ़ी खीर बन जाता है अर्थात् वर्तमान समय में स्नातकों के लिए रोजगार पाना अत्यधिक कठिन होता जा रहा है।

V. भारतीय विद्यार्थी को सर्वप्रथम इस प्रकार की शिक्षा दी जानी चाहिए, जो आवश्यक हो, दूसरी जो उपयोगी हो और तीसरी जो हमारे जीवन को परिष्कृत और अलंकृत करती हो। ये तीनों सीढ़ियाँ एक के बाद एक आती हैं, इनमें व्यतिक्रम नहीं होना चाहिए।

VI. वर्तमान भारत में शिक्षा की अवस्था देखकर ऐसा प्रतीत होता है कि प्राचीन भारतीय दार्शनिकों ने 'अन्न' से 'आनंद' की ओर बढ़ने को जो 'विद्या का सार' कहा था, वह सर्वथा समीचीन ही था।

VII. व्यक्ति का जीवन यदि बहुत अर्जित कर लेने के पश्चात् भी सुचारु रूप से नहीं चल रहा है, उसमें यदि वह जीवंत-शक्ति नहीं है, जो उसके अपने जीवन को तो सत्पथ पर अग्रसर करती ही है और साथ ही वह अपने समाज, जाति एवं राष्ट्र के लिए भी मार्गदर्शन करती है, तो उसका जीवन भी मानव-जीवन का अभिधान नहीं पा सकता। वह भारवाही गर्दभ बन जाता है या पूँछ-सींग-विहीन पशु कहा जाता है।

गद्यांश 3

I. (क) जनसंख्या वृद्धि : समस्या और समाधान पर

II. (घ) 1 और 3 **III.** (ग) शिक्षा

IV. गद्यांश के आधार पर आर्थिक विकास से तात्पर्य सम्मानपूर्वक जीने का स्तर है। वर्तमान में आर्थिक विकास को सम्मानपूर्वक जीने के स्तर से ज्ञात किया जाता है।

V. प्रस्तुत कथन के माध्यम से लेखक यह सिद्ध करना चाहता है कि स्त्री-शिक्षा से सामाजिक और आर्थिक विकास के साथ-साथ बच्चों का भी विकास होगा, क्योंकि यदि स्त्री शिक्षित होगी, तो वह बच्चों की देखभाल और उनकी शिक्षा का उचित ध्यान रखेगी और यदि स्त्री शिक्षित नहीं है, तो बच्चे शिक्षा के लिए दूसरे पर ही आश्रित रहेंगे। इसके साथ ही पढ़ी-लिखी स्त्री आर्थिक स्थिति को सुदृढ़ करने में भी अहम भूमिका निभा सकती है। स्त्री शिक्षा से समाज का आर्थिक स्तर भी उन्नत होगा।

VI. गद्यांश के अनुसार, जनसंख्या की समस्या को सामाजिक समस्या माना गया है। इस पर नियंत्रण होना अनिवार्य है, क्योंकि यह देश के विकास में बाधा का कार्य करती है। इसे सरकार अकेले नहीं सुलझा सकती। जब तक यह जन-आंदोलन नहीं बन जाता, तब तक इस समस्या का समाधान होना असंभव है।

VII. स्त्री-शिक्षा समाज में एक नए प्रकार का चिंतन पैदा करेगी जिससे सामाजिक और आर्थिक विकास के नए आयाम खुलेंगे और साथ ही बच्चों के विकास का नया मार्ग भी खुलेगा।

गद्यांश 4

I. (ख) वसुधैव कुटुंबकम की **II.** (ग) 1 और 3

III. (क) रोजगार का साधन होना चाहिए

IV. प्रस्तुत पंक्ति का आशय यह है कि व्यावसायिक शिक्षा वर्तमान में मात्र धन कमाने का साधन बनती जा रही है।

V. व्यावसायिक शिक्षा के अंधानुकरण का यह परिणाम सामने आया है कि छात्र सैद्धांतिक शिक्षा से दूर होते जा रहे हैं, जिसके कारण उनका दृष्टिकोण संकुचित होता जा रहा है। उन्हें रूस की क्रांति, फ्रांस की क्रांति, अमेरिकी क्रांति, समाजवाद, पूँजीवाद, राजनीतिक व्यवस्था, सांस्कृतिक मूल्यों आदि की सामान्य जानकारी भी नहीं होती है।

VI. मानविकी छात्रों को पत्रकारिता, विज्ञापन, जनसंपर्क आदि के कोर्स कराए जाते हैं, जिससे उन्हें रोजगार के लिए न भटकना पड़े तथा व्यावसायिक कोर्स करने वाले छात्रों को मानविकी विषयों का अवश्य अध्ययन करना चाहिए ताकि समाज में संतुलन बना रहे।

VII. गद्यांश के अनुसार, शिक्षित मनुष्य अपने परिवेश के प्रति जाग्रत होकर अपने कर्त्तव्यों के प्रति जागरूक हो जाता है। 'स्व' से पर की ओर अग्रसर होने लगता है। निर्बल की सहायता करना, दुखियों के दुःख दूर करने का प्रयत्न करना, दूसरों के दुःख से दुःखी हो जाना और दूसरों के सुख में सुख का अनुभव करना जैसी बातें केवल एक शिक्षित मनुष्य में ही देखने को मिल सकती हैं।

गद्यांश 5

I. (ख) प्रेम, भाईचारे एवं सद्भावना पर अत्यधिक बल देने के कारण

II. (ख) 1 और 2

III. (ख) कबीर लोक-कल्याण को ही मानव धर्म स्वीकार करते थे

IV. कबीर ने अनुभूतिमूलक ज्ञान का प्रसार ईश्वर पर विश्वास के द्वारा, अहिंसा के द्वारा और धर्मनिरपेक्षता के द्वारा किया था।

V. प्रस्तुत गद्यांश के अनुसार, कबीर ने धर्म को मानव धर्म के रूप में देखा था। उनके अनुसार मानव धर्म ही सबसे बड़ा धर्म है, क्योंकि जब बच्चे का जन्म होता है तो वह मानव होता है, उसके लिए न कोई हिंदू है न ही मुसलमान। इसी कारण बच्चे को भगवान भी कहा जाता है।

VI. सामान्य जनता कबीर के विचारों से प्रभावित होकर कबीर के बताए मार्ग पर चलने के लिए व्यग्र हो गई, क्योंकि कबीर ने समाज में फैले ढोंग और पाखंडों, कुत्सित विचारधाराओं के प्रति दो टूक शब्दों में जो बातें कहीं, उनसे समाज की आँखें खुल गईं और साधारण जनता उनकी वाणियों से चेतना प्राप्त कर उनकी अनुगामिनी बनने को व्यग्र हो उठी।

VII. संत कबीर एक सफल साधक, प्रभावशाली उपदेशक, महान नेता और युग द्रष्टा थे। उन्होंने कविता के सहारे अपने विचारों और भारतीय धर्मनिरपेक्षता के आधार को युग-युगान्तर के लिए अमरता प्रदान की। उन्होंने समाज में जो अनुभूत किया, उसी का वर्णन अपनी कविताओं में किया। उनके लिए सभी धर्म समान थे, इसलिए न उन्होंने हिंदुओं को छोड़ा है और न मुसलमानों को। सभी को समन्वय के साथ रहने का रास्ता दिखाया है। इस प्रकार कबीर धर्मनिरपेक्षता के आधार पुरुष हैं।

गद्यांश 6

I. (ग) बच्चों के भविष्य की चिंता के कारण

II. (घ) कथन (A) सही है, किंतु कारण (R) उसकी गलत व्याख्या करता है।

III. (ग) जीवन में संघर्ष का बढ़ जाना

IV. महामारी के संक्रमण को रोकने के उद्देश्य से पूर्ण बंदी लागू की गई। इस पूर्ण बंदी को एक सीमा तक सफलता भी मिली।

V. महामारी के कारण आर्थिक गतिविधियों पर अत्यधिक प्रभाव पड़ा। एक तरफ नौकरी पेशा लोगों को नौकरी से न निकाले जाने का आश्वासन दिया गया तथा साथ ही उनका वेतन न रोकने का भी वायदा किया गया, परंतु उनके साथ इसके विपरीत हुआ। नौकरी तो गई ही, इसके साथ ही उन्हें तनख्वाह भी नहीं मिली या फिर तनख्वाह में कटौती की गई। कुछ लोगों को तो किराए का घर तक छोड़ना पड़ा।

VI. महामारी काल में स्कूल तो बंद हो गए, परंतु विद्यार्थियों के भविष्य को ध्यान में रखते हुए ऑनलाइन कक्षाएँ शुरू की गईं। जिन शिक्षकों को कंप्यूटर चलाना नहीं आता था, उन शिक्षकों ने भरसक प्रयत्न कर कंप्यूटर चलाना सीखा तथा तत्कालीन परिस्थितियों में पढ़ाई-लिखाई जारी रखने का पूर्ण रूप से प्रयत्न किया गया।

VII. भारतवर्ष में जनसंख्या बहुत अधिक है। इतनी बड़ी जनसंख्या को नियम-कानून के दायरे में लाना बहुत कठिन व चुनौतीपूर्ण कार्य है। महामारी के समय में भारतवर्ष की विशाल जनसंख्या पर संक्रमण रोकने के उद्देश्य से पूर्ण बंदी लागू की गई तथा इसे सफल बनाने का प्रयास किया गया।

गद्यांश 7

I. (ग) स्वयं को जानने के लिए **II.** (ग) एकांत से प्रेम करके

III. (घ) धर्म के वास्तविक स्वरूप की पहचान

IV. एकांत प्रेमी इंसान प्रकृति से अधिक प्रेम करते हैं। प्रकृति के साथ-साथ वे इंसानों से भी प्रेम करते हैं।

V. बुद्ध अपने शिष्यों को अकेले रहने के लिए गैंडे के सींग का उदाहरण देते थे। वे कहते थे कि प्रत्येक जीव-जंतु के प्रति हिंसा का त्याग करते हुए तथा किसी की भी हानि करने की इच्छा न रखते हुए, जंगल में विचरण करते हुए गैंडे के सींग की तरह अकेले रहो।

VI. ज्यां पॉल सार्त्र एकांत के विषय में बहुत खूबसूरत बात कहते थे। उनका विचार था कि ईश्वर एक अनुपस्थिति है। ईश्वर ही इंसान का एकांत है। एकांत में रहकर ही इंसान ईश्वर के वास्तविक स्वरूप को जान पाता है।

VII. एकांतजीवी में कोई दोष नहीं होता। वह किसी व्यक्ति के अत्याचारों अथवा परिस्थितियों से तंग आकर एकांत की शरण में नहीं आता। एकांत प्रेमी तो एकांत में रहकर घनिष्ठ साधना कर ईश्वर की वास्तविकता तथा ईश्वर के प्रति प्रेम करने का प्रयास करता है, जबकि अकेलापन एक प्रकार से अलगाव की स्थिति है। यह वह स्थिति है, जो प्रतिकूल परिस्थितियों से बचने के लिए मनुष्य अपनाता है।

गद्यांश 8

I. (ख) मानव का प्रचार-प्रसार का दायरा व्यापक होने के कारण

II. (ग) विज्ञापन हमारी जरूरत की वस्तुओं को प्रस्तुत करके माँग बढ़ाता है

III. (क) कथन (A) और कारण (R) दोनों सही हैं तथा कारण (R), कथन (A) की सही व्याख्या करता है।

IV. उत्पादक का अर्थ 'उत्पन्न या उत्पाद करने वाला' है। किसी वस्तु का निर्माण करने वाला व्यक्ति या कंपनी उस वस्तु का उत्पादक कहलाता है।

V. उत्पादक व उपभोक्ता को जोडने का कार्य विज्ञापन करता है। वह उत्पादक को उपभोक्ता के संपर्क में लाता है तथा माँग और पूर्ति में संतुलन स्थापित करने का प्रयत्न करता है।

VI. विज्ञापन के आलोचकों का मानना है कि विज्ञापन निरर्थक है। यदि कोई वस्तु यथार्थ रूप में अच्छी है, तो वह बिना विज्ञापन के भी लोगों के बीच लोकप्रिय हो जाएगी और यदि कोई वस्तु खराब है तो विज्ञापन की सहायता से एक बार तो उसकी बिक्री बढ़ सकती है, परंतु कुछ समय बाद जब उस वस्तु की वास्तविकता पता लगेगी, तब वह वस्तु बाजार में नहीं टिक पाएगी। अतः विज्ञापन निरर्थक है।

VII. वर्तमान समय में संचार क्रांति ने जिंदगी को तेज गति प्रदान की है। आज समय तेजी का है। आजकल मनुष्य की आवश्यकताएँ तेजी से बढ़ी हैं। आज किसी वस्तु के अभाव का अनुभव तीव्रता से किया जाता है तथा विज्ञापन के माध्यम से व्यक्ति को नई-नई वस्तुओं की जानकारी होती है, जो समयानुसार उनकी आवश्यकता बन जाती है।

गद्यांश 9

I. (क) उसके हिम्मती होने से

II. (ग) पांडवों ने

III. (ग) पाँव बढ़ाते जाने में

IV. बड़ी हस्तियाँ बड़ी मुसीबतों को पार करके दुनिया पर अधिकार करती हैं। बड़ी चीजें ही बड़े संकटों में विकसित होती हैं।

V. महाभारत के युद्ध से पूर्व पांडवों ने अनेक मुसीबतों का सामना किया था। उन्होंने लाक्षागृह की मुसीबत झेली थी बनवास के जोखिमों को पार किया था। इन सब कठिनाइयों को झेलने के कारण वे साहसी बन गए थे। इस कारण महाभारत के युद्ध में वे अधिकांश वीरों में कौरवों के पक्ष में होने पर भी वे (पांडव) विजय प्राप्त कर सके।

VI. जिंदगी की दो सूरते हैं—पहली सूरत यह है कि आदमी बड़े-से-बड़े मकसद के लिए कोशिश करे तथा जीत हासिल करने का प्रयास करे, असफलताओं का सामना होते रहने पर भी वह हार न माने। दूसरी सूरत यह है कि वह उन गरीब आत्माओं का हमजोली बन जाए, जो न तो बहुत अधिक सुख पाती हैं और न ही अधिक दुःख।

VII. साहस की जिंदगी की सबसे बड़ी पहचान यह होती है कि ऐसी जिंदगी बिल्कुल निडर व बिल्कुल बेखौफ होती है। ऐसी जिंदगी सबसे बड़ी होती है। साहसी मनुष्य यह चिंता नहीं करता कि तमाशा देखने वाले लोग उसके बारे में क्या सोचते हैं। जनमत की उपेक्षा करके जीने वाला व्यक्ति ही दुनिया की असली ताकत होता है। मनुष्यता का प्रकाश भी साहसी व्यक्ति से ही मिलता है।

गद्यांश 10

I. (ख) चिंता, व्यथा, उच्छ्वास को समाप्त करने के कारण

II. (ग) शरीर और बुद्धि को मिलने वाला बल

III. (क) उसके शीतल जल की छींटों से मन प्रफुल्लित होता है।

IV. नाटकों में विदूषक का प्रयोग हास्य उत्पन्न कर नाटक को रोचक और आकर्षक बनाने के लिए किया जाता है।

V. गद्यांश के अनुसार हँसमुख व्यक्ति फव्वारे के समान होता है, जिसकी शीतल छींटें मन को प्रफुल्लित करती हैं। हँसमुख व्यक्तित्व में कोई उलझन या गाँठ नहीं होती। यह व्यक्ति दूसरों को प्रसन्नता देता है और जीवन में सफलता पाने का एक रहस्य भी है। हँसमुख स्वभाव दीर्घायु और मानसिक शांति का आधार है।

VI. फोटोग्राफर चाहता है कि व्यक्ति कुछ समय के लिए मुस्कुराए, जबकि विधाता चाहता है कि मनुष्य जीवन भर मुस्कुराता रहे। फोटोग्राफर क्षणिक खुशी को कैद करता है, जबकि विधाता जीवन की स्थायी प्रसन्नता की कामना करता है।

VII. हास्य-विनोद मर्यादित होना चाहिए, ताकि यह दूसरों की भावनाओं को ठेस न पहुँचाए। मर्यादा का उल्लंघन करने से हास्य दूसरों के लिए परेशानी का कारण बन सकता है। स्वस्थ हास्य ही व्यक्ति को प्रसन्न और समाज को सौहार्दपूर्ण बनाए रखता है।

गद्यांश 11

I. (ख) मनुष्य के भावों के विशेष प्रकार के संगठन पर

II. (क) शासन व्यवस्था और समाज III. (घ) 'ख' और 'ग' दोनों

IV. एक संप्रदाय को भस्म और रुद्राक्ष धारण करते देख दूसरे संप्रदाय के प्रचारकों ने उनके दर्शन तक को पाप माना है।

V. गद्यांश के अनुसार, धर्म-प्रवर्तकों ने स्वर्ग-नरक का भय इसलिए दिखाया है, जिससे वह अपने स्वरूप वैचित्र्य की रक्षा कर सकें, अपने प्रभाव की प्रतिष्ठा को बनाए रख सकें और साथ ही अपने स्वार्थों की पूर्ति भी करते रहें।

VI. गद्यांश के आधार पर कह सकते हैं कि शासन व्यवस्था कई कारणों से भय और लालच का सहारा लेती है, जिनमें से कुछ इस प्रकार हैं—अन्याय और अत्याचार के विरोध को रोकने के लिए, द्वेष और संकुचित विचारों के प्रचार को बनाए रखने के लिए तथा उनके द्वारा किए गए अत्याचार के विरुद्ध आवाज न उठाने के लिए।

VII. गद्यांश में स्पष्ट रूप से कहा गया है कि किसी जाति विशेष को मूर्तिपूजा करते देखना तथा भस्म या रुद्राक्ष धारण करना अन्य जातियों के प्रवर्तकों के लिए अनिष्ट कार्य है।

गद्यांश 12

I. (ग) 'क' और 'ख' दोनों II. (क) अहंकार : एक बड़ा अवगुण

III. (ख) तृप्ति

IV. गद्यांश की आरंभिक पंक्तियों से स्पष्ट होता है कि फिजूलखर्ची को सूक्ष्म दृष्टि से 'अहंकार का प्रदर्शन करना' कहा गया है।

V. लेखक ने मानव मन में उद्वेलित होने वाली भावनाओं की तुलना समुद्र तट की लहरों से की है। जिस प्रकार समुद्र की लहरें आते-जाते समय चट्टानों के पत्थरों को भिगोकर चली जाती हैं, उसी प्रकार हमारे भीतर आवेगों की लहरें भी हमें टक्कर देती रहती हैं।

VI. आवेशों के प्रति अडिग रहने का अभ्यास इसलिए करना होगा, क्योंकि अहंकार यदि लंबे समय तक टिकने की तैयारी में आ जाए, तो वह विनाश के नए-नए तरीके ढूँढेगा।

VII. गद्यांश में स्पष्ट रूप से कहा गया है कि अहंकारी लोग बाहर से भले ही गंभीरता का आवरण ओढ़ लें, लेकिन भीतर से वे उथलेपन से भरे होते हैं, वे सतही मानसिकता रखते हैं और किसी भी प्रकार से अपने अहं का प्रदर्शन करना चाहते हैं। अतः गद्यांश में अहंकारी व्यक्तियों की इन्हीं कमियों की ओर संकेत किया गया है।

गद्यांश 13

I. (ग) पाठक, जो सपनों की दुनिया में रहना चाहता है

II. (क) लोग तुरंत व अधिक-से-अधिक लाभ कमाना चाहते हैं

III. (क) जीवन के हर गोशे में नकद फसल के लिए बढ़ता हुआ पागलपन है

IV. साहित्य मनुष्यों का दिमाग बदलता है और उन्हें क्रांति की आवश्यकता के प्रति जागरूक बनाता है।

V. गद्यांश के अनुसार, आधुनिकता की दिशा में सुयोजित प्रयास इसलिए होने चाहिए, क्योंकि आधुनिकता होने की प्रक्रिया सदा से ही मानव सभ्यता का अंग रही है। लेखक के अनुसार आधुनिकीकरण इतिहास की सच्चाई है, जो नई समस्याओं को जन्म देने और विज्ञान को अधिक जटिल बनाने के बावजूद एक तरह से मानव जाति की नियति है।

VI. गद्यांश की आरंभिक पंक्तियों से स्पष्ट होता है कि पाठक साहित्य से आमतौर पर यह अपेक्षा रखते हैं कि साहित्य को संसार को यथावत समझना चाहिए।

VII. गद्यांश के अनुसार लेखक का कार्य दुनिया को बदलना नहीं अपितु समझना है। साहित्य क्रांति नहीं करना, वह मनुष्य का दिमाग बदलता है। लेखक के अनुसार, साहित्य लोगों को यथार्थ से अवगत कराकर बदलाव लाने के लिए कार्य करने हेतु प्रेरित करता है, ताकि मनुष्य जागरूक बन सके।

गद्यांश 14

I. (ख) हिंदी भाषा की गुणवत्ता एवं उपयोगिता

II. (ग) सदी के महानायक की

III. (ख) छोटा परदा ने

IV. 'बुनियाद' और 'हम लोग' से शुरू हुआ सोप ऑपेरा का दौर हो या सास-बहू धारावाहिकों का, ये सभी हिंदी की रचनात्मकता और उर्वरता के प्रमाण हैं।

V. गद्यांश के आधार पर कह सकते हैं कि फिल्मों और टी.वी. धारावाहिकों ने हिंदी के प्रचार-प्रसार में महत्त्वपूर्ण भूमिका निभाई है। विभिन्न हिंदी धारावाहिकों ने आम जनता के घरों में अपना मुकाम हासिल किया, जिससे हिंदी साधारण भारतीय की जीवन-शैली बन गई।

VI. गद्यांश की आरंभिक पंक्तियों में स्पष्ट किया गया है कि सिनेमा जगत के अनेक नायक-नायिकाओं, गीतकारों, कहानीकारों और निर्देशकों को हिंदी के माध्यम से पहचान मिली। इसी कारण गैर-हिंदी भाषी कलाकार भी हिंदी सिनेमा की ओर आए।

VII. गद्यांश से स्पष्ट होता है कि गैर-हिंदी क्षेत्रों के कलाकारों द्वारा हिंदी को अपनाना, गैर-हिंदी राज्यों के कलाकारों द्वारा हिंदी को अपनी पहचान के रूप में चुनना तथा डिस्कवरी चैनल का हिंदी में अनुवाद होना, ये सभी हिंदी की संप्रेषणीयता के प्रमाण हैं।

गद्यांश 15

I. (क) जलवायु परिवर्तन की समस्या

II. (ग) हिमनदों के पिघलने को

III. (ग) वैश्विक तापवृद्धि

IV. जलवायु परिवर्तन विश्वस्तरीय समस्या के समाधान के लिए संपूर्ण विश्व को संयुक्त रूप से अंतर्राष्ट्रीय स्तर पर सतत् प्रयास करने की आवश्यकता है।

V. गद्यांश के अनुसार, वातावरण में ग्रीन हाउस गैसों का होना अच्छा है, किंतु जब इनकी मात्रा बढ़ जाती है, तो तापमान में वृद्धि होने लगती है, जिसके कारण ग्लोबल वार्मिंग अर्थात् वैश्विक तापमान की समस्या उत्पन्न होती है।

VI. गद्यांश में स्पष्ट रूप से कहा गया है कि पृथ्वी पर हिमनदों के लगातार कम होने तथा उनके स्तर के नीचे खिसकने से समुद्र के जलस्तर में वृद्धि हुई है।

VII. गद्यांश के आधार पर कह सकते हैं कि सौर ऊर्जा की कुछ मात्रा ग्रीन हाउस गैसों द्वारा अवशोषित होकर पुनः पृथ्वी पर पहुँच जाती है, जिससे तापक्रम अनुकूल बना रहता है।

स्व-मूल्यांकन

गद्यांश 1

संसार में अमरता ऐसे ही लोगों को मिलती है, जो अपने पीछे कुछ आदर्श छोड़ जाते हैं, जिनका स्थायी मूल्य होता है। बहुधा यही देखा गया है कि ऐसे व्यक्ति संपन्न परिवार में बहुत कम पैदा होते हैं। अधिकांश ऐसे लोगों का जन्म मध्यम वर्ग के घरों में या गरीब परिवार में ही होता है। इस तरह का पालन-पोषण साधारण परिवार में होता है और वे सादा जीवन बिताने के आदी हो जाते हैं। मनुष्य में विनय, उदारता, कष्ट-सहिष्णुता, साहस आदि चारित्रिक गुणों का विकास अत्यावश्यक है। इन गुणों का प्रभाव उनके जीवन पर पड़ता है। ये गुण व्यक्ति को अहंकारहीन या सादा-सरल बनाते हैं। सादा जीवन या सादगी का अर्थ है—रहन-सहन, वेशभूषा और आचार-विचार का एक निर्दिष्ट स्तर। जीवन में सादगी लाने के लिए दो बातें विशेष रूप से अनुकरणीय हैं, प्रथम कठिन-से-कठिन परिस्थितियों में धैर्य को न छोड़ना, द्वितीय अपनी आवश्यकताओं को न्यूनतम बनाना।

सादगी का विचारों से भी घनिष्ठ संबंध है। सादा जीवन व्यतीत करना चाहिए और अपने विचारों को उच्च रखना चाहिए। व्यक्ति की सच्ची पहचान उसके विचारों और करनी से होती है। मनुष्य के विचार उसके आचरण पर प्रभाव डालते हैं और उसके विवेक को जाग्रत रखते हैं। विवेकशील व्यक्ति ही अपनी आवश्यकताओं को सीमित रखता है, उन्हें अपने ऊपर हावी नहीं होने देता। सादा जीवन व्यतीत करने वाले व्यक्ति को कभी हतप्रभ होकर अपने आत्मसम्मान पर आँच नहीं आने देनी चाहिए। सादगी मनुष्य के चरित्र का अंग है, वह बाहरी चीज नहीं है।

महात्मा गाँधी सादा जीवन पसंद करते थे और हाथ के कते और बुने खद्दर के मामूली वस्त्र पहनते थे, किंतु अपने उच्च विचारों के कारण वे संसार में वंदनीय हो गए।

बहुविकल्पीय प्रश्न

I. महापुरुष प्राय: कैसे परिवार में जन्म लेते हैं?
(क) गरीब वर्गीय परिवार में
(ख) मध्यवर्गीय परिवार में
(ग) 'क' और 'ख' दोनों
(घ) उच्चवर्गीय परिवार में

II. प्रस्तुत गद्यांश का सर्वाधिक उपयुक्त शीर्षक क्या हो सकता है?
(क) सादा जीवन उच्च विचार
(ख) मनुष्य की विचारधारा
(ग) जीवन का रहस्य
(घ) सामाजिक स्थिति का निर्धारण

III. हाथ से कते और बुने खद्दर के मामूली वस्त्र पहनते थे
(क) पंडित दीनदयाल (ख) राजा राममोहन राय
(ग) दयानंद स्वामी (घ) महात्मा गाँधी

अतिलघूत्तरात्मक प्रश्न

IV. सादा जीवन या सादगी का क्या अर्थ है?

लघूत्तरात्मक प्रश्न

V. कौन-सा गुण व्यक्ति को अहंकारहीन बनाता है?

VI. जीवन को सरल और सादा बनाने के लिए हमें क्या करना चाहिए?

VII. व्यक्ति की सच्ची पहचान किससे होती है?

गद्यांश 2

मानव सभ्यता पर औद्योगिक क्रांति की धमक अभी थमी भी नहीं कि एक नई तकनीकी क्रांति ने अपने आने की घोषणा कर दी है। 'नैनो-तकनीक' के समर्थक दावा करते हैं कि जब यह अपने पूरे वजूद से आएगी तो धरती का नामोनिशान मिट जाएगा और नैनो रोबोट की स्वनिर्मित फौज पूरी तरह क्षत-विक्षत शव को पलक झपकते ही चुस्त-दुरुस्त इंसान में तबदील कर देगी।

दूसरी ओर नैनो-तकनीक की असीमित शक्ति से आशंकित इसके विरोधी इसे मिस्र के पिरामिडों में सोई ममियों से भी ज्यादा अभिशप्त समझते हैं। इन दोनों अतिवादी धारणाओं के बीच इतना अवश्य कहा जा सकता है कि हम तकनीकी क्रांति के एक सर्वथा नए मुहाने पर आ पहुँचे हैं, जिसके बाद उद्योग, चिकित्सा, दूरसंचार, परिवहन सहित हमारे जीवन में शामिल तमाम तकनीकी जटिलताएँ अपने पुराने अर्थ खो देंगी। इस अभूतपूर्व तकनीकी बदलाव के सामाजिक-सांस्कृतिक निहितार्थ क्या होंगे, यह देखना सचमुच दिलचस्प होगा।

आदमी ने कभी सभ्यता की बुनियाद पत्थर के बेडौल हथियारों से डाली थी, अनगढ़ शिलाओं को छीलकर उन्हें कुल्हाड़ों और भालों की शक्ल में ढाला और इस उपलब्धि ने उत्पादकता की दृष्टि से उसे दूसरे जंतुओं की तुलना में लाभ की स्थिति में ला खड़ा किया। औज़ारों को बेहतर बनाने का यह सिलसिला आगे कई विस्मयकारी मसलों से गुज़रा और औद्योगिक क्रांति ने तो मनुष्य को मानो प्रकृति के नियंत्रक की भूमिका सौंप दी।

तकनीकी कौशल की हतप्रभ कर देने वाली इस यात्रा में एक बात ऐसी है, जो पाषाण युग के बेढब हथियारों से चमत्कारी माइक्रोचिप निर्माण तक एक जैसी बनी रही। हम अपने औजार कच्चे माल को तराशकर बनाते हैं। यह सर्वविदित तथ्य है कि सारे पदार्थ परमाणुओं से मिलकर बने हैं, लेकिन पदार्थों के गुण इस बात पर निर्भर करते हैं कि उनमें परमाणुओं को किस तरह सजाया गया है। कार्बन के परमाणुओं की एक खास बनावट से कोयला तैयार होता है, तो दूसरी खास बनावट उन्हें हीरे का रूप दे देती है। परमाणु और अणुओं को इकाई मानकर मनचाहा उत्पाद तैयार करना ही 'नैनो-तकनीक' का सार है।

बहुविकल्पीय प्रश्न

I. गद्यांश के अनुसार 'नैनो-तकनीक' क्या है?
(क) छोटी-छोटी मशीनों का प्रयोग करके बड़ी चीज बनाना
(ख) परमाणु और अणुओं को मूलभूत इकाई मानकर इच्छानुसार उत्पाद तैयार करना
(ग) परमाणु और अणुओं में भेद न करते हुए इनका प्रयोग उत्पाद बनाने में करना
(घ) तकनीक के क्षेत्र में मनुष्य को सर्वाधिक महत्त्व प्रदान करना

II. गद्यांश के अनुसार नैनो-तकनीक के महत्त्व के बारे में कौन-सा कथन सही है?

कथन 1. यह ऐसी तकनीक है, जो मनुष्य की सोच की सीमा बढ़ा देगी।

कथन 2. यह मनुष्य के विकास के लिए अत्यंत आवश्यक है।

कथन 3. यह मनुष्य को केवल विनाश की ओर ले जाएगी।

कथन 4. यह ऐसी तकनीक है, जो मनुष्य की सोच को सीमित कर देगी।

कूट
(क) केवल कथन 2 सही है (ख) कथन 2 व 3 सही हैं
(ग) केवल कथन 3 सही है। (घ) कथन 1 व 4 सही हैं

III. **कथन** (A) मनुष्य प्रकृति का नियंत्रक बन गया है।
कारण (R) औजारों का निर्माण व बेहतर बनाया गया तथा औद्योगिक क्रांति की।

कूट
(क) कथन (A) सही है, किंतु कारण (R) गलत है।
(ख) कथन (A) गलत है, किंतु कारण (R) सही है।
(ग) कथन (A) और कारण (R) दोनों सही हैं तथा कारण (R), कथन (A) की सही व्याख्या है।
(घ) कथन (A) और कारण (R) दोनों सही हैं, परंतु कारण (R), कथन (A) की सही व्याख्या नहीं है।

अतिलघूत्तरात्मक प्रश्न

IV. पदार्थों के गुण किस बात पर निर्भर करते हैं?

लघूत्तरात्मक प्रश्न

V. नैनो-तकनीक के वजूद में आने का क्या परिणाम होगा?

VI. नैनो-तकनीक के विरोधी द्वारा इसे मिस्र के पिरामिडों में सोई ममियों से भी ज्यादा अभिशप्त क्यों माना गया?

VII. 'नैनो-तकनीक' का सार क्या होता है?

गद्यांश 3

मनुष्यता बौद्धिकता में निवास न करके, उसके व्यवहार में निवास करती है। व्यवहार में बौद्धिकता का समावेश तब ही हो सकता है, जब सद्बुद्धि मौजूद हो, सद्विवेक उपस्थित हो और सद्बुद्धि या सद्विवेक यथार्थ में सुमति ही है। सुमति संपन्न व्यक्ति को अनेक अनमोल निधियाँ प्राप्त होती हैं। व्यक्ति को सुमति संपन्न बनाने में महत्त्वपूर्ण भूमिका उसकी शिक्षा एवं समाजीकरण निभाता है। इसी से किसी व्यक्ति के विवेकयुक्त व्यक्तित्व का निर्माण होता है। उचित शिक्षा व्यक्ति को विनम्रता एवं शालीनता का पाठ पढ़ाती है और उसे स्वावलंबी बनाती है। शिक्षा ही उचित-अनुचित, अच्छे-बुरे आदि में अंतर करने की दिव्य-दृष्टि प्रदान करती है, जिससे व्यक्ति सही-गलत, सत्य-असत्य की पहचान कर सकने में सक्षम बनता है। इसके अतिरिक्त शिक्षा विद्यार्थियों में उच्च चारित्रिक गुणों का निर्माण करके उनमें देश एवं समाज के प्रति उदात्त भावनाओं का विकास करती है अर्थात् समाज के अन्य सदस्यों के प्रति सद्विचार उत्पन्न करती है और सुमति संपन्न व्यक्ति निरंतर न सिर्फ़ अपने व्यक्तित्व का विकास करता है, बल्कि इससे समाज एवं राष्ट्र भी प्रगति के पथ पर अग्रसर होता है। जब मनुष्य में सद्विवेक उत्पन्न होगा, तो वह एक-दूसरे से ईर्ष्या एवं द्वेष करना छोड़ देगा।

जातीयता, सांप्रदायिकता, प्रांतीयता, अंध-क्षेत्रीयता आदि से संबंधित स्थापित संकीर्ण मान्यताओं को अस्वीकार कर सकेगा। धर्म एवं जाति की संकीर्ण कलुषित मानसिकता की जकड़न को तोड़कर वह इतना अहसास कर पाएगा कि सभी बंधनों से पूर्व सर्वप्रथम हम मानव हैं और मानव होने के नाते हमारे कुछ सामान्य लक्ष्य हैं, जिन्हें प्राप्त करना सभी मनुष्यों का धर्म है। इससे धर्म, सत्ता, अर्थ एवं वि-संस्कृति की अंधानुकृति के कारण लोप हो रही मानवता की पुनर्स्थापना की जा सकती है।

बहुविकल्पीय प्रश्न

I. कुशल बुद्धि के निर्माण में किसका महत्त्वपूर्ण योगदान है?
(क) विनम्रता का
(ख) शिक्षा का
(ग) समाजीकरण का
(घ) 'ख' और 'ग' दोनों

II. प्रस्तुत गद्यांश का सर्वाधिक उपयुक्त शीर्षक क्या होगा?
(क) सांप्रदायिकता का जहर
(ख) मनुष्य का धर्म
(ग) बौद्धिकतापूर्ण मानवता की पुनर्स्थापना
(घ) शिक्षा और समाज

III. उचित शिक्षा व्यक्ति को .... का पाठ पढ़ाती है।
(क) विनम्रता (ख) शालीनता
(ग) 'क' और 'ख' दोनों (घ) सांप्रदायिकता

अतिलघूत्तरात्मक प्रश्न

IV. व्यक्ति को सुमति संपन्न बनाने में महत्त्वपूर्ण भूमिका कौन निभाता है?

लघूत्तरात्मक प्रश्न

V. शिक्षा किस प्रकार समाज एवं देश की प्रगति में सहयोग करती है?

VI. मनुष्य किसके माध्यम से स्वावलंबी बनता है?

VII. मनुष्य जातीयता, सांप्रदायिकता, प्रांतीयता की संकीर्ण मान्यताओं को अस्वीकार कब करता है?

गद्यांश 4

भारत के लिए लोकतंत्र को अपनाया जाना भारत के राष्ट्रीय आंदोलन व जनता की आकांक्षाओं का स्वाभाविक परिणाम था। लोकतंत्र के मूलभूत तत्त्व को समझा नहीं गया है और इसलिए लोग समझते हैं कि सब कुछ सरकार को करना चाहिए, हमारी कोई जिम्मेदारी नहीं है।

लोगों में अपनी पहल से जिम्मेदारी उठाने और निभाने का संस्कार विकसित नहीं हो पाया है। फलस्वरूप देश की विशाल मानव शक्ति अभी ख़र्राटे लेती पड़ी है और देश की पूँजी उपयोगी बनने के बदले आज बोझ बन बैठी है, लेकिन उसे नींद से झकझोर कर जाग्रत करना है। किसी भी देश को महान बनाते हैं, उसमें रहने वाले लोग। लेकिन अभी हमारे देश के नागरिक अपनी जिम्मेदारी से बचते रहे हैं। चाहे सड़क पर चलने की बात हो अथवा साफ़-सफ़ाई की बात हो, जहाँ-तहाँ हम लोगों को गंदगी फैलाते और बेतरतीब ढंग से वाहन चलाते देख सकते हैं। फिर चाहते हैं कि सब कुछ सरकार ठीक कर दे।

सरकार ने बहुत सारे कार्य किए हैं, इसे अस्वीकार नहीं किया जा सकता है। वैज्ञानिक प्रयोगशालाएँ खोली हैं, विशाल बाँध बनवाए हैं तथा फ़ौलाद के कारखाने खोले हैं आदि बहुत सारे काम सरकार के द्वारा हुए हैं, परंतु अभी भी करोड़ों लोगों को कार्य के प्रति प्रेरित नहीं किया जा सका है।

वास्तव में, होना तो यह चाहिए कि लोग अपनी सूझ-बूझ के साथ अपनी आंतरिक शक्ति के बल पर खड़े हों और अपने पास जो कुछ साधन-सामग्री हो उसे लेकर कुछ कार्य करना शुरू कर दें और फिर सरकार उसमें आवश्यक मदद करे। उदाहरण के लिए, गाँव वाले बड़ी-बड़ी पंचवर्षीय योजनाएँ नहीं समझ सकेंगे, पर वे लोग यह बात जरूर समझ सकेंगे कि अपने गाँव में कहाँ कुआँ चाहिए, सिंचाई के लिए कौन-सा साधन सुलभ है और कहाँ पुल की आवश्यकता है। बाहर के लोग इन सब बातों से अनभिज्ञ होते हैं।

बहुविकल्पीय प्रश्न

I. गद्यांश के आधार पर बताइए कि लोकतंत्र का मूल तत्त्व क्या है?
(क) कर्त्तव्यपालन (ख) मानव शक्ति
(ग) आंतरिक शक्ति (घ) ये सभी

II. गद्यांश में लेखक द्वारा राष्ट्र के नागरिकों को क्या सुझाव दिए गए हैं?
(क) लोग अपनी समझ व आंतरिक ऊर्जा को आधार बनाएँ
(ख) जो भी साधन उपलब्ध हों, उनके आधार पर कार्य आरंभ करें
(ग) 'क' और 'ख' दोनों
(घ) कारखाने खोलें

III. किसी भी देश को महान बनाते हैं
(क) उसमें रहने वाले लोग
(ख) दूसरे देश के लोग
(ग) ग्रामीण परिवार
(घ) उपर्युक्त सभी

अतिलघूत्तरात्मक प्रश्न

IV. भारत के लिए लोकतंत्र को अपनाया जाना किसका परिणाम था?

लघूत्तरात्मक प्रश्न

V. प्रस्तुत गद्यांश में लेखक ने सरकारी व्यवस्था की किस कमी को उजागर किया है?

VI. गद्यांश में सरकार द्वारा किए गए कौन-से कार्यों का उल्लेख किया गया है?

VII. गद्यांश के आधार पर बताइए कि किसको नींद से झकझोर कर जाग्रत करने की आवश्यकता है?

गद्यांश 5

समाज कल्याण क्या है, इसकी पूर्ण तथा सांगोपांग परिभाषा देते समय मतभेद हो सकता है, किंतु जहाँ तक इसके सार-तत्त्व को समझने की बात है, लोगों में एक प्रकार से सामान्य सहमति मालूम पड़ती है। इसका तात्पर्य एक व्यक्तिगत सेवा से है, जो विशेष प्रकार की न होकर सामान्य प्रकार की होती है। इसका उद्देश्य किसी ऐसे व्यक्ति की सहायता करना है, जो असमर्थता की भावना से दु:खी होने पर भी अपने जीवन का सर्वोत्तम सदुपयोग करना चाहता है अथवा उन कठिनाइयों पर विजयी होना चाहता है, जो उसे पराजित कर चुकी हैं अथवा पराजय की आशंकाएँ उत्पन्न करती हैं।

समाज-कल्याण की भावना दुर्बल की सहायता करती है तथा अपरिवर्तनीय स्थितियों के साथ संबंध सुधारने या सामंजस्य स्थापित करने का प्रयत्न करती है। इसके सर्वोच्च आदर्शों का सही-सही निरूपण स्वास्थ्य मंत्रालय के एक परिपत्र द्वारा निर्दिष्ट वाक्य में किया गया है, जिसका संबंध विकलांगों के कल्याण से है। इसके अनुसार, कल्याणकारी सेवाओं का उद्देश्य यह सुनिश्चित करना है कि "सभी विकलांग व्यक्तियों को, चाहे उनकी अक्षमता कुछ भी हो, सामुदायिक जीवन में हाथ बँटाने तथा उसके विकास में योगदान देने के लिए अधिक-से-अधिक अवसर दिए जाएँगे, ताकि उनकी क्षमताओं का पूर्ण क्रियान्वयन हो सके, उनका आत्मविश्वास जाग सके तथा उनके सामाजिक संपर्क मजबूत बन सकें।"

बहुविकल्पीय प्रश्न

I. प्रस्तुत गद्यांश के आधार पर बताइए कि समाज-कल्याण का उद्देश्य क्या है?
(क) ऐसे व्यक्ति की सहायता करना, जो असमर्थता के बाद भी अपने जीवन का सर्वोत्तम सदुपयोग करना चाहता है
(ख) ऐसे व्यक्ति की सहायता करना, जो उन कठिनाइयों पर विजय प्राप्त करना चाहता है, जो उसे पराजित कर चुकी हैं
(ग) 'क' और 'ख' दोनों
(घ) ऐसे व्यक्ति की सहायता करना, जो पूर्णत: समर्थ है

II. गद्यांश के आधार पर समाज कल्याण का तात्पर्य है
(क) व्यक्तिगत सेवा (ख) अव्यक्तिगत सेवा
(ग) निरव्यक्तिगत सेवा (घ) ये सभी

III. समाज कल्याण की भावना किसकी सहायता करती है?
(क) दुर्बल की (ख) धनी की
(ग) ग्रामीण की (घ) विद्रोही की

अतिलघूत्तरात्मक प्रश्न

IV. समाज कल्याण के सर्वोच्च आदर्शों का सही निरूपण किसमें किया गया है?

लघूत्तरात्मक प्रश्न

V. गद्यांश के आधार पर बताइए कि समाज कल्याण की भावना किसकी सहायता करती है?

VI. ''उनका आत्मविश्वास जाग सके तथा उनके सामाजिक संपर्क मजबूत बन सकें'', वाक्य में किसकी ओर संकेत किया गया है?

VII. स्वास्थ्य मंत्रालय ने अपने परिपत्र में समाज कल्याण के लिए कौन-से लक्ष्य निर्धारित किए हैं?

गद्यांश 6

किसी भी जीव के शरीर और मानस के सबसे ऊपर मस्तिष्क है। इस मस्तिष्क का स्वभाव कैसे तय होता है? बुद्धि में होने वाले विचार से। इसका मतलब यह है कि किसी भी व्यक्ति के वंशानुगत स्वभाव को उसकी बुद्धि, उसका विवेक बदल सकता है। इसका मतलब यह है कि हमारे बर्ताव, हमारे कर्म पर हमारा वश है, चाहे दुनिया भर पर न भी हो। हम अपने स्वभाव को बदल सकते हैं, अपनी बुद्धि में बारीक बदलाव लाकर। इसके लिए हमें मस्तिष्क की रूप-रेखा पर एक नज़र दौड़ानी होगी। हमारे मस्तिष्क के दो विभिन्न अंश हैं—चेतन और अवचेतन। दोनों ही अलग-अलग प्रयोजनों के लिए ज़िम्मेदार हैं और दोनों के सीखने के तरीके भी अलग-अलग हैं। मस्तिष्क का चेतन भाग हमें विशिष्ट बनाता है, वही हमारी विशिष्टता है। इसकी वजह से एक व्यक्ति किसी दूसरे व्यक्ति से अलग होता है। हमारा कुछ अलग-सा स्वभाव, हमारी कुछ अनोखी सृजनात्मक शक्ति-ये सब मस्तिष्क के इसी हिस्से से संचालित होती हैं, तय होती हैं।

हर व्यक्ति की चेतन रचनात्मकता ही उसकी मनोकामना, उसकी इच्छा और महत्त्वाकांक्षा तय करती है। इसके विपरीत मस्तिष्क का अवचेतन हिस्सा एक ताकतवर प्रतिश्रुति यंत्र जैसा ही है। यह अब तक के रिकॉर्ड किए हुए अनुभव दोहराता रहता है।

इसमें रचनात्मकता नहीं होती। यह उन स्वचालित क्रियाओं और उस सहज स्वभाव को नियंत्रित करता है, जो दुहरा-दुहरा कर, हमारी आदत का एक हिस्सा बन चुका है। यह ज़रूरी नहीं है कि अवचेतन दिमाग की आदतें और प्रतिक्रियाएँ हमारी मनोकामनाओं या हमारी पहचान पर आधारित हों। दिमाग का यह हिस्सा अपने जन्म के थोड़े पहले, माँ के पेट में ही सीखना शुरू कर देता है जैसे जीवन के 'चक्रव्यूह' में उतरने से पहले ही 'अभिमन्यु' पाठ सीखने लगा हो। यहाँ से लेकर सात साल की उमर तक वे सारे कर्म और आचरण हमारे दिमाग का यह अवचेतन हिस्सा सीख लेता है, जो भावी जीवन के लिए मूल आधार हैं।

बहुविकल्पीय प्रश्न

I. कौन-सा कथन सही है?
(क) वंशानुगत स्वभाव को अपने विवेक और बुद्धि से बदल सकते हैं
(ख) वंशानुगत स्वभाव को अपने विवेक और बुद्धि से नहीं बदल सकते हैं
(ग) व्यवहार और कर्म पर किसी का वश नहीं है
(घ) नियति ही सर्वोच्च है और होनी होकर रहती है

II. अभिमन्यु की चर्चा से लेखक प्रतिपादित करना चाहता है कि
(क) चेतन मस्तिष्क जन्म से पहले ही काम करना शुरू कर देता है
(ख) अवचेतन मस्तिष्क जन्म से पहले ही काम करना शुरू कर देता है
(ग) अवचेतन मस्तिष्क चक्रव्यूह जैसा होता है
(घ) हमारा आचरण हमारे भविष्य का निर्माता है

III. किसी व्यक्ति को दूसरे से भिन्न और विशिष्ट स्वभाव का बनाता है
(क) चेतन मस्तिष्क (ख) अवचेतन मस्तिष्क
(ग) हमारे कर्मों का फल (घ) हँसमुख व्यवहार

अतिलघूत्तरात्मक प्रश्न

IV. सृजनात्मक और रचनात्मक कार्यों की जिम्मेदारी किसकी है?

लघूत्तरात्मक प्रश्न

V. हम अपने स्वभाव को कैसे परिवर्तित कर सकते हैं?

VI. मस्तिष्क के दो अंश कौन-से है? स्पष्ट कीजिए।

VII. गद्यांश के अनुसार, मस्तिष्क का अवचेतन हिस्सा क्या-क्या सीख लेता है?

गद्यांश 7

आज शिक्षा के क्षेत्र में भी बाजारीकरण हो जाने के कारण शिक्षा महँगी और गरीबों की पहुँच से बाहर हो चुकी है। एक ओर तो रुचि और उपयोगिता के अनुसार उपयुक्त शिक्षा पाने के लिए गरीबों के पास धन उपलब्ध नहीं है, तो वहीं जो सम्पन्न हैं, उनके पास समय का अभाव है। ऐसे में ऑनलाइन शिक्षा व्यवस्था एक बेहतर विकल्प के तौर पर उभरी है। पिछले वर्ष देश के गरीब और स्कूल न जान सकने वाले बच्चों के लिए सरकार की ओर से प्रभावी कदम उठाते हुए ई-शिक्षा व्यवस्था की शुरुआत करते हुए 'स्वयं डॉट जीओवी डॉट इन' वेब पोर्टल की शुरुआत की गई है। इससे बच्चे ऑनलाइन शिक्षा पा सकेंगे और उन्हें किसी भी तरह का शुल्क नहीं देना होगा। इस पोर्टल की विशेषता यह है कि इससे छात्र मैनेजमेंट, इंजीनियरिंग सहित तमाम पाठ्यक्रमों की पढ़ाई घर बैठे कर सकेंगे। इससे छात्रों को घर बैठे ही सर्टिफिकेट और डिग्री भी हासिल होंगे, जो किसी भी विश्वविद्यालय में मान्य होंगे।

ऑनलाइन एजुकेशन के प्रति लोगों में बढ़ता उत्साह देखकर कहा जा सकता है कि भारत में इसका भविष्य उज्ज्वल है। यही कारण है कि अब अधिकतर शिक्षण संस्थान इस व्यवस्था को अपना रहे हैं। पढ़ाई का बढ़ता खर्च और किसी भी प्रोफेशनल कोर्स की डिग्री प्राप्त करने के लिए कॉलेजों का चुनाव, प्रवेश परीक्षा और फिर एक साथ मोटी

फीस चुकाना युवाओं की बढ़ती संख्या के लिए काफी मुश्किल साबित हो रहा है। भारत में केवल बारह प्रतिशत छात्रों को विश्वविद्यालय में प्रवेश मिलता है। ऐसे में ऑनलाइन शिक्षा देने वाली कंपनियों के लिए भारत एक बहुत बड़ा बाजार बन गया है। आज एक-दूसरे को समझने-जानने की जिज्ञासा भी लोगों में बढ़ी हुई देखी जाती है। ऐसे में किसी देश की भाषा सीखना आवश्यक हो जाता है क्योंकि भाषा सीखने में उस देश की संस्कृति तथा अन्य बातें समझी जा सकती हैं। इसलिए भारत के प्रति भी रुचि बढ़ी है और हिंदी सीखने-सिखाने की माँग भी बढ़ी है। यह भारत के लिए, विशेषकर हिंदी भाषा के लिए शुभ संकेत है।

बहुविकल्पीय प्रश्न

I. भारत में ऑनलाइन शिक्षा में निरंतर रुचि बढ़ने का क्या कारण है?
(क) पढ़ाई का खर्च अधिक होना
(ख) विश्वविद्यालयों में प्रवेश न मिलना
(ग) अनेक शिक्षण संस्थाओं के द्वारा ऑनलाइन व्यवस्था
(घ) उपर्युक्त सभी

II. 'ऑनलाइन शिक्षा व्यवस्था' का तात्पर्य है
(क) घर बैठे इंटरनेट के माध्यम से शिक्षा
(ख) मैनेजमेंट, इंजीनियरिंग आदि की शिक्षा
(ग) गरीब और साधनहीन लोगों के लिए शिक्षा
(घ) किसी भी प्रकार के शुल्क से मुक्त शिक्षा

III. **कथन** (A) ऑनलाइन शिक्षा भारत के लिए शुभ संकेत है।
कारण (R) भारत में ऑनलाइन शिक्षा के प्रति लोगों में काफी उत्साह है।

कूट
(क) कथन (A) और कारण (R) दोनों सही हैं तथा कारण (R), कथन (A) की सही व्याख्या है।
(ख) कथन (A) और कारण (R) दोनों सही हैं, परंतु कारण (R), कथन (A) की सही व्याख्या नहीं है।
(ग) कथन (A) सही है, किंतु कारण (R) गलत है।
(घ) कथन (A) गलत है, किंतु कारण (R) सही है।

अतिलघूत्तरात्मक प्रश्न

IV. सरकार द्वारा 'वेब पोर्टल' की शुरुआत किसके लिए की गई है।

लघूत्तरात्मक प्रश्न

V. आज शिक्षा का गरीबों की पहुँच से बाहर होने का क्या कारण है?

VI. भारत ऑनलाइन शिक्षा देने वाली कंपनियों के लिए बहुत बड़ा बाजार क्यों बन गया है?

VII. किसी भी देश की भाषा को सीखना आवश्यक क्यों है?

गद्यांश 8

युगों-युगों से मानव इस धरती पर आसरा लिए हुए हैं। प्रत्येक युग प्रतिक्षण परिवर्तित हुआ है, इसलिए कहा गया है कि समय परिवर्तनशील है, जो आज हमारे साथ नहीं है, कल हमारे साथ होंगे और हम अपने दु:ख और असफलता से मुक्ति पा लेंगे, यह विचार ही हमें सहजता प्रदान कर सकता है। हम दूसरे की संपन्नता, ऊँचा पद और भौतिक साधनों की उपलब्धता देखकर विचलित हो जाते हैं कि यह उसके पास तो है, किंतु हमारे पास नहीं है, वह हमारे विचारों की गरीबी का प्रमाण है और यही बात अंदर विकट असहज भाव का संचालन करती है। जीवन में सहजता का भाव न होने के कारण अधिकतर लोग हमेशा ही असफल होते हैं। सहज भाव लाने के लिए हमें नियमित रूप से योगासन-प्राणायाम और ध्यान करने के साथ-साथ ईश्वर का स्मरण अवश्य करना चाहिए। इसमें हमारे तन-मन और विचारों के विकार बाहर निकलते हैं और तभी हम सहजता के भाव का अनुभव कर सकते हैं। याद रखने की बात है कि हमारे विकार ही हमारे अंदर असहजता का भाव उत्पन्न करते हैं। ईर्ष्या-द्वेष और परनिंदा जैसे गुण हम अनजाने में ही अपना लेते हैं और अंतत: जीवन में हर पल असहज होते हैं। उससे बचने के लिए आवश्यक है कि हम अध्यात्म के प्रति अपने मन और विचारों का रुझान रखें।

बहुविकल्पीय प्रश्न

I. गद्यांश के आधार पर मनुष्य की वैचारिक गरीबी को प्रकट करने वाला विचार है
(क) दूसरों की संपन्नता से विचलित होना
(ख) दूसरों के ऊँचे पद से विचलित होना
(ग) 'क' और 'ख' दोनों
(घ) योगासन से विचलित होना

II. गद्यांश के आधार पर दिए गए कथनों में से सही विकल्प का चयन कीजिए।
(क) सहज भाव मन को एकाग्र व विचलित करते हैं
(ख) हमारे विकार हमारे अंदर सहज भाव उत्पन्न करते हैं
(ग) जीवन में सहजता का भाव न होने से अधिकतर लोग असफल होते हैं
(घ) जीवन में सहज भाव न होने से अधिकतर लोग असफलता से मुक्ति पाते हैं

III. गद्यांश के आधार पर स्पष्ट कीजिए कि सहज भावों को धारण करने के लिए हमें क्या करना चाहिए?
(क) योगासन-प्राणायाम (ख) ईश्वर का स्मरण
(ग) ध्यान करना (घ) ये सभी

अतिलघूत्तरात्मक प्रश्न

IV. मनुष्य में असहजता का विकास कैसे होता है?

लघूत्तरात्मक प्रश्न

V. यदि हम अध्यात्म के प्रति अपने मन और विचारों का रुझान रखें, तो किससे बचा जा सकता है? स्पष्ट कीजिए।

VI. हमारे विचारों की गरीबी का प्रमाण क्या है?

VII. समय परिवर्तनशील है, ऐसा क्यों कहा गया है? स्पष्ट कीजिए।

02

अध्याय

अपठित पद्यांश

अपठित पद्यांश का अर्थ

कविता (काव्य) का वह अंश, जिसका पहले अध्ययन नहीं किया गया हो, अपठित पद्यांश कहलाता है। अपठित पद्यांश का उद्देश्य काव्य-पंक्तियों में प्रयुक्त शब्दों के अर्थ जानना, भाव समझना, विश्लेषण करना, काव्य सौंदर्य को समझना, भाषा-शैली को पहचानना आदि में विद्यार्थियों की क्षमता को परखना होता है। अपठित पद्यांश के अंतर्गत विद्यार्थियों को काव्य-पंक्तियों के भावार्थ (मूल भाव) व केंद्रीय भाव को समझकर उसका सावधानीपूर्वक, गंभीरता व गहनता से अध्ययन करना अत्यंत आवश्यक है।

▼ प्रश्न प्रारूप

पद्यांश की संख्या 1

शब्द-सीमा 100

- बहुविकल्पीय प्रश्न
- अतिलघूत्तरात्मक प्रश्न
- लघूत्तरात्मक प्रश्न

कुल अंक 8

अपठित पद्यांश को हल करने के चरणबद्ध तरीके

- सर्वप्रथम दिए गए अपठित पद्यांश को दो-तीन बार ध्यानपूर्वक पढ़कर उसके मूलभाव को आत्मसात् (समझना) करना चाहिए।
- पद्यांश में दिए गए **महत्त्वपूर्ण संदर्भों** को रेखांकित करते रहना चाहिए। इससे प्रश्नों को हल करने में आसानी होती है।
- भाषिक संरचना एवं व्याकरण संबंधी प्रश्नों के लिए पद्यांश में दिए गए कठिन शब्दों को रेखांकित करना चाहिए।
- पद्यांश में प्रयुक्त अलंकार, रस, छंद आदि भाषिक बिंदुओं को गंभीरता से हल करना चाहिए।

अपठित पद्यांश को हल करते समय ध्यान रखने योग्य बातें

- कवि के विचारों को ध्यान में रखकर ही सर्वाधिक उचित विकल्प का चुनाव अपने उत्तर के रूप में करना चाहिए।
- सही उत्तर के विकल्प का चुनाव करते समय एकाग्र होना चाहिए तथा प्रश्न की प्रकृति पूरी तरह स्पष्ट होने पर ही विकल्प का चयन करना चाहिए।
- सभी प्रश्नों को ध्यानपूर्वक पढ़ने व समझने के पश्चात् ही उसके उत्तर का चुनाव करना चाहिए।
- पद्यांश पर आधारित **कथन** व **कथन/कारण** वाले बहुविकल्पीय प्रश्नों को हल करने हेतु सर्वप्रथम उनके केंद्र बिंदु व मुख्य उद्देश्य को समझना चाहिए। इसके पश्चात् ही सही विकल्प का चयन करना चाहिए।
- अतिलघु व लघु उत्तरीय प्रश्नों के उत्तर काव्यांश के बाहर से नहीं देने चाहिए।
- अतिलघु व लघु उत्तरीय प्रश्नों के उत्तर में शब्द सीमा का ध्यान रखना चाहिए।
- प्रश्नों का उत्तर लिखने के बाद एक बार अवश्य ध्यानपूर्वक दोहरा लेना चाहिए, ताकि असावधानी से हुई गलतियों को सुधारा जा सके।

सैंपल पद्यांश

यहाँ कुछ उदाहरण दिए जा रहे हैं। विद्यार्थी इन उदाहरणों की मदद से अपठित पद्यांशों को सही प्रकार से हल करना सीख सकते हैं। निम्नलिखित पद्यांशों को पढ़कर इन पर पूछे गए प्रश्नों के उत्तर दीजिए

पद्यांश 1

देख आया चंद्रगहना।
देखता हूँ दृश्य अब मैं
मेड़ पर इस खेत की बैठा अकेला
एक बीते के बराबर यह हरा ठिगना चना,
बाँधे मुरेठा शीश पर छूटे गुलाबी फूल का
सजकर खड़ा है।
पास ही मिलकर उगी है बीच में अलसी हठीली
देह की पतली, कमर की है लचीली
नीले फूले फूल को सिर पर चढ़ाकर
कह रही है जो छुए यह दूँ हृदय का दान उसको।
और सरसों की न पूछो-हो गई सबसे सयानी,
हाथ पीले कर लिए हैं, ब्याह-मंडप में पधारी;
फाग गाता मास फागुन आ गया है आज जैसे।
देखता हूँ मैं, स्वयंवर हो रहा है,
प्रकृति का अनुराग अंचल हिल रहा है
इस विजन में, दूर व्यापारिक नगर से
प्रेम की प्रिय भूमि उपजाऊ अधिक है।
और पैरों के तले है एक पोखर,
उठ रहीं इसमें लहरियाँ,
नीम तल में तो उगी है घास भूरी, ले रही वह भी लहरियाँ
एक चाँदी का बड़ा-सा गोल खंभा आँख को है चमकाता
हैं कई पत्थर किनारे पी रहे चुपचाप पानी,
प्यास जाने कब बुझेगी, चुप खड़ा बगुला डुबाए टाँग जल में,
देखते ही मीन चंचल ध्यान-निद्रा त्यागता है
चट दबाकर चोंच से नीचे गले के डालता है।

बहुविकल्पीय प्रश्न

I. पद्यांश में किन दृश्यों का वर्णन किया गया है?
(क) गाँव के जलाशय और झरनों का
(ख) गाँव में उगने वाली फसलों का
(ग) विभिन्न सामाजिक रीति-रिवाजों का
(घ) गाँव के प्राकृतिक दृश्यों का

II. पद्यांश में अलसी को हठीली क्यों कहा गया है?
(क) वह दूसरे पौधों से हठ करके उलझती रहती है
(ख) उसके सिर पर की डोडियाँ उसे सीधी कर देती हैं
(ग) पतली और लचीली होने के कारण तनकर सीधी हो जाती है
(घ) वह बराबर हिलती रहने के कारण हठीली लगती है

III. पद्यांश के अनुसार, चने और अलसी के वर्णन से कवि ने क्या व्यक्त किया है?
1. चना और अलसी प्रकृति के सौंदर्य का प्रतीक हैं।
2. चना और अलसी की विशेषताएँ मनुष्य के गुणों से जुड़ी हुई हैं।
3. प्रकृति का हर दृश्य कवि को आकर्षित करता है।

कूट
(क) केवल 1
(ख) केवल 3
(ग) 1 और 2
(घ) 1, 2 और 3

अतिलघूत्तरात्मक प्रश्न

IV. कवि ने चने को गुलाबी मुरैठा बाँधे बैठा हुआ क्यों कहा है?

लघूत्तरात्मक प्रश्न

V. पद्यांश में सरसों को 'सबसे सयानी' क्यों कहा गया है?
VI. अलसी का हठीला स्वरूप कवि को क्यों आकर्षित करता है?

उत्तर

I. (घ) गाँव के प्राकृतिक दृश्यों का
II. (ग) पतली और लचीली होने के कारण तनकर सीधी हो जाती है
III. (घ) 1, 2 और 3
IV. कवि ने चने में गुलाबी रंग के फूल आ जाने के कारण चने को गुलाबी मुरैठा (पगड़ी) बाँधे बैठा हुआ कहा है।
V. पद्यांश में सरसों को 'सबसे सयानी' इसलिए कहा गया है, क्योंकि वह पीले फूलों से लदी हुई है और उसे ऐसा प्रतीत होता है, जैसे उसने विवाह के लिए हाथ पीले कर लिए हैं। सरसों का यह वर्णन ग्रामीण संस्कृति और प्रकृति के सौंदर्य को मानवीकरण के माध्यम से प्रस्तुत करता है, जो दर्शाता है कि यह फागुन के महीने में परिपक्व हो चुकी है।
VI. अलसी को कवि ने हठीली कहा है, क्योंकि वह पतली और लचीली होने के बावजूद अपनी जगह पर सीधी खड़ी रहने की कोशिश करती है। उसका यह स्वभाव कवि को दृढ़ता और आत्मविश्वास का प्रतीक लगता है। नीले फूलों से सजी यह अलसी अपनी सुंदरता और साहस के साथ किसी को भी प्रभावित करने में सक्षम है। इसलिए अलसी का हठीला स्वरूप कवि को आकर्षित करता है।

पद्यांश 2

चलते चलो, चलते चलो
सूरज के संग-संग चलते चलो, चलते चलो!
तम के जो बंदी
सूरज ने मुक्त किए
किरनों से गगन पोंछ
धरती को रँग दिए,
सूरज को विजय मिली, ऋतुओं की रात हुई
कह दो इन तारों से चंदा के संग-संग चलते चलो!
रत्नमयी वसुधा पर
चलने को चरण दिए
बैठी उस क्षितिज पार
लक्ष्मी श्रृंगार किए
आज तुम्हें मुक्ति मिली, कौन तुम्हें दास कहे
स्वामी तुम ऋतुओं के, संवत् के संग-संग चलते चलो!

नदियों ने चलकर ही
सागर का रूप लिया
मेघों ने चलकर ही
धरती को गर्भ दिया
रुकने का मरण नाम, पीछे सब प्रस्तर है।
आगे है देवयान, युग के ही संग-संग चलते चलो!

मानव जिस ओर गया
नगर बसे, तीर्थ बने
तुमसे है कौन बड़ा
गगन-सिंधु मित्र बने
भूमा का भोगो सुख, नदियों का सोम पियो
त्यागो सब जीर्ण वसन, नूतन के संग-संग चलते चलो!

बहुविकल्पीय प्रश्न

I. 'तम के बंदी' किन्हें कहा गया है?
(क) पृथ्वी के जीव-जंतुओं को
(ख) आकाश के चाँद-तारों को
(ग) रात्रि में विचरण करने वाले जंतुओं को
(घ) आकाश में पाए जाने वाले नक्षत्रों को

II. 'किरनों से गगन पोंछने' का आशय है
(क) सूर्य की किरणों द्वारा आकाश की कालिमा को दूर करना
(ख) चाँद-तारों की उपस्थिति को हटाना
(ग) रात्रि की भयावहता को दूर हटाना
(घ) सूर्य को अपने स्वर्णिम प्रकाश से आकाश में फैली कालिमा को दूर करना

III. **कथन** (A) कवि ने जीवन रूपी मार्ग पर बढ़ने वाले यात्री को चलते चलो का संदेश दिया है।
कारण (R) कवि ने पुराने विचारों को त्यागने का आग्रह किया है।
कूट
(क) कथन (A) और कारण (R) दोनों सही हैं तथा कारण (R), कथन (A) की सही व्याख्या है।
(ख) कथन (A) और कारण (R) दोनों सही हैं, परंतु कारण (R), कथन (A) की सही व्याख्या नहीं है।
(ग) कथन (A) सही है, किंतु कारण (R) गलत है।
(घ) कथन (A) गलत है, किंतु कारण (R) सही है।

अतिलघूत्तरात्मक प्रश्न

IV. 'जीर्ण वसन' का आशय क्या है?

लघूत्तरात्मक प्रश्न

V. 'मेघों ने धरती को गर्भ दिया' से क्या अभिप्राय है?
VI. कवि ने 'नूतन के संग-संग' चलने की प्रेरणा क्यों दी है?

उत्तर

I. (क) पृथ्वी के जीव-जंतुओं को
II. (क) सूर्य की किरणों द्वारा आकाश की कालिमा को दूर करना
III. (ख) कथन (A) और कारण (R) दोनों सही हैं, परंतु कारण (R), कथन (A) की सही व्याख्या नहीं है।
IV. 'जीर्ण वसन' का आशय पुराने और रूढ़िवादी विचार या रीति-रिवाज से है।
V. 'मेघों ने धरती को गर्भ दिया' से अभिप्राय है कि मेघों ने अपनी वर्षा से धरती को जीवन प्रदान किया। वर्षा के कारण पृथ्वी पर हरियाली आती है, फसलें उगती हैं और सभी जीव-जंतुओं के लिए जल की पूर्ति होती है। यह प्रकृति की अद्भुत क्रियाशीलता और मेघों की जीवनदायिनी भूमिका को दर्शाता है।
VI. कवि ने 'नूतन के संग-संग' चलने की प्रेरणा इसलिए दी है, ताकि लोग पुराने और रूढ़िवादी विचारों को त्यागकर नए विचारों, नवाचार और प्रगति को अपनाएँ। जीवन में विकास और परिवर्तन को स्वीकार करना आवश्यक है। नूतनता से समाज और व्यक्तियों में सकारात्मक बदलाव आता है, जिससे जीवन अधिक सार्थक और सफल बनता है।

परीक्षा अभ्यास

पद्यांश 1

लहरों के संग खेलता,
एक चमकीला धूप का टुकड़ा।
खुश होकर एक चंचल मन,
जैसे आईने में देखता हो मुखड़ा।

कभी लहरों के आगे भागता,
कभी लहरों के पीछे दौड़ता।
कभी करता जल को आलिंगन,
जैसे अपनी हो पूरी धरा और गगन।

प्रात:काल जलधारा भी कुछ यूं मचल जाती,
धूप के नर्म, गोरे चितवन को देख कर।
कभी साँस रोके एकटक देखती,
कभी हिलोरें भरती, कभी गुदगुदाती हँस कर
श्वेत कमल सी उजली धूप की काया,
प्रेम और मान पाकर खूब सारा।
तप कर अंग-अंग फूले न समाता,
प्रेयसी जो है उसकी जलधारा।

किंतु, साँझ होते ही धूप के टुकड़े को,
घर वापसी की मजबूरी बड़ी अखरती।
बुझे मन से करके वायदा फिर आने को,
चल देता हौले-से पीली-नारंगी छटा बिखेरता।

चूँ-चूँ चहचहाती खगों के मधुर स्वरों में
कहीं खो जाती तब कसक जलधारा की।
प्रतीक्षा करती फिर शांत भाव से वियोग में,
ओढ़कर आशा भरी मुस्कान, एक नई सुबह की।

बहुविकल्पीय प्रश्न

I. प्रात:काल होते ही जलधारा क्यों मचलने लगती है?
(क) चारों ओर फैले प्रकाश को देखकर
(ख) धूप के टुकड़े की छवि देखकर
(ग) चारों ओर पक्षियों का कलरव सुनकर
(घ) प्रकृति का शांत वातावरण अनुभूत कर

II. धूप के टुकड़े का अंग-अंग फूला क्यों नहीं समा रहा?
(क) प्रेयसी की प्रसन्नता अनुभव कर
(ख) प्रेयसी का सान्निध्य पाकर
(ग) प्रेयसी का प्रेम और मान पाकर
(घ) प्रेयसी का मान-सम्मान पाकर

III. पद्यांश के आधार पर निम्नलिखित में से कौन-सा कथन सही है?
कथन 1 धूप का टुकड़ा जलधारा के साथ खेलता है।
कथन 2 धूप का टुकड़ा जलधारा से बिछड़ने के बाद उदास हो जाता है।
कथन 3 जलधारा धूप के टुकड़े से अलग होकर उसकी प्रतीक्षा करती है।
कूट
(क) केवल 1 (ख) 2 और 3 (ग) केवल 3 (घ) 1, 2 और 3

अतिलघूत्तरात्मक प्रश्न

IV. कवि ने धूप के टुकड़े को किसके समान बताया है?

लघूत्तरात्मक प्रश्न

V. 'साँझ होते ही धूप की उदासी' का क्या कारण है?
VI. कवि ने धूप और जलधारा के संबंध को कैसे व्यक्त किया है?

पद्यांश 2

मैं हूँ उनके साथ खड़ी
जो सीधी रखते अपनी रीढ़।
कभी नहीं जो तज सकते हैं
अपना न्यायोचित अधिकार
कभी नहीं जो सह सकते हैं
शीश नवाकर अत्याचार
एक अकेले हों या उनके
साथ खड़ी हो भारी भीड़
मैं हूँ उनके साथ खड़ी
जो सीधी रखते अपनी रीढ़।
निर्भय हो घोषित करते
जो अपने उद्गार-विचार
जिनकी जिह्वा पर होता है
उनके अंतर का अंगार
नहीं जिन्हें चुप कर सकती है
आततायियों की शमशीर
मैं हूँ उनके साथ खड़ी,
जो सीधी रखते अपनी रीढ़।

बहुविकल्पीय प्रश्न

I. अत्याचार सहन न करने वालों के प्रति कवयित्री की क्या प्रतिक्रिया होती है?
(क) वह उनके साथ खड़ी होती है
(ख) वह उनके विरुद्ध खड़ी होती है
(ग) वह उनसे सीधे मुँह बात नहीं करती है
(घ) वह उन पर विश्वास नहीं करती है

II. **कथन** (A) कवयित्री सीधी रीढ़ रखने वालों का साथ देती है?
कारण (R) क्योंकि वे अपनी बात को सीधी व स्पष्ट कहते हैं।
कूट
(क) कथन (A) और कारण (R) दोनों सही हैं तथा कारण (R), कथन (A) की सही व्याख्या है।
(ख) कथन (A) और कारण (R) दोनों सही हैं, परंतु कारण (R), कथन (A) की सही व्याख्या नहीं है।
(ग) कथन (A) सही है, किंतु कारण (R) गलत है।
(घ) कथन (A) गलत है, किंतु कारण (R) सही है।

III. पद्यांश के अनुसार दिए गए विकल्पों में से सही विकल्प का चयन करके लिखिए।
(क) परिस्थितियों से समझौता करने वालों के साथ कवयित्री खड़ी है
(ख) स्वप्न जगत में खोए व्यक्तियों के साथ कवयित्री खड़ी है
(ग) अन्याय और अत्याचार करने वालों के साथ कवयित्री खड़ी है
(घ) सत्य एवं न्याय पथ पर अडिग रहने वालों के साथ कवयित्री खड़ी है

अतिलघूत्तरात्मक प्रश्न

IV. 'आततायियों की शमशीर' से क्या तात्पर्य है?

लघूत्तरात्मक प्रश्न

V. कवि के अनुसार, अपने विचारों को किस प्रकार अभिव्यक्त करना चाहिए?

VI. कवि के अनुसार, स्वावलंबी लोग कैसे होते हैं?

पद्यांश 3

कैसे बेमौके पर तुमने ये
मज़हब के शोले सुलगाए।
मानव-मंगल-अभियानों में
जब नया कल्प आरंभ हुआ
जब चंद्रलोक की यात्रा के
सपने सच होने को आए।
तुम राग अलापो मज़हब का
पैग़ंबर को बदनाम करो,
नापाक हरकतों में अपनी
रूहों को कत्लेआम करो!
हम प्रजातंत्र में मनुष्यता के
मंगल-कलश सँवार रहे
हर जाति-धर्म के लिए
खुला आकाश-प्रकाश पसार रहे।
उत्सर्ग हमारा आज
हिमालय की चोटी छू आया है।
सदियों की कालिख को
हमने बलिदानों से धोना है
मानवता की खुशहाली की
हरियाली फ़सलें बोना है।
बढ़-बढ़कर बातें करने की
बलिदानी रटते बान नहीं
इतना तो तुम भी समझ गए
यह कल का हिंदुस्तान नहीं।

बहुविकल्पीय प्रश्न

I. 'मज़हब का राग' अप्रासंगिक है, क्योंकि प्रजातंत्र
(क) मज़हबी राग में विश्वास नहीं रखता
(ख) जाति और धर्म को मानवता का हितकारी समझता है
(ग) समाज को संकुचित दृष्टिकोण से नहीं देखता
(घ) खुले आकाश के सामने देखता है

II. 'हरियाली फसलें बोना है' कथन का आशय है
(क) मानवता को बढ़ावा देना
(ख) देश को फलता-फूलता देखना
(ग) सामाजिक भेदभाव मिटाना
(घ) सांप्रदायिकता का विरोध करना

III. सुमेलित कीजिए।

सूची I		सूची II	
A.	मंगल अभियान	1.	सभी धर्मों का एकजुट व प्रेमभाव से रहना
B.	सदियों की कालिख धोना	2.	नए दौर का आरंभ
C.	मानवता की खुशहाली	3.	भेदभाव का अंत

कूट

	A	B	C		A	B	C
(क)	1	2	3	(ख)	2	3	1
(ग)	2	1	3	(घ)	3	1	2

अतिलघूत्तरात्मक प्रश्न

IV. प्रजातंत्र में किसका हित सर्वोपरि होता है?

लघूत्तरात्मक प्रश्न

V. 'मज़हब के शोले' से क्या तात्पर्य है?

VI. 'मज़हब के शोले सुलगाने का यह अवसर नहीं है', पंक्ति से कवि का क्या आशय है?

पद्यांश 4

तेजस्वी सम्मान खोजते नहीं गोत्र बतला के,
पाते हैं जग में प्रशस्ति अपना करतब दिखला के।
हीन मूल की ओर देख जग गलत कहे या ठीक,
वीर खींच कर ही रहते हैं इतिहासों में लीक।
जिसके पिता सूर्य थे, माता कुंती सती कुमारी,
उसका पलना हुआ धार पर बहती हुई पिटारी।
सूत-वंश में पला चखा भी नहीं जननि का क्षीर,
निकला कर्ण सभी युवकों में तब भी अद्‌भुत वीर।
तन से समरशूर मन से भावुक, स्वभाव से दानी,
जाति-गोत्र का नहीं, शील का, पौरुष का अभिमानी।
सान-ध्यान, शस्त्रास्त्र शास्त्र का कर सम्यक् अभ्यास,
अपने गुण का किया कर्ण ने आप स्वयं सुविकास।

बहुविकल्पीय प्रश्न

I. कर्ण किस प्रकार के गुणों से युक्त महारथी थे?
(क) जाति-वंश के गुणों से
(ख) शील और पौरुष जैसे श्रेष्ठ गुणों से
(ग) चाटुकारिता और बनावटीपन से
(घ) अहंकार और दर्प से

II. 'इतिहासों में लीक खींचने' से कवि का क्या आशय है?
(क) वीर पुरुष इतिहास में दरार डाल देते हैं
(ख) वीर पुरुष कभी भी अपने अतीत से नहीं डरते
(ग) वीर पुरुष हमेशा इतिहास में छाए रहते हैं
(घ) वीर पुरुष अपना नाम इतिहास में लिखवा ही लेते हैं

III. पद्यांश में कर्ण को तन, मन और स्वभाव से क्रमशः बताया गया है
(क) क्षीण, कृपण और कुटिल
(ख) बलिष्ठ, भावुक और कृपण
(ग) समरशूर, भावुक और दानी
(घ) कायर, भावुक और कृपण

अतिलघूत्तरात्मक प्रश्न

IV. वीर पुरुष किस कारण हीन भावना में नहीं पड़ते?

लघूत्तरात्मक प्रश्न

V. संसार में तेजस्वी लोग वही होते हैं, जो

VI. पैदा होने पर कर्ण को कैसे पालने में झुलाया गया था?

पद्यांश 5

शीश पर मंगल-कलश रख
भूलकर जन के सभी दुःख
चाहते हो तो मना लो जन्म-दिन भूखे वतन का।
जो उदासी है हृदय पर,
वह उभर आती समय पर,
पेट की रोटी जुड़ाओ,
रेशमी झंडा उड़ाओ,
ध्यान तो रखो मगर उस अधफटे नंगे बदन का।
तन कहीं पर, मन कहीं पर,
धन कहीं, निर्धन कहीं पर,
फूल की ऐसी विदाई,
शूल को आती रुलाई
आँधियों के साथ जैसे हो रहा सौदा चमन का।
आग ठंडी हो, गरम हो,
तोड़ देती है, मरम को,
क्रांति है आनी किसी दिन,
आदमी घड़ियाँ रहा गिन,
राख कर देता सभी कुछ अधजला दीपक भवन का
मना लो जन्म-दिन भूखे वतन का।

बहुविकल्पीय प्रश्न

I. देश की स्वतंत्रता के मांगलिक उत्सव शोभाहीन होते हैं यदि
(क) देश की जनता दुःखी और भूखी है
(ख) राष्ट्र का जनसमुदाय निर्धन है
(ग) मुल्क के अधिकांश लोग परेशान हैं
(घ) पूरे राज्य का भविष्य अंधकारमय है

II. दिए गए कथनों को ध्यानपूर्वक पढ़कर सही विकल्प का चयन करें।

कथन 1 कवि दुःखी व पीड़ित जनता के कष्टों को दूर करना चाहता है।

कथन 2 कवि निर्धन मनुष्य को संबोधित कर रहा है।

कथन 3 कवि को अपने देश पर गर्व है।

कथन 4 कवि व्यथित व्यक्ति के लिए चिंतित है।

कूट
(क) कथन 1 और 2 सही हैं (ख) कथन 2 और 3 सही हैं
(ग) कथन 2 और 4 सही हैं (घ) कथन 1 और 4 सही हैं

III. 'आग ठंडी हो, गरम हो' का प्रतीकार्थ है
(क) क्रांति शिथिल हो या उग्र
(ख) आक्रोश धीमा हो या तीव्र
(ग) क्रोध मंद हो या घातक
(घ) हिंसा सीमित हो या असीमित

अतिलघूत्तरात्मक प्रश्न

IV. कवि के अनुसार किस कारण क्रांति अवश्य आती है?

लघूत्तरात्मक प्रश्न

V. 'आँधियों के साथ जैसे हो रहा सौदा चमन का' कथन का क्या आशय है?

VI. देश के शासकों को कवि का क्या संबोधन है?

पद्यांश 6

जिस राम के गुण आप गाते हैं
जिस अर्जुन पर आप मुग्ध हैं
बताओ तो दोस्तों!
उनके जो-जो चित्र
आपकी आस्था और विश्वास
के हैं
वे राजमहलों के हैं
या वनवास के हैं?
मित्रों!
जब स्वयं रामचंद्र
राजमहलों की रेशमी जूतियाँ
उतारकर
नंगे पाँव वन में पधारे थे
तभी से वे महिमावान हो गए
राजकुमार तो थे ही
अब वे भगवान हो गए।
जटाधारी राम हों
या वन-वन भटकते पांडव
सबके गौरवशाली चरित्र वन के हैं
ताड़का का वध हो
या जटायु का संस्कार
केवट का मिलन हो
या शबरी से प्यार
भरत से मिलन का हेतु हो
या लंका का सेतु हो
सब वन के ही श्रृंगार हैं
राम के चौदह वर्ष हों
या पांडवों के तेरह वर्ष
दोनों ने महिमा की पूँजी
वन से ही उगाही थी।
सोने की लंका वनवासी राम ने
ही ढहाई थी
जुए की खाई में गिरे पांडवों ने
दुर्योधन की जंघा तोड़ने की
शक्ति वनवास से ही पाई थी।

बहुविकल्पीय प्रश्न

I. यहाँ 'रेशमी जूतियाँ' और 'नंगे पाँव' किन स्थितियों के परिचायक हैं?
(क) राजा और रंक के (ख) सुख और कष्ट के
(ग) अमीरी और गरीबी के (घ) राम और पांडव के

II. प्रस्तुत पद्यांश का क्या संदेश है?
(क) वनवास ही मनुष्य को महान बनाता है
(ख) बड़ी कठिनाइयों का सामना करके ही मनुष्य महान बनता है
(ग) वनों का हमारे जीवन में बहुत महत्त्व है
(घ) राजमहलों का जीवन हमें कमज़ोर करता है

III. प्रस्तुत पद्यांश में किसके महत्त्व को उजागर किया गया है?
(क) वनवास के संघर्षपूर्ण जीवन के
(ख) राम और पांडव के
(ग) जटायु और केवट के
(घ) उपर्युक्त में से कोई नहीं

अतिलघूत्तरात्मक प्रश्न

IV. कवि ने वनवास को किसका प्रतीक बताया है?

लघूत्तरात्मक प्रश्न

V. पद्यांश के अनुसार, महापुरुषों का चरित्र गौरवशाली कहाँ हुआ है?

VI. किस घटना ने रामचंद्र को राजकुमार से भगवान बना दिया?

पद्यांश 7

लक्ष्य तक पहुँचे बिना, पथ में पथिक विश्राम कैसा।
लक्ष्य है अति दूर दुर्गम मार्ग भी हम जानते हैं;
किंतु पथ के कंटकों को हम सुमन ही मानते हैं,
जब प्रगति का नाम जीवन, यह अकाल विराम कैसा।।
धनुष से जो छूटता है बाण कब मग में ठहरता
देखते-देखते वह लक्ष्य का ही बेध करता
लक्ष्य प्रेरित बाण हैं हम, ठहरते का काम कैसा।।
बस वही है पथिक जो पथ पर निरंतर अग्रसर हो,
हो सदा गतिशील जिसका लक्ष्य प्रतिक्षण निकटतर हो।
हार बैठे जो डगर में पथिक उसका नाम कैसा।।
बाल रवि को स्वर्ण किरणें निमिष में भू पर पहुँचती,
कालिमा का नाश करती, ज्योति जगमग जगत धरती
ज्योति के हम पुँज फिर हमको अमा से भीति कैसा।।
आज तो अति ही निकट है देख लो वह लक्ष्य अपना,
पग बढ़ाते ही चलो बस शीघ्र होगा सत्य सपना।
धर्म-पथ के पथिक को फिर देव दक्षिण वाम कैसा।।

बहुविकल्पीय प्रश्न

I. पथ के कंटक को सुमन मानने से क्या आशय है?
(क) हम बाधाओं की चिंता नहीं करते
(ख) हम मार्ग की बाधाओं से प्रसन्न होते हैं
(ग) बाधाओं से जूझना ही हमारा लक्ष्य है
(घ) मार्ग की बाधाओं को स्वीकार करके चलते हैं

II. 'कंटक' किसका प्रतीक है?
(क) स्वार्थों का (ख) बाधाओं का
(ग) सुख-सुविधाओं का (घ) कष्टों का

III. पद्यांश के अनुसार, पथिक कौन है?
(क) जो अपनी डगर में कभी हार नहीं मानता
(ख) जो अपने पथ पर निरंतर अग्रसर हो
(ग) जो सदा गतिशील रहे और अपने लक्ष्य के निकट हो
(घ) उपर्युक्त सभी

अतिलघूत्तरात्मक प्रश्न

IV. कवि ने लक्ष्य का मार्ग कैसा बताया है?

लघूत्तरात्मक प्रश्न

V. 'लक्ष्य प्रेरित बाण हैं हम' पंक्ति का क्या भाव है?

VI. अँधेरे को नष्ट कर पृथ्वी को उजाले से कौन भर देता है?

पद्यांश 8

इन नए बसते इलाकों में
जहाँ रोज़ बन रहे हैं नए-नए मकान
मैं अक्सर रास्ता भूल जाता हूँ
धोखा दे जाते हैं पुराने निशान
खोजता हूँ ताकता पीपल का पेड़
खोजता हूँ ढहा हुआ घर
और ज़मीन का खाली टुकड़ा जहाँ से बाएँ
मुड़ना था मुझे
फिर दो मकान बाद बिना रंग वाले लोहे के फाटक
का घर था इकमंज़िला
और मैं हर बार एक घर पीछे
चल देता हूँ
या दो घर आगे ठकमकाता
यहाँ रोज़ कुछ बन रहा है
रोज़ कुछ घट रहा है
यहाँ स्मृति का भरोसा नहीं
एक ही दिन में पुरानी पड़ जाती है दुनिया
जैसे बसंत का गया पतझड़ को लौटा हूँ
अब यही है उपाय कि हर दरवाज़ा खटखटाओ
और पूछो-क्या यही है वो घर?
समय बहुत कम है तुम्हारे पास
आ चला पानी ढहा आ रहा अकास
शायद पुकार ले कोई पहचाना ऊपर से देखकर।

बहुविकल्पीय प्रश्न

I. कवि अपने घर के लिए कहाँ से मुड़ता है?
(क) पीपल के पेड़ के पास से
(ख) धराशायी हुए मकान से
(ग) लोहे के फाटक के पास से
(घ) ज़मीन के खाली टुकड़े के पास से

II. 'रोज़ कुछ घट रहा है' पंक्ति किस संदर्भ में कही गई है?
(क) कवि अपने घर नहीं पहुँच पाता है
(ख) कवि की याददाश्त कमज़ोर पड़ती जा रही है
(ग) कवि के घर के आस-पास नित नए मकान बनते जा रहे हैं
(घ) एक ही दिन में दुनिया छोटी पड़ जाती है

III. दिए गए कथनों में से सही कथन का चयन कीजिए।
कथन 1 कवि के अनुसार, स्मृति कुछ महीनों में पुरानी पड़ जाती है।
कथन 2 कवि को बरगद का पेड़ व पुराने निशान धोखा दे जाते हैं।
कथन 3 कवि हर बार एक घर पीछे चल देता है।
कूट
(क) केवल 1 (ख) 2 और 3
(ग) कथन 1 और 2 (घ) केवल 3

अतिलघूत्तरात्मक प्रश्न

IV. कवि के घर के आस-पास का इलाका अभी किस प्रक्रिया से गुजर रहा है?

लघूत्तरात्मक प्रश्न

V. कवि अक्सर अपना रास्ता क्यों भूल जाता है?

VI. 'जैसे बसंत का गया पतझड़ को लौटा हूँ' का आशय क्या है?

पद्यांश 9

सुख और शोक
अंधकार और आलोक
मोह और मत्सर
शांति और संघर्ष
आते-जाते बने रहें
तो आदमी को लगता है
वह जी रहा है अभी,
जब से पैदा हुआ है वह
मंशाएँ इसी तरह
उधेड़ रहा है, सी रहा है
और इसी में रमा हुआ है
कभी सुख से एक होता है
कभी शोक से
कभी अंधकार से
कभी आलोक से
गति और दुर्गति इसीलिए
उसके पाँवों में है
और गति अगर कहीं है
तो सिर्फ़ उसके घावों में है
शुरू से अब तक
वे हरे हैं, जैसे के तैसे।

बहुविकल्पीय प्रश्न

I. पैदा होने के बाद इंसान इसी उधेड़बुन में जीवित रहता है कि वह
(क) जी रहा है (ख) क्यों जी रहा है
(ग) क्या जी रहा है (घ) जी नहीं रहा है

II. 'घावों के हरे होने' से कवि का क्या तात्पर्य है?
(क) मनुष्य के पैरों में लगी चोट टीस रही है
(ख) मनुष्य के जीवन में अनेक बुरे क्षण आए हैं, जिनकी टीस उसके मन में बनी हुई है
(ग) मनुष्य को अपनी चोट की याद आ गई है
(घ) मनुष्य अपनी चोट की परवाह नहीं करता, इसलिए उसका घाव हरा हो गया है

III. मनुष्य के मन में उसके द्वारा बिताए किन क्षणों की टीस बनी रहती है?
(क) बुरे क्षणों की (ख) अच्छे क्षणों की
(ग) आनंद के क्षणों की (घ) ये सभी

अतिलघूत्तरात्मक प्रश्न

IV. मनुष्य के जीवन में क्या आते-जाते रहते हैं?

लघूत्तरात्मक प्रश्न

V. कवि ने जीने का आधार किसे माना है?

VI. 'गति और दुर्गति इसीलिए उसके पाँवों में है' कथन का भाव स्पष्ट कीजिए।

पद्यांश 10

मानो, जनता है फूल जिसे अहसास नहीं,
जब चाहो तभी उतार सजा लो दोनों में;
अथवा कोई दुधमुँही जिसे बहलाने के
जंतर-मंतर सीमित हों चार खिलौनों में।
लेकिन होता भूडोल, बवंडर उठते हैं,
जनता जब कोपाकुल हो भृकुटि चढ़ाती है;
दो राह समय के रथ का घर्घर-नाद सुनो,
सिंहासन खाली करो कि जनता आती है।
हुँकारों से महलों की नींव उखड़ जाती,
साँसों के बल से ताज हवा में उड़ता है,
जनता की रोके राह, समय में ताव कहाँ?
वह जिधर चाहती, काल उधर ही मुड़ता है।
अब्दों, शताब्दियों, सहस्राब्द का अंधकार
बीता; गवाक्ष अंबर के दहके जाते हैं;
यह और नहीं कोई, जनता के स्वप्न अजय
चीरते तिमिर का वक्ष उमड़ते जाते हैं।

बहुविकल्पीय प्रश्न

I. जनता के हुंकारों से महलों की नींव उखड़ने का क्या अभिप्राय है?
(क) अत्याचार सहन करना
(ख) शोषकों के घर तोड़ना
(ग) अशांति फैलाना
(घ) सत्ता छिनना

II. **कथन** (A) शताब्दियों से फैला अंधकार दूर हो रहा है।
कारण (R) जनता द्वारा अपना अधिकार प्रयोग किया जा रहा है।
(क) कथन (A) तथा कारण (R) दोनों सही हैं तथा कारण (R), कथन (A) की सही व्याख्या करता है।
(ख) कथन (A) तथा कारण (R) दोनों सही हैं, किंतु कारण (R), कथन (A) की सही व्याख्या नहीं करता है।
(ग) कथन (A) सही है, किंतु कारण (R) गलत है।
(घ) कथन (A) गलत है, किंतु कारण (R) सही है।

III. 'जंतर-मंतर सीमित हो चार खिलौनों में'—पंक्ति में निहित मूलभाव क्या है?
(क) वायदे मात्र करके जनता को बहलाना
(ख) बच्चों को खिलौने बाँटना
(ग) भारतीय जनता बच्चों के समान कमज़ोर है
(घ) खिलौने रूपी सुंदर बातों द्वारा शासक वर्ग को आकर्षित करना

अतिलघूत्तरात्मक प्रश्न

IV. जनता का मार्ग रोकने की हिम्मत किसमें नहीं है?

लघूत्तरात्मक प्रश्न

V. जनता की तुलना फूलों से क्यों की गई है?

VI. जनता के क्रोध का क्या परिणाम होता है?

पद्यांश 11

वैराग्य छोड़ बाँहों की विभा सँभालो
चट्टानों की छाती से दूध निकालो।
है रुकी जहाँ भी धार शिलाएँ तोड़ो,
पीयूष चंद्रमाओं को पकड़ निचोड़ो
चढ़ तुंग शैल शिखरों पर सोम पियो रे।
योगियों नहीं, विजयी के सदृश जियो रे।
छोड़ो मत अपनी आन, सीस कट जाए,
मत झुको अनय पर, भले व्योम फट जाए
दो बार नहीं यमराज कंठ धरता है,
मरता है जो, एक ही बार मरता है।
तुम स्वयं मरण के मुख पर चरण धरो रे।
जीना हो तो मरने से नहीं डरो रे।
स्वातंत्र्य जाति की लगन व्यक्ति की धुन है,
बाहरी वस्तु यह नहीं, भीतरी गुण है।
नत हुए बिना जो अशनि-घात सहती है,
स्वाधीन जगत् में वही जाति रहती है।
वीरत्व छोड़ पर का मत चरण गहो रे।

बहुविकल्पीय प्रश्न

I. कवि भारतीय युवकों को ऐसा जीवन जीने को कहता है, जो
(क) कायरों जैसा न हो
(ख) योगियों जैसा नहीं, पराक्रमी वीरों जैसा हो
(ग) केवल बात करने वाले बुद्धिजीवी जैसा न हो
(घ) व्यर्थ में समय नष्ट न करता हो

II. कवि कहता है कि मनुष्य को उन परिस्थितियों में मृत्यु की चिंता नहीं करनी चाहिए, जब
(क) कोई युद्ध करने पर आमादा हो
(ख) कोई निरीह पशुओं पर अत्याचार कर रहा हो
(ग) कोई असामाजिक कार्य कर रहा हो
(घ) उसकी आन अर्थात् इज़्ज़त दाँव पर लगी हो

III. 'नत हुए बिना जो अशनि-घात सहती है, स्वाधीन जगत् में वही जाति रहती है' पंक्ति के आधार पर सही कथन वाले विकल्प का चयन कीजिए।

कथन 1 संसार में केवल वे ही जीत सकते हैं, जो आंदोलन करने को तैयार हों।

कथन 2 संसार में केवल वही जाति स्वाधीनतापूर्वक जीवित रह पाती है, जो तलवारों की चोट का सामना करने पर भी हार नहीं मानती।

कथन 3 संसार में वे ही जीत सकते हैं, जो महिलाओं का सम्मान करने को तैयार हों।

कथन 4 संसार में वे ही जीत सकते हैं, जो जीतने का साहस रखते हों।

कूट
(क) केवल 1 (ख) केवल 2
(ग) 3 और 4 (घ) 2 और 3

अतिलघूत्तरात्मक प्रश्न

IV. प्रस्तुत कविता किस पृष्ठभूमि में लिखी गई है?

लघूत्तरात्मक प्रश्न

V. कवि द्वारा इस कविता को लिखने का क्या कारण हो सकता है?

VI. इस कविता का मूल स्वर क्या है?

पद्यांश 12

मैं बचपन को बुला रही थी
बोल उठी बिटिया मेरी।
नंदन वन-सी फूल उठी
यह छोटी-सी कुटिया मेरी।
'माँ ओ' कहकर बुला रही थी
मिट्टी खाकर आई थी।
कुछ मुँह में, कुछ लिए हाथ में
मुझे खिलाने आई थी।
पुलक रहे अंग, दृगों में
कौतूहल था छलक रहा।
मुँह पर थी आह्लाद लालिमा,
विजय-गर्व था झलक रहा।
मैंने पूछा, "यह क्या लाई?"
बोल उठी वह, "माँ काओ"
हुआ प्रफुल्लित हृदय खुशी से
मैंने कहा—"तुम्हीं खाओ"
पाया मैंने बचपन फिर से,
बचपन बेटी बन आया,
उसकी मंजुल मूर्ति देखकर
मुझमें नवजीवन आया।
मैं भी उसके साथ खेलती
खाती हूँ, तुतलाती हूँ।
मिलकर उसके साथ स्वयं
मैं भी बच्ची बन जाती हूँ।
जिसे खोजती थी बरसों से
अब जाकर उसको पाया।
भाग गया था मुझे छोड़कर
वह बचपन फिर से आया।

बहुविकल्पीय प्रश्न

I. कवयित्री की बेटी के मुँह पर किस कारण विजय-गर्व झलक रहा था?
(क) अपनी माँ के संतोष एवं आनंद को देखकर
(ख) अपनी माँ के तुतलाने के कारण
(ग) अपने संग माँ को खेलते देखकर
(घ) स्वयं मिट्टी खाने तथा अपनी माँ को खिलाने के लिए लाने के कारण

II. कवयित्री वर्षों से किसे खोज रही थी?
(क) अपनी बेटी को (ख) किसी अपने को
(ग) अपने बचपन को (घ) अपनी बचपन की सहेली को

III. पद्यांश में प्रयुक्त शब्द 'दृग' का अर्थ है
(क) आँख (ख) चेहरा
(ग) गाल (घ) ललाट

अतिलघूत्तरात्मक प्रश्न

IV. कवयित्री की बेटी हाथ में क्या लेकर आई थी?

लघूत्तरात्मक प्रश्न

V. कवयित्री ने अपने बचपन को किस रूप में पुनः पा लिया?

VI. कवयित्री बचपन को फिर से क्यों पाना चाहती है?

पद्यांश 13

बहती रहने दो मेरी धमनियों में
जन्मदात्री मिट्टी की गंध,
मानवीय संवेदनाओं की पावनी
गंगा,
सदा-सदा को वांछित रह सकने
वाले
पसीने की खारी यमुना।
शपथ खाने दो मुझे
केवल उस मिट्टी की
जो मेरे प्राणों का आदि है,
मध्य है, अंत है।
सिर झुकाओ मेरा
केवल उस स्वतंत्र वायु के सम्मुख
जो विश्व का गरल पीकर भी
बहता है
पवित्र करने को कण-कण।
क्योंकि
मैं जी सकता हूँ
केवल उस मिट्टी के लिए,
केवल इस वायु के लिए।
क्योंकि
मैं मात्र साँस लेती
खाल होना नहीं चाहता।

बहुविकल्पीय प्रश्न

I. 'जन्मदात्री मिट्टी की गंध' पंक्ति में कवि की अभिव्यक्त इच्छा का स्वरूप है
(क) मातृभूमि के प्रति गहन अनुराग
(ख) वर्षा से भीगी मिट्टी की गंध
(ग) अन्न उपजाने वाली मिट्टी की महक
(घ) जन्म देने वाली माँ के प्यार की लालसा

II. कवि शपथ लेना चाहता है देश की उस मिट्टी की, जो उसके
(क) जीवन को बनाने वाली है (ख) जीवन की सर्वस्व है
(ग) रग-रग में व्याप्त है (घ) प्राणों का आधार है

III. पद्यांश के अनुसार, निम्नलिखित कथनों को ध्यानपूर्वक पढ़कर सही कथन के विकल्प का चयन कीजिए।
कथन 1 कवि यमुना की शपथ खाता है।
कथन 2 कवि मानवीय संवेदनाओं से काफी दूर है।
कथन 3 कवि अपनी जन्मदात्री मिट्टी के लिए जीवित रह सकता है।
कथन 4 कवि वायु को प्राणदायी शक्ति स्वीकार करता है।

कूट
(क) 1 और 4
(ख) केवल 3
(ग) केवल कथन 4
(घ) कथन 2 और 4

अतिलघूत्तरात्मक प्रश्न

IV. कवि के लिए देश की मिट्टी क्या है?

लघूत्तरात्मक प्रश्न

V. 'मानवीय संवेदनाओं की पावनी गंगा' से कवि का आशय क्या है?

VI. 'मात्र साँस लेती खाल' का क्या आशय है?

पद्यांश 14

हारा हूँ सौ बार
गुनाहों से लड़-लड़कर
लेकिन बारंबार लड़ा हूँ
मैं उठ-उठकर
इससे मेरा हर गुनाह भी
मुझसे हारा मैंने अपने जीवन को
इस तरह उबारा
डूबा हूँ हर रोज़
किनारे तक आ-आकर
लेकिन मैं हर रोज़ उगा हूँ
जैसे दिनकर
इससे मेरी असफलता भी मुझसे
हारी
मैंने अपनी सुंदरता इस तरह सँवारी।

बहुविकल्पीय प्रश्न

I. कवि गुनाहों से सौ बार हारा है, लेकिन वह लड़ा है
(क) गिर-गिरकर (ख) उठ-उठकर
(ग) भाग-भागकर (घ) छिप-छिपकर

II. कवि ने अपनी असफलताओं को पराजित किया है
(क) गुनाहों से लड़कर
(ख) घायल होकर
(ग) विजय की कामना करके
(घ) अनाचार का सामना करके

III. 'डूबा हूँ हर रोज़ किनारे तक आ-आकर' का अर्थ है कि कवि
(क) प्रतिदिन किनारे आकर डूब गया है
(ख) तैरना नहीं जानता
(ग) सफलताओं के समीप आकर भी असफल हुआ है
(घ) असफलताओं से नहीं घबराता

अतिलघूत्तरात्मक प्रश्न

IV. किस कारण कवि का गुनाह उससे हारा है?

लघूत्तरात्मक प्रश्न

V. 'मैंने अपनी सुंदरता इस तरह सँवारी' पंक्ति द्वारा कवि के व्यक्तित्व की किस विशेषता का पता चलता है?

VI. प्रस्तुत पद्यांश से कवि का क्या आशय है?

पद्यांश 15

क्या कुटिल व्यंग्य!
दीनता वेदना से अधीर,
आशा से जिनका नाम रात-दिन
जपती है,
दिल्ली के वे देवता रोज कहते
जाते,
'कुछ और धरो धीरज, किस्मत
अब छपती है।'
किस्मतें रोज छप रहीं,
मगर जलधार कहाँ? प्यासी
हरियाली सूख रही है खेतों में,
निर्धन का धन पी रहे
लोभ के प्रेत छिपे,
पानी विलीन होता जाता है
रेतों में।
हिल रहा देश कुत्सा के जिन
आघातों से,
वे नाद तुम्हें ही नहीं सुनाई
पड़ते हैं?
निर्माणों के प्रहरियों!
तुम्हें ही चोरों के काले चेहरे
क्या नहीं दिखाई पड़ते हैं?

बहुविकल्पीय प्रश्न

I. कवि क्या चेतावनी दे रहा है?
(क) जनता क्रांति करने वाली है
(ख) बहुत गर्मी पड़ रही है
(ग) जनता की मदद करो
(घ) खेत सूख रहे हैं अतः फसल कम होगी

II. **कथन** (A) गरीबों की दशा में कोई सुधार नहीं हो पा रहा है।
कारण (R) गरीबों को किसी प्रकार की मदद नहीं चाहिए।

कूट
(क) कथन (A) तथा कारण (R) दोनों सही हैं तथा कारण (R), कथन (A) की सही व्याख्या करता है।
(ख) कथन (A) तथा कारण (R) दोनों सही हैं, किंतु कारण (R), कथन (A) की सही व्याख्या नहीं करता है।
(ग) कथन (A) सही है, किंतु कारण (R) गलत है।
(घ) कथन (A) गलत है, किंतु कारण (R) सही है।

III. निम्नलिखित कथनों पर विचार कीजिए
1. बुरे कार्य ज्यादा दिन तक नहीं चलते हैं।
2. जनता फिर से क्रांति करने वाली है।
3. निर्धन और अधिक धनी हो रहे हैं।
उपर्युक्त कथनों में से कौन-सा/से सही है/हैं?
(क) केवल 1 (ख) केवल 3
(ग) 1 और 2 (घ) 2 और 3

अतिलघूत्तरात्मक प्रश्न

IV. कवि ने 'निर्माणों के प्रहरियों' किसे कहा है?

लघूत्तरात्मक प्रश्न

V. कवि ने गरीबों के प्रति क्या कुटिल व्यंग्य किया है?

VI. 'पानी विलीन होता जाता है रेतों में' पंक्ति का आशय क्या है?

उत्तर

पद्यांश 1

I. (ख) धूप के टुकड़े की छवि देखकर
II. (ग) प्रेयसी का प्रेम और मान पाकर
III. (घ) 1, 2 और 3
IV. कवि ने धूप के टुकड़े को चंचल प्रेमी के समान बताया है।
V. पूरे दिन अपनी प्रेयसी के साथ समय बिताने के पश्चात् साँझ होते ही धूप को अपने घर लौटना पड़ता है। यह वियोग उसे गहरे दुःख से भर देता है। यह उसकी विवशता को दर्शाता है, क्योंकि वह अपने प्रिय के साथ और अधिक समय नहीं बिता सकता।
VI. कवि ने धूप को प्रेमी और जलधारा को प्रेयसी के रूप में चित्रित किया है। धूप का टुकड़ा अपनी चंचलता में लहरों के साथ खेलता है, जबकि जलधारा प्रेम और मान से उसे स्वीकार करती है। धूप और जलधारा के बीच का यह रिश्ता प्रकृति के सौंदर्य और कोमलता को व्यक्त करता है। साँझ होते ही उनका वियोग होता है, परंतु जलधारा एक नई सुबह के पुनर्मिलन की प्रतीक्षा करती है।

पद्यांश 2

I. (क) वह उनके साथ खड़ी होती है
II. (क) कथन (A) और कारण (R) दोनों सही हैं तथा कारण (R) कथन (A) की सही व्याख्या करता है।
III. (घ) सत्य एवं न्याय पथ पर अडिग रहने वालों के साथ कवयित्री खड़ी है।
IV. 'आततायियों की शमशीर' से तात्पर्य आतंकवादियों की विचारधारा से है।
V. कवि के अनुसार, अपने विचारों को निर्भय होकर अभिव्यक्त करना चाहिए। अत्याचारों को सिर झुकाकर नहीं सहना चाहिए। यदि हृदय में कोई क्रोधपूर्ण बात है, तो सबके सामने कह देनी चाहिए।
VI. कवि के अनुसार, स्वावलंबी लोग अपने कंधों से बढ़कर पर्वत से टक्कर लेते हैं अर्थात् अपनी शक्ति से अधिक कार्य करके दिखाते हैं। वे मार्ग की बाधाओं को गिनते नहीं, उन्हें कोई भी लोहे की जंजीर से बाँधकर नहीं रख सकता। कोई भी शक्ति उन्हें गुलाम नहीं बना सकती।

पद्यांश 3

I. (ग) समाज को संकुचित दृष्टिकोण से नहीं देखता
II. (घ) सांप्रदायिकता का विरोध करना
III. (ख) 2 3 1
IV. प्रजातंत्र में प्रजा का हित सर्वोपरि होता है, फिर चाहे प्रजा का संबंध किसी भी धर्म अथवा जाति से हो।
V. प्रस्तुत पद्यांश में सांप्रदायिकता का विरोध किया गया है। यहाँ 'मज़हब के शोले' से तात्पर्य धर्म पर आधारित नफ़रत की बातें फैलाने से है।
VI. प्रस्तुत पद्यांश में कवि कहता है कि आज मज़हब के शोले सुलगाने अर्थात् धर्म के द्वारा नफ़रत फैलाने का मौका नहीं है, क्योंकि आज के आधुनिक युग में इन बातों के लिए कोई स्थान नहीं है। आज का प्रगतिशील दृष्टिकोण ऐसी बातों को बेतुकी मानता है।

पद्यांश 4

I. (ख) शील और पौरुष जैसे श्रेष्ठ गुणों से
II. (घ) वीर पुरुष अपना नाम इतिहास में लिखवा ही लेते हैं
III. (ग) समरशूर, भावुक और दानी
IV. वीर पुरुष कभी भी अपने वंश व जाति के कारण भावना में नहीं पड़ते।
V. प्रस्तुत पद्यांश के अनुसार, संसार में तेजस्वी लोग वही होते हैं जो अपने वंश एवं गोत्र के बल पर नहीं, अपितु अपने गुणों और करतबों के द्वारा यश अर्जित करते हैं।
VI. पैदा होने पर कर्ण को जलधारा पर बहती हुई पेटी के पालने में झुलाया गया था अर्थात् उनके पैदा होने पर उनकी माता ने उन्हें जलधारा में बहा दिया था।

पद्यांश 5

I. (क) देश की जनता दुःखी और भूखी है
II. (घ) कथन 1 और 4 सही हैं
III. (ख) आक्रोश धीमा हो या तीव्र
IV. कवि के अनुसार, जब जनता का आक्रोश धीमा या तीव्र होता है तो इस कारण एक दिन क्रांति अवश्य आती है।
V. प्रस्तुत कथन में प्रयुक्त 'आँधियों' शब्द दुःखों और आपदाओं का प्रतीक है तथा 'चमन' शब्द जनता का प्रतीक है। इस प्रकार इसका अर्थ हुआ कि देश की जनता दुःखों और आपदाओं से समझौता कर रही है।
VI. प्रस्तुत पद्यांश में कवि ने दुःखी-पीड़ित और अभावग्रस्त जनता की समस्याओं की ओर ध्यान आकर्षित किया है। इस पद्यांश के माध्यम से वह शासक वर्ग को लोगों की उदासी और कष्ट-निवारण के लिए कह रहा है।

पद्यांश 6

I. (ख) सुख और कष्ट के
II. (ख) बड़ी कठिनाइयों का सामना करके ही मनुष्य महान बनता है
III. (क) वनवास के संघर्षपूर्ण जीवन के
IV. कवि ने वनवास को कष्ट एवं अभाव का प्रतीक बताया है।
V. पद्यांश के अनुसार, महापुरुषों का गौरवपूर्ण चरित्र वन के संघर्षपूर्ण जीवन में रहकर बना है अर्थात् मनुष्य का चरित्र कष्टों व कठिनाईपूर्ण जीवन में रहकर ही निखरता है।
VI. प्रस्तुत पद्यांश के अनुसार, दशरथ पुत्र राम ने जब राज्य और राजमहल एवं सुख-समृद्धि के जीवन का त्याग करके वनवास के लिए प्रस्थान किया, तब वे राजकुमार से भगवान बन गए।

पद्यांश 7

I. (घ) मार्ग की बाधाओं को स्वीकार करके चलते हैं
II. (ख) बाधाओं का
III. (घ) उपर्युक्त सभी
IV. कवि ने लक्ष्य का मार्ग दूर-दुर्गम एवं बाधाओं से भरा बताया है।
V. 'लक्ष्य प्रेरित बाण हैं हम' पंक्ति का भाव यह है कि हम प्रत्येक स्थिति में विजयी होंगे। जिस प्रकार लक्ष्य को साधने वाला बाण ठीक निशाने पर लगता है, उसी प्रकार हम भी अपने लक्ष्य को प्राप्त करने के लिए अवश्य विजयी होंगे।
VI. अँधेरे को नष्ट कर पृथ्वी को उजाले से सूर्य की किरणें भर देती हैं। सूर्य की किरणों से निकलने वाले प्रकाश से संपूर्ण पृथ्वी का अंधकार नष्ट हो जाता है तथा सर्वत्र उजाला फैल जाता है।

पद्यांश 8

I. (घ) ज़मीन के खाली टुकड़े के पास से
II. (ग) कवि के घर के आस-पास नित नए मकान बनते जा रहे हैं
III. (घ) केवल कथन 3
IV. कवि के घर के आस-पास का इलाका अभी बसने की प्रक्रिया से गुजर रहा है।
V. पद्यांश के आरंभ में कवि कहता है कि वह अक्सर अपना रास्ता भूल जाता है, क्योंकि नए बसते इलाकों में रोज़-रोज़ नए मकान बन रहे हैं।
VI. प्रस्तुत पंक्ति के माध्यम से कवि कहना चाहता है कि उसके इलाके में रोज कुछ-न-कुछ नया घटित हो रहा है। उसे देखकर कवि को यह अनुभव होता है कि वह लंबे समय बाद अपने घर लौटा है।

पद्यांश 9

I. (क) जी रहा है
II. (ख) मनुष्य के जीवन में अनेक बुरे क्षण आए हैं, जिनकी टीस उसके मन में बनी हुई है
III. (क) बुरे क्षणों की
IV. मनुष्य के जीवन में सुख और शोक, मोह और मत्सर एवं शान्ति और संघर्ष आते-जाते रहते हैं।
V. कवि ने सुख और शोक, अंधकार और आलोक, मोह और मत्सर तथा शांति और संघर्ष को जीवन का आधार माना है, क्योंकि ये सभी परस्पर द्वंद्वात्मक हैं और जीवन इन्हीं द्वंद्वों से विकसित होता है।
VI. गति और दुर्गति इसीलिए उसके पाँवों में है, क्योंकि स्पष्टतः वह जिस ओर अपने कर्मरत् कदम बढ़ाएगा, वैसा ही उसका परिणाम होगा।

पद्यांश 10

I. (घ) सत्ता छिनना
II. (क) कथन (A) तथा कारण (R) दोनों सही हैं तथा कारण (R), कथन (A) की सही व्याख्या करता है।
III. (क) वायदे मात्र करके जनता को बहलाना
IV. जनता का मार्ग रोकने की हिम्मत समय में नहीं है।
V. जनता की तुलना फूलों से इसलिए की गई है, क्योंकि फूल की तरह जनता को कभी सिर-आँखों पर बिठाया जाता है तो कभी नीचे गिरा दिया जाता है।
VI. जनता के क्रोध का परिणाम यह होता है कि जनता में क्रांति भड़कने लगती है और वह सत्ता को बदल देती है।

पद्यांश 11

I. (ख) योगियों जैसा नहीं, पराक्रमी वीरों जैसा हो
II. (घ) उसकी आन अर्थात् इज्ज़त दाँव पर लगी हो
III. (ख) केवल कथन 2
IV. प्रस्तुत कविता स्वाधीनता की पृष्ठभूमि में लिखी गई है।
V. कवि द्वारा इस कविता को लिखने का कारण देश को स्वाधीन कराने के लिए स्वयं का बलिदान करने से भी न चूकना हो सकता है, क्योंकि कवि के कथन का मूल संदर्भ स्वतंत्रता या स्वाधीनता ही है।
VI. इस कविता का मूल स्वर है कि हमें प्रत्येक स्थिति में भारत माता को पराधीनता की बेड़ियों से मुक्त कराना है। वास्तव में, यह कविता स्वाधीनता की पृष्ठभूमि में लिखी गई कविता है।

पद्यांश 12

I. (घ) स्वयं मिट्‌टी खाने तथा अपनी माँ को खिलाने के लिए लाने के कारण

II. (ग) अपने बचपन को

III. (क) आँख

IV. कवयित्री की बेटी मिट्‌टी मुँह में खाकर और कुछ मिट्‌टी अपनी माँ को खिलाने के लिए हाथ में लेकर आई थी।

V. पद्यांश में स्पष्ट किया गया है कि 'पाया मैंने बचपन फिर से, बचपन बेटी बन आया' अर्थात् कवयित्री जिस बचपन को खोज रही थी, वह बचपन उसकी बेटी के रूप में उसे प्राप्त हुआ।

VI. कवयित्री अपने बचपन के दिनों को याद कर उसे दोबारा पाना चाहती थी, क्योंकि बचपन का जीवन सरल, निश्छल और चिंतारहित होता है।

पद्यांश 13

I. (क) मातृभूमि के प्रति गहन अनुराग

II. (घ) प्राणों का आधार है

III. (ख) केवल कथन 3

IV. कवि के लिए देश की मिट्‌टी उसके प्राणों का आदि है, मध्य है, अंत है अर्थात् यही उसके जीवन का आधार है।

V. 'मानवीय संवेदनाओं की पावनी गंगा' से कवि का आशय देशवासियों के सुख-दुःख की सहज अनुभूति से है। कवि इन्हें करीब से अनुभव करना चाहता है।

VI. 'मात्र साँस लेती खाल' का आशय निष्प्राण जीवन से है। कवि कहता है कि वह ऐसा जीवन नहीं जीना चाहता, जो निर्जीव अथवा प्राणहीन हो।

पद्यांश 14

I. (ख) उठ-उठकर II. (क) गुनाहों से लड़कर

III. (ग) सफलताओं के समीप आकर भी असफल हुआ है

IV. कवि के बार-बार उठ-उठकर लड़ने के कारण ही उसका हर गुनाह उससे हारा है, पराजित हुआ है, असफल हुआ है।

V. प्रस्तुत पंक्ति में उल्लेखित सुंदरता शब्द के माध्यम से कवि कहना चाहता है कि उसने कभी हार न मानने वाली प्रवृत्ति के कारण अपने व्यक्तित्व को लगातार संघर्ष करते हुए सँवारा है।

VI. प्रस्तुत पद्यांश से कवि का आशय है कि मनुष्य को जीवन के संघर्षों के सामने कभी नहीं हारना चाहिए, उनका लगातार मुकाबला करना चाहिए और उसे कभी भी असफलताओं से नहीं घबराना चाहिए।

पद्यांश 15

I. (क) जनता क्रांति करने वाली है

II. (घ) कथन (A) सही है, लेकिन कारण (R) उसकी गलत व्याख्या करता है।

III. (ग) 1 और 2

IV. कवि ने 'निर्माणों के प्रहरियों' प्रशासक वर्ग को कहा है।

V. पद्यांश में कवि गरीबों पर कुटिल व्यंग्य करते हुए कहता है कि शोषित वर्ग अपनी वेदना से पीड़ित होकर शोषक वर्ग से आशा करता है कि वे उनकी वेदना को कुछ कम करने में सहयोग करेंगे, किंतु शोषक वर्ग द्वारा उनको धीरज धरने का आश्वासन दिया जाता है।

VI. 'पानी विलीन होता जाता है रेतों में' पंक्ति का आशय है कि शक्तिशाली लोभी वर्ग, निर्धन व शोषित वर्ग के धन पर नज़र लगाए रहते हैं, जिसके कारण निर्धन वर्ग पर्याप्त सुविधाओं को न पाकर अत्यंत दयनीय स्थिति में पहुँच जाता है।

स्व-मूल्यांकन

पद्यांश 1

निज भाषा उन्नति अहै, सब उन्नति को मूल।
बिनु निज भाषा ज्ञान के, मिटै न हिय को सूल।।
पढ़े संस्कृत जतन करि, पंडित भे विख्यात।
पै निज भाषा ज्ञान बिन, कहि न सकत इक बात।।
अंग्रेज़ी पढ़ कै जदपि, सब गुन होत प्रबीन।
पै निज भाषा ज्ञान बिन रहत हीन के हीन।।
एक भाषा इक जीव मति सब घर के लोग।
तबै बनत है सबन सों, मिटत मूढ़ता सोग।।
और एक अति लाभ यह यामें प्रगट लखात।
निज भाषा में कीजिए, जो विद्या की बात।।

बहुविकल्पीय प्रश्न

I. मूर्खता और शोक का शमन करने की विशिष्टता से युक्त कौन होता है?
(क) ज्ञानी जन
(ख) अज्ञानी जन
(ग) अपनी भाषा
(घ) अंग्रेज़ी भाषा

II. कवि द्वारा निज भाषा में विद्या की बात को महत्त्व देने का क्या कारण हो सकता है?
(क) अन्य भाषा का बहिष्कार करना
(ख) अपनी भाषा में संप्रेषण की सुगमता अधिक होती है
(ग) अपनी भाषा को विश्व की सर्वश्रेष्ठ भाषा सिद्ध करना
(घ) कठिन विषय अन्य भाषा में जल्दी समझ आता है

III. निम्नलिखित कथनों पर विचार कीजिए
1. मातृभाषा के ज्ञान के बिना मनुष्य अज्ञानी रहता है।
2. मातृभाषा के ज्ञान से व्यक्ति की उन्नति संभव नहीं है।
3. मातृभाषा के ज्ञान से शीघ्र विद्या प्राप्त हो जाती है।

कूट
(क) केवल 1 (ख) केवल 2
(ग) 1 और 3 (घ) 2 और 3

अतिलघूत्तरात्मक प्रश्न

IV. संस्कृत पढ़ने वालों को कवि ने क्या माना है?

लघूत्तरात्मक प्रश्न

V. कवि ने अपनी भाषा की उन्नति के लिए क्या कहा है?
VI. अंग्रेज़ी पढ़ कै जदपि, सब गुण होत प्रवीन का तात्पर्य है

पद्यांश 2

तुंग हिमालय के कंधों पर
छोटी-बड़ी कई झीलें हैं,
उनके श्यामल नील सलिल में
समतल देशों से आ-आकर
पावस की ऊमस से आकुल
तिक्त-मधुर विष-तंतु खोजते
हंसों को तिरते देखा है।
बादल को घिरते देखा है।
ऋतु वसंत का सुप्रभात था
मंद-मंद था अनिल बह रहा
बालारुण की मृदु किरणें थीं
अगल-बगल स्वर्णाभ शिखर थे
एक-दूसरे से विरहित हो
अगल-बगल रहकर ही जिनको
सारी रात बितानी होगी,
निशाकाल से चिर-अभिशापित
बेबस उस चकवा-चकवी का
बंद हुआ क्रंदन, फिर उनमें
उस महान सरवर के तीरे
शैवालों की हरी दरी पर
प्रणय-कलह छिड़ते देखा है।
बादल को घिरते देखा है।
दुर्गम बर्फ़ानी घाटी में
शत-सहस्र फुट ऊँचाई पर
अलख नाभि से उठने वाले
निज के ही उन्मादक परिमल-
के पीछे धावित हो-होकर
तरल तरुण कस्तूरी मृग को
अपने पर चिढ़ते देखा है,
बादल को घिरते देखा है।
कहाँ गया धनपति कुबेर वह
कहाँ गई उसकी वह अलका
नहीं ठिकाना कालिदास के
व्योम-प्रवाही गंगाजल का,
ढूँढा बहुत परंतु लगा क्या
मेघदूत का पता कहीं पर,
कौन बताए वह छायामय
बरस पड़ा होगा न यहीं पर
जाने दो, वह कवि-कल्पित था।

बहुविकल्पीय प्रश्न

I. प्रस्तुत पद्यांश में मृग स्वयं पर ही क्यों चिढ़ता है?
(क) कस्तूरी की गंध को ढूँढ़-ढूँढकर थक जाने के कारण
(ख) हिमालय पर्वत पर चढ़ न पाने के कारण
(ग) बादल को पकड़ न पाने के कारण
(घ) जीवन में निराशा व्याप्त होने के कारण

II. कवि को कौन-सा दृश्य अत्यंत आकर्षक लगता है?
(क) हिमालय की बर्फ़ीली चोटियों पर घिरते बादल का दृश्य
(ख) कस्तूरी मृग के चिढ़ने का दृश्य
(ग) मेघदूत का पता न चलने का दृश्य
(घ) कविता करने के लिए उपयुक्त स्थान का दृश्य

III. **कथन** (A) चकवा-चकवी रात्रि से चिर-अभिशापित हैं।
कारण (R) कवि ने चकवा-चकवी को प्रणय-कलह करते देखा है।

कूट
(क) कथन (A) सही है, किंतु कारण (R) गलत है।
(ख) कथन (A) गलत है, किंतु कारण (R) सही है।
(ग) कथन (A) और कारण (R) दोनों सही हैं तथा कारण (R), कथन (A) की सही व्याख्या है।
(घ) कथन (A) और कारण (R) दोनों सही हैं, परंतु कारण (R), कथन (A) की सही व्याख्या नहीं है।

अतिलघूत्तरात्मक प्रश्न

IV. 'छाया' शब्द का प्रयोग किस संदर्भ में हुआ है?

लघूत्तरात्मक प्रश्न

V. मृग नाभि से उठने वाले परिमल के पीछे-पीछे कहाँ दौड़ता है?

VI. कवि ने हंसों को क्या खोजते हुए देखा है?

पद्यांश 3

तूफानों की ओर घुमा दो नाविक
निज पतवार
आज सिंधु ने विष उगला है
लहरों का यौवन मचला है
आज हृदय में और सिंधु में
साथ उठा है ज्वार।
यह असीम निज सीमा जाने
सागर भी तो यह पहचाने
मिट्टी के पुतले मानव ने
कभी न मानी हार।
लहरों के स्वर में कुछ बोलो
इस अंधड़ में साहस तोलो
कभी-कभी मिलता जीवन में
तूफानों का प्यार।
सागर की अपनी क्षमता है।
पर नाविक भी कब थकता है।
जब तक साँसों में स्पंदन है।
उसका हाथ नहीं रुकता है
इसके ही बल पर कर डाले सातों
सागर पार
तूफानों की ओर घुमा दो नाविक
निज पतवार।

बहुविकल्पीय प्रश्न

I. कवि ने नाविक से क्या अनुरोध किया है?
(क) कि वह अकेला न जाए
(ख) कि वह समुद्र से दूर रहे
(ग) कि वह कठिनाइयों में डटा रहे
(घ) उपर्युक्त में से कोई नहीं

II. कवि ने मिट्टी के पुतले की उपमा किसे दी है?
(क) पशु को (ख) खिलौने को
(ग) मानव को (घ) दानव को

III. सुमेलित कीजिए

	सूची I		सूची II
A.	मानव	1.	तूफानों का प्यार
B.	सिंधु	2.	मिट्टी का पुतला
C.	लहरें	3.	ज्वार का उठना

कूट

	A	B	C		A	B	C
(क)	2	1	3	(ख)	1	2	3
(ग)	2	3	1	(घ)	3	2	1

अतिलघूत्तरात्मक प्रश्न

IV. कवि ने नाविक से अपनी पतवार किस ओर घुमाने को कहा है?

लघूत्तरात्मक प्रश्न

V. 'आज हृदय में और सिंधु में साथ उठा है ज्वार' पंक्ति से कवि का क्या अभिप्राय है?

VI. कवि ने मानव की किस विशेषता की ओर संकेत किया है?

पद्यांश 4

साँस चलती है तुझे
चलना पड़ेगा ही मुसाफिर।
चल रहा है तारकों का
दल गगन में गीत गाता,
चल रहा आकाश भी है
शून्य में भ्रमता-भ्रमाता,
पाँव के नीचे पड़ी
अचला नहीं, यह चंचला है,
एक कण भी, एक क्षण भी
एक थल पर टिक न पाता
शक्तियाँ गति की तुझे
सब ओर से घेरे हुए हैं,
स्थान से अपने तुझे टलना पड़ेगा ही मुसाफिर।
साँस चलती है तुझे
चलना पड़ेगा ही मुसाफिर।
थे जहाँ पर गर्त पैरों को जमाना ही पड़ा था,
पत्थरों से पाँव के छाले छिलाना ही पड़ा था,
घास मखमल-सी जहाँ थी
मन गया था लोट सहसा,
थी घनी छाया जहाँ पर तन जुड़ाना ही पड़ा था,
पग परीक्षा, पग प्रलोभन
जोर-कमजोरी भरा तू
इस तरफ डटना उधर
ढलना पड़ेगा ही मुसाफिर।

बहुविकल्पीय प्रश्न

I. कवि के अनुसार, अचला कौन है?
(क) आकाश (ख) धरती
(ग) माता-पिता (घ) पथिक

II. पद्यांश में क्या संदेश निहित है?
(क) सदैव गीत गाते रहना
(ख) शून्य में भ्रमण करते रहना
(ग) निरंतर गतिशील रहना
(घ) उपर्युक्त में से कोई नहीं

III. 'घास मखमल-सी जहाँ थी मन गया था लोट सहसा' पंक्ति से आशय है
(क) जीवन में सरलता, सौंदर्य और आनंद मिलने पर मन रम गया
(ख) जीवन में सुख आने पर मन हर्षित हो गया
(ग) हमें बाग-बगीचे, हरियाली, पर्यावरण को बचाने का प्रयास करना चाहिए
(घ) उपर्युक्त में से कोई नहीं

अतिलघूत्तरात्मक प्रश्न

IV. कवि ने धरती को चंचला क्यों कहा है?

लघूत्तरात्मक प्रश्न

V. 'साँस चलती है तुझे चलना पड़ेगा ही मुसाफिर' पंक्ति से कवि का क्या आशय है?

VI. मनुष्य को कदम-कदम पर किसका सामना करना पड़ता है?

पद्यांश 5

माँ अनपढ़ थीं,
उसके लेखे
काले अच्छर भैंस बराबर
थे नागिन से टेढ़े-मेढ़े।
नहीं याद था
उसे श्लोक स्तुति का कोई भी
नहीं जानती थी आवाहन
या कि विसर्जन देवी माँ का।
नहीं वक्त था
ठाकुरबाड़ी या शिवमंदिर जाने का भी
तो भी उसकी तुलसी माई
नित्य सहेज लिया करती थी
निश्छल करुण अश्रु-गीतों में
लिपटे-गुँथे दर्द को माँ के।
अकस्मात् बीमार हुई माँ
चौका-बासन, गोबर-गोंइठा
ओरियाने में,
सुखवन ले जाने, लाने में
भीगी थीं सारे दिन जम कर
ऐसा चढ़ा बुखार
न उतरा अंतिम क्षण तक
दुर्बल तन वृद्धावस्था का
झेल नहीं पाया प्रकोप
ज्वर का अति भीषण,
लकवा मारा, देह समूची सुन्न
हो गई,
गल्ले वाले घर की चाभी
पहुँच गई 'ग्रेजुएट' भाभी के
तार-चढ़े मखमली पर्स में।

बहुविकल्पीय प्रश्न

I. माँ को कहाँ जाने का समय नहीं मिलता था?
(क) बाजार (ख) मंदिर (ग) पड़ोस (घ) मायके

II. निम्नलिखित कथनों पर विचार कीजिए
1. माँ अचानक बीमार हो गई थी।
2. माँ के बीमार होने पर भाभी मालकिन बन गई।
3. भाभी को मायके जाने का अवसर मिल गया।
उपर्युक्त कथनों में से कौन-सा/से सही है/हैं?
(क) केवल 1 (ख) 1 और 2 (ग) केवल 3 (घ) 1 और 3

III. **कथन** (A) माँ नित्य ठाकुर बाड़ी शिवमंदिर जाती थी।
कारण (R) माँ श्लोक स्तुति, ध्यान करती थी।
कूट
(क) कथन (A) और कारण (R) दोनों सही हैं तथा कारण (R) कथन (A) की सही व्याख्या करता है।
(ख) कथन (A) गलत है, लेकिन कारण (R) सही है।
(ग) कथन (A) और कारण (R) दोनों गलत हैं।
(घ) कथन (A) सही है, लेकिन कारण (R) उसकी गलत व्याख्या करता है।

अतिलघूत्तरात्मक प्रश्न

IV. पद्यांश में 'काला अक्षर भैंस बराबर' किसके लिए था?

लघूत्तरात्मक प्रश्न

V. माँ को कौन-सी बीमारी हो गई थी?

VI. भाभी कितनी पढ़ी-लिखी थी?

पद्यांश 6

पूर्व चलने के, बटोही, बाट की पहचान कर ले।
पुस्तकों में है नहीं छापी गई इसकी कहानी,
हाल इसका ज्ञात होता है न औरों की ज़बानी,
अनगिनत राही गए इस राह से, उनका पता क्या,
पर गए कुछ लोग इस पर, छोड़ पैरों की निशानी,
यह निशानी मूक होकर भी बहुत कुछ बोलती है,
खोल इसका अर्थ, पंथी, पंथ का अनुमान कर ले;
पूर्व चलने के, बटोही, बाट की पहचान कर ले।
यह बुरा है या कि अच्छा, व्यर्थ दिन इस पर बिताना,
जब असंभव छोड़ यह पथ दूसरे पर पग बढ़ाना,
तू इसे अच्छा समझ, यात्रा सरल इससे बनेगी,
सोच मत केवल तुझे ही यह पड़ा मन में बिठाना,
हर सफल पंथी यही विश्वास ले इस पर बढ़ा है,
तू इसी पर आज अपने चित्त का अवधान कर ले;
पूर्व चलने के, बटोही, बाट की पहचान कर ले।
देखते सब हैं इन्हें अपनी उमर, अपने समय में,
और तू कर यत्न भी तो मिल नहीं सकती सफलता,
ये उदय होते हुए, लिए कुछ ध्येय नयनों के निलय,
किंतु जग के पथ पर यदि स्वप्न दो तो सत्य दो सौ,
स्वप्न पर ही मुग्ध मत हो, सत्य का भी ज्ञान कर ले;
पूर्व चलने के, बटोही, बाट की पहचान कर ले।

बहुविकल्पीय प्रश्न

I. प्रस्तुत पद्यांश में कवि ने किससे आग्रह किया है?
(क) समाज के पूँजीपति वर्ग से
(ख) जीवन पथ पर आगे बढ़ने वाले लोगों से
(ग) जीवन से दु:खी होकर एकांतवास करने वाले लोगों से
(घ) समाज के निम्न वर्ग के लोगों से

II. प्रस्तुत पद्यांश में कवि ने स्वप्न के विषय में क्या कहा है?
(क) स्वप्न पर मुग्ध न होकर सत्य को जानना चाहिए
(ख) स्वप्न ही व्यक्ति को आगे बढ़ाना सीखाते हैं
(ग) स्वप्न सुंदर तथा सजीली होते हैं
(घ) स्वप्न सत्य कर्म की ओर प्रवृत करते हैं

III. **कथन** (A) यह निशानी मूक होकर भी बहुत कुछ बोलती है।
कारण (R) कर्महीनता की निशानी मूक होने पर भी सब कुछ बता देती है।
(क) कथन (A) तथा कारण (R) दोनों सही हैं तथा कारण (R), कथन (A) की सही व्याख्या करता है।
(ख) कथन (A) तथा कारण (R) दोनों सही हैं, किंतु कारण (R), कथन (A) की सही व्याख्या नहीं करता है।
(ग) कथन (A) सही है, किंतु कारण (R) गलत है।
(घ) कथन (A) गलत है, किंतु कारण (R) सही है।

अतिलघूत्तरात्मक प्रश्न

IV. कवि ने पुस्तकों में क्या नहीं छपे होने की बात की है?

लघूत्तरात्मक प्रश्न

V. पथ की पहचान शीर्षक कविता में किसे और क्या पहचानने की बात कही गई है?

VI. पूर्व चलने के बटोही बाट की पहचान कर ले इसका अर्थ क्या है?

पद्यांश 7

तुम मांसहीन, तुम रक्तहीन
हे अस्थिशेष! तुम अस्थिहीन,
तुम शुद्ध-बुद्ध आत्मा केवल
हे चिर पुराण! हे चिर नवीन!
तुम पूर्ण इकाई जीवन की,
जिसमें असार भव-शून्य लीन,
आधार अमर, होगी जिस पर
भावी की संस्कृति समासीन।
तुम मांस, तुम्हीं हो रक्त अस्थि—
निर्मित जिनसे नवयुग का तन,
तुम धन्य! तुम्हारा निःस्वार्थ-त्याग
है विश्व भोग का वर साधन,
इस भस्म काम तन की रज से
जग पूर्ण-काम नव जग-जीवन
बीनेगा सत्य-अहिंसा के
ताने-बानों से मानवपन!

बहुविकल्पीय प्रश्न

I. मानवपन से कवि का क्या तात्पर्य है?
(क) मानव होने का दिखावा करना
(ख) मानव का उदात्त रूप जिसमें एक-दूसरे को सम्मान दिया जाता है
(ग) मानव की तरह व्यवहार न करना
(घ) मानव के लिए बनावटीपन को समाप्त कना

II. 'भावी की संस्कृति समासीन' का क्या आशय है?
(क) भविष्य में राष्ट्र की प्रगति की आधारशीला से
(ख) भविष्य में संस्कृति के मतभेद न होने से
(ग) भविष्य और संस्कृति को लेकर संशय से
(घ) भविष्य में राष्ट्र और संस्कृति की अभिन्नता से

III. कवि ने भविष्य की मानव-संस्कृति से किसके आदर्शों पर खड़े होने की कामना की है?
(क) पुरातन आदर्शों पर
(ख) हिंसावादी आदर्शों पर
(ग) गाँधीजी के आदर्शों पर
(घ) राजाराम मोहन राय के आदर्शों पर

अतिलघूत्तरात्मक प्रश्न

IV. कौन हड्डियों का ढाँचा मात्र प्रतीत होते हैं?

लघूत्तरात्मक प्रश्न

V. गाँधीजी को कवि ने चिर पुराण तथा चिर नवीन क्यों कहा है?

VI. सत्य और अहिंसा ने किस प्रकार जग जीवन का सृजन किया?

पद्यांश 8

प्राइवेट बस का ड्राइवर है तो क्या हुआ,
सात साल की बच्ची का पिता भी तो है।
सामने गियर के ऊपर
हुक से लटका रखी हैं
काँच की चार गुलाबी चूड़ियाँ
बस की रफ़्तार के मुताबिक
हिलती रहती हैं।
झुक कर मैंने पूछ लिया
खा गया मानो झटका
अधेड़ उम्र का मुच्छड़ रोबीला चेहरा
आहिस्ते से बोला हाँ साहब
लाख कहता हूँ नहीं मानती है मुनिया।
टाँगे हुए है कई दिनों से
अपनी अमानत
यहाँ अब्बा की नज़रों के सामने
मैं भी सोचता हूँ
क्या बिगाड़ती हैं चूड़ियाँ
किस जुर्म पे हटा दूँ इनको यहाँ से

बहुविकल्पीय प्रश्न

I. प्रस्तुत पद्यांश में कवि ने किसकी चर्चा की है?
(क) बस ड्राइवर की (ख) एक पिता की
(ग) (i) और (ii) दोनों (घ) समाज के स्वरूप की

II. 'बच्ची का पिता भी तो है'—पंक्तियों में निहित भाव क्या है?
(क) बच्ची के प्रति असंवेदनशील भावना
(ख) बच्ची के विवाह के उत्तरदायित्व की भावना
(ग) बच्ची के प्रति आत्मीयता और स्नेह की भावना
(घ) बच्ची के प्रति जिम्मेदारी की भावना

III. कवि के पूछने पर ड्राइवर इसलिए झटका खा गया, क्योंकि
(क) उसे अचानक अपनी बेटी की याद आ गई
(ख) वह पूर्ण तत्परता के साथ गाड़ी चला रहा था
(ग) उसे कवि द्वारा किसी प्रश्न के पूछे जाने की उम्मीद न थी
(घ) वह किसी महत्त्वपूर्ण विषय में सोच रहा था

अतिलघूत्तरात्मक प्रश्न

IV. कवि ने ड्राइवर से क्या प्रश्न किया था?

लघूत्तरात्मक प्रश्न

V. बस में लटकी चूड़ियाँ किसके प्रेम की सूचक हैं?

VI. बस ड्राइवर के चेहरे और उसकी आवाज में निहित विरोधाभास स्पष्ट कीजिए।

01

अध्याय

खंड ख : अभिव्यक्ति और माध्यम

दृश्य लेखन

दृश्य-लेखन का अर्थ

दृश्य-लेखन एक ऐसी लेखन शैली है, जिसमें हम दृश्य को देखकर मन में उठने वाले भावों को कलमबद्ध करते हैं। इससे आपकी कल्पनाशक्ति तथा बौद्धिक क्षमता का पता चलता है।

▼ अभ्यास के लिए

- सैंपल (हल सहित)
- अभ्यास प्रश्न

दृश्य-लेखन गागर में सागर भरने वाली उक्ति को रेखांकित करता है। साहित्य की विभिन्न विधाओं में दृश्य-लेखन एक महत्त्वपूर्ण कला है।

दृश्य-लेखन करते समय ध्यान रखने योग्य बातें

- **विषय का गंभीरतापूर्वक अवलोकन** दृश्य-लेखन करते समय सर्वप्रथम दर्शाए गए दृश्य का उचित प्रकार से अवलोकन कर अर्थात् उसमें दिखाई गई वस्तुओं, दृश्यों, जीवों तथा उनकी पृष्ठभूमि पर विचार करते हुए उसमें उपस्थित उद्देश्य को समझ लेना चाहिए। पशु-पक्षियों के दृश्यों का संबंध प्राय: किसी शिक्षाप्रद कहानी या पर्यावरण से होता है। अत: ऐसे दृश्यों को अत्यंत सूक्ष्मता से देखना चाहिए।
- **विषय का विभाजन** प्रकरण को समझने के पश्चात् दृश्य में उपस्थित प्रमुख समस्या/घटना का विभाजन कर उस पर अपने विचार प्रस्तुत करने चाहिए।
- **प्रमुख उद्देश्य** दृश्य में प्रदर्शित प्रमुख उद्देश्य को प्रारंभ से अंत तक ध्यान में रखना चाहिए।
- **वातावरण** दृश्य में दर्शाए जा रहे आस-पास के वातावरण एवं उसके प्रभावों पर भी ध्यान देना चाहिए। प्रस्तुत दृश्य किस वर्ग, संस्कृति, भौगोलिक प्रदेश का संकेत कर रहा है, उसका वर्णन संक्षिप्त रूप में करना चाहिए।
- **प्रस्तुतीकरण** प्रस्तुतीकरण करते हुए दृश्य में दर्शाई जा रही घटना का वर्णन व्यवस्थित क्रम में करना चाहिए। जिन बातों को प्रमुखता से कहा जाना है, उन्हें प्रारंभ में लिखना चाहिए, तत्पश्चात् मध्य में विस्तारपूर्वक वर्णन और अंत में निष्कर्ष के साथ समाप्त करना चाहिए।
- **देशकाल** दृश्य वर्णन के अंतर्गत दृश्य में दिखाई गई सभ्यता, संस्कृति, व्यक्ति आदि को अभिव्यक्ति का आधार बनाया जाना चाहिए।
- **वाक्य विन्यास** वाक्य अत्यधिक बड़े अथवा छोटे नहीं होने चाहिए। दृश्य में बताए गए विभिन्न नारों तथा सूचना इत्यादि को उचित प्रकार से अभिव्यक्त करना चाहिए।

- **भाषा-शैली** दृश्य-लेखन की भाषा-शैली रोचक व आकर्षक होनी चाहिए। इसमें शब्दों का चयन सरल व स्पष्ट रूप में किया जाना चाहिए एवं समय-समय पर लोकोक्तियों, मुहावरों, सूक्तियों, काव्यांशों, महापुरुषों के कथनों आदि का वर्णन किया जाना चाहिए।
- **निष्कर्ष** दृश्य-लेखन का अंत समस्या आदि के सुझाव के प्रयास से किया जाना चाहिए। निष्कर्ष इस प्रकार अभिव्यक्त हो, जिससे दृश्य में दी गई घटना का पूर्ण उद्‌देश्य मुखरित होता हो। उचित पृष्ठभूमि के द्वारा दृश्य-लेखन का अंत करना चाहिए।
- **अन्य तथ्य** दृश्य की पृष्ठभूमि पर कई बार नारा, उपदेश, विज्ञापन, जन-चेतना, सूचना, साइनबोर्ड या योजना आदि लिखे होते हैं। दृश्य के संदर्भ में उन्हें अभिव्यक्ति का आधार अवश्य बनाएँ; जैसे—'लड़का-लड़की एक समान', 'ईच वन टीच वन', 'आओ, पढ़ें पढ़ाएँ', 'पोलियो-उन्मूलन', 'एड्स से बचें', 'ऋण प्राप्त करें', 'वृक्षों को बचाओ—स्वास्थ्य बनाओ' आदि।

सैंपल (हल सहित)

1. नीचे दिए गए दृश्य को ध्यानपूर्वक देखिए और दृश्य को आधार बनाकर वर्णन कीजिए अथवा उसकी कहानी लिखिए, जिसका सीधा व स्पष्ट संबंध दृश्य से होना चाहिए।

उत्तर प्रस्तुत दृश्य बालक द्वारा अपने कार्य को निष्ठापूर्वक किए जाने को दर्शाता है। यह दृश्य बालक द्वारा चाय बनाने के दृश्य को दिखाता है। बालक के समीप स्टोव जल रहा है और यह बालक कप में चाय डाल रहा है। यह दृश्य बालश्रम जैसी समस्या को इंगित करता है। बालश्रम जैसी समस्या आज हमारे समाज के लिए अभिशाप बन रही है। बचपन, एक बालक के जीवन का स्वर्णिम समय होने के साथ ही उसके शारीरिक व मानसिक विकास का बहुमूल्य समय होता है। उस आयु में घर की आर्थिक स्थिति कई बालकों को पैसे कमाने को बाध्य कर देती है। आजादी के इतने वर्षों के बाद भी आज हमारा समाज उच्च वर्ग व निम्न वर्ग में विभक्त है।

निम्न वर्ग के लोग अपनी मूलभूत आवश्यकताओं की पूर्ति न होने के कारण अपने बच्चों को कारखानों, फैक्ट्री आदि में कार्य करने के लिए भेज देते हैं। आज भारत ब्रिटिश की गुलामी से तो आजाद हो गया, परंतु गरीबी ने निम्न वर्ग को बेड़ियों में बाँधा हुआ है। यह दृश्य हमारे समाज में फैली निर्धनता व आर्थिक समस्या की ओर इशारा करता है।

भारत सरकार ने 6 से 14 वर्ष की आयु के बच्चों की शिक्षा के लिए कानून बनाए, जिसमें बालकों के लिए 'शिक्षा के अधिकार' को आवश्यक बताया है। इसमें सभी बालकों के लिए 'मुफ्त व अनिवार्य' शिक्षा का प्रावधान है, परंतु फिर भी आज हमारे समाज में बालश्रम प्रमुख समस्या बनी हुई है। आज भी 14 वर्ष की आयु से कम के बालक कारखानों में काम करते हैं तथा उच्च वर्ग उनका शोषण करता है।

बालश्रम एक विकराल समस्या का रूप धारण करता जा रहा है। आज जगह-जगह विभिन्न नुक्कड़ नाटक, जागरूकता अभियान आदि चलाए जाते हैं, लेकिन जब तक भारत का प्रत्येक नागरिक इस गंभीर समस्या पर चिंतन या मनन नहीं करेगा, इस समस्या के समाधान के लिए प्रयत्न नहीं करेगा; तब तक इस समस्या से मुक्ति पाना कठिन होगा।

इस दृश्य में एक ओर बालक अपनी दृढ़ इच्छाशक्ति और लगन से कार्य तो कर रहा है, परंतु दूसरी ओर वह अपने शिक्षा के अधिकार को खो रहा है। अतः संविधान के 86वें संशोधन का ध्यान रखते हुए हमें इस समस्या के प्रति सचेत हो जाना चाहिए तथा बालक की शिक्षा के अधिकार को संरक्षित कर उसे पढ़ने का अवसर प्रदान करके उसके शारीरिक व मानसिक विकास में वृद्धि करने हेतु प्रयास करना चाहिए, तभी हमारा देश पूर्णरूप से आजाद कहा जाएगा।

2. नीचे दिए गए दृश्य को ध्यानपूर्वक देखिए और दृश्य को आधार बनाकर वर्णन कीजिए अथवा उसकी कहानी लिखिए, जिसका सीधा व स्पष्ट संबंध दृश्य से होना चाहिए।

उत्तर प्रस्तुत दृश्य में कुछ बच्चे दिखाई दे रहे हैं, जो अपनी कक्षा में अध्ययनरत् हैं। उनमें तीन बच्चों के हाथ में स्लेट है, जिस पर 1, 2, 3''''(गिनती) लिखी है। देखने में बच्चे प्राथमिक स्तर के विद्यार्थी प्रतीत होते हैं। इन बच्चों को देखकर अचानक ही बालपन की स्मृतियों ने मुझमें एक कंपन-सा पैदा कर दिया। बालपन को जीवन का श्रेष्ठकाल कहना उचित होगा। बचपन के दिन तनावरहित व मस्ती-भरे होते थे और सभी मित्र होते थे। किसी से कोई भेदभाव नहीं था। निःस्वार्थ और अबोध हृदय केवल खेलने और मस्ती का अर्थ समझता था, परंतु देश में सभी बच्चों को ऐसा बचपन नसीब नहीं होता।

भारत सरकार ने शिक्षा का अधिकार कानून के अंतर्गत 6-14 वर्ष तक के सभी बच्चों की शिक्षा को अनिवार्य कर दिया है। इस कानून के अंतर्गत देश में प्राथमिक स्तर पर मुफ्त शिक्षा की व्यवस्था की गई है। इसके साथ ही बालकों के स्वास्थ्य को ध्यान में रखते हुए निःशुल्क मध्याह्न भोजन (मिड डे मील) की व्यवस्था भी की गई है। हमारे देश में आज भी लाखों

बच्चे ऐसे हैं, जो कुपोषण के शिकार हैं, उन्हें न पर्याप्त खाना मिलता है और न ही उचित शिक्षा। कहते हैं कि बच्चे देश का भविष्य होते हैं, लेकिन जिस देश के बच्चे शिक्षा से वंचित हों, कुपोषित हों, वे देश के भविष्य को भला किस प्रकार सँवार सकते हैं? यदि हम बच्चों में देश का भविष्य देखते हैं, तो हमें आज उन्हें वे सभी अवसर उपलब्ध कराने होंगे, जिससे उनके व्यक्तित्व का सर्वांगीण विकास हो सके। इस दिशा में 'शिक्षा का अधिकार' निश्चय ही सराहनीय कदम है, लेकिन हमें यह भी सुनिश्चित करना होगा कि इस अधिकार का लाभ समाज के सभी वर्गों के बच्चों को मिले, ताकि शिक्षा का प्रचार-प्रसार भली-भाँति हो सके। जिस प्रकार, इस दृश्य में बच्चों के चेहरों पर मुसकान है, ठीक उसी तरह भारत के प्रत्येक बच्चे के चेहरे पर मुसकान और खुशी दिखाई पड़े।

अभ्यास प्रश्न

1. नीचे दिए गए दृश्य को ध्यानपूर्वक देखिए और दृश्य को आधार बनाकर वर्णन कीजिए अथवा उसकी कहानी लिखिए, जिसका सीधा व स्पष्ट संबंध दृश्य से होना चाहिए।

उत्तर प्रस्तुत दृश्य में दो बालिकाओं को दर्शाया गया है, जो नल से पानी लेते समय प्रसन्नचित्त मुद्रा में दिखाई दे रही हैं। वे दोनों पानी से होली खेल रही हैं और खुश हो रही हैं। जल मानव की मूल आवश्यकता है। पृथ्वी पर जल की उपलब्धता के कारण ही प्राणियों का अस्तित्व और पदार्थों में उपयोगिता का गुण कायम है, कहा भी जाता है—जल ही जीवन है। जल के बिना न तो मनुष्य का जीवन संभव है और न ही वह किसी कार्य को संचालित कर सकता है।

प्रस्तुत दृश्य में भी बालिकाओं द्वारा पानी का आनंद लेना जल की महत्ता को दर्शाता है। जल के बिना जीवन की कल्पना ही नहीं की जा सकती। रक्त के संचालन, शरीर के विभिन्न अंगों को स्वस्थ रखने, शरीर के विभिन्न ऊतकों को मुलायम व लोचदार रखने के अतिरिक्त शरीर की कई अन्य प्रक्रियाओं के लिए भी जल की समुचित मात्रा की आवश्यकता होती है। जल के अभाव में मनुष्य की मृत्यु निश्चित है। जल की आवश्यकता दैनिक जीवन के कार्यों में भी होती है।

मनुष्य के साथ-साथ प्रकृति में पेड़-पौधे, पशु-पक्षी सभी अपने जीवन के लिए जल पर ही निर्भर रहते हैं। फसलों की सिंचाई, विभिन्न प्रकार के उद्योगों में जल की आवश्यकता पड़ती है। इन सभी दृष्टिकोणों से जल की उपयोगिता मनुष्य के लिए बढ़ जाती है। जीवन के लिए सामान्य उपयोगिता एवं दैनिक आवश्यकताओं के अतिरिक्त जल ऊर्जा का भी एक प्रमुख स्रोत है।

पानी की इन सभी आवश्यकताओं को देखते हुए भी मनुष्य ने अपने स्वार्थ के लिए प्रकृति का संतुलन बिगाड़ दिया है और अपने लिए खतरे की स्थिति उत्पन्न कर ली है। प्रकृति का श्रेष्ठतम प्राणी होने के नाते उसका कर्त्तव्य बनता है कि वह जल का समुचित मात्रा में प्रयोग करे।

2. नीचे दिए गए दृश्य को ध्यानपूर्वक देखिए और दृश्य को आधार बनाकर वर्णन कीजिए अथवा उसकी कहानी लिखिए, जिसका सीधा व स्पष्ट संबंध दृश्य से होना चाहिए।

उत्तर दिया गया दृश्य मतदान केंद्र पर उपस्थित जन-समूह एवं पंक्ति में खड़े लोग, जो मतदान करने के लिए प्रतीक्षा कर रहे हैं, के दृश्य को दर्शाता है। प्रत्येक वयस्क को मतदान करने का अधिकार है। चुनाव के समय देश में जगह-जगह मतदान करने के लिए मतदान केंद्र बनाए जाते हैं। नागरिकों द्वारा किए गए मतदान से ही प्रतिनिधियों का निर्वाचन होता है।

यह दृश्य मतदाताओं के उत्साह को प्रदर्शित करता है, जो मतदान करने के लिए आए हैं। मतदान करने के लिए केंद्र पर सभी जगह चहल-पहल व भीड़ है। मतदान करने की प्रक्रिया निर्धारित समय पर प्रातःकाल से आरंभ होकर शाम तक चलती है। चुनाव की घोषणा होते ही विभिन्न दल अपने-अपने प्रत्याशियों की चयन प्रक्रिया आरंभ कर देते हैं। मतदान करने के दिन युवकों में अधिक उत्साह देखने को मिलता है। कुछ लोग पैदल, कुछ साइकिल पर तो कुछ अपनी कारों से मत देने के लिए आते हैं।

सभी वयस्क नागरिक गुप्त रूप से इलेक्ट्रॉनिक वोटिंग मशीन में अपने पसंदीदा उम्मीदवार के नाम के समक्ष बटन दबाकर अपने मतदान के अधिकार का प्रयोग करते हैं। मतदान केंद्र पर पुलिस व्यवस्था की कड़ी निगरानी रहती है। लोग बारी-बारी से आकर मतदान करते हैं। स्त्रियों-पुरुषों के साथ बच्चे भी मतदान केंद्र पर दिखाई देते हैं।

मतदान प्रक्रिया संपन्न होने पर तथा चुनाव के परिणाम आने तक सभी उत्साहित दिखाई देते हैं। इस प्रकार मतदान केंद्र का दृश्य बहुत ही

मनमोहक प्रतीत होता है। मतदान प्रारंभ होने से लेकर शाम को वोटिंग मशीन सील करने तथा उन्हें सरकारी वाहन द्वारा भेजने तक चहल-पहल व भीड़-भाड़ का वातावरण बना रहता है।

प्रत्येक व्यक्ति का वोट बहुत कीमती होता है, क्योंकि एक वोट भी किसी सरकार को गिराने और उसे बनाने का दमखम रखता है लेकिन आज भी कई लोग अपने मताधिकार का उपयोग करने को लेकर जागरूक नहीं हैं। ऐसे लोगों को मतदान के महत्त्व को समझने और इसके प्रति जागरूक होने की आवश्यकता है, क्योंकि मतदाता जागरूकता हमारे देश के भविष्य के लिए बहुत आवश्यक है। जब हम सभी वोट करने को लेकर जागरूक होंगे तभी हमारे देश की तस्वीर बदलेगी और देश के बेहतर भविष्य का निर्माण होगा।

3. नीचे दिए गए दृश्य को ध्यानपूर्वक देखिए और दृश्य को आधार बनाकर वर्णन कीजिए अथवा उसकी कहानी लिखिए, जिसका सीधा व स्पष्ट संबंध दृश्य से होना चाहिए।

उत्तर प्रस्तुत दृश्य पानी के संकट को दर्शाता है। सभी लोग पंक्ति में लगकर अपनी बारी का इंतजार कर रहे हैं। कई क्षेत्र ऐसे हैं, जहाँ नियमित रूप से पानी नहीं मिल पाता, कई स्थानों पर पानी न होने के कारण लोगों को दूर-दराज के क्षेत्रों में पानी लेने जाना पड़ता है, वहीं कुछ ऐसे क्षेत्र भी हैं जहाँ पर पानी का दुरुपयोग होता है। इस प्रकार का असंतुलन पृथ्वी पर जीवन जीने के लिए घातक साबित हो सकता है।

भारत में आज कई क्षेत्र ऐसे हैं, जहाँ स्वच्छ जल न मिल पाने के कारण वहाँ के निवासियों को कई गंभीर बीमारियों का सामना करना पड़ता है। यूँ तो जल की समस्या प्राचीनकाल से ही बनी हुई है। सरकार द्वारा किए गए प्रयासों के बावजूद जल की आपूर्ति सभी क्षेत्रों तक उचित रूप में नहीं हो पा रही है। जल जीवन के लिए अनिवार्य तत्त्व है। जल की एक-एक बूँद कीमती है। आज लोगों द्वारा नदियों में स्नान करने, अपशिष्ट पदार्थों को विसर्जित करने व कारखानों और फैक्ट्री आदि का कूड़ा डालने से नदियों का जल प्रदूषित हो गया है, जिससे जल प्रदूषण की समस्या विकराल रूप धारण कर रही है। जल की आपूर्ति न होने से फसलें प्रभावित होती हैं, क्योंकि कृषि के लिए जल प्रमुख साधन है एवं सूखे की स्थिति उत्पन्न हो जाती है।

अतः जल को संरक्षित रखने के लिए हमें विभिन्न उपाय करने चाहिए तथा भिन्न-भिन्न अभियान चलाकर लोगों को जागरूक करने का प्रयास करना चाहिए। नई पीढ़ी को जल की महत्ता व उसके संरक्षण से अवगत कराना चाहिए। जल के असंतुलन को नियंत्रित करके ही हम भावी पीढ़ी के लिए जल संरक्षित कर सकते हैं, ताकि भावी पीढ़ी के लिए जल की विकराल समस्या उत्पन्न न हो। जल ही जीवन है। यही बात ध्यान में रखकर पृथ्वी पर सुखमय जीवन के लिए जल-संरक्षण हेतु सबको कोशिश करनी चाहिए।

4. नीचे दिए गए दृश्य को ध्यान से देखिए और दृश्य को आधार बनाकर उसका परिचय देते हुए कोई लेख, घटना अथवा कहानी लिखिए, जिसका सीधा व स्पष्ट संबंध दृश्य से होना चाहिए।

उत्तर प्रस्तुत दृश्य में कुछ विद्यार्थियों को दिखाया गया है, जो शायद विद्यालय से घर आ रहे हैं। उनकी वेश-भूषा को देखकर वे किसी सरकारी विद्यालय के विद्यार्थी लग रहे हैं। उनके पास बैग है, जिनमें किताबें हैं एवं उनके पास टैबलेट जैसा यंत्र भी दिखाई दे रहा है, जो शायद उन्हें विद्यालय से प्राप्त हुआ होगा। वर्तमान शिक्षा में विज्ञान एवं प्रौद्योगिकी का अत्यंत महत्त्व है। वर्तमान समय में विद्यार्थियों की पुस्तकों की जगह कंप्यूटर, लैपटॉप, टैबलेट इत्यादि ने ले ली है। अब विद्यार्थी शिक्षा के लिए, शिक्षण सहायक सामग्रियों में ग्लोब व मानदृश्यों का प्रयोग करने के साथ-साथ कंप्यूटर का भी प्रयोग करते हैं। उन्हें कोई भी प्रोजेक्ट पूरे करने हों उनमें वैज्ञानिक आविष्कार का प्रयोग अवश्य होता है। शिक्षक अब केवल विद्यालय तक ही सीमित नहीं रहे, बल्कि कंप्यूटर व इंटरनेट के रूप में प्रत्येक क्षण विद्यार्थियों के साथ जुड़े रहते हैं। प्रस्तुत दृश्य में सरकारी स्कूल के विद्यार्थियों को दिए गए टैबलेट्स विज्ञान एवं प्रौद्योगिकी के इसी महत्त्व को रेखांकित करते हुए प्रतीत होते हैं।

शिक्षा किसी भी परिवार, समाज एवं राष्ट्र की उन्नति एवं प्रगति का एकमात्र रास्ता है। शिक्षा वह हथियार है, जो लोगों में चेतना का विकास करती है और समाज एवं राष्ट्र को दिन-प्रतिदिन बेहतर-से-बेहतर बनाने में महत्त्वपूर्ण भूमिका निभाती है। हमारी सरकारें भी शिक्षा के इस महत्त्व को पहचानती हैं। वे यह नहीं चाहती कि हमारे सरकारी विद्यालयों के बच्चे निजी विद्यालयों के बच्चों से पीछे रहें, इसलिए वह उन विद्यार्थियों को हर संभव सहायता प्रदान करने के लिए तत्पर रहती है।

आधुनिक समय में शिक्षा के क्षेत्र में तकनीकी का विकास बड़ी तेजी से हो रहा है। शैक्षिक तकनीकी उसी रूप में शिक्षण और अधिगम के क्षेत्र में अधिक लाभ उठाने के प्रयोग में लाई जाती है। दृश्य श्रव्य सामग्री के प्रयोग द्वारा कम-से-कम समय में कम-से-कम शक्ति लगाकर अधिक-से-अधिक अच्छे रूप में शिक्षण अधिगम की प्रक्रिया को प्रभावशाली बनाया जा रहा है। आज शिक्षा के प्रत्येक क्षेत्र में तकनीकी उपयोग होने लगा है तथा नवाचारों का विकास होने से शिक्षा में काफी विकास हुआ है।

5. नीचे दिए गए दृश्य को ध्यान से देखिए और दृश्य को आधार बनाकर उसका परिचय देते हुए कोई लेख, घटना अथवा कहानी लिखिए, जिसका सीधा व स्पष्ट संबंध दृश्य से होना चाहिए।

उत्तर प्रस्तुत दृश्य में किसी ऐसे स्थल या क्षेत्र को दिखाया गया है, जहाँ अत्यधिक वर्षा होने के कारण या बाढ़ आने के कारण पानी भर गया है। इस दृश्य में कुछ राहत बचाव दल के व्यक्ति दिखाई दे रहे हैं, जो वहाँ के लोगों को बाहर निकाल रहे हैं। वहाँ के घर एवं गाड़ियाँ पानी में डूबी हुई दिखाई दे रही हैं। बाढ़ एक प्राकृतिक आपदा है, जो वर्षा के अत्यधिक होने या किसी नदी के बाँध टूटने आदि के कारण आती है। अत्यधिक वर्षा होने के कारण जो बाढ़ आती है, उसे प्राकृतिक माना जाता है तथा बाँध टूटने के कारण आई बाढ़ को अप्राकृतिक माना जाता है। बाढ़ चाहे प्राकृतिक हो या अप्राकृतिक दोनों ही स्थिति में जनमानस को भारी हानि होती है।

बाढ़ आने के कारण वह क्षेत्र पानी में डूब जाता है। यहाँ तक कि कई बार स्थिति इतनी भयावह हो जाती है कि पशु या आदमी उस पानी में बह जाते हैं। वहाँ के लोगों के पास खाने-पीने व अन्य आवश्यक सामान का अभाव हो जाता है एवं यातायात ठप्प हो जाता है। कई लोग तो घर की छत पर रहने को विवश हो जाते हैं, क्योंकि उनके घरों में पानी भर जाता है और बिजली आदि की सुविधा भी समाप्त हो जाती है। वहाँ के लोगों की दशा दयनीय एवं असहनीय हो जाती है। कुछ लोगों को अपना घर छोड़कर सरकार द्वारा बनाए गए कैंप में रहना पड़ता है।

बाढ़ में फँसे लोगों तक राहत पहुँचाना सरल नहीं होता है फिर भी सेना के जवान एवं स्वयं सेवक संघ के लोग वहाँ के लोगों तक खाने-पीने का सामान एवं अन्य आवश्यक वस्तुएँ पहुँचाते हैं। यहाँ तक कि वे वहाँ के लोगों को हेलीकॉप्टर या नाव की मदद से बाहर निकालकर सुरक्षित स्थल तक लाने का कार्य भी करते हैं। बचाव दल के सदस्य एवं भारतीय सेना एक मसीहा की भाँति ही उन तक राहत पहुँचाते हैं तथा उन्हें इस मुसीबत से बाहर निकालने का कार्य करते हैं।

बाढ़ आना एक प्राकृतिक आपदा है, जिसे हम मानव कभी नहीं रोक सकते हैं। लेकिन हम इस स्थिति से स्वयं को बचाने के लिए कुछ तैयारी कर सकते हैं। जिन क्षेत्रों में बाढ़ आने की संभावना अधिक होती है, वहाँ बड़े-बड़े बाँधों का निर्माण किया जा सकता है जिससे अत्यधिक मात्रा में जल को संचित किया जा सके तथा जल निकास का अधिक प्रयास किया जा सके। सरकार द्वारा आपदा की सूचना जनता तक पहुँचाने की व्यवस्था का निर्माण किया जाना चाहिए, ताकि लोगों को यथासंभव सुरक्षित स्थान पर पहुँचने का समय मिल सके और लोगों को हानि कम हो।

6. नीचे दिए गए दृश्य को ध्यानपूर्वक देखिए और दृश्य को आधार बनाकर वर्णन कीजिए अथवा उसकी कहानी लिखिए, जिसका सीधा व स्पष्ट संबंध दृश्य से होना चाहिए।

उत्तर दिए गए दृश्य में कुछ विद्यार्थी सफाई करते हुए दिखाई दे रहे हैं। यह दृश्य स्वच्छता के प्रति हमारा ध्यान इंगित करता है। अध्यापिका के दिशा-निर्देशानुसार विद्यार्थी स्वच्छता से संबंधित कार्य कर रहे हैं। यह दृश्य हमें सफाई के साथ-साथ श्रम की भावना की ओर भी संकेत करता है। शारीरिक श्रम करने से शरीर सुगठित एवं मजबूत बनता है तथा व्यक्ति में स्वावलंबन की भावना उत्पन्न होती है।

गाँधीजी की श्रमदान की भावना को हमें आज की पीढ़ी में भी विकसित करने का प्रयास करना होगा। अध्यापिका 'कोई काम छोटा या बड़ा नहीं होता' उक्ति द्वारा छात्रों में प्रत्येक कार्य के प्रति निष्ठा एवं सम्मान की भावना जाग्रत कर सकती है। गाँधीजी का श्रमदान मिशन भारत सरकार द्वारा 2 अक्टूबर को चलाए गए 'स्वच्छ भारत मिशन' के रूप में लागू किया गया।

एक बार मुझे स्वच्छता संबंधी मिशन में भाग लेने का अवसर मिला था, जिसमें एक क्षेत्र को साफ करने की योजना बनाई गई थी। उस मिशन में कई स्कूल के विद्यार्थियों, अध्यापक-अध्यापिकाओं, क्षेत्र के निवासियों आदि सभी ने भाग लिया था। सड़कों पर बिखरे कूड़ा-करकट, दीवारों पर लगे पोस्टरों आदि को स्वच्छ करने में प्रत्येक व्यक्ति ने अपना पूरा योगदान दिया। यह हमारी संस्कृति ही है, जहाँ सभी व्यक्ति मिलकर कार्य को संपन्न करते हैं। जगह-जगह फैली हुई गंदगी एवं पानी के एकत्रित होने से बीमारियों का प्रकोप बढ़ता है।

अतः यह हमारी जिम्मेदारी, कर्त्तव्य और दायित्व है कि हम अपने आस-पास के वातावरण, परिवेश और देश को स्वच्छ रखने में पूर्ण योगदान दें। कहा भी गया है—"स्वस्थ शरीर में स्वस्थ मस्तिष्क का निवास होता है।" हमारे शरीर का स्वस्थ होना, हमारे आस-पड़ोस एवं देश की स्वच्छता पर ही निर्भर होता है। देश, आस-पड़ोस, परिवेश को स्वच्छ रखना कर्म की प्रेरणा देता है और कर्म करना हमें आत्मनिर्भर बनाता है। प्रत्येक व्यक्ति की पहल अन्य लोगों में भी स्वच्छता की भावना पैदा करती है। देश को स्वच्छ रखना हमारा दायित्व है। छात्र-जीवन में किए गए स्वच्छता संबंधी कार्य छात्रों को आजीवन स्वच्छता के लिए प्रेरित करते हैं।

7. नीचे दिए गए दृश्य को ध्यानपूर्वक देखिए और दृश्य को आधार बनाकर वर्णन कीजिए अथवा उसकी कहानी लिखिए, जिसका सीधा व स्पष्ट संबंध दृश्य से होना चाहिए।

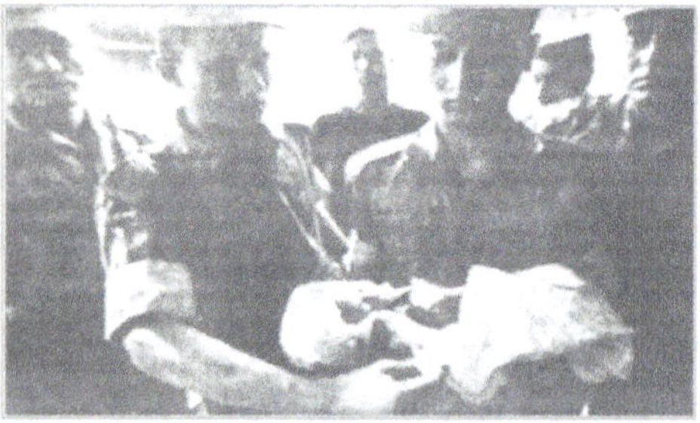

उत्तर प्रस्तुत दृश्य में सेना के कुछ जवान नजर आ रहे हैं, जिनमें से दो जवानों की गोद में एक शिशु है। सभी जवान उसकी मासूम गतिविधियों से वात्सल्यता का अहसास कर रहे हैं, वे प्रसन्न भी हैं और शायद बालिका के जन्म से संबंधी वार्ता भी कर रहे हैं।

पिछले महीने की बात है, सेना के कुछ जवान अपने मिशन के समापन के बाद छुट्टियाँ लेकर अपने-अपने घर जाने के लिए तैयार थे। विभाग द्वारा जवानों के लिए रेलगाड़ी में एक बोगी आरक्षित कर दी गई थी। वे जवान स्टेशन पर जैसे ही अपनी बोगी में चढ़े, तभी उन्हें एक बालिका के रोने की आवाज सुनाई दी। उन्होंने देखा कि एक नवजात बालिका कपड़े में लिपटी खिड़की के पास वाली सीट पर जोर-जोर से रो रही है। शायद कोई उसे वहाँ छोड़कर चला गया था।

जवानों ने उसे गोद में उठाया और चुप कराने लगे। बाद में किसी ने यह जानकारी दी कि सेना के एक अधिकारी ने उस बालिका को कानूनी प्रक्रिया पूरी करने के उपरांत गोद ले लिया है। सभी जवान खुशी-खुशी उस बालिका को दुआएँ दे रहे थे। जवानों को यह आभास हुआ कि शायद यह कन्या-हत्या से संबंधित घटना हो। हमारे देश में बालक-बालिकाओं के संबंध में प्रचलित भेदभाव अत्यंत गंभीर विषय है। आधुनिक युग में भी लिंग भेदभाव की समस्या यथावत् विकराल रूप धारण किए हुए हैं। अनेक परिवार पुत्र प्राप्ति के मोह में पुत्रियों की हत्या कर देते हैं या फिर जन्म के बाद इस तरह उन्हें मरने के लिए छोड़ देते हैं।

यह एक गंभीर विषय है कि किस प्रकार कोई माता-पिता अपने अंश तथा कलेजे के टुकड़े को अपने से अलग कर देते हैं? ऐसे निर्दयी माता-पिता हेतु सख्त सजा का प्रावधान होना चाहिए। हमारे देश में लड़के-लड़की में भेदभाव करने एवं लड़के को श्रेष्ठ समझने की मानसिकता अत्यंत प्रबल है। उत्तर भारत में यह समस्या अधिक गंभीर है। प्रशासन व न्यायपालिका को इस गंभीर समस्या के समाधान के लिए कठिन प्रयास करने होंगे तथा भ्रूण हत्या के विरुद्ध और सख्त कानून बनाने होंगे।

बालिकाओं की शिक्षा एवं उत्थान के लिए और अधिक सार्थक योजनाएँ लानी होंगी तथा महिलाओं को शिक्षा व रोजगार से जोड़ना होगा। समाज को पूर्ण जागरूक करना होगा, ताकि इस विकराल समस्या को यथाशीघ्र कम किया जा सके। देश की आबादी के आधे भाग का प्रतिनिधित्व करने वाले नारी-वर्ग की उपेक्षा अशोभनीय है।

8. नीचे दिए गए दृश्य को ध्यानपूर्वक देखिए और दृश्य को आधार बनाकर वर्णन कीजिए अथवा उसकी कहानी लिखिए, जिसका सीधा व स्पष्ट संबंध दृश्य से होना चाहिए।

उत्तर प्रस्तुत दृश्य भारत की विभिन्न धर्मों में आस्था और उसके अनुरूप मनाए जा रहे पर्व को दर्शाता है। इस दृश्य में एक ओर एक बच्चे द्वारा पटाखे जलाए जाने तथा साथ में खड़े अन्य बच्चों के फूलझड़ी जलाने के दृश्य को दिखाया गया है। प्रथम भाग में दीपावली के पर्व को मनाए जाने का संकेत है तथा दूसरे भाग में चंद्रमा के दर्शन के बाद दो व्यक्तियों का गले मिलने तथा आस-पास उपस्थित लोगों के भी प्रसन्नतापूर्वक मिलने से यह दृश्य ईद के पर्व की ओर इशारा करता है। आस-पास मस्जिद का दृश्य मुस्लिम धर्म को दर्शाता है।

दोनों ही पर्व मनाए जाने पर सब ओर प्रसन्नता छाई हुई है। सभी पर्वों की अपनी विशेष महत्ता तथा मान्यताएँ हैं। भारत विभिन्न संस्कृतियों वाला देश है, जहाँ प्रत्येक संस्कृति के भिन्न-भिन्न पहनावे, अलग-अलग रीति-रिवाज होने पर भी इस विविधता में एकता की भावना कायम है। जाति, वर्ण, धर्म आदि का भेदभाव न होते हुए भी सभी लोग एक-दूसरे के त्योहार मनाते हैं। आज कोई भी पर्व किसी एक धर्म तक सीमित नहीं है, बल्कि व्यापक स्तर पर सभी लोगों के द्वारा मनाया जाता है। भारत की संस्कृति अनेकता में एकता वाली उक्ति को चरितार्थ करती है।

हमारे देश में हिंदू, मुसलमान, सिख, ईसाई आदि सभी धर्मों के लोग रहते हैं। प्रत्येक त्योहार मानवीय मूल्य एवं आदर्श को स्थापित करते हैं और हमें एकता, एकरूपता आदि के साथ रहने की प्रेरणा देते हैं। चाहे त्योहार किसी भी धर्म का हो, प्रत्येक त्योहार मनुष्य के हृदय में उल्लास का संचार करता है। यह दृश्य भी हमें देश में मनाए जाने वाले पर्वों की ओर इंगित करता है और भाईचारे तथा प्रेम-भावना का संदेश प्रदान करता है।

9. नीचे दिए गए दृश्य को ध्यानपूर्वक देखिए और दृश्य को आधार बनाकर वर्णन कीजिए अथवा उसकी कहानी लिखिए, जिसका सीधा व स्पष्ट संबंध दृश्य से होना चाहिए।

उत्तर प्रस्तुत दृश्य में एक महिला सँडासी (बर्तन पकड़ने का उपकरण) से भगौना पकड़कर कप में चाय डाल रही है। वह वेशभूषा से अत्यंत निर्धन प्रतीत हो रही है। उसके पास एक चूल्हा है तथा कुछ लकड़ियाँ मौजूद हैं, जिन्हें वह भोजन आदि बनाने के लिए ईंधन के रूप में प्रयोग करती है।

घर की दयनीय दशा देखकर ही यह अनुमान लगाया जा सकता है कि उनकी आर्थिक दशा चिंतनीय है। हमारे देश में आज भी 60% जनसंख्या गाँवों में ही निवास करती है। गरीब तो शहरों में भी मौजूद हैं, परंतु ग्रामीण स्तर पर गरीबों की दयनीय अवस्था की तो कल्पना मात्र से ही रोंगटे खड़े हो जाते हैं।

आज भी ग्रामीण व आदिवासी क्षेत्रों में लोगों के पास न खाने के लिए अन्न है और न पहनने को वस्त्र। यह मकान भी इतना जर्जर व कच्ची अवस्था में है कि उसमें मौसम की विकरालता का सामना करने की सामर्थ्य नहीं है। सच कहा जाए, तो इस घर में रहने वाले लोग जीवित तो हैं, परंतु मृत समान।

भारत में आर्थिक असमानता चिंता का विषय है। एक ओर तो धनी लोग हैं तथा दूसरी ओर ऐसे लोग हैं, जो अपने रहने-खाने की व्यवस्था करने में भी असमर्थ हैं। इस अंतर को दूर करने के लिए समाज के धनी वर्ग तथा प्रशासन को अपना योगदान देना होगा।

ऐसी निम्न जाति में ऐसे लाखों लोग भी हैं, जो आर्थिक रूप से अत्यंत सक्षम हैं, वहीं तो उच्च समझी जाने वाली जातियों में भी ऐसे लोग हैं, जो आर्थिक तंगी के कारण भूखे मरने को मजबूर हैं। अब इस अंतर को दूर करने का समय आ गया है। प्रशासन को राजनीतिक विचारधारा से ऊपर उठकर उन लोगों को आरक्षण देना होगा, जिन्हें वास्तव में इसकी आवश्यकता है। आरक्षण आर्थिक स्थिति के अनुरूप होना चाहिए न कि जातीय आधार पर। इसके अतिरिक्त धनी लोगों को भी सामर्थ्यानुसार गरीबों के उत्थान के लिए संगठन बनाकर उनके उत्थान में योगदान देना चाहिए।

गरीबी एक अभिशाप है। अपने देश को गरीबीमुक्त बनाने में हम सभी को अपना-अपना योगदान देना होगा। देश के आर्थिक स्तर में सुधार करने के लिए गरीबी-उन्मूलन आवश्यक है।

10. नीचे दिए गए दृश्य को ध्यानपूर्वक देखिए और दृश्य को आधार बनाकर वर्णन कीजिए अथवा उसकी कहानी लिखिए, जिसका सीधा व स्पष्ट संबंध दृश्य से होना चाहिए।

उत्तर प्रस्तुत दृश्य में एक बालक पूर्ण निष्ठा के साथ जूते पर पॉलिश कर रहा है। यह बालक 15-16 वर्ष का प्रतीत हो रहा है, परंतु अपने मजबूत इरादों और इच्छाशक्ति से वह अपने कार्य में लीन है। संभवतः यह दृश्य किसी रेलवे स्टेशन का है और यह बालक वहाँ जमीन पर बैठा हुआ है।

एक समय की बात है, एक स्त्री अपने 15-16 वर्ष के पुत्र के साथ रहती थी। स्त्री के पति का देहांत हो चुका था। पुत्र के पालन-पोषण का भार पूरी तरह उसी पर था। वह स्त्री आस-पास के घरों में मजदूरी आदि करके घर चलाती थी और अपने पुत्र का पालन-पोषण करती थी। अतिरिक्त समय मिलने पर वह घर पर ही सिलाई कार्य करती थी, ताकि बेटे को शिक्षित कर सके और कामयाब बना सके। इतनी मेहनत करने पर भी वह पर्याप्त धन नहीं जुटा पाती थी। वह बालक की शिक्षा के खर्च को वहन करने में भी कठिनाई महसूस कर रही थी। अपनी माता की इस चिंता व निराशा का आभास होने पर उस बालक ने माता की मदद करने का निर्णय लिया। इसलिए विद्यालयी शिक्षा के साथ-साथ अतिरिक्त समय में वह जूते पॉलिश करने का कार्य करने लगा, जिससे कि माता का आर्थिक सहयोग कर सके तथा अपनी पढ़ाई के खर्चे को पूरा कर सके।

वार्षिक परीक्षा में कठिन मेहनत करके बालक ने कक्षा में सर्वोच्च स्थान प्राप्त किया। वह विद्यालय में मन लगाकर पढ़ाई करता और विद्यालय से आने के बाद जूते पॉलिश करता। उसका कठिन परिश्रम रंग लाया और वह अपनी कक्षा के मेधावी विद्यार्थियों में गिना जाने लगा। लगातार मेधावी प्रदर्शन करने के चलते उसे छात्रवृत्ति प्राप्त होने लगी। इसके उपरांत समय बीतता गया और वह आगे बढ़ता गया। कॉलेज की पढ़ाई पूरी करने के बाद उसने प्रशासनिक सेवा की परीक्षा उत्तीर्ण की और प्रशासनिक सेवा में उच्च पद पाकर एक अधिकारी बन गया। इस कहानी से यह विश्वास मजबूत होता है कि दृढ़ इच्छाशक्ति तथा मेहनत से किसी भी लक्ष्य को पाया जा सकता है। संसाधनों का अभाव भी मजबूत इरादों को रोक नहीं पाता।

शायर मोहम्मद इकबाल ने सही कहा है कि

"खुदी को कर बुलंद इतना, कि हर तकदीर से पहले।
खुदा बंदे से खुद पूछे, बता तेरी रज़ा क्या है?"

अपने जीवन के उद्देश्य को पूरा करने के लिए छोटे से छोटा काम करने में भी हिचकिचाना नहीं चाहिए।

11. प्रस्तुत दृश्य को ध्यान से देखिए और दृश्य को आधार बनाकर उसका परिचय देते हुए कोई लेख, कहानी अथवा घटना लिखिए, जिसका सीधा व स्पष्ट संबंध दृश्य से होना चाहिए।

उत्तर प्रस्तुत दृश्य में दो महिलाओं व 11-12 वर्ष की दो बच्चियों को दिखाया गया है, जो बीड़ी बनाने का कार्य कर रही हैं। उन्होंने बाँस की टोकरियों में बीड़ी बनाने का सामान अर्थात् तेंदू के पत्ते व तंबाकू रखा हुआ है, जिसे वे अपनी गोद में रखकर बैठी हुई हैं। उनके आस-पास के वातावरण को देखकर ऐसा प्रतीत होता है कि वे टूटी-फूटी इमारत में छप्पर डालकर रहने वाले हैं। उनमें से एक महिला के पीछे कुछ बर्तन रखे हुए हैं तथा चूल्हा जला हुआ है, जिससे धुआँ उठ रहा है। अपने कार्य के प्रति उनमें पूर्ण तन्मयता दिखाई दे रही है। बाल श्रम हमारे जीवन के लिए एक अभिशाप है, जिस अभिशाप से हम अब तक मुक्त नहीं हुए हैं।

भारत में सभी बच्चे अपने बचपन का आनंद लेने के लिए भाग्यशाली नहीं हैं। उनमें से बहुत से अमानवीय परिस्थितियों में काम करने के लिए मजबूर हैं, जहाँ उनके दुःखों का कोई अंत नहीं है। यद्यपि बाल श्रम पर प्रतिबंध लगाने वाले कानून हैं, फिर भी बच्चों को सस्ते श्रम के रूप में शोषित करना जारी है। इसका कारण यह है कि अधिकारी, मजदूरों के रूप में लगे बच्चों को बचाने वाले कानूनों को लागू करने में असमर्थ हैं।

भारत में महिला सशक्तीकरण के उद्देश्य से 'बेटी बचाओ, बेटी पढ़ाओ' व 'सुकन्या समृद्धि योजना' जैसी कई योजनाएँ चल रही हैं, जिनका उद्देश्य कन्या भ्रूण हत्या को रोकने के साथ-साथ उन्हें शिक्षित करना भी है, ताकि देश के विकास में उनकी आधी आबादी का भी महत्त्वपूर्ण योगदान हो और देश तीव्रतम गति से विकास करे, लेकिन देश में व्याप्त गरीबी व बेरोजगारी के कारण समाज में आर्थिक विषमता की स्थिति अत्यंत विकट रूप धारण कर चुकी है, जिसका सीधा प्रभाव लड़कियों को स्कूल न भेजने के रूप में दिखाई देता है।

प्रस्तुत दृश्य में दिखाई गई महिलाओं व बालिकाओं की स्थिति इसी आर्थिक विषमता का परिणाम है। जहाँ 11-12 वर्ष की लड़कियों को विद्यालय में शिक्षा ग्रहण करने के लिए जाना चाहिए, वहाँ उन्हें बीड़ी जैसी स्वास्थ्य के लिए हानिकारक वस्तु के उत्पादन में सहयोग करना पड़ रहा है। यह कार्य उनके व देश के भविष्य के साथ खिलवाड़ है।

12. नीचे दिए गए दृश्य को ध्यानपूर्वक देखिए और दृश्य को आधार बनाकर वर्णन कीजिए अथवा उसकी कहानी लिखिए, जिसका सीधा व स्पष्ट संबंध दृश्य से होना चाहिए।

उत्तर प्रस्तुत दृश्य में एक बालक साइकिल चला रहा है और 8-10 बालक खुशी-खुशी चारों ओर से उसे घेरकर दौड़ रहे हैं। पीछे कुछ स्थानीय निवासी भी मौजूद हैं। संपूर्ण दृश्य पहाड़ी क्षेत्र का प्रतीत होता है। गर्मी का मौसम है और तेज धूप है। बालकों की परछाइयाँ भी दिखाई दे रही हैं। इस दृश्य में बच्चे प्रसन्नचित्त हैं।

साइकिल चलाने वाला बालक 15 वर्षीय राज है, जो इसी गाँव का निवासी है तथा पास के ही विद्यालय में दसवीं कक्षा का छात्र है। अभी कुछ दिनों पहले सरकार ने एक प्रतियोगिता का आयोजन किया था, जिसमें जिले के उच्च विद्यालयों में अध्ययनरत् बालकों को भाग लेने की अनुमति थी। यह 30 किमी लंबी साइक्लिंग मैराथन प्रतियोगिता थी। इस प्रतियोगिता में भाग लेने हेतु गाँव के विद्यालय से राज का चयन किया गया था।

यह प्रतियोगिता अत्यंत कठिन व उतार-चढ़ाव भरी थी। निर्धारित दिवस पर सभी प्रतियोगी समय से प्रतियोगिता–स्थल पर पहुँच गए थे। इस प्रतियोगिता में पूरे जिले के लगभग 100 प्रतिभागी हिस्सा लेने पहुँचे थे। प्रतियोगिता संपन्न कराने की जिम्मेदारी जिला-स्तर के खेल अधिकारी की थी। उनके नेतृत्व में आयोजक दल ने प्रतियोगिता का शुभारंभ किया। आयोजक किसी अप्रिय घटना से बचने हेतु प्रतियोगिता पर नजर रखे हुए थे। राज बचपन से ही साइकिल चलाने में तेज था। सभी को उसकी जीत पर विश्वास था। राज ने कठोर परिश्रम से यह प्रतियोगिता 30 सेकंड के अंतर से जीती।

अंततः आयोजकों द्वारा राज को स्वर्ण पदक एवं प्रशस्ति-पत्र द्वारा पुरस्कृत किया गया। पूरा गाँव इस घटना से गौरवान्वित था। सभी बालक इस सफलता से गद्गद् थे और इसी उपलक्ष में गाँव पहुँचने पर सभी बालकों ने राज को घेर लिया। वर्तमान समय में शिक्षा के साथ-साथ खेलों के महत्त्व में भी बढ़ोतरी हो रही है। आज खेलों को इतना ज्यादा महत्त्व मिलने लगा है कि वो रोजगारपरक हो गए हैं। खेल, स्वास्थ्य के लिए भी लाभदायक होते हैं। अतः हमें बच्चों को खेलने के लिए भी प्रोत्साहित करना चाहिए।

13. नीचे दिए गए दृश्य को ध्यान से देखिए और दृश्य को आधार बनाकर उसका परिचय देते हुए कोई लेख, घटना अथवा कहानी लिखिए, जिसका सीधा व स्पष्ट संबंध दृश्य से होना चाहिए।

उत्तर प्रस्तुत दृश्य बालक द्वारा अपने कार्य को निष्ठापूर्वक किए जाने को दर्शाता है। यह दृश्य बालक द्वारा मजदूरी करने के दृश्य को दिखाता है। बालक ने मिट्‌टी खोदने के लिए हाथ में फावड़ा लिया है। यह दृश्य बाल श्रम जैसी समस्या को इंगित करता है।

बाल श्रम जैसी समस्या आज हमारे समाज के लिए अभिशाप बन रही है। बचपन, एक बालक के जीवन का स्वर्णिम समय होने के साथ ही उसके शारीरिक व मानसिक विकास का बहुमूल्य समय होता है। जिस आयु में घर की आर्थिक स्थिति कई बालकों को पैसे कमाने को बाध्य कर देती है।

आजादी के इतने वर्षों के बाद भी आज हमारा समाज उच्च वर्ग व निम्न वर्ग में विभक्त है। निम्न वर्ग के लोग अपनी मूलभूत आवश्यकताओं की पूर्ति न होने के कारण अपने बच्चों को कारखानों, फैक्ट्रियों आदि में कार्य करने के लिए भेज देते हैं। आज भारत ब्रिटिश की गुलामी से तो आजाद हो गया, परंतु गरीबी ने निम्न वर्ग को बेड़ियों में बाँधा हुआ है। यह दृश्य हमारे समाज में

फैली निर्धनता व आर्थिक समस्या की ओर संकेत करता है।

भारत सरकार ने 6 से 14 वर्ष की आयु के बच्चों की शिक्षा के लिए कानून बनाए, जिसमें बालकों के लिए 'शिक्षा के अधिकार' को आवश्यक बताया गया है। इसमें सभी बालकों के लिए 'मुफ्त व अनिवार्य' शिक्षा का प्रावधान है, परंतु फिर भी आज हमारे समाज में बाल श्रम प्रमुख समस्या बनी हुई है। आज भी 14 वर्ष की आयु से कम के बालक कारखानों में काम करते हैं तथा उच्च वर्ग उनका शोषण करता है।

बाल श्रम एक विकराल समस्या का रूप धारण करता जा रहा है। आज जगह-जगह विभिन्न नुक्कड़-नाटक, जागरूकता अभियान आदि चलाए जाते हैं, लेकिन जब तक भारत का प्रत्येक नागरिक इस गंभीर समस्या पर चिंतन या मनन नहीं करेगा अर्थात् इन समस्या के समाधान के लिए प्रयत्न नहीं करेगा, तब तक इस समस्या से मुक्ति पाना कठिन होगा।

इस दृश्य में एक ओर तो बालक अपनी दृढ़ इच्छाशक्ति और लगन से कार्य कर रहा है, परंतु दूसरी ओर वह अपने शिक्षा के अधिकार को खो रहा है। अतः संविधान के 86वें संशोधन का ध्यान रखते हुए हमें इस समस्या के प्रति सचेत हो जाना चाहिए तथा बालक की शिक्षा के अधिकार को संरक्षित कर उसे पढ़ने का अवसर प्रदान करके उसके शारीरिक व मानसिक विकास में वृद्धि करने हेतु प्रयास करना चाहिए, तभी हमारा देश पूर्णरूप से आजाद कहा जाएगा।

14. नीचे दिए गए दृश्य को ध्यानपूर्वक देखिए और दृश्य को आधार बनाकर वर्णन कीजिए अथवा उसकी कहानी लिखिए, जिसका सीधा व स्पष्ट संबंध दृश्य से होना चाहिए।

उत्तर प्रस्तुत दृश्य में महिलाओं ने भारतीय संस्कृति के अनुरूप वस्त्रों को धारण किया है एवं आधुनिक तकनीकी साधन कंप्यूटर का प्रयोग करते हुए दिखाई दे रही हैं। इंटरनेट जीवन का अनिवार्य अंग बन गया है। चाहे वह विद्यालय हो, विश्वविद्यालय हो, बैंक हो या रेलवे स्टेशन ऐसा कोई भी क्षेत्र नहीं है, जो इंटरनेट से अछूता हो। प्राचीनकाल में महिलाओं को घर की चारदीवारी के भीतर रखा जाता था, आज वे महिलाएँ उन सारे सामाजिक बंधनों को तोड़कर घर की चारदीवारी से बाहर आई हैं।

वे दफ्तरों, कार्यालयों, चिकित्सालयों, संसद भवन आदि में तकनीकी सुविधाओं का उपयोग करती हुई दिखाई देती हैं। आज के आधुनिक समय में महिलाएँ घर में और घर के बाहर भी जीवन के प्रत्येक क्षेत्र में अपना तारतम्य स्थापित कर रही हैं। आज महिलाएँ पुरुषों से पीछे नहीं हैं, बल्कि पुरुषों से आगे बढ़कर प्रत्येक क्षेत्र में उचित प्रकार से अपना कर्त्तव्य निभा रही हैं।

कंप्यूटर के द्वारा देश-विदेश की खबर हम कुछ ही पलों में प्राप्त कर सकते हैं। कंप्यूटर ने विभिन्न क्षेत्रों में विकास करने में अपनी महत्त्वपूर्ण भूमिका निभाई है। यह दृश्य हमें महिलाओं का कंप्यूटर के प्रति झुकाव को दिखाता है, साथ ही उनकी संस्कृति और सभ्यता को भी दर्शाता है। कंप्यूटर ने आज सभी को एक-दूसरे के निकट ला खड़ा किया है। अतः वह आज मानव जीवन का अभिन्न अंग बन गया है।

आज नारी 'अबला' नहीं 'सबला' है। महिलाओं में शिक्षा के प्रसार से उनके आत्मविश्वास में वृद्धि हुई है। एक महिला के शिक्षित होने से दो परिवार शिक्षित होते हैं। महिलाओं को आत्मविश्वास में और वृद्धि करने के लिए प्रयास करने होंगे। आज की नारियाँ शैक्षणिक योग्यता के बल पर अंतरिक्ष तक जा पहुँची हैं। सूचना क्रांति के इस युग में महिलाओं को तकनीकी शिक्षा प्रदान करने की ओर प्रयास करने होंगे।

15. नीचे दिए गए दृश्य को ध्यानपूर्वक देखिए और दृश्य को आधार बनाकर वर्णन कीजिए अथवा उसकी कहानी लिखिए, जिसका सीधा व स्पष्ट संबंध दृश्य से होना चाहिए।

उत्तर प्रस्तुत दृश्य में एक घोड़ागाड़ी दिखाई दे रही है। अत्यधिक बोझ के कारण गाड़ी का पहिया टूटकर अलग हो गया है, जिससे यह गाड़ी दुर्घटनाग्रस्त हो गई है। घोड़ा गाड़ी के नीचे दब गया है। घोड़े का मालिक अत्यंत क्रूरता का परिचय देते हुए उसे चाबुक से पीट रहा है।

घोड़ागाड़ी में अनुमानतः 30-40 बोरियाँ हैं और 3 बोरी नीचे भी गिरी हुई हैं। सूर्य अपनी प्रचंड उष्णता की चरम सीमा पर है। वातावरण में अत्यंत गर्मी है। सड़क के आस-पास कुछ वृक्ष भी दिखाई दे रहे हैं। भारी वजन के कारण घोड़ा बुरी तरह घुटनों के बल गिर गया है तथा उसकी जीभ बाहर निकल आई है।

इस भयानक पीड़ा और वेदना के बावजूद घोड़ागाड़ी का मालिक दयाभाव छोड़कर चाबुक के कठोर प्रहारों द्वारा घोड़े को उठाने का प्रयास कर रहा है, परंतु अत्यधिक वजन होने के कारण घोड़ा उठने में कामयाब नहीं हो पा रहा है। यदि यही अवस्था कुछ देर और रही तो घोड़े के प्राण तक संकट में पड़ सकते हैं।

घोड़ागाड़ी का मालिक अपनी वेशभूषा से अत्यंत गरीब नजर आ रहा है। घोड़े के न उठने पर उसे अपनी मजदूरी के व्यर्थ जाने का भय है। शायद इसी कारण जल्दबाजी में वह निर्दयता का परिचय दे रहा है, परंतु उसे ऐसी स्थिति में पशुओं के साथ अति क्रूरता का व्यवहार नहीं करना चाहिए। यह संभव है कि इस घटना के कारण घोड़ागाड़ी के चालक का समय बर्बाद हुआ हो और उसे आर्थिक हानि भी उठानी पड़ी हो, परंतु भूखे, लाचार घोड़े का इसमें कोई दोष नहीं है।

घोड़ागाड़ी के मालिक को अपनी इस क्रूरता को छोड़ना चाहिए और इस सच्चाई को समझना चाहिए कि पशु भी जीव हैं, उनमें भी संवेदना है। क्षमता से अधिक बोझ ढोने से घोड़े की जान को खतरा हुआ और गाड़ी भी क्षतिग्रस्त हुई। इस प्रकार के मूर्खतापूर्ण कदम से गाड़ी चालक को आर्थिक हानि हुई और घोड़े के प्राण संकट में पड़ गए। इंसान यदि पशुओं की पीड़ा को नहीं समझ सके, तो वह उसकी अमानुषिकता का परिचायक है। मनुष्य को पशुओं की पीड़ा को महसूस करना चाहिए और इस दमन को रोकना चाहिए। कहा भी गया है कि

"जीवों पर दया करना हजार पुण्यों के बराबर है।"

16. **नीचे दिए गए दृश्य को ध्यानपूर्वक देखिए और दृश्य को आधार बनाकर वर्णन कीजिए अथवा उसकी कहानी लिखिए, जिसका सीधा व स्पष्ट संबंध दृश्य से होना चाहिए।**

उत्तर प्रस्तुत दृश्य में एक युवा अध्यापिका कुछ प्रौढ़ लोगों को शिक्षा दे रही है। यह दृश्य किसी ग्रामीण क्षेत्र का प्रतीत होता है, क्योंकि स्त्री-पुरुषों की वेशभूषा ग्रामीण शैली की है। अध्यापिका श्यामपट्ट पर अ, आ, इ, ई (हिंदी की वर्णमाला) लिख रही है। वहीं मेज पर दो पुस्तकें भी रखी हुई हैं, जो अध्यापिका के पढ़ने की पुस्तकें होंगी।

एक व्यक्ति के हाथ में एक पुस्तक है, जिस पर 'अ', 'आ' इत्यादि लिखा हुआ है। समूचे देश के साथ प्रमुखतः ग्रामीण परिवेश में प्रौढ़ शिक्षा की अत्यंत आवश्यकता है। पुरानी पीढ़ी के बहुत से लोग अशिक्षित हैं। इस कारण उन्हें दैनिक जीवन में अनेक समस्याओं का सामना करना पड़ता है।

दूर किसी यात्रा पर जाना हो, किसी पुस्तक आदि को पढ़ना हो, जमीन-जायदाद या उपज इत्यादि का क्रय-विक्रय करना हो, तो इन सभी क्षेत्रों में उन्हें शिक्षा के अभाव में किसी अन्य पर आश्रित रहना पड़ता है। इसी कारणवश अनेक बार उन्हें आर्थिक हानि तक उठानी पड़ती है तथा कभी-कभी सामाजिक रूप से तिरस्कृत भी होना पड़ता है।

इन सब कठिनाइयों को महसूस करते हुए मेरी बहन सीता ने, जो आयु में मुझसे पाँच वर्ष बड़ी है, गाँव के वृद्ध लोगों को शिक्षित करने का निश्चय किया। सभी आदरणीय बुजुर्गों तथा प्रौढ़ों को इसकी सूचना दे दी गई, जो भी ग्रामीण पढ़ने में रुचि रखते थे, उन्हें एक निश्चित स्थान तथा समय पर शिक्षा देना आरंभ कर दिया गया। शुरुआत में गाँव के पाँच-सात लोगों ने शिक्षा लेना आरंभ किया, परंतु धीरे-धीरे इस संख्या में वृद्धि हो गई।

परिणामस्वरूप कुछ दिनों के प्रयास के उपरांत ही उन लोगों ने पढ़ना-लिखना भी सीख लिया और आवश्यकता पड़ने पर जोड़-घटाव भी करने लगे। इस प्रयास के द्वारा इन लोगों के आत्मविश्वास में वृद्धि होने लगी तथा वे सही-गलत के अंतर को पहचानने लगे और स्वयं निर्णय लेने में सक्षम हो गए।

इस शिक्षा से वे अपनी आय वृद्धि के साथ-साथ, सामाजिक रूप से भी स्वयं को सम्मानित अनुभव करने लगे। पूरा गाँव सीता के इस प्रयास की हृदय से प्रशंसा कर रहा था।

सीता स्वयं भी इस सराहना से गौरवान्वित अनुभव कर रही थी। भारतीय प्रशासन और सामाजिक संगठनों को प्रौढ़ शिक्षा नीति में वृद्धि के लिए और अधिक प्रयास करने चाहिए। किसी ने सही कहा है कि

"पढ़ा लिखा हो हर इंसान।
तब ही होगा, देश महान्।।"

प्रौढ़ शिक्षा की लोगों तक अधिकाधिक पहुँच उन्नत समाज की परिकल्पना को अवश्य ही साकार करेगी।

17. **नीचे दिए गए दृश्य को ध्यानपूर्वक देखिए और दृश्य को आधार बनाकर वर्णन कीजिए अथवा उसकी कहानी लिखिए, जिसका सीधा व स्पष्ट संबंध दृश्य से होना चाहिए।**

उत्तर प्रस्तुत दृश्य में दो बालक व दो बालिकाएँ दिखाई दे रही हैं। उनमें से एक बालक पत्थर मारकर प्रसन्न मुद्रा में आम तोड़ने की कोशिश कर रहा है। उनसे कुछ दूरी पर ही एक व्यक्ति हाथ में लाठी लिए क्रोधित मुद्रा में खड़ा है। तीन बच्चे चेहरे पर विभिन्न भाव-भंगिमाओं को दर्शाते हुए भागने का प्रयत्न कर रहे हैं। एक बालिका के चेहरे पर भय व्याप्त है तथा दूसरी बालिका के चेहरे पर नटखटपन आभासित हो रहा है। वहीं पास ही एक आम का वृक्ष भी मौजूद है, जो आमों से लदा हुआ है। इन्हीं पके हुए आमों को देखकर बच्चों के मन में आम खाने की लालसा जागृत हुई और उन सबने आम तोड़कर खाने का निश्चय किया।

यह घटना हमारे गाँव की ही है। गाँव से कुछ दूरी पर ही एक आम का बाग है, जिसमें पेड़ों पर आम पके हुए थे और उनकी सुगंध किसी को भी ललचा देती थी। इस सुगंध से हमारे मुँह में पानी आ जाता था। आज विद्यालय से आने के बाद हम बच्चों ने आम तोड़कर खाने की योजना बनाई, क्योंकि दोपहर के समय भोला काका गहरी निद्रा में लीन होते थे। भोला काका बाग के मालिक थे और स्वयं ही बाग की देखभाल किया करते थे।

हमने अत्यंत चपलता व चतुराई से योजना बनाई। एक बालिका को बाहर खड़ा कर दिया गया, ताकि वह बाहर आने-जाने वालों की सूचना देती रहे। हम दोनों बालकों ने पत्थर द्वारा आम तोड़ने आरंभ कर दिए। एक बालिका गिरे हुए आमों को तीव्र गति से थैले में डालने में व्यस्त थी। मैंने सबको चलने के लिए कहा, परंतु 'लालच बुरी बला' वाली कहावत हमारे साथ घटित हो गई। हमने और ज्यादा आम तोड़ने के लिए जोर से पत्थर मारा, तभी तेज आवाज के कारण भोला काका नींद से जाग गए। हम सबको सारे आम वहीं छोड़कर जान बचाने के लिए भागना पड़ा। भोला काका क्रोधित होकर हमारे पीछे दौड़े, परंतु हम तीव्र गति से दौड़ते हुए वहाँ से दूर निकल आए। बाल जीवन बड़ा ही प्यारा व आनंददायक होता है। उस दौर की अनेक घटनाएँ स्मरण होने पर चेहरे पर मंद-मंद मुसकान उभर आती है। आम को फलों के राजा की संज्ञा दी गई है। इसके रस को दूध में मिलाकर पीने से यह बेहद स्वादिष्ट लगता है। वर्तमान समय में इस प्रकार की बाल सुलभ घटनाओं में कमी आ रही है। बढ़ते हुए शहरीकरण तथा संयुक्त परिवारों के विभाजन के फलस्वरूप, बच्चों की इस प्रकार की चंचलता कहीं खो-सी गई है। आज भी कभी-कभी बचपन की ये स्मृतियाँ हृदय को सुकून प्रदान कर जाती हैं, इसमें कोई अतिशयोक्ति नहीं है।

18. **नीचे दिए गए दृश्य को ध्यानपूर्वक देखिए और दृश्य को आधार बनाकर वर्णन कीजिए अथवा उसकी कहानी लिखिए, जिसका सीधा व स्पष्ट संबंध दृश्य से होना चाहिए।**

उत्तर प्रस्तुत दृश्य से प्रतीत हो रहा है कि यह दृश्य किसी सड़क जाम का है। सभी गाड़ियाँ अस्त-व्यस्त रूप में खड़ी हैं। एक कार का ड्राइवर बाहर मौजूद व्यक्ति से इस भयंकर जाम का कारण पूछ रहा है, परंतु सही जवाब के अभाव में घटना को समझ पाने में असमर्थ है।

नजदीक ही एक बालिका मौजूद है। वह वहाँ मौजूद पुलिस वाले से जाम का कारण और उसके समाप्त होने का समय पता कर रही है। जाम भयंकर रूप से लगा हुआ है, इस कारण पुलिस कर्मचारी भी जवाब देने में असमर्थ है। जाम लगने की समस्या हमारे देश के बड़े नगरों में आम बात है, परंतु दिल्ली में यह समस्या विकराल रूप धारण किए हुए है। दिल्ली में आवश्यकतानुसार अनेक चौड़ी-चौड़ी सड़कों व पुलों का निर्माण हुआ है, परंतु जनसंख्या-वृद्धि और वाहनों के प्रयोग में वृद्धि के कारण ये सड़क-निर्माण योजनाएँ अपर्याप्त हैं। प्रदूषण के मामले में दिल्ली का देश में प्रथम स्थान है, जिसका एक मुख्य कारण वाहनों की अधिकता है। वाहनों की अधिकता के कारण ही सर्वत्र जाम से भी जूझना पड़ता है।

राज्य सरकार को इस समस्या के समाधान की ओर विशेष रूप से ध्यान देना होगा। जाम के कारण अधिकतर अवसरों; जैसे—परीक्षा, साक्षात्कार, विवाह आदि में गंतव्य स्थल पर विलंब से पहुँचते हैं। कभी-कभी इस विलंबता के कारण रोजगार के अवसर तक हाथ से निकल जाते हैं। यह स्थिति जीवन के लिए अत्यंत कष्टप्रद है।

जाम की समस्या के समाधान हेतु सरकार को मेट्रो को पूर्णरूप से दिल्ली व आस-पास के क्षेत्रों से वृहत रूप में जोड़ना तथा वाहनों के पार्किंग स्थल के लिए बहुमंजिली इमारतों का निर्माण करना होगा। यह पूरी प्रक्रिया अत्यंत जटिल है, परंतु इस गंभीर विषय को हल करने के लिए प्रशासन को प्रयास करना ही होगा अन्यथा वह दिन दूर नहीं, जब दिल्ली में जाम और प्रदूषण की समस्या के फलस्वरूप लोगों को कठिनाइयों का सामना करना पड़ेगा। हो सकता है कि दिल्ली इतनी प्रदूषित हो जाए कि लोगों को साँस लेना भी मुश्किल हो।

स्व-मूल्यांकन

नीचे दिए गए दृश्यों को ध्यान से देखिए और इनको आधार बनाकर इनका अपने शब्दों में वर्णन कीजिए अथवा कहानी लिखिए, जिसका सीधा व स्पष्ट संबंध दृश्य से होना चाहिए।

1.

2.

3.

4.

5.

6.

02

अध्याय

औपचारिक पत्र लेखन

पत्र लेखन का अर्थ

किसी व्यक्ति या लोगों के समूह से दूसरे व्यक्ति या समूह तक लिखे गए संदेश को भेजना पत्र लेखन कहलाता है।

▼ अभ्यास के लिए

- औपचारिक पत्र का प्रारूप
- औपचारिक पत्रों के उदाहरण

पत्र लेखन एक आवश्यक कौशल है। अपने विचारों एवं भावों की अभिव्यक्ति के लिए पत्र-लेखन का प्रयोग किया जाता है। पत्र लेखन हमारे जीवन का महत्त्वपूर्ण अंग है, जो लोगों को समाज से जोड़कर रखता है।

पत्र के प्रकार

पत्र के सामान्यत: दो प्रकार होते हैं

1. औपचारिक पत्र (Formal Letters)
2. अनौपचारिक पत्र (Informal Letters)

पत्र के अंग

पत्र को जिस क्रम में लिखा जाता है, वे पत्र के अंग कहलाते हैं। सामान्यत: किसी भी पत्र में निम्नलिखित अंग होते हैं

शीर्षक या प्रारंभ

पत्र में सर्वप्रथम शीर्षक के रूप में पत्र लिखने वाले का नाम व पता लिखा जाता है। तत्पश्चात् पत्र लिखने की तिथि का उल्लेख किया जाता है। परीक्षा में पूछे गए औपचारिक एवं अनौपचारिक पत्र में नाम का उल्लेख न होने पर परीक्षा भवन लिखा जाता है। यह सब पत्र के बाएँ ओर सबसे ऊपर लिखा जाता है। औपचारिक पत्रों के अंतर्गत विषय का उल्लेख सीमित शब्दों में स्पष्ट रूप से किया जाता है। अनौपचारिक पत्रों में इसका उल्लेख नहीं होता।

संबोधन का उल्लेख

पत्र में संबोधन का महत्त्वपूर्ण स्थान होता है। औपचारिक पत्र के अंतर्गत 'मान्यवर', 'महोदय' आदि सूचक शब्दों का प्रयोग किया जाता है तथा अनौपचारिक पत्र के अंतर्गत 'पूजनीय', 'स्नेहमयी' 'प्रिय' आदि सूचक शब्दों का प्रयोग किया जाता है।

अभिवादन अथवा शिष्टाचार संबंधी शब्दों का उल्लेख

पत्र में संबोधन के अनुरूप ही अभिवादन या शिष्टाचार संबंधी शब्दों का प्रयोग किया जाता है। इसका प्रयोग अनौपचारिक पत्रों में बड़ों के लिए प्रणाम, नमस्कार, सादर चरण-स्पर्श तथा छोटों के लिए आशीर्वाद, शुभाशीष, चिरंजीव रहो आदि शब्द-सूचक का प्रयोग किया जाता है। औपचारिक पत्रों में इसका प्रयोग नहीं किया जाता।

विषय-वस्तु

विषय-वस्तु पत्र लेखन का महत्त्वपूर्ण अंग है। इसे पत्र का मुख्य भाग भी कहते हैं। इस भाग में अपने भावों एवं विचारों को प्रकट किया जाता है।

समाप्ति अथवा अंत

पत्र के अंत में अपने विषय में लिखते हुए पत्र को समाप्त किया जाता है। औपचारिक पत्र में धन्यवाद लिखते हुए 'भवदीय', 'प्रार्थी', 'आज्ञाकारी' आदि शब्द-सूचक का प्रयोग किया जाता है तथा अनौपचारिक पत्र में 'प्यारा', 'स्नेहाकांक्षी', 'हितैषी', 'शुभाकांक्षी' इत्यादि शब्दों का प्रयोग किया जाता है। औपचारिक व अनौपचारिक दोनों पत्रों के अंत में यदि परीक्षा में, पूछे गए पत्र में नाम व पता का उल्लेख न किया गया हो, तब वहाँ क. ख. ग. का प्रयोग किया जाता है।

पत्र लिखने के लिए ध्यान देने योग्य बातें

- पत्र लिखते समय लिखने वाले तथा पत्र प्राप्त करने वाले का नाम व पता, दिनांक के साथ लिखा जाना चाहिए।
- पत्र का विषय स्पष्ट होना चाहिए तथा अनावश्यक बातों को पत्र में नहीं लिखना चाहिए।
- पत्र लिखते समय क्रमबद्धता का विशेष ध्यान दिया जाना चाहिए।
- पत्र का आकार संक्षिप्त होना चाहिए तथा विषय के अनुकूल होना चाहिए। कम शब्दों में अधिक बात कहने की कोशिश करनी चाहिए।
- पत्र की भाषा सरल, सामान्य, मधुर एवं आदर सूचक एवं शुद्ध होनी चाहिए।
- पत्र अधूरा नहीं होना चाहिए अर्थात् पत्र को इस प्रकार समाप्त किया जाना चाहिए कि पत्र का संदेश स्पष्ट हो सके।

नोट : नवीनतम् पाठ्यक्रम में केवल औपचारिक पत्रों को स्थान दिया गया है।

औपचारिक पत्र

प्रधानाचार्य, पदाधिकारियों, व्यापारियों, ग्राहकों, पुस्तक विक्रेता, संपादक आदि को लिखे गए पत्र 'औपचारिक पत्र' कहलाते हैं। औपचारिक पत्र उन लोगों को लिखे जाते हैं, जिनसे हमारा निजी या पारिवारिक संबंध नहीं होता है।

औपचारिक पत्रों को निम्नलिखित वर्ग में विभाजित किया जा सकता है।

1. आवेदन पत्र/प्रार्थना-पत्र 2. कार्यालयी पत्र 3. संपादकीय पत्र 4. शिकायती पत्र 5. व्यावसायिक पत्र

औपचारिक पत्र के संबोधन, अभिवादन तथा अभिनिवेदन

पत्र के प्रकार	पत्र पाने वाले	संबोधन	अभिनिवेदन
आवेदन-पत्र/प्रार्थना-पत्र	प्रधानाचार्य, संबंधित अधिकारी	महोदय, महोदया, मान्यवर	आपका कृपाकांक्षी, भवदीय
कार्यालयी पत्र	संबंधित अधिकारी	मान्यवर, महोदय	भवदीय, विनीत
संपादकीय पत्र	संपादक	महोदय, महोदया	भवदीय/भवदीया, प्रार्थी
शिकायती पत्र	संबंधित अधिकारी	महोदय, महोदया	भवदीय, भवदीया, प्रार्थी
व्यावसायिक पत्र	पुस्तक विक्रेता, बैंक प्रबंधक, व्यावसायिक संस्था	श्रीमान, महोदय	भवदीय, आपका

औपचारिक पत्र का प्रारूप

स्कूल में अतिरिक्त कक्षाओं को आयोजित कराने के लिए प्रधानाचार्य को पत्र लिखिए।

1. प्रेषक	परीक्षा भवन दिल्ली।
2. दिनांक	2 फरवरी, 20XX
3. प्राप्तकर्ता	सेवा में प्रधानाचार्य महोदय निर्मल हैप्पी सी सै. स्कूल लाजपत नगर, दिल्ली।
4. विषय	अतिरिक्त कक्षाएँ आयोजित कराने के संबंध में।
5. संबोधन	महोदय,
6. विषय-वस्तु	सविनय निवेदन यह है कि मैं आपके विद्यालय की आठवीं कक्षा का छात्र हूँ। हमारी वार्षिक परीक्षा संभवतः फरवरी के अंतिम सप्ताह में शुरू हो जाएगी, किंतु गणित और विज्ञान विषयों का पाठ्यक्रम अभी पूरा नहीं हो सका है। हमारी कक्षा को इन विषयों को पढ़ाने वाले अध्यापकों की ड्यूटी चुनाव कार्य में लगाई जा चुकी है और अब वे चुनाव कार्य पूर्ण होने पर ही वे विद्यालय आएँगे। ऐसी स्थिति में हम छात्रों का पाठ्यक्रम पूरा न होने के कारण प्रश्न-पत्र आधे-अधूरे ही हल हो सकेंगे। आपसे हमारी प्रार्थना है कि गणित और विज्ञान का पाठ्यक्रम पूरा करवाने के लिए अतिरिक्त कक्षाएँ आयोजित करवाने की व्यवस्था करें। हम छात्र आपके आभारी रहेंगे।
7. अभिनिवेदन	सधन्यवाद।
8. प्रेषक का नाम	आपका आज्ञाकारी शिष्य क. ख. ग.

विशेष

1. प्रेषक सर्वप्रथम जिसके द्वारा पत्र भेजा जाता है, यहाँ उसका पता लिखा जाता है।

2. दिनांक प्रेषक के पते के बाद जिस दिन पत्र लिखा जाता है, उस दिन की दिनांक लिखते हैं।

3. प्राप्तकर्ता जिसके लिए पत्र लिखा जा रहा है, उसका पता, पद के साथ निम्नलिखित क्रम में लिखते हैं
- प्राप्तकर्ता का पद
- विभाग का नाम
- स्थान तथा राज्य का नाम

4. विषय इसके अंतर्गत पत्र किसके संबंध या संदर्भ में लिखा जा रहा है, लिखते हैं।

5. संबोधन इसके अंतर्गत पत्र प्राप्त करने वाले को संबोधित किया जाता है।

6. विषय-वस्तु इसके अंतर्गत विषय से संबंधित मुख्य भाग का विस्तार किया जाता है।

7. अभिनिवेदन इसके अंतर्गत 'धन्यवाद' के साथ औपचारिक रूप में भवदीय/भवदीया/प्रार्थी/प्रार्थिनी/विनीत आदि का प्रयोग किया जाता है।

8. प्रेषक का नाम पत्र के अंत में जो पत्र लिख रहा है, उसका पूरा नाम लिख दिया जाता है। परीक्षा में नाम के स्थान पर 'क.ख.ग.' लिखना चाहिए।

नोट प्रश्न में 'पता' नहीं होने पर पते के स्थान पर काल्पनिक पता लिखना चाहिए। यदि प्रश्न-पत्र में नाम का उल्लेख न हो, तो नाम की जगह क.ख.ग. लिखना चाहिए।

औपचारिक पत्रों के उदाहरण

I. प्रार्थना-पत्र/आवेदन-पत्र

प्रार्थना-पत्र/आवेदन-पत्र विद्यालय के प्रधानाचार्य, संस्थाओं के प्रधान (प्रमुख) इत्यादि को लिखा जाता है। इसमें शालीन भाषा तथा शिष्ट शैली का प्रयोग किया जाता है। इन पत्रों में अभिवादन का अभाव होता है।

1. आपके पिता जी के तबादले के कारण आपको स्कूल छोड़ना पड़ा था, परंतु अब आपके पिता जी का पुनः तबादला उसी शहर में हो गया और आप उसी स्कूल में पुनः प्रवेश पाना चाहते हैं। प्रधानाचार्य को पुनः प्रवेश पाने हेतु पत्र लिखिए।

उत्तर परीक्षा भवन
दिल्ली।

दिनांक 12 नवंबर, 20XX

सेवा में,
प्रधानाचार्य जी
राजकीय प्रतिमा विकास विद्यालय
सिविल लाइंस
दिल्ली।

विषय विद्यालय में पुनः प्रवेश पाने हेतु।

महोदय,

सविनय निवेदन यह है कि वर्ष 2022 तक मैं आपके विद्यालय की छात्रा रही हूँ। उस समय मैं आठवीं कक्षा में थी तो मेरे पिता जी का तबादला मुंबई में हो गया था, जिसके कारण परिवार के साथ मुझे भी वहाँ जाना पड़ा था। इसी सप्ताह मेरे पिता जी का पुनः तबादला दिल्ली में हो गया है। मैं फिर से इस लेकर विद्यालय में दाखिला शिक्षा अर्जित करना चाहती हूँ, क्योंकि आज भी मेरे मन में मेरे विद्यालय व अध्यापक-अध्यापिकाओं की छवि अंकित है।

अतः आपसे प्रार्थना है कि आप मुझे पुनः विद्यालय में प्रवेश दे दें, जिससे मैं अपनी आगे की शिक्षा पूर्ण कर पाऊँ। मैं सदा आपकी आभारी रहूँगी।

सधन्यवाद।

आपकी आज्ञाकारिणी शिष्या
क. ख. ग.

2. पुस्तकालय में हिंदी के प्रसिद्ध लेखकों की पुस्तकें मँगवाने के लिए प्राचार्य को एक प्रार्थना-पत्र लगभग 120 शब्दों में लिखिए।।

उत्तर परीक्षा भवन,
दिल्ली।

दिनांक 12 मार्च, 20XX

सेवा में,
प्रधानाचार्य महोदय,
केंद्रीय विद्यालय,
जनकपुरी, दिल्ली।

विषय पुस्तकालय में हिंदी के प्रसिद्ध लेखकों की पुस्तकें मँगवाने के लिए पत्र।

महोदय,

सविनय निवेदन यह है कि मैं आपके विद्यालय में कक्षा ग्यारहवीं 'अ' का छात्र हूँ। इस पत्र के माध्यम से मैं आपका ध्यान हमारे विद्यालय के पुस्तकालय में हिंदी के प्रसिद्ध लेखकों की पुस्तकों के अभाव की ओर दिलाना चाहता हूँ। विद्यालय के पुस्तकालय में विभिन्न प्रकार की पुस्तकें हैं, लेकिन हिंदी के प्रसिद्ध लेखकों की पुस्तकें न के बराबर हैं। जो पुस्तकें उपलब्ध हैं, वे भी पिछले पाँच साल पुरानी हैं।

हिंदी साहित्य के इतिहास को जानने-समझने के लिए प्रसिद्ध लेखकों की पुस्तकों की आवश्यकता होती है। ये पुस्तकें हिंदी के विद्यार्थियों के लिए बहुत उपयोगी हैं।

इसलिए आपसे अनुरोध है कि हिंदी के प्रसिद्ध लेखकों की नवीन पुस्तकें मँगवाने की कृपा करें, जिससे हिंदी साहित्य के विद्यार्थियों को असुविधा न हो और इन पुस्तकों के माध्यम से वे अपने ज्ञान में वृद्धि कर सकें।

धन्यवाद।

आपका आज्ञाकारी शिष्य

क.ख.ग.

3. यातायात के नियमों का उल्लंघन करने वालों के विरुद्ध कड़ी कार्रवाई करने तथा दो अन्य सुझाव देते हुए यातायात पुलिस आयुक्त को पत्र लिखिए।

उत्तर परीक्षा भवन,
दिल्ली।

दिनांक 14 मार्च, 20XX

सेवा में,
यातायात पुलिस आयुक्त,
दरियागंज, दिल्ली।

विषय यातायात के नियमों का उल्लंघन करने वालों के विरुद्ध कार्रवाई हेतु।

महोदय,

इस पत्र के माध्यम से मैं आपका ध्यान यातायात के नियमों का उल्लंघन करने वालों की ओर आकृष्ट कराना चाहता हूँ। वाहन चालक यातायात के नियमों का खुला उल्लंघन करते हैं। सड़क पर प्राय: ट्रैफिक बत्तियों की व्यवस्था तो है, परंतु जल्दी व तीव्र गति से वाहन चलाने वाले लोग ट्रैफिक के नियमों का पालन नहीं करते हैं। उन्हें रोकने-टोकने वाला कोई नहीं है। इस कारण आए दिन सड़क दुर्घटनाएँ होती रहती हैं। इस संबंध में मैं दो सुझाव देना चाहता हूँ ताकि यातायात के नियमों का उल्लंघन रोका जा सके।

(i) प्रात: 8 से 12 बजे तथा सायं 5 से 8 बजे तक सभी व्यस्त चौराहों पर यातायात पुलिस के सिपाही रहें व नियमों का उल्लंघन करने वालों का चालान करें।

(ii) चलते हुए वाहन में ड्राइवर द्वारा मोबाइल से बात करने पर तुरंत चालान कर देना चाहिए। ऐसा एक से अधिक बार होने पर चालक का ड्राइविंग लाइसेंस जब्त कर लिया जाना चाहिए।

अत: आपसे अनुरोध है कि यातायात के नियमों का उल्लंघन करने वालों के विरुद्ध कड़ी कार्यवाही की जाए ताकि दुर्घटनाओं को कम किया जा सके।

धन्यवाद।
भवदीय
क.ख.ग.

अभ्यास के लिए

1. **बिजली विभाग में क्लर्क के रिक्त पद हेतु आवेदन करने के लिए विभाग के निदेशक को अपनी योग्यताओं का विवरण देते हुए आवेदन-पत्र लिखिए।**
2. **आपके कुछ साथी छोटी कक्षाओं के विद्यार्थियों को बहुत सताते हैं। इस समस्या के बारे में प्रधानाचार्य को पत्र लिखकर बताएँ और कोई उपाय भी सुझाइए।**
3. **आपका नाम सौरव कुमार है। आप ग्यारहवीं कक्षा के छात्र हैं। आपकी अंग्रेजी विषय की पढ़ाई समय से पूरी न होने के कारण विषय की अतिरिक्त कक्षाएँ लगवाने हेतु प्रधानाचार्य को पत्र लिखिए।**
4. **अपनी योग्यताओं का विवरण देते हुए प्राथमिक शिक्षक पद के लिए अपने जिले के शिक्षा-अधिकारी को आवेदन-पत्र लिखिए।**
5. **विद्यालय के वार्षिकोत्सव में विद्यालय से उत्तीर्ण हुए विभिन्न प्रसिद्ध हस्तियों को सम्मानित करने का सुझाव देते हुए विद्यालय के प्रधानाचार्य को प्रार्थना-पत्र लिखिए।**

II. शिकायती पत्र

किसी विशेष कार्य, समस्या अथवा घटना की शिकायत करते हुए, संबंधित अधिकारी को लिखा गया पत्र 'शिकायती पत्र' कहलाता है। इसका स्वरूप प्रार्थना-पत्र की तरह ही होता है। इसकी भाषा शालीन होनी चाहिए।

1. **अपने नगर के विद्युत अधिकारी को बिजली की कटौती के कारण पढ़ाई में आने वाली कठिनाई की चर्चा करते हुए, उसमें सुधार हेतु पत्र लिखिए।**

उत्तर परीक्षा भवन,
गाज़ियाबाद।

दिनांक 6 फरवरी, 20XX

सेवा में,
विद्युत अधिकारी,
गाज़ियाबाद।

विषय विद्युत कटौती के संदर्भ में।

महोदय,

इस पत्र के माध्यम से मैं आपका ध्यान बिजली संकट की ओर दिलाना चाहता हूँ। पिछले चार-पाँच महीनों से इस क्षेत्र की विद्युत आपूर्ति बहुत खराब स्थिति में है। कोई समय निश्चित नहीं है कि कटौती कब-से-कब तक की जाएगी और कब बिजली आएगी? बिजली जाती है, तो कई घंटों तक नहीं आती है।

श्रीमान, मैं एक विद्यार्थी हूँ। बोर्ड की परीक्षाएँ निकट हैं। मेरे जैसे अन्य विद्यार्थी भी इस समस्या से तनाव की स्थिति में रहते हैं। इनवर्टर भी चार्ज नहीं हो पाता है, गर्मी और मच्छरों का आतंक अलग से है। यदि ऐसा ही चलता रहा, तो हमारे अध्ययन एवं करियर पर इसका अत्यंत नकारात्मक प्रभाव पड़ेगा। कृपया हमारी समस्या पर ध्यान देते हुए अतिशीघ्र नियमित बिजली आपूर्ति के लिए कुछ ठोस कदम उठाएँ।

धन्यवाद।

भवदीय
क. ख. ग.

2. **अपने नगर के जलापूर्ति अधिकारी को पर्याप्त और नियमित रूप से पानी न मिलने की शिकायत करते हुए पत्र लिखिए।**

उत्तर परीक्षा भवन,
मेरठ।

दिनांक 18 फरवरी, 20XX

सेवा में,
जलापूर्ति अधिकारी,
मेरठ नगर निगम,
सुभाष नगर, मेरठ।

विषय पेयजल संबंधी समस्या को दूर करने के संबंध में।

महोदय,

इस पत्र के माध्यम से मैं आपका ध्यान सुभाष नगर क्षेत्र में पेयजल की आपूर्ति संबंधी समस्या की ओर आकर्षित करना चाहता हूँ। इस क्षेत्र में पिछले पंद्रह दिनों से पेयजल की आपूर्ति ठीक ढंग से नहीं हो पा रही है। जो पानी आता है, वह बहुत गंदा होता है। पानी का दबाव बहुत कम रहता है और कभी-कभी तो पानी बिलकुल ही नहीं आता। पेयजल की कमी के कारण नागरिकों को बड़ी कठिनाई का सामना करना पड़ रहा है। पिछले सात-आठ दिनों से पानी पहली मंज़िल तक भी नहीं पहुँच रहा है। ऊपर की मंज़िलों में रहने वाले लोग तो पानी की एक-एक बूँद को तरस गए हैं। नहाना-धोना तो दूर, पीने के लिए भी पानी नहीं मिल पा रहा है।

गर्मी के इस मौसम में पर्याप्त मात्रा में पेयजल न मिलने के कारण लोगों का जीना दूभर हो गया है और उन्हें अनेक कठिनाइयों का सामना करना पड़ रहा है।

अतः आपसे अनुरोध है कि इस क्षेत्र में पेयजल की पर्याप्त व नियमित आपूर्ति करवाने का प्रबंध करें, जिससे क्षेत्र के नागरिकों को इस समस्या से छुटकारा मिल सके।

धन्यवाद।

भवदीय
क. ख. ग.

3. **अपने क्षेत्र की नालियों तथा सड़कों आदि की समुचित सफ़ाई न होने पर स्वास्थ्य अधिकारी को एक शिकायती पत्र लिखिए।**

उत्तर परीक्षा भवन,
दिल्ली।

दिनांक 13 मई, 20XX

सेवा में,
स्वास्थ्य अधिकारी,
नगर निगम,
गाज़ियाबाद।

विषय मोहल्ले की नालियों और सड़कों आदि की सफ़ाई के संबंध में।

महोदय,

इस पत्र के माध्यम से मैं आपका ध्यान अपने क्षेत्र की सफ़ाई व्यवस्था की ओर आकर्षित करना चाहता हूँ। हमारा क्षेत्र एक घनी आबादी वाला क्षेत्र है। यहाँ की नालियों की गहराई का स्तर सारे क्षेत्र में एक-सा नहीं है, जिसके कारण नालियाँ अकसर भरी रहती हैं। इतने बड़े क्षेत्र के लिए मात्र एक सफ़ाई कर्मचारी है और वह भी प्रतिदिन नहीं आता। कई बार तो वह तीन-तीन दिन तक नहीं आता। मुख्य कूड़ेदान की संख्या भी एक ही है।

घरों की सफ़ाई करने वाले घर के कूड़े को मुख्य कूड़ेदान में डाल देते हैं, जिससे वह ऊपर तक गंदगी से भर जाता है।

इससे बीमारी फैलने का भी खतरा हो रहा है। कुछ ही दिनों में वर्षा का समय भी आने वाला है। यदि यही हाल रहा, तो हमारे क्षेत्र में गंभीर बीमारी फैल जाएगी, जिसके शिकार बच्चे और बूढ़े अधिक संख्या में होंगे।

आपसे विनम्र निवेदन है कि समस्या की गंभीरता को देखते हुए एक बार स्वयं हमारे क्षेत्र का निरीक्षण करने का कष्ट करें, ताकि पत्र में लिखी सारी बातों की सत्यता को जाँचा जा सके। निरीक्षण तथा उचित कदम की प्रतीक्षा में।

सधन्यवाद।

प्रार्थी
क. ख. ग.

अभ्यास के लिए

1. **आपके मोहल्ले में विगत एक माह से चोरी की वारदातें होती आ रही हैं। थानाध्यक्ष महोदय को कई पत्र लिखने पर भी कोई सुधार नहीं हुआ है। अतः अपने ज़िले के पुलिस अधीक्षक/आयुक्त महोदय को पत्र लिखकर तुरंत कार्यवाही करने हेतु प्रार्थना कीजिए।**

2. **चेकबुक गुम हो जाने की शिकायत करते हुए पंजाब नेशनल बैंक, सहारनपुर के प्रबंधक को एक पत्र लिखिए।**

3. **आपकी सोसायटी का चौकीदार आपको ड्यूटी के दौरान सोता हुआ मिला। उसकी शिकायत करते हुए सोसायटी के सचिव को पत्र लिखिए।**

4. **अधिशासी अभियंता, मेरठ विकास प्राधिकरण, मेरठ को पत्र लिखकर शिकायत कीजिए कि आपके मकानों के सामने स्थित पार्क की स्थिति बहुत शोचनीय है। इस स्थिति को दूर करने के लिए पार्क का जीर्णोद्धार करने का अनुरोध कीजिए।**

5. **माल प्राप्त न होने पर रेल विभाग के प्रबंधक को शिकायत करते हुए पत्र लिखिए।**

III. संपादकीय पत्र

संपादक के नाम लिखे जाने वाले पत्र को 'संपादकीय पत्र' कहा जाता है। ऐसे पत्र एक विशिष्ट शैली में लिखे जाते हैं। इस पत्र में कुछ भाग संपादक को संबोधित होता है, जबकि मुख्य विषय-वस्तु 'जन सामान्य' को लक्षित कर लिखी जाती है।

1. **'स्वच्छ भारत अभियान' को सफल बनाने की अपील करते हुए किसी राष्ट्रीय दैनिक समाचार-पत्र के संपादक को पत्र लिखिए।**

उत्तर परीक्षा भवन,
दिल्ली।

दिनांक 18 मार्च, 20XX

सेवा में,
संपादक महोदय,
नवभारत टाइम्स,
नई दिल्ली।

विषय 'स्वच्छ भारत अभियान' के संबंध में।

महोदय,

इस पत्र के माध्यम से मैं आपके लोकप्रिय समाचार-पत्र के द्वारा समाज के सभी लोगों का ध्यान भारत सरकार के 'स्वच्छ भारत अभियान' की ओर आकृष्ट करना चाहता हूँ, जिससे इसमें अधिक-से-अधिक लोगों की भागीदारी संभव हो सके। गाँधीजी की 145वीं जयंती के अवसर पर माननीय प्रधानमंत्री नरेंद्र मोदी ने इस अभियान के आरंभ की घोषणा की। यह अब तक का सबसे बड़ा स्वच्छता अभियान है। इस अभियान को पूरा करने के लिए 5 वर्ष (2 अक्टूबर, 2019) तक की अवधि निश्चित की गई है और इस पर लगभग दो लाख करोड़ रुपये खर्च होने का अनुमान है।

हम सभी भारतीयों का कर्त्तव्य है कि हम इस अभियान को सफल बनाने में अपना सक्रिय योगदान दें। यदि अच्छी आदतों को अपनाने में थोड़ा अधिक समय भी लगे, तो चिंता की कोई बात नहीं, लेकिन किसी भी स्थिति में इसे नज़रअंदाज़ करना उचित नहीं है। यह अभियान वैयक्तिक एवं सामाजिक दोनों स्तरों पर अत्यधिक लाभप्रद है।

अतः मेरी सभी से अपील है कि इस अभियान को सफल बनाने के लिए स्वयं को, अपने घर को, अपने पड़ोस को, अपने मोहल्ले को, अपने जिले को, अपने राज्य को और अपने देश को स्वच्छ रखें।

धन्यवाद।

भवदीय
क. ख. ग.

2. **चुनाव के दिनों में आपके शहर की दीवारें नारे लिखने और पोस्टर चिपकाने से गंदी हो गई हैं। इस समस्या की ओर ध्यान आकृष्ट कराते हुए किसी समाचार पत्र के संपादक को पत्र लिखिए।**

उत्तर परीक्षा भवन,
दिल्ली।

दिनांक 17 जनवरी, 20XX

सेवा में,
संपादक,
दैनिक भास्कर,
नई दिल्ली।

विषय शहरभर की दीवारें गंदी होने के संदर्भ में।

महोदय,

इस पत्र के माध्यम से चुनावी नारों और पोस्टरों से होने वाली गंदगी के संदर्भ में मैं अपने विचार इस पत्र के माध्यम से व्यक्त करना चाहता हूँ। कृपया मेरे निम्नलिखित विचार 'पाठकों के पत्र' नामक स्तंभ में प्रकाशित कर मुझे अनुगृहीत करें।

इस समय शहर में चुनाव का माहौल है। चुनावों के नाम पर स्वेच्छाचारिता एवं अनुशासनहीनता लोकतंत्र की अपरिपक्वता का परिचायक है। राजनीतिक दलों के कार्यकर्ता जहाँ जी चाहे वहाँ पोस्टर चिपका देते हैं, नारे लिख देते हैं और वह भी काले, सफेद और लाल पेंट से। वे यह भी ध्यान नहीं रखते कि जिन सूचनापटों पर शहर, गली, मोहल्ले, संस्थान आदि के नाम या मोबाइल नंबर लिखे रहते हैं, उन पर पोस्टर लगाने से पता ढूँढने वालों को काफी परेशानी होती है।

चुनाव के बाद कोई राजनीतिक दल या सरकारी संस्था इसकी खोज-खबर नहीं लेती, ताकि उन पोस्टरों और नारों को साफ करवा दिया जाए। मुझे लगता है कि यह प्रजातंत्र का बहुत बड़ा मजाक है।

इस बारे में चुनाव आयोग को आगे आना चाहिए और कड़ी कार्यवाही करनी चाहिए। जिन नागरिकों की दीवारें या दरवाजे गंदे हुए हैं, उन्हें उचित हर्ज़ाना दिया जाना चाहिए। यह हर्ज़ाना उसी दल से मिलना चाहिए, जिस राजनीतिक दल का पोस्टर चिपका हो।

धन्यवाद।

भवदीय
क. ख. ग.

3. समाचार-पत्रों में विज्ञापनों की भरमार को कम करने और समसामयिक विषयों पर लेखन की आवश्यकता को दर्शाते हुए किसी दैनिक समाचार-पत्र के संपादक को पत्र लिखिए।

उत्तर परीक्षा भवन,
दिल्ली।

दिनांक 17 अप्रैल, 20XX

सेवा में,
संपादक महोदय,
नवभारत टाइम्स,
नई दिल्ली।

विषय विज्ञापनों की भरमार कम करने एवं समसामयिक विषयों पर लेखन करने हेतु।

महोदय,
मैं इस पत्र के माध्यम से आपका ध्यान समाचार-पत्रों में छपने वाले विज्ञापनों की ओर आकर्षित करना चाहती हूँ। आजकल समाचार पत्रों में विज्ञापनों की भरमार रहती है, जिसके कारण समाज में घटित हो रही घटनाओं एवं समसामयिक विषयों के संदर्भ में जानकारी नहीं मिल पाती। इसके अतिरिक्त कुछ विज्ञापन तो भ्रामक होते हैं, जिन्हें पढ़कर लोग खासकर युवा पीढ़ी गुमराह होती है।

समाचार-पत्रों में दिन-प्रतिदिन की नित्य नवीन घटनाओं को प्रकाशित किया जाना चाहिए, जिससे पाठक वर्ग अधिक से अधिक जानकारी ग्रहण कर सकें एवं विज्ञापन विशेषकर भ्रामक विज्ञापनों से बच सकें।

अतः आपसे अनुरोध है कि इस विषय पर गंभीरतापूर्वक विचार करके उचित कदम उठाएँ। विज्ञापनों की भरमार को कम करके केवल उन्हीं विज्ञापनों को समाचार-पत्र में प्रकाशित किया जाए जो विश्वसनीय हों।

धन्यवाद।

भवदीया
क. ख. ग.

अभ्यास के लिए

1. **युवाओं में दिन-प्रतिदिन होते नैतिक मूल्यों के ह्रास को केंद्रित करते हुए किसी प्रतिष्ठित समाचार-पत्र के संपादक को पत्र लिखिए।**

2. **बुजुर्गों के साथ दिन-प्रतिदिन बढ़ती दुर्घटनाओं के प्रति पुलिस को अवगत कराने हेतु किसी समाचार पत्र के संपादक को पत्र लिखिए।**

3. **अपने विद्यालय में संपन्न हुए वृक्षारोपण समारोह का विवरण देते हुए किसी दैनिक समाचार-पत्र के संपादक को पत्र लिखिए।**

4. **हिंसा प्रधान फिल्मों को देखकर बच्चों पर पड़ने वाले दुष्प्रभाव का वर्णन करते हुए 'अमर उजाला' के संपादक को पत्र लिखिए।**

5. **आपके मोहल्ले में आवारा पशुओं की संख्या अत्यधिक बढ़ गई है। इस समस्या पर सरकार का ध्यान आकर्षित करने के लिए किसी समाचार पत्र के संपादक को पत्र लिखिए।**

IV. व्यावसायिक पत्र

व्यावसायिक संबंधों को सुनिश्चित करने के लिए जो पत्र लिखे जाते हैं, 'उन्हें व्यावसायिक पत्र' कहा जाता है। ऐसे पत्रों की भाषा स्पष्ट तथा आकर्षक होनी चाहिए, जिससे बातें पूर्णत: स्पष्टता के साथ संप्रेषित हो सकें। व्यावसायिक पत्रों में सामान मँगवाने, उसकी जानकारी, शिकायतें तथा शिकायतों के निवारण जैसे विषय होते हैं।

1. **आपने कुछ समय पहले एक ए. सी. खरीदा है, जिसमें हमेशा कोई-न-कोई समस्या बनी रहती है। अपनी इस समस्या की जानकारी देते हुए विक्रेता के नाम पत्र लिखिए।**

उत्तर परीक्षा भवन,
उत्तर प्रदेश।

दिनांक 12 मार्च, 20XX

सेवा में,
प्रबंधक महोदय
रजत इलेक्ट्रॉनिक,
अट्टा, सेक्टर-26,
उत्तर प्रदेश।

विषय ए. सी. की समस्या के संदर्भ में।

महोदय,
मैंने आपकी दुकान से पिछले महीने 12 फरवरी, 20XX को एक एल जी का ए. सी. (2 टन) खरीदा था, जिसके बिल की प्रति साथ में संलग्न है। यह ए. सी. एक महीने में ही सिरदर्दी का कारण बन गया है। कभी बहुत आवाज करने लगता है, तो कभी चलते-चलते रुक जाता है। अब तो इससे ठंडी हवा भी नहीं आ रही है और पानी अलग से निकल रहा है। इसकी शिकायत दो बार पहले भी कर चुका हूँ। आपका मैकेनिक आता है और हर बार नया पार्ट लगा जाता है।

मेरा आपसे निवेदन है कि इस ए. सी. सेट को बदलकर दूसरा सही सेट दे दें या फिर कंपनी में भेजकर इसकी उचित सर्विस करा दें।

धन्यवाद।

भवदीय
क. ख. ग.

2. **आपको कुछ पुस्तकों की आवश्यकता है, जो बाज़ार में उपलब्ध नहीं हैं। इस संदर्भ में प्रकाशक को पत्र लिखकर वीपीपी द्वारा पुस्तकें भेजने के लिए निवेदन कीजिए।**

उत्तर परीक्षा भवन,
दिल्ली।

दिनांक 25 अप्रैल, 20XX

सेवा में,
प्रबंधक महोदय,
अ. ब. स. प्रकाशन, मेरठ।

विषय वीपीपी द्वारा पुस्तकें भेजने हेतु।

महोदय,

मैं राजकीय प्रतिभा विकास विद्यालय, दिल्ली का ग्यारहवीं कक्षा का विद्यार्थी हूँ। मुझे निम्न पुस्तकों की शीघ्र आवश्यकता है। अतः आपसे अनुरोध है कि ये पुस्तकें यथाशीघ्र वीपीपी द्वारा भेजने का कष्ट करें। कृपया उचित शुल्क लगाकर बिल भी संलग्न कर दें।

पुस्तकें	प्रतियाँ
1. हिंदी व्याकरण	2 प्रति
2. हिंदी गद्य	2 प्रति
3. काव्य चंद्रिका	2 प्रति

आपसे अनुरोध है कि बिना विलंब किए वीपीपी द्वारा पुस्तकें पहुँचाने की कृपा करें।

धन्यवाद सहित।

भवदीय

क. ख. ग.

3. आप अजय जैन, गर्ग एंड सन्स कंपनी के मालिक हैं। उपभोक्ता द्वारा मँगवाए गए सामान की सूचना देते हुए उपभोक्ता को सामान की सूचना दीजिए।

उत्तर बैनारा उद्योग लिमिटेड,

आगरा।

दिनांक 18 नवंबर, 20XX

सेवा में,

गर्ग-एंड सन्स कम्पनी,

दिल्ली।

महोदय,

आपको सूचित करते हुए हमें हर्ष हो रहा है कि हमने आपकी आकस्मिकता को पूरा करते हुए आपकी माँग के अनुसार एस.एस. सागर द्वारा बॉल बेयरिंग आपके पते पर भेज दी है। यह सामान लकड़ी की 15 पेटियों में पैक किया गया है।

आपके सामान का बीमा हमारे शिपिंग एजेंट मैकमोहन एंड ब्रदर्स कंपनी, कोलाबा, मुंबई द्वारा कराया गया है।

इस पत्र के साथ हम ₹ 15000 का बिल संलग्न कर रहे हैं, जिसका भुगतान आपको 90 दिनों के भीतर करना होगा।

आशा है आपका सामान समय पर एवं सुरक्षित पहुँच जाएगा।

धन्यवाद सहित।

भवदीय

अजय जैन

बैनारा उद्योग लि.

अभ्यास के लिए

1. आपने एक ऑनलाइन शॉपिंग कंपनी के माध्यम से कुछ सामान खरीदा, लेकिन तय राशि के भुगतान के बाद भी आपको अपना सामान नहीं मिला। कंपनी प्रबंधक से इसकी शिकायत करते हुए पत्र लिखिए।

2. आप बाल भारती विद्यालय के प्रधानाचार्य हैं। आपने विद्यालय के पुस्तकालय के लिए पुस्तकें मँगवाई थीं, पुस्तक विक्रेता ने जो पुस्तकें भेजी थी उनकी स्थिति सही नहीं है। इसकी सूचना देते हुए पुस्तक विक्रेता को पत्र लिखिए।

3. आपका नाम प्रेम सिंह है। आप घूमने के लिए मसूरी जाना चाहते हैं। वहाँ के किसी होटल प्रबंधक से 3-4 दिन ठहरने का खर्च पूछने के लिए पत्र लिखिए।

4. आपने शिवा एंड सन्स कंपनी को टेबल एवं कुर्सियों का ऑर्डर दिया था। आप वस्तुओं की संख्या में बढ़ोतरी करना चाहते हैं। इसकी सूचना देते हुए कंपनी को सूचना पत्र लिखिए।

5. आपने किसी ऑनलाइन कंपनी से सामान खरीदा था। पार्सल समय पर न पहुँचने के कारण पार्सल की बुकिंग निरस्त कराने हेतु विक्रेता को सूचना-पत्र लिखिए।

V. कार्यालयी पत्र

विभिन्न सरकारी कार्यालयों में पत्र के माध्यम से कार्य संपादित होते हैं। ऐसे पत्रों को 'कार्यालयी पत्र' कहा जाता है। इन पत्रों में शालीनता तथा शिष्ट भाषा का प्रयोग किया जाता है।

1. आपके क्षेत्र में कई अनधिकृत मकान बनाए जा रहे हैं। उनकी रोकथाम के लिए जिलाधिकारी को पत्र लिखिए।

उत्तर परीक्षा भवन,

उत्तर प्रदेश।

दिनांक 08 मई, 20XX

सेवा में,

जिलाधिकारी महोदय,

प्रयागराज,

उत्तर प्रदेश।

विषय अनधिकृत मकानों के निर्माण के संबंध में।

महोदय,

मैं प्रयागराज जिले के अंतर्गत टैगोर टाउन क्षेत्र का स्थायी निवासी हूँ। इस क्षेत्र में अनेक अनधिकृत मकान बनवाए जा रहे हैं और इसमें स्थानीय पुलिस, बिल्डर एवं नगर निगम के अधिकारियों के बीच कुछ आपसी लेन-देन है। जो नक्शे पास किए जाते हैं, उनसे भिन्न नक्शे के मकान बनवाए जाते हैं। इसके अतिरिक्त सड़क के किनारे वे अतिक्रमण भी कर लेते हैं, जिससे सड़कें काफी संकीर्ण हो जाती हैं।

अतः आपसे निवेदन है कि अनधिकृत कब्जे को तत्काल हटाकर लोगों को पारित नक्शे के अनुसार ही मकान बनवाने के लिए बाध्य किया जाए और इसका पालन न करने वालों पर सख्त कार्रवाई की जाए।

सधन्यवाद।

भवदीय

क. ख. ग.

2. समस्त औपचारिकताएँ पूर्ण करने के बाद भी अभी तक आपको अपना 'पहचान पत्र' नहीं मिला है। इस समस्या के समाधान हेतु संबंधित अधिकारी को पत्र लिखिए।

उत्तर परीक्षा भवन,
दिल्ली।
दिनांक 25 फरवरी, 20XX
सेवा में,
निदेशक महोदय,
कश्मीरी गेट,
दिल्ली।
विषय आधार पहचान पत्र न मिलने के संदर्भ में।
मान्यवर,
मैं पुरानी दिल्ली क्षेत्र का निवासी हूँ। मैं तीन महीने पूर्व ही संबंधित कार्यालय में 'आधार पहचान पत्र' से जुड़ी सारी औपचारिकताएँ पूर्ण कर चुका हूँ, परंतु अभी तक मुझे मेरा आधार कार्ड प्राप्त नहीं हुआ है। इस संबंध में मैं कई बार संबंधित कार्यालय के अधिकारियों से बात कर चुका हूँ, परंतु उनके द्वारा बार-बार आश्वासन दिए जाने के बाद भी मेरी समस्या का हल नहीं हो पाया है। आधार पहचान पत्र समय पर न मिलने के कारण मुझे और मेरे परिवार को जन-कल्याण संबंधी कई सरकारी योजनाओं के लाभ से वंचित होना पड़ रहा है।

मुझे आधार पहचान पत्र की अत्यंत आवश्यकता है। अतः आपसे निवेदन है कि स्थिति की गंभीरता को समझते हुए मुझे मेरा आधार पहचान पत्र शीघ्रता से दिलवाने का कष्ट करें।

सधन्यवाद।
भवदीय
क. ख. ग.

3. ऊर्जा मन्त्रालय के सचिव की ओर से अर्थ आवर के लिए सहयोग हेतु शासनादेश सम्बन्धी पत्र लिखिए।

उत्तर पत्र संख्या—5/161/2011,
प्रेषक,
सचिव,
ऊर्जा मन्त्रालय।
दिनांक 22 मार्च, 20XX
सेवा में,
भारत सरकार,
नई दिल्ली।
विषय अर्थ आवर के लिए सभी के सहयोग हेतु।
महोदय,
शासनादेश है कि 26 मार्च, 20XX को 'अर्थ आवर' के मौके पर सभी सरकारी एवं अधीनस्थ कार्यालयों में रात्रि 8:30 बजे से 9:30 बजे (कुल एक घण्टा) तक बिजली की आपूर्ति बन्द रखी जाए।
'अर्थ आवर' के जरिए इस उल्लेखनीय कार्य के लिए आप सभी का सहयोग स्वागत योग्य होगा।

हस्ताक्षर .....
सचिव
(ऊर्जा मन्त्रालय)
प्रतिलिपि
सचिव, सभी सरकारी एवं अधीनस्थ कार्यालय।

4. भारत के संविधान के अनुसरण में राष्ट्रपति के आदेश हेतु शासनादेश सम्बन्धी पत्र लिखिए।

उत्तर पत्र संख्या-अ /57/6759,
सेवा में,
भारत सरकार,
नई दिल्ली।
दिनांक 26 फरवरी, 20XX
विषय राष्ट्रपति द्वारा दिए गए आदेश हेतु।
महोदय,
भारत के संविधान के अनुच्छेद 77 के खण्ड (3) के अनुसरण में राष्ट्रपति निम्नलिखित आदेश देते हैं—

1. विभाजन सचिवालय का अस्तित्व 1 मार्च, 1959 (फाल्गुन 90, 18.80 शुक्ल) से नहीं रहेगा।
2. इस समय विभाजन सचिवालय में व्यवहृत सभी कार्य उक्त दिनांक से वित्त मन्त्रालय (आर्थिक कार्य विभाग) को सौंप दिए जाएँ।

हस्ताक्षर.....
भारत के राष्ट्रपति

अभ्यास के लिए

1. आपके क्षेत्र में कुछ दिनों से पानी की आपूर्ति बाधित है। इसके संबंध में जल विभाग के अधिकारी को सूचना देते हुए पत्र लिखिए।
2. आपका पंजाब नेशनल बैंक में खाता है। आपको ए.टी.एम से पैसे निकालते समय रुपये न निकलने पर भी आपके खाते से काट लिए गए हैं। इस घटना की सूचना अपने बैंक को देते हुए पत्र लिखिए।
3. आपका मतदाता पहचान पत्र में नाम गलत छप गया है। उसे सही करवाने के लिए संबंधित अधिकारी को पत्र लिखिए।
4. आपके क्षेत्र में गलियों में बल्ब न लगे होने के कारण रात को लोगों को कठिनाइयों का सामना करना पड़ता है। इस समस्या के समाधान हेतु संबंधित अधिकारी को पत्र लिखिए।
5. रक्षा मन्त्रालय के सचिव की ओर से थल सेना के लिए सहयोग हेतु शासनादेश सम्बन्धी पत्र लिखिए।

03

अध्याय

जनसंचार माध्यम

संचार का अर्थ

विभिन्न भावों एवं सूचनाओं के आदान-प्रदान करने की प्रक्रिया का नाम ही संचार है। सामान्य शब्दों में, अपने भाव, विचार या संदेश दूसरे व्यक्ति तक कुछ सार्थक शब्दों, चिह्नों, संकेतों, ज्ञान या भावनाओं द्वारा पहुँचाना ही संचार है।

▼ अभ्यास के लिए

- पाठ्यपुस्तक के प्रश्नोत्तर
- बहुविकल्पीय प्रश्न
- अतिलघु उत्तरीय प्रश्न
- लघु उत्तरीय प्रश्न

संचार

संचार की कहानी मानव समाज के अस्तित्व जितनी ही पुरानी है। मनुष्य एक सामाजिक प्राणी है और वह अपने विचारों एवं भावों को अभिव्यक्त करना चाहता है।

संचार शब्द की उत्पत्ति **चर** शब्द से हुई है। 'चर' का अर्थ है—**विचरण करना** अर्थात् चलना यानि एक स्थान से दूसरे स्थान तक पहुँचना। यहाँ 'पहुँचने' से तात्पर्य दो या दो से अधिक व्यक्तियों तक सूचनाओं, विचारों एवं भावनाओं के पहुँचने से है। इसी को ध्यान में रखते हुए विल्बर श्रैम ने कहा है कि संचार अनुभवों की साझेदारी है अर्थात् संचार करते हुए हम एक-दूसरे के अनुभवों को आपस में बाँटते हैं। इस आधार पर कहा जा सकता है कि सूचनाओं, विचारों एवं भावनाओं को लिखित, मौखिक या दृश्य-श्रव्य माध्यमों के द्वारा सफलतापूर्वक एक जगह से दूसरी जगह पहुँचाना ही संचार है और इस प्रक्रिया में प्रयुक्त किए जाने वाले तरीके या माध्यम संचार माध्यम कहलाते हैं; जैसे—समाचार-पत्र, फिल्म, टेलीफ़ोन, रेडियो, दूरदर्शन, इंटरनेट आदि।

स्मरणीय तथ्य

- संचार एक घटना नहीं, अपितु एक प्रक्रिया है और यह अंतर्क्रियात्मक (Interactive) प्रक्रिया है।
- यह एक जीवंत प्रक्रिया है, जिसमें मनुष्य की भागीदारी होती है।
- इसमें सूचना देने वाले एवं पाने वाले दोनों की सक्रिय भागीदारी होनी आवश्यक है।

संचार के तत्त्व

संचार की प्रक्रिया में कई तत्त्व शामिल रहते हैं, जिनमें से निम्नलिखित उल्लेखनीय हैं

1. **स्रोत या संचारक** संचार प्रक्रिया इसी तत्त्व से शुरू होती है। जब स्रोत या संचारक एक उद्देश्य के साथ अपने किसी विचार, संदेश या भावना को किसी और तक पहुँचाना चाहता है, तब संचार प्रक्रिया की शुरुआत होती है।

2. **संदेश का कूटीकरण** (एनकोडिंग) यह संचार प्रक्रिया का दूसरा चरण है। भाषा एक प्रकार का कूट चिह्न या कोड है। संदेश प्राप्त करने वाले के लिए आवश्यक है कि वह संदेश में प्रयुक्त कोड से परिचित हो।
3. **संदेश** संचार-प्रक्रिया में संदेश का बहुत अधिक महत्त्व है। इसकी मूल विषय-वस्तु ही संदेश होता है। किसी भी संचारक का सबसे प्रमुख उद्‌देश्य अपने संदेश को उसी अर्थ के साथ प्राप्तकर्ता तक पहुँचाना है इसलिए सफल संचार के लिए जरूरी है कि संचारक अपने संदेश को लेकर स्वयं पूरी तरह से स्पष्ट हो। संदेश जितना स्पष्ट एवं सरल होगा, प्राप्तकर्ता को उसे समझना उतना ही आसान होगा।
4. **माध्यम या चैनल** संदेश को प्राप्तकर्ता तक पहुँचाने के लिए किसी-न-किसी माध्यम; जैसे—टेलीफ़ोन, समाचार-पत्र, टेलीविज़न, इंटरनेट आदि का सहारा लिया जाता है।
5. **प्राप्तकर्ता द्वारा कूटवाचन** (डिकोडिंग) प्राप्तकर्ता प्राप्त संदेश का कूटवाचन यानि डिकोडिंग करता है अर्थात् वह प्राप्त संदेश में निहित अर्थ को समझने की कोशिश करता है। संचारक और प्राप्तकर्ता दोनों का इसमें प्रयुक्त कोड से परिचित होना आवश्यक है।
6. **फीडबैक** संदेश प्राप्त होने पर प्राप्तकर्ता अपनी प्रतिक्रिया व्यक्त करता है। इसी से पता चलता है कि संचार प्रक्रिया में कोई बाधा तो नहीं आ रही है, साथ ही यह भी पता चलता है कि संचारक ने जिस अर्थ के साथ संदेश भेजा था, वह उसी अर्थ में प्राप्तकर्ता को मिला है या नहीं।
7. **शोर** संचार प्रक्रिया में कई प्रकार की बाधाएँ आती हैं। इन बाधाओं को 'शोर' कहते हैं। यह मानसिक, तकनीकी एवं भौतिक हो सकता है। कई बार शोर के कारण संदेश अपने मूल रूप में प्राप्तकर्ता तक नहीं पहुँच पाता।

संचार के प्रकार

संचार एक जटिल प्रक्रिया है। इसके कई रूप या प्रकार हैं और ये रूप एक-दूसरे से काफ़ी घुले-मिले भी हैं।

इसके विभिन्न रूपों को निम्न प्रकार से समझा जा सकता है

1. **सांकेतिक संचार** जब हम अपने किसी परिचित को इशारे से बुलाते हैं, तब हम इस रूप का प्रयोग करते हैं।
2. **मौखिक संचार** अपने से बड़ों को सम्मान से प्रणाम करते समय हम हाथ जोड़कर प्रणाम का इशारा भी करते हैं, यह मौखिक संचार है। मौखिक संचार में अमौखिक क्रियाओं की भी मदद ली जाती है। इसमें हम आँखों, चेहरे, हाथ की गति आदि का सहारा लेते हैं। खुशी, दु:ख, प्रेम, डर आदि की भावनाएँ अमौखिक संचार के माध्यम व्यक्त होती हैं।
3. **अंत:वैयक्तिक संचार** (इंट्रापर्सनल) जब हम कुछ योजना बना रहे होते हैं या किसी को याद कर रहे होते हैं, तब हम अकेले होते हैं। इस संचार प्रक्रिया में संचारक और प्राप्तकर्ता एक ही व्यक्ति होता है। यह संचार का सबसे बुनियादी रूप है। पूजा-इबादत या प्रार्थना भी अंत:वैयक्तिक संचार का रूप है।
4. **अंतर्वैयक्तिक** (इंटरपर्सनल) जब दो व्यक्ति आपस में और आमने-सामने संचार करते हैं, तो इसे अंतर्वैयक्तिक संचार कहते हैं। इस संचार में फीडबैक तुरंत मिल जाता है। यह रूप परिवार और समाज के रिश्तों की बुनियाद है। इस कौशल की आवश्यकता हमें कदम-कदम पर पड़ती है। साक्षात्कार में इसी कौशल की परख होती है।
5. **समूह-संचार** जब एक समूह आपस में विचार-विमर्श या चर्चा करता है, तब समूह-संचार होता है। समूह-संचार का उपयोग समाज और देश के सामने उपस्थित समस्याओं को बातचीत या बहस के द्वारा हल करने के लिए किया जाता है। विधानसभा या संसद की चर्चा समूह-संचार का ही उदाहरण है। किसी समिति या पंचायत के लोग समूह-संचार के द्वारा किसी निर्णय तक पहुँचते हैं।
6. **जनसंचार** यह संचार का सबसे महत्त्वपूर्ण और अंतिम प्रकार है। जब हम व्यक्तियों के समूह के साथ प्रत्यक्ष संवाद की बजाय किसी तकनीकी या यांत्रिक माध्यम के द्वारा एक विशाल वर्ग से संवाद कायम करते हैं, तो उसे जनसंचार कहते हैं। टेलीकॉन्फ्रेंसिंग इसी का रूप है। इसके लिए हमें किसी उपकरण या माध्यम की सहायता लेनी पड़ती है; *जैसे*—रेडियो, अखबार, टेलीविज़न या इंटरनेट आदि।

संचार के कार्य

हमारे जीवन में प्रतिदिन संचार का अत्यधिक प्रयोग किया जाता है। इस प्रकार संचार के कई कार्य हैं। संचार के कुछ कार्य निम्नलिखित हैं

1. सूचनाओं को प्राप्त करने एवं सूचनाओं को दूसरे व्यक्ति तक पहुँचाने के लिए संचार का प्रयोग किया जाता है।
2. किसी वस्तु को दूसरे व्यक्ति से प्राप्त करने के लिए संचार का प्रयोग किया जाता है।
3. संचार के द्वारा किसी भी व्यक्ति के व्यवहार आदि को नियंत्रित किया जा सकता है।
4. संचार का प्रयोग अपने विचारों, भावनाओं आदि को अभिव्यक्त करने के लिए किया जाता है।
5. किसी अन्य व्यक्ति को अपनी समस्याओं एवं कठिनाइयों से परिचित कराने के लिए संचार का प्रयोग किया जाता है।
6. किसी वस्तु आदि के संदर्भ में अपनी प्रतिक्रिया देने के लिए संचार का प्रयोग किया जाता है।
7. समूह विशेष से संपर्क स्थापित करने के लिए संचार का प्रयोग किया जाता है।

जनसंचार की विशेषताएँ

जनसंचार की मुख्य विशेषताएँ निम्नलिखित हैं

1. जनसंचार प्रक्रिया में विशाल क्षेत्र में बिखरे हुए **प्रापकों** (ग्राहक) तक **शीघ्रता से संपर्क** हो जाता है। बिखरे हुए प्रापकों से तात्पर्य यह है कि प्रापक एक स्थान पर सीमित नहीं होते, बल्कि दूर-दूर तक फैले होते हैं। प्रापकों की पृष्ठभूमि अलग-अलग होती है।

2. जनसंचार किसी एक व्यक्ति या व्यक्ति विशेष के लिए कार्य नहीं करता। जनसंचार द्वारा प्रेषित सूचना समस्त जनता के लिए सामान्य रूप से खुली होती है।
3. जनसंचार की प्रक्रिया **सुस्पष्ट** होती है तथा उसका ढाँचा भी स्पष्ट होता है।
4. **प्रतिपुष्टि** जनसंचार प्रक्रिया को प्रभावी बनाती है। जनसंचार माध्यम से मिली सूचनाओं पर प्रापक की क्या प्रतिक्रिया है और सूचनाओं पर उसका क्या प्रभाव पड़ता है आदि की जानकारी प्रतिपुष्टि के द्वारा हो जाती है।
5. जनसंचार में संदेश चूँकि मिश्रित जनसमूह को लक्ष्य करके भेजा जाता है और जनसमूह की **स्थितियाँ एवं रुचियाँ** विभिन्न प्रकार की होती हैं। अत: संचार की **विषय-वस्तु** का चुनाव एवं विवेचन करना अत्यंत कठिन कार्य है। इसी कारण जनसंचार की एक महत्त्वपूर्ण विशेषता यह भी है कि इसमें व्यक्ति उस संदेश का चयन करता है, जो उसकी मान्यताओं एवं विशेषताओं के अनुकूल होता है।
6. जनसंचार के विकास ने **भौगोलिक** एवं **समाज की सीमाओं** को तोड़ दिया है। जनसंचार के कारण ही आज **ग्लोबल विलेज** की परिकल्पना साकार हो रही है।
7. जनसंचार एक प्रहरी अथवा द्वारपाल की भाँति सजग होकर समाज की प्रत्येक गतिविधि पर निगाह एवं निगरानी रखता है।

जनसंचार के कार्य

संचार की तरह ही जनसंचार के भी कई कार्य हैं, जो निम्नलिखित हैं

1. **सूचना देना** सूचना देना जनसंचार के माध्यमों का प्रमुख कार्य है। हमें बहुत-सी सूचनाएँ इनके द्वारा ही प्राप्त होती हैं।
2. **शिक्षित करना** जनसंचार के माध्यम हमें जागरूक करने का कार्य करते हैं। ये देश-विदेश की जानकारी देकर हमें शिक्षित करने का कार्य करते हैं।
3. **मनोरंजन करना** जनसंचार के माध्यम मनोरंजन के प्रमुख साधन हैं। रेडियो, टेलीविजन, सिनेमा, इंटरनेट आदि मनोरंजन करने वाले जनसंचार के प्रमुख माध्यम हैं।
4. **एजेंडा तय करना** सूचनाओं और विचारों के द्वारा जनसंचार के माध्यम से देश और समाज का एजेंडा भी तय करते हैं। किसी विशेष घटना या मुद्दे को चर्चा का विषय बनाकर जनसंचार के माध्यम समाज व प्रशासन को उस पर अपनी प्रतिक्रिया देने के लिए विवश करते हैं।
5. **निगरानी करना** सरकार और प्रमुख संस्थाओं के कामकाज की निगरानी करना भी जनसंचार का प्रमुख कार्य है उनके द्वारा बरती गई किसी भी अनियमितता को सामने लाने का कार्य जनसंचार के माध्यम ही करते हैं।
6. **विचार-विमर्श के मंच** जनसंचार के माध्यम लोकतंत्र में विचारों को अभिव्यक्ति प्रदान करने का मंच उपलब्ध कराते हैं। आम-जनता तथा लेखक किसी भी गंभीर घटना या मुद्‌दे पर जनसंचार के माध्यमों के द्वारा ही अपनी राय व्यक्त करते हैं अत: जनसंचार के माध्यमों का एक प्रमुख कार्य विचार-विमर्श के मंच के रूप में भी है।

भारत में जनसंचार माध्यमों का विकास

भारत में जनसंचार के आधुनिक माध्यम पाश्चात्य सभ्यता अंग्रेजों की देन हैं; जैसे—समाचार-पत्र, रेडियो, टी.वी. आदि। प्राचीनकाल में भारत में भले ही जनसंचार के विभिन्न माध्यम रहे हों, लेकिन आज के आधुनिक माध्यम पश्चिम से ही प्राप्त हुए। आज के समय में ये सभी माध्यम हमारी सांस्कृतिक विरासत के अभिन्न अंग बन चुके हैं। बड़ी सहजता के साथ इसके बीज पौराणिक काल के मिथकीय पत्रों में खोजे जा सकते हैं। देवर्षि नारद को भारत का पहला समाचार वादक माना जाता है, जो वीणा की मधुर झंकार के साथ धरती और देवलोक के बीच संवाद सेतु थे। उन्हीं की तरह महाभारत काल में महाराज धृतराष्ट्र और रानी गांधारी को युद्ध की झलक दिखाने और उसका विवरण सुनाने के लिए जिस तरह संजय की परिकल्पना की गई है, वह एक अत्यंत समृद्ध संचार व्यवस्था की ओर संकेत करती है। वर्तमान में जनसंचार के विभिन्न माध्यम प्रचलित रूप में हैं—समाचार-पत्र व पत्रिकाएँ, रेडियो, टेलीविजन, सिनेमा तथा इंटरनेट। ये सभी जनसंचार के माध्यम आज के समय में राष्ट्र के निर्माण व विकास में अपनी महत्त्वपूर्ण भूमिका निभा रहे हैं।

समाचार-पत्र-पत्रिकाएँ

मुद्रण का आविष्कार 1450 ई. में जर्मनी के **जोहांस गुटेनबर्ग** में हुआ। शिक्षित समुदाय के लिए यह एक वरदान साबित हुआ। समाचार-पत्रों का प्रकाशन जीवन की अपरिहार्य आवश्यकता बन गया। भारत में इसकी शुरुआत 1780 ई. में जेम्स ऑगस्ट हिकी के 'बंगाल गजट' से हुई, जो कलकत्ता से प्रकाशित हुआ। हिन्दी का पहला साप्ताहिक-पत्र 'उदंत मार्तंड' भी कलकत्ता से ही 1826 ई. में पंडित जुगल किशोर शुक्ल के संपादन में प्रकाशित किया गया था।

धीरे-धीरे साप्ताहिक, मासिक एवं अर्द्ध-वार्षिक पत्र-पत्रिकाओं के प्रकाशन ने इस क्षेत्र में क्रांति ला दी। आजकल तो विभिन्न समाचार-पत्रों के सांध्य संस्करण भी निकलने लगे हैं। इन समाचार-पत्रों एवं पत्रिकाओं में राजनीति, खेल, फिल्म, कला, साहित्य, बाज़ार आदि जीवन के विभिन्न क्षेत्रों से जुड़े समाचार एवं जानकारी प्रकाशित की जाती है। विज्ञापन एवं सामाजिक जागरूकता के संदेशों को आम जनता तक पहुँचाने में मुद्रित माध्यम की अपनी एक विशिष्ट भूमिका है।

रेडियो

भारत में रेडियो प्रसारण की विधिवत् शुरुआत इसके आविष्कार (1895 ई.) के 40 वर्ष बाद वर्ष 1936 में **ऑल इंडिया रेडियो** की स्थापना द्वारा हुई। वर्ष 1956 से भारतीय रेडियो सेवा को आकाशवाणी के नाम से जाना जाता है। दूरभाष (टेलीफ़ोन) एवं सेल्यूलर फोन भी पिछले कुछ वर्षों में लोगों की सामान्य आवश्यकता बन गए हैं। सरकारी एवं निजी क्षेत्र की टेलीफ़ोन सेवा कंपनियों ने गाँव-गाँव, गली-गली में अपना जाल बिछाया हुआ है। आज ये सूचना के सशक्त माध्यमों के रूप में उभरकर सामने आए हैं।

भारत में रेडियो सेवा : एक दृष्टि में

प्रसारण उपलब्धता	*राष्ट्रीय*
मुख्यालय	*आकाशवाणी भवन, नई दिल्ली*
आदर्श वाक्य	*'बहुजन हिताय, बहुजन सुखाय'*
स्वामित्व	*प्रसार भारती*
सेवा का प्रकार	**सरकारी**
प्रसारण आरंभ होने की तिथि	1 अप्रैल, 1930 (इंडियन स्टेट ब्रॉडकास्टिंग सर्विस के रूप में)
ऑल इंडिया रेडियो की स्थापना	8 जून, 1936
विदेशी भाषा में प्रसारण की शुरुआत	1 अक्टूबर, 1939 से पश्तो भाषा में प्रसारण के साथ
स्वतंत्रता प्राप्ति के समय रेडियो प्रसारण केंद्र	6 (दिल्ली, मुंबई, कोलकाता, चेन्नई, लखनऊ, तिरुचि)
अनुमानित रेडियो सेट्स (वर्ष 1947 में)	2,75,000
'विविध भारती' की शुरुआत	3 अक्टूबर, 1957
एफ. एम. प्रसारण की शुरुआत	23 जुलाई, 1977 से, चेन्नई में
विदेशी भाषाओं में प्रसारण (कुल भाषाएँ)	27 (जिनमें 16 विदेशी तथा 11 भारतीय भाषाएँ हैं।) (प्रसारण 108 देशों में सुना जा सकता है।)
'डायरेक्ट टू होम' सेवा के चैनल	21
'न्यूज ऑन फोन' सेवा की शुरुआत	25 फरवरी, 1998 (नई दिल्ली में)

टेलीविजन

दूरदर्शन (टेलीविज़न) संचार का अत्यधिक शक्तिशाली एवं लोकप्रिय माध्यम है। इंग्लैंड के **जॉन बेयर्ड द्वारा इसकी खोज** (लगभग वर्ष 1920) **के बाद भारत में इसके प्रसारण की शुरुआत 15 सितंबर, 1959 से हुई। 1 अप्रैल, 1976 से इसे दूरदर्शन** नाम से जाना जाने लगा। वर्ष 1982 से रंगीन टेलीविज़न देशभर में लोकप्रिय हुआ। लगातार मनोरंजक, सूचनापरक और विविध विषयक कार्यक्रमों ने केबल टी.वी. को एक विशिष्ट एवं प्रभावी इलेक्ट्रॉनिक माध्यम बना दिया।

सिनेमा

सिनेमा मनोरंजन तथा जनसंचार का सशक्त माध्यम है। कला तथा संगीत के माध्यम से अभिव्यक्ति के साथ **जनजागरूकता** के क्षेत्र में सिनेमा का महत्त्व बढ़ा है। तकनीकी विकास के साथ सिनेमा की दुनिया में भी परिवर्तन हुआ है।

श्वेत एवं श्याम फिल्मों से निकलकर रंगीन फिल्मों तक के सफर में भारतीय सिनेमा ने कई पड़ाव देखे हैं। सिनेमा के आविष्कार का श्रेय थॉमस अल्वा एडिसन को जाता है और यह 1883 ई. में मिनेटिस्कोप की खोज के साथ जुड़ा हुआ है। 1894 ई. में फ्रांस में पहली फिल्म 'द अराइवल ऑफ ट्रेन' बनी। भारत में पहली मूक फिल्म 'राजा हरिचन्द्र' को बनाने का श्रेय दादा साहेब फाल्के को जाता है। यह फिल्म वर्ष 1913 में बनी थी। वर्ष 1931 में पहली बोलती फिल्म 'आलम आरा' बनी। इसके बाद बोलती फिल्मों का दौर शुरू हुआ।

सिनेमा का निर्माण दृश्य, ध्वनि तथा संगीत की **त्रिआयामी प्रवृत्तियों** के माध्यम से होता है। इसे सिनेमाघरों में निर्मित पर्दों पर दिखाया जाता है। जनजागरूकता तथा आधुनिकीकरण को विस्तार देने में सिनेमा का कोई विकल्प नहीं है। इसके माध्यम से संदेश सीधे दर्शकों तक पहुँचाया जा सकता है।

हिंदी सिनेमा अपनी पहुँच तथा संप्रेषणीयता के कारण महत्त्वपूर्ण जनसंचार माध्यम बन गया है। समाज, राजनीति तथा संस्कृति के विविध पक्षों को केंद्रीय विषय के रूप में लेकर फिल्में बनाई जाती हैं, जो समाज को अत्यधिक प्रभावित करने में निश्चित ही अपनी महत्त्वपूर्ण भूमिका निभाती हैं।

इंटरनेट

अत्यंत विस्तृत फलक वाला इंटरनेट **तेज़ गति वाला** जनसंचार माध्यम है। इसका संवहन मुख्यतः कंप्यूटर के माध्यम से होता है। यह एक ऐसा बहुआयामी इलेक्ट्रॉनिक माध्यम है, जो अत्यंत तेज़ी के साथ सर्वाधिक सशक्त बनने की दिशा में बढ़ रहा है। इंटरनेट सिर्फ़ सूचनाओं के संप्रेषण अथवा वितरण का कार्य नहीं करता, बल्कि मनोरंजन, ज्ञान तथा व्यक्तिगत संवादों का प्रसारण भी करता है। **ई-मेल**, इंटरनेट की महत्त्वपूर्ण प्रक्रिया है, जिसके माध्यम से आपसी संप्रेषण की प्रक्रिया को दिशा दी जाती है।

'इंटरनेट' के माध्यम से जनसंचार की प्रक्रिया तेज़ी से आगे बढ़ रही है। सभी **पत्र-पत्रिकाओं** ने अपनी **साइटों** पर समाचार तथा मनोरंजन का खज़ाना सजा रखा है। सभी साइटों को निरंतर नियमित किया जाता है। इंटरनेट पत्रकारिता का हाल के वर्षों में अत्यधिक विस्तार हुआ है। हिंदी के समाचार-पत्रों ने भी अपने **ई-संस्करण** जारी किए हैं।

ई-संस्करण को पढ़ने के लिए निर्धारित प्रविष्टियों को भरकर संबंधित समाचार-पत्र का एक सदस्य बनना आवश्यक होता है।

अभिसरण माध्यम अपने बहुआयामी माध्यमों एवं गुणवत्ता के सहारे आधुनिकतम संचार माध्यम के रूप में उभरे हैं। इसके द्वारा **टेलीकॉन्फ्रेंसिंग** जैसी सुविधाएँ जनमानस तक पहुँच रही हैं। वास्तव में, प्रौद्योगिकी के क्षेत्र में होने वाली निरंतर एवं तीव्र प्रगति जनसंचार के माध्यमों में भी लगातार नई संभावनाएँ पैदा कर रही है।

जनसंचार माध्यमों का प्रभाव

प्रत्येक व्यक्ति के जीवन में जनसंचार माध्यमों का विशेष महत्त्व है। आज इन जनसंचार माध्यमों के अभाव में जीवन की कल्पना नहीं की जा सकती। प्रातःकाल सर्वप्रथम लोग अखबार के माध्यम से सूचनाएँ प्राप्त करते हैं। दिन भर की ख़बरें रेडियो, टेलीविज़न, इंटरनेट के द्वारा प्राप्त की जाती हैं। खरीदारी करने के लिए युवा पीढ़ी विशेष रूप से इंटरनेट का प्रयोग करती है। सूचनाएँ प्राप्त करने, टिकट बुक करने, बिल आदि का भुगतान करने, मनोरंजन करने, धर्म संबंधी जानकारी आदि जनसंचार माध्यमों द्वारा प्राप्त की जा रही हैं।

इस प्रकार जनसंचार माध्यमों ने आज प्रत्येक व्यक्ति को प्रभावित किया है। जनसंचार माध्यमों द्वारा ही आज सभी का जीवन सरल बन गया है। जनसंचार माध्यमों द्वारा ही पारदर्शिता बढ़ी है। लोगों को जागरूक बनाने में जनसंचार माध्यमों ने महत्त्वपूर्ण भूमिका निभाई है। भ्रष्टाचार, सांप्रदायिकता आदि समस्याओं में सुधार जनसंचार माध्यमों द्वारा ही संभव हो पाया है।

एक सिक्के के दो पहलू होते हैं। जनसंचार माध्यमों के उपयुक्त सकारात्मक पक्ष के साथ ही इसके नकारात्मक पक्ष भी हैं। जनसंचार माध्यमों के द्वारा समाज में असामाजिक तत्त्वों की वृद्धि हुई है।
जनसंचार माध्यम के द्वारा काल्पनिकता और लुभावनी भाषा के द्वारा लोगों को भ्रमित करने का प्रयास किया जाता है। इसके कारण लोगों के व्यवहार में परिवर्तन आया है। जनसंचार माध्यम के द्वारा अश्लीलता में वृद्धि हुई। जनसंचार माध्यमों का सीधा संबंध सार्वजनिक हित से जुड़ा होता है। इस प्रकार, उपर्युक्त सभी पक्षों को देखते हुए यह कहा जा सकता है कि फ़ैशन, संस्कृति, खान-पान लोगों की रुचियों एवं आदतों को बदलने एवं प्रभावित करने में जनसंचार माध्यमों की महत्त्वपूर्ण भूमिका होती है। जनसंचार माध्यमों के बिना जीवन की कल्पना ही नहीं की जा सकती। जनसंचार माध्यम यहाँ लोगों को जागरूक करने में महत्त्वपूर्ण भूमिका निभाते हैं, वहीं इसके नकारात्मक पक्षों को भी अनदेखा नहीं किया जा सकता है। अत: आवश्यकता इस बात की है कि हम सोच-विचार करके ही जनसंचार माध्यमों द्वारा प्रसारित की जाने वाली सामग्री को ग्रहण करें।

पाठ्यपुस्तक (अभिव्यक्ति एवं माध्यम) के प्रश्नोत्तर

1. इस पाठ में विभिन्न लोक-माध्यमों की चर्चा हुई है। आप पता लगाइए कि वे कौन-कौन से क्षेत्र का प्रतिनिधित्व करते हैं? आपके क्षेत्र में प्रचलित किसी लोकनाट्य या लोक-माध्यम के किसी प्रसंग के बारे में जानकारी देते हुए उसके प्रस्तुति के विशेष अंदाज के बारे में लिखिए।

उत्तर इस पाठ में जिन लोक-माध्यमों की चर्चा हुई है, वे हैं–लोक-नृत्य, लोक-संगीत और लोक-नाट्य। ये देश के विभिन्न भागों में विविध नाट्य रूपों–कथावाचन, रागिनी, तमाशा, लावनी, नौटंकी, जात्रा, यक्षगान, कठपुतली लोक-नाटक आदि में प्रचलित हैं। उत्तरी भारत में नौटंकी उत्तर प्रदेश, बिहार, रागिनी हरियाणा तथा यक्षगान कर्नाटक क्षेत्रों से संबंधित हैं। हमारे क्षेत्र में नौटंकी का प्रयोग अत्यधिक होता है। यह ग्रामीण नाट्य-शैली का एक रूप है। इसमें प्रायः रात्रि के समय मंच पर किसी लोक-कथा या कहानी को नाट्य-शैली में प्रस्तुत किया जाता है। इसमें स्त्री पात्रों की भूमिका भी प्रायः पुरुष पात्र करते हैं। हारमोनियम, नगाड़ा, ढोलक आदि वाद्ययंत्रों के साथ यह संगीतमय प्रस्तुति लोक-लुभावन होती है।

2. आजादी के बाद भी हमारे देश के सामने बहुत सारी चुनौतियाँ हैं। आप समाजवादी को उनके प्रति किस हद तक संवेदनशील पाते हैं?

उत्तर आजादी के बाद भी हमारे देश में बहुत-सी चुनौतियाँ हैं, जो निम्नलिखित हैं

(i) निर्धनता से निपटने की चुनौती।
(ii) बेरोजगारी से निपटने की चुनौती।
(iii) भ्रष्टाचार की चुनौती।
(iv) देश की एकता बनाए रखने की चुनौती।
(v) आतंकवाद का मुकाबला करने की चुनौती।

हम समाचार-पत्रों को इन चुनौतियों के प्रति काफी हद तक संवेदनशील पाते हैं। वे अपने दायित्व का निर्वहन, इनसे पीड़ित लोगों की आवाज सरकार तक पहुँचाकर कर रहे हैं, जिससे सरकार और अन्य स्वयंसेवी संस्थाएँ इनको हल करने के लिए आगे आती हैं। हाँ, छोटे समाचार-पत्र अपनी सीमा निश्चित होने के कारण कई बार दबाव में आकर उतने संवेदनशील नहीं हो पाते हैं।

3. टी.वी. के निजी चैनल अपनी व्यावसायिक सफलता के लिए कौन-कौन से तरीके अपनाते हैं? टी.वी. के कार्यक्रमों से उदाहरण देकर समझाइए।

उत्तर टी.वी. के निजी चैनल अपनी व्यावसायिक सफलता के लिए लोगों का ध्यान अपनी ओर आकर्षित करने वाले कार्यक्रम दिखाते हैं। इन कार्यक्रमों को टुकड़ों में दिखाते हुए ऐसे मोड़ पर समाप्त करते हैं, जिससे लोगों की उत्सुकता अगले कार्यक्रम के लिए बनी रहे। गत दिनों जम्मू-कश्मीर में आई बाढ़ की खबरों तथा उनमें फँसे नागरिकों को बचाने संबंधी खबरों को कई दिनों तक टीवी पर दिखाया जाता रहा। इसी प्रकार अमेठी (उत्तर प्रदेश) के भूपति भवन पर अधिकार को लेकर संजय सिंह (राज्यसभा सांसद) और उनकी पहली पत्नी गरिमा सिंह, पुत्र अनंत विक्रम सिंह के मध्य हुए झगड़े एवं विवाद को कई बार दिखाया गया।

4. इंटरनेट पत्रकारिता ने दुनिया को किस प्रकार समेट लिया है। उदाहरण सहित स्पष्ट कीजिए।

उत्तर इंटरनेट पत्रकारिता के कारण अब दूरियाँ सिमटकर रह गई हैं, इंटरनेट की पहुँच दुनिया के कोने-कोने तक हो गई है। इसकी गति बहुत तेज है। इसका प्रभाव पत्रकारिता पर भी हुआ है। इसकी मदद से स्टूडियो में बैठा संचालक किसी भी मुद्दे पर देश-विदेश में बैठे व्यक्ति से बातें कर लेता है और करा देता है। इसकी मदद से गोष्ठियाँ, वार्ताएँ आयोजित की जाती हैं। इससे विश्व की किसी भी घटना की जानकारी अब आसान हो गई है।

5. किन्हीं दो हिंदी पत्रिकाओं के समान अंक को (समान अवधि के) पढ़िए और निम्न बिंदुओं के आधार पर तुलना कीजिए

- आवरण पृष्ठ
- अंदर के पृष्ठों की साज-सज्जा
- सूचनाओं का क्रम
- भाषा-शैली

उत्तर हम 'सरिता' और 'इंडिया टुडे' पत्रिकाओं के समान अंकों को लेते हैं और तुलना करते हैं

- **आवरण पृष्ठ** 'सरिता' पत्रिका का आवरण पृष्ठ अधिक रंग-बिरंगा, चित्रमय, आकर्षक और सुंदर है, जबकि 'इंडिया टुडे' का आवरण पृष्ठ अच्छा है, पर उतना आकर्षक नहीं है।
- **अंदर के पृष्ठों की साज-सज्जा** 'सरिता' के पृष्ठों की साज-सज्जा पर अधिक ध्यान दिया गया है, जबकि 'इंडिया टुडे' के पृष्ठों पर कम।
- **सूचनाओं का क्रम** 'सरिता' में सूचनाएँ किसी क्षेत्र-विशेष से संबंधित न होकर विविध क्षेत्रों से संबंधित हैं, जबकि 'इंडिया टुडे' में मुख्यतः राजनीतिक खबरें एवं सूचनाएँ हैं।
- **भाषा-शैली** 'सरिता' की भाषा सरल तथा बोधगम्य है, जबकि 'इंडिया टुडे' की भाषा-शैली अधिक उच्च-स्तरीय है।

6. निजी चैनलों पर सरकारी नियंत्रण होना चाहिए अथवा नहीं? पक्ष-विपक्ष में तर्क प्रस्तुत कीजिए।

उत्तर निजी चैनलों पर सरकारी नियंत्रण के पक्ष एवं विपक्ष में तर्क

पक्ष में तर्क

- **भ्रामक और असत्यापित समाचारों पर रोक** कई निजी चैनल बिना सत्यापन के सनसनीखेज खबरें दिखाते हैं, जिससे अफवाहें फैलती हैं।
- **सांस्कृतिक और नैतिक मूल्यों की रक्षा** कुछ चैनलों पर अश्लीलता, हिंसा और आपत्तिजनक सामग्री दिखाई जाती है, जिससे समाज प्रभावित होता है।
- **राष्ट्रीय सुरक्षा** कुछ चैनल ऐसी खबरें प्रसारित कर सकते हैं, जो देश की सुरक्षा के लिए खतरा बन सकती है।
- **निष्पक्षता और संतुलन** कई बार चैनल पक्षपाती हो जाते हैं। सरकारी नियंत्रण से निष्पक्षता बनी रह सकती है।

विपक्ष में तर्क

- **स्वतंत्र पत्रकारिता पर खतरा** सरकारी नियंत्रण से प्रेस की स्वतंत्रता प्रभावित हो सकती है।
- **सरकारी दुष्प्रचार का खतरा** सरकार अपनी नीतियों के प्रचार के लिए मीडिया का उपयोग कर सकती है।
- **लोकतंत्र और अभिव्यक्ति की स्वतंत्रता** सरकारी नियंत्रण से विचारों की स्वतंत्रता सीमित हो सकती है।
- **प्रतियोगिता और नवाचार में बाधा** मीडिया में प्रतिस्पर्द्धा और रचनात्मकता बाधित हो सकती है।

निष्कर्ष सरकारी नियंत्रण के मुद्दे पर संतुलित दृष्टिकोण से विचार किया जाना चाहिए। यद्यपि गलत सूचना, नैतिकता और राष्ट्रीय सुरक्षा के मुद्दों पर कुछ नियम आवश्यक हैं, लेकिन अभिव्यक्ति की स्वतंत्रता भी बरकरार रखी जानी चाहिए। सबसे अच्छा समाधान यह होगा कि स्वायत्त नियामक निकायों का निर्माण किया जाए, जो मीडिया की निगरानी करेंगे, लेकिन पूर्ण सरकारी नियंत्रण से बचेंगे।

7. नीचे कुछ कथन दिए गए हैं। उनके सामने सही या गलत का निशान लगाते हुए उत्तर दीजिए।

(क) संचार माध्यम केवल मनोरंजन के साधन हैं।

(ख) केवल तकनीकी विकास के कारण संचार संभव हुआ, इससे पहले संचार संभव नहीं था।

(ग) समाचार-पत्र और पत्रिकाएँ इतने सशक्त संचार माध्यम हैं कि वे राष्ट्र का स्वरूप बदल सकते हैं।

(घ) टेलीविजन सबसे प्रभावशाली एवं सशक्त संचार माध्यम है।

(ङ) इंटरनेट सभी संचार माध्यमों का मिला-जुला रूप या समागम है।

(च) कई बार संचार माध्यमों का नकारात्मक प्रभाव भी पड़ता है।

उत्तर (क) **गलत**

- संचार माध्यमों से हमें तरह-तरह का ज्ञान प्राप्त होता है, अत: ये केवल मनोरंजन के साधन नहीं हैं।

(ख) **गलत**

- संचार दो व्यक्तियों के बीच यहाँ तक अकेले भी होता है। इसके लिए तकनीकी विकास की आवश्यकता अनिवार्य नहीं थी। तकनीकी विकास बाद में सहायक बने हैं।

(ग) **सही**

- समाचार-पत्र-पत्रिकाएँ घोटाले, भ्रष्टाचार, अनैतिकता, सांप्रदायिकता आदि के विरुद्ध आवाज उठाकर राष्ट्र का स्वरूप बदल सकते हैं।

(घ) **सही**

- टेलीविजन आवाज और चित्र का संगम होने के कारण अमीर-गरीब, शहरी-ग्रामीण, युवा-वृद्ध सभी की पसंद बन गया है।

(ङ) **सही**

- इंटरनेट पर समाचार-पठन, गीत-संगीत, फिल्म, बैठक, गोष्ठी आदि देखा-सुना जा सकता है।

(च) **सही**

- इंटरनेट और टेलीविजन अपने कार्यक्रमों से समाज में अश्लीलता परोसने का काम कर रहे हैं।

अभ्यास प्रश्न

बहुविकल्पीय प्रश्न

1. संचार का अर्थ है

(क) अपनी बात कहना

(ख) संदेशों का आदान-प्रदान करना

(ग) अनुभव करना

(घ) विभिन्न क्रिया-कलाप करना

उत्तर (ख) संदेशों का आदान-प्रदान करना

2. संचार किस प्रकार की प्रक्रिया है?

(क) अंतर्क्रियात्मक (ख) बाह्य क्रियात्मक

(ग) कूटीकृत (घ) इनमें से कोई नहीं

उत्तर (क) अंतर्क्रियात्मक

3. प्राप्त संदेश का कूटवाचन (डी-कोडिंग) कौन करता है?

(क) संचारक

(ख) माध्यम (चैनल)

(ग) संदेशवाहक (मैसेंजर)

(घ) प्राप्तकर्ता (रिसीवर)

उत्तर (घ) प्राप्तकर्ता (रिसीवर)

4. संचार-प्रक्रिया में प्राप्तकर्ता की प्रतिक्रिया क्या कहलाती है?

(क) शोर (नॉयज) (ख) फ़ीडबैक

(ग) कूटीकृत (एनकोडिंग) (घ) माध्यम

उत्तर (ख) फ़ीडबैक

5. संचार प्रक्रिया में आने वाली बाधाओं को क्या कहते हैं?

(क) फ़ीडबैक (ख) एनकोडिंग
(ग) शोर (नॉयज) (घ) स्रोत

उत्तर (ग) शोर (नॉयज)

6. किस संचार प्रक्रिया में संचारक और प्राप्तकर्ता एक ही व्यक्ति होता है?

(क) अंत:वैयक्तिक संचार
(ख) अंतरवैयक्तिक संचार
(ग) समूह संचार
(घ) जनसंचार

उत्तर (क) अंतःवैयक्तिक संचार

7. यांत्रिक माध्यम के द्वारा संवाद करना किस संचार के अंतर्गत आता है?

(क) समूह संचार (ख) जनसंचार
(ग) अमौखिक संचार (घ) मौखिक संचार

उत्तर (ख) जनसंचार

8. निम्न में जनसंचार का कार्य नहीं है।

(क) मनोरंजन करना
(ख) निगरानी करना
(ग) व्यवहार पर नियंत्रण करने का प्रयास करना
(घ) एजेंडा तय करना

उत्तर (ग) व्यवहार पर नियंत्रण करने का प्रयास करना

9. जनसंचार का लोकप्रिय व ताकतवर माध्यम है

(क) टेलीविज़न (ख) समाचार-पत्र
(ग) रेडियो (घ) सिनेमा

उत्तर (क) टेलीविज़न

10. निम्न में से कौन-सा अखबार या पत्रिका आजादी के बाद की है?

(क) केसरी (ख) हिंदुस्तान
(ग) हंस (घ) दिनमान

उत्तर (घ) दिनमान

11. ऑल इंडिया रेडियो की स्थापना कब हुई?

(क) वर्ष 1921 में (ख) वर्ष 1936 में
(ग) वर्ष 1895 में (घ) वर्ष 1930 में

उत्तर (ख) वर्ष 1936 में

12. भारत की पहली बोलती फिल्म कौन-सी थी?

(क) राजा हरिश्चंद्र
(ख) द अराइवल ऑफ़ ट्रेन
(ग) आलम आरा
(घ) अंकुर

उत्तर (ग) आलम आरा

13. कॉलम 'क' का कॉलम 'ख' से उचित मिलान कीजिए

	कॉलम 'क'		कॉलम 'ख'
A.	एनकोडिंग	1.	संदेश का कूटवाचन
B.	डिकोडिंग	2.	प्राप्तकर्ता द्वारा की गई प्रतिक्रिया
C.	शोर	3.	संदेश का कूटीकरण
D.	फीडबैक	4.	संचार प्रक्रिया में आने वाली बाधाएँ

कूट

	A	B	C	D
(क)	4	2	3	1
(ख)	3	1	4	2
(ग)	1	2	3	4
(घ)	2	1	4	3

उत्तर (ख) 3 1 4 2

अतिलघु उत्तरीय प्रश्न

1. संचार के किन्हीं दो कार्यों को स्पष्ट कीजिए।

उत्तर संचार के दो कार्य निम्न प्रकार हैं

(i) संचार के द्वारा किसी के व्यवहार को नियंत्रित किया जा सकता है।
(ii) संचार का प्रयोग अपने भावों एवं विचारों को अभिव्यक्त करने के लिए किया जाता है।

2. संचार किसे कहते हैं?

उत्तर 'संचार' शब्द की उत्पत्ति 'चर' धातु से हुई है, जिसका अर्थ है—विचरण करना या चलना या एक स्थान से दूसरे स्थान पर पहुँचना। सूचनाओं, विचारों एवं भावनाओं को मौखिक, लिखित या श्रव्य-दृश्य माध्यमों के द्वारा सफलतापूर्वक एक जगह से दूसरी जगह पहुँचाना ही संचार है।

3. जनसंचार क्या है?

उत्तर जब किसी समूह के साथ प्रत्यक्ष संवाद करने की अपेक्षा किसी यांत्रिक; जैसे– टेलीविजन, रेडियो, समाचार-पत्र या इंटरनेट के माध्यमों से बड़ी संख्या में लोगों के साथ संवाद स्थापित किया जाता है, तो उसे जनसंचार कहा जाता है।

4. अंत:वैयक्तिक संचार किसे कहते हैं?

उत्तर वह संचार, जिसमें संचारक और प्राप्तकर्ता एक ही व्यक्ति होता है। इसमें व्यक्ति अपने विचारों, भावनाओं के माध्यम से स्वयं से संवाद करता है। उसे अंतःवैयक्तिक संचार कहते हैं; जैसे—पूजा करना, ध्यान लगाना आदि।

5. मुद्रण माध्यम के अंतर्गत कौन-कौन से माध्यम आते हैं?

उत्तर मुद्रण माध्यम के अंतर्गत समाचार-पत्र, पत्रिकाएँ, पुस्तकें आदि शामिल हैं।

6. ऑल इंडिया रेडियो की स्थापना कब हुई?

उत्तर ऑल इंडिया रेडियो की स्थापना 8 जून, 1936 में हुई थी। इसका मुख्यालय दिल्ली में स्थित है।

लघु उत्तरीय प्रश्न

1. 'डिकोडिंग' से क्या तात्पर्य है?

उत्तर डिकोडिंग से तात्पर्य है-प्राप्त संदेश में निहित अर्थ को समझना। यह एनकोडिंग की विपरीत प्रक्रिया है, जिसमें संदेश प्राप्तकर्ता संकेतों, शब्दों या प्रतीकों के माध्यम से संदेश के वास्तविक अर्थ को निकालता है। डिकोडिंग में भाषा संदर्भ और व्यक्तिगत अनुभवों का भी महत्त्वपूर्ण योगदान होता है।

2. शोर क्या है?

उत्तर संचार प्रक्रिया में आने वाली बाधाओं को शोर कहते हैं। यह भौतिक, तकनीकी या मानसिक भी हो सकता है। जैसे कि तकनीकी खराबी, भाषाई मतभेद ध्यान भंग करना या गलत समझ। शोर के कारण संदेश की स्पष्टता कम हो जाती है और इसे समझने में कठिनाई होती है। इसके कारण संदेश अपने मूल रूप में प्राप्तकर्ता तक नहीं पहुँच पाता है।

3. समूह संचार का उपयोग कहाँ होता है?

उत्तर समूह संचार का उपयोग समाज एवं देश के उपस्थित समस्याओं को बातचीत, बहस और विचार-विमर्श के माध्यम से हल करने के लिए किया जाता है। इसका उपयोग शैक्षिक संस्थानों, व्यावसायिक संगठनों, सामाजिक कार्यक्रमों और नीति निर्माण में सहमति और समाधान प्राप्त करने हेतु होता है।

4. जनसंचार के कौन-कौन-से कार्य हैं? स्पष्ट करें।

उत्तर जनसंचार के निम्नलिखित कार्य हैं

(*i*) सूचना देना (*ii*) मनोरंजन
(*iii*) ज्ञान एवं शिक्षा (*iv*) जागरूकता
(*v*) निगरानी एवं नियंत्रण (*vi*) विचार-विमर्श

5. जनसंचार के प्रमुख माध्यम कौन-कौन से हैं?

उत्तर जनसंचार के प्रमुख माध्यम निम्न हैं

(*i*) समाचार-पत्र (*ii*) पत्रिकाएँ एवं पुस्तकें
(*iii*) रेडियो (*iv*) दूरदर्शन
(*v*) सिनेमा (*vi*) इंटरनेट आदि

6. 'संचार जीवन की निशानी है'—स्पष्ट कीजिए।

उत्तर सामाजिक प्राणी होने के कारण मनुष्य अपनी भावनाओं को दूसरे तक संप्रेषित करना चाहता है। अपनी भावनाओं एवं विचारों को अन्य लोगों तक पहुँचाने का कार्य जिस समय रुक जाएगा, वह समय मनुष्य की गतिहीनता एवं संवेदनहीनता का परिचायक होगा। इसका अर्थ यह है कि गतिशील एवं संवेदनशील मनुष्य के लिए अपनी भावनाओं एवं विचारों की अभिव्यक्ति अनिवार्य है अन्यथा वह मृतप्राय हो जाएगा। इस तरह कहा जा सकता है कि 'संचार जीवन की निशानी है'।

7. जनसंचार की प्रमुख विशेषताओं को रेखांकित करें।

उत्तर जनसंचार की निम्नलिखित उल्लेखनीय विशेषताएँ हैं

(i) जनसंचार माध्यमों के द्वारा प्रकाशित या प्रसारित संदेशों की प्रकृति सार्वजनिक होती है।

(ii) इसमें संचारक एवं प्राप्तकर्ता के बीच प्रत्यक्ष संबंध नहीं होता है।

(iii) जनसंचार माध्यम में द्वारपाल होते हैं, जो इन माध्यमों से प्रकाशित या प्रसारित होने वाली सामग्री को नियंत्रित एवं निर्धारित करते हैं।

8. जनसंचार के दो महत्त्व अथवा कार्य बताइए।

उत्तर जनसंचार के दो महत्त्व निम्नलिखित हैं

(*i*) जनसंचार का प्रमुख कार्य शिक्षा प्रदान करना है। इसके द्वारा मनुष्य का बौद्धिक विकास होता है।

(*ii*) जनसंचार देश-विदेश से संबंधित विभिन्न विषयों की जानकारी प्रदान करता है।

9. संचार के प्रकार कौन-कौन-से हैं?

उत्तर संचार के निम्नलिखित प्रकार होते हैं

(i) सांकेतिक संचार (ii) मौखिक संचार
(iii) अमौखिक संचार (iv) अंतःवैयक्तिक
(v) अंतर्वैयक्तिक (vi) समूह संचार
(vii) जनसंचार

स्व-मूल्यांकन

बहुविकल्पीय प्रश्न

1. जनसंचार का कौन-सा माध्यम सारे माध्यमों का समागम है?

(क) इंटरनेट (ख) सिनेमा (ग) रेडियो (घ) दूरदर्शन

2. वर्तमान समय में भारत में प्रत्येक वर्ष लगभग कितनी फिल्मों का निर्माण होता है?

(क) 500 (ख) 600 (ग) 800 (घ) 1000

3. आज के समय में जनसंचार ने किस जीवनशैली को सबसे अधिक बढ़ावा दिया है?

(क) उपभोक्तावादी (ख) वैज्ञानिक
(ग) सांप्रदायवादी (घ) पलायनवादी

अतिलघु उत्तरीय प्रश्न

1. संचार के विविध प्रकारों का उल्लेख कीजिए।

2. समाचार-पत्रिकाओं के महत्त्व को बताइए।

3. भारत में टेलीविज़न की शुरुआत कब हुई?

4. प्रतिपुष्टि या फीडबैक से क्या तात्पर्य है?

लघु उत्तरीय प्रश्न

1. कूटीकरण या एनकोडिंग से क्या अभिप्राय है?

2. इंटरनेट से आप क्या समझते हैं? इंटरनेट किस प्रकार से उपयोगी है?

3. संचार प्रक्रिया में संचारक की भूमिका को स्पष्ट कीजिए।

4. जनसंचार माध्यमों का प्रभाव कैसे पड़ता है?

5. सिनेमा की दुनिया में हुए परिवर्तन को स्पष्ट कीजिए।

6. मुद्रण माध्यम की कौन-सी विशेषता इलेक्ट्रॉनिक माध्यम में नहीं है?

04
अध्याय

पत्रकारिता का अर्थ

सूचनाओं का संकलन करके समाचारों के रूप में ढालकर प्रस्तुत करने की प्रक्रिया को पत्रकारिता कहते हैं।

▼ अभ्यास के लिए

- पाठ्यपुस्तक के प्रश्नोत्तर
- बहुविकल्पीय प्रश्न
- अतिलघु उत्तरीय प्रश्न
- लघु उत्तरीय प्रश्न

पत्रकारिता के विविध आयाम

पत्रकारिता को विधायिका, कार्यपालिका एवं न्यायपालिका के अतिरिक्त **लोकतंत्र का चौथा स्तंभ** कहा जाता है। वर्तमान समय में पत्रकारिता का क्षेत्र अत्यंत व्यापक हो गया है। पत्रकारिता का अर्थ है—पाठकों या दर्शकों के समक्ष सब कुछ रखना अर्थात् पाठकों या दर्शकों (दृश्य-श्रव्य माध्यम) को मनोरंजन, स्वास्थ्य, फिल्म, सौंदर्य, फ़ैशन, विज्ञान, खेलकूद, कला, संस्कृति आदि के विषय में जानकारी देना तथा पुरुषों एवं महिलाओं, युवक-युवतियों, बालकों, नई-पुरानी पीढ़ी एवं वर्तमान-भविष्य के लिए ज्ञानवर्द्धक एवं उपयोगी सामग्री उपलब्ध कराना।

पत्रकारिता का क्षेत्र

पत्रकारिता का क्षेत्र व्यापक होने के साथ-साथ चुनौतीपूर्ण भी है। लोकतंत्र के तीनों स्तंभों की निगरानी करने के साथ-साथ उन्हें सचेत करना, जनहित के लिए संघर्ष करना, जनसामान्य का मार्गदर्शन करना, जनहित के कार्य करना आदि इसके दायित्व बन गए हैं।

आज पत्रकारिता एक नए तरह का मिशन है, उसका कोई विकल्प नहीं हो सकता। राष्ट्रीय संकट के समय वह राष्ट्र का सच्चाई से साथ देती है।

पत्रकारिता क्या है?

प्रत्येक व्यक्ति अपने आस-पास घटित होने वाली घटनाओं के बारे में जानने को उत्सुक रहता है। नवीनतम जानकारी रखना मनुष्य का स्वभाव है। मनुष्य में जिज्ञासा का भाव प्रबल होता है। यही जिज्ञासा समाचार एवं व्यापक अर्थ में पत्रकारिता का मूल तत्त्व है। पत्रकारिता का विकास इसी **सहज जिज्ञासा** को शांत करने की कोशिश के रूप में हुआ। देश-दुनिया में घटने वाली घटनाओं को पत्रकार समाचार के रूप में परिवर्तित करके हम तक पहुँचाते हैं। पहले वे सूचनाओं का संकलन करते हैं, फिर उन्हें समाचारों के रूप में ढालकर हमारे सामने प्रस्तुत करते हैं। इस पूरी प्रक्रिया को ही 'पत्रकारिता' कहा जाता है।

समाचार

समाचार की कुछ परिभाषाएँ

समाचार की कुछ परिभाषाएँ निम्नलिखित हैं

- प्रेरक और उत्तेजित करने वाली हर सूचना समाचार है।
- जो सूचना समय पर दी जाए, वही समाचार होती है।
- किसी भी घटना की रिपोर्ट समाचार है।

समाचार क्या है?

समाचार के रूप में उन्हीं घटनाओं, मुद्दों, समस्याओं आदि को चुना जाता है, जिनकी जानकारी प्राप्त करने के लिए अधिक-से-अधिक लोगों की रुचि होती है। परंतु यह आवश्यक नहीं है कि प्रत्येक घटना समाचार हो। समाचार-पत्रों व समाचार चैनलों के चयन में काफी अंतर होता है। एक समाचार-पत्र में एक समाचार मुख्य समाचार हो सकता है तथा किसी अन्य समाचार-पत्र में वही समाचार भीतर के पृष्ठों में एक कॉलम का समाचार हो सकता है। अत: समाचार में विभिन्नताएँ हो सकती हैं, लेकिन किसी भी घटना, मुद्दे, समस्या आदि में कुछ तत्त्व ऐसे होते हैं, जो प्रत्येक समाचार में निहित होते हैं। उन्हीं के आधार पर समाचार को इस प्रकार परिभाषित किया जा सकता है।

"समाचार किसी भी ऐसी ताजा घटना, विचार या समस्या की रिपोर्ट है, जिसमें अधिक-से-अधिक लोगों की रुचि हो और जिसका प्रभाव अधिकाधिक लोगों पर पड़ रहा हो।"

समाचार के तत्त्व

जब किसी घटना, विचार तथा समस्या का संबंध समाज के बड़े तबके से हो, तो वह समाचार बनने के योग्य है। एक समाचार में निम्नलिखित तत्त्व यदि उपस्थित हैं, तो उसकी प्रमुख समाचार होने की संभावनाएँ बढ़ जाती हैं

(i) **नवीनता** किसी भी घटना, मुद्दा, विचार अथवा समस्या को समाचार बनने के लिए यह आवश्यक है कि वह नई और ताजी हो।

(ii) **निकटता** किसी भी समाचार का महत्त्व तब अधिक हो जाता है, जब वह नजदीकी क्षेत्र में हो तथा पाठक/श्रोता/दर्शक के बहुत निकट हो।

(iii) **प्रभाव** किसी भी समाचार का महत्त्व तक निर्धारित होता है, जब उसका प्रभाव व्यापक हो अर्थात् वह एक बड़े क्षेत्र को प्रभावित कर रही हो।

(iv) **जनरुचि** किसी भी विचार, घटना या समस्या को समाचार बनने के लिए यह भी आवश्यक है कि उसमें कितने लोग दिलचस्पी ले रहे हैं।

(v) **टकराव या संघर्ष** यदि किसी घटना या विचार में परस्पर संघर्ष की संभावना हो, तो लोगों में उसे जानने की दिलचस्पी बढ़ जाती है। अत: वह एक महत्त्वपूर्ण समाचार बन सकता है।

(vi) **महत्त्वपूर्ण लोग** जो लोग प्रसिद्ध होते हैं, मशहूर होते हैं, लोगों को उनके बारे में जानने की एक अलग ही रुचि होती है। अत: ऐसे महत्त्वपूर्ण लोगों से जुड़ी घटना भी समाचार का रूप ले लेती है।

(vii) **उपयोगी सूचनाएँ** कुछ सूचनाएँ समाज, देश काल, वातावरण आदि से संबंधित उपयोगी होती हैं, जिनके बारे में लोग जानना चाहते हैं। अत: ऐसी सूचनाएँ भी समाचार मानी जाती हैं।

(viii) **अनोखापन** जो घटनाएँ या समस्याएँ अपने आप में असाधारण या विचित्र होती हैं, वे भी समाचार का ही रूप ले लेती हैं।

(ix) **पाठक वर्ग** समाचारों के चयन में पाठक-वर्ग की आवश्यकताओं को भी ध्यान में रखना आवश्यक होता है।

(x) **नीतिगत ढाँचा** विभिन्न समाचार संगठनों की समाचारों के चयन व प्रस्तुति को लेकर एक नीति होती है, जिस नीति को संपादकीय नीति कहते हैं।

संपादन

'संपादन' का अर्थ होता है—किसी विषय-सामग्री से उसकी त्रुटियों को दूर करके उसे पढ़ने के योग्य बनाना। समाचार संगठनों में जहाँ समाचारों का संकलन रिपोर्टिंग टीम करती है, वहीं संपादकीय टीम का प्रमुख कार्य उन्हें संपादित कर लोगों तक पहुँचाना होता है। एक संपादकीय टीम के अंतर्गत संपादक, सहायक संपादक, मुख्य उपसंपादक, समाचार संपादक आदि आते हैं।

संपादन के सिद्धांत

पत्रकारिता सिद्धांतों पर चलती है। किसी भी समाचार संगठन की सफलता उसकी विश्वसनीयता होती है। पत्रकारिता की साख बनाए रखने के लिए निम्नलिखित सिद्धांतों का पालन करना आवश्यक होता है।

- तथ्यों की शुद्धता (एक्युरेसी)
- वस्तुपरकता (ऑब्जेक्टीविटी)
- निष्पक्षता (फेयरनेस)
- संतुलन (बैलेंस)
- स्रोत (सोर्सिंग-एट्री ब्यूशन)

पत्रकारिता के अन्य आयाम

किसी एक समाचार-पत्र में पाठक एक ही तरह की जानकारी नहीं चाहता। कभी वह समाचार को पूर्ण विवरण के साथ पढ़ना चाहता है, तो कभी वह केवल उसकी जानकारी भर ही चाहता है। इस तरह का परिवर्तन ही पत्रकारिता में नए आयाम जोड़ने के लिए प्रमुख होता है।

एक समाचार-पत्र में निम्नलिखित आयामों की भी अपनी ही विशेष भूमिका होती है

(i) **संपादकीय** 'संपादकीय पृष्ठ' समाचार-पत्र का महत्त्वपूर्ण पृष्ठ माना जाता है। इस पृष्ठ पर संपादक विभिन्न घटनाओं, वर्तमान मुद्दों, समस्याओं आदि पर अपनी राय रखता है। आमतौर पर संपादक के नाम पत्र भी इसी पृष्ठ पर प्रकाशित किए जाते हैं। वह घटनाओं पर आम लोगों की टिप्पणी होती है। समाचार-पत्र उसे महत्त्वपूर्ण मानते हैं।

(ii) **फोटो पत्रकारिता** जहाँ किसी बात को बहुत-से शब्द लिखकर भी प्रकट या स्पष्ट नहीं किया जा सकता, वहीं एक फोटो सबकुछ स्पष्ट कर देता है। ऐसे फोटो पर की गई टिप्पणी का प्रभाव व्यापक व सीधा होता है। इस तरह की पत्रकारिता को 'फोटो पत्रकारिता' कहते हैं।

(iii) **कार्टून कोना** यह लगभग प्रत्येक समाचार-पत्र में होता है। इनके द्वारा की गई टिप्पणियाँ सटीक होती हैं, जो पाठकों के हृदय को छूती हैं।

(iv) **रेखांकन और कार्टोग्राफ** कार्टोग्राफ समाचारों को रोचक बनाते हैं। ये समाचारों पर टिप्पणी भी करते हैं। ग्राफ लेखन से कोई बात आसानी से समझ आ जाती है।

पत्रकारिता के प्रमुख प्रकार

पत्रकारिता के विभिन्न प्रकार निम्नलिखित हैं

1. **खोजपरक पत्रकारिता** खोजपरक पत्रकारिता से आशय ऐसी पत्रकारिता से है, जिसमें गहराई से छानबीन करके ऐसे तथ्यों एवं सूचनाओं को सामने लाने की कोशिश की जाती है, जिन्हें दबाने या छिपाने का प्रयास किया जा रहा हो। खोजी पत्रकारिता के द्वारा ही सार्वजनिक महत्त्व के मामलों में भ्रष्टाचार, अनियमितताओं एवं गड़बड़ियों को सामने लाने की कोशिश की जाती है। आजकल इसी खोजी पत्रकारिता का एक नया रूप 'स्टिंग ऑपरेशन' काफी चर्चित है।
2. **विशेषीकृत पत्रकारिता** पत्रकार से यह अपेक्षा की जाती है कि वह केवल घटनाओं की सूचना मात्र न देकर, उसकी गहराई में जाकर उसका अर्थ स्पष्ट करे तथा पाठकों को उस समाचार का महत्त्व बताए। इसके लिए विशेषज्ञता की आवश्यकता होती है। पत्रकारिता में विशेषज्ञता के सात प्रमुख क्षेत्र हैं—संसदीय, न्यायालय, आर्थिक, खेल, विज्ञान एवं विकास, अपराध तथा फ़ैशन एवं फिल्म।
3. **वॉचडॉग पत्रकारिता** लोकतंत्र में पत्रकार एवं मीडिया का मुख्य दायित्व सरकारी कामकाज पर नज़र रखना है, ताकि गड़बड़ियों का पर्दाफाश किया जा सके। इसे वॉचडॉग पत्रकारिता कहा जाता है।
4. **एडवोकेसी पत्रकारिता** अनेक समाचार संगठन ऐसे भी होते हैं, जो किसी विशेष मुद्दे को उठाकर उसके पक्ष में जनमत बनाने का अभियान चलाते हैं। ऐसी पत्रकारिता को पक्षधर या एडवोकेसी पत्रकारिता कहते हैं।
5. **वैकल्पिक मीडिया** जब मीडिया व्यवस्था के साथ तालमेल बैठाकर चलता है, तब उसे **मुख्यधारा का मीडिया** कहा जाता है। इसके विपरीत जो मीडिया स्थापित व्यवस्था के विकल्प को सामने लाने और उसके अनुकूल वैकल्पिक सोच को अभिव्यक्त करता है, उसे **वैकल्पिक मीडिया** कहा जाता है। ऐसा मीडिया जनसहयोग पर निर्भर रहता है। आमतौर पर इस तरह के मीडिया को सरकार और बड़ी पूँजी का समर्थन प्राप्त नहीं होता है। उसे बड़ी कंपनियों के विज्ञापन भी नहीं मिलते हैं।

पत्रकार

पत्रकारिता का कार्य करने वाला 'पत्रकार' कहलाता है। **ऑक्सफोर्ड डिक्शनरी** के अनुसार, "किसी पत्र का संपादन करके या उस पत्र के लिए सामग्री लिखकर जो अपनी जीविका चलाता है, उसे पत्रकार कहते हैं।"

चैम्बर्स डिक्शनरी के अनुसार, "समाचारों के लेखन, एक्शन, संपादन और पत्र-पत्रिकाओं के लिए अन्य सामग्रियों को प्रकाशनार्थ तैयार करने वाला ही पत्रकार है।"

विष्णुदत्त शुक्ल के अनुसार, "पत्रकारिता का काम बड़ा टेढ़ा है। इसमें प्रवेश करने से पहले खूब सोच-समझ लेना चाहिए। इस काम में बड़े त्याग, बड़ी लगन, बड़े परिश्रम और बड़ी जिम्मेदारी की जरूरत है, जो साधारणतया बहुत कम लोगों में पाई जाती है।"

गणेश शंकर विद्यार्थी के अनुसार, "पत्रकार की समाज में बड़ी जिम्मेदारी है। वह अपने विवेक के अनुसार अपने पाठकों को ठीक मार्ग पर ले जाता है। वह जो लिखे, प्रमाण और परिणाम का विचार रखकर लिखे और अपनी गति-मति में सदैव शुद्ध और विवेकशील रहे। पैसा कमाना उसका ध्येय नहीं, लोक सेवा उसका ध्येय है।"

टी एच एस स्कॉट के अनुसार, "पत्रकार वह व्यक्ति है, जो थोड़े-थोड़े समय के अंतर के साथ प्रकाशित अपनी रचनाओं से जनमत को एक निश्चित दिशा में प्रवाहित करना चाहता है।"

पत्रकार का आचरण

पत्रकार का आचरण-व्यवहार सबके साथ कुशल होगा, तभी वह एक अच्छा पत्रकार बन सकता है। राष्ट्रपिता महात्मा गाँधी का कहना था, "समाचार-पत्र एक प्रचंड शक्ति है, परंतु जिस प्रकार निरंकुश जल का प्रवाह गाँव डुबो देता है और सारी फसल का नाश कर देता है, उसी प्रकार निरंकुश लेखनी का प्रवाह भी सर्वनाश का सृजन करता है। लेखनी पर यह अंकुश जब भीतर से लगाया जाता है, तभी वह लाभदायी हो सकता है।"

गाँधीजी के इस कथन से जहाँ समाचार-पत्र की प्रचंड शक्ति का आभास होता है, वहीं पत्रकार की प्रबल ऊर्जा शक्ति का भी पता चलता है।

समाचार माध्यमों में मौजूदा रुझान

आजकल समाचार मीडिया एवं मनोरंजन की दुनिया के बीच अंतर कम होता जा रहा है। समाचार के नाम पर मनोरंजन बेचने के रुझान के कारण आज समाचारों में वास्तविक व सरोकारीय सूचनाओं एवं जानकारियों का अभाव होता जा रहा है। आजकल अधिकांश चैनल सूचनारंजक (इनफोटेनमेंट) चैनल बन गए हैं, जिनमें सूचना कम, लेकिन मनोरंजन अधिक होता है।

समाचार मीडिया में हमेशा से ही सनसनीखेज या पीत-पत्रकारिता तथा ग्लैमर या चकाचौंध फैलाने वाली 'पेज थ्री' पत्रकारिता की धाराएँ मौजूद रही हैं। 'पेज थ्री' भी मुख्य धारा की पत्रकारिता में शामिल हो गया है। सबसे अधिक बिकाऊ बनने की होड़ में सभी चैनलों से एक जैसे समाचारों का प्रसारण होता है। विविधता समाप्त होने के कारण समाचार माध्यमों में केंद्रीयकरण का रुझान प्रबल हो गया है।

आज राष्ट्रीय स्तर के समाचार संगठन भी क्षेत्रीय सीमाओं में पैठ बनाने लगे हैं। ह्रास की इस प्रक्रिया को रोकना आवश्यक है।

पाठ्यपुस्तक (अभिव्यक्ति एवं माध्यम) के प्रश्नोत्तर

1. किसी भी दैनिक अखबार में राजनीतिक खबरें इतना ज्यादा स्थान क्यों प्राप्त करती हैं? इस पर एक संक्षिप्त टिप्पणी लिखिए।

उत्तर जनसंचार के विभिन्न माध्यमों के प्रचार-प्रसार के कारण लोगों में राजनीति के प्रति रुझान बढ़ा है। राजनीति की बातें आजकल हर जगह होती हैं। देश की राजनीति का संबंध आम लोगों के जीवन के इर्द- गिर्द घूमता है। वे सरकार के काम-काज के तौर-तरीकों और राजनीति में हो रही हलचल को जानना चाहते हैं। समाचार-पत्र लोगों की इस रुचि को ध्यान में रखकर इन खबरों को प्रमुखता से छापते हैं। इसलिए राजनीतिक खबरों को दैनिक अखबारों में पर्याप्त स्थान दिया जाता है।

2. किन्हीं तीन हिंदी समाचार-पत्रों (एक ही तारीख के) को ध्यान से पढ़िए और बताइए कि एक आम आदमी की जिंदगी में अत्यंत महत्त्वपूर्ण स्थान रखने वाली खबरें समाचार-पत्रों में कहाँ और कितना स्थान पाती हैं?

उत्तर आज के हिंदी समाचार-पत्र में आम आदमी की जिंदगी से जुड़ी खबरें; जैसे–शिक्षा, स्वास्थ्य, रोजगार, किसान और मजदूरों के मुद्दे, अक्सर अंदर के पृष्ठों पर छोटे कॉलम में दिखाई देती हैं। इन खबरों को प्राथमिकता नहीं दी जाती, जबकि राजनीति, मनोरंजन और विज्ञापन पहले पृष्ठ पर अधिक स्थान पाते हैं। इससे आम जनता के सरोकार गौण हो जाते हैं। मीडिया को चाहिए कि वह सामाजिक जिम्मेदारी निभाते हुए आम आदमी की जिंदगी से जुड़े मुद्दों को प्रमुखता और पर्याप्त स्थान दे।

3. निम्न में से किसे आप समाचार कहना पसंद नहीं करेंगे और क्यों?

(क) प्रेरक और उत्तेजित कर देने वाली हर सूचना

(ख) किसी घटना की रिपोर्ट

(ग) समय पर दी जाने वाली हर सूचना

(घ) सहकर्मियों का आपसी कुशलक्षेम या किसी मित्र की शादी।

उत्तर प्रश्न में दी गई प्रथम तीन सूचनाओं को मैं समाचार कहना पसंद करूँगा। चौथी अर्थात् (घ) सूचना को समाचार नहीं कहूँगा, क्योंकि सहकर्मियों का आपसी कुशलक्षेम या किसी मित्र की शादी जैसी सूचना का संबंध दो-चार या थोड़े-से लोगों से नहीं है। यह एक निजी मामला है, जिनमें जन-साधारण की कोई रुचि नहीं होती। ऐसी सूचनाएँ केवल व्यक्तिगत स्तर पर महत्त्वपूर्ण होती हैं और इन्हें समाचार की श्रेणी में रखना उचित नहीं है। इस प्रकार, समाचार का मापदंड व्यापक जनहित और सामूहिक महत्त्व होना चाहिए, न कि केवल व्यक्तिगत या सीमित समूह से संबंधित सूचनाएँ।

4. आमतौर पर ऐसा माना जाता है कि खबरों को बनाते समय जनता की रुचि का ध्यान रखा जाता है। इसके विपरीत जनता की रुचि बनाने-बिगाड़ने में खबरों का क्या योगदान होता है? विस्तार से बताइए।

उत्तर प्रायः समाचार-पत्र खबरों को बनाने एवं छापने में जनता की रुचि का ध्यान रखते हैं, पर इसके विपरीत यह भी सही है कि खबरें जनता की रुचि बनाने-बिगाड़ने में भी महत्त्वपूर्ण भूमिका का निर्वाह करती हैं। वास्तव में, देखने की बात तो यह है कि खबरों को किस तरह और किस रूप में प्रस्तुत किया जाता है। आज खेल और फिल्मी खबरों को इतना महत्त्व दिया जाने लगा है कि युवा वर्ग आम लोगों के जीवन से जुड़ी खबरों की उपेक्षा करने लगा है।

5. निम्न वाक्यों का आशय स्पष्ट करें

(क) इस दौर में समाचार मीडिया बाजार को हड़पने के लिए अधिकाधिक लोगों का मनोरंजन तो कर रहा है, लेकिन जनता के मूल सरोकार को दरकिनार करता जा रहा है।

उत्तर 'जनता के मूल सरोकार को दरकिनार करता जा रहा है' अंतिम पंक्ति से ही स्पष्ट है कि मीडिया की कार्यप्रणाली पर असंतोष प्रकट किया गया है। वर्तमान में मीडिया लाभ कमाने और बाजार को हड़पने के लिए अधिक चिंतित दिखाई दे रहा है। वह अमीर वर्ग और अधिक प्रभाव-शक्ति वालों की खबरों को प्रमुखता से छापता है तथा सामान्य लोगों के हितों को बढ़ावा देने वाली और जन-साधारण के जन-जीवन की खबरों की उपेक्षा कर इस वर्ग के लोगों के हितों की परवाह नहीं करता।

(ख) समाचार मीडिया के प्रबंधक बहुत समय तक इस तथ्य की उपेक्षा नहीं कर सकते कि साख और प्रभाव समाचार मीडिया की सबसे बड़ी ताकत होती हैं।

उत्तर समाचार मीडिया के प्रबंधकों को इस बात का ध्यान रखना होगा कि वे मीडिया के प्रभाव और उसकी साख को गिरने न दें। मीडिया का लोगों पर प्रभाव और लोगों के बीच बनी साख ही उसकी ताकत है। साख और प्रभाव खो देने के बाद मीडिया का लोगों पर बना असर धीरे-धीरे समाप्त हो जाएगा। इसलिए, मीडिया प्रबंधकों को चाहिए कि वे इस तथ्य की उपेक्षा न करें। उन्हें यह सुनिश्चित करना होगा कि मीडिया का हर कदम साख और प्रभाव को बनाए रखने की दिशा में हो। सत्य और निष्पक्षता को प्राथमिकता देकर ही मीडिया जनता का विश्वास बनाए रख सकता है।

अभ्यास प्रश्न

बहुविकल्पीय प्रश्न

1. पत्रकारिता को लोकतंत्र का कौन-सा स्तंभ कहा जाता है?

(क) पहला (ख) दूसरा
(ग) तीसरा (घ) चौथा

उत्तर (घ) चौथा

2. वास्तव में, समाचार क्या है?

(क) वे घटनाएँ, मुद्दे, समस्याएँ, जिन्हें जानने के लिए अधिकाधिक लोग रुचि रखते हैं
(ख) आपसी कुशलक्षेम व हालचाल का आदान-प्रदान
(ग) प्रत्येक वह सूचना, जिसकी जानकारी हमें होनी चाहिए
(घ) जल्दी में लिखा गया अद्यतन इतिहास

उत्तर (क) वे घटनाएँ, मुद्दे, समस्याएँ, जिन्हें जानने के लिए अधिकाधिक लोग रुचि रखते हैं

3. निम्नलिखित में से कौन-सा समाचार का मुख्य तत्त्व है?

(क) नवीनता (ख) निकटता
(ग) प्रभाव (घ) ये सभी

उत्तर (घ) ये सभी

4. किस घटना के समाचार बनने की संभावना अधिक बढ़ जाती है?

(क) जो जितनी नई अर्थात् ताजा होगी।
(ख) जो घटना क्षेत्रीय लोगों के नजदीक होगी।
(ग) जिस घटना से जितने अधिक लोग प्रभावित होंगे।
(घ) उपरोक्त सभी

उत्तर (घ) उपरोक्त सभी

5. निम्न में कौन-सी घटना समाचार नहीं हो सकती है?

(क) युद्ध का देखा हाल
(ख) दो टीमों का मुकाबला
(ग) किसी लोकप्रिय व्यक्ति का जन्मदिन
(घ) किसी आम आदमी के घर में कलह

उत्तर (घ) किसी आम आदमी के घर में कलह

6. संपादन का अर्थ है

(क) विषय-सामग्री को एकत्रित करना।
(ख) किसी विषय-सामग्री से उसकी अशुद्धियों को दूर कर उसे पठनीय बनाना।
(ग) समाचार-पत्र का प्रचार-प्रसार करना।
(घ) अस्वाभाविक घटनाओं को एकत्र करना।

उत्तर (ख) किसी विषय-सामग्री से उसकी अशुद्धियों को दूर कर उसे पठनीय बनाना।

7. समाचार-पत्र का सबसे महत्त्वपूर्ण पृष्ठ माना जाता है

(क) मुख्य पृष्ठ को (ख) कार्टून कोने को
(ग) संपादकीय को (घ) खेल पृष्ठ को

उत्तर (ग) संपादकीय को

8. निम्न में से हस्ताक्षरित संपादकीय किसे कहा जाता है?

(क) कार्टोग्राफ को (ख) कार्टून कोने को
(ग) फोटो पत्रकारिता को (घ) संपादकीय को

उत्तर (घ) संपादकीय को

9. खोजपरक पत्रकारिता से तात्पर्य है

(क) दबाए या छुपाए गए तथ्यों को गहरी छानबीन द्वारा सामने लाने का प्रयास करना।
(ख) विभिन्न घटनाओं और समाचारों पर अपनी राय व्यक्त करना।
(ग) स्रोत के आधार पर समाचार एकत्रित करना।
(घ) विशेष तथ्यों को सामने लाना।

उत्तर (क) दबाए या छुपाए गए तथ्यों को गहरी छानबीन द्वारा सामने लाने का प्रयास करना।

10. वॉचडॉग पत्रकारिता से आशय है

(क) विशेष तथ्यों व सूचनाओं को एकत्रित करना।
(ख) सरकार के कामकाज पर निगाह रखना तथा किसी को गड़बड़ी पर उसका पर्दाफाश करना।
(ग) सरकार के कामकाज का प्रचार-प्रसार करना।
(घ) समाचारों की त्रुटियों को दूर करना।

उत्तर (ख) सरकार के कामकाज पर निगाह रखना तथा किसी को गड़बड़ी पर उसका पर्दाफाश करना

11. एडवोकेसी पत्रकारिता क्या है?

(क) भ्रष्ट व्यक्तियों के कारनामों का पर्दाफाश करना।
(ख) किसी अपराध को जग जाहिर करना।
(ग) किसी विशेष उद्देश्य या मुद्दे को उठाकर उस पर जनमत बनाना।
(घ) वकीलों और जजों द्वारा किए गए घोटालों से पर्दा उठाना।

उत्तर (ग) किसी विशेष उद्देश्य या मुद्दे को उठाकर उस पर जनमत बनाना।

12. वैकल्पिक पत्रकारिता के लिए निम्नलिखित में से कौन-सा तथ्य सत्य है?

(क) इस तरह की पत्रकारिता को बड़ी कंपनियों के विज्ञापन नहीं मिलते।
(ख) इस तरह की पत्रकारिता पाठकों के सहयोग पर निर्भर होती है।
(ग) (क) और (ख) दोनों
(घ) इस तरह की पत्रकारिता का स्वामित्व सामान्यत: बड़ी पूँजी के पास होता है।

उत्तर (ग) (क) और (ख) दोनों

अतिलघु उत्तरीय प्रश्न

1. पत्रकारिता का मूल तत्त्व क्या है?

उत्तर पत्रकारिता का मूल तत्त्व जिज्ञासा है। यह जिज्ञासा ही समाचार और व्यापक अर्थ में पत्रकारिता का आधार है। जिज्ञासा के बिना समाचार की आवश्यकता नहीं होती और पत्रकारिता का विकास संभव नहीं होता। इसलिए पत्रकारिता में जिज्ञासा का भाव प्रबल होना आवश्यक है।

2. समाचार क्या है?

उत्तर किसी भी घटना, विचार या समस्या से संबंधित रिपोर्ट को ही समाचार कहते हैं, जिसमें अधिक-से-अधिक लोगों की रुचि हो तथा जिसका अधिक-से-अधिक लोगों पर प्रभाव पड़ता है।

3. पत्रकारिता किसे कहते हैं?

उत्तर देश-विदेश में घटने वाली घटनाओं, मुद्दों और विचारों को संकलित कर, संपादित करके और सत्यापित रूप से समाचार के रूप में प्रस्तुत करने की प्रक्रिया को पत्रकारिता कहते हैं।

4. आपसी व्यवहार या जानकारी को समाचार क्यों नहीं माना जाता है?

उत्तर आपसी व्यवहार या जानकारी को समाचार नहीं माना जाता है, क्योंकि समाज के लिए इसका कोई महत्त्व नहीं होता है। वास्तव में, समाचार का संबंध सार्वजनिक महत्त्व के विषयों से है।

5. समाचार का निर्धारण कौन करता है?

उत्तर समाचार का चयन, आकार एवं प्रस्तुति का निर्धारण पत्रकार, संपादक एवं समाचार संगठन करते हैं। ये समाज की जिज्ञासाओं, सार्वजनिक हित और घटनाओं के महत्त्व को ध्यान में रखकर निर्णय लेते हैं।

6. पत्रकारिता के विभिन्न प्रकारों को बताइए।

उत्तर पत्रकारिता के महत्त्वपूर्ण प्रकार निम्नलिखित हैं

खोजपरक पत्रकारिता, विशेषीकृत पत्रकारिता, वॉचडॉग पत्रकारिता, एडवोकेसी पत्रकारिता एवं वैकल्पिक पत्रकारिता।

7. वॉचडॉग पत्रकारिता क्या है?

उत्तर वह पत्रकारिता, जो सरकार के कामकाज पर निगाह रखती है और गड़बड़ियों का पर्दाफाश करती है, वॉचडॉग पत्रकारिता कहलाती है। ऐसी पत्रकारिता सरकारी समाचारों की आलोचना भी करती है।

लघु उत्तरीय प्रश्न

1. समाचार के विभिन्न तत्त्वों को बताइए।

उत्तर समाचार के विभिन्न तत्त्व उल्लेखनीय हैं

(*i*) नवीनता	(*ii*) निकटता
(*iii*) प्रभाव	(*iv*) जनरुचि
(*v*) टकराव या संघर्ष	(*vi*) महत्त्वपूर्ण व्यक्ति
(*vii*) उपयोगी जानकारियाँ	(*viii*) अनोखापन
(*ix*) पाठक वर्ग	(*x*) नीतिगत ढाँचा

2. निम्नलिखित पर टिप्पणी लिखिए

(*i*) **फोटो पत्रकारिता** (*ii*) **कार्टून कोना**

(*iii*) **रेखांकन और कार्टोग्राफ**

उत्तर (*i*) **फोटो पत्रकारिता** पत्रकारिता के अंतर्गत आजकल फोटो का प्रचलन बहुत अधिक बढ़ गया है। वास्तव में, फोटो के माध्यम से कई बातों को एक साथ कह दिया जाता है। फोटो टिप्पणियों का प्रभाव भी अधिक व्यापक पड़ता है।

(*ii*) **कार्टून कोना** समाचार-पत्रों में प्रकाशित होने वाले कार्टून हस्ताक्षरित संपादकीय होते हैं। कार्टून, जनसामान्य की भावनाओं को व्यक्त करने का सीधा तरीका होता है, जिसका पाठकों पर गहरा प्रभाव पड़ता है।

(*iii*) **रेखांकन और कार्टोग्राफ** रेखांकन समाचारों को रोचक बनाते हैं। कार्टोग्राफी के अंतर्गत विभिन्न प्रकार के आँकड़ों को ग्राफ या रेखांकन के माध्यम से स्पष्ट किया जाता है। क्रिकेट के स्कोर से लेकर सेंसेक्स के आँकड़ों तक में इसका प्रयोग किया जाता है। कार्टोग्राफी का प्रयोग समाचार-पत्रों के अतिरिक्त टेलीविजन में भी होता है।

3. पीत पत्रकारिता को स्पष्ट कीजिए।

उत्तर पीत पत्रकारिता के अंतर्गत समाचार-पत्र अफवाहों, व्यक्तिगत आरोपों-प्रत्यारोपों, प्रेम-संबंधों का खुलासा, फिल्मी गपशप आदि से संबंधित समाचारों को प्रकाशित करते हैं। वास्तव में, यह पत्रकारिता सनसनी फैलाने का कार्य करती है। इस तरह की पत्रकारिता की शुरुआत 19वीं सदी के उत्तरार्द्ध में अमेरिका में हुई थी, जब वहाँ कुछ समाचार-पत्रों के बीच पाठकों को आकर्षित करने के लिए आपस में संघर्ष प्रारंभ हो गया था।

4. पेज थ्री पत्रकारिता क्या है?

उत्तर पेज थ्री पत्रकारिता से तात्पर्य ऐसी पत्रकारिता से है, जिसमें फ़ैशन, अमीरों की पार्टियों, महफिलों और जाने-माने लोगों के निजी जीवन के बारे में बताया जाता है। यह सामान्यतया समाचार-पत्रों की पृष्ठ संख्या तीन पर प्रकाशित होती है, इसलिए इसे 'पेज थ्री' पत्रकारिता कहते हैं। आजकल इसकी पृष्ठ संख्या निश्चित नहीं है, लेकिन विषय सुनिश्चित हैं।

5. पत्रकारिता के अन्य आयाम कौन-से हैं? स्पष्ट कीजिए।

उत्तर एक समाचार-पत्र में निम्नलिखित की भी अपनी ही विशेष भूमिका होती है

(i) **संपादकीय** 'संपादकीय पृष्ठ' समाचार-पत्र का महत्त्वपूर्ण पृष्ठ माना जाता है। इस पृष्ठ पर संपादक विभिन्न घटनाओं, वर्तमान मुद्दों, समस्याओं आदि पर अपनी राय रखता है। आमतौर पर संपादक के नाम पत्र भी इसी पृष्ठ पर प्रकाशित किए जाते हैं। वह घटनाओं पर आम लोगों की टिप्पणी होती है। समाचार-पत्र उसे महत्त्वपूर्ण मानते हैं।

(ii) **फोटो पत्रकारिता** जहाँ किसी बात को बहुत-से शब्द लिखकर भी प्रकट या स्पष्ट नहीं किया जा सकता, वहीं एक फोटो सबकुछ स्पष्ट कर देता है। ऐसे फोटो पर की गई टिप्पणी का प्रभाव व्यापक व सीधा होता है। इस तरह की पत्रकारिता को 'फोटो पत्रकारिता' कहते हैं।

(iii) **कार्टून कोना** यह लगभग प्रत्येक समाचार-पत्र में होता है। इनके द्वारा की गई टिप्पणियाँ सटीक होती हैं, जो पाठकों के हृदय को छूती हैं।

(iv) **रेखांकन और कार्टोग्राफ** कार्टोग्राफ समाचारों को रोचक बनाते हैं। ये समाचारों पर टिप्पणी भी करते हैं। ग्राफ लेखन से कोई बात आसानी से समझ आ जाती है।

स्व-मूल्यांकन

बहुविकल्पीय प्रश्न

1. एक दैनिक समाचार के लिए कितने समय तक की घटनाएँ समाचार होती हैं?
(क) 48 घंटे तक की (ख) दो दिन पुरानी (ग) 24 घंटे तक की (घ) 12 घंटे तक की

2. निम्न में कौन-सा संपादन का सिद्धांत है?
(क) तथ्यों की शुद्धता (एक्युरेसी) (ख) वस्तुपरकता (ऑब्जेक्टीविटी)
(ग) स्रोत (सोर्सिंग-एट्रीब्यूशन) (घ) ये सभी

3. विशेषीकृत पत्रकारिता में सम्मिलित हैं
(क) संसदीय पत्रकारिता (ख) न्यायालय पत्रकारिता (ग) खेल पत्रकारिता (घ) ये सभी

अतिलघु उत्तरीय प्रश्न

1. खोजपरक पत्रकारिता क्या है?
2. 'संपादन' का क्या अर्थ है? स्पष्ट कीजिए।
3. संपादन के सिद्धांत कौन-कौन से हैं? नाम लिखिए।

लघु उत्तरीय प्रश्न

1. पत्रकारिता के प्रमुख प्रकारों पर प्रकाश डालिए।
2. पत्रकार किसे कहते हैं? पत्रकार के आचरण का भी वर्णन करें।

05
अध्याय

डायरी लेखन

डायरी लेखन का अर्थ
संपूर्ण दिन की गतिविधियों, घटनाओं, विचारों आदि को डायरी के पृष्ठों में शब्दबद्ध करना **डायरी लेखन** कहलाता है। यह लेखन सामान्यतः स्वयं के उपयोग के लिए होता है।

अभ्यास के लिए
- पाठ्यपुस्तक के प्रश्नोत्तर
- अतिलघु उत्तरीय प्रश्न
- लघु उत्तरीय प्रश्न

पिछले कुछ दशकों से 'डायरी' एक विधा के रूप में पाठकों के बीच में लोकप्रिय हुआ है। 'ऐनी फ्रैंक' द्वारा पुस्तक के रूप में छपी हुई डायरी सर्वाधिक प्रसिद्ध डायरी है। इस डायरी को यहूदी किशोरी 'ऐनी फ्रैंक' ने वर्ष 1942-44 के दौरान नाजी अत्याचार के समय लिखा था। यह डायरी प्रकाशित होने के बाद ऐतिहासिक दस्तावेज मानी गई। हिंदी के प्रमुख डायरी लेखक हैं—मोहन राकेश (मोहन राकेश की डायरी), रामवृक्ष बेनीपुरी (पैरों में पंख बाँधकर), राहुल सांकृत्यायन (रूस में पच्चीस मास), सेठ गोविंद दास (सुदूर दक्षिण-पूर्व) आदि।

डायरी लेखन व स्मृतियाँ

डायरी लेखन एक प्रकार का व्यक्तिगत दस्तावेज भी हैं, जिसमें हम अपने जीवन के महत्त्वपूर्ण क्षणों, मन में उठे विचारों, स्मृतियों को सहेज लेते हैं। अपने साथ हुई घटित घटनाओं को स्मृतियों के रूप में डायरी में सहेज लेना आने वाले समय में पढ़ने के लिए रोमांचकारी होता है। डायरी हमें भूलने से बचाती है। यात्राओं के दौरान डायरी लिखना बहु-उपयोगी सिद्ध होता है। वास्तव में डायरी लिखना अपने एकांत क्षणों में अपने साथ दोस्ती कायम करने का अच्छा माध्यम होता है।

डायरी लेखन करते समय ध्यान रखने योग्य बातें

- डायरी किसी नोटबुक अथवा पिछले साल की डायरी में लिखी जानी चाहिए ।
- डायरी के आरंभ में दिन और दिनांक अवश्य लिखी जानी चाहिए। डायरी सरल और संक्षिप्त रूप में ही लिखनी चाहिए।
- दिन भर की घटनाओं में से मुख्य घटना या गतिविधि का चयन करने के बाद ही उसे शब्दबद्ध करना चाहिए।
- 'डायरी के पाठक आप स्वयं हैं' यह मानकर डायरी लिखने से भाषा-शैली की स्वाभाविकता बनी रहती है।

- डायरी लिखते समय यह ध्यान रखें कि डायरी समकालीन इतिहास होता है।
- लेखन करते हुए आप स्वयं तय करें कि आप क्या सोचते हैं। लेखन करते हुए सभी तरह के बाहरी दबावों से मुक्त होना चाहिए।
- डायरी बिल्कुल निजी वस्तु है और यह मानकर ही उसे लिखा जाना चाहिए कि वह किसी और के द्वारा पढ़ी नहीं जाएगी।
- यह जरूरी नहीं कि डायरी परिष्कृत और मानक भाषा-शैली में लिखी जाए। आपके अंदर के स्वाभाविक वेग से शैली जो रूप ग्रहण करती है, वही डायरी की उचित शैली है।

डायरी लेखन का प्रारूप

दिनांक ....
समय ....
अभिवादन ....
अपने दिन के अनुभव, घटनाएँ, विचार
....
....
....
हस्ताक्षर ....
(आपका नाम)

पाठ्यपुस्तक (अभिव्यक्ति एवं माध्यम) के प्रश्नोत्तर

1. निम्नलिखित में से तीन अवसरों की डायरी लिखिए

(क) आज आपने पहली बार नाटक में भाग लिया।
(ख) प्रिय मित्र से झगड़ा हो गया।
(ग) परीक्षा में आपको सर्वोतम अंक मिले हैं।
(घ) परीक्षा में आप अनुत्तीर्ण हो गए हैं।
(ङ) सड़क पर रोता हुआ 10 वर्षीय बच्चा मिला।
(च) कोई ऐसा दिन जिसकी आप डायरी लिखना चाहते हैं।

उत्तर **(क) आज आपने पहली बार नाटक में भाग लिया।**

दिनांक 8 अक्टूबर, 2024

रात्रि 8:30 बजे

प्रिय डायरी

आज मेरी जिंदगी का एक विशेष दिन था। मैंने पहली बार अपने स्कूल के वार्षिक नाटक में हिस्सा लिया। नाटक की तैयारी में हमने कठिन परिश्रम किया था और प्रतिदिन प्रैक्टिस की थी। नाटक की शुरुआत से पहले थोडी घबराहट थी, लेकिन जैसे ही मंच पर खड़ा हुआ, सब कुछ सहज हो गया। दर्शकों का साथ और उनके प्यार से मेरा आत्मविश्वास और बढ़ गया। नाटक समाप्त होने के बाद जब सभी ने तालियाँ बजाईं, तो मेरे चेहरे पर खुशी की झलक थी। यह अनुभव मेरे लिए बेहद विशेष रहा और मुझे विश्वास है कि यह एक यादगार दिन रहेगा।

(ख) प्रिय मित्र से झगड़ा हो गया।

दिनांक 15 नवंबर, 2024

रात्रि 10:00 बजे

आज मेरे सबसे प्रिय मित्र से झगड़ा हो गया। यह झगड़ा एक छोटी-सी बात से शुरू हुआ, लेकिन धीरे-धीरे यह बड़ा विवाद बन गया। शायद मैंने गुस्से में कुछ ऐसा कह दिया, जो उसे बुरा लगा। मुझे अब महसूस हो रहा है कि गुस्से में मैं अपनी भावनाओं पर काबू नहीं रख सका। मैंने कोशिश की कि मैं अपनी बात समझाऊँ, लेकिन माहौल इतना खराब हो गया कि उसने मुझसे बात करना बंद कर दिया। मुझे यह सोचकर बहुत दुःख हो रहा है कि हम दोनों का रिश्ता इतना कमजोर कैसे हो सकता है। मैं चाहता हूँ कि सब कुछ पहले जैसा हो जाए। मुझे समझना होगा कि कभी-कभी मित्रता में गलतफहमियाँ हो जाती हैं, लेकिन इन्हें सुलझाना जरूरी है। कल मैं उससे माफी माँगने की कोशिश करूँगा और बातचीत करके यह झगड़ा सुलझाऊँगा। आखिरकार, एक सच्चा मित्र हमारे जीवन का अनमोल हिस्सा होता है।

(ग) परीक्षा में आपको सर्वोत्तम अंक मिले हैं।

दिनांक 31 मार्च, 2024

रात्रि 9:30 बजे

प्रिय डायरी

आज का दिन मेरे जीवन के सबसे यादगार दिनों में से एक है। मुझे अपनी परीक्षा का परिणाम मिला और मैं यह देखकर बहुत खुश हुआ कि मैंने अपनी कक्षा में सर्वोत्तम अंक प्राप्त किए हैं। यह मेरे लिए गर्व और खुशी का क्षण है। परीक्षा के लिए मैंने दिन-रात मेहनत की थी। आज मेरी मेहनत का फल मुझे मिला है।

मेरे शिक्षक और माता-पिता ने मुझे बधाई दी और मुझ पर गर्व किया। मैं आज बहुत आभारी हूँ अपने माता-पिता, शिक्षकों और उन दोस्तों का, जिन्होंने मुझे हर कदम पर समर्थन दिया। मुझे आज यह महसूस हुआ कि मेहनत कभी व्यर्थ नहीं जाती। यह सफलता मुझे और अधिक प्रेरित कर रही है कि मैं आगे भी अपने लक्ष्य को पाने के लिए इसी तरह प्रयास करता रहूँ।

(घ) परीक्षा में आप अनुत्तीर्ण हो गए हैं।

दिनांक 22 दिसंबर, 2024

शाम 5:30 बजे

आज मेरी परीक्षा का परिणाम आया और मुझे बहुत निराशा हुई, जब पता चला कि मैं अनुत्तीर्ण हो गया हूँ। पूरी मेहनत करने के बावजूद मुझे अपेक्षित अंक नहीं मिले। मेरे मन में एक गहरी निराशा थी, क्योंकि मैंने पूरी कोशिश की थी, लेकिन परिणाम अच्छा नहीं आया। मेरे परिवार ने मुझे समझाया और कहा कि असफलता जीवन का एक हिस्सा है और हमें उससे सीख लेनी चाहिए। इस दिन ने मुझे आत्मनिरीक्षण करने और अपनी कमजोरियों को सुधारने की प्रेरणा दी। इस अनुभव ने मुझे नई उम्मीद और मेहनत के लिए प्रेरित किया।

उत्तर (ङ) सड़क पर रोता हुआ 10 वर्षीय बच्चा मिला।

दिनांक 18 अगस्त, 2024

रात्रि 11:00 बजे

प्रिय डायरी

आज का दिन मेरे लिए बहुत भावुक और अनुभवपूर्ण रहा। शाम के समय जब मैं बाजार जा रहा था, तो मैंने सड़क पर एक 10 वर्षीय बच्चे को रोते हुए देखा। वह अकेला और डरा हुआ लग रहा था। मैंने उसके पास जाकर पूछा कि वह क्यों रो रहा है। उसने बताया कि वह अपने माता-पिता से बिछड़ गया है और घर का रास्ता नहीं जानता। उसकी आँखों में डर साफ दिख रहा था। मैंने उसे दिलासा दिया और पानी पिलाया। फिर मैंने पुलिस स्टेशन जाने का फैसला किया। वहाँ पहुँचकर मैंने पुलिस को उसकी स्थिति के बारे में बताया। पुलिस ने बच्चे के माता-पिता से संपर्क किया। थोड़ी देर बाद उसके माता-पिता उसे लेने आए। उन्हें देखकर बच्चे के चेहरे पर खुशी लौट आई। आज मुझे यह महसूस हुआ कि थोड़ी सी मदद किसी के जीवन में कितनी बड़ी खुशी ला सकती है। इस घटना ने मुझे सिखाया कि हमें हमेशा दूसरों की सहायता के लिए तत्पर रहना चाहिए।

(च) कोई ऐसा दिन जिसकी आप डायरी लिखना चाहते हैं।

दिनांक 14 दिसंबर, 2024

रात्रि 10:00 बजे

प्रिय डायरी

आज का दिन मेरे लिए बेहद विशेष था, क्योंकि मैंने अपनी पहली यात्रा का अनुभव किया। मैं अपने परिवार के साथ पहाड़ों पर ट्रेकिंग के लिए गया था। हरे-भरे जंगलों, झरनों और ताजी हवा के बीच मुझे ऐसा महसूस हुआ, जैसे मैं प्रकृति के साथ जुड़ गया हूँ। हर कदम पर नई खोज और सुंदरता महसूस हो रही थी। यह दिन मेरे लिए यादगार बन गया, क्योंकि मैंने पहली बार इतनी लंबी यात्रा की और अपने अंदर एक नई ताकत महसूस की। यह अनुभव मेरे दिल को बहुत सुकून और खुशी दे गया।

2. नीचे दिए गए कथनों के सामने सही या गलत का चिह्न लगाते हुए कारण भी दें

(क) डायरी नितांत वैयक्तिक रचना है

(ख) डायरी स्वलेखन है इसलिए उसमें किसी घटना का एक ही पक्ष उजागर होता है

(ग) डायरी निजी अनुभूतियों के साथ-साथ सामाजिक-आर्थिक परिप्रेक्ष्य का भी ब्यौरा प्रस्तुत करता है

(घ) डायरी अंतरंग साक्षात्कार है

(ङ) डायरी हमारी सबसे अच्छी दोस्त है

उत्तर (क) डायरी नितांत वैयक्तिक रचना है। (सही है)

कारण क्योंकि इसमें हम अपने व्यक्तिगत सुख-दुःख व निजी अनुभव का वर्णन करते हैं।

(ख) डायरी स्वलेखन है इसलिए उसमें किसी घटना का एक ही पक्ष उजागर होता है। (सही है)

कारण क्योंकि डायरी में लिखने वाले व्यक्ति का ही पक्ष हमारे सामने आता है। दूसरे पक्ष की बात हमें नहीं पता चलती।

(ग) डायरी निजी अनुभूतियों के साथ-साथ सामाजिक-आर्थिक परिप्रेक्ष्य का भी ब्यौरा प्रस्तुत करता है। (सही है)

कारण क्योंकि डायरी लिखने वाला व्यक्ति अपनी अनुभूतियों के साथ उस समय की घटित घटनाओं पर भी टिप्पणी करता है।

(घ) डायरी अंतरंग साक्षात्कार है। (सही है)

कारण क्योंकि डायरी लिखने वाला अपने साथ ही संवाद प्रस्तुत करता है।

(ङ) डायरी हमारी सबसे अच्छी दोस्त है। (सही है)

कारण क्योंकि डायरी हमारे सुख-दुःख की साथी होती है। हम डायरी में वे सभी बातें या विचार लिख सकते हैं, जिन्हें हम किसी के समक्ष न कह सके हों।

अभ्यास प्रश्न

अतिलघु उत्तरीय प्रश्न

1. डायरी किसे कहते हैं?

उत्तर डायरी एक ऐसी नोटबुक होती है, जिसके पृष्ठों पर वर्ष के 365 दिनों की तिथियाँ क्रम से लिखी होती हैं। प्रत्येक तिथि के बाद पृष्ठ को खाली छोड़ दिया जाता है। डायरी को दैनिकी, दैनंदिनी, रोजनामचा, रोजनिशि आदि कहते हैं। डायरी विभिन्न आकारों में मिलती हैं, इनमें टेबल डायरी, पॉकेट डायरी, पुस्तककार डायरी प्रमुख हैं।

2. डायरी का उपयोग क्या है?

उत्तर डायरी में तिथि से संबंधित विशेष सूचनाओं, विचारों, घटित घटनाओं को लिखा जाता है। हमारे दिन-प्रतिदिन के अनुभवों को भी हम उस तिथि के पृष्ठ पर लिखकर अपने अनुभवों को सुरक्षित रख सकते हैं। डायरी में अपनी निजी बातों को तथा किसी विशेष तिथि पर यदि हमें कोई विशेष कार्य करना है या कहीं जाना है, तो उससे संबंधित सूचना को पहले से ही उस तिथि पर लिख दिया जाता है।

3. डायरी एक व्यक्तिगत दस्तावेज कैसे है?

उत्तर यदि हम किसी पर्यटन स्थल की यात्रा का विवरण उसी दिन अपनी डायरी में लिख लेते हैं, तो हम अपने अनुभव को पूर्ण रूप से सुरक्षित रख सकते हैं तथा अवसर मिलने पर इसे पढ़कर उस यात्रा का फिर से पूरा आनंद उठा सकते हैं।

यदि हम यात्रा से लौटकर सारा विवरण लिखना चाहें, तो संभव नहीं हो पाएगा। डायरी से जब हम अपने विगत को पढ़ते हैं, तो यह हमारा एक व्यक्तिगत दस्तावेज बन जाता है।

लघु उत्तरीय प्रश्न

1. डायरी लेखन क्या है? कुछ प्रसिद्ध डायरियों व डायरी लेखकों के नाम भी बताइए।

उत्तर अत्यंत निजी स्तर पर घटित घटनाओं और उससे संबंधित बौद्धिक तथा भावनात्मक प्रतिक्रियाओं का लेखा-जोखा डायरी कहलाता है। दैनिक जीवन में हम जिन घटनाओं, विचारों और गतिविधियों से निरंतर गुजरते हैं, उन्हें डायरी के पृष्ठों पर शब्दबद्ध कर लेना ही डायरी-लेखन है।

कुछ प्रसिद्ध डायरी व उनके लेखक इस प्रकार हैं

(i) पैरों में पंख बाँधकर - रामवृक्ष बेनीपुरी

(ii) एक साहित्यिक की डायरी - गजानन माधव मुक्तिबोध

(iii) रूस में पच्चीस मास - राहुल सांकृत्यायन

(iv) सुदूर दक्षिण-पूर्व - सेठ गोविंद दास

2. डायरी लिखते समय किन बातों का ध्यान रखना आवश्यक है?

उत्तर डायरी लिखते समय हमें निम्न बातों का ध्यान रखना आवश्यक है

(i) डायरी किसी नोटबुक अथवा पिछले साल की डायरी में लिखी जानी चाहिए, क्योंकि वर्तमान वर्ष की डायरी तिथि अनुसार लिखने पर उसमें अभिव्यक्ति के लिए जगह कम या अधिक हो सकती है।

(ii) दिन भर की घटनाओं में से मुख्य घटना या गतिविधि का चयन करने के बाद ही उसे शब्दबद्ध करना चाहिए।

(iii) 'डायरी के पाठक आप स्वयं हैं' यह मानकर डायरी लिखने से भाषा-शैली की स्वाभाविकता बनी रहती है।

3. परीक्षा में प्रथम अंक लाने पर आपका मन अति प्रसन्न हुआ इस पर आज का अनुभव अपनी डायरी में लिखिए।

उत्तर 8 मई, 20XX मंगलवार

रात्रि 10:30 बजे

प्रिय डायरी

आज मैं बहुत खुश हूँ, क्योंकि आज मेरी इच्छा पूरी हो गई है। आज मेरा परीक्षा परिणाम घोषित हुआ। मैं कक्षा में सर्वाधिक अंक लाने वाले छात्रों में प्रथम था। यह सब देख-सुनकर मुझे विश्वास ही नहीं हो रहा था। वैसे इसमें कोई संदेह नहीं है कि मैंने अबकी बार काफी मेहनत की थी, जिसमें मेरे गणित के अध्यापक राकेश शर्मा जी का और मेरी मम्मी का विशेष योगदान रहा। शर्मा जी ने मेरी हर संभव मदद की और मम्मी ने मेरा पूरा ख्याल रखा। जब सभी अध्यापकों और रिश्तेदारों तथा विशेष रूप से पिता जी ने मेरी प्रशंसा की तो मेरा मन गर्व और हर्ष के मिश्रित पलों के रूप में अति प्रसन्न हुआ।

अनुराग

4. रेल यात्रा के दौरान हुई पॉकिटमारी पर डायरी लेखन कीजिए।

उत्तर 26 जून, 20XX

रात्रि 9:30 बजे

प्रिय डायरी

आज हरिद्वार और ऋषिकेश जाने का सारा मजा ही खराब हो गया। सुबह जब हम मेरठ सिटी से ऋषिकेश जाने वाली रेलगाड़ी में चढ़े, तो मन अति प्रसन्न था। रेल में बहुत भीड़ थी, लेकिन किसी तरह हमने स्वयं को सहज किया और हरिद्वार तथा ऋषिकेश के प्राकृतिक दृश्यों को देखने की खुशी में खो गए। रेल मुजफ्फरनगर पहुँचने वाली थी, तभी मुझे अपनी पेंट की पॉकेट फटी हुई-सी महसूस हुई। मुझे धक्का-सा लगा, क्योंकि मेरा बटुआ गायब था, उसमें दस हजार रुपये के करीब रखे थे। शायद चढ़ते समय ही किसी ने भीड़ में मेरी पॉकेट मार ली थी। दुःखद मन से मैं बीच रास्ते से ही लौट आया।

विकास

5. आपको विद्यालय में आयोजित काव्य-पाठ में पुरस्कार मिला, इस अनुभव को डायरी में लिखिए।

उत्तर 10 सितंबर, 20XX

रात्रि 7:00 बजे

आज का दिन मेरे लिए बहुत अच्छा रहा। आज विद्यालय में काव्य-पाठ का आयोजन हुआ। इसमें बहुत से छात्रों ने भाग लिया। मैंने भी इसमें भाग लिया और 'प्रकृति और हम' विषय पर एक कविता पढ़ी। मेरी कविता को 'दिन की सर्वश्रेष्ठ कविता' चुना गया और मुझे प्रथम पुरस्कार मिला। मेरे साथियों और अध्यापकों ने मेरी बहुत प्रशंसा की। मैंने घर जाकर सबको बताया, तो सभी बहुत खुश हुए। माँ ने मुझे गले लगा लिया और पिताजी व दादा-दादी ने मुझे आशीर्वाद दिया।

वैभव

स्व-मूल्यांकन

अतिलघु उत्तरीय प्रश्न

1. डायरी लेखन के कौशल पर प्रकाश डालिए।
2. डायरी लेखन प्राय: किस अनुभव को दर्शाता है?
3. डायरी लेखन की अवधि क्या होती है?

लघु उत्तरीय प्रश्न

1. कक्षा में अध्यापक की अनुपस्थिति होने पर कक्षा का वातावरण कैसा था? इस अनुभव पर डायरी लेख लिखिए।
2. डायरी लेखन के क्या लाभ हैं?
3. डायरी लेखन से आत्म-मूल्यांकन में कैसे मदद मिलती है?

06

अध्याय

परदे पर दिखाई जाने वाली कहानी को ही पटकथा कहते हैं।

▼ **अभ्यास के लिए**

- पाठ्यपुस्तक के प्रश्नोत्तर
- अतिलघु उत्तरीय प्रश्न
- लघु उत्तरीय प्रश्न

कथा-पटकथा

पटकथा-स्रोत, स्वरूप और संरचना

'पटकथा' दो शब्दों के मेल से बना है—'पट' और 'कथा'। 'पट' का अर्थ परदा होता है तथा 'कथा' का अर्थ कहानी होता है। अत: ऐसी कथा जो परदे पर दिखाई जाए, चाहे वह परदा सिनेमा हो या टेलीविजन, इन दोनों ही माध्यमों के लिए बनने वाली फिल्में, धारावाहिक आदि पटकथा पर लिखी जाती हैं।

पटकथा के अनुसार ही निर्देशक शूटिंग की योजना बनाता है तथा अभिनेताओं को अपनी भूमिका की बारीकियाँ व संवादों का पता चलता है। कथानक इसका अभिन्न हिस्सा होता है।

फिल्म या टी.वी. की पटकथा की संरचना नाटक की संरचना की तरह ही होती है। इसे 'स्क्रीनप्ले' भी कहते हैं। नाटक की तरह ही यहाँ पात्र, नायक-प्रतिनायक, घटनास्थल, दृश्य, कहानी का क्रमिक विकास, द्वंद्व-टकराहट तथा समाधान आदि होते हैं।

नाटक व फिल्म की पटकथा में अंतर

नाटक के दृश्य अकसर अधिक लंबे होते हैं और फिल्मों में छोटे-छोटे। नाटक में प्राय: सीमित घटनास्थल होते हैं, परंतु फिल्म में ये असीम होते हैं। प्रत्येक दृश्य किसी भी नए स्थान पर घट सकता है। नाटक एक सजीव कला माध्यम है, जिसमें अभिनेता अपने ही जैसे जीवंत दर्शकों के सामने कला का प्रदर्शन करता है।

सिनेमा या टी.वी. में पूर्व रिकॉर्डेड छवियाँ व ध्वनि होती हैं। नाटक का पूरा कार्य-व्यापार एक ही मंच पर, एक ही निश्चित अवधि के दौरान होता है, जबकि फिल्म या टी.वी की शूटिंग अलग-अलग सेटों व लोकेशनों पर होती है। नाटक का विकास एक-रेखीय (लीनियर) होता है, जबकि सिनेमा में फ्लैशबैक, फ्लैश फॉरवर्ड आदि तकनीकों का प्रयोग करके घटनाक्रम को किसी भी रूप में प्रस्तुत कर सकते हैं।

पटकथा लेखन का उदाहरण

दृश्य–1

(एक खेत का दृश्य, जिसमें एक किसान, राजसिंह फावड़े से खुदाई कर रहा है। आसमान साफ है। तेज धूप निकली हुई है। राजसिंह के सिर पर एक फटे हुए सफेद कपड़े की पगड़ी सी बँधी हुई है। खोदते समय उसके माथे से पसीना छूट रहा है। तभी खेतों की तरफ बदहवास सी उसकी पत्नी, मीना, जो कई पैबंद लगी साड़ी पहने हुए है, उसे पुकारती हुई भागी आ रही है।)

मीना : दीपू के बापू, दीपू के बापू।
(राजसिंह मीना की ओर देखकर अपने आप से बातें करते हुए)

राजसिंह : हे भगवान, इस समय मीना यहाँ ...... कहीं जीतू साहू अपने पैसे तो माँगने नहीं आ गया।

मीना : (साँसों को काबू में करते हुए और घबराहट में) दीपू के बापू! दीपू पेट पकड़कर बुरी तरह चिल्ला रहा है। जरा जल्दी चलो ...... देखो तो उसे क्या हो गया है?
(दोनों जल्दी से घर की ओर भागते हैं।)

राजसिंह : (भागते हुए) भगवान! यहाँ आने से पहले उसे बालू डॉक्टर के पास न ले जाती ...... ।

मीना : (राजसिंह के पीछे तेज कदमों से चलते हुए) लेकर गई थी–उसके पहले ही पैसे नहीं गए ...... बोला, ''भाभी पिछला तो चुका नहीं ...... आ गई लेकर ...... हजार रुपये हो गए हैं ...... कहाँ तक देखूँ।
(तभी उनका घर आ जाता है।)
कट टू

दृश्य–2

(बालू डॉक्टर की दुकान का दृश्य। दीपू के पेट को चैक करते हुए......दीपू पेट दर्द से बेहाल हो रहा है।)

डॉक्टर : (बाहर आकर) राजसिंह ...... मेरी मानो तो दीपू को कस्बे के प्राइवेट अस्पताल में ले जाओ ...... मैं दर्द खत्म होने की दवाई दे रहा हूँ ...... मुझे तो दीपू के पेट में गड़बड़ी लग रही है ......।

राजसिंह : (घबराकर) कैसी गड़बड़ी ...... डॉक्टर साहब ......।

डॉक्टर : वो तो अल्ट्रासाउंड के बाद पता चल ही जाएगी ...... (दवाई बनाते हुए) फिलहाल मैं दवाई दे रहा हूँ ...... कस्बे तक जाने में राहत मिल जाएगी ......।
(दवाई लेकर राजसिंह अपनी पगड़ी से पचास रुपये निकालकर डॉक्टर को देता है। डॉक्टर कुछ देर सोचता है, फिर पैसे अपने ड्रॉअर में डाल लेता है। राजसिंह दर्द से तड़पते दीपू को लेकर घर की ओर चल देता है।)
(डिजॉल्व टू)

पटकथा और कंप्यूटर

वर्तमान कंप्यूटर में ऐसे सॉफ्टवेयर आ गए हैं, जिनमें पटकथा लेखन का प्रारूप बना बनाया होता है। यहाँ तक कि उन सॉफ्टवेयर से यह भी पता चल जाता है कि पटकथा में कहीं कोई गड़बड़ी तो नहीं हो रही। ये सॉफ्टवेयर उस गड़बड़ी को सुधारने के सुझाव भी दे सकते हैं।

पाठ्यपुस्तक (अभिव्यक्ति एवं माध्यम) के प्रश्नोत्तर

1. फ्लैशबैक तकनीक और फ्लैश फॉरवर्ड तकनीक के दो दो उदाहरण दीजिए। आपने कई फिल्में देखी होंगी। अपनी देखी किसी एक फिल्म को ध्यान में रखते हुए बताइए कि उनमें दृश्यों का बँटवारा किन आधारों पर किया गया?

उत्तर फ्लैशबैक तकनीक वह होती है, जिसमें अतीत में घटी हुई किसी घटना को दिखाया जाता है। फ्लैश फॉरवर्ड वह तकनीक है, जिसमें भविष्य में होने वाली घटना को पहले दिखाया जाता है।

उदाहरण 1 माना कि हमें गूँगे कहानी पर फिल्म बनानी है। सड़क के दृश्य से फिल्म शुरू होती है, जहाँ कुछ लड़के एक दुबले-पतले लड़के को मारते हैं। वह भागकर एक दरवाजे पर पहुँचता है। घर के भीतर से चमेली निकलती है। उसे वह दिन याद आता है। जब वह पागलखाने में उससे पहली बार मिली थी। अब पागलखाने का दृश्य दिखाया जाता है। यही वर्तमान से अतीत में जाना फ्लैशबैक है। फ्लैश फॉरवर्ड समझने के लिए मोहन राकेश के नाटक अंडे का एक दृश्य लेते हैं। बीना घर ठीक कर रही है। उसे अंडे के छिलके से भरा मोजा मिलता है।

इस तकनीक का प्रयोग करने पर इसे इस प्रकार दर्शाया जा सकता है कि अंडे से भरे छिलके उसकी सास जमुना देवी के हाथ लग गए हैं और वे छिलके जमीन पर गिराकर उसे बुरा भला कह रही हैं। अब वह वर्तमान में वापस आकर संवाद पूरा करती है।

उदाहरण 2 रामचंद्र अपनी माँ सिदेव सिहेश्वरी को नौकरी मिलने की खबर सुनाता है, तो वह अपने बीते दिनों में खो जाती है। जब वह लोगों के घरों में बर्तन धोया करती थी। यह फ्लैशबैक होता है, फिर वह वर्तमान में लौटती है वह अपने बेटे से बातचीत करके भविष्य के सुनहरे सपने देखने लगती है। इस दृश्य में वह अपने बेटे की शादी कर रही है और उसके बच्चे खिला रही है। यह फ्लैश फॉरवर्ड का उदाहरण है। इसके पश्चात् वह वर्तमान में लौट आती है।

इस पूरी प्रक्रिया में महत्त्वपूर्ण बात यह है कि दृश्यों का बँटवारा स्थान, समय और कार्य-व्यापार के आधार पर किया जाता है। ये तीनों ही जब निरंतर चलते हैं तो इसके आधार पर एक दृश्य निर्मित होता है। इनमें से किसी एक के भी बदल जाने पर दृश्य भी बदल जाते हैं।

2. पटकथा लिखते समय किन-किन बातों का ध्यान रखना जरूरी है और क्यों?

उत्तर पटकथा लिखते समय निम्न बातों का ध्यान रखना जरूरी है

- पटकथा लिखते समय दृश्यों के बदलाव में विशेष ध्यान रखना चाहिए।
- किसी भी दृश्य का बँटवारा करते समय, समय, स्थान और उसके कार्य-व्यापार का ध्यान अवश्य रखना चाहिए।
- पात्रों के बोलने तथा हाव-भाव का संकेत दिया जाना चाहिए।
- पटकथा में दृश्य का उल्लेख अवश्य करना चाहिए; जैसे—सड़क, बरामदा, बगीचा, बंद कमरा आदि।
- प्रत्येक दृश्य के अंत में कट टू जैसी जानकारी अवश्य देनी चाहिए। इससे निर्देशक तथा फिल्मांकन कार्य करने वालों को मदद मिलती है।

पटकथा लिखते समय इन बातों का ध्यान रखने से पटकथा एक सुचारू रूप से घटित प्रतीत होती है और दर्शकों को देखने में भी बोरियत महसूस नहीं होती। प्रत्येक दृश्य को समझने में भी आसानी रहती है।

अभ्यास प्रश्न

अतिलघु उत्तरीय प्रश्न

1. पटकथा से क्या तात्पर्य है?

उत्तर 'पटकथा' शब्द दो शब्दों से मिलकर बना है-'पट' और 'कथा'। 'पट' शब्द का अर्थ 'परदा' तथा 'कथा' शब्द का अर्थ 'कहानी' होता है। अतः ऐसी कहानी जो परदे पर दिखाई जाए वही पटकथा है। परदा छोटा या बड़ा कोई भी हो सकता है। जो कहानी टेलीविजन या सिनेमा में दिखाई जाने के लिए लिखी जाती है, उसे ही पटकथा कहते हैं।

2. पटकथा का स्रोत कहाँ से प्राप्त होता है?

उत्तर पटकथा का स्रोत कुछ भी हो सकता है। हमारे स्वयं के साथ यदि कोई घटना या हमारे आस-पास घटी कोई घटना भी पटकथा का आधार बन सकती है। .

इसके अतिरिक्त अखबार में छपा कोई समाचार, हमारी कल्पना से अपनी कोई कहानी, इतिहास में वर्णित कोई व्यक्तित्व, कोई सच्चा किस्सा अथवा साहित्य की किसी प्रसिद्ध रचना पर पटकथा लिखी जा सकती है।

3. पटकथा की संरचना कैसी होती है?

उत्तर फिल्म तथा टी.वी. की पटकथा में पात्र-चरित्र, नायक-प्रतिनायक, घटनास्थल, दृश्य, कहानी का क्रमिक विकास, द्वंद्व समाधान आदि सब कुछ होता है।

इसमें छोटे-छोटे दृश्य, असीमित घटनास्थल होते हैं। इसकी कथा फ्लैश बैक या फ्लैश फॉरवर्ड तकनीक से भी प्रस्तुत की जा सकती है। इसमें एक ही समय में अलग-अलग स्थानों पर घटित घटनाओं को भी दिखाया जा सकता है।

लघु उत्तरीय प्रश्न

1. नाटक और फिल्म की पटकथा में अंतर लिखिए।

उत्तर नाटक और फिल्म की पटकथा में निम्नलिखित अंतर हैं

नाटक पटकथा	फिल्म पटकथा
नाटक के दृश्य लंबे होते हैं।	फिल्म के दृश्य छोटे होते हैं।
नाटक में घटनास्थल प्रायः सीमित होता है।	फिल्म में घटनास्थल की कोई सीमा नहीं होती।
नाटक एक सजीव कला माध्यम है, जिसमें अभिनेता अपने ही जैसे जीवंत दर्शकों के सामने अपनी कला का प्रदर्शन करते हैं।	सिनेमा में यह पूर्व रिकॉर्डिंग छवियाँ व दृश्य होते हैं।
नाटक में कार्य-व्यापार, दृश्य-संरचना तथा चरित्रों की संख्या सीमित रखनी होती है।	सिनेमा में ऐसा कोई बंधन नहीं होता।
नाटक की कथा का विकास एक-रेखीय होता है, जो एक ही दिशा में आगे बढ़ता है।	सिनेमा में कथा का विकास कई प्रकार से होता है।

2. वर्तमान में कंप्यूटर का पटकथा लेखन में क्या योगदान है?

उत्तर पटकथा लेखन में कंप्यूटर की सहायता ली जा सकती है। आजकल ऐसे कंप्यूटर सॉफ्टवेयर आ गए हैं, जिनमें पटकथा-लेखन का प्रारूप बना बनाया होता है।

यदि पटकथा-लेखन में कोई गड़बड़ी हुई है, तो कंप्यूटर बता देता है कि कहाँ और क्या गड़बड़ी हुई है। ये सॉफ्टवेयर पटकथा में सुधार लाने के सुझाव भी पटकथा लेखक को देते हैं। इन सुझावों को मानना न मानना पटकथा लेखक पर निर्भर होता है।

3. आप अपने मित्र मनीष के घर रविवार के दिन मिलने गए हैं जहाँ आप और मनीष ड्राईंग रूम में बैठे हैं दोनों के हाथों में चाय के प्याले हैं और एक विशेष विषय पर चर्चा कर रहे हैं आगे की पटकथा की रचना कीजिए।

उत्तर **मैं** मनीष! आज तुम्हें किसी जरूरी काम से बाहर जाना है क्या?

मनीष हाँ, मित्र! राशन की दुकान से चीनी और गेहूँ लाने जाऊँगा।

मैं चीनी तो ठीक है, लेकिन गेहूँ की क्वालिटी तो सरकारी राशन की दुकानों में अच्छी नहीं होती है।

मनीष देखो रमेश! जब खाने के ही लाले पड़े हों, तब गुणवत्ता अर्थात् क्वालिटी पर ज़्यादा ध्यान नहीं देना चाहिए।

मैं हाँ, मैं तुम्हारी बात समझ सकता हूँ।

मनीष महँगाई थोड़ी-बहुत रहे तो आदमी झेल भी ले, लेकिन यहाँ तो सभी सामानों के दाम आसमान छू रहे हैं। कम-से-कम गेहूँ कुछ सस्ता मिलेगा, तो रोटी तो खाने को मिलेगी।

मैं हाँ! तुम बात बिलकुल सही बोल रहे हो। महँगाई के कारण तो भूखे मरने की नौबत आ गई है।

स्व–मूल्यांकन

अतिलघु उत्तरीय प्रश्न

1. फ्लैशबैक क्या है?
2. पटकथा में फ्लैश बैक का क्या महत्त्व है?
3. पटकथा की संरचना किस प्रकार होती है?
4. फ्लैश फॉरवर्ड तकनीक को कोई एक उदाहरण देकर समझाइए।

लघु उत्तरीय प्रश्न

1. फ्लैशबैक और फ्लैश फॉरवर्ड में क्या अंतर है?
2. आप कक्षा में बैठे हैं आपका अर्द्धअवकाश चल रहा है तभी आपका मित्र दौड़ते हुए आपके पास आता है और बोलता है कि चल अध्यापक ने बुलाया है ....
   आगे की पटकथा की रचना कीजिए।
3. आप अपने परिवार के सदस्यों के साथ एक शादी समारोह में जा रहे हैं, जहाँ आपने अपने बुआ के लड़के के साथ खेलना प्रारम्भ किया और जैसे ही आप खेलने लगे.........
   आगे की पटकथा की रचना कीजिए।

07

अध्याय

कार्यालयी लेखन से तात्पर्य सरकारी, अर्द्ध-सरकारी या स्वायत्त संस्थाओं में कार्य के लिए लिखे गए पत्र, टिप्पण, परिपत्र, कार्यवृत्त आदि से है। कार्यालयी लेखन में संचार औपचारिक, तथ्यात्मक और संक्षिप्त होता है।

▼ **अभ्यास के लिए**

- पाठ्यपुस्तक के प्रश्नोत्तर

कार्यालयी लेखन और प्रक्रिया

टिप्पण

टिप्पण सरकारी कार्यालयों में कार्य संपादन का एक माध्यम है। कार्यालयों में आए हुए विचाराधीन पत्रों को निपटाने के लिए लिपिक अथवा अधिकारियों के द्वारा पूर्व संदर्भ, वर्तमान तथ्य और आवश्यक सुझावों का उल्लेख करते हुए अधिकारी के अंतिम निर्णय लेने की दिशा में दी गई अभ्युक्तियाँ **टिप्पण** (Noting) कहलाती हैं। अन्य शब्दों में, ''किसी भी विचाराधीन पत्र के निस्तारण को सुगम और सरल बनाने के लिए जो टिप्पणी लिखी जाती है, वह टिप्पण कहलाती है।'' इसी टिप्पण को मुख्य टिप्पण भी कहा जाता है।

टिप्पण लिखते समय निम्न बातों का ध्यान रखना चाहिए

- विस्तृत टिप्पण कार्य मूल पत्र पर कभी नहीं करना चाहिए, बल्कि अलग कागज़ पर लगभग ढाई इंच का हाशिया छोड़कर ही करना चाहिए, जिससे अधिकारी उस पर अपने आदेश अनुदेश लिख सकें। दिनचर्यात्मक संक्षिप्त टिप्पण मूल पत्र के हाशिये पर ही कर दिया जाता है।
- टिप्पण का प्रस्तुतीकरण इस प्रकार करना चाहिए कि पत्रबंध (फाइल) में पत्रों का जो क्रम है, उसी क्रम में टिप्पण भी होना चाहिए।
- टिप्पण मुख्यत: दो प्रकार के होते हैं—सहायक स्तर पर टिप्पण तथा अधिकारी स्तर पर टिप्पण। कार्यालय में टिप्पण कार्य अधिकतर सहायक स्तर पर होता है।
- टिप्पण सदैव अन्य पुरुष में लिखी जाती है।
- टिप्पण में सर्वप्रथम संबंधित पत्र की पत्र-संख्या, दिनांक और पत्र व्यवहार का विवरण लिख देना चाहिए। टिप्पण में पहले वाद विषय, फिर विभिन्न दृष्टिकोण और अंत में सुझावों का उल्लेख करना चाहिए।
- टिप्पण को आवश्यकतानुसार अनुच्छेदों में विभाजित करके लिखना चाहिए। प्रथम अनुच्छेद को छोड़कर शेष सभी अनुच्छेदों को संख्याबद्ध कर देना चाहिए।
- टिप्पण में जिन पत्रों या पूर्व आदेशों का संदर्भ देना हो तो उसे हाशिये में लिख देना चाहिए। टिप्पण संक्षिप्त तथा विषयानुकूल होना चाहिए।

- टिप्पण सदैव तटस्थ भाव से अन्य पुरुष में लिखना चाहिए। टिप्पण की भाषा सरल, स्पष्ट, संयत और विनम्र होनी चाहिए।
- टिप्पण की समाप्ति पर टिप्पणकर्ता को नीचे बायीं ओर अपना संक्षिप्त हस्ताक्षर करना चाहिए तथा हस्ताक्षर के नीचे दिनांक भी अंकित करना चाहिए।
- टिप्पण के नीचे बायीं ओर का स्थान उच्च अधिकारी के लिए छोड़ देना चाहिए। उच्च अधिकारी हस्ताक्षर में अपना पूरा नाम और हस्ताक्षर के नीचे दिनांक भी अंकित करेंगे।

टिप्पण का उदाहरण

1. राजकीय औद्योगिक प्रशिक्षण संस्थान के प्रधानाचार्य द्वारा प्रशिक्षण एवं सेवायोजन निदेशालय के भवनों की मरम्मत एवं अनुरक्षण हेतु लिखे गए मूल पत्र पर टिप्पण तैयार कीजिए।

उत्तर

मूल पत्र

कार्यालय प्रधानाचार्य,
राजकीय औद्योगिक प्रशिक्षण संस्थान,
अल्मोड़ा।

पत्र संख्या औ.प्र.सं. (अ) 7/5/20XX

दिनांक 25 जून, 20XX

सेवा में,
निदेशक,
प्रशिक्षण एवं सेवायोजन निदेशालय,
लखनऊ (उ.प्र.)।

विषय भवनों की मरम्मत एवं अनुरक्षण हेतु।

महोदय,

उपरोक्त विषय की ओर आपका ध्यान आकर्षित करते हुए निवेदन है कि इस संस्थान के अधोलिखित भवन अत्यंत जीर्ण स्थिति में हैं तथा इनकी तुरंत मरम्मत की आवश्यकता है। इन भवनों का विवरण निम्न प्रकार है

- हिन्दी आशुलिपि व्यवसाय का भवन
- अंग्रेज़ी आशुलिपि व्यवसाय का भवन
- इलेक्ट्रॉनिक व्यवसाय का भवन

इस संबंध में ₹ 1,00,000 का विस्तृत अनुमानक संलग्न करते हुए यह भी स्पष्ट किया जाता है कि यदि भवनों का जीर्णोद्धार तुरंत ही न किया गया तो आगामी बरसात में प्रशिक्षार्थियों को इन भवनों में बैठाकर प्रशिक्षण देना संभव नहीं हो पाएगा। आगामी बरसात से अधिक क्षतिग्रस्त हो जाने के फलस्वरूप उक्त भवनों के गिर जाने की आशंका है।

इस संबंध में आपसे अनुरोध है कि संलग्न अनुमानक को पारित कर तुरंत ही मरम्मत हेतु अनुमति प्रदान करने का कष्ट करें।

भवदीय
(राजीव चौहान)
प्रधानाचार्य।

टिप्पण

पत्र क्रमांक 3/2 वि. 20XX
दिनांक 30 जून, 20XX

निदेशक

संलग्न अनुमानक, जो ₹ 50,00,000 मात्र का है, राजकीय औद्योगिक प्रशिक्षण संस्थान अल्मोड़ा से चालू वित्तीय वर्ष में, चार भवनों की मरम्मत हेतु प्राप्त हुआ है, जो इस टिप्पणी के साथ प्रस्तुत है

- अनुमानक निर्धारित मानदंड के अनुसार बनाया गया है।
- रा. औ. प्रशि. संस्थान, अल्मोड़ा ने पिछले वर्ष भवनों की मरम्मत के लिए जो पैसा खर्च किया है, वर्तमान अनुमानक भी उन्हीं दरों के अनुरूप है।
- प्रधानाचार्य ने तुरंत मरम्मत न होने पर भवनों के गिर जाने की आशंका व्यक्त की है।
- चालू वित्तीय वर्ष में उपर्युक्त कार्य हेतु बजट का आवंटन उपलब्ध है। आदेशार्थ प्रस्तुत।

हस्ताक्षर ....
सहायक
दिनांक ....

आनुषंगिक टिप्पण

सहायक द्वारा लिखे टिप्पण या मुख्य टिप्पणी जब संबंधित अधिकारी के पास पहुँचती है, तो वह अधिकारी उसे पढ़ने के बाद नीचे अपना मंतव्य लिखता है, इसे ही आनुषंगिक टिप्पणी कहते हैं तथा यह क्रिया **आनुषंगिक टिप्पण** कहलाती है। आनुषंगिक टिप्पणी प्रायः संक्षिप्त होती है, परंतु असहमति की स्थिति में अनेक बार इस प्रकार की टिप्पणी बड़ी भी हो सकती है।

यदि अधिकारी अपने अधीनस्थ की टिप्पणी से पूर्ण सहमत है पर उसे सशक्त व तर्कसंगत बनाने के उद्देश्य से उसमें और कुछ भी जोड़ना चाहता है, तो वह अपना मंतव्य आनुषंगिक टिप्पणी के रूप में दर्ज कर देता है।

यदि अधिकारी अपने अधीनस्थ की टिप्पणी से पूर्ण रूप से या आंशिक रूप से असहमत या सहमत है तो वह तर्क और कारण सहित अपनी आनुषंगिक टिप्पणी करता है।

आनुषंगिक टिप्पण

मैं ऊपर लिखी टिप्पणी से सहमत हूँ पर इसके साथ मैं यह भी ध्यान दिलाना चाहूँगा कि दिल्ली कार्यालय के निदेशक पिछले लगभग चार महीने से सीमा से अधिक खर्च कर रहे हैं, जोकि परिपत्र का उल्लंघन है। परिपत्र में किसी भी प्रकार की छूट का प्रावधान नहीं है। अतः निदेशक द्वारा अतिरिक्त खर्च राशि देय होनी चाहिए। यह राशि निदेशक के वेतन से काटी जा सकती है।

विचारार्थ

के अनुकरमण
(के. अनुरमण)
उपनिदेशक (प्रशासन) अनुभाग अधिकारी

अभ्यास के लिए

1. टिप्पण लेखन से क्या तात्पर्य है?
2. टिप्पण कितने प्रकार का होता है? प्रत्येक के बारे में समझाइए।
3. टिप्पण पर सहायक किस ओर हस्ताक्षर करता है?
4. टिप्पण किस पर आधारित होता है?
5. क्षेत्रीय परिवहन कार्यालय के अधिकारी द्वारा भवन की मरम्मत के लिए लिखे गए पत्र पर टिप्पणी तैयार कीजिए।

अनुस्मारक-पत्र

जब किसी पत्र/अर्द्ध-सरकारी पत्र का उत्तर समयावधि में नहीं प्राप्त होता है, तो संबंधित अधिकारी को पुन: याद दिलाने के लिए जो पत्र लिखा जाता है, उसे **अनुस्मारक-पत्र** (Reminder) कहते हैं। इसे **अनुस्मरण-पत्र** या **ध्यानाकर्षण पत्र** भी कहते हैं। अनुस्मारक-पत्र में मूल पत्र में अपेक्षित कार्यवाही का उल्लेख कर दोहरान कर देना चाहिए। इसका प्रारूप औपचारिक पत्र की तरह ही होता है मगर आकार छोटा होता है।

अनुस्मारक का उदाहरण

1. **श्रम विभाग, प्रशिक्षण एवं सेवायोजन निदेशालय की ओर से औद्योगिक प्रशिक्षण संस्थान बरेली को एक अनुस्मारक-पत्र लिखिए, जिसमें तदर्थ नियुक्त अनुदेशकों की सूची एवं उनका विवरण पुनः माँगा गया हो।**

उत्तर **पत्र संख्या** 61/371

प्रेषक,
मैकूलाल संत,
निदेशक।

दिनांक 20 जुलाई, 20XX

सेवा में,
प्रधानाचार्य
औद्योगिक प्रशिक्षण संस्थान,
बरेली।

विषय तदर्थ नियुक्त अनुदेशकों की सूची एवं उनका विवरण भेजने हेतु।

महोदय,

मैं आपका ध्यान इस निदेशालय के पत्र संख्या 60/370 दिनांक 12 जुलाई, 20XX की ओर आकर्षित कराना चाहता हूँ, जिसमें तदर्थ नियुक्त अनुदेशकों की सूची एवं उनका विवरण माँगा गया था। कृपया उक्त सूची एवं विवरण शीघ्र ही भेजने का कष्ट करें।

भवदीय
हस्ताक्षर ....
(मैकूलाल संत)
निदेशक

अभ्यास के लिए

1. अनुस्मारक या स्मरण-पत्र से आप क्या समझते हैं?
2. अनुस्मारक की विशेषताएँ बताइए।
3. अनुस्मारक कब लिखा जाता है?
4. विशिष्ट प्रशासन सचिव की ओर से नगरीय विकास विभाग के निदेशक को एक अनुस्मारक पत्र लिखिए, जिसमें व्यय किए गए धन का विवरण पुनः माँगा गया हो।

अर्द्धसरकारी पत्र

अर्द्धसरकारी पत्रों से तात्पर्य ऐसे पत्रों से है, जो एक अधिकारी द्वारा दूसरे अधिकारी अथवा मन्त्रालय/विभागों के अधिकारियों को लिखे जाते हैं। इस प्रकार हम कह सकते हैं कि शासन के दो विभिन्न विभागों के अधिकारी शासकीय कार्य के सम्बन्ध में परस्पर जानकारी प्राप्त करने, सूचना देने, स्पष्टीकरण देने या माँगने अथवा कार्य को शीघ्र निपटाने के उद्देश्य से जो पत्र लिखते हैं, वे 'अर्द्धसरकारी पत्र' कहलाते हैं। अर्द्धसरकारी पत्रों का स्वरूप कुछ-कुछ व्यक्तिगत पत्रों की भाँति होता है। इसे हम मौखिक वार्तालाप का स्थानापन्न भी कह सकते हैं। इसलिए आमतौर पर अपने से श्रेष्ठ व्यक्ति को अर्द्धसरकारी पत्र लिखने की परम्परा नहीं है।

अर्द्धसरकारी पत्र के उदाहरण

1. **भारत सरकार के मानव संसाधन विकास मन्त्रालय की ओर से उप-नियन्त्रक तथा महालेखाकार को अर्द्धसरकारी पत्र लिखिए, जिसमें साहित्य-सृजन और कृति के प्रकाशन के सन्दर्भ में उनके विचारों की माँग की गयी हो।**

उत्तर

अर्द्धसरकारी पत्र संख्या—56/11

रमेश गौतम
अवर सचिव

मानव संसाधन विकास मन्त्रालय,
भारत सरकार,
नई दिल्ली।

दिनांक 26 मार्च, 20XX

प्रिय अग्रवाल जी,

कृपया अपने अर्द्धसरकारी पत्र सं. 65/4 दिनांक 15 अप्रैल, 20XX का सन्दर्भ लें, जिसमें सरकारी कर्मचारियों को साहित्य-सृजन और कृति के प्रकाशन के लिए मंजूरी देने की बात उल्लिखित की गई है।

इस विषय से सम्बद्ध नियमों के प्रारूप की एक प्रति संलग्न करते हुए मैं आपसे निवेदन करना चाहता हूँ कि इसे पढ़कर कृपया मुझे यथाशीघ्र अपने विचारों से अवगत कराएँ। इन नियमों को अन्तिम रूप देने के लिए अगले महीने के प्रथम सप्ताह में एक अन्तर्विभागीय बैठक का इरादा है।

सधन्यवाद।

श्री रामेन्द्र अग्रवाल
उप-नियन्त्रक तथा महालेखाकार,
भारत सरकार, नई दिल्ली।

आपका सद्भावी,
हस्ताक्षर ......
रमेश गौतम

2. **ज़िला अधिकारी नरेन्द्र मोहन की ओर से काशी नरेश स्नातकोत्तर महाविद्यालय के प्रधानाचार्य को अपने महाविद्यालय के छात्रों को अशान्ति और अराजकता न फैलाने एवं अंकुश लगाने हेतु अर्द्धसरकारी पत्र लिखिए।**

उत्तर

अर्द्धसरकारी पत्र संख्या-714

नरेन्द्र मोहन
सचिव

कार्यालय जिलाधिकारी,
सन्त रविदास नगर, भदोही,
ज्ञानपुर।

दिनांक 3 नवम्बर, 20XX

प्रिय तिवारी जी,

कृपया 1 नवम्बर को टेलीफोन पर हुई हमारी वार्ता का स्मरण करें। इस सम्बन्ध में अभी तक आपकी ओर से मुझे कोई सूचना प्राप्त नहीं हुई है।

इधर पुलिस जाँच के परिणामस्वरूप जो तथ्य सामने आए हैं, उनसे यही ज़ाहिर होता है कि घटना में कुछ उत्पाती छात्रों की सक्रिय भूमिका थी, जिनका उद्देश्य महाविद्यालय परिसर में अशान्ति और अराजकता फैलाना था। वे छात्रावास में बिजली की समस्या को लेकर रोष में हैं। वे बिजली की गड़बड़ी की समस्या को लेकर पहले साथी छात्रों के साथ एस.डी.ओ. के कार्यालय पहुँचे। वहाँ उन्होंने प्रदर्शन किया, नारे लगाए और कुछ तोड़-फोड़ भी की। उस समय एस.डी.ओ. कार्यालय में नहीं थे। जैसे ही एस.डी.ओ. दौरे से वापस लौटे, उन्होंने एक जूनियर अभियन्ता को कुछ लाइनमैनों के साथ छात्रावास की बिजली ठीक करने के लिए भेजा। छात्रावास पहुँचने पर बिजली कर्मचारियों के साथ छात्रों ने अत्यन्त अशिष्टता का व्यवहार किया। जूनियर अभियन्ता को गालियाँ दी गईं और उनसे मार-पीट भी की गई। किसी तरह अपना बचाव करते हुए बिजली कर्मचारी छात्रावास से निकलने में सफल हुए। छात्रों के व्यवहार से उनमें भय की भावना व्याप्त है। वे बिजली ठीक करने के लिए छात्रावास जाने का साहस नहीं जुटा पा रहे हैं।

उन्होंने मुझसे सुरक्षा की गुहार लगाई है। यह वांछनीय नहीं होगा कि पुलिस को छात्रों का सामना करना पड़े। अतः आवश्यक है कि उत्पाती छात्रों पर आप अपने स्तर से अंकुश लगाएँ और स्थिति को सामान्य बनाने में प्रशासन की मदद करें।

शुभकामनाओं सहित।

श्री सुरेश दत्त तिवारी — आपका सद्भावी,
प्रधानाचार्य — नरेन्द्र मोहन
काशी नरेश स्नातकोत्तर महाविद्यालय,
ज्ञानपुर

3. भारत सरकार के मानव संसाधन विकास मन्त्रालय की ओर से शिक्षा निदेशक विनोद कुमार दुबे को बालिका शिक्षा योजना पर अपने विचार प्रस्तुत करने हेतु अर्द्धसरकारी पत्र लिखिए।

उत्तर

अर्द्धसरकारी पत्र संख्या-615/9

नारायण सिंह — भारत सरकार,
अवर सचिव — मानव संसाधन विकास मन्त्रालय,
नई दिल्ली।

दिनांक 28 जून, 20XX

प्रिय श्री दुबे जी,

भारत के महानगरों में केन्द्र सरकार की वृहद् स्तर पर जो 'बालिका शिक्षा योजना' चल रही है, उसकी सफलता से केन्द्र सरकार के कर्मचारियों को बड़ा सन्तोष प्राप्त हुआ है। भारत के अन्य मुख्यालयों में केन्द्रीय सरकार का पर्याप्त संकेन्द्रण है, इसकी व्यवस्था की जा सकती है। लड़कियों की शिक्षा पर ज़्यादा से ज़्यादा ज़ोर दिया जाना चाहिए। कहा भी जाता है, यदि एक स्त्री शिक्षित होती है, तो समझिए पूरा परिवार शिक्षित होता है। इसलिए हमारी कोशिश होनी चाहिए कि एक भी बालिका अशिक्षित न रहे। पिछले महीने पुणे में शिक्षा निदेशकों की एक कॉन्फ्रेंस हुई थी। इस कॉन्फ्रेंस में एक प्रस्ताव पारित हुआ था कि भारत सरकार की नई 'बालिका शिक्षा योजना' का विस्तार होना चाहिए और सभी बड़े-बड़े शहरों में इसका कार्यान्वयन हो जाना चाहिए।

आपसे निवेदन है कि इस विषय पर आप मुझे अपने विचारों से अवगत कराएँ।

सधन्यवाद।

श्री विनोद कुमार दुबे — आपका सद्भावी
निदेशक — नारायण सिंह

अभ्यास के लिए

1. **दिल्ली के उपराज्यपाल को दीक्षांत समारोह में आमंत्रित करने के लिए डीन, दिल्ली विश्वविद्यालय की ओर से अर्द्धसरकारी पत्र लिखिए।**

2. **रामपुर कॉलेज के प्राचार्य की ओर से कोलकाता विश्वविद्यालय के कुलपति को एक अतिरिक्त भवन बनवाने हेतु धन उपलब्ध करवाने के लिए अर्द्धसरकारी पत्र लिखिए।**

3. **प्राचार्य वर्धमान कॉलेज, हाथरस की ओर से पुलिस अधिक्षक को कॉलेज की सुरक्षा व्यवस्था के बारे में एक अर्द्धसरकारी पत्र लिखिए।**

4. **आदर्श इंटर कॉलेज, करनाल के प्राचार्य की ओर से कुरुक्षेत्र विश्वविद्यालय के उपकुलपति को कॉलेज के दीक्षांत समारोह के अध्यक्ष पद को स्वीकार करने के लिए एक अर्द्धसरकारी पत्र लिखिए।**

5. **कुलसचिव, कुमाऊँ विश्वविद्यालय, नैनीताल की ओर से निदेक्षक, कुमाऊँ विश्वविद्यालय परिसर, अल्मोड़ा को अर्द्धसरकारी पत्र लिखिए, जिसमें विभिन्न विषयों के लिए कार्यभार का विवरण माँगा गया हो।**

कार्यसूची एवं कार्यवृत्त

कार्यसूची

विद्यालय, संस्थान, कार्यालय आदि में किसी भी विषय पर विचार-विमर्श करने, किसी समस्या का समाधान ढूँढ़ने, विभिन्न गतिविधियों को कार्यांवित करने हेतु एवं कार्यालय एवं संस्थान के कार्यों की देख-रेख हेतु विभिन्न समितियों का गठन किया जाता है। ये समितियाँ आपसी निर्णयों के आधार पर कार्य करती हैं।

इन समितियों में सचिव एवं अध्यक्ष होता है। बैठक अथवा कार्यवाही को प्रारंभ करने से पूर्व प्रस्तुत किए जा रहे विषय अथवा समस्या से संबंधित कार्य की क्रमवार सूची का परिचय सचिव के माध्यम से किया जाता है। सचिव ही अतिथियों का स्वागत भी करता है। यह क्रमवार सूची ही कार्यसूची (Agenda) कहलाती है।

कार्यसूची में किसी भी संस्था अथवा कार्यालय द्वारा जिस विषय अथवा समस्या की चर्चा की जाती है। उसकी सूची पूर्व में ही बता दी जाती है, जिससे बैठक उचित प्रकार से संचालित होने में सहायक होती है। आवश्यकता पड़ने पर कार्यसूची में टिप्पणी भी दी जा सकती है। कार्यसूची के अंतर्गत समय, स्थान व दिनांक का भी उल्लेख किया जाता है तथा कार्यसूची की प्रति कार्यक्रम में सम्मिलित समिति के सदस्यों को भी दे दी जाती है, जिससे वे सदस्य कार्यक्रम में मुद्दे से संबंधित बिंदुओं पर चर्चा कर सकें।

कार्यसूची के उदाहरण

1. राजकीय प्रतिभा विकास विद्यालय, दिल्ली की सांस्कृतिक समिति की बैठक के लिए कार्यसूची तैयार कीजिए।

उत्तर

बैठक की तिथि 28 अगस्त, 20XX

बैठक का समय प्रातः 10 बजे

बैठक का स्थान विद्यालय का सांस्कृतिक कक्ष

कार्यसूची

1. समिति के सदस्यों का स्वागत।
2. कार्यक्रम की तिथि व समय पर विचार।
3. कार्यक्रम में प्रस्तुत किए जाने वाले कार्यक्रम पर विचार।
4. कार्यक्रम में उपस्थित होने वाले अतिथियों के जलपान आदि पर विचार।
5. कार्यक्रम में धनराशि के व्यय पर विचार।
6. अध्यक्ष के द्वारा अन्य आवश्यक मुद्दों पर विचार।

हस्ताक्षर
(   )
सचिव
राजकीय प्रतिभा विकास विद्यालय, दिल्ली।

2. सर्वोदय विद्यालय, सिविल लाइंस, नई दिल्ली में 'स्वच्छ भारत अभियान' के लिए विद्यालय की समिति की बैठक के लिए कार्यसूची तैयार कीजिए।

उत्तर

बैठक की तिथि 16 नवंबर, 20XX

बैठक का समय प्रातः 9 बजे

बैठक का स्थान विद्यालय का गोष्ठी कक्ष

कार्यसूची

1. कार्यकारिणी समिति का स्वागत।
2. 'स्वच्छ भारत अभियान' समारोह के कार्यक्रम की तिथि एवं समय पर विचार।
3. विद्यार्थियों की इस योजना में सहभागिता पर विचार-विमर्श।
4. विद्यालय के सभी सदस्यों को कार्यक्रम में सम्मिलित करने की कार्ययोजना।
5. जलपान/भोजन के आयोजन पर विचार।
6. धन्यवाद ज्ञापन।

हस्ताक्षर
(   )
सचिव
सर्वोदय विद्यालय, सिविल लाइंस, नई दिल्ली।

3. अपने विद्यालय के सचिव की ओर से 'विश्व जल दिवस' पर प्रदर्शनी के लिए कार्यकारिणी समिति की बैठक हेतु कार्यसूची तैयार कीजिए।

उत्तर

बैठक की तिथि 22 मार्च, 20XX

बैठक का समय प्रातः 10 बजे

बैठक का स्थान विद्यालय का सभागार

कार्यसूची

1. समिति के सदस्यों का चुनाव।
2. विगत सभा के कार्यवृत्त की समीक्षा।
3. प्रदर्शनी के लिए विद्यार्थियों को विषय वितरण से संबंधित योजना का निर्माण करना।
4. प्रदर्शनी हेतु छात्र व अध्यापक का समूह विभाजन पर विचार-विमर्श।
5. अतिथियों की सूची का निर्माण।
6. प्रदर्शनी के लिए खर्च की जाने वाली धनराशि पर विचार।
7. जलपान एवं भोज के आयोजन पर विचार
8. धन्यवाद ज्ञापन।

हस्ताक्षर
(   )
सचिव
केंद्रीय विद्यालय, नई दिल्ली।

कार्यवृत्त

किसी भी विश्वविद्यालय, विद्यालय, संस्थान, कार्यालय आदि की बैठक समाप्त होने पर कार्यकारिणी समिति के सचिव द्वारा उस बैठक में संबंधित समस्या एवं मुद्दों पर लिए गए निर्णयों के आधार पर कार्यवाही का प्रारूप तैयार किया जाता है। यह प्रारूप एवं विवरण कार्यवृत्त कहलाता है।

कार्यवृत्त तैयार करते समय यह ध्यान रखा जाता है कि बैठक में जो निर्णय लिए गए हैं, उन सभी निर्णयों का विवरण कार्यवृत्त में दिया गया हो। तैयार किए गए कार्यवृत्त को कार्यकारिणी समिति की आगे होने वाली अन्य

बैठक में समिति के सभी सदस्यों के समक्ष प्रस्तुत किया जाता है और यदि आगामी अन्य बैठक होने की संभावना न हो, तो कार्यवृत्त की प्रति समिति के सदस्यों को भेजी जानी चाहिए।

स्पष्टत: कार्यवृत्त बैठक में प्रस्तुत किए जाने वाले मुद्दों के प्रत्येक बिंदु को ध्यान में रखकर किया गया विचार-विमर्श एवं निर्णय होता है। जिस दिन बैठक आयोजित की गई, उस दिन की दिनांक, समय व स्थान का वर्णन भी कार्यवृत्त के अंतर्गत किया जाता है, साथ ही बैठक में भाग लेने वाले सदस्यों का विवरण तथा बैठक में लिए गए निर्णयों को वर्णित करके अंत में सचिव के हस्ताक्षर कार्यवृत्त में किए जाते हैं।

कार्यवृत्त के उदाहरण

1. विद्यालय में हुए वार्षिकोत्सव समारोह का कार्यवृत्त तैयार कीजिए।

उत्तर **विद्यालय वार्षिकोत्सव समारोह का कार्यवृत्त**

विद्यालय का नाम सरस्वती विद्यालय मंदिर, भोपाल

स्थान विद्यालय प्रांगण

दिनांक 5 फरवरी, 2025

समय प्रातः 10:00 बजे से अपराह्न 3:00 बजे तक

अध्यक्ष श्री सुशील शर्मा (प्रधानाचार्य)

मुख्य अतिथि डॉ. अरुण कुमार वर्मा (शिक्षा निदेशक, मध्य प्रदेश)

विशेष अतिथि श्री राजेश मेहता (वरिष्ठ शिक्षाविद्)

उपस्थित शिक्षकगण एवं सदस्य

1. श्री आलोक तिवारी (वरिष्ठ गणित शिक्षक)
2. श्रीमती नेहा गावस्कर (हिंदी शिक्षिका)
3. श्रीमती रेखा सिंह (अंग्रेजी शिक्षिका)
4. श्रीमति कविता जोशी (संगीत शिक्षिका)
5. श्री अतुल जैन (विज्ञान शिक्षक)
6. श्री अजय वर्मा (खेल प्रशिक्षक)
7. छात्र-छात्राएँ एवं अभिभावक

कार्यसूची एवं विचार-विमर्श का विवरण

समारोह का शुभारंभ

समारोह की शुरुआत मुख्य अतिथि द्वारा दीप प्रज्वलन एवं सरस्वती वंदना से हुई। प्रधानाचार्य महोदय ने विद्यालय की वार्षिक उपलब्धियों पर प्रकाश डालते हुए स्वागत भाषण दिया।

सांस्कृतिक कार्यक्रम

विद्यार्थियों द्वारा नृत्य, गायन, नाटक एवं कविता पाठ प्रस्तुत किए गए। शिक्षकों ने छात्रों के प्रयासों की सराहना की और सांस्कृतिक गतिविधियों के महत्त्व पर चर्चा की।

पुरस्कार वितरण

विभिन्न प्रतियोगिताओं एवं परीक्षाओं में उत्कृष्ट प्रदर्शन करने वाले विद्यार्थियों को मुख्य अतिथि एवं विशेष अतिथियों द्वारा सम्मानित किया गया।

अतिथि वक्तव्य

मुख्य अतिथि डॉ. अरुण कुमार वर्मा ने विद्यार्थियों को शिक्षा, अनुशासन और नेतृत्व के महत्त्व पर प्रेरणादायक संदेश दिया। विशेष अतिथि श्री राजेश मेहता ने विद्यालय की उन्नति की सराहना करते हुए छात्रों को आगे बढ़ने के लिए प्रेरित किया।

अंतिम विचार-विमर्श

सभी उपस्थित शिक्षकों एवं अभिभावकों ने विद्यालय की उपलब्धियों पर प्रसन्नता व्यक्त की और विद्यार्थियों को अधिक अवसर प्रदान करने पर बल दिया।

धन्यवाद ज्ञापन एवं समापन

श्री आलोक तिवारी ने धन्यवाद ज्ञापन प्रस्तुत किया और सभी का सहयोग देने के लिए आभार व्यक्त किया। समारोह का समापन राष्ट्रगान के साथ हुआ।

यह समारोह अत्यंत सफल एवं प्रेरणादायक रहा, जिसमें विद्यार्थियों ने अपनी प्रतिभा का प्रदर्शन किया और शिक्षा एवं संस्कारों के प्रति जागरूकता बढ़ी।

हस्ताक्षर

(श्रीमती राधा गुप्ता)

प्रधानाचार्या, प्रतिभा विकास विद्यालय, नई दिल्ली

(श्री अजय वर्मा)

संघ सचिव, सामाजिक अध्ययन अध्यापक संघ

2. प्रतिभा विकास विद्यालय, नई दिल्ली में 25 अप्रैल, 20XX को सामाजिक अध्ययन अध्यापक संघ की बैठक में जिन विषयों की चर्चा की गई एवं जो निर्णय लिए गए, उन पर कार्यवृत्त तैयार कीजिए।

उत्तर **सामाजिक अध्ययन अध्यापक संघ की बैठक का कार्यवृत्त**

विद्यालय का नाम प्रतिभा विकास विद्यालय, नई दिल्ली

स्थान विद्यालय सभागार, प्रतिभा विकास विद्यालय, नई दिल्ली

दिनांक 25 अप्रैल, 20XX

समय प्रातः 11:00 बजे से दोपहर 1:00 बजे तक

अध्यक्ष श्रीमती राधा गुप्ता (प्रधानाचार्या)

मुख्य अतिथि श्री अजय वर्मा (संघ सचिव)

उपस्थित सदस्य

श्रीमती अनुराधा मिश्रा (इतिहास अध्यापिका)

श्री राकेश सिंह (नागरिक शास्त्र अध्यापक)

श्रीमती सीमा जोशी (भूगोल अध्यापिका)

श्री देवेश शर्मा (अर्थशास्त्र अध्यापक)

अन्य सामाजिक अध्ययन विषय के अध्यापकगण

चर्चा के विषय एवं लिए गए निर्णय

1. **कक्षा 6-12 के सामाजिक अध्ययन पाठ्यक्रम में रुचिकर शिक्षण पद्धतियाँ अपनाने पर विचार-विमर्श**

   विद्यार्थियों की रुचि बढ़ाने के लिए ऑडियो-विजुअल माध्यम, नक्शों एवं चार्ट्स का अधिक उपयोग करने का निर्णय लिया गया।

   शिक्षकों द्वारा रोल प्ले, प्रोजेक्ट कार्य और शैक्षिक भ्रमण को कक्षा शिक्षण का हिस्सा बनाने का प्रस्ताव पारित किया गया।

2. **आगामी सत्र में शैक्षिक भ्रमण आयोजित करने पर चर्चा**

   कक्षा 9-12 के छात्रों के लिए राष्ट्रीय संग्रहालय, संसद भवन एवं ऐतिहासिक स्थलों की शैक्षिक यात्रा का आयोजन किया जाएगा।

   भ्रमण का प्रस्ताव विद्यालय प्रशासन को अनुमोदन हेतु भेजने का निर्णय लिया गया।

3. **मूल्यांकन प्रणाली में सुधार**

छात्रों की तर्कशक्ति एवं विश्लेषण क्षमता बढ़ाने के लिए वर्णनात्मक एवं व्यावहारिक प्रश्नों को परीक्षा में अधिक प्राथमिकता देने पर सहमति बनी।

आंतरिक मूल्यांकन में छात्रों की कक्षा गतिविधियों, समूह चर्चा एवं परियोजना कार्य को शामिल करने का निर्णय लिया गया।

4. **छात्रों को पर्यावरण एवं सामाजिक उत्तरदायित्व से जोड़ने के प्रयास**

विद्यालय में 'स्वच्छता अभियान' एवं 'वृक्षारोपण कार्यक्रम' आयोजित करने पर सहमति बनी।

विद्यार्थियों में सामजिक चेतना जागरूक करने के लिए 'बाल संसद' एवं 'समाज सुधार पर वाद-विवाद प्रतियोगिता' आयोजित करने का प्रस्ताव रखा गया।

5. **शिक्षकों के प्रशिक्षण एवं कार्यशालाएँ आयोजित करने पर विचार**

शिक्षकों के लिए नई शिक्षण तकनीकों, डिजिटल शिक्षा एवं कक्षा प्रबंधन पर कार्यशालाएँ आयोजित करने की सहमति बनी।

आगामी माह में 'इंटरएक्टिव टीचिंग मेथड' पर विशेष सत्र आयोजित किया जाएगा।

समाप्ति एवं धन्यवाद ज्ञापन

बैठक के अंत में संघ सचिव श्री अजय वर्मा ने सभी उपस्थित सदस्यों को सक्रिय भागीदारी के लिए धन्यवाद दिया। यह बैठक विद्यालय के शैक्षणिक विकास और शिक्षण पद्धति को प्रभावी बनाने की दिशा में महत्त्वपूर्ण रही।

अभ्यास के लिए

1. रेजीडेंट्स वेलफेयर समिति, नई दिल्ली की कार्यकारिणी समिति की बैठक की कार्यसूची तैयार कीजिए।
2. आपके विद्यालय में 'हिंदी सप्ताह' आयोजित किया जाएगा। हिंदी विभाग की ओर से बैठक के लिए एक कार्यसूची बनाइए।
3. आपके विद्यालय में 'स्वतंत्रता दिवस' कार्यक्रम का आयोजन किया गया। कार्यक्रमों का विवरण देते हुए एक कार्यवृत्त तैयार कीजिए।
4. विद्यालय की सांस्कृतिक समिति की बैठक में जिन मुद्दों पर चर्चा हुई एवं जो निर्णय लिए गए, उन पर एक कार्यवृत्त तैयार कीजिए।
5. आपके विद्यालय में पुरस्कार वितरण समारोह का आयोजन किया गया है। विद्यालय की कार्यकारिणी समिति की ओर से एक कार्यवृत्त तैयार कीजिए।

प्रेस-विज्ञप्ति

सरकार समय-समय पर सरकारी आदेश, प्रस्ताव अथवा निर्णय समाचार-पत्रों में प्रकाशित करने के लिए भेजती है, जिसे प्रेस-विज्ञप्ति कहा जाता है। प्रेस-विज्ञप्ति सामान्यत: सरकारी केंद्रीय कार्यालय से प्रसारित होती है और इसकी शब्दावली एवं शैली निश्चित होती है।

समाचार-पत्र का संपादक 'प्रेस-विज्ञप्ति' में किसी प्रकार की काट-छाँट नहीं कर सकता। प्रेस-विज्ञप्ति में कभी-कभी यह भी लिखा जाता है कि इसे किस तिथि तक प्रकाशित करना है। समय से पूर्व इसका प्रकाशन नहीं किया जाता। प्रेस-विज्ञप्ति का अपना एक शीर्षक होता है, इसमें संबोधन नहीं लिखा जाता। इसके अंत में नीचे हस्ताक्षर तथा पदनाम लिखा जाता है। उल्लेखनीय है कि प्रेस-विज्ञप्ति को सीधे समाचार-पत्र कार्यालय में न भेजकर सूचना अधिकारी के पास भेजा जाता है।

प्रेस-विज्ञप्ति का प्रारूप

1. भारत सरकार के विदेश मंत्रालय की ओर से भारत और ट्रिनिडाड-टोबैगो के मध्य राजनयिक संबंध स्थापित करने के संबंध में प्रेस-विज्ञप्ति जारी कीजिए।

प्रेस-विज्ञप्ति

दिनांक 28 अप्रैल, 20XX — दिनांक

विषय भारत और ट्रिनिडाड-टोबैगो के मध्य राजनयिक संबंध। — विषय

भारत सरकार और ट्रिनिडाड-टोबैगो सरकार इस बात पर सहमत हो गई है कि दोनों सरकारों के दूतावासों के स्तर पर मित्रतापूर्ण संबंध स्थापित किए जाएँ। इस व्यवस्था से यह आशा की जाती है कि दोनों देशों में परस्पर संबंध और भी अधिक सुदृढ़ हो जाएँगे, जो दोनों के लिए लाभकारी होंगे।
(मुख्य सूचना अधिकारी, प्रेस सूचना ब्यूरो, नई दिल्ली के पास विज्ञप्ति जारी करने तथा इसे विस्तृत रूप से प्रसारित करने के लिए प्रेषित) — विषय का विस्तार

हस्ताक्षर...... — प्रेषक के हस्ताक्षर
संयुक्त सचिव — पद का नाम
विदेश मंत्रालय,
भारत सरकार

प्रेस-विज्ञप्ति के उदाहरण

1. भारत सरकार के गृह मंत्रालय की ओर से भारत और चीन के बीच सीमा-विवाद पर समझौता हो जाने हेतु प्रेस-विज्ञप्ति जारी कीजिए।

उत्तर **प्रेस-विज्ञप्ति**

दिनांक 23 मार्च, 20XX

विषय भारत और चीन के बीच सीमा-विवाद पर समझौता।

भारत और चीन के बीच वर्षों से चले आ रहे सीमा-विवाद पर समझौता हो चुका है। समझौते पर दोनों देशों के प्रधानमंत्रियों ने सहमति स्वरूप हस्ताक्षर कर इसे लागू करने की स्वीकृति प्रदान कर दी है। सीमा-रेखा के निर्धारण के लिए विवादग्रस्त क्षेत्र के मध्य भाग को सीमा-रेखा मानकर दोनों देशों को मान्य समाधान स्वीकार किया गया है।

(मुख्य सूचना अधिकारी, प्रेस सूचना ब्यूरो, नई दिल्ली के पास विज्ञप्ति जारी करने तथा इसे विस्तृत रूप से प्रसारित करने के लिए प्रेषित।)

हस्ताक्षर ......
सचिव
भारत सरकार
गृह मंत्रालय
नई दिल्ली।

2. बाल विकास परियोजना, उत्तर प्रदेश सरकार के द्वारा विभिन्न पदों के आवेदन पत्रों को पुनः आमंत्रित करने हेतु प्रेस-विज्ञप्ति जारी कीजिए।

उत्तर **प्रेस-विज्ञप्ति**

दिनांक 11 अप्रैल, 20XX

विषय आवेदन पत्रों को पुनः आमंत्रित करना।

बाल विकास परियोजना मूरतगंज, कौशाम्बी में आँगनबाड़ी कार्यकत्रिओं, सहायिकाओं के रिक्त हुए पदों के लिए 'दैनिक हिंदुस्तान' समाचार-पत्र में प्रकाशित विज्ञप्ति 10 फरवरी, 20XX के उत्तर में प्राप्त आवेदन पत्रों को तत्काल प्रभाव से निरस्त किया जाता है तथा नवीनतम शासनादेशानुसार पुनः आवेदन पत्र आमंत्रित किए जाते हैं। आवेदन पत्र इस सूचना के 15 दिनों के भीतर पहुँच जाना चाहिए।

उपर्युक्त पदों के लिए शैक्षिक योग्यता एवं अनुभव पूर्ववत् हैं।

हस्ताक्षर ......
सचिव
बाल विकास परियोजना,
उत्तर प्रदेश सरकार

3. उत्तर प्रदेश सरकार के जिला आबकारी अधिकारी की ओर से आबकारी दुकानों के व्यवस्थापन हेतु प्रेस-विज्ञप्ति जारी कीजिए।

उत्तर **प्रेस-विज्ञप्ति**

दिनांक 23 मार्च, 20XX

विषय आबकारी दुकानों का व्यवस्थापन।

सर्व-साधारण को सूचित किया जाता है कि वर्ष 20XX-XX हेतु आबकारी दुकानों के नवीनीकरण के बाद अवशेष बची 59 देशी शराब, 4 विदेशी मदिरा, 4 बीयर दुकानों तथा 13 विदेशी मदिरा एवं 10 बीयर की नवसृजित दुकानों के लिए निकायवार निर्धारित न्यूनतम, लाइसेंस फीस पर व्यवस्थापन लॉटरी प्रक्रिया से किया जाएगा। देशी शराब, विदेशी मदिरा एवं बीयर की दुकानों की आवेदन फीस ₹ 5,000 (पाँच हज़ार रुपये मात्र) प्रति फार्म, जिस पर नियमानुसार वैट भी देय होगा।

1. आवेदन पत्र प्राप्त करने की तिथि : 19 मार्च, 20XX से 24 मार्च, 20XX, दोपहर 2 बजे तक
2. आवेदन जमा करने की अंतिम तिथि : 24 मार्च 20XX, शाम 5 बजे तक
3. सार्वजनिक लॉटरी : दिनांक 26 मार्च, 20XX जिलाधीश नवीन सभागार, दबरई, फिरोजाबाद, उत्तर प्रदेश

हस्ताक्षर ......
जिलाधिकारी/लाइसेंस प्राधिकारी
फिरोजाबाद (उ.प्र.)।

4. भारत सरकार के संचार मंत्रालय की ओर से कर्मचारियों के वेतन एवं भत्तों की शर्तों की प्रेस-विज्ञप्ति जारी कीजिए।

उत्तर **प्रेस-विज्ञप्ति**

दिनांक 16 जुलाई, 20XX

विषय कर्मचारियों के वेतन एवं भत्तों की शर्तों के संबंध में।

भारत सरकार ने महानिदेशक, डाक और तार के प्रार्थना-पत्र पर डाक-तार कर्मचारियों के वेतन और उनकी सेवा-शर्तों पर विचार करने के लिए तुरंत एक जाँच आयोग के गठन का निश्चय किया है। इस आयोग के सदस्यों के नाम जल्द ही घोषित किए जाएँगे। इसमें डाक-तार विभाग के दो प्रतिनिधि भी सम्मिलित किए जाएँगे।

आयोग के विचारार्थ विषयों में विशेषतः इन कर्मचारियों के वेतन और भत्तों के बारे में, दिन-प्रतिदिन बढ़ती महँगाई को ध्यान में रखते हुए, सरकार को सलाह दी जाएगी। आयोग निम्न वर्ग के कर्मचारियों की प्रोन्नति की अन्य समस्याओं पर भी विचार करेगा।

(मुख्य सूचना अधिकारी, प्रेस सूचना ब्यूरो, नई दिल्ली के पास विज्ञप्ति जारी करने तथा इसे विस्तृत रूप से प्रसारित करने के लिए प्रेषित।)

हस्ताक्षर ......
उप-सचिव
भारत सरकार
संचार मंत्रालय
नई दिल्ली।

अभ्यास के लिए

1. शिक्षा मंत्रालय, भारत सरकार की ओर से निःशुल्क एवं अनिवार्य बाल शिक्षा अधिकार के अंतर्गत अलाभित समूह और दुर्बल वर्ग के बालकों की शिक्षा के संबंध में प्रेस-विज्ञप्ति जारी कीजिए।

2. भारत सरकार की ओर से भारत के प्रधानमंत्री तथा फ्रांस के प्रधानमंत्री के मध्य हुए राजनीतिक संबंधों की घोषणा के संबंध में प्रेस-विज्ञप्ति जारी कीजिए।

3. सी.बी.एस.ई. से संबद्ध सभी विद्यालयों में नैतिक शिक्षा की पढ़ाई को अनिवार्य करने के निर्णय की एक प्रेस-विज्ञप्ति तैयार कीजिए।

4. भारत सरकार के विदेश मंत्रालय की ओर से भारत-पाक संबंधों पर विचार-विमर्श करने हेतु एक प्रेस-विज्ञप्ति जारी कीजिए।

5. आई.एम.ए. के निर्देशक की नियुक्ति की घोषणा हेतु आई.एम.ए. द्वारा जारी होने वाली प्रेस-विज्ञप्ति जारी कीजिए।

परिपत्र

जब कोई सरकारी अथवा कार्यालयी पत्र एक साथ अनेक व्यक्तियों अथवा विभागों को एक ही विषय से संबंधित भेजा जाए, तो वह 'परिपत्र' कहलाता है। इसकी रचना सामान्यत: ज्ञापन के समान होती है तथा भाषा औपचारिक एवं आडंबर रहित होती है।

लेखन हेतु आवश्यक निर्देश

परिपत्र लिखते समय निम्नलिखित निर्देशों का पालन करना चाहिए।

- परिपत्र में **मंत्रालय का नाम**, **पता**, **पत्र संख्या** एवं **दिनांक** सरकारी पत्र के अनुसार लिखा जाता है।
- इसके बाद **शीर्षक** के रूप में **परिपत्र** लिखा जाता है, जिसके पश्चात् **विषय** लिखते हैं।
- पत्र समाप्ति पर **प्रेषक के हस्ताक्षर**, **पदनाम** आदि लिखा जाता है।
- परिपत्र का कलेवर सरकारी पत्र या कार्यालय ज्ञापन की तरह ही होता है।
- इसका प्रेषक एक ही व्यक्ति होता है और प्रापक अनेक व्यक्ति होते हैं।

परिपत्र का प्रारूप

1. भारत सरकार के उप-सचिव की ओर से एक परिपत्र लिखिए, जिसमें असामाजिक संगठनों के कारण देश में अस्थिरता के माहौल के संबंध में कहा गया हो।

भारत सरकार गृह मंत्रालय	**मंत्रालय का नाम व पता**
पत्र संख्या–5/24/020	**पत्र संख्या**
नई दिल्ली, दिनांक 15 जून, 20XX	**पता व दिनांक**
परिपत्र	**शीर्षक**
विषय देश में अस्थिरता के माहौल से संबद्ध।	**विषय**
कुछ असामाजिक संगठन सुनियोजित ढंग से देश में व्यापक अस्थिरता का माहौल पैदा करना चाहते हैं तथा उन्हें शत्रु देशों से प्रोत्साहन भी मिल रहा है। सरकार ने इन असामाजिक संगठनों को पूरी तरह नियंत्रण में करने का निर्णय लिया है। राज्य सरकारों को भी इस संबंध में कड़े कदम उठाने हैं। इस संबंध में सरकार, उठाए जाने वाले कदमों का ब्यौरा शीघ्र ही भेजेगी। राज्य सरकारों का सहयोग अपेक्षित है।	**विषय का विस्तार**
हस्ताक्षर	**प्रेषक के हस्ताक्षर**
उप-सचिव, भारत सरकार।	**पद का नाम**
प्रतिलिपि सभी राज्य सरकार	**प्रतिलिपि**

परिपत्र के उदाहरण

1. मध्य प्रदेश सरकार के विशेष सचिव की ओर से एक परिपत्र लिखिए, जिसमें विभिन्न सेवाओं में अल्पसंख्यक समुदायों के व्यक्तियों के चयन हेतु कहा गया हो।

उत्तर

मध्य प्रदेश सरकार

मुख्य सचिवालय

पत्र संख्या 2025-MPG/अल्पसंख्यक/01

भोपाल, दिनांक 10 फरवरी, 20XX

परिपत्र

विषय अल्पसंख्यक समुदायों का विभिन्न सेवाओं में चयन संबंधी।

उपरोक्त विषयक शासनादेश सं. 12/अ सं/453 कार्मिक-2, दिनांक 18 अगस्त, 2013 के क्रम में यह कहने का निर्देश हुआ है कि राज्याधीन सेवाओं में अल्पसंख्यक समुदायों का अपेक्षित प्रतिनिधित्व सुनिश्चित करने के उद्देश्य से विभिन्न पहलुओं पर विचार के उपरांत शासन ने यह निर्णय लिया है कि सभी रिक्तियों का समुचित प्रचार-प्रसार उर्दू समाचार-पत्र के माध्यम से भी किया जाए।

आपसे अनुरोध है कि कृपया उक्त निर्देशों से अपने अधीनस्थ अधिकारियों/विभागों को अवगत कराने तथा इसका अनुपालन सुनिश्चित कराने का कष्ट करें।

हस्ताक्षर

कामता प्रसाद

विशेष सचिव,

मध्य प्रदेश सरकार।

प्रतिलिपि प्रेषित

(i) समस्त विभागाध्यक्ष एवं कार्यालयाध्यक्ष, मध्य प्रदेश

(ii) समस्त सचिव/विशेष सचिव, मध्य प्रदेश शासन

2. हरियाणा सरकार के मुख्य सचिव की ओर से एक परिपत्र लिखिए, जिसमें सरकारी कार्यालयों में हिंदी के प्रयोग के लिए कहा गया हो।

उत्तर

हरियाणा सरकार

मुख्य सचिवालय

पत्र संख्या–1221/ख/हिंदी/101-120

चंडीगढ़, दिनांक 20 जुलाई, 20XX

परिपत्र

विषय सरकारी कार्यालयों में हिंदी का प्रयोग अनिवार्य करने के संबंध में।

हरियाणा सरकार की ओर से आपको यह सूचित करने का निर्देश प्राप्त हुआ है कि 1 अगस्त, 20XX से हरियाणा के सभी सरकारी कार्यालयों में हिंदी का प्रयोग अनिवार्य है। हरियाणा एक हिंदी भाषी प्रदेश है। अतः यह आवश्यक है कि राज्य के सरकारी कार्यालयों का सारा कार्य हिंदी में ही हो।

आशा है आप इस निर्णय का स्वागत करेंगे और अपने कार्यालय का सारा पत्र व्यवहार अब हिंदी में ही करेंगे।

हस्ताक्षर ....
मुख्य सचिव
हरियाणा सरकार

प्रतिलिपि प्रेषित

समस्त सभी सरकारी कार्यालय

3. अपनी कंपनी का नया साझेदार बनाने की सूचना अपने ग्राहकों को देते हुए परिपत्र लिखिए।

उत्तर **दीवान चंद एंड संस लॉयन्स पार्क**

पत्र संख्या–5/4/020

ग्वालियर, दिनांक 15 मई, 20XX

परिपत्र

विषय कंपनी का नया साझेदार बनाने की सूचना हेतु।

हमें यह सूचित करते हुए बड़े खेद का अनुभव हो रहा है कि हमारी कंपनी के प्रमुख संस्थापक श्री दीवान चंद का स्वास्थ्य ठीक न रहने के कारण कंपनी के सक्रिय कार्यों से अवकाश ग्रहण कर रहे हैं। उनके कुशल नेतृत्व एवं मार्गदर्शन में कंपनी ने जो ख्याति अर्जित की है, वह अपने आप में एक मिसाल है।

श्री दीवान चंद जी की अनुपस्थिति हम सबको हमेशा खलती रहेगी, परंतु हम विवश हैं। खुशी की बात यह है कि दीवान चंद जी के एक निकट सहयोगी श्री रामलाल आनंद जी की सेवाएँ हमें प्राप्त हो गई हैं।

श्री आनंद जी उत्साही, परिश्रमी तथा सत्यनिष्ठ होने के साथ अनुभवी भी हैं। उन्होंने देश-विदेश का अनेक बार भ्रमण किया है। वे लखनऊ हाई कोर्ट में वकालत भी कर चुके हैं। उनकी व्यापारिक कुशलता का हमारी कंपनी को भरपूर लाभ मिलेगा, ऐसी हमें पूर्ण आशा है।

आपने हमारी कंपनी के प्रति अब तक जो सहृदयता और विश्वास प्रकट किया है, उसके लिए हम आपके कृतज्ञ हैं। हमें आशा है कि भविष्य में भी आपका पूर्ववत् सहयोग प्राप्त होता रहेगा।

हस्ताक्षर .....
(राकेश कुमार)
साझेदार,
दीवान चंद एंड संस

प्रतिलिपि प्रेषित

(i) व्यवस्थापक, हीरामल एंड कंपनी
(ii) प्रबंधक, केशवदेव एंड संस
(iii) साझेदार, आत्माराम एंड संस

4. भारतीय स्टेट बैंक के कार्यालय के स्थानांतरण के संबंध में ग्राहकों को सूचित करते हुए परिपत्र लिखिए।

उत्तर **भारतीय स्टेट बैंक राजा की मंडी**

पत्र संख्या -3/24/021

आगरा (उ.प्र.), दिनांक 18 अप्रैल, 20XX

परिपत्र

विषय कार्यालय स्थानांतरण हेतु।

आपको सूचित करते हुए हमें अत्यंत हर्ष हो रहा है कि हमने अपनी शाखा 10, जीवनी मंडी, आगरा स्थित अपने नव-निर्मित भवन में स्थानांतरित करने का निर्णय लिया है।

उक्त नव-निर्मित भवन आकार में बड़ा एवं आधुनिक सुविधाओं से सुसज्जित एवं पूर्णतया वातानुकूलित है। इस भवन में हमने प्रतीक्षारत् ग्राहकों के बैठने के लिए उत्तम प्रकार के आरामदेह फर्नीचर की व्यवस्था की है।

अब आप हमारे नए पते पर ही पत्र-व्यवहार करें। आपको सर्वोत्कृष्ट सेवा प्रदान करना ही हमारा ध्येय है।

ग्राहकों की सेवा, मुस्कान के साथ।

हस्ताक्षर .....
(विष्णु कुमार)
प्रबंधक,
भारतीय स्टेट बैंक

प्रतिलिपि प्रेषित

उत्तर प्रदेश के समस्त विभागाध्यक्ष

अभ्यास के लिए

1. मध्य प्रदेश सरकार के मुख्य सचिव की ओर से एक परिपत्र लिखिए, जिसमें सरकारी कार्यालयों में सामान्य जनता के साथ सहयोग के लिए कहा गया हो।
2. राजस्थान के मुख्य सचिव की ओर से सभी जिलाधिकारियों को परिपत्र लिखकर खाद्यान्न उपलब्धता की सूचना देने को कहें।
3. एक परिपत्र तैयार कीजिए, जिसमें सरकारी कार्यालयों में स्वच्छ पानी की व्यवस्था की जाए।
4. फर्म के एक संस्थापक का आकस्मिक निधन हो जाने पर शोक सभा के आयोजन के संबंध में परिपत्र लिखिए।
5. कर्नाटक सरकार के मुख्य सचिव की ओर से एक परिपत्र लिखिए, जिसमें सरकारी कर्मचारियों को जनसामान्य से सहयोग करने के लिए निर्देश दिए गए हों।
6. श्रम मंत्रालय, उत्तर प्रदेश की ओर से एक परिपत्र लिखकर विभिन्न संबंधित लोगों से यह जानकारी माँगें कि राज्य में बाल श्रमिकों की संख्या कहाँ-कहाँ कितनी है।
7. हिमाचल प्रदेश के मुख्य सचिव की ओर से सभी जिलाधिकारियों को परिपत्र लिखकर खाद्यान्न उपलब्धता की वास्तविक स्थिति की जानकारी माँगें।

रिपोर्ट लेखन (प्रतिवेदन)

हिंदी में प्रयुक्त किया जाने वाला 'रिपोर्ट' शब्द विदेशी शब्दों की श्रेणी में आता है, जिसे अंग्रेजी भाषा से लिया गया है। 'रिपोर्ट' शब्द का अर्थ है—घटना की ठीक-ठीक सूचना। सूचना देने या संवाद भेजने के कार्य को रिपोर्टिंग कहा जाता है। यह एक प्रकार का लिखित विवरण होता है, जिसमें किसी संस्था, सभा, दल, विभाग या विशेष आयोजन की तथ्यात्मक जानकारी दी जाती है। इसका उद्देश्य संबंधित व्यक्तियों को विभिन्न घटनाओं या गतिविधियों से संबंधित कार्य, परिणाम, जाँच या प्रगति आदि की सही-सही एवं समग्र जानकारी देना होता है।

रिपोर्ट के प्रकार

रिपोर्ट अनेक प्रकार की होती है, लेकिन सुविधा की दृष्टि से हम इन्हें मुख्यत: निम्न श्रेणियों में विभाजित कर सकते हैं

- सभा, गोष्ठी या किसी सम्मेलन से संबंधित रिपोर्ट
- संस्था की वार्षिक या मासिक रिपोर्ट
- व्यावसायिक प्रगति या स्थिति से संबंधित रिपोर्ट
- जाँच समिति द्वारा प्रस्तुत रिपोर्ट
- किसी समाचार (घटना, आंदोलन, विभिन्न गतिविधियाँ आदि) से संबंधित रिपोर्ट, जिसे न्यूज रिपोर्टिंग कहा जाता है।

रिपोर्ट लेखन की विशेषताएँ

पत्रकारिता के क्षेत्र में रिपोर्ट का संबंध मुख्यत: न्यूज रिपोर्टिंग से है। अत: समाचार से संबंधित रिपोर्ट में निम्नलिखित विशेषताएँ होती हैं

- रिपोर्ट में घटना का **यथापरक तथ्यात्मक** वर्णन प्रस्तुत किया जाता है।
- इसमें तटस्थता होती है अर्थात् बिना किसी विशेष पक्ष के प्रति सहानुभूति या पक्षपात किए इसमें एक **संतुलित रिपोर्ट** की अपेक्षा की जाती है।
- इसमें रिपोर्ट करने वाले व्यक्ति की घटना के साथ एकात्मकता नहीं होती। इसमें **कलात्मक अभिव्यक्ति** का अभाव होता है।
- रिपोर्ट का महत्त्व **सामयिक** है। समय बीतने के साथ इसकी प्रासंगिकता कम हो जाती है।
- रिपोर्ट छोटी घटना से लेकर बड़ी घटना तक की हो सकती है।
- रिपोर्ट का क्षेत्र अत्यंत विस्तृत होता है। साहित्य, शिक्षा, स्वास्थ्य, कृषि, प्राकृतिक आपदा, फिल्म, आर्थिक, अपराध, खेल आदि लगभग सभी क्षेत्र इसमें सम्मिलित रहते हैं।

रिपोर्ट लेखन के तत्त्व

किसी घटना की तथ्यात्मक प्रस्तुति होने के बावजूद इसके लेखन में अनेक महत्त्वपूर्ण तत्त्व होते हैं, *जिनमें निम्न तत्त्व उल्लेखनीय हैं*

(*i*) **तथ्यपरकता** जब तक रिपोर्टर विभिन्न तथ्यों को पाठकों या दर्शकों के समक्ष प्रस्तुत नहीं करता, तब तक वह रिपोर्ट नहीं होती। अत: यह आँकड़ों एवं तथ्यों पर आधारित होती है।

(*ii*) **प्रत्यक्ष अनुभव** रिपोर्ट लेखन प्रत्यक्ष अनुभव पर आधारित होता है। रिपोर्टर घटनास्थल पर पहुँचकर घटना का जायजा लेता है, तथ्य एकत्रित करता है तथा आस-पास के माहौल की जाँच करता है।

(*iii*) **संक्षिप्तता** किसी भी रिपोर्ट का एक आवश्यक गुण उसकी संक्षिप्तता है। कम शब्दों में अधिक तथ्यों को प्रस्तुत करने वाली रिपोर्ट श्रेष्ठ मानी जाती है।

(*iv*) **रोचकता एवं क्रमबद्धता** यदि घटना का सिलसिलेवार विवरण प्रस्तुत नहीं किया जाए, तो विचारों की तारतम्यता टूटती है। इससे तथ्य आपस में उलझ सकते हैं और उनकी रोचकता कम हो सकती है।

रिपोर्ट एवं रिपोर्ताज में अंतर

- रिपोर्ट में घटना का यथासंभव तथ्यात्मक विवरण प्रस्तुत किया जाता है, जिसमें तटस्थ दृष्टिकोण, शुष्क तथ्य एवं उस तथ्य की कलात्मक पृष्ठभूमि निहित रहती है, लेकिन उसमें साहित्यिकता का अभाव होता है।
- 'रिपोर्ताज' में भावात्मकता, सजीवता, मार्मिकता, सरसता एवं रोचकता का सन्निवेश रहता है। रिपोर्ताज का लेखक रिपोर्टर की तरह घटना से निर्लिप्त नहीं रह सकता, बल्कि वह मानसिक यानि आंतरिक रूप से घटना से जुड़ा रहता है। इसका आकार रिपोर्ट से बड़ा होता है तथा इसमें साहित्य की अनेक अन्य विधाओं— निबंध, रेखाचित्र, यात्रा-वृत्तांत, कहानी आदि की विशेषताओं का भी समावेश रहता है।

प्रतिवेदन (रिपोर्ट) लेखन के उदाहरण

1. अपनी कक्षा के 20 विद्यार्थियों के साथ कक्षा अध्यापक के नेतृत्व में आप एक दिन के लिए हरिद्वार गए थे। क्लास-मॉनिटर के रूप में आप इस ट्रिप की एक रिपोर्ट तैयार कीजिए।

उत्तर **एक दिवसीय हरिद्वार यात्रा**

नीतीश वर्मा, क्लास मॉनिटर कक्षा-11 'ब'

नई दिल्ली। 11 सितंबर, 20XX को हमारी कक्षा 11वीं 'ब' के कक्षा अध्यापक श्री आर के सिंह 20 विद्यार्थियों को स्कूल की बस से एक दिन के लिए हरिद्वार की यात्रा पर लेकर गए थे। इस यात्रा की स्वीकृति 8 सितंबर, 20XX को ही प्राचार्य महोदय से प्राप्त हो गई थी।

बारह (12) लड़के तथा आठ (8) लड़कियों की यह टोली सुबह छह बजे स्कूल परिसर में एकत्रित हुई थी। प्रतिदिन स्कूल यूनिफॉर्म में दिखाई देने वाले सारे विद्यार्थियों की रंग-बिरंगी वेशभूषा आज अधिक आकर्षक लग रही थी। सबके चेहरे खुशी से खिले हुए थे और सभी अत्यंत उत्साहित थे। हमारी कक्षा को पढ़ाने वाले अन्य अध्यापक तथा स्वयं प्राचार्य महोदय भी हमें विदा करने के लिए वहाँ उपस्थित थे। उन्होंने हम सभी को पूरी यात्रा के दौरान अनुशासित रहने, कोई शरारत न करने तथा गंगा नदी में सावधानीपूर्वक स्नान करने की सलाह दी। बस खुलने के बाद सभी विद्यार्थी गप्पें मारने और अंत्याक्षरी खेलने में मग्न हो गए। सहारनपुर में बस को रोका गया तथा सभी को नाश्ता कराया गया।

नाश्ते की व्यवस्था करने की पूर्व सूचना दे दी गई थी। हम लोग लगभग साढ़े दस बजे हरिद्वार पहुँचे। वहाँ हर की पौड़ी पर अत्यधिक भीड़ थी। सभी ने अत्यंत सावधानी बरतते हुए स्नान किया। गंगा का पानी काफी ठंडा था, इसलिए नहाने में सभी को मजा आया। लगभग एक घंटे तक सभी नहाते ही रहे। घाट पर ही हम सभी ने अपने वस्त्र बदले और बस में जाकर बैठ गए।

वहाँ से हम सभी ऋषिकेश पहुँचे। रास्ते में मिलने वाले सभी दर्शनीय स्थलों एवं मंदिरों को देखते हुए आगे बढ़ रहे थे। लक्ष्मण झूले पर चढ़ना अत्यधिक रोमांचक रहा। सभी के मन में एक आशंका व्याप्त थी कि तारों पर टिका यह झूला कहीं टूट न जाए। सारा दिन हम लोग इधर-उधर मिल-जुलकर मस्ती करते रहे। सभी ने बाजार से अपने घर एवं खास लोगों के लिए प्रसाद एवं छोटे-छोटे उपहार खरीदे।

शाम को छह बजे हम लोग वापस अपने शहर की ओर चले। लौटते समय बस में उतना शोर नहीं था, जितना जाते समय था, क्योंकि सभी लोग थक गए थे। रास्ते में हम एक जगह खाना खाने के लिए रुके। इसके बाद रात में लगभग दस बजे हम वापस अपने स्कूल पहुँच चुके थे। वहाँ सभी विद्यार्थियों के अभिभावक पहले से ही सभी की प्रतीक्षा कर रहे थे। हमारा यह ट्रिप वास्तव में बहुत ही यादगार रहा, जिसे हम सभी कभी नहीं भूल पाएँगे।

2. आप के घर के बाहर खड़ी आप की मोटरसाइकिल चोरी हो गई है। उसकी रिपोर्ट थाने में लिखित रूप में कीजिए।

उत्तर **मोटरसाइकिल की चोरी**

123, टैगोर टाउन इलाहाबाद
17 सितंबर, 20XX
अभिषेक कुमार सिंह

आज 17 सितंबर, 20XX को दोपहर के समय मेरे घर मकान संख्या—123, टैगोर टाउन, इलाहाबाद के बाहर खड़ी मोटरसाइकिल नंबर UP5D 21XX चोरी हो गई है। बाजार से लौटकर मैंने इसे लगभग 2 बजे अपने घर के बाहर खड़ा किया था और इसे लॉक करके घर के अंदर चला गया। इसकी चाबी मेरे ही पास है। घर में दोपहर का खाना खाने के बाद जब लगभग 3 बजे अपने एक मित्र के घर जाने के लिए घर से बाहर निकला, तो मोटरसाइकिल अपने स्थान पर नहीं थी। मैंने आस-पास सभी लोगों से इसके बारे में पूछा, पर सभी ने इसकी जानकारी के प्रति अपनी अनभिज्ञता प्रकट की।

हीरो होंडा कंपनी की इस मोटरसाइकिल को मैंने पिछले महीने ही सिविल लाइंस से खरीदा था और यह सिल्वर ग्रे रंग की थी। इसे खरीदने के समय प्राप्त रसीद की फोटो कॉपी भी साथ में संलग्न कर रहा हूँ। कृपया मेरी मोटरसाइकिल को शीघ्रातिशीघ्र खोजने की कृपा करें।

3. आपके गणित के शिक्षक दो दिन पहले ही सेवानिवृत्त हुए हैं। उनका विदाई समारोह छात्रों एवं अध्यापकों ने मिलकर मनाया। स्कूल के सचिव के रूप में इसकी एक रिपोर्ट लिखिए।

उत्तर **श्री श्याम स्वरूप वर्मा सेवानिवृत्त**

(प्रियंका, सचिव, कक्षा-12 'डी')

नई दिल्ली। दो दिन पूर्व 17 सितंबर, 20XX को गणित विभाग के अध्यक्ष श्री श्याम स्वरूप वर्मा लगभग 30 वर्षों की लंबी एवं सफल सेवा के उपरांत सेवानिवृत्त हो गए। वे छात्रों में अत्यधिक लोकप्रिय थे। गणित जैसे कठिन एवं शुष्क विषय को उन्होंने कभी किसी के लिए भी कठिन या नीरस नहीं लगने दिया।

विदाई समारोह का आयोजन विद्यालय के सभागार में किया गया था, जिसमें आठवीं से बारहवीं कक्षा के सभी छात्र-छात्राएँ तथा विद्यालय के सभी अध्यापक उपस्थित थे। हिंदी के अध्यापक श्री रमेश तलवार ने मंच संचालन करते हुए पूरे माहौल को भावुकता से भर दिया। उन्होंने श्री श्याम स्वरूप वर्मा के सद्गुणों की भूरि-भूरि प्रशंसा की तथा उनके जीवन की उन विशेष घटनाओं को सुनाया, जो विद्यार्थियों को पता नहीं थी। अनेक अध्यापकों तथा छात्र-छात्राओं ने उनके अनेक गुणों पर प्रकाश डाला। विद्यालय के प्राचार्य श्री देवकांत मल्होत्रा ने उनकी कर्त्तव्यनिष्ठा की खुलकर प्रशंसा की।

अंत में श्री श्याम स्वरूप वर्मा जी ने स्वयं सभी को धन्यवाद देते हुए विद्यालय को अपनी कर्मभूमि बताया, जहाँ उन्होंने अपने जीवन के सर्वाधिक महत्त्वपूर्ण 30 वर्ष सफलतापूर्वक व्यतीत किए। विद्यालय की ओर से उन्हें प्रशस्ति-पत्र, शॉल और एक स्मृति चिह्न भेंट किया गया। इसे प्राप्त करके वे भावनाओं से अभिभूत हो उठे और उनकी आँखें छलछला आईं। विद्यालय के लॉन में आयोजित चाय पार्टी के बाद विदाई समारोह संपन्न हो गया।

4. दिल्ली में प्रदूषण की समस्या को कम करने के लिए सम-विषम योजना की सफलता का वर्णन करते हुए एक रिपोर्ट लिखिए।

उत्तर **सम-विषम योजना की सफलता**

(संवाददाता, नेहा अरोड़ा, हिंदुस्तान)

नई दिल्ली। 25 जनवरी, 20XX दिल्ली में प्रदूषण के चौंकाने वाले स्तर की वृद्धि से निपटने के लिए मुख्यमंत्री अरविंद केजरीवाल ने एक ऐतिहासिक फैसला लेकर सम-विषम योजना लागू की, जिसमें नंबर प्लेटों के आधार पर वाहनों की आवाजाही प्रतिबंधित की गई थी। इस योजना को सफल बनाने में जनता ने भारी समर्थन दिया। दिल्ली में बढ़ते प्रदूषण स्तर को देखते हुए व दिल्लीवासियों के स्वास्थ्य की चिंता करते हुए इस योजना को लागू किया गया था, जिसमें सम नंबर की गाड़ियाँ सम तारीख को तथा विषम नंबर की गाड़ियाँ विषम तारीख पर चलाने की अनुमति दी गई। इस नियम का उल्लंघन करने वालों पर ₹ 2,000 का जुर्माना लगाने का निर्णय किया गया था। इस नियम में कुछ खास नागरिकों; जैसे—महिलाओं, वीआईपी, आपातकालीन सेवाओं, दुपहिया वाहनों, सीएनजी व सार्वजनिक परिवहनों को छूट दी गई थी तथा इसमें रविवार को सम्मिलित नहीं किया गया था। इस योजना में सरकार ने खामियों के लिए कोई अवसर नहीं छोड़ा था। इसे पूर्ण जिम्मेदारी के साथ निपटाया गया तथा सार्वजनिक परिवहन ने इसमें अहम भूमिका निभाई।

अभ्यास के लिए

1. अपने शहर में हुई किसी सनसनीखेज घटना से उत्पन्न जनाक्रोश पर एक प्रतिवेदन लेखन कीजिए।
2. अपने विद्यालय के वार्षिकोत्सव पर एक प्रतिवेदन तैयार कीजिए।
3. आपके शहर में विद्यालय स्तर पर एक प्रदेश स्तरीय खेल प्रतियोगिता का आयोजन कराया गया है। उससे संबंधित एक प्रतिवेदन लेखन कीजिए।
4. आपके जिले में स्वतंत्रता दिवस का भव्य आयोजन संपन्न हुआ है, जिसमें प्रदेश के मुख्यमंत्री ने भी हिस्सा लिया। इससे संबंधित एक प्रतिवेदन लिखिए।
5. शहर में यातायात जाम की भयंकर समस्या से संबंधित एक प्रतिवेदन तैयार करके यातायात पुलिस अधीक्षक को भेजिए।
6. विद्यालय के छात्रों द्वारा 'स्पोकन इंग्लिश' का पाठ्यक्रम चलाए जाने की प्रबल माँग को देखते हुए विद्यालय के प्राचार्य को एक प्रतिवेदन तैयार करके भेजिए।

7. आपके घर में कुछ असामाजिक तत्त्वों ने घुसकर तोड़-फोड़ की है। इससे संबंधित एक प्रतिवेदन तैयार कीजिए।

8. आपके विद्यालय की अंग्रेज़ी की शिक्षिका कुछ निजी कारणों से विद्यालय छोड़कर जा रही है। उनके लिए संपन्न विदाई समारोह से संबंधित एक प्रतिवेदन लिखिए।

9. पत्रकारीय लेखन में प्रतिवेदन लेखन के महत्त्व पर प्रकाश डालिए।

10. शिक्षा को अधिक रोजगारपरक बनाए जाने की आवश्यकता संबंधी एक प्रतिवेदन सीबीएसई के चेयरमैन को भेजिए।

पाठ्यपुस्तक (अभिव्यक्ति एवं माध्यम) के प्रश्नोत्तर

1. नीचे कुछ स्थितियाँ दी गई हैं। इनमें आप पत्राचार के किस रूप का प्रयोग करेंगे? लिखिए।

(क) किसी सरकारी-पत्र की कार्रवाई के रूप में फाइल शुरू करके विषय का निपटान करना।

उत्तर सरकारी पत्र का।

(ख) विचाराधीन मामलों को निपटाने के लिए लिखित सुझाव देना।

उत्तर टिप्पणी।

(ग) जब सरकार को जन-सामान्य तक कोई सूचना पहुँचानी हो।

उत्तर प्रेस विज्ञप्ति।

(घ) किसी विभाग को कोई सूचना अपने विभाग के कर्मचारियों, अधिकारियों को देनी हो।

उत्तर सूचना।

(ङ) विभाग द्वारा श्रीमती रूपाली को अनुप्रयुक्त भाषा विज्ञान का डिप्लोमा करने सम्बन्धी अनुमति प्रदान करना।

उत्तर सरकारी आदेश।

(च) मंत्रालय द्वारा श्रीमती सुलेखा को शिक्षा-शिक्षण कार्यक्रम में शामिल होने संबंधी सूचना देना।

उत्तर सूचना।

(छ) किसी कार्य का अनुपालन न होने की स्थिति में उसके बारे में पुनः स्मरण कराना।

उत्तर अनुस्मारक पत्र।

(ज) अपने समकक्ष अधिकारी से किसी संदर्भ में परामर्श लेना।

उत्तर अर्द्ध-सरकारी पत्र।

2. आप राजकीय प्रतिभा विकास विद्यालय में हिंदी के शिक्षक हैं और जवाहरलाल नेहरू विश्वविद्यालय से एम.फिल करना चाहते हैं। विभाग से एम. फिल करने की अनुमति प्राप्त करने के लिए पत्र लिखिए।

उत्तर **दिनांक** 23 दिसंबर, 20.......

सेवा में

प्राचार्य,

राजकीय प्रतिभा विकास विद्यालय,

चंडीगढ़।

विषय जवाहरलाल नेहरू विश्वविद्यालय से एम.फिल करने की अनुमति हेतु पत्र।

महोदय,

मैं आपके विद्यालय में हिंदी के शिक्षक पद पर कार्यरत हूँ। मुझे इस पद पर हिंदी एम. ए. शैक्षणिक योग्यता के साथ चुना गया था। इस पद पर रहते हुए मैंने अपने कार्य को पूरी लगन और अनुशासन में रहते हुए निभाया है। मुझे पढ़ना बहुत पसंद है और मैं हमेशा पढ़ाई करता रहता हूँ। अब मैं अपनी शैक्षणिक योग्यता को बढ़ाना चाहता हूँ। इसलिए मैं जवाहर लाल नेहरू विश्वविद्यालय से एम. फिल करना चाहता हूँ। अतः आप से निवेदन है कि आप मुझे इस विश्वविद्यालय से एम.फिल करने की अनुमति प्रदान करें। मैं आपका जीवनोपरांत आभारी रहूँगा।

सधन्यवाद।

भवदीय

रमेश कुमार

हिंदी प्राध्यापक

राजकीय प्रतिभा विकास विद्यालय।

3. विद्यालय में हुए पुरस्कार वितरण समारोह का कार्यवृत्त तैयार कीजिए।

उत्तर **विद्यालय में हुए पुरस्कार वितरण समारोह का कार्यवृत्त**

विद्यालय का नाम आदर्श विद्या निकेतन, जयपुर

स्थान विद्यालय सभागार

दिनांक 10 मार्च, 20XX

समय प्रातः 10:00 बजे से दोपहर 12:30 बजे तक

अध्यक्ष श्रीमती सविता शर्मा (प्रधानाचार्य)

मुख्य अतिथि श्री राजेश वर्मा (जिला शिक्षा अधिकारी)

संयोजक श्री संजय तिवारी (कार्यक्रम प्रभारी)

उपस्थित शिक्षकगण एवं सदस्य

1. श्री अमरकांत शर्मा (वरिष्ठ गणित शिक्षक)
2. श्रीमती स्नेहा गावस्कर (हिंदी शिक्षिका)
3. श्रीमती गीता सिंह (अंग्रेजी शिक्षिका)
4. श्रीमती रूपाली जोशी (संगीत शिक्षिका)
5. श्री अतुल जैन (विज्ञान शिक्षक)
6. श्री आकाश वर्मा (खेल प्रशिक्षक)
7. विद्यालय प्रबंधन समिति के सदस्य
8. अभिभावकगण, विद्यार्थीगण

कार्यक्रम का संक्षिप्त विवरण एवं लिए गए निर्णय

1. उद्घाटन एवं स्वागत समारोह

- कार्यक्रम का शुभारंभ दीप प्रज्वलन एवं सरस्वती वंदना के साथ हुआ।

- प्रधानाचार्या श्रीमती सविता शर्मा ने स्वागत भाषण दिया और विद्यार्थियों को प्रोत्साहित किया।
- मुख्य अतिथि श्री राजेश वर्मा ने शिक्षा के महत्त्व पर अपने विचार प्रस्तुत किए।

2. पुरस्कार वितरण समारोह

- **शैक्षणिक पुरस्कार** कक्षा 6 से 12 तक के प्रथम, द्वितीय एवं तृतेय स्थान प्राप्त करने वाले विद्यार्थियों को सम्मानित किया गया।
- **खेलकूद पुरस्कार** विभिन्न खेल प्रतियोगिताओं (क्रिकेट, कबड्डी, एथलेटिक्स) के विजेताओं को मेडल और प्रमाण पत्र प्रदान किए गए।
- **सांस्कृतिक पुरस्कार** वाद-विवाद, निबंध लेखन, संगीत एवं चित्रकला प्रतियोगिताओं के विजेताओं को सम्मानित किया गया।
- **विशेष पुरस्कार** 'सर्वश्रेष्ठ विद्यार्थी' और 'अनुशासन प्रिय छात्र' को विशेष ट्रॉफी प्रदान की गई।

3. सांस्कृतिक कार्यक्रम

विद्यार्थियों ने नृत्य, नाटक, गायन एवं कविता पाठ की प्रस्तुतियाँ दीं। प्रस्तुति के दौरान छात्रों में उत्साह एवं आनंद का माहौल बना रहा।

4. समापन एवं धन्यवाद ज्ञापन

मुख्य अतिथि ने विद्यालय प्रशासन एवं छात्रों को उनकी उपलब्धियों के लिए बधाई दी।

कार्यक्रम प्रभारी श्री संजय तिवारी ने सभी शिक्षकों, अभिभावकों एवं छात्रों को सफल आयोजन के लिए धन्यवाद दिया।

समारोह का समापन राष्ट्रगान के साथ हुआ।

निष्कर्ष

इस पुरस्कार वितरण समारोह ने विद्यार्थियों को प्रोत्साहित किया और उनकी प्रतिभा को निखारने का अवसर दिया। विद्यालय प्रबंधन ने यह निर्णय लिया कि भविष्य में भी ऐसे कार्यक्रमों का आयोजन किया जाएगा, ताकि छात्रों को सीखने और आगे बढ़ने के लिए प्रेरित किया जा सके।

हस्ताक्षर

(श्रीमती सविता शर्मा)

प्रधानाचार्या, आदर्श विद्या निकेतन, जयपुर

(श्री संजय तिवारी)

कार्यक्रम प्रभारी

4. निम्नलिखित पत्र को ध्यानपूर्वक पढ़िए।

भारतीय रिज़र्व बैंक

नई दिल्ली

कार्यपालक निदेशक

आर.बी.आई./2006/136

फा.सं. 118/11/37.01/2005-06

6 अप्रैल, 2006

अध्यक्ष व प्रबंध निदेशक

सभी सार्वजनिक और निजी बैंक

नई दिल्ली

विषय सिक्के की स्वीकृति और वितरण संबंधी

महोदय/महोदया,

आप अपनी शाखाओं को तत्काल आदेश दें कि वे जनता के किसी भी सदस्य से बिना किसी प्रतिबंध के सभी मूल्यवर्गों के सिक्के स्वीकार करें। यदि कोई उपभोक्ता सिक्कों की माँग करता है, तो उसे सभी मूल्यवर्गों के सिक्के भी उपलब्ध करवाने होंगे।

हालाँकि 5, 10 और 20 पैसे मूल्यवर्गों के छोटे सिक्के बनाना बंद कर दिया गया है, जबकि पहले जारी सिक्के जो अब भी प्रचलन में हैं। वे वैध मुद्रा बने रहेंगे। कृपया इसकी पावती भेजें तथा अपनी कार्यवाही से अवगत करवाएँ।

भवदीया

(डॉ. रश्मि सिन्हा)

कार्यपालक निदेशक

(i) **(क) पंजाब नेशनल बैंक द्वारा इसकी पावती रिजर्व बैंक को भेजिए।**

उत्तर पंजाब नेशनल बैंक

मुख्य शाखा, नई दिल्ली

अध्यक्ष एवं प्रबंध निदेशक

पंजाब नेशनल बैंक/2006/140

फा.सं. 130/11/20.5/2005-06

8 अप्रैल, 2006

कार्यपालक निदेशक,

भारतीय रिजर्व बैंक,

नई दिल्ली।

विषय पावती पत्र।

महोदय/महोदया,

आप द्वारा भेजा गया पत्र क्रमांक 118/11/37.01/2005-06 हमारे कार्यालय में 7 अप्रैल, 2006 को पहुँच चुका है। हम पंजाब नेशनल बैंक की ओर से आपका हार्दिक स्वागत करते हैं कि आपने हमें यह सूचना भेजी।

भवदीय

राकेश कुमार

प्रबंधक पंजाब नेशनल बैंक

नई दिल्ली।

(ख) इस पत्र की विषय-वस्तु के आधार पर रिज़र्व बैंक द्वारा प्रेस विज्ञप्ति तैयार कीजिए।

उत्तर भारतीय रिजर्व बैंक, नई दिल्ली

दिनांक ....

विषय सिक्के की स्वीकृति और वितरण संबंधी सूचना

भारतीय रिज़र्व बैंक द्वारा सभी बैंकों को यह निर्देश जारी किए गए हैं कि किसी भी सदस्य से बिना किसी प्रतिबंध के सभी मूल्यवर्गों के सिक्के स्वीकार करें। यदि कोई उपभोक्ता सिक्कों की माँग करता है, तो उसे सभी मूल्यवर्गों के सिक्के भी उपलब्ध करवाने होंगे। हालाँकि 5, 10 और 20 पैसे मूल्यवर्गों के छोटे सिक्के बनाना बंद कर दिया गया है, जबकि पहले जारी सिक्के जो अब भी प्रचलन में हैं। इसलिए वे वैध मुद्रा बने रहेंगे।

(ग) रिज़र्व बैंक को अभी भी उपभोक्ताओं द्वारा शिकायतें मिल रही हैं। अतः रिजर्व बैंक के महाप्रबंधक को दूसरे बैंकों को अनुस्मारक भेजना है, अतः इस अनुस्मारक को तैयार करने में उनकी मदद कीजिए।

उत्तर अनुस्मारक

भारतीय रिज़र्व बैंक

फा.स. 118/11/37.01/2005-06

नई दिल्ली 18 अप्रैल, 2006

सेवा में,

प्रबंधक महोदय,

सभी सार्वजनिक व निजी बैंक।

नई दिल्ली।

विषय सिक्के की स्वीकृति और वितरण संबंधी निर्देश।

महोदय,

कृपया उपर्युक्त विषय 'सिक्के की स्वीकृति और वितरण' पर इस कार्यालय द्वारा भेजे गए पत्र 118/11/37.01/2005-06 को याद करें, जो 6 अप्रैल, 2006 को भेजा गया था। निवेदन यह है कि सिक्के की स्वीकृति और वितरण संबंधी कार्यालयों के दिए गए निर्देशों पर विचार कर शीघ्र स्वीकृति प्रदान की जाए।

भवदीय,

राम चरण यादव

निदेशक,

भारतीय रिज़र्व बैंक,

नई दिल्ली।

(घ) पंजाब नेशनल बैंक ने अपनी सभी शाखाओं को कार्यालय आदेश भेजा। उपर्युक्त पत्र के आधार पर आप कार्यालय आदेश तैयार कीजिए।

उत्तर पंजाब नेशनल बैंक

फा. स. 150/11/20.5/2005-06

मुख्य शाखा, नई दिल्ली, 12 अप्रैल, 2006

प्रबंधक महोदय,

सभी संबंधित शाखाएँ

पंजाब नेशनल बैंक,

नई दिल्ली।

विषय सिक्के की स्वीकृति और वितरण संबंधी निर्देश।

महोदय/महोदया,

पंजाब नेशनल बैंक की सभी शाखाओं को तत्काल आदेश दिया जाता है कि वे अपनी सभी शाखाओं में सिक्के की स्वीकृति और वितरण संबंधी निर्देशों का नियमानुसार पालन करें।

जनता के किसी भी सदस्य से बिना किसी प्रतिबंध के सभी मूल्यवर्गों के सिक्के स्वीकार करें और उपभोक्ता को सभी मूल्यवर्गों के सिक्के भी उपलब्ध करवाए जाएँ। 5, 10 और 20 पैसे मूल्यवर्गों के छोटे सिक्के बनाना बंद कर दिया गया है, परंतु जो पहले जारी सिक्के हैं, वे अब भी प्रचलन में हैं। वे वैध मुद्रा बने रहेंगे। कृपया निर्देशों को स्वीकार कर सभी शाखाओं में तुरंत लागू किया जाए।

भवदीय,

राजेश शर्मा

निदेशक,

पंजाब नेशनल बैंक,

नई दिल्ली

(ii) **(क) पंजाब नेशनल बैंक की भीकाजी कामा प्लेस और सफदरजंग एंक्लेव की शाखाओं से अभी भी रिज़र्व बैंक को शिकायतें मिल रही हैं कि इन शाखाओं में सिक्कों को स्वीकार नहीं किया जाता, इसलिए कार्यपालक निदेशक को पंजाब नेशनल बैंक के अध्यक्ष को एक अर्द्ध-सरकारी पत्र लिखना है, जिसे आप तैयार कीजिए।**

उत्तर भारतीय रिज़र्व बैंक,

फा.स. 110/11/15/2006

नई दिल्ली, 14 फरवरी, 20XX

रमेश कुमार

कार्यपालक निदेशक।

प्रिय कुलदीप शर्मा,

कृपया विषय 'सिक्के की स्वीकृति और वितरण' पर 6 अप्रैल, 2006 और 14 अप्रैल, 2006 को भेजे गए पत्रों का स्मरण करें। आपकी भीकाजी कामा प्लेस और सफदरजंग एंक्लेव की शाखाओं से अभी भी शिकायतें मिल रही हैं। निवेदन है कि सिक्के की स्वीकृति और वितरण संबंधी कार्यालयों के दिए गए निर्देशों का नियमानुसार पालन करें।

हस्ताक्षर

कार्यपालक निदेशक

(ख) पंजाब नेशनल बैंक के महाप्रबंधक को जब यह पत्र मिलता है, तब वह अपने अधिकारी से इसका जवाब माँगता है। इस विषय-वस्तु को ध्यान में रखते हुए सहायक और अधिकारी की टिप्पणी लिखिए।

(संकेत-सहायक बैंक की शाखा में पिछले छह महीनों का ब्यौरा देगा कि कितने सिक्के उन्होंने स्वीकार किए और कितने सिक्के जारी किए। अधिकारी अपनी टिप्पणी में इसे निराधार बताएगा।)

उत्तर यह टिप्पणी भारतीय रिजर्व बैंक के निदेशक द्वारा भेजे गए पत्र क्रमांक 118/11/37.01/2005-06 से संबंधित है, जिसमें सिक्के की स्वीकृति और वितरण संबंधी निर्देशों का पालन करने का अनुरोध किया गया था। यह भी विचार करने योग्य बात है कि हमारी शाखा ने इस पत्र के निर्देशानुसार अपनी सभी शाखाओं में निर्देशों को स्वीकार कर उनका पालन किया है। पिछले छः महीनों में हमारी शाखा ने 5, 10 और 20 मूल्य वर्गों के लगभग 80000 सिक्के स्वीकार किए हैं और लगभग 2 लाख सिक्के जारी किए हैं।

हमारी शाखा ने इन निर्देशों का पालन किया है, अतः ये शिकायतें बिल्कुल निराधार हैं।

विचारार्थ प्रस्तुत

गणेश कुमार

सहायक

प्रमुख अधिकारी।

08

अध्याय

स्ववृत्त (बायोडाटा) लेखन और रोजगार संबंधी आवेदन पत्र

स्ववृत्त का अर्थ

एक विशेष प्रकार का लेखन जिसमें किसी व्यक्ति विशेष के बारे में किसी विशेष प्रयोजन को ध्यान में रखकर क्रमवार तरीके से सूचनाएँ संकलित की जाती हैं, स्ववृत्त (बायोडाटा) कहलाता है।

अभ्यास के लिए

- पाठ्यपुस्तक के प्रश्नोत्तर
- अतिलघु उत्तरीय प्रश्न
- लघु उत्तरीय प्रश्न

स्ववृत्त उम्मीदवार के प्रतिनिधि के रूप में कार्य करता है। स्ववृत्त नियोक्ता के मन में उम्मीदवार के प्रति एक सकारात्मक धारणा प्रस्तुत करता है। इसलिए एक अच्छे स्ववृत्त को एक चुंबक की तरह माना जाता है।

स्ववृत्त दो शब्दांशों से मिलकर बना है, स्व + वृत्त

स्व = स्वयं, खुद, अपना।

वृत्त = परिचय, ब्यौरा (व्यक्ति विशेष का लेखा-जोखा, योग्यता, अनुभव, उपलब्धियाँ आदि)

यहाँ ध्यान रखने योग्य बात यह है कि किसी भी व्यक्ति से संबंधित सूचनाएँ अंतहीन हो सकती हैं अर्थात् बहुत अधिक हो सकती हैं। लेकिन प्रत्येक सूचना नियोक्ता के काम की हो, यह आवश्यक नहीं है। इसलिए स्ववृत्त में वही सूचनाएँ डाली जा सकती हैं, जिनमें दूसरे पक्ष अर्थात् नियोक्ता की रूचि हो या उनके उद्देश्य के अनुसार सही बैठती हों।

स्ववृत्त के पक्ष

स्ववृत्त के दो पक्ष होते हैं

1. स्ववृत्त के पहले पक्ष में वह उम्मीदवार होता है, जिसको केंद्र में रखकर सूचनाएँ संकलित की जाती हैं अर्थात् पहला पक्ष उम्मीदवार होता है।
2. स्ववृत्त के दूसरे पक्ष में नियोक्ता या वह संस्था होती है, जिसके प्रयोजन को ध्यान में रखकर सूचनाएँ एकत्रित की जाती हैं अर्थात् दूसरा पक्ष नियोक्ता होता है।

स्ववृत्त की विशेषताएँ

स्ववृत्त की निम्नलिखित विशेषताएँ होती हैं

1. **ईमानदारी** स्ववृत्त लिखने में ईमानदारी बरतनी चाहिए। स्ववृत्त में किसी भी प्रकार के झूठे दावे या सूचना नहीं लिखी होनी चाहिए। नियोक्ता को उम्मीदवारों के चयन का काफी अनुभव होता है, इसलिए उम्मीदवार द्वारा अपने बारे में किए गए गलत दावों को नियोक्ता आसानी से पहचान लेते हैं और साक्षात्कार के समय वास्तविकता उनके सामने आ ही जाती है।
2. **व्यक्तित्व, ज्ञान और अनुभव** स्ववृत्त में अपनी विशेषताओं को कम शब्दों में इस प्रकार बताना चाहिए कि नियोक्ता को आपकी विशेषताओं के बारे में पता भी लग जाए और उन्हें समझने में अधिक समय भी न लगे। स्ववृत्त में उम्मीदवार को अपने व्यक्तित्व, ज्ञान और अनुभव के सभी पहलुओं पर जोर देना चाहिए।
3. **भाषा-शैली** स्ववृत्त की भाषा-शैली सीधी, सरल, सटीक और साफ होनी चाहिए, जिससे पढ़ने वालों को सभी सूचनाएँ एक ही बार में स्पष्ट हो जाएँ। स्ववृत्त में आलंकारिक भाषा का प्रयोग नहीं करना चाहिए।
4. **आकार** स्ववृत्त के आकार के संदर्भ में कोई निश्चित नियम तो नहीं है, परंतु स्ववृत्त न तो आवश्यकता से अधिक लंबा होना चाहिए और न ही अधिक छोटा होना चाहिए। यदि स्ववृत्त छोटा और बहुत संक्षिप्त हुआ, तो अनेक आवश्यक सूचनाएँ छूट जाएँगी और यदि लंबा हुआ तो पढ़ने वाला असहजता महसूस करने लगेगा जिसके कारण वह अनेक पहलुओं को नजर अंदाज कर देगा।

   स्ववृत्त के आकार के संदर्भ में दो महत्त्वपूर्ण निम्नलिखित धारणाएँ हैं

   (i) **उच्च पद एवं अनुभवी व्यक्तियों के लिए** उच्च पद के लिए उम्मीदवार कम होते हैं अत: स्ववृत्त भी गिनती के ही लोग भेजते हैं, जो सभी अच्छी योग्यता वाले तथा व्यापक अनुभव वाले होते हैं। इस स्थिति में स्ववृत्त यदि लंबा होता है अर्थात् नौ-दस पृष्ठों का भी होता है, तो नियोक्ता उसे ध्यानपूर्वक पढ़ता है और बहुत बारीकी से पढ़ता है।

   (ii) **निम्न पद एवं अनुभवहीन व्यक्तियों के लिए** निम्न पद के लिए आवेदन बड़ी संख्या में आते हैं। यदि स्ववृत्त दो-तीन पृष्ठों से अधिक लंबा होता है, तो पढ़ने वाले अर्थात् नियोक्ता का धैर्य समाप्त हो जाता है और वह पूरे स्ववृत्त को पढ़ने में रुचि नहीं रखता। अत: निम्न पद के लिए तथा अनुभवहीन व्यक्तियों का स्ववृत्त संक्षिप्त होना चाहिए।
5. **टंकित या कंप्यूटर-मुद्रित** स्ववृत्त साफ-सुथरे ढंग से टंकित या कंप्यूटर मुद्रित होना चाहिए। स्ववृत्त में व्याकरण संबंधी अशुद्धियाँ भी नहीं होनी चाहिए, क्योंकि स्ववृत्त में व्याकरण संबंधी अशुद्धियाँ उम्मीदवार की लापरवाही की ओर संकेत करती हैं।
6. **सूचनाओं का अनुशासित प्रवाह** स्ववृत्त में उम्मीदवार संबंधी सभी सूचनाएँ एक अनुशासित प्रवाह में संकलित होनी चाहिए। इनका सामान्यत: निम्न क्रम होना चाहिए

   (i) व्यक्ति परिचय (ii) शैक्षणिक योग्यता
   (iii) व्यावसायिक योग्यता (iv) पात्रता परीक्षा
   (v) अनुभव (यदि है) (vi) उपलब्धियाँ
   (vii) कार्येत्तर गतिविधियों में सहभागिता
7. **व्यक्ति परिचय** स्ववृत्त में व्यक्ति परिचय के अंतर्गत निम्नलिखित सूचनाएँ संकलित की जाती हैं
   - उम्मीदवार का नाम
   - माता-पिता का नाम
   - जन्म तिथि
   - पत्र-व्यवहार का पता
   - स्थायी पता
   - मोबाइल नंबर
   - ई-मेल पता
8. **शैक्षणिक योग्यता** शैक्षणिक योग्यताओं से संबंधित सूचनाएँ एक सारणी के रूप में प्रस्तुत की जाती हैं जिसमें डिग्री या परीक्षा का विवरण, स्कूल या कॉलेज का नाम, बोर्ड या विश्वविद्यालय का नाम, संबंधित परीक्षा का वर्ष, परीक्षा के विषय, प्राप्तांक प्रतिशत और श्रेणी का उल्लेख होना चाहिए।
9. **अनुभव का विवरण** उम्मीदवार यदि किसी बड़े पद के लिए आवेदन कर रहा है और वह बहुत अनुभवी है, तो अनुभव का ब्यौरा व्यक्ति परिचय के तुरंत बाद रखा जा सकता है। लेकिन उम्मीदवार कॉलेज के तुरंत बाद पढ़ाई करके रिक्त के लिए आवेदन करता है, तो उसे व्यक्ति परिचय के बाद अपनी शैक्षणिक योग्यताओं की सारणी प्रस्तुत करनी चाहिए।
   - उच्च या बड़े पद के लिए अनुभव का परिचय, व्यक्ति परिचय के तुरंत बाद।
   - अध्ययन को पूर्ण करके निकलने वाला योग्यताधारी व्यक्ति परिचय के बाद अपनी शैक्षणिक योग्यताओं का उल्लेख करें।
10. **रुचि का उल्लेख** स्ववृत्त में उम्मीदवार को अपनी रुचि का उल्लेख विशेष तौर पर करना चाहिए जिससे नियोक्ता को उसके व्यक्तित्व की आंतरिक अभिरुचि ज्ञात हो सके।
11. **कार्येत्तर गतिविधियाँ** अपने कार्य के अतिरिक्त अन्य गतिविधियाँ, जैसे रुचि (हॉबी) आदि के माध्यम से उम्मीदवार के व्यक्तित्व के बारे में अधिक जानकारी प्राप्त हो जाती है, जिससे आवेदित पद के लिए उसकी योग्यता को तय करना आसान हो जाता है। जैसे, यदि कोई अच्छा फुटबॉल खिलाड़ी है तो यह मान लिया जाता है कि उसमें टीम भावना अवश्य होगी या फिर आशुभाषण, वाद-विवाद प्रतियोगिता में, पुरस्कृत व्यक्ति में वाक्पटुता व संभाषण कला अथवा तुरंत प्रत्युत्तर देने की कला अवश्य होगी। अत: कार्येत्तर गतिविधियों का उल्लेख विशेष रूप से करना चाहिए।

12. **भाषा-ज्ञान** उम्मीदवार यदि एक से अधिक भाषाएँ लिखना, पढ़ना और बोलना जानता है, तो उसे स्ववृत्त में उनकी जानकारी अवश्य प्रस्तुत करनी चाहिए।
13. **संदर्भित व्यक्तियों के नाम पते** स्ववृत्त में दो-तीन संदर्भित व्यक्तियों के नाम व पते अवश्य देने चाहिए, परंतु वे उम्मीदवार के रिश्तेदार न हों, लेकिन उसकी योग्यताओं व क्षमताओं से परिचित हों। जिन लोगों के नाम व पते दिए जाएँ वे उम्मीदवार के क्षेत्र से संबंधित जाने-माने एवं प्रतिष्ठित व्यक्ति हों।

    वहीं वह उम्मीदवार जो कॉलेज से निकलकर पहली बार पेशे में प्रवेश कर रहे हैं, उन्हें अपने प्रिंसिपल या प्रोफेसरों के नाम व पते देने चाहिए। कॉलेज से तुरंत निकले उम्मीदवारों के संबंध में नियोक्ता द्वारा प्रिंसिपल व प्रोफेसरों की राय को महत्त्वपूर्ण माना जाता है, क्योंकि इन्होंने उम्मीदवार को विद्यार्थी के रूप में लंबे समय तक देखा-परखा होता है।

आवेदन-पत्र

स्ववृत्त के साथ एक आवेदन-पत्र भी लिखा जाता है। आवेदन-पत्र के साथ उम्मीदवार अपना स्ववृत्त लगाता है और उसे नियोक्ता के पास प्रेषित कर देता है।

स्ववृत्त में सारी जानकारियाँ दे दी जाती हैं लेकिन फिर भी अलग से आवेदन-पत्र लिखने की आवश्यकता होती है, क्योंकि स्ववृत्त तो बना-बनाया रखा होता है, जबकि आवेदन-पत्र विज्ञापन, पद एवं संबंधित संस्थान को लेकर लिखा जाता है।

आवेदन-पत्र निम्नलिखित उद्देश्यों की पूर्ति के लिए लिखा जाता है

(i) आवेदन-पत्र से व्यक्ति अपनी नियुक्ति की इच्छा को प्रकट करता है, स्ववृत्त से नहीं।

(ii) वैयक्तिक स्पर्श के लिए।

(iii) भाषा ज्ञान एवं अभिव्यक्ति क्षमता का परिचय।

(iv) पद व संस्थान के प्रति गंभीरता का विश्वास जगाना।

(v) प्रत्येक विज्ञापन के लिए अलग।

आवेदन-पत्र की विषय-वस्तु

आवेदन-पत्र की विषय-वस्तु में मुख्यत: चार भाग होते हैं

1. **भूमिका** पहले खंड में उम्मीदवार विज्ञापन तथा विज्ञापित पद पर अपनी उम्मीदवारी की इच्छा प्रकट करता है।
2. **सक्षमता** दूसरे खंड में उम्मीदवार यह बताता है कि वह विज्ञापन में वर्णित योग्यताओं और आवश्यकताओं को पूरा करने में सक्षम है। इससे उम्मीदवार की भाषा-शैली तथा अभिव्यक्ति की क्षमता का भी परिचय मिल जाता है।
3. **पद एवं संस्थान के प्रति गंभीरता एवं अभिरुचि** तीसरे खंड में उम्मीदवार पद और संस्थान के प्रति अपनी गंभीरता और अभिरुचि को अभिव्यक्त करता है।
4. **उपसंहार** आवेदन-पत्र का चौथा खंड उपसंहार होता है। इसमें आवेदन-पत्र की विषय-वस्तु का औपचारिक समापन होता है। आवेदन-पत्र विशेष तौर पर हर विज्ञापन के लिए लिखे जाते हैं। इससे उम्मीदवार के भाषा-ज्ञान और अभिव्यक्ति की क्षमता की जानकारी तो प्राप्त होती ही है, साथ ही नियोक्ता को यह भी ज्ञात हो जाता है कि उम्मीदवार पद और संस्थान को लेकर गंभीर है या नहीं। आवेदन-पत्र के माध्यम से बहुत कुछ बातों का आभास नियोक्ता को हो जाता है।

स्ववृत्त लेखन

स्ववृत्त में व्यक्ति अपने व्यक्तित्व, ज्ञान और अनुभव के सबल पक्ष को इस प्रकार प्रस्तुत करता है, जो नियोक्ता के मन में उम्मीदवार के प्रति अच्छी व सकारात्मकता छवि प्रस्तुत करता है।

स्ववृत्त में अपना पूरा परिचय, पता, संपर्क सूत्र (टेलीफोन, मोबाइल, ई-मेल आदि), शैक्षणिक व व्यावसायिक योग्यताओं के क्रमवार विवरण के साथ-साथ अन्य संबंधित योग्यताओं, विशेष उपलब्धियों, कार्येत्तर गतिविधियों व अभिरुचियों का उल्लेख होना चाहिए।

स्ववृत्त लेखन का प्रारूप

नाम : रश्मि मिश्रा
पिता का नाम : श्री निशांत मिश्रा
माता का नाम : श्रीमती शशि मिश्रा
जन्म तिथि : 2 अक्टूबर, 1995
वर्तमान पता : ए-24, गूजर की थड़ी जयपुर (राजस्थान)
स्थायी पता : उपर्युक्त
दूरभाष नंबर : 01419283XX
मोबाइल नंबर : 9823XXXXXX
ई-मेल : 25rashmi@gmail.com

शैक्षणिक योग्यताएँ

क्र.सं.	परीक्षा/डिग्री	वर्ष	विद्यालय/बोर्ड/महाविद्यालय	विषय	श्रेणी	प्रतिशत
1.	दसवीं	2011	महेश्वरी पब्लिक स्कूल, जयपुर सी.बी.एस.ई.	अंग्रेजी, हिंदी, विज्ञान, गणित,सामाजिक विज्ञान, संस्कृत	प्रथम	92%
2.	बारहवीं	2013	उपर्युक्त	अंग्रेजी, हिंदी, भौतिक विज्ञान, रासायनिक विज्ञान, जीव-विज्ञान	प्रथम	94%
3.	बी.एस.ई.	2016	महारानी कॉलेज, जयपुर राजस्थान विश्वविद्यालय	रसायन विज्ञान, भौतिक विज्ञान, जीव-विज्ञान	प्रथम	85%
4.	एम.एस.ई.	2018	राजस्थान विश्वविद्यालय, जयपुर	रसायन विज्ञान	प्रथम	84%
5.	बी.एड.	2020	पारीक कॉलेज, जयपुर	रसायन विज्ञान, जीव-विज्ञान	प्रथम	83%
6.	पी.एच.डी.	2021 लगातार	राजस्थान विश्वविद्यालय	रसायन विज्ञान	....	....

अन्य संबंधित योग्यताएँ

- स्मार्ट बोर्ड कक्षाओं का ज्ञान, कंप्यूटर का ज्ञान,
- विज्ञान प्रदर्शनी का आयोजन करने में निपुणता

उपलब्धियाँ

- विज्ञान क्विज (जिला स्तर) प्रतियोगिता में द्वितीय पुरस्कार वर्ष 2012
- विज्ञान क्विज (विश्वविद्यालय स्तर) प्रतियोगिता में प्रथम पुरस्कार वर्ष 2015

कार्येत्तर गतिविधियाँ तथा अभिरुचियाँ

- सेंट्रल स्कूल, मालवीय नगर, जयपुर में अवकाश रिक्ति पर पीजीटी केमेस्ट्री पद पर छः माह का शिक्षण अनुभव
- विज्ञान प्रदर्शनी का आयोजन
- विज्ञान से संबंधित पत्रिकाओं का नियमित पठन

संदर्भित व्यक्तियों का विवरण

- श्री राकेश मोहन डंगायच, प्रोफेसर, राजस्थान विश्वविद्यालय जयपुर
- श्रीमती रीमा मजूमदार, प्रिंसिपल, सेंट्रल स्कूल, मालवीय नगर, जयपुर

तिथि 6.10.20XX रश्मि मिश्रा
स्थान जयपुर हस्ताक्षर

पाठ्यपुस्तक (अभिव्यक्ति एवं माध्यम) के प्रश्नोत्तर

1. कल्पना कीजिए कि आपने पत्रकारिता के क्षेत्र में अपना अध्ययन पूरा कर लिया है और किसी प्रसिद्ध अखबार में पत्रकार पद के लिए आवेदन भेजना है। इसके लिए एक आवेदन-पत्र लिखिए।

उत्तर छात्र स्वयं करें।

2. राजीव गाँधी फाउंडेशन हायर एजुकेशन हेतु स्कॉलरशिप प्रदान करती है। अतः उसे प्राप्त करने के लिए अपना बायोडाटा तैयार कीजिए।

उत्तर छात्र स्वयं करें।

3. स्ववृत्त में कौन-कौन से बिंदुओं को शामिल किया जाता है और उनकी प्रस्तुति का क्या प्रभाव पड़ता है?

उत्तर स्ववृत्त में निम्नलिखित बिंदुओं को शामिल किया जाता है

(i) स्ववृत्त में ईमानदारी होनी चाहिए।

(ii) स्ववृत्त का आकार जरूरत से अधिक बड़ा या छोटा नहीं होना चाहिए।

(iii) स्ववृत्त में सरल और स्पष्ट भाषा-शैली का प्रयोग करना चाहिए।

(iv) स्ववृत्त में जानकारी देते समय अपने बारे में बढ़-चढ़कर बातें नहीं बतानी चाहिए।

(v) स्ववृत्त साफ और सुंदर ढंग से लिखा होना चाहिए।

उपर्युक्त बिंदुओं की प्रस्तुति का नियोक्ता पर सकारात्मक प्रभाव पड़ता है। एक अच्छा स्ववृत्त किसी चुंबक की तरह आपका आकर्षण चित्र नियोक्ता के सामने प्रस्तुत करता है, जिसे हम कहीं भी नौकरी की तलाश में जाते हैं तो सर्वप्रथम अपना स्ववृत्त कार्यालय को भेजते हैं। यदि हमारा स्ववृत्त उत्तम और श्रेष्ठ होगा तो वह नियोक्ता को अपनी ओर अवश्य आकर्षित करेगा। अच्छे स्ववृत्त से आपको नौकरी मिलने की संभावनाएँ बढ़ जाएँगी।

अभ्यास प्रश्न

अतिलघु उत्तरीय प्रश्न

1. स्ववृत्त क्या है?

उत्तर एक विशेष प्रकार का लेखन, जिसमें किसी व्यक्ति विशेष के बारे में किसी विशेष प्रयोजन को ध्यान में रखकर क्रमवार तरीके से सूचनाएँ संकलित की जाती हैं, स्ववृत्त (बायोडाटा) कहलाता है। स्ववृत्त उम्मीदवार के प्रतिनिधि के रूप में कार्य करता है। स्ववृत्त नियोक्ता के मन में उम्मीदवार के प्रति एक सकारात्मक धारणा प्रस्तुत करता है। इसलिए एक अच्छे स्ववृत्त को एक चुंबक की तरह माना जाता है।

2. स्ववृत्त के कितने पक्ष होते हैं?

उत्तर स्ववृत्त के दो पक्ष होते हैं

1. स्ववृत्त के पहले पक्ष में वह उम्मीदवार होता है, जिसको केंद्र में रखकर सूचनाएँ संकलित की जाती हैं अर्थात् पहला पक्ष उम्मीदवार होता है।
2. स्ववृत्त के दूसरे पक्ष में नियोक्ता या वह संस्था होती है, जिसके प्रयोजन को ध्यान में रखकर सूचनाएँ एकत्रित की जाती हैं अर्थात् दूसरा पक्ष नियोक्ता होता है।

लघु उत्तरीय प्रश्न

1. स्ववृत्त की विशेषताओं का वर्णन कीजिए।

उत्तर स्ववृत्त की निम्नलिखित विशेषताएँ होती हैं

1. **ईमानदारी** स्ववृत्त लिखने में ईमानदारी बरतनी चाहिए। स्ववृत्त में किसी भी प्रकार के झूठे दावे या सूचना नहीं लिखी होनी चाहिए। नियोक्ता को उम्मीदवारों के चयन का काफी अनुभव होता है, इसलिए उम्मीदवार द्वारा अपने बारे में किए गए गलत दावों को नियोक्ता आसानी से पहचान लेते हैं और साक्षात्कार के समय वास्तविकता उनके सामने आ ही जाती है।
2. **व्यक्तित्व, ज्ञान और अनुभव** स्ववृत्त में अपनी विशेषताओं को कम शब्दों में इस प्रकार बताना चाहिए कि नियोक्ता को आपकी विशेषताओं के बारे में पता भी लग जाए और उन्हें समझने में अधिक समय भी न लगे। स्ववृत्त में उम्मीदवार को अपने व्यक्तित्व, ज्ञान और अनुभव के सभी पहलुओं पर जोर देना चाहिए।
3. **सूचनाओं का अनुशासित प्रवाह** स्ववृत्त में उम्मीदवार संबंधी सभी सूचनाएँ एक अनुशासित प्रवाह में संकलित होनी चाहिए। इनका सामान्यतः निम्न क्रम होना चाहिए

   (i) व्यक्ति परिचय (ii) शैक्षणिक योग्यता
   (iii) व्यावसायिक योग्यता (iv) पात्रता परीक्षा
   (v) अनुभव (यदि है) (vi) उपलब्धियाँ
   (vii) कार्येत्तर गतिविधियों में सहभागिता
4. **व्यक्ति परिचय** स्ववृत्त में व्यक्ति परिचय के अंतर्गत निम्नलिखित सूचनाएँ संकलित की जाती हैं

   (i) उम्मीदवार का नाम (ii) माता-पिता का नाम
   (iii) जन्म तिथि (iv) पत्र-व्यवहार का पता
   (v) स्थायी पता (vi) मोबाइल नंबर
   (vii) ई-मेल पता

2. आवेदन-पत्र से क्या आशय है? इसके उद्देश्यों का वर्णन कीजिए।

उत्तर स्ववृत्त के साथ एक आवेदन-पत्र भी लिखा जाता है। आवेदन-पत्र के साथ उम्मीदवार अपना स्ववृत्त लगाता है और उसे नियोक्ता के पास प्रेषित कर देता है।

स्ववृत्त में सारी जानकारियाँ दे दी जाती हैं, लेकिन फिर भी अलग से आवेदन-पत्र लिखने की आवश्यकता होती है, क्योंकि स्ववृत्त तो बना-बनाया रखा होता है जबकि आवेदन-पत्र विज्ञापन, पद एवं संबंधित संस्थान को लेकर लिखा जाता है। आवेदन-पत्र निम्नलिखित उद्देश्यों की पूर्ति के लिए लिखा जाता है

(i) आवेदन-पत्र से व्यक्ति अपनी नियुक्ति की इच्छा को प्रकट करता है, स्ववृत्त से नहीं।

(ii) वैयक्तिक स्पर्श के लिए।

(iii) भाषा ज्ञान एवं अभिव्यक्ति क्षमता का परिचय।

(iv) पद व संस्थान के प्रति गंभीरता का विश्वास जगाना।

(v) प्रत्येक विज्ञापन के लिए अलग।

3. आवेदन-पत्र की विषय-वस्तु पर प्रकाश डालिए।

उत्तर आवेदन-पत्र की विषय-वस्तु में मुख्यतः चार भाग होते हैं

1. **भूमिका** पहले खंड में उम्मीदवार विज्ञापन तथा विज्ञापित पद पर अपनी उम्मीदवारी की इच्छा प्रकट करता है।
2. **सक्षमता** दूसरे खंड में उम्मीदवार यह बताता है कि वह विज्ञापन में वर्णित योग्यताओं और आवश्यकताओं को पूरा करने में सक्षम है। इससे उम्मीदवार की भाषा-शैली तथा अभिव्यक्ति की क्षमता का भी परिचय मिल जाता है।
3. **पद एवं संस्थान के प्रति गंभीरता एवं अभिरुचि** तीसरे खंड में उम्मीदवार पद और संस्थान के प्रति अपनी गंभीरता और अभिरुचि को अभिव्यक्त करता है।
4. **उपसंहार** आवेदन-पत्र की विषय-वस्तु का औपचारिक समापन होता है।

4. आप अपने आपको डॉ. अंजली गुप्ता मानते हुए राजस्थान पत्रिका में आए हुए विज्ञापन महिला चिकित्सालय में महिला चिकित्सक (प्रसूति विशेषज्ञ) के पद हेतु आवेदन-पत्र लिखिए। इसके लिए स्ववृत्त भी तैयार कीजिए।

उत्तर सेवा में,
श्रीमान स्वास्थ्य निदेशक,
स्वास्थ्य विभाग,
सी-स्कीम, जयपुर।
302015

विषय महिला चिकित्सालय में महिला चिकित्सक (प्रसूति विशेषज्ञ) पद के लिए आवेदन।

महोदय,

आज दिनांक 7 अक्टूबर, 2021 को राजस्थान पत्रिका में विज्ञापन प्रकाशित हुआ था जिससे ज्ञात हुआ है कि राजस्थान के स्वास्थ्य विभाग के अंतर्गत महिला चिकित्सालय में महिला चिकित्सक (प्रसूति विशेषज्ञ) के पद पर चिकित्सक की आवश्यकता है। मैंने एस.एम.एस. मेडिकल कॉलेज से गाइनोकोलॉजी में एम.एस. किया है। मैं इस पद के लिए अपना आवेदन-पत्र प्रस्तुत कर रही हूँ।

मैं अपना स्ववृत्त इस आवेदन-पत्र के साथ संलग्न कर रही हूँ। मैं विज्ञापन में दी गई सभी योग्यताओं को पूरा करती हूँ।

मेरा संक्षिप्त विवरण इस प्रकार है

- मैंने एस.एम.एस. मेडिकल कॉलेज से गाइनी (प्रसूति) में एम.एस. किया है तथा वर्तमान में मैं एपेक्स हॉस्पिटल में कार्यरत् हूँ। मैंने एम.बी.बी.एस. भी उपर्युक्त कॉलेज से ही किया था।
- मैंने फोर्टीज हॉस्पिटल में रेजीडेंट के पद पर भी कार्य किया था।
- मैंने स्वास्थ्य विभाग द्वारा आयोजित कैंपों में भी कार्य किया है। इस दौरान ग्रामीण क्षेत्रों में आयोजित कैंपों में महिलाओं को उनके स्वास्थ्य के प्रति सजग करते हुए उनका मार्गदर्शन किया है।
- मैंने विद्यालय में अपनी पढ़ाई के दौरान विज्ञान क्विज में भाग लिया तथा अंतर्राष्ट्रीय विज्ञान प्रतियोगिता में द्वितीय पुरस्कार प्राप्त किया।

मुझे बचपन से ही विज्ञान विषय में रुचि रही है। मैंने समय-समय पर आयोजित स्वास्थ्य संबंधी समस्याओं पर आधारित वर्कशॉप्स में भाग लिया है।

आपसे विनम्र अनुरोध है कि उपर्युक्त पद के लिए मेरी योग्यताओं को ध्यान में रखते हुए मुझे साक्षात्कार हेतु बुलावा पत्र भेजें। तदन्तर मेरे अनुभव व मेरी योग्यता से संतुष्ट हो जाने पर मुझे उपर्युक्त पद पर नियुक्ति प्रदान करें। मैं सरकारी अस्पताल में कार्य करने की तीव्र इच्छा रखती हूँ। मैं आपको आश्वस्त करती हूँ कि मेरे सानिध्य में मरीजों को उनके इलाज से संबंधित सही मार्गदर्शन प्राप्त होगा।

सधन्यवाद।

भवदीया
डॉ. अजंली गुप्ता

संलग्न प्रमाण-पत्र

1. दसवीं की अंक तालिका
2. बारहवीं की अंक तालिका
3. एम.बी.बी.एस. की अंक तालिका व प्रमाण-पत्र
4. एम.एस. डिग्री का प्रमाण-पत्र
5. कार्यानुभव व प्रमाण-पत्र

स्ववृत्त

नाम	:	डॉ. अंजली गुप्ता
पिता का नाम	:	डॉ. राकेश गुप्ता
माता का नाम	:	श्रीमती प्रीति गुप्ता
जन्म तिथि	:	1 फरवरी, 1991
वर्तमान पता	:	सी-52, सेक्टर सात चित्रकूट कॉलोनी जयपुर
स्थायी पता	:	उपर्युक्त
मोबाइल नंबर	:	9753XXXXXX
ई-मेल	:	01anjali@gmail.com

शैक्षणिक योग्यताएँ

क्र. सं.	परीक्षा/ डिग्री	वर्ष	विद्यालय/बोर्ड/ महाविद्यालय	विषय	श्रेणी	प्रतिशत
1.	दसवीं	2006	आई.आई.एस जयपुर/सी.बी.एस.ई	अंग्रेजी, हिंदी, गणित, विज्ञान, सामाजिक विज्ञान, संस्कृत	प्रथम	76%
2.	बारहवीं	2008	आई.आई.एस. जयपुर/सी.बी.एस.ई.	भौतिक विज्ञान, जीव-विज्ञान, रसायन विज्ञान, हिंदी, अंग्रेजी	प्रथम	83%
3.	एम.बी. बी.एस.	2014	एस.एम.एस. मेडिकल कॉलेज, जयपुर	मेडिकल साइंस	प्रथम	79%
4.	एम.एस. (गाइनी)	2017	एस.एम.एस. मेडिकल कॉलेज, जयपुर	गाइनी (प्रसूति)	प्रथम	82%

अन्य संबंधित योग्यताएँ

- फोर्टीज अस्पताल में रेजीडेंट के पद पर 3 वर्ष के लिए कार्यरत् (2018-2020) तक, वर्तमान में एपेक्स अस्पताल में कार्यरत्
- स्वास्थ्य संबंधी कैंपों में प्रतिभागिता लेकर ग्रामीण क्षेत्रों में स्वास्थ्य संबंधी मार्गदर्शन
- विज्ञान प्रदर्शनी में सक्रिय भागीदारी

उपलब्धियाँ

- विज्ञान क्विज विद्यालयी स्तर प्रथम पुरस्कार 2007
- अंतर्राष्ट्रीय विज्ञान प्रतियोगिता (क्लीव लैंड में आयोजित) द्वितीय पुरस्कार (2009)

कार्येत्तर गतिविधियाँ तथा अभिरुचियाँ

- स्वास्थ्य संबंधी पत्रिकाओं का नियमित पठन
- स्वास्थ्य संबंधी कैंपों का आयोजन व उनमें सक्रिय भागीदारी
- स्वास्थ्य संबंधी कार्यशालाओं में भाग लेकर जन-सामान्य का मार्गदर्शन

संदर्भित व्यक्तियों का विवरण

- डॉ. महावीर प्रसाद जैन, एसोसिएट, प्रोफेसर एस.एम.एस. मेडिकल कॉलेज, जयपुर।
- डॉ. सुशीला खुटेटॉ, वरिष्ठ डॉक्टर (प्रसूति विभाग) फोर्टीज हॉस्पिटल, जयपुर।

तिथि 7.10.20XX डॉ. अंजली गुप्ता
स्थान जयपुर हस्ताक्षर

5. **कल्पना कीजिए कि आपने स्नातक स्तर तक अध्ययन किया है तथा आप (प्रियंका जैन) एक समाज सेविका के रूप में कार्य कर रही हैं। भास्कर में आँगनबाड़ी में सहायिका हेतु विज्ञापन प्रकाशित हुआ है। इस पद पर नियुक्ति पाने हेतु एक आवेदन-पत्र लिखिए तथा स्ववृत्त भी तैयार कीजिए।**

उत्तर सेवा में,

श्रीमान निदेशक महोदय,

समाज कल्याण विभाग,

अजमेर। 302010

विषय आँगनबाड़ी सहायिका पद के लिए आवेदन-पत्र।

महोदय,

आज दिनांक 7 अक्टूबर, 2021 को भास्कर में आँगनबाड़ी में सहायिका के पद हेतु एक विज्ञापन प्रकाशित हुआ है जिससे ज्ञात हुआ है कि आँगनबाड़ी में आँगनबाड़ी कार्यकत्री व सहायिका के अनेक पदों पर महिला उम्मीदवारों की आवश्यकता है। मैं आँगनबाड़ी सहायिका के पद के लिए अपना आवेदन-पत्र प्रस्तुत कर रही हूँ।

मैं अपना स्ववृत्त इस आवेदन-पत्र के साथ संलग्न कर रही हूँ। मैं विज्ञापन में दी गई सभी योग्यताओं को पूरा करती हूँ।

मेरा संक्षिप्त विवरण इस प्रकार है

- मैंने समाजशास्त्र, मनोविज्ञान तथा इतिहास विषय में स्नातक की डिग्री प्राप्त की है। मैंने स्नातक की परीक्षा प्रथम श्रेणी से उत्तीर्ण की है।
- मैंने एक समाज सेविका के रूप में कार्य किया है तथा सामाजिक समस्याओं को भली-भाँति रूप से जाना है।
- मैं लिखित तथा मौखिक दोनों ही प्रकार से अपने आपको अभिव्यक्त करने में समर्थ हूँ। समाज के लोगों से मेरा इंटरेक्शन समय-समय पर होता रहता है।
- विद्यालय में पढ़ाई के दौरान मैंने अनेक डे-कैंपों व ओवर-नाइट-कैंपों में भाग लिया है। मुझे कंप्यूटर का ज्ञान भी है। मुझे एम.एस. ऑफिस व इंटरनेट की जानकारी भली-भाँति है।
- मैंने विद्यालयी व विश्वविद्यालयी स्तर पर आयोजित अनेक कार्यक्रमों में भाग लिया है तथा वाद-विवाद प्रतियोगिता में भाग लेकर राज्य स्तर पर प्रथम पुरस्कार भी प्राप्त किया है।
- मैं समय-समय पर असहाय लोगों की सहायता हेतु अनाथ आश्रमों व मदर टेरेसा में जाती रहती हूँ तथा जरूरतमंद लोगों की अपनी सामर्थ्य के अनुसार सहायता करती हूँ। मैं समाचार-पत्र तथा अन्य पत्रिकाओं की नियमित पाठक हूँ।

आपसे अनुरोध है कि मेरी रुचि व योग्यताओं को ध्यान में रखते हुए मुझे समाज कल्याण विभाग में आँगनबाड़ी सहायिका के पद पर नियुक्ति प्रदान करें। मैं आपको विश्वास दिलाती हूँ कि मेरे प्रयासों से ग्रामीण क्षेत्रों की समस्याएँ काफी सीमा तक दूर हो सकेंगी तथा मुझे समाज सेवा का सुनहरा अवसर भी प्राप्त होगा।

सधन्यवाद।

भवदीया

प्रियंका जैन

संलग्न प्रमाण-पत्र

1. दसवीं कक्षा की अंक तालिका
2. बारहवीं कक्षा की अंक तालिका
3. स्नातक (बी.ए.) की अंक तालिका
4. समाज सेविका के रूप में कार्यानुभव का प्रमाण-पत्र

स्ववृत्त

नाम : प्रियंका जैन
पिता का नाम : श्री मृदुल जैन
माता का नाम : श्रीमती तन्वी जैन
जन्म तिथि : 5 जुलाई, 1997
वर्तमान पता : मकान नंबर 32, शिवाजी नगर अजमेर (राजस्थान)
स्थायी पता : अ-69, सूर्या कॉलोनी जोधपुर (राजस्थान)
दूरभाष नंबर : 0140 562831
मोबाइल नंबर : 2367XXXXX
ई-मेल : 17priyanka@gmail.com

शैक्षणिक योग्यताएँ

क्र. सं.	परीक्षा/डिग्री	वर्ष	विद्यालय/बोर्ड/महाविद्यालय	विषय	श्रेणी	प्रतिशत
1.	दसवीं	2012	महेश्वरी पब्लिक स्कूल, अजमेर	हिंदी, अंग्रेजी, संस्कृत, गणित, विज्ञान, सामाजिक विज्ञान	द्वितीय	57%
2.	बारहवीं	2014	महेश्वरी पब्लिक स्कूल, अजमेर	समाजशास्त्र, इतिहास, मनोविज्ञान, हिंदी, अंग्रेजी	द्वितीय	59%
3.	बी.ए. स्नातक	2017	डी.ए.वी. कॉलेज, अजमेर	समाजशास्त्र, मनोविज्ञान, इतिहास	प्रथम	68%

अन्य संबंधित योग्यताएँ
- कंप्यूटर का ज्ञान
- डे-कैंपों व ओवर-नाइट-कैंपों के आयोजन का अनुभव
- राजस्थानी भाषा का विशेष ज्ञान

उपलब्धियाँ
- वाद-विवाद राज्य-स्तरीय प्रतियोगिता, प्रथम पुरस्कार, 2013
- आशुभाषण प्रतियोगिता राष्ट्रीय स्तर पर (द्वितीय पुरस्कार) 2016

कार्येत्तर गतिविधियाँ तथा अभिरुचियाँ
- समाज सेविका के रूप में कार्यरत्
- अनाथ आश्रमों व मदर टेरेसा होम का नियमित अंतराल पर दौरा
- समाचार-पत्र का नियमित पठन

संदर्भित व्यक्तियों का विवरण
- श्री गणेश लाल चौधरी, सरपंच ग्राम तिलोनिया
- श्रीमती रीता मल्होत्रा, प्रिंसिपल डी.ए.वी. कॉलेज, अजमेर

तिथि : 7.10.20XX प्रियंका जैन
स्थान अजमेर हस्ताक्षर

6. आपका नाम अमित सिन्हा है। भारतीय स्टेट बैंक में (स्केल-4 के लिए) प्रबंधक के पद हेतु नवभारत टाइम्स में विज्ञापन प्रकाशित हुआ है। आप वर्तमान में आई.सी.आई. बैंक में (स्केल-3) प्रबंधक हैं। आप इस पद पर नियुक्ति पाने हेतु जनरल प्रबंधक को एक आवेदन-पत्र लिखिए तथा स्ववृत्त भी तैयार कीजिए।

उत्तर सेवा में,
श्रीमान जनरल प्रबंधक,
स्टेट बैंक ऑफ इंडिया,
चर्च रोड,
मुंबई-201021

विषय स्केल-4 प्रबंधक के पद के लिए आवेदन-पत्र।

महोदय,

आज दिनांक 9 अक्टूबर, 20XX को दिल्ली के प्रातःकालीन संस्करण नवभारत टाइम्स में भारतीय स्टेट बैंक में वरिष्ठ प्रबंधक (स्केल-4) के लिए विज्ञापन प्रकाशित हुआ है, जिससे यह ज्ञात हुआ कि भारतीय स्टेट बैंक में वरिष्ठ प्रबंधक की आवश्यकता है। मैं इस पद के लिए अपना आवेदन-पत्र प्रस्तुत कर रहा हूँ।

मैं अपना अनुभव प्रमाण-पत्र तथा स्ववृत्त आवेदन-पत्र के साथ संलग्न कर रहा हूँ। मैं विज्ञापन में दी गई सभी योग्यताओं को पूरा करता हूँ। मेरा संक्षिप्त विवरण इस प्रकार है

- मैंने फाइनेंस विषय में एम.बी.ए. किया है तथा मैं एकाउंटेंसी विषय में अधिस्नातक की डिग्री ले चुका हूँ। वर्तमान में मैं आई.सी.आई. बैंक में प्रबंधक (स्केल-3) के पद पर कार्यरत् हूँ।
- देश के विभिन्न स्थानों पर स्थित बैंक की शाखाओं में मैंने काम किया है। मेरी सीधी नियुक्ति प्रोबेशनरी ऑफिसर के पद पर हुई थी। मैंने लगातार उन्नति करते हुए, एक कर्मठ कार्यकर्ता के रूप में कार्य करते हुए 10 वर्ष की लघु अवधि में ही (स्केल-3) मैनेजर के पद पर पहुँच गया हूँ।
- बैंक से संबंधित सभी गतिविधियों की मुझे पूर्णतः जानकारी है। मुझे विदेशी विनिमय में भी निपुणता प्राप्त है। मेरे सानिध्य में आई.सी.आई. बैंक की शाखाओं में वार्षिक टर्न ओवर में अप्रत्याशित वृद्धि हुई है।
- विद्यालय तथा विश्वविद्यालय स्तर पर मैंने अनेक सामान्य ज्ञान प्रतियोगिताओं तथा वार्षिक प्रदर्शनियों में भाग लेकर प्रथम पुरस्कार प्राप्त किया है। मैं लिखित तथा मौखिक दोनों ही प्रकार से अपने आपको अभिव्यक्त करने में समर्थ हूँ।
- विश्वविद्यालय में मैं फुटबॉल की टीम का (कैप्टन) कप्तान रह चुका हूँ। मुझमें नेतृत्व करने की पूर्ण क्षमता है।
- मुझे कंप्यूटर का विशेष ज्ञान है। ई-मेल, इंटरनेट, एम.एस. ऑफिस, एक्सेल आदि का मुझे पूर्ण ज्ञान है।
- मैं समाचार-पत्र तथा इकोनॉमिक टाइम्स का नियमित रूप से पठन करता हूँ।

आपसे अनुरोध है कि उपर्युक्त पद के लिए मेरी योग्यताओं को ध्यान में रखते हुए मुझे स्टेट बैंक ऑफ इंडिया में वरिष्ठ प्रबंधक (स्केल-4) के पद पर साक्षात्कार लेने के पश्चात् नियुक्ति प्रदान करें। मैं आपको विश्वास दिलाता हूँ कि मेरे सानिध्य में बैंक अनवरत् उन्नति के पथ पर अग्रसर होगा।

सधन्यवाद।

भवदीय

अमित सिन्हा

संलग्न प्रमाण-पत्र
1. दसवीं की अंक तालिका
2. बारहवीं की अंक तालिका
3. बी.कॉम की अंक तालिका
4. एम.कॉम. की अंक तालिका
5. एम.बी.ए. की अंक तालिका
6. अनुभव प्रमाण-पत्र

स्ववृत्त

नाम : अमित सिन्हा
पिता का नाम : श्री अजीत सिन्हा
माता का नाम : श्रीमती दीप्ति सिन्हा
जन्म तिथि : 16 जुलाई, 1983
वर्तमान पता : A-22, सेक्टर-3 रोहिणी, दिल्ली 302034
स्थायी पता : A-121, मानसरोवर जयपुर (राजस्थान)
दूरभाष नंबर : 011725368
मोबाइल नंबर : 8349XXXXXX
ई-मेल : 83deepak@gmail.com

अनुभव
- आई.सी.आई. बैंक में दो वर्ष तक प्रोबेशनरी अधिकारी के पद पर कार्यरत्। (2010-2012)
- आई.सी.आई. बैंक में तीन वर्ष (2012-2015) तक प्रबंधक (स्केल-I) के पद पर कार्यरत्।
- आई.सी.आई. बैंक में तीन वर्ष (2015-2018) तक प्रबंधक (स्केल-2) के पद पर कार्यरत्।
- आई.सी.आई. बैंक में तीन वर्ष (2018-2021) तक प्रबंधक (स्केल-3) के पद पर कार्यरत् तथा वर्तमान में भी इसी पद पर कार्यरत् हूँ।
- विदेशी विनिमय शाखा (Foreign Exchange) मुंबई में तीन वर्ष का अनुभव।

शैक्षणिक योग्यताएँ

क्र. सं.	परीक्षा/डिग्री	वर्ष	विद्यालय/बोर्ड/महाविद्यालय	विषय	श्रेणी	प्रतिशत
1.	दसवीं	1998	महेश्वरी पब्लिक स्कूल, जयपुर, सी.बी.एस.ई.	अंग्रेजी, हिंदी, गणित, संस्कृत, विज्ञान, सामाजिक विज्ञान	प्रथम	68%
2.	बारहवीं	2000	महेश्वरी पब्लिक स्कूल, जयपुर, सी.बी.एस.ई.	अंग्रेजी, हिंदी, अर्थशास्त्र, एकाउंटेंसी बिजनस-एड मिनिस्ट्रेशन	प्रथम	74%
3.	बी.कॉम (ऑनर्स)	2003	स्टेनी मेमोरियल कॉलेज, राजस्थान विश्वविद्यालय	एकाउंटेंसी	प्रथम	84%
4.	एम.कॉम.	2005	कॉमर्स कॉलेज, राजस्थान विश्वविद्यालय	एकाउंटेंसी	प्रथम	86%
5.	एम.बी.ए.	2008	आई.आई.आर.एम. जयपुर	फाइनेंस	प्रथम	92%

अन्य संबंधित योग्यताएँ
- कंप्यूटर का ज्ञान,
- अंग्रेजी भाषा का ज्ञान, मराठी भाषा का ज्ञान

उपलब्धियाँ
- सामान्य ज्ञान प्रतियोगिता (राज्य स्तर व राष्ट्रीय स्तर) में प्रथम व द्वितीय पुरस्कार (वर्ष 1999, 2002)
- कॉमर्स क्विज (विश्व विद्यालयी स्तर) में प्रथम पुरस्कार (2004)
- विद्यालय में वार्षिक प्रदर्शनी का आयोजन

कार्येत्तर गतिविधियाँ तथा अभिरुचियाँ
- पी.एन.बी. बैंक में छः माह की इंटर्नशिप
- इकोनॉमिक टाइम्स का नियमित पठन, समाचार-पत्र का नियमित पठन
- विदेशी विनिमय (फॉरेन एक्सचेंज) का ज्ञान

संदर्भित व्यक्तियों का विवरण
- श्री मोहित व्यास, रीजनल मैनेजर, आई.सी.आई. बैंक (एन.सी.आर.)
- श्रीमती रमा पटेल, चीफ मैनेजर, पी.एन.बी. बैंक, जयपुर शाखा।

तिथि 9 अक्टूबर, 20XX अमित सिंहा
स्थान दिल्ली। हस्ताक्षर

7. आपका नाम गोविंद सिंह है। के. पी. एम. जी कंपनी में मार्केटिंग एक्जीक्यूटिव की आवश्यकता है। टाइम्स ऑफ इंडिया में इस पद हेतु विज्ञापन प्रकाशित किया गया है। आपने एम. डी. एस. यूनिवर्सिटी, रोहतक से एम.बी.ए. किया हुआ है। आप नौकरी की तलाश में है। अत: आप इस पद पर नियुक्ति पाने हेतु एक आवेदन-पत्र लिखिए तथा स्ववृत्त भी तैयार कीजिए।

उत्तर सेवा में,
महा प्रबंधक,
मानव संसाधन विभाग,
के.पी.एम.जी.
111, सेक्टर-5
गुरुग्राम-302034

विषय मार्केटिंग एक्जीक्यूटिव पद के लिए आवेदन-पत्र।

महोदय,

आज दिनांक 17 सितंबर, 20XX को हरियाणा में प्रकाशित टाइम्स ऑफ इंडिया में आपकी कंपनी में मार्केटिंग एक्जीक्यूटिव के रिक्त पद पर नियुक्ति करने हेतु विज्ञापन प्रकाशित हुआ है। मैं इस पद के लिए अपना आवेदन प्रस्तुत कर रहा हूँ।

मैं अपना स्ववृत्त इस आवेदन-पत्र के साथ संलग्न कर रहा हूँ। मैं आपके द्वारा विज्ञापन में वर्णित सभी योग्यताओं व अर्हताओं को पूरा करता हूँ। मेरे स्ववृत्त का अवलोकन करने पर आप मुझे उक्त पद के लिए पूर्णतः उपयुक्त उम्मीदवार पाएँगे।

मेरा संक्षिप्त विवरण इस प्रकार है
- मैं वाणिज्य का छात्र रहा हूँ। बिजनेस एडमिनिस्ट्रेशन मेरा प्रिय विषय था। मैंने इस विषय में ऑनर्स के साथ प्रथम श्रेणी में स्नातक की डिग्री प्राप्त की है। मैं आपकी कंपनी की गतिविधियों की पूरी जानकारी रखता हूँ।
- मैंने मार्केटिंग में प्रथम श्रेणी में एम.बी.ए. किया है तथा मुझे मार्केटिंग के विभिन्न पहलुओं की सैद्धांतिक व व्यावहारिक जानकारी है।
- मैं लिखित व मौखिक दोनों ही प्रकार से अपने आपको अभिव्यक्त करने में सक्षम हूँ। मुझे आशुभाषण व वाद-विवाद प्रतियोगिताओं में राज्यस्तरीय तथा राष्ट्रीय-स्तरीय पुरस्कार मिले हैं।
- मैं अपने विद्यालय में हैड-ब्वॉय के पद पर दो वर्ष तक रह चुका हूँ। मुझमें नेतृत्व करने की पूरी क्षमता है।
- मैं समय-समय पर देश के विभिन्न स्थानों का भ्रमण करता रहता हूँ। मुझे पर्यटन का शौक है। यह आपके द्वारा विज्ञापन में दिए गए पद के अनुकूल है।

मैं समाचार-पत्र तथा व्यापारिक पत्रिकाओं का नियमित पाठक हूँ। इन्हीं के माध्यम से मुझे आपकी कंपनी द्वारा बनाई गई महत्त्वाकांक्षी योजनाओं की जानकारी हुई है।

आपसे अनुरोध है कि उपर्युक्त पद के लिए मेरी योग्यताओं को ध्यान में रखते हुए मुझे आपकी कंपनी में मार्केटिंग एक्जीक्यूटिव के पद पर नियुक्ति प्रदान करें। मैं आपको विश्वास दिलाता हूँ कि मैं कंपनी के विकास में अपना सक्रिय योगदान प्रदान करूँगा तथा कंपनी की उन्नति व विकास के लिए निरंतर प्रयासरत् रहूँगा।

सधन्यवाद।

भवदीय
गोविंद सिंह

संलग्न प्रमाण-पत्र
1. दसवीं कक्षा की अंक तालिका
2. बारहवीं कक्षा की अंक तालिका
3. स्नातक की अंक तालिका 4. एम.बी.ए. की डिग्री

स्ववृत्त

नाम : गोविंद सिंह
पिता का नाम : श्री महेंद्र सिंह
माता का नाम : श्रीमती किरण सिंह
जन्म तिथि : 22 अप्रैल, 1995
वर्तमान पता : मकान नंबर 1002, सेक्टर-14 गुरुग्राम (हरियाणा)
स्थायी पता : उपर्युक्त
दूरभाष नंबर : 0112478XX
मोबाइल नंबर : 9236XXXXXX
ई-मेल : 27govind@gmail.com

शैक्षणिक योग्यताएँ

क्र. सं.	परीक्षा/ डिग्री	वर्ष	विद्यालय/बोर्ड/ महाविद्यालय	विषय	श्रेणी	प्रतिशत
1.	दसवीं	2010	ब्लू बेल्स पब्लिक स्कूल, गुरुग्राम सी.बी.एस.ई.	अंग्रेजी, हिंदी, गणित, संस्कृत, सामाजिक ज्ञान, विज्ञान	प्रथम	83%
2.	बारहवीं	2012	उपर्युक्त	अंग्रेजी, हिंदी, अर्थशास्त्र, एकाउंटेंसी, बिजनेस, एडमिनिस्ट्रेशन	प्रथम	92%
3.	बी.कॉम. (ऑनर्स)	2015	एम.डी.एस. विश्वविद्यालय, रोहतक	बिजनेस एडमिनिस्ट्रेशन	प्रथम	87%
4.	एम.बी.ए.	2017	एम.डी.एस. विश्वविद्यालय, रोहतक	मार्केटिंग (वैकल्पिक विषय)	प्रथम	84%

अन्य संबंधित योग्यताएँ

- अंग्रेजी भाषा का अच्छा ज्ञान
- कंप्यूटर का ज्ञान (इंटरनेट व एम.एस. ऑफिस)

उपलब्धियाँ

- आशुभाषण प्रतियोगिता (राज्य-स्तरीय) द्वितीय पुरस्कार वर्ष 2011
- अखिल भारतीय वाद-विवाद प्रतियोगिता (2013) में प्रथम पुरस्कार
- विद्यालय में हैड ब्वॉय

कार्येत्तर गतिविधियाँ तथा अभिरुचियाँ

- समाचार-पत्र व व्यापारिक पत्रिकाओं का नियमित पठन
- देश भ्रमण का शौक
- इंटरनेट सर्फिंग

संदर्भित व्यक्तियों का विवरण

- डॉ. रमेश चंद्र शर्मा, प्रोफेसर, एम.डी.एस. विश्वविद्यालय, रोहतक
- श्रीमती रश्मि मिश्रा, प्रिंसिपल, ब्लू बेल्स स्कूल, गुरुग्राम।

तिथि : 17.09.20XX गोविंद सिंह
स्थान गुरुग्राम हस्ताक्षर

8. **आपका नाम आशीष शर्मा है। आपने अर्थशास्त्र विषय में अधिस्नातक (पोस्ट ग्रेजुएट), की डिग्री प्राप्त की है तथा राजस्थान सरकार में सांख्यिकी अधिकारी के पद के लिए आवेदन भेजना चाहते हैं। स्ववृत्त को संलग्न करते हुए इसके लिए एक आवेदन-पत्र लिखिए।**

उत्तर सेवा में,
सांख्यिकी निदेशक महोदय,
सांख्यिकी विभाग,
राजस्थान पब्लिक सर्विस कमीशन सचिवालय, सिविल लाइंस।
जयपुर 302001।
विषय सांख्यिकी अधिकारी पद के लिए आवेदन।
महोदय,

आज दिनांक 6 अक्टूबर, 20XX को जयपुर में दैनिक अखबार राजस्थान पत्रिका में प्रकाशित विज्ञापन द्वारा ज्ञात हुआ है कि राजस्थान सरकार के सांख्यिकी विभाग में सांख्यिकी अधिकारी का पद रिक्त है तथा विभाग द्वारा इस पद की भर्ती के लिए सुनिश्चित आर्हता पर आवेदन-पत्र माँगे गए हैं।

अतः मैं अपना स्ववृत्त इस आवेदन-पत्र के साथ संलग्न कर रहा हूँ। मेरे स्ववृत्त का अवलोकन करने पर आप मुझे इस पद के लिए पूरी तरह से उपयुक्त उम्मीदवार पाएँगे। मैं विज्ञापन में दी गई सभी योग्यताओं व अर्हताओं को पूरा करता हूँ।

मेरा संक्षिप्त विवरण निम्न प्रकार है

(i) मैंने अर्थशास्त्र विषय में प्रथम श्रेणी में अधिस्नातक की उपाधि प्राप्त की है। मेरे एम. ए. फाइनल के विषयों में एक विषय सांख्यिकी था। मुझे आँकड़ों से संबंधित सभी विश्लेषणों में निपुणता प्राप्त है।

(ii) मुझे कंप्यूटर की जानकारी भी पूरी तरह से है। मुझे एम. एस. वर्ल्ड, एक्सेल, ई-मेल का विशेष रूप से ज्ञान है।

(iii) मैंने एम.ए. फाइनल के दौरान सरकार के सांख्यिकी विभाग में एक परियोजना (Project) पर कार्य किया था, जो तीन माह का था। इसमें जनगणना के आँकड़ों का एकत्रीकरण करके उस पर रिपोर्ट बनानी थी। इस कार्य के लिए मुझे प्रशंसा पत्र भी प्राप्त हुआ था। यह इस पद की प्रकृति के अनुरूप कार्य था।

(iv) मैंने विद्यालयी स्तर पर तथा विश्वविद्यालय स्तर पर सामान्य ज्ञान से संबंधित अनेक प्रतियोगिताओं में भाग लिया तथा अनेक बार मैंने प्रथम व द्वितीय पुरस्कार भी प्राप्त किए हैं।

मुझे सामान्य ज्ञान से जुड़ी पत्र-पत्रिकाओं को पढ़ने का शौक है। सरकारी विभागों से संबंधित समाचार-पत्र मैं नियमित रूप से पढ़ता हूँ। आपसे अनुरोध है कि उपर्युक्त तथ्यों व पद के अनुकूल मेरी योग्यताओं को ध्यान में रखते हुए मेरे आवेदन पर सकारात्मक रूप से विचार करें तथा साक्षात्कार हेतु बुलाने के पश्चात् मुझे सांख्यिकी अधिकारी के पद पर नियुक्त करें।

सधन्यवाद।
भवदीय
आशीष शर्मा

संलग्न प्रमाण-पत्र

1. दसवीं की अंक तालिका
2. बारहवीं की अंक तालिका
3. बी.ए. की अंक तालिका
4. एम.ए. की अंक तालिका
5. कार्यानुभव एवं प्रमाण-पत्र

स्ववृत्त

नाम	:	आशीष शर्मा
पिता का नाम	:	श्री रघु शर्मा
माता का नाम	:	श्रीमती प्रीति शर्मा
जन्म तिथि	:	16 मार्च, 1997
वर्तमान पता	:	डी-31, सोडाला (पिलर 21 मेट्रो स्टेशन के पास) जयपुर।
स्थायी पता	:	उपर्युक्त
दूरभाष नंबर	:	011 5468XX
मोबाइल नंबर	:	78XXXXXXXX
ई-मेल	:	23ashish@gmail.com

शैक्षणिक योग्यताएँ

क्र. सं.	परीक्षा/ डिग्री	वर्ष	विद्यालय/बोर्ड/ महाविद्यालय	विषय	श्रेणी	प्रतिशत
1.	दसवीं	2013	विश्वविद्यालय राजकीय विद्यालय, सी.बी.एस.ई.	अंग्रेजी, हिंदी, विज्ञान, गणित, सामाजिक विज्ञान,	प्रथम	92%
2.	बारहवीं	2015	विश्वविद्यालय राजकीय विद्यालय, सी.बी.एस.ई.	अर्थशास्त्र, कंप्यूटर, इतिहास, गणित, अंग्रेजी, अर्थशास्त्र,	प्रथम	89%
3.	बी.ए.	2018	राजस्थान कॉलेज, जयपुर	कंप्यूटर, इतिहास, अर्थशास्त्र	प्रथम	87%
4.	एम.ए.	2020	राजस्थान कॉलेज, जयपुर	अर्थशास्त्र	प्रथम	88%

अन्य संबंधित योग्यताएँ

- कंप्यूटर का विशेष ज्ञान और अभ्यास (एम.एस. ऑफिस, एक्सेल, इंटरनेट)
- अंग्रेजी भाषा का ज्ञान

उपलब्धियाँ

- सामान्य ज्ञान प्रतियोगिता (राज्य-स्तरीय वर्ष 2014) में प्रथम पुरस्कार।
- सामान्य ज्ञान प्रतियोगिता (राष्ट्रीय स्तर वर्ष 2017) प्रथम पुरस्कार।

कार्येत्तर गतिविधियाँ और अभिरुचियाँ

- सांख्यिकी विभाग (राज्य सरकार) में तीन माह की जनगणना के आँकड़ों को एकत्र करने तथा उनका विश्लेषण करने से संबंधित प्रोजेक्ट किया।
- सामान्य ज्ञान से संबंधित पत्रिकाओं का नियमित पाठन किया।
- सामान्य पत्र का नियमित पाठन किया।

संदर्भित व्यक्तियों का विवरण

- श्री मोहन लाल शर्मा, प्रिंसिपल, राजकीय विद्यालय, सोड़ाला
- श्री विकल्प गुप्ता, प्रोफेसर, राजस्थान कॉलेज, जयपुर।

तिथि : 6.10.20XX आशीष शर्मा

स्थान : जयपुर हस्ताक्षर

स्व-मूल्यांकन

अतिलघु उत्तरीय प्रश्न

1. स्ववृत्त किन शब्दों से मिलकर बना है?

2. स्ववृत्त से क्या आशय है?

3. स्ववृत्त की किन्हीं दो विशेषताओं का वर्णन कीजिए।

लघु उत्तरीय प्रश्न

1. किसी प्रसिद्ध अखबार में संपादक के पद हेतु आवश्यक आवेदन-पत्र सहित स्ववृत्त का निर्माण कीजिए।

2. प्रसिद्ध मोटर साइकिल कंपनी में लेखकार के पद हेतु स्ववृत्त के साथ आवेदन-पत्र का सृजन कीजिए।

3. सहायक अध्यापक के पद हेतु अपनी योग्यता/पात्रता का वर्णन करते हुए एक आवेदन-पत्र व स्ववृत्त लिखिए, जिसमें आपके 3-5 साल का अध्यापन कार्य का भी वर्णन हो।

4. अरिहंत प्रकाशन मंदिर में लेखा प्रबंधक के रिक्त पद हेतु अपनी पात्रता का दावा करते हुए एक आवेदन-पत्र व स्ववृत्त का निर्माण कीजिए, जिसमें आपके अनुभव व पात्रता की पूर्ण व संक्षिप्त जानकारी हो।

01

खंड ग : पाठ्यपुस्तक व पूरक पाठ्यपुस्तक
अंतरा भाग-1 : गद्य भाग

अध्याय

लेखक-परिचय

'कलम के सिपाही' और 'कथा सम्राट' के नाम से प्रसिद्ध प्रेमचंद (वास्तविक नाम धनपतराय) का जन्म 1880 ई. में वाराणसी के लमही गाँव में हुआ था। ये प्रारंभ में नवाबराय के नाम से उर्दू में लिखते थे। बाद में उन्होंने प्रेमचंद के नाम से हिंदी साहित्य को समृद्ध किया। महात्मा गाँधी के विचारों से प्रभावित होकर उन्होंने असहयोग आंदोलन के दौरान अपनी सरकारी नौकरी छोड़ दी और स्वयं को पूर्ण रूप से लेखन के लिए समर्पित कर दिया। वे साहित्य को समाज परिवर्तन का माध्यम मानते थे। उनकी प्रमुख कृतियों में निर्मला, सेवासदन, गोदान, गबन और कर्मभूमि (उपन्यास), मानसरोवर (कहानी संग्रह) शामिल हैं। उन्होंने 'हंस' और 'माधुरी' जैसी पत्रिकाओं का संपादन भी किया। उनकी रचनाएँ भारतीय संस्कृति और ग्रामीण जीवन के विविध रंगों से भरी हुई हैं। वर्ष 1936 में इनका देहावसान हो गया।

▼ अध्ययन के लिए
- पाठ की रूपरेखा
- पाठ का सार

▼ अभ्यास के लिए
- पाठ्यपुस्तक के प्रश्नोत्तर
- गद्यांशों की व्याख्या
- गद्यांशों पर आधारित बहुविकल्पीय प्रश्न
- विषय-वस्तु पर आधारित प्रश्नोत्तर

ईदगाह

(प्रेमचंद)

पाठ की रूपरेखा

हिंदी के कथा-सम्राट मुंशी प्रेमचंद द्वारा रचित 'ईदगाह' कहानी बाल-मनोविज्ञान पर आधारित श्रेष्ठ कहानियों में से एक है, जिसमें 'ईद' त्योहार के माध्यम से ग्रामीण मुस्लिम जीवन का मार्मिक चित्रण किया गया है। संपूर्ण कहानी बालक हामिद पर केंद्रित है। हामिद एक ऐसा चरित्र है, जिसके माध्यम से प्रेमचंद ने यह चित्रित किया है कि किस तरह अभावग्रस्त जीवन एक बच्चे को उम्र से पहले ही बड़ा बना देता है। हामिद अपनी इच्छाओं को नियंत्रित कर मनमोहक खिलौने व मिठाई छोड़, अपनी दादी के लिए चिमटा खरीदता है। चिमटे को रुस्तमे-हिंद (भारत का सर्वश्रेष्ठ पहलवान या शूरवीर) की संज्ञा देकर प्रेमचंद ने श्रम की महत्ता को प्रदर्शित किया है। अपनी चित्रात्मक भाषा से यह कहानी अद्वितीय है।

पाठ का सार

ईद का मनमोहक दृश्य

तीस रोज़े पूरे करने के बाद 'ईद' आई है। सारा वातावरण सुहावना है, अजीब-सी रौनक चारों ओर फैल गई है, मानो सूरज संसार को ईद की बधाई दे रहा हो। पूरे गाँव में हलचल मची हुई है। बच्चे, बूढ़े सभी ईदगाह जाने की तैयारी में व्यस्त हैं। किसी के कुर्ते में बटन नहीं है, तो वह पड़ोस के घर से सूई-धागा लेने दौड़ा जा रहा है, किसी के जूते कड़े हो गए हैं, उनमें तेल डालने के लिए तेली के घर भागा जाता है, सभी ग्रामीण लोग जल्दी-जल्दी बैलों को सानी-पानी दे रहे हैं, क्योंकि ईदगाह से लौटते-लौटते दोपहर हो जाएगी।

हामिद की बाल कल्पनाएँ

हामिद चार-पाँच साल का दुबला-पतला गरीब लड़का है, जिसके पिता ने गत वर्ष हैज़े की बीमारी के कारण और माँ ने अज्ञात बीमारी के कारण संसार से विदा ले ली।

हामिद इन सबसे अनजान अपनी ही दुनिया में खोया हुआ है। उसे लगता है कि उसके अब्बाजान रुपये कमाने गए हैं और बहुत-सी थैलियाँ लेकर आएँगे। अम्मीजान अल्लाह मियाँ के घर से उसके लिए बड़ी अच्छी-अच्छी चीज़ें लाने गई हैं। जब उसके अब्बा-अम्मी आएँगे, तो वह मन की सारी इच्छाएँ पूरी करेगा। तब देखेगा महमूद, मोहसिन, नूरे और सम्मी कहाँ से उतने पैसे निकालेंगे।

अमीना का विलाप

हामिद की दादी अभागिन अमीना अपनी कोठरी में बैठी रो रही है। ईद के दिन उसके घर में एक दाना भी नहीं है। अमीना अपने बेटे आबिद के न होने पर विलाप करती है और निगोड़ी (अभागी) ईद को कोसती है। तभी वह हामिद के बारे में सोचती है, उसके अंदर प्रकाश है, बाहर आशा। विपत्ति अपना सारा दलबल (समूह या सेना) लेकर भी आए, तो हामिद की आनंद भरी चितवन उसका विध्वंस कर देगी। फ़हीमन के कपड़े सिलकर अमीना ने आठ आने कमाए थे, उसी में से तीन पैसे हामिद के लिए उसने बचाए थे।

हामिद व उसके मित्रों का ईदगाह जाना

हामिद तथा उसके मित्र ईदगाह जा रहे हैं। हामिद के तो जैसे पंख लग गए हैं। बच्चों के लिए नगर की सभी चीज़ें अनोखी थीं। वे जिस चीज़ को देखते उसे देखते ही रह जाते। हामिद और उसके मित्र बड़ी-बड़ी इमारतों, अदालत, कॉलेज, क्लब-घर आदि विषयों पर अपने-अपने तर्क प्रस्तुत करते जा रहे हैं।

समाज में व्याप्त भ्रष्टाचार व कानूनी व्यवस्था पर व्यंग्य

प्रेमचंद ने मोहसिन के प्रतिवाद से स्पष्ट किया है कि कानिसटिबिल (कॉन्स्टेबल) पहरा देते हैं। अजी हज़रत, यही चोरी कराते हैं। शहर के जितने चोर-डाकू हैं, सब इनसे मिले रहते हैं। रात को ये लोग चोरों से कहते हैं, चोरी करो और आप दूसरे मुहल्ले में जाकर 'जागते रहो! जागते रहो!' पुकारते हैं। तभी इन लोगों के पास इतने रुपये आते हैं। मेरे मामू बीस रुपया महीना पाते हैं, लेकिन पचास रुपये घर भेजते हैं, वह भी थाने में कानिसटिबिल (कॉन्स्टेबल) हैं।

इस्लाम धर्म की समानता का चित्रण

ईदगाह में इमली के घने वृक्षों की छाया है, नीचे पक्का फ़र्श है, जिस पर जाजिम (दरी) बिछा हुआ है। सभी लोग एक साथ पंक्तियों में खड़े हैं। इस्लाम की निगाह में सब बराबर हैं। लाखों सिर एक साथ झुकते हैं और एक साथ घुटनों के बल बैठ जाते हैं। कई बार यही क्रिया होती है, मानो भ्रातृत्व का एक सूत्र इन समस्त आत्माओं को एक लड़ी में पिरोए हुए है।

मेले का मनमोहक दृश्य

ईद की नमाज़ के बाद हामिद और उसके मित्र मेले में जाते हैं। मेले में बच्चों को आकर्षित करने वाली सभी वस्तुएँ विद्यमान थीं। मेले में हिंडोला है, जिसमें एक पैसा देकर चढ़ जाओ। कभी आसमान पर जाते हुए मालूम होंगे कभी ज़मीन पर। चर्खी भी है, जिसमें लकड़ी के हाथी, घोड़े, ऊँट छड़ों से लटके हुए हैं।

खिलौनों की दुकानों की लंबी कतार भी लगी हुई है। तरह-तरह के खिलौने हैं—सिपाही, गुजरिया, राजा, वकील, भिश्ती, धोबिन, साधु आदि देखने से ऐसे लगते हैं कि अभी बोल उठेंगे। खिलौनों के बाद मिठाइयाँ आती हैं, जिसमें गुलाब-जामुन, सोहन हलवा और रेवड़ी आदि सजी हैं। सभी बच्चे अपनी-अपनी पसंद की मिठाइयाँ व खिलौने खरीदते हैं। हामिद पैसों के अभाव में ये सभी चीज़ें नहीं खरीद पाता।

हामिद द्वारा चिमटा खरीदना

मिठाइयों की दुकान के बाद लोहे की चीज़ों की दुकान आई। हामिद उस दुकान पर रुक गया, परंतु अन्य बच्चों के लिए वहाँ कोई आकर्षण न था। वे सब आगे बढ़ जाते हैं। हामिद ने दुकान में कई चिमटे रखे देखे। उसे ख्याल आया, दादी के पास चिमटा नहीं है। जब वे तवे से रोटियाँ उतारती हैं, तो हाथ जल जाता है। अगर वह चिमटा ले जाकर दादी को दे दे, तो वह कितनी प्रसन्न होंगी। फिर उनकी उँगलियाँ कभी न जलेंगी।

दादी बेचारी को कहाँ फ़ुरसत है कि बाज़ार जाएँ और इतने पैसे भी उनके पास नहीं होते कि चिमटा खरीद सकें। रोज़ हाथ जला लेती हैं। हामिद मन-ही-मन चिमटे को खिलौनों व मिठाइयों की अपेक्षा रुस्तमे-हिंद बना लेता है और अपने बाल-मनोवैज्ञानिक तर्कों के वशीभूत खिलौने व मिठाइयाँ न खरीदकर अपनी दादी के लिए चिमटा खरीदता है, जो उसे अचानक अपनी उम्र से बड़ा बना देता है।

हामिद और उसके मित्रों में खिलौने संबंधी तर्क-वितर्क

हामिद खिलौने व मिठाइयाँ न खरीदकर मामूली-सा चिमटा खरीदता है। चिमटा देखकर सभी बच्चे उसकी आलोचना करते हैं। हामिद ने चिमटे को ज़मीन पर पटककर कहा—ज़रा अपना भिश्ती ज़मीन पर गिरा दो, सारी पसलियाँ चूर-चूर हो जाएँगी। महमूद ने कहा—यह चिमटा कोई खिलौना है? हामिद ने इसका जवाब तर्क सहित दिया कि खिलौना क्यों नहीं है? अभी कंधे पर रखा बंदूक हो गई। हाथ में ले लिया, फ़कीरों का चिमटा हो गया, चाहूँ तो इससे मजीरे का काम भी ले सकता हूँ। एक चिमटा जमा दूँ, तो तुम लोगों के सारे खिलौनों की जान निकल जाए। तुम्हारे खिलौने कितना ही ज़ोर लगाएँ, मेरे चिमटे का बाल भी बाँका नहीं कर सकते। मेरा बहादुर शेर है—चिमटा। हामिद ने अपने तर्कों से मैदान मार लिया, उसका चिमटा रुस्तमे-हिंद बन गया। खिलौनों का क्या भरोसा? कब टूट-फूट जाएँ, परंतु हामिद का चिमटा तो सदैव बना रहेगा।

अमीना का हामिद के प्रति भावुक होना

अमीना हामिद के हाथ में चिमटा देख क्रोधित होती है, परंतु क्षण भर में ही वह क्रोध स्नेह में बदल जाता है, क्योंकि वह चिमटा उसने उसी (अमीना) की जलती उँगलियों को बचाने के लिए खरीदा है। अमीना हामिद का त्याग एवं विवेक देख अत्यंत भावुक हो उठती है। बच्चे हामिद ने बूढ़े हामिद की भूमिका निभाई है तथा बुढ़िया अमीना बालिका अमीना बन जाती है। अमीना दामन फैलाकर हामिद को दुआएँ देती जाती है और उसकी आँखों से आँसू गिरते जाते हैं।

शब्दार्थ

रमज़ान — हिजरी सन् के महीने का नाम, जिसमें इस्लाम धर्म के व्यक्ति रोज़ा (व्रत/उपवास) रखते हैं; **मनोहर** — मन को हरने वाला; **प्रभात**— सुबह/सवेरा; **अजीब** — विचित्र/अनोखी; **लालिमा** — लाली; **रौनक** — चहल-पहल होना; **ईदगाह**— ईद की नमाज़ पढ़ने का स्थान; **गृहस्थी** — परिवार; **प्रयोजन** — मतलब/लेना-देना; **मुहर्रम** — दुःख का त्योहार; **नियामतें** — मूल्यवान वस्तुएँ; **निगोड़ी** — दुष्ट/अभागी; **विपत्ति** — कठिनाइयाँ/परेशानियाँ; **दलबल** — सेना/समूह; **चितवन** — दृष्टि; **विध्वंस** — विनाश; **बिसात** — हैसियत; **खैरियत** — ठीक-ठाक; **तकदीर** — भाग्य; **दामन** — क्षेत्र/वस्त्र; **फर्लांग** — एक कदम की दूरी पर; **जिन्नात** — जिन्न/भूत-प्रेत; **फेर** — गलतफ़हमी; **बछवा** — बछड़ा; **मवेशीखाना** — जानवरों को रखने का स्थान; **कवायद** — परेड/ड्रिल; **प्रतिवाद** — विरोध; **हज़रत** — श्रीमान/महोदय; **इक्का-ताँगे** — घोड़े की सवारी; **विपन्नता** — निर्धनता; **संतोष** — संतुष्टि; **धैर्य** — धीरज; **जाजिम** — दरी; **पंक्तियाँ** — कतार; **निगाह** — नज़र/दृष्टि; **वज़ू** — नमाज़ से पहले हाथ-पाँव धोने की क्रिया; **सिज़दा** — ज़मीन पर सिर झुकाना; **प्रदीप्त** — जगमगाना/प्रकाशित होना; **अनंतता** — जिसका अंत न हो; **आत्मानंद** — आत्मारूपी आनंद; **भ्रातृत्व** — भाईचारा; **हिंडोला** — झूला/पालना; **गुजरिया** — ग्वालिन; **भिश्ती** — पानी वाला; **मशक** — चमड़े से बना पानी का थैला; **विद्वत्ता** — ज्ञान; **अचकन** — वस्त्र; **पोथा** — मोटी-मोटी पुस्तकें; **फ़ैर** — फ़ायर/गोली चलाना; **निंदा** — आलोचना; **अनायास** — अचानक; **सबील** — धार्मिक प्याऊ; **मिज़ाज** — तेवर; **फ़कीर** — भिक्षुक/भिखारी; **मजीरा** — वाद्ययंत्र; **खँजड़ी** — ढोलक के समान बजाने का यंत्र; **दल** — समूह; **विधर्मी** — दूसरे धर्म का हो जाना; **आघात** — प्रहार; **आतंकित** — भयभीत; **अजेय** — अपराजित; **रुस्तमे-हिंद** — हिंदुस्तान का सर्वश्रेष्ठ पहलवान/शूरवीर; **परास्त** — हराना; **कुमुक** — सेना; **प्रबल** — मज़बूत; **लाजवाब** — बिना जवाब के; **लेडियो** — स्त्रियाँ; **सूरमा** — वीर; **धेलचा** — आधा पैसा; **आपत्ति** — मुश्किल; **सत्कार** — आदर; **संधि** — समझौता; **अस्थि** — हड्डी; **शल्यक्रिया** — चीर-फाड़ की क्रिया; **प्रगल्भ** — वाक्पटु; **बला** — कष्ट/आपत्ति; **बदहवास** — घबराना/होश-हवास खो जाना; **ज़ब्त** — सहन करना।

पाठ्यपुस्तक (अंतरा भाग-1) के प्रश्नोत्तर

1. 'ईदगाह' कहानी के उन प्रसंगों का उल्लेख कीजिए, जिनसे ईद के अवसर पर ग्रामीण परिवेश का उल्लास प्रकट होता है।

उत्तर 'ईदगाह' कहानी में ग्रामीणों द्वारा ईद मनाने की तैयारियों आदि का वर्णन किया गया है, जिसमें कपड़ों में बटन आदि लगाने के लिए पड़ोस से सूई-धागा माँगना, जूते कड़े होने पर तेल डालने के लिए तेली के घर जाना, जल्दी-जल्दी बैलों को सानी-पानी देना, बच्चों द्वारा अपनी जमा-पूँजी को बार-बार गिनना, त्योहारों के खर्चे के लिए गाँव के महाजनों से पैसा उधार लेना, मेला देखने के लिए झुंड बनाकर पैदल ही शहर की ओर जाना, रास्ते में आने वाली चीज़ों को देखना और उनके विषय में चर्चा करना। ये सभी प्रसंग ईद के अवसर पर ग्रामीण परिवेश के उल्लास को प्रकट कर रहे हैं।

2. "उसके अंदर प्रकाश है, बाहर आशा। विपत्ति अपना सारा दलबल लेकर आए, हामिद की आनंद भरी चितवन उसका विध्वंस कर देगी।" इस कथन से लेखक का क्या आशय है?

उत्तर उक्त कथन से लेखक का आशय है कि आशा का प्रकाश मनुष्य को विपरीत परिस्थितियों में भी निरंतर आगे बढ़ने की प्रेरणा देता है। जीवन कष्टप्रद है अर्थात् कष्टों से भरा है, क्षणभंगुर है, सुख केवल क्षणिक है, परंतु दुःखों की श्रृंखला लंबी है। इन सबके बाद भी व्यक्ति आनंद के साथ अपना जीवन व्यतीत करता है। कठिन-से-कठिन परिस्थिति में भी मनुष्य के हृदय में आशा रहती है। यह आशावादी सोच ही व्यक्ति को आगे ले जाती है।

व्यक्ति की मृत्यु कभी भी हो सकती है, किंतु इसी आशावादी सोच के कारण हम उससे निर्भीक रहते हैं। इसी आधार पर कहा जा सकता है कि आशा का प्रकाश मनुष्य को विपरीत परिस्थितियों में भी निरंतर आगे बढ़ने की प्रेरणा देता है।

3. "उन्हें क्या खबर कि चौधरी आज आँखें बदल लें, तो यह सारी ईद मुहर्रम हो जाए।" इस कथन का आशय स्पष्ट कीजिए।

उत्तर बच्चों को ईदगाह जाने की जल्दी है। वे ये नहीं जानते कि उनके अब्बा चौधरी कायम अली के पास क्यों भागे जा रहे हैं। उन्हें इस बात से कोई मतलब नहीं होता कि पैसा कहाँ से और कैसे आता है? उन्हें तो ईद मनानी है। उन्हें इस बात का पता नहीं होता कि यदि चौधरी उधार न दे, तो उनकी ईद ठीक से नहीं मन पाएगी और उधार मिले बिना ईद की खुशियाँ मुहर्रम जैसे दुःखद वातावरण में परिवर्तित हो जाएँगी। ईद खुशी का त्योहार है, किंतु त्योहार मनाने के लिए पैसों की ज़रूरत होती है। माँ-बाप पर पैसों का अभाव है, ये बात बच्चे नहीं जानते हैं।

4. "मानो भ्रातृत्व का एक सूत्र इन समस्त आत्माओं को एक लड़ी में पिरोए हुए है।" इस कथन के संदर्भ में स्पष्ट कीजिए कि "धर्म तोड़ता नहीं जोड़ता है।"

उत्तर धर्म का कार्य जोड़ना है, तोड़ना नहीं। धर्म ने सदैव लोगों को प्रेम, सदाचार, सहयोग, संतोष आदि की प्रेरणा दी है। उदाहरण के लिए; 'ईदगाह' कहानी में जब सभी लोग ईदगाह पर पहुँचते हैं, तो वहाँ रोज़ेदारों की पंक्तियाँ एक के पीछे एक लगी हुई हैं। जो बाद में आता है, लाइन के पीछे खड़ा हो जाता है। वहाँ इस बात से कोई अंतर नहीं है कि आने वाला धनी है अथवा निर्धन, क्योंकि इस्लाम की नजर में सब बराबर हैं। लाखों लोग एक साथ पंक्तिबद्ध होकर अल्लाह के सम्मान में झुकते और घुटनों के बल बैठते हैं एवं सिजदा करते हैं। यही क्रम लगातार चलता रहता है। समूह में हो रही इन क्रियाओं को देखकर ऐसा लगता है, जैसे "भ्रातृत्व का एक सूत्र इन समस्त आत्माओं को एक लड़ी में पिरोए हुए है।" इसलिए कहा जा सकता है कि धर्म बिना भेदभाव किए सभी को समान मानता है, अर्थात् धर्म "तोड़ता नहीं सभी को आपस में जोड़ता है।"

5. निम्नलिखित गद्यांशों की सप्रसंग व्याख्या कीजिए

(क) कई बार यही क्रिया होती है .... आत्माओं को एक लड़ी में पिरोए हुए है।

(ख) बुढ़िया का क्रोध .... स्वाद से भरा हुआ।

उत्तर (क)

संदर्भ

प्रस्तुत गद्यांश हमारी पाठ्यपुस्तक 'अंतरा भाग-1' में संकलित कहानी 'ईदगाह' से लिया गया है। इसके रचयिता कथा सम्राट 'मुंशी प्रेमचंद' हैं।

प्रसंग

प्रस्तुत गद्यांश में लेखक ने पवित्र पर्व 'ईद' पर ईदगाह के मैदान में नमाज़ पढ़ने वाले नमाज़ियों का सजीव वर्णन किया है, साथ ही इस भाव पर बल दिया गया है कि इस्लाम अमीर-गरीब, अधिकारी और सामान्य व्यक्ति में कोई भेद नहीं मानता।

व्याख्या

प्रस्तुत गद्यांश में लेखक कहते हैं कि जब ईदगाह के मैदान में मौलवी ईद की नमाज़ पढ़ा रहे थे, उस समय वहाँ की संचालन व्यवस्था बहुत सुंदर थी। नमाज़ी नमाज़ के लिए नीचे झुकते और दूसरे ही क्षण खड़े होते थे। इस दृश्य को देखकर ऐसा लगता था, जैसे बिजली के लाखों बल्ब एक साथ जल और बुझ रहे हों। यह क्रिया कई बार दोहराई जाती है। इतने सारे नमाज़ियों की यह क्रिया मन को प्रसन्न कर देने वाली थी। इसे देखकर ऐसा लग रहा था कि भ्रातृत्व का एक सूत्र इन सभी आत्माओं को एक लड़ी में पिरोए हुए है।

विशेष

(i) प्रस्तुत गद्यांश में ईद के अवसर पर ईदगाह में नमाज़ पढ़ने वाले लोगों का सजीव चित्रण किया गया है।

(ii) प्रस्तुत गद्यांश में मिश्रित शब्दावली युक्त भाषा का प्रयोग किया गया है।

(iii) प्रस्तुत गद्यांश में लेखक ने इस्लाम धर्म की समानता को अभिव्यक्त कर अपने दार्शनिक भावों को व्यक्त किया है।

(iv) प्रस्तुत गद्यांश की भाषा खड़ीबोली हिंदी है तथा शैली सरल, सहज एवं प्रवाहमयी है।

उत्तर (ख)

संदर्भ

पूर्ववत्।

प्रसंग

प्रस्तुत गद्यांश में हामिद द्वारा मेले से खरीदे गए चिमटे को देखकर बूढ़ी दादी के भावविह्वल होने का वर्णन किया गया है।

व्याख्या

प्रस्तुत गद्यांश में लेखक बताते हैं कि हामिद ईदगाह के मेले से अपनी दादी अमीना के लिए चिमटा खरीदकर लाया था। अमीना के पूछने पर उसने बताया कि रोटी सेंकते समय उनकी उँगलियाँ तवे से जल जाती थीं, इसलिए उसने चिमटा खरीदा। यह सुनकर अमीना का क्रोध स्नेह में परिवर्तित हो गया। यह स्नेह ऐसा था, जिसे भाषा द्वारा अभिव्यक्त नहीं किया जा सकता, केवल अनुभव किया जा सकता है। यह स्नेह रस और स्वाद से भरा था, जिसे व्यक्त करने के लिए शब्दों की आवश्यकता नहीं होती।

विशेष

(i) प्रस्तुत गद्यांश में अमीना की मनोदशा का अत्यंत मार्मिक चित्रण किया गया है।

(ii) प्रस्तुत गद्यांश में मिश्रित शब्दावली युक्त भाषा का प्रयोग किया गया है।

(iii) प्रस्तुत गद्यांश की भाषा खड़ीबोली हिंदी है तथा शैली सरल, सहज एवं प्रवाहमयी है।

(iv) प्रस्तुत गद्यांश में हामिद का अपनी दादी के प्रति असीम स्नेह का चित्रण है।

6. हामिद ने चिमटे की उपयोगिता को सिद्ध करते हुए क्या-क्या तर्क दिए?

उत्तर मेले में हामिद लोहे की दुकान देखकर रुक जाता है। उसे याद आया कि उसकी दादी के पास चिमटा नहीं है। तवे से रोटियाँ उतारती हैं, तो उनका हाथ जल जाता है। इसकी सहायता से दादी तवे से रोटियाँ उतार सकती हैं और उन्हें चूल्हे में सेंक सकती हैं। चिमटा देखकर दादी मुझे दुआएँ देंगी। यह सोचकर वह चिमटा खरीद लाता है।

हामिद ने चिमटे की उपयोगिता को सिद्ध करते हुए निम्नलिखित तर्क दिए

(i) चिमटा इतना मज़बूत है कि इसे ज़मीन पर गिरा दो, तो भी इसका कुछ नहीं बिगड़ेगा।

(ii) खिलौने के रूप में इसे कंधे पर रखो, तो बंदूक बन जाएगी।

(iii) हाथ में ले लो, तो फ़कीरों का चिमटा बन जाएगा।

(iv) चाहे तो इससे मजीरे का काम भी लिया जा सकता है।

(v) यदि एक चिमटा जमा दिया जाए, तो सारे खिलौनों की जान निकल जाएगी।

(vi) इस चिमटे को आग, पानी, आँधी, तूफ़ान में खड़ा कर दो, तो यह आराम से डटा रहेगा।

(vii) चिमटा फ़ौलाद का है, इसलिए वह अजेय और घातक है।

(viii) यदि शेर आ जाए, तो यह बहादुर चिमटा (रुस्तमे-हिंद) लपककर शेर की गर्दन पर सवार होकर उसकी आँखें निकाल लेगा।

7. गाँव से शहर जाने वाले रास्ते के मध्य पड़ने वाले स्थलों का ऐसा वर्णन लेखक ने किया है मानो आँखों के सामने चित्र उपस्थित हो रहा हो। अपने घर और विद्यालय के मध्य पड़ने वाले स्थानों का अपने शब्दों में वर्णन कीजिए।

उत्तर मेरे घर से विद्यालय की ओर जाते समय मार्ग में एक तालाब पड़ता है, जिसमें बत्तखें तैरती रहती हैं। आगे चलने पर सड़क के किनारे अमरूद और नीम के पेड़ हैं।

तालाब से पचास मीटर आगे एक आइसक्रीम का ठेला खड़ा होता है, जिसके चारों ओर बच्चों की भीड़ होती है। पास में ही एक चाट वाला चाट बेचता है। कुछ दूरी पर एक मैदान है, जिसमें बच्चे खेलते हैं। विद्यालय के पास ही हनुमान जी का एक मंदिर है, जहाँ से घंटी बजने की आवाज़ आती रहती है।

8. "बच्चे हामिद ने बूढ़े हामिद का पार्ट खेला था। बुढ़िया अमीना बालिका अमीना बन गई।" इस कथन में 'बूढ़े हामिद' और 'बालिका अमीना' से लेखक का क्या आशय है? स्पष्ट कीजिए।

उत्तर हामिद की उम्र खिलौनों से खेलने व मिठाई खाने की है, किंतु उसने खिलौने व मिठाई की जगह चिमटा खरीदा तथा अमीना को बताया कि

उसने चिमटा इसलिए खरीदा, क्योंकि वह उनकी उँगलियों को तवे पर जलते हुए नहीं देख सकता था।

अतः मिठाई व खिलौने की इच्छा होते हुए भी हामिद ने बूढ़े व्यक्ति के समान अपने मन को मारकर घर के उपयोग के लिए चिमटा खरीद लिया। सचमुच बच्चे हामिद ने बूढ़े हामिद का पार्ट खेला था।

खिलौने को पाकर जैसी खुशी बच्चों को होती है, चिमटा पाकर अमीना ने वैसी ही खुशी का अनुभव किया। वह रो पड़ी। हामिद के प्रति उसका क्रोध प्यार में बदल गया। अमीना का मन गदगद हो गया। वह हामिद को दुआएँ देती जाती थी और आँसू बहाती जाती थी। अतः लेखक को कहना पड़ा—"बुढ़िया अमीना बालिका अमीना बन गई।"

9. "दामन फैलाकर हामिद को दुआएँ देती जाती थी और आँसू की बड़ी-बड़ी बूँदें गिराती जाती थी। हामिद इसका रहस्य क्या समझता!" लेखक के अनुसार हामिद अमीना की दुआओं और आँसुओं के रहस्य को क्यों नहीं समझ पाया? कहानी के आधार पर स्पष्ट कीजिए।

उत्तर हामिद अमीना की दुआओं और आँसुओं के रहस्य को नहीं समझ पाया, क्योंकि वह चार-पाँच वर्ष का मासूम बच्चा था और उसकी समझदारी अभी इतनी विकसित नहीं हुई थी। उसने ईद के मेले में अपनी दादी के लिए चिमटा खरीदा, ताकि उनकी उँगलियाँ रोटी बनाते समय न जलें। यह जानकर अमीना की आँखों में आँसू आ गए। वह रो रही थी, क्योंकि हामिद ने अपनी इच्छाओं का त्याग कर दादी की तकलीफ का ख्याल रखा। साथ ही वह यह सोचकर दुःखी थी कि हामिद का बचपन गरीबी में बीत रहा है, यदि उसका पिता जीवित होता तो हामिद की ईद इस तरह न गुजरती। हामिद की मासूमियत और बालसुलभ समझ ने उसे इन आँसुओं में छिपे स्नेह, गर्व और ममता का गूढ़ रहस्य समझने से रोक दिया।

10. हामिद की जगह आप होते तो क्या करते?

उत्तर छात्र स्वयं करें।

योग्यता-विस्तार

1. प्रेमचंद की कहानियों का संग्रह 'मानसरोवर' नाम से आठ भागों में प्रकाशित है। अपने पुस्तकालय से लेकर उसे पढ़िए।

उत्तर परीक्षोपयोगी प्रश्न नहीं है।

2. इस कहानी में लोक प्रचलित मुहावरों की भरमार है; जैसे–नानी मरना, छक्के छूटना आदि। इसमें आए मुहावरों की एक सूची तैयार कीजिए।

उत्तर कहानी में प्रयुक्त मुहावरे निम्नलिखित हैं

ईद मुहर्रम हो जाना, कुबेर का धन होना, संसार से विदा होना, राई का पर्वत बना लेना, दिल के अरमान निकालना, मरने-जीने से क्या मतलब, दिल कचोटना, चटपट बना लेना, बेड़ा पार लगाना, तूफ़ान में डटे रहना, आँख नहीं लगना, मुँह चुराना, तीन कौड़ी के, आँखों तले अँधेरा, किस फेर में, हैरान होना, झक मारना, हराम का माल हराम में जाना, बेखबर रहना, मगन चलना, मज़े से खाना, मिज़ाज सहना, मेरी बला से, शान से अकड़ना, मुँह ताकना, छाती पीटना, माटी का चोला माटी में मिलना, गदगद होना, मन ललचाना।

अभ्यास प्रश्न

गद्यांशों की व्याख्या

निम्नलिखित गद्यांशों की सप्रसंग व्याख्या कीजिए

गद्यांश 1

रमजान के पूरे तीस रोज़ों के बाद आज ईद आई है। कितना मनोहर, कितना सुहावना प्रभात है। वृक्षों पर कुछ अजीब हरियाली है, खेतों में कुछ अजीब रौनक है, आसमान पर कुछ अजीब लालिमा है। आज का सूर्य देखो, कितना प्यारा, कितना शीतल है, मानो संसार को ईद की बधाई दे रहा है। गाँव में कितनी हलचल है। ईदगाह जाने की तैयारियाँ हो रही हैं। किसी के कुरते में बटन नहीं है, पड़ोस के घर सूई-तागा लेने दौड़ा जा रहा है। किसी के जूते कड़े हो गए हैं, उनमें तेल डालने के लिए तेली के घर भागा जाता है। जल्दी-जल्दी बैलों को सानी-पानी दे दें। ईदगाह से लौटते-लौटते दोपहर हो जाएगी।

संदर्भ प्रस्तुत गद्यांश हमारी पाठ्यपुस्तक 'अंतरा भाग-1' में संकलित कहानी 'ईदगाह' से लिया गया है। इसके रचयिता कथा सम्राट 'मुंशी प्रेमचंद' हैं।

प्रसंग प्रस्तुत गद्यांश में प्रेमचंद ने ईद के त्योहार पर मुस्लिम समाज में मनाए जाने वाले उत्साह का सजीव चित्रण किया है।

व्याख्या प्रस्तुत गद्यांश में लेखक कहते हैं कि आज पूरे तीस दिनों के रोज़े रखने के बाद ईद का त्योहार आया है। चारों ओर मनोहारी प्राकृतिक वातावरण की छटा दिखाई दे रही है। आज की सुबह बड़ी ही सुहावनी प्रतीत हो रही है। पेड़ों के ऊपर हरियाली छाई हुई है।

चारों ओर एक विशेष प्रकार की रौनक दिखाई दे रही है। आज का आसमान भी अजीब तरह की लाली से चमक रहा है। आज सूर्य बहुत अच्छा और लालिमायुक्त लग रहा है, क्योंकि यह गर्मी न देकर शीतलता देता जान पड़ रहा है अर्थात् मन की खुशी के कारण सारा वातावरण ही हर्षमय प्रतीत हो रहा है।

यह प्राकृतिक सुंदर वातावरण भी संसार को ईद की बधाई देता जान पड़ता है। ईद के अवसर पर गाँव में विशेष हलचल है। सभी ईदगाह जाने की तैयारी में लगे हुए हैं। किसी के कुर्ते में बटन नहीं है, तो वह पड़ोस के घर से सूई-धागा लाने के लिए दौड़ा जा रहा है। किसी के जूते कड़े (कठोर) हो गए हैं, तो उन्हें नरम बनाने के लिए उनमें तेल डालने के लिए तेली के घर से तेल लेने भागा जा रहा है। कोई बैलों को जल्दी-जल्दी सानी-पानी देने में लगा हुआ है, बैल भूखे न रह जाएँ, क्योंकि ईदगाह से लौटते-लौटते दोपहर हो जाएगी।

विशेष

(i) प्रस्तुत गद्यांश में ईद के दिन के मनमोहक वातावरण का अलंकृत चित्रण किया गया है।

(ii) प्रस्तुत गद्यांश में ईद की तैयारी में जुटे गाँव के लोगों की उमंग का सजीव चित्रण है।

(iii) प्रस्तुत गद्यांश में सरल, सहज व प्रवाहमयी भाषा-शैली का प्रयोग है।

(iv) प्रस्तुत गद्यांश में मिश्रित शब्दावली का प्रयोग किया गया है। एक ओर शीतल, मनोहर, प्रभात, लालिमा जैसे तत्सम शब्द हैं, तो दूसरी ओर अजीब, रौनक, बधाई, आसमान आदि अरबी-फ़ारसी के शब्द हैं।

गद्यांश 2

रोज़े बड़े-बूढ़ों के लिए होंगे। इनके लिए तो ईद है। रोज़ ईद का नाम रटते थे आज वह आ गई। अब जल्दी पड़ी है कि लोग ईदगाह क्यों नहीं चलते। इन्हें गृहस्थी की चिंताओं से क्या प्रयोजन! सेवैयों के लिए दूध और शक्कर घर में है या नहीं, इनकी बला से, ये तो सेवैयाँ खाएँगे। वह क्या जानें कि अब्बाजान क्यों बदहवास चौधरी कायमअली के घर दौड़े जा रहे हैं। उन्हें क्या ख़बर कि चौधरी आज आँखें बदल ले, तो यह सारी ईद मुहर्रम हो जाए।

संदर्भ पूर्ववत्।

प्रसंग प्रस्तुत गद्यांश में बाल-मनोवैज्ञानिक तर्कों तथा ग्रामीणों के अभावग्रस्त जीवन व ऋण लेने की समस्या का वर्णन किया गया है।

व्याख्या प्रस्तुत गद्यांश में लेखक बाल मानसिकता को व्यक्त करता हुआ कहता है कि रोज़े बड़े-बूढ़ों के लिए होते हैं। बच्चों के लिए तो ईद होती है। ईद का नाम रोज़ रटते-रटते आज ईद आ गई है। इन बच्चों को तो अब ईदगाह जाने की जल्दी है।

इन्हें घर-परिवार की चिंताओं से क्या लेना-देना। घर में सेवैयाँ बनाने के लिए दूध और शक्कर है या नहीं, इन्हें उससे कोई मतलब नहीं है, इन्हें तो केवल सेवैयाँ खाने से मतलब है, चाहे वह कैसे भी बने। ये नहीं जानते कि उनके पिता चौधरी कायमअली के घर बदहवास होकर दौड़े क्यों जा रहे हैं, घर की आर्थिक स्थिति क्या है, बच्चों को इन सब बातों से कोई मतलब नहीं। यदि आज चौधरी की आँखें बदल जाएँ अर्थात् चौधरी कर्ज़ देने से मना कर दे तो यह ईद मुहर्रम हो जाए अर्थात् खुशी का त्योहार ईद दुःख भरे मुहर्रम में बदल जाएगा।

विशेष

(i) प्रस्तुत गद्यांश में बाल मनोविज्ञान का अत्यंत सुंदर चित्रण किया गया है।

(ii) प्रस्तुत गद्यांश में ग्रामीणों की आर्थिक स्थिति का मार्मिक चित्रण किया गया है।

(iii) प्रस्तुत गद्यांश में मुहावरों (नाम रटना, आखें बदल लेना) का सार्थक प्रयोग हुआ है।

(iv) प्रस्तुत गद्यांश में सरल व सहज भाषा का प्रयोग किया गया है।

(v) प्रस्तुत गद्यांश में मिश्रित शब्दावली युक्त भाषा का प्रयोग हुआ है।

गद्यांश 3

वह चार-पाँच साल का गरीब-सूरत, दुबला-पतला लड़का, जिसका बाप गत वर्ष हैज़े की भेंट हो गया और माँ न जाने क्यों पीली होती-होती एक दिन मर गई। किसी को पता न चला, क्या बीमारी है। कहती तो कौन सुनने वाला था। दिल पर जो कुछ बीतती थी वह दिल में ही सहती थी और जब न सहा गया, तो संसार से बिदा हो गई।

संदर्भ पूर्ववत्।

प्रसंग प्रस्तुत गद्यांश में लेखक ने हामिद के शारीरिक गठन और उसके माता-पिता की मृत्यु का वर्णन किया है।

व्याख्या प्रस्तुत गद्यांश में लेखक बताते हैं कि हामिद दुबला-पतला चार-पाँच साल का लड़का है, जिसके पिता की पिछले वर्ष ही हैज़ा होने के कारण मृत्यु हो गई और उसकी माता दिन-प्रतिदिन पीली पड़ती जा रही थी, उसकी बीमारी का कुछ पता ही न चला। सब कुछ सहती रही, उसे अपनी अभावग्रस्त व आर्थिक स्थिति का पूर्ण ज्ञान था, इसलिए किसी से कुछ न कह सकी, जिससे कहती वह तो पहले ही संसार छोड़ चुका था। बेबस बेचारी अपने हृदय की पीड़ा को चुपचाप सहती रही। जब यह पीड़ा असहनीय हो गई, तो इस संसार को छोड़ विदा हो गई।

विशेष

(i) प्रस्तुत गद्यांश में हामिद के माता-पिता की मृत्यु का दयनीय चित्रण किया गया है।

(ii) प्रस्तुत गद्यांश में 'संसार से बिदा होना' मुहावरे का सटीक प्रयोग हुआ है।

(iii) प्रस्तुत गद्यांश की भाषा सरल व सहज है।

(iv) प्रस्तुत गद्यांश में मिश्रित शब्दावली युक्त भाषा का प्रयोग हुआ है।

गद्यांश 4

अभागिन अमीना अपनी कोठरी में बैठी रो रही है। आज ईद का दिन और उसके घर में दाना नहीं! आज आबिद होता तो क्या इसी तरह ईद आती और चली जाती! इस अंधकार और निराशा में वह डूबी जा रही है। किसने बुलाया था इस निगोड़ी ईद को? इस घर में उसका काम नहीं; लेकिन हामिद! उसे किसी के मरने-जीने से क्या मतलब? उसके अंदर प्रकाश है, बाहर आशा। विपत्ति अपना सारा दलबल लेकर आए, हामिद की आनंद भरी चितवन उसका विध्वंस कर देगी।

संदर्भ पूर्ववत्।

प्रसंग प्रस्तुत गद्यांश में अमीना की निर्धनता तथा ईद के अवसर पर उसकी मनोदशा का मार्मिक चित्रण किया गया है।

व्याख्या प्रस्तुत गद्यांश में अमीना की दयनीय स्थिति को व्यक्त करते हुए लेखक कहते हैं कि अभागिन अमीना कोठरी में बैठी रो रही है। वह अपने भाग्य को कोस रही है, जिसका कारण ईद है। ईद के दिन उसके घर में एक दाना तक नहीं है। ईद खुशी का त्योहार है, पर वह विलाप कर रही है और आज अपने बेटे आबिद को याद कर रही है।

यदि आज आबिद होता, तो ईद ऐसी खाली न जाती, वह भी तरह-तरह के पकवान बनाती। अमीना इस चिंता में डूबी जा रही है कि वह हामिद के लिए कुछ नहीं कर पा रही है। वह अपनी असमर्थता के कारण ईद को कोस रही है। इस अभागे घर में ईद का क्या काम? इसे किसने बुलाया? तत्पश्चात् वह हामिद की प्रसन्नता के बारे में सोचती है—वह तो बच्चा है, उसे इन अभावों से क्या लेना-देना। उसके अंदर नई उमंग है, उत्साह है, आशा है। यदि कोई विपत्ति अपने समस्त बल के साथ आए, तो उसकी प्रसन्नता को नष्ट नहीं कर पाएगी, क्योंकि उसकी आनंद भरी एक नज़र ही उस विपत्ति का नाश कर देगी।

विशेष

(*i*) प्रस्तुत गद्यांश में अमीना की लाचारी व अभावग्रस्त स्थिति का मर्मस्पर्शी चित्रण किया गया है।
(*ii*) प्रस्तुत गद्यांश में लेखक ने हामिद के उमंग व उत्साह की अखंड प्रबलता का वर्णन किया है।
(*iii*) प्रस्तुत गद्यांश में मिश्रित शब्दावली का प्रयोग है।
(*iv*) प्रस्तुत गद्यांश की भाषा सहज एवं सरल है।
(*v*) प्रस्तुत गद्यांश में अभागिन, निगोड़ी आदि विशेषणों का आकर्षण प्रभावी है।

गद्यांश 5

उस दिन फ़हीमन के कपड़े सिले थे। आठ आने पैसे मिले थे। उस अठन्नी को ईमान की तरह बचाती चली आती थी इसी ईद के लिए, लेकिन कल ग्वालन सिर पर सवार हो गई तो क्या करती! हामिद के लिए कुछ नहीं है, तो दो पैसे का दूध तो चाहिए ही! अब तो कुल दो आने पैसे बच रहे हैं। तीन पैसे हामिद की जेब में, पाँच अमीना के बटुवे में। यही तो बिसात है और ईद का त्योहार, अल्लाह ही बेड़ा पार लगाए। धोबन, नाइन, मेहतरानी और चूड़िहारिन सभी तो आएँगी। सभी को सेवैयाँ चाहिए और थोड़ा किसी की आँखों नहीं लगता। किस-किस से मुँह चुराएगी और मुँह क्यों चुराए? साल-भर का त्योहार है। ज़िंदगी खैरियत से रहे, उनकी तकदीर भी तो उसी के साथ है। बच्चे को खुदा सलामत रखे, ये दिन भी कट जाएँगे।

संदर्भ पूर्ववत्।

प्रसंग प्रस्तुत गद्यांश में प्रेमचंद ने अमीना के आर्थिक कष्टों में सामाजिक रीति-रिवाज़ों को निभाने की विवशता को मुखरित कर उसके आशावादी चरित्र को उजागर किया है।

व्याख्या प्रस्तुत गद्यांश में लेखक बताते हैं कि अमीना की आय का स्रोत कपड़ों की सिलाई है, उसका खर्च इसी के सहारे चलता है। अमीना को याद आया कि उसने फ़हीमन के कपड़े सिलकर आठ आने कमाए थे, जो उसने ईद के दिन के लिए बचाकर रखे थे, लेकिन कल दूध वाली सिर पर सवार हो गई, तो उसे भी पैसे देने पड़े। दो आने बचे हैं, उसमें से तीन पैसे हामिद के लिए हैं और पाँच अमीना के बटुवे में। यही तो भाग्य है, अमीना का। ईद का त्योहार है, इतने कम पैसों में कैसे वह ईद के त्योहार के सामाजिक रीति-रिवाज़ निभाएगी, अल्लाह ही उसका बेड़ा पार करेगा। ईद के अवसर पर धोबन, नाइन, मेहतरानी और चूड़िहारिन सभी सेवैयाँ माँगेंगी, वह भी थोड़ी नहीं अधिक; कम चीज़ तो किसी के आँख तर नहीं आती। किस-किस से मुँह चुराएगी और मुँह क्यों चुराए, आखिरकार साल भर बाद त्योहार आता है। यदि ज़िंदगी सही सलामत रही तो सब सही हो जाएगा। धोबन, नाइन, मेहतरानी और चूड़िहारिन, सभी का भाग्य उन्हीं के साथ है। ये सभी देने वालों को दुआएँ देती हैं। हामिद को अल्लाह सलामत रखे। ये कष्ट भरे दिन भी अल्लाह कटवा ही देगा।

विशेष

(*i*) प्रस्तुत गद्यांश में लेखक ने अमीना के अभावग्रस्त जीवन में भी सामाजिक गतिविधियों की विडंबना को व्यक्त किया है।
(*ii*) प्रस्तुत गद्यांश में गाँव की एकता व सामूहिकता को चित्रित किया गया है।
(*iii*) मुहावरेयुक्त शैली का प्रयोग है। सिर पर सवार होना, बेड़ा पार लगाना, आँखें नहीं लगना, मुँह चुराना, ईमान की तरह बचाना, सलामत रखना जैसे मुहावरे वाक्यांश को अलंकृत करते हैं।
(*iv*) प्रस्तुत गद्यांश में सरल, सहज व प्रवाहयुक्त भाषा का प्रयोग हुआ है।
(*v*) प्रस्तुत गद्यांश में मिश्रित शब्दावली का प्रयोग हुआ है।

गद्यांश 6

यह कानिसटिबिल पहरा देते हैं! तभी तुम बहुत जानते हो। अजी हज़रत, यही चोरी कराते हैं। शहर के जितने चोर-डाकू हैं, सब इनसे मिले रहते हैं। रात को ये लोग चोरों से तो कहते हैं, चोरी करो और आप दूसरे मुहल्ले में जाकर 'जागते रहो! जागते रहो!' पुकारते हैं। तभी इन लोगों के पास इतने रुपये आते हैं। मेरे मामू एक थाने में कानिसटिबिल हैं। बीस रुपया महीना पाते हैं, लेकिन पचास रुपये घर भेजते हैं।

संदर्भ पूर्ववत्।

प्रसंग प्रस्तुत गद्यांश में प्रेमचंद ने बच्चों के संवादों द्वारा समाज में व्याप्त भ्रष्टाचार तथा न्याय व्यवस्था पर व्यंग्यात्मक प्रहार किया है।

व्याख्या प्रस्तुत गद्यांश में लेखक बताते हैं कि ईद के अवसर पर गाँव के सभी लोग तथा हामिद व उसके मित्र ईद की नमाज़ के लिए ईदगाह जा रहे हैं। रास्ते में बच्चे जो कुछ देख रहे हैं, उसके बारे में अपने तर्क प्रस्तुत कर रहे हैं। जैसे ही हामिद और उसके मित्र पुलिस लाइन से गुज़रते हैं, तो उनमें से एक लड़का थाने को देखकर पुलिस के सिपाही (कॉन्स्टेबल) की कर्त्तव्यपरायणता की प्रशंसा करता है, तभी बीच में ही मोहसिन विरोध करता हुआ कहता है कि तुम इन कॉन्स्टेबलों के बारे में कुछ नहीं जानते। ये सभी शहर के चोर-डाकुओं से मिले हुए होते हैं। रात को चोरों से कहते हैं कि तुम चोरी करो और स्वयं दूसरे इलाकों में जाकर पहरा देते हैं और 'जागते रहो!' बोलते रहते हैं, इसीलिए तो इनके पास अपनी आय से अधिक रुपये होते हैं। मेरे मामू भी एक थाने में कॉन्स्टेबल हैं। उनका मासिक वेतन बीस रुपये है, लेकिन पचास रुपये महीना घर भेजते हैं।

विशेष

(*i*) प्रस्तुत गद्यांश में लेखक ने सामाजिक भ्रष्टाचार तथा पुलिस विभाग पर कटाक्ष किया है।
(*ii*) प्रस्तुत गद्यांश में मिश्रित शब्दावली का प्रयोग किया गया है।
(*iii*) प्रस्तुत गद्यांश की भाषा सरल व सहज है।

गद्यांश 7

सहसा ईदगाह नज़र आया। ऊपर इमली के घने वृक्षों की छाया है। नीचे पक्का फ़र्श है, जिस पर जाजिम बिछा हुआ है और रोज़ेदारों की पंक्तियाँ एक के पीछे एक न जाने कहाँ तक चली गई हैं, पक्की जगत के नीचे तक, जहाँ जाजिम भी नहीं है। नए आने वाले आकर पीछे की कतार में खड़े हो जाते हैं। आगे जगह नहीं है। यहाँ कोई धन और पद नहीं देखता। इस्लाम की निगाह में सब बराबर हैं।

संदर्भ पूर्ववत्।

प्रसंग प्रस्तुत गद्यांश में प्रेमचंद ने ईदगाह की साज-सज्जा तथा इस्लाम धर्म की सामूहिकता का चित्रण किया है।

व्याख्या प्रस्तुत गद्यांश में कवि कहते हैं कि गाँव से पैदल चलते-चलते सभी को ईदगाह नज़र आया। ऊपर इमली के घने वृक्षों की छाया है तथा नीचे पक्का फ़र्श है, जिस पर जाजिम (दरी) बिछी हुई है। सभी लोग एक के पीछे एक पंक्ति बनाकर खड़े हैं। लोगों की भीषण भीड़ है, जिसके कारण बहुत लोग कतार में वहाँ तक पहुँच गए हैं, जहाँ तक दरी भी नहीं है, सिर्फ़ पक्का फ़र्श बचा है। जो पहले आता है, वह आगे खड़ा होता है और जो पीछे आता है वह पीछे ही कतार में खड़ा होता है। यहाँ अमीर-गरीब का कोई भेद नहीं है, इस्लाम धर्म की नज़र में सभी समान हैं अर्थात् इस्लाम धर्म के अनुसार अमीर-गरीब, ऊँचा-नीचा, जाति-वर्ग आदि किसी भी प्रकार का कोई भेद नहीं होता।

विशेष

(i) प्रस्तुत गद्यांश में लेखक ने इस्लाम धर्म की समानता व ईदगाह की साज-सज्जा का सजीव चित्रण किया है।

(ii) प्रस्तुत गद्यांश में लेखक ने इस्लाम धर्म की समानता की भावना को अभिव्यक्त किया है।

(iii) प्रस्तुत गद्यांश में मिश्रित शब्दावली का प्रयोग हुआ है।

(iv) प्रस्तुत गद्यांश में भाषा की शैली सरल व सहज है।

गद्यांश 8

लाखों सिर एक साथ सिजदे में झुक जाते हैं, फिर सब-के-सब एक साथ खड़े हो जाते हैं, एक साथ झुकते हैं और एक साथ घुटनों के बल बैठ जाते हैं। कई बार यही क्रिया होती है, जैसे बिजली की लाखों बत्तियाँ एक साथ प्रदीप्त हों और एक साथ बुझ जाएँ और यही क्रम चलता रहे। कितना अपूर्व दृश्य था, जिसकी सामूहिक क्रियाएँ, विस्तार और अनंतता हृदय को श्रद्धा, गर्व और आत्मानंद से भर देती थीं, मानो भ्रातृत्व का एक सूत्र इन समस्त आत्माओं को एक लड़ी में पिरोए हुए है।

संदर्भ पूर्ववत्।

प्रसंग प्रस्तुत गद्यांश में लेखक प्रेमचंद जी ने नमाज़ अदा करने की क्रिया का मनमोहक-सा दृश्य प्रस्तुत किया है।

व्याख्या प्रस्तुत गद्यांश में लेखक नमाज़ अदा करने की क्रिया का वर्णन करते हुए कहते हैं कि नमाज़ अदा करते समय लोगों के सिर एक साथ सिज़दे (सिर झुकाकर ईश्वर को किया गया प्रणाम) में झुकते हैं और सभी नमाज़ी एक साथ घुटनों के बल बैठते हैं, तत्पश्चात् फिर खड़े होते हैं। यही क्रिया कई बार दोहराई जाती है, मानो बिजली की लाखों बत्तियाँ एक साथ जलती हों और एक साथ बुझती हों।

नमाज़ की सामूहिक क्रियाएँ हृदय को कभी न नष्ट होने वाले श्रद्धा भाव से भर देती हैं, जिससे आत्मा में आनंद का संचालन होता है। यह श्रद्धा भरा मनमोहक दृश्य ऐसा लग रहा है, मानो इन समस्त आत्माओं को भाईचारे के धागे में एक लड़ी में पिरोया गया हो।

विशेष

(i) प्रस्तुत गद्यांश में नमाज़ अदा करने की क्रिया को दृश्य बिंब के सहारे चित्रित किया गया है।

(ii) प्रस्तुत गद्यांश में लेखक ने अपने दार्शनिक भावों को अलंकृत कर चित्रित किया है।

(iii) प्रस्तुत गद्यांश में उर्दू व संस्कृत युक्त मिश्रित शब्दावली का प्रयोग किया गया है।

(iv) प्रस्तुत गद्यांश की भाषा-शैली सरल व सहज है।

गद्यांश 9

नमाज़ खत्म हो गई है। लोग आपस में गले मिल रहे हैं। तब मिठाई और खिलौने की दुकानों पर धावा होता है। ग्रामीणों का यह दल इस विषय में बालकों से कम उत्साही नहीं है। यह देखो, हिंडोला है। एक पैसा देकर चढ़ जाओ। कभी आसमान पर जाते हुए मालूम होंगे, कभी ज़मीन पर गिरते हुए। यह चर्खी है, लकड़ी के हाथी, घोड़े, ऊँट छड़ों से लटके हुए हैं। एक पैसा देकर बैठ जाओ और पच्चीस चक्करों का मज़ा लो। महमूद और मोहसिन और नूरे और सम्मी इन घोड़ों और ऊँटों पर बैठते हैं। हामिद दूर खड़ा है। तीन ही पैसे तो उसके पास हैं। अपने कोष का एक-तिहाई ज़रा-सा चक्कर खाने के लिए नहीं दे सकता।

संदर्भ पूर्ववत्।

प्रसंग प्रस्तुत गद्यांश में लेखक ने ईद के मेले का मनोहारी दृश्य तथा बच्चों व बड़ों के स्वाभाविक उत्साह का सजीव चित्रण किया है।

व्याख्या प्रस्तुत गद्यांश में लेखक कहते हैं कि नमाज़ अदा करने के बाद लोगों ने एक-दूसरे को गले लगाकर ईद की बधाई दी। तत्पश्चात् बड़े तथा बच्चे सभी मेले में गए। मिठाई व खिलौनों की दुकानों पर लोगों की भीषण भीड़ थी। बड़ों का उत्साह बच्चों से कम न था। हामिद और उसके मित्र आपस में बात करते हुए कहते हैं कि यह देखो! हिंडोला (झूला), एक पैसा देकर चढ़ जाओ, तो कभी आपको आसमान तक पहुँचा दे और कभी ज़मीन पर गिरा दे। यह देखो! चर्खी, लकड़ी के घोड़े, हाथी, ऊँट छड़ों से लटके हुए हैं। एक पैसे में पच्चीस चक्करों का मज़ा लिया जा सकता है।

महमूद, मोहसिन, नूरे और सम्मी सभी इन घोड़ों और ऊँटों पर बैठते हैं और झूले का मज़ा लेते हैं। हामिद दूर खड़ा देख रहा है। क्या करे बेचारा उसके पास केवल तीन ही पैसे हैं, जिन्हें वह ज़रा से चक्कर खाने के लिए खर्च नहीं करना चाहता। हामिद अपनी इच्छाओं व मन पर नियंत्रण कर केवल दूर से ही अपने मित्रों को झूला झूलते देखता रहता है।

विशेष

(i) प्रस्तुत गद्यांश में लेखक द्वारा ईद के मेले का सादृश्य चित्रण प्रस्तुत किया गया है।
(ii) प्रस्तुत गद्यांश में उर्दू व संस्कृत युक्त मिश्रित शब्दावली का प्रयोग किया गया है।
(iii) प्रस्तुत गद्यांश की भाषा सरल व सहज है।
(iv) प्रस्तुत गद्यांश में दृश्य बिंबों की भरमार है।

गद्यांश 10

हामिद खिलौनों की निंदा करता है–मिट्टी ही के तो हैं, गिरे तो चकनाचूर हो जाएँ; लेकिन ललचाई हुई आँखों से खिलौनों को देख रहा है और चाहता है कि ज़रा देर के लिए उन्हें हाथ में ले सकता। उसके हाथ अनायास ही लपकते हैं, लेकिन लड़के इतने त्यागी नहीं होते हैं, विशेषकर जब अभी नया शौक है।

संदर्भ पूर्ववत्।

प्रसंग प्रस्तुत गद्यांश में प्रेमचंद जी ने हामिद द्वारा बाल-चेतना व बाल मनोविज्ञान को प्रस्तुत किया है। खिलौने न खरीदने पर भी उनके प्रति हामिद की लालसा का स्वाभाविक व मार्मिक चित्रण किया गया है।

व्याख्या प्रस्तुत गद्यांश में लेखक बताते हैं कि हामिद स्वयं खिलौने व मिठाइयाँ नहीं खरीदता, क्योंकि उसके पास कुल तीन पैसे थे। वह अपनी असमर्थता को अपने तर्कों से नष्ट कर देता है। हामिद के मित्र हामिद को चिढ़ा-चिढ़ाकर मिठाई खाते हैं तथा अपने खिलौने से खेलते हैं। हामिद अपने तर्कों से खिलौनों की निंदा करता है—ये तो मिट्टी के हैं, गिरते ही चकनाचूर हो जाएँगे। हामिद ये सब अपनी असमर्थता छुपाने के लिए कह रहा था। मन-ही-मन तो वह इन खिलौनों को एक बार अपने हाथों से छूना चाहता है, उसके हाथ अपने आप ही खिलौनों की ओर बढ़ रहे थे। हामिद के मित्र इतने त्यागी न थे, परंतु दोष उनका भी नहीं है। जब बच्चे कोई नई वस्तु खरीदते हैं तो यह किसी को भी अपनी चीज़ें छूने तक नहीं देते। यह स्वभाव बच्चों में प्राकृतिक रूप से विद्यमान होता है।

विशेष

(i) प्रस्तुत गद्यांश में लेखक ने हामिद के आंतरिक मनोभावों का चित्रण किया है।
(ii) प्रस्तुत गद्यांश में मुहावरे युक्त शैली का प्रयोग हुआ है।
(iii) प्रस्तुत गद्यांश में सहज व सरल भाषा का प्रयोग हुआ है।
(iv) प्रस्तुत गद्यांश में मिश्रित शब्दावली युक्त खड़ीबोली हिंदी का प्रयोग हुआ है।

गद्यांश 11

उसे खयाल आया, दादी के पास चिमटा नहीं है। तवे से रोटियाँ उतारती हैं, तो हाथ जल जाता है; अगर वह चिमटा ले जाकर दादी को दे दे, तो वह कितनी प्रसन्न होंगी! फिर उनकी उँगलियाँ कभी न जलेंगी। घर में एक काम की चीज़ हो जाएगी। खिलौने से क्या फ़ायदा। व्यर्थ में पैसे खराब होते हैं। ज़रा देर ही तो खुशी होती है। फिर तो खिलौने को कोई आँख उठाकर नहीं देखता। या तो घर पहुँचते-पहुँचते टूट-फूटकर बराबर हो जाएँगे। चिमटा कितने काम की चीज़ है। रोटियाँ तवे से उतार लो, चूल्हे में सेंक लो। कोई आग माँगने आए तो चटपट चूल्हे से आग निकालकर उसे दे दो।

संदर्भ पूर्ववत्।

प्रसंग प्रस्तुत गद्यांश में हामिद का अपनी दादी के प्रति प्रेमयुक्त स्नेह का वर्णन किया गया है।

व्याख्या प्रस्तुत गद्यांश में लेखक कहते हैं कि लोहे की दुकान से सभी आगे निकल गए, परंतु हामिद लोहे की वस्तुओं की दुकान पर रुक गया। उसे वहाँ एक चिमटा दिखाई दिया, तभी उसे याद आया कि दादी के पास चिमटा नहीं है। जब वह रोटियाँ उतारती हैं, तो उनका हाथ जल जाता है। यदि मैं इस चिमटे को खरीदकर दादी को दूँगा, तो वह अत्यंत प्रसन्न होंगी और उनकी उँगलियाँ भी नहीं जलेंगी। घर में प्रयोग करने की एक वस्तु भी हो जाएगी। खिलौने खरीदकर क्या लाभ मिलेगा। केवल पैसे ही खराब होते हैं। खिलौने से तो क्षणभर का ही सुख मिलता है। कुछ दिनों बाद पुराने होने पर इन्हें कोई देखता भी नहीं। घर पहुँचते-पहुँचते टूटकर चूर हो जाते हैं। चिमटा कितने काम की चीज़ है, रोटियाँ तवे से उतार लो, रोटियाँ सेंक लो और यदि कोई आग माँगने आए, तो फटाफट चूल्हे से आग निकालकर उसे दे दो अर्थात् हामिद ने मन-ही-मन चिमटे के गुणों को खिलौनों की अपेक्षा सर्वोपरि बना लिया।

विशेष

(i) प्रस्तुत गद्यांश में हामिद का अपनी दादी के प्रति प्रेमयुक्त स्नेह का चित्रण किया गया है।
(ii) प्रस्तुत गद्यांश में हामिद के तर्कों द्वारा चिमटे की सत्ता को सिद्ध किया गया है।
(iii) प्रस्तुत गद्यांश की भाषा सरल व सहज है।
(iv) प्रस्तुत गद्यांश में मिश्रित शब्दावली युक्त खड़ीबोली हिंदी का प्रयोग किया गया है।

गद्यांश 12

विजेता को हारने वालों से जो सत्कार मिलना स्वाभाविक है, वह हामिद को भी मिला। औरों ने तीन-तीन, चार-चार आने पैसे खर्च किए, पर कोई काम की चीज़ न ले सके। हामिद ने तीन पैसे में रंग जमा लिया। सच ही तो है, खिलौनों का क्या भरोसा? टूट-फूट जाएँगे। हामिद का चिमटा तो बना रहेगा बरसों।

संदर्भ पूर्ववत्।

प्रसंग प्रस्तुत गद्यांश में हामिद द्वारा खरीदे गए चिमटे की जीत का वर्णन किया गया है।

व्याख्या प्रस्तुत गद्यांश में लेखक कहते हैं कि हामिद और उसके मित्र अपने-अपने खिलौने को एक-दूसरे के खिलौनों से सर्वोपरि सिद्ध करते हुए अपने-अपने घर जा रहे हैं। इस बहस में हामिद का चिमटा विजयी होता है, जिसके कारण हामिद को भी सम्मानजनक सत्कार प्राप्त होता है। दूसरे बच्चों ने तीन-तीन, चार-चार आने पैसे खर्च किए, लेकिन हामिद के चिमटे जैसी काम की वस्तु न खरीद पाए।

हामिद के तीन पैसे का रंग चार पैसों पर भारी पड़ा। उसके तीन पैसे ने अपना प्रभुत्व बना लिया था। यह सत्य है कि खिलौनों का कोई भरोसा नहीं। वे जल्दी ही टूट जाते हैं, परंतु हामिद का चिमटा सदैव बना रहेगा।

विशेष

(i) प्रस्तुत गद्यांश में लेखक ने खिलौनों पर चिमटे का आधिपत्य सिद्ध कर उसे विजयी सिद्ध किया है।

(ii) प्रस्तुत गद्यांश में मिश्रित शब्दावली युक्त भाषा का प्रयोग किया गया है।

(iii) प्रस्तुत गद्यांश की भाषा सरल व सहज है।

(iv) प्रस्तुत गद्यांश में खड़ीबोली हिंदी का प्रयोग हुआ है।

गद्यांश 13

बुढ़िया का क्रोध तुरंत स्नेह में बदल गया और स्नेह भी वही नहीं, जो प्रगल्भ होता है और अपनी सारी कसक शब्दों में बिखेर देता है। यह मूक स्नेह था, खूब ठोस, रस और स्वाद से भरा हुआ। बच्चे में कितना त्याग, कितना सद्भाव और कितना विवेक है! दूसरों को खिलौने लेते और मिठाई खाते देखकर इसका मन कितना ललचाया होगा? इतना ज़ब्त इससे हुआ कैसे? वहाँ भी इसे अपनी बुढ़िया दादी की याद बनी रही। अमीना का मन गदगद हो गया।

संदर्भ पूर्ववत्।

प्रसंग प्रस्तुत गद्यांश में चिमटे को देखकर दादी अमीना की प्रतिक्रिया का मर्मस्पर्शी वर्णन किया गया है।

व्याख्या प्रस्तुत गद्यांश में कवि कहते हैं कि जब हामिद ने दादी को बताया कि वह चिमटा दादी के लिए लाया है, क्योंकि तवे से रोटियाँ उतारते समय उनकी उँगलियाँ जल जाती हैं। यह सुनकर अमीना का हामिद के प्रति क्रोध उसके प्रति स्नेह, वात्सल्य तथा ममता में बदल गया। इस प्रेम को वह शब्दों में व्यक्त नहीं कर सकी। इस प्रेम की केवल अनुभूति हो सकती है। उसका हृदय अपने पौत्र के प्रति इतने प्रेम से भरा है कि वह उसे अभिव्यक्त नहीं कर पा रही है। वह भावविभोर है और उसकी वाणी मौन है। इस मूक प्रेम में अनेकानेक भावों का मिश्रण है। इस प्रेम में आनंद है, दुआ है, वात्सल्य भाव है, अनुभूति है। अमीना सोचती है कि इस छोटे से बालक ने अपनी इच्छाओं का दमन करके अपनी दादी के प्रति जहाँ अपने सद्भाव को प्रकट किया है, वहीं इसकी त्याग भावना और विवेक बुद्धि की जितनी सराहना की जाए, वह थोड़ी है।

जब इसके साथ के दूसरे बालक खिलौने ले रहे होंगे और मिठाई खा रहे होंगे, तब उनको देखकर इसके मन में भी खिलौने लेने व मिठाई खाने की प्रबल इच्छा जगी होगी, किंतु इसने अपने उस लालच को जिस प्रकार दबाया, वह अत्यंत प्रशंसनीय है। इसमें त्याग, सद्भाव, इतना धैर्य व संयम कहाँ से आया होगा? मेले में भी इसे अपनी बुढ़िया दादी का ख्याल रहा तथा मेरी जलती उँगलियों का ध्यान रहा। इतने मनमोहक मेले की वस्तुओं के आकर्षण से इसने अपने आपको कैसे बचाया होगा! अमीना यह सोच-सोचकर प्रसन्न हो उठती है।

विशेष

(i) प्रस्तुत गद्यांश में दादी अमीना के भावातिरेक का अत्यंत मार्मिक चित्रण किया गया है।

(ii) प्रस्तुत गद्यांश में मिश्रित शब्दावली युक्त भाषा का प्रयोग है।

(iii) प्रस्तुत गद्यांश की भाषा सहज व सरल है।

(iv) प्रस्तुत गद्यांश में खड़ीबोली हिंदी का प्रयोग हुआ है।

गद्यांशों पर आधारित बहुविकल्पीय प्रश्न

1. रमजान के पूरे तीस रोज़ों के बाद आज ईद आई है। कितना मनोहर, कितना सुहावना प्रभात है। वृक्षों पर कुछ अजीब हरियाली है, खेतों में कुछ अजीब रौनक है, आसमान पर कुछ अजीब लालिमा है। आज का सूर्य देखो, कितना प्यारा, कितना शीतल है, मानो संसार को ईद की बधाई दे रहा है। गाँव में कितनी हलचल है। ईदगाह जाने की तैयारियाँ हो रही हैं। किसी के कुरते में बटन नहीं है, पड़ोस के घर सूई-तागा लेने दौड़ा जा रहा है। किसी के जूते कड़े हो गए हैं, उनमें तेल डालने के लिए तेली के घर भागा जाता है। जल्दी-जल्दी बैलों को सानी-पानी दे दें। ईदगाह से लौटते-लौटते दोपहर हो जाएगी।

(i) **गद्यांश के अनुसार, वातावरण में आज परिवर्तन क्यों दिखाई दे रहा है?**
(क) ईद के कारण
(ख) मुहर्रम के कारण
(ग) दिवाली के कारण
(घ) होली के कारण

(ii) **कथन** (A) **सारा वातावरण सुहावना है अजीब सी रौनक चारों ओर फैली हुई है।**
कारण (R) **रमजान के पूरे तीस रोजों के बाद आज ईद आई है।**
कूट
(क) कथन (A) और कारण (R) दोनों सही हैं तथा कारण (R) कथन (A) की सही व्याख्या करता है।
(ख) कथन (A) सही है, लेकिन कारण (R) उसकी गलत व्याख्या करता है।
(ग) कथन (A) गलत है, लेकिन कारण (R) सही है।
(घ) कथन (A) और कारण (R) दोनों गलत हैं।

(iii) **गाँव में इतनी हलचल क्यों है?**
(क) क्योंकि लोग बाजार जाने की तैयारियाँ कर रहे हैं
(ख) क्योंकि लोग ईदगाह जाने की तैयारियाँ कर रहे हैं
(ग) क्योंकि लोग अपने मित्रों से मिलने जा रहे हैं
(घ) क्योंकि सभी लोग एक समारोह में एकत्र होने जा रहे हैं

(iv) **गद्यांश के अनुसार, जूते कड़े होने पर लोग कहाँ जा रहे हैं?**
(क) डॉक्टर के घर (ख) दुकान पर
(ग) तेली के घर (घ) मोची के घर

(v) **'जल्दी-जल्दी बैलों को सानी-पानी दे दें' कथन से लेखक क्या कहना चाहता है?**
(क) बैल भूखे न रह जाएँ, क्योंकि ईदगाह से लौटने में देर हो जाएगी
(ख) जितनी जल्दी बैलों को चारा खिलाएँगे, उतनी जल्दी ईदगाह जाएँगे
(ग) बैलों को चारा खिलाने के बाद उन्हें ईदगाह ले जाएँगे
(घ) उपर्युक्त सभी

उत्तर

(i) (क) ईद के कारण

(ii) (क) कथन (A) और कारण (R) दोनों सही हैं तथा कारण (R), कथन (A) की सही व्याख्या करता है।

(iii) (ख) क्योंकि लोग ईदगाह जाने की तैयारियाँ कर रहे हैं

(iv) (ग) तेली के घर

(v) (क) बैल भूखे न रह जाएँ, क्योंकि ईदगाह से लौटने में देर हो जाएगी

2. **रोज़े बड़े-बूढ़ों के लिए होंगे। इनके लिए तो ईद है। रोज़ ईद का नाम रटते थे आज वह आ गई। अब जल्दी पड़ी है कि लोग ईदगाह क्यों नहीं चलते। इन्हें गृहस्थी की चिंताओं से क्या प्रयोजन! सेवैयों के लिए दूध और शक्कर घर में है या नहीं, इनकी बला से, ये तो सेवैयाँ खाएँगे। वह क्या जानें कि अब्बाजान क्यों बदहवास चौधरी कायमअली के घर दौड़े जा रहे हैं। उन्हें क्या खबर कि चौधरी आज आँखें बदल ले, तो यह सारी ईद मुहर्रम हो जाए। उनकी अपनी जेबों में तो कुबेर का धन भरा हुआ है। बार-बार जेब से अपना खजाना निकालकर गिनते हैं और खुश होकर फिर रख लेते हैं। महमूद गिनता है, एक-दो, दस-बारह! उसके पास बारह पैसे हैं। मोहसिन के पास एक, दो, तीन, आठ, नौ, पंद्रह पैसे हैं। इन्हीं अनगिनती पैसों में अनगिनती चीजें लाएँगे-खिलौने, मिठाइयाँ, बिगुल, गेंद और जाने क्या-क्या! और सबसे ज्यादा प्रसन्न है हामिद।**

(i) **गद्यांश में रोज़े रखने की आवश्यकता किनके लिए बताई गई है?**

(क) बच्चों के लिए

(ख) बड़े-बूढ़ों के लिए

(ग) स्त्रियों के लिए

(घ) वयस्कों के लिए

(ii) **गृहस्थी की चिंता किन्हें नहीं होती है?**

(क) बुजुर्गों को (ख) महिलाओं को

(ग) बच्चों को (घ) ये सभी

(iii) **"वह क्या जानें कि अब्बाजान क्यों बदहवास चौधरी कायमअली के घर दौड़े जा रहे हैं।" कथन से लेखक का क्या आशय है?**

(क) बच्चों को घर की आर्थिक स्थिति से कोई मतलब नहीं होता

(ख) बच्चे चौधरी कायमअली को नहीं जानते

(ग) बच्चों के अब्बाजान कायमअली के यहाँ काम करते हैं

(घ) चौधरी कायमअली बच्चों के पिता को ईद के अवसर पर पैसे देगा

(iv) **महमूद के पास कितने पैसे हैं?**

(क) दो (ख) दस

(ग) बारह (घ) तेरह

(v) **ईद के मुहर्रम होने का क्या तात्पर्य है?**

(क) अगले कुछ महीनों में मुहर्रम आने वाली है

(ख) चौधरी यदि कर्ज न दे तो खुशी का अवसर दुःख में बदल जाएगा

(ग) दुःख का समय खुशी में बदल जाएगा

(घ) उपर्युक्त में से कोई नहीं

उत्तर

(i) (ख) बड़े-बूढ़ों के लिए

(ii) (ग) बच्चों को

(iii) (क) बच्चों को घर की आर्थिक स्थिति से कोई मतलब नहीं होता

(iv) (ग) बारह

(v) (ख) चौधरी यदि कर्ज न दे तो खुशी का अवसर दुःख में बदल जाएगा

3. **वह चार-पाँच साल का गरीब-सूरत, दुबला-पतला लड़का, जिसका बाप गत वर्ष हैज़े की भेंट हो गया और माँ न जाने क्यों पीली होती-होती एक दिन मर गई। किसी को पता न चला, क्या बीमारी है। कहती तो कौन सुनने वाला था। दिल पर जो कुछ बीतती थी, वह दिल में ही सहती थी और जब न सहा गया तो संसार से बिदा हो गई। अब हामिद अपनी बूढ़ी दादी अमीना की गोद में सोता है और उतना ही प्रसन्न है। उसके अब्बाजान रुपये कमाने गए हैं। बहुत-सी थैलियाँ लेकर आएँगे। अम्मीजान अल्लाह मियाँ के घर से उसके लिए बड़ी अच्छी-अच्छी चीजें लाने गई हैं, इसलिए हामिद प्रसन्न है। आशा तो बड़ी चीज है और फिर बच्चों की आशा! उनकी कल्पना तो राई का पर्वत बना लेती है। हामिद के पाँव में जूते नहीं हैं, सिर पर एक पुरानी-धुरानी टोपी है, जिसका गोटा काला पड़ गया है, फिर भी वह प्रसन्न है। जब उसके अब्बाजान थैलियाँ और अम्मीजान नियामतें लेकर आएँगी, तो वह दिल के अरमान निकाल लेगा। तब देखेगा महमूद, मोहसिन, नूरे और सम्मी कहाँ से उतने पैसे निकालेंगे। अभागिन अमीना अपनी कोठरी में बैठी रो रही है। आज ईद का दिन और उसके घर में दाना नहीं! आज आबिद होता तो क्या इसी तरह ईद आती और चली जाती! इस अंधकार और निराशा में वह डूबी जा रही है। किसने बुलाया था इस निगोड़ी ईद को? इस घर में उसका काम नहीं।**

(i) **चार-पाँच साल का गरीब-सूरत व दुबला-पतला लड़का कौन था?**

(क) महमूद (ख) मोहसिन

(ग) हामिद (घ) इमरान

(ii) **हामिद के पिता की मृत्यु कैसे हुई?**

(क) पीलिया से (ख) हैजे से

(ग) अतिसार से (घ) हृदय गति रुकने से

(iii) **हामिद की माँ किसी से कुछ क्यों नहीं कहती थी?**

(क) क्योकि अपनी आर्थिक स्थिति का उसे पूर्ण ज्ञान था

(ख) क्योंकि वह सीधी और सरल स्वभाव की थी

(ग) क्योंकि वह बोलना नहीं जानती थी

(घ) क्योंकि उसकी सास उसे किसी से भी बात करने से मना करती थी

(iv) **गद्यांश के आधार पर कौन-सा वाक्य गलत है?**

(क) अमीना का कमाने वाला लड़का मर गया है, उसकी स्थिति दयनीय है

(ख) ईद के दिन अमीना के घर में एक भी दाना नहीं है

(ग) हामिद अपनी बूढ़ी नानी के साथ रहता था

(घ) हामिद के पैर में जूते नहीं हैं

(v) अमीना ईद को क्यों कोस रही है?
(क) हामिद को कुछ न देने की असमर्थता के कारण
(ख) ईद जल्दी आने के कारण
(ग) ईद के दिन ही उसके बेटे की मृत्यु होने के कारण
(घ) उसे ईद अच्छी न लगने के कारण

उत्तर

(i) (ग) हामिद
(ii) (ख) हैजे से
(iii) (क) क्योंकि अपनी आर्थिक स्थिति का उसे पूर्ण ज्ञान था
(iv) (ग) हामिद अपनी बूढ़ी नानी के साथ रहता था
(v) (क) हामिद को कुछ न देने की असमर्थता के कारण

4. अमीना ने छाती पीट ली। यह कैसा बेसमझ लड़का है कि दोपहर हुआ, कुछ खाया न पिया। लाया क्या, चिमटा! सारे मेले में तुझे और कोई चीज न मिली, जो यह लोहे का चिमटा उठा लाया?

हामिद ने अपराधी-भाव से कहा-तुम्हारी उँगलियाँ तवे से जल जाती थीं; इसलिए मैंने उसे लिया।

बुढ़िया का क्रोध तुरंत स्नेह में बदल गया और स्नेह भी वह नहीं, जो प्रगल्भ होता है और अपनी सारी कसक शब्दों में बिखेर देता है। यह मूक स्नेह था, खूब ठोस, रस और स्वाद से भरा हुआ। बच्चे में कितना त्याग, कितना सद्भाव और कितना विवेक है। दूसरों को खिलौने लेते और मिठाई खाते देखकर इसका मन कितना ललचाया होगा? इतना जब्त इससे हुआ कैसे? वहाँ भी इसे अपनी बुढ़िया दादी की याद बनी रही। अमीना का मन गदगद हो गया और अब एक बड़ी विचित्र बात हुई। हामिद के इस चिमटे से भी विचित्र। बच्चे हामिद ने बूढ़े हामिद का पार्ट खेला था। बुढ़िया अमीना बालिका अमीना बन गई। वह रोने लगी। दामन फैलाकर हामिद को दुआएँ देती जाती थी और आँसू की बड़ी-बड़ी बूँदें गिराती जाती थी। हामिद इसका रहस्य क्या समझता!

(i) अमीना को हामिद पर क्रोध क्यों आया?
(क) क्योंकि वह सारे पैसे मेले में उड़ा आया था
(ख) क्योंकि वह मेले से चिमटा खरीदकर लाया था
(ग) क्योंकि उसने अपने पैसे मेले में खो दिए थे
(घ) क्योंकि वह मेले से देरी से आया था

(ii) **कथन** (A) हामिद बाजार में खिलौने, मिठाइयाँ न खरीदकर चिमटा खरीदता है।

कारण (R) अमीना की उँगलियाँ तवे से रोटी उतारते हुए जल जाती थीं।

कूट
(क) कथन (A) और कारण (R) दोनों सही हैं तथा कारण (R), कथन (A) की सही व्याख्या करता है।
(ख) कथन (A) सही है, लेकिन कारण (R) उसकी गलत व्याख्या करता है।
(ग) कथन (A) गलत है, लेकिन कारण (R) सही है।
(घ) कथन (A) और कारण (R) दोनों गलत हैं।

(iii) 'मूक स्नेह' से लेखक का क्या आशय है?
(क) दादी हामिद से बिना बोले ही बहुत कुछ कह रही थीं
(ख) दादी हामिद को चिमटा खरीदने की बात सुनकर चुप हो गई थीं
(ग) दादी अपने क्रोध को दिखा नहीं पा रही थीं
(घ) दादी अपने पोते के प्रति प्रेम को अभिव्यक्त नहीं कर पा रही थीं

(iv) हामिद किस रहस्य से अनभिज्ञ था?
(क) हामिद अपनी दादी के आँसुओं व दुआओं के रहस्य से अनभिज्ञ था
(ख) दादी हामिद के समझदार व सहनशील होने से दु:खी थीं, इसलिए रोए जा रही थीं
(ग) दादी ईश्वर से आबिद की सलामती की दुआएँ माँग रही थीं
(घ) उपर्युक्त सभी

(v) 'प्रगल्भ' शब्द है
(क) तद्भव (ख) तत्सम
(ग) देशज (घ) विदेशज

उत्तर

(i) (ख) क्योंकि वह मेले से चिमटा खरीदकर लाया था
(ii) (क) कथन (A) और कारण (R) दोनों सही हैं तथा कारण (R), कथन (A) की सही व्याख्या करता है।
(iii) (घ) दादी अपने पोते के प्रति प्रेम को अभिव्यक्त नहीं कर पा रही थीं
(iv) (क) हामिद अपनी दादी के आँसुओं व दुआओं के रहस्य से अनभिज्ञ था
(v) (ख) तत्सम

विषय-वस्तु पर आधारित प्रश्नोत्तर

1. रमज़ान से क्या अभिप्राय है?

उत्तर रमज़ान का अर्थ है—एक महीने का नाम। जिस प्रकार हिंदी वर्षों का निर्धारण विक्रम संवत् में चैत्र-बैसाख तथा ईसवी सन् के अनुसार जनवरी-फरवरी आदि महीनों के नाम से होता है, उसी प्रकार हिज़री सन् में रमज़ान एक महीने का नाम है। इस्लाम धर्म में यह अत्यंत पवित्र महीना माना जाता है, जिसमें मुस्लिम लोग पूरे महीने रोज़े (व्रत) रखते हैं।

2. 'ईदगाह' कहानी के आधार पर इस्लाम धर्म की समानता को उदाहरण सहित समझाइए।

उत्तर 'ईदगाह' कहानी में लेखक ने इस्लाम धर्म में समानता की भावना को स्पष्ट किया है। ईदगाह में नमाज़ पढ़ने के लिए जो पहले आता है, वह आगे खड़ा होता है और जो बाद में आता है, वह पीछे खड़ा होता है। इस्लाम की नज़र में सभी समान होते हैं, उसमें कोई छोटा-बड़ा, ऊँच-नीच, जाति-वर्ग संबंधी भेद नहीं होता।

3. चिमटे को 'रुस्तमे-हिंद' क्यों कहा गया है?

उत्तर हामिद के मित्रों ने मेले से मिट्टी के खिलौने खरीदे थे, जो गिरते ही या तो टूट-फूट जाएँगे या चकनाचूर हो जाएँगे, परंतु हामिद का चिमटा तो लोहे का था। हामिद ने अपने तर्क से चिमटे को सभी खिलौनों से सर्वोपरि सिद्ध कर दिया।

उसका चिमटा एक प्रहार द्वारा सभी खिलौनों को चकनाचूर कर सकता है तथा आग, पानी, आँधी, तूफ़ान आदि में एक योद्धा के समान डटकर खड़ा रहेगा, इसलिए हामिद ने अपने चिमटे को 'रुस्तमे-हिंद' (शूरवीर) कहा है।

4. हामिद ने मेले से क्या खरीदा? और क्यों?

उत्तर हामिद मेले की मिठाइयों, खिलौनों आदि सभी आकर्षित वस्तुओं को छोड़ 'चिमटा' खरीदता है, क्योंकि उसे अनायास ही अपनी बूढ़ी दादी की याद आई कि जब उसकी दादी रोटियाँ सेंकती हैं, तो उनकी उँगलियाँ जल जाती हैं, इसलिए उसने मेले से खिलौने और मिठाइयाँ छोड़कर चिमटा खरीदा, ताकि उसकी दादी की उँगलियाँ जलने से बच सकें।

5. अमीना ईद को निगोड़ी क्यों कहती है?

उत्तर ईद खुशियों का त्योहार है। इस दिन मुस्लिम समुदाय के लोग विभिन्न प्रकार के व्यंजन बनाते हैं, परंतु अमीना की आर्थिक स्थिति इतनी दयनीय है कि उसके घर में एक दाना तक नहीं है तथा ईद के दिन धोबन, चूड़िहारिन, मेहतरानी, नाइन आदि सभी सेवैयाँ लेने आती हैं। वह इन सबको क्या देगी? हामिद को कैसे सेवैयाँ खिलाएगी। इसलिए अमीना ईद को निगोड़ी (अभागी) कहती है।

6. हामिद के परिवार की आय का स्रोत क्या है? उसकी आर्थिक स्थिति का वर्णन कीजिए।

उत्तर हामिद चार-पाँच साल का दुबला-पतला बच्चा है, जिसके माता-पिता की मृत्यु हो चुकी है। परिवार के रूप में केवल उसकी बूढ़ी दादी (अमीना) हैं, जो आस-पड़ोस के कपड़े सिलकर घर का गुज़ारा चलाती हैं। ईद का त्योहार बच्चों के लिए अत्यंत महत्त्वपूर्ण होता है, क्योंकि इस दिन उन्हें नए कपड़े तथा बहुत सारे पैसे मिलते हैं, लेकिन हामिद के पास न तो जूते हैं और न ही नए कपड़े। सिर पर एक पुरानी-धुरानी टोपी है, जिसका गोटा काला पड़ गया है और पैसों के नाम पर कुल तीन पैसे ही उसके पास हैं।

7. ईदगाह में नमाज़ के दृश्य का वर्णन कीजिए।

उत्तर लेखक ने ईदगाह में अदा की गई नमाज़ का अत्यंत मनोहारी चित्रण प्रस्तुत किया है। सभी लोग पंक्तियों में खड़े हैं, लाखों सिर एक साथ सिज़दे में झुक जाते हैं, फिर सब एक साथ खड़े हो जाते हैं, एक साथ घुटनों के बल बैठ जाते हैं। कई बार यही क्रिया होती है। कितना सुंदर संचालन है! कितनी सुंदर व्यवस्था! मानो बिजली की लाखों बत्तियाँ एक साथ प्रदीप्त हो रही हों और एक साथ बुझ रही हों। अत्यंत मनमोहक दृश्य था ईदगाह में नमाज़ पढ़ने का, जिसकी सामूहिक क्रियाएँ हृदय को श्रद्धा, गर्व और आत्मानंद से भर देती थीं।

8. हामिद के हाथ में चिमटा देखकर अमीना क्रोधित क्यों हो गई?

उत्तर हामिद को अमीना ने तीन पैसे मेले में मिठाई खाने तथा खिलौने व झूला झूलने के लिए दिए थे, परंतु हामिद उन तीन पैसों का चिमटा खरीद लाया। दोपहर हो गई उसने न कुछ खाया, न पिया। पूरे पैसे चिमटा खरीदने में बर्बाद कर दिए। इस बात पर दादी हामिद पर क्रोधित हो गईं, परंतु जब हामिद ने चिमटा खरीदने का कारण बताया तो दादी का क्रोध स्नेह और गर्व में बदल गया।

9. 'ईदगाह' कहानी में लेखक ने समाज की किस विद्रूपता पर व्यंग्य किया है?

उत्तर लेखक ने 'ईदगाह' कहानी के माध्यम से पुलिस विभाग में फैले भ्रष्टाचार को उजागर किया है। लेखक ने मोहसिन के संवाद से स्पष्ट किया है कि यह कॉन्स्टेबल शहर के जितने चोर-डाकू हैं, सभी से मिले रहते हैं। रात को ये लोग चोरों से कहते हैं—तुम चोरी करो और स्वयं दूसरे मुहल्ले में जाकर 'जागते रहो!' पुकारते हैं। तभी तो इनके पास इतने रुपये आते हैं। मोहसिन के मामू भी एक थाने में कॉन्स्टेबल हैं। महीने की बीस रुपये आय है, लेकिन हर महीने पचास रुपये घर भेजते हैं।

10. 'ईदगाह' कहानी का मूल भाव स्पष्ट कीजिए।

उत्तर प्रेमचंद द्वारा रचित 'ईदगाह' कहानी बाल-मनोविज्ञान पर आधारित सर्वोत्कृष्ट कहानी है, जिसमें बालक हामिद का मनोविज्ञान परिपक्वता के उस चरम बिंदु तक जा पहुँचता है, जहाँ एक बड़ा व्यक्ति ही पहुँच सकता है। हामिद अपने अभावग्रस्त जीवन के फलस्वरूप अपनी दादी के प्रति पारिवारिक दायित्व निभाता है।

अतः कहानी द्वारा यह दर्शाया गया है कि किस तरह प्रतिकूल परिस्थितियाँ चार-पाँच साल के हामिद को एक बूढ़ा व्यक्ति बना देती हैं, जो उम्र से पहले ही परिपक्व तथा समझदार बन जाता है।

11. "आशा तो बड़ी चीज़ है, और फिर बच्चों की आशा! उनकी कल्पना तो राई का पर्वत बना लेती है।" पंक्तियों का आशय स्पष्ट कीजिए।

उत्तर हामिद के माता-पिता का निधन हो चुका है, परंतु उसकी दादी ने उसे एक आशा में बाँधा हुआ है कि उसके अब्बा रुपये कमाने गए हैं और उसके लिए थैले भर-भरकर बहुत सारा रुपया लाएँगे और माता अल्लाह के पास नियामत लेने गई हैं। बच्चों की आशा कल्पना के उस शिखर पर होती है, जहाँ यथार्थ का कोई अस्तित्व नहीं होता। उनकी आशा तो राई का पहाड़ बना देती है अर्थात् कम को अधिक बनाकर अपने समानांतर लोगों में अपना वर्चस्व सिद्ध करना बच्चों की स्वाभाविक प्रवृत्ति होती है।

स्व-मूल्यांकन

गद्यांश पर आधारित बहुविकल्पीय प्रश्न

निम्नलिखित गद्यांश को ध्यानपूर्वक पढ़कर पूछे गए बहुविकल्पीय प्रश्नों के लिए सर्वाधिक उपयुक्त विकल्प का चुनाव कीजिए।

1. यह पुलिस लाइन है। यहीं सब कानिसटिबिल (कॉन्स्टेबल) कवायद करते हैं। रैटन! फ़ाय फो! रात को बेचारे घूम-घूमकर पहरा देते हैं, नहीं चोरियाँ हो जाएँ। मोहसिन ने प्रतिवाद किया-यह कानिसटिबिल पहरा देते हैं! तभी तुम बहुत जानते हो। अजी हज़रत यही चोरी कराते हैं। शहर के जितने चोर-डाकू हैं, सब इनसे मिले रहते हैं। रात को ये लोग चोरों से तो कहते हैं, चोरी करो और आप दूसरे मुहल्ले में जाकर 'जागते रहो! जागते रहो!' पुकारते हैं। जभी इन लोगों के पास इतने रुपये आते हैं। मेरे मामू एक थाने में कानिसटिबिल (कॉन्स्टेबल) हैं। बीस रुपया महीना पाते हैं, लेकिन पचास रुपये घर भेजते हैं। अल्ला कसम! मैंने एक बार पूछा था कि मामू, आप इतने रुपये कहाँ से पाते हैं? हँसकर कहने लगे-बेटा, अल्लाह देता है। फिर आप ही बोले- हम लोग चाहें तो एक दिन में लाखों मार लाएँ। हम तो इतना ही लेते हैं, जिसमें अपनी बदनामी न हो और नौकरी न चली जाए। हामिद ने पूछा-यह लोग चोरी करवाते हैं, तो कोई इन्हें पकड़ता नहीं?
मोहसिन उसकी नादानी पर दया दिखाकर बोला-अरे पागल, इन्हें कौन पकड़ेगा? पकड़ने वाले तो यह लोग स्वयं हैं, लेकिन अल्लाह इन्हें सज़ा भी खूब देता है। हराम का माल हराम में जाता है।

(i) मोहसिन ने पुलिस वालों पर क्या आरोप लगाया?
(क) वे ही चोरी करवाते हैं
(ख) वे ही चोरों को पकड़ते हैं
(ग) वे केवल सोते रहते हैं
(घ) वे ईमानदारी से काम करते हैं

(ii) मोहसिन के मामू को महीने में कितने रुपये मिलते थे?
(क) बीस रुपये (ख) पचास रुपये
(ग) सौ रुपये (घ) एक हजार रुपये

(iii) **कथन** (A) कानिसटिबिल (कॉन्स्टेबल) रात को घूम-घूमकर पहरा देते हैं।
कारण (R) पुलिस वाले चोरों से मिले रहते हैं और उन्हें चोरी करने की छूट देते हैं।

कूट
(क) कथन (A) और कारण (R) दोनों सही हैं तथा कारण (R), कथन (A) की सही व्याख्या करता है।
(ख) कथन (A) और कारण (R) दोनों सही हैं, परंतु कारण (R), कथन (A) की सही व्याख्या नहीं करता है।
(ग) कथन (A) सही है, किंतु कारण (R) गलत है।
(घ) कथन (A) गलत है, किंतु कारण (R) सही है।

(iv) मोहसिन के मामू के घर में क्या हुआ था?
(क) चोरी हो गई थी (ख) आग लग गई थी
(ग) पानी भर गया था (घ) कोई हादसा नहीं हुआ

(v) मोहसिन ने हराम की कमाई के बारे में क्या कहा?
(क) हराम का माल हराम में जाता है
(ख) हराम की कमाई बढ़ती है
(ग) हराम की कमाई सुरक्षित रहती है
(घ) हराम की कमाई ईमानदारी से होती है

गद्यांश की व्याख्या

2. निम्नलिखित में से किसी एक गद्यांश की सप्रसंग व्याख्या कीजिए।

गाँव से मेला चला और बच्चों के साथ हामिद भी जा रहा था। कभी सब-के-सब दौड़कर आगे निकल जाते। फिर किसी पेड़ के नीचे खड़े होकर साथवालों का इंतज़ार करते। यह लोग क्यों इतना धीरे-धीरे चल रहे हैं! हामिद के पैरों में तो जैसे पर लग गए हैं। वह कभी थक सकता है! शहर का दामन आ गया। सड़क के दोनों ओर अमीरों के बगीचे हैं। पक्की चारदीवारी बनी हुई है। पेड़ों में आम और लीचियाँ लगी हुई हैं। कभी-कभी कोई लड़का कंकड़ी उठाकर आम पर निशाना लगाता है। माली अंदर से गाली देता हुआ निकलता है।

अथवा

बड़ी-बड़ी इमारतें आने लगीं। यह अदालत है, यह कॉलेज है, यह क्लब-घर है! इतने बड़े कॉलेज में कितने लड़के पढ़ते होंगे? सब लड़के नहीं हैं जी! बड़े-बड़े आदमी हैं, सच! उनकी बड़ी-बड़ी मूँछें हैं। इतने बड़े हो गए, अभी तक पढ़ने जाते हैं। न जाने कब तक पढ़ेंगे और क्या करेंगे इतना पढ़कर, हामिद के मदरसे में दो-तीन बड़े-बड़े लड़के हैं, बिल्कुल तीन कौड़ी के। रोज़ मार खाते हैं, काम से जी चुराने वाले। इस जगह भी उसी तरह के लोग होंगे और क्या। क्लब-घर में जादू होता है।

विषय-वस्तु पर आधारित प्रश्न

1. पाठ 'ईदगाह' के आधार पर हामिद की दादी अमीना का चरित्र-चित्रण कीजिए।

2. हामिद की दादी अमीना अपने पोते के प्रति चिंतित क्यों थीं?

3. पाठ के माध्यम से बताइए कि गरीब और अमीर बच्चों के बीच की मानसिकता और दृष्टिकोण में किस प्रकार का अंतर है?

4. हामिद की कल्पना में उसके अब्बाजान और अम्मीजान कहाँ थे और क्या कर रहे थे?

02

अध्याय

लेखक-परिचय

अमरकांत (मूल नाम श्रीराम वर्मा) का जन्म वर्ष 1925 में उत्तर प्रदेश के बलिया जिले के नगरा गाँव में हुआ था। उन्होंने इलाहाबाद विश्वविद्यालय से बी.ए. करके किशोरावस्था में कहानी लेखन शुरू किया। अपने साहित्यिक जीवन की शुरुआत पत्रकारिता से की और प्रगतिशील लेखक संघ से जुड़े। उनकी कहानियाँ शहरी और ग्रामीण जीवन की यथार्थ झलक देती हैं। उनकी प्रमुख कृतियाँ हैं- ज़िंदगी और जोंक, देश के लोग, मौत का नगर, मित्र-मिलन, कुहासा (कहानी संग्रह); सूखा पत्ता, ग्राम सेविका, काले उजले दिन, सुखजीवी, बीच की दीवार, इन्हीं हथियारों से (उपन्यास)। 'इन्हीं हथियारों से' उपन्यास पर उन्हें वर्ष 2007 में साहित्य अकादमी पुरस्कार से सम्मानित किया गया। वर्ष 2009 में भारतीय ज्ञानपीठ पुरस्कार श्रीलाल शुक्ल के साथ संयुक्त रूप से दिया गया। अमरकांत ने बाल-साहित्य भी लिखा है। वर्ष 2014 में उनका देहावसान हो गया।

▼ अध्ययन के लिए
- पाठ की रूपरेखा
- पाठ का सार

▼ अभ्यास के लिए
- पाठ्यपुस्तक के प्रश्नोत्तर
- गद्यांशों की व्याख्या
- गद्यांश पर आधारित बहुविकल्पीय प्रश्न
- विषय-वस्तु पर आधारित प्रश्नोत्तर

दोपहर का भोजन

(अमरकांत)

पाठ की रूपरेखा

कहानीकार अमरकांत की प्रसिद्ध कहानी 'दोपहर का भोजन' में गरीबी से जूझ रहे एक निम्न मध्यमवर्गीय परिवार की दयनीय स्थिति का वर्णन किया गया है। इस परिवार में मुंशी चंद्रिका प्रसाद, उनकी पत्नी सिद्धेश्वरी तथा तीन पुत्र-रामचंद्र, मोहन और प्रमोद हैं। मुंशीजी को नौकरी से निकाल दिया गया है, जिसके कारण परिवार पर आर्थिक संकट आ गया है। अब संपूर्ण परिवार की उम्मीदें केवल भावी उम्मीदों पर ही टिकी हैं। सिद्धेश्वरी अपनी गरीबी को समाज तो क्या अपने परिवार के सदस्यों के समक्ष भी मुखरित नहीं होने देती। भाषा शिल्प की सहजता व बिंबों के माध्यम से कहानी का आकार छोटा होते हुए भी अपनी कलात्मकता के कारण उत्कृष्ट दिखाई पड़ता है।

पाठ का सार

परिवार का परिचय

कहानी का परिवार निम्न मध्यवर्गीय है, जिसमें परिवार का मुखिया मुंशी चंद्रिका प्रसाद, उसकी पत्नी सिद्धेश्वरी तथा तीन पुत्र हैं। मुंशीजी को नौकरी से निकाल दिया गया है। पहला पुत्र रामचंद्र 21 वर्ष का युवक है, जो दैनिक समाचार-पत्र में प्रूफ़-रीडरी का काम सीखता है और पिछले वर्ष ही उसने इंटर पास किया था। दूसरा पुत्र मोहन 18 वर्ष का किशोर है, जो इस साल हाईस्कूल का प्राइवेट इम्तिहान देने की तैयारी कर रहा है और तीसरा पुत्र प्रमोद 6 वर्ष का कुपोषित बालक है।

परिवार की आर्थिक स्थिति

सिद्धेश्वरी ने खाना बना लिया है और दोनों घुटनों के बीच सिर रखकर पैर की उँगलियाँ या ज़मीन पर चलते चींटे-चीटियों को देख रही है। उसे कुछ देर बाद प्यास का आभास हुआ, तो घड़े से लोटा भर पानी पी लिया। खाली पेट पानी उसके कलेजे में जा लगा और वह हाय राम! कहकर वहीं ज़मीन पर लेट गई। उसने पानी प्यास मिटाने के लिए नहीं, बल्कि भूख मिटाने के लिए पिया था।

परिवार की निर्धनता का सजीव चित्रण

ओसारे (बरामदा) में एक अध-टूटे खटोले पर प्रमोद सो रहा है। लड़का नंग-धड़ंग पड़ा था। उसके गले तथा छाती की हड्डियाँ साफ़ दिखाई देती थीं। उसके हाथ-पैर बासी ककड़ियों की तरह सूखे तथा बेजान पड़े थे और उसका पेट हँडिया (एक तरह का चौड़े मुँह वाला मिट्टी का बर्तन) की तरह फूला हुआ था। मुँह खुला होने के कारण अनगिनत मक्खियाँ उसके मुँह पर भिनक रही थीं। तभी सिद्धेश्वरी ने बच्चे के मुँह पर अपना फटा-गंदा ब्लाउज़ डाल दिया।

कल्पना बनाम वास्तविकता

कहानी के पुरुष पात्र एक-एक कर दोपहर का भोजन करने आते हैं। खाना खिलाते समय सिद्धेश्वरी परिवार के सभी सदस्यों को एक-दूसरे के प्रति सम्मान बनाए रखने के लिए उन्हें अपने द्वारा गढ़ी हुई बातें बताती है, जिससे उनमें एक-दूसरे के प्रति एकता व सम्मान भाव बना रहे। उदाहरणार्थ; वह अपने पति से कहती है—"रामचंद्र कह रहा था, कुछ दिनों में नौकरी लग जाएगी। हमेशा 'बाबू जी-बाबू जी' किए रहता है। बोला, 'बाबू जी देवता के समान हैं।'' इसी प्रकार, वह अपने बड़े पुत्र से कहती है "आज प्रमोद सचमुच नहीं रोया......मोहन किसी लड़के के यहाँ पढ़ने गया है।'' मँझले पुत्र मोहन के आने पर भी वह इसी प्रकार सहज होकर कहती है— "बड़का तुम्हारी बड़ी तारीफ़ कर रहा था। कह रहा था, मोहन बड़ा दिमागी होगा।'' परंतु वास्तविकता तो कुछ और ही थी, जिसे कल्पित की गई बातों ने छिपा रखा था।

पारिवारिक भावनाओं का मार्मिक चित्रण

परिवार के सभी सदस्य अपने अभाव व निर्धनता से भली-भाँति परिचित थे, परंतु एक-दूसरे के समक्ष इस निर्धनता को व्यक्त नहीं होने देते। सिद्धेश्वरी जानती है कि रोटियाँ कम हैं फिर भी वह एक और रोटी देने का उपक्रम करती है, उसी की भाँति मुंशी, रामचंद्र और मोहन भूखे होने पर भी पेट भरने का नाटक करते हैं। उन सभी को भली-भाँति ज्ञात है कि सभी के लिए दो-दो रोटियाँ हैं, यदि उनमें से एक और रोटी ले ली, तो दूसरा भूखा रह जाएगा।

सिद्धेश्वरी की भावुकता का मर्मस्पर्शी चित्रण

मुंशीजी के खाना खाने के पश्चात् सिद्धेश्वरी उनकी जूठी थाली लेकर चौके की ज़मीन पर बैठ गई। बची हुई दाल को कटोरे में उड़ेल दिया फिर भी वह पूरा नहीं भरा। थोड़ी-सी चने की तरकारी बची थी और रोटी भी एक ही बची थी, वह भी मोटी, भद्दी और जली हुई। उस जली हुई रोटी में से भी उसने आधी प्रमोद के लिए रख दी और एक लोटा पानी लेकर उस आधी रोटी को खाने बैठ गई। एक निवाला मुँह में लिया ही था कि उसकी आँखों से टपटप आँसू गिरने लगे। सारा घर मक्खियों से भिनभिना रहा था। आँगन की अलगनी पर एक गंदी साड़ी टँगी थी, जिसमें कई पैबंद (फटे कपड़े को सिलने के लिए लगाया गया कपड़े का टुकड़ा) लगे हुए थे। दोनों बड़े लड़कों का कहीं पता नहीं था। बाहर की कोठरी में मुंशीजी औंधे मुँह होकर ऐसे निश्चिंत सो रहे थे, जैसे उनकी नौकरी में छँटनी न हुई हो और वे अभी काम की तलाश में भी न हों।

शब्दार्थ

चूल्हा बुझाना— आग शांत करना; **मतवाले**—उन्मादी; **गागर**—घड़ा; **गट-गट चढ़ाना**—जल्दी से पीना; **कलेजा**—हृदय; **जी में जी आना**—आराम/चैन मिलना; **ओसारा**—बरामदा; **खटोला**—छोटी चारपाई; **नंग-धड़ंग**—बिना कपड़ों के; **हँडिया**— मिट्टी का एक बर्तन; **अनगिनत**—जिसे गिना न जा सके; **सुन्न**—शांत; **किवाड़**—दरवाज़ा; **आड़**—ओट; **निहारना**—देखना; **गमछा**—बारीक कपड़े का तौलिया; **फुर्ती**—तेज़ी से; **व्यग्रता**—व्याकुलता; **सरकना**—धीरे से निकल जाना; **बेजान**—निस्तेज़; **अस्त-व्यस्त**— बिखरे हुए; **गर्द**—धूल; **बड़कू**—बड़े के लिए संबोधन; **झट**—तुरंत; **दैनिक**—रोजाना; **प्रूफ़-रीडरी**—प्रूफ़-शोधन कार्य; **इंटर**—बारहवीं; **पनियाई**—पानी की अधिकता वाली; **तरकारी**—सब्ज़ी; **निगलना**—घोंट जाना, गटकना; **मँझला**—बीच का; **प्राइवेट**—व्यक्तिगत; **इम्तिहान**—परीक्षा; **तबियत**—मन; **आतंक**—डर; **एकटक**—बिना पलक गिराए; **रूखाई**—उपेक्षा/सख्ती से; **खड़खड़िया**—खटारा; **शेष**—बाकी; **उपक्रम**—तैयारी; **हाथ खींचना**—सहयोग न करना; **ग्रास**—निवाला; **बड़बड़ाना**—बोलना; **तारीफ़**—प्रशंसा; **फीकी हँसी हँसना**—बनावटी हँसी हँसना; **नेत्र**—आँख; **सुस्त**—धीमा; **कसम**—सौगंध; **अव्वल**—प्रथम; **सुड़-सुड़**—पीने से संबंधित आवाज़; **जुगाली**—पागुर; **गंजी खोपड़ी**—केशरहित सिर; **आईना**—दर्पण; **उन्माद**—पागलपन; **रोगिणी**—रोगी स्त्री; **ज़माना**—काल/समय; **ताक**—आला; **सबक**—पाठ; **बर्राक**—पूर्णत: तैयार; **पंडूक**—कबूतर की जाति का एक पक्षी; **धड़ल्ला**—प्रवाह से; **दुबकना**—छिपना; **मौन व्रत**—न बोलने का प्रण; **निर्विकार**—स्थिर/संतुलित; **राय**—सलाह; **दिलचस्पी**—रुचि; **दृष्टिपात**—सरसरी निगाह से देखना; **हठात**—अचानक; **बीनना**—चुनना; **कनखी**—आँख के कोने से; **व्यर्थ**—बेकार; **रस**—शरबत; **ज़ायका**—स्वाद; **हाज़मा**— पाचनशक्ति; **दुरुस्त**—ठीक; **नाक में दम आना**—परेशान होना; **चौका**—रसोई; **बटलोई**—डेगची; **उँड़ेलना**—डालना; **छिपुली**—छोटी थाली-सा एक बर्तन; **तदुपरांत**—उसके बाद; **अलगनी**—कपड़े टाँगने के लिए बाँधी गई रस्सी या बाँस; **पैबंद**—फटे कपड़े को सिलने के लिए जोड़े गए कपड़े के टुकड़े; **निश्चिंतता**—चैन; **क्लर्की**—किरानीगिरि।

पाठ्यपुस्तक (अंतरा भाग-1) के प्रश्नोत्तर

1. सिद्धेश्वरी ने अपने बड़े बेटे रामचंद्र से मँझले बेटे मोहन के बारे में झूठ क्यों बोला?

उत्तर सिद्धेश्वरी जानती थी कि मोहन कहीं पढ़ने नहीं गया है, फिर भी उसने रामचंद्र को यह कह दिया था कि वह तो पढ़ता ही रहता है और इस समय भी किसी दोस्त के पास पढ़ने के लिए गया है। वस्तुतः वह इस बात को जानती थी कि यदि उसने वास्तविकता अपने बड़े पुत्र को बता दी, तो उसे व्यर्थ में ही दुःख होगा। वह अपने पुत्र को किसी प्रकार का दुःख नहीं पहुँचाना चाहती थी। इसी कारण उसने रामचंद्र से झूठ कह दिया कि मोहन पढ़ने गया है।

2. कहानी के सबसे जीवंत पात्र के चरित्र की दृढ़ता का उदाहरण सहित वर्णन कीजिए।

उत्तर कहानी के सबसे जीवंत पात्र का नाम है—सिद्धेश्वरी। वह संतोषी, सहनशील तथा घर में एकजुटता बनाए रखने वाली स्त्री है। वह भूख और गरीबी में भी अपना धैर्य नहीं छोड़ती। वह दुःखों अथवा कष्टों को स्वयं झेलते हुए परिवार के शेष सदस्यों को सुखी देखना चाहती है। वह बोलने में इतनी चतुर है कि दुःख पहुँचाने वाली बातों को परिवार के सदस्यों को नहीं बताती। उदाहरण के लिए; वह अपने छोटे पुत्र प्रमोद के रोने की बात रामचंद्र से छिपाती है। इसी प्रकार मोहन की सच्चाई छिपाकर रामचंद्र को बताती है कि वह पढ़ने के लिए अपने मित्र के पास गया है। खाना बनाने के बाद भी वह खुद की भूख को पानी पीकर बुझाती है। कुल सात रोटियाँ पकाने के पश्चात् भी अपने पति और दोनों बड़े पुत्रों को दो-दो रोटियाँ खिलाने के क्रम में और रोटी लेने का आग्रह करती है। अंत में आधी रोटी अपने सबसे छोटे पुत्र के लिए रखकर बची हुई आधी रोटी लेकर खुद खाने बैठती है। वास्तव में, सिद्धेश्वरी एक बहादुर और साहसी स्त्री है। वह दुःख और परेशानियों को अपने चरित्र की दृढ़ता से सह लेती है।

3. कहानी के उन प्रसंगों का उल्लेख कीजिए, जिनसे गरीबी की विवशता झाँक रही हो।

उत्तर 'दोपहर का भोजन' कहानी में गरीबी की विवशता को मार्मिक रूप से चित्रित किया गया है। इसके प्रमुख प्रसंग निम्नलिखित हैं

- **सिद्धेश्वरी की भूख और थकान** सिद्धेश्वरी खाना बनाने के बाद खाली पेट पानी पीती है, जिससे उसे बेचैनी महसूस होती है और वह ज़मीन पर लेट जाती है।
- **प्रमोद की कुपोषित स्थिति** छः वर्षीय प्रमोद नंग-धड़ंग खटोले पर सोया है। उसकी हड्डियाँ स्पष्ट दिखती हैं, पेट फूला हुआ है, और मुँह पर मक्खियाँ भिनभिना रही हैं।
- **रामचंद्र का संघर्ष** रामचंद्र थका हुआ घर लौटता है। उसके बाल अस्त-व्यस्त हैं, फटे-पुराने जूतों पर गर्द जमी है और उसका दुबला-पतला शरीर गरीबी का संकेत देता है।
- **भोजन का साधारण स्वरूप** खाने में केवल दो रोटियाँ, पनियाई दाल और चने की थोड़ी-सी तरकारी है, जो परिवार की आर्थिक स्थिति को उजागर करता है।
- **मुंशीजी का पहनावा और अवस्था** मुंशीजी के झूलते हुए शरीर का चमड़ा, गंदी धोती और तार-तार लटकती बनियान उनकी गरीबी को दर्शाते हैं।
- **सिद्धेश्वरी का त्याग** अपनी थाली में बची जली रोटी को खाने से पहले वह अपने बेटे प्रमोद को आधी रोटी खिला देती है।
- **घर की वस्तुओं का वर्णन** आँगन में टँगी गंदी और पैबंद लगी साड़ी घर की दयनीय स्थिति को प्रकट करती है।

प्रस्तुत प्रसंगों के माध्यम से कहानी में गरीबी का सजीव और मार्मिक चित्रण किया गया है, जो पाठकों के मन में पात्रों के प्रति सहानुभूति उत्पन्न करता है।

4. "सिद्धेश्वरी का एक से दूसरे सदस्य के विषय में झूठ बोलना परिवार को जोड़ने का अनथक प्रयास था"—इस संबंध में आप अपने विचार लिखिए।

उत्तर सिद्धेश्वरी घर की स्थिति को परिवार के अन्य सदस्यों से ज़्यादा अच्छी तरह जानती थी। वह जानती थी कि उसका सबसे छोटा बेटा बीमार है, उसका मँझला बेटा मोहन बिल्कुल नहीं पढ़ता और बड़ा बेटा काम की तलाश में भटक-भटककर परेशान हो चुका है। उसके पति की कुछ समय पहले नौकरी चली गई है। सिद्धेश्वरी सब कुछ जानते हुए भी एक-दूसरे से झूठ बोलती थी, क्योंकि वह परिवार के सदस्यों को दुःखी नहीं करना चाहती थी।

वह सबसे झूठ बोलकर परिवार में होने वाले आपसी मतभेद को रोकना चाहती थी तथा परिवार में एकता बनाए रखना चाहती थी। मेरे विचार से सिद्धेश्वरी परिवार के सभी सदस्यों के समक्ष झूठ बोलती है, पर इसके पीछे न तो उसकी कोई बुरी भावना रहती है और न स्वार्थसिद्धि का उद्देश्य ही, उल्टे सबकी खुशी एवं घर की शांति के लिए उसका ऐसा करना उसकी सही सूझ-बूझ को दर्शाता है। इस प्रकार वह अपने व्यवहार और कथनों से पाठकों का मन मोह लेती है।

5. "अमरकांत आम बोलचाल की ऐसी भाषा का प्रयोग करते हैं, जिससे कहानी की संवेदना पूरी तरह उभरकर आ जाती है।" कहानी के आधार पर स्पष्ट कीजिए।

उत्तर अमरकांत द्वारा लिखित कहानी 'दोपहर का भोजन' एक निम्न मध्यवर्गीय परिवार की कहानी है, जिसके मुखिया मुंशी चंद्रिका प्रसाद की अचानक एक दिन नौकरी छूट जाती है और वह बेरोज़गार हो जाते हैं। इसके कारण पूरे परिवार की स्थिति खराब हो जाती है। कहानी के आधार पर अमरकांत की भाषा की मुख्य विशेषताएँ निम्नलिखित हैं

(i) लेखक ने निम्न मध्यमवर्गीय जीवन का वास्तविक चित्रण किया है। सिद्धेश्वरी के परिवार की गरीबी और तनाव भरी ज़िंदगी निम्न मध्यमवर्ग के जीवन की वास्तविकता को उजागर करती है। लेखक उसका वर्णन करता हुआ लिखता है— "वह मतवाले की तरह उठी और गगरे से लोटा भर पानी गट-गट चढ़ा गई। खाली पानी उसके कलेजे में लग गया और 'हाय राम!' कहकर वहीं ज़मीन पर लेट गई।"

(ii) अमरकांत की कहानियों की भाषा सरल तथा सजीव है। आम व्यक्ति के जीवन की कथा लेने के कारण उनकी भाषा में सरसता तथा सजीवता के दर्शन होते हैं। उदाहरणार्थ; प्रमोद के मुँह पर मक्खियों को उड़ते देख उसकी माँ के द्वारा कपड़ा ओढ़ाए जाने का वर्णन इस प्रकार है— "वह उठी, बच्चे के मुँह पर अपना एक

फटा-गंदा ब्लाउज़ डाल दिया और एक-आधा मिनट सुन्न खड़ी रहने के बाद दरवाज़े पर जाकर किवाड़ की आड़ से गली निहारने लगी।''

(iii) अमरकांत की कहानियों में पात्रों के प्रभावशाली संवाद पाठकों पर गहरा प्रभाव छोड़ते हैं। प्रस्तुत कहानी में सिद्धेश्वरी एवं रामचंद्र तथा सिद्धेश्वरी एवं मुंशी चंद्रिका प्रसाद के मध्य बोले जाने वाले संवाद बहुत प्रभावशाली हैं।

(iv) अमरकांत की कथा-शैली की सबसे बड़ी विशेषता है—चित्रात्मकता का गुण। इसका एक उदाहरण प्रस्तुत कहानी में इस प्रकार है—''सारा घर मक्खियों से भिनभिन कर रहा था। आँगन की अलगनी पर एक गंदी साड़ी टँगी थी, जिसमें कई पैबंद लगे हुए थे। दोनों बड़े लड़कों का कहीं पता नहीं था। बाहर की कोठरी में मुंशीजी औंधे मुँह होकर निश्चिंतता के साथ सो रहे थे, जैसे डेढ़ महीने पूर्व मकान-किराया-नियंत्रण विभाग की क्लर्की से उनकी छँटनी न हुई हो और शाम को उन्हें काम की तलाश में कहीं जाना न हो।''

लेखक द्वारा जहाँ-तहाँ आवश्यकतानुसार मुहावरों का प्रयोग कर भी कहानी की संवेदना को उभारने का प्रयास किया गया है। उदाहरणार्थ; चूल्हा बुझाना, हाथ खींचना, सुड़-सुड़ पीना, कनखी से देखना, आँखें भर आना, गट-गट चढ़ाना, कसम रखना आदि।

6. रामचंद्र, मोहन और मुंशीजी खाते समय रोटी न लेने के लिए बहाने करते हैं, उसमें कैसी विवशता है? स्पष्ट कीजिए।

उत्तर रामचंद्र, मोहन तथा मुंशी चंद्रिका प्रसाद तीनों को यह भली-भाँति पता था कि आर्थिक तंगी के कारण घर में इतना राशन नहीं है कि भरपेट भोजन किया जा सके, इसलिए जब सिद्धेश्वरी ने रामचंद्र से और रोटी लेने के लिए कहा तो उसने कहा कि ''मेरा पेट पहले ही भर चुका है। मैं तो यह भी छोड़ने वाला हूँ।'' माँ के फिर पूछने पर वह बिगड़कर कहता है—''अधिक खिलाकर बीमार कर डालने की तबीयत है क्या?'' जब सिद्धेश्वरी मोहन को खिलाते हुए और रोटी लेने के लिए पूछती है, तो मोहन ने कहा कि उसे रोटी अच्छी नहीं लग रही और यदि उसे कुछ देना ही है, तो थोड़ी-सी दाल दे दे, दाल बहुत अच्छी बनी है।

अपने पति को खाना खिलाते हुए सिद्धेश्वरी जब एक रोटी और लाने की बात पूछती है, तब मुंशी चंद्रिका प्रसाद ने यह बहाना बना दिया कि अन्न और नमकीन वस्तुओं से उनकी तबीयत ऊब गई है।

इस प्रकार, तीनों ने कोई-न-कोई बहाना बनाकर और रोटी लेने से मना कर दिया। इससे उनकी इस विवशता का पता चलता है कि तीनों भूखे होते हुए भी रोटी के लिए मना कर देते हैं।

7. सिद्धेश्वरी की जगह आप होते तो क्या करते?

उत्तर छात्र स्वयं करें।

8. रसोई सँभालना बहुत जिम्मेदारी का काम है-सिद्ध कीजिए।

उत्तर रसोई सँभालना बहुत जिम्मेदारी का काम है, क्योंकि यह परिवार के सभी सदस्यों की भूख मिटाने और स्वास्थ्य बनाए रखने का आधार है। प्रस्तुत पाठ में सिद्धेश्वरी घर की आर्थिक तंगी और सीमित साधनों के बीच अपने परिवार के लिए भोजन की व्यवस्था करती है। वह बच्चों की जरूरतों और पति की मांगों को पूरा करने का प्रयास करती है, चाहे खुद भूखी रहना पड़े। उसकी संवेदनशीलता और परिवार के प्रति समर्पण यह दर्शाता है कि रसोई सँभालने में केवल खाना पकाना ही नहीं, बल्कि हर सदस्य की जरूरतों को समझने और संतुलन बनाए रखने की जिम्मेदारी बहुत बड़ी होती है।

9. आपके अनुसार सिद्धेश्वरी के झूठ सौ सत्यों से भारी कैसे हैं? अपने शब्दों में उत्तर दीजिए।

उत्तर सच और झूठ का अपना कोई अस्तित्व नहीं होता, बल्कि उसके बोलने के पीछे के कारण मुख्य होते हैं। सिद्धेश्वरी घर के हर सदस्य से एक-दूसरे के विषय में सत्य न बोलकर झूठ बोलती है। ऐसा करके वह अपने परिवार को बिखरने से बचाना चाहती है तथा परिवार के सदस्यों में एक-दूसरे के प्रति सम्मान व स्नेह के भाव को बनाए रखना चाहती है। यदि वह सच बोलती तो परिवार में आपसी मतभेद उत्पन्न हो जाते और उनके मध्य कलह शुरू हो जाता, जिससे उसका परिवार टूट सकता था। अतः अपने परिवार को कलह और टूटने से बचाने के लिए वह झूठ बोलती है। इससे स्पष्ट होता है कि सिद्धेश्वरी के झूठ सौ सत्यों से भी भारी हैं, क्योंकि जो झूठ किसी का भला करें, वह झूठ, झूठ नहीं कहलाता है।

10. आशय स्पष्ट कीजिए

(क) वह मतवाले की तरह उठी और गगरे से लोटा भर पानी लेकर गट-गट चढ़ा गई।

(ख) यह कहकर उसने अपने मँझले लड़के की ओर इस तरह देखा, जैसे उसने कोई चोरी की हो।

उत्तर (क) दोपहर का भोजन सिद्धेश्वरी बना चुकी थी। वह भूख के कारण विचलित है। उसने केवल सात रोटियाँ बनाई हैं और खाने वाले पाँच सदस्य हैं। अगर कुछ बचेगा, तो ही उसे मिलेगा। वह दोनों घुटनों के बीच सिर रखकर शायद पैर की उँगलियाँ या ज़मीन पर चलते चींटे-चींटियाँ देखने लगी। उसे लगा कि वह प्यासी है, तो उसने प्यास बुझाने के लिए घड़े में से लोटा भर पानी लेकर जल्दी-जल्दी पी लिया, परंतु उसने पानी प्यास बुझाने के लिए नहीं, बल्कि भूख मिटाने के लिए पिया था। परिवार की निर्धनता इतनी है कि खाने के लिए पर्याप्त भोजन तक नहीं मिल पा रहा है और पानी पीकर भूख मिटाने का प्रयास किया जा रहा है। वस्तुतः भूखे होने पर कोई भी व्यक्ति भोजन पर टूट पड़ता है, पर घर में पर्याप्त भोजन न होने के कारण सिद्धेश्वरी भोजन छोड़ जल्दी से लोटा भर पानी पी लेती है, ताकि किसी प्रकार उसके पेट की क्षुधा शांत हो जाए। इस प्रकार, परिस्थिति के विपरीत कार्य करने के कारण सिद्धेश्वरी की तुलना मतवाले व्यक्ति से की गई है।

(ख) ''यह कहकर उसने अपने मँझले लड़के की ओर इस तरह देखा, जैसे उसने कोई चोरी की हो'' वाक्य का आशय यह है कि सिद्धेश्वरी अपने मँझले बेटे मोहन की वास्तविकता से परिचित थी। उसने बड़े बेटे रामचंद्र की बात का उल्लेख करते हुए कहा कि मोहन बहुत पढ़ाई-लिखाई में रुचि रखने वाला और दिमागी लड़का है, जो शायद सच नहीं था। जब उसने यह कहा कि मोहन बहुत दिमागी है और हमेशा पढ़ाई में लगा रहता है, तो वह अपने बेटे की वास्तविक स्थिति से विपरीत बात कह रही थी, क्योंकि मोहन अपनी पढ़ाई को लेकर उतना गंभीर नहीं था और न ही उसका मन पढ़ाई में लगता था। इस पर सिद्धेश्वरी को यह एहसास हुआ कि उसने कुछ गलत या झूठ बोला है, जिससे वह अपने बेटे मोहन की ओर ऐसे देख रही थी, जैसे उसने कोई ग़लत काम या चोरी की हो।

योग्यता-विस्तार

1. अपने आसपास मौजूद समान परिस्थितियों वाले किसी विवश व्यक्ति अथवा विवशतापूर्ण घटना का वर्णन अपने शब्दों में कीजिए।

उत्तर छात्र स्वयं करें।

2. 'भूख और गरीबी में प्राय: धैर्य और संयम नहीं टिक पाते हैं।' इसके आलोक में सिद्धेश्वरी के चरित्र पर कक्षा में चर्चा कीजिए।

उत्तर 'दोपहर का भोजन' कहानी अमरकांत की नई कहानी की शिल्पगत विशेषताओं से परिपूर्ण है, जिसकी मुख्य पात्र सिद्धेश्वरी है। सभी पात्र उसी के इर्द-गिर्द अपने भावों को क्रियान्वित करते हैं। सिद्धेश्वरी अपनी निर्धनता व अभाव में भी जिजीविषा की ज्योति प्रज्वलित करती दिखाई पड़ती है।

सिद्धेश्वरी की चारित्रिक विशेषताएँ निम्नलिखित हैं

- **साहसी तथा आत्मत्यागी** संपूर्ण परिवार अपनी आर्थिक स्थिति से जूझ रहा है, परंतु सिद्धेश्वरी पारिवारिक एकजुटता को बनाए रखती है। स्वयं पानी पीकर अपनी भूख मिटाती है तथा अपने परिवार के लिए रोटी सँभालकर रखती है। सदस्यों के समक्ष एक-दूसरे की प्रशंसा को कल्पित बातों से प्रकट करती है, जिससे उनमें सम्मान व एकजुटता का भाव बना रहे।
- **सहनशील गृहिणी** सिद्धेश्वरी अपनी गरीबी से भली-भाँति परिचित होते हुए भी न स्वयं और न ही अन्य सदस्यों को इसका आभास होने देती है। मुंशीजी के समक्ष परिवार व घर की चर्चा नहीं करती और न ही कोई शिकायत। सिद्धेश्वरी ने स्वयं को परिस्थिति के अनुकूल बना लिया है और स्वयं को परिवार के लिए समर्पित कर दिया है, जिससे वह सहनशील व कर्त्तव्यपरायण गृहिणी के रूप में उभरती है।
- **भारतीय नारी** सिद्धेश्वरी भारतीय नारी की झलक प्रस्तुत करती है, जिसमें वह सभी सदस्यों के पश्चात् अपने पति की जूठी थाली में भोजन करती है। अंततः वह भारतीय नारी का परिचायक रूप प्रस्तुत करती दिखाई पड़ती है।

अभ्यास प्रश्न

गद्यांशों की व्याख्या

निम्नलिखित गद्यांशों की सप्रसंग व्याख्या कीजिए

गद्यांश 1

लगभग आधे घंटे तक वहीं उसी तरह पड़ी रहने के बाद उसके जी में जी आया। वह बैठ गई, आँखों को मल-मलकर इधर-उधर देखा और फिर उसकी दृष्टि ओसारे में अध-टूटे खटोले पर सोए अपने छः वर्षीय लड़के प्रमोद पर जम गई। लड़का नंग-धड़ंग पड़ा था। उसके गले तथा छाती की हड्डियाँ साफ़ दिखाई देती थीं। उसके हाथ-पैर बासी ककड़ियों की तरह सूखे तथा बेजान पड़े थे और उसका पेट हँडिया की तरह फूला हुआ था। उसका मुँह खुला हुआ था और उस पर अनगिनत मक्खियाँ उड़ रही थीं।

संदर्भ प्रस्तुत गद्यांश हमारी पाठ्यपुस्तक 'अंतरा भाग-1' में संकलित 'दोपहर का भोजन' कहानी से अवतरित है। यह नई कहानी आंदोलन के सुप्रसिद्ध कहानीकार अमरकांत द्वारा रचित कहानी है।

प्रसंग प्रस्तुत गद्यांश में सिद्धेश्वरी की शारीरिक स्थिति के माध्यम से उसकी निर्धनता तथा आर्थिक स्थिति का मार्मिक चित्रण किया गया है।

व्याख्या प्रस्तुत गद्यांश में लेखक कहते हैं कि सिद्धेश्वरी कमज़ोरी तथा भूख के कारण बहुत परेशान थी। जब उसे ज़ोर की प्यास लगी, तो उसने खाली (भूखे) पेट लोटा भरकर पानी पी लिया, जिससे पानी उसके कलेजे में लग गया और वह दर्द से कराह उठी। वह 'हाय-राम!' कहकर ज़मीन पर लेट गई। लगभग आधे घंटे तक वहीं उसी तरह पड़ी रहने के बाद उसे थोड़ा आराम महसूस हुआ। तब वह उठकर बैठ जाती है और अपनी आँखों को मल-मलकर इधर-उधर देखने लगती है। इसी समय उसकी नज़र बरामदे में आधे टूटे खटोले पर सोए अपने छः वर्ष के लड़के प्रमोद पर पड़ती है, जो नंग-धड़ंग पड़ा हुआ था। वह इतना कमज़ोर था कि उसके गले और छाती की हड्डियाँ साफ़ दिखाई देती थीं। उसके हाथ-पैर इस तरह सूखे तथा बेजान पड़े थे, जैसे बासी ककड़ियाँ हों। उसका पेट हँडिया की तरह फूला हुआ था। वह मुँह खोलकर सो रहा था और उसके मुँह के ऊपर ढेर सारी मक्खियाँ भिनभिना रही थीं। इस प्रकार, यहाँ घर की निर्धनता और उसके कारण उत्पन्न गंदगी का चित्रण किया गया है।

विशेष

(*i*) प्रस्तुत गद्यांश में सिद्धेश्वरी की निर्धनता व उसकी आर्थिक स्थिति का मार्मिक चित्रण किया गया है।

(*ii*) प्रस्तुत गद्यांश में सिद्धेश्वरी के छोटे बेटे की कुपोषित स्थिति का सजीव चित्रण किया गया है।

(*iii*) प्रस्तुत गद्यांश में "हाथ-पैर बासी ककड़ियों की तरह सूखे तथा बेजान" व "उसका पेट हँडिया की तरह फूला हुआ था" वाक्यांशों का प्रयोग करना लेखक के नवीन शिल्प व बिंबों का परिचायक है।

(*iv*) प्रस्तुत गद्यांश में सरल, सहज व खड़ीबोली का प्रयोग है।

(*v*) प्रस्तुत गद्यांश में बिंबात्मक शैली का प्रयोग हुआ है।

गद्यांश 2

सिद्धेश्वरी की पहले हिम्मत नहीं हुई कि उसके पास जाए और वह वहीं से भयभीत हिरनी की भाँति सिर उचका-घुमाकर बेटे को व्यग्रता से निहारती रही, किंतु लगभग दस मिनट बीतने के पश्चात् भी जब रामचंद्र नहीं उठा, तो वह घबरा गई। पास जाकर पुकारा, 'बड़कू, बड़कू!' लेकिन उसके कुछ उत्तर न देने पर डर गई और लड़के की नाक के पास हाथ रख दिया। साँस ठीक से चल रही थी। फिर सिर पर

हाथ रखकर देखा, बुखार नहीं था। हाथ के स्पर्श से रामचंद्र ने आँखें खोलीं। पहले उसने माँ की ओर सुस्त नज़रों से देखा, फिर झट से उठ बैठा। जूते निकालने और नीचे रखे लोटे के जल से हाथ-पैर धोने के बाद वह यंत्र की तरह चौकी पर आकर बैठ गया।

संदर्भ पूर्ववत्।

प्रसंग प्रस्तुत गद्यांश में रामचंद्र (सिद्धेश्वरी का बड़ा बेटा) दोपहर का भोजन करने घर आया है। रामचंद्र की शारीरिक दशा को देखकर उपजी सिद्धेश्वरी की विचलित स्थिति का चित्रण किया गया है।

व्याख्या प्रस्तुत गद्यांश में लेखक कहते हैं कि रामचंद्र दोपहर का भोजन करने घर आता है। सिद्धेश्वरी अपने बेटे की निढाल शारीरिक स्थिति को देखकर अत्यंत विचलित हो जाती है। वह हिम्मत ही नहीं जुटा पाती कि उससे उसका हाल पूछ सके। रामचंद्र चौकी पर लेटा हुआ है। सिद्धेश्वरी उसके चारों ओर भयभीत हिरनी की भाँति सिर उचकाकर व घुमाकर उसे व्याकुलता से निहारती रही। दस मिनट तक वह उसे इसी तरह निहारती रही, तत्पश्चात् उसने हिम्मत बटोरकर उसके पास जाकर पुकारा—बड़कू, बड़कू! परंतु कोई उत्तर उसे नहीं मिला। वह अत्यंत भयभीत हो गई और रामचंद्र की नाक के पास हाथ रखकर उसकी साँस जाँचने लगी। साँसें ठीक से चल रही थीं, फिर सिर पर हाथ रखकर देखा, तो बुखार भी नहीं था। उसने चैन की साँस ली कि स्वास्थ्य तो ठीक है। हाथ के स्पर्श (छूने) से रामचंद्र की आँखें खुल गईं। उसने अपनी माँ की ओर थकान भरी नज़रों से देखा, फिर झटपट उठकर बैठ गया। जूते उतारकर उसने नीचे रखे पानी के लोटे से हाथ-पैर धोए और एक यंत्र (मशीन) अर्थात् निर्जीव वस्तु के समान फिर चौकी पर आकर बैठ गया। इस प्रकार, यहाँ रामचंद्र के माध्यम से युवा वर्ग के संघर्ष तथा सिद्धेश्वरी के रूप में एक माँ की ममता का चित्रण किया गया है।

विशेष

(*i*) प्रस्तुत गद्यांश में सिद्धेश्वरी का अपने बेटे के प्रति ममत्व भाव का चित्रण किया गया है।

(*ii*) प्रस्तुत गद्यांश में रामचंद्र की निराशा का बिंबात्मक चित्रण प्रस्तुत किया गया है।

(*iii*) प्रस्तुत गद्यांश की भाषा सहज व सरल है।

(*iv*) प्रस्तुत गद्यांश में चित्रात्मक शैली का प्रयोग किया गया है।

गद्यांश 3

सिद्धेश्वरी लोटा लेकर पानी लेने चली गई। रामचंद्र ने कटोरे को उँगलियों से बजाया, फिर हाथ को थाल में रख दिया। एक-दो क्षण बाद रोटी के टुकड़े को धीरे-से हाथ से उठाकर आँख से निहारा और अंत में इधर-उधर देखने के बाद टुकड़े को मुँह में इस सरलता से रख लिया, जैसे वह भोजन का ग्रास न होकर पान का बीड़ा हो।

संदर्भ पूर्ववत्।

प्रसंग प्रस्तुत गद्यांश में लेखक ने रामचंद्र के माध्यम से भूख की चरम अवस्था का वास्तविक रूप प्रस्तुत किया है।

व्याख्या प्रस्तुत गद्यांश में लेखक कहते हैं कि रामचंद्र के खाने के क्रम में जब सिद्धेश्वरी उससे एक-आधी रोटी और लेने की बात करती है, तो वह बिगड़ने लगता है और रोटी के अंतिम बचे टुकड़े से हाथ खींचता हुआ पानी की माँग करता है। इस पर सिद्धेश्वरी पानी लाने जाती है। रामचंद्र सोचता है कि अब वह अंतिम ग्रास ले या छोड़ दे। फिर वह उँगलियों से कटोरे को बजाने लगता है और रोटी के बचे टुकड़े को उठाकर गौर से देखने के बाद उसे पान के बीड़े के सदृश बड़ी सरलता के साथ मुँह में डाल लेता है।

विशेष

(*i*) प्रस्तुत गद्यांश में रामचंद्र द्वारा भूख की चरमोत्कर्ष स्थिति का यथार्थपरक चित्रण किया गया है।

(*ii*) प्रस्तुत गद्यांश में बिंबात्मक शैली का प्रयोग है।

(*iii*) प्रस्तुत गद्यांश की भाषा सरल व सहज है।

(*iv*) प्रस्तुत गद्यांश में लेखक ने सामाजिक जीवन और उसके अनुभवों की यथार्थवादी ढंग से अभिव्यक्ति की है।

गद्यांश 4

मोहन ने अपनी माँ को गौर से देखा, फिर धीरे-धीरे इस तरह उत्तर दिया, जैसे कोई शिक्षक अपने शिष्य को समझाता है, 'नहीं रे, बस। अव्वल तो अब भूख नहीं। फिर रोटियाँ तूने ऐसी बनाई हैं कि खाई नहीं जातीं। न मालूम कैसी लग रही हैं। खैर अगर तू चाहती ही है, तो कटोरे में थोड़ी दाल दे दे। दाल बड़ी अच्छी बनी है।'

संदर्भ पूर्ववत्।

प्रसंग प्रस्तुत गद्यांश में मुंशीजी के मँझले पुत्र मोहन द्वारा अपनी माँ से की गई बातचीत का वर्णन है। अभावों के बावजूद पुत्र को अधिक भोजन करने के लिए ज़ोर देना सिद्धेश्वरी की ममता को दर्शाता है। साथ ही इसके माध्यम से सिद्धेश्वरी के घर की आर्थिक दशा का भी चित्रण किया गया है।

व्याख्या प्रस्तुत गद्यांश में लेखक कहते हैं कि जब सिद्धेश्वरी ने अपनी कसम देकर अपने मँझले पुत्र मोहन से एक रोटी और लेने का आग्रह किया, तो वास्तव में उसके पास मोहन को देने के लिए रोटी नहीं थी।

मोहन शायद इस बात को समझता था, तभी उसने माँ को गौर से देखा, फिर धीरे-धीरे इस तरह उत्तर दिया, जैसे कोई शिक्षक अपने शिष्य को समझाता है— नहीं, नहीं बस! मेरा पेट भर गया है। अब भूख नहीं है। तत्पश्चात् वह बनाई गई रोटियों में ही कमी निकालता हुआ कहता है कि रोटियाँ भी ऐसी बनी हैं कि खाई नहीं जातीं।

पता नहीं कैसी अजीब-सी लग रही हैं। खैर अगर तेरा मन और देने के लिए कर रहा है, तो ऐसा कर, कटोरे में थोड़ी-सी दाल और दे दे। वह थोड़ी और खा लूँगा। दाल बड़ी अच्छी बनी है।

वस्तुतः घर की स्थिति मोहन से छिपी न थी। वह जानता था कि उसके एक रोटी और खा लेने से अन्य किसी को भूखा रहना पड़ेगा। इसी कारण वह माँ के कहने पर भी पेट भर जाने और रोटियों के अच्छी न बने होने की बात कहकर और रोटी लेने से इनकार कर देता है।

विशेष

(*i*) प्रस्तुत गद्यांश में अपर्याप्त भोजन होते हुए भी मोहन द्वारा उसकी पर्याप्तता को व्यक्त किया गया है।

(*ii*) प्रस्तुत गद्यांश में भूख की महत्ता का गौण रूप चित्रित किया गया है।

(*iii*) प्रस्तुत गद्यांश में उर्दू व बिंबात्मक शब्द-शैली का प्रयोग है।

(*iv*) प्रस्तुत गद्यांश की भाषा सहज व सरल है।

गद्यांश 5

दो रोटियाँ, कटोरा भर दाल तथा चने की तली तरकारी। मुंशी चंद्रिका प्रसाद पीढ़े पर पालथी मारकर बैठे रोटी के एक-एक ग्रास को इस तरह चुभला-चबा रहे थे, जैसे बूढ़ी गाय जुगाली करती है। उनकी उम्र पैंतालीस वर्ष के लगभग थी, किंतु पचास-पचपन के लगते थे। शरीर का चमड़ा झूलने लगा था, गंजी खोपड़ी आईने की भाँति चमक रही थी। गंदी धोती के ऊपर अपेक्षाकृत कुछ साफ़ बनियान तार-तार लटक रही थी।

संदर्भ पूर्ववत्।

प्रसंग प्रस्तुत गद्यांश में दोपहर के भोजन की सामग्री तथा मुंशीजी की शारीरिक स्थिति का बिंबात्मक चित्रण प्रस्तुत किया गया है।

व्याख्या प्रस्तुत गद्यांश में लेखक कहते हैं कि मुंशीजी दोपहर का भोजन करने के लिए पीढ़े पर पालथी मारकर बैठ जाते हैं। सिद्धेश्वरी उनके खाने की थाली लाती है, जिसमें दो रोटियाँ, कटोरा भर पनियाई दाल तथा चने की सब्ज़ी है। मुंशीजी रोटी का एक-एक टुकड़ा इस तरह चबा रहे थे, जैसे बूढ़ी गाय जुगाली (पागुर) कर रही हो। उनकी उम्र पैंतालीस वर्ष के आसपास थी, परंतु शरीर से वह पचास-पचपन के लगते थे।

अभावग्रस्त जीवन की चिंताएँ मनुष्य को उम्र से पहले ही बूढ़ा बना देती हैं। शरीर की त्वचा (खाल) अत्यंत झुर्रियों के कारण लटकी हुई थी, उनकी खोपड़ी गंजी (बिना बाल के) होने के कारण आईने (दर्पण) सी चमक रही थी। गंदी धोती के ऊपर बनियान जीर्ण-शीर्ण अवस्था में लटक रही थी, जो धोती की अपेक्षा थोड़ी-सी साफ़ प्रतीत हो रही थी। इस प्रकार, यहाँ गरीबी का वास्तविक चित्र प्रस्तुत किया गया है।

विशेष

(*i*) प्रस्तुत गद्यांश में भोजन की सामग्री तथा मुंशीजी की शारीरिक अवस्था का सजीव चित्रण है।

(*ii*) प्रस्तुत गद्यांश में शैली बिंब-विधान से परिपूर्ण है।

(*iii*) प्रस्तुत गद्यांश की भाषा सहज व सरल है।

(*iv*) प्रस्तुत गद्यांश में लेखक ने सामाजिक जीवन और उसके अनुभवों की यथार्थवादी ढंग से अभिव्यक्ति की है।

गद्यांश 6

उन्माद की रोगिणी की भाँति बड़बड़ाने लगी, "पागल नहीं है, बड़ा होशियार है। उस ज़माने का कोई महात्मा है। मोहन तो उसकी बड़ी इज़्ज़त करता है। आज कह रहा था कि भैया की शहर में बड़ी इज़्ज़त होती है, पढ़ने-लिखने वालों में बड़ा आदर होता है और बड़का तो छोटे भाइयों पर जान देता है। दुनिया में वह सब कुछ सह सकता है, पर यह नहीं देख सकता कि उसके प्रमोद को कुछ हो जाए।"

संदर्भ पूर्ववत्।

प्रसंग प्रस्तुत गद्यांश में सिद्धेश्वरी की कल्पित बातों द्वारा एक-दूसरे के प्रति पारिवारिक सम्मान को बनाए रखने की मनोवृत्ति का चित्रण किया गया है।

व्याख्या प्रस्तुत गद्यांश में लेखक कहते हैं कि सिद्धेश्वरी मुंशीजी से बड़े पुत्र के बारे में बातें करती है। वह पागलों की तरह अपने आप ही बड़बड़ाने लगती है। वह मुंशीजी के द्वारा रामचंद्र के विषय में कही गई बात 'बड़ा पागल है' का खंडन करती है और अकारण ही रामचंद्र को होशियार साबित करती हुई उसकी प्रशंसा में कहती है कि किसी ज़माने (युग) का महात्मा जान पड़ता है। मोहन के दिल में उसके लिए बहुत इज़्ज़त है। आज तो बता रहा था कि भैया का शहर में बहुत मान-सम्मान है। पढ़े-लिखे लोगों का समाज में बड़ा आदर होता है और बड़का (रामचंद्र) तो छोटे भाइयों पर जान छिड़कता है। इस संसार का कोई दुःख हो वह आसानी से सह लेगा, परंतु प्रमोद को कुछ हो जाए यह बिल्कुल नहीं सहन कर सकता। इस प्रकार, सिद्धेश्वरी मुंशीजी के समक्ष अपनी कल्पित बातों से पारिवारिक एकता व सम्मान को बचाए रखने का दायित्व निभाती है।

विशेष

(*i*) प्रस्तुत गद्यांश में सिद्धेश्वरी द्वारा कल्पित बातों से पारिवारिक एकजुटता को बनाए रखने का भरसक प्रयास किया गया है।

(*ii*) प्रस्तुत गद्यांश में लेखक ने झूठ की सत्य पर तथ्यपरक विजय सिद्ध की है।

(*iii*) प्रस्तुत गद्यांश की भाषा सरल व सहज है।

(*iv*) प्रस्तुत गद्यांश में प्रवाहपूर्ण संवादात्मक शैली का प्रयोग हुआ है।

गद्यांश 7

सिद्धेश्वरी की समझ में नहीं आ रहा था कि क्या कहे। वह चाहती थी कि सभी चीज़ें ठीक से पूछ ले। सभी चीज़ें ठीक से जान ले और दुनिया की हर चीज़ पर पहले की तरह धड़ल्ले से बात करे, पर उसकी हिम्मत नहीं होती थी। उसके दिल में न जाने कैसा भय समाया हुआ था।

संदर्भ पूर्ववत्।

प्रसंग प्रस्तुत गद्यांश में सिद्धेश्वरी के मन के अंतर्द्वंद्व का चित्रण किया गया है।

व्याख्या प्रस्तुत गद्यांश में लेखक कहते हैं कि खाना खाने के क्रम में मुंशीजी सिद्धेश्वरी से अपने तीनों पुत्रों की तारीफ़ करते हैं। डेढ़ रोटी खाने के पश्चात् पानी पीकर जब वह खाँसने लगते हैं, तब थोड़ी देर के लिए वहाँ चुप्पी छा जाती है। सिद्धेश्वरी बातों का सिलसिला आगे बढ़ाना चाहती है, पर उसे समझ नहीं आता कि वह क्या कहे और क्या पूछे? वह चाहती तो थी कि सभी जानकारी पूर्णतः ले ले और पहले की भाँति सब कुछ आत्मविश्वास के साथ पूछ ले, परंतु अब उसमें वह आत्मविश्वास नहीं है। उसके हृदय में यही डर समाया हुआ था कि कहीं घर की आर्थिक स्थिति का कोई भी प्रसंग बातचीत में न आ जाए, जिससे उसका साहस टूट जाए।

विशेष

(i) प्रस्तुत गद्यांश में लेखक ने सिद्धेश्वरी के अंतर्मन के द्वंद्व का चित्रण किया है।

(ii) प्रस्तुत गद्यांश की भाषा सरल व सहज है।

(iii) प्रस्तुत गद्यांश में मनुष्य की स्वभावगत प्रवृत्ति का चित्रण द्रष्टव्य है।

गद्यांश 8

मुंशीजी ने पत्नी की ओर अपराधी के समान तथा रसोई की ओर कनखी से देखा, तत्पश्चात् किसी घुटे उस्ताद की भाँति बोले, "रोटी....रहने दो, पेट काफी भर चुका है। अन्न और नमकीन चीजों से तबीयत ऊब भी गई है। तुमने व्यर्थ में कसम धरा दी। खैर, कसम रखने के लिए ले रहा हूँ। गुड़ होगा क्या?"

संदर्भ पूर्ववत्।

प्रसंग प्रस्तुत गद्यांश में सिद्धेश्वरी की नाटकीयता तथा मुंशीजी द्वारा पेट भरने की अतिशयता का अतिशयोक्तिपूर्ण वर्णन किया गया है।

व्याख्या प्रस्तुत गद्यांश में लेखक कहते हैं कि मुंशीजी की 'अपराधी के समान' पत्नी की ओर देखने की क्रिया इस बात को प्रकट करती है कि वे अपनी असमर्थता को लेकर ग्लानि महसूस कर रहे हैं। घर की आर्थिक स्थिति इतनी खराब है कि पत्नी को घर चलाने के लिए निरंतर त्याग करना पड़ता है। उन्हें पता है कि घर में भोजन के लिए पर्याप्त साधन नहीं हैं।

मुंशी जी का यह कहना कि "रोटी... रहने दो, पेट काफी भर चुका है," उनकी वास्तविक भूख को छिपाने का प्रयास है। वे यह जानते हैं कि पत्नी ने अपनी भूख को अनदेखा करके उनके लिए भोजन का प्रबंध किया होगा। "अन्न और नमकीन चीज़ों से ऊबने" की बात कहना व्यंग्य के साथ-साथ उनके आत्मसंयम और पत्नी को संतुष्ट करने की कोशिश को दर्शाता है।

सिद्धेश्वरी जब बड़के (रामचंद्र) की कसम देकर मुंशीजी को एक और रोटी लेने के लिए बाध्य करती है, तो मुंशीजी सिद्धेश्वरी से कहते हैं कि तुमने बेकार ही मुझे बड़कू की कसम दे दी। अच्छा! तुम ऐसा करो कि गुड़ हो तो वह ले आओ, इससे तुम्हारी दी हुई कसम भी रह जाएगी। वस्तुतः मुंशीजी को ज्ञात है कि रोटी और नहीं है, इसीलिए वह गुड़ द्वारा अपनी भूख को शांत करना चाहते हैं।

विशेष

(i) प्रस्तुत गद्यांश में मुंशीजी द्वारा पेट भरने की अतिशयता का नाटकीय चित्रण किया गया है।

(ii) प्रस्तुत गद्यांश में उर्दू के शब्दों के साथ मुहावरेयुक्त शैली का प्रयोग हुआ है।

(iii) प्रस्तुत गद्यांश में बिंबात्मक शैली है।

(iv) प्रस्तुत गद्यांश की भाषा सरल व सहज है।

(v) प्रस्तुत गद्यांश में संवाद शैली के द्वारा कहानी आगे बढ़ाई गई है।

गद्यांश 9

मुंशीजी के निपटने के पश्चात् सिद्धेश्वरी उनकी जूठी थाली लेकर चौके की ज़मीन पर बैठ गई। बटलोई की दाल को कटोरे में उँड़ेल दिया, पर वह पूरा भरा नहीं। छिपुली में थोड़ी-सी चने की तरकारी बची थी, उसे पास खींच लिया। रोटियों की थाली को भी उसने पास खींच लिया, उसमें केवल एक रोटी बची थी–मोटी, भद्दी और जली।

उस रोटी को वह जूठी थाली में रखने जा ही रही थी कि अचानक उसका ध्यान ओसारे में सोए प्रमोद की ओर आकर्षित हो गया। उसने लड़के को कुछ देर तक एकटक देखा, फिर रोटी को दो बराबर टुकड़ों में विभाजित कर दिया। एक टुकड़े को तो अलग रख दिया और दूसरे टुकड़े को अपनी जूठी थाली में रख लिया। तदुपरांत एक लोटा पानी लेकर खाने बैठ गई। उसने पहला ग्रास मुँह में रखा और तब न मालूम कहाँ से उसकी आँखों से टप-टप आँसू चूने लगे।

संदर्भ पूर्ववत्।

प्रसंग प्रस्तुत गद्यांश में लेखक ने सिद्धेश्वरी द्वारा भारतीय नारी तथा निर्धनता का मर्मस्पर्शी चित्रण किया है।

व्याख्या प्रस्तुत गद्यांश में लेखक कहते हैं कि परिवार के सभी सदस्यों के भोजन करने के बाद सिद्धेश्वरी मुंशीजी की जूठी थाली लेकर चौके की ज़मीन पर बैठ गई, जिसमें भारतीय नारी के दर्शन होते हैं, जो परिवार के सभी सदस्यों के बाद अपने पति की जूठी थाली में भोजन करती है, सिद्धेश्वरी ने डेगची में बची हुई दाल को कटोरे में पलट दिया, परंतु वह भरा नहीं।

बची हुई सब्ज़ी वाली छिपुली (छोटा बर्तन) तथा रोटियों की थाली को भी अपने पास खींच लिया, जिसमें केवल एक ही रोटी बची हुई थी, वह भी जली, भद्दी और मोटी। इस प्रकार उसने उस जूठी थाली को अपने खाने के लिए सजा लिया, तभी अचानक उसकी नज़र बरामदे में सो रहे प्रमोद की तरफ़ गई।

वह एकटक उसे निहारती रही, फिर उसने उस रोटी के दो टुकड़े कर दिए और एक टुकड़ा अपनी थाली में रखा तथा दूसरा प्रमोद के लिए अलग रख दिया। पानी का लोटा लेकर जैसे ही रोटी का पहला टुकड़ा अपने मुँह में रखा, उसकी आँखों से टप-टप आँसू टपकने लगे।

सिद्धेश्वरी एक भारतीय गृहिणी थी। वह घर की आर्थिक स्थिति खराब होने पर भी कम साधनों में सबका पेट भरने की कोशिश करती थी। वह जानती थी कि घर का हर सदस्य आधे पेट भोजन करके भी पेट भरा होने का नाटक कर रहे थे। वह स्वयं भी भूखी ही रहती थी। वह चाहकर भी इस परिस्थिति को नहीं बदल सकती थी और न ही अपने दुःख को किसी के समक्ष व्यक्त कर सकती थी। यही पीड़ा आँखों से आँसू बनकर टप-टप करके गिर रहे थे।

विशेष

(*i*) प्रस्तुत गद्यांश में सिद्धेश्वरी का अपने पति की जूठी थाली में भोजन करना भारतीय नारी का चित्र प्रस्तुत करता है।

(*ii*) प्रस्तुत गद्यांश में परिवार की निर्धनता व आर्थिक स्थिति का मार्मिक चित्रण है।

(*iii*) प्रस्तुत गद्यांश में सिद्धेश्वरी द्वारा माँ के ममत्व का भावातिरेक वर्णन किया गया है।

(*iv*) प्रस्तुत गद्यांश में बिंब-विधान शैली है।

(*v*) प्रस्तुत गद्यांश की भाषा सरल व सहज है।

गद्यांश 10

सारा घर मक्खियों से भिनभिन कर रहा था। आँगन की अलगनी पर एक गंदी साड़ी टँगी थी, जिसमें कई पैबंद लगे हुए थे। दोनों बड़े लड़कों का कहीं पता नहीं था। बाहर की कोठरी में मुंशीजी औंधे मुँह होकर निश्चिंतता के साथ सो रहे थे, जैसे डेढ़ महीने पूर्व मकान-किराया-नियंत्रण विभाग की क्लर्की से उनकी छँटनी न हुई हो और शाम को उनको काम की तलाश में कहीं जाना न हो!

संदर्भ पूर्ववत्।

प्रसंग प्रस्तुत गद्यांश में लेखक ने परिवार की आर्थिक स्थिति तथा सोए हुए व्यक्ति की चिंतामुक्त अवस्था का सजीव चित्रण किया है।

व्याख्या प्रस्तुत गद्यांश में लेखक घर की आर्थिक स्थिति का चित्रण करते हुए कहता है कि सारा घर मक्खियों से भिनभिना रहा था। आँगन की अलगनी (कपड़े सुखाने के लिए डाली गई रस्सी) पर कई पैबंदों वाली एक गंदी-सी साड़ी टँगी हुई थी। दोनों बड़े लड़के (रामचंद्र और मोहन) घर से बाहर थे। वे कहाँ गए थे, इसकी जानकारी सिद्धेश्वरी और मुंशीजी को नहीं थी। बाहर की कोठरी में मुंशीजी औंधे मुँह (उल्टे होकर) किए इस तरह सो रहे थे जैसे उन्हें कोई चिंता ही न हो। उन्हें देखकर लग ही नहीं रहा था कि डेढ़ महीने पहले उन्हें मकान-किराया-नियंत्रण विभाग की क्लर्की से निकाला गया हो तथा शाम को उनको किसी काम की तलाश के लिए बाहर नहीं जाना हो।

विशेष

(*i*) प्रस्तुत गद्यांश में लेखक ने परिवार की गरीबी का अत्यंत मार्मिक चित्रण किया है।

(*ii*) प्रस्तुत गद्यांश में लेखक ने सोए हुए मनुष्य की चिंतामुक्त स्थिति का सजीव चित्रण किया है।

(*iii*) प्रस्तुत गद्यांश में बिंबात्मक शैली का प्रयोग किया गया है।

(*iv*) प्रस्तुत गद्यांश की भाषा सरल व सहज है।

गद्यांशों पर आधारित बहुविकल्पीय प्रश्न

1. लगभग आधे घंटे तक वहीं उसी तरह पड़ी रहने के बाद उसके जी में जी आया। वह बैठ गई, आँखों को मल-मलकर इधर-उधर देखा और फिर उसकी दृष्टि ओसारे में अध-टूटे खटोले पर सोए अपने छः वर्षीय लड़के प्रमोद पर जम गई। लड़का नंग-धड़ंग पड़ा था। उसके गले तथा छाती की हड्डियाँ साफ़ दिखाई देती थीं। उसके हाथ-पैर बासी ककड़ियों की तरह सूखे तथा बेजान पड़े थे और उसका पेट हँडिया की तरह फूला हुआ था। उसका मुँह खुला हुआ था और उस पर अनगिनत मक्खियाँ उड़ रही थीं।

(i) **प्रस्तुत गद्यांश किस पर आधारित है?**

(क) सिद्धेश्वरी के परिवार के विषय पर

(ख) सिद्धेश्वरी की अभावग्रस्त व दयनीय आर्थिक व शारीरिक स्थिति पर

(ग) सिद्धेश्वरी की संपन्नता पर

(घ) उपर्युक्त सभी

(ii) **सिद्धेश्वरी की परेशानी का कारण क्या था?**

(क) कमजोरी व भूख (ख) पैसों का अभाव

(ग) उसके पति की नौकरी (घ) बच्चों का देर से घर पर आना

(iii) **कथन (A) लड़के के गले तथा छाती की हड्डियाँ साफ दिखाई देती हैं।**

कारण (R) लड़का शारीरिक रूप से कमजोर एवं कुपोषित था।

कूट

(क) कथन (A) और कारण (R) दोनों सही हैं तथा कारण (R), कथन (A) की सही व्याख्या करता है।

(ख) कथन (A) सही है, परंतु कारण (R) उसकी गलत व्याख्या करता है।

(ग) कथन (A) गलत है, लेकिन कारण (R) सही है।

(घ) कथन (A) और कारण (R) दोनों गलत हैं।

(iv) **बरामदे में कौन सोया हुआ था?**

(क) नंग-धड़ंग व कुपोषित सिद्धेश्वरी का छः वर्ष का लड़का

(ख) सिद्धेश्वरी का बड़ा लड़का, जो शरीर से हृष्ट-पुष्ट था

(ग) सिद्धेश्वरी का कमजोर व असहाय पति

(घ) सिद्धेश्वरी की पुत्री

(v) **'मक्खियाँ भिनभिनाना' किस चीज का द्योतक है?**

(क) संपन्नता का (ख) विपन्नता व रोग का

(ग) घर में अस्वच्छता का (घ) 'ख' और 'ग' दोनों

उत्तर

(i) (ख) सिद्धेश्वरी की अभावग्रस्त व दयनीय आर्थिक व शारीरिक स्थिति पर

(ii) (क) कमजोरी व भूख

(iii) (क) कथन (A) और कारण (R) दोनों सही हैं तथा कारण (R), कथन (A) की सही व्याख्या करता है।

(iv) (क) नंग-धड़ंग व कुपोषित सिद्धेश्वरी का छः वर्ष का लड़का

(v) (घ) 'ख' और 'ग' दोनों

2. सिद्धेश्वरी की पहले हिम्मत नहीं हुई कि उसके पास जाए और वह वहीं से भयभीत हिरनी की भाँति सिर उचका-घुमाकर बेटे को व्यग्रता से निहारती रही, किंतु लगभग दस मिनट बीतने के पश्चात् भी जब रामचंद्र नहीं उठा, तो वह घबरा गई। पास जाकर पुकारा, 'बड़कू, बड़कू!' लेकिन उसके कुछ उत्तर न देने पर डर गई और लड़के की नाक के पास हाथ रख दिया। साँस ठीक से चल रही थी। फिर सिर पर हाथ रखकर देखा,

बुखार नहीं था। हाथ के स्पर्श से रामचंद्र ने आँखें खोलीं। पहले उसने माँ की ओर सुस्त नज़रों से देखा, फिर झट से उठ बैठा। जूते निकालने और नीचे रखे लोटे के जल से हाथ-पैर धोने के बाद वह यंत्र की तरह चौकी पर आकर बैठ गया।

(i) रामचंद्र कौन था?
(क) सिद्धेश्वरी का बेटा (ख) सिद्धेश्वरी का मँझला बेटा
(ग) सिद्धेश्वरी का बड़ा बेटा (घ) सिद्धेश्वरी का सबसे छोटा बेटा

(ii) सिद्धेश्वरी अपने बेटे का हाल-चाल पूछने की हिम्मत क्यों नहीं जुटा सकी?
(क) वह उसकी कमजोर शारीरिक स्थिति का मर्म जानती थी
(ख) वह अपने पुत्र से डरती थी
(ग) वह अपने पुत्र से नाराज थी
(घ) वह उससे बात नहीं करना चाहती थी

(iii) गद्यांश के आधार पर कौन-सा वाक्य सही है?
(क) सिद्धेश्वरी राजघराने से संबंध रखती थी
(ख) रामचंद्र के न उठने पर सिद्धेश्वरी बहुत प्रसन्न थी
(ग) रामचंद्र अपने कमजोर शरीर के कारण थका हुआ था
(घ) सिद्धेश्वरी पेट भरकर भोजन करती थी

(iv) रामचंद्र के न उठने पर सिद्धेश्वरी क्यों भयभीत हो गई?
(क) कहीं वह उससे नाराज तो नहीं है
(ख) कहीं उसकी मृत्यु तो नहीं हो गई
(ग) कहीं वह किसी से झगड़ा तो नहीं कर आया
(घ) कहीं वह सो तो नहीं गया

(v) रामचंद्र की आँखें कैसे खुलीं?
(क) सिद्धेश्वरी के पुकारने पर
(ख) भोजन की सुगंध के कारण
(ग) सिद्धेश्वरी के हाथ के स्पर्श से
(घ) पिता के आ जाने पर

उत्तर

(i) (ग) सिद्धेश्वरी का बड़ा बेटा
(ii) (क) वह उसकी कमजोर शारीरिक स्थिति का मर्म जानती थी
(iii) (ग) रामचंद्र अपने कमजोर शरीर के कारण थका हुआ था
(iv) (ख) कहीं उसकी मृत्यु तो नहीं हो गई
(v) (ग) सिद्धेश्वरी के हाथ के स्पर्श से

3. मुंशीजी ने कटोरे को हाथ में लेकर दाल को थोड़ा सुड़कते हुए पूछा, 'बड़का दिखाई नहीं दे रहा!'

सिद्धेश्वरी की समझ में नहीं आ रहा था कि उसके दिल में क्या हो गया है – जैसे कुछ काट रहा हो। पंखे को जरा और जोर से घुमाती हुई बोली, 'अभी-अभी खाकर काम पर गया है। कह रहा था, कुछ दिनों में नौकरी लग जाएगी। हमेशा 'बाबू जी-बाबू जी' किए रहता है।' बोला, 'बाबू जी देवता के समान हैं।''

मुंशीजी के चेहरे पर कुछ चमक आई। शरमाते हुए पूछा, 'ऐं, क्या कहता था कि बाबू जी देवता के समान हैं? बड़ा पागल है।'

सिद्धेश्वरी पर जैसे नशा चढ़ गया था। उन्माद की रोगिणी की भाँति बड़बड़ाने लगी, 'पागल नहीं है, बड़ा होशियार है। उस जमाने का कोई महात्मा है। मोहन तो उसकी बड़ी इज्जत करता है। आज कह रहा था कि भैया की शहर में बड़ी इज्जत होती है, पढ़ने-लिखने वालों में बड़ा आदर होता है और बड़का तो छोटे भाइयों पर जान देता है। दुनिया में वह सब कुछ सह सकता है, पर यह नहीं देख सकता कि उसके प्रमोद को कुछ हो जाए।'

(i) सिद्धेश्वरी किस बात से घबरा रही थी?
(क) अपने झूठ बोलने के कारण
(ख) रोटियाँ कम होने के कारण
(ग) भोजन न करने के कारण
(घ) मुंशीजी के कारण

(ii) सिद्धेश्वरी द्वारा झूठी बातें बनाने का क्या कारण था?
(क) उसे झूठी बातें बनाने में आनंद आता था
(ख) वह परिवार की एकजुटता बनाए रखना चाहती थी
(ग) वह बच्चों के पिता को क्रोधित नहीं करना चाहती थी
(घ) उसके दिमाग में पागलपन का नशा था

(iii) 'किसी जमाने का महात्मा जान पड़ता है' सिद्धेश्वरी ने यह कथन किसके लिए कहा?
(क) अपने पति मुंशीजी के लिए
(ख) अपने मँझले बेटे मोहन के लिए
(ग) अपने छोटे बेटे प्रमोद के लिए
(घ) अपने बड़े बेटे रामचंद्र के लिए

(iv) सिद्धेश्वरी के अनुसार, रामचंद्र किस बात को सहन नहीं कर सकता?
(क) कि उसके छोटे भाई प्रमोद को कुछ हो जाए
(ख) कि उसके पिता को कोई कुछ कहे
(ग) कि कोई उसकी बेइज्जती करे
(घ) उपर्युक्त में से कोई नहीं

(v) सिद्धेश्वरी मुंशीजी की किस बात का खंडन करती है?
(क) रामचंद्र नौकरी करने से बचता है
(ख) मोहन कुछ नहीं करता
(ग) रामचंद्र पागल है
(घ) प्रमोद अब नहीं बचेगा

उत्तर

(i) (क) अपने झूठ बोलने के कारण
(ii) (ख) वह परिवार की एकजुटता बनाए रखना चाहती थी
(iii) (घ) अपने बड़े बेटे रामचंद्र के लिए
(iv) (क) कि उसके छोटे भाई प्रमोद को कुछ हो जाए
(v) (ग) रामचंद्र पागल है

4. मुंशीजी के निपटने के पश्चात् सिद्धेश्वरी उनकी जूठी थाली लेकर चौके की ज़मीन पर बैठ गई। बटलोई की दाल को कटोरे में उँड़ेल दिया, पर वह पूरा भरा नहीं। छिपुली में थोड़ी-सी चने की तरकारी बची थी, उसे पास खींच लिया। रोटियों की थाली को भी उसने पास खींच लिया, उसमें केवल एक रोटी बची थी-मोटी, भद्दी और जली। उस रोटी को वह जूठी थाली में रखने जा ही रही थी कि

अचानक उसका ध्यान ओसारे में सोए प्रमोद की ओर आकर्षित हो गया। उसने लड़के को कुछ देर तक एकटक देखा, फिर रोटी को दो बराबर टुकड़ों में विभाजित कर दिया। एक टुकड़े को तो अलग रख दिया और दूसरे टुकड़े को अपनी जूठी थाली में रख लिया। तदुपरांत एक लोटा पानी लेकर खाने बैठ गई। उसने पहला ग्रास मुँह में रखा और तब न मालूम कहाँ से उसकी आँखों से टप-टप आँसू चूने लगे।

(i) **गद्यांश के अनुसार, सिद्धेश्वरी क्या लेकर चौके पर बैठ गई?**
(क) अपने पति का तौलिया
(ख) अपने पति की जूठी थाली
(ग) मोहन के लिए खाना
(घ) प्रमोद के लिए दूध की कटोरी

(ii) **थाली में बची हुई रोटी कैसी थी?**
(क) गोल, स्वच्छ व पतली
(ख) आधी कटी हुई
(ग) मोटी, भद्दी और जली हुई
(घ) पूरी तरह से जली हुई व पतली

(iii) **निम्नलिखित कथनों में से सही कथनों पर विचार कीजिए**
1. **सिद्धेश्वरी ने रोटी को दो बराबर टुकड़ों में विभाजित कर दिया।**
2. **आधी रोटी को उसने छोटे बेटे प्रमोद के लिए रखा था।**
3. **सिद्धेश्वरी दूध का लोटा लेकर खाने बैठ गई।**

कूट
(क) केवल 1 (ख) 1 और 2
(ग) केवल 3 (घ) 2 और 3

(iv) **सिद्धेश्वरी की आँखों से आँसू क्यों निकले?**
(क) उसकी निर्धनता को व्यक्त करने के लिए
(ख) अपने परिवार को भरपेट भोजन न करा पाने के कारण
(ग) अपने छोटे बेटे को केवल आधी रोटी दे पाने के कारण
(घ) उपर्युक्त सभी

(v) **प्रस्तुत गद्यांश में वर्णन है**
(क) माँ की विवशता का
(ख) माँ की ममता के भावातिरेक का
(ग) निर्धनता की पराकाष्ठा का
(घ) उपर्युक्त सभी

उत्तर

(i) (ख) अपने पति की जूठी थाली
(ii) (ग) मोटी, भद्दी और जली हुई
(iii) (ख) 1 और 2
(iv) (घ) उपर्युक्त सभी
(v) (घ) उपर्युक्त सभी

विषय-वस्तु पर आधारित प्रश्नोत्तर

1. सिद्धेश्वरी के चेहरे पर व्यग्रता के क्या कारण थे?

उत्तर सिद्धेश्वरी के चेहरे पर अपनी आर्थिक विपन्नता तथा परिवार के सदस्यों की चिंता के कारण व्यग्रता फैली हुई थी। उसने केवल सात रोटियाँ बनाई थीं, जिन्हें पाँच सदस्य खाने वाले थे। वह भूख से व्याकुल थी, जिसे वह पानी पीकर मिटाती है। रामचंद्र के बेजान अवस्था में लेटे होने तथा बड़कू-बड़कू कहने पर भी उसका उत्तर न देना उसे अत्यंत विचलित कर देता है। सिद्धेश्वरी की अपने परिवार के लिए पर्याप्त मात्रा में भोजन न दे पाने की असमर्थता उसकी व्यग्रता का मुख्य कारण है।

2. रामचंद्र घर की आर्थिक स्थिति सुधारने के लिए किन संघर्षों से गुज़र रहा है?

उत्तर रामचंद्र घर का सबसे बड़ा बेटा है, जो घर की आर्थिक स्थिति सुधारने के लिए इंटर पास करने के बाद दैनिक समाचार-पत्र के दफ़्तर में प्रूफ़-रीडरी का काम सीखने लगा है। रामचंद्र की आयु लगभग इक्कीस वर्ष है, लंबा, दुबला-पतला, गोरा रंग, बड़ी-बड़ी आँखें तथा होंठों पर झुर्रियाँ हैं। निर्धनता व निराशा के कारण थका-हारा धम् से चौकी पर बैठ गया और वहीं बेजान-सा लेट गया। उसका मुँह लाल तथा चढ़ा हुआ था। उसके बाल अस्त-व्यस्त थे और जूते फटे-पुराने, जिन पर गर्द जमी हुई थी। इन स्थितियों द्वारा रामचंद्र का घर की आर्थिक स्थिति सुधारने के लिए किया गया संघर्ष स्पष्ट दिखाई पड़ता है।

3. मुंशीजी की शारीरिक अवस्था तथा भोजन करने का लेखक ने बिंबात्मक चित्रण प्रस्तुत किया है। स्पष्ट कीजिए।

उत्तर लेखक ने मुंशीजी की शारीरिक अवस्था का बिंबात्मक चित्रण किया है तथा उसका कहानी में इस प्रकार वर्णन किया है—मुंशीजी पीढ़े पर पालथी मारकर बैठे हैं। उनकी उम्र पैंतालीस वर्ष के लगभग थी, किंतु पचास-पचपन के लगते थे। शरीर का चमड़ा झूलने लगा था, गंजी खोपड़ी आईने की भाँति चमक रही थी। गंदी धोती के ऊपर अपेक्षाकृत कुछ साफ़ बनियान तार-तार लटक रही थी। उनकी थाली में दो रोटियाँ, कटोरा भर दाल तथा चने की तली तरकारी थी। मुंशीजी डेढ़ रोटी खाने के बाद ग्रास से इस तरह युद्ध कर रहे थे मानो उनका पेट इतना भर गया हो कि अंतिम टुकड़ा खाने की सामर्थ्य उनमें न हो, परंतु वास्तविकता तो कुछ और ही थी। उनका खाना समाप्त हो चुका था और वे बचे-खुचे दानों को बंदर की तरह बीन रहे थे। शायद अब यही चने बचे थे, जो उनका पेट भर सकते थे।

इस प्रकार, उपरोक्त वर्णन के आधार पर कहा जा सकता है कि लेखक ने मुंशीजी की शारीरिक स्थिति व उनके भोजन करने का बिल्कुल सजीव और बिंबात्मक चित्रण किया है।

4. मुंशीजी ने अपराधी की भाँति सिद्धेश्वरी को क्यों देखा?

उत्तर मुंशीजी अपनी आर्थिक स्थिति से पूर्णतः परिचित थे। उन्हें भली-भाँति ज्ञात था कि उनके हिस्से में केवल दो ही रोटियाँ हैं और सिद्धेश्वरी के हिस्से में शायद एक रोटी भी न हो। इस स्थिति में भी उसने बड़के की कसम मुंशीजी को देकर एक और रोटी लेने के लिए बाध्य किया और बहुत-सी रोटी होने का दावा किया। सिद्धेश्वरी का साहस व त्याग देखकर मुंशीजी स्वयं को इस निर्धनता का उत्तरदायी मानते हैं। यदि उन्होंने एक और रोटी ले ली, तो वह सिद्धेश्वरी के हिस्से की रोटी खा लेंगे। इसी बात को सोचकर उन्होंने अपराधी की भाँति सिद्धेश्वरी को देखा।

5. सिद्धेश्वरी ने परिवार के सदस्यों के समक्ष क्या-क्या झूठ बोले? और क्यों?

उत्तर सिद्धेश्वरी दोपहर का भोजन करने आए सभी सदस्यों को एक-दूसरे के संबंध में झूठ बोलती है। रामचंद्र से मोहन के बारे में कहती है कि वह अपने किसी दोस्त के यहाँ पढ़ने के लिए गया है। वह बहुत दिमागी

(बुद्धिमान) है, चौबीसों घंटे पढ़ने में लगा रहता है और रामचंद्र के बारे में मुंशीजी को बताती है कि मोहन रामचंद्र की तारीफ़ कर रहा था कि भैया की शहर में बड़ी इज़्ज़त है। रामचंद्र तो आपको देवता कह रहा था और प्रमोद को कुछ हो जाए यह बिल्कुल भी सहन नहीं कर सकता। ये सभी झूठ सिद्धेश्वरी आपसी मतभेद को रोकने तथा पारिवारिक एकता व सम्मान को बनाए रखने के लिए बोलती है।

6. 'उसने पहला ग्रास मुँह में रखा और तब न मालूम कहाँ से उसकी आँखों से टप-टप आँसू चूने लगे'–इस कथन का आशय स्पष्ट कीजिए।

उत्तर सिद्धेश्वरी कुशल भारतीय गृहिणी है। परिवार को भोजन बनाकर पेट भर खिलाना उसका दायित्व है, परंतु घर में पर्याप्त खाद्य-सामग्री ही नहीं है, तो उसकी व्यग्रता स्वाभाविक है। वह भली-भाँति जानती है कि उसके दोनों बेटे तथा पति मुंशीजी ने पेट भरने का बहाना किया है, बल्कि वह तीनों तो भूखे ही उठ गए हैं। पेट भर भोजन न मिलने के कारण परिवार के सभी सदस्यों की शारीरिक स्थिति कंकाल की भाँति हो गई है। वह स्वयं भूखी रहकर भी परिवार का पेट नहीं भर पाती।

आधी रोटी में प्रमोद का पेट कैसे भरेगी, जिसके साथ न तो दाल है और न चने की तरकारी बची है। यही सब उसके अंतर्मन में चल रहा था। जिस कारण रोटी का पहला निवाला लेते ही उसके धैर्य का बाँध टूट जाता है और आँसुओं के रूप में बहने लगता है।

7. 'दोपहर का भोजन' शीर्षक की सार्थकता स्पष्ट कीजिए।

उत्तर अमरकांत जी की कहानी 'दोपहर का भोजन' एक मध्यमवर्गीय परिवार की आर्थिक तंगी और पारिवारिक संबंधों का सजीव चित्रण है। इस कहानी का शीर्षक अत्यंत सार्थक और उपयुक्त है, क्योंकि यह न केवल भोजन की आवश्यकता को, बल्कि परिवार के सदस्यों के बीच के भावनात्मक जुड़ाव और त्याग को भी उजागर करता है। दोपहर का भोजन, जो एक साधारण दिनचर्या का हिस्सा है, कहानी में परिवार की आर्थिक तंगी और आपसी रिश्तों का प्रतीक बन जाता है।

मुंशीजी का अपनी भूख छिपाना और पत्नी का अपने हिस्से का त्याग करना यह दर्शाता है कि भोजन की व्यवस्था करना उनके लिए कितना कठिन है।

यह साधारण घटना जीवन की यथार्थता और परिवार के सदस्यों के बीच त्याग और सहनशीलता को प्रभावी ढंग से प्रस्तुत करती है। इस प्रकार, 'दोपहर का भोजन' शीर्षक कहानी के भाव और उद्देश्य को स्पष्ट रूप से व्यक्त करता है और पूर्ण रूप से उपयुक्त है।

8. 'दोपहर का भोजन' कहानी में निम्न मध्यमवर्गीय जीवन की त्रासदी का मार्मिक चित्रण है। स्पष्ट कीजिए।

उत्तर लेखक ने कहानी में निम्न मध्यमवर्गीय परिवार का चित्रण किया है। संपूर्ण परिवार आर्थिक विपन्नता से जूझ रहा है। बड़ा बेटा रामचंद्र इंटर के बाद प्रूफ़-रीडरी का काम सीख रहा है, मँझला बेटा मोहन दसवीं की प्राइवेट परीक्षा की तैयारी में संलग्न है तथा छोटा बेटा प्रमोद कुपोषण की बीमारी से ग्रसित है।

घर में भयंकर गंदगी का वातावरण है तथा भरपेट भोजन न मिल पाने की स्थिति बनी हुई है। घर के सभी पाँच सदस्यों के लिए मात्र सात ही रोटियाँ बनाई गई हैं और दाल में भी पानी की मात्रा अपेक्षाकृत अधिक है।

परिवार के मुखिया मुंशीजी को नौकरी से निकाल दिया गया है। इन सभी स्थितियों द्वारा कहा जा सकता है कि 'दोपहर का भोजन' कहानी निम्न मध्यमवर्गीय जीवन की त्रासदी है।

स्व-मूल्यांकन

गद्यांश पर आधारित बहुविकल्पीय प्रश्न

निम्नलिखित गद्यांश को ध्यानपूर्वक पढ़कर पूछे गए बहुविकल्पीय प्रश्नों के लिए सर्वाधिक उपयुक्त विकल्प का चुनाव कीजिए।

1. मँझला लड़का मोहन आते ही हाथ-पैर धोकर पीढ़े पर बैठ गया। वह कुछ साँवला था और उसकी आँखें छोटी थीं। उसके चेहरे पर चेचक के दाग थे। वह अपने भाई की ही तरह दुबला-पतला था, किंतु उतना लंबा न था। वह उम्र की अपेक्षा कहीं अधिक गंभीर और उदास दिखाई पड़ रहा था।

सिद्धेश्वरी ने उसके सामने थाली रखते हुए प्रश्न किया, 'कहाँ रह गए थे बेटा ? भैया पूछ रहा था।' मोहन ने रोटी के एक बड़े ग्रास को निगलने की कोशिश करते हुए अस्वाभाविक मोटे स्वर में जवाब दिया, 'कहीं तो नहीं गया था, यहीं पर था।'

सिद्धेश्वरी वहीं बैठकर पंखा डुलाती हुई इस तरह बोली, जैसे स्वप्न में बड़बड़ा रही हो, 'बड़का तुम्हारी बड़ी तारीफ़ कर रहा था। कह रहा था, मोहन बड़ा दिमागी होगा, उसकी तबीयत चौबीसों घंटे पढ़ने में ही लगी रहती है।' यह कहकर उसने अपने मँझले लड़के की ओर इस तरह देखा, जैसे उसने कोई चोरी की हो।

मोहन अपनी माँ की ओर देखकर फीकी हँसी हँस पड़ा और फिर खाने में जुट गया। वह परोसी गई दो रोटियों में से एक रोटी, कटोरे की तीन-चौथाई दाल तथा अधिकांश तरकारी साफ कर चुका था।

(i) मोहन के चेहरे पर किसके निशान थे?
(क) चोट के (ख) जलने के
(ग) चेचक के (घ) खरोंच के

(ii) मोहन का स्वभाव कैसा प्रतीत होता था?
(क) हँसमुख और मिलनसार (ख) गंभीर और उदास
(ग) चंचल और शरारती (घ) क्रोधी और आक्रामक

(iii) **कथन** (A) सिद्धेश्वरी ने मोहन की ओर ऐसे देखा, जैसे उसने कोई चोरी की हो।
कारण (R) सिद्धेश्वरी को संदेह था कि मोहन पढ़ाई के बहाने कहीं और समय बर्बाद करता है।

कूट
(क) कथन (A) और कारण (R) दोनों सही हैं तथा कारण (R), कथन (A) की सही व्याख्या करता है।
(ख) कथन (A) और कारण (R) दोनों सही हैं, परंतु कारण (R), कथन (A) की सही व्याख्या नहीं करता है।
(ग) कथन (A) सही है, किंतु कारण (R) गलत है।
(घ) कथन (A) गलत है, किंतु कारण (R) सही है।

(iv) मोहन ने अपने देर से आने का क्या कारण बताया?
(क) वह दोस्तों के साथ था
(ख) उसने कोई जवाब नहीं दिया
(ग) वह बाजार गया था
(घ) वह कहीं नहीं गया, वह यहीं था

(v) माँ की बात सुनकर मोहन की प्रतिक्रिया क्या थी?
(क) रो पड़ा (ख) गुस्सा हो गया
(ग) फीकी हँसी हँस पड़ा (घ) कुछ नहीं कहा

गद्यांश की व्याख्या

2. निम्नलिखित में से किसी एक गद्यांश की सप्रसंग व्याख्या कीजिए।

सिद्धेश्वरी की समझ में नहीं आ रहा था कि उसके दिल में क्या हो गया है-जैसे कुछ काट रहा हो। पंखे को ज़रा और ज़ोर से घुमाती हुई बोली, 'अभी-अभी खाकर काम पर गया है। कह रहा था, कुछ दिनों में नौकरी लग जाएगी। हमेशा 'बाबू जी-बाबू जी' किए रहता है।' बोला, 'बाबू जी देवता के समान हैं।' मुंशीजी के चेहरे पर कुछ चमक आई। शरमाते हुए पूछा, 'ऐं, क्या कहता था कि बाबू जी देवता के समान हैं? बड़ा पागल है।'

अथवा

मुंशी जी डेढ़ रोटी खा चुकने के बाद एक ग्रास से युद्ध कर रहे थे। कुछ कठिनाई होने पर एक गिलास पानी चढ़ा गए। फिर खर-खर खाँसकर खाने लगे। फिर चुप्पी छा गई। दूर से किसी आटे की चक्की की पुक-पुक आवाज़ सुनाई दे रही थी और पास के नीम के पेड़ पर बैठा कोई पंडूक लगातार बोल रहा था। सिद्धेश्वरी की समझ में नहीं आ रहा था कि क्या कहे। वह चाहती थी कि सभी चीजें ठीक से पूछ ले। सभी चीजें ठीक से जान ले और दुनिया की हर चीज़ पर पहले की तरह धड़ल्ले से बात करे, पर उसकी हिम्मत नहीं होती थी। उसके दिल में न जाने कैसा भय समाया हुआ था।

विषय-वस्तु पर आधारित प्रश्न

1. सिद्धेश्वरी ने खाना बनाने के बाद क्या किया?

2. रामचंद्र ने खाना खाते समय सिद्धेश्वरी से क्या पूछा?

3. सिद्धेश्वरी ने मुंशीजी से बड़का की तारीफ में क्या बातें कहीं?

4. मुंशीजी ने खाने के बाद गुड़ के बारे में क्या कहा?

5. पाठ में सिद्धेश्वरी की मनोस्थिति को किस प्रकार चित्रित किया गया है? उसका विश्लेषण कीजिए।

6. पाठ 'दोपहर का भोजन' में रामचंद्र के व्यक्तित्व और उसके पारिवारिक संबंधों का वर्णन कीजिए।

7. मुंशीजी की नौकरी छूटने से परिवार पर क्या प्रभाव पड़ा?

8. पाठ 'दोपहर का भोजन' में सिद्धेश्वरी अपने बच्चों के प्रति प्रेम और चिंता किस प्रकार प्रकट करती है? अपने विचार लिखिए।

03
अध्याय

टॉर्च बेचनेवाले

(हरिशंकर परसाई)

लेखक-परिचय

हरिशंकर परसाई का जन्म वर्ष 1922 में मध्य प्रदेश के जमानी गाँव, जिला होशंगाबाद में हुआ था। उन्होंने नागपुर विश्वविद्यालय से हिंदी में एम.ए. किया और कुछ समय तक अध्यापन के बाद वर्ष 1947 से स्वतंत्र लेखन में जुट गए। परसाई ने जबलपुर से 'वसुधा' नामक साहित्यिक पत्रिका निकाली। उनके व्यंग्य समाज की विसंगतियों और विडंबनाओं पर प्रहार करते हुए चिंतन और प्रेरणा देते हैं। उनकी लेखन शैली में बोलचाल की भाषा का कुशल प्रयोग देखने को मिलता है। उन्होंने दो दर्जन से अधिक पुस्तकों की रचना की, जिनमें हँसते हैं रोते हैं, जैसे उनके दिन फिरे (कहानी संग्रह); रानी नागफनी की कहानी, तट की खोज (उपन्यास) और वैष्णव की फिसलन, विकलांग श्रद्धा का दौर (व्यंग्य संग्रह) विशेष रूप से उल्लेखनीय हैं। उनका समग्र साहित्य परसाई रचनावली में प्रकाशित है। वर्ष 1995 में इनका देहावसान हो गया।

▼ अध्ययन के लिए
- पाठ की रूपरेखा
- पाठ का सार

▼ अभ्यास के लिए
- पाठ्यपुस्तक के प्रश्नोत्तर
- गद्यांशों की व्याख्या
- गद्यांश पर आधारित बहुविकल्पीय प्रश्न
- विषय-वस्तु पर आधारित प्रश्नोत्तर

पाठ की रूपरेखा

प्रसिद्ध व्यंग्यकार हरिशंकर परसाई द्वारा लिखित 'टॉर्च बेचनेवाले' मूलत: एक ऐसी व्यंग्यात्मक रचना है, जिसमें जनता को समाज में पनप रहे अंधविश्वास तथा झूठे संतों के प्रति चेताया गया है। झूठे संत भोली-भाली जनता को बहकाकर उनका शोषण करते हैं और जनता उनके इशारों पर चलती है। प्रस्तुत व्यंग्य में दो मित्रों का वर्णन है, जो धन कमाने के तरीके ढूँढते हैं। दोनों अलग-अलग दिशाओं में जाकर अपनी-अपनी किस्मत आज़माते हैं। दोनों पाँच साल बाद उसी जगह मिलने का निर्णय करते हैं, जहाँ से वे अलग-अलग हुए थे। उनमें से एक मित्र साधु बनकर अत्यंत धनवान हो जाता है और दूसरा मित्र टॉर्च बेचता है, जो केवल अपनी मूलभूत आवश्यकताएँ ही पूरी कर पाता है।

पाठ का सार

टॉर्च बेचनेवाले का बदला हुआ रूप

लेखक टॉर्च बेचनेवाले को चौराहे पर प्रतिदिन टॉर्च बेचते देखता था, परंतु बीच में वह कुछ दिन चौराहे पर दिखाई नहीं दिया। कल अचानक लेखक ने उसे चौराहे पर देखा, लेकिन वह टॉर्च नहीं बेच रहा था। उसने अपनी दाढ़ी बढ़ा ली थी और लंबा कुर्ता पहन रखा था। उसका बाहरी रूप पूर्णत: बदला हुआ था।

लेखक द्वारा टॉर्च वाले पर किया गया व्यंग्य

लेखक ने टॉर्च बेचनेवाले का बदला हुआ रूप देखकर उससे इसका कारण पूछा। टॉर्च बेचनेवाले ने उत्तर दिया, "अब तो आत्मा के भीतर टॉर्च जल उठा है। ये 'सूरज छाप' टॉर्च अब व्यर्थ मालूम होते हैं।" तभी लेखक उस पर व्यंग्य करते हुए कहता है, "तुम शायद संन्यास ले रहे हो। जिसकी आत्मा में प्रकाश फैल जाता है, वह इसी तरह हरामखोरी पर उतर आता है। किससे दीक्षा ले आए? तुम एकाएक ऐसे कैसे हो गए?

क्या बीवी ने तुम्हें त्याग दिया? क्या उधार मिलना बंद हो गया? क्या साहूकारों ने ज़्यादा तंग करना शुरू कर दिया? क्या चोरी के मामले में फँस गए हो? आखिर बाहर का टॉर्च भीतर आत्मा में कैसे घुस गया?''

टॉर्च वाले द्वारा पाँच साल पहले की योजना बताना

टॉर्च बेचनेवाले ने लेखक को सारी कहानी कह सुनाई। वह लेखक को बताता है कि पाँच साल पहले मैं अपने मित्र के साथ निराश एक जगह बैठा था। हमारे सामने आसमान को छूता एक ही सवाल था—'पैसा कैसे पैदा करें?' परंतु भरसक प्रयास करने के बाद भी हमें कोई उत्तर नहीं मिला। तब मैंने अपने मित्र से कहा—यार, यह सवाल टलेगा नहीं। चलो, इसे हल ही कर दें। पैसा पैदा करने के लिए कुछ काम-धंधा करें। उसी समय दोनों मित्र अलग-अलग दिशाओं में अपनी-अपनी किस्मत आज़माने निकल पड़े और पाँच साल बाद दोनों ने वहीं मिलने का वादा किया।

टॉर्च बेचने की कला

टॉर्च बेचनेवाला टॉर्च बेचने के लिए चौराहे या मैदान में लोगों को इकट्ठा कर लेता है और बहुत नाटकीय ढंग से कहता है—''आजकल सब जगह अँधेरा छाया रहता है। रातें बेहद काली होती हैं। अपना ही हाथ नहीं सूझता। आदमी को रास्ता नहीं दिखता। वह भटक जाता है। उसके पाँव काँटों से बिंध (भेद देना) जाते हैं, वह गिरता है और उसके घुटने लहूलुहान हो जाते हैं। शेर और चीते चारों तरफ़ घूम रहे हैं, साँप ज़मीन पर रेंग रहे हैं। अँधेरा सबको निगल रहा है। अँधेरा घर में भी है। आदमी रात को पेशाब करने उठता है और साँप पर उसका पाँव पड़ जाता है। साँप उसे डस लेता है और वह मर जाता है।'' इस तरह, जब टॉर्च वाले की बातें सुनकर लोग अँधेरे से भयभीत हो जाते हैं, तब वह कहता है—भाइयों, यह सही है कि अँधेरा है, लेकिन प्रकाश भी है। वही प्रकाश मैं आपको देने आया हूँ। हमारे 'सूरज छाप' टॉर्च में वह प्रकाश है, जो अंधकार को दूर भगा देता है। इस प्रकार, अपनी बातों से प्रभावित कर टॉर्च बेचनेवाला अपनी टॉर्च बेचने में सफल हो जाता है और उसका जीवन सुखपूर्वक कटने लगता है।

भव्य पंडाल में बैठा साधु

टॉर्च बेचनेवाले का मित्र अपने वादे के अनुसार पाँच साल बाद वहाँ नहीं पहुँचा, जहाँ उन्हें मिलना था। अब वह उस मित्र को ढूँढने के लिए निकल पड़ा। उसे ढूँढते-ढूँढते उसकी नज़र एक मैदान में पड़ी, जिसमें खूब रोशनी थी। वहाँ एक मंच सजा था, लाउडस्पीकर लगे थे, मैदान में हज़ारों नर-नारी श्रद्धा से झुके बैठे थे, मंच पर सुंदर रेशमी वस्त्रों से सजे एक भव्य पुरुष बैठे थे, जो खूब हृष्ट-पुष्ट थे। उनकी लंबी सँवारी हुई दाढ़ी और पीठ पर लहराते लंबे केश थे। वह भव्य पुरुष फ़िल्मों के संत लग रहे थे।

प्रवचन द्वारा लोगों को भयभीत करना

साधु लोगों को प्रवचन देता हुआ कह रहा था, ''मैं आज मनुष्य को एक घने अंधकार में देख रहा हूँ। उसके भीतर कुछ बुझ गया है। यह युग ही अंधकारमय है। यह सर्वग्राही अंधकार संपूर्ण विश्व को अपने उदर में छिपाए है। आज मनुष्य इस अंधकार से घबरा उठा है। वह पथ-भ्रष्ट हो गया है। आज आत्मा में भी अंधकार है। अंतर की आँखें ज्योतिहीन हो गई हैं। वे उसे भेद नहीं पातीं। मानव-आत्मा अंधकार में घुटती है। मैं देख रहा हूँ, मनुष्य की आत्मा भय और पीड़ा से त्रस्त है।''

प्रवचन द्वारा ज्योति जगाने का आह्वान

इस प्रकार, साधु सर्वप्रथम लोगों को अंधकार से डराता है, तत्पश्चात् उन्हें सांत्वना देने के लिए कहता है, ''भाइयों और बहनों, डरो मत! जहाँ अंधकार है, वहीं प्रकाश है। अंधकार में प्रकाश की किरण है, जैसे प्रकाश में अंधकार की किंचित कालिमा है, प्रकाश भी है। प्रकाश बाहर नहीं है, उसे अंतर में खोजो। अंतर में बुझी उस ज्योति को जगाओ। मैं तुम सबका उस ज्योति को जगाने के लिए आह्वान करता हूँ। मैं तुम्हारे भीतर वही शाश्वत ज्योति जगाना चाहता हूँ। हमारे 'साधना मंदिर' में आकर उस ज्योति को अपने भीतर जगाओ।''

दोनों मित्रों के कारोबार में समानता

प्रवचन कर मंच से उतर कार में चढ़ने के क्रम में साधु की दृष्टि जैसे ही टॉर्च बेचनेवाले पर पड़ी, वह उसे पहचान लेता है कि यह कोई और नहीं, बल्कि अपना पुराना मित्र है। फिर वह उसे अपने साथ कार में बिठाकर अपने बंगले में ले जाता है। वहाँ पहुँचकर दोनों मित्र विगत पाँच वर्षों के दौरान किए गए अपने कार्यों के बारे में बातचीत करते हैं।

टॉर्च बेचनेवाला अपने साधु बने मित्र की बातें सुनकर उससे कहता है कि तुम जो सब कह रहे थे, वही सब मैं भी अपनी टॉर्च बेचने के लिए कहता हूँ, तुम रहस्यात्मक ढंग से कहते हो और मैं सीधे ढंग से। तुम चाहे कुछ भी कहो, बेचते तो तुम टॉर्च ही हो। कोई भी व्यक्ति दार्शनिक बने, संत बने या साधु बने, यदि वह लोगों को अँधेरे का डर दिखाता है, तो ज़रूर वह अपनी कंपनी की टॉर्च ही बेचता है। इस प्रकार, लेखक ने व्यंग्यात्मक शैली में समाज में व्याप्त धर्म के नाम पर गुरुओं, महात्माओं व साधु-संतों पर कटाक्ष करते हुए लोगों को जाग्रत किया है।

टॉर्च बेचनेवाले का साधु बनने का निर्णय

टॉर्च बेचनेवाले की बातें सुनकर साधु बना उसका मित्र कहता है, ''तेरी बात ठीक ही है। मेरी कंपनी नई नहीं है, सनातन है।'' फिर वह आगे बताता है कि उसकी कंपनी की टॉर्च दुकानों में नहीं बिकती, किंतु अति सूक्ष्म होने पर भी उसका बहुत मूल्य मिल जाता है। यह कहकर साधु अपने मित्र को कुछ दिन अपने घर में ठहरने का आग्रह करता है, ताकि वह उसके कारोबार का रहस्य जान ले और वह भी धनाढ्य बन जाए।

टॉर्च बेचनेवाला दो दिन मित्र के यहाँ रुकने के बाद तीसरे दिन अपनी टॉर्च की पेटी नदी में फेंक देता है और अपने मित्र का रोज़गार अपनाने का निर्णय करता है। लेखक को यह सब सुनाने के पश्चात् टॉर्च बेचनेवाला आगे बताता है कि एक महीने के बाद वह फिर एक बदली हुई कंपनी के साथ टॉर्च बेचने का अपना पुराना धंधा शुरू कर देगा, जिसके लिए वह दाढ़ी बढ़ा रहा है।

शब्दार्थ

व्यर्थ—बेकार; **हरामखोरी**—बिना कुछ काम किए खाना; **दीक्षा**—मंत्रोपदेश; **पीड़ा**—कष्ट/दु:ख; **कठोर**—कड़वे; **साहूकार**—रुपयों का लेन-देन करने वाला; **अंदाज**—अनुमान; **गुप्त**—छिपाना; **किस्सा**—घटना/कहानी; **बयान**—वर्णन/बोलना; **हताश**—निराश; **नाटकीय**—अभिनय करते हुए/बनावटी ढंग से; **बेहद**—अत्यधिक; **बिंध**—फँसना/भेदना/छेदना; **लहूलुहान**—रक्तरंजित; **मुताबिक**—अनुसार; **भव्य**—सुंदर; **पुष्ट**—स्वस्थ; **केश**—बाल; **प्रवचन**—धार्मिक उपदेश; **सर्वग्राही**—सबके द्वारा ग्रहण करने योग्य; **उदर**—पेट; **पथभ्रष्ट**—जो अपने उचित मार्ग के प्रतिकूल हो जाए; **अंतर**—मन; **ज्योतिहीन**—प्रकाश न होना; **त्रस्त**—भयभीत/पीड़ित/डरा हुआ; **स्तब्ध**—हैरान; **श्रोता**—सुनने वाला; **किंचित**—कुछ/थोड़ा; **कालिमा**—कालापन; **आह्वान**—बुलाना/पुकारना; **शाश्वत**—चिरंतन/हमेशा रहने वाला; **मौलिक**—मूल रूप में; **ज्ञान-चर्चा**—धर्म से संबंधित बातचीत; **ठाठ**—आराम/विलासितापूर्ण जीवन; **वैभव**—ऐश्वर्य; **अनंत**—जिसका कभी अंत न हो; **फिलासफी**—दार्शनिक बातें; **सहज**—सामान्य; **सनातन**—सदैव रहने वाला; **सूक्ष्म**—बहुत बारीक; **कीमत**—मूल्य/पैसे; **धंधा**—व्यापार/काम; **गुरु गंभीर वाणी**—विचारों से पुष्ट वाणी।

पाठ्यपुस्तक (अंतरा भाग-1) के प्रश्नोत्तर

1. लेखक ने टॉर्च बेचनेवाली कंपनी का नाम 'सूरज छाप' ही क्यों रखा?

उत्तर लेखक ने टॉर्च बेचनेवाली कंपनी का नाम 'सूरज छाप' इसलिए रखा, क्योंकि सूरज प्रकाश का प्रतीक है, जो अंधकार को दूर करता है। यह नाम ग्राहकों को आकर्षित करने के लिए चुना गया है, ताकि वे महसूस करें कि इस टॉर्च में भी सूर्य जैसा तेज और अद्‌भुत प्रकाश है, जो उनके घर के अंधेरे को दूर कर देगा।

इसके माध्यम से लेखक ने उस व्यावसायिक मानसिकता पर व्यंग्य किया है, जिसमें लोगों को अंधकार का डर दिखाकर उनके डर का लाभ उठाया जाता है। 'सूरज छाप' नाम प्रतीकात्मक है और यह दर्शाता है कि कैसे भय और आशा के नाम पर उत्पाद बेचे जाते हैं।

2. पाँच साल बाद दोनों दोस्तों की मुलाकात किन परिस्थितियों में और कहाँ होती है?

उत्तर पाँच साल पहले दो दोस्त नौकरी की तलाश में अलग-अलग दिशाओं में निकले थे और जाते समय उन्होंने यह निश्चय किया था कि अपना-अपना भाग्य आज़माकर दोनों पुनः इसी स्थान पर मिलेंगे तथा अपने-अपने अनुभव एक-दूसरे से बाँटेंगे।

पाँच साल बाद एक दोस्त तो वहाँ पहुँच गया, किंतु दूसरा दोस्त वहाँ नहीं पहुँचा। पहला दोस्त अपने दूसरे दोस्त को ढूँढने के लिए निकला, तो उसने शहर के एक मैदान में बहुत रोशनी तथा विशाल भीड़ देखी। वहाँ पर एक मंच सजा हुआ था और लाउडस्पीकर लगे हुए थे। मैदान में उपस्थित नर-नारियों की भीड़ बड़ी श्रद्धा से मंच के सामने झुकी बैठी थी। मंच पर सुंदर रेशमी वस्त्र पहने हुए एक हृष्ट-पुष्ट भव्य पुरुष बैठे थे, जिनकी लंबी सँवारी हुई दाढ़ी और पीठ पर लहराते हुए लंबे केश थे। टॉर्च बेचनेवाले ने उन भव्य पुरुष को ध्यानपूर्वक तब देखा जब वह कार में बैठ रहा था। उनकी लंबी दाढ़ी के कारण वह उन्हें पहचान नहीं पाया, किंतु उन भव्य पुरुष ने उसे पहचान लिया। वह भव्य पुरुष उसका पाँच साल पुराना वही मित्र था।

3. पहला दोस्त मंच पर किस रूप में था और वह किस अँधेरे को दूर करने के लिए टॉर्च बेच रहा था?

उत्तर पहला दोस्त मंच पर सुंदर रेशमी वस्त्र पहने हुए एक भव्य पुरुष के रूप में बैठा हुआ था। वह खूब हृष्ट-पुष्ट था, उसकी लंबी सँवारी हुई दाढ़ी और पीठ पर लहराते हुए लंबे केश थे। वह बिल्कुल फ़िल्मों के संत जैसा लग रहा था। उसे देखकर दूसरे दोस्त को लगा कि यह कोई संत है, जो अपने धार्मिक प्रवचनों से लोगों के मन का अंधकार दूर कर रहा था। वह लोगों की आत्मा के अँधेरे को दूर करने वाली टॉर्च बेच रहा था। जो टॉर्च वह बेच रहा था, वह अत्यंत सूक्ष्म थी, जिससे अज्ञान रूपी अंधकार को नष्ट कर ज्ञानरूपी प्रकाश प्रज्वलित किया जा सकता है। उसने सर्वप्रथम लोगों को अंधकार से डराया तत्पश्चात् उससे छुटकारा पाने का उपाय उसने अपने साधना-मंदिर को बताया।

4. भव्य पुरुष ने कहा–'जहाँ अंधकार है वहीं प्रकाश है।' इसका क्या तात्पर्य है?

उत्तर भव्य पुरुष द्वारा कहा गया प्रस्तुत वाक्य का तात्पर्य यह है कि अंधकार और प्रकाश एक-दूसरे के पूरक हैं। जिस प्रकार अंधकार के बिना प्रकाश का अनुभव नहीं हो सकता, उसी प्रकार कठिनाइयों, समस्याओं या जीवन की चुनौतियों (अंधकार) के बिना उनके समाधान, उम्मीद और सकारात्मकता (प्रकाश) की महत्ता नहीं समझी जा सकती। यह कथन जीवन के गहरे सत्य की ओर इशारा करता है कि हर मुश्किल समय के साथ उसके समाधान या सकारात्मकता की संभावना भी निहित होती है। इस संदर्भ में भव्य पुरुष ने उपर्युक्त वाक्य आत्मा के अंधकार (अज्ञानता, भय) और उसके भीतर मौजूद ज्योति (ज्ञान, आत्मबोध) को उजागर करने के संदर्भ में कहा है।

5. 'भीतर के अँधेरे' की टॉर्च बेचने और 'सूरज छाप' टॉर्च बेचने के धंधे में क्या फ़र्क है? पाठ के आधार पर बताइए।

उत्तर 'भीतर के अँधेरे' की टॉर्च बेचने का अर्थ है–जनता को उसके हृदय में छिपे हुए अंधकार के विषय में डराना। उन्हें यह बताना कि यदि आप किसी मंदिर में आकर साधना नहीं करेंगे, तो आपके भीतर का अंधकार समाप्त नहीं हो सकेगा और आप हमेशा भयभीत और दुःखी रहेंगे। 'सूरज छाप' टॉर्च बेचनेवाला लोगों को अँधेरे में जंगली जानवर, साँप आदि के काटे जाने का भय, अँधेरे में काँटों, नुकीली वस्तुओं या ऊबड़-खाबड़ रास्तों पर पैर पड़ने से गिरकर घायल होने का भय दिखाता है। वह बताता है कि इन सबसे बचने के लिए उन्हें 'सूरज छाप' टॉर्च खरीदनी चाहिए। इस प्रकार, दोनों के धंधे में यह फ़र्क है कि एक को बिना कुछ कार्य किए अर्थ लाभ की प्राप्ति हो रही है। वह भोग-विलासितापूर्ण तथा ऐश्वर्य का जीवन व्यतीत कर रहा है, जबकि दूसरा मेहनत करने के बाद भी सामान्य जीवन ही जी रहा है।

6. "सवाल के पाँव ज़मीन में गहरे गड़े हैं। यह उखड़ेगा नहीं।" इस कथन में मनुष्य की किस प्रवृत्ति की ओर संकेत है और क्यों?

उत्तर प्रस्तुत कथन में मनुष्य की समस्याओं से बचने की प्रवृत्ति की ओर संकेत किया गया है, क्योंकि जब उसकी कोई समस्या जटिल और असाधारण होती है, तब वह अक्सर उस समस्या का समाधान निकालने की बजाय उसे टालने की कोशिश करता है। प्रस्तुत कथन यह भी दर्शाता है कि मनुष्य के भीतर धैर्य और प्रयास की कमी होती है और कठिनाई का सामना करने के बजाय वह उससे बचने का मार्ग अपनाता है। समस्या चाहे जितनी भी जटिल क्यों न हो, उसे सुलझाने के लिए निरंतर प्रयास और दृढ़ता की आवश्यकता होती है। यह वाक्य हमें सिखाता है कि समस्याओं से बचने या उन्हें नजरअंदाज करने से वे कभी हल नहीं होतीं, बल्कि उन्हें सीधे तौर पर सुलझाने की कोशिश करनी चाहिए।

7. "व्यंग्य विधा में भाषा सबसे धारदार है।" परसाई जी की इस रचना को आधार बनाकर इस कथन के पक्ष में अपने विचार प्रकट कीजिए।

उत्तर 'टॉर्च बेचनेवाले' मूलतः एक ऐसी व्यंग्यात्मक रचना है, जिसमें समाज में पनप रहे अंधविश्वास तथा पाखंडी संतों से सावधान रहने का संदेश दिया गया है। ऐसे लोग अंदर के अँधेरे का डर दिखाकर आम जनता का शोषण कर रहे हैं और भोली-भाली जनता उनके इशारों पर चल रही है। वे स्वयं तो वैभवपूर्ण जीवन जीते हैं तथा दूसरों को धन और माया से दूर रहकर सादगीपूर्ण जीवन व्यतीत करने का उपदेश देते हैं। ये जनता की कमज़ोरी का लाभ उठाकर दिन-दूनी रात चौगुनी उन्नति करते जा रहे हैं। धर्म और अध्यात्म के नाम पर जनता को बहकाने वाले ये किसी ठग से कम नही हैं। हमें इनके चंगुल में नहीं फँसना चाहिए। इस प्रकार, प्रस्तुत व्यंग्य रचना समाज में पनप रहे धार्मिक अंधविश्वास पर चोट करती है।

8. आशय स्पष्ट कीजिए

(क) क्या पैसा कमाने के लिए मनुष्य कुछ भी कर सकता है?

(ख) प्रकाश बाहर नहीं है, उसे अंतर में खोजो। अंतर में बुझी उस ज्योति को जगाओ।

(ग) धंधा वही करूँगा यानि टॉर्च बेचूँगा। बस कंपनी बदल रहा हूँ।

उत्तर (क) 'टॉर्च बेचनेवाले' पाठ में लेखक यह स्पष्ट करता है कि कुछ लोग पैसा कमाने के लिए किसी भी हद तक जा सकते हैं। पहला पात्र 'सूरज छाप' टॉर्च बेचने के लिए लोगों को बाहरी अंधकार से डराता था, जबकि उसका मित्र आध्यात्मिक गुरु बनकर आंतरिक अंधकार का भय दिखाकर अपनी पहचान और व्यवसाय स्थापित करता है। दोनों का उद्देश्य अलग तरीकों से लोगों की भावनाओं और डर का लाभ उठाकर धन अर्जित करना था। यह कहानी दर्शाती है कि कई बार लोग अपने स्वार्थ के लिए किसी भी रूप में ढल सकते हैं और धन कमाने के लिए किसी भी तरह के अनैतिक व्यावसायिक बदलाव को अपनाने के लिए तैयार रहते हैं।

(ख) भव्य पुरुष अपने प्रवचन में कह रहे हैं कि अंधकार बाहर नहीं, बल्कि आपके अंदर है। अपने अंतर्मन के नेत्रों को खोलो, वह ज्ञानरूपी प्रकाश आपको अपने भीतर ही मिलेगा। लेखक का आशय यह है कि इन साधु-संतों के आश्रमों में जाने की कोई आवश्यकता नहीं, वे तो स्वयं अंधकार में हैं, तो आपमें क्या प्रकाश जगाएँगे अर्थात् ज्ञानरूपी प्रकाश को अपने भीतर ही ढूँढो, बाहर कुछ नहीं है।

(ग) टॉर्च बेचनेवाला लेखक के पूछने पर बताता है कि मैं बेचूँगा तो टॉर्च ही, बस कंपनी बदल रहा हूँ अर्थात् टॉर्च बेचनेवाला अब भौतिक 'सूरज छाप' टॉर्च न बेचकर आध्यात्मिक टॉर्च बेचेगा। पहले वह बाहर के अंधकार से डराता था और अब अंदर के अंधकार से लोगों को डराएगा।

लेखक का आशय यह है कि साधु-संत भी एक प्रकार से अपनी रहस्यमयी व विरोधाभासी प्रवचनों की दुकान ही चला रहे हैं।

9. लेखक ने 'सूरज छाप' टॉर्च की पेटी को नदी में क्यों फेंक दिया? क्या आप भी वही करते?

उत्तर लेखक ने 'सूरज छाप' टॉर्च की पेटी को नदी में इसलिए फेंक दिया, क्योंकि उसे समझ आ गया था कि अंधकार का डर दिखाकर टॉर्च बेचना और आत्मिक अंधकार का भय दिखाकर संत बनना, दोनों ही एक तरह का व्यापार हैं। उसके मित्र ने आध्यात्मिक गुरु बनकर अधिक सफलता और वैभव प्राप्त कर लिया था, जिससे लेखक को भी लगा कि वह भी यही मार्ग अपनाकर अधिक धन कमा सकता है। इसलिए उसने पुराना धंधा छोड़कर नया रास्ता चुन लिया।

हाँ, मैं भी वही करता, लेकिन अच्छे उद्देश्य के साथ। अगर मुझे यह एहसास होता कि मेरा पुराना कार्य लोगों के डर और भावनाओं का अनुचित लाभ उठा रहा है, तो मैं उसे छोड़कर ऐसा रास्ता अपनाता, जो वास्तव में समाज और लोगों के हित में हो। मेरा लक्ष्य लोगों को सच्चा ज्ञान देना और उनकी वास्तविक समस्याओं का समाधान निकालना होता, न कि केवल भय दिखाकर लाभ कमाना। इसलिए मैं बदलाव को स्वीकार करता, लेकिन सच्चाई और नैतिकता के साथ।

10. टॉर्च बेचनेवाले किस प्रकार की स्किल का प्रयोग करते हैं? क्या इसका 'स्किल इंडिया' प्रोग्राम से कोई संबंध है?

उत्तर टॉर्च बेचनेवाले निम्न स्किल्स का प्रयोग करते हैं

- **प्रभावी संचार कौशल** वे अपनी बात को नाटकीय और रोचक तरीके से प्रस्तुत करते हैं, जिससे लोग उनकी ओर आकर्षित होते हैं।
- **मनभावन विपणन तकनीक** वे लोगों के डर और जरूरतों का उपयोग करके अपनी वस्तु बेचने में निपुण होते हैं।
- **मनोवैज्ञानिक समझ** वे जानते हैं कि अपना सामान बेचने के लिए लोगों को कैसे प्रभावित किया जाए।
- **बाजार की समझ** वे यह समझते हैं कि ग्राहक की जरूरतें क्या हैं और उन्हें कैसे बेचा जाए।
- **अनुकूलन क्षमता** बदलते हालात में खुद को ढालकर नए तरीकों से धन कमाने की क्षमता रखते हैं।

स्किल इंडिया प्रोग्राम से संबंध 'स्किल इंडिया' का उद्देश्य युवाओं को व्यावसायिक और तकनीकी कौशल सिखाना है ताकि वे आत्मनिर्भर बन सकें। टॉर्च बेचनेवालों के पास जो संचार और विपणन कौशल हैं, वे इस प्रोग्राम के अंतर्गत सही प्रशिक्षण पाकर और बेहतर हो सकते हैं। यदि उन्हें डिजिटल मार्केटिंग, सेल्स स्ट्रेटेजी और बिजनेस मैनेजमेंट की ट्रेनिंग मिले, तो वे अपने व्यवसाय को और बड़े स्तर पर ले जा सकते हैं। इस प्रकार, उनके कौशल का 'स्किल इंडिया' से सीधा संबंध बनता है।

योग्यता-विस्तार

1. 'पैसा कमाने की लिप्सा ने आध्यात्मिकता को भी एक व्यापार बना दिया है।' इस विषय पर कक्षा में परिचर्चा कीजिए।

उत्तर छात्र स्वयं करें।

2. समाज में फैले अंधविश्वासों का उल्लेख करते हुए एक लेख लिखिए।

उत्तर आधुनिक युग वैज्ञानिक युग है, जिसमें मनुष्य चंद्रमा व मंगल ग्रह पर अपना घर बनाने की तैयारी कर रहा है, परंतु इस वैज्ञानिक युग में अशिक्षित हो या शिक्षित, सभी सामाजिक बाह्याडंबर में लिप्त दिखाई दे रहे हैं, जो एक चिंता का विषय है। आज हमारे देश में अनेक प्रकार के अंधविश्वास व्याप्त हैं; जैसे—छींकने पर घर से बाहर मत जाओ, सफ़ेद खाद्य पदार्थ खाकर भी घर से बाहर मत जाओ, सोलह सोमवार के व्रत रखो या मंगलवार को हनुमान जी की पूजा करो आदि।

आज के युग ने तो इन अंधविश्वासों को रोचक रूप दे दिया है, जिसमें इलेक्ट्रॉनिक व जनसंचार माध्यमों ने आग में घी डालने का काम किया है; जैसे—मंदिरों या मस्जिदों के अवशेष मिलने से वहाँ मंदिर-मस्जिद बनवाए जा रहे हैं, चुनाव या क्रिकेट में भारत की जीत के लिए यज्ञ करवाए जा रहे हैं।

आज भी साधु बने मित्र की भाँति धर्म गुरु; जैसे—आसाराम बापू, राधे माँ आदि समाज में लोगों की आस्था का लाभ उठाकर अधिक-से-अधिक लाभ उठा रहे हैं।

3. एन.सी.ई.आर.टी. द्वारा हरिशंकर परसाई पर बनाई गई फ़िल्म देखिए।

उत्तर छात्र स्वयं करें।

अभ्यास प्रश्न

गद्यांशों की व्याख्या

निम्नलिखित गद्यांशों की सप्रसंग व्याख्या कीजिए

गद्यांश 1

मैंने कहा, "तुम शायद संन्यास ले रहे हो। जिसकी आत्मा में प्रकाश फैल जाता है, वह इसी तरह हरामखोरी पर उतर आता है। किससे दीक्षा ले आए?" मेरी बात से उसे पीड़ा हुई। उसने कहा, "ऐसे कठोर वचन मत बोलिए। आत्मा सबकी एक है। मेरी आत्मा को चोट पहुँचाकर आप अपनी ही आत्मा को घायल कर रहे हैं।"

संदर्भ प्रस्तुत गद्यांश हमारी पाठ्यपुस्तक 'अंतरा भाग-1' में संकलित 'टॉर्च बेचनेवाले' से अवतरित है। यह सुप्रसिद्ध व्यंग्यकार 'हरिशंकर परसाई' की व्यंग्यात्मक रचना है।

प्रसंग प्रस्तुत गद्यांश में लेखक और टॉर्च बेचनेवाले व्यक्ति के बीच होने वाले संवाद का सजीव चित्रण है। यहाँ लेखक ने आज के साधुओं पर व्यंग्य किया है।

व्याख्या प्रस्तुत गद्यांश में लेखक कहते हैं कि लेखक को वही व्यक्ति मिला, जो पहले चौराहे पर टॉर्च बेचा करता था। बीच में वह लेखक को कुछ दिन नहीं मिला और कल फिर से मिल गया। लेखक ने उससे बात की, तो पता चला कि उसने टॉर्च बेचने का धंधा छोड़ दिया है, क्योंकि अब उसकी आत्मा के अंदर प्रकाश फैल गया है। उसकी यह बात सुनकर लेखक ने उससे कहा कि तुम शायद संन्यास ले रहे हो। जिसकी आत्मा में प्रकाश फैल जाता है, वह हरामखोरी पर उतर आता है और कोई भी कार्य नहीं करना चाहता तथा खाली बैठकर आरामदायक जीवन जीना चाहता है। लेखक की यह बात सुनकर टॉर्च बेचनेवाले को बहुत दुःख हुआ। उसने लेखक से कहा कि उसे ऐसे कठोर वचन नहीं बोलने चाहिए, क्योंकि इस संसार में सबकी आत्मा एक है और मेरी आत्मा को चोट पहुँचाकर तो वह अपनी ही आत्मा को घायल कर रहे हैं।

विशेष

(i) प्रस्तुत गद्यांश में लेखक ने साधु-संतों पर व्यंग्यात्मक टिप्पणी की है।
(ii) प्रस्तुत गद्यांश में लेखक ने काम न करने की प्रवृत्ति को साधुओं की प्रवृत्ति के रूप में व्यक्त किया है।
(iii) प्रस्तुत गद्यांश की भाषा सरल व सहज है।
(iv) प्रस्तुत गद्यांश में संवाद शैली में बात कही गई है।
(v) प्रस्तुत गद्यांश में देशज भाषा खड़ीबोली का प्रयोग किया गया है।

गद्यांश 2

"यह सब तो ठीक है। मगर यह बताओ कि तुम एकाएक ऐसे कैसे हो गए? क्या बीवी ने तुम्हें त्याग दिया? क्या उधार मिलना बंद हो गया? क्या साहूकारों ने ज़्यादा तंग करना शुरू कर दिया? क्या चोरी के मामले में फँस गए हो? आखिर बाहर का टॉर्च भीतर आत्मा में कैसे घुस गया?"

संदर्भ पूर्ववत्।

प्रसंग प्रस्तुत गद्यांश में लेखक द्वारा टॉर्च बेचनेवाले व्यक्ति से उसमें अचानक आए बदलाव अर्थात् आत्मा के प्रकाशित होने का कारण पूछा जा रहा है।

व्याख्या प्रस्तुत गद्यांश में लेखक कहते हैं कि लेखक को एक टॉर्च बेचनेवाला मिला था, जो पहले चौराहों पर 'सूरज छाप' टॉर्च बेचा करता था। कुछ दिनों तक गायब होने के बाद जब वह पुनः प्रकट हुआ, तो लेखक ने उससे उसके गायब होने तथा दोबारा प्रकट होने का कारण पूछा। उसने बताया कि अब उसके अंदर का प्रकाश जल उठा है, इसलिए अब उसे सांसारिक टॉर्च बेचने की आवश्यकता नहीं है। तब लेखक ने पूछा कि एकाएक ऐसा कैसे हो गया? क्या तुम्हारी पत्नी ने तुम्हारा त्याग कर दिया? क्या तुम्हें उधार मिलना बंद हो गया या कर्ज़ अधिक होने के कारण साहूकारों ने ज़्यादा तंग करना शुरू कर दिया? क्या तुम किसी चोरी के मामले में फँस गए हो? यदि ऐसा नहीं हुआ है, तो बाहर रोशनी दिखाने वाला टॉर्च भीतर आत्मा में कैसे घुस

गया? अर्थात् टॉर्च बेचनेवाला व्यक्ति आज अचानक साधु-संतों के जैसी आध्यात्मिक तथा दार्शनिक बातें क्यों कर रहा है?

विशेष

(i) प्रस्तुत गद्यांश में 'बाहर का टॉर्च भीतर आत्मा में कैसे घुस गया?' कहकर लेखक ने आधुनिक पाखंडी साधु-संतों पर टिप्पणी की है।

(ii) प्रस्तुत गद्यांश की भाषा सरल, सहज और अपने भावों को व्यक्त करने में पूर्णतः समर्थ है।

(iii) प्रस्तुत गद्यांश में व्यंग्यपूर्ण शैली का प्रयोग है।

(iv) प्रस्तुत गद्यांश में संवाद शैली में लगातार पूछे गए कई प्रश्नों से गद्यांश आकर्षक बन गया है।

गद्यांश 3

पाँच साल पहले की बात है। मैं अपने एक दोस्त के साथ हताश एक जगह बैठा था। हमारे सामने आसमान को छूता हुआ एक सवाल खड़ा था। वह सवाल था–'पैसा कैसे पैदा करें?' हम दोनों ने उस सवाल की एक-एक टाँग पकड़ी और उसे हटाने की कोशिश करने लगे। हमें पसीना आ गया, पर सवाल हिला भी नहीं। दोस्त ने कहा–"यार, इस सवाल के पाँव ज़मीन में गहरे गड़े हैं। यह उखड़ेगा नहीं। इसे टाल जाएँ।"

संदर्भ पूर्ववत्।

प्रसंग प्रस्तुत गद्यांश में टॉर्च बेचनेवाला लेखक को अपने और अपने मित्र के भूतकाल के बारे में बता रहा है कि किस तरह उन दोनों ने पैसे कमाने के लिए विचार-विमर्श किया था।

व्याख्या प्रस्तुत गद्यांश में लेखक कहते हैं कि टॉर्च बेचनेवाला लेखक को अपने और अपने मित्र के बारे में बताता है कि पाँच वर्ष पहले की बात है। हम दोनों हताश व दुःखी मन से एक ही स्थान पर बैठे थे। हमारे सामने बस एक ही प्रश्न खड़ा था, जो इतना जटिल था कि उसका आवरण ज़मीन से होता हुआ आसमान को छू रहा था। वह प्रश्न था कि 'पैसा कैसे पैदा करें?' हम दोनों ने अपने-अपने सामर्थ्य से उसे हल करने का प्रयास किया अर्थात् दोनों मित्र अतिशीघ्र धनवान होना चाहते थे, वह भी बिना कोई काम व परिश्रम के, जो आज के मनुष्य की प्रवृत्ति है, परंतु हम दोनों मित्रों के सभी प्रयास व्यर्थ हो गए और प्रश्न ज्यों का त्यों ही बना रहा। तब मेरे मित्र ने कहा कि "छोड़ यार, इस सवाल के पाँव ज़मीन में गहरे गड़े हैं। यह उखड़ेगा नहीं। इसे टाल जाएँ।" यहाँ कहने का तात्पर्य यह है कि मनुष्य की यह स्वाभाविक प्रवृत्ति है कि यदि वह किसी कठिन काम को नहीं कर पाता, तो वह उसे छोड़ देता है।

विशेष

(i) प्रस्तुत गद्यांश में लेखक ने मनुष्य की शीघ्रातिशीघ्र धन कमाने की स्वाभाविक प्रवृत्ति का चित्रण किया है।

(ii) प्रस्तुत गद्यांश में खड़ीबोली का प्रयोग किया गया है।

(iii) प्रस्तुत गद्यांश में व्यंग्यात्मक शैली का प्रयोग किया गया है।

(iv) प्रस्तुत गद्यांश की भाषा सरल व सहज है।

गद्यांश 4

"आजकल सब जगह अँधेरा छाया रहता है। रातें बेहद काली होती हैं। अपना ही हाथ नहीं सूझता। आदमी को रास्ता नहीं दिखता। वह भटक जाता है। उसके पाँव काँटों से बिंध जाते हैं, वह गिरता है और उसके घुटने लहूलुहान हो जाते हैं। उसके आसपास भयानक अँधेरा है। शेर और चीते चारों तरफ़ घूम रहे हैं, साँप ज़मीन पर रेंग रहे हैं। अँधेरा सबको निगल रहा है। अँधेरा घर में भी है।"

संदर्भ पूर्ववत्।

प्रसंग प्रस्तुत गद्यांश में टॉर्च बेचनेवाले के द्वारा टॉर्च बेचने की नाटकीयता का वर्णन किया गया है।

व्याख्या प्रस्तुत गद्यांश में लेखक कहते हैं कि टॉर्च बेचनेवाला लेखक को अपनी टॉर्च बेचने की कला बताता हुआ कहता है कि आजकल प्रत्येक स्थान पर अँधेरा विद्यमान है। रातें अत्यंत काली होती हैं, जिसमें हम स्वयं को ही नहीं देख पाते, अन्य लोगों को देखना तो बहुत दूर की बात है। मनुष्य अपने चलने का मार्ग भी नहीं देख पाता और घनघोर अँधेरे के कारण वह भटक जाता है। उसके पैरों में काँटे चुभ जाते हैं, वह गिर जाता है, जिसके कारण उसके घुटने लहूलुहान हो जाते हैं। मनुष्य के चारों ओर इतना भयंकर अँधेरा है, जिसमें शेर, चीते घूम रहे हैं, साँप ज़मीन पर रेंग रहे हैं। अँधेरा सभी को अपने भीतर समाहित कर रहा है और वह (अँधेरा) केवल बाहर ही नहीं वरन् घर में भी निहित है। इस तरह आकर्षक अंदाज में कही गई अपनी लच्छेदार बातों के माध्यम से वह लोगों को अँधेरे से भयभीत कर अपनी कंपनी के टॉर्च बेचा करता था, जिसकी जानकारी वह लेखक को देता है।

विशेष

(i) प्रस्तुत गद्यांश में टॉर्च वाले का टॉर्च भौतिक होते हुए भी दार्शनिक भावों को व्यक्त करता है।

(ii) प्रस्तुत गद्यांश में लेखक ने भय बेचने की कूटनीति को चित्रित किया है।

(iii) प्रस्तुत गद्यांश में मुहावरे के प्रयोग से भाषा में रोचकता है।

(iv) प्रस्तुत गद्यांश में व्यंग्यात्मक शैली का प्रयोग हुआ है।

(v) प्रस्तुत गद्यांश की भाषा सरल व सहज है।

गद्यांश 5

"मैं आज मनुष्य को एक घने अंधकार में देख रहा हूँ। उसके भीतर कुछ बुझ गया है। यह युग ही अंधकारमय है। यह सर्वग्राही अंधकार संपूर्ण विश्व को अपने उदर में छिपाए है। आज मनुष्य इस अंधकार से घबरा उठा है। वह पथभ्रष्ट हो गया है। आज आत्मा में भी अंधकार है। अंतर की आँखें ज्योतिहीन हो गई हैं। वे उसे भेद नहीं पातीं। मानव-आत्मा अंधकार में घुटती है। मैं देख रहा हूँ, मनुष्य की आत्मा भय और पीड़ा से त्रस्त है।"

संदर्भ पूर्ववत्।

प्रसंग प्रस्तुत गद्यांश के माध्यम से पंडाल में बैठे भव्य पुरुष द्वारा दिए गए प्रवचनों में संसार में चारों ओर व्याप्त घोर अंधकार से संबंधित धार्मिक उपदेशों का वर्णन किया गया है।

व्याख्या प्रस्तुत गद्यांश में लेखक कहते हैं कि अपने पुराने मित्र की खोज में निकला टॉर्च बेचनेवाला एक शाम शहर की सड़क से गुज़र रहा था, तो उसने देखा मैदान में एक मंच पर सुंदर रेशमी वस्त्रों से सजे एक भव्य पुरुष बैठे हैं। हज़ारों श्रद्धालुओं (नर-नारी) को धार्मिक प्रवचन देते हुए कह रहे हैं कि आज का आधुनिक मनुष्य सांसारिक मोहमाया रूपी अंधकार से घिरा हुआ है। उसके अंतर्मन का ज्ञानरूपी प्रकाश समाप्त हो चुका है। किसी भी मनुष्य में वह ज्ञानरूपी प्रकाश नहीं है, जिससे वह अपने लाभ-हानि का अंतर समझ सके। यह अंधकार सर्वग्राही अंधकार है, जिसने संपूर्ण विश्व को अपने भीतर छिपा रखा है। आज मनुष्य इस अंधकार की अतिशयता से भयभीत हो उठा है, जिसके कारण वह अपनी दिशा से भटक गया है। आज का मनुष्य उस सर्वव्यापी परमात्मा को प्राप्त करने का प्रयास नहीं कर पा रहा है, जिसके कारण उसकी आत्मा में भी अंधकार घर कर गया है अर्थात् उसके हृदय में अज्ञानता का अंधकार है। अंतर्मन के नेत्र भी प्रकाशहीन हो गए हैं, जो उसे परमात्मा से मिलने से रोक रहे हैं और मनुष्य की आत्मा उस अंधकार में घुटती रहती है। हे सज्जनों! मैं भली-भाँति देख सकता हूँ कि आज का मनुष्य इन भौतिक लालसाओं के कारण सांसारिक कष्टों की पीड़ा के वशीभूत हो गया है और उससे छुटकारा पाने के लिए तत्पर है, परंतु यह अंधकार उसे मुक्त नहीं होने दे रहा है।

विशेष

(*i*) प्रस्तुत गद्यांश में लेखक ने साधु-संतों के प्रवचन का बनावटी रूप चित्रित किया है।

(*ii*) प्रस्तुत गद्यांश में तत्सम शब्दावली का प्रयोग हुआ है।

(*iii*) प्रस्तुत गद्यांश में व्यंग्यात्मक शैली का प्रयोग किया गया है।

(*iv*) प्रस्तुत गद्यांश की भाषा सरल व सहज है।

(*v*) प्रस्तुत गद्यांश में संवाद शैली के द्वारा बात कही गई है।

गद्यांश 6

भव्य पुरुष प्रवचन के अंत पर पहुँचते हुए कहने लगे–"भाइयों और बहनों, डरो मत! जहाँ अंधकार है, वहीं प्रकाश है। अंधकार में प्रकाश की किरण है, जैसे प्रकाश में अंधकार की किंचित कालिमा है, प्रकाश भी है। प्रकाश बाहर नहीं है, उसे अंतर में खोजो। अंतर में बुझी उस ज्योति को जगाओ। मैं तुम सबका उस ज्योति को जगाने के लिए आह्वान करता हूँ। मैं तुम्हारे भीतर वही शाश्वत ज्योति को जगाना चाहता हूँ। हमारे 'साधना मंदिर' में आकर उस ज्योति को अपने भीतर जगाओ।"

संदर्भ पूर्ववत्।

प्रसंग प्रस्तुत गद्यांश में लेखक ने साधु-संतों द्वारा मोक्ष प्राप्ति के बाह्याडंबर का स्वरूप चित्रित किया है।

व्याख्या प्रस्तुत गद्यांश में लेखक साधु-संतों व पाखंडियों पर कटाक्ष करते हुए कहते हैं कि सर्वप्रथम ये भोली-भाली जनता की आस्था का लाभ उठाकर उन्हें अपने प्रवचनों से भयभीत करते हैं, तत्पश्चात् कहते हैं कि भाइयों और बहनों डरिए मत! इस अंधकार रूपी अज्ञानता को दूर किया जा सकता है। यदि इस संसार में अंधकार है, तो प्रकाश भी है।

जिस प्रकार अंधकार में प्रकाश की किरण छिपी होती है, उसी प्रकार प्रकाश में अंधकार छिपा होता है, इसलिए अंधकार से डरने की कोई आवश्यकता नहीं है। यदि आपके अंतर्मन में अंधकार है, तो प्रकाश भी है। बाहर कोई प्रकाश नहीं है, उसे अपने अंदर ही ढूँढो, बाहर भटकने की ज़रूरत नहीं। प्रत्येक मनुष्य में ज्ञानरूपी प्रकाश की किरण छिपी होती है, बस उसे पहचानने की आवश्यकता है। हे सज्जनो! मैं आप सभी को आमंत्रित करता हूँ कि मेरे इस मोक्ष द्वार पर आओ और अपनी प्रकाशहीन ज्योति को फिर से प्रज्वलित करो। मैं तुम्हारी इस साधना को पूर्णतः सफल बनाऊँगा।

विशेष

(*i*) प्रस्तुत गद्यांश में लेखक ने संत-गुरुओं के झूठ व पाखंड का चित्रण किया है।

(*ii*) प्रस्तुत गद्यांश में तत्सम शब्दावली का प्रयोग किया गया है।

(*iii*) प्रस्तुत गद्यांश में लेखक ने व्यंग्यात्मक शैली का प्रयोग किया है।

(*iv*) प्रस्तुत गद्यांश की भाषा सरल व सहज है।

(*v*) प्रस्तुत गद्यांश में संवाद शैली में बात कही गई है।

गद्यांश 7

"तुम कुछ भी कहलाओ, बेचते तुम टॉर्च हो। तुम्हारे और मेरे प्रवचन एक जैसे हैं। चाहे कोई दार्शनिक बने, संत बने या साधु बने, अगर वह लोगों को अँधेरे का डर दिखाता है, तो ज़रूर अपनी कंपनी का टॉर्च बेचना चाहता है। तुम जैसे लोगों के लिए हमेशा ही अंधकार छाया रहता है। बताओ, तुम्हारे जैसे किसी आदमी ने हजारों में कभी भी यह कहा है कि आज दुनिया में प्रकाश फैला है? कभी नहीं कहा। क्यों? इसलिए कि उन्हें अपनी कंपनी का टॉर्च बेचना है। मैं खुद भरी–दोपहर में लोगों से कहता हूँ कि अंधकार छाया है। बता किस कंपनी का टॉर्च बेचता है?"

संदर्भ पूर्ववत्।

प्रसंग प्रस्तुत गद्यांश में टॉर्च बेचनेवाले व्यक्ति द्वारा अपने साधु मित्र और स्वयं के प्रवचनों की तुलना की गई है, साथ ही धर्म और अध्यात्म को व्यवसाय बनाने वाले आज के साधु-संतों पर व्यंग्य किया गया है।

व्याख्या प्रस्तुत गद्यांश में लेखक कहते हैं कि टॉर्च बेचनेवाला मित्र अपने साधु बने मित्र के प्रवचन सुनकर उससे कहता है कि तुम्हारे प्रवचन और मेरे द्वारा टॉर्च बेचने के लिए कही गई बातें एक जैसी हैं। तुम कुछ भी कहो, बेचते तो तुम टॉर्च ही हो। कोई भी व्यक्ति या साधु-संत यदि लोगों को संसार में व्याप्त अंधकार से भयभीत कर प्रकाश का मार्ग दिखाता है, तो वह ज़रूर अपनी कंपनी का टॉर्च ही बेच रहा है।

तुम जैसे साधु-संतों के लिए हमेशा संसार में अंधकार ही विद्यमान रहता है अर्थात् सभी साधुओं का दृष्टिकोण सदैव नकारात्मक होता है, क्योंकि इसी के माध्यम से वह अपनी आध्यात्मिक दुकानों को चलाते हैं।

कोई भी संत या महात्मा प्रकाश की किरण संबंधी प्रवचन नहीं देते। अच्छा तुम यह बताओ कि तुम्हारे जैसा कोई भी संत या गुरु हज़ारों की भीड़ में यह कह सकता है कि आज दुनिया में प्रकाश फैला है? वह ऐसा कभी नहीं कहेगा, क्योंकि उसकी टॉर्च की दुकान इसी सांसारिक अंधकार पर निर्भर है। मैं भरी दोपहरी में लोगों से कहता हूँ कि चारों ओर अंधकार-ही-अंधकार है, इसलिए इस टॉर्च को खरीदो, जो इस अंधकार से आप सभी को बचाएगा। मैं तो 'सूरज छाप' कंपनी का टॉर्च बेचता हूँ, अब तू यह बता कि तू किस कंपनी का टॉर्च बेचता है?

विशेष

(i) प्रस्तुत गद्यांश में लेखक ने साधु-संतों की ढोंगी बातों का पर्दाफ़ाश किया है।

(ii) प्रस्तुत गद्यांश में लेखक ने यह कटु सत्य उजागर किया है कि महात्मा व गुरुजन सभी सांसारिक अंधकार से डराते हैं, जिसके वशीभूत होकर लोग उनके इशारों पर नाचते हैं।

(iii) प्रस्तुत गद्यांश में व्यंग्यात्मक शैली का प्रयोग किया गया है।

(iv) प्रस्तुत गद्यांश की भाषा सहज व सरल है।

(v) प्रस्तुत गद्यांश में संवाद शैली को अपनाया गया है।

गद्यांश 8

"उस टॉर्च की कोई दुकान बाज़ार में नहीं है। वह बहुत सूक्ष्म है। मगर कीमत उसकी बहुत मिल जाती है। तू एक-दो दिन रह, तो मैं तुझे सब समझा देता हूँ।"

संदर्भ पूर्ववत्।

प्रसंग प्रस्तुत गद्यांश में लेखक ने साधु-संतों द्वारा लोगों की आस्था व विश्वास के साथ खिलवाड़ करने का यथार्थपरक चित्रण किया है।

व्याख्या प्रस्तुत गद्यांश में लेखक कहते हैं कि संत बना दोस्त टॉर्च बेचनेवाले को बताता है कि इस टॉर्च की कोई दुकान नहीं है और न ही यह किसी बाज़ार में बिकता है। वह टॉर्च अत्यंत सूक्ष्म (महीन या बारीक) है अर्थात् परमात्मा के प्रकाश को केवल मनुष्य अपने अंतर्मन में ही खोज सकता है। यह अंतर्मन रूपी टॉर्च भौतिक बाजार में नहीं मिलेगा, परंतु इस टॉर्च का इस संसार में अत्यधिक मूल्य है, जिससे लोगों को धर्म के नाम पर लूटा जा सकता है, क्योंकि धर्म एक ऐसा आवरण है, जिससे लोगों की भावनाएँ व आस्थाएँ जुड़ी होती हैं, इसलिए लोगों को धर्म के नाम पर फँसाना या ठगना अत्यंत सरल होता है। तू दो दिन मेरे साथ रह, मैं तुझे सब समझा दूँगा कि ये धार्मिक टॉर्च किस प्रकार बेचे जाते हैं और इन्हें बेचकर अत्यधिक लाभ कैसे प्राप्त किया जाता है।

विशेष

(i) प्रस्तुत गद्यांश में लेखक ने साधु-संतों के प्रपंच का वर्णन किया है।

(ii) प्रस्तुत गद्यांश में व्यंग्यात्मक शैली का प्रयोग किया गया है।

(iii) प्रस्तुत गद्यांश की भाषा सरल व सहज है।

(iv) प्रस्तुत गद्यांश में संवाद शैली के द्वारा कथन कहा गया है।

गद्यांशों पर आधारित बहुविकल्पीय प्रश्न

1. वह पहले चौराहों पर बिजली के टॉर्च बेचा करता था। बीच में कुछ दिन वह नहीं दिखा। कल फिर दिखा। मगर इस बार उसने दाढ़ी बढ़ा ली थी और लंबा कुरता पहन रखा था।
मैंने पूछा, "कहाँ रहे? और यह दाढ़ी क्यों बढ़ा रखी है?"
उसने जवाब दिया, "बाहर गया था।"
दाढ़ीवाले सवाल का उसने जवाब यह दिया कि दाढ़ी पर हाथ फेरने लगा।
मैंने कहा, "आज तुम टॉर्च नहीं बेच रहे हो?"
उसने कहा, "वह काम बंद कर दिया। अब तो आत्मा के भीतर टॉर्च जल उठा है। ये 'सूरज छाप' टॉर्च अब व्यर्थ मालूम होते हैं।"
मैंने कहा, "तुम शायद संन्यास ले रहे हो। जिसकी आत्मा में प्रकाश फैल जाता है, वह इसी तरह हरामखोरी पर उतर आता है। किससे दीक्षा ले आए?"
मेरी बात से उसे पीड़ा हुई। उसने कहा, "ऐसे कठोर वचन मत बोलिए। आत्मा सबकी एक है। मेरी आत्मा को चोट पहुँचाकर आप अपनी ही आत्मा को घायल कर रहे हैं।"

(i) गद्यांश के अनुसार वह व्यक्ति पहले क्या कार्य करता था?
(क) संन्यासी था (ख) टॉर्च बेचता था
(ग) मोमबत्तियाँ बेचता था (घ) कुछ नहीं करता था

(ii) जब लेखक को वह व्यक्ति मिला, तो उसकी दशा क्या थी?
(क) लंबा कुर्ता पहने था तथा दाढ़ी बढ़ा ली थी
(ख) सड़क किनारे भीख माँग रहा था
(ग) अस्त-व्यस्त कपड़े पहने सड़क के किनारे बैठा था
(घ) उपर्युक्त सभी

(iii) वह व्यक्ति किस कंपनी की टॉर्च बेचा करता था?
(क) दीप छाप (ख) चंद्र छाप
(ग) सूरज छाप (घ) पहलवान छाप

(iv) **कथन** (A) उस व्यक्ति ने टॉर्च बेचने का काम बंद कर दिया था।
कारण (R) वह व्यक्ति बिजली का काम करना चाहता था।
कूट
(क) कथन (A) और कारण (R) दोनों सही हैं तथा कारण (R), कथन (A) की सही व्याख्या करता है।
(ख) कथन (A) और कारण (R) दोनों सही हैं, परंतु कारण (R), कथन (A) की सही व्याख्या नहीं करता है।
(ग) कथन (A) सही है, किंतु कारण (R) गलत है।
(घ) कथन (A) गलत है, किंतु कारण (R) सही है।

(v) निम्नलिखित कथनों में से सही कथनों पर विचार कीजिए
1. लेखक ने उस व्यक्ति को हरामखोरी पर उतर आने की बात कही।
2. लेखक के अनुसार वह व्यक्ति संन्यास ले रहा था।
3. लेखक की बात से उस व्यक्ति को बहुत प्रसन्नता हुई।
कूट
(क) केवल 1 (ख) 1 और 2
(ग) केवल 3 (घ) 1 और 3

उत्तर
(i) (ख) टॉर्च बेचता था
(ii) (क) लंबा कुर्ता पहने था तथा दाढ़ी बढ़ा ली थी
(iii) (ग) सूरज छाप
(iv) (ग) कथन (A) सही है, किंतु कारण (R) गलत है।
(v) (ख) 1 और 2

2. पाँच साल पहले की बात है। मैं अपने एक दोस्त के साथ हताश एक जगह बैठा था। हमारे सामने आसमान को छूता हुआ एक सवाल खड़ा था। वह सवाल था-'पैसा कैसे पैदा करें?' हम दोनों ने उस सवाल की एक-एक टाँग पकड़ी और उसे हटाने की कोशिश करने लगे। हमें पसीना आ गया, पर सवाल हिला भी नहीं। दोस्त ने

कहा–"यार, इस सवाल के पाँव ज़मीन में गहरे गड़े हैं। यह उखड़ेगा नहीं। इसे टाल जाएँ।"

(i) टॉर्च बेचनेवाले ने लेखक को कितने वर्ष पहले की बात बताई?
(क) चार वर्ष (ख) दो वर्ष
(ग) तीन वर्ष (घ) पाँच वर्ष

(ii) टॉर्च बेचनेवाले और उसके मित्र के सामने कौन-सा प्रश्न खड़ा था?
(क) पैसा कैसे पैदा करें? (ख) टॉर्च कैसे बेंचे?
(ग) नेता कैसे बनें? (घ) संन्यासी कैसे बनें?

(iii) गद्यांश के आधार पर निम्नलिखित कथनों में से कौन-सा कथन सही है?
1. लेखक के अनुसार बिना काम व परिश्रम के अति शीघ्र पैसा कमाना मनुष्य की प्रवृत्ति बन गई है।
2. टॉर्च बेचनेवाले दोनों मित्र आपस में झगड़ा कर रहे थे।
3. अचानक दोनों दोस्तों के पैर जमीन में गड़ जाते हैं।

कूट
(क) केवल 1 (ख) 1 और 2
(ग) केवल 3 (घ) ये सभी

(iv) 'इस सवाल के पाँव जमीन में गहरे गड़े हैं' से लेखक का क्या आशय है?
(क) इस सवाल का उत्तर पाना आसान नहीं है
(ख) ऐसे सवाल बेकार होते हैं
(ग) ऐसे सवालों से बचना चाहिए
(घ) यह सवाल बहुत आसान है

(v) मनुष्य की स्वाभाविक प्रवृत्ति कैसी होती है?
(क) जिस कठिन कार्य को वह कर नहीं पाता, उसे छोड़ देता है
(ख) कठिन काम वह आसानी से कर जाता है
(ग) सरल काम को भी वह कठिन बना देता है
(घ) उपर्युक्त में से कोई नहीं

उत्तर

(i) (घ) पाँच वर्ष
(ii) (क) पैसा कैसे पैदा करें?
(iii) (क) केवल 1
(iv) (क) इस सवाल का उत्तर पाना आसान नहीं है
(v) (क) जिस कठिन कार्य को वह कर नहीं पाता, उसे छोड़ देता है

3. "मैं आज मनुष्य को एक घने अंधकार में देख रहा हूँ। उसके भीतर कुछ बुझ गया है। यह युग ही अंधकारमय है। यह सर्वग्राही अंधकार संपूर्ण विश्व को अपने उदर में छिपाए है। आज मनुष्य इस अंधकार से घबरा उठा है। वह पथभ्रष्ट हो गया है। आज आत्मा में भी अंधकार है। अंतर की आँखें ज्योतिहीन हो गई हैं। वे उसे भेद नहीं पातीं। मानव-आत्मा अंधकार में घुटती है। मैं देख रहा हूँ, मनुष्य की आत्मा भय और पीड़ा से त्रस्त है।"

(i) भव्य पुरुष के अनुसार, आज का युग कैसा है?
(क) प्रकाशमय (ख) सुखद
(ग) अंधकारमय (घ) सृजनशील

(ii) भव्य पुरुष ने मानव आत्मा की स्थिति को कैसे वर्णित किया है?
(क) भय और पीड़ा से त्रस्त (ख) सुखी और शांत
(ग) संतोषपूर्ण (घ) प्रेरणादायक

(iii) भव्य पुरुष के अनुसार, आज मनुष्य किस स्थिति में है?
(क) प्रेरित और उन्नत (ख) भयभीत और पथभ्रष्ट
(ग) ज्ञानवान और समृद्ध (घ) स्वतंत्र और निर्भीक

(iv) अंतर की आँखें कैसी हो गई हैं?
(क) प्रकाशमय (ख) ज्योतिहीन
(ग) उज्ज्वल (घ) प्रज्वलित

(v) **कथन** (A) मनुष्य को आज अंधकार से डर लगता है।
कारण (R) प्रकाश और अंधकार दोनों एक-दूसरे के पूरक हैं।

कूट
(क) कथन (A) और कारण (R) दोनों सही हैं तथा कारण (R), कथन (A) की सही व्याख्या करता है।
(ख) कथन (A) और कारण (R) दोनों सही हैं, परंतु कारण (R), कथन (A) की सही व्याख्या नहीं करता है।
(ग) कथन (A) सही है, किंतु कारण (R) गलत है।
(घ) कथन (A) गलत है, किंतु कारण (R) सही है।

उत्तर

(i) (ग) अंधकारमय
(ii) (क) भय और पीड़ा से त्रस्त
(iii) (ख) भयभीत और पथभ्रष्ट
(iv) (ख) ज्योतिहीन
(v) (ख) कथन (A) और कारण (R) दोनों सही हैं, परंतु कारण (R), कथन (A) की सही व्याख्या नहीं करता है।

4. "तुम कुछ भी कहलाओ, बेचते तुम टॉर्च हो। तुम्हारे और मेरे प्रवचन एक जैसे हैं। चाहे कोई दार्शनिक बने, संत बने या साधु बने, अगर वह लोगों को अँधेरे का डर दिखाता है, तो ज़रूर अपनी कंपनी का टॉर्च बेचना चाहता है। तुम जैसे लोगों के लिए हमेशा ही अंधकार छाया रहता है। बताओ, तुम्हारे जैसे किसी आदमी ने हजारों में कभी भी यह कहा है कि आज दुनिया में प्रकाश फैला है? कभी नहीं कहा। क्यों? इसलिए कि उन्हें अपनी कंपनी का टॉर्च बेचना है। मैं खुद भरी-दोपहर में लोगों से कहता हूँ कि अंधकार छाया है। बता किस कंपनी का टॉर्च बेचता है?"

(i) टॉर्च बेचनेवाले ने अपने मित्र से क्या कहा?
(क) तुम्हें टॉर्च बेचने में मेरा साथ देना चाहिए
(ख) मुझे भी यह प्रवचन देना सिखाओ
(ग) तुम्हारे प्रवचन और मेरे द्वारा टॉर्च बेचने के लिए कही गई बातें एक हैं
(घ) मुझे भी दीक्षा देकर अपना शिष्य बना लो

(ii) टॉर्च बेचनेवाले के अनुसार सभी साधुओं का दृष्टिकोण कैसा होता है?

(क) नकारात्मक (ख) सकारात्मक
(ग) मध्यममार्गी (घ) ये सभी

(iii) गद्यांश के अनुसार, सभी संत कभी भी कैसा उपदेश नहीं देते?

(क) आज असत्य नहीं बोलना है
(ख) आज सर्वत्र अंधकार छाया है
(ग) सभी लोग ईमानदार हो जाएँ
(घ) आज दुनिया में प्रकाश फैला है

(iv) टॉर्च वाला भरी दोपहरी में क्या कहता है?

(क) सभी लोग टॉर्च न लो
(ख) सब जगह प्रकाश फैला है
(ग) अंधकार छाया हुआ है
(घ) उपर्युक्त में से कोई नहीं

(v) टॉर्च बेचनेवाले की दुकान किस पर निर्भर है?

(क) सांसारिक अंधकार पर (ख) साधु संतों पर
(ग) प्रकाश पर (घ) इनमें से कोई नहीं

उत्तर

(i) (ग) तुम्हारे प्रवचन और मेरे द्वारा टॉर्च बेचने के लिए कही गई बातें एक हैं
(ii) (क) नकारात्मक
(iii) (घ) आज दुनिया में प्रकाश फैला है
(iv) (ग) अंधकार छाया हुआ है
(v) (क) सांसारिक अंधकार पर

विषय-वस्तु पर आधारित प्रश्नोत्तर

1. टॉर्च बेचनेवाले और लेखक के मध्य क्या बातचीत हुई? वर्णन कीजिए।

उत्तर लेखक ने बहुत दिनों बाद टॉर्च बेचनेवाले को देखा। उसने उससे पूछा कि तुम कहाँ गए थे? उसने बताया कि वह बाहर गया था, परंतु इस बार वह बढ़ी दाढ़ी और लंबा कुर्ता पहने हुए था। लेखक ने उसके बदले हुए रूप को देखकर पूछा कि अब तुम टॉर्च नहीं बेचते, तो उसने कहा कि उसकी आत्मा में प्रकाश फैल गया है, इसलिए अब मैं 'सूरज छाप' टॉर्च नहीं बेचूँगा। लेखक को उसकी बातों से आभास हुआ कि वह संन्यासी बन गया है और हरामखोरी पर उतर आया है। टॉर्च बेचनेवाले ने अपने मित्र की टॉर्च के बारे में लेखक को सारा आख्यान बताया और कहा कि अब मैं भी उसी की कंपनी की टॉर्च बेचूँगा।

2. टॉर्च बेचनेवाले को लेखक की कौन-सी बात बुरी लगी?

उत्तर टॉर्च बेचनेवाले की बढ़ी हुई दाढ़ी और लंबा कुर्ता पहने देख लेखक को उस पर संदेह हुआ और वह अब चौराहे पर टॉर्च भी नहीं बेच रहा था। टॉर्च बेचनेवाले की आत्मा के भीतर टॉर्च जल उठा है, यह सुनकर लेखक ने कहा कि "तुम संन्यास ले रहे हो। जिसकी आत्मा में प्रकाश फैल जाता है, वह इसी तरह हरामखोरी पर उतर आता है। किससे दीक्षा ले आए?" लेखक की यही बात टॉर्च बेचनेवाले को बुरी लगी।

3. दोनों दोस्तों ने पैसा कमाने के लिए क्या योजना बनाई?

उत्तर दोनों दोस्त एक साथ एक ही स्थान पर बैठे थे और सोच रहे थे कि 'पैसा कैसे पैदा करें?' इस प्रश्न का उन्हें कोई हल नहीं मिला। उन्होंने पैसा कमाने के लिए काम-धंधा करने का निर्णय लिया। इसके बाद दोनों दोस्त अपनी-अपनी किस्मत आज़माने के लिए अलग-अलग दिशा में चले गए और पाँच साल बाद उसी स्थान पर मिलने का निश्चय किया। एक दोस्त ने टॉर्च बेचने का काम शुरू किया और दूसरा साधु बन गया।

4. दोनों मित्रों ने एक ही दिशा में चलने का निर्णय क्यों नहीं लिया?

उत्तर दोनों मित्रों ने पैसा कमाने के लिए काम-धंधा शुरू करने की सोची और दोनों एक ही दिशा में जाने लगे, तभी टॉर्च बेचनेवाले ने कहा कि "नहीं! किस्मत आज़माने वालों की जितनी पुरानी कथाएँ मैंने पढ़ी हैं, सबमें वे अलग-अलग दिशा में जाते हैं। साथ जाने में किस्मतों के टकराकर टूटने का डर रहता है।" इसलिए दोनों दोस्त एक दिशा में न जाकर अलग-अलग दिशाओं में जाने का निर्णय लेते हैं।

5. टॉर्च बेचनेवाला किस नाटकीय ढंग से अपनी टॉर्च बेचता था? वर्णन कीजिए।

उत्तर टॉर्च बेचनेवाला चौराहे व मैदान में लोगों को इकट्ठा कर लेता और नाटकीय ढंग से उसकी विशेषता को व्यक्त करता हुआ कहता है—"आजकल सब जगह अँधेरा छाया रहता है। रातें बेहद काली होती हैं। अपना ही हाथ नहीं सूझता। आदमी को रास्ता नहीं दिखता। वह भटक जाता है। उसके पाँव काँटों से बिंध जाते हैं, वह गिरता है और उसके घुटने लहूलुहान हो जाते हैं। उसके आसपास भयानक अँधेरा है, शेर और चीते चारों तरफ़ घूम रहे हैं, साँप ज़मीन पर रेंग रहे हैं। अँधेरा सबको निगल रहा है। अँधेरा घर में भी है। आदमी रात को पेशाब करने उठता है और साँप पर उसका पाँव पड़ जाता है। साँप उसे डस लेता है और वह मर जाता है।" जब सभी लोग उसकी बातें सुनकर अँधेरे से डर जाते थे, तब वह उनसे अपनी 'सूरज छाप' टॉर्च खरीदकर अँधेरा दूर कर लेने की बात करता था। इस प्रकार, भरी दोपहरी में वह लोगों को अँधेरे से डराकर अपनी टॉर्च बेचा करता था।

6. टॉर्च बेचनेवाला लोगों में भय उत्पन्न कर, उसे किस प्रकार दूर करता था?

उत्तर टॉर्च बेचनेवाला लोगों को अँधेरे से भयभीत कर उनको उस अँधेरे से बचने के लिए अपनी 'सूरज छाप' टॉर्च के गुण बताकर उसे खरीदने को कहता था कि "भाइयों यह सही है कि अँधेरा है, मगर प्रकाश भी है। वही प्रकाश मैं आपको देने आया हूँ। हमारी 'सूरज छाप' टॉर्च में वह प्रकाश है, जो अंधकार को दूर भगा देता है। इसी वक्त 'सूरज छाप' टॉर्च खरीदो और अँधेरे को दूर करो। जिन भाइयों को चाहिए, हाथ ऊँचा करें।" इस प्रकार, टॉर्च बेचनेवाला लोगों को अँधेरे से भयभीत करता था, जिसके कारण लोग उसकी टॉर्च खरीदने के लिए विवश हो जाते थे।

7. टॉर्च बेचनेवाले ने अपना रूप क्यों बदला? स्पष्ट कीजिए।

उत्तर टॉर्च बेचनेवाला अपने उसी मित्र से मिला, जो उसके साथ ही अपना काम-धंधा आरंभ करता है। जब उसने अपने मित्र की ऐश्वर्यपूर्ण जीवन शैली देखी, तो वह आश्चर्यचकित रह गया। वह सामान्य जीवन व्यतीत कर रहा था, जबकि दोनों मित्रों ने एक साथ ही अपना-अपना धंधा शुरू किया था। टॉर्च बेचनेवाला अपने दोस्त के साथ दो दिन रहा और अत्यधिक धन कमाने का रहस्य समझ गया। जिसके बाद उसने भी अपने दोस्त की भाँति दाढ़ी बढ़ा ली और कुर्ता पहनकर अपना रूप संन्यासी अर्थात् साधु-संतों जैसा बना लिया।

8. 'टॉर्च बेचनेवाले' व्यंग्यात्मक पाठ का उद्देश्य स्पष्ट कीजिए।

उत्तर लेखक ने अपने व्यंग्यात्मक लहजे में सामाजिक गोरख-धंधों पर कटाक्ष किया है। साधु-संत धर्म के नाम पर लोगों की भावनाओं के साथ खिलवाड़ कर रहे हैं और स्वयं दिन-दूनी रात चौगुनी उन्नति कर रहे हैं। लेखक द्वारा इस रचना का उद्देश्य यह है कि आज सभी सनातन धर्मगुरु मनुष्य को अंधकार से भयभीत कर प्रकाश रूपी ज्ञान देने के नाम पर उनकी आस्थाओं का दोहन कर रहे हैं।

टॉर्च के माध्यम से यह पूर्णतः स्पष्ट है कि भौतिक टॉर्च बेचनेवाले और आध्यात्मिक टॉर्च बेचनेवाले में कोई अंतर नहीं, केवल कंपनियों का अंतर है। पाठ का अंतिम अंश—"धंधा वही करूँगा यानि टॉर्च बेचूँगा। बस कंपनी बदल रहा हूँ।" शीर्षक के उद्देश्य को सफल बनाता है।

9. दोनों मित्रों के धन कमाने के तरीके समान हैं। आप कौन-से मित्र के धंधों से सहमत हैं? तर्कसंगत उत्तर दीजिए।

उत्तर दोनों मित्र धन कमाने के लिए अलग-अलग काम-धंधे शुरू करते हैं। एक टॉर्च बेचने का धंधा शुरू करता है और दूसरा संत बन जाता है। संत मित्र लोगों को अपने प्रवचनों से डराता है तथा भ्रमित करता है, जिससे वह बिना मेहनत किए अधिक-से-अधिक धन कमाता है, इसलिए टॉर्च बेचनेवाला अधिक कर्मठ दिखाई पड़ता है, जो भरी-दोपहरी में चौराहों व मैदानों पर अपनी टॉर्च बेचता है। वह मेहनती है तथा किसी भी तरह का समाज में आडंबर नहीं फैलाता।

अतः कहा जा सकता है कि टॉर्च बेचनेवाले का धंधा अधिक अच्छा है, क्योंकि 'परिश्रम ही सफलता की कुंजी' है।

10. नीचे दी गई पंक्तियों का आशय स्पष्ट कीजिए

(क) जिसकी आत्मा में प्रकाश फैल जाता है, वह इसी तरह हरामखोरी पर उतर आता है।

(ख) आदमी को डराना कितना आसान है।

(ग) तुम कुछ भी कहलाओ, बेचते तुम टॉर्च हो।

(घ) परिवर्तन जीवन का अनंत क्रम है।

उत्तर (क) लेखक टॉर्च बेचनेवाले की बढ़ी हुई दाढ़ी तथा उसे कुर्ता पहने देखकर उस पर व्यंग्य करता है। टॉर्च बेचनेवाला लेखक को बताता है कि उसकी आत्मा के भीतर प्रकाश फैल चुका है। ये सब बातें लेखक को साधुओं के प्रवचन के समान लगीं, जो अत्यंत रहस्यमयी थीं। लेखक ने यहाँ अपनी बुद्धिजीवी मानसिकता को व्यक्त किया है कि जिसकी आत्मा में प्रकाश फैल जाता है, वह इसी तरह हरामखोरी पर उतर आता है अर्थात् समाज में जितने भी सनातन धर्मगुरु होते हैं, वे केवल लोगों को भटकाते ही हैं, जिसकी कीमत उन्हें मेहनत करने की अपेक्षा अधिक मिल जाती है।

(ख) मनुष्य को डराना अत्यंत सरल है, क्योंकि उसमें अज्ञानता का अंधकार अपना घर कर चुका है, जो उसे सत्य के प्रकाश से दूर रखता है। आज धर्म का यथार्थ रूप न होकर उसके बाह्याडंबर समाज में चारों तरफ़ व्याप्त हैं। जगह-जगह धर्म के ठेकेदार बैठे हैं, जो समय-समय पर मनुष्य को चढ़ावा देने, चादर चढ़ाने, दान-दक्षिणा आदि देने को बाध्य करते हैं। यदि ऐसा न किया जाए, तो वह लोगों को श्राप व अमंगल होने का भय बताते हैं। वस्तुतः अंधकार भौतिक हो या आध्यात्मिक, दोनों ही स्थितियों में आदमी को डराना बहुत आसान है।

(ग) टॉर्च बेचनेवाला अपने मित्र के प्रवचन सुनकर कहता है कि तुम कुछ भी कहो बेचते तो तुम टॉर्च ही हो, क्योंकि तुम वही सब कहते हो, जो मैं अपनी टॉर्च बेचने के लिए कहता हूँ। तुम भी लोगों को संसार में व्याप्त अँधेरे से डराते हो और मैं भी अर्थात् मैं अँधेरे का डर दिखाकर लोगों को 'सूरज छाप' टॉर्च बेचता हूँ और तुम अज्ञानतारूपी अंधकार दिखाकर आध्यात्मिक प्रकाश बेचते हो। लेखक का आशय यह है कि चाहे कोई दार्शनिक बने या संत या फिर भौतिक टॉर्च बेचनेवाला, सभी अपनी-अपनी कंपनियों का टॉर्च ही बेचते हैं।

(घ) टॉर्च बेचनेवाला उस भव्य पुरुष बने व्यक्ति को पहचानने के तदुपरांत कहता है कि यार तू तो बिल्कुल बदल गया है। अपने मित्र को उत्तर देते हुए वह एक सूक्ति कहता है कि "परिवर्तन जीवन का अनंत क्रम है।" अर्थात् प्रकृति का नियम ही परिवर्तन है।

लेखक ने स्पष्ट किया है कि साधु बना मित्र अपने धार्मिक प्रवचनों द्वारा जो रहस्यपूर्ण बातें कहता है, उन्हीं बातों के कारण वह भी परिवर्तित हो गया है। पहले उसके पास कुछ भी नहीं था, परंतु आज वह एक संत-गुरु है। अपने स्वरूप में परिवर्तन कर वह समाज में एक विश्वासपात्र धर्मगुरु के रूप में परिवर्तित हो चुका है।

स्व-मूल्यांकन

गद्यांश पर आधारित बहुविकल्पीय प्रश्न

निम्नलिखित गद्यांश को ध्यानपूर्वक पढ़कर पूछे गए बहुविकल्पीय प्रश्नों के लिए सर्वाधिक उपयुक्त विकल्प का चुनाव कीजिए।

1. मैंने कहा-"तुम कुछ भी कहलाओ, बेचते तुम टार्च हो। तुम्हारे और मेरे प्रवचन एक जैसे हैं। चाहे कोई दार्शनिक बने, संत बने या साधु बने, अगर वह लोगों को अँधेरे का डर दिखाता है, तो ज़रूर अपनी कम्पनी का टॉर्च बेचना चाहता है। तुम जैसे लोगों के लिए हमेशा ही अंधकार छाया रहता है। बताओ, तुम्हारे जैसे किसी आदमी ने हज़ारों में कभी भी यह कहा है कि आज दुनिया में प्रकाश फैला है? कभी नहीं कहा। क्यों? इसलिए कि उन्हें अपनी कंपनी का टॉर्च बेचना है। मैं खुद भरी-दोपहर में लोगों से कहता हूँ कि अंधकार छाया है। बता किस कंपनी का टॉर्च बेचता है?"

मेरी बातों ने उसे ठिकाने पर ला दिया था। उसने सहज ढंग से कहा- "तेरी बात ठीक ही है। मेरी कंपनी नई नहीं है, सनातन है।"

मैंने पूछा- "कहाँ है तेरी दुकान? नमूने के लिए एकाध टॉर्च तो दिखा। 'सूरज छाप' टॉर्च से बहुत ज्यादा बिक्री है उसकी।"

उसने कहा- "उस टॉर्च की कोई दुकान बाज़ार में नहीं है। वह बहुत सूक्ष्म है। मगर कीमत उसकी बहुत मिल जाती है। तू एक-दो दिन रह, तो मैं तुझे सब समझा देता हूँ।"

(i) भव्य पुरुष ने अपनी कंपनी का क्या नाम बताया?
(क) नई कंपनी (ख) पुरानी कंपनी
(ग) सनातन कंपनी (घ) बाजार में उपलब्ध कंपनी

(ii) 'टॉर्च बेचने' का प्रतीकात्मक अर्थ क्या है?
(क) ज्ञान का प्रचार (ख) डर का व्यापार
(ग) व्यवसाय करना (घ) उजाला फैलाना

(iii) टॉर्च बेचनेवाले ने 'सूरज छाप' टॉर्च की पेटी को नदी में क्यों फेंक दिया?
(क) नया धंधा शुरू करने के लिए
(ख) टॉर्च खराब हो गई थी
(ग) उसे बेचने का मन नहीं था
(घ) उपर्युक्त में से कोई नहीं

(iv) भव्य पुरुष ने अपनी दुकान को किस रूप में बताया?
(क) बाज़ार में स्थापित (ख) सूक्ष्म और अदृश्य
(ग) विशाल और लोकप्रिय (घ) ऑनलाइन उपलब्ध

(v) निम्नलिखित कथनों में से सही कथनों पर विचार कीजिए
1. टॉर्च वाले ने टॉर्च बेचने के लिए लोगों को अंधकार से डराया।
2. टॉर्च बेचनेवाले का मानना था कि डर का प्रभाव लोगों पर गहरा पड़ता है।
3. लेखक ने टॉर्च बेचने के लिए रहस्यमय भाषा का उपयोग किया।

कूट
(क) 1 और 2 (ख) 2 और 3
(ग) 1 और 3 (घ) ये सभी

गद्यांश की व्याख्या

2. निम्नलिखित में से किसी एक गद्यांश की सप्रसंग व्याख्या कीजिए।

साहब, अब तो मैं खिलखिलाकर हँस पड़ा। पास के लोगों ने मुझे धक्का देकर भगा दिया। मैं मंच के पास जाकर खड़ा हो गया। भव्य पुरुष मंच से उतरकर कार पर चढ़ रहे थे। मैंने उन्हें ध्यान से पास से देखा। उनकी दाढ़ी बढ़ी हुई थी, इसलिए मैं थोड़ा झिझका। पर मेरी तो दाढ़ी नहीं थी। मैं तो उसी मौलिक रूप में था। उन्होंने मुझे पहचान लिया। बोले-"अरे तुम!" मैं पहचानकर बोलने ही वाला था कि उन्होंने मुझे हाथ पकड़कर कार में बिठा लिया।

अथवा

भव्य पुरुष फ़िल्मों के संत लग रहे थे। उन्होंने गुरु-गंभीर वाणी में प्रवचन शुरू किया। वे इस तरह बोल रहे थे जैसे आकाश के किसी कोने से कोई रहस्यमय संदेश उनके कान में सुनाई पड़ रहा है, जिसे वे भाषण दे रहे हैं।

वे कह रहे थे-"मैं आज मनुष्य को एक घने अंधकार में देख रहा हूँ। उसके भीतर कुछ बुझ गया है। यह युग ही अंधकारमय है। यह सर्वग्राही अंधकार संपूर्ण विश्व को अपने उदर में छिपाए है। आज मनुष्य इस अंधकार से घबरा उठा है। वह पथभ्रष्ट हो गया है। आज आत्मा में भी अंधकार है। अंतर की आँखें ज्योतिहीन हो गई हैं। वे उसे भेद नहीं पातीं।

विषय-वस्तु पर आधारित प्रश्न

1. टॉर्च बेचनेवाले ने दाढ़ी क्यों बढ़ा रखी थी तथा उसने टॉर्च बेचना क्यों बंद कर दिया?

2. 'टॉर्च बेचनेवाले' पाठ के आधार पर "आत्मा के भीतर टॉर्च" जलने से क्या तात्पर्य है? स्पष्ट कीजिए।

3. भव्य पुरुष ने श्रोताओं को क्या संदेश दिया?

4. टॉर्च बेचनेवाले ने अपने मित्र को देखकर क्या प्रतिक्रिया दी?

5. भव्य पुरुष ने अपने धंधे को 'सनातन कंपनी' क्यों कहा?

04
अध्याय

गूँगे
(रांगेय राघव)

लेखक-परिचय

रांगेय राघव (मूल नाम-तिरुमल्लै नंबाकम वीर राघव आचार्य) का जन्म वर्ष 1923 में आगरा (उत्तर प्रदेश) में हुआ था। उनके पूर्वज दक्षिण आरकाट से जयपुर-नरेश के निमंत्रण पर जयपुर आए और बाद में आगरा में बस गए। उन्होंने आगरा विश्वविद्यालय से हिंदी में एम.ए. और पी.एच.डी. की उपाधि प्राप्त की। रांगेय राघव ने कहानी, उपन्यास, कविता और आलोचना जैसी साहित्यिक विधाओं में योगदान दिया। उनके प्रमुख कहानी संग्रह हैं-रामराज्य का वैभव, देवदासी, अधूरी मूरत, जीवन के दाने आदि। उनके उल्लेखनीय उपन्यासों में घरौंदा, विषाद-मठ, मुर्दों का टीला और कब तक पुकारूँ शामिल हैं। वर्ष 1936 से लेखन शुरू करने वाले राघव ने 80 से अधिक कहानियाँ लिखीं, जिनमें शोषित और पीड़ित मानव जीवन का यथार्थ चित्रण मिलता है। उनकी कृतियों का संग्रह 'रांगेय राघव ग्रंथावली' के रूप में प्रकाशित हुआ है। मात्र 39 वर्ष की आयु में वर्ष 1962 में उनका निधन हो गया।

▼ अध्ययन के लिए
- पाठ की रूपरेखा
- पाठ का सार

▼ अभ्यास के लिए
- पाठ्यपुस्तक के प्रश्नोत्तर
- गद्यांशों की व्याख्या
- गद्यांश पर आधारित बहुविकल्पीय प्रश्न
- विषय-वस्तु पर आधारित प्रश्नोत्तर

पाठ की रूपरेखा

'गूँगे' कहानी में एक गूँगे किशोर के माध्यम से शोषित मानव की असहाय स्थिति का चित्रण है। कभी तो वह मूक भाव से सब अत्याचार सह लेता है और कभी विरोध में आक्रोश व्यक्त करता है। इस कहानी के माध्यम से लेखक ने विकलांगों के प्रति समाज में व्याप्त संवेदनहीनता को रेखांकित किया है, साथ ही यह बताने की भी कोशिश की है कि उन्हें सामान्य मनुष्य की तरह मानना और समझना चाहिए तथा उनके साथ संवेदनशील व्यवहार करना चाहिए।

पाठ का सार

गूँगे का परिचय

गूँगे को देखकर सभी लोगों में उसके बारे में जानने की जिज्ञासा उत्पन्न होती है। गूँगे ने अपने कानों पर हाथ रखकर इशारा किया कि वह जन्म से वज्र बहरा (जिसे पूर्ण रूप से सुनाई न देता हो) होने के कारण गूँगा है। लोगों ने उसके माता-पिता के बारे में पूछा, तो उसने मुँह के आगे इशारा करके बताया कि जब वह छोटा ही था, तब माँ, जो घूँघट काढ़ती थी, भाग गई और बड़ी-बड़ी मूँछों वाला बाप मर गया, इसलिए उसे बुआ-फूफा ने पाला था, जो उसे मारा करते थे।

गूँगे के प्रति लोगों की संवेदना

गूँगे की पीड़ादायक व्यथा जानकर सभी लोगों का हृदय करुणा से भर गया। वह बोलने का भरसक प्रयास करता है, परंतु नतीजा कुछ नहीं, केवल कर्कश काँय-काँय का ढेर। अस्फुट ध्वनियों का वमन, जैसे आदि मानव अभी भाषा बनाने में जी-जान से लड़ रहा हो। किसी ने बचपन में गला साफ़ करने की कोशिश में काकल काट दिया और वह ऐसे बोलता है जैसे घायल पशु कराह उठता है। चमेली ने पहली बार अनुभव किया कि

यदि गले में काकल तनिक ठीक नहीं हो, तो मनुष्य क्या से क्या हो जाता है। कैसी यातना है कि वह अपने हृदय को उगल देना चाहता है, किंतु उगल नहीं पाता।

गूँगे का स्वाभिमानी व स्वावलंबी होना

गूँगे की दु:खभरी कहानी सुनकर सभी स्तब्ध रह गए। सुशीला ने पूछा कि तू खाता क्या है? किस तरह अपना जीवन निर्वाह करता है? वह इशारों में बताता है कि हलवाई के यहाँ रातभर लड्डू बनाए हैं, कड़ाही माँजी है, नौकरी की है, कपड़े धोए हैं। सीने पर हाथ मारकर इशारा किया—'हाथ फैलाकर कभी नहीं माँगा, भीख नहीं लेता', भुजाओं पर हाथ रखकर इशारा किया, 'मेहनत का खाता हूँ' और पेट बजाकर दिखाया 'इसके लिए, इसके लिए......।' गूँगा यह भी बता देता है कि आप यदि इन इशारों को करेंगी, तो मैं घर के सारे काम कर सकता हूँ।

चमेली द्वारा गूँगे को नौकर रखना

गूँगा अपने गज़ब के इशारों से अपने भाव-विचारों को व्यक्त करता है। वह दूध ले आता है। कच्चा मँगाना हो तो थन काढ़ने का इशारा कीजिए, औंटा हुआ मँगवाना हो, तो हलवाई जैसे एक बर्तन से दूध दूसरे बर्तन में उठाकर डालता है, वैसी बात कहिए। साग मँगवाना हो, तो गोल-गोल कीजिए या लंबी उँगली दिखाकर समझाइए। चमेली उससे अत्यंत प्रभावित होती है और पूछती है—हमारे यहाँ रहेगा? गूँगे ने हाथ से इशारा किया—क्या देगी? चमेली ने उसे चार रुपये और खाना देने का प्रस्ताव दिया। गूँगा उसके प्रस्ताव को स्वीकार कर लेता है।

गूँगे का घर से भाग जाना तथा चमेली का क्रोधित होना

गूँगा, चमेली के घर रहने लगा। बच्चों के चिढ़ाने का भी वह बुरा नहीं मानता था, किंतु जगह-जगह नौकरी करके भाग जाने की उसकी आदत अभी नहीं गई थी। एक दिन अचानक वह चुपके से घर से निकल पड़ा। जब चमेली ने उसे पुकारा गूँगे! तब कोई उत्तर नहीं आया। 'भाग गया होगा', चमेली के पति ने उदासीन स्वर में कहा। चमेली को कुछ समझ नहीं आया कि वह क्यों भाग गया?

वह रसोईघर में जाकर मन-ही-मन उसे नाली का कीड़ा कहती है, 'एक छत उठाकर सिर पर रख दी' फिर भी मन नहीं भरा। जब चमेली खाना पकाकर बच्चों समेत खुद भी भोजन कर लेती है, तब गूँगा लौट आता है और भूखा होने का इशारा करता है। चमेली दो रोटियाँ उसकी ओर फेंक देती है और उसके खा लेने के बाद चिमटा लेकर उसकी ख़बर लेती है कि वह घर से भागकर कहाँ गया था। गूँगा पीठ पर चिमटा पड़ने पर भी नहीं रोता है, क्योंकि उसे अपने अपराध का भान था। यह देख चमेली की आँखें भर आती हैं और तब गूँगा भी रो पड़ता है। इस घटना के बाद गूँगे के भागने और पुन: लौट आने का क्रम जारी रहा। चमेली सोचती कि गूँगे ने घर से भागकर भीख माँगी होगी।

गूँगे की सहनशीलता व कृतज्ञता

एक दिन चमेली का बेटा 'बसंता' उसे चपत जड़ देता है, परंतु गूँगा बसंता पर पलटवार नहीं करता और रो पड़ता है। उसके रोने की कर्कश आवाज़ सुन चमेली वहाँ आती है। बसंता के यह कहने पर कि गूँगा उसे पीटना चाहता था, चमेली गूँगे पर गुस्साती है— क्यों रे? चमेली की भाव-भंगिमा समझ गूँगा उसका हाथ पकड़ लेता है। चमेली घृणा से हाथ छुड़ा लेती है और जाकर रसोई में जुट जाती है। रोटी पकाती हुई वह सोचती है कि गूँगा बसंता से अधिक बलशाली है, फिर भी उसने उस पर हाथ नहीं उठाया, पर मेरा हाथ पकड़कर शायद वह मुझे बताना चाहता था कि वह निर्दोष है। चमेली को यह सोच विस्मय होता है कि गूँगा शायद यह समझता है कि बसंता उसके मालिक का बेटा है, इसलिए वह उस पर हाथ नहीं उठा सकता। इस प्रकार, गूँगा अपने आश्रयदाता के प्रति सहनशीलता व कृतज्ञता का भाव रखता था।

गूँगे को घर से बाहर निकालना

एक दिन घृणा से विक्षुब्ध होकर चमेली गूँगे से पूछती है कि क्या उसने चोरी की है? इस पर गूँगा चुपचाप सिर झुका लेता है। चमेली सोचती है शायद अपराध स्वीकार कराकर दंड दिए बिना ही गूँगे को सुधारा जा सकता है। वह हाथ पकड़कर उसे घर से बाहर निकल जाने का इशारा करती है। फिर आवेश में आकर कहती है, "रोज़-रोज़ भाग जाता है, पत्ते चाटने की आदत पड़ गई है। कुत्ते की दुम क्या कभी सीधी होगी? नहीं रखना है हमें, जा, तू इसी वक्त निकल जा।" गूँगा समझ जाता है कि मालकिन नाराज़ होकर उसे घर से बाहर निकालना चाहती है, पर वह वहीं खड़ा रहता है। तब चमेली उसे हाथ पकड़कर दरवाज़े से बाहर कर देती है।

अत्याचार के प्रति गूँगे का विद्रोह

गूँगे के जाने के घंटेभर बाद ही शकुंतला और बसंता चिल्लाकर 'अम्मा-अम्मा' पुकारने लगते हैं। गूँगा लहूलुहान घर के दरवाज़े पर सिर रखकर कुत्ते की तरह चिल्ला रहा था। उसे सड़क पर लड़कों ने पीटा था, क्योंकि गूँगा होने के चलते उसे दबना स्वीकार न था। उसका सिर फट गया था। चमेली चुपचाप यह सब देख रही थी। वह सोचने लगती है कि आज ये गूँगे कितने रूपों में इस संसार में व्याप्त हैं, जो न्याय-अन्याय की परख करने के पश्चात् भी अत्याचार के विरुद्ध आवाज़ नहीं उठा पाते। चमेली को ऐसा लगता है कि आज सभी लोग ही गूँगे हैं, क्योंकि वे स्नेह और समानता की चाह में भौतिक सुखों को त्यागने के लिए भी तैयार रहते हैं, ताकि समाज में क्रांति लाई जा सके।

शब्दार्थ

द्वेष—बैर/शत्रुता का भाव; **तमाम**—सभी/समस्त; **वज्र बहरा**—जिसे पूर्ण रूप से सुनाई न देता हो; **इशारा**—संकेत/इंगित करना; **दिलचस्पी**—रुचि; **आनंद-मिश्रित**—आनंदयुक्त/प्रिय लगने वाला; **कुतूहल**—जिज्ञासा/जानने की इच्छा; **इंगित**—संकेत; **कर्कश**—कठोर/अप्रिय; **अस्फुट**—अस्पष्ट; **ध्वनियों का वमन**—आवाज़ निकालने की कोशिश में ध्वनियों को जैसे-तैसे उगल देना; **काकल/कौआ**—गले के भीतर की घाँटी; **यातना**—पीड़ा; **अकल**—अक्ल; **स्तब्ध**—शांत/चुप; **चीत्कार**—चीख; **परिणत**—बदलना; **आँखों में पानी आना**— आँसू निकलना; **औटा हुआ**—गर्म किया हुआ; **सीने पर हाथ मारना**—स्वीकार करना; **तबीयत**—मन; **पल्लेदारी**—पीठ पर अनाज/सामान ढोने का कार्य; **प्रतिच्छाया**—स्वरूप/प्रतिबिंब; **अजायबघर**—म्यूज़ियम/चीजें/विचित्र चीज़ों या जीव-जंतुओं के रखने का स्थान; **रोष**—गुस्सा/क्रोध; **निस्संकोच**—बिना किसी हिचकिचाहट के; **चपत**—थप्पड़; **रुदन**—रोना; **भाव-भंगिमा**—हाव-भाव; **क्षण**—पल; **घृणा**—नफ़रत; **मंगल-कामना**—कल्याण की भावना; **विस्मय**—आश्चर्य/हैरानी; **विक्षोभ**—क्षुब्ध/दु:ख; **तिरस्कार**—अपमान; **बरबस**—अचानक; **उपेक्षा**—अवहेलना; **अजीब**—विचित्र; **दर्दनाक**—पीड़ादायक; **अमानवीय**—जो मानव जैसा न हो; **विक्षुब्ध**—अशांत; **फुरसत**—छुट्टी; **आवेश**—क्रोध; **मक्कार**—छली; **निष्फल**—व्यर्थ/बेकार; **अचरज**—आश्चर्य; **दहलीज़**—दरवाज़े की चौखट; **अवसाद**—दु:ख; **प्रतिहिंसा**—बदले की भावना; **विद्वेष**—शत्रुता; **कृत्रिम**—बनावटी; **छलना**—धोखा; **स्नेह**—प्रेम।

पाठ्यपुस्तक (अंतरा भाग-1) के प्रश्नोत्तर

1. गूँगे ने अपने स्वाभिमानी होने का परिचय किस प्रकार दिया?

उत्तर गूँगे ने अपने सीने पर हाथ मारकर इशारा किया कि उसने हाथ फैलाकर कभी नहीं माँगा, भीख नहीं लेता। उसने नौकरी की है, बर्तन माँजे हैं, कपड़े धोए हैं और हलवाई के यहाँ रातभर लड्डू बनाने का काम किया है। इसके बाद उसने अपनी भुजाओं पर हाथ रखकर इशारा किया कि वह मेहनत का खाता है और पेट बजाकर बताया कि इसके लिए सब कुछ करता है।

2. "मनुष्य की करुणा की भावना उसके भीतर गूँगेपन की प्रतिच्छाया है।" कहानी के इस कथन को वर्तमान सामाजिक परिवेश के संदर्भ में स्पष्ट कीजिए।

उत्तर कहानी में एक स्थान पर कहा गया है—"मनुष्य की करुणा की भावना उसके भीतर गूँगेपन की प्रतिच्छाया है।" आज जब मनुष्य के हृदय में किसी के लिए दया और करुणा उमड़ती है, तो वह उसकी मदद नहीं करता, बल्कि मात्र करुणा का भाव प्रकट करके रह जाता है। ऐसे व्यक्ति पर भी गूँगेपन की छाया का प्रभाव पड़ता है। यदि हमारे हृदय में किसी के प्रति करुणा उमड़े, तो हमें उसके लिए कुछ करना भी चाहिए, गूँगे व्यक्तियों की तरह चुप नहीं रहना चाहिए।

3. "नाली का कीड़ा! एक छत उठाकर सिर पर रख दी, फिर भी मन नहीं भरा।" चमेली का यह कथन किस संदर्भ में कहा गया है और इसके माध्यम से उसके किन मनोभावों का पता चलता है?

उत्तर चमेली ने गूँगे पर दया दिखाते हुए उसे अपने घर चार रुपये महीने नौकरी पर रख लिया। एक दिन जब चमेली ने गूँगे को पुकारा तो वह सामने नहीं आया। चमेली के पति ने कहा कि वह घर छोड़कर भाग गया होगा। चमेली रसोई में जाकर खाना बनाने लगी और सोचने लगी कि गूँगा क्यों भाग गया? फिर क्रोध में भरकर बोली—"नाली का कीड़ा! एक छत उठाकर सिर पर रख दी, फिर भी मन नहीं भरा।" चमेली को लगा कि एक तो उसने गूँगे को दया दिखाकर नौकरी पर रख लिया और अब यह बिना किसी बात के घर छोड़कर भाग गया है। लोग उस पर हँसेंगे कि और दया दिखाओ। देख लिया दया दिखाने का परिणाम! चमेली स्त्री होने के साथ-साथ एक माँ भी है, जिसके हृदय में ममत्व व करुणा भरी है। अपने इसी भाव के कारण वह गूँगे के प्रति संवेदनशील है। उसे यही चिंता सता रही है कि न जाने कहाँ-कहाँ भटक रहा होगा। इस कथन से चमेली के हृदय की करुणा, ममत्व, उदारता, संवेदनशीलता व परोपकारिता आदि मनोभावों का पता चलता है।

4. यदि बसंता गूँगा होता, तो आपकी दृष्टि में चमेली का व्यवहार उसके प्रति कैसा होता?

उत्तर एक माता दुनिया में सर्वाधिक प्यार और ममता अपने बच्चे पर लुटाती है। यदि चमेली का पुत्र 'बसंता' गूँगा होता, तो उसका व्यवहार ऐसा न होता, जैसा गूँगे के साथ था। उदाहरण के लिए; यदि बसंता गूँगा होता, तो चमेली के हृदय में सभी गूँगों के लिए ममता और प्यार होता। यदि उसे कोई बिना किसी कारण के थप्पड़ मारता, तो वह उस व्यक्ति से लड़ने-मरने को तैयार हो जाती। वह उसके लिए बासी रोटियाँ नहीं रखती।

वह ज़रा-सी गलती हो जाने पर अपने पुत्र को चिमटे से नहीं मारती और उसे धक्का देकर घर से बाहर निकल जाने के लिए नहीं कहती। यदि उसका गूँगा पुत्र बिना बताए घर से चला जाता, तो वह निश्चिंत होकर रसोईघर में भोजन बनाने के कार्य में न लगकर पहले उसे ढूँढने की कोशिश करती। उसे खून में लथपथ देख वह शीघ्रातिशीघ्र उसका उपचार करवाती।

5. "उसकी आँखों में पानी भरा था। जैसे उनमें एक शिकायत थी, पक्षपात के प्रति तिरस्कार था।" क्यों?

उत्तर गूँगा बिना किसी को बताए घर से चला जाता था। एक दिन जब बसंता ने उसे एक चपत लगा दी, तब गूँगा रोने लगा। उसका रुदन इतना कर्कश था कि चमेली को चूल्हा छोड़कर आना पड़ा। गूँगा उसे इशारों से बताना चाहता था कि बसंता ने उसे मारा, परंतु बसंता ने उल्टा उस पर ही आरोप लगा दिया कि गूँगा उसे मारना चाहता था।

यह सुनकर चमेली ने जैसे ही गूँगे पर हाथ उठाया, वैसे ही उसने उसका हाथ पकड़ लिया। इसके कुछ ही देर बाद चमेली को अपनी भूल का एहसास हुआ। वह अपराधी की भाँति रसोई में वापस चली गई और बाद में जब गूँगे को रोटी खाने के लिए बुलाती है, तो उसकी आँखों में आँसू भरे थे, जो उसके द्वारा किए गए पक्षपात के विरुद्ध तिरस्कार का भाव व्यक्त कर रहे थे।

6. "गूँगा दया या सहानुभूति नहीं, अधिकार चाहता था"–सिद्ध कीजिए।

उत्तर 'गूँगे' कहानी में लेखक ने एक गूँगे किशोर के माध्यम से शोषित मानव की दयनीय स्थिति का चित्रण किया है। गूँगा दया या सहानुभूति नहीं, बल्कि अधिकार चाहता है। वह गूँगा होने पर भी वे सारे काम कर सकता है, जो एक साधारण मनुष्य कर सकता है। जब उसे यह अनुभव होता है कि उसके बुआ-फूफा उसे काम के अनुकूल भोजन नहीं देते, तो वह वहाँ से भाग आता है। जब बसंता उसे बिना किसी कारण के थप्पड़ मारता है, तो वह इस बात को पसंद नहीं करता। इसी कारण जब चमेली गूँगे को मारने के लिए हाथ उठाती है, तो वह उसका हाथ कसकर पकड़ लेता है, क्योंकि दंड उसे नहीं, बल्कि बसंता को मिलना चाहिए। गूँगे को चमेली के घर भी वह सम्मान, अधिकार नहीं मिलता, जो वह चाहता है, इसलिए वह वहाँ से भी भाग जाता था। जब उसके स्वाभिमान पर आँच आती है, तो वह गली के बहुत सारे लड़कों से अकेला ही भिड़ जाता है और घायल हो जाता है। अतः कहा जा सकता है कि वह समाज में सम्मानपूर्वक रहने का अधिकार चाहता है, दया नहीं।

7. 'गूँगे' कहानी पढ़कर आपके मन में कौन-से भाव उत्पन्न होते हैं और क्यों?

उत्तर 'गूँगे' कहानी पढ़कर हमारे मन में गूँगे के प्रति दया, करुणा, सच्ची सहानुभूति और ममता का एहसास होता है, क्योंकि गूँगा अच्छी-बुरी बातों को समझ तो लेता है, किंतु बोलकर उत्तर देने में असमर्थ होता है। वह अपने ऊपर होने वाले अत्याचारों को सहता रहता है, लेकिन उनका उत्तर नहीं दे पाता। उसका हृदय अपने ऊपर होने वाले अत्याचारों का विद्रोह करना चाहता है, किंतु गूँगा होने के कारण उसकी वाणी उसका साथ नहीं दे पाती। वह न जाने कितने संकेतों से अपनी बात को दूसरों को समझाने की असफल कोशिश करता है। समाज में इस तरह के शारीरिक विकलांग लोगों के साथ समानता का व्यवहार नहीं किया जाता और न ही उन्हें विकास के उचित अवसर दिए जाते। समाज और सरकार को उनके प्रति संवेदनशील एवं सहृदय होना चाहिए तथा उनके संपूर्ण विकास के लिए आवश्यक योजनाएँ बनानी चाहिए, जिससे देश की प्रगति संभव हो सकेगी।

8. कहानी का शीर्षक 'गूँगे' है, जबकि कहानी में एक ही गूँगा पात्र है। इसके माध्यम से लेखक ने समाज की किस प्रवृत्ति की ओर संकेत किया है?

उत्तर कहानी में एक गूँगे किशोर के माध्यम से समाज के उस शोषित वर्ग का चित्रण किया गया है, जो वाणी न होने के कारण शोषण सहने व दुःखदायी जीवन व्यतीत करने के लिए विवश है। इसमें विकलांगों के प्रति समाज में व्याप्त उस संवेदनहीनता को रेखांकित किया गया है, जिसमें स्वस्थ व्यक्ति कमज़ोरों व लाचारों को तमाशा समझते हैं, जबकि उन्हें उनके साथ संवेदनशील व्यवहार करना चाहिए। लेखक ऐसे लोगों को भी गूँगे-बहरे मानता है, जो संवेदनहीन हैं, आवाज़ होते हुए भी अन्याय और शोषण को चुपचाप सह लेते हैं तथा अपने सामाजिक दायित्वों के प्रति सचेत नहीं हैं। इस प्रकार, कहानी का 'गूँगा' पात्र अकेला गूँगा नहीं है, बल्कि वह समस्त समाज में व्याप्त गूँगों का प्रतिनिधित्व करता है। अतः इसी कारण कहानी का शीर्षक 'गूँगा' की जगह 'गूँगे' रखा जाना सर्वथा उचित है।

9. यदि 'स्किल इंडिया' जैसा कोई कार्यक्रम होता तो क्या गूँगे को दया या सहानुभूति का पात्र बनना पड़ता?

उत्तर छात्र स्वयं करें।

10. निम्नलिखित गद्यांशों की संदर्भ सहित व्याख्या कीजिए

(क) करुणा ने सबको ········ जी जान से लड़ रहा हो।

(ख) वह लौटकर चूल्हे पर ········ आदमी गुलाम हो जाता है।

(ग) और फिर कौन ········ ज़िंदगी बिताए।

(घ) और ये गूँगे ········ क्योंकि वे असमर्थ हैं।

उत्तर (क) इसका उत्तर गद्यांश 2 की व्याख्या में देखिए।

(ख) इसका उत्तर गद्यांश 9 की व्याख्या में देखिए।

(ग) **संदर्भ** प्रस्तुत गद्यांश पाठ्यपुस्तक 'अंतरा भाग-1' में संकलित कहानी 'गूँगे' से अवतरित है। इसके रचयिता सुप्रसिद्ध कहानीकार रांगेय राघव हैं।

प्रसंग प्रस्तुत गद्यांश में चमेली के मानसिक द्वंद्व का वर्णन है कि यदि गूँगा कोई गलत कार्य करता है, तो इससे उसे क्या लेना-देना।

व्याख्या प्रस्तुत गद्यांश में लेखक कहते हैं कि जब चमेली ने गूँगे से पूछा कि क्या उसने चोरी की है, तो गूँगे ने अपना सिर झुका लिया। चमेली को उस पर बहुत क्रोध आया और वह उसे घूरती रही। अगले ही क्षण उसने सोचा कि यह गूँगा मेरा अपना तो है नहीं। इसे सुधारने की ज़िम्मेदारी मेरी नहीं है। यह कौन-सा मेरा सगा-संबंधी है। यदि इसे यहाँ रहना है, तो ठीक तरीके से रहे, यदि नहीं रहना है, तो जाकर सड़क पर कुत्तों की तरह लोगों की जूठन पर ज़िंदगी बिताए और कदम-कदम पर अपमान सहे।

विशेष

(*i*) प्रस्तुत गद्यांश में लेखक ने अनाथ बच्चों की स्थिति की भयावहता की ओर संकेत किया है।

(*ii*) प्रस्तुत गद्यांश में अपने-पराए संबंधी भेदभाव की वास्तविक मनःस्थिति का सजीव चित्रण किया गया है।

(*iii*) प्रस्तुत गद्यांश की भाषा सरल, सहज तथा भावों को व्यक्त करने में पूर्णतः समर्थ है।

(घ) इसका उत्तर गद्यांश 11 की व्याख्या में देखिए।

11. निम्नलिखित पंक्तियों का आशय स्पष्ट कीजिए

(क) कैसी यातना है कि वह अपने हृदय को उगल देना चाहता है, किंतु उगल नहीं पाता।

(ख) जैसे मंदिर की मूर्ति कोई उत्तर नहीं देती, वैसे ही उसने भी कुछ नहीं कहा।

उत्तर (क) लेखक का आशय यह है कि एक गूँगा व्यक्ति कितना मजबूर और लाचार होता है। वह अपने भावों को भाषा द्वारा व्यक्त करना चाहता है, परंतु कर नहीं पाता। गूँगा अपनी विवशता व वेदना को शब्दों में अभिव्यक्त करना चाहता है, परंतु कर नहीं पाता, केवल छटपटाता ही रह जाता है, क्योंकि उसके शब्दों में अर्थाभिव्यक्ति की क्षमता नहीं होती।

(ख) लेखक का आशय यह है कि चमेली द्वारा गूँगे को कटु बातें सुनने को मिलती हैं तथा वह उसे घर से निकालने की भी धमकी देती है। इतना लताड़ने पर भी गूँगा एकदम मौन अवस्था में ही खड़ा रहता है। जैसे मंदिर की मूर्ति के समक्ष कुछ भी कहने पर कोई प्रत्युत्तर नहीं मिलता। वह भी ज्यों-का-त्यों मूर्ति की तरह खड़ा रहा।

योग्यता-विस्तार

1. समाज में दिव्यांगों के लिए होने वाले प्रयासों में आप कैसे सहयोग कर सकते हैं?

उत्तर दिव्यांग या विकलांग लोग भी हमारी तरह समाज का अभिन्न अंग हैं। जिस प्रकार हम अपने परिजनों की सहायता के लिए हमेशा तत्पर रहते हैं, उसी प्रकार हमें विकलांगों की भी सहायता करनी चाहिए। उनको शिक्षा के ऐसे अवसर उपलब्ध कराने चाहिए, जिनसे उन्हें अन्य लोगों पर निर्भर न रहना पड़े। उन्हें सरकार द्वारा चलाई गई कल्याणकारी व विकास हेतु योजनाओं से अवगत कराना चाहिए। हमें उनके साथ समानता का व्यवहार करना चाहिए, जिससे उनमें हीन-भावना न आए। हमें उनके प्रति सहानुभूति व संवेदनशील भाव रखना चाहिए। उनके साथ आर्थिक रूप से तैयार रहकर व कृत्रिम अंग या वाहन देकर हम उनका जीवन सरल व सुगम बना सकते हैं।

2. दिव्यांगों की समस्या पर आधारित 'स्पर्श', 'कोशिश' तथा 'इकबाल' फ़िल्में देखिए और समीक्षा कीजिए।

उत्तर छात्र स्वयं करें।

अभ्यास प्रश्न

गद्यांशों की व्याख्या

निम्नलिखित गद्यांशों की सप्रसंग व्याख्या कीजिए

गद्यांश 1

मुँह के आगे इशारा करके गूँगे ने बताया–भाग गई। कौन? फिर समझ में आया। जब छोटा था, तब 'माँ', जो घूँघट काढ़ती थी, छोड़ गई, क्योंकि 'बाप' अर्थात् बड़ी-बड़ी मूँछें, मर गया था। और फिर उसे पाला है–किसने? यह तो समझ में नहीं आया, पर वे लोग मारते बहुत हैं।

संदर्भ प्रस्तुत गद्यांश पाठ्यपुस्तक 'अंतरा भाग-1' में संकलित पाठ 'गूँगे' से उद्धृत है। यह कहानी सुप्रसिद्ध कथाकार रांगेय राघव द्वारा रचित है।

प्रसंग प्रस्तुत गद्यांश में लेखक ने गूँगे द्वारा अपने विषय में संकेतों के माध्यम से बताने का मार्मिक चित्रण प्रस्तुत किया है।

व्याख्या प्रस्तुत गद्यांश में लेखक कहते हैं कि चमेली पहली बार जब गूँगे से मिली, तो वह स्त्रियों में घिरा हुआ था और स्त्रियाँ उस पर हँस रही थीं। गूँगे ने अपने कानों के आगे इशारा करके बताया कि वह जन्म से बहरा और गूँगा है। माँ-बाप के बारे में पूछने पर उसने मुँह के आगे इशारा करके बताया कि जब वह छोटा ही था, तब 'माँ', जो घूँघट काढ़ती थी, उसे छोड़कर भाग गई। 'बाप', जिसकी बड़ी-बड़ी मूँछें थीं, मर गया था। यह पूछने पर कि उसे किसने पाला है, उसने जो कुछ बताया, उसका उत्तर समझ में तो नहीं आया, किंतु यह समझ में आया कि वे लोग उसे बहुत मारते हैं।

विशेष

(i) प्रस्तुत गद्यांश में लेखक ने गूँगे द्वारा किए गए संकेतों का सजीव चित्रण किया है।
(ii) प्रस्तुत गद्यांश में लेखक ने गूँगे का भावगत परिचय प्रस्तुत किया है।
(iii) प्रस्तुत गद्यांश की भाषा सरल, सहज और अपने भावों को व्यक्त करने में पूर्णतः समर्थ है।
(iv) अभिव्यक्ति के लिए संवाद शैली भी अपनाई गई है।
(v) प्रस्तुत गद्यांश में खड़ीबोली में सशक्त अभिव्यक्ति हुई है।

गद्यांश 2

करुणा ने सबको घेर लिया। वह बोलने की कितनी ज़बर्दस्त कोशिश करता है, लेकिन नतीजा कुछ नहीं, केवल कर्कश काँय-काँय का ढेर! अस्फुट ध्वनियों का वमन, जैसे आदिम मानव अभी भाषा बनाने में जी-जान से लड़ रहा हो।

संदर्भ पूर्ववत्।

प्रसंग प्रस्तुत गद्यांश में गूँगे द्वारा अपने बारे में बताने के लिए बोलने की कोशिश करना मार्मिक दृश्य उत्पन्न करता है।

व्याख्या प्रस्तुत गद्यांश में लेखक कहते हैं कि जब गूँगे ने इशारों से अपने विषय में बताया कि उसके माँ-बाप नहीं हैं, उसे किसी और ने पाला है। वे उसे बहुत मारते हैं, यह सुनकर सबका दिल करुणा से भर आया। गूँगे को देखकर साफ़ पता चलता है कि वह बोलने की बहुत कोशिश करता है, लेकिन इस कोशिश का परिणाम कुछ भी नहीं निकल पाता। वह कुछ भी नहीं बोल पाता। केवल कर्कश काँय-काँय का ढेर। कुछ ऐसी अस्पष्ट ध्वनियाँ निकलती हैं, जिनका कुछ अर्थ ही नहीं होता। उसे बोलने की कोशिश करते हुए देखकर ऐसा लगता है मानो आदिमानव अभी अपनी शुरुआती अवस्था में हो और भाषा बनाने में जी-जान से जुटा हुआ हो।

विशेष

(i) प्रस्तुत गद्यांश में गूँगे की सांकेतिक भाषा द्वारा स्त्रियों के हृदयगत भावों का चित्रण किया गया है।
(ii) प्रस्तुत गद्यांश में लेखक ने गूँगे के प्रति संवेदना व्यक्त की है।
(iii) प्रस्तुत गद्यांश में तत्सम व मुहावरेयुक्त भाषा-शैली का प्रयोग है।
(iv) प्रस्तुत गद्यांश की भाषा सरल व सहज तथा भावावेग से भरी है।

गद्यांश 3

सुशीला ने आगे बढ़कर इशारा किया–'मुँह खोलो!' और गूँगे ने मुँह खोल दिया–लेकिन उसमें कुछ दिखाई नहीं दिया। पूछा–'गले में कौआ है?' गूँगा समझ गया। इशारे से ही बता दिया– 'किसी ने बचपन में गला साफ़ करने की कोशिश में काकल काट दिया' और वह ऐसे बोलता है, जैसे घायल पशु कराह उठता है, शिकायत करता

है, जैसे कुत्ता चिल्ला रहा हो और कभी-कभी उसके स्वर में ज्वालामुखी के विस्फोट की-सी भयानकता थपेड़े मार उठती है। वह जानता है कि वह सुन नहीं सकता और बता-बताकर मुसकराता है। वह जानता है कि उसकी बोली को कोई नहीं समझता फिर भी बोलता है।

संदर्भ पूर्ववत्।

प्रसंग प्रस्तुत गद्यांश में लेखक ने गूँगे द्वारा अपने मुँह से विचित्र आवाज़ें निकालकर अपनी पीड़ा बताने का प्रयास का अत्यंत मार्मिक वर्णन किया है।

व्याख्या प्रस्तुत गद्यांश में लेखक बताते हैं कि सुशीला ने जब उससे मुँह खोलने का इशारा किया, तो उसके मुँह में कुछ भी दिखाई नहीं दिया। यह पूछने पर कि 'गले में कौआ (काकल) है अथवा नहीं?' उसने सप्रयास बताया कि किसी ने बचपन में गला साफ़ करने की कोशिश में कौआ (काकल) काट दिया। किसी बात को बोलते हुए उसके मुँह से ऐसी आवाज़ आती है, जैसे घायल पशु के कराहने की आवाज़ हो। वह इस प्रकार शिकायत करता है, जैसे कुत्ता चिल्ला रहा हो। कभी-कभी उसके स्वर में ज्वालामुखी के विस्फोट की-सी भयानकता स्पष्ट सुनाई देती है। उसके अंदर उन लोगों के प्रति आक्रोश है, जिन्होंने उसकी यह दशा की है। वह इस बात को भली-भाँति जानता है कि वह लोगों की बातें सुन नहीं सकता, फिर भी अपनी बात बता-बताकर मुस्कुराता है। वह जानता है कि उसकी कही गई बात को कोई नहीं समझ रहा, फिर भी वह बोलता है। उसके द्वारा बोलकर बताने का उसका प्रयास हृदय के मर्म को छू जाता है।

विशेष

(*i*) प्रस्तुत गद्यांश में लेखक ने गूँगे द्वारा बोलने के भरसक प्रयास का सजीव व मर्मस्पर्शी चित्रण किया है।
(*ii*) प्रस्तुत गद्यांश में बिंबात्मक शैली का प्रयोग हुआ है।
(*iii*) प्रस्तुत गद्यांश की भाषा सरल व भावातिरेक से परिपूर्ण है।
(*iv*) प्रस्तुत गद्यांश में खड़ीबोली में अभिव्यक्ति हुई है।

गद्यांश 4

वह कहानी ऐसी है, जिसे सुनकर सब स्तब्ध बैठे हैं। हलवाई के यहाँ रात भर लड्डू बनाए हैं, कड़ाही माँजी है, नौकरी की है, कपड़े धोए हैं, सबके इशारे हैं लेकिन–गूँगे का स्वर चीत्कार में परिणत हो गया। सीने पर हाथ मारकर इशारा किया–"हाथ फैलाकर कभी नहीं माँगा, भीख नहीं लेता", भुजाओं पर हाथ रखकर इशारा किया–"मेहनत का खाता हूँ" और पेट बजाकर दिखाया "इसके लिए, इसके लिए..." अनाथाश्रम के बच्चों को देखकर चमेली रोती थी। आज भी उसकी आँखों में पानी आ गया। यह सदा से ही कोमल है। सुशीला से बोली–"इसे नौकर भी तो नहीं रखा जा सकता।"

संदर्भ पूर्ववत्।

प्रसंग प्रस्तुत गद्यांश में गूँगे के कर्मठ स्वभाव व स्वाभिमान का चित्रण किया गया है।

व्याख्या प्रस्तुत गद्यांश में लेखक कहते हैं कि सभी स्त्रियाँ गूँगे को घेरकर बैठी हैं और उसकी पीड़ादायक व्यथा सुन रही हैं। यह कहानी ऐसी है कि जिसे सुनकर सभी स्तब्ध (हैरान) हैं। गूँगे को सभी निस्सहाय समझती हैं अर्थात् गूँगा व्यक्ति कुछ काम नहीं कर सकता, परंतु गूँगा उनकी बात का उत्तर देते हुए इशारे से कहता है कि वह सारे काम भली-भाँति कर सकता है। वह बताता है कि उसने हलवाई की दुकान पर रात-भर लड्डू बनाए हैं, कड़ाही माँजी है, नौकरी की है, कपड़े धोए हैं। अतः गूँगे ने वे सभी कार्य किए हैं, जो एक साधारण मनुष्य कर सकता है। अपनी सारी बातों को उसने इशारों में व्यक्त किया है, परंतु मनुष्य की संतुष्टि वाक् ध्वनि से ही होती है, जिसकी असमर्थता के कारण गूँगे का स्वर चीख में बदल जाता है। वह अत्यंत भावावेग से भरकर अपने सीने (छाती) पर हाथ मारता है और कहना चाहता है कि 'हाथ फैलाकर भीख कभी नहीं माँगता' और अपनी भुजाओं (बाहों) पर हाथ रखकर कहता है कि 'मेहनत का खाता हूँ' इस पेट के लिए, जिसे वह बजाकर बताता है। चमेली पहले से ही अत्यंत भावुक है, वह अनाथाश्रम के बच्चों की दयनीय स्थिति देखकर रोने लगती थी। आज इस गूँगे की दुःखभरी व्यथा सुनकर वह करुणा से भर गई। वह सजल नेत्रों के साथ सुशीला से कहती है कि इस गूँगे को नौकर भी नहीं रखा जा सकता।

विशेष

(*i*) प्रस्तुत गद्यांश में लेखक ने गूँगे के स्वाभिमान व स्वावलंबन का मार्मिक चित्रण प्रस्तुत किया है।
(*ii*) प्रस्तुत गद्यांश में मनुष्य की भावगत कोमलता को लेखक ने चमेली द्वारा व्यक्त किया है।
(*iii*) प्रस्तुत गद्यांश में सांकेतिक भाषा का सार्थक प्रयोग किया गया है।
(*iv*) प्रस्तुत गद्यांश में बिंबात्मक शैली का प्रयोग हुआ है।
(*v*) प्रस्तुत गद्यांश की भाषा सहज व सरल है।

गद्यांश 5

घर पर बुआ मारती थी, फूफा मारता था, क्योंकि उन्होंने उसे पाला था। वे चाहते थे कि बाज़ार में पल्लेदारी करे, बारह-चौदह आने कमाकर लाए और उन्हें दे दे, बदले में वे उसके सामने बाजरे और चने की रोटियाँ डाल दें। अब गूँगा घर भी नहीं जाता। यहीं काम करता है। बच्चे चिढ़ाते हैं। कभी नाराज़ नहीं होता। चमेली के पति सीधे-सादे आदमी हैं। पल जाएगा बेचारा, किंतु वे जानते हैं कि मनुष्य की करुणा की भावना उसके भीतर गूँगेपन की प्रतिच्छाया है, वह बहुत कुछ करना चाहता है, किंतु कर नहीं पाता। इस तरह दिन बीत रहे हैं।

संदर्भ पूर्ववत्।

प्रसंग प्रस्तुत गद्यांश में लेखक ने गूँगे के बुआ-फूफा द्वारा उसके प्रति अमानवीय व्यवहार का मर्मस्पर्शी चित्रण किया है।

व्याख्या प्रस्तुत गद्यांश में लेखक कहते हैं कि गूँगे ने संकेतों के माध्यम से अपने विषय में सभी स्त्रियों को बताया कि जब वह छोटा था, तब उसकी माँ उसे छोड़कर चली गई और पिता की मृत्यु हो गई थी। उसे उसके बुआ-फूफा ने पाला था तथा वे उसे मारते थे, क्योंकि वह बाज़ार में जाकर पल्लेदारी (कमर पर सामान ढोना) नहीं करता था तथा बारह-चौदह आने कमाकर भी नहीं लाता था। खाने के लिए उसे बाजरे व चने की रोटियाँ दी जाती थीं, वह भी ऐसे जैसे किसी कुत्ते के सामने बची-कुची हड्डियाँ या रोटियाँ डाल दी जाती हैं, परंतु अब गूँगा उस घर में नहीं जाता, बल्कि

यहीं काम करता है। बच्चे उसका मज़ाक उड़ाते हैं, मगर वह अब बुरा नहीं मानता। चमेली उसकी दयनीय स्थिति देखकर उसे अपने घर ले आई थी।

उसके पति सीधे-सादे अर्थात् भले आदमी हैं। वह कहते हैं, पल जाएगा बेचारा। वह भली-भाँति जानते हैं कि मनुष्य के अंतर्मन में बैठे गूँगेपन के भाव को करुणा के माध्यम से अभिव्यक्त किया जा सकता है। बेचारा गूँगा अपने जीवन में बहुत कुछ करना चाहता है, परंतु अपनी शारीरिक अक्षमता के कारण कुछ नहीं कर पाता और इसी अभाव में जैसे-तैसे उसके दिन बीत रहे हैं।

विशेष

(i) प्रस्तुत गद्यांश में लेखक ने बुआ-फूफा के माध्यम से समाज के संवेदनहीन व्यक्तियों की ओर संकेत किया है, तो दूसरी ओर चमेली और उसके पति के माध्यम से समाज के संवेदनशील व्यक्तियों का भी उदाहरण प्रस्तुत किया है।

(ii) प्रस्तुत गद्यांश की भाषा सरल व सहज है।

(iii) प्रस्तुत गद्यांश में गूँगे के स्वाभिमानी व्यक्तित्व को दर्शाया गया है।

(iv) प्रस्तुत गद्यांश में खड़ीबोली का प्रयोग हुआ है।

गद्यांश 6

'भाग गया होगा', पति का उदासीन स्वर सुनाई दिया। सचमुच वह भाग गया था। कुछ भी समझ में नहीं आया। चुपचाप जाकर खाना पकाने लगी। क्यों भाग गया? नाली का कीड़ा! 'एक छत उठाकर सिर पर रख दी' फिर भी मन नहीं भरा। दुनिया हँसती है, हमारे घर को अब अजायबघर का नाम मिल गया है।

संदर्भ पूर्ववत्।

प्रसंग प्रस्तुत गद्यांश में चमेली द्वारा गूँगे को अपने घर में नौकर रखने तथा उसके घर से भाग जाने के पश्चात् चमेली और उसके पति के माध्यम से मनुष्य की स्वाभाविक प्रवृत्ति का चित्रण किया गया है।

व्याख्या प्रस्तुत गद्यांश में लेखक कहते हैं कि एक दिन गूँगे के घर से भाग जाने पर जब चमेली उसे आवाज लगाकर ढूँढ रही थी, तब चमेली के पति ने उदासीन भाव से कहा 'भाग गया होगा' और सचमुच ही गूँगा उस समय घर में नहीं था। तत्पश्चात् चमेली ने थोड़ा उसके बारे में सोचा, फिर चुपचाप रसोईघर में जाकर खाना पकाने लग गई। खाना पकाते-पकाते वह गूँगे के भाग जाने के पीछे का कारण सोचने लगी, न जाने क्यों भाग गया? उसने घृणा भाव से सोचा कि वह तो नाली का कीड़ा था। एक छत सिर छिपाने के लिए दी थी, वह भी उसे रास नहीं आई। उसकी अजीब-सी आदतों और व्यवहार के कारण आस-पड़ोस के लोग हम पर हँसते हैं और हमारे घर को अजायबघर कहते हैं।

विशेष

(i) प्रस्तुत गद्यांश में लेखक ने चमेली के अंतर्द्वंद्व व घृणा रूपी भाव को व्यक्त किया है।

(ii) प्रस्तुत गद्यांश में मुहावरेयुक्त शब्दावली से भाषा में रोचकता आई है।

(iii) प्रस्तुत गद्यांश की भाषा सरल, सहज एवं भावों को व्यक्त करने में पूर्णतः समर्थ है।

(iv) प्रस्तुत गद्यांश में खड़ीबोली का प्रयोग हुआ है।

गद्यांश 7

'काम तो करता नहीं, भिखारी।' फेंक दी उसकी ओर रोटियाँ। रोष से पीठ मोड़कर खड़ी हो गई। किंतु गूँगा खड़ा रहा। रोटियाँ छुई तक नहीं। देर तक दोनों चुप रहे। फिर न जाने क्यों, गूँगे ने रोटियाँ उठा लीं और खाने लगा। चमेली ने गिलासों में दूध भर दिया। देखा, गूँगा खा चुका है। उठी और हाथ में चिमटा लेकर उसके पास खड़ी हो गई।

संदर्भ पूर्ववत्।

प्रसंग प्रस्तुत गद्यांश में चमेली की अमानवीयता तथा गूँगे की विवशता का मार्मिक चित्रण किया गया है।

व्याख्या प्रस्तुत गद्यांश में गूँगे के घर वापस आने के बाद चमेली उसे दुत्कारती हुई कहती है कि 'काम तो करता नहीं, भिखारी' और उसके सामने दो रोटियाँ फेंक देती है जैसे कि वह मनुष्य न होकर एक कुत्ता हो। चमेली गुस्से में उसकी तरफ़ पीठ करके खड़ी हो गई, जो गूँगे के प्रति उसके घृणा भाव को व्यक्त कर रहा था, परंतु गूँगा वहीं खड़ा रहा और रोटियाँ छुई तक नहीं। कुछ देर तक दोनों इसी तरह मौन रहे, उस चुप्पी में न जाने क्या हुआ कि गूँगे ने अनायास ही रोटियाँ उठा लीं और खाने लगा। मनुष्य के पेट की भूख उसके स्वाभिमान को चकनाचूर कर देती है। चमेली ने अपने बच्चों के गिलासों में दूध भर दिया। इतने में गूँगे ने दोनों रोटियाँ खा ली थीं। चमेली उठी और हाथ में चिमटा लेकर गूँगे को मारने के लिए उसके पास खड़ी हो गई।

विशेष

(i) प्रस्तुत गद्यांश में लेखक ने चमेली की संवेदनहीनता तथा गूँगे की असहाय स्थिति का चित्रण किया है।

(ii) प्रस्तुत गद्यांश की भाषा सरल, सहज और भावों को व्यक्त करने में पूर्णतः समर्थ है।

(iii) प्रस्तुत गद्यांश में बिंबात्मक शैली का प्रयोग हुआ है।

(iv) प्रस्तुत गद्यांश में खड़ीबोली में सशक्त अभिव्यक्ति की गई है।

गद्यांश 8

'कहाँ गया था?' चमेली ने कठोर स्वर से पूछा। कोई उत्तर नहीं मिला। अपराधी की भाँति सिर झुक गया। सड़ से एक चिमटा उसकी पीठ पर जड़ दिया, किंतु गूँगा रोया नहीं। वह अपने अपराध को जानता था। चमेली की आँखों से ज़मीन पर आँसू टपक गया। तब गूँगा भी रो दिया।

संदर्भ पूर्ववत्।

प्रसंग प्रस्तुत गद्यांश में गलती करने पर गूँगे के अपराध बोध का वास्तविक चित्रण है।

व्याख्या प्रस्तुत गद्यांश में लेखक कहते हैं कि गूँगे की दयनीय स्थिति को देखकर चमेली उसे अपने घर ले आई, किंतु कुछ दिनों तक वहाँ रहने के बाद एक दिन वह वहाँ से गायब हो गया। चमेली को बहुत क्रोध आया। जब वह वापस आया और हाथ से इशारा किया कि 'भूखा है', तो चमेली ने

उसके सामने दो रोटियाँ फेंक दीं। पहले तो गूँगे ने रोटियों को उठाया नहीं, किंतु बाद में खा लिया। उसके बाद चमेली ने उससे कठोर स्वर में पूछा—'कहाँ गया था?' गूँगे ने कोई उत्तर नहीं दिया और अपराधी की भाँति सिर झुका लिया। तब चमेली ने क्रोध में भरकर तुरंत एक चिमटा उसकी पीठ पर जड़ दिया। चिमटा ज़ोर से पीठ पर पड़ने के बाद भी गूँगा रोया नहीं, क्योंकि वह अपने अपराध को जानता था। गूँगे को प्रतिरोध न करते और उसकी समझ को देखकर चमेली की आँखों से ज़मीन पर आँसू टपक गए। चमेली के आँसू निकलने पर गूँगा भी रो पड़ा।

विशेष

(i) प्रस्तुत गद्यांश में लेखक ने गूँगे की अपराध बोध की स्थिति का सजीव चित्रण किया है।

(ii) प्रस्तुत गद्यांश की भाषा सरल, सहज और भावों को व्यक्त करने में पूर्णतः समर्थ है।

(iii) प्रस्तुत गद्यांश में चित्रात्मक शैली का प्रयोग किया गया है।

(iv) प्रस्तुत गद्यांश में खड़ीबोली का प्रयोग हुआ है।

गद्यांश 9

कहीं उसका भी बेटा गूँगा होता तो वह भी ऐसे ही दुःख उठाता! वह कुछ भी नहीं सोच सकी। एक बार फिर गूँगे के प्रति हृदय में ममता भर आई। वह लौटकर चूल्हे पर जा बैठी, जिसमें अंदर आग थी, लेकिन उसी आग से वह सब पक रहा था, जिससे सबसे भयानक आग बुझती है–पेट की आग, जिसके कारण आदमी गुलाम हो जाता है। उसे अनुभव हुआ कि गूँगे में बसंता से कहीं अधिक शारीरिक बल था। कभी भी गूँगे की भाँति शक्ति से बसंता ने उसका हाथ नहीं पकड़ा था, लेकिन फिर भी गूँगे ने अपना उठा हाथ बसंता पर नहीं चलाया।

संदर्भ पूर्ववत्।

प्रसंग प्रस्तुत गद्यांश में चमेली के अंतर्द्वंद्व तथा उसके ममत्व भाव का चित्रण किया गया है।

व्याख्या प्रस्तुत गद्यांश में लेखक बताते हैं कि बसंता के यह कहने पर कि गूँगा मुझे मारना चाहता था, चमेली गूँगे पर गुस्सा करती है—क्यों रे? गूँगा चमेली की भाव-भंगिमा को समझते हुए चमेली का हाथ पकड़ लेता है। चमेली घृणावश अपना हाथ छुड़ा लेती है। वह पुत्र मोह में इतना भी नहीं सोच पाती कि कहीं उसका बेटा भी यदि गूँगा होता, तो वह भी ऐसे ही दुःख उठाता, किंतु एक बार फिर से उसके ममत्व भाव ने उसका क्रोध शांत कर दिया और गूँगे के प्रति उसके हृदय में ममता का भाव उमड़ पड़ा। वह पुनः रसोईघर में चूल्हे के पास आकर बैठ गई। चूल्हे में आग थी। उस आग से वह सब पक रहा था, जिससे सबसे भयानक आग बुझती है अर्थात् पेट में भूख की आग शांत होती है। इसी आग के वशीभूत मनुष्य अन्य लोगों का गुलाम बन जाता है। चमेली को आभास हुआ कि गूँगे में उसके बेटे बसंता की अपेक्षा अधिक बल था, क्योंकि बसंता ने कभी भी गूँगे की भाँति उसका हाथ नहीं पकड़ा था। फिर भी गूँगे ने बसंता पर अपना हाथ नहीं उठाया था, जबकि बसंता ने उसको एक चपत मारी थी।

विशेष

(i) प्रस्तुत गद्यांश में लेखक ने चमेली की मनःस्थिति का चित्रण किया है।

(ii) प्रस्तुत गद्यांश में लेखक ने गूँगे की कृतज्ञता तथा सहनशीलता को व्यक्त किया है।

(iii) प्रस्तुत गद्यांश की भाषा सरल, सहज और भावों को व्यक्त करने में समर्थ है।

(iv) प्रस्तुत गद्यांश में बिंबात्मक शैली का प्रयोग हुआ है।

(v) प्रस्तुत गद्यांश में खड़ीबोली का प्रयोग हुआ है।

गद्यांश 10

गूँगा इस स्वर की, इस सबकी उपेक्षा नहीं कर सकता। वह हँस पड़ा। अगर उसका रोना एक अजीब दर्दनाक आवाज़ थी तो यह हँसना और कुछ नहीं–एक अचानक गुर्राहट-सी चमेली के कानों में बज उठी। उस अमानवीय स्वर को सुनकर वह भीतर-ही-भीतर काँप उठी। यह उसने क्या किया था? उसने एक पशु पाला था, जिसके हृदय में मनुष्यों की-सी वेदना थी।

संदर्भ पूर्ववत्।

प्रसंग प्रस्तुत गद्यांश में गूँगे के रुदन एवं हास्य का वर्णन किया गया है।

व्याख्या प्रस्तुत गद्यांश में लेखक बताते हैं कि चमेली को अपनी भूल का एहसास हो गया है। अतः वह गूँगे को प्रसन्न करना चाहती है। चमेली ने उसे पुकारा और खाना उसकी ओर बढ़ाया। गूँगा चमेली के प्रति आदर भाव रखता है। अतः उसके किसी कठोर व्यवहार के बाद भी उसके मन में चमेली के प्रति तिरस्कार का भाव नहीं जागता। गूँगा अनायास ही हँस पड़ता है। उसके रोने में एक विचित्र-सी वेदना है, तो उसके हँसने में दर्दनाक पीड़ा।

यही पीड़ा अचानक से चमेली के कानों में गुर्राहट-सी आवाज़ बनकर गूँज उठी। गूँगे की हँसी का स्वर उसे मानवीय स्वर से भिन्न प्रतीत हुआ, जो उसे अंदर-ही-अंदर भय से कंपित कर देता है। चमेली को यह आभास हुआ कि उसने गूँगे के साथ अन्याय किया है तथा उसे घर में रखकर मानो बहुत बड़ी भूल की हो। उसने एक पशु पाला था, जिसके हृदय में मनुष्यों की-सी वेदना थी अर्थात् गूँगा पशुओं के समान बोल-सुन नहीं सकता, परंतु मनुष्यों की वेदना व पीड़ा का अनुभव वह भली-भाँति कर सकता है।

विशेष

(i) प्रस्तुत गद्यांश में लेखक ने गूँगे के हँसने और रोने का बिंब प्रस्तुत किया है।

(ii) प्रस्तुत गद्यांश में चमेली के पश्चाताप का आंतरिक चित्रण किया गया है।

(iii) प्रस्तुत गद्यांश में गूँगे के रुदन व हास्य का सूक्ष्म रूप प्रस्तुत किया गया है।

(iv) प्रस्तुत गद्यांश की भाषा सरल व भावों को सहजता से व्यक्त करने में पूर्णतः समर्थ है।

(v) प्रस्तुत गद्यांश में खड़ीबोली का प्रयोग हुआ है।

गद्यांश 11

और चमेली चुपचाप देखती रही, देखती रही कि इस मूक अवसाद में युगों का हाहाकार भरकर गूँज रहा है और ये गूँगे...अनेक-अनेक हो संसार में भिन्न-भिन्न रूपों में छा गए हैं-जो कहना चाहते हैं, पर कह नहीं पाते। जिनके हृदय की प्रतिहिंसा न्याय और अन्याय को परखकर भी अत्याचार को चुनौती नहीं दे सकती, क्योंकि बोलने के लिए स्वर होकर भी स्वर में अर्थ नहीं है...क्योंकि वे असमर्थ हैं। और चमेली सोचती है, आज के दिन ऐसा कौन है, जो गूँगा नहीं है। किसका हृदय समाज, राष्ट्र, धर्म और व्यक्ति के प्रति विद्वेष से, घृणा से नहीं छटपटाता, किंतु फिर भी कृत्रिम सुख की छलना अपने जालों में उसे नहीं फाँस देती-क्योंकि वह स्नेह चाहता है, समानता चाहता है!

संदर्भ पूर्ववत्।

प्रसंग प्रस्तुत गद्यांश में चमेली के माध्यम से लेखक ने समाज के शोषित व शारीरिक विकलांगों के प्रति संवेदनहीन भाव का वर्णन किया है।

व्याख्या गूँगा सड़क पर लड़कों से पिटकर घर आता है। उसका सिर फट गया है तथा खून से लथपथ है। चमेली उसकी दयनीय स्थिति एकाएक देखती रह जाती है और सोचती है कि इस गूँगे स्वर में भी युगों का हाहाकार गूँज रहा है अर्थात् गूँगे की पीड़ा भरी चीख में भी युग बदलने की चेतना भरी है। गूँगे की लाचारी उसकी शारीरिक विकलांगता के कारण है, परंतु समाज में प्रतिहिंसा, अत्याचार के विरुद्ध कोई भी व्यक्ति आवाज़ नहीं उठाता। इस तरह के गूँगे भिन्न-भिन्न रूपों में प्रत्येक स्थान पर देखे जा सकते हैं। ये सभी गूँगे बहुत कुछ कहना चाहते हैं, पर कह नहीं पाते। इनके अंतर्मन में आक्रोश है, जो अत्याचार को चुनौती दे सकता है, परंतु ऐसा नहीं हो पाता, क्योंकि ये सब असमर्थ हैं। अपने सामने हो रहे अत्याचार के विरुद्ध आवाज़ न उठाना हमारा गूँगत्व ही है। जिन्हें ईश्वर से बोलने की शक्ति मिली है, उनकी आवाज़ भी शोषण के विरुद्ध नहीं उठती, तो वह भी गूँगे ही हैं। तत्पश्चात् वह सोचती है कि आज समाज में ऐसा कोई नहीं है, जो गूँगा न हो।

समाज में किस व्यक्ति का हृदय राष्ट्र, धर्म व दूसरों के प्रति विद्वेष और घृणा से व्याकुल नहीं होता अर्थात् मनुष्य में मनुष्यत्व का भाव सर्वथा विद्यमान होता है, बस कोई उसे किन्हीं कारणों से दर्शाता नहीं है और कोई चाहकर भी नहीं व्यक्त कर पाता। समाज का प्रत्येक मनुष्य समाज में परिवर्तन लाने के लिए सदैव तत्पर रहता है, चाहे उसे भौतिक सुखों को त्यागना ही क्यों न पड़े, क्योंकि वह गूँगे के समान ही समाज में प्रेम व स्नेह चाहता है तथा समानता का अधिकार चाहता है।

विशेष

(i) प्रस्तुत गद्यांश में लेखक ने अन्याय एवं अत्याचार देखकर चुप रहने वालों को भी गूँगा कहा है।

(ii) प्रस्तुत गद्यांश में लेखक ने समाज की संवेदनहीनता का चित्रण किया है।

(iii) प्रस्तुत गद्यांश की भाषा सहज व सरल है।

(iv) प्रस्तुत गद्यांश में खड़ीबोली में सशक्त अभिव्यक्ति की गई है।

गद्यांशों पर आधारित बहुविकल्पीय प्रश्न

1. सुशीला ने आगे बढ़कर इशारा किया-'मुँह खोलो!' और गूँगे ने मुँह खोल दिया, लेकिन उसमें कुछ दिखाई नहीं दिया। पूछा-'गले में कौआ है?' गूँगा समझ गया। इशारे से ही बता दिया- 'किसी ने बचपन में गला साफ़ करने की कोशिश में काकल काट दिया' और वह ऐसे बोलता है, जैसे घायल पशु कराह उठता है, शिकायत करता है, जैसे कुत्ता चिल्ला रहा हो और कभी-कभी उसके स्वर में ज्वालामुखी के विस्फोट की-सी भयानकता थपेड़े मार उठती है। वह जानता है कि वह सुन नहीं सकता और बता-बताकर मुसकराता है। वह जानता है कि उसकी बोली को कोई नहीं समझता फिर भी बोलता है।

(i) **गूँगे के साथ बचपन में क्या घटना घटी थी?**
(क) किसी ने उसका गला दबा दिया था
(ख) किसी ने उसका गला साफ करते हुए कौआ (काकल) काट दिया था
(ग) किसी ने उसकी बहुत पिटाई की थी
(घ) किसी ने उसका गला साफ नहीं किया था

(ii) **निम्नलिखित कथनों में से सही कथनों पर विचार कीजिए**
1. **गूँगा ऐसे बोलता है, जैसे घायल पशु कराह रहा हो।**
2. **गूँगा शिकायत मुर्गे की आवाज में करता है।**
3. **गूँगा जानता था कि उसकी बोली कोई नहीं समझता फिर भी वह बोलता था।**

कूट
(क) केवल 1 (ख) 1 और 2 (ग) 1 और 3 (घ) केवल 3

(iii) **किसी बात की शिकायत गूँगा कैसे करता है?**
(क) जैसे गधा रेंक रहा हो
(ख) जैसे कोई कुत्ता चिल्ला रहा हो
(ग) जैसे कोई मनुष्य रो रहा हो
(घ) जैसे कोई गा रहा हो

(iv) **गूँगे के स्वर में कैसी भयानकता है?**
(क) ज्वालामुखी के विस्फोट की-सी
(ख) किसी बम के फटने की-सी
(ग) किसी पर्वत के गिरने की-सी
(घ) किसी बड़े पेड़ के टूटने की-सी

(v) **गद्यांश में लेखक ने किसका चित्रण किया है?**
(क) गूँगे द्वारा अपनी आपबीती सुनाने का
(ख) गूँगे की आत्मग्लानि का
(ग) गूँगे द्वारा बोलने के भरसक प्रयास का
(घ) गूँगे की दीनता का

उत्तर

(i) (ख) किसी ने उसका गला साफ करते हुए कौआ (काकल) काट दिया था
(ii) (ग) 1 और 3
(iii) (ख) जैसे कोई कुत्ता चिल्ला रहा हो
(iv) (क) ज्वालामुखी के विस्फोट की-सी
(v) (ग) गूँगे द्वारा बोलने के भरसक प्रयास का

2. वह कहानी ऐसी है, जिसे सुनकर सब स्तब्ध बैठे हैं। हलवाई के यहाँ रात भर लड्डू बनाए हैं, कड़ाही माँजी है, नौकरी की है, कपड़े धोए हैं, सबके इशारे हैं लेकिन–गूँगे का स्वर चीत्कार में परिणत हो गया। सीने पर हाथ मारकर इशारा किया–"हाथ फैलाकर कभी नहीं माँगा, भीख नहीं लेता", भुजाओं पर हाथ रखकर इशारा किया–"मेहनत का खाता हूँ" और पेट बजाकर दिखाया "इसके लिए, इसके लिए..." अनाथाश्रम के बच्चों को देखकर चमेली रोती थी। आज भी उसकी आँखों में पानी आ गया। यह सदा से ही कोमल है। सुशीला से बोली–"इसे नौकर भी तो नहीं रखा जा सकता।"

(i) गूँगे की कहानी कैसी है?

(क) आनंददायक (ख) रहस्यात्मक
(ग) पीड़ादायक (घ) रोमांचक

(ii) **कथन** (A) गूँगे ने कभी किसी के आगे हाथ नहीं फैलाया।
कारण (R) पेट पर हाथ रखकर इशारा किया–मेहनत का नहीं खाता हूँ।

कूट

(क) कथन (A) और कारण (R) दोनों सही हैं तथा कारण (R), कथन (A) की सही व्याख्या करता है।
(ख) कथन (A) और कारण (R) दोनों सही हैं, परंतु कारण (R), कथन (A) की सही व्याख्या नहीं करता है।
(ग) कथन (A) सही है, किंतु कारण (R) गलत है।
(घ) कथन (A) गलत है, किंतु कारण (R) सही है।

(iii) अपनी भुजाओं पर हाथ रखकर गूँगा क्या कहना चाहता था?

(क) उसने हमेशा मेहनत की खाई है
(ख) उसके हाथों में हमेशा दर्द रहता है
(ग) उसे सभी मारते-पीटते हैं
(घ) उपर्युक्त में से कोई नहीं

(iv) चमेली ने सुशीला से क्या कहा?

(क) गूँगे को मैं प्रतिदिन खाना खिलाऊँगी
(ख) इसे नौकर भी नहीं रखा जा सकता
(ग) इसे घर पर रखना दुष्कर है
(घ) यह बहुत सीधा और सरल है

(v) यहाँ कौन-सा शब्द तत्सम है?

(क) कड़ाही (ख) हाथ (ग) नौकर (घ) स्तब्ध

उत्तर

(i) (ग) पीड़ादायक
(ii) (ग) कथन (A) सही है, किंतु कारण (R) गलत है।
(iii) (क) उसने हमेशा मेहनत की खाई है
(iv) (ख) इसे नौकर भी नहीं रखा जा सकता
(v) (घ) स्तब्ध

3. घर पर बुआ मारती थी, फूफा मारता था, क्योंकि उन्होंने उसे पाला था। वे चाहते थे कि बाज़ार में पल्लेदारी करे, बारह-चौदह आने कमाकर लाए और उन्हें दे दे, बदले में वे उसके सामने बाजरे और चने की रोटियाँ डाल दें। अब गूँगा घर भी नहीं जाता। यहीं काम करता है। बच्चे चिढ़ाते हैं। कभी नाराज़ नहीं होता। चमेली के पति सीधे-सादे आदमी हैं। पल जाएगा बेचारा, किंतु वे जानते हैं कि मनुष्य की करुणा की भावना उसके भीतर गूँगेपन की प्रतिच्छाया है, वह बहुत कुछ करना चाहता है, किंतु कर नहीं पाता। इस तरह दिन बीत रहे हैं।

(i) गूँगे का पालन-पोषण किसने किया था?

(क) उसके माता-पिता ने
(ख) उसके चाचा-चाची ने
(ग) उसके बुआ-फूफा ने
(घ) उसके दादा-दादी ने

(ii) गूँगे के बुआ-फूफा उसे क्यों मारते-पीटते थे?

(क) कि वह बाजार में जाकर पल्लेदारी करे
(ख) कि वह स्कूल में जाकर अच्छे से पढ़े
(ग) क्योंकि वह स्कूल नहीं जाता था
(घ) कि वह घर का सारा काम करे

(iii) गूँगे के बुआ-फूफा उसे खाने के लिए क्या देते थे?

(क) मकई की रोटियाँ
(ख) बाज़रे व चने की रोटियाँ
(ग) गेहूँ की रोटियाँ व सब्जी
(घ) फल और दूध

(iv) गूँगा किस बात पर कभी नाराज़ नहीं होता?

(क) बच्चों द्वारा चिढ़ाने पर
(ख) चमेली द्वारा धमकाने पर
(ग) पल्लेदारी करने पर
(घ) चमेली के पति द्वारा पीटने पर

(v) गूँगा अब किसके घर रहता है?

(क) सुशीला के (ख) चमेली के
(ग) बुआ-फूफा के (घ) इनमें से कोई नहीं

उत्तर

(i) (ग) उसके बुआ-फूफा ने
(ii) (क) कि वह बाजार में जाकर पल्लेदारी करे
(iii) (ख) बाज़रे व चने की रोटियाँ
(iv) (क) बच्चों द्वारा चिढ़ाने पर
(v) (ख) चमेली के

4. और चमेली चुपचाप देखती रही, देखती रही कि इस मूक अवसाद में युगों का हाहाकार भरकर गूँज रहा है और ये गूँगे...अनेक-अनेक हो संसार में भिन्न-भिन्न रूपों में छा गए हैं–जो कहना चाहते हैं, पर कह नहीं पाते। जिनके हृदय की प्रतिहिंसा न्याय और अन्याय को परखकर भी अत्याचार को चुनौती नहीं दे सकती, क्योंकि बोलने के लिए स्वर होकर भी स्वर में अर्थ नहीं है...क्योंकि वे असमर्थ हैं। और चमेली सोचती है, आज के दिन ऐसा कौन है, जो गूँगा नहीं है। किसका हृदय समाज, राष्ट्र, धर्म और व्यक्ति के प्रति विद्वेष से, घृणा से नहीं छटपटाता, किंतु फिर भी कृत्रिम सुख की छलना अपने जालों में उसे नहीं फाँस देती–क्योंकि वह स्नेह चाहता है, समानता चाहता है!

(i) **चमेली गूँगे की दयनीय स्थिति देखकर क्या सोचती है?**
(क) गूँगे को डॉक्टर के पास ले जाना चाहिए
(ख) गूँगे के स्वर में भी युगों का हाहाकार गूँज रहा है
(ग) गूँगा असहाय अवस्था में है
(घ) उपर्युक्त में से कोई नहीं

(ii) **निम्नलिखित कथनों में से सही कथनों पर विचार कीजिए।**
1. गूँगा केवल स्नेह और समानता चाहता है।
2. गूँगा चमेली के बेटे को बहुत मारता था।
3. गूँगे के बुआ-फूफा उसे खूब प्यार करते थे।

कूट
(क) केवल 1 (ख) 1 और 2
(ग) केवल 3 (घ) ये सभी

(iii) **गूँगे की लाचारी के बारे में चमेली क्या सोचती है?**
(क) गूँगे की लाचारी उस पर भारी पड़ रही है
(ख) लोग गूँगे की लाचारी का गलत फायदा उठा रहे हैं
(ग) गूँगा अपनी शारीरिक विकलांगता के कारण लाचार है
(घ) गूँगा लाचार होने के कारण घर से भाग जाता है

(iv) **चमेली के अनुसार कौन लोग गूँगे के समान हैं?**
(क) जो समाज में अपने सामने हो रहे अत्याचार के विरुद्ध आवाज नहीं उठाते
(ख) जो लोग अत्याचार का सामना करते हैं
(ग) जो लोग मनुष्यता दिखाते हैं
(घ) जो बहुत ज्यादा बोलते हैं

(v) **प्रस्तुत गद्यांश में किसके प्रति आवाज मुखर हुई है?**
(क) जो शोषित हैं
(ख) जो शोषक हैं
(ग) जो अत्याचार करते हैं
(घ) जो संवेदनाहीन हैं

उत्तर

(i) (ख) गूँगे के स्वर में भी युगों का हाहाकार गूँज रहा है
(ii) (क) केवल 1
(iii) (ग) गूँगा अपनी शारीरिक विकलांगता के कारण लाचार है
(iv) (क) जो समाज में अपने सामने हो रहे अत्याचार के विरुद्ध आवाज नहीं उठाते
(v) (क) जो शोषित हैं

विषय-वस्तु पर आधारित प्रश्नोत्तर

1. गूँगा कब से गूँगा-बहरा है? लोगों में उसके प्रति दिलचस्पी क्यों पैदा हो गई?

उत्तर सब लोगों ने गूँगे से उसकी विकलांगता के बारे में पूछा, तो गूँगे ने उन्हें अपने कानों पर हाथ रखकर इशारे में बताया कि वह जन्म से ही वज्र बहरा होने के कारण गूँगा है। उसकी सांकेतिक भाषा उन्हें ऐसी प्रतीत हुई, जैसे तोते को राम-राम कहते सुनकर उसके प्रति हृदय में एक आनंद-मिश्रित कुतूहल उत्पन्न हो जाता है, इसलिए सब लोगों में उसके प्रति दिलचस्पी पैदा हो गई।

2. जब गूँगा बोलने का प्रयास करता था, तो कैसा प्रतीत होता था?

उत्तर गूँगा अपने हृदय के भावों को दूसरों के समक्ष प्रस्तुत करना चाहता था और बोलने का भरसक प्रयास करता था, परंतु वह हर बार असफल हो जाता था, केवल कर्कश काँय-काँय का स्वर ही वह निकाल पाता था। वह ऐसे बोलता था, जैसे घायल पशु कराह उठता है, जब वह शिकायत करता है, तो ऐसा लगता है, जैसे कुत्ता चिल्ला रहा हो और कभी-कभी उसके स्वर में ज्वालामुखी के विस्फोट की-सी भयानकता थपेड़े मार उठती थी।

3. गूँगे को किसने पाला तथा वे उससे क्या अपेक्षा रखते थे?

उत्तर गूँगे की माँ उसे छोड़कर चली गई थी तथा पिता की मृत्यु हो चुकी थी, जिस कारण उसके बुआ-फूफा ने उसे पाला था। उसके बुआ-फूफा उसे मारा करते थे, क्योंकि उन्होंने उसे पाला था। वे चाहते थे कि गूँगा बाज़ार से पल्लेदारी (पीठ पर सामान ढोने का काम) करे और बारह-चौदह आने कमाकर लाए और उन्हें दे दे, बदले में वे उसके सामने बाजरे और चने की रोटियाँ डाल दें।

4. गूँगे ने बसंता को क्यों नहीं मारा?

उत्तर एक बार बसंता गूँगे को कसकर एक थप्पड़ मार देता है। गूँगा उस पर पलटवार करने के लिए हाथ उठाता है, लेकिन वह अपने आपको रोक लेता है, क्योंकि वह भली-भाँति जानता है कि बसंता उसके आश्रयदाता का पुत्र है तथा उसके हृदय में मालिक के प्रति कृतज्ञता का भाव है, इसलिए वह अपेक्षाकृत बलशाली होने पर भी बसंता पर हाथ नहीं उठाता। उसकी आँखों में पानी भर आता है और वह रोने लगता है।

5. चमेली ने गूँगे से अपना हाथ क्यों छुड़ा लिया? स्पष्ट कीजिए।

उत्तर बसंता ने चमेली से झूठ बोला कि गूँगा उसे मारना चाहता था। यह सुनकर चमेली क्रोधित हो उठी और गूँगे को मारने के लिए हाथ उठाती है, तभी गूँगा उसका हाथ पकड़ लेता है। चमेली को एक क्षण के लिए ऐसा लगा कि जैसे उसी के पुत्र ने उसका हाथ पकड़ लिया हो, किंतु एकाएक घृणा से उसने अपना हाथ छुड़ा लिया, क्योंकि पुत्र के प्रति मंगलकामना ने उसे ऐसा करने के लिए मजबूर कर दिया। तत्पश्चात् चमेली को क्षण भर में ही अपने द्वारा किए गए अपराध का बोध हो गया।

6. चमेली गूँगे की किस प्रतिक्रिया से काँप उठी?

उत्तर चमेली गूँगे की हँसी की प्रतिक्रिया से काँप उठी। गूँगे का रोना दर्दनाक और असहनीय था, लेकिन उसकी हँसी एक अजीब, अमानवीय गुर्राहट की तरह थी। उस स्वर को सुनकर चमेली भीतर-ही-भीतर भयभीत हो गई और महसूस किया कि उसने एक ऐसा व्यक्ति पाला है, जिसके भीतर गहरी वेदना है, लेकिन उसकी अभिव्यक्ति पशु के जैसी है। यह एहसास उसे भीतर तक झकझोर गया।

7. चमेली ने आवेश में आकर गूँगे को क्या-क्या कहा?

उत्तर गूँगा बिना बताए रोज़ घर से भाग जाता था, जिससे चमेली बहुत दुःखी व परेशान थी। उसने गूँगे को घर से निकल जाने के लिए कहा। वह गुस्से में आकर आगे कहती है—ढंग से काम नहीं करना है तो तुम्हारा यहाँ कोई काम नहीं। नौकर की तरह रहना है तो रहो, नहीं तो बाहर जाओ। मक्कार, बदमाश। पहले कहता था, भीख नहीं माँगता और सबसे भीख माँगता है। रोज़-रोज़ भाग जाता है; पत्ते चाटने की आदत पड़ गई है। कुत्ते की दुम क्या कभी सीधी होगी? नहीं रखना है हमें, जा, तू इसी वक्त निकल जा। इस प्रकार, आवेश में आकर चमेली उसे ये सभी कटुवचन कहती है।

8. "वह सड़क के लड़कों से पिटकर आया था, क्योंकि गूँगा होने के नाते वह उनसे दबना नहीं चाहता था।" पाठ के आधार पर स्पष्ट कीजिए।

उत्तर गूँगा सड़क के लड़कों द्वारा अपना मज़ाक बनाए जाने पर उनसे भिड़ जाता है और कई लड़के मिलकर उसका सिर फोड़ देते हैं। तत्पश्चात् वह चमेली के घर के द्वार पर आकर चिल्लाता है। इस प्रकार, गूँगा होते हुए भी वह अन्याय के प्रति अपनी आवाज़ उठाता है। वह अपनी कमज़ोरी को किसी के समक्ष व्यक्त नहीं करना चाहता।

9. गूँगे को खून से भीगा देखकर चमेली क्या सोचती है? स्पष्ट कीजिए।

उत्तर गूँगे को खून से लथपथ देखकर चमेली चुपचाप उसे देखती रहती है और सोचती है कि इस मूक अवसाद में भी युगों-युगों का हाहाकार गूँज रहा है अर्थात् मौन में भी विद्रोह की भयानक चेतना की चिंगारी है।

संसार में ऐसे गूँगे भिन्न-भिन्न रूपों में फैले हुए हैं, जो अन्याय के विरुद्ध अपनी आवाज़ उठाना चाहते हैं, परंतु कुछ कारणों के चलते नहीं बोल पाते। बोलने की शक्ति होते हुए भी वे असमर्थ हैं, लाचार हैं, मजबूर हैं।

10. गूँगे पर क्रोधित होने के पश्चात् चमेली स्वयं लज्जित क्यों हुई?

उत्तर चमेली गूँगे की बार-बार भाग जाने की आदत को देख बहुत परेशान हो चुकी थी और उसे गंदी नाली का कीड़ा, मक्कार, बदमाश कहती है, किंतु वह क्षोभ और क्रोध सब कुछ उस मूक ध्वनि में निष्फल हो गए, क्योंकि वह भूल गई थी कि वह गूँगा ही नहीं वरन् बहरा भी है। यह सोचकर वह अपने आप लज्जित हो गई कि कैसी मूर्ख हूँ मैं! बहरे से न जाने क्या-क्या कह दिया।

11. चमेली की चारित्रिक विशेषताओं पर प्रकाश डालिए।

उत्तर चमेली गृहिणी स्त्री है, जिसके दो बच्चे शकुंतला और बसंता हैं। चमेली की चारित्रिक विशेषताएँ निम्नलिखित हैं

(i) **करुणामयी स्त्री** चमेली करुणामयी स्त्री है, जो गूँगे की वेदनाभरी व्यथा सुनकर करुणा से भर उठती है और उसे अपने घर में आश्रय देती है।

(ii) **ममत्व भाव** चमेली में गूँगे के प्रति ममत्व भाव है, जिसमें वह गूँगे के घर से भाग जाने पर उस पर क्रोधित होती है, क्योंकि वह उसकी माँ के समान चिंता करती है।

(iii) **चिंतनशील चमेली** गूँगे के पिटकर आने पर वह सोचती है कि इस गूँगे में अन्याय के प्रति विद्रोह के स्वर हैं, परंतु समाज में न जाने कितने ही ऐसे गूँगे हैं, जो अन्याय के प्रति अपनी आवाज़ नहीं उठाते।

12. 'गूँगे' पाठ के आधार पर गूँगे की चारित्रिक प्रवृत्तियों को स्पष्ट कीजिए।

उत्तर 'गूँगे' पाठ के आधार पर गूँगे की चारित्रिक प्रवृत्तियाँ निम्नलिखित हैं

(i) **अनाथ** गूँगा एक अनाथ बालक था। उसके पिता की मृत्यु हो चुकी थी तथा माँ उसे छोड़कर चली गई थी। उसे उसके बुआ-फूफा ने पाला था, जो उसे मारा करते थे।

(ii) **स्वावलंबी** गूँगा भीख नहीं माँगता। वह हलवाई के यहाँ लड्डू बनाता है, कपड़े धोता है, कड़ाही माँजता है, साथ ही अन्य सभी तरह के काम करने में भी वह समर्थ है। भुजाओं पर हाथ मारकर इशारे में बताता है कि 'मेहनत का खाता हूँ', जिससे उसके स्वावलंबी होने की प्रवृत्ति स्पष्ट होती है।

(iii) **सहनशील** गूँगा सहनशील था। बच्चों द्वारा चिढ़ाने पर बच्चों को कुछ नहीं कहता तथा बसंता द्वारा थप्पड़ मारने पर भी वह चुप रहता है। चमेली द्वारा बुरा-भला कहने पर भी वह मौन ही रहता है।

(iv) **अन्याय के प्रति विद्रोही** सड़क के लड़कों द्वारा गूँगे का उपहास किया जाता है। गूँगा यह उपहास सहन नहीं करता और अकेला ही उनसे भिड़ जाता है। वह अपनी शारीरिक विकलांगता के कारण दबना नहीं चाहता, जो उसके अन्याय के प्रति विद्रोही भाव को प्रदर्शित करता है।

13. निम्नलिखित पंक्तियों का आशय स्पष्ट कीजिए

(क) कान के न जाने किस पर्दे में कोई चेतना है कि गूँगा उसकी आवाज़ को कभी अनसुना नहीं कर सकता।

(ख) कुत्ते की दुम क्या कभी सीधी होगी? नहीं।

उत्तर (क) गूँगा भले ही सुनने में अक्षम है, लेकिन उसमें एक विशेष संवेदनशीलता है, जो चमेली की आवाज़ को अनसुना नहीं कर सकती। यह संवेदनशीलता कानों की सुनने की क्षमता से परे, आत्मीयता और भावनात्मक जुड़ाव का प्रतीक है। गूँगा भले ही बाहरी ध्वनियों को न समझ सके, लेकिन वह चमेली की पुकार के प्रति हमेशा सजग रहता है। यह संबंध केवल शारीरिक सुनने की क्षमता का नहीं, बल्कि एक गहरे मानवीय और भावनात्मक जुड़ाव का उदाहरण है, जो गूँगे की चेतना में अंकित हो गया है।

(ख) गूँगा जब चाहे घर से भाग जाता था और वापस आ जाता था, जिससे चमेली स्वभावगत क्रोधित हो जाती थी। उपरोक्त पंक्ति से लेखक का आशय यह है कि मनुष्य की कुछ स्वभावगत प्रवृत्तियाँ बदलती नहीं, इसलिए लेखक ने गूँगे के बार-बार भाग जाने की प्रवृत्ति की तुलना कुत्ते की पूँछ से की है, जो कभी सीधी नहीं होती।

स्व-मूल्यांकन

गद्यांश पर आधारित बहुविकल्पीय प्रश्न

निम्नलिखित गद्यांश को ध्यानपूर्वक पढ़कर पूछे गए बहुविकल्पीय प्रश्नों के लिए सर्वाधिक उपयुक्त विकल्प का चुनाव कीजिए।

1. **कहीं उसका भी बेटा गूँगा होता तो वह भी ऐसे ही दुःख उठाता! वह कुछ भी नहीं सोच सकी। एक बार फिर गूँगे के प्रति हृदय में ममता भर आई। वह लौटकर चूल्हे पर जा बैठी, जिसमें अंदर आग थी, लेकिन उसी आग से वह सब पक रहा था, जिससे सबसे भयानक आग बुझती है-पेट की आग, जिसके कारण आदमी गुलाम हो जाता है। उसे अनुभव हुआ कि गूँगे में बसंता से कहीं अधिक शारीरिक बल था। कभी भी गूँगे की भाँति शक्ति से बसंता ने उसका हाथ नहीं पकड़ा था, लेकिन फिर भी गूँगे ने अपना उठा हाथ बसंता पर नहीं चलाया। रोटी जल रही थी। झट से पलट दी। वह पक रही थी, इसी से बसंता बसंता है... गूँगा गूँगा है....**

(i) गूँगे के प्रति महिला के हृदय में क्या भावना उत्पन्न हुई?

(क) क्रोध (ख) घृणा
(ग) ममता (घ) दया

(ii) गद्यांश के अनुसार, चूल्हे में जल रही आग किस प्रकार की आग को बुझाने का काम कर रही थी?

(क) प्रेम की आग (ख) पेट की आग
(ग) घृणा की आग (घ) दुःख की आग

(iii) गद्यांश में पेट की आग को किससे जोड़ा गया है?

(क) स्वतंत्रता से (ख) गुलामी से
(ग) क्रोध से (घ) शक्ति से

(iv) गद्यांश में "बसंता बसंता है... गूँगा गूँगा है...." का क्या अर्थ है?

(क) दोनों समान हैं
(ख) दोनों को एक जैसा समझा गया
(ग) दोनों कमजोर हैं
(घ) दोनों अलग-अलग व्यक्तित्व के हैं

(v) **कथन** (A) चमेली ने गूँगे के प्रति ममता महसूस की।

कारण (R) चमेली ने सोचा कि यदि उसका बेटा गूँगा होता, तो उसे भी ऐसे ही दुःख सहने पड़ते।

कूट

(क) कथन (A) और कारण (R) दोनों सही हैं तथा कारण (R), कथन (A) की सही व्याख्या करता है।
(ख) कथन (A) और कारण (R) दोनों सही हैं, परंतु कारण (R), कथन (A) की सही व्याख्या नहीं करता है।
(ग) कथन (A) सही है, किंतु कारण (R) गलत है।
(घ) कथन (A) गलत है, किंतु कारण (R) सही है।

गद्यांश की व्याख्या

2. निम्नलिखित में से किसी एक गद्यांश की सप्रसंग व्याख्या कीजिए।

गूँगा चुप हो गया। उसने अपना सिर झुका लिया। चमेली एक बार क्रोध से काँप उठी, देर तक उसकी ओर घूरती रही। सोचा मारने से यह ठीक नहीं हो सकता। अपराध को स्वीकार करा दंड न देना ही शायद कुछ असर करे और फिर कौन मेरा अपना है। रहना हो तो ठीक से रहे, नहीं तो फिर जाकर सड़क पर कुत्तों की तरह जूठन पर जिंदगी बिताए, दर-दर अपमानित और लांछित...।

अथवा

'काम तो करता नहीं, भिखारी।' फेंक दी उसकी ओर रोटियाँ। रोष से पीठ मोड़कर खड़ी हो गई। किंतु गूँगा खड़ा रहा। रोटियाँ छुई तक नहीं। देर तक दोनों चुप रहे। फिर न जाने क्यों, गूँगे ने रोटियाँ उठा लीं और खाने लगा। चमेली ने गिलासों में दूध भर दिया। देखा, गूँगा खा चुका है। उठी और हाथ में चिमटा लेकर उसके पास खड़ी हो गई।

विषय-वस्तु पर आधारित प्रश्न

1. गूँगे की स्थिति देखकर चमेली के मन में ममता उत्पन्न क्यों हुई?

2. चमेली ने गूँगे को घर से निकालते समय क्या कहा?

3. गूँगे के सिर पर चोट कैसे लगी?

4. चमेली ने गूँगे को दरवाजे से बाहर क्यों धकेल दिया?

5. गूँगे के प्रति चमेली का रवैया किस प्रकार बदलता रहा? अपने विचार व्यक्त कीजिए।

6. गूँगे के मूक जीवन का समाज पर क्या प्रभाव पड़ता है? अपने विचार स्पष्ट कीजिए।

7. चमेली ने गूँगे की स्थिति को समाज के अन्य गूँगे व्यक्तियों से कैसे जोड़ा?

8. पाठ के अनुसार, समाज में गूँगे जैसे लोग किस प्रकार के संघर्ष झेलते हैं? अपने विचार स्पष्ट कीजिए।

9. चमेली को गूँगे में अपना पुत्र क्यों दिखाई दिया?

05

अध्याय

ज्योतिबा फुले

(सुधा अरोड़ा)

लेखिका-परिचय

सुधा अरोड़ा का जन्म वर्ष 1946 में लाहौर (पाकिस्तान) में हुआ था और उन्होंने कलकत्ता विश्वविद्यालय से उच्च शिक्षा प्राप्त की। वर्ष 1969-71 तक उन्होंने अध्यापन कार्य किया। वे प्रसिद्ध कथाकार हैं, जिनकी कहानियाँ भारतीय और विदेशी भाषाओं में अनूदित हुई हैं। उनके प्रमुख कहानी संग्रह हैं–बगैर तराशे हुए, युद्ध–विराम, महानगर की भौतिकी, काला शुक्रवार, काँसे का गिलास तथा औरत की कहानी (संपादित) आदि। उन्होंने महिला कलाकारों के आत्मकथ्यों के दो संकलन 'दहलीज़ को लाँघते हुए' और 'पंखों की उड़ान' तैयार किए। उनके लेखन में स्त्री विमर्श सहज और संयत है। उन्हें 'उत्तर प्रदेश हिंदी संस्थान' द्वारा विशेष पुरस्कार से सम्मानित किया गया।

▼ अध्ययन के लिए
- पाठ की रूपरेखा
- पाठ का सार

▼ अभ्यास के लिए
- पाठ्यपुस्तक के प्रश्नोत्तर
- गद्यांशों की व्याख्या
- गद्यांश पर आधारित बहुविकल्पीय प्रश्न
- विषय–वस्तु पर आधारित प्रश्नोत्तर

पाठ की रूपरेखा

'ज्योतिबा फुले' जीवनी में लेखिका ने ज्योतिबा फुले और उनकी पत्नी द्वारा समाज में किए गए शिक्षा व समाज–सुधार संबंधी कार्यों पर प्रकाश डाला है। भारत के सामाजिक विकास और बदलाव के आंदोलन में जिन पाँच समाज-सुधारकों के नाम लिए जाते हैं, उनमें महात्मा ज्योतिबा फुले का नाम शामिल नहीं किया गया, क्योंकि इस सूची को बनाने वाले उच्चवर्णीय समाज के प्रतिनिधि हैं। ज्योतिबा फुले पूँजीवादी एवं पुरोहितवादी मानसिकता के विरोधी थे। इनके द्वारा स्थापित 'सत्यशोधक समाज' और उनका क्रांतिकारी साहित्य इसका प्रमाण है।

पाठ का सार

वर्ण, जाति और वर्ग व्यवस्था के विरोधी

महात्मा ज्योतिबा फुले ने वर्ण, जाति और वर्ग व्यवस्था में निहित शोषण प्रक्रिया को एक-दूसरे का पूरक बताया। उनका कहना था कि राजसत्ता और ब्राह्मण आधिपत्य के तहत धर्मवादी सत्ता आपस में साँठ-गाँठ कर इस सामाजिक व्यवस्था और मशीनरी का उपयोग करती है। उनका कहना था कि इस शोषण व्यवस्था के खिलाफ़ दलितों के अतिरिक्त स्त्रियों को भी आंदोलन करना चाहिए। फुले के मौलिक विचार 'गुलामगिरी', 'शेतकर्‌यांचा आसूड (किसानों का प्रतिशोध)', 'सार्वजनिक सत्यधर्म' आदि पुस्तकों में संगृहीत हैं।

आदर्श परिवार की अवधारणा

फुले एक ऐसे आदर्श परिवार की परिकल्पना करते हैं, जिसमें पिता बौद्ध, माता ईसाई, बेटी मुसलमान और बेटा सत्यधर्मी हो। उनका मानना था कि समाज में यदि इस प्रकार की धार्मिक एकजुटता आ जाए, तो लोगों की संकीर्णता नष्ट हो जाएगी और विचारों के सामंजस्य द्वारा सांप्रदायिक दंगों को जड़ से नष्ट किया जा सकेगा।

ब्राह्मणी मानसिकता का विरोध

ज्योतिबा फुले ने ब्राह्मणी मानसिकता का कड़ा विरोध किया तथा उनकी आधुनिक शिक्षा संबंधी कूटनीति को उजागर किया, जिसमें आधुनिक शिक्षा का लाभ केवल उच्च वर्ग को ही मिलता है। उसमें शूद्रों का कोई नामोनिशान नहीं है। उनका कहना था कि गरीबों से कर जमा कराना और उसे उच्चवर्गीय लोगों के बच्चों की शिक्षा पर खर्च करना बिल्कुल अनुचित है। उन्होंने अपनी बहुचर्चित ग्रंथ 'शेतकर्यांचा आसूड' के उपोद्घात (भूमिका) में लिखा है

'विद्या बिना मति गई
मति बिना नीति गई
नीति बिना गति गई
गति बिना वित्त गया
वित्त बिना शूद्र गए
इतने अनर्थ एक अविद्या ने किए।'

स्त्री-समानता को प्रतिष्ठित करना

ज्योतिबा फुले स्त्रियों को शिक्षा के क्षेत्र में पुरुषों के समान अधिकार दिलवाना चाहते थे, ताकि पुरुषों की तरह वे भी मानवीय अधिकारों को समझ सकें। वे पुरुषों और महिलाओं के लिए अलग-अलग नियमों को पक्षपात मानते थे। उन्होंने स्त्री-समानता को प्रतिष्ठित करने वाली नई विवाह-विधि की रचना की। पूरी विवाह-विधि से उन्होंने ब्राह्मण का स्थान ही हटा दिया। उन्होंने नए मंगलाष्टक (विवाह के अवसर पर पढ़े जाने वाले मंत्र) तैयार किए। वे चाहते थे कि विवाह-विधि में पुरुष प्रधान संस्कृति के समर्थक और स्त्री की गुलामगिरी सिद्ध करने वाले जितने मंत्र हैं, वे सारे निकाल दिए जाएँ। उनके स्थान पर ऐसे मंत्र हों, जिन्हें वर-वधू आसानी से समझ सकें। ज्योतिबा फुले ने जिन मंगलाष्टकों की रचना की, उनमें वधू, वर से कहती है—"स्वतंत्रता का अनुभव हम स्त्रियों को है ही नहीं। इस बात की आज शपथ लो कि स्त्री को उसका अधिकार दोगे और उसे अपनी स्वतंत्रता का अनुभव करने दोगे।" यह आकांक्षा सिर्फ़ वधू की ही नहीं, गुलामी से मुक्ति चाहने वाली हर स्त्री की थी। स्त्री के अधिकारों और स्वतंत्रता के लिए ज्योतिबा फुले ने हर संभव प्रयास किए।

'महात्मा' की उपाधि

ज्योतिबा फुले को उनके त्याग और समाज के उत्थान से जुड़े उनके लोक कल्याणकारी कार्यों के लिए 1888 ई. में 'महात्मा' की उपाधि प्रदान की गई, किंतु वे आजीवन एक आम आदमी बनकर ही समाज सेवा के महान कार्यों से जुड़े रहे। 'महात्मा' की उपाधि दिए जाने पर उन्होंने कहा था—"मुझे महात्मा कहकर मेरे संघर्ष को पूर्णविराम मत दीजिए।" उनका मानना था कि मठाधीश के पद पर आसीन व्यक्ति आमजन की तरह संघर्ष नहीं कर सकता।

सावित्री बाई की शिक्षा में रुचि

फुले की कथनी और करनी एक थी अर्थात् वे जो बोलते थे, उसे करके दिखाते थे। इसका सबसे बड़ा प्रमाण है—उनके द्वारा पत्नी सावित्री बाई को शिक्षित करना। उनकी मदद से सावित्री बाई ने न सिर्फ़ मराठी भाषा सीखी, बल्कि अंग्रेज़ी भाषा को लिखना-पढ़ना और बोलना भी सीख लिया। सावित्री बाई की बचपन से ही शिक्षा में रुचि थी।

एक बार की बात है—बालिका सावित्री शिखल गाँव के हाट में कुछ खरीदकर खा रही थी। यह देख एक लाट साहब (अंग्रेज़) ने उसे समझाया कि इस तरह रास्ते में खाते हुए घूमना अच्छा नहीं है। फिर उसने उसे ईसाई मिशन से जुड़ी एक पुस्तक दी, ताकि वह घर जाकर उसे पढ़ सके अथवा पढ़ना न आने पर उसके चित्र देख सके। सावित्री ने उस पुस्तक को सँभालकर रखा और 1840 ई. में ज्योतिबा फुले के साथ प्रणय सूत्र में बँधने और उसके उपरांत उनके द्वारा शिक्षित किए जाने के पश्चात् उन्होंने वह पुस्तक पढ़ी।

फुले दंपति द्वारा किए गए समाज कल्याण के कार्य

अपनी पत्नी के सहयोग से फुले ने 14 जनवरी, 1848 को पुणे के बुधवार पेठ निवासी भिड़े के बाड़े में देश की पहली कन्याशाला (बालिका पाठशाला) की स्थापना की। तत्पश्चात् उन दोनों ने मिलकर दलित बालिकाओं के लिए बारी-बारी से कई पाठशालाएँ खोलीं। परंपरा के विरुद्ध किए जा रहे इन कार्यों से उपजे सामाजिक विरोध के कारण उन्हें अपना घर भी छोड़ना पड़ा, पाठशाला जाने के क्रम में उनकी पत्नी को लोगों की गालियाँ और पत्थर भी खाने पड़े, लेकिन इन सबसे इन दोनों पति-पत्नी का हौसला कम न हुआ और 1890 ई. तक दोनों ने एक प्राण बनकर अपने पवित्र अभियान को पूरा किया।

आदर्श दांपत्य की मिसाल

ज्योतिबा फुले और उनकी पत्नी ने न सिर्फ़ किसानों तथा अछूतों के घर जाकर बच्चियों को पाठशाला भेजने का आग्रह किया, बल्कि अनाथ बच्चों व विधवाओं हेतु बालहत्या प्रतिबंधक गृह के द्वार भी खोले और सभी जातियों के लिए अपने घर के पानी का हौद (टैंक) भी खोल दिया।

इस प्रकार, फुले दंपति ने सामाजिक कुरीतियों, अंधविश्वासों तथा अनीतिपूर्ण रूढ़ियों का खुला विरोध कर दलितों-शोषितों को उनके अधिकारों के प्रति जागरूक किया। आज जहाँ प्रबुद्ध वर्ग के प्रतिष्ठित दंपति एक-दूसरे से अलग होकर न केवल मन में एक-दूसरे के प्रति वैमनस्य का भाव पालते हैं वरन् एक-दूसरे को समाप्त करने पर भी तुल जाते हैं, वहीं इन दोनों महान् दंपति ने 50 वर्षों तक एक साथ मिलकर जन कल्याणार्थ कार्य करते हुए आदर्श दांपत्य की मिसाल प्रस्तुत की है।

शब्दार्थ

अप्रत्याशित—जिसकी आशा न हो; **शुमार**—शामिल; **उच्चवर्णीय**—ऊँचे वर्ग/जाति से संबंधित; **वर्चस्व**—दबदबा/अधिकार; **कायम रखना**—बनाए रखना; **समर्थक**—पक्ष/मत को मानने वाले; **पूँजीवादी**—जो पूँजी को सर्वाधिक महत्त्व प्रदान करता है; **पुरोहितवादी**—ब्राह्मणों की महत्ता को बनाए रखने वाली व्यवस्था; **मानसिकता**—सोच/विचार; **सत्यशोधक**—सत्य की खोज करने वाला; **क्रांतिकारी** — परिवर्तन में विश्वास रखने वाला; **निहित**—समाया हुआ; **शोषण-प्रक्रिया**—दूसरों को दुःख देने की सोच; **पूरक**—एक-दूसरे की पूर्ति करने वाला; **आधिपत्य**—अधिकार; **तहत**—अधीन; **धर्मवादी**—धर्म के आधार पर प्राप्त शक्ति; **साँठ-गाँठ**—जोड़-तोड़; **संगृहीत**—संकलित/एकत्रित; **अवधारणा**—मान्यता; **सर्वांगीण**—संपूर्ण रूप से; **तथाकथित**—जिसको कहा जाता है; **संभ्रांत**—बड़े लोग; **समीक्षक**—आलोचक; **पर्दाफ़ाश**—भंडाफ़ोड़/तथ्य उजागर करना; **उपोद्‌घात**—भूमिका; **मति**—बुद्धि; **वित्त**—धन; **अनर्थ**—अनिष्ट; **प्रतिष्ठित**—स्थापित; **गुलामगिरी**—लोगों से गुलामी कराना/लोगों के साथ दासों जैसा व्यवहार करना; **मंत्र**—वेद के छंद; **शपथ**—सौगंध या कसम; **आकांक्षा**—इच्छा/अभिलाषा; **पूर्णविराम**—किसी बात को खत्म करना; **मठाधीश**—जो धर्म तथा वर्ग के नाम पर समूह बनाते हैं और अपने विचार दूसरों पर थोपते हैं; **अग्रसर**—आगे; **ग्राह्य-शक्ति**—ग्रहण करने की शक्ति; **हाट**—मेला/बाज़ार; **लाट साहब**—अंग्रेज़; **भ्रष्ट**—पतित/बेईमान; **सहेजकर**—सँभालकर; **व्यवधान**—रुकावट; **अड़चन**—मुश्किल/कठिनाई; **लाँछन**—आरोप लगाना/कीचड़ उछालना; **बहिष्कार**—बाहर करना; **धर्मभीरु**—धर्म से भयभीत; **प्रतिबंधक**—रोक लगाने वाला; **हौद**—टैंक (पानी इकट्ठा करने की जगह); **अनीतिपूर्ण**—अन्याय से युक्त; **ध्वस्त**—नष्ट; **प्रतिस्पर्द्धा**—एक-दूसरे से आगे निकलने की होड़; **प्रबुद्ध**—पढ़े-लिखे/ज्ञानी; **दंपति**—पति-पत्नी; **आमादा होना**—किसी कार्य को करने के लिए दृढ़ होना; **मिसाल**—उदाहरण/आदर्श।

पाठ्यपुस्तक (अंतरा भाग-1) के प्रश्नोत्तर

1. ज्योतिबा फुले का नाम समाज-सुधारकों की सूची में शुमार क्यों नहीं किया गया? तर्क सहित उत्तर लिखिए।

उत्तर ज्योतिबा फुले भारत के सामाजिक विकास और बदलाव लाने वाले समाज-सुधारकों में से एक हैं, फिर भी उनका नाम समाज-सुधारकों की सूची में शुमार नहीं किया गया। इसके निम्नलिखित कारण हो सकते हैं

(i) इस सूची को बनाने वाले उच्चवर्णीय समाज के प्रतिनिधि थे।

(ii) ज्योतिबा फुले ब्राह्मण वर्चस्व और सामाजिक मूल्यों को कायम रखने वाली शिक्षा और सुधार के समर्थक नहीं थे।

(iii) ज्योतिबा फुले पूँजीवादी और पुरोहितवादी मानसिकता के विरोधी थे। उनके द्वारा स्थापित 'सत्यशोधक समाज' और उनका क्रांतिकारी साहित्य इसका प्रमाण है।

(iv) जब ब्राह्मणों ने कहा—"विद्या शूद्रों के घर चली गई" तो फुले ने तत्काल कटाक्ष करते हुए कहा—"सच का सबेरा होते ही वेद डूब गए, विद्या शूद्रों के घर चली गई, भू-देव (ब्राह्मण) शरमा गए।"

अतः उपरोक्त सभी कारणों को देखते हुए कहा जा सकता है, उन्हें समाज-सुधारकों की सूची में शुमार नहीं किया गया।

2. शोषण व्यवस्था ने क्या-क्या षड्यंत्र रचे और क्यों?

उत्तर लेखिका ने शोषण व्यवस्था ब्राह्मण वर्चस्व को कहा है, जिसका फुले ने कठोर विरोध किया। इसलिए इस शोषण व्यवस्था ने निम्नलिखित षड्यंत्र रचे

(i) राजसत्ता और ब्राह्मण आधिपत्य के तहत धर्मवादी सत्ता ने आपस में साँठ-गाँठ कर ली।

(ii) शूद्रों को शिक्षा से वंचित रखा जाए।

(iii) फुले और उनकी पत्नी पर पत्थर फेंकते, थूकते, गालियाँ देते और गोबर उछालते थे।

(iv) फुले दंपति को उनके ही घर से बहिष्कृत करवा दिया।

ये सभी षड्यंत्र इसलिए रचे गए, क्योंकि इन षड्यंत्रों का उद्देश्य राजसत्ता और ब्राह्मण वर्चस्व को बनाए रखना था। ब्राह्मणों को भय था कि यदि परंपरागत ब्राह्मण व पुरोहितवादी वर्चस्व का पतन हो गया, तो समाज में उनका अस्तित्व ही नष्ट हो जाएगा।

3. ज्योतिबा फुले द्वारा प्रतिपादित आदर्श परिवार क्या आपके विचारों के आदर्श परिवार से मेल खाता है? पक्ष-विपक्ष में अपने उत्तर दीजिए।

उत्तर ज्योतिबा फुले के अनुसार, जिस परिवार में पिता बौद्ध हो, माता ईसाई हो, बेटी मुसलमान हो, बेटा सत्यधर्मी हो, वह परिवार आदर्श परिवार होता है।

पक्ष में आदर्श परिवार होने पर परिवार के सदस्यों को हर धर्म को समान रूप से सम्मान देने की आदत हो जाएगी। ऐसे परिवार के सदस्य कभी भी संकीर्ण मानसिकता से ग्रस्त नहीं हो सकेंगे, जिससे समाज में वर्ग एवं जाति-संघर्ष को बढ़ावा नहीं मिल सकेगा। ऐसे परिवार में स्त्री शिक्षा को विशेष महत्त्व देने के कारण स्त्री का सर्वांगीण विकास होता है।

कहा भी गया है कि यदि परिवार में एक स्त्री शिक्षित हो गई, तो अगली कई पीढ़ियाँ शिक्षित हो जाती हैं। इस प्रकार, ज्योतिबा फुले द्वारा प्रतिपादित आदर्श परिवार से समाज का हित होगा।

विपक्ष में ज्योतिबा फुले द्वारा प्रतिपादित आदर्श परिवार के अनुसार यह आवश्यक नहीं कि ऐसा परिवार वास्तविक आदर्श परिवार की अवधारणा से मेल खाए। समाज में अनेक ऐसे उदाहरण हैं विशेष रूप से राजनीति, फ़िल्म, साहित्य आदि क्षेत्रों में, जिनमें कई परिवारों में इससे मिलती-जुलती व्यवस्था है, किंतु सार्वजनिक जीवन में आदर्श उपस्थित करने में असफल रहने के कारण उन्हें किसी भी रूप में आदर्श परिवार नहीं कहा जा सकता। इसका सबसे बड़ा कारण यह है कि 'सत्यधर्मी' शब्द बोलने में अत्यधिक सरल है, लेकिन जीवन में अपनाना बहुत कठिन।

इसके अतिरिक्त दूसरे धर्म से आने वाला व्यक्ति न तो आसानी से अपने धर्म के संस्कारों को भूल पाता है और न ही उसे अपनाने वाला आसानी से भूलने देता है। इस प्रकार, उन सभी लोगों में जीवनपर्यंत टकराव की स्थिति बनी रहती है।

4. स्त्री-समानता को प्रतिष्ठित करने के लिए ज्योतिबा फुले के अनुसार क्या-क्या होना चाहिए?

उत्तर स्त्री-समानता को प्रतिष्ठित करने के लिए ज्योतिबा फुले के अनुसार निम्नलिखित कदम उठाए जाने चाहिए

(i) स्त्रियों को पुरुषों के समान अधिकार व स्वतंत्रता दी जानी चाहिए, जिससे समाज का विकास हो सके।

(ii) जाति और धर्मगत वैमनस्यता को दूर करने के लिए जाति अथवा धर्म के आधार पर इनसे किसी प्रकार का भेदभाव नहीं किया जाना चाहिए।

(iii) स्त्री को पुरुष के समान साक्षर बनाने के लिए प्रयास किए जाने चाहिए।

(iv) स्त्री को मानवीय अधिकारों को समझने में मदद दी जानी चाहिए। यदि स्त्री अपने अधिकार व कर्त्तव्यों को समझ लेगी, तो समाज और देश को प्रगति के मार्ग पर बढ़ने में सहायता मिल सकेगी।

(v) विवाह-विधि में पुरुष प्रधान संस्कृति के समर्थक और स्त्री की गुलामगिरी सिद्ध करने वाले जितने मंत्र हैं, वे सारे निकाल दिए जाएँ।

(vi) वर-वधू को विवाह संबंधी सभी मंत्र भली-भाँति समझ आएँ, ऐसी सुगम भाषा का प्रयोग किया जाना चाहिए।

5. सावित्री बाई के जीवन में क्रांतिकारी परिवर्तन किस प्रकार आए? क्रमबद्ध रूप में लिखिए।

उत्तर सावित्री बाई के जीवन में क्रांतिकारी परिवर्तन निम्न प्रकार आए

(i) सावित्री बाई की बचपन से ही शिक्षा के प्रति रुचि थी, परंतु उनके पिता ने सामाजिक दबाव और परंपरागत सोच के कारण उन्हें प्रोत्साहित नहीं किया।

(ii) छः-सात वर्ष की उम्र में उन्होंने पहली बार एक मिशनरी द्वारा दी गई पुस्तक से पढ़ने की प्रेरणा प्राप्त की।

(iii) ज्योतिबा ने सावित्री बाई को मराठी, अंग्रेज़ी लिखना-पढ़ना और बोलना सिखाया।

(iv) शिक्षित होने के पश्चात् उन्होंने लाट साहब (अंग्रेज) की दी हुई ईसाई मिशन की पुस्तक को पढ़ा, जिसे उन्होंने सँभालकर रखा था।

(v) 14 जनवरी, 1848 को पुणे के बुधवार पेठ निवासी भिड़े के बाड़े में देश की पहली कन्याशाला की स्थापना की।

(vi) घर, परिवार व समाज द्वारा उनके सुधारों में व्यवधान डालने से उनमें अत्यंत साहस, चेतना तथा क्रांतिकारी भाव का संचार हुआ।

6. ज्योतिबा फुले और सावित्री बाई के जीवन से प्रेरित होकर आप समाज में क्या परिवर्तन करना चाहेंगे?

उत्तर ज्योतिबा फुले और सावित्री बाई के जीवन से प्रेरित होकर हम समाज में निम्नलिखित परिवर्तन करना चाहेंगे

(i) स्त्री-शिक्षा को समाज के हर वर्ग तक पहुँचाना।

(ii) बाल मज़दूरों को शिक्षा देकर ऐसे काम करने के लिए प्रेरित करना, जिससे वे कष्टदायक जीवन न जिएँ।

(iii) कन्या भ्रूण-हत्या को रोकने के लिए सरकारी और गैर-सरकारी संस्थाओं के साथ मिलकर कदम उठाना।

(iv) दहेज प्रथा, बाल विवाह जैसी सामाजिक बुराइयों को जड़ से मिटाने तथा विधवा विवाह को बढ़ावा देने के लिए संघर्ष करना।

(v) मद्यपान जैसी सामाजिक बुराई के खिलाफ़ संघर्ष करना।

(vi) जाति प्रथा से संबंधित बुराइयों को रोकने के लिए प्रयास करना, जिससे जातिविहीन समाज की स्थापना की जा सके।

7. उनका दांपत्य जीवन किस प्रकार आधुनिक दंपतियों को प्रेरणा प्रदान करता है?

उत्तर आज के प्रतिस्पर्द्धात्मक समय में, जब प्रबुद्ध वर्ग के प्रतिष्ठित जाने-माने दंपति साथ रहने के कई बरसों के बाद अलग होते ही एक-दूसरे को संपूर्णतः नष्ट-भ्रष्ट करने और एक-दूसरे की जड़ें खोदने पर आमादा हो जाते हैं, वहीं महात्मा ज्योतिबा फुले और सावित्री बाई फुले का एक-दूसरे के प्रति और एक लक्ष्य के प्रति समर्पित जीवन एक आदर्श दांपत्य की मिसाल बनकर चमकता है।

सावित्री बाई के शिक्षित होने में ज्योतिबा फुले का योगदान और दोनों का एक-दूसरे के साथ कंधे से कंधा मिलाकर सामाजिक सुधार के कामों में जुटना यह दर्शाता है कि सच्चा दांपत्य केवल व्यक्तिगत सुख तक सीमित नहीं होता, बल्कि सामाजिक और नैतिक उद्देश्यों को भी साथ लेकर चलता है। उन्होंने एक-दूसरे की ताकत बनकर हर बाधा का सामना किया और समाज के प्रति अपनी जिम्मेदारी को प्राथमिकता दी।

आधुनिक दंपतियों को उनसे यह प्रेरणा मिलती है कि दांपत्य जीवन का आधार केवल साथ रहना नहीं, बल्कि एक-दूसरे को सहयोग, प्रेरणा और समानता देना भी है। यह दिखाता है कि जब दंपति आपसी तालमेल और साझेदारी से काम करते हैं, तो वे न केवल अपने व्यक्तिगत जीवन को सुखमय बना सकते हैं, बल्कि समाज में सकारात्मक बदलाव भी ला सकते हैं।

8. फुले दंपति ने स्त्री समस्या के लिए जो कदम उठाया था, क्या उसी का अगला चरण 'बेटी बचाओ, बेटी पढ़ाओ' कार्यक्रम है?

उत्तर पाठ का अध्ययन करने के पश्चात् यह स्पष्ट होता है कि फुले दंपत्ति ने स्त्री समस्या के समाधान के लिए जो कदम उठाया, वह न केवल स्त्री सशक्तिकरण की दिशा में पहला चरण था, बल्कि उन्होंने इस आंदोलन की आधारशिला भी रखी। उन्होंने शिक्षा के महत्त्व को समझते हुए स्त्रियों के लिए शिक्षा के द्वार खोले, जो उस समय एक क्रांतिकारी कदम था। उनके प्रयासों से समाज में यह विचार जन्मा कि स्त्रियाँ भी समान अधिकारों और अवसरों की हकदार हैं।

फुले दंपति ने न केवल स्त्री शिक्षा को प्राथमिकता दी, बल्कि बाल विवाह, विधवा पुनर्विवाह और स्त्री-पुरुष समानता जैसे विषयों पर भी खुलकर आवाज उठाई। उन्होंने स्त्रियों को अपने अधिकारों के प्रति जागरूक करने का कार्य किया और यह सिद्ध किया कि शिक्षा और जागरूकता ही स्त्रियों को उनकी समस्याओं से उभार सकती हैं। आज के समय में 'बेटी बचाओ, बेटी पढ़ाओ' जैसा कार्यक्रम उनके कार्यों का ही अगला चरण प्रतीत होता है।

9. निम्नलिखित पंक्तियों का आशय स्पष्ट कीजिए

(क) सच का सबेरा होते ही वेद डूब गए, विद्या शूद्रों के घर चली गई, भू-देव (ब्राह्मण) शरमा गए।

(ख) इस शोषण व्यवस्था के खिलाफ़ दलितों के अलावा स्त्रियों को भी आंदोलन करना चाहिए।

उत्तर (क) उपरोक्त पंक्ति से लेखक का आशय यह है कि हमारे समाज में शास्त्रों और वेदों का ज्ञान केवल ब्राह्मण को ही दिया जाता था, जो एक परंपरागत विचारधारा व कुरीति थी, परंतु ज्योतिबा फुले जैसे समाज-सुधारकों ने इस कुरीति को समाप्त किया। जो शिक्षा पहले ब्राह्मणों के लिए थी, वह अब शूद्रों अर्थात् सभी जातियों को दी गई, इसलिए जैसे ही शिक्षा रूपी सत्य का सवेरा हुआ, तो ब्राह्मणों ने कहा कि अब सभी वेदों की महत्ता नष्ट हो गई, क्योंकि उन्हें शूद्रों द्वारा ग्रहण किया जा रहा था।

(ख) उपरोक्त पंक्ति के द्वारा ज्योतिबा फुले ने कहा है कि शोषण केवल दलितों का ही नहीं हुआ है, बल्कि स्त्रियों का भी हुआ है। इसी कारण दलितों के अतिरिक्त सभी स्त्रियों को भी अपनी स्वतंत्रता प्राप्त करने के लिए आंदोलन करना चाहिए। लेखक का आशय यह है कि भारतीय समाज में स्त्रियों का भी दलितों के समान शोषण किया जाता रहा है, इसलिए दलित वर्ग तथा स्त्रियों को एकजुट होकर इस ब्राह्मणवाद के विरुद्ध आंदोलन करना चाहिए।

10. निम्नलिखित गद्यांशों की संदर्भ सहित व्याख्या कीजिए

(क) स्वतंत्रता का अनुभव .... हर स्त्री की थी।

(ख) मुझे 'महात्मा' कहकर .... अलग न करें।

उत्तर (क) इसका उत्तर गद्यांश 4 की व्याख्या में देखिए।।

(ख) **संदर्भ** प्रस्तुत गद्यांश 'अंतरा भाग-1' में संकलित 'ज्योतिबा फुले' से अवतरित है। यह सुप्रसिद्ध लेखिका सुधा अरोड़ा द्वारा रचित जीवनी है।

प्रसंग प्रस्तुत गद्यांश में ज्योतिबा फुले की साधारण मनुष्य की प्रवृत्ति का सजीव चित्रण किया गया है। वे स्वयं को 'महात्मा' नहीं कहलवाना चाहते थे, वे तो साधारण जन बनकर ही समाज कल्याण के कार्यों में लगे रहना चाहते थे।

व्याख्या प्रस्तुत गद्यांश में लेखिका बताती है कि ज्योतिबा फुले द्वारा किए गए समाज-सुधार के कार्यों को देखते हुए जब उन्हें 'महात्मा' की उपाधि से सम्मानित किया गया, तो उन्होंने कहा था कि "मुझे 'महात्मा' कहकर मेरे संघर्ष को पूर्णविराम मत दीजिए।" महात्मा तो संन्यासी होते हैं। जब मनुष्य मठाधीश बन जाता है, तब वह समाज से अलग हो जाता है और मुझे तो अभी समाज के लिए बहुत कुछ करना है अर्थात् यह तो मेरे संघर्ष का आरंभ हुआ है तथा इसके समापन का समय अभी बहुत दूर है। मुझे महात्मा बनाकर निष्क्रिय नहीं करें। किसी भी धर्म या वर्ग के नाम पर एक समूह बनाकर रहने वाले मठाधीश अपने समर्थकों पर अपने विचारों को थोपते हैं और स्वयं अन्याय के विरुद्ध चुप्पी साध लेते हैं। मठाधीश सुविधाभोगी होते हैं, संघर्ष करने से कतराते हैं, इसीलिए आप सभी लोग मुझे सामान्य जन ही रहने दें, क्योंकि सामान्य व्यक्ति ही जीवन में संघर्ष कर सकता है। अतः आप मुझे अपने आपसे अलग न करें और इस समाज के हित संबंधी कार्य करने दें।

विशेष

(i) प्रस्तुत गद्यांश में लेखिका द्वारा ज्योतिबा फुले की विनम्रता तथा महानता का चित्रण किया गया है।

(ii) प्रस्तुत गद्यांश में ज्योतिबा फुले की समाज के प्रति निष्ठा व परिवर्तन लाने की ललक को प्रस्तुत किया गया है।

(iii) प्रस्तुत गद्यांश में ज्योतिबा फुले ने धार्मिक मठाधीशों पर प्रहार किया है।

(iv) प्रस्तुत गद्यांश में तत्सम शब्दावली का प्रयोग है।

(v) प्रस्तुत गद्यांश में वर्णनात्मक शैली का प्रयोग हुआ है।

(vi) प्रस्तुत गद्यांश की भाषा सरल व सहज है।

योग्यता-विस्तार

1. अपने आसपास के कुछ सामाजिक कार्यकर्ताओं से बातचीत कर उसके आधार पर एक रिपोर्ट तैयार कीजिए।

उत्तर छात्र स्वयं करें।

2. क्या आज भी समाज में स्त्री-पुरुष के बीच भेदभाव किया जाता है? कक्षा में चर्चा कीजिए।

उत्तर छात्र स्वयं करें।

3. सावित्री बाई और महात्मा फुले ने समाज-हित के जो काम किए उनकी सूची बनाइए।

उत्तर इसके उत्तर के लिए विषय-वस्तु पर आधारित प्रश्नोत्तर में प्रश्न संख्या 9 देखें।

अभ्यास प्रश्न

गद्यांशों की व्याख्या

निम्नलिखित गद्यांशों की सप्रसंग व्याख्या कीजिए

गद्यांश 1

यह अप्रत्याशित नहीं है कि भारत के सामाजिक विकास और बदलाव के आंदोलन में जिन पाँच समाज-सुधारकों के नाम लिए जाते हैं, उनमें महात्मा ज्योतिबा फुले का नाम शुमार नहीं है। इस सूची को बनाने वाले उच्चवर्णीय समाज के प्रतिनिधि हैं। ज्योतिबा फुले ब्राह्मण वर्चस्व और सामाजिक मूल्यों को कायम रखने वाली शिक्षा और सुधार के समर्थक नहीं थे। उन्होंने पूँजीवादी और पुरोहितवादी मानसिकता पर हल्ला बोल दिया। उनके द्वारा स्थापित 'सत्यशोधक समाज' और उनका क्रांतिकारी साहित्य इसका प्रमाण है।

संदर्भ प्रस्तुत गद्यांश 'अंतरा भाग-1' में संकलित 'ज्योतिबा फुले' से अवतरित है। यह सुप्रसिद्ध लेखिका सुधा अरोड़ा द्वारा रचित जीवनी है।

प्रसंग प्रस्तुत गद्यांश में लेखिका ने महात्मा ज्योतिबा फुले को उच्च समाज-सुधारकों की श्रेणी का महान् व्यक्ति बताया है, जो उनके प्रति लेखिका की श्रद्धा को प्रदर्शित करता है।

व्याख्या प्रस्तुत गद्यांश में लेखिका बताती है कि भारत के सामाजिक विकास और बदलाव के आंदोलन में पाँच समाज-सुधारकों के नाम लिए जाते हैं। यह बहुत आश्चर्यजनक है कि ऐसे समाज-सुधारकों में महात्मा ज्योतिबा फुले का नाम शामिल नहीं किया गया है। इसका कारण यह है कि समाज-सुधारकों की इस सूची को बनाने वाले उच्चवर्णीय समाज के प्रतिनिधि हैं। ज्योतिबा फुले ने समाज में ब्राह्मणों का पूर्ण रूप से अधिकार होना और सामाजिक मूल्यों को कायम रखने वाली शिक्षा तथा सुधार का कभी समर्थन नहीं किया। उन्होंने पूँजीवादी और पुरोहितवादी मानसिकता की आलोचना और कड़ा विरोध किया। इस बात का प्रमाण उनके द्वारा स्थापित 'सत्यशोधक समाज' और उनका क्रांतिकारी साहित्य है।

विशेष

(*i*) प्रस्तुत गद्यांश में लेखिका ने भारतीय समाज की निंदा की है कि ज्योतिबा फुले का नाम इतिहास के समाज-सुधारकों में शामिल नहीं किया गया।
(*ii*) प्रस्तुत गद्यांश में ज्योतिबा फुले ने उच्चवर्णीय समाज, पूँजीवादी, पुरोहितवादी वर्चस्व का कड़ा विरोध किया है।
(*iii*) प्रस्तुत गद्यांश में उर्दू सहित तत्सम शब्दावली का प्रयोग है।
(*iv*) प्रस्तुत गद्यांश की शैली वर्णनात्मक शैली है।
(*v*) प्रस्तुत गद्यांश की भाषा सरल व सहज है।
(*vi*) प्रस्तुत गद्यांश में 'हल्ला बोल' एवं सुबोध मुहावरे का आकर्षक प्रयोग हुआ है।

गद्यांश 2

महात्मा ज्योतिबा फुले ने वर्ण, जाति और वर्ग-व्यवस्था में निहित शोषण-प्रक्रिया को एक-दूसरे का पूरक बताया। उनका कहना था कि राजसत्ता और ब्राह्मण आधिपत्य के तहत धर्मवादी सत्ता आपस में साँठ-गाँठ कर इस सामाजिक व्यवस्था और मशीनरी का उपयोग करती है। उनका कहना था कि इस शोषण-व्यवस्था के खिलाफ़ दलितों के अलावा स्त्रियों को भी आंदोलन करना चाहिए।

संदर्भ पूर्ववत्।

प्रसंग प्रस्तुत गद्यांश में लेखिका ने धर्म व राज्य-शक्ति के विषय में ज्योतिबा फुले के विचार प्रकट किए हैं।

व्याख्या प्रस्तुत गद्यांश में लेखिका स्पष्ट करती है कि ज्योतिबा फुले भारतीय समाज में व्याप्त जाति भेद, वर्ण-व्यवस्था तथा ब्राह्मण आधिपत्य के कड़े विरोधी थे। वे इन जाति भेद, वर्ग-व्यवस्था के अंतर्गत निहित शोषण प्रक्रिया को एक-दूसरे का पूरक बताते थे, क्योंकि इन सभी कुरीतियों ने लोगों के विकास के स्थान पर केवल शोषण ही किया है। उनका कहना था कि राजसत्ता व ब्राह्मण आधिपत्य एक-दूसरे से मिले हुए हैं। ये सभी ब्राह्मण धार्मिक कट्टरवादी विचारधारा का प्रतिपादन कर समाज में सांप्रदायिक दंगों को बढ़ावा देते हैं और इसी मानसिकता का प्रयोग राजसत्ता में बैठे लोग अपने स्वार्थपरक हितों को पूरा करने के लिए करते हैं अर्थात् ये दोनों राजसत्ताएँ एक-दूसरे की सहायक हैं। इन दोनों ही व्यवस्थाओं का दुष्प्रभाव सदैव दलितों व स्त्रियों को भुगतना पड़ता है, इसलिए फुले कहते थे कि इन व्यवस्थाओं द्वारा किए जा रहे शोषण के विरुद्ध दलितों को ही नहीं, बल्कि स्त्रियों को भी बढ़-चढ़कर इस आंदोलन में सक्रिय भूमिका निभानी होगी और एकजुट होकर अपने अधिकारों के लिए आवाज़ उठानी होगी।

विशेष

(*i*) प्रस्तुत गद्यांश में ज्योतिबा फुले ने जाति, वर्ण, वर्ग-व्यवस्था में समाहित शोषण प्रक्रिया को एक-दूसरे का पूरक सिद्ध किया है।
(*ii*) प्रस्तुत गद्यांश में ज्योतिबा फुले ने दलितों व स्त्रियों को उनके अधिकारों के प्रति सजग किया है।
(*iii*) प्रस्तुत गद्यांश में लेखक ने राजसत्ता व ब्राह्मण वर्चस्व की साँठ-गाँठ का पर्दाफ़ाश किया है।
(*iv*) प्रस्तुत गद्यांश में तत्सम के साथ-साथ उर्दू शब्दावली का प्रयोग किया गया है।
(*v*) प्रस्तुत गद्यांश में वर्णनात्मक शैली का प्रयोग हुआ है।
(*vi*) प्रस्तुत गद्यांश की भाषा सरल व सहज है।
(*vii*) प्रस्तुत गद्यांश में 'साँठ-गाँठ करना' मुहावरे का प्रयोग है।

गद्यांश 3

महात्मा ज्योतिबा फुले ने लिखा है–"स्त्री-शिक्षा के दरवाज़े पुरुषों ने इसलिए बंद कर रखे हैं कि वह मानवीय अधिकारों को समझ न पाए, जैसी स्वतंत्रता पुरुष लेता है, वैसी ही स्वतंत्रता स्त्री ले तो? पुरुषों के लिए अलग नियम और स्त्रियों के लिए अलग नियम– यह पक्षपात है।"

संदर्भ पूर्ववत्।

प्रसंग प्रस्तुत गद्यांश में ज्योतिबा फुले ने स्त्रियों की शिक्षा व उनकी स्वतंत्रता के लिए आह्वान किया है।

व्याख्या प्रस्तुत गद्यांश में लेखिका कहती है कि ज्योतिबा फुले ने बताया है कि पुरुष सत्तात्मक समाज की स्त्रियों को शिक्षित न करने के पीछे कूटनीति यह थी कि वे अपने अधिकारों को न जान सकें और यदि स्त्रियाँ शिक्षित हो गईं, तो वे अपने अधिकारों को जान जाएँगी और पुरुषों के समान समाज में समानता की माँग रखेंगी।

यदि ऐसा हो गया, तो समाज में पुरुषों की सत्ता ध्वस्त हो जाएगी। फुले ने सामाजिक नियमों व कानूनों का भली-भाँति आकलन किया और पाया कि हमारे भारतीय समाज में पुरुषों के लिए अलग नियम हैं और स्त्रियों के लिए अलग, जो हमारे पुरुष सत्तात्मक समाज में पक्षपात की प्रवृत्ति को प्रस्तुत करते हैं।

विशेष

(*i*) प्रस्तुत गद्यांश में लेखिका ने ज्योतिबा फुले के स्त्री-शिक्षा संबंधी विचारों को स्पष्ट किया है।
(*ii*) प्रस्तुत गद्यांश में पुरुष सत्तात्मक समाज के स्त्री-शिक्षा संबंधी पक्षपात को व्यक्त किया गया है।
(*iii*) प्रस्तुत गद्यांश में तत्सम शब्दावली का प्रयोग हुआ है।
(*iv*) प्रस्तुत गद्यांश की शैली वर्णनात्मक शैली है।
(*v*) प्रस्तुत गद्यांश में भाषा सरल व सहज है।

गद्यांश 4

"स्वतंत्रता का अनुभव हम स्त्रियों को है ही नहीं। इस बात की आज शपथ लो कि स्त्री को उसका अधिकार दोगे और उसे अपनी स्वतंत्रता का अनुभव करने दोगे।" यह आकांक्षा सिर्फ़ वधू की ही नहीं, गुलामी से मुक्ति चाहने वाली हर स्त्री की थी। स्त्री के अधिकारों और स्वतंत्रता के लिए ज्योतिबा फुले ने हर संभव प्रयत्न किए।

संदर्भ पूर्ववत्।

प्रसंग प्रस्तुत गद्यांश में लेखिका ने ज्योतिबा फुले द्वारा रचित विवाह-विधि में नए मंगलाष्टकों में व्यक्त वधू की आकांक्षा के माध्यम से समस्त स्त्रियों की अभिलाषा का मनोहारी चित्रण किया है।

व्याख्या प्रस्तुत गद्यांश में लेखिका बताती है कि ज्योतिबा फुले ने विवाह-विधि संबंधी नवीन मंगलाष्टकों की रचना की, जिसमें पुरुष प्रधान संस्कृति के समर्थक और स्त्री की गुलामगिरी सिद्ध करने वाले मंत्र हटाकर ऐसे मंत्र रचे गए, जिन्हें वर-वधू आसानी से समझ सकें। वधू, वर से कहे कि हम स्त्रियों को उस स्वतंत्रता का आभास कभी नहीं हुआ, जो पुरुषों को जन्मजात ही मिली हुई है। आज शपथ लो कि स्त्री को वही स्वतंत्रता तुम दोगे तथा उसके अधिकार पूर्ण रूप से देने में सहायता करोगे, उसे पूर्ण स्वतंत्रता का अनुभव करने दोगे। फुले स्पष्ट रूप से कहना चाहते हैं कि यह अधिकार व स्वतंत्रता की अभिलाषा केवल उस वधू की ही नहीं है वरन् उन सभी परतंत्र स्त्रियों की है, जो सदियों से पुरुषों की दासता झेल रही हैं। इस प्रकार, अपनी नवीन चेतना के फलीभूत फुले ने समाज में स्त्रियों के अधिकारों तथा स्वतंत्रता के लिए सभी संभावित प्रयास किए।

विशेष

(i) प्रस्तुत गद्यांश में लेखिका ने ज्योतिबा फुले द्वारा रचित नई विवाह-विधि का उल्लेख किया है।

(ii) प्रस्तुत गद्यांश में वधू की अभिलाषा से प्रत्येक स्त्री की स्वतंत्रता व अधिकार के लिए विद्रोह किया गया है।

(iii) प्रस्तुत गद्यांश में तत्सम शब्दावली का प्रयोग हुआ है।

(iv) प्रस्तुत गद्यांश में वर्णनात्मक शैली है।

(v) प्रस्तुत गद्यांश की भाषा सहज व सरल है।

गद्यांश 5

ज्योतिबा फुले और सावित्री बाई फुले ने हर मुकाम पर कंधे-से-कंधा मिलाकर काम किया-मिशनरी महिलाओं की तरह किसानों और अछूतों की झुग्गी-झोंपड़ी में जाकर लड़कियों को पाठशाला भेजने का आग्रह करना या बालहत्या प्रतिबंधक गृह में अनाथ बच्चों और विधवाओं के लिए दरवाज़े खोल देना और उनके नवजात बच्चों की देखभाल करना या महार, चमार और मांग जाति के लोगों की एक घूँट पानी पीकर प्यास बुझाने की तकलीफ़ देखकर अपने घर के पानी का हौद सभी जातियों के लिए खोल देना-हर काम पति-पत्नी ने डंके की चोट पर किया और कुरीतियों, अंध-श्रद्धा और पारंपरिक अनीतिपूर्ण रूढ़ियों को ध्वस्त कर दलितों-शोषितों के हक में खड़े हुए।

संदर्भ पूर्ववत्।

प्रसंग प्रस्तुत गद्यांश में लेखिका ने ज्योतिबा फुले और सावित्री बाई फुले द्वारा किए गए सामाजिक कार्यों का उल्लेख किया है।

व्याख्या प्रस्तुत गद्यांश में लेखिका बताती है कि ज्योतिबा फुले और सावित्री बाई ने हर मुकाम पर कंधे-से-कंधा मिलाकर काम किया। वे दोनों मिशनरी महिलाओं की भाँति अछूतों, दलितों व झुग्गी-झोंपड़ियों में जाकर लड़कियों को पाठशाला भेजने का आग्रह करते थे। उन्होंने बालहत्या प्रतिबंधक गृह में अनाथ बच्चों और विधवाओं के लिए रहने की व्यवस्था की तथा वहाँ सुविधाएँ उपलब्ध करवाईं। असहाय लोगों के नवजात बच्चों की देखभाल भी दोनों पति-पत्नी मिलकर करते थे।

वे निम्न वर्ग के शोषण से पूर्णतः परिचित थे। ब्राह्मण व ठाकुर लोग इन दलित जाति के लोगों पर पानी पीने के कुएँ तक पर प्रतिबंध लगाए हुए थे। उन्हें पानी की एक-एक बूँद के लिए तरसना पड़ता था। इस समस्या से निपटने के लिए फुले और उनकी पत्नी ने अपने ही घर में पानी का हौद (मिट्टी व गारे का बना पानी इकट्ठा करने का स्थान) बनवाया, जहाँ सभी जातियाँ पानी पी सकती थीं।

हर काम पति-पत्नी ने निडरता के साथ किया और इन सभी सामाजिक कुरीतियों, अंधविश्वासों तथा परंपरागत अनीतिपूर्ण रूढ़ियों को ध्वस्त कर दलितों-शोषितों के अधिकारों के लिए सदैव अग्रणी बने रहे।

विशेष

(i) प्रस्तुत गद्यांश में लेखिका ने फुले और उनकी पत्नी द्वारा किए गए समाज-सुधार और शिक्षा संबंधी कार्यों का वर्णन किया है।

(ii) प्रस्तुत गद्यांश में फुले व उनकी पत्नी के साहस व एकजुटता का चित्रण है।

(iii) प्रस्तुत गद्यांश में मुहावरे का प्रयोग हुआ है।

(iv) प्रस्तुत गद्यांश में तत्सम शब्दावली के साथ उर्दू शब्दों का भी प्रयोग हुआ है।

(v) प्रस्तुत गद्यांश में वर्णनात्मक शैली है।

(vi) प्रस्तुत गद्यांश की भाषा सहज व सरल है।

गद्यांश 6

आज के प्रतिस्पर्द्धात्मक समय में, जब प्रबुद्ध वर्ग के प्रतिष्ठित जाने-माने दंपति साथ रहने के कई बरसों के बाद अलग होते ही एक-दूसरे को संपूर्णतः नष्ट-भ्रष्ट करने और एक-दूसरे की जड़ें खोदने पर आमादा हो जाते हैं, महात्मा ज्योतिबा फुले और सावित्री बाई फुले का एक-दूसरे के प्रति और एक लक्ष्य के प्रति समर्पित जीवन एक आदर्श दांपत्य की मिसाल बनकर चमकता है।

संदर्भ पूर्ववत्।

प्रसंग प्रस्तुत गद्यांश में लेखिका ने ज्योतिबा फुले और सावित्री बाई फुले को आदर्श दांपत्य के रूप में आधुनिक समाज के समक्ष प्रस्तुत किया है।

व्याख्या प्रस्तुत गद्यांश में लेखिका बताती है कि ज्योतिबा फुले और उनकी पत्नी सावित्री बाई फुले ने सदैव एक-दूसरे का साथ दिया और लक्ष्य की प्राप्ति की। आज का युग आधुनिक प्रतिस्पर्द्धा का युग है, जिसमें शिक्षित व बुद्धिजीवी वर्ग के दंपति बरसों साथ रहने के बाद भी थोड़ी-सी कठिनाई आने

पर अलग (तलाक) हो जाते हैं और एक-दूसरे को हानि पहुँचाने के लिए तत्पर रहते हैं।

इस आधुनिक युग में ज्योतिबा फुले और उनकी पत्नी सावित्री एक-दूसरे के प्रति तथा अपने लक्ष्य के प्रति समर्पित होकर आधुनिक समाज के दांपत्य जीवन के लिए एक अद्वितीय उदाहरण बनकर उभरे हैं।

विशेष

(*i*) प्रस्तुत गद्यांश में लेखिका ने आधुनिक शिक्षित वर्ग के बढ़ते संबंध-विच्छेद पर व्यंग्यात्मक टिप्पणी की है।

(*ii*) प्रस्तुत गद्यांश में ज्योतिबा फुले तथा सावित्री बाई को आदर्श दांपत्य रूप में प्रस्तुत किया गया है।

(*iii*) प्रस्तुत गद्यांश में तत्सम व मुहावरेयुक्त शब्दावली का प्रयोग है।

(*iv*) प्रस्तुत गद्यांश में वर्णनात्मक शैली है।

(*v*) प्रस्तुत गद्यांश की भाषा सरल व सहज है।

गद्यांशों पर आधारित बहुविकल्पीय प्रश्न

1. यह अप्रत्याशित नहीं है कि भारत के सामाजिक विकास और बदलाव के आंदोलन में जिन पाँच समाज-सुधारकों के नाम लिए जाते हैं, उनमें महात्मा ज्योतिबा फुले के नाम का शुमार नहीं है। इस सूची को बनाने वाले उच्चवर्णीय समाज के प्रतिनिधि हैं। ज्योतिबा फुले ब्राह्मण वर्चस्व और सामाजिक मूल्यों को कायम रखने वाली शिक्षा और सुधार के समर्थक नहीं थे। उन्होंने पूँजीवादी और पुरोहितवादी मानसिकता पर हल्ला बोल दिया। उनके द्वारा स्थापित 'सत्यशोधक समाज' और उनका क्रांतिकारी साहित्य इसका प्रमाण है। जब ब्राह्मणों ने कहा – 'विद्या शूद्रों के घर चली गई' तो फुले ने तत्काल उत्तर दिया– 'सच का सबेरा होते ही वेद डूब गए, विद्या शूद्रों के घर चली गई, भू-देव (ब्राह्मण) शरमा गए।'

(i) **पाँच समाज-सुधारकों में किनका नाम सम्मिलित नहीं है?**
(क) स्वामी दयानंद का
(ख) राजा राममोहन राय का
(ग) स्वामी विवेकानंद का
(घ) ज्योतिबा फुले का

(ii) **समाज-सुधारकों की सूची बनाने वाले कौन हैं?**
(क) मध्यमवर्णीय समाज के लोग
(ख) निम्नवर्णीय समाज के लोग
(ग) उच्चवर्णीय समाज के लोग
(घ) उपर्युक्त में से कोई नहीं

(iii) **ज्योतिबा फुले ने किसका कभी समर्थन नहीं किया? निम्नलिखित कथनों पर विचार कीजिए।**
1. समाज पर ब्राह्मणों का पूर्ण रूप से अधिकार होना।
2. सामाजिक मूल्यों को कायम रखने वाली शिक्षा तथा सुधार।
3. स्त्रियों का समान शिक्षा का अधिकार।

कूट
(क) केवल 1 (ख) 1 और 2
(ग) 1 और 3 (घ) केवल 3

(iv) **ज्योतिबा फुले ने किस मानसिकता की कड़ी आलोचना और कड़ा विरोध किया?**
(क) पूँजीवादी और पुरोहितवादी (ख) समाजवादी
(ग) समन्वयवादी (घ) समानतावादी

(v) **ज्योतिबा फुले ने किसकी स्थापना की?**
(क) रामकृष्ण मिशन की (ख) आर्य समाज की
(ग) ब्रह्म समाज की (घ) सत्यशोधक समाज की

उत्तर

(i) (घ) ज्योतिबा फुले का
(ii) (ग) उच्चवर्णीय समाज के लोग
(iii) (ख) 1 और 2
(iv) (क) पूँजीवादी और पुरोहितवादी
(v) (घ) सत्यशोधक समाज की

2. महात्मा ज्योतिबा फुले ने वर्ण, जाति और वर्ग-व्यवस्था में निहित शोषण-प्रक्रिया को एक-दूसरे का पूरक बताया। उनका कहना था कि राजसत्ता और ब्राह्मण आधिपत्य के तहत धर्मवादी सत्ता आपस में साँठ-गाँठ कर इस सामाजिक व्यवस्था और मशीनरी का उपयोग करती है। उनका कहना था कि इस शोषण-व्यवस्था के खिलाफ दलितों के अलावा स्त्रियों को भी आंदोलन करना चाहिए।

महात्मा ज्योतिबा फुले के मौलिक विचार 'गुलामगिरी', 'शेतकर्यांचा आसूड (किसानों का प्रतिशोध)', 'सार्वजनिक सत्यधर्म' आदि पुस्तकों में संगृहीत हैं। उनके विचार अपने समय से बहुत आगे थे। आदर्श परिवार के बारे में उनकी अवधारणा है–'जिस परिवार में पिता बौद्ध, माता ईसाई, बेटी मुसलमान और बेटा सत्यधर्मी हो, वह परिवार एक आदर्श परिवार है।'

आधुनिक शिक्षा के बारे में फुले कहते हैं–'यदि आधुनिक शिक्षा का लाभ सिर्फ़ उच्च वर्ग को ही मिलता है, तो उसमें शूद्रों का क्या स्थान रहेगा? गरीबों से कर जमा करना और उसे उच्चवर्गीय लोगों के बच्चों की शिक्षा पर खर्च करना–किसे चाहिए ऐसी शिक्षा?'

(i) **महात्मा फुले ने किस प्रकार की सत्ता के साँठ-गाँठ का उल्लेख किया है?**
(क) धर्म सत्ता और शिक्षा सत्ता
(ख) राजसत्ता और आर्थिक सत्ता
(ग) राजसत्ता और ब्राह्मण आधिपत्य
(घ) ब्राह्मण और दलित सत्ता

(ii) **किस कुरीति ने विकास के स्थान पर केवल शोषण किया?**
(क) वर्ग-व्यवस्था
(ख) जातिवाद
(ग) 'क' और 'ख' दोनों
(घ) समन्वयवाद

(iii) **निम्न में से कौन-सी पुस्तक ज्योतिबा फुले की है?**
(क) गुलामगिरी (ख) शेतकर्यांचा आसूड
(ग) सार्वजनिक सत्यधर्म (घ) ये सभी

(iv) ज्योतिबा फुले के अनुसार, आदर्श परिवार है
(क) जहाँ परिवार के सदस्य अलग-अलग धर्म के हों
(ख) जहाँ परिवार के सदस्य एक धर्म के हों
(ग) जहाँ परिवार के सभी सदस्य एक ही जाति के हों
(घ) जहाँ परिवार के सभी सदस्य असत्यवादी हों

(v) फुले के अनुसार, आदर्श परिवार में माता किस धर्म की होनी चाहिए?
(क) बौद्ध
(ख) ईसाई
(ग) मुसलमान
(घ) सत्यधर्मी

उत्तर

(i) (ग) राजसत्ता और ब्राह्मण आधिपत्य
(ii) (ग) 'क' और 'ख' दोनों
(iii) (घ) ये सभी
(iv) (क) जहाँ परिवार के सदस्य अलग-अलग धर्म के हों
(v) (ख) ईसाई

3. **महात्मा ज्योतिबा फुले ने लिखा है–"स्त्री शिक्षा के दरवाज़े पुरुषों ने इसलिए बंद कर रखे हैं कि वह मानवीय अधिकारों को समझ न पाए, जैसी स्वतंत्रता पुरुष लेता है, वैसी ही स्वतंत्रता स्त्री ले तो? पुरुषों के लिए अलग नियम और स्त्रियों के लिए अलग नियम-यह पक्षपात है।" ज्योतिबा ने स्त्री-समानता को प्रतिष्ठित करने वाली नई विवाह-विधि की रचना की। पूरी विवाह-विधि से उन्होंने ब्राह्मण का स्थान ही हटा दिया।**

उन्होंने नए मंगलाष्टक (विवाह के अवसर पर पढ़े जाने वाले मंत्र) तैयार किए। वे चाहते थे कि विवाह-विधि में पुरुष प्रधान संस्कृति के समर्थक और स्त्री की गुलामगिरी सिद्ध करने वाले जितने मंत्र हैं, वे सारे निकाल दिए जाएँ। उनके स्थान पर ऐसे मंत्र हों, जिन्हें वर-वधू आसानी से समझ सकें। ज्योतिबा ने जिन मंगलाष्टकों की रचना की, उनमें वधू वर से कहती है–'स्वतंत्रता का अनुभव हम स्त्रियों को है ही नहीं। इस बात की आज शपथ लो कि स्त्री को उसका अधिकार दोगे और उसे अपनी स्वतंत्रता का अनुभव करने दोगे।' यह आकांक्षा सिर्फ़ वधू की ही नहीं, गुलामी से मुक्ति चाहने वाली हर स्त्री की थी। स्त्री के अधिकारों और स्वतंत्रता के लिए ज्योतिबा फुले ने हर संभव प्रयत्न किए।

(i) महात्मा ज्योतिबा फुले के अनुसार पक्षपात क्या है?
(क) पुरुषों तथा स्त्रियों के लिए अलग-अलग नियम
(ख) ब्राह्मणों व अन्य के लिए अलग नियम
(ग) हिंदू व अन्य धर्मों के लिए अलग नियम
(घ) उपर्युक्त में से कोई नहीं

(ii) ज्योतिबा फुले ने किसकी रचना की?
(क) नए धर्म की
(ख) नई विवाह पद्धति की
(ग) गुलामगिरी करने वाले मंत्रों की
(घ) नई पूजा पद्धति की

(iii) ज्योतिबा फुले ने नई विवाह पद्धति की रचना क्यों की?
(क) जाति समानता के लिए
(ख) पुरुष समानता के लिए
(ग) स्त्री समानता के लिए
(घ) वर्ग भेद के लिए

(iv) ज्योतिबा फुले द्वारा रचित मंगलाष्टक क्या है?
(क) ब्राह्मणों की नई पूजा पद्धति
(ख) शूद्रों की मंगल कामना चाहने वाले मंत्र
(ग) पूजा के लिए नए मंत्र
(घ) विवाह के अवसर पर पढ़े जाने वाले मंत्र

(v) स्त्रियों के अधिकार के लिए किसने प्रयास किए?
(क) रामकृष्ण परमहंस ने (ख) ज्योतिबा फुले ने
(ग) स्वामी श्रद्धानंद ने (घ) सर्वदानंद सरस्वती ने

उत्तर

(i) (क) पुरुषों तथा स्त्रियों के लिए अलग-अलग नियम
(ii) (ख) नई विवाह पद्धति की
(iii) (ग) स्त्री समानता के लिए
(iv) (घ) विवाह के अवसर पर पढ़े जाने वाले मंत्र
(v) (ख) ज्योतिबा फुले ने

4. **ज्योतिबा फुले और सावित्री बाई फुले ने हर मुकाम पर कंधे-से-कंधा मिलाकर काम किया- मिशनरी महिलाओं की तरह किसानों और अछूतों की झुग्गी-झोंपड़ी में जाकर लड़कियों को पाठशाला भेजने का आग्रह करना या बालहत्या प्रतिबंधक गृह में अनाथ बच्चों और विधवाओं के लिए दरवाज़े खोल देना और उनके नवजात बच्चों की देखभाल करना या महार, चमार और मांग जाति के लोगों की एक घूँट पानी पीकर प्यास बुझाने की तकलीफ़ देखकर अपने घर के पानी का हौद सभी जातियों के लिए खोल देना-हर काम पति-पत्नी ने डंके की चोट पर किया और कुरीतियों, अंध-श्रद्धा और पारंपरिक अनीतिपूर्ण रूढ़ियों को ध्वस्त कर दलितों-शोषितों के हक में खड़े हुए। आज के प्रतिस्पर्द्धात्मक समय में, जब प्रबुद्ध वर्ग के प्रतिष्ठित जाने-माने दंपति साथ रहने के कई बरसों के बाद अलग होते ही एक-दूसरे को संपूर्णतः नष्ट-भ्रष्ट करने और एक-दूसरे की जड़ें खोदने पर आमादा हो जाते हैं, महात्मा ज्योतिबा फुले और सावित्री बाई फुले का एक-दूसरे के प्रति और एक लक्ष्य के प्रति समर्पित जीवन एक आदर्श दांपत्य की मिसाल बनकर चमकता है।**

(i) सावित्री बाई फुले कौन थी?
(क) ज्योतिबा फुले की पत्नी और एक समाज-सुधारक
(ख) एक प्रकांड ब्राह्मण-विदुषी
(ग) ज्योतिबा फुले की संरक्षिका
(घ) उपर्युक्त में से कोई नहीं

(ii) ज्योतिबा फुले व सावित्री बाई फुले ने मिलकर कौन-सा कार्य किया?
(क) अछूतों व दलितों की लड़कियों को पढ़ाने का यत्न
(ख) असहाय लोगों के नवजात बच्चों की देखभाल
(ग) अनाथ बच्चों व विधवाओं को अनेक सुविधाएँ प्रदान कीं
(घ) उपर्युक्त सभी

(iii) ब्राह्मणों व ठाकुर लोगों ने निम्न वर्गों व दलितों पर क्या प्रतिबंध लगाए?
(क) कुएँ से पानी लेने पर (ख) उन्हें घरों में रहने पर
(ग) सड़क पर चलने पर (घ) ये सभी

(iv) पानी की समस्या के लिए फुले दंपति ने क्या किया?
(क) नहरें निकलवाईं
(ख) तालाब खुदवाए
(ग) पानी का हौद बनवाया
(घ) कुएँ बनवाए

(v) कथन (A) फुले दंपति एक आदर्श दांपत्य की मिसाल बनकर चमकता है।
कारण (R) ज्योतिबा फुले और सावित्री बाई का एक-दूसरे के प्रति और लक्ष्य के प्रति समर्पित भाव था।

कूट
(क) कथन (A) और कारण (R) दोनों सही हैं तथा कारण (R), कथन (A) की सही व्याख्या करता है।
(ख) कथन (A) और कारण (R) दोनों सही हैं, परंतु कारण (R), कथन (A) की सही व्याख्या नहीं करता है।
(ग) कथन (A) सही है, किंतु कारण (R) गलत है।
(घ) कथन (A) गलत है, किंतु कारण (R) सही है।

उत्तर

(i) (क) ज्योतिबा फुले की पत्नी और एक समाज-सुधारक
(ii) (घ) उपर्युक्त सभी
(iii) (क) कुएँ से पानी लेने पर
(iv) (ग) पानी का हौद बनवाया
(v) (क) कथन (A) और कारण (R) दोनों सही हैं तथा कारण (R), कथन (A) की सही व्याख्या करता है।

विषय-वस्तु पर आधारित प्रश्नोत्तर

1. ब्राह्मण आधिपत्य से क्या अभिप्राय है?

उत्तर भारतीय समाज में धर्मशास्त्रों का अनुकरण किया जाता है। इन धर्मशास्त्रों में वर्णाश्रम व्यवस्था बनाई गई, जिसमें ब्राह्मण जाति को सर्वोच्च स्थान दिया गया। ब्राह्मण जाति की उच्च श्रेणी का प्रमाण वेदों को माना जाता है तथा इन वेदों का पठन भी केवल ब्राह्मण ही कर सकते हैं। सभी धार्मिक अनुष्ठानों में ब्राह्मणों की ही मुख्य भूमिका होती है। वेदों को सनातन धर्म का आधार माना जाता है। वेदों में आस्था न रखने वाला व्यक्ति नास्तिक कहलाता है। समाज के समस्त धार्मिक कर्मकांडों के आयोजन में ब्राह्मणों की ही आवश्यकता होती है, इसलिए ब्राह्मणों के वर्चस्व को देखते हुए ही इस व्यवस्था को ब्राह्मण आधिपत्य कहा जाता है।

2. ज्योतिबा फुले के आधुनिक शिक्षा के संबंध में क्या विचार थे?

उत्तर ज्योतिबा फुले ने आधुनिक शिक्षा के बारे में कहा कि यदि आधुनिक शिक्षा का लाभ सिर्फ़ उच्च वर्ग को ही मिलता है, तो उसमें शूद्रों का क्या स्थान रहेगा? गरीबों से कर जमा करना और उसे उच्चवर्गीय लोगों के बच्चों की शिक्षा पर खर्च करना—किसे चाहिए ऐसी शिक्षा? वे चाहते थे कि समाज में ऐसी शिक्षा होनी चाहिए, जिसमें सभी जाति वर्गों के लिए समानता का भाव हो और उन्हें अपने विकास के समान अवसर प्राप्त हो सकें।

3. ज्योतिबा फुले ने कैसे समाज की परिकल्पना की?

उत्तर ज्योतिबा फुले ने ब्राह्मण वर्चस्व और सामाजिक मूल्यों को कायम रखने वाली शिक्षा का कड़ा विरोध किया। उन्होंने पूँजीवादी और पुरोहितवादी मानसिकता पर हल्ला बोल दिया।

'गुलामगिरी', 'शेतकर्यांचा आसूड (किसानों का प्रतिशोध)', 'सार्वजनिक सत्यधर्म' आदि पुस्तकों में उन्होंने अपने समाज की परिकल्पना का उल्लेख किया। वे चाहते थे कि दलितों, शोषितों व स्त्रियों को भी शिक्षा, समानता व उनके सभी अधिकार दिए जाएँ, जिससे उनका सर्वांगीण विकास हो सके, तभी संपूर्ण भारत का विकास संभव है।

4. स्त्रियों को शिक्षा से वंचित रखने के पीछे पुरुषों की धारणा स्पष्ट कीजिए।

उत्तर भारतीय समाज में सदियों से ही स्त्रियों को शिक्षा से वंचित रखा गया है। पुरुष सत्तात्मक विचारधारा में स्त्रियों का अस्तित्व केवल घर की चहारदीवारी तक ही सीमित माना जाता है। इस विचारधारा के पीछे उनका स्वार्थ यह था कि यदि स्त्रियाँ भी शिक्षित हो गईं, तो वे अपने मानव अधिकारों को जान जाएँगी और पुरुषों के समानांतर अपनी स्वतंत्रता माँगेंगी। शिक्षित स्त्रियाँ अपने और पुरुष के मध्य भेदभाव को भली-भाँति समझ जाएँगी और इस भेदभाव के विरुद्ध आवाज़ उठाएँगी। ऐसा परिवर्तन एक पुरुष सत्तात्मक समाज कभी स्वीकार नहीं करेगा, इसलिए स्त्रियों को शिक्षा से वंचित रखा जाता रहा है, जिसे ज्योतिबा फुले ने पक्षपात कहा।

5. ज्योतिबा फुले द्वारा रचित नई विवाह-विधि का वर्णन कीजिए।

उत्तर ज्योतिबा ने स्त्री-समानता को प्रतिष्ठित करने के लिए नई विवाह-विधि की रचना की। संपूर्ण विवाह-विधि से उन्होंने ब्राह्मण का स्थान ही हटा दिया और नए मंगलाष्टक (विवाह के अवसर पर पढ़े जाने वाले मंत्र) तैयार किए। वे चाहते थे कि विवाह-विधि में पुरुष प्रधान संस्कृति के समर्थक और स्त्री की गुलामगिरी सिद्ध करने वाले जितने भी मंत्र हैं, वे सारे निकाल दिए जाएँ। उनके स्थान पर ऐसे मंत्र हों, जिन्हें वर-वधू आसानी से समझ सकें।

6. फुले रचित मंगलाष्टकों में वधू, वर से क्या कहती है? स्पष्ट कीजिए।

उत्तर ज्योतिबा फुले ने जिन मंगलाष्टकों की रचना की, उनमें वधू, वर से कहती है—"स्वतंत्रता का अनुभव हम स्त्रियों को है ही नहीं। इस बात की आज शपथ लो कि स्त्री को उसका अधिकार दोगे और उसे अपनी स्वतंत्रता का अनुभव करने दोगे।" यह आकांक्षा सिर्फ़ वधू की नहीं, गुलामी से मुक्ति चाहने वाली हर उस स्त्री की थी, जो पुरुष दासता से मुक्ति चाहती है। स्त्री के अधिकारों और स्वतंत्रता के लिए ज्योतिबा फुले ने हर संभव प्रयत्न किए।

7. ज्योतिबा फुले को 'महात्मा' की उपाधि से कब सम्मानित किया गया? इस सम्मान पर उनकी प्रतिक्रिया को स्पष्ट कीजिए।

उत्तर ज्योतिबा फुले को 'महात्मा' की उपाधि 1888 ई. में दी गई। तब इस सम्मान को लेने से इनकार करते हुए उन्होंने कहा—"मुझे 'महात्मा' कहकर मेरे संघर्ष को पूर्णविराम मत दीजिए। जब व्यक्ति मठाधीश बन जाता है, तब वह संघर्ष नहीं कर सकता। इसलिए आप सब मुझे साधारण जन ही रहने दें, मुझे अपने बीच से अलग न करें।" उनकी सबसे बड़ी विशेषता यह थी कि वे जो कहते थे, उसे अपने आचरण और व्यवहार में उतारकर दिखाते थे। उनकी कथनी-करनी में कोई भेद नहीं था।

8. सावित्री के बचपन में ऐसी कौन-सी घटना घटी, जिससे उन्हें शिक्षा ग्रहण करने की प्रेरणा मिली?

उत्तर एक बार बालिका सावित्री शिखल गाँव के हाट में गई। वहाँ कुछ खरीदकर खाते-खाते उसने देखा कि एक पेड़ के नीचे कुछ मिशनरी स्त्रियाँ और पुरुष गा रहे हैं। एक लाट साहब (अंग्रेज) ने उसे खाते हुए और रुककर गाना सुनते देखा, तो कहा—"इस तरह रास्ते में खाते-खाते घूमना अच्छी बात नहीं है।" सुनते ही सावित्री ने हाथ का खाना फेंक दिया।

लाट साहब ने कहा—"बड़ी अच्छी लड़की हो तुम। यह पुस्तक ले जाओ। तुम्हें पढ़ना न आए, तो भी इसके चित्र तुम्हें अच्छे लगेंगे।" घर आकर सावित्री ने वह पुस्तक अपने पिता को दिखाई। आगबबूला होकर पिता ने उसे कूड़े में फेंक दिया और कहा— "ईसाइयों से ऐसी चीज़ें लेकर तू भ्रष्ट हो जाएगी और सारे कुल को भ्रष्ट करेगी।" सावित्री ने वह पुस्तक उठाकर एक कोने में छुपा दी। 1840 ई. में ज्योतिबा फुले से विवाह होने पर वह अपने सामान के साथ उस पुस्तक को सहेजकर ले आई और शिक्षित होने के बाद उन्होंने वह पुस्तक पढ़ी।

9. ज्योतिबा फुले तथा सावित्री बाई द्वारा किए गए समाज-सुधार संबंधी कार्यों का विवरण दीजिए।

उत्तर ज्योतिबा फुले ने सर्वप्रथम अपनी पत्नी सावित्री बाई को शिक्षित किया, जो समाज-सुधार संबंधी कार्य की दिशा में उनका पहला कदम था। ज्योतिबा फुले तथा सावित्री बाई ने मिलकर निम्नलिखित सामाजिक कार्य किए

- 14 जनवरी, 1848 को पुणे के बुधवार पेठ निवासी भिड़े के बाड़े में देश की पहली कन्याशाला की स्थापना की।
- शूद्र और शूद्रातिशूद्र लड़कियों के लिए एक के बाद एक पाठशालाएँ खोलीं।
- किसानों और अछूतों की झुग्गी-झोंपड़ी में जाकर लड़कियों को पाठशाला भेजने का आग्रह किया करते थे।
- बालहत्या प्रतिबंधक गृह में अनाथ बच्चों और विधवाओं के लिए दरवाज़े खुलवाए और उनके बच्चों की देखभाल भी दोनों पति-पत्नी मिलकर किया करते थे।
- उन्होंने महार, चमार और मांग सहित सभी जातियों के लोगों के लिए पीने के पानी का अपने घर का हौद खोल दिया।
- समाज में व्याप्त सामाजिक कुरीतियों, अंधविश्वासों, पारंपरिक रूढ़ियों को ध्वस्त कर समानता का प्रतिपादन किया।

10. निम्नलिखित पंक्तियों का आशय स्पष्ट कीजिए

(क) "ईसाइयों से ऐसी चीज़ें लेकर तू भ्रष्ट हो जाएगी और सारे कुल को भ्रष्ट करेगी।"

(ख) एक और एक ग्यारह होते हैं।

उत्तर (क) बाज़ार में लाट साहब (अंग्रेज) ने सावित्री को पुस्तक दी, जिसे लेकर वह घर आ गई। जब सावित्री के पिता ने वह पुस्तक देखी, तो वह आगबबूला हो गए और उस पुस्तक को कूड़े में फेंक दिया और कहा कि "ईसाइयों से ऐसी चीज़ें लेकर तू भ्रष्ट हो जाएगी और पूरे कुल को भ्रष्ट करेगी।" लेखिका का आशय यह है कि सावित्री के पिता धर्मभीरु हैं तथा ब्राह्मणवादी विचारधारा से परिपूर्ण हैं। धार्मिक कट्टरवादी लोग अन्य धर्म वालों से कोई भी वस्तु लेने पर अपने धर्म को भ्रष्ट होने जैसा मानते हैं, इसलिए सावित्री के पिता भी यही कहते हैं कि तूने ईसाइयों से यह पुस्तक लेकर स्वयं को तो भ्रष्ट किया ही है, साथ ही सारे कुल को भी भ्रष्ट किया है।

(ख) 'एक और एक ग्यारह होते हैं' एक लोकोक्ति है, जिसका अर्थ होता है—संगठन में ही शक्ति होती है। लेखिका ने इस लोकोक्ति का प्रयोग फुले दंपति के मिल-जुलकर किए गए जनकल्याणार्थ कार्यों हेतु किया है। ज्योतिबा फुले और सावित्री बाई ने एकजुट होकर सभी समाज-सुधार संबंधी कार्यों को पूर्ण किया। दोनों ने एकसाथ लोगों द्वारा दी गई प्रताड़नाएँ झेलीं और अपने लक्ष्य के प्रति समर्पित होकर डंके की चोट पर सभी सामाजिक कुरीतियों को ध्वस्त किया।

लेखिका का आशय यह है कि यदि संगठन बनाकर, परस्पर एकजुट होकर कोई भी कार्य किया जाए, तो जीवन के सभी लक्ष्यों को प्राप्त किया जा सकता है।

स्व-मूल्यांकन

गद्यांश पर आधारित बहुविकल्पीय प्रश्न

निम्नलिखित गद्यांश को ध्यानपूर्वक पढ़कर पूछे गए बहुविकल्पीय प्रश्नों के लिए सर्वाधिक उपयुक्त विकल्प का चुनाव कीजिए।

1. उनके बचपन की एक घटना बहुत प्रसिद्ध है, छह-सात साल की उम्र में वह हाट-बाज़ार अकेली ही चली जाती थी। एक बार सावित्री शिखल गाँव के हाट में गई। वहाँ कुछ खरीदकर खाते-खाते उसने देखा कि एक पेड़ के नीचे कुछ मिशनरी स्त्रियाँ और पुरुष गा रहे हैं। एक लाट साहब ने उसे खाते हुए और रुककर गाना सुनते देखा तो कहा, "इस तरह रास्ते में खाते-खाते घूमना अच्छी बात नहीं है।" सुनते ही सावित्री ने हाथ का खाना फेंक दिया। लाट साहब ने कहा- "बड़ी अच्छी लड़की हो तुम। यह पुस्तक ले जाओ। तुम्हें पढ़ना न आए तो भी इसके चित्र तुम्हें अच्छे लगेंगे।" घर आकर सावित्री ने वह पुस्तक अपने पिता को दिखाई। आगबबूला होकर पिता ने उसे कूड़े में फेंक दिया, "ईसाइयों से ऐसी चीजें लेकर तू भ्रष्ट हो जाएगी और सारे कुल को भ्रष्ट करेगी। तेरी शादी कर देनी चाहिए।" सावित्री ने वह पुस्तक उठाकर एक कोने में छुपा दी। 1840 ई. में ज्योतिबा फुले से विवाह होने पर वह अपने सामान के साथ उस किताब को सहेजकर ससुराल ले आई और शिक्षित होने के बाद वह पुस्तक पढ़ी।

(i) सावित्री बाई फुले कितनी उम्र में हाट-बाजार अकेले जाती थी?
(क) पाँच-छह साल (ख) छह-सात साल
(ग) सात-आठ साल (घ) आठ-नौ साल

(ii) सावित्री ने हाट में मिशनरी स्त्रियों और पुरुषों को क्या करते हुए देखा?
(क) भाषण देते हुए (ख) गाना गाते हुए
(ग) पढ़ाई करते हुए (घ) चित्र बनाते हुए

(iii) सावित्री बाई के पिता ने उस पुस्तक को देखकर क्या किया?
(क) पुस्तक पढ़ने को कहा
(ख) पुस्तक को सँभालकर रखा
(ग) पुस्तक को कूड़े में फेंक दिया
(घ) पुस्तक मिशनरी को वापस कर दी

(iv) सावित्री बाई के पिता ने पुस्तक को फेंकने का क्या कारण बताया?
(क) पुस्तक बेकार थी
(ख) पुस्तक का रंग खराब था
(ग) ईसाइयों से ली गई चीज़ें उन्हें भ्रष्ट कर देंगी
(घ) पुस्तक में कुछ समझ नहीं आ रहा था

(v) **कथन** (A) लाट साहब ने सावित्री बाई को पुस्तक दी।
कारण (R) लाट साहब को लगा कि सावित्री बाई एक अच्छी और समझदार लड़की है।

कूट
(क) कथन (A) और कारण (R) दोनों सही हैं तथा कारण (R), कथन (A) की सही व्याख्या करता है।
(ख) कथन (A) और कारण (R) दोनों सही हैं, परंतु कारण (R), कथन (A) की सही व्याख्या नहीं करता है।
(ग) कथन (A) सही है, किंतु कारण (R) गलत है।
(घ) कथन (A) गलत है, किंतु कारण (R) सही है।

गद्यांश की व्याख्या

2. निम्नलिखित में से किसी एक गद्यांश की सप्रसंग व्याख्या कीजिए।

'ज्योतिबा ने स्त्री-समानता को प्रतिष्ठित करने वाली नई विवाह-विधि की रचना की। पूरी विवाह-विधि से उन्होंने ब्राह्मण का स्थान ही हटा दिया। उन्होंने नए मंगलाष्टक (विवाह के अवसर पर पढ़े जाने वाले मंत्र) तैयार किए। वे चाहते थे कि विवाह-विधि में पुरुष प्रधान संस्कृति के समर्थक और स्त्री की गुलामगिरी सिद्ध करने वाले जितने मंत्र हैं, वे सारे निकाल दिए जाएँ। उनके स्थान पर ऐसे मंत्र हों, जिन्हें वर-वधू आसानी से समझ सकें।

अथवा

भारत में 3000 सालों के इतिहास में इस तरह का काम नहीं हुआ था। शूद्र और शूद्रातिशूद्र लड़कियों के लिए एक के बाद एक पाठशालाएँ खोलने में ज्योतिबा फुले और सावित्री बाई को लगातार व्यवधानों, अड़चनों, लांछनों और बहिष्कार का सामना करना पड़ा। ज्योतिबा के धर्मभीरु पिता ने पुरोहितों और रिश्तेदारों के दबाव में अपने बेटे और बहू को घर छोड़ देने पर मजबूर किया। सावित्री जब पढ़ाने के लिए घर से पाठशाला तक जाती तो रास्ते में खड़े लोग उसे गालियाँ देते, थूकते, पत्थर मारते और गोबर उछालते। दोनों पति-पत्नी सारी बाधाओं से जूझते हुए अपने काम में डटे रहे। 1840-1890 ई. तक पचास वर्षों तक, ज्योतिबा और सावित्री बाई ने एक प्राण होकर अपने मिशन को पूरा किया।

विषय-वस्तु पर आधारित प्रश्न

1. महात्मा ज्योतिबा फुले ने शूद्रों और स्त्रियों के शोषण का किस प्रकार से विरोध किया?
2. आदर्श परिवार के बारे में महात्मा फुले की अवधारणा क्या थी?
3. स्त्री-शिक्षा के दरवाज़े पुरुषों ने क्यों बंद कर रखे थे?
4. फुले ने विवाह-विधि में कौन-कौन से परिवर्तन किए और क्यों?
5. महात्मा ज्योतिबा फुले को 'महात्मा' की उपाधि क्यों दी गई?
6. सावित्री बाई फुले को शिक्षित करने में ज्योतिबा फुले का कितना योगदान था?
7. भारत में पहली कन्याशाला की स्थापना कब और कहाँ हुई?

06
अध्याय

लेखक-परिचय

ओमप्रकाश वाल्मीकि का जन्म वर्ष 1950 में मुज़फ़्फ़रनगर ज़िले (उत्तर प्रदेश) के बरला गाँव में हुआ था। उनका बचपन सामाजिक और आर्थिक कठिनाइयों में बीता। महाराष्ट्र में रहते हुए उन्होंने दलित लेखकों और डॉ. अंबेडकर की रचनाओं से प्रेरणा पाई, जिससे उनकी रचना-दृष्टि बदली। उन्होंने जातीय अपमान और उत्पीड़न को अपनी रचनाओं में प्रामाणिक रूप से व्यक्त किया। उनकी आत्मकथा 'जूठन' ने उन्हें विशेष पहचान दिलाई। उन्होंने कविता, कहानी, आलोचना और नाटक में भी योगदान दिया। उनकी प्रमुख रचनाएँ सदियों का संताप, बस! बहुत हो चुका (कविता संग्रह), सलाम, घुसपैठिये (कहानी संग्रह), दलित साहित्य का सौंदर्यशास्त्र तथा जूठन (आत्मकथा) आदि हैं। उन्हें डॉ. अंबेडकर राष्ट्रीय पुरस्कार (1993), परिवेश सम्मान (1995) और न्यू इंडिया बुक पुरस्कार (2004) से सम्मानित किया गया। वर्ष 2013 में उनका देहावसान हो गया।

अध्ययन के लिए
- पाठ की रूपरेखा
- पाठ का सार

अभ्यास के लिए
- पाठ्यपुस्तक के प्रश्नोत्तर
- गद्यांशों की व्याख्या
- गद्यांश पर आधारित बहुविकल्पीय प्रश्न
- विषय-वस्तु पर आधारित प्रश्नोत्तर

खानाबदोश

(ओमप्रकाश वाल्मीकि)

पाठ की रूपरेखा

'खानाबदोश' कहानी में मज़दूरी करके किसी तरह गुज़र-बसर करने वाले मज़दूर वर्ग की यातना और शोषण को चित्रित किया गया है। यदि ये ईमानदारी से मेहनत-मज़दूरी करके सम्मानपूर्वक जीवनयापन करना चाहते हैं, तो समाज के कुछ समृद्ध और ताकतवर लोग उन्हें जीने नहीं देते। कहानी इस बात की ओर भी संकेत करती है कि मज़दूर वर्ग हमारे समाज की जातिवादी मानसिकता से नहीं उभर पाया है, जिसे जसदेव व असगर ठेकेदार के माध्यम से लेखक ने भली-भाँति चित्रित किया है।

पाठ का सार

ईंट बनाने की प्रक्रिया

सुकिया के हाथ की पथी कच्ची ईंटें पकने के लिए भट्ठे में लगाई जा रही थीं। भट्ठे के गलियारे में झरोखेदार कच्ची ईंटों की दीवार देखकर सुकिया आत्मिक सुख से भर गया था। देखते-ही-देखते हज़ारों ईंटें भट्ठे के गलियारे में समा गई थीं। ईंटों के बीच खाली जगह में पत्थर का कोयला, लकड़ी, बुरादा, गन्ने की बाली भर दिए गए थे। मज़दूर मोरियों से भट्ठे में कोयला, बुरादा आदि डाल रहे थे। भट्ठे की मोरी पर काम करना जोखिम भरा काम था, जहाँ थोड़ी-सी असावधानी भी मौत का कारण बन सकती थी। भट्ठे की चिमनी धुआँ उगलने लगी थी। यह धुआँ मीलों दूर से दिखाई पड़ जाता था। हरे-भरे खेतों के बीच गहरे मटमैले रंग का यह भट्ठा एक धब्बे जैसा दिखाई पड़ता था।

मानो और सुकिया का परिचय

मानो और सुकिया महीनाभर पहले ही इस भट्ठे पर दिहाड़ी मज़दूर बनकर आए थे। हफ्ते भर का काम देखकर असगर ठेकेदार ने सुकिया से कहा था कि साँचा ले लो

और ईंट पाथने का काम शुरू करो। हज़ार ईंट के रेट से अपनी मज़दूरी लो। भट्ठे पर लगभग तीस मज़दूर थे, जो वहीं पर काम करते थे। भट्ठा मालिक मुखतार सिंह और असगर ठेकेदार साँझ होते ही शहर लौट जाते थे। शहर से दूर, दिन भर की गहमा-गहमी के बाद यह भट्ठा अँधेरे की गोद में समा जाता था।

मजदूरों का कष्टमयी जीवन

सभी मज़दूरों की झोंपड़ियाँ एक कतार में बनी हुई थीं, जिनमें ढिबरियाँ टिमटिमा रही थीं, जो जंगल में घनघोर अँधेरे से लड़ती दिखाई पड़ रही थीं। इन दड़बेनुमा झोंपड़ियों में झुककर ही भीतर जाना व बाहर आना होता था। भट्ठे का काम खत्म होते ही औरतें चूल्हा-चौका सँभाल लेती थीं। कहने भर के लिए चूल्हा-चौका था। ईंटों को जोड़कर बनाए चूल्हे में जलती लकड़ियों की चिट-पिट जैसे मन में पसरी दुश्चिंताओं और तकलीफों की प्रतिध्वनियाँ थीं, जहाँ सब कुछ अनिश्चित था। दिनभर के थके-हारे मज़दूर अपने-अपने दड़बों में घुस जाते थे। साँप-बिच्छू का डर हर समय लगा रहता था, जैसे समूचा जंगल झोंपड़ी के दरवाज़े पर आकर खड़ा हो गया हो।

सुकिया की पलायन संबंधी विचारधारा

सुकिया के मन में एक बात बैठ गई थी कि नर्क की ज़िंदगी से निकलना है, तो कुछ छोड़ना भी पड़ेगा। मानो अपना गाँव छोड़ने को तैयार नहीं थी। वह सुकिया से वाद-विवाद करती है, परंतु मानो की हर बात का एक ही जवाब था उसके पास, बड़े-बूढ़े कहा करे हैं कि "आदमी की औकात घर से बाहर कदम रखणें पे ही पता चले है। घर में तो चूहा भी सूरमा बणा रह। काँधे पर यो लंबा लट्ठ धरके चलणें वाले चौधरी सहर (शहर) में सरकारी अफसरों के आग्गे सीध्धे खड़े न हो सके हैं। बुड्ढी बकरियों की तरह मिमियाएँ हैं और गाँव में किसी गरीब कू आदमी भी न समझे हैं।" सुकिया की इन बातों से मानो कमज़ोर पड़ जाती थी, इसीलिए गाँव-देहात छोड़कर वे दोनों एक दिन असगर ठेकेदार के साथ इस भट्ठे पर आ गए थे। उन्होंने अपनी मेहनत से पहले महीने में ही कुछ रुपये बचा लिए थे। अब दोनों पहले से अधिक मेहनत करने लगे थे। इसी बीच भट्ठे पर एक नया लड़का जसदेव आता है, जिसे ठेकेदार सुकिया और मानो के साथ काम पर लगा देता है।

शोषक वर्ग की तानाशाही

एक दिन मुखतार सिंह कुछ दिनों के लिए बाहर चले गए थे, तो उनके स्थान पर उनका बेटा सूबेसिंह भट्ठे पर आया था। मुखतार सिंह की गैर-हाज़िरी में सूबेसिंह का रौब-दाब भट्ठे का माहौल ही बदल देता था। असगर ठेकेदार भीगी बिल्ली बन जाता था। दफ़्तर के बाहर उसकी एक अर्दली (सेवक) की ड्यूटी लग जाती थी, वह कुर्सी पर उकड़ू बैठकर दिनभर बीड़ी पीता था, आने-जाने वालों पर निगरानी रखता था। उसकी इजाज़त के बगैर कोई अंदर नहीं जा सकता था।

स्त्रियों का शोषण

सूबेसिंह क्रूर व बुरे चरित्र का व्यक्ति था। एक दिन उसकी नज़र किसनी पर पड़ी। तीन महीने पहले ही किसनी और महेश भट्ठे पर आए थे। पाँच-छः महीने पहले ही दोनों की शादी हुई थी। सूबेसिंह ने किसनी को दफ़्तर की सेवा-टहल का काम दे दिया था। वह पूरे-पूरे दिन दफ़्तर में ही रहने लगी। उनके विषय में मज़दूरों में बातें होने लगी थीं, लेकिन किसनी से कोई कुछ न कहता। उसके इस व्यवहार से महेश बड़ा दु:खी रहता। उसने उसे कई बार समझाने की कोशिश भी की, लेकिन उसने महेश की बात न मानी। महेश अब शराब के नशे में दिनभर झोंपड़ी में रहने लगा था। किसनी के पास अब एक ट्रांजिस्टर भी था, जिसे वह इतने ऊँचे स्वर में बजाती कि पूरे भट्ठे का वातावरण फिल्मी गानों की आवाज़ से गूँज उठता।

मज़दूर वर्ग के साधारण स्वप्न

मानो ने लाल-लाल पक्की ईंटों को देखा, जो उसने अपने हाथों से बनाई थीं। उसके मन में अपना घर बनाने की लालसा उठी। मानो ने सुकिया से पूछा कि एक घर में कितनी ईंटें लगेंगी? उसने कहा कई हज़ार ईंटें। मानो द्वारा घर बनाने में लगने वाली ईंटों के विषय में पूछने पर सुकिया उसे बताता है कि कई हज़ार ईंटों के अतिरिक्त लोहा, सीमेंट, लकड़ी व रेत भी चाहिए होता है। उसकी बातों को सुनकर मानो सोच-विचार में डूब गई और अनमने मन से सुकिया के कहने पर भट्ठे पर काम करने के लिए उसके साथ चली गई, लेकिन पूरे दिन व रात उसके मस्तिष्क में पक्की लाल ईंटों का घर बनाने का सपना घूमता रहा। अगली सुबह मानो को देर तक सोया हुआ पाकर सुकिया चिंतित होता है। उसका अनमने ढंग से उठना व बिस्तर पर बैठना उसको अखरने लगता है। उसके द्वारा काम पर चलने के लिए कहने पर वह पुन: उससे प्रश्न करती है कि क्या वे पक्की ईंटों का अपना घर नहीं बना सकते? सुकिया उसे आश्चर्य से देखते हुए कहता है कि घर बनाने के लिए बहुत सारे रुपयों की आवश्यकता होती है। मानो द्वारा भट्ठे पर स्वयं के घर के लिए ईंटें बनाने की बात कहने पर वह उसे कहता है कि इन ईंटों पर उनका कोई अधिकार नहीं है, वे तो केवल मज़दूर हैं। मानो उससे प्रश्न करती है कि क्या वे अत्यधिक मेहनत व बचत करें, तो भी अपना घर नहीं बना सकते, जिस पर वह कहता है यदि वे पूरे जीवन भी बचत करें, तो भी वे अपना घर नहीं बना सकते। मानो कड़ी मेहनत कर अपना घर बनाने का प्रण लेती है, सुकिया भी उसकी इच्छा का सम्मान करते हुए कड़ी मेहनत करना शुरू कर देता है।

सूबेसिंह द्वारा जसदेव को पीटना

एक दिन किसनी बीमार थी, तो सूबेसिंह ने मानो को बुलाने के लिए असगर ठेकेदार को भेजा, सूबेसिंह की मंशा व सुकिया की मन:स्थिति को भाँपते हुए जसदेव मानो को रोकते हुए स्वयं ठेकेदार के साथ चला जाता है। जसदेव को आता देख सूबेसिंह उसे अपशब्द कहने लगता है। सूबेसिंह ने उसे धक्का दिया और जसदेव गिर पड़ा। जब तक वह सँभल पाता, लात-घूँसों से सूबेसिंह ने उसे अधमरा कर दिया, लेकिन सभी मज़दूरों को आता देख वह वहाँ से भाग जाता है। सुकिया और मानो जसदेव को उठाकर झोंपड़ी में ले आते हैं। सुकिया इस घटना से अत्यधिक क्रोध में था, तो मानो अत्यधिक चिंता में, क्योंकि वह किसनी नहीं बनना चाहती थी। पूरे भट्ठे पर इस घटना के बाद एक सन्नाटा छा जाता है। रोजाना बाहर रहने वाला बूढ़ा बिलसिया भी आज अपनी झोंपड़ी में चला गया था, किसनी के ट्रांजिस्टर की आवाज़ भी उसे सुनाई नहीं दे रही थी।

जसदेव द्वारा रोटी लेने से मना करना

मानो रोटियाँ बना रही थी। सुकिया उसके प्रति अत्यधिक चिंतित हो उठता है। स्वयं मानो अपने को वहाँ असुरक्षित महसूस करने लगती है, लेकिन उसे सुकिया पर पूरा विश्वास था। वह रोटियाँ लेकर जसदेव को देने के लिए जाने लगती है, लेकिन सुकिया उसे रोकते हुए कहता है कि वह ब्राह्मण है और उसके हाथों की रोटी नहीं खाएगा। मानो इसके उपरांत भी रोटी लेकर जसदेव के पास चली जाती है। वह उसे रोटी खाने के लिए कहती है, किंतु वह भूख लगने के उपरांत भी रोटी खाने से मना कर देता है। वह उसकी मन:स्थिति को भाँपते हुए उससे प्रश्न पूछती है—"भूख नहीं है या कोई और बात है", जसदेव उसी से प्रश्न पूछ लेता है "और क्या बात हो सकती है" वह सुकिया द्वारा बताए गए कारण का उल्लेख करके वहाँ से चली जाती है। अपनी झोपड़ी में आकर वह भूखे पेट ही लेट जाती है, उसे जसदेव का भूखा होना अखर रहा था। जसदेव को अपने साथ पाकर उसे सूबेसिंह के विरुद्ध संघर्ष के लिए एक ताकत की अनुभूति हो रही थी। सुकिया वर्तमान घटना से चिंतित होकर लेटा हुआ था, मानो के विषय में सोचते ही वह काँप गया था।

सुकिया व मानो को परेशान किया जाना

सूबेसिंह के इस व्यवहार ने जसदेव के भीतर दहशत पैदा कर दी थी। उसने उसके इस रूप की कभी कल्पना भी नहीं की थी। सुबह होते ही वह असगर ठेकेदार से मिलता है, उसके समझाने पर उसके व्यवहार में परिवर्तन आ गया था, जिसे मानो ने पहचान लिया था, लेकिन वह कोई प्रतिक्रिया व्यक्त नहीं करती। मानो को अपने षड्यंत्र में फँसता न देखकर सूबेसिंह असगर ठेकेदार को उन्हें परेशान करने के लिए कहता है। मानो उसकी मंशा को जान रही थी, लेकिन अपना घर बनाने की इच्छा को लेकर वह दोगुने उत्साह से काम करती थी। उसे परेशान करने के लिए सूबेसिंह सुकिया से ईंट पाथने का साँचा वापस लेकर उसे भट्ठे की मोरी पर लगा देता है। जसदेव का व्यवहार भी बदल गया था अब वह मानो को आदेश देने लगता है। वह उसके आदेश को मानकर ईंटों को दीवार की शक्ल में खड़ी करके अगले दिन के लिए जगह खाली करके झोपड़ी में चली जाती है। अगली सुबह वह जल्दी से अपने सभी काम निपटाकर सूरज के निकलने से पहले ही भट्ठे पर पहुँच जाती है, लेकिन वहाँ की स्थिति देखकर वह दंग रह जाती है। उसकी बनाई हुई सभी ईंटें टूटी हुई थीं।

टूटी हुई ईंटों को देखकर मानो और सुकिया का सपना टूट गया था। असगर ठेकेदार ने कहा—"इन टूटी-फूटी ईंटों की मज़दूरी हम नहीं देंगे।" उसने उनकी रही-सही उम्मीदों पर भी पानी फेर दिया था। मानो ने सुकिया की ओर डबडबाई आँखों से देखा। सुकिया के चेहरे पर तूफान में घर टूट जाने की पीड़ा छलछला आई थी। उसे लगने लगा था जैसे सभी लोग उसके खिलाफ़ हैं। तरह-तरह की बाधाएँ उसके सामने खड़ी की जा रही हैं। वहाँ रुकना उसके लिए कठिन हो गया था। उसने मानो का हाथ पकड़ा और कहा-"चल! ये लोग म्हारा घर ना बणने देंगे।" पक्की ईंटों के मकान का सपना उनकी पकड़ से फिसलकर और दूर चला गया था।

मज़दूरों का खानाबदोश रूपी जीवन

मानो और सुकिया सब कुछ छोड़कर चल पड़े थे। एक खानाबदोश की तरह, जिन्हें एक घर चाहिए था, रहने के लिए। मानो के सीने में एक टीस उभरी थी। उसके होंठ फड़फड़ाए थे कुछ कहने के लिए, लेकिन शब्द घुटकर ही रह गए थे। टूटे हुए सपने के काँच उसकी आँख में किरकिरा रहे थे। वह भारी मन से सुकिया के पीछे-पीछे चल पड़ी थी, अगले पड़ाव की तलाश में, एक दिशाहीन यात्रा पर, जिसकी कोई मंज़िल नहीं थी।

शब्दार्थ

आत्मिक—आत्मा से संबंधित; **निगरानी**—देखरेख; **तरतीब**—क्रमबद्ध करना; **मुआयना**—देखना/निरीक्षण करना; **मोरी**—नाली; **पाथना**—साँचे की सहायता से या यों ही हाथों से थोप-पीटकर ईंट या उपला तैयार करना; **दिहाड़ी**—दैनिक वेतन; **गहमा-गहमी**—भाग-दौड़;
ढिबरी—मिट्टी के तेल से जलने वाला दीया; **दड़बा**—मुर्गी इत्यादि को रखने के लिए बनाया गया छोटा घर; **पसरी**—फैली हुई;
प्रतिध्वनि—आवाज़ के उत्तर में आने वाली आवाज़;
भाँय-भाँय—डरावनी आवाज़ें; **औकात**—हैसियत; **सूरमा**—वीर;
तसल्ली—निश्चित; **अंटी**—गाँठ/कमर के ऊपर धोती की लपेट, जिसका इस्तेमाल रुपये-पैसे रखने के लिए होता है; **ढर्रे**—रहन-सहन का तरीका; **तगारी**—गारा आदि बनाने के लिए बनाया गया छोटा गड्ढा;
गैर-हाज़िरी—अनुपस्थिति; **अर्दली**—चपरासी/सेवक; **बगैर**—बिना;
शंका—संदेह/शक; **जिस्म**—शरीर; **महक**—खुशबू;
नीरस—उदासीन/दु:ख भरा; **खामोशी**—शांति;
इंतहा—अत्यधिक/पराकाष्ठा/अंतिम सीमा; **खयाल**—विचार;
कौंधा—अचानक या क्षणिक; **अनमनी**—अनिच्छा;
स्याहपन—कालिमा/कालापन; **जेहन**—दिमाग/मस्तिष्क;
शिद्दत—तल्लीनता के साथ; **पुख्ता**—ठोस/कठोर;
ताज्जुब—हैरानी/आश्चर्य; **बवंडर**—घूमता-उमड़ता हुआ तूफान;
अंजाम—परिणाम; **घिग्घी**—कुछ भी न बोल पाना; **अवचेतन**—हृदय की आंतरिकता; **इज़्ज़त**—सम्मान/आदर; **अदम्य**—दबाई न जा सकने वाली; **दहशत**—आतंक/डर; **इंतजाम**—व्यवस्था; **घाव**—जख्म;
अनिच्छा—बिना इच्छा के; **हलक**—कंठ; **सिहर**—काँपना;
आश्वस्त—चिंतामुक्त होना; **जिनावर**—जानवर; **हिचक**—संकोच;
पोर-पोर—अंग-अंग; **बामन**—ब्राह्मण; **तमाम सूत्र**—सभी धागे या बंधन; **हौसला**—हिम्मत; **हालात**—स्थिति; **पचड़ा**—झंझट;
ताड़ना—समझना/जानना; **ज़ाहिर**—प्रकट; **फ़ासला**—दूरियाँ;
निरर्थक—बेकार/व्यर्थ; **रियायत**—छूट; **हरकत**—अनुचित व्यवहार;
मुकाबला—सामना; **बाधक**—रुकावट; **ज़्यादतियाँ**—अत्याचार;
तड़प—बेचैनी; **आड़ी**—तिरछी; **अवाक**—आवाज़ न निकलना, चकित;
बेदर्दी—क्रूरता; **रौंदना**—पैरों से कुचलना; **अटकलें**—अनुमान;
बौराना—पागल/सुध-बुध खो देना; **धराशायी**—मिट्टी में मिलाना;
निरपेक्ष—तटस्थ/उदासीन; **हालत**—दशा; **खिलाफ़**—विरुद्ध;
बेतरतीब—बिना क्रमबद्ध; **अक्स**—परछाईं/चित्र;
खानाबदोश—जगह-जगह घूमकर जीविका कमाना; **पड़ाव**—हिस्सा/भाग;
यकीन—विश्वास; **टीस**—दर्द या पीड़ा; **दिशाहीन**—जिसकी कोई मंज़िल न हो।

पाठ्यपुस्तक (अंतरा भाग-1) के प्रश्नोत्तर

1. जसदेव की पिटाई के बाद मज़दूरों का समूचा दिन कैसा बीता?

उत्तर जसदेव की पिटाई के बाद मज़दूरों का समूचा दिन अदृश्य भय और दशहत में बीता। जसदेव को हल्का बुखार हो गया था। वह अपनी झोंपड़ी में पड़ा था। सुकिया उसके पास ही बैठा था। आज की घटना से भट्ठे पर उपस्थित सारे मज़दूर डर गए थे। उन्हें ऐसा लग रहा था कि सूबेसिंह किसी भी समय लौटकर आ सकता है। शाम होते ही भट्ठे पर सन्नाटा छा गया था। सब अपने-अपने खोल में सिमट गए थे। बूढ़ा बिलसिया, जो अक्सर बाहर पेड़ के नीचे देर रात तक बैठा रहता था, आज शाम होते ही अपनी झोंपड़ी में जाकर लेट गया था। उसके खाँसने की आवाज़ भी आज कुछ धीमी हो गई थी। बीच-बीच में हैंडपंप की खच-खच की ध्वनि इस खामोशी में विघ्न डाल रही थी। सभी मज़दूरों को यही भय सता रहा था कि कहीं सूबेसिंह लौटकर न आ जाए और उन्हें प्रताड़ित न करने लगे। इसी भय में उनका समूचा दिन बीता।

2. मानो अभी तक भट्ठे की ज़िंदगी से तालमेल क्यों नहीं बैठा पाई थी?

उत्तर मानो अभी तक भट्ठे की ज़िंदगी से तालमेल नहीं बैठा पाई थी। इसका कारण यह है कि यहाँ का जीवन विचित्र था। दो समय का पेट भरने और सुखी जीवनयापन करने के लिए मानो और उसका पति सुकिया दोनों इस भट्ठे पर आ गए थे, लेकिन यहाँ जीवनयापन बहुत कठिन था। दड़बेनुमा झोंपड़ी में झुककर घुसना पड़ता था और झुके-झुके ही बाहर निकलना होता था। इस दड़बेनुमा झोंपड़ी का जीवन इतना कष्टदायी था कि मानो का अंतर्मन अकुलाहट से भर जाता था। जंगल के अँधेरे को ढिबरियाँ भी कम नहीं कर पाती थीं। इतना कष्टदायी जीवन मानो ने कभी नहीं बिताया था, इसलिए वह अभी तक भट्ठे की ज़िंदगी से तालमेल नहीं बैठा पाई थी।

3. असगर ठेकेदार के साथ जसदेव को आता देखकर सूबेसिंह क्यों बिफर पड़ा और जसदेव को मारने का क्या कारण था?

उत्तर सूबेसिंह भट्ठे मालिक मुखतार सिंह का बेटा था, जो बुरे चरित्र का व्यक्ति था और गरीब स्त्रियों की इज़्ज़त को कुछ नहीं समझता था। एक दिन किसनी की तबीयत खराब होने के कारण उसने मानो को अपने दफ़्तर में बुलाया, तो जसदेव मानो को वहाँ न भेजकर स्वयं चला गया तथा कहा कि जो भी काम हो, उसे मुझे बता दीजिए। सूबेसिंह को मानो के स्थान पर जसदेव का आना बहुत बुरा लगा। यही कारण है कि जसदेव की बात सुनकर सूबेसिंह को बहुत क्रोध आया और वह उस पर बिफर पड़ा। इसी क्रोध में भरकर उसने जसदेव को बहुत मारा।

4. जसदेव ने मानो के हाथ का खाना क्यों नहीं खाया?

उत्तर मानो रोटियाँ लेकर जसदेव को देने के लिए जाने लगती है, लेकिन सुकिया उसे रोकते हुए कहता है कि वह ब्राह्मण है और उसके हाथों की रोटी नहीं खाएगा। मानो इसके उपरांत भी रोटी लेकर जसदेव के पास चली जाती है। वह उसे रोटी खाने के लिए कहती है, किंतु वह भूख लगने के उपरांत भी रोटी खाने से मना कर देता है।

वह उसकी मनःस्थिति को भाँपते हुए उससे प्रश्न पूछती है— "भूख नहीं है या कोई और बात है" जसदेव उसी से प्रश्न पूछ लेता है "और क्या बात हो सकती है" वह सुकिया द्वारा बताए गए कारण का उल्लेख करके वहाँ से चली जाती है।

5. लोगों को क्यों लग रहा था कि किसी ने जानबूझकर मानो की ईंटें गिराकर रौंदा है?

उत्तर लोगों को लग रहा था कि किसी ने जानबूझकर मानो की ईंटें गिराकर रौंदा है, क्योंकि वहाँ रात में न तो आँधी-तूफ़ान आया था और न ही किसी जंगली जानवर का ऐसा करना संभव था। इसके अतिरिक्त, भट्ठे पर चल रहे तनाव और सूबेसिंह की हरकतों के कारण लोगों को शक हुआ कि यह काम किसी व्यक्ति का ही हो सकता है, जो मानो और सुकिया को परेशान करना चाहता है। उनके खिलाफ़ पहले से चल रही साजिशों और शीतयुद्ध के माहौल ने भी इस संभावना को बल दिया।

6. मानो को क्यों लग रहा था कि किसी ने उसकी पक्की ईंटों के मकान को ही धराशाई कर दिया है?

उत्तर टूटी हुई ईंटों को देखकर मानो और सुकिया का सपना टूट गया था। असगर ठेकेदार ने कहा— "इन टूटी-फूटी ईंटों की मज़दूरी हम नहीं देंगे।" उसने उनकी रही-सही उम्मीदों पर भी पानी फेर दिया था। मानो ने सुकिया की ओर डबडबाई आँखों से देखा। सुकिया के चेहरे पर तूफ़ान में घर टूट जाने की पीड़ा छलछला आई थी। उसे लगने लगा था जैसे तमाम लोग उसके खिलाफ़ हैं। तरह-तरह की बाधाएँ उसके सामने खड़ी की जा रही हैं। वहाँ रुकना उसके लिए कठिन हो गया था। उसने मानो का हाथ पकड़ा और कहा "चल! ये लोग म्हारा घर ना बणने देंगे।" पक्की ईंटों के मकान का सपना उनकी पकड़ से फिसलकर और दूर चला गया था।

7. "चल! ये लोग म्हारा घर ना बणने देंगे।"—सुकिया के इस कथन के आधार पर कहानी की मूल संवेदना स्पष्ट कीजिए।

उत्तर कहानी के अंत में सुकिया अपनी पत्नी से कहता है—"चल! ये लोग म्हारा घर ना बणने देंगे।" 'खानाबदोश' कहानी के द्वारा लेखक ने मानवीय संवेदनाओं को पूरी तरह उभारा है। मज़दूर अपना पेट भरने के लिए काम की तलाश में इधर-उधर भटकते हैं। जी-तोड़ मेहनत करने के बाद भी उन्हें इतना पैसा नहीं मिलता कि वे सही तरह से अपना जीवनयापन कर सकें।

उनका जीवन बहुत कष्टदायक होता है, उनका हर प्रकार से शोषण किया जाता है, उनकी स्त्रियों का मान-सम्मान हमेशा खतरे में रहता है और यदि स्त्रियाँ इस बात का विरोध करती हैं, तो उन्हें प्रताड़ित किया जाता है।

8. 'खानाबदोश' कहानी में आज के समाज की किन समस्याओं को रेखांकित किया गया है? इन समस्याओं के प्रति कहानीकार के दृष्टिकोण को स्पष्ट कीजिए।

उत्तर 'खानाबदोश' नामक कहानी में मज़दूरी करके जीवनयापन करने वाले मज़दूर वर्ग के शोषण और यातना का वास्तविक चित्रण है। लेखक ने निम्नलिखित समस्याओं को रेखांकित किया है

(i) **गाँवों और कस्बों से मज़दूरों का रोज़गार की तलाश में शहरों को पलायन** लेखक का मानना है कि गाँवों में रोज़गार के अधिक साधन न होने के कारण लोग रोज़गार की तलाश में शहर की ओर चले आते हैं। इसी कारण उन्हें शहरों में आकर मज़दूरी करनी पड़ती है।

(ii) **मज़दूरों की शोचनीय स्थिति जिसमें वे रहते आए हैं** शहरों में आकर मज़दूरों को जो भी काम मिलता है, वे वही काम करने लगते हैं। दिनभर काम करने के बाद वे कबूतर के दड़बेनुमा झोंपड़ियों में रहते हैं, जहाँ खड़े होने की जगह भी नहीं होती।

(iii) **अधिक मज़दूरी और कम वेतन देकर मज़दूरों का शोषण** इन मज़दूरों से जी भरकर काम लिया जाता है और वेतन के नाम पर उन्हें कम-से-कम वेतन दिया जाता है। विरोध करने पर नौकरी से निकाल देने की धमकी भी दी जाती है।

(iv) **जातिवाद की समस्या** मज़दूरों में जातिवाद की समस्या विद्यमान है। वे इस तथ्य को नहीं जानते कि सभी मज़दूरों की एक ही जाति होती है—मज़दूर। इसके स्थान पर वे ब्राह्मण, राजपूत, वैश्य और शूद्र बने रहना चाहते हैं। मालिक उनकी इस कमज़ोरी का लाभ उठाते हैं।

अतः उपरोक्त समस्याओं के आधार पर कहानीकार का यह दृष्टिकोण स्पष्ट होता है कि मज़दूरों को भी सामान्य मनुष्यों के समान जीने का अधिकार प्राप्त होना चाहिए।

9. सुकिया ने जिन समस्याओं के कारण गाँव छोड़ा, वही समस्या शहर में भट्ठे पर उसे झेलनी पड़ी। मूलत: वह समस्या क्या थी?

उत्तर सुकिया ने गाँव छोड़ा, क्योंकि वहाँ रोजगार की कमी, शोषण और आर्थिक तंगी के कारण जीवनयापन कठिन हो गया था। लेकिन जब वह शहर के ईंट भट्ठे पर काम करने पहुँचा, तो उसे वही समस्याएँ झेलनी पड़ीं-शोषण, आर्थिक अस्थिरता, कठिन श्रम और अमानवीय परिस्थितियाँ।

गाँव में भी गरीबी, शोषण और असुरक्षा की स्थिति थी और जब वह शहर के भट्ठे पर पहुँचा, तो वहाँ भी उसे अमानवीय परिस्थितियों में काम करना पड़ा। यहाँ मजदूरों के साथ बुरा व्यवहार किया जाता था और उनकी स्त्रियों का सम्मान नहीं किया जाता था। सूबेसिंह की बुरी नजर सुकिया की पत्नी मानो पर थी, जिससे यह स्पष्ट होता है कि मजदूरों की औरतों का भी शोषण होता था। इसके अतिरिक्त मजदूरों को मुंशी और मालिकों के फरमानों का पालन करना पड़ता था, जिससे उनकी स्वतंत्रता पूरी तरह छीन ली जाती थी। इसलिए सुकिया की सबसे बड़ी समस्या थी- मजदूरों और उनकी स्त्रियों का शोषण और उनका सम्मान न किया जाना।

10. स्किल इंडिया जैसा कार्यक्रम होता तो क्या तब भी सुकिया और मानो को खानाबदोश जीवन व्यतीत करना पड़ता?

उत्तर अगर स्किल इंडिया जैसा कार्यक्रम होता, तो सुकिया और मानो को शायद खानाबदोश जीवन नहीं जीना पड़ता। 'स्किल इंडिया' जैसे कार्यक्रम लोगों को नई तकनीकी और व्यावसायिक कौशल सिखाने में मदद करते हैं, जिससे वे आत्मनिर्भर बन सकते हैं और स्थायी रोजगार प्राप्त कर सकते हैं।

संभावित बदलाव

- **सुकिया को बेहतर रोजगार मिलता** यदि सुकिया ने कोई तकनीकी या व्यावसायिक प्रशिक्षण लिया होता, तो वह ईंट-भट्ठे पर मजदूरी करने के बजाय किसी और बेहतर काम में लग सकता था।
- **स्थायी जीवन की संभावना** यदि दोनों को कोई हुनर सिखाया जाता, तो वह एक ही जगह टिककर रोजगार पा सकते थे और बार-बार पलायन करने की मजबूरी नहीं होती।
- **सामाजिक सम्मान और सुरक्षा** कुशल श्रमिकों को अधिक सम्मान और आर्थिक सुरक्षा मिलती है, जिससे उनका जीवन स्तर सुधर सकता था।

इसलिए यदि 'स्किल इंडिया' जैसा कोई कार्यक्रम पहले से मौजूद होता, तो सुकिया और मानो को इतनी कठिनाइयों का सामना नहीं करना पड़ता और वे एक स्थिर एवं सम्मानजनक जीवन जी सकते थे।

11. निम्नलिखित पंक्तियों का आशय स्पष्ट कीजिए

(क) अपने देस की सूखी रोटी भी परदेस के पकवानों से अच्छी होती है।

(ख) इत्ते ढेर से नोट लगे हैं घर बणाने में। गाँठ में नहीं है पैसा, चले हाथी खरीदने।

(ग) उसे एक घर चाहिए था—पक्की ईंटों का, जहाँ वह अपनी गृहस्थी और परिवार के सपने देखती थी।

उत्तर (क) मानो शहर के जीवन से तालमेल नहीं बैठा पा रही थी। भट्ठे का जीवन इतना कष्टमय था कि हर समय साँप-बिच्छू का डर लगा रहता था। ऐसे माहौल में मानो का जी घबराने लगता था। करे भी तो क्या बेचारी? न जाने कितनी बार सुकिया से कहा था कि अपने देस की रूखी-सूखी रोटी भी परदेस के पकवानों से अच्छी होती है अर्थात् अपना देश अपना होता है और पराया, पराया। जो सम्मान व आदर अपनी मातृभूमि में मिलता है, वह और कहीं भी नहीं मिलता। मानो का यह कथन कहानी के अंत में स्वतः ही सिद्ध हो जाता है।

(ख) मानो अपने द्वारा बनाई गई ईंटें देखकर अत्यंत खुश हो रही थी। अचानक उसके मन में एक विचार आया कि मेरा भी ऐसा ही पक्की ईंटों का एक घर हो। मानो ने सुकिया से पूछा था, "एक घर में कितनी ईंटें लग जाती हैं?" सुकिया उसे बताता है कि "ऐसे घर बनाना इतना आसान नहीं है उसके लिए कई हज़ार ईंटें, रुपये, लोहा, सीमेंट, लकड़ी, रेत चाहिए होता है, जिसे खरीदने का सामर्थ्य हममें नहीं है।" पक्की ईंटों का घर दो-चार रुपये में नहीं बनता है, इसलिए सुकिया कहता है-"गाँठ में नहीं है पैसा, चले हाथी खरीदने।"

(ग) लेखक का आशय यह है कि मानो का सिर्फ एक ही सपना था लाल-लाल ईंटों का बना अपना एक घर, जिसमें वह अपने गृहस्थ जीवन को सुखपूर्वक बिताए। इस सपने को पूरा करने के लिए वह रात-दिन मेहनत करने को भी तैयार थी। हमारे जीवन की मूलभूत आवश्यकताएँ हैं—रोटी, कपड़ा और मकान। इन मूलभूत आवश्यकताओं को हमारे समाज में सर्वहारा वर्ग केवल स्वप्न में ही पूर्ण कर पाता है, वास्तविक रूप में तो यह उनसे कोसों दूर है।

योग्यता-विस्तार

1. अपने आसपास के क्षेत्र में जाकर ईंटों के भट्ठे को देखिए तथा ईंटें बनाने एवं उन्हें पकाने की प्रक्रिया का वर्णन अपने शब्दों में कीजिए।

उत्तर यह प्रश्न परीक्षोपयोगी नहीं है।

2. भट्ठा-मज़दूरों की सामाजिक एवं आर्थिक स्थिति पर एक रिपोर्ट तैयार कीजिए।

उत्तर छात्र स्वयं करें।

3. जाति प्रथा पर एक निबंध लिखिए।

उत्तर **जाति प्रथा : एक सामाजिक अभिशाप**

प्रस्तावना

भारतीय समाज में जाति प्रथा एक प्राचीन सामाजिक व्यवस्था है, जिसने समाज को विभिन्न वर्गों में विभाजित किया है। यह प्रथा मूल रूप से कार्य विभाजन के सिद्धांत पर आधारित थी, लेकिन समय के साथ यह एक कठोर सामाजिक व्यवस्था बन गई, जिसमें जन्म के आधार पर व्यक्ति की सामाजिक स्थिति निर्धारित होने लगी। जाति प्रथा ने सामाजिक भेदभाव को जन्म दिया और समानता तथा स्वतंत्रता के मूल अधिकारों को बाधित किया।

जाति प्रथा की उत्पत्ति

जाति प्रथा का उल्लेख प्राचीन हिंदू धर्मग्रन्थों में मिलता है। 'मनुस्मृति' के अनुसार समाज को चार वर्णों में विभाजित किया गया था

1. **ब्राह्मण** ज्ञान और शिक्षा का कार्य करने वाले
2. **क्षत्रिय** शासन और रक्षा करने वाले
3. **वैश्य** व्यापार और कृषि करने वाले
4. **शूद्र** सेवा कार्य करने वाले

शुरुआत में यह व्यवस्था कार्य विभाजन पर आधारित थी, लेकिन कालांतर में यह जन्म आधारित बन गई और एक कठोर सामाजिक ढाँचे में परिवर्तित हो गई, जिसमें निम्न जातियों को उच्च जातियों से अलग रखा जाने लगा।

जाति प्रथा के दुष्प्रभाव

- **सामाजिक असमानता** जाति प्रथा के कारण समाज में भेदभाव फैला, जिससे लोगों के बीच समानता समाप्त हो गई।
- **छुआछूत** निम्न जातियों के लोगों को अछूत माना जाने लगा, जिससे उन्हें शिक्षा, मंदिरों में प्रवेश, कुओं से पानी लेने जैसी मूलभूत सुविधाओं से वंचित किया गया।
- **शोषण और अन्याय** ऊँची जातियों ने निचली जातियों का शोषण किया, जिससे आर्थिक और सामाजिक असमानता बढ़ी।
- **राष्ट्र की प्रगति में बाधा** जाति प्रथा के कारण प्रतिभाशाली लोग अवसरों से वंचित रह गए, जिससे समाज की प्रगति बाधित हुई।

जाति प्रथा के उन्मूलन के प्रयास

सामाजिक सुधार आंदोलन राजा राममोहन राय, महात्मा फुले, बाबा साहेब आंबेडकर एवं महात्मा गाँधी जैसे समाज सुधारकों ने जातिवाद के खिलाफ संघर्ष किया और समानता की वकालत की।

संवैधानिक प्रयास भारतीय संविधान में जाति आधारित भेदभाव को समाप्त करने के लिए विशेष प्रावधान किए गए हैं। अनुच्छेद 15, 17 और 46 जातिवाद के उन्मूलन और दलितों के उत्थान की दिशा में महत्त्वपूर्ण है।

आरक्षण नीति शिक्षा और नौकरियों में अनुसूचित जाति, अनुसूचित जनजाति और पिछड़े वर्गों को आरक्षण देकर उन्हें समाज की मुख्यधारा में लाने का प्रयास किया गया।

वर्तमान समय में जातिवाद

हालाँकि कानूनी रूप से जातिवाद को समाप्त करने के प्रयास किए गए हैं, लेकिन यह आज भी सामाजिक और राजनीतिक रूप से प्रभावी है। कई क्षेत्रों में जाति के आधार पर भेदभाव और हिंसा की घटनाएँ देखी जाती हैं। जातिगत राजनीति और विवाह संबंधों में जाति आधारित निर्णय आज भी जातिवाद को बनाए रखते हैं।

निष्कर्ष

जाति प्रथा एक सामाजिक कुरीति है, जिसने समाज को विघटित किया है। इसके उन्मूलन के लिए केवल कानून ही नहीं, बल्कि मानसिकता में भी बदलाव आवश्यक है। जब तक समाज समानता और मानवता के सिद्धांत को पूरी तरह नहीं अपनाएगा, तब तक जातिवाद समाप्त नहीं होगा। इसके लिए शिक्षा, सामाजिक जागरूकता और समरसता को बढ़ावा देना आवश्यक है, ताकि एक समान और न्यायसंगत समाज की स्थापना हो सके।

अभ्यास प्रश्न

गद्यांशों की व्याख्या

निम्नलिखित गद्यांशों की सप्रसंग व्याख्या कीजिए

गद्यांश 1

ईंटों को जोड़कर बनाए चूल्हे में जलती लकड़ियों की चिट-पिट जैसे मन में पसरी दुश्चिंताओं और तकलीफ़ों की प्रतिध्वनियाँ थीं जहाँ सब कुछ अनिश्चित था। मानो अभी तक इस भट्ठे की ज़िंदगी से तालमेल नहीं बैठा पाई थी। बस, सुकिया की ज़िद के सामने वह कमज़ोर पड़ गई थी। साँझ होते ही सारा माहौल भाँय-भाँय करने लगता था। दिन भर के थके-हारे मज़दूर अपने-अपने दड़बों में घुस जाते थे। साँप-बिच्छू का डर लगता रहता था। जैसे समूचा जंगल झोंपड़ी के दरवाज़े पर आकर खड़ा हो गया है।

संदर्भ प्रस्तुत गद्यांश पाठ्यपुस्तक 'अंतरा भाग-1' में संकलित 'खानाबदोश' कहानी से अवतरित है। यह सुप्रसिद्ध कहानीकार ओमप्रकाश वाल्मीकि द्वारा रचित कहानी है।

प्रसंग प्रस्तुत गद्यांश में लेखक ने मज़दूरों के जीवन की कठिनाइयों का वर्णन किया है। इसमें उनके अस्थिर और भयभीत जीवन के यथार्थ का चित्रण है, जहाँ वे असुरक्षा, भय और दुश्चिंताओं के बीच जीवनयापन के लिए विवश हैं।

व्याख्या प्रस्तुत गद्यांश में लेखक कहते हैं कि भट्ठे पर दिन भर कड़ी मेहनत करने के बाद सभी मज़दूर अपनी-अपनी दड़बेनुमा झोंपड़ियों में आ जाते थे और स्त्रियाँ चूल्हे-चौके के काम में लग जाया करती थीं। कहने भर के लिए वह चूल्हा-चौका था। रसोईघर में प्रयोग करने वाली कोई वस्तु उनके पास उपलब्ध नहीं थी। ईंटों को जोड़कर चूल्हा बनाया हुआ था। चूल्हे में जलती हुई लकड़ियों की चिट-पिट ऐसी लग रही थी, जैसे उन मज़दूरों के मन में

निहित पीड़ा, दुश्चिंताएँ व तकलीफ़ों भरी वेदना की गूँज हो। उनके जीवन में ये पीड़ा अनिश्चित थी, जो शायद ही कभी समाप्त हो। इन मज़दूरों के जीवन में कब क्या हो जाए क्या पता अर्थात् कौन-सी विपदा कब उन पर आ पड़े उन्हें भी नहीं पता था। मानो अनिच्छा से अपने पति सुकिया के साथ इस शहर में चली आई थी, वह अभी तक इस भट्ठे की ज़िंदगी के साथ तालमेल नहीं बैठा पाई थी। अपने पति की हठ के सामने वह कमज़ोर पड़ गई थी। शाम होते ही सारा वातावरण अँधेरे के सन्नाटे से गूँजने लगता था। दिन भर के थके-हारे मज़दूर अपनी-अपनी दड़बेनुमा झोंपड़ियों में घुस जाते। हर समय उन्हें साँप-बिच्छू का डर लगा रहता था। वहाँ का वातावरण ऐसा लगता था, जैसे समस्त जंगल झोंपड़ियों के दरवाज़े पर आकर खड़ा हो गया है अर्थात् जंगल के सभी जीव-जंतु उन मज़दूरों की झोंपड़ियों को घेरकर खड़े हो गए हों।

विशेष

(*i*) प्रस्तुत गद्यांश में लेखक ने जंगल के वातावरण की भयावहता का सजीव चित्रण किया है।

(*ii*) प्रस्तुत गद्यांश में मज़दूरों की पीड़ा व कष्टमयी जीवन को प्रस्तुत किया गया है।

(*iii*) प्रस्तुत गद्यांश में तत्सम व उर्दू शब्दावली का प्रयोग किया गया है।

(*iv*) प्रस्तुत गद्यांश में बिंबात्मक शैली का प्रयोग हुआ है।

(*v*) प्रस्तुत गद्यांश की भाषा सरल व सहज है।

गद्यांश 2

नर्क की ज़िंदगी से निकलना है, तो कुछ छोड़ना भी पड़ेगा। मानो की हर बात का एक ही जवाब था उसके पास बड़े-बूढ़े कहा करे हैं कि "आदमी की औकात घर से बाहर कदम रखणें पे ही पता चले है। घर में तो चूहा भी सूरमा बणा रह। काँधे पर यो लंबा लट्ठ धरके चलणें वाले चौधरी सहर (शहर) में सरकारी अफ़सरों के आग्गे सीध्धे खड़े न हो सके हैं। बुड्ढी बकरियों की तरह मिमियाएँ हैं.......और गाँव में किसी गरीब कू आदमी भी न समझे हैं......."

संदर्भ पूर्ववत्।

प्रसंग प्रस्तुत गद्यांश में लेखक ने मज़दूरों की पलायन संबंधी मान्यता को स्पष्ट किया है।

व्याख्या प्रस्तुत गद्यांश में लेखक ने सुकिया द्वारा स्पष्ट किया है कि गाँव की ज़िंदगी नर्क है। इससे निकलकर ही हम अपना जीवन सँवार सकते हैं अर्थात् कुछ पाना है, तो कुछ खोना भी होगा। मानो इस भट्ठे के जीवन से सामंजस्य नहीं बैठा पाती और हमेशा सुकिया से यहाँ से जाने के लिए कहती रहती थी। मानो की हर बात का एक ही उत्तर था उसके पास, बड़े-बूढ़े कहते हैं कि आदमी की औकात घर से बाहर कदम रखकर ही पता चलती है। घर में तो चूहा भी अपने आपको बहादुर समझता है। मानो कहती है कि परदेश के स्वादिष्ट व्यंजनों से अपने देश की रूखी-सूखी रोटी अधिक अच्छी होती है। सुकिया उसके तर्कों को काटता हुआ कहता है कि गाँवों के चौधरी, जो बड़े रौब से कंधे पर लाठी रखकर व छाती चौड़ाकर चलते हैं, भी शहर में जाकर सरकारी अफ़सरों के सामने भीगी बिल्ली के समान हो जाते हैं अर्थात् गाँव के चौधरी भी इन शहरी सरकारी अफ़सरों के समक्ष सीधे खड़े भी नहीं हो पाते। जैसे बूढ़ी बकरियाँ मिमियाती हैं, वैसे ही ये उनके सामने घिघियाते हैं। ये गाँव के चौधरी बने फिरते हैं और किसी गरीब आदमी को आदमी नहीं समझते। गरीबों के साथ पशुओं जैसा व्यवहार करते हैं। शहर के अफ़सरों के सामने इनका सारा रौब (हेकड़ी) निकल जाता है।

विशेष

(*i*) प्रस्तुत गद्यांश में लेखक ने मनुष्य की पलायनवादी प्रवृत्ति को चित्रित किया है।

(*ii*) प्रस्तुत गद्यांश में गाँव के चौधरियों का सत्य लेखक ने अत्यंत वास्तविक रूप में व्यक्त किया है।

(*iii*) प्रस्तुत गद्यांश में आँचलिक शब्दावली का प्रयोग किया गया है।

(*iv*) प्रस्तुत गद्यांश में बिंबात्मक शैली है।

(*v*) प्रस्तुत गद्यांश में भाषा सरल, सहज और भावपूर्ण है।

गद्यांश 3

कड़ी मेहनत और दिन-रात भट्ठे में जलती आग के बाद जब भट्ठा खुलता था, तो मज़दूर से लेकर मालिक तक की बेचैन साँसों को राहत मिलती थी। भट्ठे से पकी ईंटों को बाहर निकालने का काम शुरू हो गया था। लाल-लाल पक्की ईंटों को देखकर सुकिया और मानो की खुशी की इंतहा नहीं थी। खासकर मानो तो ईंटों को उलट-पुलटकर देख रही थी। खुद के हाथ की पथी ईंटों का रंग ही बदल गया था। उस दिन ईंटों को देखते-देखते ही मानो के मन में बिजली की तरह एक ख्याल कौंधा था। इस ख्याल के आते ही उसके भीतर जैसे एक साथ कई-कई भट्ठे जल रहे थे। उसने सुकिया से पूछा था, "एक घर में कितनी ईंटें लग जाती हैं?"

संदर्भ पूर्ववत्।

प्रसंग प्रस्तुत गद्यांश में लेखक ने मज़दूरों की कड़ी मेहनत तथा मानो की मनःस्थिति का स्वाभाविक चित्रण किया है। भट्ठे पर ईंट निकलने का समय आता है, उस समय मालिक व मज़दूरों की क्या स्थिति होती है, उसी स्थिति का वर्णन इस अंश में किया गया है।

व्याख्या प्रस्तुत गद्यांश में लेखक कहते हैं कि जब ईंटों को भट्ठे से पकने के बाद निकालने का अवसर आता है, उससे पहले कड़ी मेहनत करनी पड़ती है। सभी मज़दूर दिन-रात कड़ी मेहनत कर ईंटों को साँचे द्वारा बनाकर भट्ठे में डालकर पकाया करते हैं। दिन भर जलने के पश्चात् जब भट्ठा खुलता, तो मज़दूरों से लेकर मालिक तक चैन की साँस लेते थे। सभी को एक ही चिंता सताती कि ईंटें भली-भाँति पकी हैं या नहीं तथा साबुत हैं या टूटी हुईं, क्योंकि अच्छी और साबुत ईंटों पर ही मज़दूरों की दिहाड़ी निर्भर थी, तो मालिकों का मुनाफ़ा भी उसी पर निर्भर था।

प्रातःकाल भट्ठे से पक्की ईंटों को बाहर निकालने का काम शुरू हो चुका था। लाल-लाल पक्की ईंटों को देखकर सुकिया और मानो की खुशी का ठिकाना नहीं था। मानो तो अपने द्वारा बनाई गई ईंटों को पलट-पलट कर देख रही थी, जिनका रंग ही बदल चुका था। उस दिन ईंटों को देखते-देखते ही मानो के मन में बिजली की भाँति एक विचार अचानक कौंध गया। इस विचार के आते ही उसके भीतर जैसे एक साथ अनेक भट्ठे जल उठे। अपने विचार के वशीभूत वह सुकिया से पूछ बैठी कि "एक घर बनाने के लिए कितनी ईंटों की आवश्यकता होती है?"

विशेष

(i) प्रस्तुत गद्यांश में लेखक ने मज़दूरों व मालिकों की चिंता का स्वाभाविक चित्रण किया है।

(ii) प्रस्तुत गद्यांश में लेखक ने मेहनत करने के पश्चात् उसके फल को पाने के सुख का सजीव चित्रण किया है।

(iii) प्रस्तुत गद्यांश में उर्दू शब्दावली का प्रयोग हुआ है।

(iv) प्रस्तुत गद्यांश में बिंबात्मक शैली का प्रयोग किया गया है।

(v) प्रस्तुत गद्यांश की भाषा सहज, सरल और भावपूर्ण है।

गद्यांश 4

झींगुरों की झिन-झिन और बीच-बीच में सियारों की आवाज़ें रात के सन्नाटे में स्याहपन घोल रही थीं। थके-हारे मज़दूर नींद की गहरी खाइयों में लुढ़क गए थे। मानो के खयालों में अभी भी लाल-लाल ईंटें घूम रही थीं। इन ईंटों से बना हुआ एक छोटा-सा घर उसके ज़ेहन में बस गया था। यह खयाल जिस शिद्दत से पुख्ता हुआ था, नींद उतनी ही दूर चली गई थी।

संदर्भ पूर्ववत्।

प्रसंग प्रस्तुत गद्यांश में लेखक ने रात के भयानक सन्नाटे में मानो के हृदय में अपने घर के लिए उठी बलवती इच्छा को उजागर किया है।

व्याख्या प्रस्तुत गद्यांश में लेखक कहते हैं कि भट्ठे पर काम करने वाले मज़दूर दिन भर भट्ठे पर काम करने के बाद अपनी-अपनी झोंपड़ियों में सो चुके थे। भट्ठा और मज़दूरों की दड़बेनुमा झोंपड़ियाँ जंगल में ही थीं। रात के समय अत्यंत सन्नाटे में केवल झींगुरों की झिन-झिन और बीच-बीच में सियारों की आवाज़ रात की भयानक स्थिति को और बढ़ा देती थी।

सभी मज़दूर सो चुके थे। मानो के मन में अभी भी वह लाल-लाल ईंटों का घर था, जो उसके अंतर्मन में बस चुका था। उसका विचार इतना मज़बूत हो चुका था कि उसकी नींद उससे कोसों दूर जा चुकी थी अर्थात् मानो सिर्फ़ अपने छोटे-से घर के बारे में सोच रही थी जिस कारण उसकी नींद उड़ चुकी थी। वह इसी सोच-विचार में थी कि अपना छोटा-सा घर किस प्रकार बनाया जाए।

विशेष

(i) प्रस्तुत गद्यांश में लेखक ने मानो के अंतर्द्वंद्व का स्वाभाविक चित्रण किया है।

(ii) प्रस्तुत गद्यांश में उर्दू शब्दावली का प्रयोग किया गया है।

(iii) मज़दूरों के नारकीय जीवन का चित्रण प्रस्तुत किया गया है तथा बिंबात्मक शैली का प्रयोग हुआ है।

(iv) प्रस्तुत गद्यांश की भाषा सहज व सरल है।

गद्यांश 5

सुकिया और मानो को एक लक्ष्य मिल गया था। पक्की ईंटों का घर बनाना है......अपने ही हाथ की पकी ईंटों से। सुबह होते ही काम पर लग जाते हैं और शाम को भी अँधेरा होने तक जुटे रहते हैं। ठेकेदार असगर से लेकर मालिक तक उनके काम से खुश थे।

संदर्भ पूर्ववत्।

प्रसंग प्रस्तुत गद्यांश में लेखक ने सुकिया और उसकी पत्नी मानो द्वारा पक्की ईंटों के घर का सपना देखने तथा उसे पूर्ण करने के लिए परिश्रम करने का वर्णन किया है।

व्याख्या प्रस्तुत गद्यांश में लेखक कहते हैं कि पक्की ईंटों का अपना घर बनाने का विचार सुकिया और मानो के मस्तिष्क में घर कर गया था, जैसे दोनों को अपने जीवन का लक्ष्य मिल गया हो। दोनों ने निश्चय किया कि पक्की ईंटों का घर बनाना ही है, वह भी अपने हाथों से बनी ईंटों का। मानो और सुकिया सुबह होते ही अपने-अपने काम में लग जाते और देर रात तक काम करते। दोनों पति-पत्नी, रात-दिन कड़ी मेहनत करने लगे, जिसे देखकर ठेकेदार असगर से लेकर भट्ठा मालिक तक उनके काम से खुश थे।

विशेष

(i) प्रस्तुत गद्यांश में लेखक ने मनुष्य के अथक परिश्रम व लक्ष्य को पाने की स्वाभाविक प्रवृत्ति को चित्रित किया है।

(ii) प्रस्तुत गद्यांश में बिंबात्मक शैली का प्रयोग हुआ है।

(iii) प्रस्तुत गद्यांश की भाषा सहज व सरल है।

(iv) प्रस्तुत गद्यांश में खड़ीबोली में भावों की सशक्त अभिव्यक्ति हुई है।

गद्यांश 6

समूचा दिन अदृश्य भय और दहशत में बीता था। जसदेव को हलका बुखार हो गया था। वह अपनी झोंपड़ी में पड़ा था। सुकिया उसके पास बैठा था। आज की घटना से मज़दूर डर गए थे। उन्हें लग रहा था कि सूबेसिंह किसी भी वक्त लौटकर आ सकता है। शाम होते ही भट्ठे पर सन्नाटा छा गया था। सब अपने-अपने खोल में सिमट गए थे। बूढ़ा बिलसिया, जो अकसर बाहर पेड़ के नीचे देर रात तक बैठा रहता था, आज शाम होते ही अपनी झोंपड़ी में जाकर लेट गया था। उसके खाँसने की आवाज़ भी आज कुछ धीमी हो गई थी। किसनी की झोंपड़ी से ट्रांजिस्टर की आवाज़ भी नहीं आ रही थी।

संदर्भ पूर्ववत्।

प्रसंग प्रस्तुत गद्यांश में लेखक ने सूबेसिंह के क्रूर व्यवहार से भयभीत मज़दूरों की स्थिति का स्वाभाविक चित्रण किया है।

व्याख्या प्रस्तुत गद्यांश में लेखक कहते हैं कि सूबेसिंह बुरे चरित्र का व्यक्ति था। किसनी के बाद उसकी बुरी नज़र मानो पर पड़ी। उसने मानो को बुलवाया, परंतु उसके स्थान पर जसदेव चला आता है। जसदेव को देखकर सूबेसिंह अपना आपा खो बैठता है और उसे मार-मारकर अधमरा कर देता है। इस कारण भट्ठे का समूचा दिन भययुक्त बीता। जसदेव हल्के बुखार से पीड़ित अपनी झोंपड़ी में निढाल पड़ा था और सुकिया उसके समीप बैठा था। आज की इस घटना से सभी मज़दूर अत्यंत भयभीत हो गए थे, उन्हें हर पल यही डर सता रहा था कि सूबेसिंह फिर से आ गया, तो किसी-न-किसी को प्रताड़ित करेगा। प्रतिदिन सभी मज़दूर देर रात तक भट्ठे पर काम किया करते थे, परंतु आज शाम होते ही भट्ठे पर सन्नाटा छा गया था। सब अपने-अपने झोंपड़ीनुमा खोलों में छिप गए थे। बूढ़ा बिलसिया, जो हमेशा देर रात तक पेड़ के नीचे बैठा रहता था, आज वह भी शाम होते ही अपनी झोंपड़ी में जाकर लेट गया था और रोज़ की अपेक्षा दबी आवाज़ में खाँस रहा था। आज इस सन्नाटे में किसनी की झोंपड़ी से ट्रांज़िस्टर की आवाज़ भी नहीं आ रही थी, जो प्रतिदिन बजता था।

विशेष

(i) प्रस्तुत गद्यांश में लेखक ने शोषकों के द्वारा मज़दूरों के प्रति किए गए क्रूर व्यवहार का सजीव चित्रण किया है।

(ii) प्रस्तुत गद्यांश में उर्दू व अंग्रेज़ी शब्दावली का प्रयोग किया गया है।

(iii) प्रस्तुत गद्यांश में बिंबात्मक शैली का प्रयोग हुआ है।

(iv) प्रस्तुत गद्यांश की भाषा सहज व सरल है।

गद्यांश 7

मानो भी गुमसुम अपने आपसे ही लड़ रही थी। बार-बार उसे लग रहा था कि वह सुरक्षित नहीं है। एक सवाल उसे खाए जा रहा था–क्या औरत होने की यही सज़ा है? वह जानती थी कि सुकिया ऐसा-वैसा कुछ नहीं होने देगा। वह महेश की तरह नहीं है। भले ही यह भट्ठा छोड़ना पड़े। भट्ठा छोड़ने के खयाल से ही वह सिहर उठी। नहीं.....भट्ठा नहीं छोड़ना है। उसने अपने आपको आश्वस्त किया, अभी तो पक्की ईंटों का घर बनाना है।

संदर्भ पूर्ववत्।

प्रसंग प्रस्तुत गद्यांश में लेखक ने मानो के मन में अपने मान-सम्मान के प्रति चिंता व अपना घर बनाने की अदम्य इच्छा को चित्रित किया है।

व्याख्या प्रस्तुत गद्यांश में लेखक कहते हैं कि मानो का मन विचलित था। वह गुमसुम बैठी अपने आपसे ही लड़ रही थी। वह अनेक प्रकार की चिंताओं व आशंकाओं के अंतर्द्वंद्व में फँसी हुई थी।

मानो शांत थी, परंतु उसके मन में चिंताओं का तूफान उमड़ रहा था। मानो स्वयं को असुरक्षित अनुभव कर रही थी। उसके मन में एक ही प्रश्न था—क्या औरत होने की यही सज़ा है? क्या स्त्री एक भोग-विलास की वस्तु है और कुछ नहीं?

लेखक ने यहाँ स्त्री की अस्मिता के प्रसंग के माध्यम से समाज पर व्यंग्य किया है। क्या इस समाज में स्त्री का कोई मान-सम्मान नहीं है। मानो को सुकिया पर पूर्ण विश्वास है कि वह उसकी इज़्ज़त पर कोई आँच नहीं आने देगा। वह महेश की भाँति नहीं है, जिसने अपनी पत्नी किसनी को सूबेसिंह के भोग-विलास के लिए छोड़ दिया। सुकिया को उसके मान-सम्मान के लिए यदि यह भट्ठा छोड़ना पड़ा, तो वह यह भट्ठा भी छोड़ देगा। मानो भट्ठा छोड़ने के विचार से ही काँप उठी, क्योंकि भट्ठा छूट गया, तो उसका एकमात्र ईंटों के घर का सपना टूट जाएगा। इस सपने को पूरा करने के लिए उसने दिन-रात मेहनत की है। उसने मन-ही-मन अपने आपको सांत्वना दी और निश्चय किया कि अभी भट्ठा नहीं छोड़ेंगे, क्योंकि हमें अपना घर पक्की ईंटों का बनाना है।

विशेष

(i) प्रस्तुत गद्यांश में लेखक ने स्त्री के मान-सम्मान के प्रश्न को समाज के सम्मुख प्रस्तुत किया है।

(ii) प्रस्तुत गद्यांश में उर्दू व तत्सम शब्दावली का प्रयोग हुआ है।

(iii) प्रस्तुत गद्यांश में बिंबात्मक शैली का प्रयोग हुआ है।

(iv) प्रस्तुत गद्यांश की भाषा सहज व सरल है।

गद्यांश 8

मानो का हृदय फटा जा रहा था। टूटी-फूटी ईंटों को देखकर वह बौरा गई थी जैसे किसी ने उसके पक्की ईंटों के मकान को ही धराशायी कर दिया था। जसदेव काफ़ी देर बाद आया था। वह निरपेक्ष भाव से चुपचाप खड़ा था, जैसे इन टूटी-फूटी ईंटों से उसका कुछ लेना-देना ही न हो।

संदर्भ पूर्ववत्।

प्रसंग प्रस्तुत गद्यांश में लेखक ने सुकिया और मानो के पक्की ईंटों के घर का सपना टूट जाने के पश्चात् मानो की भावातिरेक स्थिति का अत्यंत मार्मिक चित्रण किया है।

व्याख्या प्रस्तुत गद्यांश में लेखक कहते हैं कि मानो और सुकिया दिन-रात एक कर अपना घर बनाने के सपने को पूरा करने में तल्लीन थे। एक दिन प्रातःकाल जब मानो भट्ठे पर आई, तो उसने देखा कि उनके द्वारा बनाई गई ईंटें टूटी-फूटी पड़ी हैं। यह देख मानो का हृदय फट रहा था तथा वह अपनी सुध-बुध खो बैठी थी। उसे ऐसा लग रहा था, जैसे किसी ने उसकी पक्की ईंटों के घर को ही ध्वस्त कर दिया हो।

जसदेव बहुत देर बाद वहाँ पहुँचा और अनजान बनकर खड़ा था, जैसे इन टूटी-फूटी ईंटों से उसका कुछ भी लेना-देना न हो अर्थात् इन ईंटों को बनाने में जसदेव ने भी उतनी ही मेहनत की थी, जितनी मानो ने, लेकिन इस दुःखद घटना के बाद भी वह निरपेक्ष भाव से खड़ा था, जैसे इस घटना से उसे कोई असर न हुआ हो।

विशेष

(i) प्रस्तुत गद्यांश में लेखक ने मानो की पीड़ा का हृदयग्राही चित्रण प्रस्तुत किया है।

(ii) प्रस्तुत गद्यांश में लेखक ने जातिगत विषमता को प्रस्तुत किया है, जिसमें जसदेव अपने स्वार्थहित के कारण स्वयं को अन्य मज़दूरों से अलग कर लेता है।

(iii) प्रस्तुत गद्यांश में तत्सम व मुहावरेयुक्त शब्दावली का प्रयोग किया गया है।

(iv) प्रस्तुत गद्यांश में बिंबात्मक शैली का प्रयोग हुआ है।

(v) प्रस्तुत गद्यांश की भाषा सहज व सरल है।

गद्यांश 9

मानो के सीने में एक टीस उभरी थी। सर्द साँस में बदलकर मानो को छलनी कर गई थी। उसके होंठ फड़फड़ाए थे कुछ कहने के लिए, लेकिन शब्द घुट कर रह गए थे। सपनों के काँच उसकी आँख में किरकिरा रहे थे। वह भारी मन से सुकिया के पीछे-पीछे चल पड़ी थी, अगले पड़ाव की तलाश में, एक दिशाहीन यात्रा पर।

संदर्भ पूर्ववत्।

प्रसंग प्रस्तुत गद्यांश में लेखक ने मानो और सुकिया का सपना टूट जाने के पश्चात् उनकी हृदयगत पीड़ा का मार्मिक चित्रण किया है।

व्याख्या प्रस्तुत गद्यांश में लेखक कहते हैं कि जब सुकिया ने मानो से कहा कि "चल! ये लोग हमारा घर नहीं बनने देंगे", तो वह सुकिया के पीछे-पीछे चल दी थी। भट्ठा छोड़ने से पहले मानो ने यह सोचकर जसदेव की ओर देखा कि जसदेव उनका साथ देगा, किंतु जसदेव को चुप देखकर उसे विश्वास हो गया कि अब यहाँ उनका साथ कोई नहीं देगा। यह देखकर मानो के सीने में एक टीस उभरी, जो ठंडी साँस में बदलकर मानो को छलनी कर गई। मानो ने कुछ कहने के लिए होंठों को खोला, लेकिन शब्द गले से बाहर नहीं निकल सके। उसे लगा कि अपना घर बनाने का उसका सपना टूट गया है। शायद वह कभी पूरा नहीं होगा। टूटे हुए सपने टूटे काँच की तरह उसकी आँख में चुभ रहे थे। वह भारी मन से सुकिया के पीछे-पीछे चल पड़ी थी, ताकि अगला पड़ाव तलाशा जा सके। पति-पत्नी की यह यात्रा एक दिशाहीन यात्रा थी। उन्हें यह पता नहीं था कि अब वे कहाँ जा रहे हैं।

विशेष

(*i*) प्रस्तुत गद्यांश में लेखक ने मज़दूर वर्ग के जीवन को खानाबदोश के रूप में चित्रित किया है।
(*ii*) प्रस्तुत गद्यांश में सुकिया और मानो की हताशा का सजीव चित्रण है।
(*iii*) प्रस्तुत गद्यांश में उर्दू व मुहावरे युक्त शब्दावली का प्रयोग है।
(*iv*) प्रस्तुत गद्यांश की शैली बिंबात्मक शैली है।
(*v*) प्रस्तुत गद्यांश की भाषा सहज व सरल है।

गद्यांशों पर आधारित बहुविकल्पीय प्रश्न

1. ईंटों को जोड़कर बनाए चूल्हे में जलती लकड़ियों की चिट-पिट जैसे मन में पसरी दुश्चिंताओं और तकलीफ़ों की प्रतिध्वनियाँ थीं जहाँ सब कुछ अनिश्चित था। मानो अभी तक इस भट्ठे की ज़िंदगी से तालमेल नहीं बैठा पाई थी। बस, सुकिया की ज़िद के सामने वह कमज़ोर पड़ गई थी। साँझ होते ही सारा माहौल भाँय-भाँय करने लगता था। दिन भर के थके-हारे मज़दूर अपने-अपने दड़बों में घुस जाते थे। साँप-बिच्छू का डर लगता रहता था। जैसे समूचा जंगल झोंपड़ी के दरवाज़े पर आकर खड़ा हो गया है।

(i) **चूल्हा कैसे बनाया गया था?**
(क) मिट्टी और गारे से (ख) लोहे से
(ग) ईंटों को जोड़कर (घ) इनमें से कोई नहीं

(ii) **सभी मजदूर अपनी झोंपड़ियों में कब आ जाते थे?**
(क) शाम होने के बाद (ख) रात होने के बाद
(ग) दिन निकलने के बाद (घ) दोपहर होने के बाद

(iii) **मानो कौन थी?**
(क) ईंट भट्ठे के मालिक की बेटी
(ख) भट्ठा मजदूर सुकिया की पत्नी
(ग) ईंट भट्ठे के मालिक की पत्नी
(घ) उपर्युक्त में से कोई नहीं

(iv) **मानो किसके साथ तालमेल नहीं बैठा पाई थी?**
(क) भट्ठे की जिंदगी से (ख) सुकिया के साथ
(ग) चूल्हे-चौके के साथ (घ) मजदूरों के साथ

(v) **कथन** (A) साँप-बिच्छुओं का डर भट्ठे के मजदूरों में हमेशा बना रहता था।
कारण (R) भट्ठे की झोपड़ियाँ जंगल में थीं, जिससे इन खतरों की संभावना अधिक थी।
कूट
(क) कथन (A) और कारण (R) दोनों सही हैं तथा कारण (R), कथन (A) की सही व्याख्या करता है।
(ख) कथन (A) और कारण (R) दोनों सही हैं, परंतु कारण (R), कथन (A) की सही व्याख्या नहीं करता है।
(ग) कथन (A) सही है, किंतु कारण (R) गलत है।
(घ) कथन (A) गलत है, किंतु कारण (R) सही है।

उत्तर

(i) (ग) ईंटों को जोड़कर
(ii) (क) शाम होने के बाद
(iii) (ख) भट्ठा मजदूर सुकिया की पत्नी
(iv) (क) भट्ठे की जिंदगी से
(v) (क) कथन (A) और कारण (R) दोनों सही हैं तथा कारण (R), कथन (A) की सही व्याख्या करता है।

2. सुकिया के मन में एक बात बैठ गई थी। नर्क की जिंदगी से निकलना है तो कुछ छोड़ना भी पड़ेगा। मानो की हर बात का एक ही जवाब था उसके पास बड़े-बूढ़े कहा करे हैं कि "आदमी की औकात घर से बाहर कदम रखणे पे ही पता चले है। घर में तो चूहा भी सूरमा बणा रह। काँधे पर यो लंबा लट्ठ धरके चलणे वाले चौधरी सहर (शहर) में सरकारी अफ़सरों के आग्गे सीध्धे खड़े न हो सके हैं। बुड्ढी बकरियों की तरह मिमियाएँ हैं ...... और गाँव में किसी गरीब कू आदमी भी न समझे हैं ....."

सुकिया की इन बातों से मानो कमजोर पड़ जाती थी। इसलिए गाँव-देहात छोड़कर वे दोनों एक दिन असगर ठेकेदार के साथ इस भट्ठे पर आ गए थे।

पहले ही महीने में सुकिया ने कुछ रुपये बचा लिए थे। कई-कई बार गिनकर तसल्ली कर ली थी। धोती की गाँठ में बाँधकर अंटी में खोंस लिए थे। रुपये देखकर मानो भी खुश हो गई थी। उसे लगने लगा था कि वह अपनी ज़िंदगी के ढर्रे को बदल लेगा।

(i) **लेखक ने सुकिया के माध्यम से गाँव की जिंदगी को कैसा बताया?**
(क) गाँव की ज़िंदगी अच्छी है
(ख) गाँव की जिंदगी नर्क है
(ग) गाँव की जिंदगी सामान्य है
(घ) उपर्युक्त में से कोई नहीं

(ii) **गद्यांश के आधार पर निम्नलिखित कथनों में से सही कथनों पर विचार कीजिए**
1. आदमी की औकात घर से बाहर निकलने पर ही पता चलती है।
2. मानो बहुत स्वार्थी व लालची थी।
3. सुकिया ने ईंटों से अपना घर बनाया।

कूट

(क) केवल 1 (ख) केवल 3

(ग) 1 और 2 (घ) ये सभी

(iii) गाँव-देहात छोड़कर मानो और सुकिया कहाँ आ गए?

(क) शहर के पास की एक जमीन पर

(ख) शहर में एक कारखाने में

(ग) शहर की एक मिल में

(घ) असगर ठेकेदार के साथ भट्ठे पर

(iv) मानो को सुकिया ने क्या समझाया?

(क) गाँव-गाँव होता है और शहर-शहर

(ख) हमें शहर जाने से बचना चाहिए

(ग) गाँव के चौधरी गरीबों को कुछ नहीं समझते और शहरी अफसरों के सामने गिड़गिड़ाने लगते हैं

(घ) गाँव के चौधरी और शहर के सेठ बराबर होते हैं

(v) पहले महीने सुकिया ने क्या किया?

(क) कुछ रुपये बचा लिए थे

(ख) कुछ रुपये खर्च कर दिए थे

(ग) कुछ रुपयों का सामान ले आया था

(घ) उपर्युक्त में से कोई नहीं

उत्तर

(i) (ख) गाँव की जिंदगी नर्क है

(ii) (क) केवल 1

(iii) (घ) असगर ठेकेदार के साथ भट्ठे पर

(iv) (ग) गाँव के चौधरी गरीबों को कुछ नहीं समझते और शहरी अफसरों के सामने गिड़गिड़ाने लगते हैं

(v) (क) कुछ रुपये बचा लिए थे

3. कड़ी मेहनत और दिन-रात भट्ठे में जलती आग के बाद जब भट्ठा खुलता था, तो मजदूर से लेकर मालिक तक की बेचैन साँसों को राहत मिलती थी। भट्ठे से पकी ईंटों को बाहर निकालने का काम शुरू हो गया था। लाल-लाल पक्की ईंटों को देखकर सुकिया और मानो की खुशी की इंतहा नहीं थी। खासकर मानो तो ईंटों को उलट-पुलटकर देख रही थी। खुद के हाथ की पथी ईंटों का रंग ही बदल गया था। उस दिन ईंटों को देखते-देखते ही मानो के मन में बिजली की तरह एक ख्याल कौंधा था। इस ख्याल के आते ही उसके भीतर जैसे एक साथ कई-कई भट्ठे जल रहे थे। उसने सुकिया से पूछा था, "एक घर में कितनी ईंटें लग जाती हैं?"

"बहुत ..... कई हजार..... लोहा, सीमेंट, लकड़ी, रेत अलग से।" उसके मन में खयाल उभरा था। उसे तत्काल कोई आधार नहीं मिल पा रहा था। वह बेचैन हो उठी थी। उसे खामोश देखकर सुकिया ने कहा, "चलो, काम शुरू करना है। जसदेव बाट देख रहा होगा।"

(i) ईंट कैसे बनती है?

(क) साँचे द्वारा मिट्टी की ईंट बनाकर फिर उसे भट्ठे में पकाते हैं

(ख) ईंट को पाथकर साँचों में पकाते हैं

(ग) लोहा पिघलाकर उसे साँचों में भरकर ईंट का आकार देते हैं

(घ) मिट्टी को भट्ठे में डालकर पकाते हैं

(ii) मानो ईंटों को देखकर क्या करने लगी?

(क) उन्हें फोड़-फोड़कर देखने लगी

(ख) खुशी-खुशी में उन्हें उलट-पलटकर देख रही थी

(ग) उन्हें हाथ में उठा-उठाकर देख रही थी

(घ) ईंटों को ऊँचाई से डाल-डालकर देख रही थी

(iii) मज़दूरों की दिहाड़ी किस पर निर्भर थी?

(क) साँचों में ढली ईंटों पर

(ख) टूटी हुई ईंटों पर

(ग) अपने किए हुए काम पर

(घ) अच्छी और साबुत ईंटों पर

(iv) ईंटों को देखकर मानो के मन में क्या विचार आया?

(क) घर बनाने में कितनी ईंटें लगती हैं

(ख) हमें ईंटों को बनाने में कितनी मज़दूरी मिलती है

(ग) हमें अब घर बनाना चाहिए

(घ) घर बनाने के लिए क्या करना पड़ता है

(v) सुकिया ने घर बनाने के लिए कौन-कौन सी चीजों का नाम लिया?

(क) रेत और लकड़ी

(ख) सीमेंट और रेत

(ग) ईंट, लोहा, सीमेंट, लकड़ी और रेत

(घ) ईंट और लोहे की चादर

उत्तर

(i) (क) साँचे द्वारा मिट्टी की ईंट बनाकर फिर उसे भट्ठे में पकाते हैं

(ii) (ख) खुशी-खुशी में उन्हें उलट-पलटकर देख रही थी

(iii) (घ) अच्छी और साबुत ईंटों पर

(iv) (क) घर बनाने में कितनी ईंटें लगती हैं

(v) (ग) ईंट, लोहा, सीमेंट, लकड़ी और रेत

4. भट्ठे से उठते काले धुएँ ने आकाश तले एक काली चादर फैला दी थी। सब कुछ छोड़कर मानो और सुकिया चल पड़े थे। एक खानाबदोश की तरह, जिन्हें एक घर चाहिए था, रहने के लिए। पीछे छूट गए थे कुछ बेतरतीब पल, पसीने के अक्स जो कभी इतिहास नहीं बन सकेंगे। खानाबदोश ज़िंदगी का एक पड़ाव था यह भट्ठा। सुकिया के पीछे-पीछे चल पड़ने से पहले मानो ने जसदेव की ओर देखा था। मानो को यकीन था, जसदेव उनका साथ देगा। लेकिन जसदेव को चुप देखकर उसका विश्वास टुकड़े-टुकड़े हो गया था। मानो के सीने में एक टीस उभरी थी। सर्द साँस में बदलकर मानो को छलनी कर गई थी। उसके होंठ फड़फड़ाए थे कुछ कहने के लिए लेकिन शब्द घुटकर रह गए थे। सपनों के काँच उसकी आँख में किरकिरा रहे थे। वह भारी मन से सुकिया के पीछे-पीछे चल पड़ी थी, अगले पड़ाव की तलाश में, एक दिशाहीन यात्रा पर।

(i) 'खानाबदोश' का क्या अर्थ होता है?

(क) खाना बनाने वाले

(ख) जंगल में घर बनाने वाले

(ग) जिसका कोई ठौर-ठिकाना न हो

(घ) जिन्हें यात्रा नहीं करनी पड़ती

(ii) सुकिया और मानो के जीवन को लेखक ने किसके रूप में चित्रित किया है?

(क) खानाबदोशों के (ख) दलित वर्ग के
(ग) शोषक वर्ग के (घ) निम्न वर्ग के

(iii) मानो को किसके साथ देने की उम्मीद थी?

(क) असगर ठेकेदार के (ख) सूबेसिंह के
(ग) जसदेव के (घ) भट्ठा मालिक के

(iv) **कथन** (A) मानो के सीने में टीस सी उभरी।
कारण (R) सूबेसिंह की मानो पर बुरी नजर थी।
कूट

(क) कथन (A) और कारण (R) दोनों सही हैं तथा कारण (R), कथन (A) की सही व्याख्या करता है।
(ख) कथन (A) और कारण (R) दोनों सही हैं, परंतु कारण (R), कथन (A) की सही व्याख्या नहीं करता है।
(ग) कथन (A) सही है, किंतु कारण (R) गलत है।
(घ) कथन (A) गलत है, किंतु कारण (R) सही है।

(v) मानो-सुकिया की यात्रा को लेखक ने कैसी यात्रा बताया है?

(क) दिशाहीन यात्रा
(ख) लक्ष्य को तलाशने की यात्रा
(ग) आनंद की यात्रा
(घ) संघर्ष की यात्रा

उत्तर

(i) (ग) जिसका कोई ठौर-ठिकाना न हो
(ii) (क) खानाबदोशों के
(iii) (ग) जसदेव के
(iv) (ख) कथन (A) और कारण (R) दोनों सही हैं, परंतु कारण (R), कथन (A) की सही व्याख्या नहीं करता है।
(v) (क) दिशाहीन यात्रा

विषय-वस्तु पर आधारित प्रश्नोत्तर

1. मानो और सुकिया की भट्ठे पर काम करने की प्रक्रिया का वर्णन कीजिए।

उत्तर मानो और सुकिया महीना भर पहले ही अपना गाँव छोड़कर दिहाड़ी मज़दूर बनकर भट्ठे पर आए थे। हफ़्ते भर का काम देखकर असगर ठेकेदार ने सुकिया से कहा था कि साँचा ले लो और ईंट पाथने का काम शुरू करो। हज़ार ईंट के रेट से अपनी मज़दूरी लो। दोनों मिलकर पहले तगारी बनाते, फिर मानो तैयार मिट्टी लाकर देती। मानो अब फुर्ती से साँचे में ईंटें डालने लगी थी, जिससे उनकी दिहाड़ी बढ़ गई थी।

2. भट्ठे के मज़दूरों का रहन-सहन कैसा था? वर्णन कीजिए।

उत्तर भट्ठे के मज़दूर जंगल में एक कतार में बनी छोटी-छोटी झोंपड़ियों में रहते थे। उन्हें इन दड़बेनुमा झोंपड़ियों में झुककर घुसना पड़ता था और झुके-झुके ही बाहर आना होता था। भट्ठे का काम खत्म होते ही औरतें चूल्हा-चौका सँभाल लेती थीं। कहने भर के लिए चूल्हा-चौका था। ईंट को जोड़कर बनाए चूल्हे में जलती लकड़ियों की चिट-पिट जैसे मन में पसरी दुश्चिंताओं और तकलीफ़ों की प्रतिध्वनियाँ थीं, जहाँ सब कुछ अनिश्चित था। साँझ होते ही सारा माहौल भाँय-भाँय करने लगता था। दिन भर के थके-हारे मज़दूर अपने-अपने दड़बों में घुस जाते थे। साँप-बिच्छू का डर सदैव बना रहता था, जैसे समूचा जंगल झोंपड़ी के दरवाज़े पर आकर खड़ा हो गया हो।

3. मुखतार सिंह की गैर-हाज़िरी में भट्ठे का काम कौन सँभालता था? भट्ठे के माहौल पर इसका क्या प्रभाव पड़ता था?

उत्तर मुखतार सिंह की गैर-हाज़िरी में भट्ठे का काम उनका बेटा सूबेसिंह सँभालता था। मुखतार सिंह की गैर-हाज़िरी में सूबेसिंह का रौब-दाब भट्ठे का माहौल ही बदल देता था। इन दिनों में असगर ठेकेदार भीगी बिल्ली बन जाता था। दफ़्तर के बाहर एक अर्दली (सेवक) की ड्यूटी लग जाती थी, जो कुर्सी पर उकड़ू बैठकर दिन भर बीड़ी पीता था और आने-जाने वालों पर निगरानी रखता था। उसकी इजाज़त के बिना कोई अंदर नहीं जा सकता था। भट्ठे की महिलाओं पर सूबेसिंह बुरी नज़र रखता था, जिससे स्त्रियों में अपने मान-सम्मान के प्रति चिंता बनी रहती।

4. सूबेसिंह ने किसनी को क्या काम दिया तथा किसनी के जीवन में इससे क्या बदलाव आए?

उत्तर एक दिन सूबेसिंह की बुरी नज़र किसनी पर पड़ गई थी। उसने उसे दफ़्तर की सेवा-टहल का काम दे दिया था। शुरू-शुरू में किसी का ध्यान इस ओर नहीं गया था, लेकिन जब रोज़ ही गारे-मिट्टी का काम छोड़कर वह दफ़्तर में ही रहने लगी, तो मज़दूरों में फुसफुसाहटें शुरू हो गई थीं।

इससे किसनी को जीवन में वे सभी सुख-सुविधाएँ प्राप्त हो गईं, जो अन्य मज़दूरों के लिए केवल कल्पनामात्र थीं; जैसे—नहाने का साबुन, नए-नए कपड़े तथा ट्रांजिस्टर इत्यादि।

5. असगर ठेकेदार सूबेसिंह की असलियत जानते हुए भी चुप क्यों रहता था?

उत्तर असगर ठेकेदार सूबेसिंह को भली-भाँति जानता था। जब सूबेसिंह मानो को बुलवाता है, तो असगर ठेकेदार उसे रोकता है, लेकिन बात पूरी होने से पहले ही सूबेसिंह उसे फटकारते हुए कहता है, "तुमसे जो कहा गया है, वही करो। राय देने की कोशिश मत करो। तुम इस भट्ठे पर मुंशी हो। मुंशी ही रहो, मालिक बनने की कोशिश करोगे तो अंजाम बुरा होगा।" असगर ठेकेदार ने ज़िंदगी का खास हिस्सा भट्ठे पर गुज़ारा था। भट्ठे से अलग उसका कोई वजूद ही नहीं था। वह जानता था कि सूबेसिंह शैतान है, लेकिन चुप रहना उसकी मजबूरी बन गई थी।

6. लाल-लाल पक्की ईंटों को देखकर मानो के मन में क्या ख्याल आया?

उत्तर किसी भी मकान या महल की आधारशिला ईंट होती है, जिसे मज़दूर दिन-रात कड़ी मेहनत करके बनाते हैं, परंतु ये मज़दूर इस आधारशिला से वंचित रह जाते हैं और दड़बेनुमा झोंपड़ियों में अपना जीवन व्यतीत करते हैं। लाल-लाल पक्की ईंटों को देखकर सुकिया और मानो की खुशी की इंतहा (सीमा) नहीं थी। मानो तो ईंटों को उलट-पलटकर देख रही थी। स्वयं के हाथ की पथी ईंटों का रंग ही बदल गया था। उस दिन ईंटों को देखते-देखते मानो के मन में बिजली की तरह एक ख्याल कौंधा था- पक्की ईंटों का अपना घर। यह ख्याल आते ही उसके भीतर जैसे एक साथ कई-कई भट्ठे जल रहे थे। मानो, सुकिया से कहती है— "कुछ भी करो तुम चाहो तो मैं रात-दिन काम करूँगी मुझे एक पक्की ईंटों का घर चाहिए।"

7. जसदेव द्वारा मानो की रोटी न लेने पर मानो ने उससे क्या कहा?

उत्तर जसदेव मानो के कारण ही पिटा था। वह खुद भी अपने लिए कुछ नहीं बना पाया था। शरीर का पोर-पोर टूट रहा था, इसलिए मानो उसके लिए रोटी बनाकर लाई थी, लेकिन उसने भूख न होने का बहाना बना दिया। मानो ने कहा— "भूख नहीं है या कोई और बात है, मानो ने जैसे उसे रंगे हाथों पकड़ लिया था। तुम्हारे भैय्या कह रहे थे कि तुम बामन (ब्राह्मण) हो, इसीलिए मेरे हाथ की रोटी नहीं खाओगे। अगर यो बात है...तो मैं जोर ना डालूँगी...थारी मर्ज़ी...औरत हूँ...पास में कोई भूखा हो तो रोटी का कौर गले से नीचे नहीं उतरता है...फिर तुम तो दिन-रात साथ काम करते हो...मेरी खातिर पिटे...फिर यह बामन म्हारे बीच कहाँ से आ गया?" ये कहते-कहते मानो रुआँसी हो गई थी और उसका गला रुँध भी गया था।

8. सुकिया की नींद क्यों उड़ चुकी थी?

उत्तर सुकिया चुपचाप अपनी झोंपड़ी में लेटकर जसदेव की पिटाई वाली घटना के बारे में सोच रहा था। उसकी समझ में नहीं आ रहा था कि वह क्या करे, क्योंकि सूबेसिंह की बुरी नज़र मानो पर पड़ चुकी थी, इन्हीं हालात में उसने गाँव छोड़ा था। वे ही हालात फिर से सामने खड़े हो गए थे। आखिर जाएँ तो कहाँ? सूबेसिंह के विरुद्ध जाना आसान नहीं था। सुनसान जगह है कभी भी हमला कर सकता है या फिर मानो को...विचार आते ही वह काँप गया था। उसने करवट बदली। इसी दुश्चिंता के कारण सुकिया की नींद उड़ चुकी थी।

9. जसदेव ने स्वयं के लिए क्या निर्णय लिया?

उत्तर जसदेव बुरी तरह घायल हो चुका था। उसने पूरी रात जागकर काटी थी। सूबेसिंह का गुस्सैल चेहरा बार-बार उसके सामने आकर दहशत पैदा कर रहा था। उसे लगने लगा था कि जैसे वह अचानक किसी षड्यंत्र में फँस गया है। उसे यह अंदाज़ा नहीं था कि सूबेसिंह मारपीट करेगा। ऐसी कल्पना भी उसे नहीं थी। जसदेव ने असगर ठेकेदार से अपने मन की बात कही। ठेकेदार ने उसे समझाते हुए कहा था— "अपने काम-से-काम रखो! क्यों इन मजदूरों के चक्कर में पड़ते हो।" तब उसने तय कर लिया था कि चाहे जो हो, वह इस चक्कर में नहीं पड़ेगा।

10. 'खानाबदोश' कहानी के शीर्षक की सार्थकता स्पष्ट कीजिए।

उत्तर 'खानाबदोश' कहानी ऐसे मज़दूरों की कहानी है, जो अपनी आजीविका के लिए अपने गाँव छोड़कर भट्ठे पर आए थे। कहानी के मुख्य पात्र सुकिया और मानो तथा अन्य पात्र जसदेव, महेश, किसनी इत्यादि हैं। सभी खानाबदोश रूपी जीवन व्यतीत करते हैं। सुकिया और मानो प्रतिनिधि पात्र हैं, जिन्हें असगर ठेकेदार तथा सूबेसिंह द्वारा शोषित किया जाता है। दोनों को आभास हो रहा था कि सभी लोग उनके खिलाफ़ हैं। अनेक प्रकार की बाधाएँ उनके सामने खड़ी की जा रही थीं। वहाँ रुकना उनके लिए कठिन हो गया था। सब कुछ छोड़कर मानो और सुकिया चल पड़े थे एक खानाबदोश की तरह, जिन्हें एक घर चाहिए था। अंततः कहा जा सकता है कि कहानी का शीर्षक 'खानाबदोश' कथा के अनुरूप सार्थक बन पड़ा है।

स्व-मूल्यांकन

गद्यांश पर आधारित बहुविकल्पीय प्रश्न

निम्नलिखित गद्यांश को ध्यानपूर्वक पढ़कर पूछे गए बहुविकल्पीय प्रश्नों के लिए सर्वाधिक उपयुक्त विकल्प का चुनाव कीजिए।

1. भट्ठे की जिंदगी भी अजीब थी। गाँव-बस्ती का माहौल बन रहा था। झोंपड़ी के बाहर जलते चूल्हे और पकते खाने की महक से भट्ठे की नीरस ज़िंदगी में कुछ देर के लिए ही सही, ताज़गी का अहसास होता था। ज्यादातर लोग रोटी के साथ गुड़ या फिर लाल मिर्च की चटनी ही खाते थे। दाल-सब्ज़ी तो कभी-कभार ही बनती थी। शाम होते ही हैंडपंप पर भीड़ लग जाती थी। जिस्म पर चिपकी मिट्टी को जितना उतारने की कोशिश करते, वह और उतना ही भीतर उतर जाती थी। नस-नस में कच्ची मिट्टी की महक बस गई थी। इस महक से अलग भट्ठे का कोई अस्तित्व नहीं था। किसनी और सूबेसिंह की कहानी अब काफ़ी आगे बढ़ गई थी। सूबेसिंह के अर्दली ने महेश को नशे की लत डाल दी थी। नशा करके महेश झोंपड़ी में पड़ा रहता था। किसनी के पास एक ट्रांजिस्टर भी आ गया था। सुबह-शाम भट्ठे की खामोशी में ट्रांजिस्टर की आवाज़ गूँजने लगी थी। ट्रांजिस्टर वह इतने ज़ोर से बजाती थी कि भट्ठे का वातावरण फ़िल्मी गानों की आवाज़ से गमक उठता था। शांत माहौल में संगीत-लहरियों ने खनक पैदा कर दी थी।

(i) भट्ठे पर ज्यादातर लोग क्या खाते थे?
(क) रोटी और गुड़ (ख) लाल मिर्च की चटनी
(ग) 'क' और 'ख' दोनों (घ) चावल और दाल

(ii) शाम होते ही हैंडपंप पर भीड़ क्यों लग जाती थी?
(क) पानी लेने के लिए (ख) नहाने के लिए
(ग) मिट्टी उतारने के लिए (घ) ये सभी

(iii) **कथन** (A) भट्ठे के मज़दूरों के जिस्म पर मिट्टी की महक बस गई थी।
कारण (R) मिट्टी उनकी रोज़मर्रा की ज़िंदगी का अभिन्न हिस्सा थी।
कूट
(क) कथन (A) और कारण (R) दोनों सही हैं तथा कारण (R), कथन (A) की सही व्याख्या करता है।
(ख) कथन (A) और कारण (R) दोनों सही हैं, परंतु कारण (R), कथन (A) की सही व्याख्या नहीं करता है।
(ग) कथन (A) सही है, किंतु कारण (R) गलत है।
(घ) कथन (A) गलत है, किंतु कारण (R) सही है।

(iv) महेश को नशे की लत किसने लगाई?
(क) किसनी ने (ख) सूबेसिंह ने
(ग) सूबेसिंह के अर्दली ने (घ) किसी मज़दूर ने

(v) महेश नशा करने के बाद क्या करता था?
(क) काम करता था
(ख) झोंपड़ी में पड़ा रहता था
(ग) भट्ठे पर झगड़ा करता था
(घ) गाने सुनता था

गद्यांश की व्याख्या

2. निम्नलिखित में से किसी एक गद्यांश की सप्रसंग व्याख्या कीजिए

अपनी झोंपड़ी में आकर चुपचाप लेट गई थी मानो। बिना कुछ खाए। दिन-भर की घटनाएँ उसके दिमाग में खलबली मचा रही थीं। जसदेव भूखा है, यह अहसास उसे परेशान कर रहा था। जसदेव को लेकर उसके मन में हलचल थी। उसे लग रहा था - जैसे जसदेव का साथ उन्हें ताकत दे रहा है। ऐसी ताकत जो सूबेसिंह से लड़ने में हौसला दे सकती है। दो से तीन होने का सुख मानो महसूस करने लगी थी।

अथवा

असगर ठेकेदार ने साफ कह दिया था। टूटी-फूटी ईंटें हमारे किस काम की? इनकी मज़दूरी हम नहीं देंगे। असगर ठेकेदार ने उनकी रही-सही उम्मीदों पर भी पानी फेर दिया था। मानो ने सुकिया की ओर डबडबाई आँखों से देखा। सुकिया के चेहरे पर तूफ़ान में घर टूट जाने की पीड़ा छलछला आई थी। उसे लगने लगा था, जैसे तमाम लोग उसके खिलाफ हैं। तरह-तरह की बाधाएँ उसके सामने खड़ी की जा रही हैं। वहाँ रुकना उसके लिए कठिन हो गया था।

विषय-वस्तु पर आधारित प्रश्न

1. भट्ठे पर जसदेव के आने से क्या परिवर्तन हुआ?

2. किसनी के व्यवहार में आए परिवर्तन का महेश पर क्या प्रभाव पड़ा?

3. सुकिया ने घर बनाने के लिए किन चीज़ों की आवश्यकता बताई?

4. भट्ठे पर ईंट बनाने की प्रक्रिया क्या थी?

5. भट्ठे की मोरी पर काम करना जोखिम भरा क्यों था?

6. सूबेसिंह ने मानो और सुकिया को परेशान करने के लिए क्या किया?

7. मानो ने टूटी हुई ईंटों को देखकर क्या प्रतिक्रिया दी?

8. भट्ठे की जिंदगी को 'गाँव-बस्ती का माहौल' क्यों कहा गया है?

9. आपके मतानुसार मानो और सुकिया का अगला पड़ाव क्या हो सकता है?

07

अध्याय

लेखक-परिचय

पांडेय बेचन शर्मा 'उग्र' का जन्म वर्ष 1900 में मिर्ज़ापुर ज़िले (उत्तर प्रदेश) के चुनार गाँव में हुआ था। आर्थिक अभावों के बावजूद उन्होंने अपनी प्रतिभा से हिंदी गद्य साहित्य में महत्त्वपूर्ण स्थान बनाया। पत्रकारिता में उनका योगदान उल्लेखनीय रहा। वे मतवाला मंडल के प्रमुख सदस्य थे। उग्र जी ने शताधिक कहानियाँ लिखी हैं, जो पंजाब की महारानी, रेशमी, पोली इमारत, चित्र-विचित्र, कंचन-सी काया, काल कोठरी, ऐसी होली खेलो लाल, कला का पुरस्कार आदि में संकलित हैं। उनके यथार्थवादी उपन्यासों में चंद हसीनों के खतूत, बुधुआ की बेटी, दिल्ली का दलाल प्रमुख हैं। उनकी आत्मकथा 'अपनी खबर' और नाटक 'महात्मा ईसा' भी उनकी प्रसिद्ध रचनाएँ हैं। उनकी कहानियों में 'उसकी माँ', 'शाप', 'जल्लाद' और 'देशभक्त' विशेष रूप से प्रसिद्ध हैं। वर्ष 1967 में उनका देहावसान हो गया।

▼ अध्ययन के लिए
- पाठ की रूपरेखा
- पाठ का सार

▼ अभ्यास के लिए
- पाठ्यपुस्तक के प्रश्नोत्तर
- गद्यांशों की व्याख्या
- गद्यांश पर आधारित बहुविकल्पीय प्रश्न
- विषय-वस्तु पर आधारित प्रश्नोत्तर

उसकी माँ

(पांडेय बेचन शर्मा 'उग्र')

पाठ की रूपरेखा

'उसकी माँ' कहानी देश की दुरवस्था से चिंतित युवा पीढ़ी के विद्रोह को नए रूप में प्रस्तुत करती है। युवा पीढ़ी देश की दुरवस्था का ज़िम्मेदार शासन-तंत्र को मानती है तथा इसे उखाड़ फेंकना चाहती है। दुष्ट, व्यक्ति-नाशक राष्ट्र के सर्वनाश में अपना योगदान ही इस पीढ़ी का सपना है। वास्तविकता से निश्चिंत युवा पीढ़ी जानती है कि लोगों का शोषण करना तो व्यवस्था का नियम है। एक ओर जहाँ नई पीढ़ी बदलाव के लिए संघर्षरत है, तो दूसरी ओर पूर्ववर्ती पीढ़ी बुद्धिजीवी का आवरण ओढ़े राजसत्ता के शोषण के प्रति मौन धारण किए हुए है। दो पीढ़ियों के मध्य खड़ी वह माँ की ममता उस बेटे को भरसक प्रयास के बावजूद बचा नहीं पाती और अंत में स्वयं भी दम तोड़ देती है।

पाठ का सार

लेखक द्वारा अपना समय व्यतीत करने की चेष्टा करना

लेखक दोपहर को ज़रा आराम करके उठता है। लेखक अपने पढ़ने-लिखने के कमरे में खड़ा-खड़ा अलमारियों में सजी पुस्तकों को निहारने लगता है। उसने सोचा कि किसी महान् लेखक की कोई कृति पढ़कर समय बिताया जाए, परंतु उसके पास इतने सारे महान् लेखकों की कृतियाँ हैं कि वह निश्चय ही नहीं कर पाता कि किस लेखक को वह पढ़े। केवल उनके नाम पढ़-पढ़कर ही वह परेशान हो गया था।

लेखक के घर पुलिस-पति का आना

लेखक अपने पढ़ने के लिए किसी महान् कृति को ढूँढ ही रहा था कि अचानक उसे मोटर की पों-पों सुनाई पड़ी, लेखक को लगा कि उसका कोई मित्र आया है। जब नौकर ने सलाम कर आने वाले का कार्ड दिया, तो पता चला कि पुलिस-पति आए हैं। लेखक कुछ घबराता है। पुलिस-पति अपने बेवक्त आने पर लेखक से क्षमा माँगता है। पुलिस-पति एक तस्वीर निकालकर पूछता है, यह कौन है— इसे आप पहचानते हैं? लेखक तस्वीर देखकर 'लाल' को पहचान लेता है, जो उसके बंगले के सामने वाले दोमंज़िले कच्चे-पक्के घर में अपनी माँ जानकी के साथ रहता था।

लाल की पारिवारिक पृष्ठभूमि

लेखक लाल को बचपन से ही जानता है। सात-आठ वर्ष पहले ही लाल के पिता का देहांत हो चुका है। उनका नाम रामनाथ था। वह लेखक की ज़मींदारी के मुख्य मैनेजर थे। अब उस परिवार में वह और उसकी माता ही बचे हैं। रामनाथ ने लेखक के पास कुछ हज़ार रुपये जमा किए हुए थे, जिससे अब तक उनका गुज़र-बसर हो रहा है। लाल लंबा, सुडौल, सुंदर व तेजस्वी युवक था तथा कॉलेज में पढ़ रहा था। जानकी (लाल की माँ) को आशा है कि वह साल-दो-साल बाद कमाने और परिवार को सँभालने लगेगा। पुलिस सुपरिंटेंडेंट को यह सब बताने के बाद लेखक को उत्सुकता हुई कि वह लाल के बारे में क्यों पूछ रहा है? परंतु पुलिस-पति ज़्यादा कुछ न कहकर लेखक को इस परिवार से सतर्क रहने के लिए कह जाता है।

लेखक द्वारा लाल को सलाह देना

लेखक लाल से कहता है कि तुम सरकार के विरुद्ध षड्यंत्र रच रहे हो? इस पर लाल सफ़ाई देता है कि वह किसी षड्यंत्र में नहीं है, पर उसके विचार अवश्य स्वतंत्र हैं। वह देश की दुरवस्था व इस पशु-हृदय परतंत्रता पर उबल उठता है। लाल की बात सुन लेखक कहता है— "तुम षड्यंत्र, विद्रोह में नहीं हो, पर यह बक-बक क्यों? इससे फ़ायदा? तुम्हारी इस बक-बक से न तो देश की दुर्दशा दूर होगी और न उसकी पराधीनता। तुम्हारा काम पढ़ना है, पढ़ो। इसके बाद कर्म करना होगा, परिवार और देश की मर्यादा बचानी होगी। तुम पहले अपने घर का उद्धार तो कर लो, तब सरकार के सुधार का विचार करना। मैं तुम्हारा चाचा ही नहीं, तुम्हारा बहुत कुछ हूँ। तुम्हें देखते ही मेरी आँखों के सामने रामनाथ नाचने लगते हैं, तुम्हारी बूढ़ी माँ घूमने लगती है। भला मैं तुम्हें बेहाथ (अनुशासनहीन) कैसे होने दे सकता हूँ।"

लेखक तथा लाल के बीच मतभेद

लेखक तथा लाल के बीच शासन-प्रणाली को लेकर मतभेद होता है। लाल लेखक से कहता है— "इस पराधीनता के विवाद में चाचा जी, मैं और आप दो भिन्न सिरों पर हैं। आप कट्टर राजभक्त हैं और मैं कट्टर राजविद्रोही। आप पहली बात को उचित समझते हैं—कुछ कारणों से, मैं दूसरी को दूसरे कारणों से। आप अपना पद छोड़ नहीं सकते—अपनी प्यारी कल्पनाओं के लिए और मैं अपना भी नहीं छोड़ सकता।" यह सुनकर लेखक ने लाल से पूछा कि तुम्हारी क्या कल्पनाएँ हैं, ज़रा मैं भी तो सुनूँ कि आजकल के लड़के कॉलेज की गर्दन तक पहुँचते-पहुँचते कैसे-कैसे हवाई किले उठाने के सपने देखने लगते हैं। "मेरी कल्पना यह है कि जो व्यक्ति समाज या राष्ट्र के नाश पर जीता हो, उसका सर्वनाश हो जाए। मैं चाहता हूँ कि ऐसे दुष्ट, व्यक्ति-नाशक राष्ट्र के सर्वनाश में मेरा भी हाथ हो।"

इतने में जानकी उठकर बाहर जाते हुए कहती है—"अरे! तू तो जमकर चाचा से जूझने लगा। वहाँ चार बच्चे बेचारे दरवाजे पर खड़े होंगे। लड़ तू मैं जाती हूँ। चाचा जो कहें! मान जा बेटा। यह तेरे भले की ही कहेंगे।" आगे लेखक कहता है कि तुम्हारे हाथ दुर्बल हैं, इनसे उलझोगे तो चर्र-मर्र हो उठोगे, नष्ट हो जाओगे। इसके विरोध में लाल कहता है कि चाचा जी, नष्ट हो जाना तो यहाँ का नियम है। जो सँवारा गया है, वह बिगड़ेगा ही। हमें दुर्बलता के डर से अपना काम नहीं रोकना चाहिए। कर्म के समय हमारी भुजाएँ दुर्बल नहीं, भगवान की सहस्र भुजाओं की सखियाँ हैं। यदि आवश्यकता पड़ी, तो षड्यंत्र तथा विद्रोह के साथ-साथ हत्या करने से भी पीछे नहीं हटूँगा।

लेखक द्वारा लाल और उसके मित्रों के बारे में सूचना प्राप्त करना

एक दिन लाल की माँ लेखक की पत्नी से मिलने उसके घर जाती है, तब लेखक जानकी से पूछता है कि लाल के साथ किसके लड़के आते हैं तुम्हारे घर में? इस पर जानकी कहती है—"मैं क्या जानूँ, बाबू! मगर वे सभी मेरे लाल ही की तरह मुझे प्यारे दिखते हैं। सब लापरवाह। वे इतना हँसते, गाते और हो-हल्ला मचाते हैं कि मैं मुग्ध हो जाती हूँ।" लाल की माँ लेखक को बताती है कि उनमें एक लड़का बहुत ही हँसोड़ है। खूब तगड़ा और बली दिखता है। मुझे भारत माता कहता है, तू बूढ़ी, वह बूढ़ी कहकर मेरी भारत माता से तुलना करता है। वह आगे कहती है कि महीना भर पहले की बात है एक लड़का कह रहा था कि "पुलिसवाले केवल संदेह पर भले आदमियों के बच्चों को त्रास देते हैं, मारते हैं, सताते हैं। यह अत्याचारी पुलिस की नीचता है। ऐसी नीच शासन-प्रणाली को स्वीकार करना अपने-अपने धर्म को, कर्म को, आत्मा को, परमात्मा को भुलाना है।" इतने में एक ने उत्तेजित होकर बोला—"अजी, ये परदेसी कौन लगते हैं हमारे, जो हमारी बरबस राजभक्ति बनाए रखने के लिए हमारी छाती पर तोप का मुँह लगाए अड़े और खड़े हैं उफ़! इस देश के लोगों के हिये की आँखें मुँद गई हैं। ये लोग शरीर की रक्षा के लिए अपनी-अपनी आत्मा की चिता सँवारते फिरते हैं। नाश हो इस परतंत्रवाद का!"

दूसरे ने कहा—"लोग ज्ञान न पा सकें, इसलिए इस सरकार ने हमारे पढ़ने-लिखने के साधनों को अज्ञान से भर रखा है। लोग वीर और स्वाधीन न हो सकें, इसलिए अपमानजनक और मनुष्यताहीन नीति-मर्दक कानून गढ़े हैं। गरीबों को चूसकर, सेना के नाम पर पले हुए पशुओं को शराब से, कबाब से, मोटा-ताज़ा रखती है यह सरकार। धीरे-धीरे जोंक की तरह हमारे धर्म, प्राण और धन चूसती चली जा रही है यह शासन-प्रणाली।" ऐसी ही अंट-संट ये बातूनी बका करते हैं बाबू। चार छोकरे जुटे, तभी यही चर्चा। लाल के साथियों का मिज़ाज भी उसी-सा अल्हड़-बिल्हड़ मालूम पड़ता है। लेखक लाल की माँ से कहता है यह बुरा है। उसे समझाओ तुम।

लाल व उसके मित्रों की गिरफ़्तारी

लेखक ज़मींदारी के कुछ ज़रूरी काम से चार-पाँच दिनों के लिए बाहर गया था। लौटने पर लेखक की पत्नी ने उसे बताया कि वही हुआ जिसका तुम्हें भय था। कल पुलिस की एक पलटन ने लाल का घर घेर लिया था। बारह घंटे तक तलाशी हुई। लाल और उसके बारह-पंद्रह साथी, सभी पकड़ लिए गए हैं। सबके घरों से भयानक-भयानक चीज़ें निकली हैं। उसके यहाँ भी दो पिस्तौल, बहुत से कारतूस और पत्र पाए गए हैं। सुना है उन पर हत्या, षड्यंत्र, सरकारी राज्य उलटने की चेष्टा आदि अपराध लगाए गए हैं।

जानकी का साहस व ममतामयी स्वरूप

जानकी पूरी कहानी में अपने सहज व सरल भाव के कारण कहानी के केंद्र में रहती है। लाल व उसके मित्रों की गिरफ़्तारी के पश्चात् उसका साहस व धैर्य बना रहता है। लेखक की पत्नी द्वारा बुलवाने पर भी वह उसके घर नहीं जाती, बल्कि नौकर से कहलवा देती है कि "पराँठे बना रही हूँ, हलवा, तरकारी अभी बनाना है, नहीं तो वे बिल्हड़ बच्चे हवालात में मुरझा जाएँगे। जेलवाले और उत्साही बच्चों की दुश्मन यह सरकार उन्हें

भूखा मार डालेगी। मगर मेरे जीते-जी यह नहीं होने का।'' बूढ़ी जानकी लोटा, थाली, ज़ेवर आदि बेच-बेचकर सुबह-शाम उन बच्चों को भोजन पहुँचाती है। फिर वकीलों के यहाँ जाकर दाँत निपोरती, गिड़गिड़ाती कहती—''सब झूठ है। न जाने कहाँ से पुलिसवालों ने ऐसी-ऐसी चीज़ें हमारे घरों से पैदा कर दी हैं। वे लड़के तो केवल बातूनी हैं। हाँ, मैं भगवान का चरण छूकर कह सकती हूँ, तुम जेल में जाकर देख आओ, वकील बाबू। भला, फूल-से बच्चे हत्या कर सकते हैं।'' वह सूखकर काँटा हो गई है, कमर झुककर धनुष-सी हो गई, आँखें निस्तेज और कभी-कभी सरकारी नौकर, पुलिस या वार्डन झुँझलाकर उसे झिड़क देते, धकिया देते, मगर उन बच्चों के लिए दौड़ना, हाय-हाय करना उसने बंद न किया। उसे पूर्ण विश्वास था कि फिर वे लड़के घर में लाल के साथ आएँगे और उसे 'माँ' कहकर पुकारेंगे।

लाल व उसके मित्रों की निडरता

जानकी की कमर उस दिन टूट गई, जिस दिन ऊँची अदालत ने भी लाल को, उस बंगड़ लठैत को तथा दो और लड़कों को फाँसी और सात वर्ष से दस वर्ष तक की कड़ी सज़ाएँ सुना दीं। वह अदालत के बाहर झुकी खड़ी थी। बच्चे बेड़ियाँ बजाते मस्ती से झूमते बाहर आए। सबसे पहले उस बंगड़ की नज़र उस बुढ़िया पर पड़ी। उसने कहा—''अरे, हमें तो हलवा खिला-खिलाकर तूने गधे-सा तगड़ा कर दिया है, ऐसा कि फाँसी की रस्सी टूट जाए और हम अमर के अमर बने रहें, मगर तू स्वयं सूखकर काँटा हो गई है। क्यों पगली, तेरे लिए घर में खाना नहीं है क्या?'' लाल कहता है कि तू भी जल्द वहीं आना, जहाँ हम लोग जा रहे हैं। यहाँ से थोड़ी ही देर का रास्ता है माँ। एक साँस में पहुँचेगी। वहीं हम स्वतंत्रता से मिलेंगे। तेरी गोद में खेलेंगे। तुझे कंधे पर उठाकर इधर-से-उधर दौड़ते फिरेंगे।

लाल के हस्ताक्षर

लाल और उसके मित्रों की गिरफ़्तारी के पश्चात् शहर या मुहल्ले का कोई भी आदमी लाल की माँ से मिलने से डरता था। उसे रास्ते में देखकर जाने-पहचाने बंगले झाँकने लगते। लेखक स्वयं भी उससे दूरी बनाए हुए था। कौन अपनी गर्दन मुसीबत में डालता, विद्रोही की माँ से संबंध रखकर? लेखक ने अपने पुस्तकालय में एक पुस्तक देखी, जिस पर लाल के हस्ताक्षर थे। उसे याद आया कि तीन वर्ष पूर्व उस पुस्तक को लाल माँगकर ले गया था। उसने रबड़ (इरेज़र) से उसका नाम मिटा दिया। लेखक को डर था कि एक अपराधी से संबंध रखने के कारण कहीं मैं भी न फँस जाऊँ।

लेखक द्वारा लाल का पत्र पढ़कर उसकी मनोस्थिति

जानकी लेखक के पास लाल द्वारा लिखा पत्र पढ़वाने के लिए आती है। वह लाल का अंतिम पत्र था, जिसे पढ़कर लेखक का कलेजा रूखा हो गया था। काँपते हाथ से पढ़ने के बाद पत्र उसने उस भयानक लिफ़ाफ़े में भर दिया। लेखक की पत्नी की विकलता हिचकियों पर चढ़कर कमरे को करुणा से कँपाने लगी, मगर वह जानकी ज्यों-की-त्यों लकड़ी पर झुकी, पूरी खुली और भावहीन आँखों से लेखक की ओर देखती रही, मानो वह कमरे में थी ही नहीं। तत्पश्चात् बिना कुछ कहे कमरे के फाटक के बाहर हो गई, डुगुर-डुगुर लाठी टेकती हुई। यह देख लेखक शून्य-सा होकर धम् से कुर्सी पर गिर पड़ा। माथा चक्कर खाने लगा। उस पाजी लड़के के लिए नहीं, इस क्रूरता के लिए भी नहीं, उस बेचारी भोली बूढ़ी जानकी—लाल की माँ के लिए। लेखक को लाल की माँ के कराहने का आभास होता है।

वह भ्रम मान सोचने लगता है—''आह! वह कैसी स्तब्ध थी। उतनी स्तब्धता किसी दिन प्रकृति को मिलती, तो आँधी आ जाती। समुद्र पाता तो बौखला उठता। रामनाथ के मरने पर भी उस तरह नहीं घिघियायी जैसे साधारण स्त्रियाँ ऐसे अवसरों पर तड़पा करती हैं।''

अँधेरा धूमिल हुआ, फीका पड़ा, मिट चला। उषा पीली हुई, लाल हुई। रवि रथ लेकर वहाँ क्षितिज से उस छोर पर आकर पवित्र मन से खड़ा हो गया। लेखक को एकाएक लाल के पत्र की याद आ रही थी।

लाल की माँ का अंत

लेखक ने नौकर को लाल की माँ का हाल जानने के लिए भेजा। वह लौटकर आया और घबराए स्वर से बोला—''हुज़ूर उनकी तो अजीब हालत है। घर में ताला पड़ा है और वे दरवाज़े पर पाँव पसारे, हाथ में कोई चिट्ठी लिए मुँह खोल, मरी बैठी हैं। हाँ सरकार, विश्वास मानिए, वे मर गई हैं। साँस बंद है, आँखें खुलीं।''

शब्दार्थ

ज़रा—थोड़ी/तनिक; **निहार**—देखना; **कृति**—रचना; **सिरे**—कोना; **चंद**—कुछ; **बेवक्त**—बिना समय; **व्यापारिक मुसकराहट**—बनावटी मुस्कान; **लैस**—संयुक्त; **आगमन**—आना; **नम्रता**—शालीनता; **तकलीफ़**— परेशानी/कठिनाई; **पुश्त**—पीढ़ी; **फ़रमाबरदार**—आज्ञाकारी/सेवक; **फिलहाल**—इस समय; **पाजीपन**—बदमाशी; **सुडौल**—सुंदर देहवाला; **दुरवस्था**—बुरी हालत; **परतंत्रता**—पराधीनता या गुलामी; **मर्यादा**—सीमा/सम्मान; **उद्धार**—ठीक करना; **बेहाथ**—अनुशासनहीन; **राजविद्रोही**—सरकारी तंत्र के प्रति विद्रोह करने वाला; **वय**—उम्र या आयु; **दुष्ट**—क्रूर/निर्दयी; **दुर्बल**—कमज़ोर; **पंजा**—पंगा/उलझना; **सहस्र**—हज़ार; **मुग्ध**—प्रसन्न; **हँसोड़**—हँसमुख प्रवृत्ति का; **तगड़ा**—स्वस्थ; **बली**—बलवान; **ढीठ**—जिद्दी या हठी; **गद्‌गद्**—आनंदित; **उत्तेजित**—भड़का हुआ; **संदेह**—शक; **त्रास**—कष्ट; **बरबस**—बर्बर; **हिये**—हृदय; **मुँद**—बंद होना; **ज़ुल्मों**—अत्याचार; **नीति-मर्दक कानून**—नीति को मिटाने वाला/नष्ट करने वाला कानून; **अंट-संट**—उल्टा-सीधा; **मिज़ाज**—व्यवहार; **विपत्ति**—आपदा या मुसीबतों का पहाड़; **विस्तृत**—विस्तारपूर्वक; **पलटन**—समूह/टोली; **बिल्हड़**—लापरवाह; **दोषारोपण**—अपराध लगाना; **कायम**—बनाना; **शस्त्र**—हथियार; **एकत्र**—इकट्ठा; **पैरवी**—पक्ष; **निस्तेज**—आभाविहीन/चमक रहित; **धकिया**—धक्का; **बेदाग**—निर्दोष; **बंगड़**—शरारती; **ब्यालू**—रात का भोजन; **मोह**—आकर्षण; **वज्रपात**—कठोर वार; **ऊजड़**—जहाँ कोई निवास नहीं करता; **सिवान**—सीमा; **जननी**—माता; **विकलता**—बेचैनी या व्याकुलता; **धनिक**—धनवान; **स्मृति**—यादें; **भ्रम**—गलतफ़हमी; **व्यथित**—दुःखी; **विवश**—लाचार; **धूमिल**—हल्का; **उषा**—किरण; **रवि**—सूर्य/सूरज; **छोर**—किनारा; **क्षितिज**—जहाँ पृथ्वी और आकाश मिले हुए दिखाई देते हैं; **प्रतिध्वनि**—आवाज़ का लौटकर आना; **बाल अरुण**—सुबह-सुबह का सूर्य (लालिमायुक्त)।

पाठ्यपुस्तक (अंतरा भाग-1) के प्रश्नोत्तर

1. क्या लाल का व्यवहार सरकार के विरुद्ध षड्यंत्रकारी था?

उत्तर लाल का विरोध सीधे सरकार से नहीं था, बल्कि उस शोषणकारी व्यवस्था से था, जो भारत को परतंत्रता की बेड़ियों में जकड़े हुए थी। वह सरकार के खिलाफ षड्यंत्र नहीं कर रहा था, बल्कि उसका उद्देश्य भारत माता को स्वतंत्रता दिलाना था। लाल का हर कार्य देशप्रेम और स्वतंत्रता के प्रति उसकी निष्ठा को दर्शाता था। हालाँकि सरकार ने उसे षड्यंत्रकारी करार दिया, लेकिन वास्तविकता में वह एक क्रांतिकारी था, जो अपने देश को आजाद कराने के लिए संघर्षरत था।

अतः यह कहा जा सकता है कि लाल का संघर्ष एक महान उद्देश्य के लिए था, परंतु भ्रष्ट सरकार ने उसे षड्यंत्रकारी बताकर फाँसी की सजा दे दी।

2. पूरी कहानी में जानकी न तो शासन-तंत्र के समर्थन में है न विरोध में, किंतु लेखक ने उसे केंद्र में ही नहीं रखा, बल्कि कहानी का शीर्षक बना दिया। क्यों?

उत्तर पूरी कहानी में जानकी न तो शासन-तंत्र के समर्थन में है और न विरोध में, किंतु लेखक ने उसे केंद्र में ही नहीं रखा, बल्कि कहानी का शीर्षक बना दिया, क्योंकि कहानी की त्रासदी जानकी ही झेलती है। लाल मुख्य पात्र है, परंतु उसका व्यावहारिक वर्णन लेखक ने कहीं नहीं किया। उसके विद्रोह में प्रतिक्रिया कम, बातचीत अधिक दिखाई पड़ती है। लेखक ने कहानी में स्वयं को भी पात्र बनाया है, जो जानकी व उसके पति रामनाथ से मानवीय संबंध निभाता है। लाल व उसके साथियों के जेल जाने पर जानकी के ममत्व के संघर्ष को लेखक ने इतने करुणामयी भाव से प्रस्तुत किया है, जिससे वह मुख्य पात्र बन गई है। जानकी द्वारा एक स्त्री की धैर्यता व माँ का साहसी रूप कहानी को नया स्वरूप प्रदान करता है। अंततः कहा जा सकता है कि 'उसकी माँ' (जानकी) को कहानी का शीर्षक बनाना तर्कसंगत व उचित है।

3. चाचा जानकी तथा लाल के प्रति सहानुभूति तो रखता है, किंतु वह डरता है। यह डर किस प्रकार का है और क्यों है?

उत्तर लाल एक विद्रोही युवक है। वह अपने साथियों की मदद से भ्रष्ट शासकों से देश को बचाने के लिए प्रयत्नशील है। चाचा को पुलिस सुपरिंटेंडेंट ने चेतावनी दी कि वह लाल तथा उसके परिवार से दूर ही रहे। लाल के पिता लेखक के यहाँ मैनेजर थे। वे एक भले इंसान थे। इसी कारण चाचा को जानकी तथा लाल के प्रति सहानुभूति थी, किंतु वह जानकी से बातचीत करने में डरता था, क्योंकि लाल और उसके साथियों को पुलिस ने हथियारों सहित पकड़ लिया था। वह विद्रोही प्रमाणित हो चुका था। विद्रोही से संबंध रखने वाले पर मुसीबत आ सकती थी, इसीलिए वह उनसे दूरी बनाए रखता है।

4. इस कहानी में दो तरह की मानसिकताओं का संघर्ष है, एक का प्रतिनिधित्व लाल करता है और दूसरी का उसका चाचा। आपकी नज़र में कौन सही है? तर्कसंगत उत्तर दीजिए।

उत्तर कहानी में पहली मानसिकता का प्रतिनिधित्व लाल नामक एक युवक करता है। उसे वर्तमान सत्ता के भ्रष्टाचार और दुरवस्था के ज़िम्मेदार शासन-तंत्र के विरुद्ध अपनी आवाज़ बुलंद रखनी है। उसे देश का भविष्य सँवारने के लिए अपना वर्तमान नष्ट करने में कोई परेशानी नहीं है। वह इस बात से परेशान है कि लोगों की आत्मा थोड़ी-सी सुख-सुविधाओं के लिए बिक गई है।

दूसरी मानसिकता का प्रतिनिधित्व करने वाले चाचा के माध्यम से ऐसे समाज के विषय में बताया गया है, जो अपनी सुविधा के लिए राजसत्ता के तलवे चाटने को तैयार है। ऐसे लोगों को अपनी ग़ैरत और इज़्ज़त की तनिक भी परवाह नहीं है। वे तो केवल सुविधाएँ चाहते हैं। मेरे विचार में नई पीढ़ी के विद्रोही स्वर को, कहानी में जिसका प्रतिनिधित्व लाल कर रहा है, सही माना जा सकता है, क्योंकि यह हमारा परम कर्त्तव्य है कि हम केवल अपने विषय में ही न सोचकर, अपने देश के विषय में सोचें, क्योंकि यदि देश सही दिशा में रहा, तो सब कुछ सही होता चला जाएगा।

5. उन लड़कों ने कैसे सिद्ध किया कि जानकी सिर्फ़ माँ नहीं, भारत माता है? कहानी के आधार पर उसका चरित्र-चित्रण कीजिए।

उत्तर जानकी लाल की माँ है, जिसकी उम्र साठ वर्ष है। लड़कों को वह भारत माता के सदृश लगती है, क्योंकि दोनों बूढ़ी हैं। हिमालय की बर्फ़ीली चोटियों की तरह जानकी के केश सफ़ेद हैं। उसके माथे की दो गहरी रेखाएँ गंगा-यमुना हैं, नाक विंध्याचल, ठोढ़ी कन्याकुमारी और चेहरे की झुर्रियाँ अन्य पर्वत तथा नदियाँ हैं। उसके केशों को पीछे से आगे बाएँ कंधे पर लहरा देने से बर्मा का-सा आभास होता है। उसकी चारित्रिक विशेषताएँ निम्नलिखित हैं

(i) **सरल व सहज व्यक्तित्व** एक ओर तो वह लेखक से लाल को समझाने के लिए कहती है—"बाबू मैं तो आप ही कुछ नहीं समझती, फिर इसे क्या समझाऊँगी", तो दूसरी ओर लाल से कहती है—"चाचा जो कहें! मान जा बेटा।" उसे सभी बच्चे प्यारे दिखते हैं। उनके हँसने-गाने, हो-हल्ला मचाने पर वह मुग्ध हो जाती है।

(ii) **ममत्व भाव** वह लोटा, थाली, ज़ेवर आदि बेच-बेचकर जेल में बंद लाल और उसके साथियों के लिए सुबह-शाम पराँठे, हलवा, तरकारी बनाती है। उनके लिए वकीलों के समक्ष दाँत निपोरती, गिड़गिड़ाती है। उनकी पैरवी में सबसे अधिक परेशान वह बूढ़ी ही रहा करती है।

(iii) **साहसी व संयमी** लाल को फाँसी की सज़ा होने के पश्चात् तथा उसके अंतिम पत्र को लेखक द्वारा पढ़ने पर वह ज्यों-की-त्यों लकड़ी पर झुकी, पूरी खुली और भावहीन आँखों से देखती रहती है, मानो वह उस कमरे में थी ही नहीं। वह अत्यंत साहसी व संयमी थी। रामनाथ के मरने पर भी उस तरह नहीं घिघियायी, जैसे साधारण स्त्रियाँ ऐसे अवसरों पर तड़पा करती हैं।

6. विद्रोही की माँ से संबंध रखकर कौन अपनी गरदन मुसीबत में डालता? इस कथन के आधार पर उस शासन-तंत्र और समाज-व्यवस्था पर प्रकाश डालिए।

उत्तर शासन-तंत्र में बैठे लोग अपनी हर उचित-अनुचित बात को सही ठहराना चाहते हैं। वे विरोध करने वाले व्यक्ति को इस तरह सताते हैं कि वह हिम्मत हार बैठता है। 'उसकी माँ' नामक कहानी में लाल और उसकी मित्र-मंडली वर्तमान शासन-व्यवस्था की विरोधी है।

कानून-व्यवस्था के रखवाले इन लड़कों को राष्ट्र का षड्यंत्रकारी घोषित कर देते हैं। लाल तथा उसके मित्रों के विरुद्ध कानूनी कार्यवाही की जाती है। उन्हें गिरफ़्तार कर अनेक झूठे मुकदमों में फँसा दिया जाता है।

उन पर लगाए गए सभी झूठे आरोप सच साबित कर दिए जाते हैं। जो लोग यह बात जानते भी हैं कि लाल और उसके साथी दोषी नहीं हैं, वे भी उसकी माँ का साथ नहीं दे पाते, क्योंकि शासन के विरुद्ध जाना अपने लिए मुसीबत मोल लेने के बराबर है।

7. चाचा ने लाल का पेंसिल-खचित नाम पुस्तक की छाती पर से क्यों मिटा डालना चाहा?

उत्तर चाचा ने लाल का पेंसिल-खचित नाम पुस्तक की छाती पर से इसलिए मिटा डालना चाहा, क्योंकि जब लाल को पुलिस ने पकड़ लिया और उस पर अनगिनत आरोप लगाकर उसे फाँसी की सज़ा दे दी, तो चाचा को महसूस हुआ कि लाल और उसके परिवार से दूर रहने में ही उसकी भलाई है।

चाचा न तो शासन-व्यवस्था और न ही अपने किसी मिलने-जुलने वाले को यह हस्ताक्षर दिखाना चाहता था, क्योंकि अब लाल का नाम विद्रोहियों में शामिल हो चुका था और ऐसे व्यक्ति से संबंध रखना स्वयं को खतरे में डालने के बराबर था।

8. भारत माता की छवि या धारणा आपके मन में किस प्रकार की है?

उत्तर छात्र स्वयं करें।

9. जानकी जैसी भारत माता हमारे बीच बनी रहे, इसके लिए 'बेटी बचाओ, बेटी पढ़ाओ' के संदर्भ में विचार कीजिए।

उत्तर छात्र स्वयं करें।

10. निम्नलिखित का आशय स्पष्ट कीजिए

(क) पुलिसवाले केवल········धीरे-धीरे घुलाना-मिटाना है।

(ख) चाचा जी, नष्ट हो जाना······ सहस्र भुजाओं की सखियाँ हैं।

उत्तर (क) लाल के साथी पुलिसवालों को ऐसा अत्याचारी मानते हैं, जो संदेह मात्र पर ही भले व्यक्तियों के बच्चों को दुःख देकर मार देते हैं। ऐसी अत्याचारी और नीच पुलिस की शासन-प्रणाली को स्वीकार करना अपने कर्म, आत्मा और परमात्मा को भुलाना है। स्वयं को धीरे-धीरे घुलाना-मिटा देना है अर्थात् अपने भारतीय गौरव व अस्तित्व को नष्ट करने के समान है।

(ख) जब चाचा ने लाल को समझाया कि सरकार से उलझने पर ज़िंदगी नष्ट हो जाएगी, तो लाल ने कहा कि नष्ट होना तो संसार का नियम है। जो सँवारा गया है, वह बिगड़ेगा ही, इसलिए दुर्बलता के कारण अपना काम नहीं रोकना चाहिए। जब हम काम करते हैं, तो हमारी भुजाएँ दुर्बल नहीं, बल्कि ईश्वर की सहस्र भुजाओं की सखियाँ बन जाती हैं।

योग्यता-विस्तार

1. पुलिस के साथ दोस्ती की जानी चाहिए या नहीं? अपनी राय लिखिए।

उत्तर हाँ, हमें पुलिस के साथ दोस्ती करनी चाहिए, क्योंकि पुलिस हमारे लिए सदैव क्रियाशील व सचेत रहती है। किसी भी आपातकालीन स्थिति में ये पुलिसवाले ही बिना अपने प्राणों की चिंता किए हमारी रक्षा करते हैं। वहीं दूसरा पक्ष यह भी है कि पुलिस-व्यवस्था में कुछ लोग रिश्वतखोर व भ्रष्टाचारी हैं, परंतु सभी इस प्रवृत्ति के नहीं होते।

वस्तुतः प्रत्येक वस्तु के दो पक्ष होते हैं—सकारात्मक व नकारात्मक। यदि हम सकारात्मक पक्ष को अपने व्यवहार में लाएँगे, तो जीवन में सदैव सफलता पाएँगे। अंततः हमें पुलिस के साथ दोस्ती व सहयोगी भाव को अपनाकर देश की प्रगति में भागीदार बनना चाहिए।

2. लाल और उसके साथियों से आपको क्या प्रेरणा मिलती है?

उत्तर हमें लाल और उसके साथियों से यह प्रेरणा मिलती है कि हमें अन्यायपूर्ण शासन-व्यवस्था का डटकर विरोध करना चाहिए। चाहे कितनी ही विपत्तियाँ हमारे समक्ष क्यों न आएँ, हमें उनका डटकर सामना करना चाहिए। इस शासन-व्यवस्था में राष्ट्रहित में हमें सभी भोग-विलासिता के त्याग के साथ-साथ यदि अपने प्राणों की आहुति भी देनी पड़े, तो हँसते-हँसते वीरता को प्राप्त करना चाहिए।

3. 'उसकी माँ' कहानी के आधार पर अपनी माँ के बारे में एक कहानी लिखिए।

उत्तर छात्र स्वयं करें।

अभ्यास प्रश्न

गद्यांशों की व्याख्या

निम्नलिखित गद्यांशों की सप्रसंग व्याख्या कीजिए

गद्यांश 1

कहीं गेटे, कहीं रूसो, कहीं मेज़िनी, कहीं नीत्शे, कहीं शेक्सपीयर, कहीं टॉलस्टाय, कहीं ह्यूगो, कहीं मोपासाँ, कहीं डिकेंस, स्पेंसर, मैकाले, मिल्टन, मोलियर...उफ़! इधर से उधर तक एक-से-एक महान ही तो थे! आखिर मैं किसके साथ चंद मिनट मनबहलाव करूँ, यह निश्चय ही न हो सका, महानों के नाम ही पढ़ते-पढ़ते परेशान-सा हो गया।

संदर्भ प्रस्तुत गद्यांश 'अंतरा भाग-1' में संकलित कहानी 'उसकी माँ' से अवतरित है। यह सुप्रसिद्ध साहित्यकार पांडेय बेचन शर्मा 'उग्र' द्वारा रचित है।

प्रसंग प्रस्तुत गद्यांश में लेखक के पुस्तकालय में महान् व प्रसिद्ध रचनाकारों के संकलनों का वर्णन किया गया है, जिससे उसके आधुनिक व बुद्धिजीवी होने का परिचय मिलता है।

व्याख्या प्रस्तुत गद्यांश के अनुसार लेखक दोपहर में आराम करके उठा। लेखक का समय नहीं कट रहा था। वह अपने पढ़ने वाले कमरे में जाकर अलमारियों की पुस्तकों को एकटक निहारने लगा। उसने सोचा कि किसी महान् लेखक की रचना निकालकर पढ़ी जाए, लेकिन इतने सारे महान् लेखकों को देखकर वह द्वंद्व में पड़ गया कि किसे पढ़े और किसे न पढ़े।

उसकी दृष्टि अलमारी के एक सिरे से दूसरे सिरे तक गई, वहाँ सभी पुस्तकें महान् लेखकों की थीं। महान् लेखक गेटे, रूसो, मेज़िनी, नीत्शे, शेक्सपीयर, टॉलस्टाय, ह्यूगो, मोपासाँ, डिकेंस, स्पेंसर, मैकाले, मिल्टन, मोलियर आदि। लेखक निर्णय नहीं कर पा रहा था कि किस लेखक की रचना को पढ़कर अपना समय व्यतीत करे। अंत तक लेखक निश्चय ही नहीं कर पाया कि किस पुस्तक को वह पढ़े, क्योंकि उनके नाम पढ़ते-पढ़ते ही वह परेशान हो गया था।

विशेष

(i) प्रस्तुत गद्यांश में लेखक के पास सभी महान् लेखकों के संकलन द्वारा उसके बुद्धिजीवी होने का संकेत मिलता है।

(ii) प्रस्तुत गद्यांश में तत्सम व अंग्रेज़ी शब्दावली युक्त मिश्रित भाषा का प्रयोग हुआ है।

(iii) प्रस्तुत गद्यांश की भाषा सहज व सरल है।

(iv) प्रस्तुत गद्यांश में खड़ीबोली में सहज अभिव्यक्ति हुई है।

गद्यांश 2

"सात-आठ वर्ष हुए, लाल के पिता का देहांत हो गया। अब उस परिवार में वह और उसकी माता ही बचे हैं। उसका पिता जब तक जीवित रहा, बराबर मेरी जमींदारी का मुख्य मैनेजर रहा। उसका नाम रामनाथ था। वही मेरे पास कुछ हज़ार रुपये जमा कर गया था, जिससे अब तक उनका खर्चा चल रहा है। लड़का कॉलेज में पढ़ रहा है। जानकी को आशा है, वह साल-दो साल बाद कमाने और परिवार को सँभालने लगेगा। मगर क्षमा कीजिए, क्या मैं यह पूछ सकता हूँ कि आप उसके बारे में क्यों इतनी पूछताछ कर रहे हैं?"

संदर्भ पूर्ववत्।

प्रसंग प्रस्तुत गद्यांश में लेखक ने लाल की पारिवारिक स्थिति और उसकी पृष्ठभूमि के विषय में वर्णन किया है।

व्याख्या प्रस्तुत गद्यांश में लेखक कहते हैं कि स्वतंत्रता प्राप्ति के लिए संघर्ष चल रहा था। पुलिस क्रांतिकारियों की धर-पकड़ कर रही थी, इसी सिलसिले में एक दिन दोपहर में पुलिस सुपरिंटेंडेंट लेखक के पास आए और उससे लाल के परिवार की पूरी जानकारी लेने लगे। तब लेखक ने बताया कि लाल के पिता का देहांत सात-आठ वर्ष पहले हो गया था। पिता की मृत्यु के पश्चात् अब उस परिवार में लाल और उसकी माता ही हैं। लाल के पिता रामनाथ जब तक जीवित रहे, लेखक की ज़मींदारी के मुख्य मैनेजर रहे। लाल के परिवार का खर्चा कैसे चलता है, यह पूछने पर लेखक ने बताया कि रामनाथ उसके पास कुछ हज़ार रुपये जमा कर गए थे, उन रुपयों से ही लाल और उसकी माँ का जीवनयापन हो रहा है। लाल एक कॉलेज में पढ़ रहा है। उसकी माँ जानकी को पूरी आशा है कि अपनी पढ़ाई पूरी करने के बाद वह साल-दो साल बाद कमाने और परिवार को सँभालने लगेगा। इतना सब बताने के बाद लेखक ने पुलिस सुपरिंटेंडेंट से यह पूछा कि वह लाल के विषय में इतनी जानकारी क्यों एकत्रित कर रहे हैं?

विशेष

(i) प्रस्तुत गद्यांश में लेखक ने लाल की पारिवारिक पृष्ठभूमि का वर्णन किया है।

(ii) प्रस्तुत गद्यांश में तत्सम शब्दावलीयुक्त खड़ीबोली का प्रयोग किया गया है।

(iii) प्रस्तुत गद्यांश में वर्णनात्मक संवाद शैली है।

(iv) प्रस्तुत गद्यांश की भाषा सहज व सरल है।

गद्यांश 3

"तुम्हारी ही बात सही, तुम षड्यंत्र में नहीं, विद्रोह में नहीं, पर यह बक-बक क्यों? इससे फ़ायदा? तुम्हारी इस बक-बक से न तो देश की दुर्दशा दूर होगी और न उसकी पराधीनता। तुम्हारा काम पढ़ना है, पढ़ो। इसके बाद कर्म करना होगा, परिवार और देश की मर्यादा बचानी होगी। तुम पहले अपने घर का उद्धार तो कर लो, तब सरकार के सुधार का विचार करना।"

संदर्भ पूर्ववत्।

प्रसंग प्रस्तुत गद्यांश में लेखक ने लाल को वर्तमान शासन-व्यवस्था से समझौता करने की सलाह दी है, साथ ही यह बात भी स्पष्ट हुई है कि जो लोग डरपोक होते हैं, वे राजसत्ता की चापलूसी में लगे रहते हैं।

व्याख्या प्रस्तुत गद्यांश में लेखक कहते हैं कि स्वतंत्रता प्राप्ति के लिए संघर्ष चल रहा था। युवकों ने अंग्रेजी शासकों के अत्याचारों से देश को मुक्त कराने की ठान ली थी। इसी सिलसिले में लाल का लेखक से वार्तालाप हो रहा था। जब लाल वर्तमान व्यवस्था में ढेर सारी कमियाँ निकालने लगा, तो लेखक ने उसे समझाते हुए कहा कि हो सकता है तुम्हारी बात सही हो, किंतु यदि तुम शासन-व्यवस्था के विरुद्ध किसी षड्यंत्र या विद्रोह में शामिल नहीं हो, तो बेकार की बातें क्यों कर रहे हो? हर समय होने वाली तुम्हारी इस बक-बक से न तो देश की दुर्दशा दूर हो सकेगी और न ही उसकी पराधीनता को समाप्त किया जा सकेगा। लेखक ने लाल को समझाते हुए कहा कि तुम्हारा काम केवल पढ़ाई करना है और तुम्हें वही करना चाहिए। पढ़ाई पूरी करने के बाद अपना काम करना चाहिए। अपने परिवार और देश की मर्यादा बचानी चाहिए। देश की भलाई करने से पहले तुम्हें अपने घर का उद्धार करने की बात सोचनी चाहिए।

विशेष

(i) प्रस्तुत गद्यांश में लेखक की व्यक्तिवादी सोच तथा व्यवस्था से समझौतावादी दृष्टिकोण का संकेत मिलता है।

(ii) प्रस्तुत गद्यांश में तत्सम शब्दावलीयुक्त खड़ीबोली का प्रयोग किया गया है।

(iii) प्रस्तुत गद्यांश की शैली व्यंग्यात्मक शैली है।

(iv) प्रस्तुत गद्यांश की भाषा सरल व सहज है।

गद्यांश 4

"इस पराधीनता के विवाद में, चाचा जी, मैं और आप दो भिन्न सिरों पर हैं। आप कट्टर राजभक्त, मैं कट्टर राजविद्रोही। आप पहली बात को उचित समझते हैं–कुछ कारणों से, मैं दूसरी को–दूसरे कारणों से। आप अपना पद छोड़ नहीं सकते–अपनी प्यारी कल्पनाओं के लिए, मैं अपना भी नहीं छोड़ सकता।"

संदर्भ पूर्ववत्।

प्रसंग प्रस्तुत पंक्तियों में लेखक व लाल के मंतव्यों का वर्णन किया गया है।

व्याख्या प्रस्तुत गद्यांश में लेखक को लाल और उसकी माँ से पारिवारिक लगाव था, इसलिए वह लाल को सरकारी मामलों से अलग रहने के लिए कहता है। इस पर लाल कहता है कि चाचा जी इस पराधीनता के संदर्भ में, मैं और आप दो अलग-अलग सिरों पर हैं। यह सुनकर लेखक लाल से उसका मंतव्य पूछता है, तो वह अपने विद्रोही स्वर में कहता है कि इस परतंत्रता में आप कट्टर राजभक्त हैं और मैं कट्टर राजविद्रोही अर्थात् आप इस अंग्रेज़ी सरकार के प्रति वफ़ादार व सम्मान का भाव रखते हैं और मैं इनके प्रति क्रांति, विद्रोह व आंदोलन करने का भाव रखता हूँ। आप अपनी जगह ठीक हैं, जिसके कारण आपके, अपने हैं और मैं भी किन्हीं कारणों से अपने आपको और विद्रोह को ठीक मानता हूँ। आप अपनी सुख-सुविधाओं के मोह में अपना पद छोड़ने के लिए तैयार नहीं और मैं भी स्वतंत्रता रूपी कल्पनाओं के लिए अपना विद्रोह व संघर्ष नहीं छोड़ सकता।

विशेष

(i) प्रस्तुत गद्यांश में लेखक और लाल की विचारधाराओं के मतभेद का वर्णन है।

(ii) प्रस्तुत गद्यांश में तत्सम शब्दावलीयुक्त खड़ीबोली का प्रयोग है।

(iii) प्रस्तुत गद्यांश में व्यंग्यात्मक तथा तर्कपूर्ण शैली का प्रयोग है।

(iv) प्रस्तुत गद्यांश की भाषा सहज व सरल है।

गद्यांश 5

"चाचा जी, नष्ट हो जाना तो यहाँ का नियम है। जो सँवारा गया है, वह बिगड़ेगा ही। हमें दुर्बलता के डर से अपना काम नहीं रोकना चाहिए। कर्म के समय हमारी भुजाएँ दुर्बल नहीं, भगवान की सहस्र भुजाओं की सखियाँ हैं।"

संदर्भ पूर्ववत्।

प्रसंग प्रस्तुत गद्यांश में लेखक ने लाल के माध्यम से परिवर्तन के लिए कर्त्तव्यबद्ध भाव को उजागर किया है।

व्याख्या प्रस्तुत गद्यांश में लेखक लाल को सरकार की शक्तिशाली सत्ता के भय से परिचित कराता हुआ कहता है कि यदि तुम इस शासन के विरुद्ध आवाज़ उठाओगे, तो नष्ट हो जाओगे अर्थात् तुम्हारा जीवन खतरे में पड़ सकता है। लाल इसका उत्तर देता हुआ कहता है कि चाचा जी, नष्ट हो जाना तो यहाँ का नियम है अर्थात् जो इस धरती पर जीवित है, उसकी मृत्यु निश्चित है। यह संसार नश्वर है और यही सांसारिक नियम है। जो सजाया-सँवारा गया है, वह बिगड़ेगा ही। हमें दुर्बलता के डर से अपने कामों को नहीं रोकना चाहिए अर्थात् मरने के डर से हमें जीना नहीं छोड़ना चाहिए। कर्म करते समय हमें यह नहीं सोचना चाहिए कि हम इसे नहीं कर पाएँगे या इसका परिणाम क्या होगा, बल्कि यह सोचना चाहिए कि हमारी भुजाएँ दुर्बल न होकर भगवान की हज़ारों भुजाओं की सहायक हैं अर्थात् हमारे भीतर वह शक्ति है, जो सामाजिक परिवर्तन लाने में हमारी मदद कर सकती है।

विशेष

(i) प्रस्तुत गद्यांश में लेखक ने कर्मवादी सोच का प्रतिपादन किया है।

(ii) प्रस्तुत गद्यांश में प्रकृति व सांसारिक नश्वरता के नियम का चित्रण कर्म की महत्ता के संदर्भ में वर्णित किया गया है।

(iii) प्रस्तुत गद्यांश में तत्सम शब्दावलीयुक्त खड़ीबोली का प्रयोग किया गया है।

(iv) प्रस्तुत गद्यांश की शैली तर्कपूर्ण शैली है।

(v) प्रस्तुत गद्यांश की भाषा सहज व सरल है।

(vi) प्रस्तुत गद्यांश में संवाद शैली में बात कही गई है।

गद्यांश 6

"वे सभी बातें करते हैं। उनकी बातों का कोई मतलब थोड़े ही होता है। सब जवान हैं, लापरवाह हैं। जो मुँह में आता है, बकते हैं। कभी-कभी तो पागलों-सी बातें करते हैं। महीनाभर पहले एक दिन लड़के बहुत उत्तेजित थे। न जाने कहाँ, लड़कों को सरकार पकड़ रही है। मालूम नहीं, पकड़ती भी है या वे यों ही गप हाँकते थे। मगर उस दिन वे यही बक रहे थे– पुलिसवाले केवल संदेह पर भले आदमियों के बच्चों को त्रास देते हैं, मारते हैं, सताते हैं। यह अत्याचारी पुलिस की नीचता है। ऐसी नीच शासन-प्रणाली को स्वीकार करना अपने धर्म को, कर्म को, आत्मा को, परमात्मा को भुलाना है। धीरे-धीरे घुलाना-मिटाना है।"

संदर्भ पूर्ववत्।

प्रसंग प्रस्तुत गद्यांश में लाल के मित्रों के माध्यम से बताया गया है कि अनाचार, अत्याचार को सहना धर्म के प्रतिकूल है और किसी भी धर्मसम्मत व्यक्ति को ऐसा नहीं करना चाहिए।

व्याख्या प्रस्तुत गद्यांश में जब लेखक से पुलिस सुपरिंटेंडेंट ने कहा कि लाल से बचकर रहना, तो उसने लाल की माँ जानकी से लाल तथा उसके अन्य मित्रों के विषय में जानने की चेष्टा की। जानकी ने बताया कि लाल और उसके मित्रों की बातों का कोई मतलब नहीं होता। वे सब जवान और लापरवाह हैं। उनके मुँह में जो कुछ भी आता है, वे वही बक देते हैं। जानकी यह भी बताती है कि कभी-कभी तो वे सब पागलों की तरह बातें करते हैं। जानकी यह भी बताती है कि लगभग एक महीना पहले की बात है, वे सब उत्तेजित दिखाई दे रहे थे। उनके अनुसार सरकार लड़कों को बिना किसी बात के ही पकड़ रही है। जानकी को संदेह होता है कि सरकार युवकों को पकड़ती भी है या नहीं। वह आगे कहती है कि हो सकता है वे गप हाँक रहे हों। एक बात तो निश्चित थी कि उस दिन वे यही कह रहे थे कि पुलिसवाले केवल संदेह पर भले आदमियों के बच्चों को दुःख-तकलीफ़ देते हैं। वे इन बच्चों को मारते और सताते हैं। उन युवकों को यह अत्याचारी पुलिस की नीचता लगती है। उनके विचार में ऐसी नीच शासन-प्रणाली को स्वीकार करना अपने धर्म, कर्म, आत्मा, परमात्मा को भूल जाने के बराबर है। ऐसी नीच शासन-प्रणाली को स्वीकार करना स्वयं को धीरे-धीरे घुलाने-मिटाने के बराबर है।

विशेष

(i) प्रस्तुत गद्यांश में लेखक ने शासन-व्यवस्था व पुलिस-व्यवस्था पर व्यंग्य किया है।

(ii) प्रस्तुत गद्यांश में तत्सम शब्दावलीयुक्त खड़ीबोली का प्रयोग हुआ है।

(iii) प्रस्तुत गद्यांश में व्यंग्यात्मक शैली का प्रयोग किया गया है।

(iv) प्रस्तुत गद्यांश की भाषा सहज व सरल है।

(v) प्रस्तुत गद्यांश में संवाद शैली का सहारा लिया गया है।

गद्यांश 7

"लोग ज्ञान न पा सकें, इसलिए इस सरकार ने हमारे पढ़ने-लिखने के साधनों को अज्ञान से भर रखा है। लोग वीर और स्वाधीन न हो सकें, इसलिए अपमानजनक और मनुष्यताहीन नीति-मर्दक कानून गढ़े हैं। गरीबों को चूसकर, सेना के नाम पर पले हुए पशुओं को शराब से, कबाब से, मोटा-ताज़ा रखती है यह सरकार। धीरे-धीरे जोंक की तरह हमारे धर्म, प्राण और धन चूसती चली जा रही है यह शासन-प्रणाली।"

संदर्भ पूर्ववत्।

प्रसंग प्रस्तुत गद्यांश में लेखक ने लाल के मित्रों के माध्यम से अंग्रेज़ी शासन की कूटनीतियों का पर्दाफ़ाश किया है।

व्याख्या प्रस्तुत गद्यांश में लेखक द्वारा लाल तथा उसके मित्र के बारे में पूछने पर लाल की माँ बताती है कि लाल का एक मित्र कह रहा था कि लोग अपने अधिकारों तथा ज्ञान को न जान सकें, उसके लिए अंग्रेज़ी सरकार ने हमारे पढ़ने-लिखने के साधनों को अज्ञानता से भर रखा है अर्थात् हमें ज्ञानपरक अध्ययन सामग्री से वंचित रखा हुआ है। लोग साहसी, सजग व स्वतंत्र न हो सकें, उसके लिए अपमानजनक व मनुष्यताहीन तथा नैतिकता को नष्ट करने वाले कानून बनाए हुए हैं। गरीबों की मजबूरी का लाभ उठाकर इन्हें अपनी सेना में भर्ती किया हुआ है, जिन्हें शराब-कबाब खिला-पिलाकर अपने लाभ के लिए प्रयोग किया जा रहा है। ये सभी लोग अपनी स्वतंत्रता व मनुष्यता के भाव को भुला चुके हैं। यह सरकार धीरे-धीरे जोंक की भाँति हमारे धर्म, प्राण और धन को लूटती जा रही है। अतः यह अंग्रेज़ी शासन प्रणाली अत्यंत क्रूर, निर्दयी व चाटुकार है।

विशेष

(i) प्रस्तुत गद्यांश में लेखक ने लाल के मित्र द्वारा अंग्रेज़ी शासन-प्रणाली पर व्यंग्य किया है।

(ii) प्रस्तुत गद्यांश में लेखक ने भारतीयों की स्वार्थपरता पर कटाक्ष किया है।

(iii) प्रस्तुत गद्यांश में तत्सम व उर्दू शब्दावली का प्रयोग हुआ है।

(iv) प्रस्तुत गद्यांश में व्यंग्यात्मक शैली है।

(v) प्रस्तुत गद्यांश की भाषा सरल व सहज है।

(vi) प्रस्तुत गद्यांश में संवाद शैली अपनाई गई है।

गद्यांश 8

इसके बाद प्राय: एक वर्ष तक वह मुकदमा चला। कोई भी अदालत के कागज़ उलटकर देख सकता है, सी. आई. डी. ने और उनके प्रमुख सरकारी वकील ने उन लड़कों पर बड़े-बड़े दोषारोपण किए। उन्होंने चारों ओर गुप्त समितियाँ कायम की थीं, खर्चे और प्रचार के लिए डाके डाले थे, सरकारी अधिकारियों के यहाँ रात में छापा मारकर शस्त्र एकत्र किए थे। उन्होंने न जाने किस पुलिस के दारोगा को मारा था और न जाने कहाँ, न जाने किस पुलिस सुपरिंटेंडेंट को। ये सभी बातें सरकार की ओर से प्रमाणित की गईं।

संदर्भ पूर्ववत्।

प्रसंग प्रस्तुत गद्यांश में लेखक ने सरकार द्वारा लाल और उसके साथियों को अपराधी प्रमाणित करने के लिए जुटाए गए अनेक झूठे प्रमाणों के माध्यम से अंग्रेज़ सरकार द्वारा भारतीयों पर किए गए अत्याचारों का वर्णन किया है।

व्याख्या प्रस्तुत गद्यांश में लेखक कहते हैं कि एक दिन अचानक लाल और उसके मित्रों को पुलिस ने पकड़ लिया। उस समय लेखक किसी आवश्यक कार्य से बाहर गया हुआ था। जब वह वापस लौटा, तो उसे लाल और उसके मित्रों की गिरफ़्तारी का समाचार मिला। इसके बाद लगभग एक साल तक इस मुकदमे की कार्यवाही चली। कोई भी व्यक्ति अदालत के कागज़ों को पढ़कर देख सकता है कि सी. आई. डी. और उनके प्रमुख सरकारी वकील ने उन लड़कों पर बड़े-बड़े दोष लगाए थे।

इन दोषों को प्रमाणित करने के लिए सरकार ने उन लड़कों पर अनेक इल्ज़ाम लगाए, जो झूठे व बेबुनियाद थे; जैसे—उन्होंने चारों ओर गुप्त समितियाँ कायम की हुई थीं। उन पर यह इल्ज़ाम भी लगाए गए थे कि उन्होंने अपने खर्चे और प्रचार के लिए अनेक तरह के डाके डाले हैं, सरकारी अधिकारियों के यहाँ रात में छापा मारकर शस्त्र एकत्रित किए हैं। उन्होंने पुलिस के दारोगा तथा पुलिस सुपरिंटेंडेंट को मारा था। इन सभी बातों को सरकार की ओर से प्रमाणित भी कर दिया गया, जिसके तदोपरांत उन्हें फाँसी की सज़ा सुनाई गई।

विशेष

(i) प्रस्तुत गद्यांश में लेखक ने झूठ की सत्य पर विजय दिखाकर, समाज में व्याप्त भ्रष्टाचारी पुलिस व कानून-व्यवस्था पर व्यंग्य किया है।

(ii) प्रस्तुत गद्यांश में तत्सम व अंग्रेज़ी शब्दावली का प्रयोग हुआ है।

(iii) प्रस्तुत गद्यांश में व्यंग्यात्मक शैली का प्रयोग हुआ है।

(iv) प्रस्तुत गद्यांश की भाषा सरल व सहज है।

गद्यांश 9

जिस दिन तुम्हें यह पत्र मिलेगा उसके सवेरे मैं बाल अरुण के किरण-रथ पर चढ़कर उस ओर चला जाऊँगा। मैं चाहता तो अंत समय तुमसे मिल सकता था, मगर इससे क्या फ़ायदा! मुझे विश्वास है, तुम मेरी जन्म-जन्मांतर की जननी ही रहोगी। मैं तुमसे दूर कहाँ जा सकता हूँ! माँ! जब तक पवन साँस लेता है, सूर्य चमकता है, समुद्र लहराता है, तब तक कौन मुझे तुम्हारी करुणामयी गोद से दूर खींच सकता है।

संदर्भ पूर्ववत्।

प्रसंग प्रस्तुत गद्यांश में लेखक ने लाल के अंतिम पत्र द्वारा उसके क्रांतिकारी विचारों तथा अपनी माँ के प्रति स्नेह व प्रेम का मार्मिक चित्रण किया है।

व्याख्या प्रस्तुत गद्यांश में लेखक कहते हैं कि लाल और उसके साथियों को अंग्रेज़ी सरकार द्वारा फाँसी की सज़ा सुना दी गई थी। लाल ने जेल से अपनी माँ को एक पत्र लिखा था। जानकी ने वह पत्र लेखक से पढ़वाया।

उस पत्र में लाल ने अपनी माँ को लिखा था कि जिस दिन तुम्हें यह पत्र मिलेगा, उस दिन मैं प्रातःकाल यह संसार छोड़कर जा चुका होऊँगा अर्थात् मुझे फाँसी लग चुकी होगी। मैं बाल अरुण के रथ पर चढ़कर इस लोक को छोड़कर अन्य लोक में चला जाऊँगा। यदि मैं चाहता तो अपने अंतिम समय में तुमसे मिल सकता था, किंतु मुझे इसमें कोई औचित्य दिखाई नहीं दिया, इसलिए मैंने तुम्हें पत्र लिखना ही उचित समझा। मुझे पूर्ण विश्वास है कि तुम ही मेरी जन्म-जन्मांतर की माता रहोगी। मैं तुमसे दूर नहीं जा सकता माँ! जब तक ये पवन चलेगी, सूर्य चमकता रहेगा, समुद्र लहराता रहेगा, तब तक मैं तुम्हारा पुत्र रहूँगा अर्थात् जब तक संसार व प्रकृति के ये सभी उपादान रहेंगे, तब तक मैं तुम्हारी करुणामयी गोद में पुत्र बनकर खेलता रहूँगा। तुम सदैव मेरी माँ रहोगी और मैं तुम्हारा पुत्र। अतः तुम मेरे दूसरे लोक में चले जाने पर घबराना मत।

विशेष

(i) प्रस्तुत गद्यांश में लेखक ने पुत्र का माँ के प्रति अटूट प्रेम व विश्वास का हृदयग्राही वर्णन किया है।

(ii) प्रस्तुत गद्यांश में तत्सम शब्दावली का प्रयोग किया गया है।

(iii) प्रस्तुत गद्यांश की भाषा सरल व सहज है।

(iv) प्रस्तुत गद्यांश में भाव प्रधान शैली है।

गद्यांश 10

इसके बाद शून्य-सा होकर मैं धम से कुरसी पर गिर पड़ा। माथा चक्कर खाने लगा। उस पाजी लड़के के लिए नहीं, इस सरकार की क्रूरता के लिए भी नहीं, उस बेचारी भोली, बूढ़ी जानकी–लाल की माँ के लिए। आह! वह कैसी स्तब्ध थी। उतनी स्तब्धता किसी दिन प्रकृति को मिलती, तो आँधी आ जाती। समुद्र पाता तो बौखला उठता।

संदर्भ पूर्ववत्।

प्रसंग प्रस्तुत गद्यांश में लेखक द्वारा लाल का पत्र पढ़ने के पश्चात् उसकी भावुकता का वर्णन है।

व्याख्या प्रस्तुत गद्यांश में लेखक कहते हैं कि लाल की माँ अपने बेटे का पत्र पढ़वाकर अपने घर लौट गई। तत्पश्चात् लेखक चेतनाहीन धम से कुर्सी पर गिर पड़ा, उसे चक्कर आने लगे। लेखक बताता है कि मैं नितांत शून्य हो गया था, लेकिन यह बेचैनी और चक्कर उस अल्हड़ लड़के (लाल) के लिए नहीं आ रहे थे और न ही उस क्रूर व निर्दयी शासन प्रणाली के लिए थे। वह तो उस बेचारी बूढ़ी भोली जानकी के लिए विचलित था, जो लाल की माँ थी। लाल उस बूढ़ी का एकमात्र सहारा था, जिसे फाँसी हो चुकी है। लाल का पत्र सुनने के समय वह कितनी स्तब्ध थी। एक माँ के लिए जीवन का सबसे बड़ा दुःख होता है कि उसके जीवित रहते हुए पुत्र की मृत्यु हो जाना। तब भी वह बिना किसी प्रतिक्रिया के खड़ी थी और मौन भाषा में ही पत्र माँगकर अपने घर चली गई थी।

लेखक सोचता है कि यदि प्रकृति किसी दिन स्तब्ध होती, शायद उसमें भयानक आँधी-तूफ़ान आ गया होता, क्योंकि ऐसा माना जाता है कि किसी भी तूफ़ान से पहले वह वातावरण अत्यंत शांत होता है। इसी कारण लाल की माँ की स्तब्धता देखकर लेखक भयभीत हो उठता है। यदि ऐसी स्तब्धता समुद्र को मिली होती तो उसमें भीषण लहरें उठने लगतीं।

विशेष

(i) प्रस्तुत गद्यांश में लेखक ने लाल का पत्र पढ़ने के पश्चात् जानकी की स्तब्धता से भयभीत स्वयं की स्थिति का वर्णन किया है।

(ii) प्रस्तुत गद्यांश में लेखक की संवेदनशील प्रवृत्ति का प्रतिपादन हुआ है।

(iii) प्रस्तुत गद्यांश में तत्सम व उर्दू शब्दावली का प्रयोग हुआ है।

(iv) प्रस्तुत गद्यांश की भाषा सहज व सरल है।

(v) प्रस्तुत गद्यांश में दृश्य बिंबों का प्रयोग किया गया है।

गद्यांशों पर आधारित बहुविकल्पीय प्रश्न

1. **"सात-आठ वर्ष हुए, लाल के पिता का देहांत हो गया। अब उस परिवार में वह और उसकी माता ही बचे हैं। उसका पिता जब तक जीवित रहा, बराबर मेरी जमींदारी का मुख्य मैनेजर रहा। उसका नाम रामनाथ था। वही मेरे पास कुछ हज़ार रुपये जमा कर गया था, जिससे अब तक उनका खर्चा चल रहा है। लड़का कॉलेज में पढ़ रहा है। जानकी को आशा है, वह साल-दो साल बाद कमाने और परिवार को सँभालने लगेगा। मगर क्षमा कीजिए, क्या मैं यह पूछ सकता हूँ कि आप उसके बारे में क्यों इतनी पूछताछ कर रहे हैं?"**

(i) **लाल के पिता का क्या नाम था?**
(क) अजय
(ख) रामनाथ
(ग) केदारनाथ
(घ) राजेश्वर

(ii) **लाल के पिता का देहांत कब हुआ था?**
(क) सात-आठ वर्ष पहले (ख) पाँच-छः वर्ष पहले
(ग) सात-आठ महीने पहले (घ) तीन-चार वर्ष पहले

(iii) **लाल के परिवार में अब कौन-कौन हैं?**
(क) लाल और उसकी माता
(ख) लाल, उसकी बहन और उसकी माता
(ग) लाल, उसका भाई और उसकी बहन तथा माता
(घ) लाल, उसका भाई और उसकी माता

(iv) **निम्नलिखित कथनों में से सही कथनों का चयन कीजिए**
1. **लाल के पिता लेखक की जमींदारी के मुख्य मैनेजर थे।**
2. **लाल के पिता का नाम राजेश्वर था।**
3. **लेखक लाल का बुरा सोचता था।**

कूट
(क) केवल 1 (ख) 1 और 2
(ग) केवल 3 (घ) 2 और 3

(v) **लेखक के यहाँ जमींदारी के मुख्य मैनेजर के पद पर कौन कार्य करता था?**
(क) लाल (ख) लाल की माँ
(ग) लाल के पिता (घ) लेखक स्वयं

उत्तर

(i) (ख) रामनाथ
(ii) (क) सात-आठ वर्ष पहले
(iii) (क) लाल और उसकी माता
(iv) (क) केवल 1
(v) (ग) लाल के पिता

2. **"वे सभी बातें करते हैं। उनकी बातों का कोई मतलब थोड़े ही होता है। सब जवान हैं, लापरवाह हैं। जो मुँह में आता है, बकते हैं। कभी-कभी तो पागलों-सी बातें करते हैं। महीनाभर पहले एक दिन लड़के बहुत उत्तेजित थे। न जाने कहाँ, लड़कों को सरकार पकड़ रही है। मालूम नहीं, पकड़ती भी है या वे यों ही गप हाँकते थे। मगर उस दिन वे यही बक रहे थे– पुलिसवाले केवल संदेह पर भले आदमियों के बच्चों को त्रास देते हैं, मारते हैं, सताते हैं। यह अत्याचारी पुलिस की नीचता है। ऐसी नीच शासन-प्रणाली को स्वीकार करना अपने धर्म को, कर्म को, आत्मा को, परमात्मा को भुलाना है। धीरे-धीरे घुलाना-मिटाना है।"**

(i) **प्रस्तुत गद्यांश में लेखक ने किस पर व्यंग्य किया है?**
(क) शासन व्यवस्था पर
(ख) पुलिस व्यवस्था पर
(ग) 'क' और 'ख' दोनों
(घ) अंग्रेजी शासन पर

(ii) **लड़कों ने नीच शासन प्रणाली के स्वीकार करने को किसके समान बताया है?**
(क) अपने परिवार से दूर जाने के समान
(ख) अपने धर्म और आत्मा को भुलाने के समान
(ग) शिक्षा प्राप्त करने के समान
(घ) सफलता की ओर बढ़ने के समान

(iii) **लाल की माँ जानकी ने लेखक को क्या बताया?**
(क) लाल और उसके मित्रों की बातों का कोई मतलब नहीं होता
(ख) वे सब जवान व लापरवाह हैं
(ग) वे जो कुछ भी मुँह में आता है, वही बक देते हैं
(घ) उपर्युक्त सभी

(iv) **लाल की माँ के अनुसार, सरकार क्या कर रही थी?**
(क) सरकार भले आदमियों के बच्चों को बिना किसी बात के ही पकड़ रही है
(ख) सरकार लड़कों को क्रांतिकारियों को पकड़ने के लिए उकसा रही है
(ग) सरकार लड़कों को पुलिस में भर्ती कर रही है
(घ) सरकार लड़कों को पढ़ने नहीं दे रही है

(v) **युवकों के विचार में शासन-प्रणाली कैसी थी?**
(क) नीच और अत्याचारी
(ख) भली और सज्जन
(ग) निकृष्ट और लाचार
(घ) उपर्युक्त में से कोई नहीं

उत्तर

(i) (ग) 'क' और 'ख' दोनों
(ii) (ख) अपने धर्म और आत्मा को भुलाने के समान
(iii) (घ) उपर्युक्त सभी
(iv) (क) सरकार भले आदमियों के बच्चों को बिना किसी बात के ही पकड़ रही है
(v) (क) नीच और अत्याचारी

3. **इसके बाद प्रायः एक वर्ष तक वह मुकदमा चला। कोई भी अदालत के कागज़ उलटकर देख सकता है, सी. आई. डी. ने और उनके प्रमुख सरकारी वकील ने उन लड़कों पर बड़े-बड़े दोषारोपण किए। उन्होंने चारों ओर गुप्त समितियाँ कायम की थीं, खर्चे और प्रचार के लिए डाके डाले थे, सरकारी अधिकारियों के यहाँ रात में छापा मारकर शस्त्र एकत्र किए थे। उन्होंने न जाने किस पुलिस के दारोगा को मारा था और न जाने कहाँ, न जाने किस पुलिस सुपरिंटेंडेंट को। ये सभी बातें सरकार की ओर से प्रमाणित की गईं।**

(i) **लड़कों पर दोषारोपण किसने किया?**
(क) उनके परिवार वालों ने
(ख) गाँव के लोगों ने
(ग) लेखक व उसके साथियों ने
(घ) सी.आई.डी. और सरकारी वकील ने

(ii) **लाल के मुकदमे की कार्यवाही कब तक चली?**
(क) दो साल तक
(ख) एक साल तक
(ग) तीन साल तक
(घ) चार साल तक

(iii) **गद्यांश के आधार पर निम्नलिखित कथनों में से सही कथनों का चयन कीजिए**
1. लाल व लड़कों ने अनेक तरह के डाके डाले हैं।
2. लड़कों ने सरकारी अधिकारियों के यहाँ से शस्त्र चुराए हैं।
3. लड़कों ने पुलिस के दारोगा तथा पुलिस सुपरिंटेंडेंट को भी मारा है।

कूट
(क) 1 और 2
(ख) केवल 2
(ग) 2 और 3
(घ) ये सभी

(iv) **प्रस्तुत गद्यांश में लेखक ने क्या बताने का प्रयास किया है?**
(क) झूठ की सत्य पर विजय
(ख) समाज में व्याप्त भ्रष्टाचार
(ग) भ्रष्टाचारी पुलिस व भ्रष्ट कानून व्यवस्था
(घ) उपर्युक्त सभी

(v) **लाल और उसके मित्रों को क्या सजा सुनाई गई?**
(क) उम्रकैद की सजा
(ख) सात वर्ष की सजा
(ग) फाँसी की सजा
(घ) दस वर्ष की सजा

उत्तर

(i) (घ) सी.आई.डी. और सरकारी वकील ने
(ii) (ख) एक साल तक
(iii) (घ) ये सभी
(iv) (घ) उपर्युक्त सभी
(v) (ग) फाँसी की सजा

4. जिस दिन तुम्हें यह पत्र मिलेगा उसके सवेरे मैं बाल अरुण के किरण-रथ पर चढ़कर उस ओर चला जाऊँगा। मैं चाहता तो अंत समय तुमसे मिल सकता था, मगर इससे क्या फ़ायदा! मुझे विश्वास है, तुम मेरी जन्म-जन्मांतर की जननी ही रहोगी। मैं तुमसे दूर कहाँ जा सकता हूँ! माँ! जब तक पवन साँस लेता है, सूर्य चमकता है, समुद्र लहराता है, तब तक कौन मुझे तुम्हारी करुणामयी गोद से दूर खींच सकता है।

(i) **लाल ने जेल से किसे पत्र लिखा था?**
(क) अपनी माँ को
(ख) लेखक को
(ग) अपने एक मित्र को
(घ) इनमें से कोई नहीं

(ii) **लेखक ने गद्यांश में किसका वर्णन किया है?**
(क) पुत्र का माँ के प्रति अटूट प्रेम व विश्वास का
(ख) पिता का पुत्र के प्रति अटूट प्रेम का
(ग) मित्र के प्रति अपार स्नेह का
(घ) मित्र के प्रति विश्वास का

(iii) **लाल की माँ जानकी ने पत्र किससे पढ़वाया?**
(क) एक अंग्रेज सैनिक से
(ख) लेखक से
(ग) पुलिस सुपरिंटेंडेंट से
(घ) उपर्युक्त में से कोई नहीं

(iv) **लाल ने पत्र में क्या लिखा?**
(क) मुझे प्रात:काल ही फाँसी लग चुकी होगी
(ख) मैं अपने अंतिम समय में तुमसे मिल भी सकता था
(ग) मुझे विश्वास है कि जन्म-जन्मांतर तक तुम ही मेरी माँ रहोगी
(घ) उपर्युक्त सभी

(v) **कथन** (A) **लाल ने स्वयं को अपनी माँ से सदैव जुड़ा हुआ महसूस किया।**
कारण (R) **लाल को विश्वास था कि उनकी माँ उनकी जन्म-जन्मांतर की जननी है।**

कूट
(क) कथन (A) और कारण (R) दोनों सही हैं तथा कारण (R), कथन (A) की सही व्याख्या करता है।
(ख) कथन (A) और कारण (R) दोनों सही हैं, परंतु कारण (R), कथन (A) की सही व्याख्या नहीं करता है।
(ग) कथन (A) सही है, किंतु कारण (R) गलत है।
(घ) कथन (A) गलत है, किंतु कारण (R) सही है।

उत्तर

(i) (क) अपनी माँ को
(ii) (क) पुत्र का माँ के प्रति अटूट प्रेम व विश्वास का
(iii) (ख) लेखक से
(iv) (घ) उपर्युक्त सभी
(v) (क) कथन (A) और कारण (R) दोनों सही हैं तथा कारण (R), कथन (A) की सही व्याख्या करता है।

विषय-वस्तु पर आधारित प्रश्नोत्तर

1. लेखक का लाल से क्या संबंध है?

उत्तर सात-आठ वर्ष पहले लाल के पिता का देहांत हो चुका था। वह लेखक की ज़मींदारी के मुख्य मैनेजर थे। वे कर्मठ व ईमानदार व्यक्ति थे। लाल के पिता लेखक के पास कुछ हज़ार रुपये के रूप में अपनी जमा राशि छोड़ गए थे, जिससे लाल के परिवार का निर्वाह होता था। लेखक की लाल के परिवार से मानवीय भावनाएँ जुड़ी हुई थीं, जिसके कारण लाल लेखक को चाचा जी कहता था। लेखक का लाल से यही संबंध था।

2. लेखक कार्ड देखकर क्यों घबराया? पुलिस-पति ने उसे क्या सलाह दी?

उत्तर लेखक ने मोटर की पों-पों सुनकर जब खिड़की से झाँका तो सुरमई रंग की 'फिएट' गाड़ी उसे दिखाई दी, उसे लगा कि उसके कोई मित्र आए हैं। नौकर ने आगंतुक का कार्ड लेखक को दिया, जिस पर पुलिस सुपरिंटेंडेंट का नाम छपा था। वह घबरा गया, क्योंकि लेखक पुलिस, कानून-कचहरी से डरता था और बिना किसी अपराध किए पुलिस का असमय आना उसे भयभीत कर देता है। पुलिस-पति अचानक आने पर लेखक से क्षमा माँगता है। वह लेखक से लाल से संबंधित सभी जानकारी लेने के पश्चात् कहता है कि "मैं मित्रता से आपसे निवेदन करता हूँ, आप इस परिवार से ज़रा सावधान और दूर रहें।"

3. लेखक ने लाल को क्या सलाह दी?

उत्तर लाल के बारे में लेखक को जो कुछ पुलिस-पति से पता चला था, उसकी पुष्टि वह स्वयं लाल से मिलकर करना चाहता था। लाल के ये शब्द "मैं ज़रूरत-बेज़रूरत जिस-तिस के आगे उबल अवश्य उठता हूँ। देश की दुरवस्था पर उबल उठता हूँ, इस पशु-हृदय परतंत्रता पर" और क्रांतिकारी विचारों को सुनकर लेखक उसे सलाह देता है कि तुम्हारी इस बक-बक से न तो देश की दुर्दशा दूर होगी और न पराधीनता। तुम्हारा काम पढ़ना है, पढ़ो। इसके बाद कर्म करना होगा, परिवार और देश की मर्यादा बचानी होगी। तुम पहले अपने घर का उद्धार तो कर लो, तब सरकार के सुधार का विचार करना।

4. लाल और उसके साथियों के क्रांतिकारी विचारों पर प्रकाश डालिए।

उत्तर लाल और उसके साथियों के विचार अंग्रेज़ी शासन-प्रणाली के विरुद्ध थे। उनके क्रांतिकारी व राष्ट्रभक्त विचार निम्नलिखित हैं

(i) पुलिसवाले केवल संदेह पर भले आदमियों के बच्चों को कष्ट देते हैं, मारते हैं, सताते हैं। यह अत्याचारी पुलिस की नीचता है। ऐसी नीच शासन-प्रणाली को स्वीकार करना अपने धर्म को, कर्म को, परमात्मा को भुलाना है। धीरे-धीरे घुलना-मिटाना है।

(ii) ब्रिटिश शासन, जो हमारी बरबस राजभक्ति बनाए रखने के लिए हमारी छाती पर तोप का मुँह लगाए अड़ा और खड़ा है, का नाश हो। उफ़! इस देश के लोगों के हिये की आँखें मुँद गई हैं। तभी तो इतने ज़ुल्मों पर भी आदमी-आदमी से डरता है। ये लोग शरीर की रक्षा के लिए अपनी-अपनी आत्मा की चिता सँवारते फिरते हैं। नाश हो इस परतंत्रवाद का।

(iii) लोग ज्ञान न पा सकें, इसलिए इस सरकार ने हमारे पढ़ने-लिखने के साधनों को अज्ञान से भर रखा है तथा अपमानजनक और मनुष्यताहीन नीति-मर्दक कानून गढ़े हुए हैं।

(iv) अंग्रेजी शासन-प्रणाली धीरे-धीरे जोंक की तरह हमारे धर्म, प्राण और धन को चूस रही है।

(v) नष्ट हो जाना तो यहाँ का नियम है। जो सँवारा गया है, वह बिगड़ेगा ही। षड्यंत्र व विद्रोह के अतिरिक्त हम हत्या करने से भी पीछे नहीं हटेंगे।

5. लेखक के वापस आने पर उसकी पत्नी ने उसे लाल व उसके साथियों के बारे में क्या सूचना दी?

उत्तर लेखक ज़मींदारी के किसी ज़रूरी काम से चार-पाँच दिनों के लिए बाहर गया था। लौटने पर उसकी पत्नी ने उसे बताया कि वही हुआ जिसका तुम्हें भय था। कल पुलिस की एक पलटन ने लाल का घर घेर लिया था। बारह घंटे तक तलाशी हुई। लाल और उसके बारह-पंद्रह साथी, सभी पकड़ लिए गए हैं। सबके घरों से भयानक-भयानक चीज़ें निकली हैं। लाल के घर में भी दो पिस्तौल, बहुत-से कारतूस और पत्र मिले हैं। उन सभी पर हत्या, षड्यंत्र, सरकारी राज्य उलटने की चेष्टा आदि अपराध लगाए गए हैं।

6. लाल ने अपनी माँ के लिए अंतिम पत्र में क्या लिखा?

उत्तर लाल ने अपनी माँ के लिए अंतिम पत्र में लिखा था कि

"माँ! जिस दिन तुम्हें यह पत्र मिलेगा उसके सवेरे मैं बाल अरुण के किरण रथ पर चढ़कर उस ओर चला जाऊँगा। मैं चाहता तो अंत समय तुमसे मिल सकता था, मगर इससे क्या फ़ायदा! मुझे विश्वास है, तुम मेरी जन्म-जन्मांतर की जननी ही रहोगी। मैं तुमसे दूर कहाँ जा सकता हूँ! माँ! जब तक पवन चलती है, सूर्य चमकता है, समुद्र लहराता है, तब तक कौन मुझे तुम्हारी करुणामयी गोद से दूर खींच सकता है? दिवाकर थमा रहेगा, अरुण रथ लिए जमा रहेगा। मैं, बंगड़ वह, यह सभी तेरे इंतज़ार में रहेंगे। हम मिले थे, मिले हैं, मिलेंगे।

हाँ, माँ!

तेरा लाल"

7. लेखक ने लाल व उसके साथियों के ऊपर झूठे आरोपों को स्पष्ट करते हुए आज की न्याय व्यवस्था पर व्यंग्य किया है। स्पष्ट कीजिए।

उत्तर लेखक ने कहानी में स्पष्ट किया है कि लगभग एक वर्ष तक लाल व उसके साथियों पर मुकदमा चला। कोई भी अदालत के कागज़ उलटकर देख सकता है कि सी. आई. डी. और उनके प्रमुख सरकारी वकील ने उन लड़कों पर बड़े-बड़े दोषारोपण किए कि उन्होंने चारों ओर गुप्त समितियाँ कायम की हुई थीं, खर्चे और प्रचार के लिए डाके डाले थे, सरकारी अधिकारियों के यहाँ रात में छापा मारकर शस्त्र एकत्र किए थे। उन्होंने न जाने किस पुलिस के दारोगा को मारा था और न जाने कहाँ, न जाने किस पुलिस सुपरिंटेंडेंट को। ये सभी आरोप सरकार की ओर से प्रमाणित भी हो चुके थे। जिस प्रकार पुलिस ने लाल व उसके साथियों पर झूठे आरोप लगाकर उन्हें फाँसी की सज़ा सुना दी, उसी प्रकार आज भी हमारी न्यायिक व्यवस्था ब्रिटिश शासन जैसी होती जा रही है और लोगों को प्रताड़ित कर रही है, जिसके चलते न्यायालयों पर भी प्रश्न-चिह्न लग गया है और लोगों का भरोसा न्याय व्यवस्था से उठता जा रहा है।

8. 'उसकी माँ' कहानी की मूल संवेदना पर प्रकाश डालिए।

उत्तर 'उग्र' द्वारा रचित कहानी 'उसकी माँ' भारतीय परतंत्रता से आहत उस युवा पीढ़ी की कहानी है, जो अपनी भारत माता को स्वतंत्र कराने के लिए संघर्षरत है। इस संघर्ष में चाहे इस पीढ़ी को शासन प्रणाली के विरुद्ध षड्यंत्र करने, विद्रोह करने, यहाँ तक कि हत्या व हिंसा भी करनी पड़े, तो वह पीछे नहीं हटेंगे। दूसरी ओर वह बुद्धिजीवी वर्ग भी है, जो इस शासन व्यवस्था की चापलूसी में तत्पर है और अपनी भोग-विलासिता के वशीभूत उसका सेवक बना रहता है।

इन दोनों के मध्य जूझती वह सरल, सहज हृदय वाली ममतामयी 'माँ' है, जो इन विचारधाराओं से इतर रहकर अपने बेटे 'लाल' को बचा नहीं पाती और अंत तक लड़ते-लड़ते अपना दम तोड़ देती है। इस तरह पूरी कहानी में लाल व लेखक के होते हुए भी उस त्रासदी की भोगी लाल की माँ बनती है, जो पाठक को भावविह्वल कर देती है।

स्व-मूल्यांकन

गद्यांश पर आधारित बहुविकल्पीय प्रश्न

निम्नलिखित गद्यांश को ध्यानपूर्वक पढ़कर पूछे गए बहुविकल्पीय प्रश्नों के लिए सर्वाधिक उपयुक्त विकल्प का चुनाव कीजिए।

1. "एक लड़का उनमें बहुत ही हँसोड़ है। खूब तगड़ा और बली दिखता है। लाल कहता था, वह डंडा लड़ने में, दौड़ने में, घूँसेबाज़ी में, खाने में, छेड़खानी करने और हो-हो, हा-हा कर हँसने में समूचे कालेज में फ़र्स्ट है। उसी लड़के ने एक दिन, जब मैं उन्हें हलवा परोस रही थी, मेरे मुँह की ओर देखकर कहा, 'माँ! तू तो ठीक भारत माता-सी लगती है। तू बूढ़ी, वह बूढ़ी। उसका उजला हिमालय है, तेरे केश। हाँ, नक्शे से साबित करता हूँ...तू भारत माता है। सिर तेरा हिमालय... माथे की दोनों गहरी बड़ी रेखाएँ गंगा और यमुना, यह नाक विंध्याचल, ठोढ़ी कन्याकुमारी तथा छोटी बड़ी झुरियाँ-रेखाएँ भिन्न-भिन्न पहाड़ और नदियाँ हैं। ज़रा पास आ मेरे! तेरे केशों को पीछे से आगे बाएँ कंधे पर लहरा दूँ, वह बर्मा बन जाएगा। बिना उसके भारत माता का शृंगार शुद्ध न होगा'।" जानकी उस लड़के की बातें सोच गदगद हो उठी, "बाबू, ऐसा ढीठ लड़का! सारे बच्चे हँसते रहे और उसने मुझे पकड़, मेरे बालों को बाहर कर अपना बर्मा तैयार कर लिया!" उसकी सरलता मेरी आँखों में आँसू बनकर छा गई।

(i) लड़के ने जानकी की तुलना किससे की?
   (क) एक देवी से   (ख) अपनी माँ से
   (ग) भारत माता से   (घ) हिमालय से

(ii) जानकी की ठोढ़ी को लड़के ने किससे जोड़ा?
   (क) हिमालय से   (ख) कन्याकुमारी से
   (ग) गंगा से   (घ) बर्मा से

(iii) जानकी लड़के की बातों पर कैसी प्रतिक्रिया देती है?
   (क) नाराज़ हो जाती है   (ख) गदगद हो जाती है
   (ग) चुपचाप सुनती है   (घ) डाँट देती है

(iv) **कथन** (A) लड़के ने जानकी के माथे की गहरी रेखाओं को गंगा और यमुना कहा।
   कारण (R) लड़के ने भारत के प्राकृतिक और भौगोलिक स्वरूप को जानकी के चेहरे में देखा।

   कूट
   (क) कथन (A) और कारण (R) दोनों सही हैं तथा कारण (R), कथन (A) की सही व्याख्या करता है।
   (ख) कथन (A) और कारण (R) दोनों सही हैं, परंतु कारण (R), कथन (A) की सही व्याख्या नहीं करता है।
   (ग) कथन (A) सही है, किंतु कारण (R) गलत है।
   (घ) कथन (A) गलत है, किंतु कारण (R) सही है।

(v) लड़के के अनुसार भारत माता का शृंगार किसके बिना अधूरा है?
   (क) गंगा और यमुना   (ख) हिमालय
   (ग) बर्मा   (घ) कन्याकुमारी

गद्यांश की व्याख्या

2. निम्नलिखित में से किसी एक गद्यांश की सप्रसंग व्याख्या कीजिए

उस दिन ब्यालू करने के बाद कुछ देर के लिए पुस्तकालय वाले कमरे में गया, किसी महान लेखक की कोई महान कृति क्षणभर देखने के लालच से। मैंने मेज़िनी की एक जिल्द निकालकर उसे खोला। पहले ही पन्ने पर पेंसिल की लिखावट देखकर चौंका। ध्यान देने पर पता चला, वे लाल के हस्ताक्षर थे। मुझे याद पड़ गई। तीन वर्ष पूर्व उस पुस्तक को मुझसे माँगकर उस लड़के ने पढ़ा था।

अथवा

वह लोटा, थाली, ज़ेवर आदि बेच-बेचकर सुबह-शाम उन बच्चों को भोजन पहुँचाती। फिर वकीलों के यहाँ जाकर दाँत निपोरती, गिड़गिड़ाती, कहती, "सब झूठ है। न जाने कहाँ से पुलिसवालों ने ऐसी-ऐसी चीजें हमारे घरों से पैदा कर दी हैं। वे लड़के केवल बातूनी हैं। हाँ, मैं भगवान का चरण छूकर कह सकती हूँ, तुम जेल में जाकर देख आओ, वकील बाबू। भला, फूल-से बच्चे हत्या कर सकते हैं?" उसका तन सूखकर काँटा हो गया, कमर झुककर धनुष-सी हो गई, आँखें निस्तेज, मगर उन बच्चों के लिए दौड़ना, हाय-हाय करना उसने बंद न किया। कभी-कभी सरकारी नौकर, पुलिस या वार्डन झुँझलाकर उसे झिड़क देते, धकिया देते।

विषय-वस्तु पर आधारित प्रश्न

1. लाल ने देश की दुरवस्था पर कैसी प्रतिक्रिया व्यक्त की?

2. लाल और लेखक के विचारों में किस बात को लेकर भिन्नता थी? स्पष्ट कीजिए।

3. लाल ने अपने उद्देश्य और कार्यों को लेकर क्या स्पष्ट किया?

4. लाल की माँ ने लाल के दोस्तों के बारे में क्या बताया?

5. लाल के दोस्तों ने जानकी को 'भारत माता' क्यों कहा?

6. पुलिस ने लाल के घर की तलाशी क्यों ली?

7. लाल और उसके दोस्तों के खिलाफ पुलिस ने क्या-क्या आरोप लगाए?

8. पुलिस ने लाल तथा उसके दोस्तों के घर से क्या-क्या सामान बरामद किया?

9. लेखक को लाल के भविष्य के बारे में पहले से क्यों आशंका थी?

10. लाल और उसके दोस्तों को सरकार ने क्या सजा सुनाई? आपके मत के अनुसार क्या सच में लाल तथा उसके दोस्त इस सजा के पात्र थे? अपने विचार व्यक्त कीजिए।

08
अध्याय

लेखक-परिचय

भारतेंदु हरिश्चंद्र का जन्म 1850 ई. में काशी में हुआ था। वे देश-प्रेम और क्रांति-चेतना से समृद्ध थे। किशोरावस्था में ही उन्होंने देश की दुर्दशा का अनुभव किया और हिंदी क्षेत्र में पुनर्जागरण की चेतना का संचार किया। ईश्वरचंद्र विद्यासागर से उनके अंतरंग संबंध थे। उन्होंने समानधर्मा रचनाकारों को प्रेरित किया, 'तदीय समाज' की स्थापना की और 'कविवचनसुधा', 'हरिश्चंद्र मैगजीन' तथा 'बाला बोधिनी' जैसी पत्रिकाओं का संपादन किया। उन्होंने बांग्ला के नाटकों का अनुवाद भी किया, जिनमें धनंजय विजय, विद्या सुंदर, पाखंड विडंबन, सत्य हरिश्चंद्र तथा मुद्राराक्षस आदि प्रमुख हैं। उन्होंने समकालीन और परवर्ती लेखकों के लिए पथ-प्रदर्शक का कार्य किया और आधुनिक हिंदी गद्य के विकास में उल्लेखनीय योगदान दिया। 1885 ई. में उनका देहावसान हो गया।

▼ अध्ययन के लिए
- पाठ की रूपरेखा
- पाठ का सार

▼ अभ्यास के लिए
- पाठ्यपुस्तक के प्रश्नोत्तर
- गद्यांशों की व्याख्या
- गद्यांश पर आधारित बहुविकल्पीय प्रश्न
- विषय-वस्तु पर आधारित प्रश्नोत्तर

भारतवर्ष की उन्नति कैसे हो सकती है?

(भारतेंदु हरिश्चंद्र)

पाठ की रूपरेखा

''भारतवर्ष की उन्नति कैसे हो सकती है?'' पाठ भारतेंदु का प्रसिद्ध भाषण है। यह भाषण भारतेंदु द्वारा बलिया ददरी मेले के अवसर पर आर्य देशापकारिणी सभा में दिया गया था, जिसमें भारतेंदु ने एक ओर ब्रिटिश शासन की मनमानी पर व्यंग्य किया, वहीं दूसरी ओर अंग्रेजों के परिश्रमी स्वभाव के प्रति अपना आदर भी प्रकट किया। भारतेंदु ने भारतीय समाज की रूढ़ियों और गलत जीवन-शैली पर प्रहार करते हुए भारतीयों से आलसीपन, समय के अपव्यय आदि कमियों को दूर करने की बात कही है। भारतेंदु ने श्रम की महत्ता, जनसंख्या नियंत्रण, आत्मबल और त्याग भावना को भारत की उन्नति के लिए अनिवार्य माना है, साथ ही 'परदेशी वस्तु और परदेशी भाषा' के सहारे रहने का विरोध करते हुए देशवासियों को स्वरोजगार और स्वदेशी वस्तु तथा भाषा अपनाने के लिए प्रेरित किया।

पाठ का सार

भारतेंदु द्वारा बलिया नगरवासियों की प्रशंसा करना

भारतेंदु अपने भाषण आयोजन के लिए बलिया नगर गए थे। ये दिन उनके लिए अत्यंत आनंद व उत्साह से भरे हुए थे। भारतेंदु के उत्साह का कारण यह था कि जिस भारत के लोग गुलामी को अपना भाग्य समझकर स्वीकार कर बैठे थे, वहाँ इस छोटे से नगर के लोग अपने सभी काम छोड़, आलस्य छोड़ यहाँ इस राष्ट्रभक्ति के भाषण को सुनने के लिए बड़ी संख्या में एकत्रित हुए थे। भारतेंदु कहते हैं कि बनारस जैसे बड़े नगर में भी ऐसा परिवर्तन देखने को उन्हें नहीं मिला। भारतेंदु ने बलिया नगर के कलेक्टर रॉबर्ट साहब बहादुर की प्रशंसा भी की तथा उन्हें अकबर की संज्ञा भी दी, साथ ही प्रसिद्ध लोगों; जैसे—अबुल फज़ल, बीरबल, टोडरमल, मुंशी चतुर्भुज सहाय, मुंशी बिहारीलाल साहब आदि की प्रशंसा कर भारत को गौरवान्वित किया।

भारतीयों की असहाय स्थिति का वर्णन

भारतेंदु, हिंदुस्तानी लोगों को रेलगाड़ी के समान बताते हैं। यद्यपि उसमें फर्स्ट क्लास, सेकेंड क्लास आदि गाड़ी बहुत अच्छी-अच्छी और बड़े-बड़े महसूल की इस ट्रेन में लगी हैं, पर बिना इंजन ये सब चलें कैसे? उसी प्रकार हिंदुस्तानी लोगों का प्रतिनिधित्व करने वाला कोई नहीं। यदि इन्हें कोई मार्गदर्शक मिल जाए, तो यह अपनी शक्ति पहचान सकते हैं। भारतेंदु व्यंग्य करते हुए कहते हैं कि जो राजा-महाराजा, नवाब-रईस हैं, जिन्हें देश के प्रतिनिधित्व की भूमिका निभानी चाहिए थी, उन्हें तो अपने भोग-विलास, पूजा, भोजन, झूठी गप मारने से फुरसत ही नहीं। ऐसी स्थिति में भारत की उन्नति कैसे होगी?

भारतीय लोगों का आलस्यपन

आज इस काल में हम लोगों को अंग्रेज़ी विद्या और जगत की उन्नति की कृपा से लाखों पुस्तकें और हज़ारों यंत्र उपलब्ध हैं, तब भी हम लोग निरी चुंगी की कतवार फेंकने की गाड़ी बने हुए हैं। यह समय ऐसा है कि उन्नति की मानो घुड़दौड़ हो रही है, अमेरिकन, अंग्रेज़ फरांसीस आदि तुरकी-ताज़ी सब सरपट्ट दौड़े जाते हैं। सबके जी में यही है कि पाला हमीं पहले छू लें और ऐसे समय में ये भारतीय खाली खड़े-खड़े टाप से मिट्टी खोदते हैं। अन्य देशों की बात छोड़ो, यहाँ तक कि जापानी टट्टुओं को हाँफ़ते हुए दौड़ते देखकर भी इन्हें लाज नहीं आती। इस प्रगति के दौर में भी ये भारतीय कमबख्ती व निकम्मेपन का छाता और आँखों में मूर्खता की पट्टी बाँधे हुए हैं।

अंग्रेज़ी शासन की प्रशंसा

मनुष्य का जन्म पाना कितना दुर्लभ है! ज़रा इन भारतीयों को कोई समझाए। इतना सामान पाकर भी जो मनुष्य इस संसार-सागर के पार न जाए, उसे तो आत्महत्या कर लेनी चाहिए। यही दशा इस समय हिंदुस्तान की है। यदि अंग्रेज़ी शासन की सुविधाएँ पाकर भी हम लोग उन्नति न करें, तो यह हमारा अभाग्य और परमेश्वर का कोप ही है। इस बात को भारतेंदु जी ने एक उदाहरण देकर लोगों को समझाया है कि "सास के अनुमोदन से एकांत रात में सूने रंगमहल में जाकर भी बहुत दिन से जिस प्रान से प्यारे परदेसी पति से मिलकर छाती ठंडी करने की इच्छा थी, उसका लाज से मुँह भी न देखै और बोलै भी न, तो उसका अभाग्य ही है। वह तो कल फिर परदेस चला जाएगा। वैसे ही अंग्रेज़ों के राज्य में भी जो हम कुएँ के मेंढक, काठ के उल्लू, पिंजड़े के गंगाराम ही रहे, तो हमारी कमबख्त कमबख्ती फिर कमबख्ती (अभागापन) है।"

भारतीय लोगों की विदेशी लोगों से तुलना करना

जब भारतीयों से देश की उन्नति में योगदान देने के लिए कहा जाए, तो वह यह कहकर पीछे हट जाते हैं कि हमको पेट के धंधे के मारे छुट्टी ही नहीं रहती बाबा, हम क्या उन्नति करें? तुम्हारा पेट भरा है तुमको दून की सूझती है। यह कहना उनकी भूल है।

इंग्लैंड का पेट भी कभी यों ही खाली था। उसने एक से अपना पेट भरा, दूसरे हाथ से उन्नति की राह के काँटों को साफ़ किया। क्या इंग्लैंड में किसान, खेतवाले, गाड़ीवान, मज़दूर, कोचवान आदि नहीं हैं? किसी देश में भी सभी पेट भरे नहीं होते, किंतु वे लोग जहाँ खेत जोतते-बोते हैं, वहीं यह भी सोचते हैं कि ऐसी और कौन नई कल (मशीन) या मसाला बनाएँ, जिससे इस खेती में आगे से दोगुना अन्न उपजे। विलायत में गाड़ी के कोचवान भी अख़बार पढ़ते हैं। यहाँ तो कोचवान हुक्का पिएगा या गप्प करेगा। सो गप भी निकम्मी। जिनका कोई अर्थ नहीं होता और वहाँ के लोग गप भी देश के हित में ही करते हैं। उन लोगों का सिद्धांत ही यही है कि उनका एक क्षण भी व्यर्थ न जाए। उनकी तुलना में यहाँ के लोगों में जितना निकम्मापन होगा, वह उतना ही बड़ा अमीर समझा जाता है। इस निकम्मेपन की अति देखते हुए कवि मलूकदास ने तो एक दोहा ही बना डाला

"अजगर करै न चाकरी, पंछी करै न काम।
दास मलूका कहि गए, सबके दाता राम।।"

भारत की दरिद्रता

भारतेंदु कहते हैं कि भारत में जिधर देखो, वहाँ बिना काम करने वाले लोगों की ही संख्या अधिक है। रोज़गार कहीं कुछ भी नहीं है, अमीरों की मुसाहबी, दलाली या अमीरों के नौजवान लड़कों को खराब करना या किसी की जमा मार लेना, इनके सिवा बतलाइए और कौन रोज़गार है। जिससे कुछ रुपया मिलै। चारों ओर दरिद्रता की आग लगी हुई है। हमारा भारत दरिद्र कुटुंबी की तरह अपनी इज़्ज़त को बचाता फिरता है, जैसे लाजवंती कुल की बहू फटे कपड़ों में अपने अंग को छिपाए जाती है। वही दशा हिंदुस्तान की है।

भारतेंदु द्वारा भारतवासियों को सचेत करना

भारतेंदु कहते हैं कि भारत की जनसंख्या दिन-प्रतिदिन बढ़ रही है और भारत की संपत्ति कम हो रही है। अब इस तरह हाथ-पे-हाथ रखने से काम न बनेगा। भाइयो! इन राजा-महाराजाओं के भरोसे मत बैठो कि ये सभी कभी प्रगति के बारे में भी सोचेंगे। ये सभी अपनी ही सुख-सुविधाओं में तल्लीन हैं, अब तुम स्वयं ही कमर कसो, आलस छोड़ो। कब तक अपने को जंगली हूस, मूर्ख, बोदे, डरपोक कहलवाओगे। इस सरकार के राज्य को पाकर ऐसी उन्नति करो, जो पूर्ण रूप से हो; जैसे—धर्म में, घर के काम में, बाहर के काम में, रोज़गार में, शिष्टाचार में, चाल-चलन में, शरीर के बल में, मन के बल में, समाज में, बालक में, युवा में, वृद्ध में, स्त्री में, पुरुष में, अमीर में, गरीब में, भारतवर्ष की सब अवस्था, सब जाति सब देश में उन्नति करो।

भारतेंदु के उग्र विचार

भारतेंदु जी कहते हैं कि जो लोग देश के बारे में सोचते हैं, वे अपने सुख को होम (कुर्बान) करके, अपने धन और मान का बलिदान करके कमर कस लो। एक-दूसरे को देखकर सभी लोग एकजुट अवश्य होंगे। हे भारतवासियों! अपनी कमज़ोरियों के कारणों को खोजो। जो लोग धर्म की आड़ में, कोई देश की चाल की आड़ में, कोई सुख की आड़ में छिपे हैं, इन लोगों को पकड़कर लाओ और कैद करो। जैसे तुम्हारे घर में कोई पुरुष व्यभिचार करने आए, तो जिस क्रोध से उसको पकड़कर मारोगे और जहाँ तक तुम्हारे में शक्ति होगी उसका सत्यानाश करोगे, वैसे ही जो-जो बातें या विपत्ति तुम्हारी उन्नति के पथ में बाधा बने, तुम उसका विनाश कर दो। जब तक आप विद्रोह नहीं करेंगे, तब तक आपका देश उन्नति नहीं करेगा।

भारत की उन्नति का आधार

भारतेंदु अपने भाषण में कहते हैं कि सर्वप्रथम हमें उन्नति का मूल आधार खोजना होगा और वह आधार है—धर्म। सबसे पहले धर्म की ही उन्नति करनी होगी; जैसे—अंग्रेज़ों की धर्मनीति और राजनीति परस्पर मिली हैं, जिससे उनकी दिन-प्रतिदिन उन्नति हो रही है। हमारे यहाँ तो धर्म के आवरण में न जाने कितने रीति-रिवाज़, नीतियाँ, समाज-गठन, वेद-पुराण भरे हुए हैं; जैसे—यह तुम्हारा बलिया का मेला और इसमें स्नान करना, एकादशी का व्रत, दिवाली पर साल भर की सफ़ाई एक बार में करना आदि। यही त्योहार जैसे तुम्हारी म्युनिसिपालिटी हो।

ये सभी पर्व, तीर्थ, व्रत आदि में धर्मनीति और समाजनीति को दूध-पानी के समान मिला दिया गया है। वास्तविक धर्म तो केवल परमेश्वर के चरण कमल का भजन करना है और शेष कर्मकांड तो समाज धर्म है अर्थात् लोगों द्वारा बनाए गए हैं, जिन्हें समयानुसार समाज के हित के लिए बदला जा सकता है और हिंदुस्तान की उन्नति की जा सकती है।

सामाजिक कुरीतियों पर कटाक्ष

भारतेंदु अपने भाषण में सामाजिक कुरीतियों पर कटाक्ष करते हुए कहते हैं कि हमारे समाज में बाल विवाह जैसी कुरीति विद्यमान है, जिसमें लड़कों को छोटेपन में ही ब्याह करके उनका बल, वीर्य, आयुष्य को क्षीण किया जा रहा है। आप उनके माँ-बाप हैं या उनके शत्रु हैं? वीर्य उनके शरीर में पुष्ट होने दीजिए, विद्या कुछ पढ़ लेने दीजिए, नोन, तेल, लकड़ी की फिक्र करने की बुद्धि सीख लेने दीजिए—तब उनका पैर काठ में डालिए। कुलीन प्रथा, बहु विवाह आदि को दूर कीजिए। इसके साथ ही लड़कियों को भी पढ़ाइए, किंतु उस चाल से नहीं जैसे आजकल पढ़ाई जाती हैं, जिससे उपकार के बदले बुराई होती है। ऐसी चाल से उनको शिक्षा दीजिए कि वे अपना देश और कुलधर्म सीखें, पति की भक्ति करें और लड़कों को सहज में शिक्षा दें।

धार्मिक एकता पर बल देना

भारतेंदु धर्म, वर्ग, जाति इत्यादि भेदभाव को लेकर अत्यंत चिंतित थे, इसलिए वे सांप्रदायिकता व अलगाव को नष्ट करना चाहते थे, क्योंकि इसी अलगाव के कारण भारत की उन्नति असंभव है। भारतेंदु लोगों को संबोधित करते हुए कहते हैं कि "भाइयों! वैष्णव, शाक्त इत्यादि नाना प्रकार के मत के लोग आपस का वैर छोड़ दें। यह समय इन झगड़ों का नहीं। हिंदू, जैन, मुसलमान सब आपस में मिलिए। जाति में कोई चाहे ऊँचा हो चाहे नीचा हो, सबका आदर कीजिए, जो जिस योग्य हो उसको वैसा मानिए। छोटी जाति के लोगों का तिरस्कार करके उनका जी मत तोड़िए। सब लोग आपस में मिलकर रहो। मुसलमान भाइयों को भी इस बात का ध्यान रखना होगा कि इस हिंदुस्तान में बसकर वे लोग हिंदुओं को नीचा समझना छोड़ दें। अपने भाइयों की भाँति हिंदुओं से बर्ताव करें। ऐसी कोई बात न करें, जो हिंदुओं का दिल दुखाए और भाई हिंदुओं! तुम भी मत-मतांतर का आग्रह छोड़ो। आपस में प्रेम बढ़ाओ। बंगाली, मराठा, पंजाबी, मदरासी, वैदिक, जैन, ब्राह्मण, मुसलमान सब एक का हाथ एक पकड़ो।"

स्वदेशी संपत्ति के लिए चिंतित

भारतेंदु स्वदेशी संपत्ति के नष्ट होने से विचलित थे, क्योंकि अंग्रेज़ धीरे-धीरे भारत का धन लूटते जा रहे थे। 'सोने की चिड़िया' कहलाने वाला भारत अपनी धरोहर धीरे-धीरे खो रहा था, जो भारतेंदु से सहन नहीं हो रहा था। वे लोगों को सचेत करते हुए कहते हैं कि "कारीगरी जिससे तुम्हारे यहाँ बढ़े, तुम्हारा रुपया तुम्हारे ही देश में रहे वह करो।" इस बात को वह उदाहरण देते हुए समझाते हैं कि जैसे हज़ार धारा होकर गंगा समुद्र में मिली है, वैसे ही तुम्हारी लक्ष्मी हज़ार तरह से इंग्लैंड, फरांसीस, जर्मनी, अमेरिका को जाती है।

दीआसलाई जैसी तुच्छ वस्तु भी वहीं से आती है, ज़रा अपने ही को देखो। तुम मारकीन की धोती पहने हो, वह अमेरिका की बिनी है। जिस लंकिलाट का तुम्हारा अंगा है, वह इंग्लैंड का है। फरांसीस की बनी कंघी से तुम सिर झारते हो और जर्मनी की बनी चरबी की बत्ती तुम्हारे सामने बल रही है, यह तो वही मसल (बात) हुई कि एक बेफ़िकरे मँगनी का कपड़ा पहिनकर किसी महफिल में गए। कपड़े को पहचानकर एक ने कहा—"अजी यह अंगा तो फलाने का है।" दूसरा बोला—"अजी टोपी भी फलाने की है", तो उन्होंने हँसकर जवाब दिया कि "घर की तो मूँछें ही मूँछें हैं।" हाय अफ़सोस तुम ऐसे हो गए कि अपने निज के काम की वस्तु भी नहीं बना सकते।

भाइयो! अब तो नींद से जागो, अपने देश की सब प्रकार उन्नति करो। जिसमें तुम्हारी भलाई हो वैसी ही किताब पढ़ो, वैसे ही खेल खेलो, वैसी ही बातचीत करो। परदेशी वस्तुएँ और परदेशी भाषा का भरोसा मत रखो। अपने देश में अपनी भाषा में उन्नति करो।

शब्दार्थ

प्रगट—प्रकट; **महसूल**—कर या टैक्स; **गरज**—मतलब/औचित्य/सरोकार; **अनमोल**—बहुमूल्य/मूल्यवान; **वेध**—गणना करना; **अनुमोदन**—समर्थन; **दूना**—दोगुना; **मुसाहबी**—दरबारी; **दरिद्रता**—गरीबी/निर्धनता; **कुटुंब**—कुल/परिवार; **मर्दुमशुमारी**—जनगणना; **हूस**—असभ्य; **बोदे**—कमज़ोर; **रसातल**—पृथ्वी के नीचे बताए गए सात पातालों में से एक; **शब्दभेदी**—शब्द को सुनकर निशाना लगाने वाला; **नियत**—तय/निश्चित करना; **कंटक**—काँटा; **कृस्तान**—ईसाई; **हितैषी**—शुभचिंतक; **होम करना**—कुर्बान करना; **वरंच**—अपितु; **मूल**—मुख्य; **नाना प्रकार**—विभिन्न प्रकार; **मिसाल**—उदाहरण; **हेतु**—कारण; **तिहवार**—त्योहार; **हिकमत**—तरकीब/उपाय; **शोध**—खोज; **आयुष्य**—उम्र; **वैर**—दुश्मनी/शत्रुता; **तिरस्कार**—अपमान; **मयस्सर**—उपलब्ध/प्राप्त; **तिफ़्ली**—बचपन से संबंधित; **दीदार**—दर्शन करना; **गुलिस्ताँ**—बाग-बगीचा; **तालीम**—शिक्षा; **पिनशिन**—पेंशन; **वज़ीफा**—छात्रवृत्ति; **तुच्छ**—नीच; **मारकीन**—एक प्रकार का साधारण कपड़ा; **फरांसीस**—फ्रांस; **लंकिलाट**—एक प्रकार का चिकना और मोटा कपड़ा; **मसल**—बात; **चुंगी की कतवार**—म्युनिसिपालिटी का कचरा; **रंगमहल**—भोग-विलास का स्थान; **कमबख़्ती**—अभागापन।

पाठ्यपुस्तक (अंतरा भाग-1) के प्रश्नोत्तर

1. पाठ के आधार पर स्पष्ट कीजिए कि ''इस अभागे आलसी देश में जो कुछ हो जाए वही बहुत कुछ है'' क्यों कहा गया है?

उत्तर हमारे देश में निकम्मेपन व आलस्य की बीमारी इतनी बढ़ गई है कि कवि मलूकदास ने आलस्य पर एक दोहा ही बना दिया

''अजगर करै न चाकरी, पंछी करै न काम।
दास मलूका कहि गए, सबके दाता राम।।''

उन्नति के इतने साधन उपलब्ध होने पर भी हमारे देश में उतनी उन्नति नहीं हो रही है, जितनी होनी चाहिए। एक भी क्षण व्यर्थ न जाए—इस सिद्धांत को मानने वाले व्यक्तियों की संख्या में कमी आ रही है। यही कारण है कि जब सभी देश प्रगति के पथ पर अग्रसर हैं, भारत वहीं-का-वहीं स्थिर है। ऐसे वातावरण में जब बलिया जैसे छोटे-से नगर में इतने सारे लोग एकत्र हुए हैं, तो लेखक को लगता है कि ''इस अभागे आलसी देश में जो कुछ हो जाए वही बहुत कुछ है।''

2. 'जहाँ रॉबर्ट साहब बहादुर जैसे कलेक्टर हों, वहाँ क्यों न ऐसा समाज हो' वाक्य में लेखक ने किस प्रकार के समाज की कल्पना की है?

उत्तर लेखक इस बात से बहुत प्रसन्न है कि बलिया जैसे छोटे-से नगर में भारी भीड़ एक स्थान पर उत्साहित होकर एकत्रित है। ये सब अच्छे विचार लेकर इस स्थान पर आए हैं। लेखक को लगता है कि बलिया जैसे छोटे नगर में इतनी भारी भीड़ का आना उसके लिए सौभाग्य का विषय है। लेखक इस पुनीत कार्य के लिए बलिया के तत्कालीन कलेक्टर रॉबर्ट साहब बहादुर की विशेष रूप से प्रशंसा करते हुए ऐसे समाज की कल्पना करता है, जिसमें भाईचारा, प्रेम, सहयोग और अपनेपन की भावना का विकास हो, जिससे पूरे देश में एकता स्थापित हो।

3. जिस प्रकार ट्रेन बिना इंजिन के नहीं चल सकती, ठीक उसी प्रकार 'हिंदुस्तानी लोगों को कोई चलाने वाला हो' से लेखक ने अपने देश की खराबियों के मूल कारण खोजने के लिए क्यों कहा है?

उत्तर लेखक ने भारतीयों की तुलना रेल के डिब्बे से करते हुए कहा है कि जिस प्रकार रेल के डिब्बे इंजन के बिना नहीं चल सकते, ठीक उसी प्रकार भारतीय भी किसी प्रेरणादायक नेतृत्व के बिना आगे नहीं चल सकते। लेखक ने अपनी खराबियों के मूल कारण खोजने के लिए इसलिए कहा है, क्योंकि जब तक इनका मूल कारण नहीं खोजा जाएगा, देश की उन्नति नहीं हो सकती। इन बुराइयों का अंत करना इसलिए आवश्यक है, क्योंकि ये बुराइयाँ हर बार नए-नए रूप लेकर आती हैं। कभी ये धर्म की आड़ लेकर आती हैं, तो कभी सुख की आड़ लेकर।

4. देश की सब प्रकार से उन्नति हो, इसके लिए लेखक ने जो उपाय बताए उनमें से किन्हीं चार का उदाहरण सहित उल्लेख कीजिए।

उत्तर देश की सब प्रकार से उन्नति हो, इसके लिए लेखक ने निम्नलिखित चार उपाय बताए हैं

(i) **परिश्रम से न घबराना तथा समय का सदुपयोग करते हुए उचित अवसरों का लाभ उठाना** लेखक ने भारतीयों को परिश्रम करने की सलाह देते हुए कहा है कि जिस देश के नागरिकों ने परिश्रम से जी नहीं चुराया, उन्हें आगे बढ़ने से कोई नहीं रोक सका, साथ ही समय का मूल्य पहचानकर इसका सदुपयोग करना चाहिए, जिससे उचित अवसरों का लाभ उठाया जा सके।

(ii) **विदेशी भाषा का मोह त्यागना** लेखक को विदेशी भाषा का मोह किसी भी रूप में उचित नहीं लगता। लेखक के अनुसार, अपने देश में अपनी भाषा में उन्नति करो। जब तक अपने देश की भाषा और बोली को नहीं अपनाया जाएगा, उन्नति नहीं हो सकेगी।

(iii) **शिक्षा पर बल** लेखक ने शिक्षा पर बल देते हुए कहा है कि जिस समाज में उचित शिक्षा का प्रसार हो गया, उसे प्रगति करने से कोई नहीं रोक सकता, क्योंकि शिक्षा अज्ञानता को दूर कर, ज्ञान प्रदान करती है तथा भले एवं बुरे के बीच के अंतर को स्पष्ट करती है।

(iv) **निजी स्वार्थ और सुख को त्यागकर वास्तविक धर्म का पालन** लेखक ने ऐसे धर्म को मानने को कहा है, जिससे लोगों में आपसी प्यार, अपनापन और सहयोग की भावना का विकास हो। होली, दिवाली जैसे त्योहारों को मनाने का वास्तविक कारण खोजना चाहिए, क्योंकि ये त्योहार किसी उद्देश्य से बनाए गए हैं। बहुत-सी ऐसी बातें; जैसे—जहाज का सफ़र, विधवा विवाह, स्त्री शिक्षा का समर्थन, बहु-विवाह, बाल विवाह का विरोध आदि, जो धर्म में समाज-विरुद्ध बताई गई हैं, उन्हें अपनाना चाहिए, क्योंकि इन सबसे देश की प्रगति होगी।

5. लेखक जनता से मत-मतांतर छोड़कर आपसी प्रेम बढ़ाने का आग्रह क्यों करता है?

उत्तर लेखक जनता से मत-मतांतर का आग्रह छोड़ने और आपस में प्रेम बढ़ाने का आग्रह इसलिए करता है, जिससे सभी धर्मों के अनुयायी एक-दूसरे की सहायता कर सकें। भारत में रहने वाले सभी एक हैं, सभी से एक जैसा व्यवहार करते हुए आपसी प्रेम को बढ़ाना चाहिए, क्योंकि बिना मत-मतांतर का आग्रह छोड़े एवं आपसी प्रेम को बिना बढ़ाए प्रगति नहीं हो सकती। जब तक आपसी प्रेम नहीं बढ़ेगा, सहयोग और अपनेपन की भावना का विकास नहीं होगा, तब तक पूरा देश एक सूत्र में नहीं बँध पाएगा। एक रहकर ही देश को आगे बढ़ाया जा सकता है। एक साथ रहने के लिए आपसी प्रेम अत्यंत आवश्यक है।

6. आज देश की आर्थिक स्थिति के संदर्भ में नीचे दिए गए वाक्य का आशय स्पष्ट कीजिए–''जैसे हज़ार धारा होकर गंगा समुद्र में मिलती है, वैसे ही तुम्हारी लक्ष्मी हज़ार तरह से इंग्लैंड, फरांसीस, जर्मनी, अमेरिका को जाती हैं।''

उत्तर आज हमारे देश का धन हज़ार कारणों से बाहरी देशों में जा रहा है। इसके दो कारण हैं—एक तो विदेशी वस्तुओं का मोह तथा दूसरा, देश में स्वदेशी वस्तुओं का अभाव। यह बात पूर्ण रूप से सत्य है कि भारत में छोटी-से-छोटी वस्तु भी बाहर से आती है। इस कारण हमारे देश का ढेर सारा धन विदेशी मुद्रा के रूप में बाहर चला जाता है। इससे हमारी आर्थिक स्थिति लगातार कमज़ोर होती जा रही है। दैनिक उपयोगी वस्तुओं से लेकर इलेक्ट्रॉनिकल वस्तुओं तक, सिले-सिलाए कपड़ों से लेकर खाद्य पदार्थों तक सभी वस्तुओं को बिना किसी कारण विदेशों से आयात किया जाता है, जिससे हमारे देश की आर्थिक स्थिति कमज़ोर और दूसरे देशों की स्थिति सुदृढ़ हो रही है।

7. आपके विचार से देश की उन्नति किस प्रकार संभव है? कोई चार उदाहरण तर्क सहित दीजिए।

उत्तर देश की उन्नति निम्नलिखित चार उपाय करके हो सकती है

(i) **अंधविश्वास से दूर रहना** भारतीयों को अंधविश्वास से दूर रहकर तर्क-वितर्क का सहारा लेना चाहिए और वैज्ञानिक दृष्टिकोण को अपनाना चाहिए, जिससे प्रगतिशील समाज का निर्माण हो सके। एक प्रगतिशील समाज ही देश को उन्नति के मार्ग पर ले जा सकता है।

(ii) **विदेशी भाषा के स्थान पर स्वदेशी को अपनाना** विदेशी भाषा का मोह उचित नहीं है। जब तक अपने देश की भाषा और बोली को नहीं अपनाया जाएगा, तब तक उन्नति नहीं हो सकेगी। स्वदेशी को अपनाकर ही स्वदेशी तकनीक को भी अपनाया जा सकता है। चीन, जापान, फ्रांस आदि इसके उदाहरण हैं।

(iii) **सभी धर्मों का समान आदर** सभी धर्मावलंबियों को मिल-जुलकर समन्वय की भावना का विकास करना चाहिए। जब तक सभी लोग एक-दूसरे के धर्म का आदर नहीं करेंगे, तब तक देश की प्रगति होनी बहुत कठिन है। एक-दूसरे के धर्म का आदर करके प्रेम, अपनापन और सहयोग की भावना विकसित करने से सभी क्षेत्रों में विकास होगा।

(iv) **स्व का त्याग तथा देशहित की सोच** जब तक स्व का त्याग नहीं किया जाएगा, तब तक देशहित की बात करना बेईमानी होगी। देशहित के लिए बड़ी-से-बड़ी वस्तु को कुर्बान करने में तनिक भी हिचक नहीं होनी चाहिए।

8. भाषण की किन्हीं चार विशेषताओं का उल्लेख कीजिए। उदाहरण देकर सिद्ध कीजिए कि पाठ 'भारतवर्ष की उन्नति कैसे हो सकती है?' एक भाषण है।

उत्तर भाषण देना एक महत्त्वपूर्ण कला है। इसमें प्रतिभा तथा प्रशिक्षण दोनों ही महत्त्वपूर्ण होते हैं। भाषण की निम्नलिखित विशेषताएँ हैं

(i) **उचित संबोधन तथा भाषण का विषय** यदि विषय की जानकारी श्रोताओं को उचित प्रकार से संबोधित करके दी जाए, तो भाषण महत्त्वपूर्ण बन जाता है। जिस विषय पर भाषण दिया जा रहा है, उसके विषय में निर्भीकता एवं आत्मविश्वासपूर्वक अपनी बात को प्रस्तुत करना चाहिए। भाषण देते समय विषय से भटकना नहीं चाहिए अन्यथा विषय की गंभीरता समाप्त हो जाने का खतरा बना रहता है। उदाहरण के लिए; 'भारतवर्ष की उन्नति कैसे हो सकती है?' पाठ एक भाषण है, क्योंकि इसमें स्थान-स्थान पर समूह को संबोधित किया गया है और आरंभ से अंत तक लेखक विषय से नहीं भटकता है।

(ii) **सुनने वाले की आयु, योग्यता तथा रुचि** भाषण देते समय यह ध्यान रखा जाना चाहिए कि जिन श्रोताओं के सम्मुख भाषण दिया जा रहा है, उनकी आयु और योग्यता क्या है? उनकी रुचि कैसी है तथा वे कैसा भाषण पसंद करते हैं? प्रस्तुत पाठ का विषय हर वर्ग, आयु, जाति तथा धर्म के लोगों की रुचि के अनुकूल है तथा इसी के अनुसार वर्णन भी किया गया है।

(iii) **विषय-वस्तु** भाषण में विषय-वस्तु का ध्यान रखा जाना अत्यंत आवश्यक है। भाषा सरल, सजीव, हृदय को छू लेने वाली तथा जनसामान्य की होनी चाहिए, जिससे श्रोता उस विषय से अपने को जुड़ा हुआ महसूस कर सके। प्रस्तुत पाठ का विषय ऐसा है, जो हर काल, व्यक्ति आदि के संदर्भ में हमेशा एक जैसा रहेगा।

(iv) **विषय के अनुसार मनोरंजन का पुट** हास्य एवं विनोदपूर्ण बातें, शेर और शायरी, चुटकुले, मुहावरे, छोटी-छोटी रोचक, किंतु महत्त्वपूर्ण घटना का वर्णन करके भाषण को प्रभावी बनाया जा सकता है। इससे श्रोताओं की रुचि विषय में बनी रहती है। प्रस्तुत पाठ में लेखक ने कई स्थानों पर बड़े रोचक अंदाज से बड़ी गंभीर बातों को कहा है; जैसे— 'इंग्लैंड का पेट भी कभी यों ही खाली था।....दूसरे हाथ से उन्नति की राह के काँटों को साफ़ किया।'

9. 'अपने देश में अपनी भाषा में उन्नति करो' से लेखक का क्या तात्पर्य है? वर्तमान संदर्भों में इसकी प्रासंगिकता पर अपने विचार प्रस्तुत कीजिए।

उत्तर इस पंक्ति द्वारा लेखक यह कहना चाहता है कि अपनी भाषा अपनाने से हम पूरे देश की भावनाओं को जोड़े रखेंगे। इससे नागरिकों में आत्मसम्मान और गौरव की भावना का विकास होगा। जब तक हमारे देश के नागरिक दूसरे देशों से आयातित भाषा और वस्तुओं पर निर्भर रहेंगे, तब तक हम देश में अपनी आवश्यकता की वस्तुओं का उत्पादन नहीं कर सकेंगे। इसी तरह उन्नति भी अपनी भाषा के बिना नहीं हो सकती। जापान, चीन, फ्रांस, जर्मनी, कोरिया आदि देश इस बात के उदाहरण हैं कि उन्होंने आज जो भी प्रगति की है, वह सब स्वदेशी भाषा को अपनाकर ही की है।

10. निम्नलिखित गद्यांशों की व्याख्या कीजिए

(क) सास के अनुमोदन से ····· फिर परदेस चला जाएगा।

(ख) दरिद्र कुटुंबी इस तरह ····· वही दशा हिंदुस्तान की है।

(ग) वास्तविक धर्म तो ····· शोधे और बदले जा सकते हैं।

उत्तर (क)

संदर्भ प्रस्तुत गद्यांश 'अंतरा भाग-1' में संकलित हिंदी के सुप्रसिद्ध साहित्यकार व युग प्रवर्तक भारतेंदु हरिश्चंद्र द्वारा रचित लेख 'भारतवर्ष की उन्नति कैसे हो सकती है?' से अवतरित है।

प्रसंग प्रस्तुत गद्यांश में लेखक ने भारतीयों की सबसे बड़ी कमज़ोरी का वर्णन किया है, जिसके कारण भारत पिछड़ रहा है।

व्याख्या प्रस्तुत गद्यांश में लेखक के अनुसार, अंग्रेज़ों के राज्य में सब प्रकार की वस्तुएँ पाकर भी यदि हम उन्नति नहीं कर पाए, तो यह हमारा दुर्भाग्य तथा परमेश्वर का कोप ही होगा। लेखक भारतीयों की तुलना ऐसी वधू से करता है, जो अपनी सास की अनुमति लेकर एकांत रात में सूने रंगमहल में जाकर भी यदि अपने पति का मुँह न देख सके, उससे न मिल पाए और बात न कर सके, तो इसे उसका दुर्भाग्य ही कहा जाएगा, क्योंकि पति तो कल फिर से परदेश चला जाएगा।

अर्थात् लेखक कहना चाहता है कि अन्य लोग तो केवल प्रेरणा व सलाह ही दे सकते हैं। उसे अपने आचरण में लाना तो लोगों का ही उत्तरदायित्व है। सास तो वधू का मार्गदर्शन ही कर सकती है, परंतु वधू अपनी लाज-लज्जा के कारण अपने पति का मुँह तक न देखे, तो उससे अधिक मूर्ख और कोई नहीं।

इसी प्रकार, हम यदि अंग्रेज़ी राज्य में सभी संसाधनों को पाकर अपनी उन्नति न करें, तो वह हमारा दुर्भाग्य ही है। यह शासन तो हमें केवल प्रेरणा ही दे सकता है उन्नति के कार्य तो हमें स्वयं ही करने होंगे।

विशेष

(i) प्रस्तुत गद्यांश में लेखक ने भारतीय लोगों की समानता वधू से की है।

(ii) प्रस्तुत गद्यांश में लेखक की अंग्रेज़ी शासन के प्रति सामंजस्य रखने की प्रवृत्ति स्पष्ट दिखाई पड़ती है।

(iii) प्रस्तुत गद्यांश में तत्सम शब्दावलीयुक्त खड़ीबोली का प्रयोग किया गया है।

(iv) प्रस्तुत गद्यांश की शैली व्यंग्यात्मक शैली है।

(v) प्रस्तुत गद्यांश की भाषा सरल व सहज है।

(ख)

संदर्भ पूर्ववत्।

प्रसंग प्रस्तुत गद्यांश में लेखक ने भारत में फैली बेरोजगारी और भारत की दरिद्रता का वर्णन किया है।

व्याख्या प्रस्तुत गद्यांश में लेखक अपने भाषण में बताता है कि भारत में चारों तरफ़ बेरोज़गारी फैली हुई है, जिसके कारण इतनी दरिद्रता आ गई है कि नवयुवक चोरी-चकारी में लग गए हैं। लेखक ने एक लोकोक्ति के माध्यम से स्पष्ट किया है कि जैसे किसी दरिद्र परिवार की कुलवधू पुराने जीर्ण-शीर्ण वस्त्रों में अपनी इज़्ज़त को छिपाए रखने का भरसक प्रयास करती है, उसी प्रकार भारत देश भी अपनी प्रगति की असमर्थता को छिपाए फिरता है कि कहीं अन्य देश उसकी कमज़ोरी से परिचित न हो जाएँ।

विशेष

(i) प्रस्तुत गद्यांश में लेखक ने भारत की दरिद्रता का वर्णन किया है तथा लेखक ने दरिद्र भारत की तुलना लाजवंती कुल की वधू से की है।

(ii) प्रस्तुत गद्यांश में तत्सम शब्दावलीयुक्त खड़ीबोली का प्रयोग किया गया है।

(iii) प्रस्तुत गद्यांश में बिंब-विधान व दृष्टांत शैली है।

(iv) प्रस्तुत गद्यांश की भाषा सरल, सहज एवं सुबोध है।

(ग)

संदर्भ पूर्ववत्।

प्रसंग प्रस्तुत गद्यांश में लेखक ने धार्मिक और सामाजिक कुरीतियों पर कड़ी चोट करते हुए सच्चे धर्म के बारे में बताया है।

व्याख्या प्रस्तुत गद्यांश में लेखक धर्म के वास्तविक अर्थ को स्पष्ट करते हुए कहता है कि भाइयों! प्रत्येक मनुष्य धर्म की व्याख्या अपने दृष्टिकोण से करता है। मेरे अनुसार वास्तविक धर्म वह है, जिसमें केवल ईश्वर भक्ति हो अर्थात् ईश्वर के चरणों का भजन किया जाए, उसका गुणगान करना ही धर्म है, परंतु आज धर्म केवल पूजा-पाठ, व्रत-उपवास, तीर्थ-त्योहार ही रह गया है, उसका मूल रूप तो जैसे नष्ट ही हो गया है।

बाह्याडंबर करना तो समाज धर्म (समाज द्वारा बनाया गया) है, जो समय-समय पर अपने अनुसार परिवर्तित कर लिए जाते हैं। लेखक आज के धार्मिक कर्मकांडों पर कटाक्ष करता है।

विशेष

(i) प्रस्तुत गद्यांश में लेखक ने धर्म के परिप्रेक्ष्य में अपने तर्क प्रस्तुत किए हैं।

(ii) प्रस्तुत गद्यांश में लेखक ने धर्म के वास्तविक रूप को उजागर कर बाह्याडंबरों पर कटाक्ष किया है।

(iii) प्रस्तुत गद्यांश में तत्सम शब्दावलीयुक्त खड़ीबोली का प्रयोग किया गया है।

(iv) प्रस्तुत गद्यांश में व्यंग्यात्मक शैली का प्रयोग है।

(v) प्रस्तुत गद्यांश की भाषा सरल व सहज है।

योग्यता-विस्तार

1. देश की उन्नति के लिए भारतेंदु ने जो आह्वान किया है, उसे विस्तार से लिखिए।

उत्तर पाठ का सार देखें।

2. पाठ में आए बोलचाल के शब्दों की सूची बनाइए और उनके अर्थ लिखिए।

उत्तर छात्र पाठ के शब्दार्थ देखें।

3. भारतेंदु उर्दू में किस उपनाम से कविताएँ लिखते थे? उनकी कुछ उर्दू कविताएँ ढूँढकर लिखिए।

उत्तर छात्र स्वयं करें।

4. पृथ्वीराज चौहान की कथा अपने शब्दों में लिखिए।

उत्तर छात्र स्वयं करें।

अभ्यास प्रश्न

गद्यांशों की व्याख्या

निम्नलिखित गद्यांशों की सप्रसंग व्याख्या कीजिए

गद्यांश 1

हमारे हिंदुस्तानी लोग तो रेल की गाड़ी हैं। यद्यपि फर्स्ट क्लास, सेकेंड क्लास आदि गाड़ी बहुत अच्छी-अच्छी और बड़े-बड़े महसूल की इस ट्रेन में लगी हैं, पर बिना इंजिन ये सब नहीं चल सकतीं, वैसे ही हिंदुस्तानी लोगों को कोई चलाने वाला हो, तो ये क्या नहीं कर सकते। इनसे इतना कह दीजिए, "का चुप साधि रहा बलवाना" फिर देखिए कि हनुमान जी को अपना बल कैसे याद आ जाता है। सो बल कौन याद दिलावे या हिंदुस्तानी राजे-महाराजे या नवाब-रईस या हाकिम। राजे-महाराजों को अपनी पूजा, भोजन, झूठी गप से छुट्टी नहीं। हाकिमों को कुछ तो सरकारी काम घेरे रहता है, कुछ बॉल, घुड़दौड़, थिएटर, अखबार में समय गया। कुछ

समय बचा भी तो उनको क्या गरज है कि हम गरीब गंदे काले आदमियों से मिलकर अपना अनमोल समय खोवैं।

संदर्भ प्रस्तुत गद्यांश 'अंतरा भाग-1' में संकलित हिंदी के सुप्रसिद्ध साहित्यकार व युग प्रवर्तक भारतेंदु हरिश्चंद्र द्वारा रचित लेख 'भारतवर्ष की उन्नति कैसे हो सकती है?' से अवतरित है।

प्रसंग प्रस्तुत गद्यांश में लेखक ने इस बात पर बल दिया है कि उन्नति करने के लिए हमें स्वयं ही आगे आना होगा। कोई अन्य व्यक्ति इस कार्य में हमारी मदद नहीं करेगा।

व्याख्या प्रस्तुत गद्यांश में लेखक के अनुसार, हम भारतीय रेल की गाड़ी के समान हैं। फर्स्ट क्लास, सेकेंड क्लास आदि बहुत अच्छी-अच्छी गाड़ी इस ट्रेन में लगी हैं, पर जिस प्रकार बिना इंजन के रेल नहीं चल सकती, ठीक उसी प्रकार हिंदुस्तानी लोगों को भी किसी चलाने वाले की आवश्यकता है। यदि इन्हें कोई चलाने वाला मिल जाए, तो ये सब कुछ कर सकते हैं।

लेखक रामचरितमानस के एक प्रसंग का वर्णन करते हुए कहता है कि जिस प्रकार सीता की खोज के समय समुद्र लाँघने के लिए हनुमान को जामवंत द्वारा उनका बल याद दिलाने के लिए कहना पड़ा था कि "का चुप साधि रहा बलवाना" और हनुमान जी ने क्षण भर में लंका लाँघ ली थी, उसी प्रकार बल याद दिलाने के बाद ये भारतीय किसी भी काम को हनुमान की तरह कर देंगे, पर अब इन्हें इनका बल कौन याद दिलाए? क्या इन्हें बल याद दिलाने के लिए हिंदुस्तानी राजा-महाराजा आएँगे या नवाब-रईस या हाकिम आएँगे। राजा-महाराजा को तो अपनी पूजा-पाठ, भोजन, झूठी गपबाज़ी से छुट्टी नहीं मिलती और जहाँ तक हाकिमों की बात है, उन्हें तो सरकारी काम ही घेरे रहता है, कुछ बॉल, घुड़दौड़, थिएटर, अखबार में समय चला जाता है। इसके बाद यदि कुछ समय बच भी गया, तो उनको क्या पड़ी है कि हम गरीब, गंदे, काले आदमियों से मिलकर अपना अनमोल समय खराब करें।

विशेष

(i) प्रस्तुत गद्यांश में लेखक ने हनुमान के दृष्टांत से भारतीयों को अपनी शक्ति पहचानने के लिए प्रेरित किया है।

(ii) प्रस्तुत गद्यांश में स्वार्थी राजा-महाराजा और हाकिमों पर लेखक ने व्यंग्य किया है।

(iii) प्रस्तुत गद्यांश में खड़ीबोली का प्रयोग किया गया है।

(iv) प्रस्तुत गद्यांश की शैली व्यंग्यात्मक व दृष्टांत शैली है।

(v) प्रस्तुत गद्यांश की भाषा सहज व सरल है।

गद्यांश 2

जब आज इस काल में हम लोगों को अंग्रेज़ी विद्या की ओर जगत की उन्नति की कृपा से लाखों पुस्तकें और हज़ारों यंत्र तैयार हैं। तब हम लोग निरी चुंगी की कतवार फेंकने की गाड़ी बन रहे हैं। यह समय ऐसा है कि उन्नति की मानो घुड़दौड़ हो रही है। अमेरिकन, अंग्रेज़, फ़रांसीस आदि तुरकी ताजी सब सरपट्ट दौड़े जाते हैं। सबके जी में यही है कि पाला हमीं पहले छू लें। उस समय हिंदू काठियावाड़ी खाली खड़े-खड़े टाप से मिट्टी खोदते हैं। इनको, औरों को जाने दीजिए, जापानी टट्टुओं को हाँफते हुए दौड़ते देखकर भी लाज नहीं आती।

संदर्भ पूर्ववत्।

प्रसंग प्रस्तुत गद्यांश में लेखक ने इस बात पर बल दिया है कि जब सारा संसार प्रगति के पथ पर अग्रसर हो रहा है, तो ऐसे समय में हमें समय नहीं गँवाना चाहिए। सही समय पर मेहनत करनी चाहिए।

व्याख्या प्रस्तुत गद्यांश में लेखक कहता है कि आज हमारे भारत में अंग्रेज़ी विद्या और जगत की उन्नति की कृपा से लाखों पुस्तकें और हज़ारों यंत्र विद्यमान हैं, फिर भी हम चुंगी की कतवार बने हुए हैं अर्थात् कूड़ा ढोने की गाड़ी बने हुए हैं, जो भैंसे द्वारा खींची जाती है और सुस्त व धीमी गति वाली होती है।

लेखक भारतीयों पर व्यंग्य कर रहा है कि ये भी उस भैंसा गाड़ी के समान हैं—आलसी व नकारा। यह समय उन्नति करने का है, जिसमें सभी देश घुड़दौड़ कर रहे हैं तथा जिनमें एक-दूसरे से आगे निकलने की होड़-सी लगी हुई है। हमारा देश व उसके लोग भैंसे की सुस्त प्रवृत्ति के समान हैं, जिसकी तुलना में अमेरिका, ब्रिटेन व फ्रांस के निवासी, तुर्की के तेज़ गति से दौड़ने वाले नस्ल के घोड़ों के समान हैं और निरंतर प्रगति कर रहे हैं। इस प्रगति की होड़ में भारतीय काठियावाड़ी खाली खड़े-खड़े टाप से केवल मिट्टी ही खोदते रहते हैं।

इस प्रगति की दौड़ से उन्हें कोई सरोकार ही नहीं है। लेखक अपने वचनों को अत्यंत कठोर करते हुए कहता है कि इन प्रगतिशील देशों के अतिरिक्त जापान भी हमारे देश से आगे है। जापानवासियों को लेखक ने टट्टुओं की संज्ञा दी है। ये जापानी लोग परिश्रमी हैं भले ही ये कितने ही हाँफ़ते रहें, परंतु परिश्रम करने से ये पीछे नहीं हटते। इन जापानी टट्टुओं को देखकर भी हम भारतवासियों को लज्जा नहीं आती। अतः लेखक का आशय यह है कि भारतीयों को अपने देश की उन्नति से कोई सरोकार नहीं है और पूर्णतः देशभक्ति की भावना के प्रति उदासीन हैं।

विशेष

(i) प्रस्तुत गद्यांश में लेखक ने भारतीयों के आलस्य को चुंगी की कतवार कहा है।

(ii) प्रस्तुत गद्यांश में लेखक ने भारतीयों को देश के प्रति सचेत किया है।

(iii) प्रस्तुत गद्यांश में तत्सम व हिंदीतर शब्दावलीयुक्त खड़ीबोली का प्रयोग है।

(iv) प्रस्तुत गद्यांश की शैली व्यंग्यात्मक व दृष्टांत शैली है।

(v) प्रस्तुत गद्यांश की भाषा सहज व सरल है।

गद्यांश 3

चारों ओर आँख उठाकर देखिए, तो बिना काम करने वालों की ही चारों ओर बढ़ती है। रोज़गार कहीं कुछ भी नहीं है, अमीरों की मुसाहबी, दल्लाली या अमीरों के नौजवान लड़कों को खराब करना या किसी की जमा मार लेना, इनके सिवा बतलाइए और कौन रोज़गार है। जिससे कुछ रुपया मिलै। चारों ओर दरिद्रता की आग लगी हुई है। किसी ने बहुत ठीक कहा है कि "दरिद्र कुटुंबी इस तरह अपनी इज्जत को बचाता फिरता है, जैसे लाजवंती कुल की बहू फटे कपड़ों में अपने अंग को छिपाए जाती है।" वही दशा हिंदुस्तान की है।

संदर्भ पूर्ववत्।

प्रसंग प्रस्तुत गद्यांश में इस बात पर टिप्पणी की गई है कि भारतवर्ष की सही उन्नति न हो पाने का एक कारण भारतीयों के अंदर व्याप्त आलस्य है। इसके कारण भारत पिछड़ रहा है।

व्याख्या प्रस्तुत गद्यांश में लेखक के अनुसार, हम भारतीयों में इतना आलस्य हो गया है कि मलूकदास ने तो इस विषय में एक दोहा ही बना डाला "अजगर करै न चाकरी, पंछी करै न काम। दास मलूका कहि गए, सबके दाता राम।।" जिधर देखो, उधर बिना काम करने वाले ही दिखाई देते हैं। रोज़गार कहीं कुछ भी नहीं है। अमीरों की चापलूसी, दलाली या अमीरों के नौजवान लड़कों की आदतें खराब करना या किसी की जमापूँजी मार लेना, इनके सिवा और कोई रोज़गार नहीं है। चारों ओर गरीबी फैली हुई है। लेखक भारत की तुलना एक लाजवंती परिवार की बहू से करते हुए कहता है कि गरीब परिवार अपनी इज़्ज़त को इस तरह बचाता फिरता है, जैसे किसी लाजवंती परिवार की बहू फटे कपड़ों में अपने अंग को छिपाए रहती है। कुछ ऐसी ही स्थिति आज भारत की हो गई है।

विशेष

(*i*) प्रस्तुत गद्यांश में लेखक ने भारतीयों के पिछड़ने का मुख्य कारण आलस्य को बताया है।

(*ii*) प्रस्तुत गद्यांश में तत्सम व हिंदीतर शब्दावलीयुक्त खड़ीबोली का प्रयोग है।

(*iii*) प्रस्तुत गद्यांश में व्यंग्यात्मक व दृष्टांत शैली का प्रयोग हुआ है।

(*iv*) प्रस्तुत गद्यांश की भाषा सहज, सरल एवं सुबोध है।

गद्यांश 4

जो लोग अपने को देश हितैषी लगाते हों, वह अपने सुख को होम करके, अपने धन और मान का बलिदान करके कमर कस के उठो। देखादेखी थोड़े दिन में सब हो जाएगा। अपनी खराबियों के मूल कारणों को खोजो। कोई धर्म की आड़ में, कोई देश की चाल की आड़ में, कोई सुख की आड़ में छिपे हैं। उन चोरों को वहाँ-वहाँ से पकड़-पकड़कर लाओ। उनको बाँध-बाँधकर कैद करो। हम इससे बढ़कर क्या कहें कि जैसे तुम्हारे घर में कोई पुरुष व्यभिचार करने आवै तो जिस क्रोध से उसको पकड़कर मारोगे और जहाँ तक तुम्हारे में शक्ति होगी उसका सत्यानाश करोगे। उसी तरह इस समय जो-जो बातैं तुम्हारे उन्नति-पथ में काँटा हों, उनकी जड़ खोदकर फेंक दो।

संदर्भ पूर्ववत्।

प्रसंग प्रस्तुत गद्यांश में लेखक ने भारतीयों को देश की प्रगति की राह में आने वाली बाधाओं को दूर करने तथा अपने सुखों को होम (कुर्बान) करके भारत की उन्नति के कार्य में लग जाने का संदेश दिया है।

व्याख्या प्रस्तुत गद्यांश में लेखक के अनुसार, जो लोग अपने देश की उन्नति चाहते हैं, उन्हें सुख-सुविधाओं, धन और मान का बलिदान करके देश की उन्नति के कार्य में लग जाना चाहिए। एक-दूसरे को देखकर सभी उठ खड़े हो जाएँगे तथा कुछ ही दिनों में सब ठीक हो जाएगा। हमारी खराबियों के मूल कारण क्या हैं, उन्हें खोजो। आज कोई धर्म की आड़ में, कोई देश की चाल की आड़ में तथा कोई सुख की आड़ में छिपा हुआ है। उन चोरों को इधर-उधर से पकड़-पकड़कर लाओ और उनको बाँध-बाँधकर कैद करो। जैसे यदि तुम्हारे घर में कोई पुरुष व्यभिचार करने आए और तुम उसे पकड़ लो, तो जिस क्रोध से उसको पकड़कर मारोगे और जितनी तुम्हारे अंदर शक्ति होगी, उतना उसका सत्यानाश करोगे, ठीक उसी तरह आज जो बातें तुम्हारी उन्नति के मार्ग में काँटा बनकर खड़ी हों, उनकी जड़ें खोदकर फेंक दो। डरने की कोई आवश्यकता नहीं है। निडरता से विद्रोह करो और देश की उन्नति में अपना योगदान दो।

विशेष

(*i*) प्रस्तुत गद्यांश में लेखक ने सभी भारतवासियों को देश के प्रति सचेत किया है।

(*ii*) प्रस्तुत गद्यांश में लेखक द्वारा बहानेबाजों को सज़ा देने की बात करने से उसकी उग्र प्रवृत्ति का संकेत मिलता है।

(*iii*) प्रस्तुत गद्यांश में तत्सम शब्दावलीयुक्त खड़ीबोली का प्रयोग हुआ है।

(*iv*) प्रस्तुत गद्यांश की शैली व्यंग्यात्मक व दृष्टांत शैली है।

(*v*) प्रस्तुत गद्यांश की भाषा सहज, सरल एवं सुबोध है।

गद्यांश 5

सब उन्नतियों का मूल धर्म है। इससे सबके पहले धर्म की ही उन्नति करनी उचित है। देखो, अंग्रेजों की धर्मनीति और राजनीति परस्पर मिली हैं, इससे उनकी दिन-दिन कैसी उन्नति है। उनको जाने दो, अपने ही यहाँ देखो! तुम्हारे यहाँ धर्म की आड़ में नाना प्रकार की नीति, समाज-गठन, वैद्यक आदि भरे हुए हैं। दो-एक मिसाल सुनो। यही तुम्हारा बलिया का मेला और यहाँ स्नान क्यों बनाया गया है? जिसमें जो लोग कभी आपस में नहीं मिलते, दस-दस, पाँच-पाँच कोस से वे लोग साल में एक जगह एकत्र होकर आपस में मिलें। एक-दूसरे का दुःख-सुख जानैं। गृहस्थी के काम की वह चीज़ें जो गाँव में नहीं मिलतीं, यहाँ से ले जाएँ।

संदर्भ पूर्ववत्।

प्रसंग प्रस्तुत गद्यांश में लेखक ने वास्तविक सच्चे धर्म एवं भारत में धर्म और त्योहारों को मनाने के महत्त्व पर प्रकाश डाला है। उदाहरणों के माध्यम से अपनी बात को स्पष्ट किया गया है।

व्याख्या प्रस्तुत गद्यांश में लेखक के अनुसार उन्नतियों के मूल में धर्म है, इसलिए सबसे पहले धर्म की ही उन्नति करनी होगी। अंग्रेज़ों के दिन-प्रतिदिन उन्नति करते जाने का यही कारण है कि उनकी धर्मनीति और राजनीति आपस में एक-दूसरे से जुड़ी हुई हैं। अपने ही देश में देखो। अपने यहाँ धर्म की आड़ में नाना प्रकार की नीतियों, सामाजिक रीति-रिवाज़ों का गठन हुआ है। इन्हीं रीति-रिवाज़ों व बाह्याडंबरों से लोग कट्टरवादी हो गए हैं और एक-दूसरे के धर्मों की उपेक्षा करते हैं, जिसके कारण हमारे देश में धर्म, जाति व वर्ग को लेकर आपसी झगड़े तथा सांप्रदायिकता जन्म ले रही है। लेखक का मानना है कि जब तक हम धार्मिक कर्मकांडों में फँसे रहेंगे, तब तक हमारे भारत की प्रगति नहीं हो सकती। हमें एकजुट होकर इस ब्रिटिश शासन व भारतीय लोगों के आलस्य को जड़ से उखाड़ना होगा।

इसके लिए लेखक बलिया के मेले का उदाहरण देकर लोगों को समझाते हुए कहता है कि बलिया का यह मेला और यहाँ स्नान का रिवाज़ इसलिए

बनाया गया है, क्योंकि जो लोग कभी आपस में नहीं मिलते, दस-दस पाँच-पाँच कोस से वे लोग साल में एक बार इसके बहाने से एक जगह एकत्र होकर आपस में मिल सकें। एक-दूसरे का दुःख-सुख जान सकें। गृहस्थी में काम आने वाली वे चीज़ें, जो गाँव में नहीं मिलतीं, यहाँ से ले जाते हैं। इस प्रकार, लेखक भारतीय संस्कृति द्वारा लोगों में आपसी भाईचारे व एकत्व की भावना उद्वेलित कर भारत की उन्नति के लिए लोगों को उत्तेजित करता है।

विशेष

(*i*) प्रस्तुत गद्यांश में लेखक ने धर्म की वास्तविकता को भारत की उन्नति के लिए सर्वोपरि माना है।

(*ii*) प्रस्तुत गद्यांश में लेखक ने धर्म के भीतर छिपे आडंबरों पर कटाक्ष किया है।

(*iii*) प्रस्तुत गद्यांश में तत्सम शब्दावलीयुक्त खड़ीबोली का प्रयोग किया गया है।

(*iv*) प्रस्तुत गद्यांश में व्यंग्यात्मक तथा दृष्टांत शैली है।

(*v*) प्रस्तुत गद्यांश की भाषा सहज व सरल है।

गद्यांश 6

सो इन बातों को अब एक बेर आँख खोलकर देख और समझ लीजिए कि फलानी बात उस बुद्धिमान ऋषियों ने क्यों बनाई और उनमें देश और काल के जो अनुकूल और उपकारी हों, उनको ग्रहण कीजिए। बहुत-सी बातें जो समाज-विरुद्ध मानी हैं, किंतु धर्मशास्त्रों में जिनका विधान है, उनको चलाइए।

संदर्भ पूर्ववत्।

प्रसंग प्रस्तुत गद्यांश में लेखक ने परंपरावादी कुरीतियों को त्यागने तथा समयानुकूल व समाज की हितकारी नीतियों को अपनाने पर बल दिया है।

व्याख्या प्रस्तुत गद्यांश में लेखक कहता है कि उन्नति तभी संभव है, जब हम पुरानी रूढ़ियों व नीतियों पर पुनर्विचार करेंगे। ऋषियों व मुनियों के तर्कों व आध्यात्मिक बातों का विश्लेषण करने की आवश्यकता है, क्योंकि उनकी सभी बातें व मान्यताएँ समाज के अनुरूप नहीं होतीं। आज हमें उन परंपराओं के उपयोगी व अनुपयोगी पक्ष को देखना होगा कि आज के संदर्भ में वे कितनी उचित हैं तभी उनको ग्राह्य करना होगा। हमारे धर्मशास्त्रों में जो कुछ भी लिखा है उसमें कुछ बातें समाज के विरुद्ध हैं, परंतु यदि वह समाज व भारत की उन्नति के लिए आवश्यक हैं, तो हमें उन्हें ही चलाना होगा। अतः लेखक धर्मशास्त्रों में जाति, धर्म, वर्ण-व्यवस्था का खंडन कर, समानता व एकजुटता का संदेश देना चाहता है, तभी भारत की उन्नति संभव है।

विशेष

(*i*) प्रस्तुत गद्यांश में लेखक ने नवजागरण को प्रतिपादित किया है।

(*ii*) प्रस्तुत गद्यांश में तत्सम शब्दावलीयुक्त खड़ीबोली का प्रयोग किया गया है।

(*iii*) प्रस्तुत गद्यांश में व्यंग्यात्मक व दृष्टांत शैली का प्रयोग हुआ है।

(*iv*) प्रस्तुत गद्यांश की भाषा सहज व सरल है।

गद्यांश 7

भाई हिंदुओ! तुम भी मत-मतांतर का आग्रह छोड़ो। आपस में प्रेम बढ़ाओ। इस महामंत्र का जाप करो। जो हिंदुस्तान में रहे, चाहे किसी रंग, किसी जाति का क्यों न हो, वह हिंदू। हिंदू की सहायता करो। बंगाली, मराठा, पंजाबी, मदरासी, वैदिक, जैन, ब्रह्मो, मुसलमान सब एक का हाथ एक पकड़ो। कारीगरी जिसमें तुम्हारे यहाँ बढ़े, तुम्हारा रुपया तुम्हारे देश में रहै वह करो। देखो, जैसे हज़ार धारा होकर गंगा समुद्र में मिली हैं, वैसे ही तुम्हारी लक्ष्मी हज़ार तरह से इंग्लैंड, फरांसीस, जर्मनी, अमेरिका को जाती है। दीआसलाई ऐसी तुच्छ वस्तु भी वहीं से आती है।

संदर्भ पूर्ववत्।

प्रसंग प्रस्तुत गद्यांश में लेखक ने आपसी भाईचारे व एकता को स्थापित करने का मंत्र भारतीयों को दिया है। एकता से ही भारत की उन्नति संभव है।

व्याख्या प्रस्तुत गद्यांश में लेखक मुसलमानों को समझाने के बाद हिंदुओं को समझाते हुए कहता है कि तुम भी मत-मतांतर के चक्कर में मत पड़ो। इसके स्थान पर आपस में प्रेम बढ़ाओ और इस महामंत्र का जाप करो। जो हिंदुस्तान में रह रहे हैं, चाहे वे किसी रंग, किसी जाति तथा धर्म के क्यों न हों, सभी हिंदुओं की सहायता करो। बंगाली, मराठी, पंजाबी, मद्रासी, वैदिक, जैन, ब्राह्मण, मुसलमान सभी मिलकर एक-दूसरे की सहायता करो। ऐसे कार्य करो, जिससे तुम्हारे यहाँ रोज़गार के अवसर बढ़ें, सभी को रोज़गार मिले। तुम्हारे देश का रुपया तुम्हारे ही देश में रहे। लेखक उदाहरण देते हुए समझाता है कि देखो, जिस प्रकार हज़ार धारा होकर गंगा समुद्र में मिल जाती है, उसी प्रकार तुम्हारा धन भी हज़ारों तरीकों से इंग्लैंड, फ्रांस, जर्मनी, अमेरिका आदि देशों को जा रहा है। वह धन यहीं रहना चाहिए। और-तो-और माचिस जैसी छोटी-सी वस्तु तक विदेशों से आती है, जिसके कारण भारत की संपदा धीरे-धीरे विदेश जा रही है और हमारा भारत जर्जर होता जा रहा है।

विशेष

(*i*) प्रस्तुत गद्यांश में लेखक ने सभी धर्मों को एकजुट होने की सलाह दी है, जिससे देश की उन्नति संभव है।

(*ii*) प्रस्तुत गद्यांश में लेखक ने स्वदेशी वस्तुओं का उपभोग करने पर बल दिया है।

(*iii*) प्रस्तुत गद्यांश में लेखक की विदेशी वस्तुओं के प्रति घृणा स्पष्ट दिखाई पड़ती है।

(*iv*) प्रस्तुत गद्यांश में तत्सम शब्दावलीयुक्त खड़ीबोली का प्रयोग किया गया है।

(*v*) प्रस्तुत गद्यांश में व्यंग्यात्मक व दृष्टांत शैली का प्रयोग किया गया है।

(*vi*) प्रस्तुत गद्यांश की भाषा सहज व सरल है।

गद्यांशों पर आधारित बहुविकल्पीय प्रश्न

1. हमारे हिंदुस्तानी लोग तो रेल की गाड़ी हैं। यद्यपि फर्स्ट क्लास, सेकेंड क्लास आदि गाड़ी बहुत अच्छी-अच्छी और बड़े-बड़े महसूल की इस ट्रेन में लगी हैं, पर बिना इंजिन ये सब नहीं चल सकतीं, वैसे ही हिंदुस्तानी लोगों को कोई चलाने वाला हो, तो ये क्या नहीं कर सकते। इनसे इतना कह दीजिए, "का चुप साधि रहा बलवाना" फिर देखिए कि हनुमान जी को अपना बल कैसे याद आ जाता है। सो बल कौन याद दिलावे या हिंदुस्तानी राजे-महाराजे या नवाब-रईस या हाकिम। राजे-महाराजों को अपनी पूजा, भोजन, झूठी गप से छुट्टी नहीं। हाकिमों को कुछ तो सरकारी काम घेरे रहता है, कुछ बॉल, घुड़दौड़, थिएटर, अखबार में समय गया। कुछ समय बचा भी तो उनको क्या गरज है कि हम गरीब गंदे काले आदमियों से मिलकर अपना अनमोल समय खोवैं।

(i) लेखक के अनुसार, हिंदुस्तानियों को किसकी आवश्यकता है?
(क) साक्षर लोगों की
(ख) उनकी शक्ति याद दिलाने वालों की
(ग) फर्स्ट क्लास के डिब्बों की
(घ) उपर्युक्त में से कोई नहीं

(ii) लेखक ने भारतीयों को अपनी शक्ति पहचानने के लिए किसका दृष्टांत दिया है?
(क) हनुमान जी का (ख) राजा-महाराजा का
(ग) हाकिम का (घ) नवाब-रईस का

(iii) लेखक के अनुसार, राजा-महाराजाओं को किससे फुर्सत नहीं है?
(क) पूजा-पाठ से (ख) भोजन से
(ग) झूठी गपबाजी से (घ) ये सभी

(iv) **कथन** (A) भारतीय लोग रेलगाड़ी के समान हैं।
कारण (R) हिन्दुस्तानी लोग बिना नेतृत्व के सक्रिय नहीं हो पाते हैं।

कूट
(क) कथन (A) और कारण (R) दोनों सही हैं तथा कारण (R), कथन (A) की सही व्याख्या करता है।
(ख) कथन (A) और कारण (R) दोनों सही हैं, परंतु कारण (R), कथन (A) की सही व्याख्या नहीं करता है।
(ग) कथन (A) सही है, किंतु कारण (R) गलत है।
(घ) कथन (A) गलत है, किंतु कारण (R) सही है।

(v) प्रस्तुत गद्यांश की शैली कौन-सी है?
(क) व्यंग्यात्मक (ख) चित्रात्मक
(ग) उपदेशात्मक (घ) विवरणात्मक

उत्तर

(i) (ख) उनकी शक्ति याद दिलाने वालों की
(ii) (क) हनुमान जी का
(iii) (घ) ये सभी
(iv) (क) कथन (A) और कारण (R) दोनों सही हैं तथा कारण (R) कथन (A) की सही व्याख्या करता है।
(v) (क) व्यंग्यात्मक

2. जब आज इस काल में हम लोगों को अंग्रेज़ी विद्या की और जगत की उन्नति की कृपा से लाखों पुस्तकें और हज़ारों यंत्र तैयार हैं। तब हम लोग निरी चुंगी की कतवार फेंकने की गाड़ी बन रहे हैं। यह समय ऐसा है कि उन्नति की मानो घुड़दौड़ हो रही है। अमेरिकन, अंग्रेज़, फ़रांसीस आदि तुरकी ताजी सब सरपट्ट दौड़े जाते हैं। सबके जी में यही है कि पाला हमीं पहले छू लें। उस समय हिंदू काठियावाड़ी खाली खड़े-खड़े टाप से मिट्टी खोदते हैं। इनको, औरों को जाने दीजिए, जापानी टट्टुओं को हाँफते हुए दौड़ते देखकर भी लाज नहीं आती।

(i) लेखक के अनुसार, आज के समय में हमारे पास क्या है?
(क) बहुत-सी सिद्ध विद्याएँ
(ख) तैयार लाखों पुस्तकें व यंत्र
(ग) बहुत-सी गाड़ियाँ
(घ) उपर्युक्त में से कोई नहीं

(ii) लेखक के अनुसार, हम क्या बने हुए हैं?
(क) कूड़ा ढोने की गाड़ी (ख) मिट्टी खोदने की गाड़ी
(ग) रेस के घोड़े (घ) टट्टू

(iii) लेखक ने भारतीयों पर व्यंग्य करते हुए उन्हें क्या कहा है?
(क) जापानी टट्टू (ख) कूड़ा ढोने वाले
(ग) आलसी व नकारा (घ) देशभक्त

(iv) लेखक के अनुसार, हमारे देश से प्रगति की दौड़ में आगे देश कौन-सा है?
(क) अमेरिका (ख) ब्रिटेन
(ग) जापान (घ) ये सभी

(v) निम्नलिखित कथनों में से सही कथनों पर विचार कीजिए
1. अंग्रेजी विद्या और यंत्रों के बावजूद हिंदुस्तानी लोग प्रगति नहीं कर पा रहे हैं।
2. उन्नति की दौड़ में हिंदुस्तानी लोग सबसे आगे हैं।
3. जापानी लोग भी उन्नति के लिए संघर्ष कर रहे हैं।

कूट
(क) 1 और 3 (ख) 2 और 3 (ग) केवल 2 (घ) ये सभी

उत्तर

(i) (ख) तैयार लाखों पुस्तकें व यंत्र
(ii) (क) कूड़ा ढोने की गाड़ी
(iii) (ग) आलसी व नकारा
(iv) (घ) ये सभी
(v) (क) 1 और 3

3. सब उन्नतियों का मूल धर्म है। इससे सबके पहले धर्म की ही उन्नति करनी उचित है। देखो, अंग्रेजों की धर्मनीति और राजनीति परस्पर मिली है, इससे उनकी दिन-दिन कैसी उन्नति है। उनको जाने दो, अपने ही यहाँ देखो! तुम्हारे यहाँ धर्म की आड़ में नाना प्रकार की नीति, समाज-गठन, वैद्यक आदि भरे हुए हैं। दो-एक मिसाल सुनो। यहीं तुम्हारा बलिया का मेला और यहाँ स्नान क्यों बनाया गया है? जिसमें जो लोग कभी आपस में नहीं मिलते, दस-दस, पाँच-पाँच कोस से वे लोग साल में एक जगह एकत्र होकर आपस में मिलें।

एक-दूसरे का दु:ख-सुख जानैं। गृहस्थी के काम की वह चीज़ैं जो गाँव में नहीं मिलतीं, यहाँ से ले जाएँ।

(i) लेखक के अनुसार, सब उन्नतियों का मूल क्या है?
(क) कर्म
(ख) राजनीति
(ग) धर्म
(घ) आर्थिक नीति

(ii) **कथन** (A) अंग्रेजों की दिन-प्रतिदिन उन्नति बढ़ती जा रही है।
कारण (R) उनकी धर्मनीति व राजनीति आपस में जुड़ी हुई हैं।
कूट
(क) कथन (A) और कारण (R) दोनों सही हैं तथा कारण (R), कथन (A) की सही व्याख्या करता है।
(ख) कथन (A) और कारण (R) दोनों सही हैं, परंतु कारण (R), कथन (A) की सही व्याख्या नहीं करता है।
(ग) कथन (A) सही है, किंतु कारण (R) गलत है।
(घ) कथन (A) गलत है, किंतु कारण (R) सही है।

(iii) हिंदुस्तान में लोग कट्टरवादी क्यों हो गए हैं?
(क) राजनीति में उन्नत न होने के कारण
(ख) धर्म की आड़ में बने विभिन्न रीति-रिवाजों व बाह्याडंबरों के कारण
(ग) धर्म की उपेक्षा करने के कारण
(घ) धर्म में उन्नत न होने के कारण

(iv) लेखक के अनुसार, भारत की प्रगति कब तक नहीं होगी?
(क) जब तक हम धार्मिक कर्मकांडों में फँसे रहेंगे
(ख) जब तक हम धर्म को प्रमुखता नहीं देंगे
(ग) जब तक हम राजनीति में प्रमुख नहीं होंगे
(घ) उपर्युक्त में से कोई नहीं

(v) प्रस्तुत गद्यांश में किसके मेले का उदाहरण दिया गया है?
(क) मथुरा (ख) बलिया
(ग) पुष्कर (घ) मेरठ

उत्तर

(i) (ग) धर्म
(ii) (क) कथन (A) और कारण (R) दोनों सही हैं तथा कारण (R), कथन (A) की सही व्याख्या करता है।
(iii) (ख) धर्म की आड़ में बने विभिन्न रीति-रिवाजों व बाह्याडंबरों के कारण
(iv) (क) जब तक हम धार्मिक कर्मकांडों में फँसे रहेंगे
(v) (ख) बलिया

4. **भाई हिंदुओ! तुम भी मत-मतांतर का आग्रह छोड़ो। आपस में प्रेम बढ़ाओ। इस महामंत्र का जाप करो। जो हिंदुस्तान में रहे, चाहे किसी रंग, किसी जाति का क्यों न हो, वह हिंदू। हिंदू की सहायता करो। बंगाली, मराठा, पंजाबी, मदरासी, वैदिक, जैन, ब्रह्मो, मुसलमान सब एक का हाथ एक पकड़ो। कारीगरी जिसमें तुम्हारे यहाँ बढ़ै, तुम्हारा रुपया तुम्हारे ही देश में रहै वह करो। देखो, जैसे हज़ार धारा होकर गंगा समुद्र में मिली हैं, वैसे ही तुम्हारी लक्ष्मी हज़ार तरह से इंग्लैंड, फरांसीस, जर्मनी, अमेरिका को जाती है। दीआसलाई ऐसी तुच्छ वस्तु भी वहीं से आती है।**

(i) लेखक हिंदुओं को क्या समझा रहा है?
(क) तुम मत-मतांतर के चक्कर में मत पड़ो
(ख) तुम मत-मतांतर पर अड़े रहो
(ग) तुम धर्म के प्रति कट्टरपंथी रहो
(घ) दूसरे के धर्म को निम्नवत् समझो

(ii) प्रस्तुत गद्यांश में लेखक ने क्या सलाह दी है?
(क) सभी अपने-अपने धर्म का सम्मान करो
(ख) सभी धर्म एकजुट होकर रहो
(ग) सभी धर्म को छोड़कर केवल कर्म पर विश्वास करो
(घ) उपर्युक्त में से कोई नहीं

(iii) हमें कैसे कार्य करने चाहिए?
(क) जिनसे देश में सांप्रदायिकता बढ़े
(ख) जिनसे लोग धर्म का महत्त्व समझें
(ग) जिनसे देश में बाह्याडंबर बढ़े
(घ) जिनसे देश में रोजगार संभव हो

(iv) लेखक के अनुसार, हमें कैसी वस्तुओं का उपभोग करना चाहिए?
(क) स्वदेशी वस्तुओं का
(ख) विदेशी वस्तुओं का
(ग) 'क' और 'ख' दोनों
(घ) उपर्युक्त में से कोई नहीं

(v) निम्नलिखित कथनों में से सही कथनों पर विचार कीजिए
1. भारत जर्जर होता जा रहा है।
2. भारत की संपदा विदेश जा रही है।
3. भारत में रोजगार के अवसरों में बढ़ोतरी हो रही है।
कूट
(क) केवल 1 (ख) 1 और 2
(ग) 2 और 3 (घ) केवल 3

उत्तर

(i) (क) तुम मत-मतांतर के चक्कर में मत पड़ो
(ii) (ख) सभी धर्म एकजुट होकर रहो
(iii) (घ) जिनसे देश में रोजगार संभव हो
(iv) (क) स्वदेशी वस्तुओं का
(v) (ख) 1 और 2

विषय-वस्तु पर आधारित प्रश्नोत्तर

1. लेखक ने अपने भाषण में समय के सदुपयोग को किस प्रकार स्पष्ट किया है?

उत्तर यह सत्य है कि समय का सदुपयोग मानव जीवन व समाज के विकास का आधार है। यदि मनुष्य व समाज समय रहते समय का सदुपयोग नहीं करेगा, तो उसका विनाश निश्चित है। भारतेंदु ने उस काल में लोगों को समय की महत्ता स्पष्ट करते हुए बताया था कि यह समय आलस्य का नहीं है और न ही हुक्का या चिलम पीने का है, न ही आपसी मतभेद का। इस संबंध में लेखक इंग्लैंड के लोगों का उदाहरण देकर बताता है कि वहाँ के किसान, गाड़ीवान, मज़दूर, कोचवान भी ऐसे हैं, जिनके पास थोड़ा-सा भी समय होता है, तो वह अखबार पढ़ते हैं और अपने देश की उन्नति के बारे में सोचते हैं न कि चिलम, हुक्का या गप मारते हैं, इसलिए हम भारतवासियों को भी समय का सदुपयोग कर देश की उन्नति में सहयोग देना होगा, जिससे देश की स्थिति सुधर सके।

2. भारतेंदु ने अपने भाषण में किन दो शैलियों का प्रयोग किया है? प्रकाश डालिए।

उत्तर भारतेंदु राष्ट्रभक्ति के रचनाकार थे। उस समय भारत परतंत्रता की बेड़ियों में जकड़ा हुआ था और भारतीय लोग उस परतंत्रता के आदी हो चुके थे। ऐसे में भारतेंदु एक उम्मीद की किरण बनकर उभरे। उन्होंने अंग्रेज़ों की नीतियों से लोगों को अवगत कराया, जिसके लिए उन्होंने व्यंग्यात्मक शैली को मुख्य रूप से अपनाया, परंतु इस भाषण में उन्होंने मुख्यतः दो शैलियों का प्रयोग किया है

(i) **व्यंग्यात्मक शैली** भारतेंदु ने अपने भाषण में व्यंग्यपरक शैली का प्रयोग किया है, जिससे उनका व्याख्यान प्रभावशाली बना है; जैसे—"अमेरिकन, अंग्रेज, फरांसीस आदि तुरकी ताजी सब सरपट्ट दौड़े जाते हैं, उस समय हिंदू काठियावाड़ी खाली खड़े-खड़े टाप से मिट्टी खोदते हैं, जापानी टट्टुओं को हाँफ़ते हुए दौड़ते देखकर भी लाज नहीं आती। हम तो कुएँ के मेंढक, काठ के उल्लू, पिंजड़े के गंगाराम ही रहे, तो हमारी कमबख्त कमबख्ती फिर कमबख्ती है।"

(ii) **दृष्टांत शैली** लोगों को भली-भाँति अपनी बात समझाने के लिए भारतेंदु ने दृष्टांत शैली का प्रयोग किया है; जैसे—

- "तीन मेंढक एक के ऊपर एक बैठे थे, ऊपरवाले ने कहा 'ज़ौक शौक', बीचवाला बोला 'गुम सुम', सबके नीचेवाला पुकारा 'गए हम'। सो हिंदुस्तान की साधारण प्रजा की दशा यही है—'गए हम।'
- "दरिद्र कुटुंबी इस तरह अपनी इज़्ज़त को बचाता फिरता है, जैसे लाजवंती कुल की बहू फटे कपड़ों में अपने अंग को छिपाए जाती है।" वही दशा हिंदुस्तान की है।

3. भारतेंदु ने धर्म के किन-किन दोषों को उजागर किया है?

उत्तर भारतेंदु ने धर्म के निम्नलिखित दोषों को उजागर किया है

(i) लोगों ने धर्म के वास्तविक अर्थग्रहण के स्थान पर उसके आवरण का चोला ओढ़ लिया है। धर्म तो केवल परमेश्वर के चरण कमल का भजन है।

(ii) महात्मा बुद्धिमान ऋषियों के वंश के लोगों ने अपने बाप-दादाओं का मतलब न समझकर बहुत-से नए-नए धर्म बनाकर शास्त्रों में धर दिए। बस सभी तिथि-व्रत और सभी स्थान तीर्थ हो गए।

(iii) धर्मशास्त्रों में ऐसी मान्यताओं का होना, जो समाज विरोधी हैं; जैसे—जहाज़ का सफ़र न करना, विधवा विवाह न करना तथा बाल विवाह करना आदि।

4. लेखक ने कौन-कौन सी बातों का उल्लेख किया है, जो समाज-विरुद्ध मानी जाती हैं, किंतु धर्मशास्त्रों में उनका विधान है?

उत्तर लेखक ने ऐसी निम्नलिखित बातों का उल्लेख किया है

(i) धर्मशास्त्रों के अनुसार जहाज के सफ़र का निषेध किया गया है।
(ii) विधवा विवाह के कड़े विरुद्ध हैं।
(iii) बाल विवाह के पक्षधर हैं, जबकि समाज के विकास में ये अवरोध है।
(iv) धर्मशास्त्र कुलीन प्रथा, बहु-विवाह आदि के समर्थक हैं।
(v) स्त्री शिक्षा के पूर्णतः विरोधी हैं।
(vi) धर्मशास्त्र धर्म, जाति, वर्ग तथा वर्ण-व्यवस्था को बढ़ावा देते हैं।

इस प्रकार, भारतेंदु ने स्पष्ट किया है कि धर्मशास्त्रों में अनेक बातें समाज-विरोधी हैं, जिनके चलते भारत की उन्नति असंभव है, इसलिए भारत के विकास में बाधक इन सभी कुरीतियों को समाप्त करना होगा।

5. लेखक ने अंग्रेज़ी नीतियों व उनकी कर्त्तव्यबद्धता की प्रशंसा की है। पाठ के आधार पर स्पष्ट कीजिए।

उत्तर लेखक ने अपने भाषण में अंग्रेज़ी नीति व कर्त्तव्यों को दृष्टांत बनाकर उनकी प्रशंसा व भारतीयों को राष्ट्र के प्रति सचेत किया है।

(i) लेखक ने बलिया मेले के आयोजन की प्रशंसा करते हुए वहाँ के कलेक्टर रॉबर्ट साहब बहादुर की तुलना अकबर से की है।

(ii) अंग्रेज़ों की धर्मनीति व राजनीति परस्पर मिली हुई हैं, जिससे दिन-प्रतिदिन उनकी उन्नति हो रही है। हमें भी उनकी नीतियों को अपनाकर देश की प्रगति करनी होगी।

(iii) लेखक को अंग्रेज़ी शासन में विकास के सभी साधनों की उपलब्धता दिखाई पड़ती है।

(iv) लेखक इंग्लैंड के कोचवान की भी प्रशंसा करता है और भारतीयों को भी उनकी तरह बनने का परामर्श देता है।

6. लेखक ने वर्षों पहले दिए गए भाषण में जिन समस्याओं का उल्लेख किया है, उनमें से आज कौन-कौन सी प्रासंगिक हैं? वर्णन कीजिए।

उत्तर भारतेंदु ने अपने भाषण में उन सभी सामाजिक दोषों को स्पष्ट किया है, जो आज भी यथास्थिति बने हुए हैं; जैसे—

(i) आज हम स्वतंत्र हैं, तब भी विश्व के अन्य देश हमसे अधिक उन्नत हैं।

(ii) राजा-महाराजा के ही समान आज हमारी सरकार भी अपने ही हितों में तल्लीन है। आम जनता व देश की प्रगति से उन्हें कोई सरोकार नहीं।

(iii) विभिन्न धर्मों के लोग आपस में लड़कर सांप्रदायिकता आज भी फैला रहे हैं, जिन्हें भारतेंदु ने अपने समय-काल में भी एकता का पाठ पढ़ाया था।

(iv) आज भी स्त्री शिक्षा, विधवा विवाह को हमारे समाज में पूर्णतः स्वीकारा नहीं गया है।

(v) धर्म का वास्तविक अर्थ आज भी लुप्त है, उसके स्थान पर केवल बाह्याडंबर ही समाज में विद्यमान है, साथ ही कट्टरपंथी विचारधारा दिन-प्रतिदिन बढ़ती जा रही है।

(vi) आज भी जाति, धर्म, वर्ग तथा लिंग के आधार पर भेदभाव की जड़ें व्याप्त हैं।

(vii) आज भी समाज में बाल-विवाह को पूर्णतः नकारा नहीं गया है।

7. लेखक ने हिंदुओं व मुसलमानों को क्या परामर्श दिए?

उत्तर लेखक ने हिंदुओं व मुसलमानों को आपस में मिलकर रहने को कहा, साथ ही मुसलमानों से कहा कि इस हिंदुस्तान में बसकर हिंदुओं को नीचा समझना छोड़ दें और हिंदुओं से भाइयों की भाँति बर्ताव करें। ऐसी बात न करो, जो हिंदुओं का जी दुखाने वाली हो। आलस, हठधर्मी सब छोड़कर हिंदुओं के साथ तुम भी दौड़ो, एक-एक दो हो जाओ और पुरानी बातें दूर करो। हिंदू भाइयों तुम भी मत-मतांतर का आग्रह छोड़ो। आपस में प्रेम बढ़ाओ। इस महामंत्र का जाप करो। जो हिंदुस्तान में रहे, चाहे किस रंग, जाति का क्यों न हो, वह हिंदू। हिंदू की सहायता करो। बंगाली, मराठी, पंजाबी, मदरासी, वैदिक, जैन, ब्राह्मण, मुसलमान सब एक का हाथ एक पकड़ो।

8. लेखक ने अपनी कमियों के मूल कारण खोजने के लिए क्यों कहा है?

उत्तर किसी भी देश की प्रगति के लिए आवश्यक है—समाज व उसके लोगों के दृष्टिकोणों में सुधार होना। सर्वप्रथम हमें अपनी कमियों के कारण जानने होंगे कि दोष कहाँ है? आखिर हम भारतीय अन्य देशों से पिछड़ क्यों रहे हैं? हमें अपने दोषों को खोजना होगा; जैसे—हमें धर्म की आड़ व आडंबर को नष्ट करना होगा। अपने धन व मान का बलिदान करना होगा। सुख-सुविधाओं में लिप्त लोगों व चोरों को बाहर निकालकर समाप्त करना होगा।

हम कुएँ के मेंढक, काठ के उल्लू, पिंजड़े के गंगाराम ही क्यों बने रहें। क्यों हमने समय का सदुपयोग व अवसरों का लाभ नहीं उठाया आदि। इन सभी दोषों को हमें अपने मूल में ही खोजना होगा, तभी भारत की उन्नति के मार्ग व प्रयास सफल होंगे।

स्व-मूल्यांकन

गद्यांश पर आधारित बहुविकल्पीय प्रश्न

निम्नलिखित गद्यांश को ध्यानपूर्वक पढ़कर पूछे गए बहुविकल्पीय प्रश्नों के लिए सर्वाधिक उपयुक्त विकल्प का चुनाव कीजिए।

1. मुसलमान भाइयों को भी उचित है कि इस हिंदुस्तान में बसकर वे लोग हिंदुओं को नीचा समझना छोड़ दें। ठीक भाइयों की भाँति हिंदुओं से बरताव करैं। ऐसी बात, जो हिंदुओं का जी दुखाने वाली हों, न करें। घर में आग लगै, तब जिठानी-द्यौरानी को आपस का डाह छोड़कर एक साथ वह आग बुझानी चाहिए। जो बात हिंदुओं को नहीं मयस्सर हैं, वह धर्म के प्रभाव से मुसलमानों को सहज प्राप्त हैं। उनमें जाति नहीं, खाने-पीने में चौका-चूल्हा नहीं, विलायत जाने में रोक-टोक नहीं। फिर भी बड़े ही सोच की बात है, मुसलमानों ने अभी तक अपनी दशा कुछ नहीं सुधारी। अभी तक बहुतों को यही ज्ञान है कि दिल्ली, लखनऊ की बादशाहत कायम है। यारो! वे दिन गए। अब आलस, हठधर्मी यह सब छोड़ो। चलो, हिंदुओं के साथ तुम भी दौड़ो, एक-एक दो होंगे। पुरानी बातैं दूर करो। मीरहसन की 'मसनवी' और 'इंदरसभा' पढ़ाकर छोटेपन ही से लड़कों को सत्यानाश मत करो। होश सम्हाला नहीं कि पट्टी पार ली, चुस्त कपड़ा पहना और गज़ल गुनगुनाए।

(i) मुसलमान भाइयों को हिंदुओं के प्रति कैसा व्यवहार करना चाहिए?

(क) भाईचारे का (ख) प्रतिस्पर्द्धा का
(ग) शत्रुता का (घ) मत-मतांतर का

(ii) गद्यांश के अनुसार, मुसलमानों को अपनी दशा सुधारने के लिए क्या करना चाहिए?

(क) आलस और हठधर्मी को त्यागना चाहिए
(ख) हिंदुओं से दूर रहना चाहिए
(ग) पुरानी बादशाहत को कायम रखना चाहिए
(घ) धर्म के प्रभाव पर निर्भर रहना चाहिए

(iii) बच्चों को किस प्रकार की शिक्षा दी जानी चाहिए?

(क) केवल गज़ल गाने की (ख) रोजगार सिखाने की
(ग) धार्मिक शिक्षा की (घ) बादशाहत की पढ़ाई की

(iv) गद्यांश के अनुसार, बच्चों को कौन-सी आदत बिगाड़ सकती है?

(क) मीरहसन की 'मसनवी' पढ़ना
(ख) चुस्त कपड़े पहनना
(ग) गज़ल गुनगुनाना
(घ) उपर्युक्त सभी

(v) **कथन** (A) मुसलमान भाइयों को पेंशन और वज़ीफे का भरोसा छोड़ देना चाहिए।

कारण (R) आत्मनिर्भरता ही वास्तविक उन्नति का आधार है।

कूट

(क) कथन (A) और कारण (R) दोनों सही हैं तथा कारण (R), कथन (A) की सही व्याख्या करता है।
(ख) कथन (A) और कारण (R) दोनों सही हैं, परंतु कारण (R) कथन (A) की सही व्याख्या नहीं करता है।
(ग) कथन (A) सही है, किंतु कारण (R) गलत है।
(घ) कथन (A) गलत है, किंतु कारण (R) सही है।

गद्यांश की व्याख्या

2. निम्नलिखित में से किसी एक गद्यांश की सप्रसंग व्याख्या कीजिए।

ज़रा अपने ही को देखो। तुम जिस मारकीन की धोती पहने हो वह अमेरिका की बिनी है। जिस लंकिलाट का तुम्हारा अंगा है वह इंग्लैंड का है। फरांसीस की बनी कंघी से तुम सिर झारते हो और जर्मनी की बनी चरबी की बत्ती तुम्हारे सामने बल रही है। यह तो वही मसल हुई कि एक बेफ़िकरे मँगनी का कपड़ा पहिनकर किसी महफिल में गए। कपड़े को पहिचानकर एक ने कहा, 'अजी यह अंगा तो फलाने का है।' दूसरा बोला, 'अजी टोपी भी फलाने की है।' तो उन्होंने हँसकर जवाब दिया कि 'घर की तो मूछैं ही मूछैं हैं।'

अथवा

बहुत लोग यह कहैंगे कि हमको पेट के धंधे के मारे छुट्टी ही नहीं रहती बाबा, हम क्या उन्नति करैं? तुम्हारा पेट भरा है तुमको दून की सूझती है। यह कहना उनकी बहुत भूल है। इंग्लैंड का पेट भी कभी यों ही खाली था। उसने एक हाथ से अपना पेट भरा, दूसरे हाथ से उन्नति की राह के काँटों को साफ़ किया। क्या इंग्लैंड में किसान, खेतवाले, गाड़ीवान, मजदूर, कोचवान आदि नहीं हैं? किसी देश में भी सभी पेट भरे हुए नहीं होते, किंतु वे लोग जहाँ खेत जोतते-बोते हैं वहीं उसके साथ यह भी सोचते हैं कि ऐसी और कौन नई कल या मसाला बनावैं, जिसमें इस खेती में आगे से दूना अन्न उपजै।

विषय-वस्तु पर आधारित प्रश्न

1. लेखक के अनुसार, हिंदुस्तान के प्राचीन आर्य लोग किन विशेषताओं के लिए प्रसिद्ध थे?

2. लेखक ने 'जंगल में बाँस की नलियों से ग्रहों की गति बेधने' का उल्लेख क्यों किया है?

3. उन्नति की 'घुड़दौड़' से लेखक का क्या तात्पर्य है तथा लेखक ने जापानी टट्टुओं का उदाहरण क्यों दिया है?

4. इंग्लैंड के कोचवानों और हिंदुस्तान के कोचवानों में लेखक ने क्या अंतर बताया है?

5. हिंदुस्तान में बढ़ती दरिद्रता की तुलना लेखक ने किससे की है?

01 अध्याय

कबीर वाणी

(कबीर)

कवि-परिचय

कबीर का जन्म 1398 ई. में काशी में हुआ था। ये स्वामी रामानंद के शिष्य थे। जुलाहे और काशीवासी कबीर ने विधिवत शिक्षा नहीं पाई, किंतु उन्होंने संतों और फकीरों की संगति से मौलिक ज्ञान अर्जित किया। निर्गुण भक्त कवियों में उनका सर्वोच्च स्थान है। उनके काव्य में धर्म के बाह्याडंबरों का विरोध, राम-रहीम की एकता का प्रयास और जातिगत व धार्मिक भेदभाव का खंडन मिलता है। कबीर ने गुरु-भक्ति, ईश्वर-प्रेम, ज्ञान, वैराग्य और आत्मबोध को व्यक्त किया है। उनकी भाषा में जनभाषा की सहजता और भावों की गहराई है। कबीर ने साखी, सबद और रमैनी रचे, जो मुख्यत: कबीर ग्रंथावली और बीजक में संगृहीत हैं। उनकी कुछ रचनाएँ गुरुग्रंथ साहब में भी हैं। 1518 ई. में उनका देहावसान हो गया।

▼ अध्ययन के लिए

- कविता की रूपरेखा
- काव्यांशों की व्याख्या

▼ अभ्यास के लिए

- पाठ्यपुस्तक के प्रश्नोत्तर
- काव्यांशों पर आधारित बहुविकल्पीय प्रश्न
- विषय-वस्तु पर आधारित प्रश्नोत्तर

कविता की रूपरेखा

प्रस्तुत पद पारसनाथ तिवारी द्वारा संपादित 'कबीर वाणी' से लिए गए हैं। कबीर ने प्रथम पद में हिंदू व मुसलमान दोनों के धर्माचरण पर प्रहार करते हुए बाह्याडंबरों और कुरीतियों की कड़ी आलोचना की है। उन्होंने दोनों धर्मों में व्याप्त विभिन्न आडंबरों को उजागर किया है और साथ ही उनके अनुयायियों को प्रेरित करते हुए कहा है कि वे जिस राह पर चल रहे हैं, वह उन्हें पतन की ओर अग्रसर कर रही है। दूसरे पद में कबीर ने ब्रह्म को प्रियतम और स्वयं (आत्मा) को विरहिणी स्त्री के रूप में प्रस्तुत किया है। साथ ही प्रियतम से घर लौट आने की आकांक्षा व्यक्त की है। इस प्रकार, कबीर ने प्रेम और भक्ति के मार्ग को श्रेष्ठ बताया है। जब तक जीव (आत्मा) को ब्रह्मज्ञान की प्राप्ति नहीं हो जाती, तब तक उसका कल्याण होना अत्यंत कठिन है।

काव्यांशों की व्याख्या

निम्नलिखित काव्यांशों की सप्रसंग व्याख्या कीजिए

काव्यांश 1

अरे इन दोहुन राह न पाई।
हिंदू अपनी करै बड़ाई गागर छुवन न देई।
बेस्या के पायन-तर सोवै यह देखो हिंदुआई।
मुसलमान के पीर-औलिया मुर्गी-मुर्गा खाई।
खाला केरी बेटी ब्याहै घरहिं में करै सगाई।
बाहर से इक मुर्दा लाए धोय धाय चढ़वाई।
सब सखियाँ मिलि जेंवन बैठीं घर-भर करै बड़ाई।
हिंदुन की हिंदुवाई देखी तुरकन की तुरकाई।
कहैं कबीर सुनों भाई साधो कौन राह ह्वै जाई।।

शब्दार्थ

दोहुन—दोनों (हिंदू और मुसलमान); **बड़ाई**—प्रशंसा; **छुवन**—छूना; **बेस्या**—वेश्या; **पायन-तर**—पैरों पर गिरना/पैरों के नीचे; **पीर**—गुरु/अल्लाह का पैगंबर; **औलिया**—भक्त/संत/महात्मा/फकीर; **खाला**— मौसी; **सगाई**—रिश्तेदारी; **इक**—एक; **मुर्दा**—मरा हुआ पशु; **धोय-धाय**—धोकर/साफ़ करके; **जेंवन**—जींमना/भोजन करना; **हिंदुन**—हिंदू; **तुरकन**—बाहर से आए तुर्क या मुस्लिम; **साधो**—सज्जन/साधु पुरुष।

संदर्भ प्रस्तुत पद हमारी पाठ्यपुस्तक 'अंतरा भाग-1' में संकलित 'कबीर वाणी' से लिया गया है। इसके रचयिता कबीरदास जी हैं।

प्रसंग प्रस्तुत पद में कबीरदास जी ने हिंदुओं व मुसलमानों के धर्माचरण पर प्रहार करते हुए दोनों धर्मों में व्याप्त बाह्याडंबरों और कुरीतियों की कड़ी आलोचना की है।

व्याख्या प्रस्तुत पद में कबीरदास जी कहते हैं कि हिंदू-मुसलमान अपने उचित मार्ग से भटक गए हैं। हिंदू अपने धर्म की प्रशंसा करते हुए स्वयं को बहुत पवित्र समझते हैं। इसी कारण अपने पानी के बर्तन को भी किसी अन्य वर्ग के व्यक्तियों को छूने नहीं देते, क्योंकि उन्हें यह डर रहता है कि छूने से उनका बर्तन अपवित्र हो जाएगा। एक ओर वे पवित्रता का दिखावा करते हैं तथा दूसरी ओर वेश्या के पैरों के नीचे सोते हैं, परंतु तब इनकी पवित्रता नष्ट नहीं होती अर्थात् हिंदू वेश्या के यहाँ जाने में भी संकोच नहीं करते हैं। तब उनके हिंदुत्व का यह ढोंग देखने योग्य है।

इस्लाम को मानने वाले मुसलमानों के आध्यात्मिक शिक्षक तथा उनके शिष्य मांसाहार करने के लिए मुर्गी-मुर्गा को मारकर खा जाते हैं। मुसलमान अपनी माँ की बहन की पुत्री से ही विवाह कर लेते हैं एवं अपने ही घर में संबंध बना लेते हैं। ये बाहर से एक मृत पशु का मांस लाते हैं, उसे धोते हैं और पकाते हैं।

इसके बाद सभी एक साथ बैठकर उसे खाते हैं और पूरा परिवार उसकी प्रशंसा करता है। कबीरदास जी ने हिंदुओं का हिंदुपन तथा तुर्कों का तुर्कपन अर्थात् मुसलमानी रूप देख लिया है। अब उनके सामने यह समस्या है कि वे कौन-सी राह अपनाएँ, क्योंकि दोनों ही राह स्वयं में दोषपूर्ण हैं। अतः इन राह पर जाने से ईश्वर प्राप्ति नहीं हो सकती है।

काव्य-शैली

(i) प्रस्तुत पद में कवि ने हिंदुओं और मुसलमानों के धर्माचरण पर प्रहार करते हुए इस बात पर बल दिया है कि दोनों धर्मों के लोग बड़ी-बड़ी बातें तो करते हैं, किंतु इन बातों को अपने व्यवहार में नहीं लाते।

(ii) प्रस्तुत पद में कबीरदास जी दोनों ही मार्गों को दोषपूर्ण बताते हुए कहते हैं कि इनका आचरण धर्म के विरुद्ध है, क्योंकि कोई भी धर्म छुआछूत या जीव-हत्या की बात को सही नहीं मानता।

(iii) प्रस्तुत पद में कबीर की वाक्पटुता और निष्पक्षता दिखाई देती है।

(iv) प्रस्तुत पद में उद्बोधन शैली के प्रयोग से भाषा प्रभावशाली बन गई है।

(v) प्रस्तुत पद में पंचमेल खिचड़ी एवं सधुक्कड़ी भाषा का सुंदर प्रयोग, भाषा भावानुकूलता, सरलता एवं सरसता लिए हुए है।

(vi) प्रस्तुत पद में 'मुर्गी-मुर्गा', 'धोय-धाय', 'सब सखियाँ' में अनुप्रास अलंकार और 'घर-भर' में पुनरुक्तिप्रकाश अलंकार है।

(vii) प्रस्तुत पद में छंद पद है और इसमें व्यंग्यात्मकता है।

(viii) प्रस्तुत पद में प्रसाद गुण व शांत रस की प्रधानता है।

काव्यांश 2

बालम, आवो हमारे गेह रे।
तुम बिन दुखिया देह रे।
सब कोई कहै तुम्हारी नारी, मोकों लगत लाज रे।
दिल से नहीं लगाया, तब लग कैसा सनेह रे।
अन्न न भावै नींद न आवै, गृह-बन धरै न धीर रे।
कामिन को है बालम प्यारा, ज्यों प्यासे को नीर रे।
है कोई ऐसा पर-उपकारी, पिवसों कहै सुनाय रे।
अब तो बेहाल कबीर भयो है, बिन देखे जिव जाय रे।।

शब्दार्थ

बालम—पति/प्रिय/ईश्वर; **गेह**—घर; **दुखिया**—दु:खी/दु:खयारी; **देह**—जीवात्मा/शरीर; **मोकों**—मुझको; **लाज**—लज्जा; **दिल**—हृदय/वक्ष; **सनेह**—स्नेह/प्रेम/प्यार; **भावै**—अच्छा लगना; **गृह-बन**—घर रूपी वन; **धरै**—धारण करना; **धीर**—धैर्य; **कामिन**—स्त्री/प्रेमिका; **नीर**—जल; **पर-उपकारी**—दूसरे का हित करने वाला; **पिवसों**—प्रिय से/ईश्वर से; **बेहाल**—बुरा हाल; **भयो**—हो गया; **जिव**—आत्मा/प्राण; **जाय**—जाना।

संदर्भ पूर्ववत्।

प्रसंग प्रस्तुत पद में कबीरदास जी ईश्वर को प्रियतम व स्वयं को प्रियतमा मानते हुए ईश्वर का आह्वान करते हुए कहते हैं कि वे आकर उनके हृदय की व्याकुलता को शांत करें, क्योंकि कबीरदास अपने प्रियतम से मिले बिना बेहाल हो चुके हैं।

व्याख्या प्रस्तुत पद में कबीरदास जी ने स्वयं को आत्मा रूपी प्रेमिका और परमात्मा को प्रेमी के रूप में वर्णित किया है। कबीरदास जी कहते हैं कि यह आत्मा रूपी प्रेमिका, परमात्मा रूपी प्रिय के विरह में व्याकुल है और उनके दर्शनों की प्यासी है। अतः वह परमात्मा से मिलने का आग्रह करते हुए कहती है कि हे मेरे प्रिय! आपके वियोग में मेरा शरीर अत्यधिक कष्ट भोग रहा है, इसलिए आप मेरे इस शरीर रूपी घर में आ जाइए।

समाज के लोग मुझे आपकी नारी (पत्नी) कहते हैं, लेकिन आप मुझे अपने हृदय से नहीं लगाते हो। इस कारण मैं समाज की बातों से लज्जित अनुभव

करती हूँ। कबीर जी यह स्पष्ट करते हैं कि सच्चा प्रेम और स्नेह तब ही संभव है, जब प्रेम के प्रकटीकरण हेतु परमात्मा, आत्मा को अपने हृदय से लगाए।

कबीर जी कहते हैं कि उनके प्रेम की अभिव्यक्ति के बिना उनकी उपेक्षा के कारण प्रेमिका रूपी आत्मा को न तो खाना अच्छा लगता है और न ही उन्हें नींद आती है। घर हो या वन, कहीं भी धैर्य धारण नहीं कर पाते हैं। जिस प्रकार काम भाव से आसक्त नारी (कामिनी) को अपना प्रेमी अच्छा लगता है और प्यासे को पानी की इच्छा होती है, उसी प्रकार आत्मा को परमात्मा प्यारे लगते हैं।

कबीरदास जी लोगों से विनती करते हुए कह रहे हैं कि क्या ऐसा कोई परोपकारी है, जो उनके पति या प्रियतम समान परमात्मा से उनकी इस व्यथा को कह सके कि वे परमात्मा के वियोग में व्याकुल हैं, क्योंकि उन्हें देखे बिना, उनसे मिले बिना वे जीवित नहीं रह पाएँगे।

काव्य-शैली

(i) प्रस्तुत पद में कबीरदास जी ने रहस्यमयी भावना को प्रकट किया है।

(ii) प्रस्तुत पद में कवि ने स्वयं को विरहिणी स्त्री/प्रियतमा के रूप में तथा ईश्वर को प्रियतम के रूप में चित्रित किया है।

(iii) प्रस्तुत पद में प्रेम की उत्कट भावना को प्रकट किया गया है अर्थात् आत्मा की परमात्मा से मिलने की जो तड़प है, उसे दिखाया गया है।

(iv) प्रस्तुत पद में पंचमेल खिचड़ी एवं सधुक्कड़ी भाषा का सुंदर प्रयोग भावानुकूलता, सरलता एवं सरसता लिए हुए है।

(v) प्रस्तुत पद में लाक्षणिकता का प्रभाव स्पष्ट रूप से दिखाई दे रहा है।

(vi) प्रस्तुत पद में प्रत्येक पंक्ति में 'रे' की पुनरावृत्ति से भाषा अत्यंत प्रभावशाली बन गई है।

(vii) प्रस्तुत पद में 'कोई कहै', 'लगत लाज', 'पर-उपकारी' तथा 'पिवसों' में अनुप्रास अलंकार तथा 'कामिन को है बालम प्यारा, ज्यों प्यासे को नीर रे' पंक्ति में उत्प्रेक्षा अलंकार है।

(viii) प्रस्तुत पद में माधुर्य गुण एवं वियोग श्रृंगार रस का प्रयोग हुआ है।

(ix) प्रस्तुत पद में गेयता का गुण विद्यमान है।

पाठ्यपुस्तक (अंतरा भाग-1) के प्रश्नोत्तर

1. 'अरे इन दोहुन राह न पाई' से कबीर का क्या आशय है और वे किस राह की बात कर रहे हैं?

उत्तर 'अरे इन दोहुन राह न पाई' से कबीर का आशय है कि हिंदू और मुसलमान दोनों को परमात्मा तक पहुँचने के लिए सही मार्ग नहीं मिला है। दोनों ही अपने उचित मार्ग से भटक गए हैं। वे जिस मार्ग का अनुसरण कर रहे हैं, वह मार्ग उन्हें मुक्ति की ओर नहीं ले जाएगा, किंतु फिर भी हिंदुओं और मुसलमानों को अब तक बुद्धि नहीं आई है। यहाँ कबीर ने धर्म और अध्यात्म की उस राह की ओर संकेत किया है, जिससे विमुख होकर हिंदू और मुसलमान दोनों ही गलत आचरण में लगे हुए हैं। दोनों ही धर्म के नाम पर अधर्म फैला रहे हैं, क्योंकि कोई भी धर्म जीव हत्या और छुआछूत की अनुमति नहीं देता।

कबीर कहते हैं कि हिंदुओं को अपनी पवित्रता पर गर्व है, किंतु चारित्रिक हीनता के कारण वे वेश्यागमन करते हैं। मुसलमानों के आध्यात्मिक गुरु मांसाहारी हैं। वे भी चारित्रिक रूप से कमज़ोर हैं, क्योंकि वे मौसी की बेटी से ही विवाह रचा लेते हैं। कवि आध्यात्मिकता के आधार पर परमात्मा को पाने के लिए आडंबरविहीन भक्ति मार्ग अपनाने की बात कर रहे हैं।

2. इस देश में अनेक धर्म, जाति, मज़हब और संप्रदाय के लोग रहते थे, किंतु कबीर हिंदू और मुसलमान की ही बात क्यों करते हैं?

उत्तर कबीर का काल खंड 1398-1518 ई. है। भारत में उस समय मुख्यतः हिंदू एवं मुसलमान दो धर्मों के लोग रहते थे। इन दोनों प्रमुख धर्मों के पाखंड एवं बाह्याडंबर से मानवता की रक्षा एवं उसकी उन्नति के लिए उन्होंने हिंदू एवं मुसलमान की ही बात की। कबीर ने इन दोनों धर्मों के अनुयायियों को बहुत करीब से देखा था।

वे इन धर्मों की बुराइयों के दुष्परिणामों को भी जानते थे। उन्हें यह भी पता था कि हिंदू और मुसलमान दोनों धर्मों में व्याप्त बुराइयों को यदि समय रहते दूर कर लिया गया, तो भारतीय समाज की अधिकांश बुराइयाँ दूर हो जाएँगी।

3. 'हिंदुन की हिंदुवाई देखी तुरकन की तुरकाई' के माध्यम से कबीर क्या कहना चाहते हैं? वे उनकी किन विशेषताओं की बात करते हैं?

उत्तर 'हिंदुन की हिंदुवाई देखी तुरकन की तुरकाई' के माध्यम से कबीर यह कहना चाहते हैं कि उन्होंने हिंदू को अपने धर्म की बड़ाई करने तथा अपने धर्म को पवित्रतम बताने के बाद भी वेश्याओं के पैरों के पास सोते हुए देखा है। इसी प्रकार मुस्लिमों को मुर्गी-मुर्गे का मांस खाते तथा दूसरे जीवों की हत्या करते हुए देखा है।

कबीर हिंदुओं की विशेषता बताते हुए कहते हैं कि वे अपने जल पात्र को किसी को छूने भी नहीं देते, क्योंकि छूने से जल पात्र अपवित्र हो जाता है। वहीं हिंदू जब वेश्या के पैरों में सोते हैं, तो उनकी पवित्रता नष्ट नहीं होती। इसी प्रकार मुस्लिम जीव हत्या करते हैं। अपनी बेटियों का विवाह मौसेरे भाई के साथ करते हैं। सगाई-विवाह आदि घर में ही कर देते हैं। मरा हुआ जीव धोकर पकाते और खाते हैं।

स्पष्टवादी एवं निर्भीक कवि खरी बात कहने का साहस रखते थे। उन्होंने हिंदू एवं मुसलमानों के धार्मिक, सामाजिक एवं पारिवारिक बाह्य आडंबरों एवं बुराइयों को दूर करने के लिए, लोगों को उपदेश देने के लिए उनकी उन्नति के मार्ग में बाधक उनके धर्म एवं सामाजिक रीति-रिवाजों की प्रमुख विशेषताओं की बात की है। वस्तुतः वे इन लोगों की विशेषताओं की नहीं, वरन् उनकी बुराइयों की ओर उनका ध्यान आकृष्ट कर रहे हैं।

4. 'कौन राह ह्वै जाई' का प्रश्न कबीर के सामने भी था। क्या इस तरह का प्रश्न आज समाज में मौजूद है? उदाहरण सहित स्पष्ट कीजिए।

उत्तर धर्म का पालन करना मनुष्य की आध्यात्मिक, मानसिक एवं सामाजिक उन्नति के लिए आवश्यक है। धर्म यदि पाखंड, बाह्याडंबर, कुरीतियों, अंधविश्वासों एवं रूढ़ियों से भरा हुआ हो तो लोगों की उन्नति के बदले अवनति होगी। इसलिए कबीर के सामने यह प्रश्न था कि 'कौन राह ह्वै जाई' अर्थात् किस राह पर चला जाए या किस धर्म का पालन किया जाए। यह प्रश्न आज भी समाज में मौजूद है।

हिंदू और मुस्लिम समाज में व्याप्त बुराइयों ने कबीरदास जी को चिंतित किया था, क्योंकि वे जानते थे कि दोनों ही धर्म के अनुयायी सही राह पर नहीं चल रहे हैं, उन्हें दोनों धर्मों की कमियों के विषय में अच्छा ज्ञान था। कबीर के समय का प्रश्न अभी भी समाज में मौजूद है। आज भी हिंदू-मुस्लिम दोनों धर्मों में अंधविश्वास और कट्टरता, पाखंड एवं बाह्याडंबर के चलते एवं दोनों के अपने धर्म को श्रेष्ठ समझने से समाज की प्रगति में बाधा उत्पन्न होती है। हिंदू धर्म में छुआछूत की भावना, वेश्यागमन आदि एवं मुसलमानों में मौसेरी बहन से विवाह एवं मांसाहार आदि आज भी प्रचलित हैं।

5. 'बालम, आवो हमारे गेह रे' में कवि किसका आह्वान कर रहा है और क्यों?

उत्तर 'बालम, आवो हमारे गेह रे' में कवि स्वयं आत्मा के रूप में ईश्वर की प्रेमिका बनकर अपने प्रियतम (परमात्मा) का आह्वान कर रहे हैं, क्योंकि उनके बिना वह विरह वेदना से तड़प रहे हैं। उनकी यह विरह वेदना तभी शांत हो सकती है, जब उन्हें उनके प्रेमी अर्थात् ईश्वर के दर्शन हो जाएँ। आध्यात्मिक जगत् में आत्मा पत्नी है और परमात्मा पति। आत्मारूपी पत्नी परमात्मारूपी पति से मिलने के लिए लालायित रहती है।

6. 'अन्न न भावै नींद न आवै' का क्या कारण है? ऐसी स्थिति क्यों हो गई है?

उत्तर कबीरदास स्वयं (आत्मा) को प्रियतमा और ईश्वर (परमात्मा) को अपना प्रियतम मानते हैं। अपने प्रियतम से मिले बिना उन्हें कष्ट का अनुभव हो रहा है। ईश्वर के बिना उन्हें न तो भोजन अच्छा लग रहा है और न ही नींद आ रही है।

ऐसी स्थिति इसलिए हो गई है, क्योंकि प्रियतम के बिना उनकी आत्मा बेहाल हो चुकी है और वह उससे मिलने को तड़प रही है। ऐसी स्थिति इसलिए उत्पन्न हुई है, क्योंकि आत्मा के परमात्मा से अलग होने के बाद मिलन की घड़ी नहीं आई है।

7. 'कामिन को है बालम प्यारा, ज्यों प्यासे को नीर रे' से कवि का क्या आशय है? स्पष्ट कीजिए।

उत्तर 'कामिन को है बालम प्यारा, ज्यों प्यासे को नीर रे' से कवि का आशय है कि जिस प्रकार एक काम वासना से आसक्त नारी (कामिनी) को अपना पति अत्यधिक प्यारा लगता है। वह अपने पति के सामीप्य के लिए वैसे

ही बेचैन रहती है, जैसे कोई प्यासा पानी के लिए तड़पता है। उसी प्रकार कबीर ईश्वर के बिना तड़प रहे हैं। उन्हें परमात्मा से उतना ही प्यार है, जितना काम-भाव से पीड़ित स्त्री को पति एवं प्यासे को पानी प्यारा होता है।

8. कबीर निर्गुण संत परंपरा के कवि हैं और यह पद (बालम, आवो हमारे गेह रे) साकार प्रेम की ओर संकेत करता है। इस संबंध में आप अपने विचार लिखिए।

उत्तर कबीर को निर्गुण संत परंपरा का कवि माना जाता है, किंतु यह पद 'बालम, आवो हमारे गेह रे' साकार प्रेम की ओर संकेत करता है। इसका कारण यह है कि कबीर ने प्रेम को सर्वोच्च स्थान दिया है। उनका यह प्रेम भक्त और ईश्वर के रूप में हो सकता है तथा प्रियतम व प्रियतमा के रूप में भी। उनके अनुसार प्रेम से ही ईश्वर को प्राप्त किया जा सकता है और अहंकार को नष्ट किया जा सकता है। कबीर के लिए प्रेम महत्त्वपूर्ण है उसका स्वरूप नहीं। निर्गुण उपासक भी परमात्मा से अपना प्रेम साकार रूप में प्रकट करते हैं। कवि ने अपने निराकार आराध्य के साथ स्वयं को अनेक अन्य रूपों में भी जोड़ा है; जैसे—

(i) 'हरि मेरौ पीउ, मैं राम की बहुरिया'
(ii) 'हरि जननी मैं बालक तोरा'
(iii) 'कबीर कुतिया राम की' आदि।

9. उदाहरण देते हुए दोनों पदों का भाव-सौंदर्य और शिल्प-सौंदर्य लिखिए।

1. **अरे इन दोहुन राह न पाई।**
हिंदू अपनी करै बड़ाई गागर छुवन न देई।
बेस्या के पायन-तर सोवै यह देखो हिंदुआई।
मुसलमान के पीर-औलिया मुर्गी-मुर्गा खाई।
खाला केरी बेटी ब्याहै घरहिं में करै सगाई।
बाहर से इक मुर्दा लाए धोय-धाय चढ़वाई।
सब सखियाँ मिलि जेंवन बैठीं घर-भर करै बड़ाई।
हिंदुन की हिंदुवाई देखी तुरकन की तुरकाई।
कहैं कबीर सुनों भाई साधो कौन राह ह्वै जाई।।

भाव-सौंदर्य

(i) प्रस्तुत पद में इस बात पर बल दिया गया है कि दोनों (हिंदू और मुसलमान) बड़ी-बड़ी बातें तो करते हैं, किंतु इन बातों को अपने व्यवहार में नहीं लाते।

(ii) इनका आचरण धर्म के विरुद्ध है, क्योंकि कोई भी धर्म जीव-हत्या की बात को सही नहीं मानता।

शिल्प-सौंदर्य

(i) उद्‌बोधन शैली के प्रयोग से भाषा प्रभावशाली बन गई है।

(ii) पंचमेल खिचड़ी एवं सधुक्कड़ी भाषा का सुंदर प्रयोग, भाषा भावानुकूलता, सरलता एवं सरसता लिए हुए है।

(iii) 'मुर्गी-मुर्गा', 'धोय-धाय', 'सब सखियाँ' में अनुप्रास अलंकार और 'घर-भर' में पुनरुक्तिप्रकाश अलंकार है।

(iv) छंद पद है और इसमें व्यंग्यात्मकता है।

(v) गेयता का गुण विद्यमान है।

2. **बालम, आवो हमारे गेह रे**
तुम बिन दुखिया देह रे।
सब कोई कहै तुम्हारी नारी, मोकों लगत लाज रे।
दिल से नहीं लगाया, तब लग कैसा सनेह रे।
अन्न न भावै नींद न आवै, गृह-बन धरै न धीर रे।
कामिन को है बालम प्यारा, ज्यों प्यासे को नीर रे।
है कोई ऐसा पर-उपकारी, पिवसों कहै सुनाय रे।
अब तो बेहाल कबीर भयो है, बिन देखे जिव जाय रे।।

भाव-सौंदर्य

(i) कबीरदास जी ने रहस्यमयी भावना को प्रकट किया है।

(ii) कवि ने स्वयं को विरहिणी स्त्री/प्रियतमा के रूप में तथा ईश्वर को प्रियतम के रूप में चित्रित किया है।

(iii) प्रेम की उत्कट भावना को प्रकट किया गया है अर्थात् आत्मा को परमात्मा से मिलने की जो तड़प है, उसे दिखाया गया है।

शिल्प-सौंदर्य

(i) पंचमेल खिचड़ी एवं सधुक्कड़ी भाषा का सुंदर प्रयोग भावानुकूलता, सरलता एवं सरसता लिए हुए है।

(ii) लाक्षणिकता का प्रभाव स्पष्ट रूप से दिखाई दे रहा है।

(iii) प्रत्येक पंक्ति में 'रे' की पुनरावृत्ति से भाषा अत्यंत प्रभावशाली बन गई है।

(iv) 'कोई कहै', 'लगत लाज', 'पर-उपकारी' तथा 'पिवसों' में अनुप्रास अलंकार तथा 'कामिन को है बालम प्यारा, ज्यों प्यासे को नीर रे' पंक्ति में उत्प्रेक्षा अलंकार है।

(v) माधुर्य गुण एवं वियोग श्रृंगार रस की उत्पत्ति हुई है।

(vi) गेयता का गुण विद्यमान है।

योग्यता-विस्तार

1. कबीर तथा अन्य निर्गुण संतों के बारे में जानकारी प्राप्त कीजिए।

उत्तर कबीर ज्ञानाश्रयी शाखा/संत काव्यधारा के प्रतिनिधि कवि कहलाए। हिंदी साहित्य में निर्गुणोपासक ज्ञानाश्रयी शाखा के कवियों को संत कहा जाता है। संत काव्यधारा के अन्य कवियों में कबीर, रैदास, धर्मदास, नानक, दादूदयाल, सुंदरदास, मलूकदास आदि हैं। संत कवियों ने जिस निराकार, निरंजन, अव्यक्त, अगोचर ईश्वर की आराधना, उपासना या भक्ति का उपदेश दिया, वह शुद्ध या सर्वथा दार्शनिक मतवादों से प्रभावित थी।

कबीर अपने युग के ही नहीं, युग-युग के महापुरुष थे। भटकते हुए समाज को नई राह दिखाने वाले कबीर की प्रासंगिकता आज भी है। कबीर भक्त और कवि तो बाद में थे, समाज सुधारक पहले थे। उनकी कविता में अनुभूति की सच्चाई एवं अभिव्यक्ति का खरापन है। समाज में व्याप्त रूढ़ियों, अंधविश्वासों, पाखंड का उन्होंने खंडन किया। उन्होंने मूर्तिपूजा, माला, तिलक, छापा, तीर्थाटन, गंगास्नान, रोज़ा, हिंसा, जाति प्रथा, ऊँच-नीच की भावना आदि का खंडन किया।

अन्य निर्गुण संतों का वर्णन इस प्रकार है

रामानंद (1368-1468 ई.) कान्यकुब्ज ब्राह्मण थे, इनकी शिक्षा काशी में हुई। भक्तमाल के अनुसार रामानंद के बारह शिष्य थे। इन्होंने तीर्थयात्रा, मूर्तिपूजा, वेदादि का विरोध करते हुए अंतः साधना पर बल दिया। रामानंद के गुरु राघवानंद जी ने 'सिद्धांत पंच मात्रा' नामक ग्रंथ की रचना की थी।

रैदास (1398-1448 ई.) जाति से चमार थे और काशी के निवासी थे। जन्मकाल के संबंध में निश्चयपूर्वक कहना संभव नहीं है। कुछ विद्वान इन्हें प्रसिद्ध कवयित्री मीरा का गुरु भी बताते हैं।

रैदास का एक अन्य नाम 'रविदास' भी है। संतबानी सीरीज के अंतर्गत इनकी रचनाओं का संकलन 'रविदास की बानी' शीर्षक से प्रकाशित हुआ है, इनके लिखे हुए 40 पद 'गुरुग्रंथ साहब' में भी संकलित हैं।

गुरुनानक (1469-1538 ई.) सिख संप्रदाय के प्रवर्तक गुरुनानक इतिहास प्रसिद्ध व्यक्ति हैं। उनका जन्म 1469 ई. में तलवंडी में हुआ था जो अब 'ननकाना साहब' के नाम से जाना जाता है। नानक के पद गुरु ग्रंथ साहब में संकलित हैं।

हरिदास निरंजनी ये निरंजनी संप्रदाय के कवि थे। इस संप्रदाय को नाथ पंथ एवं संत काव्य के बीच की कड़ी माना जा सकता है।

दादूदयाल (1544-1603 ई.) इन्होंने दादू पंथ का प्रवर्तन किया। ये एक धर्म सुधारक एवं समाज सुधारक के रूप में प्रसिद्ध रहस्यवादी कवि थे। इनके पंथ को 'परमब्रह्म संप्रदाय' भी कहा जाता है।

मलूकदास (1574-1682 ई.) इनके लिखे ग्रंथों के नाम हैं—ज्ञानबोध, रतनखान, भक्तिविवेक, सुखसागर, भक्तवच्छावली, बारहखड़ी स्फुटपद, राम अवतार लीला, ब्रजलीला तथा ध्रुवचरित।

सुंदरदास (1596-1689 ई.) ये दादूदयाल के शिष्य थे और प्रतिभाशाली कवि थे। इनके लिखे ग्रंथों में 'ज्ञानसमुद्र' और 'सुंदरविलास' प्रसिद्ध हैं। इनकी रचनाओं का संकलन सुंदर ग्रंथावली (दो भाग) में पुरोहित हरिनारायण शर्मा ने किया है।

2. कबीर के पद लोकगीत और शास्त्रीय परंपरा में समान रूप से लोकप्रिय हैं और गाए जाते हैं। कुछ प्रमुख गायकों के नाम यहाँ दिए जा रहे हैं। इनके कैसेट्स अपने विद्यालय में मँगवाकर सुनिए और सुनाइए।

- कुमार गंधर्व
- प्रह्लाद सिंह टिप्पाणियाँ
- भारती बंधु

उत्तर छात्र स्वयं करें।

अभ्यास प्रश्न

काव्यांशों पर आधारित बहुविकल्पीय प्रश्न

1. अरे इन दोहुन राह न पाई।
हिंदू अपनी करै बड़ाई गागर छुवन न देई।
बेस्या के पायन-तर सोवै यह देखो हिंदुआई।
मुसलमान के पीर-औलिया मुर्गी-मुर्गा खाई।
खाला केरी बेटी ब्याहै घरहिं में करै सगाई।
बाहर से इक मुर्दा लाए धोय-धाय चढ़वाई।
सब सखियाँ मिलि जेंवन बैठीं घर-भर करै बड़ाई।
हिंदुन की हिंदुवाई देखी तुरकन की तुरकाई।
कहैं कबीर सुनों भाई साधो कौन राह ह्वै जाई।।

(i) कबीरदास जी के अनुसार, किन दोनों को अपना सही मार्ग नहीं मिला है?
(क) हिंदू और मुसलमान को
(ख) ब्राह्मण और राजपूत को
(ग) साधु और गृहस्थ को
(घ) भारतीय और तुर्की को

(ii) **कथन** (A) हिंदू अपने पानी के बर्तन को किसी अन्य वर्ग के व्यक्तिओं को छूने नहीं देता।
कारण (R) हिंदू अपने धर्म की प्रशंसा करते हुए स्वयं को बहुत पवित्र समझता है।
कूट
(क) कथन (A) और कारण (R) दोनों सही हैं तथा कारण (R) कथन (A) की सही व्याख्या करता है।
(ख) कथन (A) सही है, लेकिन कारण (R) उसकी गलत व्याख्या करता है।
(ग) कथन (A) गलत है, लेकिन कारण (R) सही है।
(घ) कथन (A) और कारण (R) दोनों गलत हैं।

(iii) प्रस्तुत पद में कबीर जी ने किस पर प्रहार किया है?
(क) बाह्य आडंबरों व पाखंडों पर
(ख) हिंदुओं और मुसलमानों पर
(ग) साधुओं और फकीरों पर
(घ) सज्जनों और दुष्टों पर

(iv) निम्नलिखित कथनों में से सही कथनों पर विचार कीजिए
1. मुसलमानों के आध्यात्मिक शिक्षक मुर्गी-मुर्गे को मारकर खा जाते हैं।
2. हिंदू मुसलमानों से अधिक पवित्र होते हैं।
3. हिंदू वेश्या के यहाँ जाने में भी संकोच नहीं करते।

कूट
(क) केवल 1 (ख) 1 और 2
(ग) 2 और 3 (घ) 1 और 3

(v) कबीर जी के अनुसार, मुसलमान प्रायः क्या करते हैं?
(क) घर के ही सदस्यों के साथ सगाई (शादी) कर लेते हैं
(ख) घर से बाहर रिश्तेदारी बनाते हैं
(ग) अलग-अलग बैठकर खाना खाते हैं
(घ) उपर्युक्त में से कोई नहीं

उत्तर

(i) (क) हिंदू और मुसलमान को
(ii) (क) कथन (A) और कारण (R) दोनों सही हैं तथा कारण (R), कथन (A) की सही व्याख्या करता है।
(iii) (क) बाह्य आडंबरों व पाखंडों पर
(iv) (घ) 1 और 3
(v) (क) घर के ही सदस्यों के साथ सगाई (शादी) कर लेते हैं

2. बालम, आवो हमारे गेह रे
तुम बिन दुखिया देह रे।
सब कोई कहै तुम्हारी नारी, मोकों लगत लाज रे।
दिल से नहीं लगाया, तब लग कैसा सनेह रे।
अन्न न भावै नींद न आवै, गृह-बन धरै न धीर रे।
कामिन को है बालम प्यारा, ज्यों प्यासे को नीर रे।
है कोई ऐसा पर-उपकारी, पिवसों कहै सुनाय रे।
अब तो बेहाल कबीर भयो है, बिन देखे जिव जाय रे।।

(i) प्रस्तुत पद में कबीर ने 'बालम' किसे कहा है?
(क) शरीर को (ख) आत्मा को
(ग) परमात्मा को (घ) जीव को

(ii) स्नेह की अभिव्यक्ति कब तक नहीं होगी? प्रस्तुत पद के आधार पर बताइए।
(क) जब तक परमात्मा स्वयं मिलने नहीं आएँगे
(ख) जब तक परमात्मा आत्मा को हृदय से नहीं लगाएँगे
(ग) जब तक आत्मा स्वयं परमात्मा से नहीं मिलेगी
(घ) जब तक आत्मा शरीर का मोह करेगी

(iii) प्रस्तुत पद में 'कामिन' किसका प्रतीक है?
(क) काम भाव से आशक्त स्त्री का
(ख) गृहस्थ में उलझी स्त्री का
(ग) परमात्मा का
(घ) आत्मा का

(iv) 'पिवसों कहै सुनाय रे' से कबीर जी का क्या भाव है?
(क) क्या कोई ऐसा है, जो उनकी व्यथा को परमात्मा से कहे
(ख) उन्हें कौन उनके प्रियतम से मिलाएगा
(ग) क्या कोई उनकी आत्मा की प्यास नहीं बुझा सकता
(घ) क्या कोई उनकी व्यथा को दूर नहीं कर पाएगा

(v) प्रस्तुत पद में कबीर जी की कौन-सी प्रमुख प्रवृत्ति का परिचय मिलता है?
(क) उनके अंतर्ज्ञान का
(ख) उनकी निर्गुण ब्रह्म की उपासना का
(ग) उनकी रहस्यवाद की भावना का
(घ) उनकी उपदेशात्मक शैली का

उत्तर
(i) (ग) परमात्मा को
(ii) (ख) जब तक परमात्मा आत्मा को हृदय से नहीं लगाएँगे
(iii) (घ) आत्मा का
(iv) (क) क्या कोई ऐसा है, जो उनकी व्यथा को परमात्मा से कहे
(v) (ग) उनकी रहस्यवाद की भावना का

विषय-वस्तु पर आधारित प्रश्नोत्तर

1. कबीर ने हिंदुओं की किस कुरीति का वर्णन किया है?

उत्तर संत कवि कबीर हिंदुओं की कुरीति का वर्णन करते हुए कहते हैं कि हिंदू स्वयं को उच्च मानते हैं, इसलिए अन्य वर्ग के द्वारा अपने मटके (पानी का पात्र) को छूने पर अपवित्रता का ढोंग करते हैं, किंतु दूसरी ओर जब वे वेश्या के चरणों के नीचे सोते हैं, तब उनका हिंदुत्व न जाने कहाँ चला जाता है और तब उनकी उच्चता या पवित्रता नष्ट नहीं होती। संत कबीर इस आचरण को पाखंड और दिखावा मानते हैं, जो सच्चे धर्म से कोसों दूर हैं।

2. कवि ने मुसलमानों की किस कुरीति का वर्णन किया है? स्पष्ट कीजिए।

उत्तर संत कवि कबीर मुसलमानों की कुरीति का वर्णन करते हुए कहते हैं कि स्वयं को तुर्क कहने वाले मुसलमानों के आध्यात्मिक गुरु अथवा मार्गदर्शक हिंसा कर मांस का भक्षण करते हैं तथा मौसी की पुत्री से विवाह कर, विवाह-सगाई जैसे संबंध भी घर में ही संपन्न कर लेते हैं, तब इनकी धार्मिकता और आध्यात्मिकता न जाने कहाँ चली जाती है अर्थात् संत कबीर कहते हैं कि ऐसे कर्मों से उनकी धार्मिकता और आध्यात्मिकता पर प्रश्न चिह्न लग जाता है, क्योंकि ऐसा आचरण उनके धार्मिक आदर्शों और विचारों के विपरीत है।

3. कबीर ने किस राह की ओर संकेत किया है? वे इस राह पर गमन क्यों नहीं कर पाते हैं?

उत्तर कबीरदास जी ने मुक्ति की राह की ओर संकेत किया है। वे कहते हैं कि हिंदू और मुसलमान दोनों ही जिस मार्ग का अनुसरण कर रहे हैं, निश्चय ही वह मार्ग उनको मुक्ति की ओर नहीं ले जाएगा।

वे इस राह पर गमन इसलिए नहीं कर पाते, क्योंकि दोनों ही मार्ग दोषपूर्ण हैं, जो बाह्याडंबरों एवं कुरीतियों से ग्रसित हैं। संत कबीर बाह्याडंबरों और पाखंडों से परे एक सच्चे आध्यात्मिक मार्ग की खोज में हैं।

4. 'बालम' किसे कहा गया है? कबीरदास जी ने ईश्वर से अपना संबंध किस प्रकार जोड़ा है?

उत्तर कवि ने स्वयं को आत्मा तथा ईश्वर को परमात्मा के रूप में चित्रित किया है। 'बालम' परमात्मा अर्थात् ईश्वर (ब्रह्म) को कहा गया है।

कबीरदास जी ने स्वयं को विरहिणी नारी के रूप में प्रस्तुत कर स्वयं को प्रियतमा तथा ईश्वर को प्रियतम (पति) मानते हुए ईश्वर से अपना संबंध जोड़ा है। यह संबंध प्रेम और भक्ति पर आधारित है, जिसमें आत्मा, परमात्मा से मिलन की अभिलाषा रखती है।

5. कबीर को नींद न आने और अन्न न भाने का क्या कारण है?

उत्तर कबीर ने स्वयं को विरहिणी स्त्री अर्थात् प्रियतमा (आत्मा) के रूप में चित्रित किया है। प्रियतमा अपनी व्याकुलता को स्पष्ट करती हुई कहती है कि मैं उस परमात्मा की कैसी पत्नी हूँ, जिसका मुझे सामीप्य ही नहीं मिलता अर्थात् प्रियतमा प्रियतम का सामीप्य पाने के लिए व्याकुल है। इसलिए वह कहती है कि तुम्हारे बिना न तो मुझे भोजन अच्छा लगता है और न ही नींद आती है।

6. कवि किसका आह्वान कर रहा है और क्यों?

उत्तर कवि स्वयं को आत्मा और ईश्वर को परमात्मा के रूप में चित्रित करके परमात्मा का आह्वान कर रहा है, क्योंकि परमात्मा रूपी प्रियतमा के उपेक्षा भाव के कारण आत्मा रूपी प्रियतमा वियोग में विह्वल है। उसे न तो भोजन अच्छा लगता है और न ही नींद आती है। वह कहीं भी धैर्य को धारण नहीं कर पा रही है। वह केवल परमात्मा से मिलन के लिए तड़प रही है।

7. प्यासे की तुलना किससे की गई है? कबीर के दुःख कैसे दूर होंगे?

उत्तर 'प्यासे' की तुलना विरहिणी नारी अर्थात् प्रियतमा (आत्मा) से की गई है। कबीर के दुःखों का निवारण करने के लिए उसके प्रियतम को उसके पास आकर उसकी व्यथा/दुःख को दूर करना होगा। प्रियतम को उसके प्रति अपना स्नेह व्यक्त करना होगा तभी उसके विरहजन्य दुःखों को दूर किया जा सकेगा अर्थात् विरहिणी स्त्री के रूप में कबीर प्रियतम (परमात्मा) के वियोग में व्याकुल हैं। अतः प्रियतम स्वयं आकर उसके हृदय की व्याकुलता को शांत करें। तभी उनके (कबीर) दुःख दूर होंगे।

8. प्रेमी के न मिलने पर कबीर की स्थिति कैसी हो गई है? क्यों? स्पष्ट कीजिए।

उत्तर प्रेमी के न मिलने पर कबीर की स्थिति प्यासे व्यक्ति के समान हो गई है, क्योंकि प्रियतमा को अपना प्रियतम उसी प्रकार प्रिय है जैसे प्यासे को पानी अच्छा लगता है अर्थात् जिस प्रकार कोई प्यासा पानी के लिए तड़पता है, उसी प्रकार आत्मा परमात्मा के लिए भी तड़पती है। प्रियतम के बिना कवि की आत्मा व्यथित हो चुकी है और यह आत्मा अपने परमात्मा से मिलने को व्याकुल हो रही है।

9. 'कामिनी' किसे कहा गया है? कामिनी को क्या प्यारा लगता है क्यों?

उत्तर 'कामिनी' काम भाव से आसक्त स्त्री (प्रेमिका) को कहा गया है। कामिनी को बालम अर्थात् पति (प्रिय) प्यारा लगता है, क्योंकि प्रियतम उससे दूर है। वह अपने प्रियतम के विरह में व्याकुल है। प्रियतमा (प्रेमिका) को अपना प्रियतम उसी प्रकार प्रिय है, जैसे प्यासे को पानी अर्थात् जिस प्रकार कोई प्यासा पानी के लिए तड़पता है, उसी प्रकार कामिनी (प्रेमिका) अपने प्रियतम के लिए तड़पती है।

10. 'साधो' शब्द किसके लिए प्रयुक्त हुआ है?

उत्तर 'साधो' शब्द सज्जन/संतों के लिए प्रयुक्त हुआ है। यह शब्द उन लोगों के लिए है, जो धर्म के नाम पर भेदभाव, छुआछूत जैसी भावनाओं से ऊपर होते हैं। ये अपने आचरण और विचारों से समाज को सही दिशा दिखाने का प्रयास करते हैं तथा एक ऐसे मार्ग की तलाश में प्रयत्नशील रहते हैं, जिसका अनुसरण कर निश्चय ही मुक्ति की ओर जाया जा सके।

11. दूसरे पद में वर्णित प्रियतम के विरह में विरहिणी की दारुण दशा का वर्णन अपने शब्दों में कीजिए।

उत्तर दूसरे पद में प्रियतम के विरह में विरहिणी की दारुण दशा अत्यंत दयनीय है। आध्यात्मिक जगत् में यह अवधारणा है कि आत्मा, परमात्मा की पत्नी है। परमात्मा से अलग होने के बाद मिलन नहीं हो पाया है, इसलिए वह अपने प्रियतम का सामीप्य पाने के लिए व्याकुल है। उसे अपने प्रियतम के विरह में न तो अन्न अच्छा लगता है और न ही नींद आती है। वह सर्वत्र बेचैन रहती है। प्रियतम के विरह में उसकी बहुत बुरी स्थिति है, यदि प्रियतम के दर्शन नहीं हुए तो मानो उसके प्राण ही निकल जाएँगे।

12. कबीर की भाषा पर टिप्पणी कीजिए।

उत्तर कबीर की भाषा को आचार्य रामचंद्र शुक्ल ने 'सधुक्कड़ी' अथवा 'पंचमेल खिचड़ी' कहा है। उनकी भाषा कई भाषाओं के मिश्रण से बनी है। उनकी भाषा में खड़ीबोली, ब्रज, बुंदेलखंडी, पंजाबी, राजस्थानी, अपभ्रंश तथा अरबी-फ़ारसी के शब्दों का प्रयोग हुआ है। भाषा सदैव उनकी अनुगामिनी रही है। आचार्य हजारीप्रसाद द्विवेदी ने इसीलिए उन्हें 'वाणी का डिक्टेटर' कहा है।

13. कबीर के दो अन्य पदों का संकलन कीजिए, जिसमें ईश्वर के प्रति समर्पण दिखाया गया हो।

उत्तर कबीर स्वयं को पत्नी व परमात्मा को पति मानते हैं, ऐसे दो पद निम्नलिखित हैं

(i) हरि मेरा पीव भाई, हरि मेरा पीव।
हरि बिन रहि न सकै मेरा जीव।।

(ii) दुलहिनि गावहु मंगलाचार।
मोरे घर आये हो राजा राम भरतार।।
तन रत करि मैं मन रत करिहूँ पंचतत्त्व बाराती।
रामदेव मोरैं पाहुनैं आये, मैं जोबन मैं माती।।

14. अंतरा भाग-1 में संकलित कबीर वाणी के पदों की भाषागत विशेषताएँ बताइए।

उत्तर प्रस्तुत दोनों पदों की भाषा सधुक्कड़ी है। भाषा में प्रसाद गुण होने के कारण सहज बोधगम्यता है। उन्होंने खड़ीबोली, ब्रज, बुंदेलखंडी, पंजाबी, राजस्थानी, अपभ्रंश तथा अरबी-फ़ारसी आदि के शब्दों का प्रयोग किया है। पीर, औलिया, खाला, तुरकन, बालम, दिल आदि ऐसे ही शब्द हैं। जहाँ पहले पद में अभिधा शब्द-शक्ति से सीधी-सपाट भाषा में बात कही गई है, वहीं दूसरे पद में कबीर स्वयं आत्मा के प्रतीक हैं तथा बालम ब्रह्म का प्रतीक है। अंततः यही कहा जा सकता है कि कबीर जनता की सीधी-सादी भाषा में ही अपनी बात कहते हैं।

15. 'मुसलमान के पीर-औलिया मुर्गी-मुर्गा खाई, खाला केरी बेटी ब्याहै घरहिं में करै सगाई' पंक्ति का अर्थ स्पष्ट कीजिए।

उत्तर कबीरदास जी मुसलमानों की कड़ी आलोचना करते हुए कहते हैं कि मुसलमानों के धर्मगुरु और संत-महात्मा मुर्गी-मुर्गा का भक्षण करते हैं अर्थात् दूसरे जीवों की हत्या कर उनका मांस खाते हैं। इसी प्रकार वे मौसी की पुत्री से विवाह कर लेते हैं अर्थात् विवाह-सगाई आदि जैसे संबंध भी घर में ही संपन्न कर लेते हैं। इन दोनों ही पक्षों पर विचार करते हुए कबीर मुसलमानों के औचित्य पर सवाल खड़ा कर देते हैं।

16. दूसरे पद को पढ़कर कबीर की प्रेम भावना पर टिप्पणी कीजिए।

उत्तर कवियों ने अपने आराध्य से विभिन्न प्रकार के संबंध जोड़े हैं। कहीं सेव्य-सेवक भाव है तो कहीं सखा भाव है। कबीर भारतीय परंपरा के कवि हैं। अतः वे परमात्मा की पत्नी बने हैं एवं उन्हें अपना पति माना है। इस पद में परमात्मा 'बालम' है और कवि उसकी 'नारी' है।

एक अन्य पद में कबीर कहते हैं—

'हरि मेरौ पीउ, मैं राम की बहुरिया।'

कबीर अपने को बालक और परमात्मा को अपनी 'जननी' कहते हैं

'हरि जननी मैं बालक तोरा।'

कबीर परमात्मा से सेव्य-सेवक भाव भी रखते हैं। अतः वे कहते हैं

'कबीर कुतिया राम की मुतिया जाकौ नाम।
गले राम की जेवरी जित खींचे तित जॉव।।

परमात्मा से किसी भी प्रकार का संबंध हो, उसमें अहंकार का अभाव है। भगवान से संबंध जोड़ने पर ही अहंकार नष्ट होता है।

स्व-मूल्यांकन

काव्यांश पर आधारित बहुविकल्पीय प्रश्न

निम्नलिखित काव्यांश को ध्यानपूर्वक पढ़कर पूछे गए बहुविकल्पीय प्रश्नों के लिए सर्वाधिक उपयुक्त विकल्प का चुनाव कीजिए

1. अरे इन दोहुन राह न पाई।
हिंदू अपनी करै बड़ाई गागर छुवन न देई।
बेस्या के पायन-तर सोवै यह देखो हिंदुआई।
मुसलमान के पीर-औलिया मुर्गी-मुर्गा खाई।
खाला केरी बेटी ब्याहै घरहिं में करै सगाई।
बाहर से इक मुर्दा लाए धोय धाय चढ़वाई।
सब सखियाँ मिलि जेंवन बैठीं घर-भर करै बड़ाई।
हिंदुन की हिंदुवाई देखी तुरकन की तुरकाई।
कहैं कबीर सुनों भाई साधो कौन राह ह्वै जाई।।

(i) कबीर के अनुसार हिंदुओं और मुसलमानों का मार्ग कैसा है?
(क) सच्चाई से भरा
(ख) दोषपूर्ण और पाखंडपूर्ण
(ग) त्याग और तपस्या से युक्त
(घ) ईश्वर की आराधना से जुड़ा हुआ

(ii) कबीरदास के अनुसार हिंदुओं का कौन-सा आचरण उनके पाखंड को दर्शाता है?
(क) पूजा-पाठ करना
(ख) धर्मग्रंथ का पाठ करना
(ग) वेश्या के चरणों में सोना
(घ) भिक्षा दान देना

(iii) प्रस्तुत पद में कबीरदास किसकी आलोचना करते हैं?
(क) वेश्या और रिश्तेदारों की
(ख) हिंदू और मुसलमान दोनों की
(ग) केवल मुसलमानों की
(घ) केवल हिंदुओं की

(iv) **कथन** (A) कबीरदास जी ने हिंदुओं की कुरीतियों की आलोचना की है।

कारण (R) हिंदू अपने मटके को अन्य वर्ग के लोगों को छूने नहीं देते, परंतु वेश्याओं के चरणों में सोने में संकोच नहीं करते।

कूट
(क) कथन (A) और कारण (R) दोनों सही हैं तथा कारण (R), कथन (A) की सही व्याख्या करता है।
(ख) कथन (A) और कारण (R) दोनों सही हैं, परंतु कारण (R), कथन (A) की सही व्याख्या नहीं करता है।
(ग) कथन (A) सही है, किंतु कारण (R) गलत है।
(घ) कथन (A) गलत है, किंतु कारण (R) सही है।

(v) कबीरदास के अनुसार, हिंदू और मुसलमानों में क्या समानता है?
(क) दोनों सच्चे धर्म के मार्ग पर हैं
(ख) दोनों ही अपनी-अपनी कुरीतियों में फँसे हुए हैं
(ग) दोनों ही समाज सुधारक हैं
(घ) दोनों ही नास्तिक हैं

काव्यांश की व्याख्या

2. निम्नलिखित में से किसी एक काव्यांश की सप्रसंग व्याख्या कीजिए।
अरे इन दोहुन राह न पाई।
हिंदू अपनी करै बड़ाई गागर छुवन न देई।
बेस्या के पायन-तर सोवै यह देखो हिंदुआई।
मुसलमान के पीर-औलिया मुर्गी-मुर्गा खाई।
खाला केरी बेटी ब्याहै घरहिं में करै सगाई।

अथवा

सब कोई कहै तुम्हारी नारी, मोकों लगत लाज रे।
दिल से नहीं लगाया, तब लग कैसा सनेह रे।
अन्न न भावै नींद न आवै, गृह-बन धरै न धीर रे।
कामिन को है बालम प्यारा, ज्यों प्यासे को नीर रे।

विषय-वस्तु पर आधारित प्रश्न

1. कबीरदास जी ने हिंदुओं के किस आचरण को पाखंडपूर्ण कहा है?
2. 'गागर छुवन न देई' पंक्ति का क्या आशय है?
3. आत्मा और परमात्मा के संबंध को कबीरदास जी ने किस प्रकार व्यक्त किया है?

02

अध्याय

कवि-परिचय

सूरदास का जन्म 1478 ई. में रुनकता (आगरा) या सीही ग्राम (दिल्ली) में हुआ था। वे महाप्रभु वल्लभाचार्य के शिष्य और पुष्टिमार्गीय अष्टछाप कवियों में सबसे प्रसिद्ध थे। जन्मांध सूरदास सगुणोपासक कृष्णभक्त कवि थे। उनके काव्य में श्रीकृष्ण की बाल लीलाओं का अद्वितीय वर्णन मिलता है, जो सहजता, स्वाभाविकता और मनोवैज्ञानिकता से भरपूर है। वे मुख्यत: वात्सल्य और श्रृंगार के कवि हैं। उनके काव्य में शब्द-चित्रण और प्रसंगों की वास्तविक अनुभूति कराने की क्षमता है। उनकी भाषा परिष्कृत ब्रजभाषा है, जिसमें उपमा, उत्प्रेक्षा और रूपक जैसे अलंकारों का सुंदर प्रयोग है। उनके पद गेय हैं और किसी-न-किसी राग से जुड़े हैं। उनकी प्रमुख रचनाएँ सूरसागर, सूरसारावली और साहित्यलहरी हैं। 1583 ई. में इनका देहावसान हो गया।

▼ अध्ययन के लिए
- कविता की रूपरेखा
- काव्यांशों की व्याख्या

▼ अभ्यास के लिए
- पाठ्यपुस्तक के प्रश्नोत्तर
- काव्यांशों पर आधारित बहुविकल्पीय प्रश्न
- विषय-वस्तु पर आधारित प्रश्नोत्तर

सूरदास के पद

(सूरदास)

कविता की रूपरेखा

पहले पद में सूरदास ने भगवान श्रीकृष्ण की बाल-लीला का वर्णन किया है। खेल में सुदामा से हार जाने पर कृष्ण अपनी हार को स्वीकार नहीं करते, किंतु नंद की दुहाई देने पर वे पुन: खेलने को तैयार हो जाते हैं और सुदामा को उनका दाँव देना स्वीकार करते हैं। इस प्रकार, श्रीकृष्ण-सुदामा के बीच हुए खेल द्वारा बाल-मनोविज्ञान का सूक्ष्म एवं स्वाभाविक चित्रण प्रस्तुत किया गया है।

दूसरे पद में मुरली के प्रति गोपियों के ईर्ष्या-भाव को प्रस्तुत किया गया है। गोपियाँ श्रीकृष्ण के मुरली के प्रति अपने रोष को प्रकट करते हुए आरोप लगाती हैं कि मुरली श्रीकृष्ण को जिस रूप में चाहती है वैसे ही नचाती है। इस प्रकार, श्रीकृष्ण के लिए तो मुरली उनकी आत्मीय बन बैठी है और उसी के कारण गोपियों को श्रीकृष्ण का कोप-भाजन बनना पड़ता है। इस प्रकार, मुरली के माध्यम से गोपियों का श्रीकृष्ण के प्रति अगाध प्रेम प्रकट हुआ है।

काव्यांशों की व्याख्या

निम्नलिखित काव्यांशों की सप्रसंग व्याख्या कीजिए

काव्यांश 1

खेलन में को काको गुसैयाँ।
हरि हारे जीते श्रीदामा, बरबस हीं कत करत रिसैयाँ।
जाति-पाँति हमतैं बड़ नाहीं, नाहीं बसत तुम्हारी छैयाँ।
अति अधिकार जनावत यातै जातैं अधिक तुम्हारै गैयाँ।
रूठहि करै तासौं को खेलै, रहे बैठि जहँ-तहँ ग्वैयाँ।
सूरदास प्रभु खेल्यौइ चाहत, दाऊँ दियौ करि नंद-दुहैयाँ।।

शब्दार्थ

खेलन—खेलते समय; **काको**—किसका; **गुसैयाँ**—स्वामी; **श्रीदामा**—कृष्ण के मित्र सुदामा; **बरबस**—व्यर्थ ही/ज़बरदस्ती; **कत**—क्यों; **रिसैयाँ**—क्रोध करना; **हमतैं**—हम ग्वाल-बालों से; **बड़**—ऊँची/बड़ी; **बसत**—रहना/निवास करना; **छैयाँ**—अधीन/आश्रय; **जनावत**—जताना/प्रकट करना; **यातै**—इस कारण; **जातैं**—जिससे; **रूठहि**—नाराज़ होना/रूठना; **तासौं**—उससे; **ग्वैयाँ**—साथी/ग्वाल-बाल; **दाऊँ दियौ**—दाँव देना/पारी देना; **दुहैयाँ**—सौगंध।

संदर्भ प्रस्तुत पद हमारी पाठ्यपुस्तक 'अंतरा भाग-1' में संकलित है। इसके रचयिता सगुणोपासक कृष्णभक्त कवि सूरदास जी हैं।

प्रसंग प्रस्तुत पद में सूरदास जी ने श्रीकृष्ण की बाल-लीलाओं का वर्णन किया है। वे हारकर भी अपनी हार को स्वीकार नहीं करना चाहते, किंतु ग्वाल-बाल (सखा) ऐसा नहीं होने देते हैं।

व्याख्या प्रस्तुत पद में सूरदास जी कहते हैं कि सुदामा के साथ खेल खेलते समय कृष्ण सुदामा से पराजित होकर व्यर्थ में ही अपना क्रोध व्यक्त करने लगे। इस पर ग्वाल-बाल और सुदामा कहते हैं कि खेल में कोई किसी का स्वामी नहीं होता और न ही कोई किसी का दास होता है। तुम्हारी जाति-पाँति हमसे बड़ी नहीं है और न ही हम तुम्हारे आश्रय में रहते हैं। यदि तुमको इस बात का घमंड है कि तुम नंद बाबा के पुत्र हो, तो हम भी उनसे जाति-बिरादरी में नीचे नहीं हैं।

नंद बाबा भी अहीर हैं और हम भी अहीर हैं, अतः हम तुम्हारे अधीन नहीं आते हैं। आगे वे कहते हैं कि तुम इस बात पर अधिकार दिखा रहे हो कि तुम्हारे पास हमसे अधिक गायें हैं, तो इसे हम स्वीकार नहीं करते। जो खेल में बात-बात पर रूठ जाए, उसके साथ हमें नहीं खेलना। अतः सभी साथी इधर-उधर जाकर बैठ जाते हैं, जिससे खेल रुक जाता है। सूरदास जी कहते हैं कि कृष्ण खेलना चाहते हैं, इसलिए कृष्ण ने अपनी हार को स्वीकार कर लिया और आगे ऐसा व्यवहार न करने के लिए नंद बाबा की सौगंध खाकर दाँव सुदामा को दे दिया।

काव्य-शैली

(*i*) प्रस्तुत पद में कवि ने बाल-मनोविज्ञान का सूक्ष्म एवं स्वाभाविक चित्रण प्रस्तुत किया है।

(*ii*) प्रस्तुत पद में श्रीकृष्ण जिस तरह से रूठते हैं तथा खीझ प्रकट करते हैं, वह बचपन की स्वाभाविक हरकतों में से एक है।

(*iii*) प्रस्तुत पद में कवि ने खेल-खेल में समानता के अधिकार को बताया है।

(*iv*) प्रस्तुत पद में ब्रज भाषा का सुंदर प्रयोग है तथा पंक्तियों के अंत में 'याँ' की आवृत्ति हो रही है, जिससे भाषा में प्रभाव उत्पन्न हो रहा है।

(*v*) प्रस्तुत पद में वात्सल्य रस तथा माधुर्य गुण की प्रधानता है।

(*vi*) प्रस्तुत पद में 'को काको', 'हरि हारे', 'कत करत', 'अति अधिकार' तथा 'दाऊँ दियौ' में अनुप्रास अलंकार है।

(*vii*) प्रस्तुत पद में छंद पद है तथा पद में संगीतात्मकता एवं गेयता है।

काव्यांश 2

मुरली तऊ गुपालहिं भावति।
सुनि री सखी जदपि नंदलालहिं, नाना भाँति नचावति।
राखति एक पाई ठाढ़ौ करि, अति अधिकार जनावति।
कोमल तन आज्ञा करवावति, कटि टेढ़ौ ह्वै आवति।
अति आधीन सुजान कनौड़े, गिरिधर नार नवावति।
आपुन पौढ़ि अधर सज्जा पर, कर पल्लव पलुटावति।
भृकुटी कुटिल, नैन नासा-पुट, हम पर कोप-करावति।
सूर प्रसन्न जानि एकौ छिन, धर तैं सीस डुलावति।।

शब्दार्थ

तऊ—उस; **गुपालहिं**—श्रीकृष्ण; **भावति**—अच्छी लगती है; **नाना भाँति**—अनेक प्रकार; **नचावति**—परेशान करती है; **पाई**—पैर; **ठाढ़ौ**—खड़ा; **जनावति**—जताती है; **आज्ञा**—आदेश; **कटि**—कमर; **टेढ़ौ ह्वै आवति**—टेढ़ी हो जाती है; **आधीन**—में; **सुजान**—चतुर; **कनौड़े**—कृपा से दबे हुए; **नार**—गर्दन/स्त्री; **नवावति**—झुकवाती है; **आपुन**—स्वयं; **पौढ़ि**—लेटना; **अधर**—होंठ; **सज्जा**—शय्या; **कर पल्लव**—पत्तों के समान कोमल हाथ; **पलुटावति**—दबवाती है; **भृकुटी**—भौंह; **कुटिल**—टेढ़ी; **नासा-पुट**—नथुने; **कोप**—क्रोध; **एकौ छिन**—पलभर/एक क्षण; **सीस**—सिर; **डुलावति**—झूमने लगते हैं।

संदर्भ पूर्ववत्।

प्रसंग प्रस्तुत पद में सूरदास जी ने गोपियों का मुरली के प्रति ईर्ष्या-भाव दिखाया है। गोपियाँ मुरली को अपनी सौतन समझती हैं। मुरली सदैव कृष्ण के पास ही रहती है। अतः श्रीकृष्ण का मुरली के प्रति समर्पण भाव देखकर गोपियाँ व्याकुल हो उठती हैं।

व्याख्या प्रस्तुत पद में एक सखी दूसरी सखी से कहती है कि हे सखी! श्रीकृष्ण की यह मुरली उन्हें अनेक प्रकार से परेशान करती है, फिर भी यह श्रीकृष्ण को अधिक प्रिय है। सखी मुरली के बारे में चर्चा करते हुए कहती है कि यह बाँसुरी श्रीकृष्ण को एक पैर पर खड़े रहने के लिए बाध्य कर देती है अर्थात् मुरली बजाते समय कृष्ण को एक पैर पर खड़ा करके यह मुरली अपने अधिकारों की महत्ता को व्यक्त करती है। कृष्ण बालक है यह मुरली श्रीकृष्ण के कोमल शरीर से मनमाने कार्य करवाती है, जिसके परिणामस्वरूप कृष्ण की कमर टेढ़ी (त्रिभंगी मुद्रा) हो गई है।

यह मुरली रूपी नारी उन श्रीकृष्ण की गर्दन को झुका देती है, जिन्होंने गोवर्धन पर्वत को उठाया था। जो इंद्र के सम्मुख नहीं झुका, उसे नारी रूपी यह मुरली झुका देती है। आश्चर्य तो तब होता है, जब मुरली स्वयं उनके होंठों की शैय्या पर लेटकर उनके पल्लव के समान कोमल हाथों से अपने पैर दबवाती है।

श्रीकृष्ण मुरली के इतने कृतज्ञ हैं कि अपनी गर्दन तक झुका देते हैं। जिस समय श्रीकृष्ण मुरली बजाते हैं, उनकी भौंहें टेढ़ी हो जाती हैं, आँखें लाल हो जाती हैं तथा नथुने फूल जाते हैं। इस तरह मुरली श्रीकृष्ण से उन पर क्रोध करवाती है।

सूरदास जी कहते हैं कि यदि मुरली एक पल के लिए प्रसन्न हो जाती है, तो कृष्ण भी उसके प्रति आनंदित होकर झूमते हुए सिर हिलाने लगते हैं। इस पर भी गोपियों को ऐसा लगता है कि यदि कृष्ण उन पर प्रसन्न भी होते हैं, तो यह मुरली इनकार में उनका सिर हिला देती है।

काव्य-शैली

(*i*) प्रस्तुत पद में गोपियों का मुरली के माध्यम से कृष्ण के प्रति प्रेम प्रकट हुआ है।

(ii) प्रस्तुत पद में गोपियों का मुरली के प्रति ईर्ष्या-भाव इस बात को दर्शाता है कि उनके हृदय में कृष्ण के प्रति व्याप्त अगाध प्रेम है।

(iii) प्रस्तुत पद में गोपियों की वाक्पटुता तथा नारी स्वभाव की स्वाभाविकता की अभिव्यक्ति हुई है।

(iv) प्रस्तुत पद में ब्रज भाषा का सुंदर प्रयोग है तथा स्थानीय शब्दों; जैसे— ठाढ़ौ, कनौड़े, पौढ़ि, पलुटावति आदि का प्रयोग किया गया है।

(v) प्रस्तुत पद में 'गुपालहिं', 'गिरिधर' में श्लेष तथा 'अधर सज्जा', 'कर पल्लव' में रूपक अलंकार तथा 'सुनि री सखी', 'नंदलालहिं', 'नाना', 'नार नवावति' तथा 'नैन नासा' में अनुप्रास अलंकार है।

(vi) प्रस्तुत पद में 'नचावति', 'एक पाई ठाढ़ौ करि' आदि मुहावरों का प्रयोग बहुत सुंदरता से किया गया है।

(vii) प्रस्तुत पद में शृंगार रस तथा माधुर्य गुण विद्यमान है।

पाठ्यपुस्तक (अंतरा भाग-1) के प्रश्नोत्तर

1. 'खेलन में को काको गुसैयाँ' पद में श्रीकृष्ण और सुदामा के बीच किस बात पर तकरार हुई?

उत्तर प्रस्तुत पद में कृष्ण और सुदामा के बीच इस बात पर तकरार हुई कि दोनों खेल रहे थे तथा खेल में श्रीकृष्ण पराजित हो गए और सुदामा विजयी हुआ, किंतु कृष्ण अपनी पराजय को स्वीकार नहीं कर रहे थे। सुदामा अपनी बारी माँग रहे थे और श्रीकृष्ण सुदामा को उनकी बारी के खेल का दाँव देने के लिए तैयार नहीं हो रहे थे। इस बात पर सब ग्वाल-बाल (सखा) कृष्ण से कहते हैं कि खेल में कोई किसी का स्वामी नहीं होता है और न ही कोई किसी का दास होता है। खेल में सब समान होते हैं।

2. खेल में रूठने वाले साथी के साथ सब क्यों नहीं खेलना चाहते?

उत्तर खेल में रूठने वाले साथी के लिए कोई स्थान नहीं होता। खेल सदैव समानता की भावना से खेला जाता है। खेल को हार और जीत की चिंता किए बिना खेल भावना से खेलना चाहिए।

यदि खेल में कोई हारकर रूठता या क्रोध करता है और दूसरों को दाँव नहीं देता तो खेल बिगड़ जाता है और खेल को बीच में ही रोकना पड़ता है, जिससे खेल का सारा आनंद समाप्त हो जाता है। यही कारण है कि खेल में रूठने वाले (श्रीकृष्ण) साथी के साथ सब खेलना नहीं चाहते।

3. खेल में कृष्ण के रूठने पर उनके साथियों ने उन्हें डाँटते हुए क्या-क्या तर्क दिए?

उत्तर खेल में श्रीकृष्ण के रूठने पर श्रीकृष्ण के साथियों ने उन्हें डाँटते हुए निम्न तर्क दिए

(i) जाति में तुम हमसे बड़े नहीं हो।

(ii) हम तुम्हारे आश्रय में नहीं रहते हैं।

(iii) तुम्हारे पास अधिक गायें हैं, इसलिए तुम ज़्यादा अधिकार जताते हो।

(iv) रूठने वाले के साथ कोई भी खेलना पसंद नहीं करता।

(v) खेल में सभी बराबर होते हैं तथा कोई किसी का स्वामी नहीं होता।

4. कृष्ण ने नंद बाबा की दुहाई देकर दाँव क्यों दिया?

उत्तर कृष्ण ने नंद बाबा की दुहाई देकर दाँव इसलिए दिया, क्योंकि पहले तो वे अपनी हार स्वीकार नहीं कर रहे थे, किंतु जब ग्वाल-बाल क्रोधित होकर इधर-उधर बैठ गए, तो वे उनके साथ खेलना चाहते थे, किंतु अपनी बात को ऊपर रखना चाहते थे।

तब वे पुनः खेलने के उद्देश्य से दाँव देने को तैयार हो गए, किंतु ग्वाल-बाल उनकी बात पर इतनी आसानी से विश्वास कैसे कर लेते। अतः उन्होंने ग्वाल-बालों को विश्वास दिलाने तथा अपनी बात को विश्वसनीय बनाने के लिए उनको (ग्वाल-बाल) नंद बाबा की दुहाई देकर दाँव देना स्वीकार किया।

5. इस पद से बाल-मनोविज्ञान पर क्या प्रकाश पड़ता है?

उत्तर इस पद में बाल-मनोविज्ञान का सजीव चित्रण हुआ है। बच्चों के मन में बड़े-छोटे का भेदभाव नहीं होता। ग्वाल-बाल कृष्ण को बड़ा मानने को तैयार नहीं हैं, क्योंकि उनके पास अधिक गायें हैं या वे नंद बाबा के पुत्र हैं। जाति के आधार पर भी वे किसी को श्रेष्ठ नहीं मानते। बालपन में पराजय पर झुँझलाना, बहाने बनाना और क्रोधित होना स्वाभाविक है। खेल में बेईमानी या अधूरे खेल को भी बच्चे नापसंद करते हैं, साथ ही अपनी गलती मान लेना और खेल को विशेष महत्त्व देना भी बच्चों की सहज प्रवृत्ति है। सौगंध लेने और बात मनवाने जैसी सरलता भी बाल स्वभाव का अभिन्न हिस्सा है।

6. 'गिरिधर नार नवावति' से सखी का क्या आशय है?

उत्तर 'गिरिधर नार नवावति' से सखी का आशय यह है कि मुरली बड़ी ही सहजता से श्रीकृष्ण से सभी काम संपन्न करा लेती है, क्योंकि श्रीकृष्ण पूर्ण रूप से मुरली के अधीन हो चुके हैं। जब श्रीकृष्ण मुरली बजाते हैं तो मुरली उनके होंठों के बहुत पास रहती है। मुरली को बजाते समय उनकी गर्दन एक ओर को झुक जाती है। सखी को लगता है कि मुरली रूपी नारी ने श्रीकृष्ण की उस गर्दन को झुका दिया है, जिसने कभी गोवर्धन पर्वत को धारण किया था। 'गर्दन नीची होना' मुहावरा है, जिसका अर्थ है–अपमान का अनुभव करना, लज्जित होना आदि।

7. कृष्ण के अधरों की तुलना सेज से क्यों की गई है?

उत्तर श्रीकृष्ण के अधरों की तुलना सेज से इसलिए की गई है, क्योंकि जब श्रीकृष्ण मुरली बजाते हैं तो मुरली उनके अधरों पर लेटी हुई दिखाई देती है। सेज कोमल होती है, उसका उपयोग लेटने के लिए होता है। कृष्ण के अधर भी नरम एवं मुलायम सेज की तरह हैं, जिन पर मुरली लेटी हुई है तथा जब वह अपनी उँगलियों से मुरली के छिद्रों को खोलते-बंद करते हैं, तो ऐसा लगता है मानो वह मुरली के पैर दबा रहे हों।

8. पठित पदों के आधार पर सूरदास के काव्य की विशेषताएँ बताइए।

उत्तर सूरदास कृष्णभक्त कवियों में प्रमुख स्थान रखते हैं। इन्होंने बालक कृष्ण की सूक्ष्म भावनाओं को व्यक्त किया है। सूरदास के काव्य की निम्नलिखित विशेषताएँ हैं

(i) सूरदास के काव्य में बाल-सौंदर्य का सुंदर चित्रण है। सूर के समान वर्णन अन्यत्र मिलना कठिन है।

(ii) सूर के काव्य में भावनाओं की अभिव्यक्ति हुई है। बच्चे स्वभावतः खेल-खेल में लड़ लेते हैं, किंतु कुछ समय पश्चात् पुनः मिलकर खेलने लगते हैं।

(iii) सूरदास की रचनाओं में ब्रज भाषा का सुंदर प्रयोग किया गया है। साधारण बोलचाल की भाषा को परिष्कृत करके उन्होंने उसे साहित्यिक रूप प्रदान किया है। उनके काव्य में ब्रज भाषा का स्वाभाविक, सजीव और भावानुकूल प्रयोग मिलता है। अपनी रचनाओं में उन्होंने स्थानीय शब्दों का भी प्रयोग किया है। उदाहरण के लिए, ठाढ़ौ, कनौड़े आदि।

(iv) सूरदास की भाषा मुहावरेदार है। उनकी शब्द-चित्र उपस्थित करने की कला अत्यंत उत्तम है। प्रस्तुत रचनाओं में उन्होंने श्लेष, रूपक आदि अलंकारों का प्रयोग किया है।

(v) सूरदास के पदों में स्पष्टता एवं गेयता का गुण भी विद्यमान है। उनके अधिकांश पद किसी-न-किसी राग के अंतर्गत रचे गए हैं। उनमें काव्य और संगीत का अद्भुत संगम है।

9. निम्नलिखित काव्यांशों की संदर्भ सहित व्याख्या कीजिए

(क) जाति-पाँति...........तुम्हारै गैयाँ।

(ख) सुनि री...........नवावति।

उत्तर (क) **संदर्भ** प्रस्तुत काव्यांश हमारी पाठ्यपुस्तक 'अंतरा भाग-1' में संकलित है। इसके रचयिता सगुणोपासक कृष्णभक्त कवि सूरदास जी हैं।

प्रसंग प्रस्तुत पंक्तियों में सूरदास जी ने श्रीकृष्ण की बाल-लीलाओं का सजीव एवं मनोवैज्ञानिक वर्णन किया है।

व्याख्या प्रस्तुत काव्यांश में सूरदास जी कहते हैं कि श्रीकृष्ण और उनके मित्र सुदामा खेल रहे हैं। ग्वाल-बालों द्वारा खेल में पराजित होने पर श्रीकृष्ण अपनी हार स्वीकार नहीं करते और रूठकर अपनी बारी लेकर खेलने से मना कर देते हैं। इस पर ग्वाल-बाल कृष्ण को संबोधित करते हुए कहते हैं कि तुम जाति-पाँति में हमसे बड़े नहीं हो और न ही हम तुम्हारे आश्रय में रहते हैं। तुम हम पर अपना अधिकार इसलिए जमाते हो, क्योंकि तुम्हारे पास हमसे अधिक गायें हैं।

काव्य-शैली

(*i*) प्रस्तुत काव्यांश में बाल-मनोविज्ञान का सूक्ष्म एवं स्वाभाविक चित्रण प्रस्तुत किया गया है।

(*ii*) प्रस्तुत काव्यांश में ब्रज भाषा का सुंदर प्रयोग है।

(*iii*) प्रस्तुत काव्यांश में पंक्तियों के अंत में 'याँ' की आवृत्ति हो रही है, जिससे भाषा में प्रभाव उत्पन्न होता है।

(*iv*) प्रस्तुत काव्यांश में वात्सल्य रस विद्यमान है।

(*v*) 'अति अधिकार' में अनुप्रास अलंकार है।

(*vi*) प्रस्तुत काव्यांश में छंद पद है तथा माधुर्य गुण है।

उत्तर (ख) **संदर्भ** पूर्ववत्।

प्रसंग प्रस्तुत पंक्तियों में गोपियाँ मुरली को अपनी सौतन समझती हैं तथा उससे ईर्ष्या करती हैं, क्योंकि श्रीकृष्ण मुरली बजाते समय उसी के अधीन रहते हैं।

व्याख्या प्रस्तुत काव्यांश में सूरदास जी कहते हैं कि एक सखी दूसरी सखी से कह रही है कि हे सखी! श्रीकृष्ण की मुरली उन्हें अनेक प्रकार से नचाती है, फिर भी वह श्रीकृष्ण के मन को बहुत अच्छी लगती है। मुरली उन्हें एक पैर पर खड़े रहने को बाध्य कर देती है तथा उन पर अपना ही अधिकार समझती है।

मुरली श्रीकृष्ण के कोमल शरीर से मनमानी गतिविधियाँ करवाती है। जब श्रीकृष्ण मुरली बजाते हैं तो उनकी कमर टेढ़ी हो जाती है। यह मुरली रूपी नारी उन श्रीकृष्ण की गर्दन को झुका देती है, जिन्होंने गोवर्धन पर्वत को धारण किया था।

काव्य-शैली

(*i*) प्रस्तुत काव्यांश में गोपियों का मुरली के माध्यम से कृष्ण के प्रति प्रेम प्रकट हुआ है।

(*ii*) प्रस्तुत काव्यांश में ब्रज भाषा का सुंदर प्रयोग है तथा स्थानीय शब्दों; जैसे—ठाढ़ौ, कनौड़े आदि का प्रयोग किया गया है।

(*iii*) प्रस्तुत काव्यांश में 'गिरिधर' में श्लेष अलंकार तथा 'सुनि री सखी', 'नंदलालहिं', 'नाना', 'नार नवावति' में अनुप्रास अलंकार है।

(*iv*) प्रस्तुत काव्यांश में शृंगार रस तथा माधुर्य गुण विद्यमान है तथा छंद पद है।

योग्यता-विस्तार

1. खेल में हारकर भी हार न मानने वाले साथी के साथ आप क्या करेंगे? अपने अनुभव कक्षा में सुनाइए।

उत्तर खेल मनोरंजन का साधन है तथा इसे सद्भावना एवं समानता की भावना के साथ खेलना चाहिए। खेल में यदि कोई हारकर भी अपनी पराजय को स्वीकार नहीं करता तो सर्वप्रथम अन्य बाल सखाओं को उसे मैत्रीपूर्ण भाव से समझाना चाहिए, किंतु यदि फिर भी वह अपनी हार स्वीकार नहीं करता तो उसे खेल से बाहर कर देना चाहिए अर्थात् उसे अपने साथ नहीं खिलाना चाहिए।

एक बार मैं अपने कुछ साथियों के साथ क्रिकेट खेल रहा था। खेलते समय एक लड़का आउट हो गया, किंतु वह स्वयं को आउट मानने से इनकार करने लगा। मेरे कुछ साथियों ने उसे बहुत समझाया भी, किंतु वह मानने को तैयार नहीं हुआ। अंततः जब हमने उसे अपने साथ खिलाने से मना कर दिया तो उसने स्वयं को आउट माना और फील्डिंग करने लगा।

2. पुस्तक में संकलित 'मुरली तऊ गुपालहिं भावति' पद में गोपियों का मुरली के प्रति ईर्ष्या-भाव व्यक्त हुआ है। गोपियाँ और किस-किस के प्रति ईर्ष्या-भाव रखती थीं, कुछ नाम गिनाइए।

उत्तर 'मुरली तऊ गुपालहिं भावति' पद में गोपियों का मुरली के प्रति ईर्ष्या-भाव व्यक्त हुआ है। इसी प्रकार का ईर्ष्या-भाव गोपियों का कुब्जा दासी, मथुरा तथा भौंरे के लिए भी व्यक्त हुआ है। गोपियों को उन स्त्रियों से भी ईर्ष्या-भाव है, जो विरहिणी होते हुए भी स्वप्न से अपने प्रियतम का दर्शन कर लेती हैं, क्योंकि गोपियों को तो प्रिय के दर्शन स्वप्न में भी नहीं होते हैं।

अभ्यास प्रश्न

काव्यांशों पर आधारित बहुविकल्पीय प्रश्न

1. खेलन में को काको गुसैयाँ।
हरि हारे जीते श्रीदामा, बरबस हीं कत करत रिसैयाँ।
जाति-पाँति हमतैं बड़ नाहीं, नाहीं बसत तुम्हारी छैयाँ।
अति अधिकार जनावत यातै जातैं अधिक तुम्हारै गैयाँ।
रूठहि करै तासौं को खेलै, रहे बैठि जहँ-तहँ ग्वैयाँ।
सूरदास प्रभु खेल्यौइ चाहत, दाऊँ दियौ करि नंद-दुहैयाँ।।

(i) बाल कृष्ण से खेल में कौन जीत गया था?
(क) राधा (ख) अन्य गोपियाँ
(ग) ग्वाल-बाल (घ) श्रीदामा (सुदामा)

(ii) 'नाहीं बसत तुम्हारी छैयाँ' से सूरदास जी का क्या तात्पर्य है?
(क) हम तुम्हारे आश्रय में नहीं रहते
(ख) हम तुम्हारे घर के पास में नहीं रहते
(ग) हम तुम्हारे वृक्षों की छाँव में नहीं रहते
(घ) तुम हमसे बड़े नहीं हो

(iii) **कथन** (A) बाल कृष्ण ग्वालों पर क्रोध करते हैं।
कारण (R) खेल में ग्वाल बाल कृष्ण के साथ बेईमानी करते हैं।
कूट
(क) कथन (A) और कारण (R) दोनों सही हैं तथा कारण (R), कथन (A) की सही व्याख्या करता है।
(ख) कथन (A) सही है, लेकिन कारण (R) उसकी गलत व्याख्या करता है।
(ग) कथन (A) गलत है, लेकिन कारण (R) सही है।
(घ) कथन (A) और कारण (R) दोनों गलत हैं।

(iv) खेल में बेईमानी न करने के लिए बाल कृष्ण ने क्या किया?
(क) श्रीदामा की सौगंध खाई (ख) माता यशोदा की सौगंध खाई
(ग) नंद बाबा की सौगंध खाई (घ) बलदाऊ की सौगंध खाई

(v) प्रस्तुत काव्यांश में सूरदास जी ने क्या संदेश देने का प्रयास किया है?
(क) कवि ने खेल-खेल में समानता के अधिकार को बताने का प्रयास किया है
(ख) खेलते हुए कभी भी आपस में लड़ाई-झगड़ा नहीं करना चाहिए
(ग) श्रीदामा जैसे मित्र बनाने चाहिए
(घ) खेल में बेईमानी नहीं करनी चाहिए

उत्तर

(i) (घ) श्रीदामा (सुदामा)
(ii) (क) हम तुम्हारे आश्रय में नहीं रहते
(iii) (ख) कथन (A) सही है, लेकिन कारण (R) उसकी गलत व्याख्या करता है।
(iv) (ग) नंद बाबा की सौगंध खाई
(v) (क) कवि ने खेल-खेल में समानता के अधिकार को बताने का प्रयास किया है

2. मुरली तऊ गुपालहिं भावति।
सुनि री सखी जदपि नंदलालहिं, नाना भाँति नचावति।
राखति एक पाई ठाढ़ौ करि, अति अधिकार जनावति।
कोमल तन आज्ञा करवावति, कटि टेढ़ौ ह्वै आवति।
अति आधीन सुजान कनौड़े, गिरिधर नार नवावति।
आपुन पौढ़ि अधर सज्जा पर, कर पल्लव पलुटावति।
भृकुटी कुटिल, नैन नासा-पुट, हम पर कोप करावति।
सूर प्रसन्न जानि एकौ छिन, धर तैं सीस डुलावति।।

(i) मुरली के बारे में गोपियाँ क्या कहती हैं?
(क) यह श्रीकृष्ण को परेशान करती है
(ख) यह श्रीकृष्ण को एक पैर पर खड़ा रखती है
(ग) इसने श्रीकृष्ण की कमर को टेढ़ी कर दिया है
(घ) उपर्युक्त सभी

(ii) निम्नलिखित कथनों में से सही कथनों पर विचार कीजिए
1. गोपियाँ मुरली से ईर्ष्या-भाव रखती हैं।
2. मुरली प्रसन्न होती है, तो कृष्ण भी उसके प्रति आनंदित होकर सिर हिलाते हुए झूमने लगते हैं।
3. गोपियाँ श्रीकृष्ण की मुरली को छिनने का प्रयास करती हैं।
उपरोक्त कथनों में से कौन-सा/से कथन सही है/हैं?
(क) केवल 1 (ख) 1 और 2
(ग) केवल 3 (घ) 1 और 3

(iii) 'गिरिधर नार नवावति' पंक्ति का भाव स्पष्ट कीजिए।
(क) यह मुरली पर्वत को धारण करने वाले की गर्दन झुकवाती है
(ख) यह मुरली श्रीकृष्ण से मनमाने कार्य करवाती है
(ग) स्त्रियाँ श्रीकृष्ण के सामने गर्दन झुकाती हैं
(घ) गोपियाँ कृष्ण को मुरली छोड़ने के लिए कहती हैं

(iv) 'एक पाई ठाढ़ौ करि' का क्या अर्थ है?
(क) एक पैसा भी खर्च न करना
(ख) अपनी गर्दन झुकाए रखना
(ग) एक पैर पर खड़े रखना
(घ) एक पैर का प्रयोग न करना

(v) काव्यांश में प्रयोग किया गया कौन-सा शब्द स्थानीय (क्षेत्रीय) है?
(क) ठाढ़ौ (ख) कनौड़े
(ग) पौढ़ि (घ) ये सभी

उत्तर

(i) (घ) उपर्युक्त सभी
(ii) (ख) 1 और 2
(iii) (क) यह मुरली पर्वत को धारण करने वाले की गर्दन झुकवाती है
(iv) (ग) एक पैर पर खड़े रखना
(v) (घ) ये सभी

विषय-वस्तु पर आधारित प्रश्नोत्तर

1. हार जाने पर कृष्ण के क्रोध करने का क्या कारण था?

उत्तर हार जाने पर भी कृष्ण स्वयं को हारा हुआ नहीं मान रहे थे, क्योंकि वे स्वयं को बड़ा मानते थे अर्थात् वे नंद बाबा के पुत्र थे और नंद बाबा गाँव के मुखिया थे। इसी कारण कृष्ण स्वयं को बड़ा मानते हैं। वे चाहते थे कि उन्हें बड़ा मानकर उनकी हार को जीत में परिवर्तित कर दिया जाए, किंतु सुदामा और ग्वाल-बाल ऐसा करने को तैयार न थे। इसी कारणवश उन्हें क्रोध आ गया।

2. 'खेलन में को काको गुसैयाँ' पद में श्रीकृष्ण और सुदामा के किस प्रसंग का वर्णन है?

उत्तर प्रस्तुत पद में सूरदास जी ने श्रीकृष्ण की बाल-लीलाओं का वर्णन किया है। श्रीकृष्ण और सुदामा खेल रहे हैं। खेल में सुदामा जीत जाते हैं और कृष्ण हार जाते हैं, किंतु वे अपनी हार को स्वीकार नहीं करते और ग्वाल-बालों पर क्रोधित होते हैं। वे स्वयं को बड़ा मानते हुए अपनी हार को जीत में बदलने का प्रयास करते हैं, किंतु उनके इस प्रयास को ग्वाल-बाल यह कहकर नकार देते हैं कि खेल में कोई छोटा या बड़ा नहीं होता है।

3. ग्वाले रूठकर जहाँ-तहाँ क्यों बैठ गए?

उत्तर ग्वाले श्रीकृष्ण के अनुचित व्यवहार को देखकर जहाँ-तहाँ बैठ गए, क्योंकि श्रीकृष्ण हारने के बाद भी अपनी हार स्वीकार नहीं कर रहे थे और वे दाँव भी नहीं देना चाहते थे। इस पर ग्वाल-बालों ने श्रीकृष्ण को खरी-खरी सुनाई। वे तनिक-सी बात पर क्रोध करने वाले या रूठने वाले के साथ खेलने को तैयार न थे, इसलिए वे रूठकर इधर-उधर बैठ गए।

4. 'अति अधिकार जनावत यातै जातैं अधिक तुम्हारै गैयाँ' पंक्ति से क्या स्पष्ट होता है?

उत्तर प्रस्तुत पंक्ति से यह स्पष्ट होता है कि सुदामा और ग्वाल-बाल श्रीकृष्ण को कहते हैं कि तुम इस बात पर अधिकार दिखा रहे हो, क्योंकि तुम्हारे पास गायें अधिक हैं, परंतु खेल में कोई भी धनी-निर्धन, ऊँच-नीच, स्वामी-सेवक नहीं होता। खेल समानता की भावना से खेला जाता है। किसी भी प्रकार के भेदभाव का खेल में कोई स्थान नहीं है। खेल में इस प्रकार का व्यवहार सर्वथा अनुचित ही माना जाता है।

5. 'मुरली तऊ गुपालहिं भावति' पद में एक सखी दूसरी सखी से क्या कहती है?

उत्तर प्रस्तुत पद में एक सखी दूसरी सखी से कहती है कि हे सखी! श्रीकृष्ण की यह मुरली उन्हें अनेक प्रकार से नचाती है अर्थात् परेशान करती है, किंतु फिर भी यह मुरली श्रीकृष्ण को प्रिय है। यह मुरली उन पर अपना अधिकार जमाते हुए उनसे सब कुछ करवा लेती है। यदि हम कुछ कहें तो यह मुरली ही हम गोपियों पर क्रोध करवाती है। मुरली श्रीकृष्ण को पलभर में प्रसन्न कर देती है। मुरली प्रसन्न होती है तो कृष्ण भी आनंद से झूमने लगते हैं अर्थात् श्रीकृष्ण पूरी तरह से मुरली के वश में हो गए हैं।

6. बाँसुरी बजाते हुए कृष्ण की छवि कैसी हो जाती है?

उत्तर बाँसुरी बजाते समय कृष्ण की छवि अत्यंत मनमोहक-सी प्रतीत होती है। कृष्ण की मुद्रा त्रिभंगी हो जाती है, उनकी भौंहें टेढ़ी हो जाती हैं, आँखें लाल हो जाती हैं, नथुने फूल जाते हैं, कमर थोड़ी टेढ़ी हो जाती है तथा वे (श्रीकृष्ण) इतने मग्न हो जाते हैं कि उन्हें किसी प्रकार की सुध-बुध नहीं रहती। बाँसुरी से जितनी मधुर तान फूट पड़ती है, उतने ही कृष्ण आनंद-विभोर होकर अपना सिर हिलाते हैं अर्थात् आनंद से झूमने लगते हैं।

7. कृष्ण को 'सुजान कनौड़े' क्यों कहा गया है?

उत्तर कृष्ण को 'सुजान कनौड़े' उनकी विशेषता बताने के लिए कहा गया है, क्योंकि कृष्ण गोपियों के प्रिय हैं और वे कृष्ण को अत्यधिक चतुर समझती हैं, किंतु उन्हें आश्चर्य इसलिए हो रहा है कि इतने चतुर होने के बावजूद भी मुरली ने उन्हें अपने अधीन कर लिया है। वे मुरली के सम्मुख अपनी गर्दन तक झुका देते हैं। उन्हें मुरली वादन से इतना आनंद मिलता है कि मुरली की सब बातों को सहते हुए भी वे मुरली के प्रति कृतज्ञता का भाव प्रकट करते हैं।

8. अनुप्रास अलंकार की परिभाषा देते हुए 'अंतरा भाग-1' के संकलन में संगृहीत सूरदास के पदों से उदाहरण दीजिए।

उत्तर **अनुप्रास अलंकार** वर्णों की आवृत्ति को अनुप्रास कहते हैं। आवृत्ति का अर्थ है—दुहराना। इस अलंकार में किसी वर्ण या व्यंजन की एक बार या अनेक वर्णों या व्यंजनों की अनेक बार आवृत्ति होती है।

इस संकलन में संगृहीत पदों से उदाहरण

को काको, हरि हारे, कत करत, अति अधिकार, दाऊँ दियौ, सुनि री सखी, नंदलालहिं, नाना, नार नवावति, नैन नासा में अनुप्रास अलंकार है।

9. रूपक अलंकार की परिभाषा देते हुए 'अंतरा भाग-1' में संकलित सूरदास के दूसरे पद से उदाहरण दीजिए।

उत्तर **रूपक अलंकार** उपमेय में उपमान के निषेधरहित आरोप को रूपक अलंकार कहते हैं। इसमें अत्यधिक समानता के कारण प्रस्तुत में अप्रस्तुत का आरोप करके दोनों में अभिन्नता अथवा समानता दिखाई जाती है; जैसे— आपुन पौंढ़ि अधर सज्जा पर।

यहाँ अधर (उपमेय) पर सज्जा (उपमान) का आरोप है। अतः रूपक अलंकार है।

उपमेय जिसकी तुलना की जाती है।

उपमान जिससे तुलना की जाती है।

स्व-मूल्यांकन

काव्यांश पर आधारित बहुविकल्पीय प्रश्न

निम्नलिखित काव्यांश को ध्यानपूर्वक पढ़कर पूछे गए बहुविकल्पीय प्रश्नों के लिए सर्वाधिक उपयुक्त विकल्प का चुनाव कीजिए

1. **खेलन में को काको गुसैयाँ।**
हरि हारे जीते श्रीदामा, बरबस हीं कत करत रिसैयाँ।
जाति-पाँति हमतैं बड़ नाहीं, नाहीं बसत तुम्हारी छैयाँ।
अति अधिकार जनावत यातै जातैं अधिक तुम्हारै गैयाँ।
रूठहि करै तासौं को खेलै, रहे बैठि जहँ-तहँ ग्वैयाँ।
सूरदास प्रभु खेल्यौइ चाहत, दाऊँ दियौ करि नंद-दुहैयाँ।।

(i) ग्वाल-बाल और सुदामा ने कृष्ण से क्या कहा?
(क) वे खेल को छोड़ दें
(ख) खेल में कोई किसी का स्वामी नहीं होता
(ग) वे हमेशा हार मान लें
(घ) वे लड़ाई न करें

(ii) ग्वाल-बालों ने खेल क्यों रोक दिया?
(क) क्योंकि कृष्ण हार मानने को तैयार नहीं थे
(ख) क्योंकि कृष्ण ने खेल में बेईमानी की
(ग) क्योंकि कृष्ण ने गायों का अभिमान किया
(घ) उपर्युक्त सभी

(iii) सूरदास जी के अनुसार खेल में कौन नाराज हुआ?
(क) दाऊ जी
(ख) नंद बाबा
(ग) श्रीकृष्ण
(घ) ग्वाल-बाल

(iv) निम्न कथनों में सही विकल्प का चयन करें
1. ग्वाल-बालों ने कहा कि वे नंद बाबा के आश्रय में रहते हैं।
2. कृष्ण ने नंद बाबा की सौगंध खाकर आगे से ऐसा व्यवहार न करने का वादा किया।
3. कृष्ण ने खेल में अपनी हार स्वीकार की।

कूट
(क) 1 और 2 (ख) 2 और 3
(ग) 1 और 3 (घ) ये सभी

(v) सुदामा और ग्वाल-बालों ने किसके साथ खेलने से इनकार कर दिया?
(क) जो खेल में हार मान ले
(ख) जो खेल में गुस्सा नहीं करता हो
(ग) जो गायों का मालिक हो
(घ) जो बात-बात पर गुस्सा करता हो

काव्यांश की व्याख्या

2. निम्नलिखित में से किसी एक काव्यांश की सप्रसंग व्याख्या कीजिए।

मुरली तऊ गुपालहिं भावति।
सुनि री सखी जदपि नंदलालहिं, नाना भाँति नचावति।
राखति एक पाई ठाढ़ौ करि, अति अधिकार जनावति।
कोमल तन आज्ञा करवावति, कटि टेढ़ौ ह्वै आवति।
अति आधीन सुजान कनौड़े, गिरिधर नार नवावति।

अथवा

जाति-पाँति हमतैं बड़ नाहीं, नाहीं बसत तुम्हारी छैयाँ।
अति अधिकार जनावत यातै जातैं अधिक तुम्हारै गैयाँ।
रूठहि करै तासौं को खेलै, रहे बैठि जहँ-तहँ ग्वैयाँ।
सूरदास प्रभु खेल्यौइ चाहत, दाऊँ दियौ करि नंद-दुहैयाँ।।

विषय-वस्तु पर आधारित प्रश्न

1. सूरदास जी ने कृष्ण के व्यवहार को किस प्रकार चित्रित किया है?

2. ग्वाल-बाल कृष्ण के क्रोध पर क्या प्रतिक्रिया व्यक्त करते हैं? स्पष्ट कीजिए।

3. ग्वाल-बालों ने जाति-पाँति को लेकर क्या कहा?

4. मुरली ने श्रीकृष्ण के शरीर पर क्या प्रभाव डाला है?

5. मुरली के प्रसन्न होने पर श्रीकृष्ण की क्या प्रतिक्रिया होती है?

03
अध्याय

हँसी की चोट/ सपना/दरबार
(देव)

कवि-परिचय

महाकवि देव (देवदत्त द्विवेदी) का जन्म इटावा (उत्तर प्रदेश) में 1673 ई. में हुआ था। वे औरंगजेब के पुत्र आलमशाह सहित कई आश्रयदाताओं के साथ रहे, परंतु उन्हें भोगीलाल नामक सहृदय आश्रयदाता के यहाँ सबसे अधिक संतोष मिला। देव ने राजदरबारों के चाटुकारिता भरे जीवन को निकट से देखा, जिससे उन्हें वितृष्णा हो गई। रीतिकालीन प्रतिभाशाली कवि देव की कविताओं में प्रेम और सौंदर्य का मार्मिक चित्रण और अनुप्रास-यमक का सुंदर प्रयोग है। उन्होंने शृंगार के उदात्त रूप को प्रभावशाली ढंग से प्रस्तुत किया है। देव ने 52 से 72 ग्रंथों की रचना की, जिनमें रसविलास, भावविलास, काव्यरसायन और प्रेमदीपिका प्रमुख हैं। उनके कवित्त और सवैये रूप-सौंदर्य और रागात्मक भावनाओं की संवेदनशील अभिव्यक्ति के लिए प्रसिद्ध हैं। 1767 ई. में उनका देहावसान हो गया।

▼ **अध्ययन के लिए**
- कविता की रूपरेखा
- काव्यांशों की व्याख्या

▼ **अभ्यास के लिए**
- पाठ्यपुस्तक के प्रश्नोत्तर
- काव्यांशों पर आधारित बहुविकल्पीय प्रश्न
- विषय-वस्तु पर आधारित प्रश्नोत्तर

कविता की रूपरेखा

'हँसी की चोट' सवैया का सार

'हँसी की चोट' सवैया विप्रलंभ शृंगार का उदाहरण है, जिसमें प्रिय की हँसी से घायल एक नायिका के विरह का मर्मस्पर्शी एवं यथार्थपरक चित्रण किया गया है। श्रीकृष्ण द्वारा गोपियों से मुँह फेर लेने के कारण गोपियाँ हँसना ही भूल गई हैं। वे श्रीकृष्ण को खोज रही हैं और अपने इस प्रयास में हार गई हैं। उनके शरीर में अब तो पंच तत्त्वों में से केवल आकाश तत्त्व ही शेष रह गया है। फिर भी वे इस आशा पर जीवित हैं कि एक-न-एक दिन श्रीकृष्ण उनसे मिलने अवश्य ही आएँगे।

'सपना' कवित्त का सार

'सपना' कवित्त में कवि ने गोपी के कृष्ण के साथ स्वप्न में झूला झूलने का वर्णन किया है। स्वप्न में श्रीकृष्ण गोपी को झूला झुलाते हैं और गोपी प्रसन्नचित्त होकर झूलती है। इसी बीच गोपी का स्वप्न खंडित हो जाता है। स्वप्न टूटने पर गोपी को यह जानकर बहुत दु:ख होता है कि जो कुछ उसने देखा, वह सब एक स्वप्न मात्र था। इस कवित्त में संयोग और वियोग का मार्मिक चित्रण है।

'दरबार' कवित्त का सार

'दरबार' कवित्त में कवि ने पतनशील और निष्क्रिय सामंती व्यवस्था पर अपनी तीखी प्रतिक्रिया व्यक्त की है। तत्कालीन दरबारी संस्कृति में लोग भोग-विलास में लिप्त रहते हुए अकर्मण्य हो चुके थे। उनकी सोचने-विचारने और अच्छे-बुरे में भेद करने की शक्ति नष्ट हो गई थी। उन्हें देश और समाज की कोई चिंता नहीं थी।

काव्यांशों की व्याख्या

हँसी की चोट

साँसनि ही सौं समीर गयो अरु, आँसुन ही सब नीर गयो ढरि।
तेज गयो गुन लै अपनो, अरु भूमि गई तन की तनुता करि।।
'देव' जियै मिलिबेही की आस कि, आसहू पास अकास रह्यो भरि।
जा दिन तै मुख फेरि हरै हँसि, हेरि हियो जु लियो हरि जू हरि।।

शब्दार्थ

साँसनि—साँसों; **समीर**—वायु/पवन; **अरु**—और; **नीर**—पानी/जल; **गयो ढरि**—बह गया; **तेज**—अग्नि तत्त्व; **गुन**—गुण; **भूमि**—पृथ्वी; **तन**—शरीर; **तनुता**—दुबलापन/कृशता; **मिलिबेही**—मिलने की ही; **आस**—आशा; **आसहू**—आशा के; **पास**—आसपास; **अकास**—आकाश; **फेरि**—मोड़ लेना; **हरै**—छीन लेना; **हँसि**—; **हेरि**—देखकर/ढूँढकर; **हियो**—हृदय; **हरि**—हरने वाला/श्रीकृष्ण।

संदर्भ प्रस्तुत पद हमारी पाठ्यपुस्तक 'अंतरा भाग-1' में संकलित शीर्षक 'हँसी की चोट' से अवतरित है। इसके रचयिता महाकवि 'देव' हैं।

प्रसंग प्रस्तुत पद में कवि ने प्रिय (कृष्ण) के वियोग में पीड़ित गोपी की विरह दशा का मार्मिक वर्णन किया है।

व्याख्या प्रस्तुत पद में कवि देव कहते हैं कि नायक कृष्ण ने किसी समय गोपियों की तरफ हँसते हुए देखा था। कृष्ण की उसी हँसी ने गोपियों के मन को हर लिया अर्थात् चुरा लिया। जिस दिन से नायिका के हृदय का अपहरण हुआ है, तब से ही कृष्ण के वियोग में नायिका व्याकुल हो रही है। वियोग की दुःखद स्थिति में गोपी के शरीर में स्थित पाँचों तत्त्व एक-एक कर निकल रहे हैं। विरह में दुःख के कारण वह लंबी-लंबी (गहरी-गहरी) साँसें ले रही है, जिससे उसके शरीर के पाँच तत्त्वों में से वायु तत्त्व चला गया। कृष्ण के वियोग में दुःख के कारण आँखों से निरंतर बहते आँसुओं के रूप में गिरती जल की बूँदों के शरीर से निकलने के कारण शरीर से जल तत्त्व बाहर निकल गया। कृष्ण के विरह में उनके निस्तेज़ हो जाने से तेज के रूप में अग्नि तत्त्व उनके शरीर से बाहर चला गया। वियोग में प्रिय के न रहने पर शरीर की दुर्बलता के कारण शरीर से पृथ्वी तत्त्व चला गया। कवि देव कह रहे हैं कि पाँच तत्त्वों से निर्मित उसके शरीर से चार तत्त्व निकल गए, किंतु कृष्ण से मिलने की इस आशा में केवल आकाश तत्त्व ही शेष बचा है। जिस दिन से श्रीकृष्ण ने गोपी की तरफ से मुँह फेर लिया है, उसका हृदय उनके साथ ही चला गया है और गोपी के मुख की हँसी गायब हो गई है। वह कृष्ण को ढूँढ-ढूँढकर थक चुकी है।

काव्य-शैली

(*i*) प्रस्तुत पद में कृष्ण के वियोग में पीड़ित गोपी का वर्णन किया गया है, जिसमें विरहजन्य संताप व कृशता (दुर्बलता) की बड़ी मार्मिक व्यंजना हुई है।
(*ii*) प्रस्तुत पद में कृष्ण के मुख फेर लेने से नायिका हँसना भूल गई है।
(*iii*) प्रस्तुत पद में शरीर के पाँच तत्त्वों—जल, वायु, अग्नि, पृथ्वी और आकाश की ओर संकेत है।
(*iv*) प्रस्तुत पद में ब्रज भाषा का सुंदर प्रयोग हुआ है।
(*v*) प्रस्तुत पद में अनुप्रास अलंकार तथा अतिशयोक्ति अलंकार है।
(*vi*) प्रस्तुत पद में विप्रलंभ श्रृंगार रस तथा माधुर्य गुण विद्यमान है।
(*vii*) लयात्मकता एवं गेयता विद्यमान है।
(*viii*) प्रस्तुत पद में 'मुँह फेर लेना' मुहावरे का सुंदर प्रयोग हुआ है।

सपना

झहरि-झहरि झीनी बूँद हैं परति मानो,
घहरि-घहरि घटा घेरी है गगन में।
आनि कह्यो स्याम मो सौं 'चलौ झूलिबे को आज'
फूली न समानी भई ऐसी हौं मगन मैं।।
चाहत उठ्योई उठि गई सो निगोड़ी नींद,
सोए गए भाग मेरे जानि वा जगन में।
आँख खोलि देखौं तौ न घन हैं, न घनश्याम,
वेई छाई बूँदैं मेरे आँसु ह्वै दृगन में।।

शब्दार्थ

झहरि-झहरि झीनी बूँद—धीमी-धीमी बूँदें; **परति**—पड़ना; **घहरि-घहरि**—गरज-गरजकर (चारों ओर से आकर घिरना); **घटा**—बादल; **घेरी**—घेरना; **गगन**—आकाश; **आनि**—आकर; **स्याम**—कृष्ण; **मो सौं**—मुझसे; **फूली न समानी**—अत्यधिक प्रसन्नता; **भई**—हुई; **हौं**—मैं; **मगन**—होना; **चाहत**—अभिलाषा/इच्छा; **उठ्योई**—उठना; **उठि गई**—उचटना; **निगोड़ी**—निर्दयी; **सोए गए भाग**—आशा पूर्ण न होना; **जगन**—जागृत; **घन**—बादल; **घनश्याम**—कृष्ण; **वेई**—वे ही; **ह्वै**—होकर; **दृगन**—आँखें।

संदर्भ प्रस्तुत पद हमारी पाठ्यपुस्तक 'अंतरा भाग-1' में संकलित 'सपना' शीर्षक से अवतरित है। इसके रचयिता महाकवि 'देव' हैं।

प्रसंग प्रस्तुत पद में कवि देव ने गोपी (नायिका) के स्वप्न का मनोहारी चित्रण किया है। कृष्ण स्वप्न में गोपी को अपने साथ झूला झूलने को कहते हैं कि तभी उसकी नींद टूट जाती है।

व्याख्या प्रस्तुत पद में कवि कहता है कि गोपी स्वप्न में बारिश की बूँदों को देख रही है, जहाँ पृथ्वी पर वर्षा की हल्की-हल्की बूँदें पड़ रही हैं। आकाश बादलों से घिरा हुआ है। ऐसे वातावरण में श्रीकृष्ण गोपी से कहते हैं– चलो आज झूलने के लिए चलते हैं।

श्रीकृष्ण के यह वचन सुनकर उसकी (नायिका) प्रसन्नता का कोई ठिकाना नहीं रहता, क्योंकि आज उसे श्रीकृष्ण के साथ झूलने का अवसर प्राप्त हुआ था। नींद उचटने के कारण उसकी यह प्रसन्नता अधिक समय तक रह न सकी।

गोपी जाग गई और स्वप्न भंग हो गया। वह स्वप्न में भी कृष्ण के साथ झूलने का सुख प्राप्त न कर सकी। गोपी कह रही है कि उसे ऐसा लग रहा है मानो उसका भाग्य उसके जागने से सो गया हो। श्रीकृष्ण के साथ उसका मिलन होते-होते रह गया। वह आँख खुलने के कारण श्रीकृष्ण के साथ झूलने का सुख न पा सकी। जब उसने आँखें खोलीं तो देखा कि न तो कहीं बादल थे और न ही कहीं श्रीकृष्ण। सपने में बादलों से बरसती बूँदों के स्थान पर उसकी आँखों से आँसुओं की झड़ी लग गई अर्थात् स्वप्न के भंग होने पर गोपी रोने लगी, क्योंकि वह संयोगावस्था में पहुँचते-पहुँचते वियोगावस्था में आ चुकी थी।

काव्य-शैली

(i) प्रस्तुत पद में गोपी का सपने के माध्यम से श्रीकृष्ण के प्रति प्रेम प्रकट हुआ है।

(ii) प्रस्तुत पद में वसंत ऋतु में सावन की झड़ी का स्वाभाविक वर्णन है।

(iii) प्रस्तुत पद में कवि ने संयोग-वियोग शृंगार रस का सुंदर चित्रण किया है।

(iv) प्रस्तुत पद में कोमलकांत पदावली युक्त ब्रजभाषा का सुंदर प्रयोग हुआ है।

(v) प्रस्तुत पद में 'झहरि-झहरि', 'घहरि-घहरि' में पुनरुक्तिप्रकाश अलंकार, 'झहरि-झहरि झीनी' में अनुप्रास अलंकार, 'सोए गए भाग मेरे जानि वा जगन में' में उत्प्रेक्षा तथा विरोधाभास अलंकार है।

(vi) 'फूली न समानी', 'सोए गए भाग' में मुहावरेदार शब्दावली का प्रयोग है।

(vii) प्रस्तुत पद में शृंगार रस व माधुर्य गुण की प्रधानता है।

(viii) प्रस्तुत पद में लयात्मकता एवं गेयता विद्यमान है।

दरबार

साहिब अंध, मुसाहिब मूक, सभा बहिरी, रंग रीझ को माच्यो।
भूल्यो तहाँ भटक्यो घट औघट बूढ़िबे को काहू कर्म न बाच्यो।।
भेष न सूझ्यो, कह्यो समझ्यो न, बतायो सुन्यो न, कहा रुचि राच्यो।
'देव' तहाँ निबरे नट की बिगरी मति को सगरी निसि नाच्यो।।

शब्दार्थ

साहिब—स्वामी/राजा; **अंध**—अंधा; **मुसाहिब**—दरबारी; **मूक**—गूँगा; **बहिरी**—बहरा/जिसे सुनाई न दे; **रंग**—आनंद; **रीझ**—प्रसन्नता; **माच्यो**—अत्यधिक खुशी दिखाना; **भटक्यो**—भटकना/फिरना; **घट**—सरल मार्ग या घर; **औघट**—दुर्गम मार्ग/अनुचित स्थान; **भेष**—वेशभूषा; **सुन्यो**—सुना; **राच्यो**—अनुरक्त/रुचिकर लगा; **निबरे नट**—अपनी कला या प्रतिभा से भटका हुआ कलाकार; **बिगरी**—बिगड़ी; **मति**-बुद्धि; **सगरी**—सारी; **निसि**—रात; **नाच्यो**—नाचता रहा।

संदर्भ प्रस्तुत पद हमारी पाठ्यपुस्तक 'अंतरा भाग-1' में संकलित शीर्षक 'दरबार' से अवतरित है। इसके रचयिता महाकवि 'देव' हैं।

प्रसंग प्रस्तुत पद में कवि ने रीतिकालीन रास-रंग की दरबारी संस्कृति का वर्णन किया है। उस समय राजा और उसके दरबारी देश एवं समाज की चिंता किए बिना रास-रंग में डूबे रहते थे।

व्याख्या प्रस्तुत पद के अनुसार कवि देव ने अनेक आश्रयदाताओं व राजाओं के दरबार को देखा था। वहाँ कवि को अनेक प्रकार की अनुभूतियाँ हुईं। उनका वर्णन करते हुए कवि कह रहे हैं कि राजा अंधे हैं अर्थात् उनके ज्ञानचक्षु बंद हैं। राजा के दरबारी भय के कारण राजा की चापलूसी में लगे रहने के कारण अपनी भावनाओं को व्यक्त करने में असमर्थ हैं। वे गूँगे के समान राजा की हाँ-में-हाँ मिलाते हैं, दरबार के सभासद बहरे हैं।

दरबार अच्छे-बुरे का भेद करने में असमर्थ हैं। दरबारी एवं राजा कलाकारों के सौंदर्य एवं कला के पारखी नहीं हैं। वे भोग-विलास में ही आनंदित रहते हैं और इसी में सब-कुछ लुटा रहे हैं।

ऐसी स्थिति में यदि दरबार में भूले-भटके कोई कलाकार आ जाए, तो यह मार्ग उसके लिए कला के प्रदर्शन के लिए सरल मार्ग नहीं अपितु दुर्गम मार्ग ही होगा, क्योंकि दरबार में कलाकार की कोई कद्र नहीं होगी, कोई उसका साथ नहीं देगा। दरबार में न तो किसी को वेश से पहचाना जाता है और न किसी की कही हुई बात को कोई समझने वाला है।

कोई कुछ बताना भी चाहे तो दरबार में उसे कोई सुनता नहीं है। ऐसे में कोई कैसे अपनी रुचियों को अभिव्यक्त करे। देव कहते हैं कि दरबार में कला का प्रदर्शन करना ठीक वैसा ही होगा जैसे अपनी कला से भटके हुए कलाकार की गति बिगड़ गई है और वह सारी रात नृत्य कला का प्रदर्शन करता रहा हो, लेकिन उस कलाकार की कला का आनंद लेने वाला कोई न हो।

काव्य-शैली

(i) प्रस्तुत पद में दरबारी वातावरण का यथार्थपरक चित्रण हुआ है अर्थात् पद में कवि ने सौंदर्य विहीन कला, समाज और दरबारी वातावरण के भोग-विलास में लिप्त रहने पर तीखी प्रतिक्रिया व्यक्त की है।

(ii) प्रस्तुत पद में गेयता तथा संगीतात्मकता का गुण है।

(iii) प्रस्तुत पद में तत्कालीन दरबारी वातावरण का यथार्थ अंकन किया गया है।

(iv) प्रस्तुत पद में ब्रजभाषा का सुंदर प्रयोग हुआ है।

(v) प्रस्तुत पद में 'मुसाहिब मूक', 'रंग रीझ', 'को काहू कर्म', 'निबरे नट' तथा 'निसि नाच्यो' में अनुप्रास अलंकार है।

(vi) प्रस्तुत पद में शांत रस तथा प्रसाद गुण की प्रधानता है।

(vii) प्रस्तुत पद में छंद सवैया तथा व्यंग्यात्मक शैली है।

पाठ्यपुस्तक (अंतरा भाग-1) के प्रश्नोत्तर

1. 'हँसी की चोट' सवैये में कवि ने किन पंच तत्त्वों का वर्णन किया है तथा वियोग में वे किस प्रकार विदा होते हैं?

उत्तर 'हँसी की चोट' नामक सवैये में कवि 'देव' ने जल, वायु, अग्नि, पृथ्वी और आकाश पाँच तत्त्वों का वर्णन किया है।

वियोग के कठिन दुःख को सहते-सहते नायिका की साँसों में से वायु तत्त्व चला गया, उसके आँसुओं से जल तत्त्व चला गया, विरह के कारण शरीर के निस्तेज होने से अग्नि तत्त्व विदा हो गया। विरह रूपी वेदना के ताप ने शरीर की कांति को हर लिया और हाड़-मांस सूखने से पृथ्वी तत्त्व भी विलीन हो गया। नायिका के पास अब तो केवल आकाश तत्त्व ही शेष बचा हुआ है।

2. नायिका सपने में क्यों प्रसन्न थी और वह सपना कैसे टूट गया?

उत्तर नायिका सपने में इसलिए प्रसन्न थी, क्योंकि वर्षा ऋतु के मनोरम वातावरण में श्रीकृष्ण के झूला झूलने के प्रस्ताव से वह खुशी से फूली नहीं समा रही थी। यदि स्वप्न हमारी अभिलाषाओं की पूर्ति करते हैं, तो

स्वप्नावस्था में भी प्रसन्नता की अनुभूति होती है, किंतु उसकी यह प्रसन्नता अधिक समय तक न रह सकी, उसकी नींद भंग हो गई। वह श्रीकृष्ण द्वारा उसके साथ झूला झूलने के प्रस्ताव को सुनकर स्वयं को रोक नहीं सकी और झूलने के लिए जैसे ही उठी, उसकी आँखें खुल गईं और उसका सपना टूट गया।

3. 'सपना' कवित्त का भाव-सौंदर्य लिखिए।

उत्तर 'सपना' कवित्त में कवि ने एक गोपिका के स्वप्न का वर्णन किया है, जिसमें वह स्वप्न में मनोरम वातावरण देख रही है। कवि कहते हैं कि गोपी स्वप्न में बारिश की बूँदें देख रही है, पृथ्वी पर बारिश की हल्की-हल्की बूँदें पड़ रही हैं, आकाश में मेघ गरज रहे हैं। स्वप्न में कृष्ण गोपी को झूला झूलने के लिए कहते हैं। वह कृष्ण के साथ झूला-झूलने के लिए उठती ही है कि तभी उसकी नींद टूट जाती है। गोपिका को आँख खुलने से पूर्व संयोग शृंगार की अनुभूति हो रही थी, किंतु आँख खुलने के पश्चात् उसकी आँखों से अश्रुधारा प्रवाहित होने लगी। अब उसे वास्तविकता का ज्ञान हुआ, जहाँ उसके समक्ष न तो वर्षा की बूँदें थीं, न झूला और न ही श्रीकृष्ण। कवि ने एक ही छंद में नायिका के संयोग व वियोग दोनों भावों की अनुभूति का मार्मिक चित्रण किया है। अतः यह भाव-सौंदर्य की दृष्टि से अनूठा छंद है।

4. 'दरबार' सवैये में किस प्रकार के वातावरण का वर्णन किया गया है?

उत्तर दरबार में राजा ज्ञानशून्य है, उन्हें कला की परख नहीं है। उसके दरबारी मूक हैं, वे कला की प्रशंसा नहीं करते हैं। सभा के सदस्य बहरे हैं, उनका ध्यान अन्यत्र है। वे काव्य के शब्द सुनना नहीं चाहते हैं। वे कवि को न तो वेशभूषा से पहचानते हैं और न ही वे काव्य को समझना चाहते हैं।

ऐसे दरबार में यदि कोई अपनी कला या प्रतिभा का प्रदर्शन करता है, तो उसकी प्रतिभा या कला व्यर्थ मानी जाती है।

5. दरबार में गुणग्राहकता और कला की परख को किस प्रकार अनदेखा किया जाता है?

उत्तर दरबार में राजा, दरबारी एवं सभासद कवि को वेशभूषा से पहचानते नहीं हैं। उनके काव्य को समझते नहीं हैं। यदि वह काव्य पाठ करता है, तो उसे सुनते नहीं हैं। सुनने के बाद उसकी प्रशंसा नहीं करते हैं। वे कवि की उपेक्षा करते हैं। दरबार में कवि की गुणग्राहकता और कला की परख को इस प्रकार अनदेखा किया जाता है।

6. भाव स्पष्ट कीजिए

(क) हेरि हियो जु लियो हरि जू हरि।

(ख) सोए गए भाग मेरे जानि वा जगन में।

(ग) वेई छाई बूँदें मेरे आँसु ह्वै दृगन में।

(घ) साहिब अंध, मुसाहिब मूक, सभा बहिरी।

उत्तर (क) जिस दिन से श्रीकृष्ण नायिका के सामने से हँसते हुए मुँह फेरकर चले गए हैं, उस दिन से नायिका उनके विरह में व्याकुल होकर हँसना भूल गई है, क्योंकि श्रीकृष्ण ने उसका दिल चुरा लिया है।

(ख) गोपी स्वप्नावस्था में श्रीकृष्ण के सामीप्य का सुख अनुभूत कर रही थी, किंतु जैसे ही वह स्वप्न से जागृत अवस्था में आई, उसकी सुखद अनुभूति दुःखद अनुभूति में परिवर्तित हो गई। श्रीकृष्ण ने स्वप्न में उससे अपने साथ झूला झूलने के लिए कहा, किंतु जैसे ही वह झूलने के लिए उठी, उसका स्वप्न टूट गया अर्थात् निर्दयी नींद से उठना उसके लिए बहुत ही दुःखद सिद्ध हुआ। अब इससे बड़ा दुर्भाग्य और क्या होगा? ऐसी स्थिति में नायिका यह अनुभव करती है कि उसके जागने से उसका भाग्य सो गया।

(ग) स्वप्न में वर्षा की बूँदों से जो सुखद अनुभूति गोपी को मिल रही थी, वही स्वप्नावस्था से जागने पर वर्षा की बूँदें आँखों में आँसुओं के रूप में विद्यमान थीं। ऐसे में गोपी कहती है कि उसकी आँखों में आँसुओं के रूप में वर्षा की वे बूँदें ही छाई हुई थीं।

(घ) भ्रष्ट दरबारी वातावरण व संस्कृति का वर्णन करते हुए कवि ने कहा है कि जहाँ अंधे, बहरे और गूँगे व्यक्ति रहते हों वहाँ गुणी व्यक्ति की भी कोई महत्ता नहीं है, गुणी की बाह्य वेशभूषा एवं प्रतिभा को अंधे देख नहीं सकते हैं। कवि के काव्य-पाठ को बहरे सुन नहीं सकते हैं। गूँगा काव्य की प्रशंसा में दो शब्द कह नहीं सकता है। राजा ज्ञानशून्य अंधे के समान है, दरबारी गूँगे हैं और सभासद बहरे हैं। इसलिए गुणी व्यक्ति का महत्त्व दरबार में नहीं है।

7. देव ने दरबारी चाटुकारिता और दंभपूर्ण वातावरण पर किस प्रकार व्यंग्य किया है?

उत्तर देव दरबारी संस्कृति के महाकवि थे। उन्होंने पतनशील सामंती व्यवस्था का वर्णन किया है। उनके समय में देश में मुगलों का शासन था। देश की केंद्रीय सरकार अर्थात् मुगलों का ह्रास हो गया था। समस्त देश में सामंत विलासिता का जीवन व्यतीत कर रहे थे। जनता का दुःख-दर्द समझने वाला कोई नहीं था। सामान्य जन व राजा उनके दरबारी या सभासद कला एवं उसके सौंदर्य में रुचि नहीं रखते थे। कवि ने राजा, दरबारी और सभासदों को अंधा, गूँगा और बहरा बताकर उनके काव्य के प्रति संवेदनहीनता पर करारा व्यंग्य किया है।

8. निम्नलिखित काव्यांशों की सप्रसंग व्याख्या करिए

(क) साँसनि ही ·········· तनुता करि।

(ख) झहरि ············ गगन में।

(ग) साहिब अंध ········ बाच्यो।

उत्तर (क) इस अंश की व्याख्या 'हँसी की चोट' के व्याख्या भाग में देखें।

(ख) इस अंश की व्याख्या 'सपना' के व्याख्या भाग में देखें।

(ग) इस अंश की व्याख्या 'दरबार' के व्याख्या भाग में देखें।

9. देव के अलंकार प्रयोग और भाषा प्रयोग के कुछ उदाहरण पठित पदों से लिखिए।

उत्तर संकलन में देव के तीन पद हैं। इनमें इन्होंने सामान्यतः अनुप्रास, पुनरुक्तिप्रकाश, उत्प्रेक्षा, यमक आदि अलंकारों का प्रयोग किया है। अपने काव्य में देव ने इन अलंकारों का प्रयोग सहज ढंग से किया है। पदों में अलंकार की स्थिति इस प्रकार है

अनुप्रास अलंकार

हँसी की चोट

- साँसनि ही सौं समीर
- भूमि गई तन की तनुता करि
- 'जा दिन तै ....जू हरि।'
- तेज गयो गुन

सपना

- झहरि-झहरि झीनी
- घहरि-घहरि घटा घेरी
- निगोड़ी नींद
- जानि वा जगन
- न घन हैं, न घनश्याम

दरबार

- मुसाहिब मूक
- रंग रीझ
- को काहू कर्म
- निबरे नट

यमक अलंकार

- हेरि हियो जु लियो हरि जू हरि (हँसी की चोट)
  यहाँ रेखांकित में यमक अलंकार है। पहले 'जु' का अर्थ 'जो' है और दूसरे 'जू' का अर्थ 'प्राण' है। इसी प्रकार पहले 'हरि' का अर्थ 'कृष्ण' और दूसरे 'हरि' का अर्थ हरण करना है। अतः यमक अलंकार है।
- न घन हैं, न घनश्याम (सपना)
  यहाँ 'घन' शब्द बादल के अर्थ में है, जबकि 'घनश्याम' श्रीकृष्ण के लिए प्रयुक्त हुआ है, अतः सभंग (जब किसी शब्द का प्रयोग तोड़-जोड़ करके किया जाए और इस आधार पर अर्थ की भिन्नता प्रकट हो) पद यमक अलंकार है।
- भूल्यो तहाँ भटक्यो घट औघट बूढ़िबे को काहू कर्म न बाच्यो। (दरबार)
  यहाँ 'घट' और 'औघट' दोनों शब्दों का प्रयोग हुआ है, जिनका अर्थ अलग-अलग है। यह सभंग पद यमक अलंकार का उदाहरण है।

पुनरुक्तिप्रकाश अलंकार

झहरि-झहरि व घहरि-घहरि में (सपना)

उत्प्रेक्षा अलंकार

- झहरि-झहरि झीनी बूँद हैं परति मानो (सपना)
- भूल्यो तहाँ भटक्यो (दरबार)

विरोधाभास अलंकार

सोए गए भाग मेरे जानि वा जगन में (सपना)

भाषा का चामत्कारिक प्रयोग

- जा दिन तै मुख फेरि हरै हँसि, हेरि हियो जु लियो हरि जू हरि।
- झहरि-झहरि झीनी बूँद हैं परति मानो,
  घहरि-घहरि घटा घेरी है गगन में।
- भेष न सूझ्यो, कह्यो समझ्यो न, बतायो सुन्यो न, कहा रुचि राच्यो।
- चाहत उठ्योई उठि गई सो निगोड़ी नींद,
  सोए गए भाग मेरे जानि वा जगन में।
- साहिब अंध, मुसाहिब मूक, सभा बहिरी,
- निबरे नट की बिगरी मति।

योग्यता-विस्तार

1. 'दरबार' सवैये को भारतेंदु हरिश्चंद्र के नाटक 'अँधेर नगरी' के समकक्ष रखकर विवेचना कीजिए।

उत्तर भारतेंदु हरिश्चंद्र का नाटक 'अँधेर नगरी' भी इस सवैये की भाँति राजाओं की अज्ञानता, मूर्खता, बुद्धिहीनता अदूरदर्शिता एवं हास्यास्पद स्थिति पर व्यंग्य करता हुआ प्रतीत होता है। 'अँधेर नगरी' का राजा अज्ञानता का प्रतीक था। वह प्रजा के हित के विषय में चिंतित नहीं, अपितु संकीर्ण भावनाओं से ग्रसित था।

अतः 'अँधेर नगरी' राजाओं की हास्यास्पद स्थिति पर करारा व्यंग्य है। महाकवि देव का भी यह सवैया भारतेंदु के 'अँधेर नगरी' नाटक की भाँति सामंती व्यवस्था के गिरते स्तर पर करारी चोट कर रहा है। भारतेंदु का फलक काफी बड़ा है और देव का एक छंद मात्र ही है, किंतु दोनों का विवेच्य विषय एक ही है।

2. देव के समान भाषा प्रयोग करने वाले किसी अन्य कवि की रचनाओं का संकलन कीजिए।

उत्तर देव रीतिकालीन कवियों में प्रमुख स्थान रखते हैं। इनका भाषा पर पूर्ण रूप से अधिकार था। रीतिकालीन कवि पद्माकर का भी भाषा पर देव के समान ही अधिकार था। दोनों की भाषा में सरलता व स्वाभाविकता है। शब्दाडंबर से दोनों ही मुक्त हैं।

शुक्ल जी के अनुसार, कहीं तो इनकी भाषा स्निग्ध मधुर पदावली द्वारा एक सजीव भावभरी प्रेम मूर्ति खड़ी करती है, तो कहीं भाव या रस की धारा बहाती है, कहीं अनुप्रासों की मिलित झंकार उत्पन्न करती है, कहीं वीर दर्प से क्षुब्ध वाहिनी के समान अकड़ती हुई चलती है।

पद्माकर जी के कुछ छंद देखें

(i) कहैं पद्माकर परोस पिछवारन के,
द्वारन के दौरि गुन औगुन गनै नहीं।

(ii) तौ लौं चलित चतुर सहेली याही कोऊ कहूँ,
नीके के निचौरे ताहि करत मनै नहीं।

(iii) हौं तौ स्याम रंग में चुराई चित चोराचोरी,
बोरत तौ बोर्‌यो पै निचोरत बनै नहीं।

(iv) छाजत छबले छिति छहरि छराके छोर,
भोर उठि आई केलि मंदिर के द्वार पर।

(v) एक पग भीतर औ एक देहरी पै धरै,
एक कर कंज एक कर है किवार पर।

(vi) आरस सो आरत, सम्भारत न सीस पट,
गजब गुजारति गरीबन की धार पर।

अभ्यास प्रश्न

काव्यांशों पर आधारित बहुविकल्पीय प्रश्न

1. **साँसनि ही सौं समीर गयो अरु, आँसुन ही सब नीर गयो ढरि।**
तेज गयो गुन लै अपनो, अरु भूमि गई तन की तनुता करि।।
'देव' जियै मिलिबेही की आस कि, आसहू पास अकास रह्यो भरि।
जा दिन तै मुख फेरि हरै हँसि, हेरि हियो जु लियो हरि जू हरि।।

(i) गोपियों के मन को किसने हर लिया था?
(क) श्रीकृष्ण के व्यक्तित्व ने (ख) श्रीकृष्ण की हँसी ने
(ग) श्रीकृष्ण की मुरली ने (घ) इनमें से कोई नहीं

(ii) प्रस्तुत पद में किसका वर्णन किया गया है?
(क) कृष्ण वियोग में पीड़ित गोपी की विरह दशा का
(ख) पंच तत्त्वों की दशाओं का
(ग) कृष्ण के मथुरा चले जाने का
(घ) कृष्ण और गोपियों के मार्मिक मिलन का

(iii) गोपियों के शरीर में अब केवल कौन-सा पंच तत्त्व शेष है?
(क) जल (ख) पृथ्वी
(ग) वायु (घ) आकाश

(iv) निम्नलिखित कथनों में से सही कथनों पर विचार कीजिए
1. श्रीकृष्ण गोपियों से मिलना पसंद नहीं करते थे।
2. श्रीकृष्ण वन में विचरण करने चले गए थे।
3. कृष्ण के विरह में निस्तेज हो जाने से तेज के रूप में गोपियों के शरीर से अग्नि तत्त्व निकल गया।

कूट
(क) 1 और 3 (ख) 2 और 3
(ग) केवल 3 (घ) ये सभी

(v) प्रस्तुत पद में कौन-सा रस निहित है?
(क) संयोग श्रृंगार रस
(ख) वियोग श्रृंगार रस
(ग) करुण रस
(घ) शांत रस

उत्तर

(i) (ख) श्रीकृष्ण की हँसी ने
(ii) (क) कृष्ण वियोग में पीड़ित गोपी की विरह दशा का
(iii) (घ) आकाश
(iv) (ग) केवल 3
(v) (ख) वियोग श्रृंगार रस

2. **झहरि-झहरि झीनी बूँद हैं परति मानो,**
घहरि-घहरि घटा घेरी है गगन में।
आनि कह्यो स्याम मो सौं 'चलौ झूलिबे को आज'
फूली न समानी भई ऐसी हौं मगन मैं।।
चाहत उठ्योई उठि गई सो निगोड़ी नींद,
सोए गए भाग मेरे जानि वा जगन में।
आँख खोलि देखौं तौ न घन हैं, न घनश्याम,
वेई छाई बूँदें मेरे आँसु ह्वै दृगन में।।

(i) गोपी के स्वप्न में क्या हो रहा था?
(क) केवल काली घटाएँ घिर रही थीं
(ख) हल्की-हल्की बारिश हो रही थी
(ग) वह कृष्ण के साथ झूला झूल रही थी
(घ) वह बारिश में भीगने का आनंद ले रही थी

(ii) गोपी के स्वप्न में श्रीकृष्ण ने क्या कहा?
(क) श्रीकृष्ण ने बाहर घूमने चलने के लिए कहा
(ख) श्रीकृष्ण ने गोपी को झूला झूलने के लिए कहा
(ग) गोपी ने श्रीकृष्ण को यमुना तट पर जाने के लिए कहा
(घ) उपर्युक्त में से कोई नहीं

(iii) गोपी श्रीकृष्ण के साथ झूला क्यों नहीं झूल सकी?
(क) क्योंकि बारिश अधिक हो रही थी
(ख) क्योंकि श्रीकृष्ण को अन्य गोपी ने बुला लिया था
(ग) क्योंकि श्रीकृष्ण ने मना कर दिया था
(घ) क्योंकि उसका स्वप्न भंग हो गया था

(iv) 'सोए गए भाग मेरे जानि वा जगन में' पंक्ति का आशय क्या है?
(क) सोने के कारण मेरा भाग्य भी सो गया
(ख) जल्दी जागने के कारण गोपी श्रीकृष्ण के साथ झूल न सकी
(ग) गोपी श्रीकृष्ण से मिलने के कारण अपने भाग्य पर खुश हो रही है
(घ) उपर्युक्त में से कोई नहीं

(v) प्रस्तुत पद में कौन-सा रस निहित है?
(क) संयोग-वियोग श्रृंगार (ख) हास्य
(ग) करुण (घ) वीर

उत्तर

(i) (ख) हल्की-हल्की बारिश हो रही थी
(ii) (ख) श्रीकृष्ण ने गोपी को झूला झूलने के लिए कहा
(iii) (घ) क्योंकि उसका स्वप्न भंग हो गया था
(iv) (ख) जल्दी जागने के कारण गोपी श्रीकृष्ण के साथ झूल न सकी
(v) (क) संयोग-वियोग श्रृंगार

3. **साहिब अंध, मुसाहिब मूक, सभा बहिरी, रंग रीझ को माच्यो।**
भूल्यो तहाँ भटक्यो घट औघट बूढ़िबे को काहू कर्म न बाच्यो।।
भेष न सूझ्यो, कह्यो समझ्यो न, बतायो सुन्यो न, कहा रुचि राच्यो।
'देव' तहाँ निबरे नट की बिगरी मति को सगरी निसि नाच्यो।।

(i) **प्रस्तुत पद में कवि ने किसका वर्णन किया है?**
(क) रीतिकालीन रास-रंग वाली दरबारी संस्कृति का
(ख) आदिकालीन श्रृंगार-परक दरबार का
(ग) भक्ति-भाव से पूर्ण राजदरबारियों का
(घ) उपर्युक्त में से कोई नहीं

(ii) **प्रस्तुत पद के अनुसार, राजा ज्ञानशून्य क्यों है?**
(क) क्योंकि वह निरक्षर है
(ख) क्योंकि वह प्रजा की नहीं सुनता
(ग) क्योंकि उसे कला की परख नहीं है
(घ) क्योंकि वह अभिमानी है

(iii) **कथन (A) कवि ने राजा को 'ज्ञानशून्य' कहा है।**
कारण (R) राजा न तो कलाकारों की कला को समझ पाता है और न ही उसकी सराहना करता है।
कूट
(क) कथन (A) और कारण (R) दोनों सही हैं तथा कारण (R), कथन (A) की सही व्याख्या करता है।
(ख) कथन (A) सही है, लेकिन कारण (R) उसकी गलत व्याख्या करता है।
(ग) कथन (A) गलत है, लेकिन कारण (R) सही है।
(घ) कथन (A) और कारण (R) दोनों गलत हैं।

(iv) **'नट की बिगरी मति को सगरी निसि नाच्यो' से कवि का क्या अभिप्राय है?**
(क) अनभिज्ञ लोगों के सामने अपनी कला का प्रदर्शन करना
(ख) सारी रात नाचते रहना
(ग) पुरस्कार के लिए राजा के सामने नाचना
(घ) अपनी कला का प्रदर्शन न करना

(v) **प्रस्तुत पद में कवि ने किस पर व्यंग्य किया है?**
(क) पतनशील तथा निष्क्रिय सामंती व्यवस्था पर
(ख) वर्तमान दरबारी संस्कृति पर
(ग) वर्तमान जनता पर
(घ) ज्ञानशून्य राजा पर

उत्तर

(i) (क) रीतिकालीन रास-रंग वाली दरबारी संस्कृति का
(ii) (ग) क्योंकि उसे कला की परख नहीं है
(iii) (क) कथन (A) और कारण (R) दोनों सही हैं तथा कारण (R), कथन (A) की सही व्याख्या करता है।
(iv) (क) अनभिज्ञ लोगों के सामने अपनी कला का प्रदर्शन करना
(v) (क) पतनशील तथा निष्क्रिय सामंती व्यवस्था पर

विषय-वस्तु पर आधारित प्रश्नोत्तर

1. संकलन में संकलित देव के पहले पद में किस भाव का वर्णन किया गया है? स्पष्ट कीजिए।

उत्तर संकलन में संकलित पहला पद 'हँसी की चोट' शीर्षक पद है। इस पद में गोपी की विरह अवस्था का अतिशयोक्तिपूर्ण वर्णन किया गया है। श्रीकृष्ण ने गोपी से मुँह फेरकर उपेक्षा दिखाई, जिसके परिणामस्वरूप नायिका की हँसी ही गायब हो गई। इस उपेक्षा से वह मरणासन्न अवस्था में पहुँच गई। उसकी स्थिति इतनी दयनीय हो गई है कि उसके शरीर में अब पंच तत्त्वों में से केवल आकाश तत्त्व ही शेष रह गया है, फिर भी वह इस आशा में जीवित है कि एक-न-एक दिन श्रीकृष्ण उससे मिलने अवश्य ही आएँगे।

2. साँसों से समीर जाने से क्या आशय है?

उत्तर साँसों से समीर जाने से आशय यह है कि गोपिका कृष्ण के वियोग में उद्विग्न है। उसकी स्थिति अत्यंत ही दयनीय अवस्था में पहुँच गई है।

वह कृष्ण के वियोग में दीर्घ-श्वास 'उच्छ्वास' (ज़ोर-ज़ोर/लंबी-लंबी साँसें) ले रही है, जिसके द्वारा यह आभास हो रहा है कि साँसों के माध्यम से उसके शरीर का वायु तत्त्व शरीर को छोड़ गया है।

3. कृष्ण के हँसते हुए मुँह फेरकर चले जाने से गोपिका ने क्या कुछ खो दिया और क्या उसके पास शेष रह गया?

उत्तर कृष्ण के हँसते हुए मुँह फेरकर चले जाने से गोपिका हँसना ही भूल गई है, उसकी हँसी कहीं गायब हो गई है। कृष्ण के वियोग में वह उद्विग्न है, उसने अपना हृदय और चार तत्त्व (वायु, जल, अग्नि और पृथ्वी) खो दिए हैं और अब उसके पास कृष्ण के मिलन की आशा के रूप में केवल आकाश तत्त्व ही शेष रह गया है।

4. दूसरे कवित्त में किन दो विरोधी भावों का वर्णन है?

उत्तर दूसरे कवित्त में कवि ने श्रृंगार रस के दो विरोधी भावों-संयोग व वियोग का वर्णन किया है। गोपिका स्वप्न के माध्यम से संयोगावस्था में पहुँचते-पहुँचते वियोगावस्था में पहुँच जाती है। गोपिका को स्वप्न में ही कृष्ण के सामीप्य की सुखद अनुभूति हुई थी, किंतु निर्दयी नींद से उठना उसके लिए बहुत ही दुःखद सिद्ध हुआ।

5. मुसाहिबों को मूक क्यों कहा गया है? अपने शब्दों में स्पष्ट कीजिए।

उत्तर मुसाहिबों को मूक इसलिए कहा गया है, क्योंकि जब दरबार का राजा ही अंधा हो अर्थात् जब राजा ही अज्ञानी हो एवं उसे उचित-अनुचित का ज्ञान न हो, तो राजसभा के सदस्य उचित या अनुचित कुछ भी नहीं बोलते हैं। वे अज्ञानी राजा की या तो चापलूसी करने में अपनी भलाई समझते हैं या चुप रहकर ही अपना समय व्यतीत करते हैं, इसलिए वे राजा के समक्ष चुप रहने में ही अपनी भलाई समझते हैं।

6. 'दरबार' सवैये में साहिब को अंधा क्यों कहा गया है? स्पष्ट कीजिए।

उत्तर 'दरबार' सवैये में 'साहिब' राजा को कहा गया है। देव के समय भारत में राजाओं का जीवन विलासितापूर्ण था। राजा ज्ञानचक्षु से हीन होते थे। उन्हें प्रजा के दुःख-दर्द या देश की स्थिति से कोई मतलब नहीं था। उनके दरबार में यदि कोई कलाकार (कवि) अपना काव्य सुनाने आता था, तो वे उन्हें पहचान नहीं पाते थे और न ही उनके काव्य को समझने की उनमें शक्ति थी।

7. 'नट की बिगरी मति' से कवि का क्या आशय है?

उत्तर 'नट की बिगरी मति' से कवि का आशय यह है कि कलाकार को अपनी कला का प्रदर्शन दर्शक के समक्ष करना चाहिए। उस कलाकार की बुद्धि तो सर्वथा खराब ही समझी जाएगी, जो अपनी नृत्य कला का प्रदर्शन रात भर करता रहा हो, किंतु उसकी कला को निहारने वाला कोई दर्शक ही उसके सम्मुख न हो अर्थात् वह दर्शकों के अभाव में सारी रात व्यर्थ ही में नृत्य करता रहा हो। उसकी कला का आनंद किसी ने नहीं लिया। न ही उसकी कला की किसी ने प्रशंसा ही की।

8. 'सगरी निसि नाच्यो' से कवि का क्या आशय है?

उत्तर 'सगरी निसि नाच्यो' का शाब्दिक अर्थ है—सारी रात नाचना। किंतु इन शब्दों से कवि ने उस काल के कवि समाज की वेदना को अभिव्यक्त किया है या यूँ कहें कि कवि देव ने इन शब्दों के माध्यम से व्यक्तिगत वेदना को अभिव्यक्त किया है, तो इसमें कोई अतिशयोक्ति न होगी। उस समय राजाश्रय पाने के लिए कवियों के समक्ष सदैव ऐसी परिस्थितियाँ उत्पन्न होती थीं।

उन्हें इधर-उधर भटकना पड़ता था। कवि के अनुसार दरबार में कला का प्रदर्शन करना ठीक वैसा ही होगा, जैसे कलाकार ने पूरी रात अपनी कला का प्रदर्शन किया, किंतु कला के महत्त्व से अनभिज्ञ लोगों के समक्ष कला का प्रदर्शन करने से कोई प्रभाव नहीं पड़ा।

9. पाठ्यपुस्तक में संकलित छंदों के आधार पर देव की काव्य-भाषा पर विचार कीजिए।

उत्तर रीतिकालीन कवियों में देव बड़े ही प्रतिभाशाली कवि थे। देव की भाषा मधुर ब्रज भाषा है। उनकी रचनाओं में अनुप्रास और यमक अलंकार के प्रति प्रबल आकर्षण है, ध्वनि-योजना उनके छंदों में पग-पग पर प्राप्त होती है। उनके काव्य में जहाँ एक ओर रूप-सौंदर्य का आलंकारिक चित्रण मिलता है, वहीं रागात्मक भावनाओं की अभिव्यक्ति भी अत्यंत संवेदनशीलता के साथ प्रकट होती है। देव की भाषा में सरलता, सरसता, प्रवाह व माधुर्य भाव है।

इनकी भाषा के संबंध में आचार्य रामचंद्र शुक्ल ने तो यहाँ तक कहा है 'इनका-सा अर्थ सौष्ठव और नवोन्मेष विरले ही कवियों में मिलता है। रीतिकाल के कवियों में ये बड़े ही प्रगल्भ और प्रतिभा संपन्न कवि थे, इसमें संदेह नहीं ·········· कहीं-कहीं इनकी कल्पना बहुत सूक्ष्म और दुरूह है।'

10. 'हँसी की चोट' छंद का काव्य-सौंदर्य लिखिए।

उत्तर काव्य सौंदर्य के दो पक्ष होते हैं— भाव पक्ष एवं कला पक्ष।

काव्य-सौंदर्य

भाव पक्ष

(i) पद में कृष्ण के वियोग में पीड़ित गोपी का वर्णन किया गया है।
(ii) गोपी की विरह अवस्था का अतिशयोक्तिपूर्ण वर्णन किया गया है।
(iii) विरहजन्य संताप व कृशता (दुर्बलता) की बड़ी मार्मिक व्यंजना हुई है।
(iv) कृष्ण के मुख फेर लेने से नायिका हँसना भूल गई है।
(v) शरीर के तत्त्वों—क्षिति (पृथ्वी), जल, पावक (अग्नि), गगन (आकाश) और समीर (वायु) की ओर संकेत है।

कला पक्ष

(i) पद में ब्रजभाषा का सुंदर प्रयोग किया गया है।
(ii) पद में अनुप्रास अलंकार तथा अतिशयोक्ति अलंकार है।
(iii) माधुर्य गुण विद्यमान है।
(iv) विप्रलंभ शृंगार रस का मार्मिक चित्रण हुआ है।
(v) लयात्मकता एवं गेयता विद्यमान है।
(vi) 'मुँह फेर लेना' मुहावरे का सुंदर प्रयोग है।

11. बिंब किसे कहते हैं? स्पष्ट कीजिए।

उत्तर स्मृतियों के आधार पर बनाए जाने वाले शब्द-चित्र बिंब कहलाते हैं; जैसे—घुटुरुन चलत रेनु तनु मंडित मुख दधि लेप किए। इन शब्दों को पढ़कर मुख पर दही लपेटे, धूल-धूसरित घुटनों के बल चलते बालक का चित्र सामने आ जाता है, इसे ही दृश्य बिंब कहते हैं।

स्व-मूल्यांकन

काव्यांश पर आधारित बहुविकल्पीय प्रश्न

निम्नलिखित काव्यांश को ध्यानपूर्वक पढ़कर पूछे गए बहुविकल्पीय प्रश्नों के लिए सर्वाधिक उपयुक्त विकल्प का चुनाव कीजिए

1. **साँसनि ही सौं समीर गयो अरु, आँसुन ही सब नीर गयो ढरि।**
तेज गयो गुन लै अपनो, अरु भूमि गई तन की तनुता करि।।
'देव' जियै मिलिबेही की आस कि, आसहू पास अकास रह्यो भरि।
जा दिन तै मुख फेरि हरै हँसि, हेरि हियो जु लियो हरि जू हरि।।

(i) प्रस्तुत पद के अनुसार, कृष्ण ने किसी समय गोपियों की तरफ किस प्रकार देखा था?
(क) रोते हुए
(ख) हँसते हुए
(ग) चिल्लाते हुए
(घ) दौड़ते हुए

(ii) ''साँसनि ही सौं समीर गयो'' में 'समीर' का तात्पर्य क्या है?
(क) जल तत्त्व
(ख) वायु तत्त्व
(ग) अग्नि तत्त्व
(घ) पृथ्वी तत्त्व

(iii) गोपियों के शरीर से पृथ्वी तत्त्व क्यों निकल गया?
(क) आँसू गिरने के कारण
(ख) तेज़ खत्म हो जाने के कारण
(ग) दुर्बलता के कारण
(घ) साँसों के बाहर निकलने के कारण

(iv) गोपियों के प्राण शरीर में क्यों बचे हुए हैं?
(क) कृष्ण की हँसी के कारण
(ख) कृष्ण से मिलने की आशा के कारण
(ग) आकाश तत्त्व के चले जाने के कारण
(घ) पृथ्वी तत्त्व के स्थिर रहने के कारण

(v) **कथन** (A) गोपियाँ निस्तेज़ हो गई हैं।
कारण (R) कृष्ण के वियोग के कारण उनके शरीर से अग्नि तत्त्व समाप्त हो गया है।

कूट
(क) कथन (A) और कारण (R) दोनों सही हैं तथा कारण (R), कथन (A) की सही व्याख्या करता है।
(ख) कथन (A) और कारण (R) दोनों सही हैं, परंतु कारण (R), कथन (A) की सही व्याख्या नहीं करता है।
(ग) कथन (A) सही है, किंतु कारण (R) गलत है।
(घ) कथन (A) गलत है, किंतु कारण (R) सही है।

काव्यांश की व्याख्या

2. निम्नलिखित में से किसी एक काव्यांश की सप्रसंग व्याख्या कीजिए।

झहरि-झहरि झीनी बूँद हैं परति मानो,
घहरि-घहरि घटा घेरी है गगन में।
आनि कह्यो स्याम मो सौं 'चलौ झूलिबे को आज'
फूली न समानी भई ऐसी हौं मगन मैं।।

अथवा

साहिब अंध, मुसाहिब मूक, सभा बहिरी,
रंग रीझ को माच्यो।
भूल्यो तहाँ भटक्यो घट औघट बूढ़िबे को काहू
कर्म न बाच्यो।।
भेष न सूझ्यो, कह्यो समझ्यो न, बतायो सुन्यो न,
कहा रुचि राच्यो।
'देव' तहाँ निबरे नट की बिगरी मति को सगरी निसि नाच्यो।।

विषय-वस्तु पर आधारित प्रश्न

1. कवि देव ने गोपियों के वियोग को किस प्रकार चित्रित किया है?
2. 'तेज गयो गुन लै अपनो' पंक्ति से कवि का क्या आशय है?
3. गोपी ने ऐसा क्यों कहा कि उसका भाग्य सो गया है?
4. स्वप्न भंग होने के बाद गोपी की आँखों से आँसू क्यों बहने लगे?
5. 'झहरि-झहरि झीनी बूँद हैं परति' पंक्ति में कवि ने किस स्थिति का चित्रण किया है?
6. 'भूल्यो तहाँ भटक्यो घट औघट' पंक्ति के माध्यम से कवि क्या कहना चाहता है?

04

अध्याय

कवि-परिचय

सुमित्रानंदन पंत का जन्म वर्ष 1900 में उत्तराखंड के कौसानी गाँव में हुआ था। इनकी प्रारंभिक शिक्षा अल्मोड़ा और उच्च शिक्षा बनारस व इलाहाबाद में हुई। गाँधीजी के प्रभाव से उन्होंने शिक्षा छोड़ स्वाधीनता आंदोलन में भाग लिया। पल्लव काव्य-संग्रह से प्रसिद्ध हुए पंत जी छायावादी युग के प्रमुख कवि थे। प्रकृति और मानव सौंदर्य के चित्रण के साथ उनकी कविताओं में कल्पनाशीलता, रहस्यवाद और मानवतावाद प्रमुख हैं। हिंदी काव्य-भाषा को नवीन दृष्टि देने के कारण उन्हें 'शब्द-शिल्पी' कहा जाता है। उन्हें सोवियत लैंड नेहरू पुरस्कार, साहित्य अकादमी पुरस्कार और भारतीय ज्ञानपीठ पुरस्कार जैसे सम्मान मिले। वीणा, पल्लव, गुंजन, युगांत, उत्तरा, चिदंबरा और महाकाव्य लोकायतन उनकी प्रमुख रचनाएँ हैं। वर्ष 1978 में उनका निधन हो गया।

अध्ययन के लिए
- कविता की रूपरेखा
- काव्यांशों की व्याख्या

अभ्यास के लिए
- पाठ्यपुस्तक के प्रश्नोत्तर
- काव्यांशों पर आधारित बहुविकल्पीय प्रश्न
- विषय-वस्तु पर आधारित प्रश्नोत्तर

संध्या के बाद

(सुमित्रानंदन पंत)

कविता की रूपरेखा

प्रस्तुत कविता का मूल स्वर ग्रामीण जन-जीवन के विविध सामाजिक यथार्थ से जुड़ा है। कविता में सर्दी की ढलती हुई साँझ के समय गाँव के वातावरण, जनजीवन और प्रकृति का सुंदर चित्रण हुआ है, जिसमें विधवाओं, खेत से घर लौटते किसान और पशु-पक्षियों का चित्रण उल्लेखनीय है। शाम के समय जब सूर्य अस्ताचल की ओर चला जाता है, तो पेड़ों के पत्ते ताम्रवर्णी तथा झरनों का जल स्वर्णिम दिखाई देता है। छिपता हुआ सूर्य नदी के बीच ज्योति स्तंभ की तरह दिखाई देता है। गंगा का जल ऐसा दिखाई देता है जैसे बहुत बड़े सर्प ने अपनी केंचुली छोड़ दी हो। रेत, पानी और हवा स्नेह-पाश में बँधे हुए दिखाई देते हैं। मंदिर में शंख और घंटों की ध्वनि से मानो लहरें भी लय से कंपन करने लगती हैं। मंदिर का कलश दीपक की शिखा के समान दिखाई देता है मानो वह भी आकाश में उठकर आरती कर रहा हो। नदी किनारे सफ़ेद वस्त्र पहने विधवाएँ ऐसी लगती हैं मानो बगुले जप-तप में लीन हों। पंक्तिबद्ध होकर उड़ते हुए सोन पक्षी अपनी आवाज से शांत आकाश को मुखरित कर देते हैं। इस समय गायों के खुरों से उठी हुई धूल सोने के चूर्ण जैसी सुनहरी लगती है।

साँझ होते ही पक्षी, गायें, थके-हारे किसान तथा हाट से व्यापारी भी अपने घरों को लौट आते हैं। छोटी-सी बस्ती में दीपक के चारों ओर बैठे हुए लोग अपने सुख-दु:ख व लेन-देन की बातें करते हैं। दीपक की लौ के साथ-साथ ही उनकी आशाएँ और निराशाएँ प्रकट होती हैं।

काव्यांशों की व्याख्या

निम्नलिखित काव्यांशों की सप्रसंग व्याख्या कीजिए

काव्यांश 1

सिमटा पंख साँझ की लाली
जा बैठी अब तरु शिखरों पर
ताम्रपर्ण पीपल से, शतमुख
झरते चंचल स्वर्णिम निर्झर!
ज्योति स्तंभ-सा धँस सरिता में
सूर्य क्षितिज पर होता ओझल,
बृहद् जिह्म विश्लथ केंचुल-सा
लगता चितकबरा गंगाजल!

शब्दार्थ

साँझ—संध्या/सायंकाल; **तरु शिखरों**—पेड़ की चोटियों पर; **ताम्रपर्ण**—ताँबे के रंग का पत्ता; **शतमुख**—सौ मुखों वाला; **स्वर्णिम**—सुनहरे; **निर्झर**—झरना; **स्तंभ**—खंभा; **धँस**—प्रवेश; **सरिता**—नदी; **क्षितिज**—वह स्थान, जहाँ पृथ्वी और आकाश मिलते हुए दिखाई देते हैं; **ओझल**—छिपना; **बृहद्**—विशाल; **जिह्म**—मंद; **विश्लथ**—थका हुआ-सा; **केंचुल-सा**—साँप की ऊपरी त्वचा, जिसे वह साल में एक बार त्याग देता है; **चितकबरा**—काले-सफ़ेद रंग का।

संदर्भ प्रस्तुत काव्यांश हमारी पाठ्यपुस्तक 'अंतरा भाग-1' में संकलित कविता 'संध्या के बाद' से लिया गया है। इसके रचयिता प्रकृति के सुकुमार कवि सुमित्रानंदन पंत जी हैं।

प्रसंग प्रस्तुत काव्यांश में कवि ने ग्रामीण परिवेश में होने वाले संध्याकालीन प्राकृतिक दृश्य तथा सौंदर्य का अति सुंदर चित्रण किया है। संध्या के पूर्व की गोधूलि बेला समाप्त हो चुकी है।

व्याख्या प्रस्तुत काव्यांश में कवि कहते हैं कि सूर्यास्त हो रहा है। संध्या के समय वातावरण में व्याप्त लालिमा सिमटनी शुरू हो गई है। संध्या रूपी पक्षी ने मानो अपने पंख समेट लिए हैं और अपनी लाली के साथ वृक्षों की ऊँची शाखाओं पर जा बैठा है। लाली युक्त प्रकाश पेड़ की फुनगियों पर पड़ रहा है, जिसके कारण पीपल के पत्ते ताँबे के रंग के दिखाई दे रहे हैं। ताँबे के रंग के पीपल के पत्ते गिरते समय ऐसे दिखाई पड़ते हैं, जैसे कि सैकड़ों मुख वाले झरने स्वर्णिम धाराओं में बह रहे हैं। सूर्यास्त के समय सूर्य का प्रतिबिंब नदी में पड़ता हुआ ऐसा प्रतीत होता है, मानो प्रकाश-स्तंभ नदी में धीरे-धीरे प्रवेश कर रहा हो।

इस प्रकार, सूर्य क्षितिज (वह स्थान, जहाँ पृथ्वी और आकाश मिलते हुए दिखाई देते हैं) पर धीरे-धीरे ओझल हो रहा है। गंगा का विस्तृत जलक्षेत्र मंद, शांत और विशाल सर्प के चितकबरे (काले-सफ़ेद रंग का) रंग के साँप के केंचुल-सा लग रहा है अर्थात् संध्या के समय जल में वृक्षों की छाया और सुनहरी किरणों के कारण गंगाजल चितकबरा-सा दिखाई दे रहा है। गंगाजल के मंद गति के कारण नदी एक थके हुए अजगर के समान प्रतीत होती है, जैसे साँप ने अपनी केंचुली छोड़ रखी हो।

काव्य-शैली

(i) प्रस्तुत काव्यांश में पंत जी ने प्रकृति के स्वाभाविक दृश्यों का वर्णन किया है, जिसमें संध्या की लाली का प्रकृति के अंगों पर पड़ते प्रभाव का चित्रण है।
(ii) प्रस्तुत काव्यांश में संध्या की लाली समेटकर पक्षियों की तरह पेड़ों की चोटियों पर बैठने की कल्पना अद्भुत है।
(iii) प्रस्तुत काव्यांश की भाषा तत्सम शब्दावली युक्त खड़ीबोली है।
(iv) प्रस्तुत काव्यांश में 'सिमटा पंख साँझ की लाली जा बैठी अब तरु शिखरों पर' पंक्ति में मानवीकरण अलंकार तथा 'ताम्रपर्ण पीपल से', 'ज्योति स्तंभ-सा', 'बृहद् जिह्म विश्लथ केंचुल-सा' में उपमा अलंकार है।
(v) प्रस्तुत काव्यांश में शांत रस तथा माधुर्य गुण की प्रधानता है।
(vi) प्रस्तुत काव्यांश में सुंदर बिंब तथा संगीतात्मकता, ध्वन्यात्मकता विद्यमान है।

काव्यांश 2

धूपछाँह के रंग की रेती
अनिल ऊर्मियों से सर्पांकित
नील लहरियों में लोड़ित
पीला जल रजत जलद से बिंबित!
सिकता, सलिल, समीर सदा से
स्नेह पाश से बँधे समुज्ज्वल,
अनिल पिघलकर सलिल, सलिल
ज्यों गति द्रव खो बन गया लवोपल।

शब्दार्थ

रेती—रेत/बालू; **अनिल**—वायु/पवन; **ऊर्मियों**—लहरों/किरणों; **सर्पांकित**—सर्प के आकार की तरह अंकित; **नील लहरियों**—नीली लहरें; **लोड़ित**—लहरों से हिलाया-डुलाया गया/मथित; **रजत**—चाँदी; **जलद**—बादल; **बिंबित**—परछाईं से युक्त; **सिकता**—रेत; **सलिल**—जल; **समीर**—हवा; **स्नेह पाश**—प्रेम का बंधन; **समुज्ज्वल**—अच्छी तरह उज्ज्वल/प्रकाशित; **लवोपल**—बर्फ के छोटे-छोटे टुकड़े/हिमखंड।

संदर्भ पूर्ववत्।

प्रसंग प्रस्तुत पंक्तियों में कवि ने गंगा नदी के किनारे के मनोरम संध्याकालीन प्राकृतिक सौंदर्य का वर्णन किया है।

व्याख्या प्रस्तुत काव्यांश में कवि कहते हैं कि धूप, छाँव व प्रकाश में हवा के हिलोरों की वज़ह से ऐसी धाराएँ बन रही हैं, जैसे साँप की टेढ़ी-मेढ़ी आकृति जैसे चिह्न बन गए हों। नदी के जल में नीली लहरें उठ रही हैं, जो कभी छोटी और कभी बड़ी हो जाती हैं। सूर्य के किरणों के प्रतिबिंब के कारण जल का रंग पीला (स्वर्णिम) दिखाई देता है। अतः उस पीले स्वर्णिम जल में बादलों का प्रतिबिंब चाँदी जैसी छवि प्रस्तुत करता है। रेत, पानी और

हवा सदा से ही सुंदर प्रेम संबंधों के बंधन में बँधे रहते हैं। हवा चलने के कारण जब बर्फ पिघलने लगती है तो वह जल का रूप धारण कर लेती है और वही जल अपनी गति खोकर हिमखंड बन जाता है। नदी किनारे की रेत, जल में उठ रही नीली लहरें, नदी का पीला जल, आकाश में स्थित सफेद बादल, पिघलता बर्फ एवं छोटे-छोटे हिमखंड कवि के शब्दों से साकार हो उठे हैं।

काव्य-शैली

(i) प्रस्तुत काव्यांश में संध्याकालीन प्रकृति का मनोहारी चित्रण किया गया है।
(ii) काव्यांश में रेत आदि का विभिन्न प्रकार से वर्णन करना कवि के प्राकृतिक प्रेम को प्रदर्शित करता है।
(iii) प्रस्तुत काव्यांश में तत्सम शब्दावली युक्त खड़ीबोली का प्रयोग किया गया है।
(iv) 'सिकता, सलिल, समीर सदा से' में अनुप्रास अलंकार तथा काव्यांश में उत्प्रेक्षा अलंकार भी उपस्थित है।
(v) प्रस्तुत काव्यांश में लय और गति प्रभावशाली है।
(vi) प्रस्तुत काव्यांश में 'सिकता, सलिल, समीर सदा से, स्नेह पाश से बँधे समुज्ज्वल' में प्रकृति के विभिन्न उपादानों में परस्पर प्रेम की कल्पना करके कवि ने अपनी काव्य-कला का सुंदर परिचय दिया है।
(vii) प्रस्तुत काव्यांश में छायावादी तथा चित्रात्मक शैली का प्रयोग है।

काव्यांश 3

शंख घंट बजते मंदिर में
लहरों में होता लय कंपन,
दीपशिखा-सा ज्वलित कलश
नभ में उठकर करता नीराजन!
तट पर बगुलों-सी वृद्धाएँ
विधवाएँ जप ध्यान में मगन,
मंथर धारा में बहता
जिनका अदृश्य, गति अंतर-रोदन!

शब्दार्थ

घंट—बड़े घंटे; **दीपशिखा**—दीपक की लौ; **ज्वलित**—प्रकाशित; **कलश**—मंदिर का गुंबद; **नीराजन**—आरती/दीपदान; **मगन**—मग्न/तल्लीन; **मंथर**—धीमी; **अंतर-रोदन**—अंतर्मन की रुलाई।

संदर्भ पूर्ववत्।

प्रसंग प्रस्तुत काव्यांश में कवि ने संध्याकाल में गाँव के मंदिर में जब शंख और घंटे बजते हैं, उसी समय नदी तट के अत्यंत मनोरम दृश्य का वर्णन किया है।

व्याख्या प्रस्तुत काव्यांश में कवि कहते हैं कि मंदिर में तेज बजते शंख व घंटों की ध्वनि से गंगा के जल में भी कंपन अनुभव होने लगता है। मंदिर का ऊँचा कलश (गुंबद) आकाश में दीपदान जैसा प्रतीत हो रहा है। यह जहाँ देवता की आरती का प्रतीक है, वहीं देर रात लौटते यात्रियों के लिए दीपशिखा का भी कार्य कर रहा है। नदी के तट पर श्वेत वस्त्र में बैठी वृद्ध विधवाओं का समूह ऐसा दिखाई देता है मानो वे बगुलों-सी पंक्ति में ध्यान में बैठी हों। ये वृद्धाएँ अपने भाग्य, अपनी दशा और अपनी अंतःपीड़ा को लेकर ही सरिता के तट पर दीपदान करने आई हैं। कवि कह रहे हैं कि गंगा की धीमी गति में इनके हृदय में स्थित सुख-दुःख ही बह रहा है। कहने का तात्पर्य यह है कि विधवाओं के मन की पीड़ा का बिंब कवि ने गंगा की मंथर (धीमी) धारा में दिखाया है।

काव्य-शैली

(i) प्रस्तुत काव्यांश में कवि ने मंदिर, शंख और घंटे आदि के माध्यम से संध्याकालीन प्रस्तुति का मनोहारी चित्रण किया है।
(ii) प्रस्तुत काव्यांश में गंगा के तट पर स्थित मंदिर में संध्या के समय होने वाली गतिविधियों का स्वाभाविक वर्णन है।
(iii) प्रस्तुत काव्यांश में तत्सम शब्दावली युक्त खड़ीबोली का प्रयोग किया गया है।
(iv) प्रस्तुत काव्यांश में 'दीपशिखा-सा ज्वलित कलश' तथा 'तट पर बगुलों-सी वृद्धाएँ' में उपमा अलंकार तथा प्रकृति का मानवीकरण करने के कारण मानवीकरण अलंकार है।
(v) प्रस्तुत काव्यांश में प्रथम चार पंक्तियों में भक्ति रस तथा अंतिम चार पंक्तियों में करुण रस है।
(vi) प्रस्तुत काव्यांश में संगीतात्मकता, ध्वन्यात्मकता विद्यमान है।
(vii) प्रस्तुत काव्यांश में चित्रात्मक शैली का प्रयोग किया गया है।

काव्यांश 4

दूर तमस रेखाओं-सी,
उड़ती पंखों की गति-सी चित्रित
सोन खगों की पाँति
आर्द्र ध्वनि से नीरव नभ करती मुखरित!
स्वर्ण चूर्ण-सी उड़ती गोरज
किरणों की बादल-सी जलकर,
सनन् तीर-सा जाता नभ में
ज्योतित पंखों कंठों का स्वर!

शब्दार्थ

तमस—अंधकार/अँधेरा; **चित्रित**—चित्रों से युक्त; **सोन खगों**—सुनहरे पक्षी; **पाँति**—पंक्ति; **आर्द्र**—नम; **नीरव**—शांत; **मुखरित**—आवाज़ से युक्त/शब्दायित; **स्वर्ण चूर्ण**—सोने की धूल; **गोरज**—गोधूलि/गायों के पैरों से उठी धूल; **सनन्**—सनसनाती हुई आवाज़ व गति; **ज्योतित**—प्रकाशित।

संदर्भ पूर्ववत्।

प्रसंग प्रस्तुत काव्यांश में कवि ने संध्या के समय आकाश में उड़ते पक्षियों एवं गोधूलि बेला का अत्यंत मनोहारी वर्णन किया है।

व्याख्या प्रस्तुत काव्यांश में कवि कह रहे हैं कि संध्या के समय आकाश में दूर सोन पक्षियों की पंक्तियाँ अंधकार की काली रेखा जैसी दिखाई पड़ रही हैं। सूर्य की किरण पड़ने के कारण सुनहरे पंखों वाले पक्षियों की पंक्तियाँ आकाश में चित्रवत् प्रतीत हो रही हैं। उन्हें देखकर ऐसा लग रहा है, मानो किसी ने आकाश में चित्र बना दिया हो।

आकाश में उड़ते हुए सोन पक्षियों की पंक्तियाँ अपनी मधुर आवाज़ से शांत आकाश को गुंजायमान कर देती हैं। चरवाहे गायों को लेकर वापस अपने घरों की ओर लौट रहे हैं। गायों के खुरों से हवा में उड़ने वाली

धूल सूर्य की किरणों के कारण स्वर्ण चूर्ण की तरह दिखाई दे रही है, जिसे देखकर ऐसा लगता है, मानो आकाश में स्वर्ण चूर्ण उड़ रहा हो। सोन पक्षियों के उड़ते हुए प्रकाशित पंखों की ध्वनि और उनके कंठों के स्वर से ऐसा लगता है ,जैसे आकाश में सनसनाती हुई आवाज़ से कोई तीर जा रहा हो।

काव्य-शैली

(*i*) प्रस्तुत काव्यांश में कवि ने संध्याकाल में अपने घरों की ओर लौटते सोन पक्षियों एवं गोधूलि बेला का सजीव चित्रण किया है।

(*ii*) प्रस्तुत काव्यांश में तत्सम शब्दावली युक्त खड़ीबोली का प्रयोग किया गया है।

(*iii*) प्रस्तुत काव्यांश में 'उड़ती पंखों की गति-सी चित्रित' तथा 'स्वर्ण चूर्ण-सी उड़ती गोरज, किरणों की बादल-सी जलकर' तथा 'सनन् तीर-सा जाता नभ में' में उपमा अलंकार तथा 'नीरव नभ' व 'किरणों की' में अनुप्रास अलंकार है।

(*iv*) प्रस्तुत काव्यांश में चित्रात्मक शैली का प्रयोग किया गया है।

काव्यांश 5

लौटे खग, गायें घर लौटीं
लौटे कृषक श्रांत श्लथ डग धर
छिपे गृहों में म्लान चराचर
छाया भी हो गई अगोचर,
लौट पैंठ से व्यापारी भी
जाते घर, उस पार नाव पर,
ऊँटों, घोड़ों के संग बैठे
खाली बोरों पर, हुक्का भर।

शब्दार्थ

खग—पक्षी; **कृषक**—किसान; **श्रांत**—थकित; **श्लथ**—शिथिल/थका हुआ; **डग**—मार्ग/रास्ता; **धर**—रखकर; **म्लान**—फीके/निस्तेज/कम चमकीला; **चराचर**—चर और अचर; **छाया**—परछाईं; **अगोचर**—अदृश्य/गायब; **पैंठ**—गाँव में लगने वाला छोटा बाज़ार।

संदर्भ पूर्ववत्।

प्रसंग प्रस्तुत काव्यांश में कवि ने संध्या के समय घर की ओर लौटते पक्षियों, पशुओं, गायों, दिनभर मेहनत करने के बाद थके-हारे किसानों, बाज़ार से बिक्री आदि करके वापस लौटते व्यापारियों का वर्णन किया है।

व्याख्या प्रस्तुत काव्यांश में कवि कह रहे हैं कि शाम के समय पक्षी अपने घोंसलों की ओर लौट रहे हैं। गायें भी अपने-अपने घर लौटने लगी हैं। थके-हारे किसान शिथिल गति से पैर रखते हुए अपने घरों की ओर लौट रहे हैं।

अब तक जो चराचर जगत् कुछ-कुछ धुँधला-सा चमक रहा था, वह भी अब आँखों से ओझल हो गया अर्थात् थके चर-अचर (जीव-जंतु) अपने-अपने घरों में छिपते जा रहे हैं। अंधकार फैलने लगा है और सब अपने-अपने घरों में छिप गए हैं। पैंठ (गाँव में लगने वाला छोटा बाज़ार) में सामान बेच रहे व्यापारी गंगा के उस पार जाने के लिए नाव पर जा रहे हैं। वे अपने ऊँटों और घोड़ों के साथ खाली बोरों पर बैठकर हुक्का भरकर गुड़गुड़ा रहे हैं।

काव्य-शैली

(*i*) प्रस्तुत काव्यांश में संध्या में पशु, पक्षियों तथा मनुष्यों के अपने घरों की ओर लौटने का वर्णन कवि की सूक्ष्म सांसारिक दृष्टि एवं ज्ञान का परिचायक है।

(*ii*) प्रस्तुत काव्यांश में कवि ने ग्रामीण समाज का स्वाभाविक वर्णन किया है।

(*iii*) प्रस्तुत काव्यांश में तत्सम शब्दावली युक्त खड़ीबोली का प्रयोग किया गया है तथा तत्सम शब्दों के साथ-साथ आँचलिक शब्दों का प्रयोग भी कुशलता से किया गया है।

(*iv*) प्रस्तुत काव्यांश में 'श्रांत श्लथ' में अनुप्रास अलंकार है।

(*v*) प्रस्तुत काव्यांश में संगीतात्मकता, ध्वन्यात्मकता विद्यमान है।

(*vi*) प्रस्तुत काव्यांश में चित्रात्मक शैली का प्रयोग किया गया है।

काव्यांश 6

जाड़ों की सूनी द्वाभा में
झूल रही निशि छाया गहरी,
डूब रहे निष्प्रभ विषाद में
खेत, बाग, गृह, तरु, तट, लहरी!
बिरहा गाते गाड़ी वाले,
भूँक-भूँककर लड़ते कूकर,
हुआँ-हुआँ करते सियार
देते विषण्ण निशि बेला को स्वर!

शब्दार्थ

द्वाभा—प्रकाश/चमक; **निशि**—रात्रि; **निष्प्रभ**—आभा रहित/प्रभाहीन/धुँधला; **विषाद**—दुःख; **लहरी**—लहरें; **बिरहा**—एक प्रकार का लोकगीत; **कूकर**—कुत्ता; **सियार**—गीदड़; **विषण्ण**—दुःखी/विषाद से पूर्ण; **निशि बेला**—रात्रि का समय।

संदर्भ पूर्ववत्।

प्रसंग प्रस्तुत काव्यांश में कवि ने सर्दी के मौसम की संध्या का वर्णन किया है। सर्दी के मौसम में जल्दी ही अँधेरा छा जाता है। रात्रि के इस सन्नाटे में गाड़ी वाले को कुत्तों के भौंकने तथा सियारों के हुआँ-हुआँ की आवाज़ें सुनाई देती हैं।

व्याख्या प्रस्तुत काव्यांश में कवि कहते हैं कि शीत ॠतु की रात्रि में वातावरण में दुहरा सूनापन व्याप्त है। शीत की अधिकता एवं रात्रि का अँधेरा दोनों ही वातावरण को गंभीर बना रहे हैं, जिसे कवि ने ग्रामीण शब्दावली में कहा है कि रात की गहरी छाया झूल रही है। खेत, उद्यान, घर, वृक्ष, नदी के तट, लहरें आदि रात के अँधेरे में ऐसे दिखाई दे रहे हैं, मानो आभाहीन दुःख में डुबकी लगा रहे हों। अँधेरे के कारण इस क्षेत्र में कहीं भी सौंदर्य नहीं है।

रात के गहरे अँधेरे में बस्ती प्रभाहीन दुःख में डूब जाती है। लोग अपने घरों में बंद हो जाते हैं। सड़कों पर मौन व्याप्त हो जाता है, जिसे गाड़ीवालों के बिरहा गीत की ध्वनि भंग करती है। रास्ते में कुत्ते आपस में लड़ते हैं और सियार हुआँ-हुआँ की आवाज करते हैं। ये सभी आवाजें वातावरण में फैली शांति को भंग करती हैं। ऐसा लगता है, मानो दुःख ने अपना साम्राज्य स्थापित कर लिया हो।

काव्य-शैली

(i) प्रस्तुत काव्यांश में कवि ने सर्दी की रात्रि का विषादपूर्ण वर्णन किया है।

(ii) प्रस्तुत काव्यांश में रात्रि में कुत्तों के भौंकने तथा सियारों के बोलने से नीरवता भंग होने का भाव प्रकट हुआ है।

(iii) प्रस्तुत काव्यांश में तत्सम शब्दावली युक्त खड़ीबोली का प्रयोग हुआ है।

(iv) 'निष्प्रभ विषाद', 'विषण्ण निशि' में रूपक अलंकार 'डूब रहे निष्प्रभ विषाद में खेत, बाग, गृह, तरु, तट, लहरी' में मानवीकरण अलंकार है तथा इसके अतिरिक्त अनुप्रास व पुनरुक्तिप्रकाश अलंकार की छटा दर्शनीय है।

(v) प्रस्तुत काव्यांश में चित्रात्मक शैली का प्रयोग किया गया है।

(vi) प्रस्तुत काव्यांश की भाषा सरल, सहज एवं बोधगम्य है।

काव्यांश 7

माली की मँड़ई से उठ,
नभ के नीचे नभ-सी धूमाली
मंद पवन में तिरती
नीली, रेशम की-सी हलकी जाली!
बत्ती जला दुकानों में
बैठे सब कस्बे के व्यापारी,
मौन मंद आभा में
हिम की ऊँघ रही लंबी अँधियारी!

शब्दार्थ

मँड़ई—मड़ैया/झोंपड़ी; **धूमाली**—धुएँ का आकाश/धुएँ जैसी चादर; **मंद**—धीमी; **तिरती**—फैलती/तैरती; **बत्ती**—दीपक; **कस्बे**—छोटा शहर; **मौन मंद**—चुप-शांत; **आभा**—प्रकाश/चमक; **हिम**—बर्फ़/ठंड/शीत।

संदर्भ पूर्ववत्।

प्रसंग प्रस्तुत काव्यांश में कवि ने उड़ते हुए धुएँ तथा कस्बे के व्यापारियों का चित्रात्मक वर्णन किया है।

व्याख्या प्रस्तुत काव्यांश में कवि कहते हैं कि जाड़े को दूर करने के लिए माली ने पुआल जलाया है, जिसका धुआँ ऊपर स्थिर हो गया है। उसे देखकर ऐसा लगता है मानो आकाश के नीचे धुएँ का आकाश हो। यह धुएँ का आकाश हवा की गति से धीरे-धीरे तैरता हुआ-सा मालूम पड़ रहा है। कवि को ऐसा लग रहा है, मानो आकाश में यह धुआँ नीले रेशम की हल्की-सी जाली हो।

कस्बों के छोटे-छोटे व्यापारी अपनी दुकानों पर बत्ती जलाकर बैठे हैं, जिसका प्रकाश बहुत ही कम है। चारों ओर एक मौन छाया हुआ है। ऊँघते हुए अँधेरे को देखकर ऐसा लगता है, जैसे धुँध और अंधकार भरी रात बहुत लंबी हो गई हो।

काव्य-शैली

(i) प्रस्तुत काव्यांश में कवि ने गहराती शाम का चित्रण किया है।

(ii) प्रस्तुत काव्यांश में अँधेरे को ऊँघता हुआ बताना कवि की सूक्ष्म कल्पना शक्ति का परिचायक है।

(iii) प्रस्तुत काव्यांश में तत्सम शब्दावली युक्त खड़ीबोली का प्रयोग हुआ है।

(iv) 'हिम की ऊँघ रही लंबी अँधियारी' में मानवीकरण अलंकार, 'नभ के नीचे नभ-सी धूमाली', 'नीली, रेशम की-सी हल्की जाली' में उपमा अलंकार है तथा 'मौन मंद' में अनुप्रास अलंकार है।

(v) प्रस्तुत काव्यांश में चित्रात्मक शैली का प्रयोग हुआ है।

काव्यांश 8

धुआँ अधिक देती है
टिन की ढबरी, कम करती उजियाला,
मन से कढ़ अवसाद श्रांति
आँखों के आगे बुनती जाला!
छोटी-सी बस्ती के भीतर
लेन-देन के थोथे सपने
दीपक के मंडल में मिलकर
मँडराते घिर सुख-दुःख अपने!

शब्दार्थ

ढबरी—मिट्टी के तेल से जलने वाला छोटा-सा दीपक; **अवसाद**—दुःख; **श्रांति**—थकान; **थोथे**—व्यर्थ; **सपने**—कल्पनाएँ; **मंडल**—प्रकाशमंडल/रोशनी।

संदर्भ पूर्ववत्।

प्रसंग प्रस्तुत काव्यांश में कवि ने समाज के निर्धन वर्ग की समस्याओं का वर्णन किया है।

व्याख्या प्रस्तुत काव्यांश में कवि कहते हैं कि मिट्टी के तेल से जलने वाली ढिबरी (ढबरी) धुआँ अधिक देती है, जबकि उसका प्रकाश बहुत कम होता है। गाँवों में बिजली नहीं होती। गरीब ग्रामीण टिन की ढिबरी में मिट्टी का तेल भरकर हल्का-सा मंद प्रकाश कर लेते हैं। वह ढिबरी जहाँ कुछ प्रकाश देती है, वहाँ अपने धुएँ से अंधकार भी करती है। ग्रामीणजनों के मन के दुःख इस थकावट के समय उनको व्याकुल करने लगते हैं। ढिबरी के धुएँ से आँखों के आगे जाला-सा बन जाता है। यहीं इस छोटे-से गाँव में लोग इकट्ठा होते हैं और अपने आय-व्यय के बारे में व्यर्थ का चिंतन करते हैं। ऐसा लगता है कि इस दीपक की रोशनी में इनके सुख-दुःख मँडरा रहे हैं अर्थात् जब तक दिया जल रहा है, ये इस प्रकार की बातें एक-दूसरे से करते हैं।

काव्य-शैली

(i) प्रस्तुत काव्यांश में ढिबरी के धुएँ के माध्यम से गरीब लोगों के हृदय में बसे दुःख का वर्णन किया गया है।

(ii) टिन की ढिबरी का वर्णन स्वाभाविक है। ढिबरी का प्रकाश व धुआँ सुख-दुःख का प्रतीक है।

(iii) प्रस्तुत काव्यांश में कवि ने गाँवों की साधनहीनता का वर्णन किया है।

(*iv*) प्रस्तुत काव्यांश में तत्सम शब्दावली युक्त खड़ीबोली का प्रयोग किया गया है।

(*v*) 'कम करती' में अनुप्रास अलंकार है।

(*vi*) प्रस्तुत काव्यांश में प्रसाद गुण विद्यमान है।

(*vii*) प्रस्तुत काव्यांश की भाषा सहज, सरल व बोधगम्य है।

काव्यांश 9

कँप-कँप उठते लौ के संग
कातर उर क्रंदन, मूक निराशा,
क्षीण ज्योति ने चुपके ज्यों
गोपन मन को दे दी हो भाषा!
लीन हो गई क्षण में बस्ती,
मिट्टी खपरे के घर आँगन,
भूल गए लाला अपनी सुधि,
भूल गया सब ब्याज, मूलधन!

शब्दार्थ

कातर—व्याकुल; **उर**—हृदय; **क्रंदन**—रुदन; **मूक**—शांत; **क्षीण**—दुर्बल/पतली/हल्की; **ज्योति**—प्रकाश; **गोपन**—छिपी हुई; **लीन**—डूब जाना; **खपरे**—छप्पर के ऊपर रखा जाने वाला मिट्टी से बना पक्का खपड़ा/खपरैल; **लाला**—महाजन; **सुधि**—ध्यान/ज्ञान; **ब्याज**—सूद।

संदर्भ पूर्ववत्।

प्रसंग प्रस्तुत काव्यांश में कवि ने रात्रि के प्रथम प्रहर में ग्रामीण समाज व गाँव के स्वरूप को वर्णित किया है।

व्याख्या प्रस्तुत काव्यांश में कवि कहते हैं कि प्रकाश के लिए टिन की ढिबरी जल रही है। हवा की लहर से ढिबरी की लौ काँप उठती है, ठीक इसी प्रकार इस प्रकाश में बैठे व्यक्तियों के मन भी अपनी असफलताओं व निराशाओं से व्याकुल हो उठते हैं। हल्के प्रकाश में वे अपने मन में छिपी अपनी करुण कथा को अथवा अपने विचारों को प्रकट करने का साहस जुटा पाते हैं। रात बढ़ने लगी तो सारी बस्ती, उनके खपरैल के मकान, घर, आँगन सब अंधकार में डूब गए। गाँव का बनिया अपने मूल व सूद सबकी बातें भूल गया है और नींद में खो गया है।

काव्य-शैली

(*i*) प्रस्तुत काव्यांश में कवि ने बस्ती के लोगों की निराशाओं को दीपक की धीमी लौ के माध्यम से स्पष्ट करते हुए प्रगतिशील विचारधारा को प्रकट किया है।

(*ii*) प्रस्तुत काव्यांश में बढ़ते अंधकार में घर, खपरैल आदि के खोने के साथ लोगों के नींद की गोद में डूबने का वर्णन है।

(*iii*) प्रस्तुत काव्यांश में खड़ीबोली का प्रयोग किया गया है।

(*iv*) प्रस्तुत काव्यांश में 'कँप-कँप' में पुनरुक्तिप्रकाश अलंकार तथा 'क्षीण ज्योति ने चुपके ज्यों गोपन मन को दे दी हो भाषा' में उत्प्रेक्षा अलंकार है।

(*v*) प्रस्तुत काव्यांश में छायावादी शैली का सर्वत्र प्रभाव है।

(*vi*) प्रस्तुत काव्यांश की भाषा सहज, सरल एवं बोधगम्य है।

काव्यांश 10

सकुची-सी परचून किराने की ढेरी
लग रहीं ही तुच्छतर,
इस नीरव प्रदोष में आकुल
उमड़ रहा अंतर जग बाहर!
अनुभव करता लाला का मन,
छोटी हस्ती का सस्तापन,
जाग उठा, उसमें मानव,
औ' असफल जीवन का उत्पीड़न।

शब्दार्थ

सकुची—सिमटकर छोटी हो चुकी; **परचून किराने**—उपभोग की वस्तुएँ/जहाँ आटा-दाल बिकती है; **तुच्छतर**—हेय/बहुत हल्का/कम कीमती; **नीरव**—शांत; **प्रदोष**—संध्याकाल/रात्रि का प्रारंभ/सूर्यास्त का समय; **आकुल**—व्याकुल/बेचैन; **अंतर जग**—हृदय प्रदेश; **लाला**—वैश्य/दुकानदार/व्यापारी/बनिया; **हस्ती**—हैसियत/सामर्थ्य; **उत्पीड़न**—सताना/दबाना।

संदर्भ पूर्ववत्।

प्रसंग प्रस्तुत काव्यांश में कवि ने रात्रि के प्रारंभ काल में छोटे-छोटे ग्रामीण दुकानदारों की दशा का वर्णन किया है।

व्याख्या प्रस्तुत काव्यांश में कवि कहते हैं कि लाला (दुकानदार/बनिया) की दैनिक उपभोग की वस्तुओं की दुकान सिमटी-सी लगती है, क्योंकि उसमें सामान बहुत कम बचा है। ऐसी छोटी-छोटी अनाज की ढेरियों को दुकानदार बहुत ही तुच्छ समझ रहा है। संध्याकाल में वातावरण शांत है, कोई ग्राहक नहीं है। रात्रि के इस शांत-मौन प्रथम प्रहर में लाला का मन भी दुःखी है। वह अपनी हीन अवस्था को महसूस कर रहा है। उसे लगता है कि उसका कोई महत्त्व नहीं है।

इस वातावरण में उसका वह मानव व्यक्तित्व जाग उठा है, जो जीवन की असफलताओं व उत्पीड़न को पाकर सामान्यतः जागा करता है। ऐसे अवसर पर वह सोचता है कि मेरे जीवन में निराशा और दुःखों के अतिरिक्त कुछ भी नहीं है।

काव्य-शैली

(*i*) प्रस्तुत काव्यांश में लाला के माध्यम से मनुष्य के मन की भावनाओं को उजागर किया गया है।

(*ii*) गरीबी के कारण झेली जाने वाली योजनाओं का मार्मिक चित्रण है।

(*iii*) प्रस्तुत काव्यांश में तत्सम शब्दावली युक्त खड़ीबोली का प्रयोग हुआ है।

(*iv*) प्रस्तुत काव्यांश में 'सकुची-सी' में उपमा अलंकार है।

(*v*) प्रस्तुत काव्यांश में परचून, किराने, हस्ती जैसे शब्दों के प्रयोग में ग्रामीण परिवेश उभरकर आया है।

(*vi*) प्रस्तुत काव्यांश में छायावादी शैली का प्रभाव है।

(*vii*) प्रस्तुत काव्यांश की भाषा सरल, सहज एवं बोधगम्य है।

काव्यांश 11

दैन्य दु:ख अपमान ग्लानि
चिर क्षुधित पिपासा, मृत अभिलाषा,
बिना आय की क्लांति बन रही
उसके जीवन की परिभाषा!
जड़ अनाज के ढेर सदृश ही
वह दिन-भर बैठा गद्दी पर
बात-बात पर झूठ बोलता
कौड़ी की स्पर्द्धा में मर-मर!

शब्दार्थ

दैन्य—दीनता; **ग्लानि**—प्रायश्चित/दु:ख/खेद; **चिर**—शाश्वत/सदैव/लंबे समय से; **अभिलाषा**—इच्छा; **क्लांति**—शिथिलता/थकावट; **जड़**—जो गतिहीन हो/बेजान; **सदृश**—समान; **कौड़ी की स्पर्द्धा**—तुच्छ वस्तुएँ पाने की होड़।

संदर्भ पूर्ववत्।

प्रसंग प्रस्तुत काव्यांश में कवि ने लाला (छोटे-मोटे दुकानदार) की उस विवशता का वर्णन किया है, जिसमें वह दिनभर दुकान पर बैठने के बाद भी अपने परिवार के सदस्यों के लिए सुख के साधन उपलब्ध नहीं करा पाता।

व्याख्या प्रस्तुत काव्यांश में कवि कहते हैं कि लाला अपनी दुकान पर विचारमग्न अवस्था में अपने जीवन की असफलताओं के विषय में सोचता है कि मैंने जीवन में दीनता, दु:ख, अपमान, ग्लानि, कभी न पूर्ण होने वाली कामनाओं की आकांक्षा, अतृप्त अभिलाषाओं के अतिरिक्त और कुछ नहीं पाया है। उसे सदैव यही चिंता सताती है कि उसकी आय पर्याप्त नहीं है उसका मन इस बात से ग्लानि से भर जाता है कि कम आय के कारण उसका जीवन दु:खों से भर गया है। वह अपनी तुलना जड़ अनाज की ढेरी से करता है। जिस प्रकार अनाज की ढेरी सारे दिन पड़ी रहकर गतिविहीन बनी रहती है, उसी प्रकार वह (लाला) भी ग्राहक के अभाव में दिनभर गद्दी पर बैठा हुआ अनाज की ढेरी के समान जड़ बना रहता है। दिनभर कौड़ी-कौड़ी यानी एक-एक पैसा कमाने में वह कई बार झूठ बोलता है और तुच्छ वस्तुओं को पाने की होड़ में लगा रहता है। उसे अपने जीवन पर ग्लानि हो रही है।

काव्य-शैली

(*i*) प्रस्तुत काव्यांश में लाला के मन में चल रहे अंतर्द्वंद्वों का अत्यंत प्रभावशाली चित्रण है।

(*ii*) प्रस्तुत काव्यांश में कवि की प्रगतिवादी विचारधारा परिलक्षित हो रही है।

(*iii*) प्रस्तुत काव्यांश में तत्सम शब्दावली युक्त खड़ीबोली का प्रयोग किया गया है।

(*iv*) प्रस्तुत काव्यांश में 'दैन्य दु:ख' में अनुप्रास 'जड़ अनाज के ढेर सदृश' में उपमा अलंकार है।

(*v*) 'बात-बात' और 'मर-मर' में पुनरुक्तिप्रकाश अलंकार है।

(*vi*) ग्रामीण समाज के छोटे व्यापारी का स्वाभाविक वर्णन है।

(*vii*) प्रस्तुत काव्यांश में मुक्त छंद का प्रयोग हुआ है।

(*viii*) प्रस्तुत काव्यांश की भाषा सरल, सहज एवं बोधगम्य है।

काव्यांश 12

फिर भी क्या कुटुंब पलता है?
रहते स्वच्छ सुघर सब परिजन?
बना पा रहा वह पक्का घर?
मन में सुख है? जुटता है धन?
खिसक गई कंधों से कथड़ी
ठिठुर रहा अब सर्दी से तन,
सोच रहा बस्ती का बनिया
घोर विवशता का निज कारण!

शब्दार्थ

कुटुंब—परिवार; **सुघर**—सुघड़/सुंदर/साफ़; **परिजन**—परिवार के लोग; **कथड़ी**—पुराने कपड़ों से बनाया गया वस्त्र/गुदड़ी; **विवशता**—लाचारी/मज़बूरी; **निज**—अपना।

संदर्भ पूर्ववत्।

प्रसंग प्रस्तुत काव्यांश के माध्यम से कवि ने ग्रामीण समाज के छोटे व्यापारी के मन की व्यथा का वर्णन किया है। वह स्वयं अपनी उस विवशता को धिक्कारता है, जिसके कारण वह दिनभर दुकान पर बैठने के बाद भी अपने परिवार के सदस्यों के लिए सुख के साधन जुटाने में असमर्थ है।

व्याख्या प्रस्तुत काव्यांश में कवि कहते हैं कि छोटी ग्रामीण बस्ती का बनिया अपनी भयंकर विवशता के कारणों के विषय में सोच रहा है। वह सोचता है कि दिनभर बात-बात पर झूठ बोलकर, दु:ख व अपमान सहता है। क्या उससे वह अपने परिवार का सही ढंग से पालन कर पा रहा है? क्या अपने को मारकर और कम तौलकर भी उसका मकान पक्का बन सका? क्या उसके मन ने सुख की अनुभूति अनुभव की? क्या मैं कुछ धन इकट्ठा कर सका? यह सोचते-सोचते उसके कंधों से उसकी गुदड़ी खिसक गई और अब उसका शरीर जाड़े के कारण काँपने लगा। धन के अभाव में वह अपने परिवार का भरण-पोषण करने में असमर्थ है। सर्दी के इस मौसम में ठंड से ठिठुरता हुआ लाला अपनी लाचारी और गरीबी के कारणों को खोज रहा था।

काव्य-शैली

(*i*) प्रस्तुत काव्यांश में लाला के हृदय के द्वंद्व का वास्तविक चित्रण तथा जीवन की विवशताओं का यथार्थ वर्णन किया गया है।

(*ii*) प्रस्तुत काव्यांश में तत्सम शब्दावली युक्त खड़ीबोली का प्रयोग किया गया है।

(*iii*) प्रस्तुत काव्यांश में प्रश्नात्मक शैली का प्रयोग किया गया है।

(*iv*) प्रस्तुत काव्यांश में बोलचाल की सरल भाषा का प्रयोग है।

(*v*) प्रस्तुत काव्यांश में मुक्त छंद है।

(*vi*) प्रस्तुत काव्यांश में 'क्या कुटुंब' एवं 'स्वच्छ सुघर सब' में अनुप्रास अलंकार है।

काव्यांश 13

शहरी बनियों-सा वह भी उठ
क्यों बन जाता नहीं महाजन?
रोक दिए हैं किसने उसकी
जीवन उन्नति के सब साधन?
यह क्या संभव नहीं
व्यवस्था में जग की कुछ हो परिवर्तन?
कर्म और गुण के समान ही
सकल आय-व्यय का हो वितरण?

शब्दार्थ

महाजन—बड़ा दुकानदार/व्यवसायी/ब्याज पर रुपया देने वाला; **उन्नति**—तरक्की; **साधन**—उपाय; **परिवर्तन**—बदलाव; **सकल**—संपूर्ण; **वितरण**—विभाजन/बँटवारा।

संदर्भ पूर्ववत्।

प्रसंग प्रस्तुत काव्यांश के माध्यम से कवि समाज में फैली विषमता का वर्णन करते हुए इसे दूर करने के विषय में बताते हैं।

व्याख्या प्रस्तुत काव्यांश में कवि कहते हैं कि लाला अपनी किराने की दुकान पर बैठा हुआ यह सोच रहा है कि वह भी शहरी बनिये की तरह बड़ा सेठ क्यों नहीं बन जाता? यदि उसके पास धन हो गया तो वह भी महाजनी करने लगेगा और उससे अर्जित ब्याज से सुख से रहेगा। वह सोचता है कि वह कौन है, जिसने उसके जीवन की उन्नति के सभी साधन बंद कर दिए हैं? वह किसी भी प्रकार आगे नहीं बढ़ पा रहा है।

क्या यह संभव नहीं है कि वर्तमान में जो व्यवस्था कायम है, उसमें परिवर्तन हो? परिवर्तन से ही उसके जैसे दीन-हीन जनों की दशा में बदलाव आ सकता है। काम और गुण के अनुसार समाज में आय-व्यय का बँटवारा किया जाए, जबकि ऐसा बिल्कुल भी नहीं हो रहा है।

काव्य-शैली

(*i*) प्रस्तुत काव्यांश में कवि ने लाला के मन में चल रहे अंतर्द्वंद्व के माध्यम से समाज की विषमता पर प्रकाश डाला है।
(*ii*) कवि के अनुसार साम्यवादी विचारधारा को न मानने वाले व्यक्ति भी परिवार, वंश या तथाकथित भाग्य के कारण संपन्नता भोगने वालों को देखकर ऐसा सोचने के लिए बाध्य होते हैं।
(*iii*) प्रस्तुत काव्यांश में तत्सम शब्दावली युक्त खड़ीबोली का प्रयोग हुआ है।
(*iv*) प्रस्तुत काव्यांश में 'सब साधन' में अनुप्रास अलंकार तथा 'बनियों-सा' में उपमा अलंकार है।
(*v*) प्रस्तुत काव्यांश में प्रसाद गुण तथा मुक्त छंद है।
(*vi*) काव्यांश की भाषा सरल व बोधगम्य है।

काव्यांश 14

घुसे घरौंदों में मिट्टी के
अपनी-अपनी सोच रहे जन,
क्या ऐसा कुछ नहीं,
फूँक दे जो सबमें सामूहिक जीवन?
मिलकर जन निर्माण करे जग,
मिलकर भोग करें जीवन का,
जन विमुक्त हो जन-शोषण से,
हो समाज अधिकारी धन का?

शब्दार्थ

घरौंदों—छोटे-छोटे घर; **सामूहिक**—समूह का/सबका; **भोग करना**—आनंद उठाना; **विमुक्त**—छुटकारा/स्वतंत्र; **जन-शोषण**—व्यक्ति का उत्पीड़न।

संदर्भ पूर्ववत्।

प्रसंग प्रस्तुत काव्यांश के माध्यम से कवि ने समाज में फैली विषमता को दूर करने के लिए सामूहिक रूप से कार्य करने, आय तथा व्यय का समान वितरण करने की बात कही है। कवि के अनुसार यदि इस दिशा में कार्य किया जाए तो सामाजिक विषमता को दूर किया जा सकता है।

व्याख्या प्रस्तुत काव्यांश में कवि कहते हैं कि लाला (दुकानदार) की तरह बहुत-से और लोग भी हैं, जो सर्दी की इस रात में अपने-अपने मिट्टी के छोटे-छोटे घरों में घुसे हुए अपनी आर्थिक स्थिति के बारे में सोच रहे हैं। क्या कोई ऐसा व्यक्ति नहीं है, जो लोगों को प्रेरित करे कि वे मिलकर सभी के मन में एकता और सहयोग की भावना विकसित करें अर्थात् यदि कोई ऐसा मार्गदर्शक मिले जो लोगों में सामूहिकता की सोच जगाए, तो सभी एक साथ मिलकर काम कर सकते हैं। जब सभी एक साथ मिलकर परिश्रम करेंगे और परिश्रम द्वारा प्राप्त फल को भी समान रूप से बाँटेंगे, तो किसी का शोषण नहीं होगा। उस समय धन और संपत्ति की जिम्मेदारी किसी एक व्यक्ति की नहीं होगी, बल्कि पूरे समाज की होगी। इससे समाज में समानता आएगी और सभी लोग सुखी जीवन जी सकेंगे।

काव्य-शैली

(*i*) प्रस्तुत काव्यांश में कवि द्वारा लोगों की सोच के माध्यम से सामाजिक समरसता की बात की गई है।
(*ii*) प्रस्तुत काव्यांश में कवि सामाजिक प्रतिबद्धता के लिए सजग दिखाई देते हैं।
(*iii*) प्रस्तुत काव्यांश में तत्सम शब्दावली युक्त खड़ीबोली का प्रयोग किया गया है।
(*iv*) प्रस्तुत काव्यांश में 'घुसे घरौंदों', 'सबमें सामूहिक' में अनुप्रास अलंकार तथा 'अपनी-अपनी' में पुनरुक्तिप्रकाश अलंकार है।
(*v*) प्रस्तुत काव्यांश में प्रसाद गुण का समावेश है।

काव्यांश 15

दरिद्रता पापों की जननी,
मिटें जनों के पाप, ताप, भय,
सुंदर हों अधिवास, वसन, तन,
पशु पर फिर मानव की हो जय?
व्यक्ति नहीं, जग की परिपाटी
दोषी जन के दुःख क्लेश की,
जन का श्रम जन में बँट जाए,
प्रजा सुखी हो देश देश की!

शब्दार्थ

दरिद्रता—निर्धनता/गरीबी; **जननी**—माता; **ताप**—कष्ट; **अधिवास**—निवास स्थान/घर; **वसन**—वस्त्र; **जग**—संसार; **परिपाटी**—चलन/परंपरा; **क्लेश**—दु:ख; **श्रम**—मेहनत; **जन**—व्यक्ति।

संदर्भ पूर्ववत्।

प्रसंग प्रस्तुत काव्यांश में कवि ने दरिद्रता को सभी प्रकार के पापों की जननी बताया है साथ ही सभी लोगों के सुखी होने की कामना की है।

व्याख्या प्रस्तुत काव्यांश में कवि कहते हैं कि ग्रामीण समाज के बनिये की चिंतनधारा बिना रुके चल रही है। वह सोच रहा है कि दरिद्रता ही सभी पापों को जन्म देती है। यदि गरीबी मिट जाए तो लोग पाप नहीं करेंगे, उनके दु:ख और डर भी समाप्त हो जाएँगे। लोगों के पास रहने के लिए सुंदर मकान, स्वस्थ शरीर और सुंदर वस्त्र होंगे। केवल अपने बारे में ही सोचने की पशुवृत्ति पर परहित चिंतन वाली मानवीय प्रवृत्ति की विजय होगी, क्योंकि जब-जब मनुष्य में पशुता की भावना जागती है तो वह अनैतिक कार्यों में जुट जाता है। यह दशा केवल किसी एक व्यक्ति की नहीं, बल्कि पूरे समाज, राष्ट्र और संसार की है।

अतः हमारी इस दशा के लिए व्यक्ति को दोष देना व्यर्थ है, वस्तुतः दोषी हमारी प्राचीन परंपराएँ व मान्यताएँ हैं। हम ऐसी व्यवस्था करें कि व्यक्ति की आय समाज की आय बन जाए, तब निश्चय ही संसार की प्रजा सुख का अनुभव करने लगेगी।

काव्य-शैली

(i) प्रस्तुत काव्यांश में कवि ने पशुता पर मानवता, अनैतिकता पर नैतिकता की विजय तथा दरिद्रता दूर करने की कामना की है।

(ii) प्रस्तुत काव्यांश में कवि सामाजिक प्रतिबद्धता के प्रति सजग दिखाई देते हैं।

(iii) प्रस्तुत काव्यांश में तत्सम शब्दावली युक्त खड़ीबोली का प्रयोग हुआ है।

(iv) प्रस्तुत काव्यांश में प्रसाद गुण का समावेश है।

(v) प्रस्तुत काव्यांश में सरल एवं सुबोध भाषा का प्रयोग हुआ है।

(vi) प्रस्तुत काव्यांश में 'देश देश' में पुनरुक्तिप्रकाश अलंकार तथा 'पशु पर' में अनुप्रास अलंकार है।

काव्यांश 16

टूट गया वह स्वप्न वणिक का,
आई जब बुढ़िया बेचारी,
आध-पाव आटा लेने
लो, लाला ने फिर डंडी मारी!
चीख उठा घुघ्घू डालों में
लोगों ने पट दिए द्वार पर,
निगल रहा बस्ती को धीरे,
गाढ़ अलस निद्रा का अजगर!

शब्दार्थ

स्वप्न—सपना; **वणिक**—व्यापारी/बनिया; **डंडी मारी**—कम तौलना; **घुघ्घू**—उल्लू; **पट**—किवाड़; **निगल**—गटकना; **गाढ़**—गहरी; **निद्रा**—नींद; **अजगर**—विशालकाय सर्प।

संदर्भ पूर्ववत्।

प्रसंग प्रस्तुत काव्यांश में कवि ने लाला (दुकानदार) के चिंतन के बाद उसके व्यवहार का वर्णन किया है। उसकी गरीबी उसे यह सब करने को विवश करती है।

व्याख्या प्रस्तुत काव्यांश में कवि कहते हैं कि सर्दी की रात में लाला सभी व्यक्तियों के सुख और दु:ख की कल्पना का स्वप्न देख रहा था, तभी एक बुढ़िया आधा पाव आटा लेने आई और उसे (लाला को) कल्पनालोक से बाहर आना पड़ा। लाला ने देश का विचार छोड़ दिया। कम आटा तौलकर बेईमानी की। यह चालाकी उसने तराजू की डंडी को हाथ से दबाकर की। यह देख पेड़ पर बैठा उल्लू चीख उठा। उल्लू का चीखना अशुभ माना जाता है। कवि को यह आभास होता है कि समाज को इस गरीबी से छुटकारा मिलना आसान नहीं है। अंधकार और सर्दी बढ़ती जा रही थी, इसलिए लोगों ने अपने घरों के द्वार बंद कर लिए। धीरे-धीरे लोग नींद में डूबते जा रहे थे, ऐसा लग रहा था मानो आलस रूपी निद्रा का अजगर सबको निगलता जा रहा था।

काव्य-शैली

(i) प्रस्तुत काव्यांश में बनिये द्वारा सामान को कम तौलना उसकी सोच और व्यवहार की विषमता को दर्शाता है। साम्यवाद की केवल सैद्धांतिक बातें करने वालों का ही प्रतीक है लाला, जो मौका पाते ही सारे सिद्धांत भूलकर केवल व्यक्तिगत बात सोचता है।

(ii) प्रस्तुत काव्यांश में कवि ने लोगों की कथनी व करनी में अंतर होता है, इस ओर संकेत किया है।

(iii) प्रस्तुत काव्यांश में तत्सम शब्दावली युक्त खड़ीबोली का प्रयोग किया गया है।

(iv) प्रस्तुत काव्यांश में प्रसाद गुण और चित्रात्मक शैली का प्रयोग किया गया है।

(v) प्रस्तुत काव्यांश में 'डंडी मारना', 'चीख उठना' आदि मुहावरों का प्रयोग हुआ है।

(vi) प्रस्तुत काव्यांश में मुक्त छंद है।

(vii) प्रस्तुत काव्यांश में 'निद्रा का अजगर' में रूपक अलंकार तथा 'बुढ़िया बेचारी' में अनुप्रास अलंकार है।

पाठ्यपुस्तक (अंतरा भाग-1) के प्रश्नोत्तर

1. संध्या के समय प्रकृति में क्या-क्या परिवर्तन होते हैं? कविता के आधार पर लिखिए।

उत्तर संध्या के समय जब सूर्य अस्त होने लगता है, तो सूर्य की किरणों के पड़ने से पीपल के चंचल पत्ते ताँबे के रंग जैसे दिखाई देते हैं। झरनों का जल स्वर्णिम दिखाई देता है। छिपता हुआ सूर्य नदी के बीच ज्योति स्तंभ की तरह दिखाई देता है। गंगा का जल ऐसा चितकबरा दिखाई देता है, जैसे थके हुए अजगर साँप ने अपनी केंचुली छोड़ दी हो।

सरिता के नीले जल पर पड़ती हुई सूर्य की किरणों के कारण जल की आभा पीली लगती है। रेत, पानी और हवा स्नेह पाश में बँधे हुए दिखाई देते हैं। आकाश में दूर पक्षियों की पंक्तियाँ अंधकार की रेखा जैसी लगती हैं। आकाश पक्षियों की आवाज़ से गुंजायमान हो जाता है। पंक्तिबद्ध होकर उड़ते हुए सोन पक्षी अपनी आवाज़ से शांत आकाश को मुखरित कर देते हैं। इस समय गायों के खुरों से उठी हुई धूल सोने के चूर्ण जैसी सुनहरी लगती है।

2. पंत जी ने नदी के तट का जो वर्णन किया है, उसे अपने शब्दों में लिखिए।

उत्तर पंत जी ने नदी के तट का वर्णन करते हुए कहा है कि संध्याकालीन प्रकाश में गंगातट की बालू धूपछाँही रंग की हो रही है। हवा के झोंकों ने उस पर साँपों की-सी आकृति बना दी है। गंगाजल में पीले प्रकाश की चमक और बादल के कारण चाँदी जैसी आभा नीली लहरों में हिलकर अद्वितीय हो रही है। गंगातट पर मंदिर में शंखों और घंटों की आवाज़ हो रही है। उसके संगीत से जो लय उत्पन्न होती है, उससे गंगा का जल तरंगित हो गया है। संध्याकाल में गंगातट पर बैठी बूढ़ी विधवाएँ सफेद वस्त्र पहनकर ध्यान में मग्न हैं। इन्हें देखकर ऐसा लगता है, जैसे नदी के किनारे बहुत-से बगुलों की पंक्ति बैठी है, साथ ही यह भी लगता है, जैसे इन स्त्रियों के मन में कोई ऐसा दुःख छिपा है, जिसे ये प्रकट नहीं कर पा रहीं। इनका अंतर्रुदन नदी की धारा की तरह अदृश्य गति से निकल रहा है।

3. बस्ती के छोटे-से गाँव के अवसाद को किन-किन उपकरणों द्वारा अभिव्यक्त किया गया है?

उत्तर बस्ती के छोटे-से गाँव के अवसाद को जाड़े की अँधेरी रात के द्वारा अभिव्यक्त किया गया है कि गाँव के घरों में टिन की ढिबरी जलाई जाती है, जो धुआँ अधिक तथा रोशनी कम देती है। दीपक की लौ के संग उनके हृदय का कातर क्रंदन, मूक निराशा काँपती रहती है अर्थात् बस्ती के छोटे से गाँव में लोग इकट्ठा होते हैं और दीपक के प्रकाश में अपने लेन-देन की बात के अतिरिक्त अपने मन के दुःख-दर्द को आपस में बाँटकर हल्का कर लेते हैं।

बस्ती के गरीब लोगों की निराशा और दुःख दीपक की लौ की तरह काँप-काँपकर प्रकट हो रहे हैं। लोगों के हृदय का मूक-रुदन दीपक की धीमी रोशनी में जैसे मुखरित हो उठता है। गाँव का छोटा दुकानदार ग्राहकों की प्रतीक्षा में बैठा है। उसकी दुकान सिमटकर छोटी होती जा रही है। ग्रामीणों के मिट्टी एवं खपरैल के मकानों से अवसाद अभिव्यक्त किया गया है।

4. लाला के मन में उठने वाली दुविधा को अपने शब्दों में लिखिए।

उत्तर लाला सर्दी की रात में अकेला अपनी दुकान पर बैठा हुआ अपने जीवन की असफलताओं व परेशानियों के विषय में सोचकर चिंतित और व्याकुल है। उसका मन इस बात की ग्लानि से भर गया कि कम आय के कारण उसका जीवन दुःखों से भर गया है। आर्थिक स्थिति खराब होने के कारण उसे तरह-तरह के अपमान सहने पड़ते हैं। फिर भी वह अपने परिवार का भली-भाँति पालन-पोषण करने में असमर्थ है। उसने अपनी तुलना जड़-अनाज की ढेरी अर्थात् अर्थहीन वस्तु से की। वह दिनभर बात-बात पर झूठ बोलकर लोगों से एक-एक कौड़ी के लिए झगड़ा करता रहता है, फिर भी वह अपने परिवार के सदस्यों को ठीक से नहीं पाल पाता। वह आज तक अपने परिवार के लिए पक्का मकान भी नहीं बना पाया है। वह सोचता है कि वह शहरी बनियों के समान महाजन क्यों नहीं बन पाया? वह व्यवस्था परिवर्तन की बात सोचते हुए शोषण मुक्त समाज की कल्पना करता है, किंतु जब गरीब बुढ़िया आधा पाव आटा लेने आती है तो वह पुनः तौल में बेईमानी करता है। उसकी कथनी और करनी एक जैसी नहीं रहती।

5. सामाजिक समानता की छवि की कल्पना किस तरह अभिव्यक्त हुई है?

उत्तर सामाजिक समानता के विषय में अपनी कल्पना को अभिव्यक्त करते हुए कवि कहता है कि क्या यह संभव नहीं है कि जीवन में उन्नति के साधनों की कर्म व गुण के समान विभाजन की व्यवस्था की जाए। समस्त आय-व्यय का समान रूप से वितरण किया जाए। इसके साथ ही अपने सामाजिक जीवन को उन्नत बनाने के लिए आपस में मिलकर सामूहिक रूप से परिश्रम किया जाए। इससे एक नए समाज का निर्माण होगा। सभी लोग आपस में जीवन के भोगों को मिल-बाँटकर भोगेंगे। धन पर एक व्यक्ति का अधिकार न होकर सारे समाज का अधिकार होगा। यदि ऐसा कुछ हो सका, तभी समाज से शोषण दूर हो सकेगा। व्यक्ति के परिश्रम का लाभ व्यक्ति में विभाजित हो इससे समानता के आधार पर सब एक समान सुखी होंगे।

6. 'कर्म और गुण के समान ······ हो वितरण' पंक्ति के माध्यम से कवि कैसे समाज की ओर संकेत कर रहा है?

उत्तर 'कर्म और गुण के समान ····· हो वितरण' पंक्ति के माध्यम से कवि ऐसे समाज की ओर संकेत करता है, जिसमें कर्म और गुण के आधार पर राष्ट्रीय आय का विभाजन हो। साम्यवादी विचारधारा के अनुसार आय राष्ट्र की होती है किसी व्यक्ति की नहीं। इसलिए धन का विभाजन समानता के आधार पर होना चाहिए। आय-व्यय पर किसी एक वर्ग विशेष का आधिपत्य नहीं होना चाहिए। इसका विभाजन कर्म एवं गुणों के आधार पर होना चाहिए।

7. निम्नलिखित पंक्तियों का काव्य-सौंदर्य स्पष्ट कीजिए

तट पर बगुलों-सी वृद्धाएँ
विधवाएँ जप ध्यान में मगन,
मंथर धारा में बहता
जिनका अदृश्य, गति अंतर-रोदन।

उत्तर **काव्य-सौंदर्य**

भाव-पक्ष

नदी के किनारे के संध्याकाल के सौंदर्य का वर्णन करते हुए कवि कहते हैं कि नदी के किनारे सफेद वस्त्र पहने हुए ध्यान में मग्न वृद्ध विधवाओं को देखकर ऐसा लगता है, मानो नदी के तट पर बहुत-से बगुले बैठे हों। इनके मन में छिपा दुःख नदी की मंथर धारा की तरह अदृश्य गति से बह रहा हो। विधवा भारतीय समाज का अभिशप्त सदस्य है। अंतिम पंक्ति में यही भाव द्योतित है।

कला पक्ष

(i) तत्सम शब्दावली युक्त खड़ीबोली का प्रयोग किया गया है।
(ii) 'तट पर बगुलों-सी वृद्धाएँ' में उपमा अलंकार है।
(iii) प्रस्तुत पंक्तियों में करुण रस है।
(iv) संगीतात्मकता, ध्वन्यात्मकता विद्यमान है।
(v) चित्रात्मक शैली का प्रयोग किया गया है।
(vi) भाषा सरल एवं बोधगम्य है।

8. आशय स्पष्ट कीजिए

(क) ताम्रपर्ण, पीपल से, शतमुख/झरते चंचल स्वर्णिम निर्झर!
(ख) दीपशिखा-सा ज्वलित कलश/नभ में उठकर करता नीराजन!
(ग) सोन खगों की पाँति/आर्द्र ध्वनि से नीरव नभ करती मुखरित!
(घ) मन से कढ़ अवसाद श्रांति/आँखों के आगे बुनती जाला!
(ङ) क्षीण ज्योति ने चुपके ज्यों/गोपन मन को दे दी हो भाषा!
(च) बिना आय की क्लांति बन रही/उसके जीवन की परिभाषा!
(छ) व्यक्ति नहीं, जग की परिपाटी/दोषी जन के दुःख क्लेश की!

उत्तर (क) कवि संध्याकाल का वर्णन करते हुए कहता है कि सूर्य की लालिमा से पीपल के पत्ते ताम्र जैसे वर्ण के लग रहे हैं अर्थात् संध्या की लाली अब पेड़ों की फुनगियों पर ही दिखाई दे रही है। ताम्र रंग के पीपल के पत्ते गिरते हुए ऐसे दिखाई देते हैं, जैसे सैकड़ों मुख वाले झरने स्वर्णिम धाराओं में बह रहे हैं।

(ख) संध्याकाल में सूर्य की लालिमा मंदिर के कलश पर पड़ रही है। अपने सुनहरी रंग के कारण वह ऐसा लग रहा है, जैसे आकाश में उठकर आरती कर रहा है। यह देवता की आरती का प्रतीक है एवं देर रात तक घर लौटते यात्रियों के लिए दीपशिखा का अर्थात् दीपदान का कार्य भी कर रहा है।

(ग) आशय यह है कि संध्याकाल में अपने घरों की ओर लौटते सोन पक्षियों की पंक्ति अपने कलरव से शांत आकाश को मुखरित कर रही है।

(घ) कवि ग्रामीणों के मन के अवसाद को व्यक्त करते हुए कहता है कि सर्दी की संध्या में मिट्टी के तेल से जलने वाली ढिबरी ऐसी लगती है, जैसे यह गरीबों के मन के दुःख को बाहर निकाल रही है। ढिबरी के धुएँ से आँखों के आगे जाला-सा बन जाता है।

(ङ) गाँवों में लोग बिजली के अभाव में ढिबरी का प्रयोग करते हैं एवं ढिबरी की क्षीण रोशनी या दीपक की क्षीण रोशनी के सामने लोग बैठे हुए अपने विचार प्रकट कर रहे हैं। इस हल्के प्रकाश में ग्रामीण जन अपने मन में छिपी अपनी करुण कथा को एक-दूसरे को बताते हैं।

(च) सर्दी की संध्या में लाला अपनी दुकान पर अकेला बैठा हुआ अपने जीवन की असफलताओं पर विचार करते हुए सोच रहा है कि उसकी आय बहुत कम है, जिसके कारण उसके जीवन में दुःख ही दुःख है। अतः वह सोचता है कि मेरे जीवन में आय के अभाव की थकावट ही मेरा परिचय बनकर उपस्थित हो रही है।

(छ) सर्दी की संध्या में लाला अपनी दुकान पर अकेला बैठा हुआ विचार कर रहा है कि हमारी दयनीय अवस्था के लिए व्यक्ति को दोष देना व्यर्थ है। वस्तुतः मनुष्यों के दुःखों व क्लेशों का कारण हमारी प्राचीन परंपराएँ एवं मान्यताएँ हैं।

योग्यता-विस्तार

1. ग्राम्य जीवन से संबंधित कविताओं का संकलन कीजिए

उत्तर **ग्राम्य जीवन से संबंधित कविता**

(क) अपने खेत में
जनवरी का प्रथम सप्ताह
खुशगवार दुपहरी धूप में.....
इत्मीनान से बैठा हूँ.....
अपने खेत में हल चला रहा हूँ
इन दिनों बुआई चल रही है
इर्द-गिर्द की घटनाएँ ही
मेरे लिए बीज जुटाती हैं
हाँ, बीज में घुन लगा हो तो
अंकुर कैसे निकलेंगे!
जाहिर है
बाजारू बीजों की
निर्मम छँटाई करूँगा
खाद और उर्वरक और
सिंचाई के साधनों में भी
पहले से जियादा ही
चौंकसी बरतनी है
मकबूल फिदा हुसैन की
चौंकाऊ या बाजारू टेकनीक
हमारी खेती को चौपट
कर देगी!
जी, आप
अपने रूमाल में
गाँठ बाँध लो! बिलकुल!!
सामने, मकान मालिक की
बीवी और उसकी छोरियाँ
इशारे से इजाजत माँग रही हैं
हमारे इस छत पर आना चाहती हैं
ना, बाबा ना! (नागार्जुन)

(ख) देख उजड़ती फसल को, रोता रहा किसान
बेटा पढ़ लिख कर गया, बन गया वो इंसान,
देख उजड़ती फसल को, रोता रहा किसान,
सारी उम्र चलाया हल, हर दिन जोते खेत,
बूढ़ा हल चालक हुआ, सूने हो गए खेत,
दो बेटे थे खेलते इस आँगन की छाँव,
अब नहीं आते यहाँ नन्हें नन्हें पाँव,
बुढ़िया चूल्हा फूँकती सेक रही थी घाव,
अबके छुट्टी आएँगे बच्चे उसके गाँव,
बड़ा बनाने के लिए क्यों भेजा स्कूल,
बूढ़ा बैठा खेत पर कोसे अपनी भूल,
खेत बेच कर शहर में ले गया बेटा धन,
बूढ़े-बूढ़ी का इस घर में लगता नहीं है मन,
जब शहर वाले फ्लैट में गए थे बापू राव,
हर दिन उसको वहाँ मिले ताजे-ताजे घाव,
आज पार्क में राव जी की आँखें गईं छलक,
देख नीम के पेड़ को झपकती नहीं पलक। (योगेश समदर्शी)

2. कविता में निम्नलिखित उपमान किसके लिए आए हैं? लिखिए।

(क) ज्योति स्तंभ-सा **(ख) केंचुल-सा**
(ग) दीपशिखा-सा **(घ) बगुलों-सी**
(ङ) स्वर्ण चूर्ण-सी **(च) सनन् तीर-सा**

उत्तर (क) **ज्योति स्तंभ-सा** संध्याकालीन सूर्य के लिए।
(ख) **केंचुल-सा** चितकबरा गंगाजल के लिए।
(ग) **दीपशिखा-सा** आलोकित कलश (गुंबद) के लिए।
(घ) **बगुलों-सी** वृद्धाओं के लिए।
(ङ) **स्वर्ण चूर्ण-सी** संध्याकालीन सूर्य की किरणों से युक्त गोधूलि के लिए।
(च) **सनन् तीर-सा** पक्षियों के स्वर के लिए।

अभ्यास प्रश्न

काव्यांशों पर आधारित बहुविकल्पीय प्रश्न

1. सिमटा पंख साँझ की लाली
जा बैठी अब तरु शिखरों पर
ताम्रपर्ण पीपल से, शतमुख
झरते चंचल स्वर्णिम निर्झर!
ज्योति स्तंभ-सा धँस सरिता में
सूर्य क्षितिज पर होता ओझल,
बृहद् जिह्म विश्लथ केंचुल-सा
लगता चितकबरा गंगाजल!
धूपछाँह के रंग की रेती
अनिल ऊर्मियों से सर्पांकित
नील लहरियों में लोड़ित
पीला जल रजत जलद से बिंबित!
सिकता, सलिल, समीर सदा से
स्नेह पाश में बँधे समुज्ज्वल,
अनिल पिघलकर सलिल, सलिल
ज्यों गति द्रव खो बन गया लवोपल।

(i) काव्यांश के अनुसार, संध्या रूपी पक्षी अपने पंखों को समेटकर कहाँ जाकर बैठ गया है?
(क) आसमान में विलीन हो गया है
(ख) पेड़ की ऊँची चोटियों पर जाकर बैठ गया है
(ग) रात्रि के आगमन के कारण सो गया है
(घ) भोजन की तलाश में कहीं चला गया है

(ii) सूर्यास्त के समय सूर्य का प्रतिबिंब नदी में कैसा दिखाई दे रहा है?
(क) मानो सूर्य नदी को निगलता जा रहा है
(ख) मानो कोई प्रकाश-स्तंभ नदी में धीरे-धीरे प्रवेश कर रहा है
(ग) मानो नदी और सूर्य की लालिमा एक हो गई हों
(घ) मानो नदी सूर्य को निगलती जा रही है

(iii) कवि ने गंगा के थके हुए जल को किसकी उपमा दी है?
(क) केंचुली छोड़े हुए अजगर साँप की
(ख) एक बड़े विशाल साँप की
(ग) चितकबरे हिरण की
(घ) संध्या की सुनहरी चादर की

(iv) **कथन** (A) **नदी का जल पीले रंग का दिखाई दे रहा है।**
कारण (R) **आकाश में सफेद बादल छाए हैं।**
कूट
(क) कथन (A) और कारण (R) दोनों सही हैं तथा कारण (R), कथन (A) की सही व्याख्या करता है।
(ख) कथन (A) सही है, लेकिन कारण (R) उसकी गलत व्याख्या करता है।
(ग) कथन (A) गलत है, लेकिन कारण (R) सही है।
(घ) कथन (A) और कारण (R) दोनों गलत हैं।

(v) 'लवोपल' का क्या अर्थ है?
(क) पत्थर के छोटे-छोटे टुकड़े
(ख) बर्फ के छोटे-छोटे टुकड़े
(ग) नदी में बने पानी के झाग
(घ) उपरोक्त में से कोई नहीं

(i) (ख) पेड़ की ऊँची चोटियों पर जाकर बैठ गया है
(ii) (ख) मानो कोई प्रकाश-स्तंभ नदी में धीरे-धीरे प्रवेश कर रहा है
(iii) (क) केंचुली छोड़े हुए अजगर साँप की
(iv) (ख) कथन (A) सही है, लेकिन कारण (R) उसकी गलत व्याख्या करता है।
(v) (ख) बर्फ के छोटे-छोटे टुकड़े

2. **दूर तमस रेखाओं-सी,**
उड़ती पंखों की गति-सी चित्रित
सोन खगों की पाँति
आर्द्र ध्वनि से नीरव नभ करती मुखरित!
स्वर्ण चूर्ण-सी उड़ती गोरज
किरणों की बादल-सी जलकर,
सनन् तीर-सा जाता नभ में
ज्योतित पंखों कंठों का स्वर!
लौटे खग, गायें घर लौटीं
लौटे कृषक श्रांत श्लथ डग धर
छिपे गृहों में म्लान चराचर
छाया भी हो गई अगोचर,
लौट पैंठ से व्यापारी भी
जाते घर, उस पार नाव पर,
ऊँटों, घोड़ों के संग बैठे
खाली बोरों पर, हुक्का भर!

(i) सोन पक्षियों की पंक्तियाँ आकाश में कैसी दिखाई पड़ रही हैं?
(क) अंधकार की काली रेखा के समान
(ख) संध्याकाल की स्वर्णिम आभा के समान
(ग) उड़ती हुई धूल के समान
(घ) उपर्युक्त में से कोई नहीं

(ii) सूर्य की चमक के कारण गायों के चलने से उड़ती हुई धूल कैसी प्रतीत हो रही है?
(क) सोने के चूर्ण के समान
(ख) श्वेत धुएँ के समान
(ग) प्रात:काल की उज्ज्वल धूप के समान
(घ) उड़ते हुए पक्षियों के समान

(iii) 'पैंठ' का क्या अर्थ है?
(क) गाँव में लगने वाला बड़ा बाजार
(ख) गाँव में लगने वाला छोटा बाजार
(ग) शहर में लगने वाला छोटा बाजार
(घ) शहर में लगने वाला बड़ा बाजार

(iv) 'छिपे गृहों में म्लान चराचर' से कवि का क्या आशय है?
(क) अत्यधिक थकान के कारण सभी जीव-जंतु घर से बाहर निकल आए हैं
(ख) मनुष्य रात से डरकर अपने घरों में छिप गए हैं
(ग) सभी थके हुए जीव-जंतु रात होने पर अपने-अपने घरों में छिप गए हैं
(घ) सभी मनुष्य अपने घरों से बाहर निकल आए हैं

(v) व्यापारी खाली बोरों पर बैठकर क्या कर रहे हैं?
(क) सामान गिन रहे हैं (ख) भोजन कर रहे हैं
(ग) हुक्का गुड़गुड़ा रहे हैं (घ) बैठे-बैठे सो रहे हैं

उत्तर

(i) (क) अंधकार की काली रेखा के समान
(ii) (क) सोने के चूर्ण के समान
(iii) (ख) गाँव में लगने वाला छोटा बाजार
(iv) (ग) सभी थके हुए जीव-जंतु रात होने पर अपने-अपने घरों में छिप गए हैं
(v) (ग) हुक्का गुड़गुड़ा रहे हैं

3. **माली की मँड़ई से उठ,**
नभ के नीचे नभ-सी धूमाली
मंद पवन में तिरती
नीली, रेशम की-सी हलकी जाली!
बत्ती जला दुकानों में
बैठे सब कस्बे के व्यापारी,
मौन मंद आभा में
हिम की ऊँघ रही लंबी अँधियारी!
धुआँ अधिक देती है
टिन की ढबरी, कम करती उजियाला,
मन से कढ़ अवसाद श्रांति
आँखों के आगे बुनती जाला!
छोटी-सी बस्ती के भीतर
लेन-देन के थोथे सपने
दीपक के मंडल में मिलकर
मँडराते घिर सुख-दुख अपने!

(i) माली की झोंपड़ी से क्या दिखाई दे रहा है?
(क) जलते हुए दीपक का प्रकाश
(ख) जानवरों का रेवड़
(ग) जलता हुआ पुआल
(घ) धुआँ उठता हुआ

(ii) निम्नलिखित कथनों में से सही कथनों पर विचार कीजिए
1. जाड़े को दूर करने के लिए माली ने पुआल जलाया।
2. कस्बों के व्यापारी अपनी दुकानों में कम प्रकाश वाली बत्ती जलाकर बैठे हैं।
3. गरीब अपने पक्के मकानों में सो रहे थे।

कूट
(क) केवल 1 (ख) 1 और 2
(ग) 1 और 3 (घ) केवल 3

(iii) 'ऊँघ रही लंबी अँधियारी' से कवि का क्या तात्पर्य है?
(क) पूरे कस्बे में बहुत अँधेरा हो गया है
(ख) अभी सभी लोग सोए नहीं हैं
(ग) धुंध और अँधेरे से भरी रात बहुत लंबी हो गई है
(घ) अँधेरे में बैठे सभी लोग ऊँघ रहे हैं

(iv) **गाँववासियों के मन के दुःख उन्हें कब व्याकुल करने लगते हैं?**
(क) अंधकार में ढिबरी जलाने के बाद
(ख) दिन के उजालों में
(ग) दोपहर में
(घ) उपर्युक्त में से कोई नहीं

(v) **ढिबरी का प्रकाश व धुआँ यहाँ किसके प्रतीक हैं?**
(क) अँधेरे और उजाले के
(ख) अमीरी व गरीबी के
(ग) सुख-दुःख के
(घ) शोषित व शोषक वर्ग के

उत्तर

(i) (घ) धुआँ उठता हुआ
(ii) (ख) 1 और 2
(iii) (ग) धुंध और अँधेरे से भरी रात बहुत लंबी हो गई है
(iv) (क) अंधकार में ढिबरी जलाने के बाद
(v) (ग) सुख-दुःख के

4. **दरिद्रता पापों की जननी,**
मिटें जनों के पाप, ताप, भय,
सुंदर हों अधिवास, वसन, तन,
पशु पर फिर मानव की हो जय?
व्यक्ति नहीं, जग की परिपाटी
दोषी जन के दुःख क्लेश की,
जन का श्रम जन में बँट जाए,
प्रजा सुखी हो देश देश की!
टूट गया वह स्वप्न वणिक का,
आई जब बुढ़िया बेचारी,
आध-पाव आटा लेने
लो, लाला ने फिर डंडी मारी!
चीख उठा घुघ्घू डालों में
लोगों ने पट दिए द्वार पर,
निगल रहा बस्ती को धीरे,
गाढ़ अलस निद्रा का अजगर!

(i) **कवि ने सभी पापों को जन्म देने वाली किसे कहा है?**
(क) अमीरी को (ख) दरिद्रता को
(ग) सुंदरता को (घ) विवशता को

(ii) **मनुष्य की प्रवृत्ति कैसी होनी चाहिए?**
(क) सबके बारे में अच्छा व सबका हित सोचने वाली
(ख) स्वार्थता से परिपूर्ण
(ग) केवल अपना हित सोचने वाली
(घ) उपर्युक्त सभी

(iii) **बनिए के अनुसार, मनुष्य को दरिद्र बनाने के दोषी कौन हैं?**
(क) कभी न खत्म होने वाली हमारी इच्छाएँ
(ख) हमारी स्वयं की प्रवृत्ति
(ग) समाज के पूँजीपति वर्ग के लोग
(घ) हमारी प्राचीन परंपराएँ व मान्यताएँ

(iv) **बनिए का स्वप्न कैसे टूटा?**
(क) जब ढिबरी का तेल खत्म होने से प्रकाश बुझ गया
(ख) जब उसके पास आधा पाव आटा लेने एक बुढ़िया आई
(ग) जब रात और गहरी हो गई
(घ) जब उसका दुकान बंद करने का समय हो गया

(v) **बनिया शोषण मुक्त समाज की बात कर रहा था, लेकिन आधा पाव आटा तौलते समय उसने बुढ़िया को कम आटा दिया। उसकी इस हरकत से क्या पता चलता है?**
(क) बनिया बेईमान व ढोंगी था
(ख) उसकी गरीबी ने उसे ऐसा करने के लिए विवश किया
(ग) बहुत देर से उसके पास कोई ग्राहक नहीं आया था
(घ) मनुष्य की कथनी व करनी में बहुत अंतर होता है

उत्तर

(i) (ख) दरिद्रता को
(ii) (क) सबके बारे में अच्छा व सबका हित सोचने वाली
(iii) (घ) हमारी प्राचीन परंपराएँ व मान्यताएँ
(iv) (ख) जब उसके पास आधा पाव आटा लेने एक बुढ़िया आई
(v) (घ) मनुष्य की कथनी व करनी में बहुत अंतर होता है

विषय-वस्तु पर आधारित प्रश्नोत्तर

1. कवि ने पहले अनुच्छेद में साँझ का वर्णन किस तरह किया है?

उत्तर कवि पहले अनुच्छेद में साँझ को एक पक्षी के रूप में चित्रित करते हुए कहता है कि संध्या रूपी पक्षी अपने लाली रूपी पंखों को समेटकर पेड़ की चोटियों पर जा बैठा है। सूर्य की लालिमा के कारण पीपल के पत्ते ताँबे के रंग के समान हो गए हैं। सूर्यास्त में सूर्य का प्रतिबिंब नदी में डूबते हुए प्रकाश-स्तंभ के समान नदी में धीरे-धीरे प्रवेश कर रहा है। इस प्रकार, सूर्य क्षितिज पर धीरे-धीरे ओझल हो रहा है और मंद गति से बहने के कारण गंगाजल थके हुए अजगर के समान चितकबरा प्रतीत होता है।

2. संध्या के समय सौ मुखों वाला किसे कहा गया है और क्यों?

उत्तर संध्या के समय पीपल के पत्ते ताँबे के रंग के जैसे लगते हैं। उसके सैकड़ों पत्तों से सरसराहट की आवाज़ आती है, मानो पीपल के वृक्ष के सौ मुख हों। गिरते हुए पीपल के पत्ते ऐसे दिखाई देते हैं, जैसे कि सैकड़ों मुख वाले झरने स्वर्णिम धाराओं में बह रहे हैं।

3. धूपछाँह से रेत पर कैसी धाराएँ बन रही हैं? सिकता, सलिल, समीर किसके स्नेह-सूत्र में बँधे हुए हैं?

उत्तर सायंकालीन प्रकाश में गंगातट की बालू (रेत) धूपछाँही रंग के समान प्रतीत होती है और साथ ही हवा के झोंकों ने उस पर साँपों की सी आकृति बना दी है अर्थात् धूपछाँही प्रकाश व हवा के हिलोरों के कारण रेत पर ऐसी धाराएँ बन रही हैं, मानो सर्प की टेढ़ी-मेढ़ी चाल हो। सिकता, सलिल, समीर सभी प्रकृति के स्नेह पाश में बँधे हुए हैं। प्रकृति ने विभिन्न उपादानों को स्वयं सँवारा है। इन तीनों (हवा, जल, रेत) का सुंदर प्रेम संबंध है।

4. 'पीला जल रजत जलद से बिंबित' से कवि का क्या आशय है?

उत्तर सरिता के नीले जल पर सूर्य की लाल किरणें उसे पीली आभा दे रही हैं और उस पर श्वेत बादल का प्रतिबिंब पड़ रहा है अर्थात् गंगाजल पर सूर्य की सुनहरी किरणें पड़ रही हैं और आकाश प्रतिबिंबित हो रहा है।

ऐसी स्थिति में गंगाजल पीला लगता है और श्वेत आकाश चाँदी-सा प्रतीत होता है। पीले अथवा सुनहरे जल में जब श्वेत बादल प्रतिबिंबित होगा, तो मनोहर दृश्य उपस्थित होगा। आशय यह है कि सुनहरे जल पर श्वेत आकाश प्रतिबिंबित है।

5. वृद्धाओं को कवि ने बगुलों-सा क्यों कहा है?

उत्तर वृद्धाओं को कवि ने बगुलों-सा इसलिए कहा है, क्योंकि वृद्धाएँ बगुलों के समान श्वेत वस्त्र धारण किए हुए हैं अर्थात् वृद्धाओं के वस्त्र श्वेत हैं। नदी के किनारे वे सफेद वस्त्रों में पूजा-पाठ करती हुई ध्यान-मग्न अवस्था में हैं। जिस प्रकार बगुले एक टाँग पर खड़े होकर शांत भाव से मछली की बाट देखते हैं, उसी प्रकार वृद्धाएँ भक्ति करती हैं, परंतु उनका मन दुःखी है। उनका यह दुःख गंगा की मंद धारा में धीरे-धीरे बह रहा है। अतः वस्त्रों की श्वेतता एवं एकाग्रता के कारण उनकी तुलना बगुलों से की गई है।

6. मंदिरों में शंख, घंटे कब बजने लगे तथा विधवाओं के मन की व्यथा की अभिव्यक्ति किस प्रकार हुई है? स्पष्ट कीजिए।

उत्तर मंदिरों में शंख, घंटे संध्या के समय सूर्य के अस्त होने पर बजने लगे। विधवाएँ अपने मन की व्यथा की अभिव्यक्ति दीपदान के द्वारा करती हैं अर्थात् सरिता के तट पर बैठी हुई विधवा वृद्धाएँ श्वेत वस्त्र धारण करके जप व ध्यान में मग्न हैं।

अतः ये वृद्धाएँ अपने भाग्य, अपनी दशा और अपनी अंतःपीड़ा को लेकर ही सरिता के तट पर दीपदान करने आई हैं। ऐसा प्रतीत होता है कि गंगा की धीमी गति में इनके हृदय में स्थित दुःख-सुख ही बह रहा है।

7. सोन खगों की पंक्ति कवि को कैसी लगती है?

उत्तर सूर्यास्त में आकाश में दूर सोन पक्षियों की पंक्तियाँ कवि को अंधकार की काली रेखा सी दिखाई देती हैं। उन्हें देखकर ऐसा लगता है कि जैसे किसी ने आकाश में चित्र बना दिया हो। उनकी धीमी आवाज़ शांत आकाश को ध्वनि युक्त कर रही है अर्थात् उड़ते सोन पक्षियों की धीमी आवाज शांत आकाश को गुंजायमान कर देती है।

8. खेत, बाग, गृह, तरु आदि निष्प्रभ विषाद में क्यों डूबे हुए हैं?

उत्तर खेत, बाग, गृह, तरु इत्यादि निष्प्रभ विषाद में इसलिए डूबे हुए हैं, क्योंकि जाड़े की ऋतु की रात्रि है। शीताधिक्य व रात्रि दोनों ही वातावरण को गंभीर बना रही हैं।

रात्रि की गहरी छाया आने लगी है और इस रात्रि की गहरी छाया में खेत, उद्यान, हरे वृक्ष आदि सब ऐसे दिखाई दे रहे हैं, मानो आभाहीन दुःख में डुबकी लगा रहे हों। कहीं कुछ भी दिखाई नहीं दे रहा है सब अंधकारमय-सा प्रतीत होता है। इसलिए ऐसा लगता है मानो सभी विषाद में डूब गए हों।

9. लड़ते कुत्तों के 'भौंकने' तथा सियार के 'हुआँ-हुआँ' करने से कवि को क्या आभास होता है?

उत्तर रात्रि के इस शांत वातावरण को कुत्ते आपस में लड़ते हुए भौंक-भौंककर ध्वनिमय कर रहे हैं तथा खेतों और झाड़ियों में सियार हुआँ-हुआँ की ध्वनि कर रहे हैं, जिसे सुनकर ऐसा लगता है, मानो रात्रि को स्वर मिल गया है अर्थात् रात्रि ही बोल रही है। कुत्ते के लड़ते हुए भौंकने तथा कभी सियारों के हुआँ-हुआँ करके रात्रि को और अधिक दुःखी बनाने के स्वर सुनाई देते हैं अर्थात् रात्रि की भयंकरता का आभास होता है।

10. गोपन मन को भाषा देने से कवि का क्या आशय है?

उत्तर गोपन मन को भाषा देने से कवि का आशय यह है कि रात्रि के अंधकार में जलती टिन की ढिबरी की लौ काँप उठती है, किंतु इसी प्रकाश में बैठे व्यक्तियों के मन भी अपनी असफलताओं व निराशाओं से व्याकुल हो उठते हैं। टिन की ढिबरी प्रकाश कम, अंधकार अधिक देती है।

ऐसे वातावरण में लोगों के हृदय का मूक-रुदन दीपक की धीमी रोशनी में जैसे मुखरित हो उठता है। हल्के प्रकाश में वे अपने मन में छिपी अपनी करुण कथा को प्रकट करने का साहस जुटा लेते हैं।

11. लाला के मन में क्या विचार चल रहा था?

उत्तर लाला के मन में यह विचार चल रहा था कि दिनभर कौड़ी-कौड़ी यानी एक-एक पैसा कमाने में वह कई बार झूठ बोलता है, लोगों से झगड़ा करता है, किंतु फिर भी वह अपने परिवार का भरण-पोषण करने में असमर्थ है। न तो उसका पक्का घर है और न ही उसके परिवार के सदस्य ठीक से रह पाते हैं। न तो उसका मन सुखी है और न ही वह धन जुटा पाया है। लाला अपनी लाचारी और गरीबी के कारणों को खोज रहा है। उसे लगता है कि दोषपूर्ण सामाजिक व्यवस्था में धन का उचित बँटवारा न होना ही इसका कारण है। धन का बँटवारा लोगों के कर्म और गुण के आधार पर होना चाहिए।

12. कर्म और गुण की भाँति कवि संपूर्ण आय-व्यय का समान वितरण क्यों चाहता है?

उत्तर कर्म और गुण की भाँति कवि संपूर्ण आय-व्यय का समान वितरण इसलिए चाहता है, क्योंकि कवि साम्यवादी विचारधारा से प्रभावित है, इसलिए वह चाहता है कि वर्तमान में जो व्यवस्था कायम है, उसमें परिवर्तन हो। परिवर्तन से ही दीन-हीन जनों की दशा में बदलाव आ सकता है। कहने का आशय यह है कि जन्म के आधार पर पैतृक धन के बल पर गुणविहीन और कर्मरहित लोगों द्वारा सुख-संपदा का उपभोग करना कवि को मान्य नहीं है।

13. कवि सभी के सुंदर अधिवास की कामना क्यों करता है?

उत्तर कवि सभी के सुंदर अधिवास की कामना इसलिए करता है, क्योंकि दरिद्रता ही सभी पापों को जन्म देती है। उसी के कारण मनुष्य सारे पाप करता है। यदि गरीबी मिट जाए तो लोगों के सारे पाप, दुःख और डर भी समाप्त हो जाएँगे। साम्यवादी विचारधारा के अनुसार सबको धन अपनी आवश्यकतानुसार मिलना चाहिए।

वहाँ किसी को कम और किसी को बहुत अधिक धन का विभाजन मान्य नहीं है। इसलिए कवि सभी के सुंदर अधिवास की कामना करता है।

14. 'संध्या के बाद' कविता का प्रतिपाद्य लिखिए।

उत्तर 'संध्या के बाद' कविता 'ग्राम्या' संकलन से ली गई है। इस कविता का मूल स्वर ग्रामीण जनजीवन के विविध सामाजिक यथार्थ से जुड़ा है। कविता साँझ की जाती हुई लाली के विविध प्राकृतिक चित्र प्रस्तुत करती है। इन चित्रों में तरु-शिखर, स्वर्णिम-निर्झर एवं नील-लहरियों पर साँझ का प्रभाव गहरी व्यंजना के साथ दिखाया गया है। कविता में सामाजिकता का विस्तार किया गया है। अपने उत्तरांश की ओर बढ़ती हुई कविता समाज के निम्न मध्यवर्गीय जीवन की विडंबना की ओर उन्मुख हो जाती है। कवि ने दैन्य, दुःख, अपमान, गाली, जो जीवन की परिभाषा बन चुके

हैं, को विफल जीवन के उत्पीड़न रूप में चित्रित किया है। लाला, बनियों और महाजन आदि के मन में आलोचना के भाव को जागृत करते हुए व्यवस्था परिवर्तन की आकांक्षा को भी कवि ने स्वर दिया है।

15. पंत की कविता किन-किन दौर से गुज़री है?

उत्तर पंत की कविता चार दौरों से गुज़री है। पहले दौर में उनकी कविता प्रकृति सौंदर्य से अभिभूत छायावादी तथा दूसरे दौर में मानव-सौंदर्य तथा समाजवादी आदर्शों के रूप में सामने आई। तीसरे दौर में उनकी कविता नई कविता की कुछ प्रवृत्तियों से साक्षात्कार कराती है। चौथे और अंतिम दौर में अरविंद दर्शन के रूप में सामने आई।

16. आशय स्पष्ट कीजिए

(क) स्वर्ण चूर्ण-सी गोरज

(ख) नभ के नीचे नभ की धूमाली

(ग) छाया भी हो गई अगोचर

(घ) बात-बात पर झूठ बोलता

(ङ) मँडराता घिर सुख-दुःख अपने

(च) जन विमुक्त हों जन शोषण से

(छ) लो, लाला ने फिर डंडी मारी।

(ज) व्यक्ति नहीं जग की परिपाटी

उत्तर (क) आशय यह है कि गायों के पैरों से उठी हुई धूल पर सूर्य की किरणें उस धूल को सुनहरा बना रही हैं, जिससे ऐसा प्रतीत होता है मानो सोने का चूर्ण ही उड़ रहा हो। अतः संध्याकाल में गायें घर की ओर लौट रही हैं। धूल भरे मार्गों पर उनके पैरों से उठी धूल को गोरज कहते हैं।

(ख) आशय यह है कि प्रकृति शाम के समय विषाद मुक्त-सी लग रही है। जाड़े को भगाने के लिए माली ने पुआल जला रखी है, जिसका धुआँ ऊपर उठकर स्थिर-सा हो गया है, जो ऐसा लगता है कि आकाश के नीचे धुएँ का आकाश हो।

(ग) कवि संध्या के समय घर की ओर लौटते पशु-पक्षियों, कृषकों व व्यापारियों का वर्णन कर रहा है। उस समय सूर्य डूब चुका था। अतः आने-जाने वालों की अब पृथ्वी पर छाया नहीं पड़ रही है। छाया का अस्तित्व प्रकाश पर निर्भर करता है और सूर्य का प्रकाश रहा नहीं। अतः छायावादी कवि ने छाया का मानवीकरण करते हुए उसे अगोचर कर दिया।

(घ) आशय यह है कि व्यापारी वर्ग का काम बिना झूठ के नहीं चलता। इसे वे लोग स्वयं स्वीकार करते हैं। गाँव का बनिया भी दिनभर कौड़ी-कौड़ी यानी एक-एक पैसा कमाने में कई बार झूठ बोलता है। उसे स्वयं यह लगता है कि वह दिनभर बात-बात पर झूठ बोलकर लोगों से एक-एक कौड़ी के लिए झगड़ा करता रहता है।

(ङ) आशय यह है कि रात के अंधकार में बैठा हुआ गाँव का छोटा-सा दुकानदार बनिया शांत वातावरण में अपने सुख-दुःखों का स्मरण कर रहा है। टिन की ढिबरी का प्रकाश व धुआँ उसके मन के सुख-दुःख के प्रतीक हैं। ऐसे वातावरण में उसका मन सुख-दुःख से आवृत्त हो रहा है।

(च) आशय यह है कि यह स्वाभाविक इच्छा है कि व्यक्ति को कोई कष्ट न हो। वस्तुतः व्यक्ति का शोषण व्यक्ति ही करते हैं, वे चाहे ज़मींदार हो या पूँजीपति अथवा फैक्ट्री मालिक। कवि अपनी साम्यवादी विचारधारा को गाँव के बनिये के स्वप्नलोक के माध्यम से कहलवाता है कि क्या ऐसा संभव नहीं है, जब व्यक्ति का शोषण कोई अन्य व्यक्ति न कर सके।

(छ) आशय यह है कि लाला के चिंतन और उसके व्यवहार को दिखाकर कवि यह कहना चाहता है कि हम सिद्धांतों की केवल बात करते हैं, व्यवहार में नहीं लाते। जो लाला देश-देश के मनुष्यों के सुखों की बात सोच रहा था, उसने उस वृद्धा को भी कम आटा दिया, जो केवल आधा पाव आटा लेने आई थी। आशय यह है कि अवसर मिलते ही प्रत्येक व्यक्ति शोषक बन जाता है।

(ज) व्यक्ति नहीं जग की परिपाटी से कवि का आशय है कि निर्धनता, दीनता, असफलता आदि का दोषी व्यक्ति नहीं है, बल्कि सामाजिक परंपराएँ एवं मान्यता है। हमारे अंधविश्वास एवं कुरीतियाँ हमें निर्धनता के चक्र से मुक्त नहीं करते, किंतु लोग इन मान्यताओं पर धन एवं श्रम खर्च करते रहते हैं।

17. कविता का संदर्भ देकर अपने शब्दों में टिप्पणी लिखिए।

(क) चितकबरा गंगाजल **(ख) थोथे सपने**

(ग) जड़ अनाज के ढेर सदृश **(घ) जन का श्रम**

उत्तर (क) संध्या के समय सूर्य की लाल किरणें वृक्षों के शिखरों पर पड़ रही हैं। नीले रंग के गंगा के जल पर पड़ रही वृक्षों की छाया से वह काला लग रहा है। पत्तों से छनकर आती हुए सूर्य की सुनहरी किरणों से जल सुनहरा दिखाई पड़ रहा है। अतः गंगाजल चितकबरा दिखाई पड़ रहा है।

(ख) छोटी-सी ग्रामीण बस्ती में संध्या के समय में अकेला बनिया बैठकर लेन-देन की बात सोच रहा है। इन खोखली व्यर्थ बातों से निर्धनता से छुटकारा मिलना संभव नहीं है।

(ग) रात्रि के प्रारंभ में मिट्टी के तेल की ढिबरी के प्रकाश में ग्राहक-विहीन बैठा बनिया कवि को अनाज के ढेर के समान स्थिर एवं जड़ के समान लग रहा है। चेतन मानव की समानता जड़ (अचेतन) 'अनाज' के ढेर से की गई है। इस नूतन कल्पना में एक सुंदर बिंब का निर्माण हुआ है।

(घ) समाज में धनी निर्धन की विषमता है। दुःख, दीनता एवं असफलता से युक्त गाँव का छोटा-सा दुकानदार रात्रि के प्रथम प्रहर में मिट्टी के तेल से जले दीपक के टिमटिमाते प्रकाश में अकेला बैठा है।

कल्पनालोक में विचरण करते हुए उसने सोचा कि क्या यह संभव नहीं कि मनुष्य का परिश्रम समाज का श्रम बन जाए। समाज के सामूहिक श्रम की उपलब्धियों का विभाजन भी सभी के हित में उसके गुण कर्म के अनुसार हो।

स्व-मूल्यांकन

काव्यांश पर आधारित बहुविकल्पीय प्रश्न

निम्नलिखित काव्यांश को ध्यानपूर्वक पढ़कर पूछे गए बहुविकल्पीय प्रश्नों के लिए सर्वाधिक उपयुक्त विकल्प का चुनाव कीजिए

1. सिमटा पंख साँझ की लाली
जा बैठी अब तरु शिखरों पर
ताम्रपर्ण पीपल से, शतमुख
झरते चंचल स्वर्णिम निर्झर!
ज्योति स्तंभ-सा धँस सरिता में
सूर्य क्षितिज पर होता ओझल,
बृहद् जिह्म विश्लथ केंचुल-सा
लगता चितकबरा गंगाजल!

(i) काव्यांश के अनुसार 'सिमटा पंख' से तात्पर्य है
(क) उड़ान भरने की तैयारी (ख) पक्षी का ठहर जाना
(ग) संध्या का सिमटना (घ) पक्षी का भोजन करना

(ii) पीपल के पत्तों का रंग सूर्यास्त के समय कैसा प्रतीत होता है?
(क) सुनहरा (ख) ताँबे जैसा
(ग) हरा (घ) सफेद

(iii) प्रस्तुत काव्यांश के रचयिता कौन हैं?
(क) महादेवी वर्मा (ख) देव
(ग) सुमित्रानंदन पंत (घ) श्रीकांत वर्मा

(iv) काव्यांश के अनुसार, 'विश्लथ' का क्या अर्थ है?
(क) छिपना
(ख) प्रवेश
(ग) नदी
(घ) थका हुआ-सा

(v) **कथन** (A) कवि ने संध्या को वृक्षों की ऊँचाई पर बैठे पक्षी की तरह बताया है।
कारण (R) संध्या के समय वातावरण की लालिमा धीरे-धीरे सिमटकर वृक्षों की चोटियों पर ठहर जाती है।
कूट
(क) कथन (A) और कारण (R) दोनों सही हैं तथा कारण (R), कथन (A) की सही व्याख्या करता है।
(ख) कथन (A) और कारण (R) दोनों सही हैं, परंतु कारण (R), कथन (A) की सही व्याख्या नहीं करता है।
(ग) कथन (A) सही है, किंतु कारण (R) गलत है।
(घ) कथन (A) गलत है, किंतु कारण (R) सही है।

काव्यांश की व्याख्या

2. निम्नलिखित में से किसी एक काव्यांश की सप्रसंग व्याख्या कीजिए।

अनिल पिघलकर सलिल, सलिल
ज्यों गति द्रव खो बन गया लवोपल
शंख घंट बजते मंदिर में
लहरों में होता लय कंपन,
दीप शिखा-सा ज्वलित कलश
नभ में उठकर करता नीराजन!

अथवा

दूर तमस रेखाओं-सी,
उड़ती पंखों की गति-सी चित्रित
सोन खगों की पाँति
आर्द्र ध्वनि से नीरव नभ करती मुखरित!
स्वर्ण चूर्ण-सी उड़ती गोरज
किरणों की बादल-सी जलकर,
सनन् तीर-सा जाता नभ में
ज्योतित पंखों कंठों का स्वर!

विषय-वस्तु पर आधारित प्रश्न

1. सूर्यास्त के समय पैंठ के व्यापारी कहाँ और क्यों जाते हैं?
2. रात के अँधेरे में कौन-कौन से पशु आवाज़ करते हैं?
3. कवि ने टिन की ढिबरी के प्रकाश को कैसा बताया है तथा ग्रामीण ढिबरी की रोशनी में किन विषयों पर चर्चा करते हैं?
4. 'सुख-दु:ख दीपक के मंडल में मँडराते' पंक्ति का क्या अर्थ है? स्पष्ट कीजिए।
5. कवि ने 'मूलधन' और 'ब्याज' का उल्लेख क्यों किया है?
6. 'पशु पर फिर मानव की हो जय' पंक्ति का आशय स्पष्ट कीजिए।
7. कवि ने समाज की किस दोषपूर्ण परंपरा की आलोचना की है?

05

अध्याय

कवयित्री-परिचय

महादेवी वर्मा का जन्म वर्ष 1907 में फ़र्रुखाबाद (उत्तर प्रदेश) में हुआ था। उन्होंने प्रयाग विश्वविद्यालय से संस्कृत में एम.ए. किया और प्रयाग महिला विद्यापीठ में प्राचार्य के रूप में कार्य किया। गाँधीजी के विचारों और गौतम बुद्ध के दर्शन से प्रभावित महादेवी जी ने स्त्रियों को समाज में उचित स्थान दिलाने के लिए जीवनभर प्रयास किया। उनके काव्य में स्वतंत्रता की कामना, दुःख और करुणा की गहन अनुभूति है। प्रकृति-सौंदर्य, लोकगीतों की अनुगूँज और भक्तिकाल की छवि उनके गीतों में मिलती है। उनकी प्रमुख काव्य कृतियाँ नीहार, रश्मि, नीरजा, सांध्यगीत, यामा और दीपशिखा हैं। गद्य में शृंखला की कड़ियाँ, पथ के साथी और अतीत के चलचित्र प्रसिद्ध हैं। उन्हें यामा के लिए ज्ञानपीठ पुरस्कार और पद्मभूषण से सम्मानित किया गया। वर्ष 1987 में उनका देहावसान हो गया।

अध्ययन के लिए
- कविता की रूपरेखा
- काव्यांशों की व्याख्या

अभ्यास के लिए
- पाठ्यपुस्तक के प्रश्नोत्तर
- काव्यांशों पर आधारित बहुविकल्पीय प्रश्न
- विषय-वस्तु पर आधारित प्रश्नोत्तर

जाग तुझको दूर जाना

(महादेवी वर्मा)

कविता की रूपरेखा

'जाग तुझको दूर जाना' नामक गीत स्वतंत्रता आंदोलन की प्रेरणा से रचा गया गीत है। इसमें कवयित्री सजग रहने वाले, किंतु समय विशेष पर आलस्य में पड़े हुए मनुष्यों को समस्त कठिनाइयों का सामना करते हुए अपने लक्ष्य (स्वतंत्रता) की ओर बढ़ते रहने की प्रेरणा देते हुए जगाने का कार्य कर रही हैं। वे कहती हैं कि हो सकता है तुम्हारे मार्ग में अनेक कठिनाइयाँ आएँ, आकाश से प्रलय रूपी वर्षा होने लगे, विशाल पर्वत काँपने लगें, पृथ्वी पर घना अंधकार छा जाए, भयंकर तूफान आ जाए, पर तुझे इनसे भयभीत होने की ज़रूरत नहीं है।

सांसारिक मोह भी मार्ग में अवरोध उत्पन्न कर सकते हैं, पर तुझे किसी रूपाकर्षण के जाल में नहीं उलझना है। तेरे अपने अंदर सुख-भोग की लालसा जागृत हो सकती है। तू जीवन-सुधा के बदले दो घूँट मदिरा का सौदा कर सकता है।

सुगंध आदि तुझे पथ-भ्रमित कर सकते हैं, पर तुझे यह स्मरण रखना है कि तू अमर-पुत्र है और अमर-पुत्र को मृत्यु का भय नहीं होना चाहिए। तुझे हृदय में उत्साह और आँखों में आत्म-सम्मान की चमक बरकरार रखनी है। ऐसे संघर्षशील जीवन में हार ही जीत का रूप धारण कर लेती है। महादेवी जी कहती हैं कि पतंगा भी राख बनकर कब हारता है। वह दीप की लौ में जलता है, फिर भी अपने को जीता हुआ मानता है। तुझे तो विपरीत परिस्थितियों में भी मन के कोमल भावों को जगाए रखना है।

काव्यांशों की व्याख्या

निम्नलिखित काव्यांशों की सप्रसंग व्याख्या कीजिए

काव्यांश 1

चिर सजग आँखें उनींदी आज कैसा व्यस्त बाना!
जाग तुझको दूर जाना!
अचल हिमगिरि के हृदय में आज चाहे कंप हो ले,
या प्रलय के आँसुओं में मौन अलसित व्योम रो ले;
आज पी आलोक को डोले तिमिर की घोर छाया,
जागकर विद्युत-शिखाओं में निठुर तूफान बोले!
पर तुझे है नाश-पथ पर चिह्न अपने छोड़ आना!
जाग तुझको दूर जाना!

शब्दार्थ

चिर—सदा से/लंबा समय; **सजग**—सावधान; **उनींदी**—नींद से भरी हुई; **व्यस्त बाना**—अस्त-व्यस्त वेशभूषा/बिखरा वस्त्र; **अचल**—पर्वत; **हिमगिरि**—हिमालय; **कंप**—कँपकँपाहट; **प्रलय**—विनाश; **मौन**—चुप; **अलसित**—आलस्य से भरा; **व्योम**—आकाश; **आलोक**—प्रकाश; **तिमिर**—अँधेरा/अंधकार; **निठुर**—क्रूर/कठोर; **नाश-पथ**—विनाश का पथ/रास्ता; **चिह्न**—निशान।

संदर्भ प्रस्तुत काव्यांश हमारी पाठ्यपुस्तक 'अंतरा भाग-1' में संकलित छायावादी कवयित्री महादेवी वर्मा द्वारा रचित गीत 'जाग तुझको दूर जाना' से अवतरित है।

प्रसंग प्रस्तुत काव्यांश में कवयित्री ने संघर्ष-पथ पर प्राकृतिक बाधाओं का वर्णन करते हुए उनसे घबराए बिना आगे बढ़ते जाने के लिए प्रेरित किया है।

व्याख्या प्रस्तुत काव्यांश में महादेवी वर्मा देशवासियों का आह्वान करती हुई कहती हैं कि सदैव सजग रहने वाली तुम्हारी आँखें आज उनींदी (नींद से भरी हुई) कैसे दिखाई दे रही हैं, साथ ही आज तुम्हारी वेशभूषा अस्त-व्यस्त सी क्यों है? तुम्हारा लक्ष्य अभी बहुत दूर है। स्वतंत्रता रूपी लक्ष्य की प्राप्ति के लिए तुम्हें अभी बहुत दूर जाना है और अधिक संघर्ष करना है। इस मार्ग पर चलने के लिए आलस्य का त्याग करना होगा।

कवयित्री कहती हैं कि चाहे अचल (पर्वत) और दृढ़ हिमालय के कठोर हृदय में आज कितनी भी कंपन क्यों न हो, चाहे सर्वनाश के कष्टों से भयभीत होकर मौन आकाश से प्रलयकारी आँसू भी क्यों न बहने लगें। चाहे आज प्रकाश को मिटाकर अंधकार की घनघोर छाया ही चारों ओर क्यों न छा जाए, पृथ्वी का सारा उजियारा समाप्त हो जाए, चारों ओर घना अँधेरा व्याप्त हो जाए, भयंकर तूफान के बीच बिजली चमकने लगे, परंतु तुम्हें इन सबसे विचलित नहीं होना है। तुम्हें हर विनाश के पथ पर अपने पैरों के चिह्न छोड़ते हुए आगे बढ़ना है। कवयित्री वीरों को संबोधित करते हुए कह रही है कि तुम्हें अपने लक्ष्य को प्राप्त करने के लिए अभी बहुत दूर जाना है।

काव्य-शैली

(i) प्रस्तुत काव्यांश में कवयित्री ने भारतीय वीरों को स्वाधीनता प्राप्ति के लिए कर्म करने तथा मार्ग की बाधाओं की परवाह न करते हुए संघर्ष-पथ पर चलने की प्रेरणा दी है।

(ii) प्रस्तुत काव्यांश एक उद्‌बोधन गीत है, जिसमें तत्सम शब्दावली युक्त खड़ीबोली का प्रयोग हुआ है।

(iii) प्रस्तुत काव्यांश में प्रकृति का मानवीकरण करने के कारण यहाँ मानवीकरण अलंकार है। इसके अतिरिक्त अनुप्रास, रूपक तथा विरोधाभास अलंकार भी विद्यमान हैं।

(iv) प्रस्तुत काव्यांश में वीर रस और ओज गुण उपस्थित है।

(v) प्रस्तुत काव्यांश में प्रतीकात्मक शैली तथा छायावादी शैली का प्रयोग हुआ है।

(vi) काव्यांश में दृश्य-बिंब साकार हो उठा है।

काव्यांश 2

बाँध लेंगे क्या तुझे यह मोम के बंधन सजीले?
पंथ की बाधा बनेंगे तितलियों के पर रंगीले?
विश्व का क्रंदन भुला देगी मधुप की मधुर गुनगुन,
क्या डुबा देंगे तुझे यह फूल के दल ओस-गीले?
तू न अपनी छाँह को अपने लिए कारा बनाना!
जाग तुझको दूर जाना!

शब्दार्थ

मोम के बंधन—रिश्ते; **पंथ**—रास्ता; **पर**—पंख; **विश्व**—संसार; **क्रंदन**—रोना-धोना/विलाप; **मधुप**—भँवरा/भौंरा; **कारा**—बंधन/जेल।

संदर्भ पूर्ववत्।

प्रसंग प्रस्तुत काव्यांश में कवयित्री ने संघर्षशील व्यक्ति को संसार के कोमल बंधनों के मोह एवं भावनाओं से सावधान रहने की बात कही है।

व्याख्या प्रस्तुत काव्यांश में कवयित्री देशवासियों को संबोधित करते हुए कहती है कि ये मोम के बंधन (रिश्ते) क्या तुम्हें बाँध लेंगे? क्या तितलियों के रंगीले पंख ही तुम्हारे रास्ते की बाधा बन जाएँगे? अर्थात् क्या रंग-बिरंगी तितलियाँ (सुंदर युवतियाँ) तुम्हारे मार्ग में बाधा डालने का प्रयास करेंगी? क्या संसार के राग-रंग और विलास तुम्हें कर्त्तव्य-पथ से हटा देंगे? क्या भँवरों की मधुर गुनगुनाहट में मस्त होकर तुम संसार की चीख-पुकार को भूल जाओगे? क्या ये ओस से भीगे पुष्प-दल तुम्हें अपने सौंदर्य से लुभाकर रास्ते से हटा देंगे? कवयित्री कहती हैं कि यदि तुम दृढ़-प्रतिज्ञ हों तो ये सब आकर्षण व्यर्थ ही सिद्ध होंगे। तुम अपने सुख-आराम और विलास के मोह में पड़कर स्वतंत्रता-पथ से विचलित न हो जाना। तुम्हें सांसारिक विषय-वासनाओं के उपभोग से बचकर रहना है। तुम्हें अभी बहुत आगे जाना है। तुम्हें अपनी लक्ष्य-प्राप्ति हेतु जागरूक रहकर आगे बढ़ते जाना है।

काव्य-शैली

(i) प्रस्तुत काव्यांश में कवयित्री ने भारतीयों को स्वाधीनता संग्राम में भाग लेने एवं पारिवारिक बंधनों में न बँधने के लिए प्रेरित किया है।

(ii) कवयित्री के अनुसार मनुष्य अपने लक्ष्य में तभी सफल हो सकता है जब वह मार्ग की विघ्न-बाधाओं से न घबराए।

(iii) प्रस्तुत काव्यांश में कवयित्री ने विविध प्रकार के आकर्षण को लक्ष्य-प्राप्ति में बाधक बताया है।

(iv) प्रस्तुत काव्यांश एक उद्‌बोधन गीत है, जिसमें तत्सम शब्दावली युक्त खड़ीबोली का प्रयोग है।

(v) प्रस्तुत काव्यांश में अनुप्रास, प्रश्न तथा पुनरुक्तिप्रकाश अलंकार विद्यमान हैं।

(vi) प्रस्तुत काव्यांश में वीर रस और ओज गुण विद्यमान है।

(vii) प्रस्तुत काव्यांश में प्रतीकात्मक शैली तथा लक्षणा शब्द-शक्ति का प्रयोग है।

काव्यांश 3

वज्र का उर एक छोटे अश्रु-कण में धो गलाया,
दे किसे जीवन सुधा दो घूँट मदिरा माँग लाया?
सो गई आँधी मलय की वात का उपधान ले क्या?
विश्व का अभिशाप क्या चिर नींद बनकर पास आया?
अमरता-सुत चाहता क्यों मृत्यु को उर में बसाना?
जाग तुझको दूर जाना!

शब्दार्थ

वज्र—फौलाद/कठोरतम धातु; **उर**—हृदय; **अश्रु-कण**—आँसू; **गलाया**—पिघला लिया; **सुधा**—अमृत; **मदिरा**—शराब; **मलय की वात**—मलय पर्वत से चलने वाली सुगंधित हवा; **उपधान**—सहारा/तकिया; **अभिशाप**—श्राप; **अमरता-सुत**—अमर-पुत्र।

संदर्भ पूर्ववत्।

प्रसंग प्रस्तुत काव्यांश में कवयित्री ने संघर्षशील व्यक्ति को भावनाओं से सावधान रहने और सांसारिक आकर्षणों में न फँसने की बात कही है। साथ ही वे मोह-मदिरा में डूबे स्वतंत्रता सेनानी को झिंझोड़ती हुई आगे बढ़ने को कहती हैं।

व्याख्या प्रस्तुत काव्यांश में कवयित्री वीरों से कहती हैं कि अपने वज्र के समान कठोर हृदय को तुमने किसकी छोटी-सी आँसुओं की बूँदों में भिगोकर कोमल बना दिया है? तुमने किसको अपना जीवन रूपी अमृत देकर दो घूँट मदिरा के ले लिए हैं? क्या सुगंधित वायु से तुम्हारे हृदय में उठने वाली क्रांति रूपी आँधी सो गई है? क्या संसार के सारे अभिशाप कभी न समाप्त होने वाली निद्रा बनकर तुम्हारे पास सदा के लिए आ गए हैं? कवयित्री भारतीय वीरों को जागृत करते हुए कहती हैं कि हे अमरता के पुत्र! तुम क्यों अपने हृदय में मोह-माया रूपी मृत्यु को बसाना चाहते हो? कवयित्री कह रही हैं कि क्या तुम सांसारिक कठिनाइयों का सामना करने से घबरा रहे हो? उठो और जागो, क्योंकि अपना स्वतंत्रता रूपी लक्ष्य प्राप्त करने के लिए अभी तुम्हें बहुत दूर जाना है।

काव्य-शैली

(i) प्रस्तुत काव्यांश में कवयित्री ने भारतवासियों को सांसारिक आकर्षण से मुक्त रहने और जीवन संघर्ष से हार न मानते हुए अपने लक्ष्य की ओर निरंतर बढ़ते रहने के लिए प्रेरित किया है।

(ii) प्रस्तुत काव्यांश में कवयित्री सांसारिक आकर्षणों में न उलझने और अपने अंदर दुर्बलता न लाने का परामर्श देती हैं, क्योंकि कोमलता एवं दुर्बलता लक्ष्य प्राप्ति में बाधक हैं।

(iii) प्रस्तुत काव्यांश एक उद्बोधन गीत है, जिसमें तत्सम शब्दावली युक्त खड़ीबोली का प्रयोग हुआ है।

(iv) प्रस्तुत काव्यांश में 'जीवन सुधा' में रूपक अलंकार, 'मदिरा माँग' में अनुप्रास अलंकार तथा 'सो गई आँधी' में मानवीकरण अलंकार है।

(v) प्रस्तुत काव्यांश में वीर रस और ओज गुण उपस्थित है।

(vi) प्रस्तुत काव्यांश में 'दो घूँट मदिरा' का प्रतीकात्मक अर्थ क्षणिक सुख वाले साधन से है।

(vii) भाषा में लय व प्रवाह है।

(viii) प्रस्तुत काव्यांश में छायावादी व गीत शैली का प्रयोग हुआ है।

काव्यांश 4

कह न ठंडी साँस में अब भूल वह जलती कहानी,
आग हो उर में तभी दृग में सजेगा आज पानी;
हार भी तेरी बनेगी मानिनी जय की पताका,
राख क्षणिक पतंग की है अमर दीपक की निशानी!
है तुझे अंगार-शय्या पर मृदुल कलियाँ बिछाना!!
जाग तुझको दूर जाना!

शब्दार्थ

उर—हृदय; **दृग**—आँख; **पानी**—सम्मान; **मानिनी**—स्वाभिमानी; **पताका**—झंडा; **पतंग**—कीट-पतंगे; **अंगार-शय्या**—अंगारों की सेज; **मृदुल**—कोमल।

संदर्भ पूर्ववत्।

प्रसंग प्रस्तुत काव्यांश में कवयित्री ने संघर्षशील व्यक्ति को भावनाओं से सावधान रहने एवं दृढ़ बने रहने की बात कही है।

व्याख्या प्रस्तुत काव्यांश में कवयित्री वीरों से कहती हैं कि दुःखी हृदय से अब उन पुरानी दुःख भरी कहानियों को मत सुनाओ। तुम पुराने दुःखों को भूलने का प्रयत्न करो। यदि तुम्हारे हृदय में कुछ करने की तड़प होगी तो आँखों में पानी आज भी होगा। यहाँ कवयित्री ने पानी शब्द के दो अर्थ लिए हैं— पानी तथा सम्मान। आज जो तुम्हें पराजय महसूस हो रही है, वही पराजय एक दिन तुम्हें सम्मान दिलाने वाली विजय का रूप ले लेगी, क्योंकि दीपक की लौ में जलकर पतंगे की ज़रा-सी राख भी उसके परिश्रम और अमरता को प्रकट करती है। इन अंगारों की सेज से न डरें, क्योंकि तुम्हें इन्हीं अंगारों की सेज पर कोमल कलियाँ बिछानी हैं। हे भारतीय वीरों! उठो और जागो, क्योंकि तुम्हें अपना स्वतंत्रता रूपी लक्ष्य प्राप्त करने के लिए अभी बहुत दूर जाना है।

काव्य-शैली

(i) प्रस्तुत काव्यांश में भारतवासियों को स्वतंत्रता प्राप्ति के मार्ग में आने वाली कठिनाइयों से हार न मानने की प्रेरणा दी गई है।

(ii) प्रस्तुत काव्यांश में दृढ़ता के साथ निरंतर आगे बढ़ने का संदेश है।

(iii) प्रस्तुत काव्यांश एक उद्बोधन गीत है।

(iv) प्रस्तुत काव्यांश में भाषा तत्सम शब्दावली युक्त खड़ीबोली है।

(v) प्रस्तुत काव्यांश में 'पानी' शब्द में श्लेष अलंकार 'अंगार शय्या' में रूपक अलंकार, 'अंगार-शय्या पर मृदुल कलियाँ बिछाना' में विरोधाभास अलंकार का प्रयोग हुआ है।

(vi) प्रस्तुत काव्यांश में वीर रस और ओज गुण उपस्थित हैं।

(vii) प्रस्तुत काव्यांश में प्रतीकात्मक शैली का प्रयोग है।

(viii) प्रस्तुत काव्यांश में भाषा में लय व प्रवाह है।

पाठ्यपुस्तक (अंतरा भाग-1) के प्रश्नोत्तर

1. 'जाग तुझको दूर जाना' कविता से कवयित्री मानव को किन विपरीत स्थितियों में आगे बढ़ने के लिए उत्साहित कर रही हैं?

उत्तर कवयित्री स्वतंत्रता प्राप्ति के अपने लक्ष्य को भूल चुके, आलस्य में पड़े हुए मनुष्यों को अपने लक्ष्य की ओर बढ़ने का संदेश दे रही हैं। वह कहती हैं कि हो सकता है तुम्हारे मार्ग में अनेक कठिनाइयाँ आएँ, आकाश से प्रलय की वर्षा होने लगे, विशाल पर्वत काँपने लगें, पृथ्वी पर घना अंधकार छा जाए, भयंकर तूफान आ जाए तथा सांसारिक बंधन तुम्हें मोह में बाँधें, लेकिन तुम्हें इनसे भयभीत हुए बिना केवल अपने लक्ष्य पर ध्यान रखना है। तुम्हें मृत्यु से नहीं डरना है। सदा उत्साह से भरकर संघर्ष करते हुए अपने लक्ष्य की प्राप्ति के लिए कार्य करना है।

2. कवयित्री किस मोहपूर्ण बंधन से मुक्त होकर मानव को जागृति का संदेश दे रही हैं?

उत्तर कवयित्री संसार के सभी प्रकार के आकर्षणों से दूर रहने तथा मोह के बंधनों (पारिवारिक बंधन) से मुक्त होकर देश की स्वतंत्रता के लिए कार्य करने का संदेश दे रही हैं।

मनुष्य को आकर्षक सांसारिक बंधनों और माया-मोह के आकर्षण को भुलाना होगा। यदि वह इन मोहपूर्ण बंधनों में बँध गया तो स्वतंत्रता प्राप्ति के अपने लक्ष्य से दूर हो जाएगा। यदि वह दृढ़-प्रतिज्ञ है तो ये सब आकर्षण धरे-के-धरे रह जाएँगे। अतः वह अपने लक्ष्य को पाने के लिए अपनी ही परछाईं के बंधन में नहीं बँधें। अपने लक्ष्य की प्राप्ति हेतु संसार के भोग-विलास एवं सुख-सुविधाओं का त्याग करें।

3. 'जाग तुझको दूर जाना' स्वाधीनता आंदोलन की प्रेरणा से रचित एक जागरण गीत है। इस कथन के आधार पर कविता की मूल संवेदना को लिखिए।

उत्तर स्वतंत्रता-संग्राम के समय लिखी गई यह कविता स्वतंत्रता सेनानियों को जागृत करने के लिए लिखी गई थी। यह कविता आज भी प्रासंगिक है। देश की रक्षा एवं विकास के लिए देशवासियों को सतर्क रहने एवं संघर्ष करने की आवश्यकता अभी भी बनी हुई है। प्रतीकात्मक कविता होने के कारण यह कविता हर युग एवं काल के लोगों को अपना संदेश देती रहेगी। कवयित्री देश के नागरिकों से कह रही हैं कि वे स्वतंत्रता के कठिन संघर्षों से थककर बैठे नहीं, उनकी मंज़िल भले ही दूर है। प्रलय का-सा वातावरण है, हिमालय काँप रहा है, अँधेरे ने प्रकाश को निगल लिया है, बिजलियों में तूफान है, सारी परिस्थितियाँ विपरीत हैं फिर भी मंजिल को पाने के लिए उन्हें आगे बढ़ना है।

प्रेम-प्यार की मोह-माया में फँसकर, भँवरों के गुनगुन और फूलों की सुंदरता पर मुग्ध होकर, अपने आराम की कारा में बंद होकर एवं विषय-वासनाओं में फँसकर, देश के नागरिकों को अपने समय को व्यर्थ में नहीं बिताना चाहिए। स्वतंत्रता के लिए उन्हें संघर्ष करना चाहिए। देश की स्वतंत्रता के लिए संघर्ष करते हुए शहीद हो जाने पर वह उनके स्वतंत्रता की निशानी बन जाएगी। कवयित्री 'देशवासियों' को स्वतंत्रता-संग्राम में अपना योगदान करने एवं अपना बलिदान करने के लिए कह रही हैं।

4. निम्नलिखित पंक्तियों का काव्य-सौंदर्य स्पष्ट कीजिए

(क) विश्व का क्रंदन .... अपने लिए कारा बनाना!

(ख) कह न ठंडी साँस .... सजेगा आज पानी।

(ग) है तुझे अंगार-शय्या .... कलियाँ बिछाना!!

उत्तर (क) **काव्य-सौंदर्य**

भाव-सौंदर्य

(i) प्रस्तुत पंक्तियों में कवयित्री ने देशवासियों को स्वतंत्रता के लिए निरंतर संघर्ष करने की प्रेरणा के साथ सचेत किया है।

(ii) प्रस्तुत पंक्तियों में वह पूछती हैं कि क्या भँवरों की मधुर गुनगुन में मस्त होकर तू संसार की चीख-पुकार को भूल जाएगा? क्या ये ओस से भीगे पुष्पदल तुझे अपने सौंदर्य से लुभाकर रास्ते से हटा देंगे? तू ऐसा मत करना। यह सांसारिक सुख तो आभास मात्र है। तू इनके आकर्षण में बँधकर स्वतंत्रता के पथ से विचलित मत होना।

शिल्प-सौंदर्य

(i) प्रस्तुत पंक्तियों में उद्‌बोधन गीत है।

(ii) प्रस्तुत पंक्तियों में तत्सम शब्दावली युक्त खड़ीबोली का प्रयोग है।

(iii) प्रस्तुत पंक्तियों में अनुप्रास तथा पुनरुक्तिप्रकाश अलंकार विद्यमान हैं।

(iv) प्रस्तुत पंक्तियों में वीर रस और ओज गुण विद्यमान हैं।

(v) प्रस्तुत पंक्तियों में प्रतीकात्मक शैली का प्रयोग है।

(vi) प्रस्तुत पंक्तियों में लक्षणा व व्यंजना शब्द-शक्ति का प्रयोग है।

(vii) प्रस्तुत पंक्तियों में प्रश्न शैली का प्रयोग हुआ है।

(ख) **काव्य-सौंदर्य**

भाव-सौंदर्य

(i) प्रस्तुत पंक्तियों में कवयित्री भारतीयों को स्वतंत्रता प्राप्ति के लिए जागृत करते हुए कहती हैं कि स्वतंत्रता के मार्ग में आने वाली निराशा भरी कहानी को भूल जा।

(ii) प्रस्तुत पंक्तियों में कवयित्री ने बताया है कि योद्धा की आँखों में आँसू तभी अच्छे लगते हैं जब पराजय के बाद भी मन में युद्ध करने का जोश हो। हारे हुए योद्धा के आँसू आँखों की शोभा नहीं बढ़ाते।

शिल्प-सौंदर्य

(i) प्रस्तुत पंक्तियों में तत्सम शब्दावली युक्त खड़ीबोली का प्रयोग है।

(ii) दूसरी पंक्ति में विरोधाभास अलंकार है।

(iii) प्रस्तुत पंक्तियों में करुण रस एवं प्रसाद गुण विद्यमान हैं।

(iv) प्रस्तुत पंक्तियों में उद्‌बोधन गीत है।

(v) प्रस्तुत पंक्तियों में ठंडी साँस लेना, जलती कहानी, उर में आग, दृग में पानी लाक्षणिक प्रयोग हैं।

(vi) प्रस्तुत पंक्तियों में संगीत लय, प्रवाह, छंद आदि की दृष्टि से श्रेष्ठ पंक्तियाँ हैं।

(ग) **काव्य-सौंदर्य**

भाव-सौंदर्य

(i) प्रस्तुत पंक्तियों में कठिन-से-कठिन परिस्थितियों में भी आगे बढ़ते रहने तथा परेशानियों, कष्टों से न घबराने की प्रेरणा दी गई है।

(ii) संघर्ष की राह पर तुझे अपनी कोमल भावनाओं का बलिदान करना है। संघर्ष के लिए बहुत कुछ त्यागना पड़ेगा।

(iii) थोड़े शब्दों में बहुत बड़ी बात कही गई है।

शिल्प-सौंदर्य

(i) प्रस्तुत पंक्तियों में तत्सम शब्दावली युक्त खड़ीबोली का प्रयोग है।

(ii) प्रस्तुत पंक्तियों में 'अंगार-शय्या' में प्रतीकात्मक प्रयोग है।

(iii) प्रस्तुत पंक्तियों में उद्‌बोधन गीत है।

(iv) प्रस्तुत पंक्तियों में लक्षणा शब्द शक्ति है।

(v) प्रस्तुत पंक्तियों में प्रतीकात्मक शैली है।

5. कवयित्री ने स्वाधीनता के मार्ग में आने वाली कठिनाइयों को इंगित कर मनुष्य के भीतर किन गुणों का विस्तार करना चाहा है? कविता के आधार पर स्पष्ट कीजिए।

उत्तर कवयित्री स्वाधीनता के मार्ग में आने वाली कठिनाइयों को इंगित करते हुए मनुष्य के भीतरी गुणों का विकास करते हुए कहती हैं कि साहस मनुष्य का सबसे बड़ा गुण है। कवयित्री मनुष्य को साहस को न छोड़ने तथा अपने उद्‌देश्य की पूर्ति में लग जाने को कहती हैं। वे चाहती हैं कि मनुष्य अपने अंदर साहस, दृढ़-प्रतिज्ञ, मृत्यु से न डरना, आलस्य छोड़ना, दुर्बलताओं पर नियंत्रण, प्रेम, आकर्षण एवं सुख-भोग का त्याग, सांसारिकता के लोभ से मुक्ति, निराशा का त्याग, संघर्ष के लिए कोमल-भावों का त्याग आदि गुणों का विकास करे। इन गुणों के आधार पर ही वह संघर्ष-पथ पर चल सकता है।

योग्यता-विस्तार

1. स्वाधीनता आंदोलन के कुछ जागरण गीतों का एक संकलन तैयार कीजिए।

उत्तर यह प्रश्न परीक्षोपयोगी नहीं है। छात्र ग्रीष्म-अवकाश के समय पास के पुस्तकालय में जाकर रामनरेश त्रिपाठी, जयशंकर प्रसाद, सूर्यकांत त्रिपाठी 'निराला', माखनलाल चतुर्वेदी जैसे कवियों की रचनाओं से जागरण गीतों का संकलन तैयार कर सकते हैं। यहाँ जागरण गीतों के कुछ उदाहरण दिए जा रहे हैं; जैसे—'चंद्रगुप्त नाटक' में महाकवि जयशंकर प्रसाद का 'प्रयाण-गीत' और निराला का 'जागो फिर एक बार'।

प्रयाण-गीत

I. हिमाद्रि तुंग शृंग से प्रबुद्ध शुद्ध भारती–
स्वयंप्रभा समुज्जवला स्वतंत्रता पुकारती–
'अमर्त्य वीर पुत्र हो, दृढ़-प्रतिज्ञ सोच लो,
प्रशस्त पुण्य पंथ है, बढ़े चलो, बढ़े चलो।'
असंख्य कीर्ति-रश्मियाँ विकीर्ण दिव्य दाह-सी
सपूत मातृभूमि के-रुको न शूर साहसी
अराति सैन्य सिंधु में-सुवाड़वाग्नि से जलो,
प्रवीर हो जयी बनो-बढ़े चलो, बढ़े चलो।

निराला का 'जागो फिर एक बार'

II. जागो फिर एक बार!
प्यारे जगाते हुए हारे सब तारे तुम्हें
अरुण पंख तरण-किरण
खड़ी खोलती है द्वार
जागो फिर एक बार!
××××××××
उगे अरुणाचल में रवि
आयी भारती-रति कवि-कंठ में,
क्षण-क्षण में परिवर्तित
होते रहे प्रकृति-पट
गया दिन, आयी रात,
गयी रात, खुला दिन,
ऐसे ही संसार के बीते दिन, पक्ष, मास,
वर्ष कितने ही हज़ार–
जागो फिर एक बार!

अभ्यास प्रश्न

काव्यांशों पर आधारित बहुविकल्पीय प्रश्न

1. चिर सजग आँखें उनींदी आज कैसा व्यस्त बाना!
जाग तुझको दूर जाना!
अचल हिमगिरि के हृदय में आज चाहे कंप हो ले,
या प्रलय के आँसुओं में मौन अलसित व्योम रो ले;
आज पी आलोक को डोले तिमिर की घोर छाया,
जागकर विद्युत-शिखाओं में निठुर तूफान बोले!
पर तुझे है नाश-पथ पर चिह्न अपने छोड़ आना!
जाग तुझको दूर जाना!

(i) सदैव सजग रहने वाली आँखें आज कैसी हो रही हैं?
(क) सपनों से सजी हुईं
(ख) नींद से भरी हुईं
(ग) बुझी-बुझी सीं (घ) ये सभी

(ii) 'जाग तुझको दूर जाना' से कवयित्री का क्या अभिप्राय है?
(क) अभी तेरा लक्ष्य बहुत दूर है
(ख) अँधेरा कब का जा चुका है, तुझे जागना होगा
(ग) विश्राम करने के लिए अभी बहुत समय है
(घ) मनुष्य को हमेशा जागृत अवस्था में होना चाहिए

(iii) निम्नलिखित कथनों में से सही कथनों पर विचार कीजिए।

1. मनुष्य को विपत्तियों से न घबराते हुए अपने लक्ष्य पर अडिग रहना चाहिए।
2. मनुष्य को समय पर ध्यान देना चाहिए।
3. सबकी आँखें आज सपनों से भरी हुई हैं।

कूट

(क) केवल 1 (ख) 1 और 2
(ग) केवल 3 (घ) 2 और 3

(iv) 'नाश-पथ पर चिह्न छोड़ने' से क्या तात्पर्य है?

(क) प्रत्येक विपत्ति का निडरता से सामना करना चाहिए
(ख) हमें प्रत्येक रास्ते पर अपने पैरों के चिह्न छोड़ने चाहिए
(ग) विनाश के पथ पर सावधानी के कदम रखने चाहिए
(घ) उपर्युक्त में से कोई नहीं

(v) प्रस्तुत काव्यांश में कौन-सा रस निहित है?

(क) शांत रस (ख) रौद्र रस
(ग) वीर रस (घ) श्रृंगार रस

उत्तर

(i) (ख) नींद से भरी हुईं
(ii) (क) अभी तेरा लक्ष्य बहुत दूर है
(iii) (ख) 1 और 2
(iv) (क) प्रत्येक विपत्ति का निडरता से सामना करना चाहिए
(v) (ग) वीर रस

2. बाँध लेंगे क्या तुझे यह मोम के बंधन सजीले?
पंथ की बाधा बनेंगे तितलियों के पर रंगीले?
विश्व का क्रंदन भुला देगी मधुप की मधुर गुनगुन,
क्या डुबा देंगे तुझे यह फूल के दल ओस-गीले?
तू न अपनी छाँह को अपने लिए कारा बनाना!
जाग तुझको दूर जाना!

(i) कवयित्री ने 'मोम के बंधन' किन्हें बताया है?

(क) मोह-माया के बंधनों को (ख) रिश्ते-नातों को
(ग) रस्सियों को (घ) इनमें से कोई नहीं

(ii) 'पंथ की बाधा बनेंगे तितलियों के पर रंगीले' पंक्ति से कवयित्री का क्या आशय है?

(क) क्या सुंदर युवतियों को देखकर तुम अपने लक्ष्य से भटक जाओगे
(ख) क्या रास्ते में तितलियों को देखकर तुम्हारे कदम रुक जाएँगे
(ग) क्या तुम्हारा रास्ता सुंदर तितलियाँ रोक लेंगी
(घ) क्या तितलियों की तरह तुम भी रास-रंग में डूब जाओगे

(iii) कर्त्तव्य-पथ की बाधा कौन बनते हैं?

(क) वीरतापूर्ण कार्य
(ख) सांसारिक विषय-वासनाएँ
(ग) रंग-बिरंगी तितलियाँ
(घ) घर के सदस्य

(iv) कैसे व्यक्ति सांसारिक मोह-माया व विषयों में नहीं उलझते?

(क) जो उनकी तरफ जल्दी ही खिंच आते हैं
(ख) जो उनमें फँसकर निकल चुके हैं
(ग) जो रास-रंग में पहले ही उलझे होते हैं
(घ) जो दृढ़-प्रतिज्ञ होते हैं

(v) **कथन** (A) कवयित्री तितलियों के रंगीन पंखों को बाधा मानती हैं।
कारण (R) तितलियों के रंगीन पंख प्रतीक हैं विलासिता और मोह के, जो लक्ष्य प्राप्ति में बाधा बन सकते हैं।

कूट

(क) कथन (A) और कारण (R) दोनों सही हैं तथा कारण (R), कथन (A) की सही व्याख्या करता है।
(ख) कथन (A) सही है, लेकिन कारण (R) उसकी गलत व्याख्या करता है।
(ग) कथन (A) गलत है, लेकिन कारण (R) सही है।
(घ) कथन (A) और कारण (R) दोनों गलत हैं।

उत्तर

(i) (ख) रिश्ते-नातों को
(ii) (क) क्या सुंदर युवतियों को देखकर तुम अपने लक्ष्य से भटक जाओगे
(iii) (ख) सांसारिक विषय-वासनाएँ
(iv) (घ) जो दृढ़-प्रतिज्ञ होते हैं
(v) (क) कथन (A) और कारण (R) दोनों सही हैं तथा कारण (R) कथन (A) की सही व्याख्या करता है।

3. वज्र का उर एक छोटे अश्रु-कण में धो गलाया,
दे किसे जीवन सुधा दो घूँट मदिरा माँग लाया?
सो गई आँधी मलय की वात का उपधान ले क्या?
विश्व का अभिशाप क्या चिर नींद बनकर पास आया?
अमरता-सुत चाहता क्यों मृत्यु को उर में बसाना?
जाग तुझको दूर जाना!

(i) 'दो घूँट मदिरा' से कवयित्री का क्या अभिप्राय है?

(क) क्षणिक सुख के साधन
(ख) दो घूँट शराब
(ग) जीवन के कष्टदायी अनुभव
(घ) उपर्युक्त सभी

(ii) कवयित्री ने वीरों का हृदय किसके समान बताया है?

(क) पुष्प के समान कोमल (ख) वज्र के समान कठोर
(ग) बर्फ के समान (घ) आँसुओं के समान

(iii) लक्ष्य-प्राप्ति में बाधक तत्त्व है

(क) कोमलता (ख) दुर्बलता
(ग) 'क' और 'ख' दोनों (घ) कठोरता

(iv) प्रस्तुत काव्यांश में किस गुण की प्रधानता है?

(क) प्रसाद (ख) माधुर्य
(ग) कांति (घ) ओज

(v) निम्नलिखित कथनों में से सही कथनों पर विचार कीजिए

1. कवयित्री वीरों से कहती हैं कि वे संसार की समस्याओं को अनदेखा करें।
2. वीरों को मोह और विलासिता से बचकर रहना चाहिए।
3. स्वतंत्रता प्राप्ति के लिए वीरों को कठिनाइयों का सामना करना होगा।

कूट

(क) केवल 1 (ख) 2 और 3
(ग) 1 और 3 (घ) ये सभी

उत्तर

(i) (क) क्षणिक सुख के साधन
(ii) (ख) वज्र के समान कठोर
(iii) (ग) 'क' और 'ख' दोनों
(iv) (घ) ओज
(v) (ख) 2 और 3

4. **कह न ठंडी साँस में अब भूल वह जलती कहानी,**
आग हो उर में तभी दृग में सजेगा आज पानी;
हार भी तेरी बनेगी मानिनी जय की पताका,
राख क्षणिक पतंग की है अमर दीपक की निशानी!
है तुझे अंगार-शय्या पर मृदुल कलियाँ बिछाना!!
जाग तुझको दूर जाना!

(i) **प्रस्तुत काव्यांश में कवयित्री ने 'पानी' शब्द का क्या अर्थ लिया है?**

(क) पानी (ख) सम्मान
(ग) 'क' और 'ख' दोनों (घ) पतंग

(ii) **आँखों में पानी कब होगा?**

(क) जब हृदय में कुछ करने की तड़प होगी
(ख) जब हृदय दुःखी नहीं होगा
(ग) जब मन में लालसाएँ होंगी
(घ) उपर्युक्त में से कोई नहीं

(iii) **काव्यांश के आधार पर कौन-सा वाक्य सही है?**

(क) तुम पुराने दुःखों को याद करो
(ख) प्रतिदिन पूजा-पाठ करो
(ग) आज की पराजय कल तुम्हारे लिए विजय का रूप भी लेगी
(घ) दूसरों के प्रति अपनी जिम्मेदारियों को समझो

(iv) **काव्यांश के अनुसार, दीपक की लौ में जलकर भी पतंगा क्या प्रकट करता है?**

(क) अपने परिश्रम व अमरता को
(ख) लौ के प्रति अपने प्रेम को
(ग) मृत्यु के प्रति अपने प्रेम को
(घ) अपनी मूर्खता को

(v) **प्रस्तुत काव्यांश की प्रेरणा क्या है?**

(क) लक्ष्य के लिए योजना बनाने की
(ख) मान-सम्मान प्राप्त करने की
(ग) स्वतंत्रता के लिए बलिदान होने की
(घ) उपर्युक्त में से कोई नहीं

उत्तर

(i) (ग) 'क' और 'ख' दोनों
(ii) (क) जब हृदय में कुछ करने की तड़प होगी
(iii) (ग) आज की पराजय कल तुम्हारे लिए विजय का रूप भी लेगी
(iv) (क) अपने परिश्रम व अमरता को
(v) (ग) स्वतंत्रता के लिए बलिदान होने की

विषय-वस्तु पर आधारित प्रश्नोत्तर

1. कैसी आँखों का उनींदापन देखकर कवयित्री को उन्हें जगाना आवश्यक प्रतीत हुआ? स्पष्ट कीजिए।

उत्तर महादेवी वर्मा को सदैव सजग रहने वाली आँखों का उनींदापन देखकर उन्हें जगाना आवश्यक प्रतीत हुआ। कवयित्री सजग रहने वाले, किंतु समय विशेष पर आलस्य में पड़े हुए मनुष्यों को समस्त कठिनाइयों का सामना करते हुए अपने लक्ष्य की ओर बढ़ते रहने की प्रेरणा देते हुए जगाने का काम कर रही हैं।

आशय यह है कि कवयित्री सोते हुए को नहीं, अपितु सजग को उनींदा देखकर उसे जगा रही हैं।

2. कवयित्री ने किन उदाहरणों के द्वारा 'नाश-पथ' का रूपांकन किया है? अपने शब्दों में लिखिए।

उत्तर कवयित्री ने 'नाश-पथ' का रूपांकन इस प्रकार किया है—अचल (पर्वत) और दृढ़ हिमालय के कठोर हृदय में कंपन हो रहा है। सर्वनाश के कष्टों से भयभीत होकर मौन आकाश से प्रलयकारी आँसू भी बह रहे हैं।

क्रूर बिजली की गड़गड़ाहट खूब गर्जना कर रही है। पृथ्वी पर सब ओर नाश की राह दिखाई पड़ रही है। कवयित्री के सभी उदाहरण प्रकृति के कठोर रूप के हैं।

3. कवयित्री असफलताओं की कहानी दोहराने से क्यों मना करती हैं?

उत्तर कवयित्री असफलताओं की कहानी दोहराने से इसलिए मना करती हैं, क्योंकि इससे मन में निराशा का भाव जागृत होता है। निराशा की कहानी याद करके अपनी आँखों में आँसू लाना ठीक नहीं है। ये आँसू असफलता से हारे लोगों की आँखों में नहीं सजते। इन आँसुओं की शोभा भी तभी होती है, जब हार के बाद भी योद्धा की आँखों में युद्ध का जोश हो, मन में जोश की आग हो।

आशय यह है कि दृढ़ता से ही आँखों में आत्म-सम्मान की भावना पैदा होती है। इसलिए कवयित्री असफलताओं की कहानी दोहराने से मना करती हैं, ताकि मन में संघर्ष करने का भाव बना रहे।

4. मार्ग की बाधाओं को कवयित्री ने किन-किन प्रतीकों के माध्यम से व्यक्त किया है?

उत्तर मार्ग की बाधाओं को कवयित्री ने मोम के बंधन, तितलियों के रंग-रंगीले पर, भौंरों की मधुर गुनगुन, फूल के दल ओस-गीले, कारा बनी छाँह, छोटा अश्रुकण, दो घूँट मदिरा, मलय की वात, चिर नींद, अपनी परछाईं आदि प्रतीकों के द्वारा व्यक्त किया है। ये प्रतीक मनुष्य को कमज़ोर बना देते हैं। वह इनमें फँसकर अपने कर्त्तव्य को भूल जाता है अर्थात् सांसारिक सुख-सुविधाएँ व्यक्ति को संघर्ष-पथ पर चलने से रोकती हैं।

5. 'प्रेम में हार भी जीत की निशानी बन जाती है' इस भाव को किस उदाहरण द्वारा पुष्ट किया गया है?

उत्तर 'प्रेम में हार भी जीत की निशानी बन जाती है' इस भाव को कवयित्री ने दीपक तथा पतंगे के उदाहरण से पुष्ट किया है। पतंगा दीपक की लौ पर अपने प्राण उत्सर्ग कर देता है तथा अपने प्रेम को अमर बनाता है अर्थात् प्रकृति ने दीपक के हाथ में ज्वाला सौंपी है तथा फूल में मकरंद भरा है। दीपक अपना बलिदान देकर भी रोशनी फैलाता है तथा फूल अपनी गंध को चारों ओर फैलाता रहता है, यद्यपि इस कोशिश में दीपक की बाती और फूल दोनों ही नष्ट हो जाते हैं, किंतु फिर भी दीपक संसार को अपनी रोशनी से प्रकाशित करता है और फूल सुगंधित पराग दुनिया को देता है। अतः कहा गया है कि 'प्रेम में हार भी जीत की निशानी बन जाती है।'

6. निम्नलिखित पंक्तियों का आशय स्पष्ट कीजिए
(क) तू न अपनी छाँह को अपने लिए कारा बनाना!
(ख) आग हो उर में तभी दृग में सजेगा आज पानी!

उत्तर (क) महादेवी वर्मा कहती हैं कि संघर्ष के मार्ग में तुम अपनी ही परछाईं के बंधन में नहीं बँधो। यह छाया उसके लिए कारागार के समान बन जाती है। इससे उसकी प्रगति रुक जाती है।

(ख) महादेवी वर्मा कहती हैं कि संघर्ष-पथ पर आगे बढ़ने के लिए हृदय में आग अर्थात् उत्साह होना ज़रूरी है। ये आँसू निराशा से हारे लोगों की आँखों में नहीं सजते। इन आँसुओं की शोभा तब होती है, जब पराजय के बाद भी योद्धा की आँखों में युद्ध का उत्साह हो और मन में जोश की आग हो।

7. 'वज्र का उर एक छोटे अश्रु-कण में धो गलाया,
दे किसे जीवन सुधा दो घूँट मदिरा माँग लाया'?
पंक्ति में काव्य-सौंदर्य स्पष्ट कीजिए।

उत्तर **काव्य-सौंदर्य**

भाव पक्ष

(i) कवयित्री जीवन-पथ के पथिक को याद कराती हैं कि तुमने वज्र के समान कठोर हृदय को किसी करुणामयी याद के कारण आँसुओं से गला दिया। तुम अपने जीवन रूपी हृदय को किसकी भेंट चढ़ा आए और जीवन रूपी अमृत देकर दो घूँट मदिरा के ले लिए।

कला पक्ष

(i) 'जीवन सुधा' में रूपक अलंकार है।
(ii) 'दो घूँट मदिरा' का अर्थ है—क्षणिक सुखानुभूति प्रदान करने वाले भौतिक पदार्थ।
(iii) प्रश्नात्मक शैली है।
(iv) तत्सम शब्दावली युक्त खड़ीबोली है।
(v) छायावादी शैली है।
(vi) लय व प्रवाह है।

8. 'जाग तुझको दूर जाना' कविता के प्रत्येक छंद के अंत में "चिह्न अपने छोड़ आना, अपने लिए कारा बनाना, मृत्यु को उर में बसाना, मृदुल कलियाँ बिछाना" का संदेश देकर मनुष्य के किन गुणों को विस्तार देने की बात कही गई है?

उत्तर मानव का संसार में आना तभी सफल होता है, जब उसके द्वारा किए गए कार्य आगे आने वाली पीढ़ियों पर सुखद प्रभाव छोड़ते हों। अतः कविता में मनुष्य के निम्नलिखित गुणों को विस्तार देने की बात कही गई है

(i) मनुष्य को अपने बलिदान एवं अच्छे कार्यों के चिह्न छोड़ने चाहिए।
(ii) मनुष्य को बंधनों में न बँधकर लक्ष्य-प्राप्ति की ओर चलना चाहिए।
(iii) मनुष्य को मृत्यु के भय से नहीं घबराना चाहिए।
(iv) मनुष्य को भावनाओं में न बहकर लक्ष्य पाने में लगे रहना चाहिए।

स्व-मूल्यांकन

काव्यांश पर आधारित बहुविकल्पीय प्रश्न

निम्नलिखित काव्यांश को ध्यानपूर्वक पढ़कर पूछे गए बहुविकल्पीय प्रश्नों के लिए सर्वाधिक उपयुक्त विकल्प का चुनाव कीजिए

1. वज्र का उर एक छोटे अश्रु-कण में धो गलाया,
दे किसे जीवन सुधा दो घूँट मदिरा माँग लाया
सो गई आँधी मलय की वात का उपधान ले क्या?
विश्व का अभिशाप क्या चिर नींद बनकर पास आया?
अमरता-सुत चाहता क्यों मृत्यु को उर में बसाना?
जाग तुझको दूर जाना!

(i) प्रस्तुत काव्यांश में 'सुधा' से क्या तात्पर्य है?
(क) अमृत (ख) हृदय
(ग) झंडा (घ) आँसू

(ii) कवयित्री वीरों को किससे दूर जाने का संदेश देती हैं?
(क) मोह-माया (ख) संसार
(ग) युद्ध (घ) शांति

(iii) कवयित्री वीरों से क्या आग्रह कर रही हैं?
(क) शांति बनाए रखने का
(ख) कठिनाइयों का सामना करने का
(ग) विश्राम करने का
(घ) युद्ध छोड़ने का

(iv) प्रस्तुत काव्यांश का मुख्य उद्देश्य क्या है?
(क) वीरों को आराम करने की सलाह देना
(ख) वीरों को संघर्ष और जागरण के लिए प्रेरित करना
(ग) वीरों की हार का वर्णन करना
(घ) प्रकृति का चित्रण करना

(v) **कथन** (A) कवयित्री वीरों को 'अमरता-सुत' कहकर संबोधित करती हैं।
कारण (R) वीर योद्धा अपने संघर्ष और बलिदान के माध्यम से अमरता को प्राप्त करते हैं।

कूट
(क) कथन (A) और कारण (R) दोनों सही हैं तथा कारण (R), कथन (A) की सही व्याख्या करता है।
(ख) कथन (A) और कारण (R) दोनों सही हैं, परंतु कारण (R), कथन (A) की सही व्याख्या नहीं करता है।
(ग) कथन (A) सही है, किंतु कारण (R) गलत है।
(घ) कथन (A) गलत है, किंतु कारण (R) सही है।

काव्यांश की व्याख्या

2. निम्नलिखित में से किसी एक काव्यांश की सप्रसंग व्याख्या कीजिए।

बाँध लेंगे क्या तुझे यह मोम के बंधन सजीले?
पंथ की बाधा बनेंगे तितलियों के पर रंगीले?
विश्व का क्रंदन भुला देगी मधुप की मधुर गुनगुन,
क्या डुबा देंगे तुझे यह फूल के दल ओस-गीले?
तू न अपनी छाँह को अपने लिए कारा बनाना!
जाग तुझको दूर जाना!

अथवा

कह न ठंडी साँस में अब भूल वह जलती कहानी,
आग हो उर में तभी दृग में सजेगा आज पानी;
हार भी तेरी बनेगी मानिनी जय की पताका,
राख क्षणिक पतंग की है अमर दीपक की निशानी!
है तुझे अंगार-शय्या पर मृदुल कलियाँ बिछाना!!
जाग तुझको दूर जाना!

विषय-वस्तु पर आधारित प्रश्न

1. कवयित्री ने 'अचल हिमगिरि के हृदय' का उल्लेख किस संदर्भ में किया है?

2. 'मोम के बंधन' और 'तितलियों के रंगीले पर' के माध्यम से कवयित्री क्या कहना चाहती हैं?

3. "विश्व का क्रंदन भुला देगी मधुप की मधुर गुनगुन" से कवयित्री का क्या तात्पर्य है?

4. कवयित्री के अनुसार, कौन-से संकेत वीरों को विचलित कर सकते हैं?

5. कवयित्री वीरों को पुरानी दुःख भरी कहानियों को भूल जाने की बात क्यों कहती हैं?

6. कवयित्री का यह कथन "हार भी तेरी बनेगी मानिनी जय की पताका" किस भावना को दर्शाता है?

7. प्रस्तुत काव्यांश में कवयित्री ने भारतीयों को किसके प्रति प्रेरित किया है?

8. प्रस्तुत काव्यांश का प्रतिपाद्य स्पष्ट कीजिए।

06

अध्याय

कवि-परिचय

तरौनी गाँव , ज़िला मधुबनी (बिहार) के निवासी नागार्जुन (मूल नाम- वैद्यनाथ मिश्र) का जन्म वर्ष 1911 में दरभंगा (बिहार) में ननिहाल में हुआ था। उन्होंने वाराणसी और कोलकाता में अध्ययन किया। उन्होंने संस्कृत, मैथिली, हिंदी और बांग्ला में रचनाएँ कीं। वर्ष 1936 में श्रीलंका जाकर बौद्ध धर्म की दीक्षा ली और वर्ष 1938 में वे स्वदेश लौट आए। उनका जीवन फक्कड़पन और घुमक्कड़ी से भरा रहा। राजनीति में सक्रिय रहने के कारण वे कई बार जेल गए। मैथिली में 'यात्री' नाम से लिखते हुए उनके संग्रह चित्र ने साहित्य को नई दिशा दी। उनकी रचनाएँ लोकजीवन, प्रकृति और राजनीति पर आधारित हैं, जिनमें व्यंग्य और जनहित के प्रति गहरी प्रतिबद्धता है। उनकी प्रमुख कृतियाँ युगधारा, तालाब की मछलियाँ, हज़ार-हज़ार बाहों वाली और उपन्यास बलचनमा, रतिनाथ की चाची आदि हैं। उन्हें साहित्य अकादमी और भारत भारती के साथ अन्य कई पुरस्कार भी मिले। उनकी समस्त रचनाएँ नागार्जुन रचनावली में संकलित हैं। वर्ष 1998 में उनका देहावसान हो गया।

अध्ययन के लिए
- कविता की रूपरेखा
- काव्यांशों की व्याख्या

अभ्यास के लिए
- पाठ्यपुस्तक के प्रश्नोत्तर
- काव्यांशों पर आधारित बहुविकल्पीय प्रश्न
- विषय-वस्तु पर आधारित प्रश्नोत्तर

बादल को घिरते देखा है

(नागार्जुन)

कविता की रूपरेखा

'बादल को घिरते देखा है' कविता में नागार्जुन ने बादल के कोमल और कठोर दोनों रूपों का वर्णन किया है जिसमें हिमालय की बर्फीली घाटियों, झीलों, झरनों तथा देवदार के जंगलों के साथ-साथ किन्नर-किन्नरियों के जीवन का यथार्थ चित्रण भी शामिल है।

कविता में हिमालय पर्वत की बर्फ़ से ढकी चोटियों पर उड़ते हुए बादलों तथा मानसरोवर के कमलों पर मोतियों के समान गिरती बूँदों का मनोहारी चित्रण है। गर्मी और उमस से बचने के लिए दूर-दराज से हंस आकर झीलों पर तैरते हैं। सुनहरी धूप में सरोवर की काई के रंग की घास पर किलोल करते चकवा-चकवी तथा दुर्गम बर्फीली घाटी में स्वयं की नाभि से आने वाली गंध को खोजते कस्तूरी मृग का वर्णन मन को मोहित कर लेता है। पर्वतों पर तूफान आने पर बड़े-बड़े बादल के टुकड़े गरजकर आपस में टकराते हैं। देवदार के वनों में लाल-सफ़ेद भोज पत्रों से बनी कुटिया में मृग की छाल पर बैठे किन्नर-किन्नरियाँ विभिन्न प्रकार के फूलों से स्वयं को सजाते हैं तथा मदिरा के नशे में मस्त होकर बाँसुरी बजाते हैं।

काव्यांशों की व्याख्या

निम्नलिखित काव्यांशों की सप्रसंग व्याख्या कीजिए

काव्यांश 1

अमल धवल गिरि के शिखरों पर,
बादल को घिरते देखा है।
छोटे-छोटे मोती जैसे
उसके शीतल तुहिन कणों को,
मानसरोवर के उन स्वर्णिम
कमलों पर गिरते देखा है।
बादल को घिरते देखा है।

शब्दार्थ

अमल—स्वच्छ/निर्मल; **धवल**—श्वेत; **गिरि**—पर्वत; **शिखरों**—चोटियों; **तुहिन-कण**—ओस की बूँदें; **मानसरोवर**—कैलाश पर्वत स्थित प्रसिद्ध झील; **स्वर्णिम**—सोने के रंग वाले/सुनहरे।

संदर्भ प्रस्तुत काव्यांश हमारी पाठ्यपुस्तक 'अंतरा भाग-1' में संकलित कविता 'बादल को घिरते देखा है' से अवतरित है। यह कविता प्रगतिशील एवं सामयिक बोध के कवि नागार्जुन द्वारा रचित है।

प्रसंग प्रस्तुत काव्यांश में कवि ने वर्षा ऋतु में पर्वत की चोटियों पर बादलों के घिरने व स्वर्ण कमल पर उसकी बूँदों के गिरने का वर्णन किया है।

व्याख्या प्रस्तुत काव्यांश में कवि कहता है कि बादलों के स्वरूप को उसने अपनी आँखों से निहारा है। वह कहता है कि हिमालय पर्वत की ऊँची-ऊँची चोटियों पर स्वच्छ-निर्मल श्वेत बर्फ़ के ऊपर घिरते हुए बादलों को उसने स्वयं देखा है। ये बादल मानसरोवर के सुनहरे कमलों पर छोटी-छोटी ओस की बूँदों के समान जब वर्षा कर रहे थे, तब वहाँ उसने देखा कि ओस की छोटी-छोटी बूँदें साक्षात मोतियों के समान चमक रही थीं और मानसरोवर के सुंदर स्वर्ण कमल पुष्पों पर ये मोती के समान गिर रही थीं। आशय यह है कि सुनहरे कमलों पर पड़ी हुई मोती जैसी छोटी-छोटी ओस की बूँदें बादलों की ही देन हैं।

काव्य-शैली

(*i*) प्रस्तुत काव्यांश में हिमालय पर्वत पर उमड़ते-घुमड़ते बादलों का वर्णन किया गया है। हिमालय पर्वतराज है, उसके कैलाश शिखर पर स्थित मानसरोवर झील के बादलों का सुंदर वर्णन है।

(*ii*) प्रस्तुत काव्यांश में स्वर्ण कमल पर गिरी हुई बूँदों के अद्भुत सौंदर्य का वर्णन किया गया है।

(*iii*) प्रस्तुत काव्यांश में तत्सम शब्दावली युक्त खड़ीबोली का प्रयोग हुआ है।

(*iv*) प्रस्तुत काव्यांश में 'छोटे-छोटे मोती जैसे उसके शीतल तुहिन कणों को' में उपमा अलंकार है, 'छोटे-छोटे' में पुनरुक्तिप्रकाश अलंकार है।

(*v*) प्रस्तुत काव्यांश में माधुर्य गुण तथा अद्भुत रस का प्रयोग हुआ है।

(*vi*) प्रस्तुत काव्यांश में संगीतात्मकता, लयात्मकता एवं ध्वन्यात्मकता का गुण विद्यमान है।

काव्यांश 2

तुंग हिमालय के कंधों पर
छोटी-बड़ी कई झीलें हैं,
उनके श्यामल नील सलिल में
समतल देशों से आ-आकर
पावस की ऊमस से आकुल
तिक्त-मधुर विसतंतु खोजते
हंसों को तिरते देखा है।
बादल को घिरते देखा है।

शब्दार्थ

तुंग—ऊँचा; **हिमालय के कंधे**—हिमालय की घाटियाँ; **श्यामल**—काला; **नील**—नीला; **सलिल**—जल; **समतल देश**—मैदानी इलाके; **पावस**—वर्षा; **ऊमस**—वर्षा में गर्मी की घुटन; **तिक्त-मधुर**—कड़वे और मीठे; **विसतंतु**—कमलनाल के भीतर स्थित कोमल रेशे; **तिरते**—तैरना।

संदर्भ पूर्ववत्।

प्रसंग प्रस्तुत काव्यांश के माध्यम से कवि ने हिमालय की ऊँची चोटी पर स्थित झीलों में विचरण करते हुए हंसों का वर्णन किया है।

व्याख्या प्रस्तुत काव्यांश में कवि कहता है कि हिमालय पर्वत की ऊँची शृंखलाओं पर छोटी-बड़ी अनेक झीलें हैं। स्वच्छ एवं निर्मल झीलों के जल पर हिमालय के ऊपर घिरे हुए काले बादलों का प्रतिबिंब पड़ने से झीलों का जल श्यामल एवं नीला दिखाई पड़ता है। इन झीलों के जल को पाकर विचरते हुए हंस कमलनाल के भीतर स्थित कोमल तंतुओं को खोजते हैं, जो इनको कड़वे व मीठे दोनों ही प्रकार के लगते हैं। इन झीलों के बादलों से प्रतिबिंबित साँवले-नीले स्वच्छ जल में समतल मैदानों से हंस वर्षा ऋतु की उमस भरी गर्मी से मुक्ति पाने के लिए आनंदपूर्वक तैरने आ जाते हैं। उस अवसर पर बादल भी घिर आते हैं।

काव्य-शैली

(*i*) प्रस्तुत काव्यांश में हिमालय की झीलों में कमलनाल खोजते व जल-क्रीड़ा करते हंसों का सजीव वर्णन है।

(*ii*) प्रस्तुत काव्यांश में कवि ने हिमालय पर्वत पर स्थित नीले जल वाली झीलों का मनोहारी वर्णन किया है।

(*iii*) प्रस्तुत काव्यांश में तत्सम शब्दावली युक्त खड़ीबोली का प्रयोग हुआ है।

(*iv*) प्रस्तुत काव्यांश में माधुर्य गुण विद्यमान है।

(*v*) प्रस्तुत काव्यांश में 'के कंधों पर', 'देशों से आ-आकर' में अनुप्रास अलंकार तथा 'हिमालय के कंधों पर झीलें' बताने से हिमालय का मानवीकरण हुआ है।

(*vi*) प्रस्तुत काव्यांश में संगीतात्मकता, लयात्मकता एवं ध्वन्यात्मकता का गुण विद्यमान है।

काव्यांश 3

ऋतु वसंत का सुप्रभात था
मंद-मंद था अनिल बह रहा
बालारुण की मृदु किरणें थीं
अगल-बगल स्वर्णिम शिखर थे
एक-दूसरे से विरहित हो
अलग-अलग रहकर ही जिनको
सारी रात बितानी होती,
निशा काल से चिर-अभिशापित
बेबस उस चकवा-चकई का
बंद हुआ क्रंदन, फिर उनमें

उस महान सरवर के तीरे
शैवालों की हरी दरी पर
प्रणय-कलह छिड़ते देखा है।
बादल को घिरते देखा है।

शब्दार्थ

सुप्रभात—मनोहारी सवेरा; **अनिल**—हवा; **बालारुण**—सुबह का सूर्य; **मृदु**—कोमल; **अगल-बगल**—आस-पास; **स्वर्णिमः**—सुनहरा; **विरहित**—विरह से पीड़ित; **निशा**—रात्रि; **चिर-अभिशापित**—सदा से शापग्रस्त; **चकवा-चकई**—एक पक्षी युग्म; **क्रंदन**—चीख; **महान सरवर**—प्रसिद्ध झील (मानसरोवर); **तीरे**—किनारे; **शैवालों**—काई की जाति की एक घास; **प्रणय-कलह**—प्यार भरी छेड़छाड़।

संदर्भ पूर्ववत्।

प्रसंग प्रस्तुत काव्यांश के माध्यम से कवि ने पर्वतीय प्रदेश में वसंतकालीन मनोरम प्रभात में स्वर्णिम आभा से चमकते पर्वत और चकवा-चकवी नामक पक्षियों की प्रणय-कलह का चित्रण किया है।

व्याख्या प्रस्तुत काव्यांश में कवि कहते हैं कि यह वसंत ऋतु की सुहावनी सुबह थी, धीमी-धीमी सुगंधित वायु चल रही थी, उदित होते सूर्य की सुनहरी किरणें बर्फ से ढकी चोटियों पर पड़ रही थीं, जिसके कारण वे चोटियाँ सुनहरी लग रही थीं। वर्षों से रात्रि में बिछुड़ने के श्राप से ग्रसित चकवा-चकवी सूर्य के उदित होते ही पुनः मिल गए हैं, उनकी विरहावधि समाप्त हो गई है।

संपूर्ण रात्रि एक–दूसरे से बिछुड़ने से उत्पन्न दुःख व प्रलाप अब उनके मिलने से समाप्त हो गया है। रात भर के वियोग के बाद, अब मिलने से मानसरोवर में शैवाल की हरी बिछावन रूपी काई में दोनों की प्रणय-कलह अर्थात् मान-मनोवल शुरू हो गई है, जिसे कवि ने बादलों के घिरने के उपरांत स्वयं देखा है।

काव्य-शैली

(i) प्रस्तुत काव्यांश में मनोरम प्रभातकाल एवं प्रकृति का सुंदर चित्रण हुआ है, जिसमें चकवा-चकवी के वियोग और मिलन का दृश्य बाँधा गया है।

(ii) प्रस्तुत काव्यांश में प्रकृति के नैसर्गिक सौंदर्य का यथार्थ चित्रण है।

(iii) प्रस्तुत काव्यांश में तत्सम शब्दावली युक्त खड़ीबोली का प्रयोग किया गया है।

(iv) प्रस्तुत काव्यांश में 'मंद-मंद', 'अलग-अलग' में पुनरुक्तिप्रकाश तथा 'चकवा-चकई' में अनुप्रास अलंकार तथा 'शैवालों की हरीदरी' में रूपक अलंकार है।

(v) प्रस्तुत काव्यांश में माधुर्य गुण विद्यमान है।

(vi) प्रस्तुत काव्यांश में चित्रात्मक शैली का प्रयोग है।

(vii) प्रस्तुत काव्यांश में वियोग एवं संयोग शृंगार रस घनीभूत है।

काव्यांश 4

दुर्गम बरफ़ानी घाटी में
शत-सहस्र फुट ऊँचाई पर
अलख नाभि से उठने वाले
निज के ही उन्मादक परिमल
के पीछे धावित हो-होकर
तरल तरुण कस्तूरी मृग को
अपने पर चिढ़ते देखा है।
बादल को घिरते देखा है।

शब्दार्थ

दुर्गम—जहाँ पहुँचना कठिन हो; **बरफ़ानी**—बर्फ़ से ढकी हुई; **शत-सहस्र**—सैकड़ों हज़ार; **अलख नाभि**—अदृश्य नाभि; **निज**—अपने; **उन्मादक परिमल**—नशीली सुगंध; **धावित**—भागकर; **तरल**—चंचल; **तरुण**—ज़वान; **कस्तूरी मृग**—वह हिरण, जिसकी नाभि में कस्तूरी रहती है।

संदर्भ पूर्ववत्।

प्रसंग प्रस्तुत काव्यांश के माध्यम से कवि ने हिमालय के ऊपर विचरण करने वाले कस्तूरी हिरणों के स्वभाव का अत्यंत मनोहारी चित्रण किया है।

व्याख्या प्रस्तुत काव्यांश में कवि कहता है कि हिमालय पर्वत की बर्फ़ से ढकी दुर्गम घाटियों, जहाँ व्यक्ति का पहुँचना कठिन है अर्थात् जिन चोटियों की ऊँचाई सैकड़ों हजार (लाखों) फीट है, के ऊपर दौड़ते हुए कस्तूरी हिरणों को देखा है। ये हिरण अपनी नाभि से निकलने वाली कस्तूरी की नशीली सुगंध को कहीं बाहर से आती समझकर सुगंध के पीछे-पीछे दौड़ते हैं और अपनी असफलता के कारण अपने पर चिढ़ जाते हैं। अतः कवि ने इस मनोहारी दृश्य के साथ-साथ आकाश में बादलों को घिरते हुए देखा है।

काव्य-शैली

(i) प्रस्तुत काव्यांश में हिमालय क्षेत्र में पाए जाने वाले कस्तूरी मृगों की निश्छलता का अत्यंत स्वाभाविक वर्णन है।

(ii) प्रस्तुत काव्यांश में प्रकृति का मनोरम चित्रण भागते हिरणों का सजीव चित्रण है।

(iii) प्रस्तुत काव्यांश में तत्सम शब्दावली युक्त खड़ीबोली का प्रयोग हुआ है।

(iv) प्रस्तुत काव्यांश में 'हो-होकर' एवं 'तरल तरुण' में अनुप्रास अलंकार है।

(v) प्रस्तुत काव्यांश में चित्रात्मक शैली का प्रयोग हुआ है।

(vi) प्रस्तुत काव्यांश में माधुर्य गुण तथा अद्‌भुत रस की प्रधानता है।

(vii) प्रस्तुत काव्यांश में संगीतात्मकता, लयात्मकता एवं ध्वन्यात्मकता का गुण विद्यमान है।

काव्यांश 5

कहाँ गया धनपति कुबेर वह
कहाँ गई उसकी वह अलका
नहीं ठिकाना कालिदास के
व्योम-प्रवाही गंगाजल का,
ढूँढा बहुत परंतु लगा क्या
मेघदूत का पता कहीं पर,
कौन बताए वह छायामय
बरस पड़ा होगा न यहीं पर,
जाने दो, वह कवि-कल्पित था,
मैंने तो भीषण जाड़ों में
नभ-चुंबी कैलाश शीर्ष पर,
महामेघ को झंझानिल से
गरज-गरज भिड़ते देखा है।
बादल को घिरते देखा है।

शब्दार्थ

धनपति—धन का स्वामी; **कुबेर**—धन का स्वामी/देवताओं का कोषाध्यक्ष/एक दिक्पाल/यक्षों का राजा; **अलका**—कुबेर की नगरी; **कालिदास**—संस्कृत साहित्य के एक प्रसिद्ध महाकवि; **व्योम-प्रवाही**—आकाश में घूमने वाला/आकाश में प्रवाहित होने वाली आकाश गंगा; **मेघदूत**—कालिदास का प्रसिद्ध खंडकाव्य; **कवि-कल्पित**—कवि की कल्पना द्वारा सृजित; **कैलाश**—हिमालय की एक चोटी; **शीर्ष**—चोटी; **महामेघ**—विशाल बादल; **झंझानिल**—तूफ़ानी हवा।

संदर्भ पूर्ववत्।

प्रसंग प्रस्तुत काव्यांश के माध्यम से कवि बताता है कि हिमालय पर भले ही अलका या मेघदूत का पता न चला हो, किंतु मैंने बादलों की गर्जना को देखा है।

व्याख्या प्रस्तुत काव्यांश में कवि कहता है कि वह हिमालय पर्वत की चोटियों पर बहुत घूमा, किंतु उसे न तो कहीं पौराणिक कथाओं में प्रचलित देवताओं के कोषाध्यक्ष कुबेर का पता चला और न ही उसकी नगरी अलका का कहीं चिह्न दिखाई दिया। कवि कहता है कि महाकवि कालिदास ने 'मेघदूत' खंडकाव्य में जिस आकाश में घूमने वाली गंगा का वर्णन किया है, मुझे तो वह मेघदूत भी वहाँ नहीं मिला। उसका पता कौन देगा? हो सकता है वह मेघ संदेश देने से पूर्व ही इन्हीं पर्वतों पर कहीं बरस पड़ा होगा। खैर जाने दो वह सब तो केवल कवि की कल्पना मात्र था। मैंने तो भयंकर ठंड में आकाश को चूमती कैलाश पर्वत की ऊँची चोटियों पर भयंकर तूफ़ान के साथ इन बादलों को भयानक गर्जन करते हुए आपस में टकरा-टकराकर भिड़ते हुए देखा है। मैंने आकाश में बादलों को घिरते हुए देखा है।

काव्य-शैली

(*i*) प्रस्तुत काव्यांश में पौराणिक नगरी अलका व देवों के कोषाध्यक्ष कुबेर का उल्लेख कर कवि पाठकों को अन्य कथाओं की ओर आकृष्ट करता है।

(*ii*) प्रस्तुत काव्यांश में कवि को पर्वतों की चोटियों पर उमड़ते हुए बादलों को देखकर महाकवि कालिदास के 'मेघदूत' का स्मरण हो आता है।

(*iii*) प्रस्तुत काव्यांश में कवि ने प्रकृति का मनोरम चित्रण किया है।

(*iv*) प्रस्तुत काव्यांश में तत्सम शब्दावली युक्त खड़ीबोली का प्रयोग हुआ है।

(*v*) 'कालिदास के' तथा 'कवि-कल्पित' में अनुप्रास अलंकार और 'गरज-गरज' में पुनरुक्तिप्रकाश अलंकार है।

(*vi*) प्रस्तुत काव्यांश में चित्रात्मक शैली का प्रयोग हुआ है।

काव्यांश 6

शत-शत निर्झर-निर्झरणी-कल
मुखरित देवदारु कानन में,
शोणित धवल भोज पत्रों से
छाई हुई कुटी के भीतर,
रंग-बिरंगे और सुगंधित
फूलों से कुंतल को साजे,
इंद्रनील की माला डाले
शंख-सरीखे सुघढ़ गलों में,
कानों में कुवलय लटकाए,
शतदल लाल कमल वेणी में,
रजत-रचित मणि-खचित
कलामय
पान पात्र द्राक्षासव पूरित
रखे सामने अपने-अपने
लोहित चंदन की त्रिपदी
पर,
नरम निदाग बाल-कस्तूरी
मृगछालों पर पलथी मारे
मदिरारुण आँखों वाले उन
उन्मद किन्नर-किन्नरियों की
मृदुल मनोरम अँगुलियों को
वंशी पर फिरते देखा है।
बादल को घिरते देखा है।

शब्दार्थ

शत-शत—सैकड़ों; **निर्झरणी**—नदी; **कल**—ध्वनि; **मुखरित**—शब्दायमान/ध्वनि करते हुए; **देवदारु**—देवदारु नाम का वृक्ष; **कानन**—जंगल/वन; **शोणित**—लाल; **धवल**—सफ़ेद; **कुंतल**—केश; **इंद्रनील**—नीले रंग का कीमती पत्थर/नीलम; **सुघढ़**—सुंदर आकार वाले; **कुवलय**—नील कमल; **शतदल**—कमल; **रजत-रचित**—चाँदी से बना हुआ; **मणि-खचित**—मणियों से जड़ा हुआ; **पान पात्र**—मदिरा का पात्र/सुराही; **द्राक्षासव**—अँगूरों से बनी सुरा; **पूरित**—पूर्ण/भरा हुआ; **लोहित**—लाल; **त्रिपदी**—तिपाई; **निदाग**—दाग रहित; **मदिरारुण आँखें**—मदिरा के प्रभाव से लाल आँखें; **उन्मद**—नशीला; **किन्नर**—देवलोक की एक कलाप्रिय जाति।

संदर्भ पूर्ववत्।

प्रसंग प्रस्तुत काव्यांश के माध्यम से कवि ने किन्नरों के रहन-सहन, वेशभूषा, साज-सज्जा और उनकी उन्मुक्त जीवन-शैली का चित्रण किया है।

व्याख्या प्रस्तुत काव्यांश में कवि कहता है कि सैकड़ों छोटे-बड़े झरनों की कलकल की आवाज से गुंजायमान देवदारु वृक्षों के वन प्रदेशों में श्वेत व लाल भोजपत्रों से किन्नरों ने अपनी कुटिया बनाई हुई है। किन्नरियों ने अपने सुंदर बालों को रंग-बिरंगे सुगंधित पुष्पों से सजाया है। उन्होंने अपने गले में नीलम की माला पहनी है। उनकी गर्दन शंख के समान लंबी व सुंदर है। उन्होंने अपने कानों में नीलकमल लटका रखे हैं। उन्होंने सौ पंखुड़ियों वाले लाल कमल अपनी चोटी में सजा रखे हैं।

चंदन की लकड़ी से बनी तिपाई पर उनके समक्ष चाँदी से बने और मणियों से जड़े हुए सुंदर सुरापात्र रखे हुए हैं। इन पात्रों में अँगूरों से बनी मदिरा भरी हुई है। सभी किन्नर और किन्नरियाँ कस्तूरी मृग की खाल से बने आसन पर पलथी मारकर आराम से बैठे सुरापान का आनंद ले रहे हैं।

अत्यधिक सुरापान करने के कारण उनकी आँखें लाल हो गई हैं। ये सभी अपनी कोमल अँगुलियों से बाँसुरी बजा रहे हैं। कवि ने हिमालय क्षेत्र के वनों के किन्नर एवं किन्नरियों को मस्ती और जोश से भरे हुए तथा आकाश में बादलों को घिरते हुए देखा है।

काव्य-शैली

(*i*) प्रस्तुत काव्यांश में कवि ने किन्नर नर-नारियों के सुंदर साज-सज्जा एवं विलासितापूर्ण जीवन का वर्णन किया है।

(*ii*) प्रस्तुत काव्यांश में तत्सम शब्दावली युक्त खड़ीबोली का प्रयोग है।

(*iii*) 'निर्झर-निर्झरणी', 'किन्नर-किन्नरियों', 'नरम-निदाग', 'मृदुल मनोरम' में अनुप्रास अलंकार, 'शत-शत' में पुनरुक्तिप्रकाश अलंकार और 'शंख सरीखे' में उपमा अलंकार है।

(*iv*) प्रस्तुत काव्यांश में चित्रात्मक शैली का प्रयोग हुआ है।

(*v*) प्रस्तुत काव्यांश में माधुर्य गुण की प्रधानता है।

पाठ्यपुस्तक (अंतरा भाग-1) के प्रश्नोत्तर

1. इस कविता में बादलों के सौंदर्य चित्रण के अतिरिक्त और किन दृश्यों का चित्रण किया गया है?

उत्तर इस कविता में कवि ने बादलों के सौंदर्य चित्रण के अतिरिक्त अनेक छोटी-बड़ी सुंदर झीलों, झरनों, झीलों में तैरते हंसों, प्रातःकालीन सूर्य की किरणों से स्वर्ण आभायुक्त पर्वत श्रेणियों, चकवा-चकवी के प्रेम का वर्णन, कुबेर, अलका, कालिदास, मेघदूत, देवदारु कानन, कस्तूरी मृग द्वारा सुगंध की खोज में इधर-उधर भागने तथा सुगंध को पाने में असफल होने पर स्वयं पर ही झुंझलाने तथा किन्नर-किन्नरियों द्वारा मस्ती के माहौल में सुरापान करने का सजीव चित्रण किया है।

2. प्रणय-कलह से कवि का क्या तात्पर्य है?

उत्तर प्रणय-कलह से आशय है—प्रेम से संबंधित झगड़ा। इसमें प्रेमी और प्रेमिका दोनों अपने-अपने वियोग को लेकर एक-दूसरे से शिकायत करते हैं तथा एक-दूसरे को दोषी ठहराते हैं। अतः प्रेमी-प्रेमिका के मध्य जब कभी प्रेम-तकरार हो जाती है, तब उसे प्रणय-कलह कहते हैं। रातभर के विरह के पश्चात् जब चकवा-चकवी मिलते हैं तो वे आपस में प्रेम निवेदन के समय गिले-शिकवे दूर करते हैं। इस क्रिया से वे अपनी प्रेमानुभूति को व्यक्त करते हैं। इससे उनके प्रेम-संबंधों में प्रगाढ़ता आती है।

3. कस्तूरी मृग के अपने पर ही चिढ़ने के क्या कारण हैं?

उत्तर कस्तूरी मृग का अपने पर ही चिढ़ने का कारण यह है कि वह अपनी नाभि में स्थित कस्तूरी से निकलने वाली सुगंध को ढूँढने की कोशिश में इधर-उधर भटकता फिरता है। बहुत कोशिश करने के बाद भी जब वह इस सुगंध के स्रोत को नहीं ढूँढ पाता तो वह अपने आप पर चिढ़ने लगता है।

4. बादलों का वर्णन करते हुए कवि को कालिदास की याद क्यों आती है?

उत्तर कवि जब बादलों का वर्णन करता है तो उसे अनायास ही कालिदास की याद इसलिए आ जाती है, क्योंकि कालिदास द्वारा रचित खंडकाव्य 'मेघदूत' में यक्ष ने बादलों को अपना संदेश देकर दूत के रूप में अपनी पत्नी के पास भेजा था। अपने संदेश का उत्तर पाने की आशा में वह बड़ी अधीरता से बादलों की ओर देखता रहता था।

5. कवि ने 'महामेघ को झंझानिल से गरज-गरज भिड़ते देखा है' क्यों कहा है?

उत्तर महाकवि कालिदास ने 'मेघदूत' खंडकाव्य में जिस 'मेघदूत' का वर्णन किया है, कवि को उसका कहीं पता नहीं चल सका। वह मात्र कवि की कल्पना है। लेकिन कवि नागार्जुन कहते हैं कि उन्होंने तो भयंकर ठंड में आकाश को चूमती कैलाश पर्वत की ऊँची चोटियों पर भयंकर तूफान के साथ इन बादलों को भयानक गर्जना करते हुए आपस में टकरा-टकराकर भिड़ते हुए देखा है। कवि ने तूफानी हवाओं से बादलों को संघर्ष करते देखा है। कवि ऐसा कहकर यह बताना चाहते हैं कि वह जिन बादलों की स्थिति का वर्णन कर रहे हैं वह कवि कल्पित नहीं है, अपितु वह उनके द्वारा देखा हुआ है।

6. 'बादल को घिरते देखा है' पंक्ति को बार-बार दोहराए जाने से कविता में क्या सौंदर्य आया है? अपने शब्दों में लिखिए।

उत्तर 'बादल को घिरते देखा है' पंक्ति को बार-बार दोहराए जाने से कविता में प्रभावोत्पादकता उत्पन्न हो गई है। कवि ने इस कविता में पूर्णतः बादल को ही वर्ण्य-विषय नहीं बनाया है, अपितु विभिन्न परिवेशों का वर्णन किया है और यह कह दिया है कि मैंने इन परिवेशों में बादल को घिरते देखा है। इससे हिमालय पर्वत पर छाए हुए बादलों का सौंदर्य बढ़ गया है।

7. निम्नलिखित का भाव स्पष्ट कीजिए

(क) निशा काल से चिर-अभिशापित/बेबस उस चकवा-चकई का बंद हुआ क्रंदन, फिर उनमें/उस महान सरवर के तीरे शैवालों की हरी दरी पर/प्रणय-कलह छिड़ते देखा है।

(ख) अलख नाभि से उठने वाले/निज के ही उन्मादक परिमल के पीछे धावित हो-होकर/तरल तरुण कस्तूरी मृग को अपने पर चिढ़ते देखा है।

उत्तर (क) वर्षों से रात्रि में बिछुड़ने के श्राप से ग्रसित चकवा-चकवी सूर्य के उदित होते ही पुनः मिल गए हैं। उनकी विरहावधि समाप्त हो गई है। संपूर्ण रात्रि एक-दूसरे से बिछुड़ने से उत्पन्न दुःख व प्रलाप अब उनके मिलने से समाप्त हो गया है। रातभर के वियोग के बाद अब मिलने से मानसरोवर में शैवाल की हरी बिछावन रूपी काई में दोनों की प्रणय-कलह अर्थात् मान-मनोवल शुरू हो गई है, जिसे कवि ने बादलों के घिरने के उपरांत स्वयं देखा है।

(ख) दुर्गम पहाड़ी चोटियों पर निश्छल स्वभाव वाले कस्तूरी मृग पाए जाते हैं। उनकी नाभि से खुशबू निकलती रहती है, किंतु उन्हें इसका ज्ञान नहीं होता। वे उसे पाने के लिए चारों ओर दौड़ते हैं। जब वह उन्हें नहीं मिल पाती तो वे स्वयं पर ही खीझते हैं, झुँझलाते हैं। कवि ने इस मनोहारी दृश्य को देखा है।

8. संदर्भ सहित व्याख्या कीजिए

(क) छोटे-छोटे मोती जैसे ······ कमलों पर गिरते देखा है।

(ख) समतल देशों से आ-आकर ······ हंसों को तिरते देखा है।

(ग) ऋतु वसंत का सुप्रभात था ······ अगल-बगल स्वर्णिम शिखर थे।

(घ) ढूँढा बहुत परंतु लगा क्या ······ जाने दो, वह कवि-कल्पित था।

उत्तर (क) काव्यांश 1 का व्याख्या भाग देखें। (ख) काव्यांश 2 का व्याख्या भाग देखें।

(ग) काव्यांश 3 का व्याख्या भाग देखें। (घ) काव्यांश 5 का व्याख्या भाग देखें।

योग्यता-विस्तार

1. अन्य कवियों की ऋतु संबंधी कविताओं का संग्रह कीजिए।

उत्तर छात्र स्वयं करें।

2. कालिदास के 'मेघदूत' का संक्षिप्त परिचय प्राप्त कीजिए।

उत्तर 'मेघदूत' संस्कृत भाषा के सुप्रसिद्ध कवि एवं नाटककार कालिदास द्वारा रचित काव्य है। इसमें मेघ को दूत के रूप में दिखाया गया है। 'यक्ष' अलकापुरी में कुबेर के दरबार में रहता था तथा राजदरबार में वह अपना उत्तरदायित्व कुशलतापूर्वक निभाता था। उसका विवाह एक सुंदर यक्षिणी से संपन्न हुआ तथा वह अपनी नवविवाहिता पत्नी के प्रेम में डूबा रहता था। अब वह राजदरबार के कार्यों के प्रति पूर्ण रूप से कर्त्तव्यबद्ध भी न रह सका। अत: अपने कर्त्तव्य के प्रति प्रमाद करने वाले यक्ष को यक्षराज कुबेर ने शाप दिया कि तुम्हें एक वर्ष तक अपनी पत्नी से अलग रहना होगा। कुबेर के शाप से शापित यक्ष अलका से निकलकर मध्य भारत में रामगिरि पर्वत पर एक वर्ष रहा। इधर वर्षा ऋतु आ गई। आसमान में काले-काले मेघ घिर आए। ऐसे सुहावने मौसम में यक्ष की विरह-व्यथा कई गुनी बढ़ गई। यक्ष ने अपनी पत्नी को संदेश भेजना चाहा, पर समस्या यह भी थी कि संदेश भेजा कैसे जाए। उसने अपनी विरह-व्यथा सुनाते हुए मेघ के माध्यम से अपनी पत्नी के पास संदेश भेजा तथा बेतवा नदी पार करते हुए उज्जयिनी की ओर जाने के लिए कहा। दूसरी ओर जब कुबेर को यक्ष की विरह स्थिति का बोध हुआ तो उन्होंने यक्ष को शाप-मुक्त कर दिया।

3. बादल से संबंधित अन्य कवियों की कविताएँ याद कर अपनी कक्षा में सुनाइए।

उत्तर छात्र स्वयं करें।

4. एन.सी.ई.आर.टी. ने कई साहित्यकारों, कवियों पर फिल्में तैयार की हैं। नागार्जुन पर भी फिल्म बनी है। उसे देखिए और चर्चा कीजिए।

उत्तर प्रश्न परीक्षोपयोगी नहीं है।

अभ्यास प्रश्न

काव्यांशों पर आधारित बहुविकल्पीय प्रश्न

1. अमल धवल गिरि के शिखरों पर,
बादल को घिरते देखा है।
छोटे-छोटे मोती जैसे
उसके शीतल तुहिन कणों को,
मानसरोवर के उन स्वर्णिम
कमलों पर गिरते देखा है।
बादल को घिरते देखा है।

(i) कवि ने हिमालय की चोटियों पर क्या देखा है?

(क) बर्फ को गिरते हुए (ख) बादल को घिरते हुए
(ग) देवदारु के वृक्षों को (घ) कस्तूरी मृग को

(ii) ओस की बूँदें मोती के समान कहाँ गिर रही थीं?

(क) स्वर्ण कमल के पुष्पों पर (ख) हिमालय पर
(ग) वृक्षों पर (घ) मानसरोवर झील में

(iii) स्वर्ण कमल के पुष्प कहाँ खिल रहे थे?

(क) हिमालय पर्वत पर (ख) नदी में
(ग) मानसरोवर झील में (घ) तालाब में

(iv) प्रस्तुत काव्यांश में कवि ने किसका वर्णन किया है?

(क) हिमालय के कोमल व कठोर बादलों का
(ख) मानसरोवर में खिले पुष्पों का
(ग) वर्षा ऋतु का
(घ) बर्फीले प्रदेश में बादलों के घिरने का

(v) **कथन (A) मानसरोवर के स्वर्णिम कमलों पर गिरने वाली बूँदें मोती जैसी दिखती हैं।**

कारण (R) ओस की बूँदें छोटी-छोटी और चमकदार होती हैं।

कूट

(क) कथन (A) और कारण (R) दोनों सही हैं तथा कारण (R), कथन (A) की सही व्याख्या करता है।
(ख) कथन (A) सही है, लेकिन कारण (R) उसकी गलत व्याख्या करता है।
(ग) कथन (A) गलत है, लेकिन कारण (R) सही है।
(घ) कथन (A) और कारण (R) दोनों गलत हैं।

उत्तर

(i) (ख) बादल को घिरते हुए
(ii) (क) स्वर्ण कमल के पुष्पों पर
(iii) (ग) मानसरोवर झील में
(iv) (क) हिमालय के कोमल व कठोर बादलों का
(v) (क) कथन (A) और कारण (R) दोनों सही हैं तथा कारण (R), कथन (A) की सही व्याख्या करता है।

2. **ऋतु वसंत का सुप्रभात था**
मंद-मंद था अनिल बह रहा
बालारुण की मृदु किरणें थीं
अगल-बगल स्वर्णिम शिखर थे
एक-दूसरे से विरहित हो
अलग-अलग रहकर ही जिनको
सारी रात बितानी होती,
निशा काल से चिर-अभिशापित
बेबस उस चकवा-चकई का
बंद हुआ क्रंदन, फिर उनमें
उस महान सरवर के तीरे
शैवालों की हरी दरी पर
प्रणय-कलह छिड़ते देखा है।
बादल को घिरते देखा है।

(i) **प्रस्तुत काव्यांश में किस ऋतु का वर्णन है?**
(क) शरद ऋतु का (ख) शिशिर ऋतु का
(ग) ग्रीष्म ऋतु का (घ) वसंत ऋतु का

(ii) **प्रस्तुत काव्यांश के अनुसार, रात्रि में बिछुड़ने का श्राप किस पक्षी को मिला हुआ है?**
(क) कौए को
(ख) चकवा-चकवी को
(ग) कोयल को
(घ) हंस और हंसिनी को

(iii) **चकवा-चकवी का करुण प्रलाप कब बंद हुआ?**
(क) सूर्य के अस्त होने पर
(ख) सूर्य के उदय होने पर
(ग) स्वर्ण कमल के खिलने पर
(घ) वर्षा के होने पर

(iv) **पक्षी-युगल (चकवा-चकवी) की प्रणय-क्रीड़ा को कवि ने कहाँ देखा है?**
(क) मानसरोवर में हरे शैवालों (काई) पर
(ख) सुनहरी बर्फ की चोटियों पर
(ग) देवदारु के वृक्षों पर
(घ) उपर्युक्त में से कोई नहीं

(v) **कथन** (A) चोटियाँ सुनहरी लग रही थीं।
कारण (R) उदित होते सूर्य की किरणें बर्फ से ढकी चोटियों पर पड़ रही थीं।
कूट
(क) कथन (A) और कारण (R) दोनों सही हैं तथा कारण (R), कथन (A) की सही व्याख्या करता है।
(ख) कथन (A) सही है, लेकिन कारण (R) उसकी गलत व्याख्या करता है।
(ग) कथन (A) गलत है, लेकिन कारण (R) सही है।
(घ) कथन (A) और कारण (R) दोनों गलत हैं।

उत्तर
(i) (घ) वसंत ऋतु का
(ii) (ख) चकवा-चकवी को
(iii) (ख) सूर्य के उदय होने पर
(iv) (क) मानसरोवर में हरे शैवालों (काई) पर
(v) (क) कथन (A) और कारण (R) दोनों सही हैं तथा कारण (R), कथन (A) की सही व्याख्या करता है।

3. **कहाँ गया धनपति कुबेर वह**
कहाँ गई उसकी वह अलका
नहीं ठिकाना कालिदास के
व्योम-प्रवाही गंगाजल का,
ढूँढा बहुत परंतु लगा क्या
मेघदूत का पता कहीं पर,
कौन बताए वह छायामय
बरस पड़ा होगा न यहीं पर,
जाने दो, वह कवि-कल्पित था,
मैंने तो भीषण जाड़ों में
नभ-चुंबी कैलाश शीर्ष पर,
महामेघ को झंझानिल से
गरज-गरज भिड़ते देखा है।
बादल को घिरते देखा है।

(i) **प्रस्तुत काव्यांश में धन का स्वामी किसे बताया गया है?**
(क) विष्णु को (ख) इंद्र को
(ग) शिव को (घ) कुबेर को

(ii) **कुबेर की नगरी का क्या नाम है?**
(क) अमरावती (ख) स्वर्गलोक
(ग) अलकापुरी (घ) चंद्रपुरी

(iii) **'व्योम-प्रवाही गंगाजल का' से क्या अभिप्राय है?**
(क) हिमालय से प्रवाहित होने वाली गंगा
(ख) अलकापुरी में बहने वाली गंगा
(ग) कालिदास के 'मेघदूत' खंडकाव्य के अनुसार आकाश में घूमने वाली गंगा
(घ) आकाश से पृथ्वी की ओर प्रवाहित होने वाली गंगा

(iv) **कवि ने 'छायामय' किसे बताया है?**
(क) गंगाजल को (ख) धनपति कुबेर को
(ग) कालिदास को (घ) मेघदूत को

(v) **कवि ने कैलाश पर्वत पर क्या देखा है?**
(क) भयंकर जाड़ों में बादल को गरज-गरजकर बरसते हुए
(ख) बादलों को दूत बनकर संदेशा देते हुए
(ग) आकाश में बहने वाली गंगा को
(घ) उपर्युक्त में से कोई नहीं

उत्तर

(i) (घ) कुबेर को

(ii) (ग) अलकापुरी

(iii) (ग) कालिदास के 'मेघदूत' खंडकाव्य के अनुसार आकाश में घूमने वाली गंगा

(iv) (घ) मेघदूत को

(v) (क) भयंकर जाड़ों में बादल को गरज-गरजकर बरसते हुए

4. **शत-शत निर्झर-निर्झरणी-कल**
मुखरित देवदारु कानन में,
शोणित धवल भोज पत्रों से
छाई हुई कुटी के भीतर,
रंग-बिरंगे और सुगंधित
फूलों से कुंतल को साजे,
इंद्रनील की माला डाले
शंख-सरीखे सुघढ़ गलों में,
कानों में कुवलय लटकाए,
शतदल लाल कमल वेणी में,
रजत-रचित मणि-खचित कलामय
पान पात्र द्राक्षासव पूरित
रखे सामने अपने-अपने
लोहित चंदन की त्रिपदी पर,
नरम निदाग बाल-कस्तूरी
मृगछालों पर पलथी मारे
मदिरारुण आँखों वाले उन
उन्मद किन्नर-किन्नरियों की
मृदुल मनोरम अँगुलियों को
वंशी पर फिरते देखा है।
बादल को घिरते देखा है।

(i) **किन्नर नर-नारियों के घर (कुटिया) किनसे बने हैं?**
(क) सफेद व लाल भोजपत्रों से
(ख) हिमालय की कंदराओं से
(ग) पत्थरों व लकड़ियों से
(घ) बर्फ के बड़े-बड़े खंडों से

(ii) **किन्नरियों ने अपने गले में क्या पहना है?**
(क) श्वेत पुष्पों की माला
(ख) स्वर्ण कमलों की माला
(ग) नीलम की माला
(घ) लाल भोजपत्रों की माला

(iii) **किन्नरियों ने अपनी चोटी में क्या सजा रखा है?**
(क) वन की लताएँ
(ख) सौ पंखुड़ियों वाले लाल कमल
(ग) नील कमल
(घ) उपर्युक्त में से कोई नहीं

(iv) **प्रस्तुत काव्यांश के अनुसार, किन्नर नर-नारियाँ क्या कर रहे हैं?**
(क) अँगूरों से बनी मदिरा पी रहे हैं
(ख) कस्तूरी मृग की छाल पर बैठे हैं
(ग) अपनी कोमल उँगलियों से बाँसुरी बजा रहे हैं
(घ) उपर्युक्त सभी

(v) **कथन (A) किन्नरों की आँखें अत्यधिक लाल हो गई हैं।**
कारण (R) किन्नर आसन पर पलथी मारकर आराम से बैठे सुरापान का आनंद ले रहे हैं।
कूट
(क) कथन (A) और कारण (R) दोनों सही हैं तथा कारण (R), कथन (A) की सही व्याख्या करता है।
(ख) कथन (A) गलत है, लेकिन कारण (R) सही है।
(ग) कथन (A) और कारण (R) दोनों गलत हैं।
(घ) कथन (A) सही है, लेकिन कारण (R) उसकी गलत व्याख्या करता है।

उत्तर

(i) (क) सफेद व लाल भोजपत्रों से

(ii) (ग) नीलम की माला

(iii) (ख) सौ पंखुड़ियों वाले लाल कमल

(iv) (घ) उपर्युक्त सभी

(v) (क) कथन (A) और कारण (R) दोनों सही हैं तथा कारण (R), कथन (A) की सही व्याख्या करता है।

विषय-वस्तु पर आधारित प्रश्नोत्तर

1. 'बादल को घिरते देखा है' शीर्षक कविता में कवि क्या कहना चाहता है?

उत्तर इस कविता में कवि ने विभिन्न ऋतुओं में हिमालय के मनोरम प्राकृतिक सौंदर्य को वर्ण्य-विषय बनाया है। उन्होंने घिरते बादलों, वर्षा, ओस-कणों का स्वर्णिम कमलों पर गिरने तथा मैदानी क्षेत्रों की उमस या गर्मी से व्याकुल हंसों का यहाँ आकर जल-क्रीड़ा करने एवं कमलनाल खोजते हुए हंसों का सजीव चित्रण किया है।

कवि यह बताना चाहता है कि मैंने बादल के इन रूपों को स्वयं अपनी आँखों से देखा है। दूसरी ओर, कवि इस कविता के द्वारा बादल के प्रति अपने लगाव को भी व्यक्त करता है।

2. 'निशा काल से चिर-अभिशापित' का अर्थ बताइए। यह किनके लिए कहा गया है?

उत्तर 'निशा काल से चिर-अभिशापित' का अर्थ है—सदा से शापग्रस्त। यह चकवा-चकवी पक्षी के लिए कहा गया है। चकवा-चकवी के संबंध में यह किंवदंती प्रचलित है कि सृष्टि के आरंभ से ही चकवा को अपनी चकवी से रात में अलग रहने का शाप मिला हुआ है, क्योंकि चकवा चाँद से अधिक प्रेम करता है और रात भर उसे देखता रहता है। रात में एक-दूसरे से दूर रहने के बाद ये प्रात:काल में पुनः मिलते हैं।

3. कवि ने वसंत की सुबह के बारे में क्या बताया है?

उत्तर कवि कहता है कि वसंत ऋतु का प्रभुत्व चारों ओर फैल गया था और उस प्रभात बेला में धीमी-धीमी हवा चल रही थी अर्थात् उसकी मादकता से संपूर्ण वातावरण आनंद विभोर हो रहा था। उदित होते सूर्य की सुनहरी

किरणें बर्फ़ से ढकी चोटियों पर पड़ रही थीं, जिसके कारण वे चोटियाँ सुनहरी लग रही थीं। ऐसे में निशा काल से चिर-अभिशापित पक्षी-युगल चकवा-चकवी तालाब किनारे प्रणय-कलह में व्यस्त हो गए हैं।

4. 'जाने दो, वह कवि-कल्पित था' से कवि का क्या आशय है?

उत्तर 'जाने दो, वह कवि-कल्पित था' से कवि का आशय यह है कि महाकवि कालिदास ने 'मेघदूत' खंडकाव्य में जिस आकाश में बहने वाली गंगा, अलकापुरी, अलका के स्वामी कुबेर का वर्णन किया है, कवि उसे अपनी आँखों से देखने को इच्छुक है। इन सबका उल्लेख हिमालय की शैल-मालाओं में है। इन पौराणिक प्रसंगों का वर्णन कालिदास ने किया है। कवि नागार्जुन को ये कहीं दिखाई नहीं दिए।

5. कुबेर, अलका, कालिदास व मेघदूत का पारस्परिक संबंध क्या है?

उत्तर कवि ने कुबेर, अलका, कालिदास व मेघदूत का पारस्परिक संबंध स्थापित करते हुए कहा है कि हिमालय पर वर्णित यक्षों की नगरी अलका, जिसमें धन के देवता कुबेर निवास करते थे अर्थात् कुबेर यक्षों के राजा हैं और अलका उसकी नगरी है। यहाँ से उसने यक्ष को एक वर्ष का निर्वासन दिया था। उसी यक्ष की विरहजनित पीड़ा का वर्णन महाकवि कालिदास ने अपने ग्रंथ 'मेघदूत' में किया है।

6. कविता के आधार पर किन्नर-किन्नरियों के सौंदर्य व रहन-सहन का वर्णन कीजिए।

उत्तर कविता के आधार पर देवदारु के वन में लाल-सफ़ेद भोजपत्रों से सजी हुई कुटिया के भीतर किन्नर जाति के स्त्री-पुरुष रंग-बिरंगे और सुगंधित फूलों से अपने बालों को सजाए हुए गले में इंद्रनील की माला पहने हुए, शंख के समान सुंदर गलों में सुगंधित सुरभित फूलों की माला से शोभायमान हैं। इनके पान-पात्र द्राक्षासव से पूरित हैं। ये पान-पात्र भी मणियों से सजे हुए हैं। ये सुंदरियाँ कस्तूरी मृग की छाल पर बैठी हैं। सामने त्रिपदी पान-पात्र रखा है। मदिरापान के कारण इनकी आँखें लाल हो गई हैं और वे बाँसुरी वादन कर रही हैं।

7. कविता का भाव-सौंदर्य लिखिए।

उत्तर 'बादल को घिरते देखा है' कविता का मुख्य विषय प्रेम है जिसकी पृष्ठभूमि बादल है। शापग्रस्त चकवा-चकवी का वसंत ऋतु में सरोवर के किनारे प्रणय-कलह के बारे में पढ़कर रोमांचित होना स्वाभाविक है। अपनी ही गंध को खोजते कस्तूरी मृग की विवशता करुण भावना को जगाती है। साथ ही यक्ष, मेघदूत, अलका, कुबेर इन सबका स्मरण पाठक को भाव विह्वल कर देता है।

भीषण शीत में तूफानी हवाओं से टकराते विशाल मेघों का बिंब अत्यंत अद्भुत भाव उत्पन्न करता है। किन्नर-किन्नरियों के जिस श्रृंगार का वर्णन हुआ है, उसे पढ़कर नारी की सुंदरतम उपस्थिति आँखों के सामने प्रस्तुत हो जाती है। भावाभिव्यक्ति की दृष्टि से कविता उत्तम कोटि की है।

8. इस कविता में कवि ने पावस और शरद काल में बादलों के जिन विशिष्ट रूपों का वर्णन किया है, उन्हें अपने शब्दों में लिखिए।

उत्तर इस कविता में कवि ने पावस और शरद काल में बादलों के विशिष्ट रूपों का वर्णन करते हुए कहा है कि पावस ऋतु में बादल हिमालय के शिखरों पर घिरते हैं तथा उनके छोटे-छोटे कण मानसरोवर झील के सुनहरी आभा वाले कमलों पर गिरते हैं। शरद काल के बादलों का तूफ़ानी हवाओं से संघर्ष और उनकी गर्जन का वर्णन किया गया है। ये बादल ऐसे लग रहे थे मानो गरज-गरजकर युद्ध कर रहे हों। इस ऋतु में कमलों के ऊपर पड़ी ओस का भी वर्णन हुआ है।

9. कविता में चित्रित प्रकृति चित्रण एवं जन-जीवन को अपने शब्दों में लिखिए।

उत्तर कविता में कवि ने हिमालय पर्वत पर वर्षा, वसंत तथा शरद ऋतु का वर्णन किया है। कविता का शीर्षक ही 'बादल को घिरते देखा है' है। पहाड़ों पर वर्षा अन्य ऋतुओं में भी घुसपैठ करती रहती है। बादल हिमालय की ऊँची शैलमालाओं से कमलों पर फुहार कर रहे हैं।

यहाँ देवदारु के वृक्षों के वन हैं, जिनमें से खुशबू आती रहती है। यहाँ सफ़ेद-लाल भोजपत्रों से कुटियाँ बनाई गई हैं। यहाँ फूलों से सजी किन्नर स्त्रियाँ हैं। वे नीलकमल की मालाएँ पहने हुए हैं। वे रत्नजड़ित पात्रों में अँगूर की शराब डाले हुए हैं तथा हिरण की छाल पर किन्नर-किन्नरियाँ पालथी मारकर उन्मादी रूप में दिखाई देते हैं। उनकी कोमल एवं सुंदर उँगलियाँ बाँसुरी के छिद्रों पर फिर रही हैं। वे आनंद में मग्न दिखाई देते हैं।

स्व-मूल्यांकन

काव्यांश पर आधारित बहुविकल्पीय प्रश्न

निम्नलिखित काव्यांश को ध्यानपूर्वक पढ़कर पूछे गए बहुविकल्पीय प्रश्नों के लिए सर्वाधिक उपयुक्त विकल्प का चुनाव कीजिए

1. दुर्गम बरफ़ानी घाटी में
शत-सहस्र फुट ऊँचाई पर
अलख नाभि से उठने वाले
निज के ही उन्मादक परिमल
के पीछे धावित हो-होकर
तरल तरुण कस्तूरी मृग को
अपने पर चिढ़ते देखा है।
बादल को घिरते देखा है।

(i) कवि ने किस स्थान का वर्णन किया है?
(क) रेगिस्तान (ख) मैदान
(ग) बर्फानी घाटी (घ) जंगल

(ii) कवि ने बर्फानी घाटी की ऊँचाई कितनी बताई है?
(क) सौ फुट (ख) हजार फुट
(ग) लाख फुट (घ) शत-सहस्र फुट

(iii) कवि ने कस्तूरी मृग को किसके पीछे भागते हुए देखा है?
(क) अपने साथियों के
(ख) अपनी नाभि की सुगंध के
(ग) पर्वत की चोटी के
(घ) जल के स्रोत के

(iv) निम्नलिखित कथनों में से सही कथनों पर विचार कीजिए
1. कवि ने कस्तूरी मृग को तरल और तरुण बताया है।
2. कस्तूरी मृग हिमालय की दुर्गम घाटी में रहता है।
3. कस्तूरी मृग अपनी सुगंध के पीछे दौड़कर थककर सो जाता है।
कूट
(क) 1 और 2 (ख) 2 और 3
(ग) 1 और 3 (घ) केवल 1

(v) कस्तूरी मृग अपनी असफलता के कारण कैसा महसूस करता है?
(क) प्रसन्न (ख) चिढ़ा हुआ
(ग) थका हुआ (घ) शांत

काव्यांश की व्याख्या

2. निम्नलिखित में से किसी एक काव्यांश की सप्रसंग व्याख्या कीजिए।
तुंग हिमालय के कंधों पर
छोटी-बड़ी कई झीलें हैं,
उनके श्यामल नील सलिल में
समतल देशों से आ-आकर
पावस की उमस से आकुल
तिक्त-मधुर विसतंतु खोजते
हंसों को तिरते देखा है।
बादल को घिरते देखा है।

अथवा

निशा काल से चिर-अभिशापित
बेबस उस चकवा-चकई का
बंद हुआ क्रंदन, फिर उनमें
उस महान सरवर के तीरे
शैवालों की हरी दरी पर
प्रणय-कलह छिड़ते देखा है।
बादल को घिरते देखा है।

विषय-वस्तु पर आधारित प्रश्न

1. कवि ने हिमालय के शिखरों पर बादलों को कैसा देखा है?

2. मानसरोवर के स्वर्णिम कमलों पर गिरने वाली ओस की बूँदों की तुलना कवि ने किससे की है?

3. हंस मानसरोवर की झीलों में क्या खोज रहे हैं?

4. कवि को हिमालय की चोटियों पर कुबेर की अलका नगरी क्यों नहीं मिली?

5. महाकवि कालिदास के 'मेघदूत' के संदर्भ में कवि ने क्या अनुभव किया?

6. हिमालय के देवदारु वनों में झरनों का स्वरूप कैसा था?

7. कविता में कवि ने हिमालय के दुर्गम बर्फानी क्षेत्रों का वर्णन कैसे किया है?

07

अध्याय

कवि-परिचय

श्रीकांत वर्मा का जन्म वर्ष 1931 में बिलासपुर (मध्य प्रदेश) में हुआ था। उन्होंने नागपुर विश्वविद्यालय से हिंदी में एम.ए. किया और पत्रकारिता के माध्यम से साहित्यिक जीवन शुरू किया। वे श्रमिक, कृति, दिनमान और वर्णिका जैसे पत्रों से जुड़े रहे। उन्हें तुलसी पुरस्कार, आचार्य नंददुलारे वाजपेयी पुरस्कार, शिखर सम्मान और कुमारन आशान राष्ट्रीय पुरस्कार जैसे सम्मान प्राप्त हुए। उनकी कविताओं में ग्राम्य-जीवन से लेकर महानगरीय बोध और शोषित-उत्पीड़ित समाज की संवेदनाएँ दिखाई देती हैं। उनका प्रमुख काव्य-संग्रह भटका मेघ, दिनारंभ, मायादर्पण, जलसाघर और मगध हैं। इसके अतिरिक्त अन्य महत्त्वपूर्ण कृतियाँ-झाड़ी संवाद (कहानी संग्रह), दूसरी बार (उपन्यास), जिरह (आलोचना), अपोलो का रथ (यात्रा-वृत्तांत), फैसले का दिन (अनुवाद) और बीसवीं शताब्दी के अँधेरे में (साक्षात्कार) आदि हैं। वर्ष 1986 में इनका देहावसान हो गया।

हस्तक्षेप

(श्रीकांत वर्मा)

कविता की रूपरेखा

'हस्तक्षेप' कविता में सत्ता (मगध) की क्रूरता और उसके कारण पैदा होने वाले प्रतिरोध को दिखाया गया है। व्यवस्था को जनतांत्रिक बनाने के लिए समय-समय पर उसमें हस्तक्षेप की ज़रूरत होती है, वरना व्यवस्था निरंकुश हो जाती है। प्रस्तुत कविता में ऐसे ही तंत्र का वर्णन है, जहाँ किसी भी प्रकार के विरोध के लिए गुंजाइश नहीं छोड़ी गई है। कोई जोर से बोलकर या चीखकर अपनी बात कहने का साहस नहीं कर पाता। यही कारण है कि कुछ लोग ऐसा भी कहने लगे हैं कि मगध केवल कहने के लिए मगध है, रहने के लिए नहीं। कवि प्रश्न करता है कि जहाँ मुर्दा भी यह कहकर हस्तक्षेप करता है कि मनुष्य क्यों मरता है, ऐसे में जीता-जागता मनुष्य चुप क्यों है? इसलिए यदि लोकतंत्र को बचाए रखना है तो हस्तक्षेप करना ही होगा।

काव्यांशों की व्याख्या

निम्नलिखित काव्यांशों की सप्रसंग व्याख्या कीजिए

काव्यांश 1

कोई छींकता तक नहीं
इस डर से
कि मगध की शांति
भंग न हो जाए,
मगध को बनाए रखना है, तो
मगध में शांति
रहनी ही चाहिए
मगध है, तो शांति है

शब्दार्थ

डर—भय; **मगध**—बिहार राज्य का एक क्षेत्र/निरंकुश सत्ता का प्रतीक; **भंग**—टूटना।

संदर्भ प्रस्तुत काव्यांश हमारी पाठ्यपुस्तक 'अंतरा भाग-1' में संकलित कविता 'हस्तक्षेप' से अवतरित है। इसके रचयिता श्रीकांत वर्मा हैं।

प्रसंग प्रस्तुत काव्यांश के माध्यम से कवि ने मगध को निरंकुश सत्ता का प्रतीक बताया तथा सत्ता के आतंक को दर्शाया है।

व्याख्या प्रस्तुत काव्यांश में कवि कहता है कि मगध साम्राज्य की शासन व्यवस्था का विरोध करना किसी भी प्रकार से संभव नहीं है। मगध में शांति व्यवस्था बनी रहनी चाहिए। इसे बनाए रखने के लिए लोगों को छींकने का अवसर भी नहीं दिया जाता है क्योंकि मगध में शांति व्यवस्था चाहिए। किसी भी प्रकार की तंत्र-विरोधी गतिविधि को यह कहकर दबा दिया जाता है कि यह कार्य मगध की शांति व्यवस्था को भंग करने वाली है और शासन का दायित्व है कि शांति व्यवस्था को बनाए रखे। तंत्र का यह भी कहना है कि मगध साम्राज्य को बनाए रखने के लिए भी शांति की आवश्यकता है, क्योंकि जब तक मगध साम्राज्य है, तभी तक शांति है। हस्तक्षेप करने से शांति भंग होगी और शांति भंग होने से मगध साम्राज्य नष्ट हो जाएगा।

काव्य-शैली

(*i*) प्रस्तुत काव्यांश में कवि ने तानाशाही शासन प्रणाली का अत्यंत प्रभावशाली वर्णन किया है।

(*ii*) प्रस्तुत काव्यांश में सत्ता वर्ग द्वारा अपनी सत्ता बनाए रखने के लिए लोगों की आवाज़ दबाए रखने का भाव प्रकट हुआ है।

(*iii*) प्रस्तुत काव्यांश में व्यंग्यात्मक भाषा का प्रयोग हुआ है।

(*iv*) प्रस्तुत काव्यांश में छंद मुक्त और अतुकांत रचना है।

(*v*) प्रस्तुत काव्यांश में 'छींकता' लाक्षणिक प्रयोग है।

(*vi*) प्रस्तुत काव्यांश में खड़ीबोली में सहज अभिव्यक्ति हुई है।

काव्यांश 2

कोई चीखता तक नहीं
इस डर से
कि मगध की व्यवस्था में
दखल न पड़ जाए
मगध में व्यवस्था रहनी ही चाहिए
मगध में न रही
तो कहाँ रहेगी?
क्या कहेंगे लोग?
लोगों का क्या?
लोग तो यह भी कहते हैं
मगध अब कहने को मगध है,
रहने को नहीं

शब्दार्थ

दखल—हस्तक्षेप/बीच-बचाव; **व्यवस्था**—इंतज़ाम।

संदर्भ पूर्ववत्।

प्रसंग प्रस्तुत काव्यांश के माध्यम से कवि ने व्यंग्य किया है कि निरंकुश राष्ट्र में अत्याचार सहकर भी कोई चीखने-चिल्लाने अर्थात् विरोध करने का साहस नहीं करता, क्योंकि चीखना भी शासन व्यवस्था में हस्तक्षेप माना जाता है।

व्याख्या प्रस्तुत काव्यांश में कवि कहता है कि मगध के व्यक्ति दुःख सहने के लिए बाध्य हैं, क्योंकि उनके मन में यह भय बैठा दिया गया है कि पीड़ा में चीखने से मगध की शांति व्यवस्था में हस्तक्षेप समझा जाएगा। यह सभी का दायित्व था कि राज्य की प्राचीन सुव्यवस्था हर स्थिति में ज्यों की त्यों बनी रहनी चाहिए। यदि मगध साम्राज्य में ही व्यवस्था नहीं रही तो फिर कहाँ रहेगी अर्थात् मगध साम्राज्य की तंत्र व्यवस्था तो सभी के लिए आदर्श है। लोगों ने तो यह भी कहना शुरू कर दिया है कि अब मगध कहने को ही मगध है, रहने के लिए नहीं अर्थात् निरंकुश शासन व्यवस्था में अधिकारों से वंचित होने के कारण मगध अब रहने योग्य नहीं रहा। अतः कष्ट सहकर भी शांत रहो।

काव्य-शैली

(*i*) प्रस्तुत काव्यांश में कवि ने निरंकुश शासन व्यवस्था द्वारा तानाशाही को बनाए रखने के लिए दिए गए कुतर्क को प्रस्तुत किया है।

(*ii*) प्रस्तुत काव्यांश में कवि ने सत्ता के निरंकुश रूप का प्रभावी चित्रण किया है। ऐसी व्यवस्था में व्यक्ति मौलिक अधिकार भी खो बैठता है।

(*iii*) प्रस्तुत काव्यांश में निरंकुश शासन व्यवस्था द्वारा भयभीत किए जाने पर झूठी शांति व्यवस्था को बनाए रखने का वर्णन किया गया है।

(*iv*) प्रस्तुत काव्यांश में खड़ीबोली का प्रयोग हुआ है।

(*v*) प्रस्तुत काव्यांश में छंद मुक्त और अतुकांत रचना है।

(*vi*) प्रस्तुत काव्यांश में प्रसाद गुण की प्रधानता है।

(*vii*) प्रस्तुत काव्यांश में प्रश्नात्मक शैली का प्रयोग हुआ है।

(*viii*) प्रस्तुत काव्यांश में 'क्या कहेंगे', 'कहने को' में अनुप्रास अलंकार है।

काव्यांश 3

कोई टोकता तक नहीं
इस डर से
कि मगध में
टोकने का रिवाज़ न बन जाए
एक बार शुरू होने पर
कहीं नहीं रुकता हस्तक्षेप
वैसे तो मगध निवासियों
कितना भी कतराओ
तुम बच नहीं सकते हस्तक्षेप से
जब कोई नहीं करता
तब नगर के बीच से गुज़रता हुआ मुर्दा
यह प्रश्न कर हस्तक्षेप करता है
मनुष्य क्यों मरता है?

शब्दार्थ

टोकना—प्रश्न करना; **रिवाज़**—चलन/प्रथा; **शुरू**—प्रारंभ; **हस्तक्षेप**—प्रश्न उठाना/दखल देना; **कतराओ**—बचकर निकलना; **गुज़रता हुआ**—निकलता हुआ/जाता हुआ; **मुर्दा**—मृत शरीर।

संदर्भ पूर्ववत्।

प्रसंग प्रस्तुत काव्यांश के माध्यम से कवि ने इस बात पर बल दिया है कि प्रजातंत्र को बनाए रखने के लिए हस्तक्षेप किया जाना आवश्यक है, नहीं तो लोकतंत्र खतरे में पड़ जाएगा।

व्याख्या प्रस्तुत काव्यांश में कवि कहता है कि मगध में सत्ता की कार्यप्रणाली में रोक-टोक करने का रिवाज़ ही नहीं है। सत्ता पक्ष को यह भय रहता है कि ऐसी शुरुआत होते ही कहीं यह एक प्रथा न बन जाए अर्थात् यहाँ व्यवस्था के विरुद्ध इस भय से प्रश्न ही नहीं उठाए जाते कि यदि प्रश्न उठाने के अधिकार को स्वीकार कर लिया, तो फिर जनता में प्रश्न पूछने की आदत पड़ जाएगी।

इससे सत्ता पक्ष की निरंकुशता पर अंकुश लग जाएगा। आगे कवि मगधवासियों को संबोधित करते हुए कहता है कि हस्तक्षेप को तुम्हारे शासक यह कहकर रोक रहे हैं कि यदि टोकना एक बार प्रारंभ हो गया, तो फिर वह रुकता नहीं है, किंतु हस्तक्षेप से तुम कितने ही बचते रहो, बच नहीं सकोगे। जब कोई हस्तक्षेप नहीं करता है तो नगर के बीच से गुज़रता हुआ मुर्दा अर्थात् मरा हुआ व्यक्ति व्यवस्था के विरुद्ध आवाज़ उठाते हुए पूछता है कि आदमी मरता क्यों है? आशय यह है कि कभी-न-कभी कोई अनाम व्यक्ति खड़ा होगा और समस्त जनता व्यवस्था में हस्तक्षेप करने लगेगी।

काव्य-शैली

(i) प्रस्तुत काव्यांश में कवि ने सत्ता के निरंकुश रूप तथा उसमें हस्तक्षेप की ज़रूरत को बताया है।
(ii) प्रस्तुत काव्यांश में शोषक के विरुद्ध कभी-न-कभी विरोध का स्वर अवश्य उठता है, इस भाव की अभिव्यक्ति हुई है।
(iii) प्रस्तुत काव्यांश में लोकतंत्र की रक्षा के लिए आलोचना और हस्तक्षेप अत्यंत आवश्यक है, इस बात पर बल दिया गया है।
(iv) प्रस्तुत काव्यांश में खड़ीबोली का प्रयोग हुआ है।
(v) प्रस्तुत काव्यांश में व्यंग्यात्मक भाषा का प्रयोग हुआ है।
(vi) प्रस्तुत काव्यांश में छंद मुक्त और अतुकांत रचना है।
(vii) प्रस्तुत काव्यांश में प्रसाद गुण की प्रधानता है।
(viii) प्रस्तुत काव्यांश में टोकना, मुर्दा आदि लाक्षणिक प्रयोग हैं।

पाठ्यपुस्तक (अंतरा भाग-1) के प्रश्नोत्तर

1. मगध के माध्यम से 'हस्तक्षेप' कविता किस व्यवस्था की ओर इशारा कर रही है?

उत्तर मगध के माध्यम से 'हस्तक्षेप' कविता सत्ता की निरंकुशता की ओर इशारा करती है। इस व्यवस्था में किसी प्रकार के विरोध की गुंज़ाइश नहीं छोड़ी गई है। कोई ज़ोर से बोलकर या चीखकर अपनी बात कहने का साहस नहीं कर पाता, क्योंकि ज़ोर से बोलने अथवा चीखने से मगध की व्यवस्था भंग हो जाएगी। शासन व्यवस्था आम आदमी की आवाज़ दबाकर, उसे कुछ कहने का अवसर न देकर एवं शांति भंग होने का भय दिखाकर अपनी निरंकुशता बनाए रखना चाहती है।

2. व्यवस्था को 'निरंकुश' प्रवृत्ति से बचाए रखने के लिए उसमें 'हस्तक्षेप' ज़रूरी है—कविता को दृष्टि में रखते हुए अपना मत दीजिए।

उत्तर व्यवस्था को 'निरंकुश' प्रवृत्ति से बचाए रखने तथा व्यवस्था को लोकप्रिय एवं न्यायपूर्ण बनाने के लिए 'हस्तक्षेप' ज़रूरी है, क्योंकि यदि व्यवस्था की निरंकुशता बढ़ती ही जाएगी तो नागरिक अपनी उचित बात को भी सत्ता के सम्मुख नहीं रख सकेंगे। वे अपने अधिकारों और कर्त्तव्यों के प्रति सजग नहीं रहेंगे, वे उससे वंचित हो जाएँगे। उनमें शासन व्यवस्था के प्रति किसी प्रकार की आशा शेष नहीं रहेगी। इसलिए उसकी कार्यप्रणाली पर रोक-टोक करना, आवाज़ उठाना बहुत ज़रूरी है, ताकि वह शोषण करना बंद करे तथा अपने उत्तरदायित्वों का भली प्रकार निर्वहन करे।

3. मगध निवासी किसी भी प्रकार से शासन व्यवस्था में हस्तक्षेप करने से क्यों कतराते हैं?

उत्तर मगध निवासी किसी भी प्रकार से शासन व्यवस्था में हस्तक्षेप करने से इसलिए कतराते हैं, क्योंकि निरंकुश सत्ता का भय सामान्य जनता के हृदय में व्याप्त है। उन्हें अंदेशा है कि यदि वे इस शासन व्यवस्था का विरोध करेंगे तो देश की शांति समाप्त न हो जाए, साथ ही उन्हें यह भी भय है कि विरोध करने पर उन्हें शासन के कोप का भाजन बनना पड़ेगा व देश की व्यवस्था के चरमराने से स्वयं उनके अस्तित्व पर भी प्रश्न-चिह्न अंकित हो जाएगा।

4. "मगध अब कहने को मगध है, रहने को नहीं" के आधार पर मगध की स्थिति का अपने शब्दों में वर्णन कीजिए।

उत्तर "मगध अब कहने को मगध है, रहने को नहीं" के माध्यम से कवि कहना चाहता है कि मगध में आदमी की मूल स्वतंत्रताएँ भी प्रतिबंधित हैं। वहाँ का जीवन नियमों में जकड़ गया है। प्रजा अपनी बात राजा के समक्ष नहीं रख सकती। उनकी आवाज़ों को दबा दिया जाता है।

अत्याचारों को सहते-सहते उनकी सहनशीलता जवाब दे गई है। लोग अब निरंकुश शासन व्यवस्था के विरुद्ध दबी जुबान में बोलने भी लगे हैं। आम आदमी सत्ता को न सुझाव दे सकता है और न ही हस्तक्षेप कर सकता है। ऐसी दशाएँ आम आदमी के रहने के लिए उपयुक्त नहीं होतीं। यही कारण है कि अब कहा जाने लगा है "मगध अब कहने को मगध है, रहने को नहीं।"

5. मुर्दे का हस्तक्षेप क्या प्रश्न खड़ा करता है? प्रश्न की सार्थकता को कविता के संदर्भ में स्पष्ट कीजिए।

उत्तर कवि ने मुर्दे के हस्तक्षेप के माध्यम से प्रश्न उठाया है कि क्या सत्ता के आतंक से आम आदमी सत्ता के खिलाफ़ मुँह नहीं खोल सकता। 'मुर्दा' यहाँ सामान्य जन का प्रतीक है। कवि ने 'मुर्दा' को एक ऐसे व्यक्ति के प्रतीक के रूप में प्रस्तुत किया है, जो भयमुक्त होकर अन्यायपूर्ण व्यवस्था पर प्रश्न उठाता है। उसका हस्तक्षेप करते हुए यह पूछना कि मनुष्य क्यों मरता है, से आशय यह है कि किसी दिन कोई सामान्य आदमी यह प्रश्न पूछेगा कि हमारी ये समस्याएँ क्यों हैं?

यह इंगित करता है कि जब तक जनता हस्तक्षेप नहीं करेगी और प्रश्न नहीं उठाएगी, तब तक सत्ता निरंकुश होती जाएगी। कवि यह भी स्पष्ट करता है कि यदि जनतंत्र को बनाए रखना है, तो व्यवस्था में हस्तक्षेप करना अनिवार्य है, क्योंकि हस्तक्षेप ही लोकतंत्र को सही दिशा में बनाए रख सकता है।

6. 'मगध को बनाए रखना है, तो मगध में शांति रहनी ही चाहिए'—भाव स्पष्ट कीजिए।

उत्तर मगध को यहाँ निरंकुशता का प्रतीक बताया गया है। किसी भी शासन में निरंकुश शासन व्यवस्था तभी तक बच सकती है, जब तक वहाँ कोई विरोध का स्वर ऊँचा न करे अर्थात् सत्ता बनाए रखने के लिए नियमों का पालन अनिवार्य है।

यदि नियम टूट गए तो सत्ता के अस्तित्व को खतरा हो जाता है। अतः सत्ता को बनाए रखने के लिए शांति रहनी ज़रूरी है। वहाँ की शांति व्यवस्था तभी तक बनी रह सकती है जब तक किसी को शासन व्यवस्था में हस्तक्षेप करने का अवसर न दिया जाए।

इसी प्रकार, मगध की तंत्र व्यवस्था ने अपनी जनता के मन में यह भाव भर दिया है कि हस्तक्षेप करोगे तो मगध नहीं रहेगा और मगध नहीं रहेगा तो शांति नहीं रहेगी।

7. 'हस्तक्षेप' कविता सत्ता की क्रूरता और उसके कारण पैदा होने वाले प्रतिरोध की कविता है—स्पष्ट कीजिए।

उत्तर 'हस्तक्षेप' कविता सत्ता की क्रूरता और उसके कारण पैदा होने वाले प्रतिरोध की कविता है। मगध एक ऐसे राष्ट्र का प्रतीक है, जिसमें लोगों में निरंकुश सत्ता का विरोध करने का साहस नहीं है। कोई चीख-चिल्लाकर अपनी बात नहीं कह सकता, क्योंकि यदि ऐसा हुआ तो चीखने से मगध की व्यवस्था भंग हो जाएगी।

यदि व्यवस्था भंग हो गई तो लोग क्या कहेंगे? अर्थात् इस व्यवस्था में आम आदमी को इतना शोषित और आतंकित किया गया है कि वह व्यवस्था के प्रति मुँह भी नहीं खोल पाता न उसका सशक्त विरोध कर पाता है।

कविता में इस बात को रेखांकित किया गया है कि व्यवस्था को लोकतंत्रात्मक बनाने तथा न्याय का सिद्धांत स्थापित करने के लिए उसमें हस्तक्षेप ज़रूरी है। यही कारण है कि निरंकुश व्यवस्था का विरोध एक मुर्दे द्वारा प्रश्न करके करवाया गया है। मुर्दे के माध्यम से बताया गया है कि जब एक मुर्दा प्रश्न कर हस्तक्षेप कर सकता है तो जीवित मनुष्य क्यों नहीं?

8. निम्नलिखित लाक्षणिक प्रयोगों को स्पष्ट कीजिए

(क) कोई छींकता तक नहीं
(ख) कोई चीखता तक नहीं
(ग) कोई टोकता तक नहीं

उत्तर (क) 'कोई छींकता तक नहीं' के माध्यम से शासन व्यवस्था पर व्यंग्य किया गया है कि मगध के निरंकुश शासन में किसी को छींकने तक का अधिकार नहीं है। यह आम जनता की पीड़ित अवस्था को व्यक्त करता है। जनता को इस प्रकार भयभीत कर दिया गया है कि वह मौन होकर सब सहती है और कोई विरोध नहीं करती।

(ख) 'कोई चीखता तक नहीं' के माध्यम से जनता पर व्यंग्य किया गया है कि निरंकुश शासन में लोग अत्याचार के विरुद्ध अपनी जुबान तक नहीं खोलते हैं। आशय यह है कि मगधवासी शासन तंत्र के अन्याय को सहने के अभ्यासी हैं।

(ग) 'कोई टोकता तक नहीं' के माध्यम से बताया गया है कि निरंकुश शासन में लोगों पर अत्याचार होते हैं, किंतु कोई सत्ता को टोकता तक नहीं, जबकि जनतंत्र के लिए हस्तक्षेप आवश्यक है। आशय यह है कि सत्ता ने ऐसी कठोर व्यवस्था बनाई हुई है कि किसी भी व्यक्ति को इसके बारे में पूछने का अधिकार नहीं है। वे शासन के गलत-सही काम के प्रति कोई हस्तक्षेप नहीं करते हैं।

9. निम्नलिखित काव्यांशों की संदर्भ सहित व्याख्या कीजिए

(क) मगध को बनाए रखना है, तो ....मगध है, तो शांति है

(ख) मगध में व्यवस्था रहनी ही चाहिए........क्या कहेंगे लोग?

(ग) जब कोई नहीं करता........मनुष्य क्यों मरता है?

उत्तर (क) काव्यांश 1 का व्याख्या भाग देखें।

(ख) काव्यांश 2 का व्याख्या भाग देखें।

(ग) काव्यांश 3 का व्याख्या भाग देखें।

योग्यता विस्तार

1. 'एक बार शुरू होने पर
कहीं नहीं रुकता हस्तक्षेप'
इस पंक्ति को केंद्र में रखकर परिचर्चा आयोजित करें।

उत्तर प्रश्न परीक्षोपयोगी नहीं है।

2. 'व्यक्तित्व के विकास में प्रश्न की भूमिका' विषय पर कक्षा में चर्चा कीजिए।

उत्तर 'शिक्षा' ही व्यक्ति के व्यक्तित्व का संपूर्ण विकास करती है। शिक्षा के द्वारा ही व्यक्ति में मानवोचित व नेतृत्व के गुणों का विकास होता है। नेता बनने के लिए बोलने की कला आनी चाहिए। जब व्यक्ति बोलना सीख जाएगा, तो अनुचित के सम्मुख चुप नहीं बैठ सकता। इस समय ही प्रश्न पूछना प्रारंभ होता है। प्रश्न पूछते ही वह सामान्य से असामान्य बनने लगता है। जिसे बोलना नहीं आता, वह अनुभव करने पर भी प्रश्न नहीं पूछ पाता। व्यक्तित्व विकास का यही क्रम है।

अभ्यास प्रश्न

काव्यांशों पर आधारित बहुविकल्पीय प्रश्न

1. कोई छींकता तक नहीं
इस डर से
कि मगध की शांति
भंग न हो जाए,
मगध को बनाए रखना है, तो
मगध में शांति
रहनी ही चाहिए
मगध है, तो शांति है

(i) प्रस्तुत काव्यांश में 'मगध' किसका प्रतीक है?
(क) शांति का (ख) निरंकुश सत्ता का
(ग) राजतंत्र का (घ) लोकतंत्र का

(ii) **कथन** (A) मगध में लोगों को छींकने का अवसर भी नहीं दिया जाता है।
कारण (R) मगध में शांति व्यवस्था चाहिए।
कूट
(क) कथन (A) और कारण (R) दोनों सही हैं तथा कारण (R), कथन (A) की सही व्याख्या करता है।
(ख) कथन (A) सही है, लेकिन कारण (R) उसकी गलत व्याख्या करता है।
(ग) कथन (A) गलत है, लेकिन कारण (R) सही है।
(घ) कथन (A) और कारण (R) दोनों गलत हैं।

(iii) प्रस्तुत काव्यांश के अनुसार, शांति की आवश्यकता क्यों है?
(क) मगध साम्राज्य को बनाए रखने के लिए
(ख) सुरक्षा व्यवस्था बनाए रखने के लिए
(ग) आदर्श और सभ्य जीवन के लिए
(घ) उपर्युक्त में से कोई नहीं

(iv) प्रस्तुत काव्यांश का केंद्रीय बिंदु क्या है?
(क) निरंकुश शासन व्यवस्था पर व्यंग्य किया गया है
(ख) समाज में शांति बनाए रखना
(ग) शासन कोई भी हो, हस्तक्षेप नहीं करना चाहिए
(घ) राष्ट्र में शांति बनाए रखने के अवसर प्रदान करना

(v) प्रस्तुत काव्यांश के अनुसार, तंत्र की निरंकुशता में हस्तक्षेप करने से क्या होगा?
(क) मगध की शांति भंग हो जाएगी
(ख) उसकी पोल खुल जाएगी
(ग) शांति का प्रचार-प्रसार होगा
(घ) राजतंत्र नाराज हो जाएगा

उत्तर

(i) (ख) निरंकुश सत्ता का
(ii) (क) कथन (A) और कारण (R) दोनों सही हैं तथा कारण (R), कथन (A) की सही व्याख्या करता है।
(iii) (क) मगध साम्राज्य को बनाए रखने के लिए
(iv) (क) निरंकुश शासन व्यवस्था पर व्यंग्य किया गया है
(v) (क) मगध की शांति भंग हो जाएगी

2. कोई चीखता तक नहीं
इस डर से
कि मगध की व्यवस्था में
दखल न पड़ जाए
मगध में व्यवस्था रहनी ही चाहिए
मगध में न रही
तो कहाँ रहेगी?
क्या कहेंगे लोग?
लोगों का क्या?
लोग तो यह भी कहते हैं
मगध अब कहने को मगध है,
रहने को नहीं

(i) प्रस्तुत काव्यांश में 'चीखना' किसका प्रतीक है?
(क) व्यर्थ चिल्लाने का (ख) विरोध करने का
(ग) शांति बनाने का (घ) अपनी मर्जी चलाने का

(ii) मगध में कोई चीखता भी नहीं है, क्यों?
(क) क्योंकि इसे शासन व्यवस्था में हस्तक्षेप माना जाएगा
(ख) क्योंकि मगध में सभी शांति बनाए रखना चाहते हैं
(ग) क्योंकि चीखना सभ्यता के अंतर्गत नहीं आता
(घ) उपर्युक्त में से कोई नहीं

(iii) 'मगध में व्यवस्था रहनी ही चाहिए' कथन का क्या तात्पर्य है?
(क) मगध में क्रांति आनी चाहिए
(ख) मगध की परंपरागत व्यवस्था को बनाए रखना आवश्यक है
(ग) मगध के लोग बदलाव नहीं चाहते हैं
(घ) मगध में कोई भी चीखना पसंद नहीं करता

(iv) प्रस्तुत काव्यांश के अनुसार, लोग क्या कहते हैं?
(क) मगध अब रहने योग्य नहीं रहा
(ख) मगध का राजतंत्र सुव्यवस्थित है
(ग) मगध एक आत्मनिर्भर राज्य है
(घ) मगध की व्यवस्था आदर्श है

(v) निम्नलिखित कथनों में से सही कथनों पर विचार कीजिए
1. मगध के व्यक्ति दुःख सहने के लिए बाध्य हैं।
2. निरंकुश शासन व्यवस्था में अधिकारों से वंचित होने के कारण मगध रहने योग्य नहीं रहा।
3. मगध में जनता के दुःखों पर ध्यान दिया जाता है।

कूट
(क) केवल 1 (ख) 1 और 2
(ग) 1 और 3 (घ) केवल 3

उत्तर

(i) (ख) विरोध करने का
(ii) (क) क्योंकि इसे शासन व्यवस्था में हस्तक्षेप माना जाएगा
(iii) (ख) मगध की परंपरागत व्यवस्था को बनाए रखना आवश्यक है
(iv) (क) मगध अब रहने योग्य नहीं रहा
(v) (ख) 1 और 2

3. कोई टोकता तक नहीं
इस डर से
कि मगध में
टोकने का रिवाज़ न बन जाए
एक बार शुरू होने पर
कहीं नहीं रुकता हस्तक्षेप
वैसे तो मगध निवासियों
कितना भी कतराओ
तुम बच नहीं सकते हस्तक्षेप से
जब कोई नहीं करता
तब नगर के बीच से गुज़रता हुआ मुर्दा
यह प्रश्न कर हस्तक्षेप करता है
मनुष्य क्यों मरता है?

(i) मगध में तंत्र की कार्यप्रणाली पर कोई रोक-टोक करने का अधिकार क्यों नहीं है?
(क) कहीं ये रिवाज न बन जाए
(ख) कहीं कोई गड़बड़ी न हो जाए
(ग) सत्ता पक्ष कहीं नाराज न हो जाए
(घ) रोक-टोक करना गलत प्रवृत्ति है

(ii) यदि एक बार रोक-टोक शुरू हो गई, तो क्या होगा?
(क) सत्ता पक्ष मजबूर जनता के विरुद्ध हो जाएगा
(ख) फिर जनता सत्ता पक्ष से प्रश्न पूछने लग जाएगी
(ग) सत्ता पक्ष निरंकुश हो जाएगा
(घ) मगधवासी परेशान हो जाएँगे

(iii) प्रस्तुत काव्यांश के अनुसार, मगध की तंत्र प्रणाली किससे नहीं बच सकती?
(क) निरंकुशता से
(ख) जनता से
(ग) राज्य के शासक से
(घ) हस्तक्षेप से

(iv) सत्ता के विरुद्ध हस्तक्षेप कौन कर सकता है?
(क) केवल सत्ता पक्ष के लोग
(ख) जिसके पास खोने के लिए कुछ नहीं होता
(ग) केवल राज्य की जनता
(घ) उपर्युक्त में से कोई नहीं

(v) प्रस्तुत काव्यांश में 'मुर्दा' किसका प्रतीक है?
(क) निःस्वार्थी व्यक्ति का (ख) स्वार्थी व्यक्ति का
(ग) राजा का (घ) जनता का

उत्तर

(i) (क) कहीं ये रिवाज न बन जाए
(ii) (ख) फिर जनता सत्ता पक्ष से प्रश्न पूछने लग जाएगी
(iii) (घ) हस्तक्षेप से
(iv) (ख) जिसके पास खोने के लिए कुछ नहीं होता
(v) (क) निःस्वार्थी व्यक्ति का

विषय-वस्तु पर आधारित प्रश्नोत्तर

1. जीवित मनुष्यों के होते हुए भी मुर्दा ही क्यों हस्तक्षेप करता है?

उत्तर जीवित मनुष्यों के होते हुए भी मुर्दा ही इसलिए हस्तक्षेप करता है, क्योंकि हस्तक्षेप वही व्यक्ति कर सकता है, जिसका अपना कोई निजी स्वार्थ न हो। 'मुर्दा' मनुष्य की अंतिम यात्रा का परिचायक है। व्यवस्था कितनी ही सख्त तथा निरंकुश क्यों न हो, मनुष्य को मरने से नहीं रोक सकती। तब ऐसा व्यक्ति, जिसका कोई स्वार्थ ही नहीं है, जिस पर आगे-पीछे खोने को कुछ नहीं है, खड़ा हो जाता है। 'मुर्दा' ही सत्ता को चुनौती देता है।

2. मगध में व्यक्ति क्यों नहीं छींकता? स्पष्ट कीजिए।

उत्तर मगध में ऐसी व्यवस्था कायम है, जहाँ छींकने अर्थात् निरंकुशता का विरोध करने से शांति भंग हो जाती है। अतः मगध साम्राज्य की शासन व्यवस्था का विरोध करना किसी प्रकार भी संभव नहीं है। किसी भी प्रकार की तंत्र-विरोधी गतिविधि को यह कहकर दबा दिया जाता है कि यह कार्य मगध की शांति व्यवस्था को भंग करने वाली है और शासन का दायित्व है कि शांति व्यवस्था को बनाए रखे। इसलिए उसे (मगध के व्यक्ति) यह बता दिया गया है कि छींकने अथवा सत्ता के विरुद्ध कुछ कहने से शांति भंग हो जाती है।

3. मगध के लोगों में किस तरह का डर समाया हुआ है?

उत्तर मगध के लोगों में यह डर समाया हुआ है कि उनके आवाज़ उठाते ही शांति भंग हो जाएगी। शांति भंग होने से मगध नहीं रहेगा। यदि एक व्यक्ति ने एक बार भी हस्तक्षेप कर दिया तो हस्तक्षेप करने की परंपरा बन जाएगी, जो मगध राज्य के हित में नहीं है। अतः वहाँ लोगों के लिए विरोध करने का कोई रास्ता नहीं छोड़ा गया और व्यक्ति को अत्याचार सहना पड़ता है।

4. चीखने के क्या परिणाम होंगे? स्पष्ट कीजिए।

उत्तर मगध के व्यक्ति दुःख सहने के लिए बाध्य हैं, क्योंकि उनके मन में यह भय बैठा दिया गया है कि पीड़ा में चीखने से मगध की शांति व्यवस्था में हस्तक्षेप समझा जाएगा। शासन के लिए जनता के कष्टों को दूर करने की बजाय निरंकुश व्यवस्था अधिक ज़रूरी है। अतः कुछ भी कष्ट जनता सहे, किंतु उसे व्यवस्था या व्यवस्थापकों के विरुद्ध बोलने का अधिकार नहीं है। आम आदमी भी अपने अधिकारों के प्रति सजग हो उठेगा तो उनकी व्यवस्था छिन्न-भिन्न हो सकती है।

5. 'हस्तक्षेप' कविता का प्रतिपाद्य लिखिए।

उत्तर इस कविता में कवि ने सत्ता की क्रूरता और उसके कारण पैदा होने वाले प्रतिरोध को दिखाया है। व्यवस्था को जनतांत्रिक बनाने के लिए समय-समय पर उसमें हस्तक्षेप की ज़रूरत होती है अन्यथा व्यवस्था निरंकुश हो जाती है। इस निरंकुशता को मुर्दा व्यक्ति भी चुनौती देता है, फिर सामान्य व्यक्ति इसके विरुद्ध क्यों नहीं आवाज़ उठाएगा।

6. 'मगध है, तो शांति है' पंक्ति का आशय स्पष्ट कीजिए।

उत्तर 'मगध है, तो शांति है' पंक्ति का आशय यह है कि जहाँ राजा निरंकुश होता है, वहाँ जनता पर कठोर नियंत्रण लगाए जाते हैं। इन नियंत्रणों से व्यक्ति की अभिव्यक्ति की आज़ादी छिन जाती है। जहाँ व्यक्ति विरोध नहीं कर सकता, अपने अधिकार की कोई बात कह नहीं सकता, ऐसे में जैसी व्यवस्था है वह उसे मानने के लिए बाध्य होता है। अतः मगध अर्थात् निरंकुश साम्राज्य को बनाए रखने के लिए भी शांति अर्थात् उसका विरोध न करने की आवश्यकता है, क्योंकि हस्तक्षेप करने से शांति भंग होगी और शांति भंग होने से मगध साम्राज्य नष्ट हो जाएगा।

7. 'मनुष्य क्यों मरता है?' पंक्ति में शासन व्यवस्था पर किए गए व्यंग्य को स्पष्ट कीजिए।

उत्तर 'मनुष्य क्यों मरता है?' पंक्ति द्वारा कवि कहता है कि व्यवस्था का वश नहीं चलता, अन्यथा मृत्यु पर भी वह अपना नियंत्रण स्थापित कर ले। मृत्यु जीवन का अनिवार्य सत्य है, किंतु इसके पूर्व भी 'क्यों' लगना हस्तक्षेप का अनुचित प्रयोग है। कवि का आशय यह है कि यदि तंत्र अनुचित में हस्तक्षेप का अधिकार नहीं देगा, तो एक दिन सामान्य जन, तंत्र के विरुद्ध खड़ा होकर उचित के विषय में भी प्रश्न करने लगेगा। इसी कारण यदा-कदा सरकारी जनकल्याणकारी नीतियाँ भी संदेह व प्रश्न के घेरे में आ जाती हैं। मरने से आशय यह है कि यदि चुपचाप अत्याचार सहते रहे, तो वह मृत्यु के समान ही है।

8. 'तुम कितना भी कतराओ' के माध्यम से कवि क्या चेतावनी देता है?

उत्तर 'तुम कितना भी कतराओ' के माध्यम से कवि यह चेतावनी देता है कि निरंकुश शासन कैसा भी हो, उसको स्थायित्व नहीं मिल सकता। कभी-न-कभी उसे चुनौती मिलती है। अतः हे मगधवासियों! तुम लोगों के प्रश्नों से बचने की कितनी भी कोशिश करो, इनसे बच नहीं सकते। अदना-सा (मुर्दा) आदमी भी किसी दिन खड़ा हो जाएगा और पूछेगा ऐसा क्यों हुआ? यदि व्यक्ति हस्तक्षेप नहीं करेगा तो उसकी स्वतंत्र सत्ता समाप्त हो जाएगी। अतः निरंकुशता के विरुद्ध खड़ा होना ही पड़ेगा।

9. छींक, चीख और टोक व्यवस्था को बनाए रखने में बाधक कैसे हैं?

उत्तर छींक अनुचित क्रियाकलापों के विरुद्ध स्वाभाविक विरोध है, चीख अत्याचार एवं शोषण का विरोध है व टोक अपने अधिकारों को जानने के लिए उठा स्वाभाविक प्रश्न। मगध में किसी भी हाल में शांति व्यवस्था बनाए रखने के लिए लोगों को छींकने अर्थात् विरोध करने या अपनी बात कहने का भी अवसर नहीं दिया जाता। लोगों द्वारा विरोध का स्वर ऊँचा करते ही मगध अर्थात् निरंकुश शासन प्रणाली की शांति व्यवस्था में दखल पड़ जाएगा तथा एक नई व्यवस्था का उदय होगा, जिससे निरंकुश व्यवस्था को बनाए रखने में बाधा उत्पन्न होगी।

स्व-मूल्यांकन

काव्यांश पर आधारित बहुविकल्पीय प्रश्न

निम्नलिखित काव्यांश को ध्यानपूर्वक पढ़कर पूछे गए बहुविकल्पीय प्रश्नों के लिए सर्वाधिक उपयुक्त विकल्प का चुनाव कीजिए

1. **कोई चीखता तक नहीं**
इस डर से
कि मगध की व्यवस्था में
दखल न पड़ जाए
मगध में व्यवस्था रहनी ही चाहिए
मगध में न रही
तो कहाँ रहेगी?
क्या कहेंगे लोग?
लोगों का क्या?
लोग तो यह भी कहते हैं
मगध अब कहने को मगध है,
रहने को नहीं

(i) प्रस्तुत काव्यांश के अनुसार, मगध के व्यक्ति किसके लिए बाध्य हैं?
(क) हँसने के लिए
(ख) दुःख सहने के लिए
(ग) कार्य करने के लिए
(घ) उपर्युक्त में से कोई नहीं

(ii) कवि के अनुसार 'मगध अब कहने को मगध है' का क्या आशय है?
(क) मगध पहले जितना प्रसिद्ध था अब उतना नहीं रहा
(ख) मगध में चीखने को व्यवस्था में हस्तक्षेप माना जाता है
(ग) मगध में रहने की परिस्थितियाँ अब उपयुक्त नहीं हैं
(घ) मगध अब एक कहानी मात्र है

(iii) कवि के अनुसार मगध की व्यवस्था कैसी थी?
(क) कमजोर व लचर
(ख) निरंकुश व शोषणकारी
(ग) प्राचीन व सुव्यवस्थित
(घ) प्रगतिशील व लोकतांत्रिक

(iv) **कथन** (A) मगध में रोक-टोक करने का रिवाज़ नहीं है।
कारण (R) सत्ता पक्ष को डर है कि रोक-टोक शुरू होने से उनकी निरंकुशता पर अंकुश लग जाएगा।

कूट
(क) कथन (A) और कारण (R) दोनों सही हैं तथा कारण (R), कथन (A) की सही व्याख्या करता है।
(ख) कथन (A) और कारण (R) दोनों सही हैं, परंतु कारण (R), कथन (A) की सही व्याख्या नहीं करता है।
(ग) कथन (A) सही है, किंतु कारण (R) गलत है।
(घ) कथन (A) गलत है, किंतु कारण (R) सही है।

(v) प्रस्तुत काव्यांश में 'क्या कहेंगे' में कौन-सा अलंकार है?
(क) यमक अलंकार
(ख) पुनरुक्तिप्रकाश अलंकार
(ग) उत्प्रेक्षा अलंकार
(घ) अनुप्रास अलंकार

काव्यांश की व्याख्या

2. निम्नलिखित में से किसी एक काव्यांश की सप्रसंग व्याख्या कीजिए।

कोई छींकता तक नहीं
इस डर से
कि मगध की शांति
भंग न हो जाए,
मगध को बनाए रखना है, तो
मगध में शांति
रहनी ही चाहिए
मगध है, तो शांति है

अथवा

टोकने का रिवाज़ न बन जाए
एक बार शुरू होने पर
कहीं नहीं रुकता हस्तक्षेप
वैसे तो मगध निवासियों
कितना भी कतराओ
तुम बच नहीं सकते हस्तक्षेप से

विषय-वस्तु पर आधारित प्रश्न

1. मगध की शांति व्यवस्था को बनाए रखने का क्या कारण बताया गया है?
2. मगधवासियों को कष्ट सहने के लिए क्यों बाध्य किया गया है?
3. 'मगध अब कहने को मगध है' पंक्ति का भाव स्पष्ट कीजिए।
4. मगध साम्राज्य की शांति भंग होने पर साम्राज्य में क्या परिवर्तन होगा?

08
अध्याय

कवि-परिचय

सुदामा पांडेय 'धूमिल' का जन्म वर्ष 1936 में वाराणसी के खेवली गाँव में हुआ था। हाईस्कूल के बाद उन्होंने वर्ष 1958 में आई.टी.आई. वाराणसी से विद्युत डिप्लोमा किया और वहीं अनुदेशक बने। ब्रेन ट्यूमर के कारण असमय उनका निधन हो गया। उनके प्रमुख काव्य-संग्रह संसद से सड़क तक, कल सुनना मुझे और सुदामा पांडेय का प्रजातंत्र हैं। मरणोपरांत उन्हें साहित्य अकादमी पुरस्कार से सम्मानित किया गया। धूमिल की कविताओं में गँवईपन और भदेसपन के साथ समकालीन राजनीतिक परिवेश में जी रहे जागरूक व्यक्ति की तस्वीर उभरती है। उनकी रचनाओं में वर्ष 1960 के बाद के मोहभंग, करुणा, आक्रोश, व्यंग्य और चुटकुलेबाजी प्रभावशाली ढंग से व्यक्त हुए हैं। साठोत्तरी कविता की ज़मीन से जुड़ी मुहावरेदार भाषा और गरमाहट उनकी कविताओं को अलग पहचान देती है। वर्ष 1975 में इनका देहावसान हो गया।

▼ अध्ययन के लिए
- कविता की रूपरेखा
- काव्यांशों की व्याख्या

▼ अभ्यास के लिए
- पाठ्यपुस्तक के प्रश्नोत्तर
- काव्यांशों पर आधारित बहुविकल्पीय प्रश्न
- विषय-वस्तु पर आधारित प्रश्नोत्तर

घर में वापसी
(धूमिल)

कविता की रूपरेखा

'घर में वापसी' कविता धूमिल की प्रमुख कविताओं में से एक है, जिसमें गरीबी से संघर्षरत् परिवार की व्यथा का वर्णन किया गया है। मनुष्य संसार के भागमभाग भरे जीवन से राहत पाने के लिए स्नेह, ममत्व, अपनत्व और सुरक्षा भरे माहौल में घर बनाता है और उसमें रहता है, किंतु इन रिश्ते-नातों व अपनेपन के बीच गरीबी की मोटी दीवार खड़ी हो जाती है। यह गरीबी रिश्तों को इतना जर्जर बना देती है कि उनमें पुनः ऊर्जा का संचार करना मुश्किल-सा जान पड़ता है। अतः कवि एक ऐसे घर की इच्छा प्रकट करता है, जहाँ घर में अपनत्व का भाव विद्यमान हो और गरीबी दीवार की तरह बाधक न हो।

काव्यांशों की व्याख्या

निम्नलिखित काव्यांशों की सप्रसंग व्याख्या कीजिए

काव्यांश 1

मेरे घर में पाँच जोड़ी आँखें हैं
माँ की आँखें पड़ाव से पहले ही
तीर्थ-यात्रा की बस के
दो पंचर पहिए हैं।
पिता की आँखें
लोहसाँय की ठंडी शलाखें हैं
बेटी की आँखें मंदिर में दीवट पर
जलते घी के
दो दिए हैं।

शब्दार्थ

पड़ाव—चरण; **लोहसाँय**—लोहे के औज़ार बनाने वाली भट्टी; **शलाखें**—लोहे की छड़; **दीवट**—दीया रखने के लिए बनाया गया स्थान; **दिए**—दीपक।

संदर्भ प्रस्तुत काव्यांश हमारी पाठ्यपुस्तक 'अंतरा भाग-1' में संकलित कविता 'घर में वापसी' से अवतरित है। इसके रचयिता सुदामा पांडेय 'धूमिल' हैं।

प्रसंग प्रस्तुत काव्यांश में कवि ने गरीबी से जूझते हुए परिवार के सदस्यों का परिचय उनकी आँखों में उपस्थित भाव के अनुसार दिया है, जिन पर गरीबी और निराशा का असर दिख रहा है।

व्याख्या प्रस्तुत काव्यांश में कवि कहते हैं कि उसके घर में पाँच जोड़ी आँखें हैं अर्थात् परिवार में पाँच सदस्य हैं। पाँच सदस्यों में एक उसकी माँ है। कवि माँ की आँखों की समानता तीर्थ-यात्रा पर जाने वाली बस के उन दो पहियों से करता है, जो अपनी मंजिल पर पहुँचने से पहले ही पंचर हो जाते हैं अर्थात् माँ ने धर्ममय जीवन जीते हुए भी असफलता ही पाई है। उन आँखों में असंतोष है। अतः माँ की आँखें गरीबी के कारण असमय ही अपना महत्त्व और तेज़ खो बैठी हैं। पिता की आँखें भी तेज़-विहीन हैं। कवि को पिता की आँखें लौह की उस भट्टी के समान लगती हैं, जो ईंधन के अभाव में ताप एवं प्रभाव खो चुकी है। आशय यह है कि पिता ने ऐसी निर्धनता का जीवन जिया है कि उनकी आँखों में उत्साह व तेज़ का अभाव दिखाई देता है। पुत्री की आँखों को कवि ने मंदिर में दीवट पर जलते हुए घी के पवित्र दीये के समान माना है। इन आँखों में सरलता व निश्छलता का भाव दिखाई देता है। उसने अभी सांसारिक संकटों का परिचय नहीं पाया है।

काव्य-शैली

(*i*) प्रस्तुत काव्यांश में कवि ने गरीबी की मार झेल रहे परिवार का मर्मस्पर्शी एवं सजीव चित्रण किया है।

(*ii*) प्रस्तुत काव्यांश में गरीबी का दुष्प्रभाव वृद्धों पर अधिक पड़ता है, यह भाव प्रकट हुआ है।

(*iii*) प्रस्तुत काव्यांश में खड़ीबोली का प्रयोग हुआ है।

(*iv*) प्रस्तुत काव्यांश की भाषा प्रतीकात्मक है। 'लोहसाँय' प्रतीक है जीवन का, 'ठंडी शलाखें' प्रतीक है निराशा का।

(*v*) प्रस्तुत काव्यांश में 'पंचर पहिए', 'दो दिए' में अनुप्रास अलंकार तथा 'बेटी की आँखें दीवट के दिए बताए जाने के कारण रूपक अलंकार है।

(*vi*) प्रस्तुत काव्यांश में नवीन उपमानों का प्रयोग हुआ है।

काव्यांश 2

पत्नी की आँखें आँखें नहीं
हाथ हैं, जो मुझे थामे हुए हैं
वैसे हम स्वजन हैं, करीब हैं
बीच की दीवार के दोनों ओर
क्योंकि हम पेशेवर गरीब हैं।
रिश्ते हैं; लेकिन खुलते नहीं हैं
और हम अपने खून में इतना भी लोहा
नहीं पाते, कि हम उससे एक ताली बनवाते
और भाषा के भुन्ना-सी ताले को खोलते।

शब्दार्थ

थामे—सँभालना; **स्वजन**—अपने लोग; **करीब**—पास/निकट; **पेशेवर**—खानदानी/सार्वकालिक; **लोहा**—शक्ति; **ताली**—चाबी; **भुन्ना-सी**—जटिल/खतरा।

संदर्भ पूर्ववत्।

प्रसंग प्रस्तुत काव्यांश के माध्यम से कवि कहते हैं कि परिवार के सभी सदस्य आपस में निकट होते हुए भी उनके रिश्तों में गरीबी दीवार की तरह बाधक बनी हुई है, जो उनके मध्य आपसी रिश्तों की गर्माहट को महसूस नहीं होने देती।

व्याख्या प्रस्तुत काव्यांश में कवि कहते हैं कि मेरी पत्नी की आँखें मेरे लिए उन दो हाथों के समान हैं, जो प्रत्येक परेशानी में मेरा सहारा बनी हुई हैं अर्थात् पारिवारिक आर्थिक तंगी को देखते व भोगते हुए भी पत्नी में असंतोष नहीं है, अपितु मेरे प्रति सहयोग का भाव है। वह मुझे सहारा देती है। आगे कवि कहता है कि वैसे तो हम एक परिवार के लोग हैं, सगे-संबंधी हैं, साथ-साथ रहते हैं, किंतु इन सबके बीच गरीबी की दीवार है। हम पारिवारिक रिश्ते से जुड़े हुए हैं, किंतु निर्धनता के कारण ये रिश्ते जड़ (मूर्त) हो गए हैं। वे सभी गरीब हैं। उनके पास सदैव धन का अभाव रहता है। वे खुलकर अपनी भावनाओं की अभिव्यक्ति नहीं कर सकते। कवि आगे कहते हैं कि हमारे रक्त में वह शक्ति नहीं रह गई है कि अपनी शक्ति को एक ऐसी चाबी के रूप में प्रयुक्त कर सकें जो जंग लगे, जटिल संबंधों के ताले को खोल सके अर्थात् आपस में संवाद की परंपरा को प्रारंभ किया जा सके।

काव्य-शैली

(*i*) प्रस्तुत काव्यांश में कवि ने गरीबी के कारण परिवार के सदस्यों के बीच उत्पन्न दूरी का वर्णन किया है।

(*ii*) प्रस्तुत काव्यांश में रिश्तों की गरिमा, परिवार में एक–दूसरे की इच्छाओं –भावनाओं को समझते हुए भी गरीबी के कारण पूरा न कर पाने की विवशता प्रकट हो रही है।

(*iii*) प्रस्तुत काव्यांश में खड़ीबोली का प्रयोग हुआ है।

(*iv*) प्रस्तुत काव्यांश की भाषा में लाक्षणिकता व प्रतीकात्मकता है।

(*v*) प्रस्तुत काव्यांश में 'भाषा के भुन्ना–सी ताले' में उपमा अलंकार है।

(*vi*) प्रस्तुत काव्यांश में मुक्त छंद का प्रयोग किया गया है।

(*vii*) प्रस्तुत काव्यांश में नवीन उपमानों का प्रयोग किया गया है।

काव्यांश 3

रिश्तों को सोचते हुए
आपस में प्यार से बोलते,
कहते कि ये पिता हैं,
यह प्यारी माँ है, यह मेरी बेटी है
पत्नी को थोड़ा अलग
करते-तू मेरी
हमसफर है,
हम थोड़ा जोखिम उठाते
दीवार पर हाथ रखते और कहते
यह मेरा घर है।

शब्दार्थ

हमसफ़र—जीवन-साथी; **जोखिम**—खतरा।

संदर्भ पूर्ववत्।

प्रसंग प्रस्तुत काव्यांश के माध्यम से कवि ने आशावादी दृष्टिकोण व्यक्त करते हुए कहा है कि गरीबी के कारण पारिवारिक एवं आत्मीय संबंधों में आई इस दूरी को थोड़े प्रयास से जोड़ा जा सकता है।

व्याख्या प्रस्तुत काव्यांश में कवि कहते हैं कि हम अपने पारिवारिक रिश्तों के बारे में सोचें। फिर आपस में स्नेह से बातचीत करें तथा आत्मीयता दर्शाते हुए यह कहें कि ये मेरे पिता हैं, मेरी प्यारी माँ हैं और यह मेरी बेटी है। पत्नी के प्रति विशेष प्रेम प्रकट करते हुए वे कहते हैं कि तू मेरी जीवन-साथी है अर्थात् मेरे सुख-दुःख की साथी हो। तुम ही हो, जिसने मुझे हर परेशानी के समय सहारा देकर टूटने से बचाया है। आगे कवि कहते हैं कि हम परिवार में ही खो चुके आत्मीय संबंधों को वापस लाने के लिए थोड़ा खतरा और उठाते तथा दीवार पर हाथ रखकर कहते हैं कि यह मेरा घर है। हम यहाँ परस्पर प्रेमपूर्वक रहते हैं। आशय यह है कि माता-पिता, पत्नी व पुत्री सभी के प्रति कवि का एक दायित्व है और निर्धनता उस दायित्व का निर्वहन नहीं करने दे रही है। वह चाहता है कि गरीबी रूपी दीवार पर हाथ रखकर यह कहे कि यह मेरा घर है और इस घर के सदस्य मेरे आत्मीय हैं, स्वजन हैं।

काव्य-शैली

(i) प्रस्तुत काव्यांश में बिखरे पारिवारिक रिश्ते और मानवीय मूल्यों को सहेजने का भाव प्रकट हुआ है।

(ii) प्रस्तुत काव्यांश में पारिवारिक संबंधों में स्नेह के द्वारा आत्मीयता लाई जा सकती है।

(iii) प्रस्तुत काव्यांश में धनाभाव स्नेहिल रिश्तों को प्रकट करने में भी बाधक बनता है, इस विवशता को प्रकट किया गया है।

(iv) प्रस्तुत काव्यांश में खड़ीबोली का प्रयोग है।

(v) प्रस्तुत काव्यांश में 'है', 'हम' में अनुप्रास अलंकार का प्रयोग है।

(vi) प्रस्तुत काव्यांश में प्रसाद गुण के दर्शन होते हैं।

(vii) प्रस्तुत काव्यांश में दृश्य बिंब साकार हो उठा है।

(viii) प्रस्तुत काव्यांश में 'जोखिम उठाना' मुहावरे का सार्थक प्रयोग है।

(ix) प्रस्तुत काव्यांश में छंद मुक्त और अतुकांत रचना है।

(x) प्रस्तुत काव्यांश की भाषा चित्रात्मक है।

पाठ्यपुस्तक (अंतरा भाग-1) के प्रश्नोत्तर

1. घर एक परिवार है, परिवार में पाँच सदस्य हैं, किंतु कवि पाँच सदस्य नहीं उन्हें पाँच जोड़ी आँखें क्यों मानता है?

उत्तर कवि कहता है कि उसके घर में पाँच जोड़ी आँखें हैं अर्थात् पाँच सदस्य हैं। कवि द्वारा परिवार के सदस्यों को पाँच जोड़ी आँखों के रूप में संबोधित करने का कारण यह है कि गरीबी और संघर्ष के कारण परिवार के सदस्यों के बीच संवादहीनता है।

वे केवल एक-दूसरे को देखते भर हैं, लेकिन अपने मन की बात कहने में असमर्थ हैं। निर्धनता ने उनके रिश्तों को जड़ बना दिया है, जिससे वे अपने दुःखों और भावनाओं को खुलकर व्यक्त नहीं कर पाते। हालाँकि उनकी आँखें उनके मन की पीड़ा और उनके संघर्ष को स्पष्ट रूप से अभिव्यक्त करती हैं। वे एक-दूसरे के दुःखों को देखते हुए भी उन पर चर्चा करने से बचते हैं, जिससे आँखें ही उनके मौन संवाद का माध्यम बन जाती हैं।

2. "पत्नी की आँखें आँखें नहीं हाथ हैं, जो मुझे थामे हुए हैं" से कवि का क्या अभिप्राय है?

उत्तर प्रस्तुत पंक्ति द्वारा कवि यह कहना चाहता है कि उसकी पत्नी की आँखें उन दो हाथों के समान हैं, जो प्रत्येक परेशानी में उसका सहारा बनी हुई हैं और उसे बिखरने-टूटने से बचाती हैं।

आशय यह है कि निर्धनता के इस संकट में पत्नी की आँखों में असंतोष, निराशा या वेदना का भाव न होकर पति के प्रति आत्मीयता व सहानुभूति का भाव है।

इस भाव के कारण कवि को सहारा मिलता है और वह यह अनुभव करता है कि मेरी इस यात्रा में मेरी पत्नी मेरे साथ है।

3. 'वैसे हम स्वजन हैं, करीब हैं .... क्योंकि हम पेशेवर गरीब हैं' से कवि का क्या आशय है? अगर अमीर होते तो क्या स्वजन और करीब नहीं होते?

उत्तर प्रस्तुत पंक्तियों से कवि का आशय है—निर्धनता व अभावग्रस्त जीवनयापन करने से उसके व परिवार के अन्य सदस्यों के बीच दूरियाँ उत्पन्न हो गई हैं, लेकिन फिर भी उन्होंने हालात व परिस्थितियों से एक पेशेवर की तरह समझौता कर लिया है।

यह कथन सत्य है कि यदि कवि और उसके स्वजन अमीर होते तो उनके बीच की दूरियाँ कम होतीं, क्योंकि धनाभाव के कारण उनमें एक-दूसरे के प्रति प्रेम की अभिव्यक्ति, उसकी प्रस्तुति समाप्त हो गई है। रिश्तों में स्थायित्व बनाए रखने के लिए आवश्यक है- अपने माता-पिता, पत्नी, बेटी इत्यादि के लिए हृदयगत प्रेम को अभिव्यक्त करना, जिसका अभाव प्रस्तुत कविता के चरित्रों में दिखाई देता है। उनकी संपूर्ण शक्ति तो जीवित रहने के लिए आवश्यक वस्तुओं को एकत्रित करने में समाप्त हो रही है, इसलिए यदि उनके पास धन होता तो वे अधिक करीब होते।

4. 'रिश्ते हैं; लेकिन खुलते नहीं' कवि के सामने ऐसी कौन-सी विवशता है जिससे आपसी रिश्ते भी नहीं खुलते हैं?

उत्तर 'रिश्ते हैं; लेकिन खुलते नहीं' का अर्थ यह है कि परिवार के सभी सदस्य आपस में एक-दूसरे से बहुत प्यार करते हैं, किंतु गरीबी के कारण अपने प्यार को प्रकट नहीं कर पाते।

कवि अपने परिवार के सदस्यों की इच्छाओं के विषय में जानता है, किंतु गरीबी के कारण उन्हें पूरा नहीं कर पाता। आशय यह है कि अर्थाभाव के कारण सभी लोग अपनी भावनाओं की अभिव्यक्ति नहीं कर पाते। आर्थिक संकट से संबंधों की मधुरता समाप्त हो गई है।

5. निम्नलिखित का काव्य-सौंदर्य स्पष्ट कीजिए

(क) माँ की आँखें पड़ाव से पहले ही तीर्थ-यात्रा की बस के दो पंचर पहिए हैं।

(ख) पिता की आँखें लोहसाँय की ठंडी शलाखें हैं।

उत्तर **(क) काव्य-सौंदर्य**

भाव पक्ष

कवि अपनी माँ की आँखों की तुलना तीर्थ-यात्रा पर जाती बस के उन दो पहियों से करता है, जो अपनी मंजिल पर पहुँचने से पहले ही पंचर हो गए हैं अर्थात् माँ ने धर्ममय जीवन जीते हुए भी असफलता ही पाई है। उन आखों में असंतोष है जो असमय ही अपना महत्त्व और तेज खो बैठी हैं।

कला पक्ष

(i) खड़ीबोली का प्रयोग है।

(ii) छंद मुक्त और अतुकांत रचना है।

(iii) प्रसाद गुण के दर्शन होते हैं।

(iv) 'पंचर पहिए' में अनुप्रास अलंकार है।

(v) प्रतीकात्मकता है।

(vi) 'पड़ाव' मृत्यु का तथा 'तीर्थ-यात्रा' जीवनरूपी यात्रा का प्रतीक है। 'दो पंचर पहिए' अस्त-व्यस्त जीवन की स्थिति सुधरने की आशा से विहीन आँखों के प्रतीक हैं।

(vii) 'पंचर पहिए' यह तुलना कवि की नवीन कल्पना शक्ति का परिचायक है।

(ख) काव्य-सौंदर्य

भाव पक्ष

कवि अपने घर के धनाभाव के बारे में बताते हुए कहता है कि पिता की आँखें सपना देखती हैं, किंतु जिस प्रकार लोहे के औज़ार बनाने वाली भट्टी में ठंडी शलाखें कुछ नया निर्माण नहीं कर पातीं, उसी प्रकार उनके सपने भी अधूरे रह जाते हैं।

कला पक्ष

(i) खड़ीबोली का प्रयोग है।

(ii) छंद मुक्त और अतुकांत रचना है।

(iii) प्रतीकात्मकता है।

(iv) भाषा सहज है।

(v) सुंदर बिंब विधान है।

(vi) 'लोहसाँय' जीवन का तथा 'ठंडी शलाखें' निराशा का प्रतीक है।

(vii) 'पिता की आँखें लोहसाँय की ठंडी शलाखें हैं' यह तुलना कवि की नवीन कल्पना शक्ति का परिचायक है।

योग्यता-विस्तार

1. घर में रहने वालों से ही घर, घर कहलाता है। पारिवारिक रिश्ते खून के रिश्ते हैं, फिर भी उन रिश्तों को न खोल पाना कैसी विवशता है! अपनी राय लिखिए।

उत्तर यह सत्य है कि घर में रहने वालों से ही घर, घर कहलाता है। करीबी रिश्ते होने के बावजूद उनमें कभी-कभी अजनबीपन रहता है, क्योंकि गरीबी के कारण इच्छाएँ दबी रह जाती हैं। गरीबी के कारण आपसी रिश्ते नहीं खुल पाते। अर्थाभाव के कारण सभी लोग अपनी भावनाओं की अभिव्यक्ति नहीं कर पाते। आर्थिक संकट से संबंधों की मधुरता समाप्त हो गई है। गरीबी समाप्त होते ही रिश्तों में सहजता आ जाएगी।

2. आप अपने पारिवारिक रिश्तों-संबंधों के बारे में एक निबंध लिखिए।

उत्तर छात्र स्वयं करें।

3. 'यह मेरा घर है' के आधार पर सिद्ध कीजिए कि आपका अपना घर है।

उत्तर मेरे घर के सभी सदस्यों में परस्पर एक-दूसरे के प्रति सहानुभूति की भावना विद्यमान है। सभी आपस में प्रेमभाव से रहते हैं। सभी एक-दूसरे की सहायता करते हैं। इसका कारण आर्थिक अभाव न होना है। सभी एक-दूसरे के समक्ष अपनी भावनाओं को निःसंकोच व्यक्त करते हैं। अतः घर में आत्मीयता का भाव है, हँसी-खुशी तथा चहल-पहल है। यह सब देख लगता है कि मेरा अपना ही घर है।

अभ्यास प्रश्न

काव्यांशों पर आधारित बहुविकल्पीय प्रश्न

1. मेरे घर में पाँच जोड़ी आँखें हैं
माँ की आँखें पड़ाव से पहले ही
तीर्थ-यात्रा की बस के
दो पंचर पहिए हैं।
पिता की आँखें
लोहसाँय की ठंडी शलाखें हैं
बेटी की आँखें मंदिर में दीवट पर
जलते घी के
दो दिए हैं।

(i) प्रस्तुत काव्यांश में 'पाँच जोड़ी आँखें' से क्या तात्पर्य है?

(क) कवि के पाँच पुत्र
(ख) कवि के पाँच मित्र
(ग) परिवार के पाँच सदस्य
(घ) पाँच तीर्थ-यात्री

(ii) कवि के अनुसार, माँ की आँखें किसके समान हैं?

(क) तीर्थ स्थान से पहले ही पंचर हुए बस के दो पहियों के समान
(ख) तीर्थ-यात्रा करने वाले यात्री के समान
(ग) तीर्थ स्थान तक न पहुँचने वाले यात्री के समान
(घ) उपर्युक्त में से कोई नहीं

(iii) कवि के पिता की आँखें किसके समान हैं?
(क) जलती हुई भट्टी के समान
(ख) ठंडे पड़े लोहे के समान
(ग) लोहे की ईंधन विहीन भट्टी के समान
(घ) जलते लोहे के समान

(iv) **कथन** (A) पिता की आँखों में तेज व उत्साह का अभाव दिखाई देता है।
कारण (R) पिताजी शारीरिक रूप से असमर्थ थे।
कूट
(क) कथन (A) और कारण (R) दोनों सही हैं तथा कारण (R), कथन (A) की सही व्याख्या करता है।
(ख) कथन (A) सही है, लेकिन कारण (R) उसकी गलत व्याख्या करता है।
(ग) कथन (A) गलत है, लेकिन कारण (R) सही है।
(घ) कथन (A) और कारण (R) दोनों गलत हैं।

(v) कवि की पुत्री की आँखें किसके समान हैं?
(क) बिना तेल व बाती वाले दीयों के समान
(ख) बुझते हुए दीयों के समान
(ग) मंदिर के दीवट पर जलते हुए घी के दो दीयों के समान
(घ) उपर्युक्त में से कोई नहीं

उत्तर

(i) (ग) परिवार के पाँच सदस्य
(ii) (क) तीर्थ स्थान से पहले ही पंचर हुए बस के दो पहियों के समान
(iii) (ग) लोहे की ईंधन विहीन भट्टी के समान
(iv) (ख) कथन (A) सही है, लेकिन कारण (R) उसकी गलत व्याख्या करता है।
(v) (ग) मंदिर के दीवट पर जलते हुए घी के दो दीयों के समान

2. **पत्नी की आँखें आँखें नहीं**
हाथ हैं, जो मुझे थामे हुए हैं
वैसे हम स्वजन हैं, करीब हैं
बीच की दीवार के दोनों ओर
क्योंकि हम पेशेवर गरीब हैं।
रिश्ते हैं; लेकिन खुलते नहीं हैं
और हम अपने खून में इतना भी लोहा
नहीं पाते,
कि हम उससे एक ताली बनवाते
और भाषा के भुन्ना-सी ताले को खोलते।

(i) कवि के अनुसार, पत्नी की आँखें किसके समान हैं?
(क) ठंडी दीवारों के समान
(ख) दो पैरों के समान
(ग) दो हाथों के समान
(घ) ठंडी छाया के समान

(ii) निम्नलिखित कथनों में से सही कथनों पर विचार कीजिए
1. कवि की पत्नी के व्यवहार में सहयोग का भाव है।
2. निर्धनता के कारण रिश्ते मूर्त हो गए हैं।
3. कवि की निर्धनता का सभी मजाक उड़ाते हैं।
कूट
(क) केवल 1 (ख) 1 और 2
(ग) 2 और 3 (घ) केवल 3

(iii) कवि और उसके परिवार के बीच दोनों ओर दीवार क्यों है?
(क) अलग विचारधारा के कारण
(ख) असंतोष के कारण
(ग) निर्धनता के कारण
(घ) संपन्नता के कारण

(iv) 'रिश्ते हैं; लेकिन खुलते नहीं हैं' पंक्ति से क्या आशय है?
(क) कवि व उसका परिवार अपनी भावनाएँ खुलकर व्यक्त नहीं करते
(ख) रिश्तों में अधिक खुलापन है
(ग) कवि व उसका परिवार एक-दूसरे से कुछ नहीं छिपाते
(घ) उपर्युक्त में से कोई नहीं

(v) कवि ने 'जंग लगे ताले' का संबंध किससे जोड़ा है?
(क) गरीबी और रिश्तों से (ख) शारीरिक ताकत से
(ग) सामाजिक व्यवस्था से (घ) भौतिक संपत्ति से

उत्तर

(i) (ग) दो हाथों के समान
(ii) (ख) 1 और 2
(iii) (ग) निर्धनता के कारण
(iv) (क) कवि व उसका परिवार अपनी भावनाएँ खुलकर व्यक्त नहीं करते
(v) (क) गरीबी और रिश्तों से

3. **रिश्तों को सोचते हुए**
आपस में प्यार से बोलते,
कहते कि ये पिता हैं,
यह प्यारी माँ है, यह मेरी बेटी है
पत्नी को थोड़ा अलग
करते-तू मेरी
हमसफ़र है,
हम थोड़ा जोखिम उठाते
दीवार पर हाथ रखते और कहते
यह मेरा घर है।

(i) कवि किस बारे में सोचने की बात कर रहा है?
(क) अपने पारिवारिक संबंधों के बारे में
(ख) अपने माता-पिता के बारे में
(ग) अपनी पत्नी के बारे में
(घ) अपनी पुत्री के बारे में

(ii) प्रस्तुत काव्यांश में कवि क्या चाहता है?
(क) वह परिवार से कहीं दूर चला जाए
(ख) उसकी निर्धनता जल्दी दूर हो
(ग) उसके परिवार में परस्पर आत्मीय संबंध हों
(घ) उपर्युक्त में से कोई नहीं

(iii) कवि अपनी पत्नी को थोड़ा अलग क्या कहना चाहता है?
(क) तुम्हें मेरे माता-पिता की सेवा करनी चाहिए
(ख) तुम्हें मेरी हर बात माननी चाहिए
(ग) तुम मेरे साथ परिवार से कहीं दूर चलो
(घ) तुम मेरे सुख-दुःख की साथी हो

(iv) प्रस्तुत काव्यांश में किस विवशता को दर्शाया गया है?
(क) संपन्नता पारिवारिक रिश्तों में बाधक बनती है
(ख) निर्धनता पारिवारिक रिश्तों में बाधक बनती है
(ग) आजकल परिवार पहले जैसे नहीं रहे हैं
(घ) उपर्युक्त सभी

(v) कवि किस खतरे को उठाने की बात कर रहा है?
(क) परिवार के सभी लोग एक-दूसरे से बात करें
(ख) गरीबी को एक तरफ रखकर अपने घर के सदस्यों से आत्मीयता रखें
(ग) घर के सभी सदस्य मिल-जुलकर कोई कार्य करें
(घ) उपर्युक्त में से कोई नहीं

उत्तर

(i) (क) अपने पारिवारिक संबंधों के बारे में
(ii) (ग) उसके परिवार में परस्पर आत्मीय संबंध हों
(iii) (घ) तुम मेरे सुख-दुःख की साथी हो
(iv) (ख) निर्धनता पारिवारिक रिश्तों में बाधक बनती है
(v) (ख) गरीबी को एक तरफ रखकर अपने घर के सदस्यों से आत्मीयता रखें

विषय-वस्तु पर आधारित प्रश्नोत्तर

1. कवि किस प्रकार के घर में वापसी की आकांक्षा करता है?

उत्तर कवि ऐसे घर में वापस जाने की आकांक्षा करता है, जिसमें स्नेह, मधुरता और सजीवता हो। पारिवारिक रिश्तों में मधुरता हो, जिसमें सभी एक-दूसरे के प्रति स्नेह भाव रखते हों। गरीबी के कारण पारिवारिक रिश्तों में बिखराव और तनाव न हो। पारिवारिक सदस्य एक-दूसरे से हँसी-खुशी बात करें तथा आत्मीयता बनाए रखें।

2. घर वापसी में कवि के मार्ग में क्या बाधा है? स्पष्ट कीजिए।

उत्तर कवि के पारिवारिक सदस्य गरीबी के कारण जड़ रूप में विद्यमान हैं। कवि के घर में बहुत गरीबी है। इसी गरीबी के कारण पारिवारिक सदस्यों में बिखराव है। वे अजनबी बनकर रह गए हैं। ऐसा लगता है कि संबंधों के सदस्यों में कोई आत्मीय भाव विद्यमान नहीं है। मानो संबंधों में ताला लग गया है तथा उसकी चाबी कहीं खो गई हो एवं परिवार के सदस्यों के खून में इतना लोहा अर्थात् आत्मीयता नहीं बची है, जिससे चाबी बनवाकर इस जंग लगे ताले को खोला जा सके। अतः कहा जा सकता है कि घर वापसी में कवि के मार्ग में यही बाधा है।

3. कवि ने माँ की आँखों की तुलना किससे और क्यों की है?

उत्तर कवि माँ की आँखों की तुलना तीर्थ-यात्रा पर जाने वाली उस बस के उन दो पहियों से करता है, जो अपनी मंजिल पर पहुँचने से पहले ही पंचर हो गए हैं। वह ऐसा इसलिए कहता है कि पवित्र कर्मों को करते हुए भी माँ की आँखों की असमय रोशनी चली गई है। इसलिए वह अपने लक्ष्य तक नहीं पहुँच सकीं अर्थात् आँखें मरने तक माँ का साथ नहीं निभा सकीं।

4. स्वजनों के बीच दीवार होने का क्या अर्थ है? दीवार होने का कारण भी स्पष्ट कीजिए।

उत्तर स्वजनों के बीच दीवार होने का अर्थ है—रिश्तों में रुकावट। दीवार होने का कारण गरीबी है। कवि कहता है कि हम पारिवारिक रिश्तों से तो जुड़े हुए हैं, किंतु गरीबी के कारण ये रिश्ते जड़ हो गए हैं। उनके पास सदैव धन का अभाव रहता है।

वे खुलकर अपनी भावनाओं की अभिव्यक्ति नहीं कर पाते। गरीबी ने हमें इतना अशक्त बना दिया है कि हम अपने आत्मीय संबंधों को भी नहीं जोड़ पाते।

5. कवि ने 'भुन्ना-सी ताले' किसे कहा है तथा उसे तोड़ने का क्या उपाय बताया है?

उत्तर कवि ने पारिवारिक संबंधों की जड़ता को 'भुन्ना-सी ताले' कहा है। कवि के अनुसार, इस जड़ता को हिम्मत की चाबी से खोला जा सकता है। कवि कहता है कि गरीबी के कारण पारिवारिक रिश्ते जड़ हो गए हैं। वे खुलकर अपनी भावनाओं की अभिव्यक्ति नहीं कर पाते।

वे अपने खून अर्थात् संबंधों में इतनी ताकत नहीं पैदा कर सके हैं कि भाषा के इस जटिल ताले को खोल सकें। उनके संबंधों में ठहराव आ गया है। अतः कवि कहता है कि गरीबी ने हमें इतना अशक्त कर रखा है कि हम अपने आत्मीय संबंधों को भी नहीं जोड़ पाते। संबंधों की जड़ता को तोड़ने के लिए वह एक-दूसरे के प्रति अपने भावों की अभिव्यक्ति कर उस ताले को तोड़ने का उपाय बताता है।

6. 'वैसे हम स्वजन हैं, करीब हैं' कवि ने यहाँ 'वैसे' शब्द का प्रयोग क्यों किया है? जबकि निश्चय ही वे स्वजन हैं, करीब हैं।

उत्तर 'वैसे हम स्वजन हैं, करीब हैं' यहाँ 'वैसे' शब्द का प्रयोग साभिप्राय है, क्योंकि वे रक्त संबंधी हैं। वैसे का अर्थ है—संसार की नज़रों में या दिखने में या ऊपरी तौर पर अथवा जन्म के कारण हम स्वजन हैं, संबंधी हैं, किंतु संबंधों में वह ताज़गी या गर्माहट नहीं है, जो होनी चाहिए थी। वैसे के माध्यम से पारिवारिक संबंधों की निरर्थकता को व्यक्त किया गया है। निर्धनता के कारण संबंधों में स्वाभाविकता नहीं है। गरीबी के कारण वे एक-दूसरे से कटे रहते हैं।

7. पारिवारिक रिश्तों के बिखराव व शैथिल्य का क्या कारण है?

उत्तर पारिवारिक रिश्तों के बिखराव और शैथिल्य का कारण है—गरीबी। गरीबी के कारण परिवार के सभी सदस्य आपस में कटे-कटे रहते हैं। गरीबी के कारण ही दैनिक आवश्यकताएँ पूरी नहीं हो पातीं, जिसके कारण स्नेह का अभाव हो जाता है। वे एक-दूसरे से दूर रहने में ही ठीक रहते हैं। गरीबी ने परिवारों को बाँटकर रख दिया है। उनमें मधुरता और ताज़गी कहीं गायब सी हो गई है।

8. 'घर में वापसी' कविता के आधार पर बताइए कि कवि के मन में अपने परिवार के सदस्यों के प्रति कैसे भाव हैं?

उत्तर 'घर में वापसी' कविता में कवि अपनी माँ के जीवन की असफलता की कहानी कहता है, क्योंकि वे असमय ही अपना महत्त्व और तेज़ खो बैठी हैं। उसके पिता, जो उसी के साथ रहते हैं, गरीबी से पीड़ित हैं। लाचारी से उनकी आँखें लोहे की उस भट्‌टी के समान बन गई हैं, जो ईंधन के अभाव में अपना ताप एवं प्रभाव खो चुकी है यानी ज्योति रहित-सी हो गई है। कवि दोनों (माता-पिता) को उचित सम्मान देना चाहता है। अपनी बेटी के प्रति उसके हृदय में निष्कपट स्नेह है। पत्नी के प्रति वह गहन प्रेम रखता है। वह उसके लिए सहयोगिनी है।

9. 'घर में वापसी' कविता का मूल भाव क्या है?

उत्तर धूमिल की कविता 'घर में वापसी' गरीबी से संघर्षरत् परिवार की व्यथा-कथा है। गरीबी की मार के कारण व्यक्ति के पारिवारिक संबंधों में रुकावट आ गई है। मनुष्य संसार के भागमभाग भरे जीवन से राहत पाने के लिए स्नेह, ममत्व, अपनत्व और सुरक्षा भरे माहौल में घर बनाता है और उसमें रहता है। विडंबना यह है कि तमाम रिश्ते-नातों, स्नेह और अपनत्व के बीच गरीबी की दीवार खड़ी है। कवि कहता है कि इस प्रकार के जड़ वातावरण को तोड़ने के लिए हिम्मत जुटानी चाहिए, तभी परिवार की सहज आत्मीयता वापस लौट पाएगी।

10. भाव स्पष्ट कीजिए

और हम अपने खून में इतना भी लोहा
नहीं पाते,
कि हम उससे एक ताली बनवाते
और भाषा के भुन्ना-सी ताले को खोलते।

उत्तर भाव यह है कि कवि और उसके परिवार के सदस्यों में जो स्नेह का भाव था, वह प्रकट ही नहीं हो पाता। अतः कवि के परिवार के सदस्यों में नैतिक शक्ति नहीं है कि वे आपसी संबंधों की जड़ता को तोड़ डालें और मधुर आत्मीयता का माहौल बना सकें। यहाँ 'भाषा के भुन्ना-सी ताले' से तात्पर्य आपसी संबंधों की जड़ता या आपसी समझ और आत्मीयता का अभाव है।

स्व-मूल्यांकन

काव्यांश पर आधारित बहुविकल्पीय प्रश्न

निम्नलिखित काव्यांश को ध्यानपूर्वक पढ़कर पूछे गए बहुविकल्पीय प्रश्नों के लिए सर्वाधिक उपयुक्त विकल्प का चुनाव कीजिए

1. पत्नी की आँखें आँखें नहीं
हाथ हैं, जो मुझे थामे हुए हैं
वैसे हम स्वजन हैं, करीब हैं
बीच की दीवार के दोनों ओर
क्योंकि हम पेशेवर गरीब हैं।
रिश्ते हैं; लेकिन खुलते नहीं हैं
और हम अपने खून में इतना भी लोहा नहीं पाते,
कि हम उससे एक ताली बनवाते
और भाषा के भुन्ना-सी ताले को खोलते।

(i) कवि के अनुसार गरीबी के कारण रिश्ते कैसे हो गए हैं?
(क) मजबूत (ख) अटूट
(ग) जड़ (मूर्त) (घ) प्रगाढ़

(ii) कवि की कविता मुख्य रूप से किस विषय पर केंद्रित है?
(क) पारिवारिक संबंध
(ख) गरीबी और उसकी समस्याएँ
(ग) भावनात्मक अभिव्यक्ति
(घ) प्रेम और संघर्ष

(iii) **कथन** (A) कवि ने पत्नी की आँखों को हाथों के समान बताया है।
कारण (R) पत्नी कवि को हर परिस्थिति में सहारा देती है।
कूट
(क) कथन (A) और कारण (R) दोनों सही हैं तथा कारण (R), कथन (A) की सही व्याख्या करता है।
(ख) कथन (A) और कारण (R) दोनों सही हैं, परंतु कारण (R), कथन (A) की सही व्याख्या नहीं करता है।
(ग) कथन (A) सही है, किंतु कारण (R) गलत है।
(घ) कथन (A) गलत है, किंतु कारण (R) सही है।

(iv) कवि के अनुसार पेशेवर गरीब का क्या तात्पर्य है?
(क) गरीब होने का अभिनय करना
(ख) गरीब होने की आदत
(ग) गरीबी में रहने की मजबूरी
(घ) गरीबी का दिखावा करना

(v) 'भुन्ना' शब्द का अर्थ क्या है?
(क) मजबूत (ख) कमजोर (ग) जंग लगा (घ) नया

काव्यांश की व्याख्या

2. निम्नलिखित में से किसी एक काव्यांश की सप्रसंग व्याख्या कीजिए।

मेरे घर में पाँच जोड़ी आँखें हैं
माँ की आँखें पड़ाव से पहले ही
तीर्थ-यात्रा की बस के
दो पंचर पहिए हैं।

अथवा

रिश्तों को सोचते हुए
आपस में प्यार से बोलते,
कहते कि ये पिता हैं,
यह प्यारी माँ है, यह मेरी बेटी है।

विषय-वस्तु पर आधारित प्रश्न

1. कवि को माँ की आँखों में किस प्रकार का भाव दिखाई देता है?
2. कवि ने बेटी की आँखों की तुलना किससे की है तथा कवि को बेटी की आँखों में कौन-सा भाव दिखाई देता है?
3. कवि ने अपने पारिवारिक रिश्तों को 'जड़' क्यों कहा है?
4. कवि के अनुसार, परिवार पर गरीबी का क्या प्रभाव पड़ा?
5. कवि अपनी पत्नी को 'हमसफ़र' क्यों कहता है?
6. कवि के अनुसार, पारिवारिक रिश्तों में खोई हुई आत्मीयता को कैसे वापस लाया जा सकता है?
7. दीवार पर हाथ रखकर कवि क्या कहना चाहता है?

01

अध्याय

अंतराल भाग-1 : पूरक पाठ्यपुस्तक

लेखक-परिचय

मकबूल फ़िदा हुसैन का जन्म वर्ष 1915 में शोलापुर (महाराष्ट्र) में हुआ था। वे आधुनिक भारतीय चित्रकला के प्रमुख स्तंभ थे, जिनकी कला में आधुनिकता और भारतीय संस्कृति का मिश्रण था। उन्होंने सिनेमा होर्डिंग पेंटिंग से अपने करियर की शुरुआत की और बाद में फिल्म निर्माण में भी योगदान दिया। हुसैन को वर्ष 1966 में पद्मश्री और वर्ष 1973 में पद्मभूषण जैसे सम्मान मिले। हुसैन ने वर्ष 1967 में 'थ्रू द आइज़ ऑफ़ ए पेंटर' नामक वृत्तचित्र बनाया, जोकि बर्लिन में पुरस्कृत हुआ। उन्होंने युवा कलाकारों के लिए एक नया कला बाज़ार स्थापित किया और उनकी चित्रकला ने भारतीय कला को नई पहचान दी। वर्ष 2011 में उनका निधन हो गया।

▼ अध्ययन के लिए
- पाठ की रूपरेखा
- पाठ का सार

▼ अभ्यास के लिए
- पाठ्यपुस्तक के प्रश्नोत्तर
- पाठ पर आधारित बहुविकल्पीय प्रश्न
- विषय-वस्तु पर आधारित प्रश्नोत्तर

हुसैन की कहानी अपनी ज़बानी

(मकबूल फ़िदा हुसैन)

पाठ की रूपरेखा

मकबूल फ़िदा हुसैन की आत्मकथा 'हुसैन की कहानी अपनी ज़बानी' का एक अंश 'बड़ौदा का बोर्डिंग स्कूल' उनके विद्यालय जीवन से जुड़ा हुआ है। बड़ौदा का वह स्कूल, जहाँ हुसैन की चित्रकारी का अंकुर फूटा, आज पूरी दुनिया का गर्व बना हुआ है। दूसरा अंश है—'रानीपुर बाज़ार', जहाँ हुसैन को व्यापार की ओर मोड़ा जा रहा था, किंतु उनकी चित्रकारी का जादू अपनी ही राह तलाशता रहा और अंतत: पिताजी की रोशनखयाली ने उन्हें एक महान चित्रकार बना दिया। इस आत्मकथा के माध्यम से लेखक का उद्देश्य यह बताना है कि यदि प्रतिभावान बच्चों को विकास का सही अवसर और सही दिशा मिल जाए, तो जीवन सार्थक हो सकता है।

पाठ का सार

बड़ौदा का बोर्डिंग स्कूल

मकबूल को बोर्डिंग स्कूल भेजने का उद्देश्य

मकबूल (लेखक) को अपने दादा से बहुत प्रेम तथा लगाव था। दादाजी का देहांत हो जाने के पश्चात् वह उनकी याद में डूबा रहता था। दिनभर अपने दादा के कमरे में बंद रहता था। सोता भी था तो दादा के बिस्तर पर और वही भूरी अचकन ओढ़े, जैसे दादा के बगल में सोया हुआ हो। वह किसी से न तो बातचीत करता और न ही उसका अन्य किसी कार्य में मन लगता था। मकबूल के पिता से यह सब देखा नहीं जा रहा था। वह बालक मकबूल का परिवेश बदलना चाहते थे, जिससे उसका गुमसुम रहना समाप्त हो जाए और वह अपने वास्तविक जीवन में पुन: लौट आए। पिताजी ने उसे बड़ौदा के एक ऐसे स्कूल में भेजने का निर्णय लिया, जहाँ छात्रावास में रहन-सहन की सुविधा

भी उपलब्ध हो। पिताजी ने उसके (मकबूल) चाचा को आदेश देते हुए कहा, "इसे बड़ौदा छोड़ आओ, वहाँ लड़कों के साथ इसका दिल लग जाएगा। पढ़ाई के साथ मज़हबी तालीम, रोज़ा, नमाज़, अच्छे आचरण के चालीस सबक, पाकीज़गी के बारह तरीके सीख जाएगा।"

बड़ौदा शहर तथा बोर्डिंग स्कूल

बड़ौदा साफ़-सुथरा शहर है। यहाँ 'हिज़ हाइनेस' की पाँच धातुओं से बनी घोड़े पर सवार मूर्ति है। मकबूल को महाराजा सियाजीराव के इसी आकर्षक शहर के सुलेमानी जमात के बोर्डिंग स्कूल में दाखिल कराया गया। इस स्कूल का संचालन व कार्यभार सँभालने का कार्य नेशनल कांग्रेस और गाँधीजी के अनुयायी जी. एम. हकीम अब्बास तैयबजी (गुजरात की मशहूर 'अरके तिहाल' की ख्याति वाले) करते थे। गाँधीजी के प्रभाव के कारण छात्रों के मुंडे सिर पर गाँधी टोपी और बदन (शरीर) पर खादी का कुर्ता-पायज़ामा पहनना अनिवार्य था।

बोर्डिंग स्कूल के अध्यापक व अन्य कर्मचारीगण

इस स्कूल में मौलवी अकबर धार्मिक विद्वान, कुरान और उर्दू साहित्य की शिक्षा देते थे। 'केशवलाल' गुजराती भाषा के वर्ग शिक्षक थे, 'मेजर अब्दुल्ला पठान' स्काउट मास्टर और 'गुलज़मा खान' बैंड मास्टर थे। बावर्ची गुलाम की रोटियाँ तथा बीबी नरगिस का सालन गोश्त भी लेखक की स्मृति में बसा हुआ है।

मकबूल की मित्र-मंडली

मकबूल को जिस बोर्डिंग स्कूल में भेजा गया, वहाँ उसकी दोस्ती छः लड़कों से होती है। मात्र दो वर्ष की मित्रता जीवनभर दिल की निकटता बनी रही अर्थात् कभी दिल की दूरी में बदल न पाई। आगे चलकर उसके उन्हीं दोस्तों में से मोहम्मद इब्राहीम गोहर अली, जो डभोई का अत्तर (इत्र) व्यापारी, अरशद सियाजी रेडियो की आवाज़ बना, तो हामिद कंबर हुसैन कराची जा पहुँचा। अब्बासजी अहमद मोती की तलाश में कुवैत जा पहुँचा। अब्बास अली फ़िदा बंबई पहुँच मस्जिद का मेंबर बन गया। अपने-अपने कार्य-क्षेत्र में अलग होते हुए भी लेखक मकबूल की स्मृतियों में सभी दोस्त बसे हुए थे।

फ़ोटो खिंचवाने का शौक

लेखक मदरसे के सालाना जलसे का वर्णन करते हुए कहता है कि यहाँ सिर्फ़ खास मेहमानों और उस्तादों का 'ग्रुप फ़ोटोग्राफ़' खींचा जा रहा था। वे लड़कों की भीड़ में खड़े मौके की तलाश में थे। जैसे ही लुकमानी ने फोकस जमाया और 'रेडी' कहा, वे दौड़कर ग्रुप के कोने में खड़े हो गए। इस तरह उस्तादों की बिना इजाज़त उन्होंने अपनी बहुत-सी तस्वीरें खिंचवाई थीं।

मकबूल की प्रतिभा उजागर होना

मकबूल अपने विद्यालय में की जाने वाली गतिविधियों का वर्णन करते हुए कहते हैं कि मैंने हाई जंप में प्रथम स्थान पाया, लेकिन दौड़ में फिसड्डी साबित हुआ। एक दिन मोहम्मद अतहर (ड्रॉइंग मास्टर) ने ब्लैक बोर्ड पर एक बहुत बड़ी चिड़िया का चित्र बनाया और सभी लड़कों से कहा—"अपनी-अपनी स्लेट पर इसकी नकल करो।" मकबूल ने हू-ब-हू वैसी ही चिड़िया अपनी स्लेट पर बनाई। ऐसा प्रतीत हो रहा था मानो ब्लैक बोर्ड से चिड़िया उड़कर स्लेट पर आ बैठी हो।

इसी प्रकार, गाँधी जयंती के अवसर पर कक्षा आरंभ होने से पूर्व मकबूल ने गाँधीजी का पोर्ट्रेट ब्लैक बोर्ड पर बनाया था। अब्बास तैयबजी इस चित्र की जीवंतता को देख प्रसन्न हो गए।

रानीपुर बाजार

मकबूल की ड्रॉइंग व पेंटिंग के प्रति अभिरुचि

रानीपुर बाज़ार में चाचा मुराद अली, जो पहलवानी करते थे, को उनके बड़े भाई फ़िदा ने एक जनरल स्टोर की दुकान खुलवाई। जब मकबूल की छुट्टी होती तो उन्हें भी दुकान पर बैठने के लिए भेजा जाता था, ताकि वह बिज़नेस के गुण सीख लें, किंतु वह दुकान पर बैठे-बैठे भी स्केच बनाते रहते थे। जनरल स्टोर के सामने से रोज़ गुज़रने वाली मेहतरानी का, गेहूँ की बोरी उठाने वाले मज़दूर की पेंचवाली पगड़ी का, पठान की दाढ़ी और माथे पर सिज़दे के निशान का, बुरका पहने औरत और बकरी के बच्चे आदि का भी स्केच उन्होंने बनाया।

जनरल स्टोर के ठीक से न चलने पर कपड़े की दुकान खुलवाई गई। जब कपड़े की दुकान भी नहीं चली तो तोपखाना रोड पर एक आलीशान रेस्तराँ खुलवाया गया। मकबूल इन सभी स्थानों पर आकर तो बैठा करता था, लेकिन उनका सारा जोर ड्रॉइंग और पेंटिंग पर ही होता था।

पहली ऑयल पेंटिंग तथा उसका परिणाम

एक दिन दुकान के सामने से फ़िल्मी विज्ञापन का ताँगा गुज़रा। मकबूल ने सोचा कि उस विज्ञापन की ऑयल पेंटिंग बनानी चाहिए। पिताजी तो उन्हें व्यापारी बनाने के सपने देख रहे थे, भला वे रंग क्यों दिलाते?

इस फ़िल्मी विज्ञापन के पोस्टर ने मकबूल को इस प्रकार प्रेरित किया कि उसने स्कूल की अपनी दो किताबें बेचकर ऑयल कलर की दो ट्यूबें खरीद लीं और पहली ऑयल पेंटिंग चाचा की दुकान पर बैठकर बनाई। जब चाचा ने उस पेंटिंग को देखा, तो वह बहुत क्रोधित हुए, लेकिन मकबूल के पिताजी उस पेंटिंग को देखकर इतने प्रसन्न हुए कि उन्होंने मकबूल को गले से लगा लिया।

मकबूल की बेंद्रे साहब से भेंट

जिस समय मकबूल इंदौर सर्राफ़ा बाज़ार के करीब ताँबे-पीतल की दुकानों की गली में लैंडस्केप बना रहे थे, वहीं बेंद्रे साहब भी ऑनस्पॉट पेंटिंग करते मिले। मकबूल उनकी पेंटिंग की तकनीक से काफी प्रभावित हुए। इस मुलाकात के कारण ही मकबूल अकसर बेंद्रे के साथ 'लैंडस्केप' पेंट करने जाया करते थे।

मॉडर्न आर्ट का पहला क्रांतिकारी कदम

वर्ष 1933 में बेंद्रे ने कैनवास पर एक बड़ी-सी पेंटिंग घर में पेंट करना आरंभ की। इस पेंटिंग का नाम 'वैगबांड' था। इस पेंटिंग पर बेंद्रे को 'बंबई आर्ट सोसायटी' ने चाँदी का मेडल दिया। हिंदुस्तानी मॉडर्न आर्ट का यह पहला क्रांतिकारी कदम था। इस प्रकार, कुछ अर्से बाद बेंद्रे बड़ौदा पहुँचकर 'फैकल्टी ऑफ फाइन आर्ट' के डीन बन गए।

मकबूल के घर बेंद्रे

बेंद्रे के डीन बनने के बाद भी मकबूल उनके पास जाते रहे और एक दिन बेंद्रे को अपने घर बुलाकर अपने अब्बा से मिलवाया। बेंद्रे ने अब्बा से मकबूल के काम पर बात की जिसका परिणाम यह हुआ कि दूसरे दिन अब्बा ने बंबई से 'विनसर न्यूटन' ऑयल ट्यूब और कैनवास मँगवाने का ऑर्डर भेज दिया।

पिताजी की स्वच्छंदतावादी सोच

आज मकबूल को इस बात पर आश्चर्य होता है कि उनके पिता ने मौलवियों के पड़ोस में रहकर भी अपने पुत्र को चित्रकला के लिए प्रोत्साहित किया, जबकि यह आर्ट तो राजे-महाराजों के लिए ही सीमित थी। मकबूल के अब्बा ने न जाने कैसे पचास साल की दूरी को पाटते हुए बेंद्रे की सलाह पर सभी प्रतिबंधों को तोड़ते हुए अपने बेटे को जीवन में रंग भरने की स्वीकृति दे दी।

शब्दार्थ

चल बसना—मर जाना; **बोर्डिंग स्कूल**—आवासीय विद्यालय; **दाखिल**—प्रवेश; **अचकन**—घुटनों तक का बंद गले का कोट; **हवाले**—सुपुर्द; **हुकुम**—आज्ञा; **मज़हबी**—धर्म विशेष से संबंध रखने वाली/वाला; **तालीम**—शिक्षा; **सबक**—पाठ; **पाकीज़गी**—शुद्धता/पवित्रता; **हिज़ हाइनेस**—महाराजाधिराज; **बिरतानिया**—ब्रिटेन; **अरके तिहाल**—यूनानी दवा का एक नाम; **अनुयायी**—समर्थक; **उस्ताद**—विद्वान ; **ज़बान**—भाषा; **सालन**—शोरवादार खाने वाली वस्तु; **गोस्त**—मांस; **अहाता**—परिसर; **हीले**—टालमटोल; **अत्तर** (अतर)—सुगंध/इत्र; **जिस्म**—शरीर; **अंदाज़**—ढंग; **दिलकश**—मन को लुभाने वाला/चित्ताकर्षक; **लहज़ा**—तरीका; **खामोश**—शांत; **जलसा**—उत्सव; **इजाज़त**—अनुमति; **हाई जंप**—ऊँची कूद; **फिसड्डी**—पिछड़ा हुआ; **सालगिरह**—वर्षगाँठ; **पोर्ट्रेट**—हाथ की बनी तस्वीर; **इलम**—ज्ञान; **बाकायदा**—नियमानुसार; **कस्बा**—क्षेत्र; **कमाल**—दक्षता; **हुनर**—खूबी; **टैक्सटाइल**—वस्त्र/कपड़ा; **बिज़नेस**—व्यापार; **दिलचस्पी**—रुचि/रुझान; **बामशक्कत कैद**—सश्रम कारावास; **आलीशान**—शानदार; **स्केच**—चित्र; **मेहतरानी**—सफ़ाई का काम करने वाली स्त्री; **सिज़दा**—माथा टेकना/खुदा के आगे सिर झुकाना; **इश्तिहार**—विज्ञापन; **सर्राफ़ा बाज़ार**—आभूषण एवं बर्तनों के बिकने की जगह; **ऑनस्पॉट**—स्थल पर; **टेकनीक**—तकनीक; **टिंटेड पेपर**—चित्रकला में प्रयुक्त होने वाला कागज़; **इत्तेफाक**—अचानक; **कैनवास**—चित्र बनाने का कपड़ा; **मॉडल**—नमूना; **इंप्रेशन**—छवि; **रियलिज़्म**—यथार्थवाद; **तज़ुर्बा**—अनुभव; **अर्सा**—समय; **हर दिल अज़ीज़**—सबका प्रिय; **ताज्जुब**—आश्चर्य; **इख़्तियार**—अपनाना; **राज़ी**—तैयार; **शगल**—शौक; **अय्याश**—विलासिता पसंद; **रोशनखयाली**—आज़ाद सोच; **मशवरा**—सलाह; **रिवायती**—पारंपरिक; **बंदिश**—बंधन।

पाठ्यपुस्तक (अंतराल भाग-1) के प्रश्नोत्तर

1. लेखक ने अपने पाँच मित्रों के जो शब्द-चित्र प्रस्तुत किए हैं, उनसे उनके अलग-अलग व्यक्तित्व की झलक मिलती है। फिर भी वे घनिष्ठ मित्र हैं, कैसे?

उत्तर लेखक को जिस बोर्डिंग स्कूल में भेजा गया, वहाँ उसकी दोस्ती कुछ लड़कों से होती है। उन दोस्तों में छोटे कद वाला, गुणों का भंडार व सुगंध का शौकीन मोहम्मद इब्राहीम गोहर अली, डभोई का अत्तर व्यापारी बना। संगीत व खाने का शौकीन हँसमुख चेहरे वाला अरशद सियाजी रेडियो की आवाज़ बना तो कुश्ती व दंड-बैठक करने वाला खुशमिज़ाज, गप्पी दोस्त हामिद कंबर हुसैन कराची जा बसा। जापानी खिंची आँखें, गठा जिस्म, अनोखे ढंग से हँसने वाला, स्वभाव से बिज़नेसमैन अब्बासजी अहमद मोती की तलाश में कुवैत जा पहुँचा। मृदुभाषी, ऊँचे माथे वाला, समय का पाबंद, शांत तबियत वाला, पुस्तक प्रेमी अब्बास अली फ़िदा बंबई पहुँच मस्ज़िद का मेंबर बन गया। अपने-अपने कार्य-क्षेत्र में अलग होते हुए भी लेखक से इनकी मित्रता में कोई प्रभाव नहीं पड़ा, क्योंकि उनमें वैचारिक समानता थी। पाँचों ने एक-दूसरे के गुणों को देखा और पसंद किया। उनकी मित्रता स्वार्थहीन थी, इसलिए लेखक की स्मृतियों में सभी दोस्त बसे हुए हैं। मात्र दो वर्ष की मित्रता जीवनभर दिल की निकटता बनी रही अर्थात् कभी दिल की दूरी में बदल नहीं पाई।

2. 'प्रतिभा छुपाए नहीं छुपती' कथन के आधार पर मकबूल फ़िदा हुसैन के व्यक्तित्व पर प्रकाश डालिए।

उत्तर हुसैन ने अपने कलाकार जीवन का आरंभ सिनेमा होर्डिंग के पेंटर के रूप में किया और बाद में वे स्वयं कई फ़िल्मों के निर्माण से जुड़े। हमेशा चर्चा और विवादों में बने रहने वाले हुसैन ने ललित कला अकादमी की प्रथम राष्ट्रीय प्रदर्शनी में प्रथम पुरस्कार पाया। उन्हें वर्ष 1966 में पद्मश्री, वर्ष 1973 में पद्मभूषण और वर्ष 1991 में पद्मविभूषण से अलंकृत किया गया। हुसैन ने वर्ष 1967 में 'थ्रू द आइज़ ऑफ़ ए पेंटर' नामक वृत्तचित्र बनाया, जो बर्लिन में पुरस्कृत हुआ। उन्होंने कई श्रृंखलाओं में चित्र बनाए। हुसैन ने युवा कलाकारों के लिए कला का एक नया और विशाल बाज़ार खड़ा किया। यही नहीं, उन्होंने दो हिंदी फ़िल्मों (गजगामिनी एवं मीनाक्षी : ए टेल ऑफ़ थ्री सिटीज) का निर्माण भी किया। अंतर्राष्ट्रीय पत्रिका 'फोर्ब्स' ने उन्हें 'द पिकासो ऑफ़ इंडिया' की उपाधि दी, जो पेंटिंग में उनके महत्त्व को दर्शाती है। अतः कहा जा सकता है कि 'प्रतिभा छुपाए नहीं छुपती।'

3. 'लेखक जन्मजात कलाकार है।' इस आत्मकथा में सबसे पहले यह कहाँ उद्घाटित होता है?

उत्तर मकबूल अपने विद्यालय में की जाने वाली गतिविधियों का वर्णन करते हुए कहते हैं कि मैंने हाई जंप में प्रथम स्थान पाया, लेकिन दौड़ में फिसड्डी साबित हुआ। एक दिन मोहम्मद अतहर (ड्रॉइंग मास्टर) ने ब्लैक बोर्ड पर बहुत बड़ी चिड़िया का चित्र बनाया और सभी लड़कों से कहा—"अपनी-अपनी स्लेट पर इसकी नकल करो।" मकबूल ने हू-ब-हू वैसी ही चिड़िया अपनी स्लेट पर बनाई। ऐसा प्रतीत हो रहा था मानो ब्लैक बोर्ड से चिड़िया उड़कर स्लेट पर आ बैठी हो। प्रतिभा के मूल्यांकन में लेखक (मकबूल) को दस में से दस अंक मिले। अतः इससे यह पता चलता है कि 'लेखक जन्मजात कलाकार है।'

4. दुकान पर बैठे-बैठे भी मकबूल के भीतर का कलाकार उसके किन कार्यकलापों से अभिव्यक्त होता है?

उत्तर मकबूल फ़िदा हुसैन का ड्रॉइंग और पेंटिंग से बहुत लगाव था। जब कभी वह दुकान पर बैठते, तो वहाँ भी कुछ-न-कुछ ड्रॉइंग बनाते रहते थे। पेंटिंग से उनका प्यार इतना अधिक था कि शाम को हिसाब में दस रुपये लिखते, तो किताब में बीस चित्र बना देते थे। वह दुकान के सामने से अकसर घूँघट ताने गुज़रने वाली एक मेहतरानी का स्केच, गेहूँ की बोरी उठाए मज़दूर की पेंचवाली पगड़ी का स्केच, पठान की दाढ़ी और माथे पर सिज़दे के निशान, बुरका पहने औरत और बकरी के बच्चे का स्केच बनाया करते थे। यही नहीं, एक बार जब उनकी दुकान के सामने से फ़िल्मी इश्तिहार का ताँगा गुज़रा तो उन्होंने उस इश्तिहार की ऑयल पेंटिंग बनाने का निश्चय किया और अपनी दो किताबें बेचकर ऑयल कलर खरीदे तथा पेंटिंग पूर्ण की। इन सब बातों से मकबूल के भीतर का कलाकार अभिव्यक्त होता है।

5. प्रचार-प्रसार के पुराने तरीकों और वर्तमान तरीकों में क्या फ़र्क आया है? पाठ के आधार पर बताएँ।

उत्तर प्रचार-प्रसार के पुराने तरीकों का वर्णन पाठ में किया गया है। कोल्हापुर के शांताराम की फ़िल्म 'सिंहगढ़' का विज्ञापन किया जा रहा था। इसमें फ़िल्मी इश्तिहार का एक ताँगा है, जो ब्रास बैंड के साथ शहर के गली-कूचों से गुज़रता है। फ़िल्मी इश्तिहार रंगीन पतंग के कागज़ पर हीरो-हीरोइन की तस्वीरों के साथ छपे हैं, जो बाँटे जाते हैं। वर्तमान समय में प्रचार-प्रसार का तरीका पूरी तरह से परिवर्तित हो गया है। रेडियो, टी. वी., सिनेमा, इंटरनेट, मोबाइल फोन तथा प्रिंट मीडिया ने विज्ञापन को कई गुना तीव्र एवं प्रभावशाली बना दिया है। आज तो इंटरनेट के माध्यम से अपनी वस्तुओं, सेवाओं का विज्ञापन किया जाता है।

6. कला के प्रति लोगों का नज़रिया पहले कैसा था? उसमें अब क्या बदलाव आया है?

उत्तर जिस समय लेखक बच्चा था, उस समय कला को अमीरों, राजे-महाराजों का शौक समझा जाता था। गरीब व्यक्ति तो इस विषय में सोच भी नहीं सकता था। उस समय कला आम आदमी का पेट नहीं भर सकती थी। यह केवल समय काटने का साधन थी। आज समय पूरी तरह बदल चुका है। अब किसी भी वर्ग का व्यक्ति प्रतिभा के आधार पर कला के क्षेत्र में आगे बढ़ सकता है। कला के माध्यम से वह पैसा और सम्मान दोनों कमा सकता है। आज बहुत-से ऐसे कलाकार कला के क्षेत्र में अपनी पहचान बना चुके हैं, जो मध्यम वर्ग से आते हैं। आज कला उद्योग बन चुकी है। इस क्षेत्र में रोज़गार के अवसर दिनों-दिन बढ़ते जा रहे हैं।

7. मकबूल के पिता के व्यक्तित्व की तुलना अपने पिता के व्यक्तित्व से कीजिए।

उत्तर छात्र स्वयं करें।

अभ्यास प्रश्न

पाठ पर आधारित बहुविकल्पीय प्रश्न

1. मकबूल को किससे अधिक लगाव था?

(क) अपने माता-पिता से (ख) अपनी दादी से
(ग) अपने दादा से (घ) अपने मामा से

उत्तर (ग) अपने दादा से

2. दादा के देहांत के बाद लेखक (मकबूल) का व्यवहार कैसा हो गया?

(क) वह दादा की याद में डूबा रहता था
(ख) वह दादा के कमरे में दिनभर बंद रहता था
(ग) वह किसी से बातचीत भी नहीं करता था
(घ) उपर्युक्त सभी

उत्तर (घ) उपर्युक्त सभी

3. मकबूल के पिता ने उसे कहाँ भेजने का निर्णय किया?

(क) बोर्डिंग स्कूल में
(ख) उसके मामा के घर
(ग) उसकी बड़ी बहन के घर
(घ) उपर्युक्त में से कोई नहीं

उत्तर (क) बोर्डिंग स्कूल में

4. मकबूल को किस बोर्डिंग स्कूल में दाखिल कराया गया?

(क) गाँधी बोर्डिंग स्कूल में
(ख) महाराजा सियाजीराव के बोर्डिंग स्कूल में
(ग) सुलेमानी जमात के बोर्डिंग स्कूल में
(घ) उपर्युक्त में से कोई नहीं

उत्तर (ग) सुलेमानी जमात के बोर्डिंग स्कूल में

5. कथन (A) बोर्डिंग स्कूल में छात्रों के मुंडे सिर पर गाँधी टोपी और बदन पर खादी का कुर्ता-पायजामा पहनना अनिवार्य था।
कारण (R) मकबूल पर गाँधीजी का प्रभाव था।

कूट

(क) कथन (A) और कारण (R) दोनों सही हैं तथा कारण (R), कथन (A) की सही व्याख्या करता है।
(ख) कथन (A) और कारण (R) दोनों सही हैं, परंतु कारण (R), कथन (A) की सही व्याख्या नहीं करता है।
(ग) कथन (A) सही है, किंतु कारण (R) गलत है।
(घ) कथन (A) गलत है, किंतु कारण (R) सही है।

उत्तर (ख) कथन (A) और कारण (R) दोनों सही हैं, परंतु कारण (R), कथन (A) की सही व्याख्या नहीं करता है।

6. स्कूल में मेजर अब्दुल्ला पठान कौन थे?
(क) उर्दू के शिक्षक (ख) भाषा शिक्षक
(ग) स्काउट मास्टर (घ) बैंड मास्टर

उत्तर (ग) स्काउट मास्टर

7. लेखक की स्मृति में क्या बसा हुआ है?
(क) बावर्ची गुलाम की रोटियाँ
(ख) बीबी नरगिस का सालन गोश्त
(ग) 'क' और 'ख' दोनों
(घ) उपर्युक्त में से कोई नहीं

उत्तर (ग) 'क' और 'ख' दोनों

8. मकबूल का कौन-सा मित्र इत्र व्यापारी बन गया था?
(क) अरशद सियाजी (ख) इब्राहीम गोहर अली
(ग) हामिद कंबर हुसैन (घ) अब्बासजी अहमद

उत्तर (ख) इब्राहीम गोहर अली

9. मकबूल को क्या शौक था?
(क) फोटो खिंचवाने का (ख) क्रिकेट खेलने का
(ग) बैंड बजाने का (घ) हाई जंप का

उत्तर (क) फोटो खिंचवाने का

10. मकबूल को प्रथम स्थान किसमें प्राप्त हुआ?
(क) ड्रॉइंग में (ख) दौड़ में
(ग) हाई जंप में (घ) क्रिकेट में

उत्तर (ग) हाई जंप में

11. गाँधी जयंती के अवसर पर मकबूल ने क्या किया?
(क) गाँधीजी का पोर्ट्रेट बनाया
(ख) एक चिड़िया का चित्र बनाया
(ग) एक ओजस्वी भाषण दिया
(घ) एक गीत गाया

उत्तर (क) गाँधीजी का पोर्ट्रेट बनाया

12. कथन (A) मकबूल की छुट्टी होने पर उसे दुकान पर बैठने के लिए भेजा जाता था।

कारण (R) मकबूल अच्छे-अच्छे चित्र बनाता था।

कूट
(क) कथन (A) और कारण (R) दोनों सही हैं तथा कारण (R), कथन (A) की सही व्याख्या करता है।
(ख) कथन (A) और कारण (R) दोनों सही हैं, परंतु कारण (R), कथन (A) की सही व्याख्या नहीं करता है।
(ग) कथन (A) सही है, किंतु कारण (R) गलत है।
(घ) कथन (A) गलत है, किंतु कारण (R) सही है।

उत्तर (ख) कथन (A) और कारण (R) दोनों सही हैं, परंतु कारण (R), कथन (A) की सही व्याख्या नहीं करता है।

13. मकबूल ने किसकी ऑयल पेंटिंग बनाई?
(क) एक फिल्मी विज्ञापन की (ख) एक उड़ती चिड़िया की
(ग) बुरका पहने औरत की (घ) बकरी के बच्चे की

उत्तर (क) एक फिल्मी विज्ञापन की

14. 'फैकल्टी ऑफ फाइन आर्ट' के डीन कौन बने थे?
(क) मकबूल हुसैन (ख) मोहम्मद अतहर
(ग) बेंद्रे साहब (घ) मकबूल के पिता

उत्तर (ग) बेंद्रे साहब

15. निम्नलिखित कथनों में से सही कथन का चयन कीजिए
1. मकबूल को अपने पिता द्वारा चित्रकला के लिए प्रोत्साहित करने पर आश्चर्य हुआ था।
2. बेंद्रे ने वर्ष 1933 में कैनवास पर बड़ी पेंटिंग घर में पेंट करना आरंभ की।
3. मकबूल को बंबई आर्ट सोसायटी ने चाँदी का मेडल दिया।

कूट
(क) केवल 1 (ख) 1 और 2
(ग) 2 और 3 (घ) केवल 3

उत्तर (ख) 1 और 2

विषय-वस्तु पर आधारित प्रश्नोत्तर

1. मकबूल को किसी साधारण विद्यालय में भी प्रवेश दिलाया जा सकता था, परंतु उसके पिताजी ने बोर्डिंग स्कूल में ही क्यों दाखिला दिलाया? अपने शब्दों में स्पष्ट कीजिए कि मकबूल को बोर्डिंग स्कूल भेजने के पीछे क्या उद्देश्य रहा होगा?

उत्तर मकबूल (लेखक) को अपने दादा से बहुत प्रेम तथा लगाव था। दादाजी के देहांत के पश्चात् मकबूल उनकी याद में डूबा रहता था। दिनभर अपने दादा के कमरे में बंद रहता था। सोता भी था तो दादा के बिस्तर पर और वही भूरी अचकन ओढ़े, जैसे दादाजी के बगल में सोया हुआ हो। वह किसी से न तो बातचीत करता और न ही उसका अन्य किसी कार्य में मन लगता था।

लेखक के पिता से यह सब देखा नहीं जा रहा था। वह लेखक का परिवेश बदलना चाहते थे, जिससे उसका गुमसुम रहना समाप्त हो जाए और अपने वास्तविक जीवन में वह पुनः लौट आए। पिताजी ने लेखक को बड़ौदा के एक ऐसे स्कूल में भेजने का निर्णय लिया, जहाँ छात्रावास में रहन-सहन की सुविधा भी उपलब्ध हो। पिताजी ने लेखक के चाचा को आदेश देते हुए कहा, "इसे बड़ौदा छोड़ आओ, वहाँ लड़कों के साथ इसका दिल लग जाएगा। पढ़ाई के साथ मज़हबी तालीम, रोज़ा, नमाज़, अच्छे आचरण के चालीस सबक, पाकीज़गी के बारह तरीके सीख जाएगा।" मकबूल के पिताजी ने इन्हीं सब बातों को ध्यान में रखकर उसका दाखिला बोर्डिंग स्कूल में करवाया था।

2. मकबूल को उनकी मंज़िल तक पहुँचाने में आप उनके पिताजी का कितना योगदान मानते हैं?

उत्तर मकबूल एक परिश्रमी व लगनशील बालक था। इसी परिश्रम और लगनशीलता के कारण उसने सफलता की बुलंदियों को छुआ, परंतु इसमें उनके पिताजी के योगदान को नज़रअंदाज़ नहीं किया जा सकता। उन्होंने मकबूल को आरंभिक जीवन में ही समस्याओं का सामना करना सिखा दिया था। उन्होंने प्रत्येक कदम पर मकबूल का साथ दिया। उन्होंने मकबूल की अभिरुचि को समझते हुए उसकी कद्र की तथा उसे अपनी प्रतिभा को निखारने के लिए प्रोत्साहित भी किया।

जब मकबूल ने पहली ऑयल पेंटिंग बनाई, तब जहाँ एक ओर चाचाजी क्रोधित होकर उसे डाँटने लगे, वहीं दूसरी ओर पिताजी उसकी पेंटिंग देख बहुत खुश हुए और उसे गले से लगा लिया। बेंद्रे साहब के कहने पर मकबूल के लिए बंबई से पेंट और कागज़ मँगवाया गया। इन सभी तथ्यों के आधार पर कहा जाना चाहिए कि मकबूल को उनकी मंज़िल तक पहुँचाने में पिताजी का योगदान अमूल्य है।

3. मकबूल के पिताजी के चरित्र की किन विशेषताओं को आप अपनाना चाहेंगे?

उत्तर मकबूल के पिताजी के चरित्र की निम्नलिखित विशेषताओं को मैं अपनाना चाहूँगा

(i) मकबूल जब अपने दादाजी के देहांत के बाद दुःखी व गुमसुम प्रवृत्ति का हो गया तो उसके पिताजी ने उसे छात्रावास में भर्ती करवा दिया। यह पक्ष उनकी सहानुभूति प्रवृत्ति को प्रदर्शित करता है।

(ii) जब मकबूल ने अपनी किताबें बेच ऑयल पेंट खरीदकर पहली ऑयल पेंटिंग बनाई तो उसके पिताजी ने मकबूल को प्रोत्साहित किया। अतः उत्साहवर्द्धन की प्रवृत्ति भी मकबूल के पिताजी के चरित्र में विद्यमान थी।

(iii) मकबूल के पिताजी स्वच्छंदतावादी विचारों के व्यक्ति थे। जहाँ पेंटिंग राजे-महाराजों का शौक हुआ करती थी, वहीं मकबूल के पिताजी ने अपने बेटे को इस पेंटिंग के क्षेत्र में आगे बढ़ने के लिए प्रोत्साहित किया और इसके महत्त्व को समझा।

इस प्रकार, मैं मकबूल के पिताजी में व्याप्त सहानुभूति, उत्साहवर्द्धन और स्वच्छंदतावादी विचार जैसी विशेषताओं को अपनाना चाहूँगा।

4. पाठ में वर्णित दोनों अंशों का संक्षिप्त वर्णन करते हुए स्पष्ट कीजिए कि आपको इस आत्मकथा से क्या सीख मिलती है?

उत्तर मकबूल फ़िदा हुसैन की आत्मकथा 'हुसैन की कहानी अपनी ज़बानी' का एक अंश 'बड़ौदा का बोर्डिंग स्कूल' उनके विद्यालय जीवन से जुड़ा हुआ है। यहाँ उनकी रचनात्मक प्रतिभा के अंकुर फूटे, उनके कस्बे-कमाल हुनर की पहचान हुई। बड़ौदा का वह स्कूल, जहाँ हुसैन की चित्रकारी का अंकुर फूटा, आज पूरी दुनिया का गर्व का विषय बना हुआ है।

दूसरा अंश है– 'रानीपुर बाज़ार', जहाँ हुसैन को व्यापार की ओर मोड़ा जा रहा था, किंतु उनकी चित्रकारी का जादू अपनी ही राह तलाशता रहा और अंततः पिताजी के प्रोत्साहन ने उन्हें एक महान चित्रकार बना दिया, जिससे वे ज़िंदगी के रंगों से भर गए। कहा जा सकता है कि निश्चित रूप से उनके जीवन के ये दोनों महत्त्वपूर्ण घटनाक्रम विद्यार्थी जीवन से जुड़े हैं।

अतः इस आत्मकथा के माध्यम से हमें सीख मिलती है कि यदि प्रतिभा को विकास का सही अवसर और सही दिशा मिल जाए तो जीवन सार्थक हो सकता है। हमें मेहनत कर खुद को ऐसा तैयार करना चाहिए कि अवसर मिलने पर उसका पूर्ण लाभ पाया जा सके।

5. बड़ौदा शहर तथा वहाँ के मदरसे के विषय में लेखक ने क्या बताया है?

उत्तर बड़ौदा साफ़-सुथरा शहर है। यहाँ 'हिज हाइनेस' की पाँच धातुओं से बनी घोड़े पर सवार मूर्ति भी है। मकबूल को महाराजा सियाजीराव के इसी शहर के बोर्डिंग स्कूल में दाखिल कराया गया। इस स्कूल का संचालन व कार्यभार सँभालने का कार्य नेशनल कांग्रेस और गाँधीजी के अनुयायी जी. एम. हकीम अब्बास तैयबजी (गुजरात की मशहूर 'अरके तिहाल' की ख्याति वाले) करते थे। उन पर गाँधीजी का प्रभाव होने के कारण स्कूल के छात्रों का मुंडे सिर पर गाँधी टोपी और बदन (शरीर) पर खादी का कुर्ता-पायज़ामा पहनना अनिवार्य था।

6. लेखक ने किस प्रकार अपने बचपन की शरारती प्रवृत्ति का वर्णन किया है?

उत्तर लेखक मदरसे के सालाना जलसे का वर्णन करते हुए कहता है कि यहाँ सिर्फ़ खास मेहमानों और उस्तादों का 'ग्रुप फ़ोटोग्राफ़' खींचा जा रहा था। मैं लड़कों की भीड़ में खड़ा मौके की तलाश में था। जैसे ही लुकमानी ने फोकस जमाया और 'रेडी' कहा, वे दौड़कर ग्रुप के कोने में खड़े हो गए। इस तरह उस्तादों की बिना इजाज़त उन्होंने अपनी बहुत-सी तस्वीरें खिंचवाई थीं। इन सभी क्रियाओं के आधार पर लेखक ने अपने बचपन की शरारती प्रवृत्ति का वर्णन किया है। हालाँकि मकबूल के द्वारा की गई इस शरारत के पीछे एकमात्र लालसा फ़ोटो खिंचवाने की थी।

7. पाठ के आधार पर मकबूल की उन क्रियाओं का वर्णन कीजिए, जो ड्रॉइंग व पेंटिंग के प्रति उनके स्नेह भाव को दर्शाती हों।

उत्तर रानीपुर बाज़ार में चाचा मुराद अली को उनके बड़े भाई फ़िदा ने एक जनरल स्टोर की दुकान खुलवाई। जब मकबूल की छुट्टी होती, तो उन्हें भी दुकान पर बैठने के लिए भेजा जाता था। वह दुकान पर बैठे-बैठे भी स्केच बनाते रहते थे।

उन्होंने जनरल स्टोर के सामने से रोज़ गुज़रने वाली मेहतरानी का, गेहूँ की बोरी उठाने वाले मज़दूर की पेंचवाली पगड़ी का, पठान की दाढ़ी और माथे पर सिज़दे के निशान का, बुरका पहने औरत और बकरी के बच्चे आदि का भी स्केच बनाया। जनरल स्टोर ठीक से न चलने के कारण कपड़े की दुकान खुलवाई गई। जब कपड़े की दुकान भी नहीं चली, तो तोपखाना रोड पर एक आलीशान रेस्तराँ खुलवाया गया। मकबूल इन सभी स्थानों पर आकर तो बैठा करते थे, लेकिन उनका सारा ध्यान ड्रॉइंग और पेंटिंग पर ही होता था। अतः मकबूल की ये सारी क्रियाएँ उनके ड्रॉइंग व पेंटिंग के प्रति स्नेह भाव को दर्शाती हैं।

8. मकबूल द्वारा पहली ऑयल पेंटिंग के संदर्भ में अपने विचार प्रस्तुत करते हुए उसके चाचा व पिताजी की प्रतिक्रिया का वर्णन कीजिए।

उत्तर एक दिन मकबूल के चाचा की दुकान के सामने से फ़िल्मी विज्ञापन का ताँगा गुज़रा। मकबूल ने सोचा कि उस विज्ञापन की ऑयल पेंटिंग बनानी चाहिए। पिताजी तो उन्हें व्यापारी बनाने के सपने देख रहे थे, भला वे रंग क्यों दिलाते? इस फ़िल्मी विज्ञापन के पोस्टर ने मकबूल को इस प्रकार प्रेरित किया कि उसने स्कूल की अपनी दो किताबें बेचकर ऑयल कलर की दो ट्यूबें खरीद लीं और पहली ऑयल पेंटिंग चाचा की दुकान पर बैठकर बनाई। जब चाचा ने उस पेंटिंग को देखा तो वह बहुत क्रोधित हुए, लेकिन मकबूल के पिताजी उस पेंटिंग को देखकर इतने प्रसन्न हुए कि उन्होंने मकबूल को गले से लगा लिया।

इस प्रकार, मकबूल के चित्र का उनके चाचा पर नकारात्मक, जबकि उनके पिताजी पर सकारात्मक प्रभाव पड़ा।

9. बेंद्रे साहब कौन थे? उन्होंने पेंटिंग के क्षेत्र में क्या किया?

उत्तर बेंद्रे साहब इंदौर सर्राफ़ा बाज़ार में ऑनस्पॉट पेंटिंग करते थे। उनकी प्रभावशाली पेंटिंग के कारण ही उन्हें 'फैकल्टी ऑफ़ फ़ाइन आर्ट' का डीन बनाया गया। वर्ष 1933 में बेंद्रे ने कैनवास पर एक बड़ी-सी पेंटिंग घर में पेंट करनी आरंभ की। इस पेंटिंग का नाम 'वैगबांड' था। इस पेंटिंग पर बेंद्रे को 'बंबई आर्ट सोसायटी' ने चाँदी का मेडल दिया।

हिंदुस्तानी मॉडर्न आर्ट का यह पहला क्रांतिकारी कदम था। बेंद्रे साहब अच्छे पेंटर होने के साथ-साथ कला के सच्चे पारखी भी थे। उन्होंने बालक मकबूल में छिपी प्रतिभा को पहचाना और उन्हें आगे बढ़ाने के लिए हरसंभव कोशिश भी की, जिसका परिणाम अच्छा निकला और मकबूल विश्वविख्यात कलाकार बने।

स्व-मूल्यांकन

पाठ पर आधारित बहुविकल्पीय प्रश्न

1. किस वर्ष हुसैन ने 'थ्रू द आइज ऑफ ए पेंटर' नामक वृत्तचित्र बनाया?
(क) वर्ष 1967 (ख) वर्ष 1970
(ग) वर्ष 1985 (घ) वर्ष 2011

2. बड़ौदा कैसा शहर है?
(क) भीड-भाड़ वाला (ख) गन्दगी भरा
(ग) साफ-सुथरा (घ) ये सभी

3. मोहम्मद अतहर थे
(क) कबूतरबाज
(ख) ड्रॉइंग मास्टर
(ग) क्रिकेटर
(घ) गायक

4. मकबूल ने क्या बेचकर ऑयल कलर की ट्यूबें खरीदीं?
(क) अपनी साइकिल
(ख) अपनी तलवार
(ग) अपने जूते
(घ) अपनी किताबें

5. वर्ष 1933 में बेंद्रे द्वारा बनाई गई पेंटिंग का क्या नाम था?
(क) वैगबांड (ख) लैंडस्केप
(ग) हिज डाइनेस (घ) इनमें से कोई नहीं

विषय-वस्तु पर आधारित प्रश्न

निम्नलिखित प्रश्नों के उत्तर दीजिए।

1. मदरसे के जलसे में मकबूल ने किस प्रकार अपनी प्रतिभा का प्रदर्शन किया?

2. मकबूल की इंदौर में बेंद्रे साहब से मुलाकात उनके जीवन और कला पर कैसे प्रभाव डालती है?

3. बेंद्रे साहब की 'वैगबांड' पेंटिंग की विशेषताएँ लिखिए और बताइए कि उसका मकबूल पर क्या प्रभाव पड़ा?

4. मकबूल के अब्बा ने उनके कला के प्रति झुकाव को कैसे प्रोत्साहित किया?

5. बड़ौदा और इंदौर के सामाजिक और सांस्कृतिक परिवेश का मकबूल की कला पर क्या प्रभाव पड़ा?

6. मकबूल ने किस प्रकार पारंपरिक सीमाओं को तोड़कर अपने कला जीवन को नई दिशा दी? अपने विचार व्यक्त कीजिए।

7. सुलेमानी जमात के बोर्डिंग स्कूल के शिक्षक और उनकी शिक्षण पद्धति का वर्णन कीजिए।

8. मकबूल के पिताजी ने उनके कला के प्रति जुनून को समझकर उन्हें प्रोत्साहित किया। अगर उनके पिताजी ने ऐसा न किया होता, तो मकबूल का जीवन और कला किस दिशा में विकसित हो सकती थी? अपने विचार व्यक्त कीजिए।

02

अध्याय

लेखक-परिचय

प्रसिद्ध हिंदी साहित्यकार विष्णु प्रभाकर का जन्म वर्ष 1912 में मुजफ्फरनगर (उत्तर प्रदेश) में हुआ था। इनका बाल्यकाल हरियाणा में बीता। उन्होंने कहानी, उपन्यास, जीवनी, नाटक, रिपोर्ताज आदि विधाओं में 60 से अधिक रचनाएँ कीं। उनकी प्रमुख कृतियाँ आवारा मसीहा (शरतचंद्र की जीवनी), ढलती रात, स्वप्नमयी, प्रकाश और परछाइयाँ तथा जाने-अनजाने हैं। उनकी रचनाओं में स्वदेश प्रेम, राष्ट्रीय चेतना और समाज-सुधार का भाव प्रमुख था, जिसके चलते उन्होंने सरकारी नौकरी छोड़ी। गाँधीवादी विचारों से प्रेरित विष्णु प्रभाकर को 'आवारा मसीहा' के लिए साहित्य अकादमी पुरस्कार मिला। मृत्यु से पहले उन्होंने अपना शरीर चिकित्सा शोध के लिए एम्स, दिल्ली को दान करने का निर्णय लिया, जिसे उनके निधन के बाद पूरा किया गया। वर्ष 2009 में उनका देहावसान हो गया।

- **अध्ययन के लिए**
  - पाठ की रूपरेखा
  - पाठ का सार
- **अभ्यास के लिए**
  - पाठ्यपुस्तक के प्रश्नोत्तर
  - पाठ पर आधारित बहुविकल्पीय प्रश्न
  - विषय-वस्तु पर आधारित प्रश्नोत्तर

आवारा मसीहा

(विष्णु प्रभाकर)

पाठ की रूपरेखा

प्रस्तुत पाठ विष्णु प्रभाकर कृत 'आवारा मसीहा' के प्रथम पर्व 'दिशाहारा' से उद्धृत है। विश्वविख्यात कथाकार शरत् चंद्र के जीवन को आधार बनाकर लिखी गई इस रचना में उनके जीवन के विभिन्न पहलुओं को बड़ी ही सूक्ष्मता के साथ उकेरा गया है। जीवनी के इस अंश में शरत् के शैशव से किशोरावस्था तक का वर्णन है। इसमें पारिवारिक पृष्ठभूमि के अतिरिक्त उनके बचपन की शरारतों, सामाजिक रीति-रिवाजों व क्रियाकलापों के प्रतिक्रियास्वरूप उत्पन्न गहरी संवेदनाओं, पठन-लेखन सहित अन्य रुचियों तथा प्रेमानुभूतियों का सजीव चित्रण किया गया है। शरत् की रचनाओं के प्राय: पात्र उनके वास्तविक जीवन से ही लिए गए हैं, इस कारण वे काल्पनिक होते हुए भी जीवंत हैं। पाठ में शरत् के अभावग्रस्त व संघर्षशील जीवन और उनके विद्रोही व्यक्तित्व को भी बड़े ही आकर्षक ढंग से उभारने की कोशिश की गई है।

पाठ का सार

भागलपुर से विदा होने का दुःख

गर्मी के दिन थे। स्कूल की आधी छुट्टी हो गई थी। घर लौटकर शरत् उम्र में अपने से छोटे मामा सुरेंद्र के साथ पुराने बाग की ओर चल पड़ता है। अब वह ननिहाल से चला जाएगा, यह सोचकर दोनों मित्र उदास थे। बाग में पहुँचकर शरत् एक पेड़ पर बैठ जाता है और कहता है कि उसे गंगा और झाऊ वन से विशेष लगाव है, इसलिए वह भागलपुर फिर आएगा यह सुन सुरेंद्र खुश होता है। उसके बाद शरत् पेड़ पर चढ़ने की कला का उल्लेख करने लगता है कि विपत्ति आने पर हिंसक पशुओं से रक्षा करने में यह किस प्रकार मददगार है। फिर वह एक कपड़े से कमर को पेड़ की एक मोटी शाखा से बाँधकर लेट जाता है और कहता है कि इस प्रकार रात काटी जा सकती है।

ननिहाल में अपनी पीढ़ी का सबसे बड़ा लड़का होने के कारण शरत् सबका प्यारा था। पहली बार वहाँ आने पर उसके नाना केदारनाथ ने कमर में सोने की तगड़ी पहनाकर उसे गोद में उठाया था। इस बार वहाँ रहते हुए उसे तीन वर्ष हो गए थे।

शरत् के पिता के शौक

शरत् के पिता मोतीलाल घुमक्कड़ स्वभाव वाले स्वप्नदर्शी व्यक्ति थे। वे किसी भी नौकरी से बँधकर न रह सके। साहित्य रचने और चित्रकला में उनकी गहरी रुचि थी, किंतु उनकी कोई भी साहित्यिक कृति अथवा चित्र पूरा न हो सका। रोज़ी-रोटी की समस्या आ खड़ी होने के पश्चात् शरत् की माँ भुवनमोहिनी सपरिवार भागलपुर चली आई थीं। मोतीलाल एक बार फिर घर-जँवाई बनकर रहने लगे।

छात्रवृत्ति कक्षा में प्रवेश

भागलपुर आने पर शरत् के नाना ने उसका नामांकन दुर्गाचरण एम. ई. स्कूल की छात्रवृत्ति कक्षा (छठी क्लास) में करवा दिया। वे (नाना) स्कूल के मंत्री थे। अब तक केवल 'बोधोदय' से ही परिचित शरत् को अब प्रतिदिन पंडित जी के समक्ष खड़े होकर 'सीता-वनवास', 'चारु पाठ', 'सद्भाव-सद्गुरु' और 'प्रकांड व्याकरण' के सबक सुनाने पड़ते थे, जो उसके लिए किसी सज़ा से कम न था, लेकिन उसे कक्षा में किसी से पीछे रहना भी पसंद न था। अत: कम ही समय में मेहनत के बल पर उसने कक्षा में अपनी पहचान बना ली।

शरत् की शरारतें

शरत् बचपन से ही बड़ा शरारती था। छोटे नाना अघोरनाथ का पुत्र मणींद्र शरत् का सहपाठी था। डंडे पर विश्वास रखने वाले अक्षय पंडित घर आकर दोनों को पढ़ाया करते थे। एक दिन पंडित जी के बीमार पड़ने की बात सुनकर शरत् के नाना केदारनाथ ने अपने सेवक मुशाई से कहकर लालटेन जलवाई और उन्हें देखने चल पड़े। यह देख अन्य बच्चों संग पाठ याद कर रहे शरत् ने घोषणा की, "कैट इज आउट, लेट माउस प्ले" और फिर सभी बच्चे खुश होकर समूह गान गाने लगे।

इसी प्रकार, एक दिन नाना के सो जाने पर जब शरत् का छोटा मामा देवी भी सो गया, तब न जाने कहाँ से एक चमगादड़ बच्चों के सिर पर आकर मँडराने लगा। शरत् और मणि लाठियाँ लेकर घर में घुस आए और चमगादड़ को पकड़ने लगे।

इस दौरान लाठी के दीये में लग जाने से दीया बुझ गया और तेल चादर पर फैल गया। जब तक नाना की नींद खुली, तब तक दोनों भाग चुके थे। नाना के कहने पर मुशाई ने दीया जलाया और उन्हें बताया कि देवी दीया गिराकर चुपचाप सो गया है। नाना ने कान पकड़कर देवी को उठाया और इस अक्षम्य अपराध के लिए उसे अस्तबल में बंद करवा दिया। अगले दिन रिश्वत देकर शरत् ने अपने मामा को मनाया। बच्चों को पढ़ाने-लिखाने की ज़िम्मेदारी शरत् के बड़े मामा ठाकुरदास निभाते थे। एक दिन गंगा किनारे घूमते पकड़े जाने पर उन्होंने सभी बच्चों की परीक्षा ली। देवी 'जगन्नाथ' शब्द का सही संधि-विच्छेद न कर सका, उसकी पिटाई कर उसे अस्तबल में बंद कर दिया गया।

स्कूल में शैतानियाँ

शरत् स्कूल में भी शैतानी करने से बाज़ नहीं आता था। स्कूल की घड़ी की देख-रेख की जिम्मेदारी अक्षय पंडित पर था। किंतु जब वे थोड़ी देर के लिए तंबाकू के उद्देश्य से कक्ष से बाहर जाते, तब शरत् का इशारा पाकर अन्य बच्चे झट से घड़ी की सुई को आगे बढ़ा देते। कई दिनों तक यह क्रम जारी रहा। घड़ी कभी दस मिनट तो कभी एक घंटे तक आगे चलती। अंतत: शंका होने पर एक दिन पंडित जी ने बच्चों को एक-दूसरे के कंधे पर चढ़कर यह शरारत करते देख ही लिया। सभी बच्चे तो नौ दो ग्यारह हो गए, लेकिन शरत् अपनी सीट पर ही बैठा रहा। इस कार्य में मुख्य भूमिका निभाने के बावजूद शरत् ने इस प्रकार सफाई दी कि पंडित जी को उसकी झूठी बातों पर सहज विश्वास हो गया। अदम्य साहस और सूझ-बूझ से पूर्ण रहने के कारण शरत् को न केवल अपने घर के बच्चों, बल्कि स्कूल के बच्चों के नेतृत्व की ज़िम्मेदारी भी सौंप दी गई।

शरत् के शौक

शरत् पशु-पक्षी पालने और पेड़-पौधे लगाने का शौकीन था। उसके उद्यान में जूही, बेला, चंद्रमल्लिका, गेंदा आदि के फूल खिलते थे। उसने उद्यान के मध्य एक तलैया भी बना रखा था, जिस पर टूटे शीशे का आवरण था। उसने बड़े शौक से काठ के बक्से में रंग-बिरंगी तितलियों को पाल रखा था और बड़े जतन से उनकी देखभाल करता था। इस कार्य में घर-पड़ोस के बच्चे भी उसका साथ देते थे। किंतु शरत् को ये सारे कार्य नाना से छुपकर करने पड़ते थे, क्योंकि उनका मानना था कि विद्यार्थियों को सिर्फ पढ़ने-लिखने का ही अधिकार देना चाहिए।

खेलों से लगाव

छात्रवृत्ति की परीक्षा पास करने के बाद शरत् का दाखिला अंग्रेज़ी स्कूल में करवा दिया गया, किंतु जल्द ही वहाँ भी उसकी प्रतिभा सबके सम्मुख आ गई। शरत् को पतंग उड़ाने के साथ-साथ लट्टू नचाने, गोली और गुल्ली-डंडा खेलने में भी बड़ा आनंद आता था। यद्यपि ये सब खेल गांगुली परिवार में निषिद्ध थे। शरत् के माँझे के सामने सबके माँझे फीके पड़ जाते थे और विरोधियों की पतंगें कुछ ही देर में कटकर नीचे गिर जाती थीं।

फल चुराने की कला में प्रवीण

शरत् फल चुराने की कला भी बखूबी जानता था। मालिकों की लाख निगरानी के बावजूद वह बागों से फल तोड़ ही लाता था। उनकी रचनाओं के देवदास, श्रीकांत, दुर्दांतराम तथा सव्यसाची जैसे विशिष्ट पात्र भी इस कला में प्रवीण थे। दुर्दांतराम की भाभी नरायनी ने तो चोरी की शिकायत पर उसे कलमुँहा कहकर एक पैर पर खड़ा भी करवाया था।

सौंदर्य बोध की प्रचुरता

शरत् में अपने पिता की तरह सौंदर्य बोध की प्रचुरता थी। वह अपनी किताबें, कॉपियाँ चमकाकर रखता था। वह जीती हुई गोलियाँ, लट्टू आदि चीज़ें बच्चों में बाँट देता था। अपरिग्रही शरत् ने नींद तथा आहार को भी वश में कर रखा था। उनकी पात्र 'बड़ी बहू' अल्पाहार का ही तो विरोध करती रही है।

कुश्ती का शौक

शरत् के नाना के घर के उत्तर में एक वीरान-सा महल था, जिसमें एक-एक कर कई लोगों की जान जा चुकी थी। उसी भूतावास के आँगन में शरत् ने कुश्ती का अखाड़ा तैयार किया था। 'गोले' की जगह गंगा के गोल-गोल पत्थर और 'पैरेलल बार' की जगह बाँस के टुकड़े की व्यवस्था की गई। शरत् रोज दल-बल के साथ वहाँ आते थे। इसी बीच एक दिन एक बालक को चोट लग गई, तब उस अड्डे का भेद खुल गया और बच्चों की खूब खैर-खबर ली गई।

एक बार जब गंगा कुछ दूर चली गई थी, तब शरत् अपने मणि मामा के साथ बीच में बने छोटे ताल के लाल जल में स्नान कर आया। बस फिर क्या था उनके घर आने पर अघोरनाथ ने मणि की ऐसी पिटाई की कि वह पाँच-सात दिन बीमार पड़ा रहा। शरत् गोदाम में जा छुपा था, जहाँ उसकी छोटी नानी उसे खाना पहुँचाती थी।

पिता का संग्रहालय/साँप का मंत्र

शरत् के सिर पढ़ने की धुन सवार रहती थी। एक बार पिता के संग्रहालय में से 'संसार कोश' नामक पुस्तक शरत् के हाथ लग गई, जिसमें दुनियाभर के विषयों के साथ-साथ गुरुजनों के दंड से छुटकारा पाने और साँपों को वश में करने का मंत्र भी लिखा था। मित्रों को गुरुजनों के दंड से बचने का मंत्र सिखाने के बाद वह साँप वाले मंत्र को जल्द आजमाना चाहता था, इधर हाल ही में एक साँप के काटने पर शरत् की जान बच पाई थी। काफी खोज करने के बाद अमरूद के पेड़ के नीचे मलबे में गोखरू साँप के बच्चे के छिपे होने का पता चला। बच्चों के छेड़ने पर उस विषैले बाल सर्प ने बाहर निकलकर फन उठा लिया। अगले ही क्षण शरत् ने उसके आगे एक हाथ लंबी बेल की जड़ रख दी, लेकिन सर्प ने न तो सिर नीचा किया और न ही वह निर्जीव हुआ, जैसा कि पुस्तक में लिखा था, बल्कि बार-बार वह उस जड़ को डसता रहा। इससे पहले कि वह सर्प किसी को हानि पहुँचाता, मणि मामा ने वहाँ आकर उसे मार डाला। शरत् ने अपनी रचनाओं— 'श्रीकांत', 'विलासी' आदि में साँपों को वश में करने की विद्या की खूब अच्छी चर्चा की है। 'विलासी' का 'मृत्युंजय' साँप को जड़ी दिखाकर भगाने से पूर्व उसके मुँह को लोहे की गरम सींक से कई बार दागने की बात करता है।

शरत् का तपोवन

शरत् दोस्तों के बीच से कभी-कभी अचानक गायब हो जाता था। लौटकर आने के पश्चात् उनके पूछने पर बस इतना बताता था कि वह तपोवन गया था। उसने तपोवन का पता किसी को नहीं बताया, लेकिन सुरेंद्र से यह बात भला कैसे छुप सकती थी। सुरेंद्र जब छोटा था, तब उसकी माँ फिर से संतान को जन्म देने वाली थी, उस समय शरत् की माँ ने ही अपना दूध पिलाकर सुरेंद्र को पाला था। शरत् का अनुज बाल्यावस्था में ही चल बसा था।

शरत् अपने मामा से सूर्य, गंगा और हिमालय को साक्षी मानकर प्रतिज्ञा करवाता है कि वह तपोवन का पता किसी को नहीं बताएगा और उसे घोष परिवार के घर के उत्तर में गंगा के पास स्थित उस कमरे के नजदीक ले जाता है, जहाँ नीम एवं करौंदे के पेड़ों ने अंधकार कर रखा था। एक स्थान की लताओं को हटाकर शरत् उसके भीतर जाता है और वहाँ रखे एक बड़े-से पत्थर पर बैठकर सुरेंद्र को बुलाने लगता है। सुरेंद्र भी डरते-डरते वहाँ जाता है। हरी-भरी लताओं से होकर आती सूर्य की किरणें उस स्थान पर शीतल हरित प्रकाश फैला रही थीं। नीचे बहती गंगा को देखकर मन मुग्ध हो जाता था, उस पर मंद-मंद शीतल पवन का क्या कहना। सुरेंद्र उस जगह की प्रशंसा किए बिना न रह सका। उसे वह स्थान तपोवन-सा लगता है और शरत् से कहता है कि वह आज समझा है कि इस बार उसने अंकगणित में सौ में से सौ अंक कैसे प्राप्त किए।

वस्तुत: प्रकृति के इसी शांत मनोरम स्थान पर रहकर शरत् ने सूर्य, गंगा और हिमालय को साक्षी मानकर जीवन भर सौंदर्य की उपासना करने, अन्याय के विरुद्ध लड़ने और कभी कोई छोटा काम न करने की प्रतिज्ञा की होगी। छात्रवृत्ति पास करने के बाद अंग्रेजी पढ़ने के लिए शरत् का दाखिला नीचे की कक्षा में कराया गया था, लेकिन उसने अंकगणित में शत-प्रतिशत अंक लाने के साथ-साथ प्रथम वर्ष की परीक्षा में प्रथम स्थान भी प्राप्त किया और तब उसे एक कक्षा ऊपर कर दिया गया। उसी अंग्रेजी स्कूल के पुस्तकालय के माध्यम से शरत् को उस युग के सभी प्रसिद्ध लेखकों; जैसे—बंकिमचंद्र चटर्जी, रवींद्रनाथ टैगोर आदि की रचनाओं को पढ़ने का सुअवसर प्राप्त हुआ।

रोने का सूक्ष्म विवेचन

एक दिन शरत् और अवकाश प्राप्त अध्यापक अघोरनाथ अधिकारी गंगा स्नान के लिए जा रहे थे। रास्ते में एक औरत के रोने की आवाज सुनकर शरत् उन्हें बताता है कि यह गरीब औरत अपने अंधे पति के मर जाने पर रो रही है। वह आगे कहता है कि दु:खी लोगों का रोना दिखावा न होकर विदीर्ण प्राणों का क्रंदन होता है। छोटे बालक के मुख से रोने का सूक्ष्म विवेचन सुन अघोर बाबू हैरान रह गए। कोलकाता पहुँचकर जब उन्होंने यह बात अपने एक मित्र को बताई, तब उनके मित्र ने भी शरत् को असाधारण बालक कहा, लेकिन शरत् की प्रतिभा की पहचान गांगुली परिवार में न थी।

गांगुली परिवार में 'बंगदर्शन' का प्रवेश

केदारनाथ के चौथे भाई अमरनाथ कबूतर पालते थे। उनके अंग्रेजी फैशन के बाल देख घर के बच्चे उन पर मुग्ध रहते थे। वे दफ्तर से आने पर बच्चों को रोज कुछ-न-कुछ खाने की चीजें भी देते थे। उन्हीं के माध्यम से परिवार में बंकिमचंद्र के 'बंगदर्शन' का प्रवेश हुआ था। गांगुलियों का हाली शहर बंकिमचंद्र के गाँव कांठालपाड़ा के नजदीक ही था। बावजूद इसके गांगुली परिवार में बंकिमचंद्र की तनिक भी प्रतिष्ठा न थी। किंतु अमरनाथ के द्वारा चोरी-छुपे लाया गया 'बंगदर्शन' भुवनमोहिनी के द्वारा मोतीलाल और वहाँ से कुसुमकामिनी की बैठक तक पहुँच जाता था। दुर्भाग्यवश जीवन ने अमरनाथ का साथ अधिक दिनों तक नहीं दिया।

साहित्य का पहला पाठ/कुसुमकामिनी की गोष्ठी

अघोरनाथ की पत्नी कुसुमकामिनी अपने घरेलू काम निपटाकर अक्सर साहित्य गोष्ठी का आयोजन किया करती थी, जिसमें वह अपने मधुर कंठ द्वारा बंगदर्शन सहित मृणालिनी, वीरांगना, मेघनाद वध, नीलदर्पण आदि रचनाएँ पढ़कर सुनाती थी। इन गोष्ठियों में बैठ-बैठकर शरत् को आभास होने लगा था कि लेखक कोई साधारण नहीं, बल्कि असाधारण व्यक्ति होता है। शरत् ने इसी गोष्ठी में साहित्य का पहला पाठ पढ़ा था। कुछ

समय बाद जब शरत् ने कविगुरु रवींद्र की रचना 'आँख की किरकिरी' पढ़ी, तो वह सौंदर्य की एक नई दुनिया में पहुँच गया। तभी उसने रवींद्र को मन-ही-मन अपना गुरु मान लिया होगा, जिसका निर्वाह उसने जीवन के अंतिम क्षणों तक किया।

इसी गोष्ठी में एक दिन गांगुली परिवार के एक व्यक्ति के द्वारा रवींद्रनाथ की कविता 'प्रकृतिर प्रतिशोध' का पाठ किया गया, जिसमें परिवार की सभी औरतें बैठी थीं। उस कविता को सुनकर शरत् की आँखें नम हो गईं और वह आँसू छुपाने के लिए चुपके से वहाँ से बाहर निकल गया।

गांगुली परिवार में मोतीलाल की स्थिति

मोतीलाल हुक्का पीते थे और बच्चों के साथ बराबरी का व्यवहार करते थे। गोदाम में बच्चों के बंद किए जाने पर वह उन्हें चुपचाप खाना दे आते थे। छूटने पर उन्हें फूलों की माला पहनाते थे। बच्चों के लिए कागज के खिलौने बनाने, स्लेट-पेंसिल के सहारे सुंदर-सुंदर अक्षर लिखना सिखाने एवं गंगा स्नान का प्रबंध करने में उन्हें संतुष्टि मिलती थी। बच्चे उनसे प्रसन्न रहते थे, किंतु घर-जँवाई बनकर कठोर अनुशासन का पालन करने वाले परिवार में उनके ऐसे व्यवहार के कारण वहाँ उनकी स्थिति अच्छी न थी। 'काशीनाथ' का मुख्य नायक काशीनाथ भी घर-जँवाई है और उसे ऐसा महसूस भी होता है कि अचानक किसी ने उसे गरम पानी के कड़ाहे में डाल दिया हो; जैसे उसकी खुद की देह अब अपनी नहीं रही।

गांगुली परिवार की आर्थिक तंगी

गांगुली परिवार में भाई-भाई अलग रहने लगे थे। अमरनाथ के न रहने पर उनकी सयानी पुत्री के विवाह की जिम्मेदारी भी केदारनाथ पर ही थी। इसी बीच एक दिन केदारनाथ की पत्नी विंध्यवासिनी ताँगे से गिरकर घायल हो जाती है और डॉक्टर उन्हें चिकित्सा के लिए कोलकाता ले जाने का सुझाव देता है, जो काफी व्ययसाध्य बात थी। अंततः आर्थिक तंगी से घबराकर केदारनाथ ने एक दिन मोतीलाल के समक्ष भागलपुर छोड़कर पुनः देवानंदपुर चले जाने का प्रस्ताव रख दिया और मोतीलाल सपरिवार देवानंदपुर लौट आए।

राजू से घनिष्ठता

भागलपुर में प्रवास के दौरान शरत् की जान-पहचान पड़ोस में रहने वाले राजेंद्रनाथ उर्फ राजू से हो चुकी थी। राजू श्यामवर्णी स्वस्थ और साहसी लड़का था। उसके पिता रामरतन मजूमदार डिस्ट्रिक्ट इंजीनियर बनकर भागलपुर आए थे, किंतु उन्होंने नौकरी से त्यागपत्र दे दिया था। जमीन को लेकर गांगुली परिवार से उनका मनमुटाव था। इंजीनियर साहब ने अपने सात बेटों के लिए सात कोठियाँ बनवाई थीं, किंतु चीनी मिट्टी के प्यालों में खाने, मुस्लिम बैरे से काँच के गिलास में पानी लेने, अनुज की विधवा स्त्री से वार्तालाप करने आदि व्यवहारों के कारण पुरातनपंथी बंगाली समाज की नजरों में वे दोषी थे।

राजू धूम्रपान, गाँजा और चरस की लत का शिकार था, लेकिन भैंसों का दूध चुराकर शरीर बनाना भी उसकी दिनचर्या का हिस्सा था। शरत् की तरह वह भी अच्छा पतंगबाज था। उसने बाजार से महँगे माँझे खरीद रखे थे, लेकिन शरत् ने काँच को पीसकर माँझा तैयार किया था। एक दिन दोनों के मध्य पतंग लड़ाने का खेल शुरू हुआ और अंततः शरत् की गुलाबी पतंग ने राजू की सफेद पतंग को काटकर भूमि पर गिरा दिया। इस प्रतियोगिता के बाद दोनों एक-दूसरे के प्रति आकर्षित हुए।

शरत्, राजू की वाक्पटुता, सभी कार्यों में सफलता प्राप्त करने की क्षमता और उसके साहस से प्रभावित हुआ और राजू, शरत् की स्थिर, धीर व शांत बुद्धि से। इस प्रकार उम्र में बड़ा होने पर राजू, शरत् का अच्छा दोस्त बन गया। उनकी दोस्ती को प्रगाढ़ करने में संगीत और अभिनय की भी भूमिका थी। परिवार के बाहर प्रेरणा स्रोत तलाशना शरत् की मजबूरी थी, क्योंकि गांगुली परिवार में ऐसा कोई न था, जो उसकी प्रतिभा को पहचानकर उसे उचित मागदर्शन देता।

जमींदार का आतंक/बैकुंठनाथ की हत्या

मोतीलाल चट्टोपाध्याय चौबीस परगना जिले के मामूदपुर ग्राम के निवासी थे। उनके पिता बैकुंठनाथ चट्टोपाध्याय राढ़ी ब्राह्मण परिवार से थे। एक बार जमींदार ने उनको एक मुकदमे में गवाही देने के लिए कहा, लेकिन उन्होंने यह कहकर कि वह बिना कुछ जाने-समझे गवाही कैसे दे सकेंगे, गवाही देने से मना कर दिया। इस पर जमींदार क्रुद्ध हो गया। इसके बाद एक दिन बैकुंठनाथ अचानक से गायब हो जाते हैं और अगली सुबह उनके मारे जाने की दुःखद खबर सुनने को मिलती है। तब मोतीलाल नन्हा-सा बालक था। जमींदार के आतंक के कारण पुत्र मोह से वशीभूत उनकी पत्नी खुलकर रो भी न सकी। गाँव के बुजुर्गों की सलाह पर उन्होंने अपने पति का अंतिम संस्कार किया और अपने शिशु को गोद में लिए रातों-रात अपने भाई के पास देवानंदपुर चली गईं।

मोतीलाल का विवाह

कुछ बड़े होने पर मोतीलाल, भागलपुर के केदारनाथ गंगोपाध्याय की दूसरी पुत्री भुवनमोहिनी के साथ प्रणय सूत्र में बँध गए। केदारनाथ के पिता रामधन गंगोपाध्याय जीविका की तलाश में हाली शहर से भागलपुर आए थे। अपनी प्रतिभा के बल पर जल्द ही वे सरकार में ऊँचे पद पर पहुँच गए। मोतीलाल ने केदारनाथ के पास रहकर ही मैट्रिक की परीक्षा पास की और आगे की पढ़ाई के लिए पटना कॉलेज चले गए। मोतीलाल को पढ़ने का बड़ा शौक था, लेकिन उचित मार्गदर्शन न मिल पाने के कारण वह कल्पना के संसार में ही खोए रहते थे। सहपाठी होने के बावजूद कर्मठ, खरे और स्पष्टवादी चचिया ससुर अघोरनाथ से उनकी घनिष्ठता न हो सकी।

शरत् का जन्म

मोतीलाल अधिक समय तक कॉलेज से जुड़े न रह सके और देवानंदपुर लौटकर नौकरी कर ली। ननिहाल के पास ही मामा द्वारा दी गई छोटी-सी जमीन पर दो कमरों का एक मंजिला मकान बनाया और उसमें रहने लगे। यहीं पर 15 सितंबर, 1876 को शरत् चंद्र का जन्म हुआ। शरत् से चार वर्ष बड़ी एक बहन अनिला भी थी।

देवानंदपुर गाँव

देवानंदपुर बंगाल का हरा-भरा, ताल-तलैयों, नारियल व केलों के वृक्षों से परिपूर्ण एक साधारण-सा गाँव है, जिसकी गणना प्राचीन सप्त ग्रामों में होती है। डेढ़ सौ वर्ष पूर्व रायगुणाकर कवि भारतचंद्र राय ने यहीं आकर हरिराम राय और रामचंद्र दत्त मुंशी से फारसी की शिक्षा ग्रहण की थी,

जिसका बखान उन्होंने अपने पद्य में भी किया है। इसी गाँव में शरत् का शैशव दयनीय आर्थिक दशा में गुजरा। पिता के गैर-जिम्मेदार होने के कारण गृहस्थी का संपूर्ण भार उसकी माँ को वहन करना पड़ता था।

भागलपुर में रहने के दौरान भी शरत् की माँ चाचाओं के भरे-पूरे परिवार में सभी बच्चों की देखभाल करती थीं। किसी को भोजन कराना अथवा कहीं जाने के लिए तैयार कराना उन्हीं का काम था, जिन्हें वह बखूबी निभाती थीं। उन्हें भी छोटे-बड़े सभी लोग हृदय से चाहते थे, किंतु कभी-कभी अपने पति की अकर्मण्यता से वह क्षुब्ध हो जाती थीं और ऐसे में मोतीलाल चुपचाप घर से बाहर चल पड़ते थे तथा 'शुभदा' के हारान बाबू की तरह देर से घर लौटते।

चिलम में ईंट के टुकड़े भरना

पाँच वर्ष पूर्ण होने पर शरत् प्यारी (बंदोपाध्याय) पंडित की पाठशाला में पढ़ने के लिए जाने लगा। उम्र बढ़ने के साथ-साथ उसकी शरारतें भी बढ़ती गईं।

एक दिन पंडित जी के चिलम में तंबाकू सजाकर कहीं चले जाने पर, उसने चिलम में तंबाकू की जगह ईंट के छोटे-छोटे टुकड़े रख दिए। हुक्का पीने के दौरान उससे धुआँ न निकलने पर जब शरत् की शैतानी पकड़ी गई और पंडित जी बेंत उठाकर उस पर लपके, तो उसने उस लड़के, जिसने उसका नाम बताया था, को धक्का देते हुए झट-पट वहाँ से छलाँग लगा दी और भाग चला।

पंडित जी ने शरत् के घर जाकर जब सारी बातें उसकी माँ को बताईं, तब माँ ने उसकी खूब पिटाई की। तब शरत् की दादी ने उसका पक्ष लेते हुए कहा कि एक दिन इसकी मति लौट आएगी और यह बड़ा आदमी बनेगा। पंडित जी भी अक्सर उसकी शरारतों को नजरअंदाज कर देते थे, क्योंकि वह पढ़ने में तेज होने के साथ-साथ उनके पुत्र काशीनाथ का घनिष्ठ मित्र भी था।

शरत् की संगिनी धीरू

शरत्, काशीनाथ और उसके मित्र की बहन धीरू एक ही स्कूल में पढ़ते थे। मछली पकड़ने, नाव पर सवार हो सैर करने, वन में घूमने, बाग से फल चुराने, पतंग का माँझा तैयार करने आदि कार्यों में धीरू, शरत् का साथ देती थी। दोनों में खूब मित्रता थी। करौंदों के मौसम में धीरू उनकी माला तैयार कर शरत् को भेंट करती थी।

भोलू को चूने के ढेर पर गिराना

एक दिन शरत् 'देवदास' के समान पाठशाला की कक्षा में हाथ में स्लेट थामे एक फटी चटाई पर बैठा था, किंतु उसका ध्यान बाहर जाकर खेलने-कूदने पर था। जलपान की छुट्टी होने के कारण सभी बच्चे खेल-कूद रहे थे, किंतु शरारती होने के कारण दंडस्वरूप शरत् को कक्षा प्रमुख भोलू की निगरानी में पढ़ने की आज्ञा दी गई थी। पंडित जी को सोता देख शरत् एक सवाल लिए भोलू के पास गया और अपना स्लेट थमाकर अचानक उसे धक्का दे दिया।

अगले ही क्षण बेंच पर बैठा भोलू पास रखे चूने के ढेर पर जा गिरा और चूने में रंगकर भूत बन गया। इसी बीच शरत् वहाँ से भाग गया। अब तो पंडित जी के क्रोध की सीमा न रही। उन्होंने उसे खोजने के लिए छात्रों की फौज़ दौड़ा दी, लेकिन वह किसी के हाथ न लगा।

शरत् के उपन्यासों में धीरू

कुछ समय बाद धीरू आँचल में मूड़ी बाँधकर जमींदार के आम के बाग की ओर चल पड़ी, जहाँ बैठकर शरत् हुक्का पी रहा था। बाग में पहुँचकर धीरू ने उसे मूड़ी खिलाई और पंडित की बातें सुनाने लगी। शरत् ने धीरू को पानी लाने के लिए कहा, पर उसने उसकी बात न मानी, तब शरत् ने उसकी पीठ पर एक घूँसा मारा। धीरू रोती-रोती उसकी माँ के पास गई और उन्हें शरत् के हुक्का पीने की बात बताई। उस दिन शरत् की खूब पिटाई हुई। बाद में शरत् ने इसके लिए धीरू को फिर पीटा, मगर दोनों की मित्रता दिनों-दिन और प्रगाढ़ होती गई। अब तो दिनभर धूप में साथ-साथ घूमना-फिरना और संध्या को घर लौटकर मार खाना दोनों की दिनचर्या बन गई थी। आगे जाकर शरत् ने धीरू को आधार बनाकर कई उपन्यास लिखे। देवदास की 'पारो', श्रीकांत की 'राजलक्ष्मी' और बड़ी दीदी की 'माधवी' धीरू के ही विकसित रूप हैं।

भजन-कीर्तन से लगाव

मछली मारने और नाव खेने से समय निकालकर शरत् कभी-कभी यात्रादल (नाट्य मंडली) में जाकर शागिर्दी भी कर आता था, जहाँ मधुर कंठ के कारण उसे विशेष महत्त्व दिया जाता था, किंतु यदा-कदा इन सबसे ऊबकर कंधे पर अंगोछा रख वह अचानक कुछ दिनों के लिए घर से गायब हो जाता था।

ऐसे में घर लौटने पर उसका खूब स्वागत किया जाता था। तत्पश्चात् वह कुछ दिन 'बोधोदय' तथा 'पद्यपाठ' में जी लगाने लगता और एक दिन फिर घर से अचानक गायब हो जाता, किंतु इसे विश्व कथाकार की निरर्थक यात्रा नहीं कहा जा सकता। एक दिन सरस्वती घाट से डोंगी खेता हुआ वह तीन-चार मील दूर कृष्णपुर गाँव स्थित रघुनाथ बाबा के अखाड़े में जा पहुँचा और भजन-कीर्तन करने लगा। अगले दिन उसे ढूँढते हुए मोतीलाल स्वयं वहाँ जा पहुँचे, किंतु उसके बाद भी उसका वहाँ जाना जारी रहा।

शरत् का 'डेहरी ऑन सोन' प्रवास

इसी बीच शरत् का नामांकन सिद्धेश्वर भट्टाचार्य द्वारा गाँव में ही खोले गए नए बांग्ला स्कूल में करा दिया गया, किंतु वहाँ भी शरत् की दिनचर्या पहले के जैसी चलती रही। इसके कुछ ही समय बाद शरत् अपने पिता के साथ 'डेहरी ऑन सोन' जाकर रहने लगा, जहाँ मोतीलाल को अचानक एक नौकरी मिल गई थी। उस अल्पकालीन प्रवास के दौरान वह पास की एक नहर के किनारे जाकर खिरनियाँ बटोरता या फंदा डालकर गिरगिट पकड़ता या फिर घाट पर जाकर कल्पना के संसार में खो जाता था। अपने उपन्यास 'गृहदाह' में इस सामान्य स्थल का शरत् ने पूरी ईमानदारी से वर्णन किया है।

शरत् का बसंतपुर जाना

देवानंदपुर लौटने के बाद शरत् को मछली मारने की सनक सवार हो गई। अब वह अक्सर सरस्वती नदी के किनारे जल में आटे की गोली लगी बंसी डालकर बैठा रहता। एक दिन मोहल्ले के नयन बागदी ने शरत् की दादी से यह कहकर पाँच रुपये माँगे कि वह अपनी बुआ के घर बसंतपुर से गाय लाकर और उनके पोते को उसका दूध पिलाकर उनके रुपये चुका देगा।

शरत् ने सुन रखा था कि बसंतपुर छीप (कमानी) बनाने के बाँसों के लिए प्रसिद्ध है। बस फिर क्या था। वह भी नयन के पीछे-पीछे चुपचाप चल पड़ा। बागदी ने जब उसे देखा, तब वह उसे पकड़कर उसके घर छोड़ आया। बसंतपुर जाने के रास्ते के खतरों से दादी भी भली-भाँति परिचित थी। उन्होंने शरत् को वहाँ जाने से रोका, परंतु शरत् पोखर में नहाने का बहाना बनाकर नदी किनारे से होते हुए चुपचाप ग्रांड ट्रंक रोड जा पहुँचा। नयन शरत् को वहाँ देख दंग रह गया, लेकिन अब वहाँ से लौटना आसान न था। इसलिए शरत् को साथ लिए नयन बसंतपुर की ओर चल पड़ा। बसंतपुर में दोनों की खूब खातिरदारी की गई। नयन को गाय मिली और शरत् को बाँस की कमाचियाँ। बुआ ने रुपये भी लौटा दिए।

लुटेरों का शिकार भिखारी

लौटते समय कोस भर चलने पर चाँद निकल आया। कच्ची राह पर पहुँचने पर झाड़-झंखारों के कारण चारों ओर घोर अँधेरा था। वहाँ लुटेरों के आतंक से पुलिस भी जाने से भय खाती थी। गाँव के लोग पुलिस के भय से भयभीत होकर रिपोर्ट करने से डरते थे। इसी बीच कुछ दूर से एक चीख और लाठियों की ध्वनियाँ सुनाई पड़ीं। तभी धुँध में से किसी के भागने की आवाज आई। नयन ने जोर से चिल्लाकर खबरदार किया कि उसके साथ ब्राह्मण बालक भी है, अत: जो भी पावड़ा (डंडा) मारेगा, उसकी जान की खैर नहीं।

कुछ आगे बढ़ने पर वही भिखारी मिला, जिसकी चीख सुनाई दी थी। उसके पास ही एक एकतारा पड़ा था। नयन से रहा न गया उसने गुस्से में आकर कहा कि उसका मन कर रहा है कि इस वैष्णव भिखारी को मारने वाले की भी इसी प्रकार जान ले लूँ। इस बार लुटेरों की ओर से जवाब मिलने पर नयन ने अपने रुपये टनटनाते हुए उन्हें चुनौती दी कि वे पास आकर रुपये ले जाकर दिखाएँ। कोई जवाब न पाकर नयन आगे बढ़ने लगा और उसने राह में पड़े पावड़ों को उठा लिया, किंतु कुछ ही आगे बढ़ने पर उसने शरत् से कहा कि हम दोनों कम-से-कम एक लुटेरे को तो पकड़कर लाठियों से मार ही सकते हैं।

लुटेरे पर दया

लुटेरे को पीटने की बात सुन शरत् खुश हो गया, पर उसे यह चिंता होने लगी कि कहीं पीटने के दौरान उसकी छीपें न टूट जाएँ। नयन ने एक अच्छा-सा पावड़ा शरत् को दिया। तब तक लुटेरे यह सोचकर कि सभी लोग चले गए हैं, भिखारी के पास उसकी तलाशी लेने पहुँचे। पेड़ की ओट में छिपे नयन ने बड़ी चालाकी से एक लुटेरे को बाँध लिया, उसे दो-तीन लातें मारीं और शरत् से उस पर पावड़े मारने के लिए कहा। शरत् का दिल पसीज गया। उसने नयन से उसे न मारने का अनुरोध किया। तब नयन ने भूख से त्रस्त सड़क पर मृतक सदृश पड़े व्यक्ति की नाक पर हाथ रखकर देखा, उसकी साँसें चल रही थीं। वह बेहोश हो गया था। यह जानकर उसने शरत् से घर चलने की बात कही।

शिक्षा का अधूरा रह जाना

शरत् भागलपुर से तीन वर्ष बाद देवानंदपुर लौटा था। बार-बार स्थान परिवर्तन से उसका अध्ययन क्रम टूट जाता था और उसकी आवारगी बढ़ती जाती थी। पर किसी से न पिछड़ने की प्रबल कामना ने उसे सदा नेक लड़के के रूप में ही प्रसिद्धि दिलाई। शरारतों के मध्य एकांत में बैठकर आत्मचिंतन करने के दौरान अनेक कथानक उसके मन में उभरते रहे। शरत् देखने में सुंदर न था, किंतु श्याम वर्ण और रोगी देह रहने पर भी उसकी आँखों की चमक सबको आकर्षित करती थी। वह बिल्ली की तरह पेड़ों पर चढ़ जाता था। उसकी तीक्ष्ण बुद्धि ज्यादातर पथ भ्रष्टता की ओर ही अग्रसर रहती थी। देवानंदपुर लौटकर तो वह और भी अनुशासनहीन हो गया था। हुगली ब्रांच स्कूल की चौथी श्रेणी (वर्तमान 7वीं कक्षा) में पढ़ने के दौरान उसे रोज कच्चे रास्तों से चलकर दो कोस पैदल जाना और उतनी ही दूर वापस आना पड़ता था। जेवर बेचने और मकान गिरवी रखने पर भी घर की आर्थिक दशा ठीक न हो सकी। इसी अभाव में किसी प्रकार शरत् प्रथम श्रेणी (दसवीं कक्षा) तक पहुँच गया, किंतु तब तक उसके पिता काफी ऋणग्रस्त हो चुके थे और फीस जमा न कर पाने के कारण शरत् को अपनी पढ़ाई छोड़नी पड़ी।

गरीबों का हमदर्द

धीरे-धीरे वह शरारती लड़कों का सरदार बन गया। अब किताब की जगह उसके हाथ में हर वक्त दुधारी छुरी रहती थी। वह दूसरों के बागों से फल-फूल चोरी करता और दूसरों के तालाबों से मछलियाँ पकड़कर उन्हें दोस्तों और गरीबों में बाँट देता था। उसे पकड़कर दंडित करना भी आसान न था। गाँव के बहुत-से निर्धन उसकी लूट पर पलते थे। एक बार गाँव के एक गरीब व्यक्ति का इलाज इन्हीं बालकों के उद्दंड दल ने पकड़कर लाई गई मछलियों को बेचने से प्राप्त पैसों से किया था। अँधेरी रातों को मीलों दूर चलकर शहर से दवा ले आने और डॉक्टर को बुलाकर बीमारों का इलाज कराने में शरत् और उसके साथी हमेशा तत्पर रहते थे। शरत् का दल फल-फूल और मछलियों को छोड़कर अन्य कुछ नहीं चुराता था।

पेड़ के सहारे छत पर चढ़ना

शरत् चोर न होकर रॉबिनहुड-सा दुस्साहसी और परोपकारी था। उसके कार्यों में सबसे ज्यादा साथ सदानंद देता था। इनके दल का अड्डा बाग के पास वाले ऊँचे टीले की आड़ में एक गहरा खड्ड था। तंबाकू पीने के साधनों समेत लूटी गई सभी वस्तुएँ यहीं रखी जाती थीं। एक बार सदानंद के घरवालों ने जब उसे शरत् से मिलने की मनाही की, तब शरत् पेड़ के सहारे सदानंद की छत पर पहुँचकर उसके साथ शतरंज खेल आता। फिर दोनों रात्रि अभियान पर निकल पड़ते और अंत में नेक लड़कों की तरह अपने-अपने घर जाकर सो जाते।

अपनी इन्हीं व्यस्तताओं के बीच कभी-कभी शरत् अकेले अथवा अपने मित्रों के साथ नाव के सहारे कृष्णपुर स्थित रघुनाथदास गोस्वामी के अखाड़े में पहुँच जाता था। यहीं उसका मित्र गौहर रहता था। 'श्रीकांत' के चतुर्थ पर्व में कीर्तन करने वाले आधे पागल के रूप में उसी गौहर का उल्लेख किया गया है। संभव है वहीं कोई वैष्णवी कमललता भी रही हो।

खाँ लोगों का हत्यारा बाग

शरत् चंद्र की रचना 'श्रीकांत' के चतुर्थ पर्व में वर्णित वन के रास्तों से स्टेशन जाने की घटना का संबंध सीधे लेखक के बचपन से है। उसमें उन्होंने पात्र के माध्यम से कहा भी है—"सीधा रास्ता छोड़कर वन-जंगलों में से इस-उस रास्ते का चक्कर लगाता हुआ स्टेशन जा रहा था....बहुत कुछ उसी तरह, जिस तरह बचपन में पाठशाला को जाया करता था।" लेखक ने इसी संदर्भ में 'मुंशी लोगों के हत्यारे बाग' की जगह 'खाँ लोगों के हत्यारे बाग' से जुड़ी एक जनश्रुति का उल्लेख किया है, जिसमें बाग में स्थित इमली के पेड़ की ऊपरी डाल में रस्सी बाँधकर शूल की व्यथा के

मारे आत्महत्या कर ली गई थी। लेखक ने आगे पेड़ से जोड़कर अपने बचपन के डर का भी सजीव चित्रण किया है और कहा भी है आज वह पेड़ उन्हें सामान्य-सा प्रतीत होता है और आत्मीय भी है। सचमुच श्रीकांत के इस पर्व को पढ़कर ऐसा आभास होता है, जैसे शरत् का बचपन फिर से जी उठा हो।

गल्प गढ़कर सुनाने की कला

शरत् पंद्रह वर्ष की छोटी आयु में ही गल्प गढ़कर सुनाने की कला में पारंगत हो चुका था, जिससे स्थानीय जमींदार व गोपालदत्त मुंशी उसे बहुत चाहते थे। कोलकाता में एम. ए. में पढ़ने वाला उनका पुत्र अतुलचंद्र भी शरत् की इस प्रतिभा का कायल था। वह यदा-कदा उसे थियेटर दिखाने हेतु कोलकाता भी ले जाता था।

इसी प्रकार गल्प गढ़ते-गढ़ते शरत् ने अपने गुरुभाई काशीनाथ को नायक बनाकर 'काशीनाथ' कहानी की रचना की, किंतु काशीनाथ के रूप में घर जँवाई बनकर ससुराल में रहने का सजीव चित्रण निश्चय ही लेखक ने अपने पिता मोतीलाल के जीवन के आधार पर किया है। 'काकबासा' और 'कोरेल ग्राम' नामक दो अन्य कहानियाँ भी उसी दौरान लिखी गईं।

नीरू की मौत

शरत् में सूक्ष्म पर्यवेक्षण की प्रवृत्ति बचपन से ही थी। गाँव में नीरू नामक एक बाल विधवा थी, जो अपने गुणों और आचरण के कारण सबको प्रिय थी। रोगी, दुखियों की सेवा के दौरान वह बर्तन माँजने तक का काम सहर्ष स्वेच्छा से करती थी। गाँव के सभी लोग उसे प्यार और सम्मान देते थे। शरत् उसे दीदी कहकर पुकारता था। दोनों एक-दूसरे के सुख-दुःख से प्रभावित होते थे।

32 वर्ष की उम्र में गाँव के स्टेशन के परदेशी मास्टर ने उसके जीवन को कलंकित कर दिया और भाग चला। तब ग्रामीणों ने नीरू का पूर्णत: बहिष्कार कर दिया। इससे वह असहाय और बीमार हो गई। शरत् को भी उससे मिलने-जुलने की आज्ञा न थी, लेकिन वह रातों को चुपके से जाकर मरणासन्न दीदी की सेवा कर आता था। हाथ-पैर सहलाकर एक-दो फल खिला देता था। उसकी मौत पर उसकी लाश को भी किसी ने हाथ न लगाया। डोम ने उसे उठाकर सियार-कुत्ते को खाने के लिए जंगल में फेंक दिया। वस्तुत: सच तो यह है कि नीरू स्वयं को अपराधिनी मान अपने को ही दंडित कर रही थी, जिसका भान शरत् को भी था।

मृत्युंजय और विलासी

शरत् ने यहीं पर 'विलासी' के मृत्युंजय को सपेरा बनते देखा, जो उसका सहपाठी तो था, पर कभी तीसरी कक्षा से आगे न जा सका। एकमात्र रिश्तेदार उसके चाचा ही उसके परम शत्रु थे, जिनकी नजर उसके बड़े बाग पर थी। रोगी अवस्था में बूढ़े ओझा और उसकी बेटी विलासी ने मृत्युंजय की सेवा न की होती तो उसका बचना मुश्किल था, क्योंकि उसके चाचा ने तो उसे मरने के लिए छोड़ ही दिया था। विलासी को पत्नी के रूप में स्वीकार लेने पर मृत्युंजय का सामाजिक बहिष्कार किया गया, उसकी पिटाई तक की गई, लेकिन उसने विलासी का साथ न छोड़ा और उसके साथ जंगल में जाकर रहने लगा। गेरुए रंग की पगड़ी, बड़े बाल, मूँछ-दाढ़ी और गले में रुद्राक्ष व काँच की मालाएँ तथा साँप पकड़कर जीविका चलाने वाले मृत्युंजय को देख उसके कायस्थ होने का अनुमान नहीं लगाया जा सकता था।

शरत् ने उसी मृत्युंजय के पास जाकर सर्पों को पकड़ने व उनके काटे का जहर उतारने का मंत्र सीखा। एक दिन नाग को पकड़ने के क्रम में जब नाग ने मृत्युंजय को डस लिया और उसकी मौत हो गई, तब विलासी ने भी सात दिन मौन रहने के पश्चात् आत्महत्या कर ली। आगे चलकर शरत् ने विलासी की महानता का उल्लेख करते हुए उसका मजाक उड़ाने वालों पर व्यंग्य भी किया है। स्वयं लेखक के शब्दों में, ''वह सपेरे की लड़की जब एक पीड़ित और शैयागत रोगी को तिल-तिल कर जीत रही थी, उसके उस समय के गौरव का एक क्षण भी शायद आज तक उनमें (उसका मजाक उड़ाने वालों में) से किसी ने आँखों से नहीं देखा।'' लेखक ने यह भी स्वीकारा है कि शास्त्रानुसार विलासी नरक की भागीदार है, लेकिन ऐसे ही किसी एक नरक में जाने का प्रस्ताव उन्हें सहर्ष मंजूर होगा।

लिखने की प्रेरणा

शरत् की पर्यवेक्षण शक्ति की तीव्रता और संवेदन ने ही उसे कहानी लिखने की प्रेरणा दी, पर अपने पिता की अलमारी में रखी 'हरिदास की गुप्त बातें' और 'भवानी पाठ' जैसी पुस्तकों को चोरी-छिपे पढ़ने से भी उसके मन में नए-नए कथानकों को गढ़ने की क्षमता विकसित होने लगी। पिता की लिखी अधूरी कहानियों को पढ़कर भी उसने उन्हें पूर्ण करने की बात सोची होगी। शरत् के लिए अभिज्ञता प्राप्त करने के मार्गों की कोई कमी न थी। गरीबी उसे हरदम पलायनवादी बनाए रखती थी। यात्रा दल के साथ या यूँ भी वह जब-तब घर से कहीं चल पड़ता था। एक दिन सॉलीसीटर गणेशचंद्र को कोलकाता लौटते हुए तब तेरह-चौदह वर्ष का शरत् मिला और पूछने पर पता चला कि वह उनके मित्र अक्षयनाथ का नाती है, तब उन्होंने कोलकाता पहुँचकर उसे अक्षयनाथ के घर भेज दिया।

देवानंदपुर में रहने के क्रम में एक परिवार का शरत् के घर से अच्छा संबंध था। एक बार उस परिवार की स्वामिनी के बीमार पड़ने पर, जो शरत् से उम्र में काफी बड़ी थी, उसने उसकी जी-जान से सेवा की। उसके पति कहीं दूर काम करते थे, किंतु इसी बीच कुछ ऐसी घटना घटी कि वह उसे गलत समझ बैठा और ग्लानिस्वरूप लंबी यात्रा पर पुरी निकल गया।

'चरित्रहीन' की पृष्ठभूमि

खाने-पीने और आराम करने, ठहरने आदि की कोई व्यवस्था न होने के कारण शरत् तीव्र ज्वर से पीड़ित हो गया और एक पेड़ के नीचे विश्राम करने लगा। राह से गुजरती एक विधवा ने जब उसे देखा तो वह उसके पास गई और उसे बीमार समझ अपने घर लाकर उसकी सेवा करने लगी। उसकी सेवा से शरत् तो स्वस्थ हो गया, लेकिन एक नई उलझन उसके गले पड़ गई। उस विधवा का देवर और बहनोई दोनों उस पर अपना-अपना अधिकार जताना चाहते थे, जिससे तंग होकर वह मुक्ति की चाह में शरत् के साथ घर से चल पड़ती है, किंतु कुछ ही आगे बढ़ने पर विधवा के दोनों प्रेमी वहाँ आ गए। फिर उन्होंने मिलकर शरत् को पीटा और विधवा को अपने साथ ले गए।

शरत् यह न जान सका कि आगे उस विधवा का क्या हुआ, पर उसे यह ज्ञान अवश्य हो गया कि लुच्चे-लफंगों में एकता होती है और नेक लोग एक-दूसरे से छिटके रहते हैं। इन्हीं घटनाओं पर शरत् ने 'चरित्रहीन' जैसी कालजयी रचना लिखी। पुरी की ओर बढ़ता हुआ गाँव-गाँव आतिथ्य लाभ कर शरत् घर लौट आया। सुना जाता है कि उसने महान गणितज्ञ पी. बसु

के यहाँ भी आश्रय लिया था और एकाध बार लुटेरों के दल में भी पड़ गया था। शरत् अपने मन की बातें छुपाना जानता था, लेकिन झूठ को सच बनाकर अभिनय करने में कुशल था।

गरीबी का सजीव चित्रण

शरत् की दादी के निधन के बाद उसके घर की आर्थिक स्थिति बहुत खराब हो चुकी थी। नाना का परिवार भी पहले जैसा नहीं रहा था। फिर भी शरत् की माता ने डरते-डरते अपने छोटे काका अघोरनाथ को चिट्ठी लिखवाई और उनका सकारात्मक उत्तर पाकर वहाँ रहने लगी। शरत् का फिर से देवानंदपुर लौटना न हुआ। इस स्थान पर उसका संपूर्ण जीवन अभावों और कष्टों में बीता था। 'शुभदा' में शरत् ने अपनी गरीबी के ऐसे ही चित्र खींचे हैं।

ऐसी स्थिति में शरत चंद्र की साहित्य साधना का बीजारोपण हुआ। इसी गाँव में उन्होंने संघर्ष और कल्पना से पहला परिचय पाया। इस गाँव का ऋण वह कभी नहीं चुका सके।

शब्दार्थ

नवासा—नाती/बेटी का बेटा; **निस्तब्धता**—शांति/खामोशी; **सूत्र**—मूल मुद्दा/निमित्त; **झाऊ**—एक जंगली घास; **महाविपद्**—भीषण संकट; **अलंकार**—आभूषण; **यायावर**—घुमक्कड़; **स्वप्नदर्शी**—कल्पनालोक में विचरने वाला; **लांछित**—अपमानित; **सामंजस्य**—तालमेल; **गरिमा**—गौरव; **अंकन**—चित्रण; **सहोदर**—एक ही माँ से उत्पन्न; **अग्रणी**—आगे; **समवेत**—समूह; **पलायन**—भागना; **अक्षम्य**—क्षमा न करने योग्य; **निमिष-मात्र**—पलक झपकने के समय मात्र में; **मुख-भंगी**—मुख की मुद्रा; **असीम**—अदम्य/अत्यधिक; **दलपति**—मुखिया; **नेतृत्व**—संचालन; **काठ**—लकड़ी; **कृतार्थ**—संतुष्ट; **फूल-गाछ**—फूल के पौधे; **लता-गुल्म**—लताओं की झाड़ी; **गुर**—अमोघ साधन; **आँखों में धूल झोंकना**—धोखा देना या छल करना; **निष्णात**—पारंगत; **कलमुँहा**—प्यार भरी गाली; **तत्कालीन**—उस समय के; **प्रचुर**—पर्याप्त; **सौंदर्य-बोध**—सुंदरता की परख; **करीना**—ढंग/तरीका; **अपरिग्रही**—दूसरों से धन आदि नहीं ग्रहण करने वाला; **अल्पाहारी**—कम खाने वाला; **भूतावास**—भूतों का घर; **गर्भ**—उदर; **झुट-पुटा**—थोड़ा-थोड़ा अँधेरा; **उत्फुल्ल**—प्रसन्न/आनंदित; **कष्टसाध्य**—जो कठिनाई से किया जा सके; **संवरण**—रोक/त्याग; **हुँकार**—उग्र होकर जोर से आवाज निकालना; **आतुर**—व्याकुल/बेचैन; **जनमेजय**—महाभारत में वर्णित एक राजा, जिसने नागों को नष्ट किया था; **गोखरू साँप**—एक अति विषधर साँप; **क्षुब्ध**—गुस्सा; **निस्तेज**—तेज-हीन; **भयातुर**—भय से व्याकुल; **सनातन रीति**—परंपरागत पद्धति; **संहार**—वध; **शैशव**—बाल्यावस्था; **अनुनय-विनय**—निवेदन; **साक्षी**—गवाह; **आँखें जुड़ाना**—आँखों में तृप्ति का भाव; **गदगद होना**—खुश होना; **खरस्रोता**—तीव्र धार वाली; **मृदु**—मधुर; **पुलक**—प्रसन्नता; **छात्रवृत्ति की परीक्षा**—छठी कक्षा की परीक्षा, अंग्रेजी शासन में छात्रवृत्ति स्कूल होते थे, जिनमें छठी कक्षा तक की पढ़ाई होती थी; **आश्वस्त**—संतुष्ट; **युगसंधि**—दो कालों का मिलन; **वय**—उम्र; **विदीर्ण**—पीड़ित; **क्रंदन**—रुदन; **मनस्तत्व**—विद्या संबद्ध; **घर का जोगी जोगना आन गाँव का सिद्ध**—व्यक्ति की महत्ता अपने गाँव में नहीं, बल्कि अन्य गाँवों में होती है; **अपार**—अथाह; **पारितोषिक**—पुरस्कार; **परनिंदा**—दूसरों की बुराई; **मर्मस्पर्शी**—हृदय को छूने वाला; **निस्पंद**—एकदम शांत; **उपार्जन**—सीखना; **युगांतरकारी रचना**—कालजयी कृति; **अनुभूति**—अनुभव; **अपराजेय**—जिसे पराजित न किया जा सके; **अपरोक्ष**—अप्रत्यक्ष; **शाद्वल**—नई हरी घासयुक्त; **अपरिसीम**—जिसकी कोई सीमा न हो; **व्ययसाध्य**—खर्चीला; **पितृहीन**—जिसका पिता मर चुका हो; **प्रतिस्पर्द्धा**—मुकाबला; **आजानबाहु**—घुटनों तक बाहों वाला; **पुरातनपंथी**—प्राचीन परंपराओं को मानने वाला; **स्वाधीनचेता**—स्वतंत्र विचार रखने की प्रवृत्ति; **पारंगत**—प्रवीण; **सरंजाम**—साधन; **माँझा**—काँच के पिसे लेपयुक्त डोर; **पारावार**—सीमा; **अपूर्व**—असाधारण;

प्रत्युत्पन्नमति—हाजिरजवाबी; **दुस्साहसिक**—दुस्साहसभरा; **सर्वांगीण**—समग्र; **संभ्रांत**—कुलीन; **प्रबल**—बलशाली; **हतप्रभ-विमूढ़**—हैरान, क्या करे क्या न करे, समझ में न आना; **वरण**—स्वीकार; **कुलीनता**—अभिजात्य; **वंशमर्यादा**—कुल का मान; **कर्मठ**—कार्यकुशल; **खरा**—सच्चा/निष्कपट; **इंट्रैंस**—प्रवेशिका; **दक्षिणद्वारी**—जिसका मुख्य द्वार दक्षिण की ओर हो। **वैदूर्य मणि**—लहसुनिया रत्न; **अंतर**—हृदय; **कृष्णा द्वादशी**—कृष्णपक्ष की बारहवीं तिथि; **शकाब्द**—शक संवत्; **कैशोर्य काल**—किशोरावस्था; **आत्मोत्सर्ग**—आत्मबलिदान; **द्रवित होना**—पिघलना; **सेवा-परायणता**—सेवा की भावना; **लालायित**—लालसायुक्त; **अकर्मण्यता**—काम न करने की भावना; **बाकायदा**—विधिवत; **शब्दशः**—पूर्ण; **चीत्कार**—चीखना/चिल्लाना; **कपाल**—खोपड़ी; **मति**—बुद्धि; **भलामानस**—नेक व्यक्ति; **सुभीते**—सुविधा; **माल्यार्पण**—गले में माला डालना; **गुड्डी**—पतंग; **चेष्टा**—प्रयास; **मूड़ी**—मुरमुरे, भुने हुए चावल; **प्रगाढ़**—गहरी; **सृजन**—रचना; **निरुद्वेग**—उद्वेगरहित/शांत; **प्रहार**—चोट; **यथेष्ट**—पर्याप्त; **शागिर्दी**—शिष्यत्व; **अंगोछा**—पतला तौलिया; **आवभगत**—स्वागत; **डोंगी**—छोटी नाव; **खिरनी**—छोटे-छोटे पीले फल; **पाट**—नदी की चौड़ाई; **छीप**—कमानी; **हतप्रभ**—हैरान; **कमची**—बाँस आदि की पतली टहनी; **कोस**—दूरी की एक इकाई; **आफत**—मुसीबत; **एकतारा**—एक तार वाली सारंगी; **टेंट**—धोती व कमर में मुड़ा हुआ भाग; **पावड़ा**—दो-तीन फीट का डंडा; **सोटा**—डंडा; **व्याघात**—बाधा; **विद्रोह**—बगावत; **कामना**—चाह; **आत्मचिंतन**—मन में विचारना; **पथभ्रष्टता**—मार्ग भटकाव; **निपट**—बिल्कुल; **गिरवी**—बंधक; **उपेक्षित**—जिसकी उपेक्षा की गई हो; **अनाश्रित**—जिनका कोई आश्रय न हो; **निविड़**—घोर; **पूर्व निर्दिष्ट**—पहले से निश्चित; **निषेध**—मनाही; **स्फुरण**—स्फूर्ति/फड़कना; **पर्व**—सर्ग; **संकीर्ण**—तंग; **जनश्रुति**—समाज में प्रसिद्ध; **जनहीन**—सुनसान; **एकाकी**—अकेला; **निःशब्द**—मौन; **गल्प**—छोटी कहानी; **पल्लवित**—पोषित; **अभिज्ञता**—जानकारी; **कलंक**—बदनामी/दाग; **धर्मशीला**—धर्मानुसार आचरण करने वाली स्त्री; **महरी**—कहारिन, बर्तन माँजने का काम करने वाली; **पर दुःख-कातर**—दूसरों के दुःख से भयभीत; **पदस्खलन**—मार्ग से भटकना; **बहिष्कार**—त्यागना, बाहर करना; **मरणासन्न**—जिसकी मृत्यु निकट दिखती हो; **पैशाचिक**—राक्षसी; **डोम**—एक पिछड़ी जाति; **अक्षय**—जिसका क्षय कभी न हो; **सती लोक**—पुण्य कर्म करने वाली गृहिणियों का लोक; **शैयागत**—मरणासन्न; **पर्यवेक्षण**—मूल्यांकन; **संवेदन**—अनुभूति; **अपाठ्य**—न पढ़ी जाने योग्य; **सॉलीसीटर**—न्यायाभिकर्ता/वकील; **गंतव्य**—लक्ष्य; **ग्लानि**—मानसिक दुःख; **एका**—एकता; **विकृत**—कुरूप; **अतिक्रमण**—उल्लंघन; **बीजारोपण**—श्रीगणेश/शुरुआत।

पाठ्यपुस्तक (अंतराल भाग-1) के प्रश्नोत्तर

1. "उस समय वह सोच भी नहीं सकता था कि मनुष्य को दुःख पहुँचाने के अलावा भी साहित्य का कोई उद्देश्य हो सकता है।" लेखक ने ऐसा क्यों कहा? आपके विचार से साहित्य के कौन-कौन से उद्देश्य हो सकते हैं?

उत्तर शरत् को जब छात्रवृत्ति कक्षा के लिए विद्यालय में प्रवेश दिया गया तो वहाँ के अध्यापक विद्यालय में जो कुछ पढ़ाते थे, उसकी प्रतिदिन परीक्षा भी लेते थे। प्रतिदिन खड़े होकर अध्यापक द्वारा पूछे गए प्रश्नों के उत्तर देना उसके लिए कष्ट साध्य कार्य था, जिससे उसका हृदय रो पड़ता था। इस प्रकार शरत् का साहित्य से परिचय आँसुओं के माध्यम से ही हुआ। इससे उसे लगने लगा कि साहित्य का उद्देश्य केवल मन को दुःख पहुँचाना ही है।

मेरे विचार से साहित्य के निम्नलिखित उद्देश्य हो सकते हैं

(i) साहित्य मनुष्य को अच्छा व्यक्ति बनने के लिए प्रेरित करने वाला हो सकता है।

(ii) साहित्य से सामाजिक समरसता को बढ़ावा मिल सकता है।

(iii) साहित्य से ज्ञान में वृद्धि तथा मनोरंजन दोनों ही हो सकते हैं।

(iv) साहित्य भले-बुरे के मध्य भेद करना सिखाने वाला हो सकता है।

(v) साहित्य देश-प्रेम, त्याग, बलिदान, सहयोग, स्वाभिमान आदि गुणों को उत्पन्न करने में मददगार हो सकता है।

2. पाठ के आधार पर बताइए कि उस समय के और वर्तमान समय के पढ़ने-पढ़ाने के तौर-तरीकों में क्या अंतर और समानताएँ हैं? आप पढ़ने-पढ़ाने के कौन-से तौर-तरीकों के पक्ष में हैं और क्यों?

उत्तर जिस समय बालक शरत् शिक्षा ग्रहण कर रहा था, उस समय न तो आज जितने शिक्षक होते थे और न ही स्कूल। उस समय शिक्षा का उद्देश्य पुस्तकों को रट लेने तक सीमित था। यदि कोई छात्र पढ़ाए गए पाठ को नहीं सुना पाता था तो उसकी बेंत से पिटाई की जाती थी। माता-पिता इस पिटाई का विरोध भी नहीं करते थे।

उस समय के बच्चों को खेलने अथवा सैर करने की छूट भी नहीं दी जाती थी। स्कूल के साथ-साथ बच्चों को घर पर भी कड़े अनुशासन के साथ पढ़ाया जाता था। उस काल की शिक्षा में साहित्य अध्ययन पर ज्यादा जोर दिया जाता था। उस काल में बच्चे दीये की रोशनी में बैठकर पढ़ते थे। तब पढ़ने के लिए बिजली आदि की सुविधाएँ मौजूद न थीं।

वर्तमान समय में शिक्षा के क्षेत्र में काफी बदलाव आया है। आज विद्यालय में बच्चों को पीटा नहीं जाता, घर में भी पढ़ाई के लिए कड़े दंड नहीं दिए जाते। आज पढ़ाई के साथ-साथ खेल-कूद और सैर करने की छूट भी बच्चों को दी जाती है। आज विद्यालय में खेलों के लिए भी अलग से समय निर्धारित किए जाते हैं। आज बच्चों को पेड़-पौधे लगाना सिखाया जाता है, जबकि शरत् को चोरी-छुपे ये काम करने पड़ते थे।

वर्तमान में बच्चों को सहज और मनोरंजक तरीके से शिक्षा दी जाती है। आधुनिक बल्बों, ट्यूबलाइटों की रोशनी में आरामदेय कुर्सी-टेबल की व्यवस्था के साथ स्कूलों में पढ़ाया जाता है। आज साहित्य के साथ-साथ अन्य विषयों को भी समान रूप से महत्त्व देते हुए पाठ्यक्रम तैयार किए जाते हैं। बच्चे विज्ञान, गणित, साहित्य, सामान्य ज्ञान, कंप्यूटर आदि सभी विषय पढ़ते हैं। यहाँ तक कि प्रसिद्ध खिलाड़ियों और सिनेमा के स्टारों के बारे में भी उन्हें जानकारी दी जाती है। इस प्रकार, आज बच्चों के सर्वांगीण विकास पर ध्यान दिया जाता है। शिक्षा व्यवस्था में आए बदलाव के बाद भी पहले और आज की शिक्षा में कुछ समानताएँ हैं; जैसे—दोनों कालों में अनुशासन पर ध्यान दिया जाना, साहित्य पढ़ने की अनिवार्यता, विद्यालय में पढ़ाने के दौरान होमवर्क दिया जाना आदि।

मेरे विचार से पढ़ाई में प्राचीन और नवीन दोनों तरीकों को मिला-जुलाकर प्रयोग में लाना चाहिए, ताकि बच्चों का समुचित व पूर्ण विकास हो सके। शिक्षा में रटने के साथ-साथ विषय पर मनन तथा चिंतन करने का बहुत महत्त्व है। छात्रों को शुद्ध बोलने तथा लिखने का महत्त्व बताकर उसका अभ्यास कराना चाहिए। शारीरिक दंड देना सही नहीं है। छोटे बच्चों को गृह-कार्य अधिक नहीं दिया जाना चाहिए, अन्यथा उनका पढ़ाई से मन हट जाता है। छात्रों को व्यावहारिक ज्ञान भी दिया जाना चाहिए, ताकि बाद में वे इस ज्ञान का अपने जीवन में प्रयोग कर सकें।

3. पाठ में अनेक अंश बाल सुलभ चंचलताओं, शरारतों को बहुत रोचक ढंग से उजागर करते हैं। आपको कौन-सा अंश अच्छा लगा और क्यों?

उत्तर शरत् के बचपन की घटनाओं को आधार बनाकर लेखक ने बाल सुलभ शरारतों को बहुत रोचक ढंग से उजागर किया है। इन घटनाओं में बाग से फल चुराना, साँप को वश में करना, नयन द्वारा गाय लेने के लिए जाते समय शरत् का उसके साथ जाना, मछली का शिकार, अपने शिक्षक की चिलम से तंबाकू निकालकर छोटी-छोटी ईंटें रख देना तथा स्कूल की घड़ी की सुइयों को आगे कर देना आदि प्रमुख हैं।

मुझे इन सब घटनाओं में शरत् द्वारा भोलू को चूने के ढेर पर गिराकर भाग जाने वाली घटना बहुत अच्छी लगी। जब भोलू चूने के ढेर पर गिर जाता है, तो वह चूने में पूरी तरह रंग जाता है और भूत की तरह दिखाई देता है। जब शरत् भाग जाता है, तो अन्य लोगों द्वारा उसे ढूँढने का प्रयास करना बहुत अच्छा लगता है। जब धीरू शरत् के खाने के लिए मूड़ी लेकर गई तो शरत् सब कुछ भूलकर मूड़ी खाने लगा और उसने पीने के लिए पानी माँगा। धीरू द्वारा पानी लाने के लिए मना करने पर शरत् का उसकी पीठ पर घूँसा मारना और धीरू द्वारा उसकी माँ से शिकायत करने पर माँ द्वारा शरत् की पिटाई करने का प्रसंग बहुत रोचक है।

4. नाना के घर किन-किन बातों का निषेध था? शरत् को उन निषिद्ध कार्यों को करना क्यों प्रिय था?

उत्तर नाना के घर का वातावरण बहुत गंभीर था और वहाँ अनुशासन पर जोर दिया जाता था। पतंग उड़ाना, लट्टू घुमाना, गोली और गुल्ली-डंडा जैसे खेल खेलना नाना के यहाँ निषिद्ध थे। शरत् को ये सभी खेल बहुत पसंद थे, क्योंकि इन्हें खेलने में उसे बहुत आनंद आता था। खेलने के बाद वह इकट्ठा किए हुए लट्टू और गोलियों को बच्चों को बाँट दिया करता था।

शरत् के नाना का मानना था कि बालकों को पढ़ने के अतिरिक्त खेल-कूद, घूमने-फिरने आदि का अधिकार नहीं होता। तभी शरत्, पशु-पक्षी पालने और उद्यान लगाने का शौक भी चोरी-छिपे पूरा करता था। उसने अपने उद्यान में ढेर सारे फूल लगा रखे थे और वहाँ एक तलैया भी बना रखी थी। उसी उद्यान में उसने एक काठ के बक्से में तितलियाँ भी पाल रखी थीं।

5. आपको शरत् और उसके पिता मोतीलाल के स्वभाव में क्या समानताएँ नजर आती हैं? उदाहरण सहित स्पष्ट कीजिए।

उत्तर शरत् और उसके पिता मोतीलाल के स्वभाव में निम्न समानताएँ हैं

(i) शरत् और उसके पिता दोनों ही साहित्य पढ़ना पसंद करते थे। दोनों को कहानी लेखन का भी शौक था। बाद में शरत् ने अपने पिता की अधूरी कहानियों से ही कहानी लिखने की प्रेरणा ली थी।

(ii) दोनों के ही जीवन में स्थिरता नहीं रही। उन्होंने कभी धन को महत्त्व नहीं दिया। इसीलिए दोनों के दिन निर्धनता में बीते।

(iii) दोनों ही घूमने के शौकीन थे।

(iv) मोतीलाल को कला से बहुत प्रेम था। उनका लेख बहुत सुंदर था। जब वे अपनी कलम में नया निब डालकर लिखते थे तो उनके लिखे अक्षर मोती की तरह चमकने लगते थे। शरत् भी अपने पिता की तरह कला प्रेमी थे।

(v) शरत् के पिता किसी कार्य को आरंभ करके पसंद न आने पर उसे अधूरा ही छोड़ देते थे। शरत् को भी जो काम पसंद नहीं आया, उन्होंने उसे पिता की तरह ही किया। यही कारण है कि उन्हें 'आवारा मसीहा' कहकर पुकारा गया है।

6. क्या अभाव, अधूरापन मनुष्य के लिए प्रेरणादायी हो सकते हैं?

उत्तर हाँ, अभाव और अधूरापन मनुष्य के लिए प्रेरणादायी हो सकते हैं। जब किसी व्यक्ति के जीवन में किसी चीज की कमी होती है, तो वह उसे पाने के लिए अधिक प्रयास करता है। अनेक महान व्यक्तित्वों ने कठिनाइयों और अभावों के बीच रहकर ही अपने जीवन में असाधारण उपलब्धियाँ हासिल कीं। लेखक शरतचंद चट्टोपाध्याय का जीवन इसका उत्कृष्ट उदाहरण है। उनका बचपन आर्थिक तंगी और संघर्षों से भरा था, लेकिन इसी अभाव ने उन्हें समाज की वास्तविकताओं को समझने और लेखन की ओर प्रेरित किया। कठिनाइयों के बावजूद उन्होंने अपने अनुभवों को रचनात्मकता में बदला और सामाजिक मुद्दों पर आधारित उत्कृष्ट उपन्यास लिखे; जैसे–देवदास, चरित्रहीन आदि। उनका साहित्य इस बात का प्रमाण है कि अधूरापन व्यक्ति को आत्ममंथन और रचनात्मकता की ओर प्रेरित कर सकता है, जिससे वह महान उपलब्धियाँ हासिल कर सकता है।

7. "जो रुदन के विभिन्न रूपों को पहचानता है वह साधारण बालक नहीं है। बड़ा होकर वह निश्चय ही मनस्तत्व के व्यापार में प्रसिद्ध होगा।" अघोर बाबू के मित्र की इस टिप्पणी पर अपनी टिप्पणी कीजिए।

उत्तर एक बार शरत् अपने अवकाश प्राप्त अध्यापक अघोरनाथ अधिकारी के पीछे-पीछे चल रहा था। अघोरनाथ उस समय स्नान के लिए गंगा घाट की ओर जा रहे थे। अचानक किसी स्त्री के करुण रुदन का स्वर उनके कानों में पड़ा। शरत् ने स्त्री के उस रुदन की जो विवेचना की, बाद में अघोरनाथ अधिकारी ने उसे अपने किसी मित्र को बताया।

मित्र ने उनकी बात सुनने के बाद यह टिप्पणी की। शरत् के जीवन का अध्ययन करने पर अघोरनाथ के मित्र की यह टिप्पणी बिल्कुल सही लगती है। शरत् दूसरों के दुःख-दर्द को देखकर उनकी सेवा के लिए तत्पर हो जाते थे। उन्होंने चोरी-छुपे नीरू दीदी के लिए खाने-पीने की चीजें पहुँचाकर उनकी जिस तरह से सेवा की, उससे यह कथन सही प्रमाणित होता है।

8. शरतचंद्र के जीवन की घटनाओं से आपके जीवन की जो भी घटना मेल खाती है, उसके बारे में लिखिए।

उत्तर छात्र स्वयं करें।

9. क्या आप अपने गाँव और परिवेश से कभी मुक्त हो सकते हैं?

उत्तर छात्र स्वयं करें।

अभ्यास प्रश्न

पाठ पर आधारित बहुविकल्पीय प्रश्न

1. 'आवारा मसीहा' के लेखक कौन हैं?

(क) विष्णु प्रभाकर (ख) मकबूल हुसैन
(ग) मोहन राकेश (घ) रामकुमार वर्मा

उत्तर (क) विष्णु प्रभाकर

2. कथन (A) शरत् को बहुत दुःख हो रहा था।
कारण (R) शरत् ननिहाल से चला जाएगा।

कूट

(क) कथन (A) और कारण (R) दोनों सही हैं तथा कारण (R), कथन (A) की सही व्याख्या करता है।
(ख) कथन (A) और कारण (R) दोनों सही हैं, परंतु कारण (R), कथन (A) की सही व्याख्या नहीं करता है।
(ग) कथन (A) सही है, किंतु कारण (R) गलत है।
(घ) कथन (A) गलत है, किंतु कारण (R) सही है।

उत्तर (क) कथन (A) और कारण (R) दोनों सही हैं तथा कारण (R), कथन (A) की सही व्याख्या करता है।

3. शरत् के पिता का क्या नाम था?

(क) सुरेंद्र (ख) केदारनाथ
(ग) मोतीलाल (घ) दुर्गाचरण

उत्तर (ग) मोतीलाल

4. निम्नलिखित कथनों में से सही कथन का चयन कीजिए

1. लाठी के दीये में लगने से घर में आग लग गई।
2. देवी के लाठी लगने से वह जोर-जोर से चिल्लाने लगी।
3. लाठी के दीये में लग जाने से दीया बुझ गया और उसका तेल चादर पर फैल गया।

कूट

(क) केवल 1 (ख) 1 और 2 (ग) केवल 3 (घ) 2 और 3

उत्तर (ग) केवल 3

5. शरत् स्कूल में क्या शैतानी करते थे?

(क) शरत् स्कूल में ब्लैक बोर्ड पर अध्यापक का कार्टून बना देते थे
(ख) शरत् के इशारे पर बच्चे घड़ी की सुई आगे बढ़ा देते थे
(ग) शरत् स्कूल की कुर्सियाँ तोड़ दिया करते थे
(घ) शरत् स्कूल के लड़कों के साथ झगड़ा किया करते थे

उत्तर (ख) शरत् के इशारे पर बच्चे घड़ी की सुई आगे बढ़ा देते थे

6. शरत् ने कुश्ती का अखाड़ा कहाँ तैयार किया था?

(क) गंगा के किनारे
(ख) एक वीराने से महल में
(ग) अपने नाना के घर में
(घ) उपर्युक्त में से कोई नहीं

उत्तर (ख) एक वीराने से महल में

7. भागलपुर में शरत् की घनिष्ठता किससे हुई?

(क) पड़ोस में रहने वाले राजेंद्रनाथ (राजू) से
(ख) रामरतन मजूमदार से
(ग) भागलपुर के जमींदार से
(घ) उपर्युक्त में से कोई नहीं

उत्तर (क) पड़ोस में रहने वाले राजेंद्रनाथ (राजू) से

8. पाठ के आधार पर सही कथन का चयन कीजिए।

(क) शरत् पशु-पक्षी पालने और पेड़-पौधे लगाने का शौकीन था
(ख) शरत् पढ़ाई-लिखाई में कमजोर था
(ग) अपने ननिहाल में शरत् सबसे छोटा लड़का था
(घ) शरत् का जन्म 15 सितम्बर, 1874 में हुआ था

उत्तर (क) शरत् पशु-पक्षी पालने और पेड़-पौधे लगाने का शौकीन था

9. 'डेहरी ऑन सोन' स्थल का वर्णन शरत् ने अपने किस उपन्यास में किया है?

(क) गृहदाह में (ख) देवदास में
(ग) श्रीकांत में (घ) काशीनाथ में

उत्तर (क) गृहदाह में

10. देवानंदपुर लौटने के बाद शरत् को क्या सनक सवार हुई?

(क) उपन्यास लिखने की (ख) गंगा में नहाने की
(ग) गिरगिट पकड़ने की (घ) मछली मारने की

उत्तर (घ) मछली मारने की

11. शरत् को लिखने की प्रेरणा कैसे मिली?

(क) उसकी पर्यवेक्षण शक्ति की तीव्रता व संवेदन से
(ख) 'डेहरी ऑन सोन' के प्रवास से
(ग) अपने मामा केदारनाथ गंगोपाध्याय से
(घ) उपर्युक्त में से कोई नहीं

उत्तर (क) उसकी पर्यवेक्षण शक्ति की तीव्रता व संवेदन से

12. शरत् ने 'चरित्रहीन' जैसी कालजयी रचना किस घटना के कारण लिखी?

(क) अपनी दादी के निधन के बाद
(ख) गणितज्ञ पी. बसु से प्रेरित होकर
(ग) एक विधवा व दोनों प्रेमी के साथ घटित घटना के कारण
(घ) देवानंदपुर ग्राम के कारण

उत्तर (ग) एक विधवा व दोनों प्रेमी के साथ घटित घटना के कारण

विषय-वस्तु पर आधारित प्रश्नोत्तर

1. क्या वर्तमान समय में शिक्षा के संदर्भ में अक्षय पंडित का व्यक्तित्व प्रासंगिक है? तर्कपूर्ण शैली में विचार लिखिए।

उत्तर भागलपुर में पढ़ने के दौरान शरत् को अक्षय पंडित जैसे कड़े अनुशासन वाले शिक्षक का साथ मिला। वे विद्यालय में पढ़ाने के बाद शरत् और उसके मामा मणींद्र को उनके घर आकर भी पढ़ाया करते थे, किंतु उनकी जीवन-शैली और पढ़ाने के तौर-तरीके आज के संदर्भ में उपयुक्त नहीं कहे जा सकते। मेरी दृष्टि में इसके निम्नलिखित कारण हो सकते हैं

(i) अक्षय पंडित का मानना था कि डंडे में ज्ञान का वास होता है, जबकि सत्य यह है कि मार-पीटकर पढ़ाने के कारण बच्चों में पढ़ाई के प्रति डर एवं घृणा पैदा हो सकते हैं। संभव है कि बच्चे बीच में ही पढ़ाई को छोड़कर अन्य कार्यों की ओर प्रवृत्त होने लगें। यही कारण है कि वर्तमान समय में शिक्षकों को बच्चों को मारने-पीटने की मनाही होती है।

(ii) अक्षय पंडित के अनुसार पढ़ाई का एकमात्र उद्देश्य था—ज्ञान में वृद्धि करना, जबकि ऐसा करने से शिक्षा का उद्देश्य ही पूर्ण नहीं हो पाता। शिक्षा से बच्चों का संपूर्ण विकास किया जाना चाहिए, ताकि जीवन में आगे आने वाली तरह-तरह की समस्याओं का उचित निराकरण किया जा सके। आज शिक्षा से बच्चे का सर्वांगीण विकास किया जाता है।

(iii) अक्षय पंडित बच्चों को कड़े अनुशासन में रखकर पढ़ाते थे, पर स्वयं विद्यालय में रहकर तंबाकू खाते थे। वर्तमान समय में शिक्षकों द्वारा ऐसा नहीं किया जाता। मेरे विचार से शिक्षकों का जीवन भी आदर्शपूर्ण होना चाहिए, जिसका अनुकरण कर बच्चे अच्छे आचरण वाले और चरित्रवान हो सकें।

इस प्रकार हम देखते हैं कि अक्षय पंडित के व्यक्तित्व को वर्तमान शिक्षा के संदर्भ में प्रासंगिक नहीं कहा जा सकता।

2. बालक शरत् को पशु-पक्षियों को पालने एवं उपवन लगाने का भी शौक था। जीवन मूल्य की दृष्टि से इस पर विचार कीजिए।

उत्तर शरत् के नाना की मान्यता थी कि बच्चों को केवल पढ़ने का ही अधिकार है। प्यार, आदर और खेल से उनका जीवन नष्ट हो जाता है। बावजूद इसके शरत् पशु-पक्षियों को पालने एवं उपवन लगाने के शौक चोरी-छुपे पूर्ण करता था, जिसमें उसके कई साथी भी सहयोगी बनते थे। उसके उद्यान में जूही, बेला, चंद्रमल्लिका, गेंदा आदि के पौधे लगे थे। उसने

उद्यान में ही काठ के बक्से में रंग-बिरंगी तितलियाँ भी पाल रखी थीं, साथ ही एक तलैया भी बना रखी थी, जिस पर टूटे शीशे का आवरण था।

मेरे विचार से विद्यार्थी जीवन में बच्चों में ऐसे शौक का होना स्वाभाविक ही है, जिन पर अभिभावकों द्वारा रोक नहीं लगाई जानी चाहिए। पशु-पक्षियों को पालने और पेड़-पौधों को लगाने से बच्चों की सृजनात्मक क्षमता का विकास होता है। उद्यान निर्माण एवं पशु-पक्षी पालन के क्रम में मिल-जुलकर कार्य करने से प्रेम, भाईचारे, त्याग, सद्भावना, मैत्री जैसी भावनाएँ विकसित होती हैं। समूह में कार्य करने की प्रवृत्ति के साथ ही पर्यावरण रक्षा की भावना को भी बढ़ावा मिलता है। ये शौक मनोरंजन के साथ-साथ ज्ञान वृद्धि में भी सहायक हैं। इनके द्वारा पशु-पक्षियों के जीवन और विभिन्न वनस्पतियों सहित प्रकृति को करीब से देखने का सुअवसर प्राप्त होता है। इस प्रकार, शरत् को विश्व कथाकार बनाने में निश्चय ही उसके ये शौक भी सहायक थे।

3. राजू धूम्रपान, गाँजा और चरस की लत का शिकार था। बावजूद इसके शरत् उसे अपना मित्र बना लेता है। क्या आप ऐसे व्यक्ति को अपना मित्र बनाना चाहेंगे? उचित तर्क के आधार पर उत्तर लिखिए।

उत्तर अपने ननिहाल भागलपुर में रहने के दौरान शरत् ने राजेंद्रनाथ उर्फ राजू को अपना मित्र बनाया, जो उम्र में उससे बड़ा था। राजू धूम्रपान, गाँजा, चरस जैसे नशों का अभ्यस्त था, पर वह शरत् की तरह एक अच्छा पतंगबाज भी था। राजू से उसकी दोस्ती पतंग प्रतियोगिता में उसकी पतंग को काटने के बाद ही हुई।

शरत् राजू की हाजिरजवाबी, सभी कार्यों में सफल होने की उसकी अद्भुत क्षमता और उसके अदम्य साहस से प्रभावित था, जबकि राजू शरत् की स्थिर, धीर एवं शांत बुद्धि से। दोनों में एक और सामान्य विशेषता थी, जो दोनों को पास लाने में सहायक बनी और वह थी– संगीत और अभिनय का शौक। इन्हीं सब बातों के कारण पारिवारिक आर्थिक दशा में अत्यधिक अंतर होने पर भी शरत् और राजू एक-दूसरे के अच्छे दोस्त बन गए।

मेरे विचार से मित्र होने के लिए यह आवश्यक नहीं होता कि दोनों व्यक्तियों के कार्य और विचार बिल्कुल एक हों। मैं यह भी मानता हूँ कि अच्छे-से-अच्छे व्यक्ति में भी थोड़े अवगुण और अवगुणों से परिपूर्ण व्यक्ति में भी कुछ गुण अवश्य होते हैं। अतः हमें मित्रता करते समय उसके गुण/अवगुण नहीं देखने चाहिए। हमें यह कोशिश करनी चाहिए कि हम उसे दोस्त बनाकर उसके अवगुणों को दूर करने का प्रयास करें।

4. शरत् के दादा बैकुंठनाथ चट्टोपाध्याय, जमींदार के कहने पर भी गवाही नहीं देते हैं, जिस कारण उनकी हत्या कर दी जाती है। ऐसा करके उन्होंने किस जीवन-मूल्य को सँजोने की कोशिश की?

उत्तर शरत् के दादा बैकुंठनाथ चट्टोपाध्याय ब्राह्मण परिवार से थे। उन्हें अपने सिद्धांतों और आदर्शों से समझौता करना मंजूर न था, चाहे इसके लिए उन्हें कितना भी कष्ट क्यों न झेलना पड़े।

बैकुंठनाथ जमींदारों के आतंक से भली-भाँति परिचित थे। वे जानते थे कि जमींदार की बात न मानने से उनकी जान को खतरा हो सकता है, पर उन्होंने अपनी जान की चिंता न कर उसकी बातों को मानने से इनकार कर दिया। उनका कहना था कि वे बिना कुछ जाने-समझे गवाही कैसे दे सकते हैं? बैकुंठनाथ की इस बात से क्रुद्ध होकर जमींदार ने उनकी हत्या करवा दी।

वस्तुतः बैकुंठनाथ पंच परमेश्वर की धारणा में विश्वास रखने वालों में से थे। वे उल्टी-सीधी गवाही देकर किसी कमजोर अथवा निर्दोष व्यक्ति के साथ अन्याय नहीं होने देना चाहते थे। इस प्रकार, उन्होंने वही किया, जो उनकी आत्मा को स्वीकार था। ऐसा करके उन्होंने दुनिया के समक्ष सच बोलने, अन्याय के विरुद्ध लड़ने, न्याय का साथ देने और स्वार्थ से ऊपर उठ जनहित की बातें सोचने जैसे मानवीय आदर्शों को स्थापित करने की कोशिश की है।

5. "तुमसे न हो सकेगा, अच्छा तो मैं ही इसे खत्म करता हूँ।" लुटेरे को जान से मारने के संबंध में नयन बागदी के मुख से ऐसी बात सुनकर शरत् कहता है, "ना नयन दादा, मारो नहीं।" शरत् के उक्त कथन से उजागर होने वाले मानवीय मूल्यों पर प्रकाश डालिए।

उत्तर बसंतपुर से लौटने के क्रम में जब शरत् नयन बागदी के मुख से लुटेरों को लाठी से पीट-पीटकर मारने की बात सुनता है तो वह आनंद और उत्साह से भर जाता है और नयन से कहता है कि दादा तुम अच्छी तरह उसे पकड़े रहना और मैं अकेले उसे पीटकर मार डालूँगा। किंतु जब नयन उसे अच्छा-सा पावड़ा थमाकर सड़क पर लिटाए गए लुटेरे को उससे मारने का आदेश देता है, तब शरत् के हाथ-पैर काँपने लगते हैं और वह कहता है—"मुझसे यह काम नहीं हो सकेगा।" यह सुन नयन जब स्वयं लुटेरे को मारने की बात करता है तब शरत् उससे भी विनती करता है कि वह भी उसे नहीं मारे।

शरत् हिम्मती, साहसी और उत्साही बालक था, किंतु उसमें करुणा, दया, क्षमा जैसे मानवोचित गुणों की भी कमी नहीं थी। वह इतना समझता था कि लुटेरा बुरा कर्म करने वाला होता है, पर उसे उसके कर्मों के लिए जान से मार दिया जाए, यह उसे स्वीकार नहीं था। उसके हाथ-पैर यह सोचकर काँप उठे कि उसके सामने पड़े अपराधी को प्राणदंड मिलने वाला है, तभी वह न तो स्वयं उस पर प्रहार करता है और न ही नयन को ही उसे मारने देता है।

बालक शरत् ने ऐसा करके न सिर्फ इंसानियत का धर्म निभाया है, बल्कि कानून को हाथ में न लेने की शिक्षा भी दी है। सचमुच शरत् में व्याप्त क्षमा का गुण शोभनीय है, क्योंकि वह चाहता तो लुटेरे को पीट-पीटकर मार सकता था। उसने उसे जीवन-दान देकर उसे सँभलने का अवसर प्रदान किया।

6. अपने पति मृत्युंजय की मृत्यु के पश्चात् विलासी आत्महत्या कर लेती है। इस पर कथाशिल्पी शरत् चंद्र ने लिखा है–"शास्त्रों के अनुसार वह निश्चय ही नरक में गई है, परंतु वह कहीं भी जाए जब मेरा अपना जाने का समय आएगा, तब इतना तो कह सकता हूँ कि वैसे ही किसी एक नरक में जाने के प्रस्ताव से मैं पीछे नहीं हटूँगा।" जीवन मूल्य के आलोक में लेखक के विचार की समीक्षा कीजिए।

उत्तर जब मृत्युंजय, जो मात्र तीसरी कक्षा तक पढ़ा था, बीमार पड़ जाता है, तब बूढ़े ओझा और उसकी पुत्री विलासी ही उसकी देखभाल करके उसकी जान बचाते हैं। इस दौरान विलासी मृत्युंजय के इतना करीब हो जाती है कि वह उसे पत्नी के रूप में स्वीकार कर लेता है, किंतु समाज के ठेकेदारों को भला यह कब गवारा होता। वे मृत्युंजय को मारते-पीटते हैं और समाज से बहिष्कृत कर देते हैं, किंतु मृत्युंजय न तो प्रायश्चित ही करता है और न ही विलासी को त्यागता है। वह उसके साथ वन में सपेरा बनकर जीवन-बसर करने लगता है। एक दिन सर्प के डस लेने से जब मृत्युंजय की मृत्यु हो जाती है तब उसके सातवें दिन विलासी भी आत्महत्या कर लेती है।

शास्त्रों में आत्महत्या को अच्छा नहीं माना गया है। ऐसा कहा गया है कि जो व्यक्ति आत्महत्या करते हैं वे नरक के भोगी बनते हैं। इस आधार पर विलासी भी नरक की भागीदार होगी, परंतु लेखक ने एक शैयागत रोगी को तिल-तिल कर जीतने के समय के गौरव से उसे जोड़ा है। लेखक के अनुसार मृत्युंजय एक तुच्छ व्यक्ति हो सकता है पर विलासी द्वारा उसके हृदय को जीतकर उस पर कब्जा करने का आनंद कदापि तुच्छ नहीं हो सकता। तभी वह कहता है कि विलासी की तरह ही नरक में जाने के प्रस्ताव से वह कभी पीछे नहीं हटेगा। वस्तुतः ऐसा कहकर लेखक यह जताना चाहता है कि नरक या स्वर्ग में जाने से ज्यादा महत्त्वपूर्ण है कि जीवन जीने के दौरान व्यक्ति ने कैसे कर्म किए हैं। कहीं उसके कर्मों से किसी के हृदय को ठेस तो नहीं पहुँची है, किसी का अहित तो नहीं हुआ है। ऐसी बातों पर विचार कर हमें अच्छे कर्मों की ओर प्रवृत्त होना चाहिए। विपत्ति की घड़ी में दूसरों के काम आना चाहिए, भले ही उसका फल प्रतिकूल ही क्यों न मिले।

7. पहले के समय बंगाली समाज में जमींदारों का आतंक व्याप्त था। 'आवारा मसीहा' के आधार पर स्पष्ट कीजिए।

उत्तर 'आवारा मसीहा' में लेखक ने शरत् की बाल्यावस्था का वर्णन करने के दौरान बंगाली समाज में व्याप्त जमींदारों के आतंक का सजीव चित्रण किया है। शरत् के दादा बैकुंठनाथ चट्टोपाध्याय बंगाल के चौबीस परगना जिले के मामूदपुर के रहने वाले थे। एक बार एक मुकदमे में गवाही देने के लिए स्थानीय जमींदार ने उन पर दबाव डाला, पर उन्होंने गवाही देने से इनकार कर दिया। उनका कहना था कि बिना कुछ जाने वह गवाही कैसे दे सकेंगे। इस पर जमींदार क्रुद्ध हो गया। इस घटना के कुछ ही दिनों के अंदर बैकुंठनाथ की हत्या कर दी गई। जमींदार के आतंक के कारण शरत् की दादी खुलकर रो भी न सकी, क्योंकि चिल्लाकर रोने का अर्थ था– अपने पुत्र मोतीलाल के प्राणों से भी हाथ धो बैठना। गाँव के बूढ़े-बुजुर्ग जमींदार की क्रूरता और आतंक से पहले से परिचित थे। उन्होंने जल्द-से-जल्द मृतक का अंतिम संस्कार कर शरत् की दादी को बच्चे सहित गाँव छोड़ देने की सलाह दी। शरत् की दादी ने ऐसा ही किया और वे रातों-रात अपने पुत्र (शरत् के पिता) को लेकर देवानंदपुर अपने भाई के घर चली गईं।

इन बातों से पता चलता है कि शरत् के एक-दो पीढ़ी पूर्व बंगाली समाज में जमींदारों का आतंक व्याप्त था। जमींदार लोग अपने स्वार्थ की पूर्ति के लिए गरीब और भोली-भाली जनता का शोषण करते थे। बावजूद इसके कोई उनका विरोध नहीं कर पाता था।

8. आप कैसे कह सकते हैं कि शरत् और धीरू सच्चे दोस्त थे?

उत्तर धीरू शरत् की सहपाठिनी थी। विद्यालय के बाहर भी वह मछली पकड़ने, नाव पर सवार होकर घूमने, वन में भ्रमण करने, बाग से फल-फूल चुराने, पतंग का माँझा तैयार करने आदि कार्यों में शरत् का साथ देती थी। करौंदों के फल लगने पर वह उसकी माला तैयार कर बड़े प्रेम से उसे भेंट करती थी।

शरत् जब भोलू को चूने पर गिराकर विद्यालय से भाग चला था, तब वह उस आम के बाग में पहुँचकर उसे मूढ़ी खिलाती है, जहाँ वह सबसे दूर होकर अकेले छिपकर बैठा हुक्का पी रहा था। वहीं पानी लाने की बात पर शरत् उसकी पीठ पर एक घूँसा जमाता है और तब वह रोती हुई जाकर उसके हुक्का पीने की बात उसकी माँ को बता देती है, जिसके लिए माँ से शरत् को पिटाई भी खानी पड़ी। बाद में धीरू को फिर से पीटकर शरत् उससे बदला ले लेता है। बावजूद इसके दोनों के बीच मित्रता दिनों-दिन गहराती ही जाती है। हर दिन धूप में साथ-साथ घूमना-फिरना और संध्या को घर लौटकर मार खाना दोनों की दिनचर्या बन चुकी थी। इन्हीं बातों से पता चलता है कि वे दोनों सच्चे दोस्त थे। आगे चलकर शरत् ने अपनी इसी बाल संगिनी का उल्लेख अपने कई उपन्यासों में किया है। देवदास की 'पारो', श्रीकांत की 'राजलक्ष्मी' और बड़ी दीदी की 'माधवी' धीरू के ही विकसित और विराट रूप हैं।

9. 'आवारा मसीहा' में वर्णित बाल विधवा नीरू के आधार पर तत्कालीन समाज का विश्लेषण कीजिए।

उत्तर 'आवारा मसीहा' में नीरू नामक जिस बाल विधवा का उल्लेख किया गया है, वह देवानंदपुर गाँव की रहने वाली एक ब्राह्मणी थी। वह गाँव के किसी भी घर-परिवार की सहायता के लिए सर्वदा तैयार रहती थी। आवश्यकता पड़ने पर वही महरी का कार्य भी कर देती थी। गाँव के सभी लोग उसे प्यार करते थे, किंतु गाँव के स्टेशन के परदेशी मास्टर के द्वारा 32 वर्षीया नीरू को कलंकित किए जाने और फिर उसके भाग जाने के पश्चात् गाँव के लोगों द्वारा नीरू का बहिष्कार कर दिया गया। गाँव वालों ने उससे बोलना तक बंद कर दिया। ऐसे में वह बीमार पड़ जाती है और अंततः वह मृत्यु को प्राप्त होती है। उसके मरने पर भी उसकी लाश को कोई कंधा नहीं देता। डोम उसे उठाकर जंगल में फेंक आता है, जहाँ सियार-कुत्ते उसके मृत शरीर को खा जाते हैं।

नीरू के जीवन और लोगों द्वारा उसके साथ किए गए व्यवहार के आधार पर तत्कालीन समाज की कुरीतियाँ सामने आने लगती हैं। उपर्युक्त बातों से पता चलता है कि उस काल में बाल विवाह जैसी कुप्रथा विद्यमान थी, जिसका शिकार नीरू को होना पड़ा। उसके पति की मृत्यु के बाद उसकी फिर से शादी नहीं की गई और उसे बाल विधवा के रूप में कष्टप्रद जीवन जीने के लिए विवश किया गया। अतः तब के समाज में विधवा विवाह को समर्थन प्राप्त नहीं था। परदेशी व्यक्ति द्वारा कलंकित किए जाने पर पूरे गाँव द्वारा उसका त्याग कर देना सर्वथा अनुचित था, क्योंकि वह अपराधिनी नहीं थी, बल्कि स्वयं अपराध का शिकार हुई थी। उसे बीमार पड़ने पर यूँ ही मरने के लिए छोड़ देना और मरने के पश्चात् भी उसके साथ अमानवीय

व्यवहार करना उस समय के लोगों की विकृत मानसिकता का परिचायक है। इस प्रकार, देवानंदपुर के लोगों ने नीरू का बहिष्कार कर मानव धर्म का पालन भी नहीं किया जो सर्वथा अनुचित है।

10. शरत् की माँ भुवनमोहिनी का चरित्र चित्रण कीजिए।

उत्तर शरत् की माँ भुवनमोहिनी भागलपुर के केदारनाथ गंगोपाध्याय की द्वितीय पुत्री थी। उनका विवाह देवानंदपुर के बैकुंठनाथ के पुत्र मोतीलाल से हुआ। भुवनमोहिनी समझदार, सहनशील और शांत स्वभाव की नारी थी। उनके पति कल्पनालोक में विचरने वाले अकर्मण्य व्यक्ति थे। इस कारण घर में हमेशा आर्थिक तंगी रहती थी। घोर दरिद्रता के कारण ही वह अपने पति और बच्चों को लेकर अपने पिता के घर भागलपुर लौट आती है। वहाँ की आर्थिक दशा बिगड़ने पर पुनः उन्हें देवानंदपुर जाना पड़ता है, किंतु वहाँ जब खाने के लाले पड़ जाते हैं तो वह सबके साथ अपने छोटे काका अघोरनाथ के घर जाकर रहने लगती है।

संपूर्ण जीवन अभाव और घोर निर्धनता में गुजारने के बाद भी भुवनमोहिनी ने कभी अपने पति से कुछ नहीं माँगा। भागलपुर में रहने के दौरान वह सभी बच्चों को अपनी छाती से लगाकर उनकी देख-रेख करती थी। कौन कहाँ जाएगा, कौन कब क्या खाएगा सबकी चिंता रखती थी। चाचाओं के बड़े परिवार में सभी उन्हीं को खोजा करते थे। "कहाँ है भुवन? ओ भुवन! अरे भुवन बेटी।" जैसी आवाजों से घर गूँजता रहता था।

इस प्रकार, कहा जा सकता है कि भुवनमोहिनी कष्ट, तप, त्याग एवं सहिष्णुता की प्रतिमूर्ति थी।

स्व-मूल्यांकन

पाठ पर आधारित बहुविकल्पीय प्रश्न

1. बाग में पहुँचकर शरत् कहाँ बैठ जाता है?
(क) पेड़ पर (ख) बेंच पर
(ग) जमीन पर (घ) इनमें से कोई नहीं

2. शरत् के पिता मोतीलाल कैसे स्वभाव वाले व्यक्ति थे?
(क) झगड़ालू (ख) घुमक्कड़
(ग) नशा करने वाला (घ) ये सभी

3. शरत् के माँझे के सामने सबके माँझे कैसे पड़ जाते थे?
(क) कच्चे
(ख) पक्के
(ग) फीके
(घ) उपर्युक्त में से कोई नहीं

4. केदारनाथ के चौथे भाई अमरनाथ क्या पालते थे?
(क) बिल्ली (ख) खरगोश
(ग) कबूतर (घ) कुत्ता

विषय-वस्तु पर आधारित प्रश्न

निम्नलिखित प्रश्नों के उत्तर दीजिए।

1. शरत् के नाना केदारनाथ का व्यक्तित्व और उनके समाज में योगदान के बारे में बताइए।

2. शरत् की शरारतों का वर्णन करते हुए उसके बाल स्वभाव को स्पष्ट कीजिए।

3. गांगुली परिवार में शरत् की शिक्षा और उसके अनुभवों का वर्णन कीजिए। ये अनुभव शरत् के व्यक्तित्व को कैसे प्रभावित करते हैं?

4. गांगुली परिवार के कठोर अनुशासन और बच्चों के साथ किए गए व्यवहार का वर्णन करते हुए इसे समाज की परंपराओं से जोड़कर समझाइए।

5. शरत् और राजू की प्रतिद्वंद्विता और मित्रता का वर्णन कीजिए। यह संबंध उनकी सोच और जीवन दृष्टिकोण को कैसे परिभाषित करता है?

6. मोतीलाल के स्वप्नदर्शी और स्वतंत्र स्वभाव ने उनके जीवन और परिवार को कैसे प्रभावित किया? इस पर अपने विचार व्यक्त कीजिए।

7. राजू के परिवार और उनकी जीवन-शैली के प्रति समाज के दृष्टिकोण का वर्णन कीजिए। इस संदर्भ में परंपरा और आधुनिकता के टकराव पर चर्चा करें।

8. गांगुली और मजूमदार परिवारों के बीच सामाजिक और सांस्कृतिक अंतर को शरत् और राजू के संबंधों के संदर्भ में स्पष्ट कीजिए।

9. शरत् और राजू के संगीत और अभिनय प्रेम ने उनकी मित्रता को कैसे मजबूत किया? इन कलात्मक रुचियों का उनके जीवन पर क्या प्रभाव पड़ा?

10. बैकुंठनाथ चट्टोपाध्याय के साहसिक स्वभाव और ज़मींदार के साथ हुए संघर्ष का उनके परिवार की परिस्थितियों पर क्या असर हुआ?

11. मोतीलाल और अघोरनाथ के स्वभाव में क्या प्रमुख अंतर थे और यह उनके आपसी संबंधों को कैसे प्रभावित करता था?

12. बैकुंठनाथ की मृत्यु के बाद उनके परिवार की स्थिति में आए बदलावों का वर्णन कीजिए।

श्रवण व वाचन का मूल्यांकन तथा परियोजना कार्य

श्रवण (सुनना)

वर्णित या पठित सामग्री को सुनकर अर्थग्रहण करना, वार्तालाप करना, वाद-विवाद, भाषण, कविता पाठ आदि को सुनकर समझना, मूल्यांकन करना और अभिव्यक्ति के ढंग को समझना श्रवण कहलाता है।

वाचन (बोलना)

भाषण, सस्वर कविता-पाठ, वार्तालाप और उसकी औपचारिकता, कार्यक्रम- प्रस्तुति, कथा-कहानी अथवा घटना सुनाना, परिचय देना, भावानुकूल संवाद-वाचन, वाचन कहलाता है।

श्रवण (सुनना) एवं वचान (बोलना) कौशल का मूल्यांकन

- परीक्षक किसी प्रासंगिक विषय पर एक अनुच्छेद का स्पष्ट वाचन करेगा। अनुच्छेद तथ्यात्मक या सुझावात्मक हो सकता है। अनुच्छेद लगभग 250 शब्दों का होना चाहिए।

  या

  परीक्षक 2-3 मिनट का श्रव्य अंश (ऑडियो क्लिप) सुनवाएगा। अंश रोचक होना चाहिए। कथ्य/घटना पूर्ण एवं स्पष्ट होनी चाहिए। वाचक का उच्चारण शुद्ध, स्पष्ट एवं विराम चिह्नों के उचित प्रयोग सहित होना चाहिए।
- परीक्षार्थी ध्यानपूर्वक परीक्षक/ऑडियो क्लिप को सुनने के पश्चात् परीक्षक द्वारा पूछे गए प्रश्नों का अपनी समझ से मौखिक उत्तर देंगे। ये अभ्यास प्रश्न विभिन्न प्रकार के हो सकते हैं; जैसे—
  - रिक्त स्थान भरना।
  - सही विकल्प चुनना (बहुविकल्पीय प्रश्न)।
  - सही या गलत, सत्य या असत्य का चुनाव करना।
  - अतिलघूत्तरात्मक प्रश्न
- किसी निर्धारित विषय पर बोलना जिससे विद्यार्थी अपने व्यक्तिगत अनुभवों का प्रत्यास्मरण कर सकें।
- कोई कहानी सुनाना या किसी घटना का वर्णन करना।
- परिचय देना (स्व/परिवार/वातावरण/वस्तु/व्यक्ति/पर्यावरण/कवि/लेखक आदि)।

परीक्षकों के लिए अनुदेश

- परीक्षण से पूर्व परीक्षार्थी को तैयारी के लिए कुछ समय दिया जाए।
- विवरणात्मक भाषा में विषय के अनुकूल तीनों कालों का प्रयोग अपेक्षित है।
- निर्धारित विषय परीक्षार्थी के अनुभव-जगत के हों।
- शिक्षार्थी को विषय केन्द्रित स्वतंत्र अभिव्यक्ति का अवसर प्रदान करें।

अंक योजना वार्तालाप की दक्षताओं का मूल्यांकन निरन्तरता के आधार पर परीक्षा के समय ही होगा। निर्धारित 10 अंकों में से 5 श्रवण (सुनना) कौशल के मूल्यांकन के लिए और 5 वाचन (बोलना) कौशल के मूल्यांकन के लिए होंगे।

कौशलों के अन्तरण का मूल्यांकन

(इस बात का निश्चय करना कि क्या विद्यार्थी में श्रवण और वाचन की निम्नलिखित योग्यताएँ हैं)

	श्रवण (सुनना)	वाचन (बोलना)
1.	परिचित संदर्भों में प्रयुक्त शब्दों और पदों को समझने की सामान्य योग्यता है।	केवल अलग-अलग शब्दों और पदों के प्रयोग की योग्यता प्रदर्शित करता है।
2.	छोटे सुसम्बद्ध कथनों को परिचित सन्दर्भों में समझने की योग्यता है।	परिचित सन्दर्भों में केवल छोटे सुसम्बद्ध कथनों का सीमित शुद्धता से प्रयोग करता है।
3.	परिचित या अपरिचित दोनों सन्दर्भों में कथित सूचना को स्पष्ट समझने की योग्यता है।	अपेक्षाकृत दीर्घ भाषण में अधिक जटिल कथनों के प्रयोग की योग्यता प्रदर्शित करता है।

	श्रवण (सुनना)	वाचन (बोलना)
4.	दीर्घ कथनों की शृंखला को पर्याप्त शुद्धता से समझने के ढंग और निष्कर्ष निकाल सकने की योग्यता है।	अपरिचित स्थितियों में विचारों को तार्किक ढंग से संगठित कर धारा प्रवाह रूप में प्रस्तुत करता है।
5.	जटिल कथनों के विचार बिन्दुओं को समझने की योग्यता प्रदर्शित करने की क्षमता है। वे उद्देश्य के अनुकूल सुनने की कुशलता प्रदर्शित करते हैं।	उद्देश्य और श्रोता के लिए उपयुक्त शैली को अपना सकता है, ऐसा करते समय वह केवल मामूली गलतियाँ करता है।

श्रवण (सुनना) तथा वाचन (बोलना) दोनों ही मौखिक अभिव्यक्ति के विभिन्न स्वरूप हैं। अत: दोनों ही मौखिक मूल्यांकन के अन्तर्गत आते हैं।

मौखिक अभिव्यक्ति कौशल

भाषा, भावनाओं और विचारों की अभिव्यक्ति का एक सशक्त माध्यम है। एक व्यक्ति जितनी सरल और शुद्ध भाषा का प्रयोग करेगा, वह उतनी ही प्रभावी रूप से भावनाओं और विचारों को व्यक्त कर सकेगा। मौखिक अभिव्यक्ति कौशल किसी भी व्यक्ति की सफलता में महत्त्वपूर्ण भूमिका निभाता है। इसके द्वारा व्यक्ति दूसरों को प्रभावित कर सकता है। यदि कोई व्यक्ति बहुत ज्ञान रखता है, परन्तु वह अपनी बात सही ढंग से अभिव्यक्त नहीं कर पाता, तो वह दूसरों को प्रभावित नहीं कर सकता है। मौखिक अभिव्यक्ति आसान नहीं होती है। लिखित अभिव्यक्ति की तुलना में इसे अधिक कठिन कहा जा सकता है, क्योंकि लिखित भाषा में गलतियों को सुधारने का समय और अवसर मिलता है, जबकि मौखिक अभिव्यक्ति में ऐसा नहीं होता है। मौखिक अभिव्यक्ति में व्यक्ति को सीधे लोगों के सामने अपनी बात रखनी होती है। मौखिक अभिव्यक्ति सफलता की पहली सीढ़ी होती है। इसलिए छात्रों को मौखिक अभिव्यक्ति दक्षता को बेहतर बनाने के लिए निम्नलिखित प्रयास करने चाहिए

- अपनी भावनाओं और विचारों को छोटे-छोटे वाक्यों में बाँधें, जिससे अभिव्यक्ति आसान हो जाएगी।
- प्रयास यह होना चाहिए कि एक ही भाषा का प्रयोग किया जाए, एक ही वाक्य में विभिन्न भाषाओं के शब्दों के प्रयोग से बचें।
- शुद्ध एवं सरल भाषा का प्रयोग करने का अभ्यास करना चाहिए।

मौखिक अभिव्यक्ति का उद्देश्य

- विचारों को बेहतर ढंग से व्यक्त करने के लिए सरल और आसान भाषा का प्रयोग करना।
- किसी भी विषय पर तार्किक, सन्तुलित और भावनात्मक रूप से विचार प्रस्तुत करना।
- सही उच्चारण, आरोह-अवरोह (आवाज का उतार-चढ़ाव) और बलाघात (शब्दों पर जोर) का सही तरीके से उपयोग करना।
- शब्दों के सही अर्थ समझकर उनका उचित प्रयोग करना।
- रोचक और प्रभावशाली भाषा का प्रयोग करना, ताकि श्रोता ध्यान से सुनें और रुचि बनी रहे।
- भाषा सरल और बोधगम्य हो, लेकिन अवसर और भावना के अनुसार उसका उपयोग करना चाहिए।

मौखिक अभिव्यक्ति की विशेषताएँ

- प्रभावी अभिव्यक्ति के लिए शुद्ध उच्चारण जरूरी होता है।
- अच्छी मौखिक अभिव्यक्ति में शुद्ध और सही भाषा का प्रयोग किया जाना चाहिए।
- वाक्यों में शब्दों का सही क्रम होना आवश्यक है और शिष्टाचारपूर्ण भाषा से अभिव्यक्ति अधिक प्रभावी बनती है।
- भाषा को अवसर और परिस्थिति के अनुसार प्रयोग करना चाहिए।
- बोलने में उचित ठहराव (यति), गति (गति) और शब्दों पर सही बल (बलाघात) देना चाहिए।
- बिना झिझक और आत्मविश्वास से बात करनी चाहिए, ताकि विचार स्पष्ट और प्रभावशाली ढंग से व्यक्त किए जा सकें।

श्रवण कौशल का मूल्यांकन

श्रवण कौशल, भाषा अधिगम का एक महत्त्वपूर्ण घटक है, जो केवल ध्वनियों को ग्रहण करने तक सीमित नहीं है, बल्कि उसमें समझ, विश्लेषण, चिन्तन और सही प्रतिक्रिया देने की क्षमता भी शामिल होती है। प्रभावी श्रवण कौशल से संचार क्षमता, एकाग्रता और तार्किक सोच विकसित होती है।

मनुष्य जो कुछ सुनता है, उसी के अनुसार प्रतिक्रिया देता है। इसी तरह, छात्र भी शिक्षक की बातें ध्यान से सुनता है और पूछे गए प्रश्नों का उत्तर देने की कोशिश करता है। पठन-पाठन की कुशलता इसी कौशल पर निर्भर करती है। इसके लिए शिक्षक किसी कविता या गद्य अनुच्छेद पर प्रश्न पूछ सकते हैं अथवा कविता या गद्य पाठ के मूल भाव से सम्बन्धित प्रश्न पूछ सकते हैं।

यहाँ यह ध्यान रखना जरूरी है कि विद्यार्थियों को सुनाए जा रहे अंश उनके अपने स्तर के अनुसार ही होने चाहिए तथा उनकी विषय-वस्तु विद्यार्थियों के जीवन से सम्बन्धित होनी चाहिए।

वर्णित या पठित सामग्री को सुनकर अर्थग्रहण करना

गद्यांश को ध्यानपूर्वक सुनकर पूछे गए प्रश्नों के उत्तर एक-दो शब्दों या वाक्यों में देना होता है।

गद्यांश

भाषा अपने समाज का प्रतिबिंब होती है, यदि वह संरक्षित नहीं रहेगी तो प्रतिबिंब की कल्पना नहीं की जा सकती। आज न जाने कितनी बोलियाँ आम लोगों की जुबान और व्यवहार से दूर जाती दिख रही हैं। बोलियों की एक गूढ़ बात यह है कि इनमें पारंपरिक ज्ञान का विशाल भंडार छिपा रहता है, किंतु इस ख़ासियत से बेपरवाह दुनिया में प्रचलित हजार भाषाओं में से लगभग 300 को लुप्तप्राय माना जाता है। जनजातीय भाषाएँ वहाँ की वनस्पतियों, जीवों और औषधीय पौधों के बारे में ज्ञान का खजाना है। आमतौर पर यह ज्ञान पीढ़ी-दर-पीढ़ी हस्तांतरित होता है। ऐसे में भाषाओं का विलुप्त होना गंभीर समस्या है। पृथ्वी की मौजूदा भाषायी विविधता का करीब आधा हिस्सा खतरे में है।

किसी भी देश या समाज की मूलभाषा के विलुप्त होने के कई कारण हैं; जैसे—प्राकृतिक या मानवीय कारणों से लोगों का एक स्थान से दूसरे स्थान पर पलायन करना, आधुनिक शिक्षा प्रणाली, अंग्रेज़ी का बढ़ता वर्चस्व और तकनीक का बढ़ता प्रसार। भाषा किसी भी सभ्यता व संस्कृति तथा उसके रहन-सहन को पहचान देती है। ईसाइयों और यहूदियों के धर्मग्रंथों की मूल भाषा हिब्रू, जैन और बौद्ध धर्म की भाषा प्राकृत और पाली सहित अनेक भाषाओं का अस्तित्व खो गया है। इसलिए यदि सही अर्थों में किसी संस्कृति की प्रगाढ़ता को समझना है, तो उसकी भाषा को समझना होगा, संरक्षित करना होगा। लोकतंत्र के समुचित विकास के लिए भी विभिन्न भाषाओं का समृद्ध होना बहुत ज़रूरी है, क्योंकि इनके माध्यम से देश के एक कोने से दूसरे कोने की समस्या को समझकर उसका समाधान किया जा सकता है। स्थानीय भाषाओं का संरक्षण करके ही समाज का समावेशी विकास हो पाता है।

भारतीय भाषाओं का केंद्रीय संस्थान खतरे में पड़ी देश की भाषाओं और बोलियों के संरक्षण के उपाय में जुट गया है। ये सब वे भाषाएँ हैं, जिन्हें दस हजार से भी कम लोग बोलते हैं। जल-जंगल-जमीन के लिए जाग्रत समाज भी अब समझने लगा है कि अपनी संस्कृति को बचाने के लिए इन तीनों की सुरक्षा के अलावा भी बहुत कुछ करने की आवश्यकता है। वे समझ गए हैं कि जब किसी भाषा का पतन होता है, तो उसमें बसी ज्ञान-प्रणाली भी पूरी तरह समाप्त हो जाती है।

परीक्षण प्रश्न

(क) रिक्त स्थान भरें

1. **प्रस्तुत गद्यांश का वर्ण्य विषय ………. है। (विलुप्त होती बोलियाँ और भाषाएँ/विदेशी भाषा के प्रति बढ़ता मोह)**
2. **बोलियों के विषय में सत्य है ………..। (ये पारंपरिक ज्ञान का भंडार होती हैं/इन्हें सीखना-सिखाना सरल होता है)**

(ख) सही या गलत का चयन करें

1. मूल भाषा को समझे बिना संस्कृति की प्रगाढ़ता को नहीं समझा जा सकता।
2. लोकतंत्र के समुचित विकास के लिए भाषायी विविधता आवश्यक नहीं है।
3. समावेशी विकास के लिए भाषायी विविधता का संरक्षण आवश्यक है।
4. ईसाइयों और यहूदियों के धर्मग्रंथों की मूल भाषा हिब्रू है।

(ग) अतिलघूत्तरात्मक प्रश्न

1. गद्यांश के अनुसार, जनजातीय भाषाएँ क्या हैं?
2. गद्यांश के अनुसार बोलियों के विलुप्त होने का क्या प्रभाव पड़ता है?
3. भाषाओं का विलुप्त होना गंभीर समस्या क्यों है?
4. भाषाओं के संरक्षण के लिए कौन-कौन से प्रयास किए जा रहे हैं?

वार्तालाप करना

जब दो या दो से अधिक व्यक्ति किसी विषय पर बात करते हैं, तो उसे **वार्तालाप**, **बातचीत** या **संवाद** कहा जाता है। यह एक बहुआयामी एवं स्वाभाविक माध्यम है, जिसके द्वारा मनुष्य समाज में परस्पर सम्पर्क स्थापित करता है। इसके द्वारा मनुष्य अपने विचारों का आदान-प्रदान करते हैं।

वार्तालाप की विशेषताएँ

- वार्तालाप में वक्ता और श्रोता दोनों की भूमिका होती है।
- वार्तालाप में भाषा सरल, सटीक और समझने योग्य होनी चाहिए।
- वार्तालाप में विचार, भावनाएँ और जानकारी का आदान-प्रदान होता है।
- वार्तालाप औपचारिक और अनौपचारिक दोनों तरह का हो सकता है।
- वार्तालाप में केवल बात करना ही नहीं, बल्कि दूसरों की बातों को ध्यान से सुनना और समझना भी जरूरी होता है।
- वार्तालाप में शालीन एवं मर्यादित भाषा का प्रयोग किया जाना चाहिए।
- वार्तालाप में गतिशीलता और स्वाभाविकता होनी चाहिए।

वार्तालाप का उदाहरण

('विमुद्रीकरण' पर चर्चा करते हुए अध्यापिका और विद्यार्थी में वार्तालाप)

अध्यापिका बच्चो! क्या तुम विमुद्रीकरण से परिचित हो?

मोहित हाँ मेम।

अध्यापिका बताओ मोहित! विमुद्रीकरण क्या है?

मोहित मेम! जब सरकार पुरानी मुद्रा को कानूनी तौर पर बंद कर देती है और नई मुद्रा को लाने की घोषणा करती है, तो इसे विमुद्रीकरण कहते हैं।

अध्यापिका बिलकुल सही मोहित! विमुद्रीकरण के बाद पुरानी मुद्रा व नोटों की कोई कीमत नहीं रह जाती। हालाँकि सरकार द्वारा पुराने नोटों को बैंकों से बदलने के लिए समय दिया जाता है, ताकि वे अमान्य हो चुके पुराने नोटों को बदल सकें।

विद्यार्थी सभी विद्यार्थी (ध्यान से सुनते हैं)

अध्यापिका क्या आप लोग जानते हैं कि सरकार ने ऐसा क्यों किया होगा?

पंकज हाँ मेम! मुझे पता है।

अध्यापक बताओ पंकज।

पंकज कालाधन और भ्रष्टाचार जैसी गतिविधियों पर अंकुश लगाने के लिए सरकार ऐसा करती है।

अध्यापक बिलकुल सही पंकज, क्योंकि सरकार को उम्मीद है कि नोटबंदी से कालेधन, नकली नोट और आतंकवाद पर अंकुश लगेगा। हालाँकि नोटबंदी के चलते आम आदमी को भी काफी मुश्किलों का सामना करना पड़ता है।

अध्यापक मुझे बहुत अच्छा लगा आप लोगों से इस विषय पर बात करके।

परीक्षण प्रश्न

(क) रिक्त स्थान भरें

1. विमुद्रीकरण के बाद पुरानी मुद्रा व ········ की कोई कीमत नहीं रह जाती। (नोटों/महँगाई)
2. सरकार द्वारा पुराने नोटों को बैंकों से बदलने के लिए ········ दिया जाता है। (समय/धन)

(ख) सही या गलत का चयन करें

1. सरकार पुरानी मुद्रा को कानूनी तौर पर बंद कर देती है।
2. नोटबंदी के चलते आम आदमी को भी काफी मुश्किलों का सामना करना पड़ता है।
3. सरकार को उम्मीद है कि नोटबंदी से कालेधन, नकली नोट और आतंकवाद पर अंकुश लगेगा।

(ग) अति लघूत्तरात्मक प्रश्न

1. विमुद्रीकरण क्या है?
2. उपर्युक्त वार्तालाप किनके मध्य हो रहा है?
3. अध्यापिका कक्षा को संबोधित करते हुए क्या कहती है?

वाद-विवाद

वाद-विवाद किसी विषय के पक्ष या विपक्ष में अपने विचारों की तर्कपूर्ण अभिव्यक्ति है। जन-जागरूकता फैलाने और लोगों का ध्यान आकर्षित करने के उद्देश्य से कई संगठनों द्वारा वाद-विवाद का आयोजन किया जाता है। वाद-विवाद में दो पक्ष होते हैं—1. समर्थक अर्थात् समर्थन करने वाला (पक्ष) 2. विरोधी अर्थात् विरोध में बोलने वाला (विपक्ष)।

वाद-विवाद की विशेषताएँ

- वाद-विवाद में दो विपरीत विचारों के समर्थक अपना-अपना तर्क रखते हैं।
- वाद-विवाद में तथ्यात्मक सटीकता और तार्किक सुसंगति होनी चाहिए।
- वाद-विवाद में आलोचनात्मक सोचने और वर्तमान जानकारी के साथ बातचीत करने की क्षमता का विकास होता है।
- वाद-विवाद में सार्वजनिक रूप से बोलने और अपने विचारों को वाक्पटुता से व्यक्त करने का आत्मविश्वास मिलता है।
- वक्ता को यह स्पष्ट करना चाहिए कि वह पक्ष में बोल रहा है या विपक्ष में।
- वाद-विवाद में शालीन एवं गरिमापूर्ण भाषा का प्रयोग किया जाना चाहिए।
- अपने भाषण के विशिष्ट तथ्य अध्यक्ष को सम्बोधित करके बताने चाहिए।
- समय-समय पर आवश्यकतानुसार विरोधी वक्ता के कथनों को उद्धृत किया जाना चाहिए।

वाद-विवाद का उदाहरण

"क्या जल संरक्षण के लिए कठोर कानून लागू किए जाने चाहिए?"

पक्ष में

परमादरणीय अध्यक्ष महोदय! आज की वाद-विवाद प्रतियोगिता का विषय है-"**क्या जल संरक्षण के लिए कठोर कानून लागू किए जाने चाहिए?**" मैं इसके पक्ष में अपने विचार व्यक्त करना चाहूँगा। मुझे आशा है कि आप लोग मेरे विचारों को ध्यान से सुनेंगे और उचित विचारों की सराहना करेंगे।

मैं इस पक्ष में अपने विचार प्रस्तुत करना चाहता हूँ कि जल संरक्षण के लिए कठोर कानून लागू किए जाने चाहिए। जल जीवन का मूल स्रोत है। बिना जल के जीवन की कल्पना असम्भव है। लेकिन दुर्भाग्यवश, आज जल का अत्यधिक दुरुपयोग हो रहा है। हमारे देश में नदियाँ, झीलें और भूजल स्रोत तेजी से सूख रहे हैं। यदि जल संकट को गम्भीरता से नहीं लिया गया, तो आने वाली पीढ़ियों को भारी मुश्किलों का सामना करना पड़ेगा।

आज भी कई राज्यों में जल संकट चरम पर है। राजस्थान, महाराष्ट्र, तमिलनाडु और मध्य प्रदेश के कई क्षेत्रों में लोगों को पीने के पानी के लिए लम्बी दूरी तय करनी पड़ती है। शहरी क्षेत्रों में भी भूजल स्तर तेजी से गिर रहा है। ऐसे में, यदि कठोर कानून नहीं बनाए गए, तो स्थिति और भी भयावह हो सकती है।

अगर लोग अपनी इच्छानुसार पानी बर्बाद करते रहेंगे, तो समस्या कभी हल नहीं होगी। इसलिए, सरकार को पानी की बर्बादी पर सख्त प्रतिबन्ध लगाने चाहिए और कठोर दण्ड का प्रावधान करना चाहिए। उदाहरण के लिए, यदि कोई अनावश्यक रूप से पानी की बर्बादी करता है, तो उस पर भारी जुर्माना लगाया जाए। इसी तरह, वर्षा जल संचयन को सभी घरों और भवनों में अनिवार्य किया जाए।

इसके अतिरिक्त, कारखानों और उद्योगों द्वारा जल प्रदूषण पर सख्त नियन्त्रण होना चाहिए। बड़े उद्योगों को अपशिष्ट जल को बिना शोधित किए नदियों में बहाने पर दण्डित किया जाना चाहिए। अगर जल संकट से बचना है, तो अब समय आ गया है कि सरकार कठोर कानून बनाए और उनका सख्ती से पालन कराए।

विपक्ष में

आदरणीय अध्यक्ष महोदय, निर्णायक मण्डल के सदस्यगण, प्रधानाचार्य जी एवं उपस्थित छात्र बंधुओं! अभी मेरे साथी मित्र ने **"क्या जल संरक्षण के लिए कठोर कानून लागू किए जाने चाहिए?"** के पक्ष में अपने विचार आप सभी के सामने रखे। अब मैं इस विषय पर अपने विचार अत्यन्त विनम्र शब्दों में आपके समक्ष रखना चाहता हूँ। मैं अपने विरोधी बक्ता के विचारों से असहमत हूँ। जल संरक्षण एक महत्त्वपूर्ण विषय है, लेकिन इसके लिए कठोर कानून लागू करना ही एकमात्र समाधान नहीं है।

सबसे पहले, जबरदस्ती लागू किए गए कानून कभी भी दीर्घकालिक समाधान नहीं होते। यदि लोगों को जल संरक्षण की महत्ता नहीं समझाई जाएगी और केवल कानून के डर से वे इसका पालन करेंगे, तो यह अधिक प्रभावी नहीं होगा। हमें जल संरक्षण के लिए जन-जागरूकता फैलानी होगी।

इसके अलावा, जल संरक्षण के उपायों को नैतिक और सामाजिक जिम्मेदारी के रूप में देखा जाना चाहिए, न कि एक कानूनी बाध्यता के रूप में। स्कूलों, कॉलेजों और सामाजिक संगठनों को जल संरक्षण के प्रति लोगों को जागरूक करना चाहिए। यदि हम बचपन से ही बच्चों को पानी बचाने की शिक्षा देंगे, तो भविष्य में वे स्वयं जल संरक्षण की दिशा में कार्य करेंगे।

इसके अतिरिक्त, सरकार को कानून बनाने के बजाय, लोगों को जल संरक्षण के लिए प्रेरित करना चाहिए। जैसे, ऐसे लोगों को प्रोत्साहित किया जाए, जो वर्षा जल संचयन, ड्रिप इरिगेशन और पानी के दोबारा उपयोग जैसी तकनीकों को अपनाते हैं। यदि सरकार जल संरक्षण के अच्छे प्रयासों को पुरस्कृत करेगी, तो लोग स्वयं इसकी ओर आकर्षित होंगे।

अन्त में, मैं यही कहना चाहूँगा कि कानून से अधिक प्रभावी तरीका है—शिक्षा और जागरूकता। जब तक लोग स्वयं पानी बचाने के लिए प्रेरित नहीं होंगे, तब तक कोई भी कानून पूरी तरह सफल नहीं हो सकता।

परीक्षण प्रश्न

1. वाद-विवाद का विषय क्या है?
2. जल को किस रूप में वर्णित किया गया है?
3. किन राज्यों में जल संकट अधिक देखा जा रहा है?
4. शहरी क्षेत्रों में किस समस्या का सामना किया जा रहा है?
5. जल संरक्षण के लिए सरकार को क्या कदम उठाने चाहिए?
6. कारखानों और उद्योगों पर कौन-सा नियन्त्रण आवश्यक बताया गया है?
7. विपक्ष के अनुसार जल संरक्षण के लिए सबसे प्रभावी तरीका क्या है?
8. स्कूलों और कॉलेजों को जल संरक्षण के लिए क्या करना चाहिए?
9. विपक्ष के अनुसार जबरदस्ती लागू किए गए कानून क्यों प्रभावी नहीं होते?
10. बच्चों को जल संरक्षण की शिक्षा देने से क्या लाभ होगा?

कविता

कविता के इस अंश को ध्यानपूर्वक सुनकर पूछे गए प्रश्नों के उत्तर एक-दो शब्दों या वाक्यों में देना होता है

> देख आया चंद्रगहना।
> देखता हूँ दृश्य अब मैं
> मेड़ पर इस खेत की बैठा अकेला
> एक बीते के बराबर यह हरा ठिगना चना,

बाँधे मुरेठा शीश पर छूटे गुलाबी फूल का
सजकर खड़ा है।
पास ही मिलकर उगी है बीच में अलसी हठीली
देह की पतली, कमर की है लचीली
नीले फूले फूल को सिर पर चढ़ाकर
कह रही है जो छुए यह दूँ हृदय का दान उसको।
और सरसों की न पूछो-हो गई सबसे सयानी,
हाथ पीले कर लिए हैं, ब्याह-मंडप में पधारी;
फाग गाता मास फागुन आ गया है आज जैसे।
देखता हूँ मैं, स्वयंवर हो रहा है,
प्रकृति का अनुराग अंचल हिल रहा है
इस विजन में, दूर व्यापारिक नगर से
प्रेम की प्रिय भूमि उपजाऊ अधिक है।
और पैरों के तले है एक पोखर,
उठ रहीं इसमें लहरियाँ,
नीम तल में तो उगी है घास भूरी, ले रही वह भी लहरियाँ
एक चाँदी का बड़ा-सा गोल खंभा आँख को है चमकाता
हैं कई पत्थर किनारे पी रहे चुपचाप पानी,
प्यास जाने कब बुझेगी, चुप खड़ा बगुला डुबाए टाँग जल में,
देखते ही मीन चंचल ध्यान-निद्रा त्यागता है
चट दबाकर चोंच से नीचे गले के डालता है।

परीक्षण प्रश्न

(क) रिक्त स्थान भरें

1. पद्यांश में ………… दृश्यों का वर्णन किया गया है?(गाँव के प्राकृतिक दृश्यों का/गाँव में उगने वाली फसलों का)
2. पद्यांश में अलसी को ………… कहा गया है। (हठीली/जिद्दी)

(ख) सही या गलत (सत्य/असत्य) का चुनाव करें

1. चना और अलसी प्रकृति के सौंदर्य का प्रतीक हैं।
2. चना और अलसी की विशेषताएँ मनुष्य के गुणों से जुड़ी हुई हैं।
3. प्रकृति का हर दृश्य कवि को आकर्षित करता है।
4. कवि ने चने में गुलाबी रंग के फूल आ जाने के कारण चने को गुलाबी मुरैठा (पगड़ी) बाँधे बैठा हुआ कहा है।

(ग) अति लघूत्तरात्मक प्रश्न

1. कवि ने चने को गुलाबी मुरैठा बाँधे बैठा हुआ क्यों कहा है?
2. पद्यांश में सरसों को 'सबसे सयानी' क्यों कहा गया है?
3. अलसी का हठीला स्वरूप कवि को क्यों आकर्षित करता है?
4. 'उठ रहीं इसमें लहरियाँ' पंक्ति का अर्थ लिखिए।

वाचन कौशल का मूल्यांकन

अपने भावों और विचारों को मौखिक भाषा के द्वारा बोलकर अभिव्यक्त करना ही वाचन कौशल कहलाता है। वाचन कौशल एक व्यक्ति की भाषा दक्षता को दर्शाता है। यदि कोई व्यक्ति प्रभावी ढंग से वाचन करता है, तो वह न केवल खुद अच्छी तरह समझ सकता है, बल्कि दूसरों को भी अपने विचार प्रभावी ढंग से प्रस्तुत कर सकता है। इस कौशल का विकास शिक्षण और संचार दोनों के लिए आवश्यक है।

भाषण

भाषण मौखिक अभिव्यक्ति के वाचन पक्ष का उत्कृष्ट रूप है। भाषण एक मौखिक अभिव्यक्ति है, जिसमें वक्ता अपने विचारों, भावनाओं और सन्देशों को प्रभावशाली तरीके से श्रोताओं के सामने प्रस्तुत करता है। यह एक संगठित, सुव्यवस्थित और प्रभावी सम्प्रेषण की कला है, जिसका उद्देश्य किसी विषय पर जानकारी देना, प्रेरित करना या लोगों को किसी विचारधारा की ओर आकर्षित करना होता है।

भाषण की विशेषताएँ

- भाषा सरल और समझने योग्य होनी चाहिए।
- शब्दों, आवाज़, हाव-भाव और शैली से भाषण को रोचक बनाना चाहिए।
- श्रोताओं से जुड़ाव और बातचीत की भावना होनी चाहिए।
- न अधिक तेज़ और न अधिक धीमा, बल्कि सहज प्रवाह में बोलना चाहिए।
- भाषण में जोश, आत्मविश्वास और भावनाओं की झलक होनी चाहिए।
- विषय को लम्बा खींचने की बजाय संक्षिप्त और सारगर्भित रूप में प्रस्तुत करना चाहिए।
- विषय की गहरी समझ होनी चाहिए।
- आत्मविश्वास और जोश के साथ बोलना चाहिए।
- भाषा सरल, रोचक और प्रभावशाली होनी चाहिए।
- श्रोताओं की रुचि को बनाए रखना ज़रूरी है।
- हाथों और चेहरे के हाव-भाव का सही उपयोग करें।

भाषण का उदाहरण

नमस्कार!

आदरणीय प्रधानाचार्य जी, सम्मानित शिक्षकगण और मेरे प्रिय साथियों! मैं आपके सम्मुख ''डिजिटल इण्डिया – प्रगति की ओर एक कदम'' विषय पर अपने विचार प्रस्तुत करना चाहता हूँ। आशा है आप लोग इसे ध्यान से सुनेंगे।

भारत तेजी से डिजिटल क्रान्ति की ओर बढ़ रहा है। वर्ष 2015 में माननीय प्रधानमन्त्री श्री नरेन्द्र मोदी जी द्वारा 'डिजिटल इण्डिया' अभियान की शुरुआत की गई थी, जिसका उद्देश्य देश को डिजिटल रूप से सक्षम और आत्मनिर्भर बनाना है।

डिजिटल इण्डिया ने हमारे जीवन को बहुत आसान बना दिया है। आज हम घर बैठे ऑनलाइन शिक्षा प्राप्त कर सकते हैं, मोबाइल बैंकिंग कर सकते हैं और सरकारी सेवाओं का लाभ उठा सकते हैं। डिजिटल लेनदेन को बढ़ावा देने के लिए यूपीआई, भीम ऐप और ऑनलाइन बैंकिंग जैसी सुविधाएँ दी गई हैं, जिससे लेनदेन तेज़, सुरक्षित और पारदर्शी हुआ है।

डिजिटल भारत के लाभ

- ऑनलाइन शिक्षा से विद्यार्थियों को घर बैठे पढ़ाई का अवसर मिला है।
- ऑनलाइन बैंकिंग और डिजिटल पेमेण्ट से भ्रष्टाचार में कमी आई है।
- सरकारी योजनाओं की सीधी जानकारी नागरिकों तक पहुँच रही है।
- ग्रामीण क्षेत्रों में भी इण्टरनेट के माध्यम से रोजगार के अवसर बढ़े हैं।
- कागज रहित कार्यप्रणाली से पर्यावरण की रक्षा हो रही है।

हालाँकि, डिजिटल क्रान्ति के साथ कुछ चुनौतियाँ भी हैं, जैसे साइबर अपराध, डेटा सुरक्षा और इण्टरनेट सुविधा की कमी। लेकिन यदि हम सावधानी से डिजिटल साधनों का उपयोग करें, तो यह देश को विकास की नई ऊँचाइयों पर ले जा सकता है।

आइए, हम सभी डिजिटल इण्डिया अभियान को अपनाएँ और एक सशक्त, आत्मनिर्भर और डिजिटल भारत का निर्माण करें।

''डिजिटल इण्डिया, सशक्त भारत!''

धन्यवाद!

सस्वर वाचन अथवा कविता पाठ

सस्वर वाचन अथवा कविता वाचन एक कला है, जिसे निरन्तर अभ्यास से और बेहतर बनाया जा सकता है। जब हम कविता पढ़ते हैं, तो हमें कुछ खास बातों का ध्यान रखना चाहिए

- कविता अच्छी तरह से कंठस्थ होनी चाहिए, ताकि आपको बीच में रुकना न पड़े या कविता की प्रति खोजने की आवश्यकता न पड़े।
- कविता पढ़ते समय **शब्दों का स्पष्ट और सही उच्चारण** बहुत जरूरी है, ताकि श्रोता उसे आसानी से समझ सकें और कविता का पूरा आनन्द ले सकें।
- कविता की भाषा का स्तर श्रोताओं के ज्ञान और रुचि के अनुरूप होना चाहिए।
- कविता वाचन में भावों के अनुसार स्वर में उतार-चढ़ाव, गति-लय, बलाघात आदि का सही प्रयोग करना चाहिए।
- कविता पढ़ते समय जहाँ ज़रूरत हो, वहाँ थोड़ा रुककर पढ़ना चाहिए, ताकि उसके भाव स्पष्ट हो सकें।
- कविता की मुख्य बातें या सन्देश देने वाली पंक्तियाँ दोहराने से वे श्रोताओं पर गहरा प्रभाव डालती हैं।
- कविता को सिर्फ पढ़ें नहीं, बल्कि महंसूस भी करें ताकि श्रोता भी उससे जुड़ सकें।
- अगर श्रोता तालियाँ बजा रहे हों, तो कुछ देर रुक जाएँ और फिर वाचन शुरू करें, ताकि कविता का प्रवाह न टूटे।

कविता पाठ का उदाहरण

जिस राम के गुण आप गाते हैं
जिस अर्जुन पर आप मुग्ध हैं
बताओ तो दोस्तों!
उनके जो-जो चित्र
आपकी आस्था और विश्वास के हैं
वे राजमहलों के हैं
या वनवास के हैं?
मित्रों!
जब स्वयं रामचंद्र
राजमहलों की रेशमी जूतियाँ उतारकर
नंगे पाँव वन में पधारे थे
तभी से वे महिमावान हो गए
राजकुमार तो थे ही
अब वे भगवान हो गए।
जटाधारी राम हों
या वन-वन भटकते पांडव
सबके गौरवशाली चरित्र वन के हैं
ताड़का का वध हो
या जटायु का संस्कार
केवट का मिलन हो
या शबरी से प्यार
भरत से मिलन का हेतु हो
या लंका का सेतु हो
सब वन के ही श्रृंगार हैं
राम के चौदह वर्ष हों
या पांडवों के तेरह वर्ष
दोनों ने महिमा की पूँजी
वन से ही उगाही थी।
सोने की लंका वनवासी राम ने
ही ढहाई थी
जुए की खाई में गिरे पांडवों ने
दुर्योधन की जंघा तोड़ने की
शक्ति वनवास से ही पाई थी।

समाचार वाचन

आज के युग में जनसंचार माध्यमों ने हमारे जीवन में क्रान्तिकारी बदलाव लाया है। इनमें समाचार-पत्र, टेलीविजन, रेडियो और पत्र-पत्रिकाएँ मुख्य रूप से शामिल हैं। समाचार-पत्र शिक्षित व्यक्ति की दैनिक आवश्यकता बन गए हैं। खासतौर पर विद्यार्थियों के लिए समाचार पढ़ने की आदत ज्ञान और जागरूकता बढ़ाने में सहायक होती है।

विद्यालयों में विद्यार्थियों को समाचार-पत्र पढ़ने की आदत डालने के लिए प्रार्थना स्थल पर इसकी शुरुआत की जा सकती है। प्रत्येक विद्यार्थी समाचार-पत्र से कुछ पंक्तियाँ पढ़कर आए और क्रमानुसार समाचार प्रस्तुत करे। इससे न केवल उनकी वाचन कला का विकास होगा, बल्कि अन्य छात्रों का भी ज्ञानवर्धन होगा। समाचारों को केवल समाचार-पत्र से ही नहीं, बल्कि टेलीविजन और रेडियो जैसे अन्य स्रोतों से भी संकलित किया जा सकता है।

समाचार वाचन करते समय ध्यान देने योग्य बातें

- समाचार वाचन करते समय शुद्ध और स्पष्ट उच्चारण करें, ताकि समाचार आसानी से समझे जा सकें।
- संक्षेप में समाचार प्रस्तुत करें, ताकि श्रोता ध्यानपूर्वक सुन सकें।
- समाचार वाचन करते समय एक ही समाचार को बार-बार न दोहराएँ, ताकि वाचन रुचिकर बना रहे।
- समाचार वाचन करते समय भाषा सरल और वाक्य छोटे-छोटे हों, ताकि सन्देश स्पष्ट हो।
- समाचार वाचन करते समय समाचार वाचन की गति सन्तुलित रखें, न बहुत तेज़ और न बहुत धीमी।

समाचार वाचन का उदाहरण

आगरा में हल्की बारिश की सम्भावना, सर्दी बढ़ने के आसार

आगरा आगरा और उसके आसपास के क्षेत्रों में अगले 24 घण्टों के भीतर हल्की बारिश होने की सम्भावना है। मौसम विभाग के अनुसार, पश्चिमी विक्षोभ के प्रभाव के कारण बादल छाए रहेंगे और हल्की बौछारें पड़ सकती हैं। इस बदलाव से तापमान में गिरावट आने की सम्भावना है, जिससे ठण्ड और बढ़ सकती है।

मौसम वैज्ञानिकों का कहना है कि इस हल्की बारिश से वायु गुणवत्ता में सुधार होने की उम्मीद है। आगरा में पिछले कुछ दिनों से वायु प्रदूषण का स्तर बढ़ा हुआ था, लेकिन बारिश के बाद हवा साफ हो सकती है। हालाँकि इससे ठण्ड भी बढ़ेगी, जिससे लोगों को गर्म कपड़ों का अधिक ध्यान रखना पड़ेगा।

बारिश का असर किसानों पर भी पड़ सकता है। यदि बारिश अधिक देर तक होती है, तो यह खड़ी फसलों के लिए नुकसानदेह हो सकती है। वहीं, गेहूँ और सरसों जैसी रबी फसलों के लिए यह हल्की बारिश फायदेमन्द हो सकती है। बारिश के कारण आगरा की सड़कों पर जलभराव की समस्या हो सकती है, जिससे यातायात प्रभावित हो सकता है। मौसम विभाग ने लोगों को सतर्क रहने और आवश्यक होने पर ही घर से बाहर निकलने की सलाह दी है।

मौसम विशेषज्ञों के अनुसार, आगरा और उसके आसपास के क्षेत्रों में अगले कुछ दिनों तक बादल छाए रहेंगे, लेकिन भारी बारिश की सम्भावना नहीं है। न्यूनतम तापमान 8-10° सेल्सियस के आसपास रहने का अनुमान है।

कार्यक्रम प्रस्तुति

किसी भी कार्यक्रम को प्रस्तुत करना एक विशेष कला है, जिसमें योग्यता, आत्मविश्वास और अभ्यास की आवश्यकता होती है। एक सफल कार्यक्रम प्रस्तुति के लिए स्पष्ट वाणी, प्रभावी भाषा और उचित हाव-भाव का होना बहुत जरूरी है।

कार्यक्रम प्रस्तुति करने वाले को प्रस्तोता, मंच संचालक, उद्घोषक या एंकर कहा जाता है। किसी भी कार्यक्रम की सफलता में मंच संचालक की अहम भूमिका होती है। एक अच्छा मंच संचालक कार्यक्रम को रोचक, प्रभावशाली और अनुशासित तरीके से प्रस्तुत करता है, जिससे श्रोता पूरे कार्यक्रम में रुचि बनाए रखते हैं।

विद्यालयों में होने वाले कार्यक्रम; जैसे—

- बाल सभा
- सदन की बैठक
- वार्षिक उत्सव
- पुरस्कार वितरण समारोह
- सांस्कृतिक कार्यक्रम

मंच संचालन करते समय विद्यार्थी को कुछ महत्त्वपूर्ण बातों का ध्यान रखना चाहिए

- मंच संचालन में सरल और स्पष्ट भाषा का उपयोग करें, जिससे सभी श्रोता आपकी बात को आसानी से समझ सकें।
- मंच संचालन से पहले सभी कार्यक्रमों की सूची तैयार कर अपने पास रखें, ताकि कुछ भी भूलने की सम्भावना न हो।
- दर्शकों को कार्यक्रम से जोड़े रखने के लिए मजेदार चुटकुले, कहावतें, प्रेरणादायक बातें और ज्ञानवर्धक बातें शामिल करनी चाहिए।
- मंच संचालन के दौरान बहुत ज्यादा चमक-धमक या फैशनेबल कपड़ों से बचें। शालीन और सरल वेशभूषा ही बेहतर मानी जाती है।
- एक अच्छे उद्घोषक को साहसी और संयमी रहना चाहिए, ताकि कार्यक्रम को सही तरीके से प्रस्तुत किया जा सके।

कार्यक्रम प्रस्तुति का उदाहरण

सनातन धर्म इंटर कॉलेज वार्षिकोत्सव कार्यक्रम सूची

- मुख्य अतिथि का आगमन— प्रात: 10 बजे
  मुख्य अतिथि — स्थानीय सांसद श्री ...... का आगमन
  विद्यालय प्रबन्धन समिति के सदस्यों द्वारा स्वागत
- मुख्य अतिथि का स्वागत — प्रधानाचार्य महोदय द्वारा फूलों की माला पहनाकर स्वागत,
  कक्षा आठ की छात्राएँ (रीना और आरती) तिलक एवं आरती द्वारा पारम्परिक स्वागत
- मुख्य अतिथि का परिचय — विद्यालय प्रबन्ध समिति के सचिव द्वारा मुख्य अतिथि का संक्षिप्त परिचय
- कार्यक्रम का आरम्भ — मुख्य अतिथि द्वारा माँ सरस्वती की प्रतिमा के समक्ष दीप प्रज्वलन,
  प्रधानाचार्य, स्टाफ सचिव और अन्य शिक्षकों का सहयोग
- सांस्कृतिक कार्यक्रमों का शुभारम्भ — सरस्वती वन्दना — कोमल, रेखा, प्रीति, वन्दना एवं कृतिका द्वारा (गीत: 'वीणावादिनी! वर दे')
- देशभक्ति गीत — कक्षा दसवीं की छात्राओं द्वारा प्रस्तुति
  गीत : 'ऐ मेरे वतन के लोगों'
- लोकनृत्य प्रस्तुति — कक्षा आठवीं की छात्राओं द्वारा राजस्थानी लोकगीत 'गोरबन्ध' पर नृत्य प्रस्तुति
- विद्यालय की वार्षिक प्रगति रिपोर्ट — प्रधानाचार्य महोदय द्वारा वार्षिक रिपोर्ट वाचन
- पुरस्कार वितरण — मुख्य अतिथि द्वारा विभिन्न क्षेत्रों में उत्कृष्ट प्रदर्शन करने वाले विद्यार्थियों को पुरस्कार प्रदान
- मुख्य अतिथि का सम्बोधन — मुख्य अतिथि महोदय द्वारा प्रेरणादायक भाषण
- हास्य प्रहसन — कक्षा नौवीं के छात्रों द्वारा नाटक 'बच्चे और स्कूल' की प्रस्तुति
- धन्यवाद ज्ञापन एवं समापन विद्यालय प्रबन्धन, शिक्षकों, अभिभावकों एवं विद्यार्थियों का धन्यवाद

मुख्य अतिथि महोदय का विशेष आभार

कार्यक्रम के समापन की औपचारिक घोषणा

वार्षिक उत्सव कार्यक्रम की प्रस्तुति

उपर्युक्त सूची के आधार पर कार्यक्रम की प्रस्तुति निम्न प्रकार की जा सकती है

(कार्यक्रम के लिए सुसज्जित पंडाल, मंच, सामने पंक्तिबद्ध बैठे विद्यार्थी एवं अतिथि, पृष्ठभूमि में मधुर संगीत बज रहा है।)

मंच संचालक सभी सम्मानित अतिथियों, शिक्षकों, अभिभावकों एवं विद्यार्थियों को मेरा सादर प्रणाम!

आज का दिन हमारे सनातन धर्म इंटर कॉलेज के लिए एक विशेष दिन है, क्योंकि हम सभी यहाँ वार्षिक उत्सव का आनन्द उठाने के लिए एकत्रित हुए हैं। इस शुभ अवसर पर आप सभी का हार्दिक स्वागत एवं अभिनन्दन करता/करती हूँ।

अब वह घड़ी आ गई है, जिसका हम सभी को बेसब्री से इंतजार था। हमारे मुख्य अतिथि महोदय पंडाल में पधार चुके हैं। मैं सभी से निवेदन करता/करती हूँ कि उनका गर्मजोशी से स्वागत करें और करतल ध्वनि से उन्हें सम्मान दें।

अब मैं विद्यालय के प्रबन्धक महोदय से विनम्र अनुरोध करता/करती हूँ कि वे मुख्य अतिथि महोदय को मंच पर आमन्त्रित करें एवं उनके साथ मंच पर उचित स्थान ग्रहण करें।

अब मैं विद्यालय के प्रधानाचार्य श्रीमान् .... से निवेदन करता/करती हूँ कि वे मुख्य अतिथि महोदय का फूलों की माला पहनाकर स्वागत करें।

इसके बाद विद्यालय की दो छात्राएँ रीना और आरती भारतीय परम्परा के अनुसार तिलक और आरती द्वारा मुख्य अतिथि का स्वागत करेंगी।

अब मैं विद्यालय प्रबन्ध समिति के सचिव श्री .... से अनुरोध करता/करती हूँ कि वे मुख्य अतिथि महोदय का संक्षिप्त परिचय आप सभी को दें।

अब कार्यक्रम के विधिवत शुभारम्भ हेतु मैं मुख्य अतिथि महोदय से निवेदन करता/करती हूँ कि वे माँ सरस्वती की प्रतिमा के समक्ष दीप प्रज्वलित करें। इस शुभ अवसर पर प्रधानाचार्य महोदया, स्टाफ सचिव एवं अन्य शिक्षकगण उनका सहयोग करेंगे।

सांस्कृतिक कार्यक्रमों का आरम्भ

अब हमारे सांस्कृतिक कार्यक्रम का आरम्भ होने जा रहा है। सबसे पहले हम ज्ञान की देवी माँ सरस्वती की वन्दना प्रस्तुत करेंगे। विद्यालय की छात्राएँ—कोमल, रेखा, प्रीति, वन्दना एवं कृतिका अपनी मधुर वाणी में सरस्वती वन्दना प्रस्तुत करेंगी।

वाह! कितनी सुन्दर प्रस्तुति थी! इन छात्राओं ने अपने भावों से इस वन्दना को और अधिक जीवन्त बना दिया। आपकी तालियाँ इस बात का प्रमाण हैं कि यह प्रस्तुति कितनी मनमोहक रही।

देशभक्ति गीत

अब बारी है देशप्रेम के रंग में रंग जाने की! कक्षा दसवीं की छात्राएँ 'ऐ मेरे वतन के लोगों' गीत के माध्यम से अपनी देशभक्ति की भावना व्यक्त करेंगी।

वाह! यह गीत हमारी रगों में देशभक्ति का संचार कर गया। धन्यवाद!

लोकनृत्य प्रस्तुति

अब हम गाँव की उस मिट्टी की सुगन्ध महसूस करने जा रहे हैं, जो हमारे दिल के करीब है। कक्षा आठवीं की छात्राएँ राजस्थानी लोकगीत 'गोरबंध' पर सुन्दर नृत्य प्रस्तुत करेंगी।

अत्यन्त सुन्दर नृत्य! इन छात्राओं ने पूरे माहौल को उत्साह से भर दिया।

नाट्य प्रस्तुति

अब मंच पर कक्षा नौ के छात्र एक प्रेरणादायक नाटक 'शिक्षा का महत्त्व' प्रस्तुत कर रहे हैं, जिसमें एक गरीब बच्चे की संघर्ष गाथा दिखाई जाएगी।

यह नाटक वास्तव में हमें शिक्षा का महत्त्व समझाने में सफल रहा। धन्यवाद!

विद्यालय की प्रगति रिपोर्ट

अब मैं विद्यालय की प्रधानाचार्य महोदय से अनुरोध करता/करती हूँ कि वे विद्यालय की वार्षिक प्रगति रिपोर्ट प्रस्तुत करें।

(प्रधानाचार्य महोदय द्वारा रिपोर्ट वाचन)

पुरस्कार वितरण

अब बारी है उन विद्यार्थियों के सम्मान की, जिन्होंने शैक्षणिक, खेल और अन्य गतिविधियों में उत्कृष्ट प्रदर्शन किया।

मैं मुख्य अतिथि महोदय से अनुरोध करता/करती हूँ कि वे मंच पर आकर विद्यार्थियों को पुरस्कार प्रदान करें।

इस कार्य में खेल शिक्षिका एवं दो अध्यापकगण उनका सहयोग करेंगे।

मुख्य अतिथि का सम्बोधन

अब मैं मुख्य अतिथि महोदय से अनुरोध करता/करती हूँ कि वे मंच पर आकर विद्यार्थियों और विद्यालय परिवार को प्रेरणादायक सम्बोधन दें।

(मुख्य अतिथि महोदय द्वारा सम्बोधन करना)

आपके इन प्रेरणादायक शब्दों के लिए धन्यवाद!

हास्य प्रहसन

अब हम इस कार्यक्रम को और मनोरंजक बनाने के लिए कक्षा नौवीं के छात्रों द्वारा प्रस्तुत हास्य नाटक 'बच्चे और स्कूल' का आनन्द लेंगे।

आपकी हँसी ही इस प्रहसन की सफलता का प्रमाण है। धन्यवाद!

समापन एवं धन्यवाद ज्ञापन

अब हमारे वार्षिक उत्सव का यह रंगारंग कार्यक्रम अपने अन्तिम पड़ाव पर है।

मैं विद्यालय प्रबन्धन, शिक्षकों, अभिभावकों और विद्यार्थियों का धन्यवाद करता/करती हूँ, जिन्होंने इसे सफल बनाने में योगदान दिया।

विशेष रूप से मुख्य अतिथि महोदय का आभार प्रकट करता/करती हूँ, जिन्होंने अपने बहुमूल्य समय में से समय निकालकर हमें अनमोल मार्गदर्शन दिया।

आप सभी का पुन: धन्यवाद! अब कार्यक्रम का विधिवत समापन किया जाता है। जय हिन्द!

कथा–कहानी सुनाना

कथा और कहानी दोनों ही गद्य साहित्य की वर्णनात्मक विधाएँ हैं, जिनमें किसी घटना, पात्र या विचार को रोचक और प्रभावी ढंग से प्रस्तुत किया जाता है। कथा प्रायः धार्मिक, ऐतिहासिक या नैतिक सन्देश देने के उद्देश्य से सुनाई या लिखी जाती है, जबकि कहानी संक्षिप्त होती है और कल्पना तथा यथार्थ के मिश्रण से मनोरंजन के साथ-साथ शिक्षाप्रद भी हो सकती है।

कहानी सुनाना न केवल मनोरंजन का एक प्रभावी माध्यम है, बल्कि यह नैतिक शिक्षा देने और जीवन मूल्यों को सरलता से समझाने का भी एक सशक्त तरीका है। एक अच्छी कहानी को प्रभावी ढंग से सुनाने के लिए निम्नलिखित बातों का ध्यान रखना आवश्यक है

- कहानी रोचक, ज्ञानवर्धक और संक्षिप्त होनी चाहिए।
- कहानी सुनाते समय स्वर में उतार-चढ़ाव (आरोह-अवरोह) बनाए रखना चाहिए।
- संवादों और पात्रों के अनुसार आवाज में विविधता होनी चाहिए, ताकि श्रोता की रुचि बनी रहे।
- कहानी पूरी तरह याद होनी चाहिए, ताकि सुनाने में कोई रुकावट न आए। बार-बार रुकने या झिझकने से प्रभाव कम हो जाता है।
- कहानी की भाषा सहज और स्पष्ट होनी चाहिए।
- कठिन शब्दों या जटिल वाक्यों से बचना चाहिए।
- चेहरे के भाव, हाथों की मुद्राएँ और शरीर की हलचल कहानी के प्रभाव को बढ़ाते हैं।
- कहानी सुनाते समय आँखों का सम्पर्क बनाए रखना चाहिए।
- प्रत्येक कहानी के अन्त में उसमें निहित शिक्षा को स्पष्ट रूप से बताना चाहिए।
- इससे श्रोता कहानी से जुड़ाव महसूस करते हैं और उसे अपने जीवन में अपनाने का प्रयास करते हैं।

कथा-कहानी का उदाहरण

प्रिय प्रधानाचार्य, शिक्षकगण और मेरे सहपाठियों! आज मैं आपको एक कहानी सुनाने जा रहा हूँ, जिसका शीर्षक है— मन के हारे हार है, मन के जीते जीत।

एक बार की बात है, दो राजाओं के बीच भयंकर युद्ध हुआ। जैसा होता है कि युद्ध में एक की ही विजय होती है और एक की हार निश्चित होती है।

इस युद्ध में भी ऐसा ही हुआ। एक राजा इस युद्ध में हार गया। उसे जन-धन की बहुत हानि हुई। उसके सैनिक पराजित राजा को ढूँढ़ रहे थे। पराजित राजा अपना जीवन बचाने के लिए भागा-भागा फिर रहा था। उसने छिपते-छिपाते एक गुफा में शरण ली। वह मन से पूरी तरह पराजित हो चुका था। गुफा में छिपा हुआ भी वह मानो अपनी मृत्यु की प्रतीक्षा कर रहा था। उसे इस बात का पूरा विश्वास था कि शत्रु की तलवार कभी भी उसका काम तमाम कर देगी। वह इन्हीं विचारों में खोया हुआ था कि उसकी नज़र एक मकड़ी पर पड़ी, जो गुफा के दरवाजे पर जाला बनाने में व्यस्त थी, उसकी कोशिशें बार-बार नाकाम साबित हो रही थीं, लेकिन उसने प्रयास करना नहीं छोड़ा। राजा ने सोचा कि वह बेकार ही प्रयत्न कर रही है। भला आधार के बिना जाला कैसे बन सकता है, लेकिन थोड़ी देर बाद राजा ने देखा कि मकड़ी जाला बनाने में सफल हो गई। कुछ ही समय में पूरी गुफा के मुँह पर जाला बनाया जा चुका था। तभी शत्रु सैनिक वहाँ आ पहुँचे, लेकिन खोह के मुँह पर मकड़ी का जाला बना देख लौट गए। करीब आई हुई मृत्यु तो टल गई, पर राजा एक गहरे विचार में पड़ गया।

उसने सोचा कि मैं स्वयं तन-मन से पराजित था। अतः मैंने मकड़ी को भी हारा हुआ मान लिया, लेकिन वह छोटी-सी मकड़ी हारी हुई नहीं थी। वह बार-बार गिरकर भी निराश और परास्त नहीं हुई। क्या मैं मनुष्य होकर भी इस मकड़ी से दुर्बल हूँ? उसने अपने मन को मजबूत किया और संकल्प लिया कि वह अपने शत्रुओं को अवश्य पराजित करेगा। वह तुरंत उस गुफा से बाहर आया। अब वह एक हताश-निराश, पराजित राजा नहीं था, वरन् मजबूत इरादे वाला व्यक्ति था, जिसे हर हाल में विजय प्राप्त करनी थी। उसने अपने साथियों को एकत्र किया और अंत में अपने शत्रु को हराकर अपना राज्य पुनः प्राप्त किया। अतः यह सच ही है कि

"मन के हारे हार है, मन के जीते जीत"

शिक्षा प्रस्तुत कहानी से हमें यह शिक्षा मिलती है कि हमें अपने मन को मजबूत और दृढ़-संकल्प करके कार्य करना चाहिए, तभी हमें सफलता प्राप्त हो सकती है।

घटना सुनाना/किसी घटना का वर्णन करना

किसी ऐसी घटना या प्रसंग का विस्तारपूर्वक वर्णन करना, जिसे हमने स्वयं देखा हो या जिसमें हम स्वयं सम्मिलित रहे हों, घटना सुनाना/वर्णन कहलाता है। इसमें घटनाओं का क्रमबद्ध और सजीव चित्रण किया जाता है, ताकि पाठक या श्रोता उसे अपनी आँखों के सामने घटित होता हुआ महसूस कर सके।

उदाहरण के लिए—किसी मेले का आँखों देखा हाल, विद्यालय के वार्षिकोत्सव का वर्णन, किसी खेल प्रतियोगिता का विवरण, सड़क पर हुई दुर्घटना या किसी शादी समारोह की घटना आदि का वर्णन किया जा सकता है।

घटना का वर्णन करते समय ध्यान देने योग्य बातें

- घटना का वर्णन स्पष्ट और क्रमबद्ध तरीके से होना चाहिए, ताकि पाठक या श्रोता उसे आसानी से समझ सके।
- वर्णन को वास्तविकता के करीब रखना चाहिए और अनावश्यक अतिश्योक्ति से बचना चाहिए।
- घटना का वर्णन न अधिक लम्बा हो और न ही बहुत छोटा। उसमें आवश्यक जानकारी सम्मिलित होनी चाहिए।
- भाषा और शैली ऐसी हो कि पाठक की रुचि बनी रहे। अनावश्यक विवरण से बचना चाहिए।
- यदि घटना दु:खद, रोमांचक या हास्यप्रद है, तो उसमें आवश्यकतानुसार भाव होना चाहिए, लेकिन अधिक नाटकीयता से बचना चाहिए। यदि आप घटना के साक्षी रहे हैं, तो अपने अनुभव को प्रभावी ढंग से व्यक्त करें, जिससे वर्णन अधिक सजीव लगे।
- जहाँ आवश्यक हो, वहाँ संवादों का प्रयोग करने से घटना का वर्णन अधिक प्रभावशाली बनता है।
- घटना किस समय, कहाँ और किन परिस्थितियों में घटी, इसका उल्लेख अवश्य करें, ताकि विवरण सुस्पष्ट हो।
- यदि घटना से कोई शिक्षा मिलती हो, तो उसका उल्लेख अन्त में किया जा सकता है।
- वर्तनी और व्याकरण की अशुद्धियों से बचना चाहिए, ताकि वर्णन प्रभावी और आकर्षक लगे।

घटना सुनाना/वर्णन का उदाहरण

यात्रा का वर्णन

मैंने एवं मेरे कुछ साथियों ने भुवनेश्वर जाने का निश्चय किया। हम दिल्ली से रेलगाड़ी में भुवनेश्वर के लिए रवाना हुए और सुबह लगभग दस बजे भुवनेश्वर पहुँच गए। हमने पहले दिन होटल में आराम कर सफर की थकान दूर की, फिर अगले दिन हम भुवनेश्वर घूमने निकल गए। भुवनेश्वर के बारे में जैसा हमने सुना था, उससे कहीं अधिक दर्शनीय पाया।

भुवनेश्वर, भारत के खूबसूरत एवं हरे-भरे प्रदेश उड़ीसा की राजधानी है। यहाँ की प्राकृतिक सुन्दरता देखते ही बनती है। ऐतिहासिक ही नहीं धार्मिक दृष्टिकोण से भी यह शहर भारत के प्रमुख दर्शनीय स्थलों में से एक है। इसे 'मन्दिरों का शहर' भी कहा जाता है। यहाँ प्राचीन काल के लगभग 600 से अधिक मन्दिर हैं। इसलिए इसे 'पूर्व का काशी' भी कहा जाता है। तीसरी शताब्दी ई. पू. में सम्राट अशोक ने यहीं पर कलिंग युद्ध के बाद धम्म की दीक्षा ली थी। धम्म की दीक्षा लेने के बाद अशोक ने यहाँ पर बौद्ध स्तूप का निर्माण कराया था, इसलिए यह बौद्ध धर्मावलम्बियों का भी एक बड़ा तीर्थ स्थल है। कहा जाता है कि प्राचीन काल में भुवनेश्वर में 7000 से अधिक मन्दिर थे, इनमें से अब केवल 600 मन्दिर ही शेष बचे हैं।

हम जिस होटल में ठहरे थे, उसके निकट ही राजा-रानी मन्दिर था, इसलिए सबसे पहले हम उसी के दर्शन के लिए पहुँचे। इस मन्दिर की स्थापना ग्यारहवीं शताब्दी में हुई थी। इस मन्दिर में शिव एवं पार्वती की भव्य मूर्तियाँ हैं। इस मन्दिर की दीवारों पर सुन्दर कलाकृतियाँ बनी हुई हैं। इस मन्दिर से लगभग एक किलोमीटर दूर मुक्तेश्वर मन्दिर स्थित है। इसे मन्दिर समूह भी कहा जाता है, क्योंकि यहाँ पर एक साथ कई मन्दिर हैं। इन मन्दिरों में से दो मन्दिर अति महत्त्वपूर्ण हैं। एक है परमेश्वर मन्दिर एवं दूसरा मुक्तेश्वर मन्दिर। इन दोनों मन्दिरों की स्थापना 650 ई. के आस-पास हुई थी। इन दोनों मन्दिरों की दीवारों पर की गई नक्काशी की सुन्दरता देखते ही बनती है। मुक्तेश्वर मन्दिर की दीवारों पर पंचतन्त्र की कहानियों को मूर्तियों के रूप में प्रस्तुत किया गया है। राजा-रानी मन्दिर एवं मुक्तेश्वर मन्दिर की सैर करते-करते हम थक गए थे। वैसे भी हम दोपहर के बाद सैर करने निकले थे और अब रात होने को थी, इसलिए हम लोग आराम करने के लिए वापस अपने होटल लौट आए। अगली सुबह हम लोग जल्दी तैयार होकर लिंगराज मन्दिर समूह देखने गए। इस मन्दिर के आस-पास सैकड़ों छोटे-छोटे मन्दिर बने हुए हैं, इसलिए इन्हें लिंगराज मन्दिर समूह कहा जाता है। इसका निर्माण 11वीं शताब्दी में किया गया था। 185 फीट लम्बा यह मन्दिर भारत की प्राचीन शिल्पकला का अप्रतिम उदाहरण है। मन्दिरों की दीवारों पर निर्मित मूर्तियाँ शिल्पकारों की कुशलता की परिचायक हैं।

भुवनेश्वर के आस-पास भी ऐसे अनेक अप्रतिम स्थल हैं, जो ऐतिहासिक एवं धार्मिक महत्त्व रखते हैं और जिनकी सैर के बिना इस शहर की यात्रा अधूरी ही रह जाती है। ऐसा ही एक स्थान है—धौली। यहाँ दूसरी शताब्दी ई. पू. में निर्मित एक बौद्ध स्तूप है। इस स्तूप के पास ही सम्राट अशोक निर्मित एक स्तम्भ भी है, जिसमें उनके जीवन एवं बौद्ध-दर्शन का वर्णन किया गया है। इसके अतिरिक्त भगवान बुद्ध की मूर्ति तथा उनके जीवन से सम्बन्धित विभिन्न घटनाओं की मूर्तियाँ भी देखने योग्य हैं। धौली के बौद्ध स्तूप के दर्शन के बाद हम लोग भुवनेश्वर शहर से लगभग 6 किलोमीटर दूर स्थित उदयगिरि एवं खण्डगिरि की गुफाओं को देखने गए। इन गुफाओं को पहाड़ियों को काटकर बनाया गया है। इन गुफाओं में की गई अधिकांश चित्रकारी नष्ट हो चुकी है, किन्तु यहाँ निर्मित मूर्तियाँ अभी भी अपने प्रारम्भिक स्वरूप में ही विद्यमान हैं। सैर के बाद हम लोगों ने उड़ीसा के स्थानीय भोजन का आनन्द उठाया। पखाल भात, छतु तरकारी, महूराली-चडचडी एवं चिंगुडि उड़ीसा के कुछ लोकप्रिय व्यंजन हैं। इस यात्रा को अविस्मरणीय बनाने के लिए हमने फोटोग्राफी और वहाँ की लोकप्रिय वस्तुओं की खरीदारी भी की।

परियोजना कार्य

'परियोजना' शब्द योजना में 'परि' उपसर्ग लगने से बना है। 'परि' का अर्थ है 'पूर्णता' अर्थात् ऐसी योजना जो अपने आप में पूर्ण हो, परियोजना कहलाती है। किसी विशेष लक्ष्य की प्राप्ति हेतु जो योजना बनाई और कार्यान्वित की जाती है, उसे परियोजना कहते हैं। यह किसी समस्या के निदान या किसी विषय के तथ्यों को प्रकाशित करने के लिए तैयार की गई एक पूर्ण विचार योजना होता है।

राष्ट्रीय पाठ्यचर्चा की रूपरेखा, नई शिक्षा नीति-2020 तथा केन्द्रीय माध्यमिक शिक्षा बोर्ड द्वारा समय-समय पर अनुभवात्मक अधिगम, आनन्दपूर्ण अधिगम की बात कही गई है। उच्चतर माध्यमिक स्तर पर विद्यार्थियों के लिए हिन्दी का अध्ययन एक सृजनात्मक, साहित्यिक, सांस्कृतिक और विभिन्न प्रयुक्तियों की भाषा के रूप में करने और करवाने के लिए परियोजना कार्य अत्यन्त महत्त्वपूर्ण व लाभदायक सिद्ध होता है।

परियोजना कार्य का महत्त्व

- व्यक्तिगत स्तर पर खोज कार्रवाई और ग्यारहवीं-बारहवीं कक्षा के दौरान अर्जित ज्ञान और कौशल, विचारों आदि पर चिन्तन का उपयोग।
- सैद्धान्तिक निर्माणों और तर्कों का उपयोग करके वास्तविक दुनिया के परिदृश्यों का विश्लेषण और मूल्यांकन
- एक स्वतन्त्र और विस्तारित कार्य का निर्माण करने के लिए महत्त्वपूर्ण और रचनात्मक सोच कौशल और क्षमताओं के अनुप्रयोग का प्रदर्शन।
- उन विषयों पर कार्य करने का अवसर जिनमें शिक्षार्थियों की रुचि है।
- नए ज्ञान की ओर अग्रसर
- खोजी प्रवृत्ति में वृद्धि
- भाषा ज्ञान समृद्ध एवं व्यावहारिक
- समस्या समाधान की क्षमता का विकास

परियोजना कार्य निर्धारित करते समय ध्यान देने योग्य बातें

- परियोजना कार्य शिक्षार्थियों में योग्यता आधारित क्षमता को ध्यान में रखकर दिए जाएँ, जिससे वे विषय के साथ जुड़ते हुए उसके व्यावहारिक पक्ष को समझ सकें। वर्तमान समय में उसकी प्रासंगिकता पर भी ध्यान दिया जाए।
- सत्र के प्रारम्भ में ही विद्यार्थियों को विषय चुनने का अवसर मिले, ताकि उसे शोध, तैयारी और लेखन के लिए पर्याप्त समय मिल सके।
- अध्यापिका/अध्यापक द्वारा कक्षा में परियोजना कार्य को लेकर विस्तारपूर्वक चर्चा की जाए, जिससे विद्यार्थी उसके अर्थ, महत्त्व व प्रक्रिया को भली-भाँति समझने में सक्षम हो सकें।
- हिन्दी भाषा और साहित्य से जुड़े विविध विषयों/ विधाओं/ साहित्यकारों/समकालीन लेखन/भाषा के तकनीकी पक्ष/प्रभाव/अनुप्रयोग/साहित्य के सामाजिक सन्दर्भों एवं जीवन-मूल्य सम्बन्धी प्रभावों आदि पर परियोजना कार्य दिए जाने चाहिए।
- शिक्षार्थी को उसकी रुचि के अनुसार विषय का चयन करने की छूट दी जानी चाहिए तथा अध्यापक/ अध्यापिका को मार्गदर्शक के रूप में उसकी सहायता करनी चाहिए।
- परियोजना कार्य करते समय निम्नलिखित बिन्दुओं को अपनाया जा सकता है

1. प्रमाण-पत्र	2. आभार ज्ञापन
3. विषय-सूची	4. उद्देश्य
5. परियोजना समस्या	6. परिकल्पना
7. प्रक्रिया (साक्ष्य संग्रह, साक्ष्य का विश्लेषण)	8. प्रस्तुतीकरण (विषय का विस्तार)
9. अध्ययन का परिणाम	10. अध्ययन की सीमाएँ
11. स्रोत	12. अध्यापक टिप्पणी

- परियोजना कार्य में शोध के दौरान सम्मिलित किए गए चित्रों और सन्दर्भों के विषय में उचित जानकारी दी जानी चाहिए। उनके स्रोत को अवश्य अंकित करना चाहिए।
- चित्र, रेखाचित्र, विज्ञापन, ग्राफ, विषय से सम्बन्धित आँकड़े, विषय से सम्बन्धित समाचार की कतरनें एकत्रित की जानी चाहिए।

- प्रमाणस्वरूप सम्मिलित किए गए आँकड़े, चित्र, विज्ञापन आदि के स्रोत अंकित करने के साथ-साथ समाचार-पत्र, पत्रिकाओं के नाम तथा दिनांक भी लिखनी चाहिए।
- साहित्यकोश, सन्दर्भ-ग्रन्थ, शब्दकोश की मदद लेनी चाहिए।
- परियोजना कार्य में शिक्षार्थियों के लिए अनेक सम्भावनाएँ हैं। उनके व्यक्तिगत विचार तथा उनकी कल्पना के विस्तृत संसार को अवश्य सम्मिलित किया जाए।

परियोजना कार्य	–	**कुल अंक 10**
विषय वस्तु	–	5 अंक
भाषा एवं प्रस्तुति	–	3 अंक
शोध एवं मौलिकता	–	2 अंक

- हिंदी भाषा और साहित्य से जुड़े विविध विषयों/विधाओं/साहित्यकारों/समकालीन लेखन/साहित्यिक वादों/भाषा के तकनीकी पक्ष/प्रभाव/अनुप्रयोग/साहित्य के सामाजिक सन्दर्भों एवं जीवन-मूल्य सम्बन्धी प्रभावों आदि पर परियोजना कार्य दिए जाने चाहिए।
- सत्र के प्रारम्भ में ही शिक्षार्थी को विषय चुनने का अवसर मिले ताकि उसे शोध, तैयारी और लेखन के लिए पर्याप्त समय मिल सके।

हिंदी साहित्य के चार कहानीकारों का जीवन-परिचय देते हुए उनकी कहानियों से जुड़ी परियोजना कार्य

1. डॉ. भगवतशरण उपाध्याय
2. रामधारी सिंह 'दिनकर'
3. पदुमलाल पुन्नालाल बख्शी
4. जयप्रकाश भारती

- **छात्र का नाम** ....
- **कक्षा** ....
- **अनुक्रमांक** ....
- **विद्यालय का नाम** ....
- **विद्यालय कोड संख्या नाम** ....
- **विषयाध्यापक का नाम** ....

प्राप्तांक ....
परीक्षक के हस्ताक्षर ....
नाम ....

डॉ. भगवतशरण उपाध्याय

जीवन परिचय

डॉ. भगवतशरण उपाध्याय का जन्म वर्ष 1910 में बलिया जिले के उजियारपुर नामक गाँव में हुआ था। इन्होंने अपनी प्रारम्भिक शिक्षा पूर्ण करने के पश्चात् काशी हिन्दू विश्वविद्यालय से प्राचीन इतिहास विषय में एम. ए. किया। ये संस्कृत-साहित्य तथा पुरातत्त्व के ज्ञानी थे। इन्होंने पुरातत्त्व एवं प्राचीन भाषाओं के गहन अध्ययन के साथ-साथ अन्य आधुनिक यूरोपीय भाषाओं का भी अध्ययन करते हुए हिन्दी-साहित्य को उन्नति के पथ पर अग्रसर कराने में विशिष्ट योगदान दिया।

इन्होंने 'पुरातत्त्व विभाग', 'प्रयाग संग्रहालय', 'लखनऊ संग्रहालय' के अध्यक्ष तथा पिलानी में 'बिड़ला महाविद्यालय' में प्राध्यापक पद पर कार्य किया। इसके पश्चात् विक्रम विश्वविद्यालय में इन्होंने प्राचीन इतिहास विभाग में प्रोफेसर पद ग्रहण किया तथा अध्यक्ष पद पर कार्य करते हुए वहीं से अवकाश ग्रहण किया। हिन्दी साहित्य की सेवा करते हुए अगस्त, 1982 में मॉरीशस में इनका स्वर्गवास हो गया। मॉरीशस में ये भारत के प्रतिनिधि बनकर राजदूत के रूप में कार्यरत थे।

साहित्यिक परिचय

उपाध्याय जी ने अनेकानेक देशों का भ्रमण किया। इन्होंने यूरोप, अमेरिका, चीन आदि देशों की यात्राएँ कीं तथा इन देशों में भारतीय संस्कृति एवं साहित्य पर व्याख्यान प्रस्तुत किए। उपाध्याय जी अपने स्वतन्त्र विचार एवं मौलिक विचारों के लिए प्रसिद्ध थे। इनके व्यक्तित्व की ओर आकर्षित करने वाली महत्त्वपूर्ण बात यह है कि ये प्राचीन भारतीय संस्कृति के अध्येता और व्याख्याकार होते हुए भी रूढ़िवादिता और परम्परावादिता के प्रभाव से सदैव अलग रहे।

हिन्दी साहित्य को समृद्ध बनाने के लिए इन्होंने विभिन्न प्रयत्न किए। ये लम्बे समय तक लगातार साहित्य साधना में लगे रहे। इनकी रचनाओं में अध्ययन की विद्वत्ता स्पष्ट रूप से झलकती है। ये एक महान शैलीकार, समर्थ आलोचक व पुरातत्त्व के महान ज्ञाता थे। इन्होंने साहित्य, संस्कृति, कला आदि भिन्न-भिन्न विषयों पर सौ से भी अधिक पुस्तकें लिखीं तथा आलोचना, यात्रा-वृत्तान्त, पुरातत्त्व, संस्मरण एवं रेखाचित्र आदि विधाओं का सृजन भी किया।

कृतियाँ

उपाध्याय जी की प्रमुख रचनाएँ निम्नलिखित हैं

1. **आलोचनात्मक ग्रन्थ** 'साहित्य और कला', 'विश्व साहित्य की रूप-रेखा', 'इतिहास के पन्नों पर', 'विश्व को एशिया की देन', 'मन्दिर और भवन', 'भारतीय मूर्तिकला की कहानी', भारतीय चित्रकला की कहानी आदि।
2. **यात्रा-साहित्य** 'कलकत्ता से पीकिंग', 'लालचीन'।
3. **अन्य ग्रन्थ** 'ठूँठा आम', 'सागर की लहरों पर', 'कुछ फीचर', 'कुछ एकांकी', 'इतिहास साक्षी है', 'इण्डिया इन कालिदास', 'लाल चीन' 'वूमेन इन ऋग्वेद', 'मैंने देखा' आदि।

भाषा

उपाध्याय जी ने अपने साहित्य में शुद्ध, परिष्कृत एवं परिमार्जित भाषा का प्रयोग किया है। इनकी भाषा में बोधगम्यता के साथ-साथ गम्भीर चिन्तन एवं विस्तार भी विद्यमान है। इनमें गहन-से-गहन विषय को भी सरल भाषा में प्रस्तुत करने की क्षमता दिखाई पड़ती है। इनकी भाषा में सजीवता का गुण विद्यमान है। इनकी भाषा सरल, सरस व प्रवाहपूर्ण है।

शैली

इनकी शैली तथ्यों के निरूपण से युक्त, कल्पनामयी है। उपाध्याय जी ने अपनी रचनाओं में विवेचनात्मक, वर्णनात्मक, भावात्मक शैलियों का मुख्य रूप से प्रयोग किया है।

हिंदी साहित्य में स्थान

संस्कृत-साहित्य तथा पुरातत्त्व के अध्ययन में डॉ. भगवतशरण उपाध्याय जी की विशिष्ट रुचि रही है। इनके द्वारा भारतीय संस्कृति एवं साहित्य पर विदेशों में दी गई व्याख्या हिन्दी साहित्य की अमूल्य निधि है। पुरातत्त्व के क्षेत्र में तो इन्हें सुयश प्राप्त है। इन्होंने सौ से भी अधिक भिन्न-भिन्न विधाओं में रचना करके हिन्दी साहित्य में उल्लेखनीय व अविस्मरणीय स्थान प्राप्त किया है।

डॉ. भगवतशरण उपाध्याय द्वारा लिखित निबंध

अजंता

जिन्दगी को मौत के पंजों से मुक्त कर उसे अमर बनाने के लिए आदमी ने पहाड़ काटा है। किस तरह इंसान की खूबियों की कहानी सदियों बाद आने वाली पीढ़ियों तक पहुँचाई जाए, इसके लिए आदमी ने कितने ही उपाय सोचे और किए। उसने चट्टानों पर अपने सन्देश खोदे, ताड़ों से ऊँचे धातुओं से चिकने पत्थर के खम्भे खड़े किए, ताँबे और पीतल के पत्तरों पर अक्षरों के मोती बिखेरे और उसके जीवन-मरण की कहानी सदियों के उतार पर सरकती चली आई, चली आ रही है, जो आज हमारी अमानत-विरासत बन गई है।

इन्हीं उपायों में एक उपाय पहाड़ काटना भी रहा है। सारे प्राचीन सभ्य देशों में पहाड़ काटकर मन्दिर बनाए गए हैं और उनकी दीवारों पर एक-से-एक अभिराम चित्र लिखे गए हैं। आज से कोई सवा दो हजार साल पहले से ही हमारे देश में पहाड़ काटकर मन्दिर बनाने की परिपाटी चल पड़ी थी। अजन्ता की गुफाएँ पहाड़ काटकर बनाई जाने वाली देश की सबसे प्राचीन गुफाओं में से हैं; जैसे—एलोरा और एलीफैण्टा की सबसे पिछले काल की। देश की गुफाओं या गुफा-मन्दिरों में सबसे विख्यात अजन्ता के हैं, जिनकी दीवारों और छतों पर लिखे चित्र दुनिया के लिए नमूने बन गए हैं। चीन के तुन-हुआँग और लंका के सिमिरिया की पहाड़ी

दीवारों पर उसी के नमूने के चित्र नकल कर लिए गए थे और जब अजन्ता के चित्रों ने विदेशों को इस प्रकार अपने प्रभाव से निहाल किया, तब भला अपने देश के नगर-देहात उनके प्रभाव से कैसे निहाल न होते? बाघ और सित्तनवासल की गुफाएँ उसी अजन्ता की परम्परा में हैं, जिनकी दीवारों पर जैसे प्रेम और दया की एक दुनिया ही सिरज गई है और जैसे संगसाजों ने उन गुफाओं पर रौनक बरसाई है, चितेरे जैसे रंग और रेखा में दर्द तथा दया की कहानी लिखते गए हैं, कलावन्त छेनी से मूरतें उभारते-कोरते गए हैं, वैसे ही अजन्ता पर कुदरत का नूर बरस पड़ा है, प्रकृति भी वहाँ थिरक उठी है।

बम्बई (अब मुम्बई) के सूबे में बम्बई और हैदराबाद के बीच, विन्ध्याचल के पूरब-पश्चिम दौड़ती पर्वतमालाओं से निचौंधे पहाड़ों का एक सिलसिला उत्तर से दक्खिन चला गया है, जिसे सह्याद्रि कहते हैं। अजन्ता के गुहा मन्दिर उसी पहाड़ी जंजीर को सनाथ करते हैं।

अजन्ता गाँव से थोड़ी ही दूर पर पहाड़ों के पैरों में साँप-सी लोटती बाधुर नदी कमान-सी मुड़ गई है। वहीं पर्वत का सिलसिला एकाएक अर्द्धचन्द्राकार हो गया है, कोई दो-सौ पचास फुट ऊँचा हरे वनों के बीच मंच-पर-मंच की तरह उठते पहाड़ों का यह सिलसिला हमारे पुरखों को भा गया है और उन्होंने उसे खोदकर भवनों-महलों से भर दिया। सोचिए जरा ठोस पहाड़ की चट्टानी छाती और कमजोर इंसान का उन्होंने मेल जो किया, तो पर्वत का हिया दरकता चला गया और वहाँ एक-से-एक बरामदे, हॉल और मन्दिर बनते चले गए।

पहले पहाड़ काटकर उसे खोखला कर दिया गया, फिर उसमें सुन्दर भवन बना लिए गए, जहाँ खम्भों पर उभारी मूरतें विहँस उठीं। भीतर की समूची दीवारें और छतें रगड़ कर चिकनी कर ली गईं और तब उनकी जमीन पर चित्रों की एक दुनिया ही बसा दी गई। पहले पलस्तर लगाकर आचार्यों ने उन पर लहराती रेखाओं में चित्रों की काया सिरज दी, फिर उनके चेले कलावन्तों ने उनमें रंग भरकर प्राण फूँक दिए। फिर तो दीवारें उमग उठीं, पहाड़ पुलकित हो उठे।

कितना जीवन बरस पड़ा है इन दीवारों पर; जैसे— फसाने अजायब का भण्डार खुल पड़ा हो। कहानी-से-कहानी टकराती चली गई है। बन्दरों की कहानी, हाथियों की कहानी, हिरनों की कहानी। कहानी क्रूरता और भय की, दया और त्याग की। जहाँ बेरहमी है, वहीं दया का भी समुद्र उमड़ पड़ा है। जहाँ पाप है, वहीं क्षमा का सोता फूट पड़ा है। राजा और कँगले, विलासी और भिक्षु, नर और नारी, मनुष्य और पशु सभी कलाकारों के हाथों सिरजते चले गए हैं। हैवान की हैवानी को इंसान की इंसानियत से कैसे जीता जा सकता है, कोई अजन्ता में जाकर देखे। बुद्ध का जीवन हजार धाराओं में होकर बहता है। जन्म से लेकर निर्वाण तक उनके जीवन की प्रधान घटनाएँ कुछ ऐसे लिख दी गई हैं कि आँखें अटक जाती हैं, हटने का नाम नहीं लेतीं।

यह हाथ में कमल लिए बुद्ध खड़े हैं, जैसे छवि छलकी पड़ती है, उभरे नयनों की जोत पसरती जा रही है और यह यशोधरा है, वैसे ही कमल नाल धारण किए त्रिभंग में खड़ी और यह दृश्य है महाभिनिष्क्रमण का—यशोधरा और राहुल निद्रा में खोए, गौतम दृढ़ निश्चय पर धड़कते हिया को सँभालते और यह नन्द है, अपनी पत्नी सुन्दरी का भेजा, द्वार पर आए बिना भिक्षा के लौटे भाई बुद्ध को लौटाने जो आया था और जिसे भिक्षु बन जाना पड़ा था। बार-बार वह भागने को होता है, बार-बार पकड़कर संघ में लौटा लिया जाता है। उधर फिर वह यशोधरा है बालक राहुल के साथ। बुद्ध आए हैं, पर बजाय पति की तरह आने के भिखारी की तरह आए हैं और भिक्षापात्र देहली में चढ़ा देते हैं, यशोधरा क्या दे, जब उसका स्वामी भिखारी बनकर आया है? क्या न दे डाले? पर है ही क्या अब उसके पास, उसकी मुकुटमणि सिद्धार्थ के खो जाने के बाद? सोना-चाँदी, मणि-मानिक, हीरा-मोती तो उस त्यागी जगत्राता के लिए मिट्टी के मोल नहीं। पर हाँ, है कुछ उसके पास—उसका बचा एकमात्र लाल—उसका राहुल और उसे ही वह अपने सरबस की तरह बुद्ध को दे डालती है।

और उधर वह बन्दरों का चित्र है, कितना सजीव कितना गतिमान। उधर सरोवर में जलविहार करता वह गजराज कमल-दण्ड तोड़-तोड़कर हथिनियों को दे रहा है। वहाँ महलों में वह प्यालों के दौर चल रहे हैं, उधर वह रानी अपनी जीवन-यात्रा समाप्त कर रही है, उसका दम टूटा जा रहा है। खाने-खिलाने, बसने-बसाने, नाचने-गाने, कहने-सुनने, वन-नगर, ऊँच-नीच, धनी-गरीब के जितने नजारे हो सकते हैं, सब आदमी अजन्ता की गुफाओं की इन दीवारों पर देख सकता है।

बुद्ध के इस जन्म की घटनाएँ तो इन चित्रित कथाओं में हैं ही, उनके पिछले जन्मों की कथाओं का भी इसमें चित्रण हुआ है। पिछले जन्म की ये कथाएँ 'जातक' कहलाती हैं। उनकी संख्या 555 है और इनका संग्रह 'जातक' नाम से प्रसिद्ध है, जिनका बौद्धों में बड़ा मान है। इन्हीं जातक कथाओं में से अनेक अजन्ता के चित्रों में विस्तार के साथ लिख दी गई हैं। इन पिछले जन्मों में बुद्ध ने गज, कपि, मृग आदि के रूप में विविध योनियों में जन्म लिया था और संसार के कल्याण के लिए दया और त्याग का आदर्श स्थापित करते हुए वे बलिदान हो गए थे। उन स्थितियों में किस प्रकार पशुओं तक ने मानवोचित व्यवहार किया था, किस प्रकार औचित्य का पालन किया था, यह सब उन चित्रों में असाधारण खूबी से दर्शाया गया है और उन्हीं को दर्शाते समय चितेरों ने अपनी जानकारी की गाँठ खोल दी है, जिससे नगरों और गाँवों, महलों और झोंपड़ियों, समुद्रों और पनघटों का संसार अजन्ता के उस पहाड़ी जंगल में उतर पड़ा है। और वह चित्रकारी इस खूबी से सम्पन्न हुई है कि देखते ही बनता है। जुलूस-के-जुलूस हाथी, घोड़े, दूसरे जानवर जैसे सहसा जीवित होकर अपने-अपने समझाए हुए काम जादूगर के इशारे पर सँभालने लग जाते हैं।

इन गुफाओं का निर्माण ईसा से करीब दो सौ साल पहले ही शुरू हो गया था और वे सातवीं सदी तक बनकर तैयार भी हो चुकी थीं। एक-दो गुफाओं में करीब दो हजार साल पुराने चित्र भी सुरक्षित हैं। पर अधिकतर चित्र भारतीय इतिहास के सुनहरे युग गुप्तकाल (पाँचवीं सदी) और चालुक्य काल (सातवीं सदी) के बीच बने। अजन्ता संसार की चित्रकलाओं में अपना अद्वितीय स्थान रखता है। प्राचीनकाल के इतने सजीव, इतने गतिमान बहुसंख्यक कथाप्राण चित्र कहीं नहीं बने। अजन्ता के चित्रों ने देश-विदेश सर्वत्र की चित्रकला को प्रभावित किया। उसका प्रभाव पूर्व के देशों की कला पर तो पड़ा ही, मध्य-पश्चिमी एशिया भी उसके कल्याणकर प्रभाव से वंचित न रह सका।

रामधारी सिंह 'दिनकर'

जीवन परिचय

रामधारी सिंह 'दिनकर' का जन्म वर्ष 1908 में बिहार के मुंगेर जिले के 'सिमरिया-घाट' नामक ग्राम में एक साधारण किसान परिवार में हुआ था। इनके पिता का नाम श्री रविसिंह तथा माता का नाम श्रीमती मनरूप देवी था। 'दिनकर' ने 'मोकामा-घाट' से मैट्रिक एवं पटना विश्वविद्यालय से बी.ए. (ऑनर्स) की शिक्षा पूर्ण की थी।

पारिवारिक परिस्थितियों के कारण इच्छा रहने के बाद भी ये आगे नहीं पढ़ सके। दिनकर जी ने बाल्यावस्था में ही अपनी साहित्य-सृजन की प्रतिभा का परिचय दिया था। मिडिल कक्षा में अध्ययनरत होते हुए, इन्होंने 'वीरबाला' नामक काव्य की रचना की तथा मैट्रिक में पढ़ते समय इनका 'प्राणभंग' काव्य प्रकाशित हो गया था। वर्ष 1928-29 में इन्होंने साहित्य-सृजन के क्षेत्र में विधिवत कदम रखा।

बी.ए. की परीक्षा पास करने के उपरान्त इन्होंने मोकामा-घाट के हाईस्कूल में प्रधानाध्यापक का कार्य भार सँभाला। वर्ष 1934 में इन्होंने बिहार के सरकारी विभाग में सब-रजिस्ट्रार की नौकरी की तथा वर्ष 1934 में ही ये ब्रिटिश सरकार के युद्ध प्रचार विभाग में उपनिदेशक नियुक्त किए गए। कुछ समय पश्चात् वर्ष 1950 में ये मुजफ्फरपुर कॉलेज में हिन्दी विभाग के अध्यक्ष नियुक्त किए गए।

वर्ष 1952 में भारत के राष्ट्रपति ने इन्हें राज्यसभा का सदस्य मनोनीत किया, जहाँ ये वर्ष 1962 तक रहे। कुछ समय तक ये भागलपुर विश्वविद्यालय के कुलपति भी रहे।

इसके पश्चात् भारत सरकार के गृहविभाग में ये एक लम्बे समय तक हिन्दी सलाहकार के रूप में हिन्दी के संवर्द्धन के लिए कार्यरत रहे। इन्होंने आकाशवाणी के निदेशक के रूप में भी कार्य किया। दिनकर जी की साहित्यिक प्रतिभा को सम्मान देने हेतु भारत के राष्ट्रपति ने वर्ष 1959 में इनको 'पद्मभूषण' की उपाधि से सम्मानित किया तथा वर्ष 1962 में भागलपुर विश्वविद्यालय ने इन्हें डी.लिट्. की मानद उपाधि प्रदान की। इन्हें साहित्य अकादमी पुरस्कार भी मिला। 'उर्वशी' काव्य रचना के लिए इन्हें वर्ष 1972 में एक लाख रुपये के भारतीय 'ज्ञानपीठ पुरस्कार' से सम्मानित किया गया। हिन्दी के ये महान साहित्यकार, हिन्दी साहित्य की सेवा करते हुए वर्ष 1974 में चेन्नई (तमिलनाडु) में इस संसार से विदा हो गए।

साहित्यिक परिचय

दिनकर जी का गद्य एवं पद्य दोनों ही विधाओं पर समान अधिकार था। इन्हें अपने देश एवं संस्कृति से अत्यन्त अनुराग था। इन्होंने संस्कृति, काव्य, समाज, जीवन आदि विषयों पर बहुत ही विशिष्ट लेख लिखे हैं। 'संस्कृति के चार अध्याय' एवं 'भारतीय संस्कृति की एकता' इनकी राष्ट्रीय भावनाओं पर आधारित सर्वश्रेष्ठ कृतियाँ हैं। 'संस्कृति के चार अध्याय' साहित्य अकादमी से पुरस्कृत है। राष्ट्रीय भावनाओं पर आधारित कविताएँ लिखने के कारण इन्हें 'राष्ट्रकवि' का सम्मान प्राप्त हुआ।

कृतियाँ

दिनकर जी का साहित्य हिन्दी साहित्य की अमूल्य निधि है। इनकी प्रमुख रचनाएँ निम्नलिखित हैं

1. **निबन्ध-संग्रह** 'मिट्टी की ओर', 'अर्द्धनारीश्वर', 'रेती के फूल', 'उजली आग', विवाह की मुसीबतें आदि।
2. **काव्य-ग्रन्थ** 'रेणुका', 'हुँकार', 'सामधेनी', 'रूपवन्ती', 'कुरुक्षेत्र', 'रश्मिरथी', 'उर्वशी', 'परशुराम की प्रतीक्षा', प्रणभंग, रसवन्ती आदि।
3. **संस्कृति-ग्रन्थ** 'संस्कृति के चार अध्याय', 'भारतीय संस्कृति की एकता', धर्म आदि।
4. **आलोचना-ग्रन्थ** 'शुद्ध कविता की खोज', काव्य की भूमिका, पन्त, प्रसाद और मैथिलीशरण।

भाषा

दिनकर जी की भाषा शुद्ध साहित्यिक, संस्कृतनिष्ठ खड़ीबोली है। इनकी भाषा में प्रवाह, ओज, सुबोधता एवं स्पष्टता सर्वत्र विद्यमान है। इनकी भाषा में देशज तथा तद्भव शब्दों के साथ-साथ मुहावरों व लोकोक्तियों का भी सहजता से प्रयोग हुआ है। कहीं-कहीं अंग्रेजी के प्रचलित शब्दों एवं उर्दू-फारसी की शब्दावली का मिश्रण भी बड़ा ही रमणीय है। इनकी भाषा सहज, स्वाभाविक व व्यावहारिक है।

शैली

भाषा की भाँति ही दिनकर जी की शैली भी व्यावहारिक है। इनकी रचनाओं में शैली के विवेचनात्मक, समीक्षात्मक, भावात्मक, सूक्तिपरक आदि रूप मिलते हैं।

हिंदी साहित्य में स्थान

दिनकर जी कवि ही नहीं, अपितु विशिष्ट गद्यकार भी थे। 'संस्कृति के चार अध्याय' और 'शुद्ध कविता की खोज' इनकी उत्कृष्ट गद्य-कृतियाँ हैं। इन्हीं कृतियों के द्वारा ये महान चिन्तक एवं गद्य लेखक की कोटि में प्रतिष्ठित हुए। राष्ट्रीय भावनाओं पर आधारित इनका साहित्य भारतीय साहित्य की अमूल्य धरोहर है। इनकी गणना विश्व के महान साहित्यकारों में होती है। छायावादोत्तर हिन्दी काव्यधारा के प्रमुख आलोचक, विचारक एवं कवि के रूप में दिनकर जी का अमूल्य स्थान है।

रामधारी सिंह 'दिनकर' द्वारा लिखित निबंध

ईर्ष्या, तू न गई मेरे मन से

मेरे घर के दाहिने एक वकील रहते हैं, जो खाने-पीने में अच्छे हैं, दोस्तों को भी खूब खिलाते हैं और सभा-सोसाइटियों में भी काफी भाग लेते हैं। बाल-बच्चों से भरा-पूरा परिवार, नौकर भी सुख देने वाले और पत्नी भी अत्यन्त मृदुभाषिणी। भला एक सुखी मनुष्य को और क्या चाहिए?

मगर वे सुखी नहीं हैं। उनके भीतर कौन-सा दाह है, इसे मैं भली-भाँति जानता हूँ। दरअसल, उनकी बगल में जो बीमा एजेण्ट हैं, उनके विभव की वृद्धि से वकील साहब का कलेजा जलता रहता है। वकील साहब को भगवान ने जो कुछ दे रखा है, वह उनके लिए काफी नहीं दिखता। वे इस चिन्ता में भुने जा रहे हैं कि काश, एजेण्ट की मोटर, उसकी मासिक आय और उसकी तड़क-भड़क मेरी भी हुई होती।

ईर्ष्या का यही अनोखा वरदान है। जिस मनुष्य के हृदय में ईर्ष्या घर बना लेती है, वह उन चीजों से आनन्द नहीं उठाता, जो उसके पास मौजूद हैं, बल्कि उन वस्तुओं से दु:ख उठाता है, जो दूसरों के पास हैं। वह अपनी तुलना दूसरों के साथ करता है और इस तुलना में अपने पक्ष के सभी अभाव उसके हृदय पर दंश मारते रहते हैं। दंश के इस दाह को भोगना कोई अच्छी बात नहीं है। मगर ईर्ष्यालु मनुष्य करे भी तो क्या? आदत से लाचार होकर उसे यह वेदना भोगनी पड़ती है।

एक उपवन को पाकर भगवान को धन्यवाद देते हुए उसका आनन्द नहीं लेना और बराबर इस चिन्ता में निमग्न रहना कि इससे भी बड़ा उपवन क्यों नहीं मिला, एक ऐसा दोष है, जिससे ईर्ष्यालु व्यक्ति का चरित्र भी भयंकर हो उठता है। अपने अभाव पर दिन-रात सोचते-सोचते वह सृष्टि की प्रक्रिया को भूलकर विनाश में लग जाता है और अपनी उन्नति के लिए उद्यम करना छोड़कर वह दूसरों को हानि पहुँचाने को ही अपना श्रेष्ठ कर्त्तव्य समझने लगता है।

ईर्ष्या की बड़ी बेटी का नाम निन्दा है। जो व्यक्ति ईर्ष्यालु होता है, वही व्यक्ति बुरे किस्म का निन्दक भी होता है। दूसरों की निन्दा वह इसलिए करता है कि इस प्रकार, दूसरे लोग अथवा मित्रों की आँखों से गिर जाएँगे और तब जो स्थान रिक्त होगा, उस पर मैं अनायास ही बैठा दिया जाऊँगा।

मगर ऐसा न आज तक हुआ है और न आगे होगा। दूसरों को गिराने की कोशिश तो अपने को बढ़ाने की कोशिश नहीं कही जा सकती। एक बात और है कि संसार में कोई भी मनुष्य निन्दा से नहीं गिरता। उसके पतन का कारण अपने ही भीतर के सद्गुणों का ह्रास होता है। इसी प्रकार, कोई भी मनुष्य दूसरों की निन्दा करने से अपनी उन्नति नहीं कर सकता। उन्नति तो उसकी तभी होगी, जब वह अपने चरित्र को निर्मल बनाए तथा अपने गुणों का विकास करे।

ईर्ष्या का काम जलाना है, मगर सबसे पहले वह उसी को जलाती है, जिसके हृदय में उसका जन्म होता है। आप भी ऐसे बहुत-से लोगों को जानते होंगे, जो ईर्ष्या और द्वेष की साकार मूर्ति हैं और जो बराबर इस फिक्र में लगे रहते हैं कि कहाँ सुनने वाला मिले और अपने दिल का गुबार निकालने का मौका मिले। श्रोता मिलते ही उनका ग्रामोफोन बजने लगता है और वे बड़ी ही होशियारी के साथ एक-एक काण्ड इस ढंग से सुनाते हैं, मानो विश्व-कल्याण को छोड़कर उनका और कोई ध्येय नहीं हो। अगर जरा उनके अपने इतिहास को भी

देखिए और समझने की कोशिश कीजिए कि जब से उन्होंने इस सुकर्म का आरम्भ किया है, तब से वे अपने क्षेत्र में आगे बढ़े हैं या पीछे हटे हैं। यह भी कि अगर वे निन्दा करने में समय व शक्ति का अपव्यय नहीं करते, तो आज इनका स्थान कहाँ होता?

चिन्ता को लोग चिता कहते हैं। जिसे किसी प्रचण्ड चिन्ता ने पकड़ लिया है, उस बेचारे की जिन्दगी ही खराब हो जाती है, किन्तु ईर्ष्या शायद चिन्ता से भी बदतर चीज है, क्योंकि वह मनुष्य के मौलिक गुणों को ही कुण्ठित बना डालती है।

मृत्यु शायद फिर भी श्रेष्ठ है, बनिस्बत इसके कि हमें अपने गुणों को कुण्ठित बनाकर जीना पड़े। चिन्तादग्ध व्यक्ति समाज की दया का पात्र है, किन्तु ईर्ष्या से जला-भुना आदमी जहर की एक चलती-फिरती गठरी के समान है, जो हर जगह वायु को दूषित करती फिरती है।

ईर्ष्या मनुष्य का चारित्रिक दोष ही नहीं है, प्रत्युत् इससे मनुष्य के आनन्द में भी बाधा पड़ती है। जब भी मनुष्य के हृदय में ईर्ष्या का उदय होता है, सामने का सुख उसे मद्धिम-सा दिखने लगता है। पक्षियों के गीत में जादू नहीं रह जाता और फूल तो ऐसे हो जाते हैं, मानो वे देखने के योग्य ही न हों।

आप कहेंगे कि निन्दा के बाण से अपने प्रतिद्वन्द्वियों को बेधकर हँसने में एक आनन्द है और यह आनन्द ईर्ष्यालु व्यक्ति का सबसे बड़ा पुरस्कार है। मगर यह हँसी मनुष्य की नहीं, राक्षस की हँसी होती है और यह आनन्द भी दैत्यों का आनन्द होता है।

ईर्ष्या का सम्बन्ध प्रतिद्वन्द्विता से होता है, क्योंकि भिखमंगा करोड़पति से ईर्ष्या नहीं करता। यह एक ऐसी बात है, जो ईर्ष्या के पक्ष में भी पड़ सकती है, क्योंकि प्रतिद्वन्द्विता से भी मनुष्य का विकास होता है, किन्तु यदि आप संसारव्यापी सुयश चाहते हैं, तो आप रसेल के मतानुसार, शायद नेपोलियन से स्पर्द्धा करेंगे। मगर याद रखिए कि नेपोलियन भी सीजर से स्पर्द्धा करता था और सीजर, सिकन्दर से तथा सिकन्दर हरकुलिस से, जिस हरकुलिस के बारे में इतिहासकारों का यह मत है कि वह कभी पैदा ही नहीं हुआ।

ईर्ष्या का एक पक्ष सचमुच ही लाभदायक हो सकता है, जिसके अधीन हर आदमी, हर जाति और हर दल अपने को अपने प्रतिद्वन्द्वी का समकक्ष बनाना चाहता है, किन्तु यह तभी सम्भव है, जबकि ईर्ष्या से जो प्रेरणा आती हो, वह रचनात्मक हो। अक्सर तो ऐसा ही होता है कि ईर्ष्यालु व्यक्ति यह महसूस करता है कि कोई चीज है, जो उसके भीतर नहीं है, कोई वस्तु है, जो दूसरों के पास है, किन्तु वह यह नहीं समझ पाता कि इस वस्तु को प्राप्त कैसे करना चाहिए और गुस्से में आकर वह अपने किसी पड़ोसी, मित्र या समकालीन व्यक्ति को अपने से श्रेष्ठ मानकर उससे जलने लगता है, जबकि ये लोग भी अपने आपसे शायद वैसे ही असन्तुष्ट हों।

आपने यही देखा होगा कि शरीफ लोग यह सोचते हुए अपना सिर खुजलाया करते हैं कि फलाँ आदमी मुझसे जलता है, मैंने तो उसका कुछ नहीं बिगाड़ा और अमुक व्यक्ति इस कदर मेरी निन्दा में क्यों लगा हुआ है? सच तो यह है कि मैंने सबसे अधिक भलाई उसी की, की है।

ये सोचते हैं— मैं तो पाक-साफ हूँ, मुझमें किसी व्यक्ति के लिए दुर्भावना नहीं है, बल्कि अपने दुश्मनों की भी मैं भलाई ही सोचा करता हूँ। फिर ये लोग मेरे पीछे क्यों पड़े हुए हैं? मुझमें कौन-सा वह ऐब है, जिसे दूर करके मैं इन दोस्तों को चुप कर सकता हूँ?

ईश्वरचन्द्र विद्यासागर जब इस अनुभव से होकर गुजरे, तब उन्होंने एक सूत्र कहा 'तुम्हारी निन्दा वही करेगा, जिसकी तुमने भलाई की है।'

और नीत्से जब इस कूचे से होकर निकला, तब उसने जोरों का एक ठहाका लगाया और कहा—'यार, ये तो बाजार की मक्खियाँ हैं, जो अकारण हमारे चारों ओर भिन-भिनाया करती हैं।'

ये सामने प्रशंसा और पीठ पीछे निन्दा किया करते हैं। हम इनके दिमाग में बैठे हुए हैं, ये मक्खियाँ हमें भूल नहीं सकतीं और चूँकि ये हमारे बारे में बहुत सोचा करती हैं, इसलिए ये हमसे डरती हैं और हम पर शंका भी करती हैं।

ये मक्खियाँ हमें सजा देती हैं हमारे गुणों के लिए। ये ऐब को तो माफ कर देंगी, क्योंकि बड़ों के ऐब को माफ करने में भी शान है, जिस शान का स्वाद लेने के लिए ये मक्खियाँ तरस रही हैं।

जिनका चरित्र उन्नत है, जिनका हृदय निर्मल और विशाल है, वे कहते हैं—"इन बेचारों की बातों से क्या चिढ़ना? ये तो खुद ही छोटे हैं।"

मगर जिनका दिल छोटा और दृष्टि संकीर्ण है, वे मानते हैं कि 'जितनी भी बड़ी हस्तियाँ हैं, उनकी निन्दा ही ठीक है' और जब हम इनके प्रति उदारता और भलमनसाहत का व्यवहार करते हैं, तब भी ये यही समझते हैं कि हम उनसे घृणा कर रहे हैं और हम चाहे उनका जितना उपकार करें, बदले में हमें अपकार ही मिलेगा।

दरअसल, हम जो उनकी निन्दा का जवाब न देकर चुप्पी साधे रहते हैं, उसे भी वे हमारा अहंकार समझते हैं। खुशी तो उन्हें तभी हो सकती है, जब हम उनके धरातल पर उतरकर उनके छोटेपन के भागीदार बन जाए।

सभी अनुभवों को निचोड़कर नीत्से ने एक दूसरा सूत्र कहा—"आदमी में जो गुण महान समझे जाते हैं, उन्हीं के चलते लोग उससे जलते
भी हैं।"

तो ईर्ष्यालु लोगों से बचने का क्या उपाय है? नीत्से कहता है कि 'बाजार की मक्खियों को छोड़कर एकान्त की ओर भागो, जो कुछ भी अमर तथा महान है, उसकी रचना और निर्माण बाजार तथा सुयश से दूर रहकर किया जाता है, जो लोग नए मूल्यों का निर्माण करने वाले हैं, वे बाजारों में नहीं बसते, वे शोहरत के पास भी नहीं रहते।' जहाँ बाजार की मक्खियाँ नहीं भिनकतीं, वह जगह एकान्त है।

यह तो हुआ ईर्ष्यालु लोगों से बचने का उपाय, किन्तु ईर्ष्या से आदमी कैसे बच सकता है?

ईर्ष्या से बचने का उपाय मानसिक अनुशासन है, जो व्यक्ति ईर्ष्यालु स्वभाव का है, उसे फालतू बातों के बारे में सोचने की आदत छोड़ देनी चाहिए। उसे यह भी पता लगाना चाहिए कि जिस अभाव के कारण वह ईर्ष्यालु बन गया है, उसकी पूर्ति का रचनात्मक तरीका क्या है? जिस दिन उसके भीतर यह जिज्ञासा जगेगी, उसी दिन से वह ईर्ष्या करना कम कर देगा।

पदुमलाल पुन्नालाल बख्शी

जीवन परिचय

द्विवेदी युग के प्रसिद्ध साहित्यकार श्री पदुमलाल पुन्नालाल बख्शी का जन्म 1894 ई. में छत्तीसगढ़ क्षेत्र के खैरागढ़ नामक स्थान पर हुआ था। पदुमलाल जी को 'मास्टर जी' के नाम से भी जाना जाता है। इनके पिता का नाम उमराव बख्शी तथा पितामह (दादा जी) का नाम पुन्नालाल बख्शी था। ये दोनों साहित्यानुरागी तथा काव्य रचनाकार थे। इनकी माता के हृदय में भी साहित्य के प्रति अनुराग था। इस प्रकार बख्शी जी का पालन-पोषण एवं शिक्षा-दीक्षा एक साहित्यिक परिवार में हुई थी। बनारस हिन्दू कॉलेज से बी.ए. की परीक्षा उत्तीर्ण करते ही इन्होंने पहले 'सरस्वती' और फिर अन्य पत्रिकाओं में भी अपनी रचनाएँ प्रकाशित करवाना शुरू कर दिया। इनकी प्रथम कहानी 'तारिणी' जबलपुर से प्रकाशित होने वाली हितकारिणी पत्रिका में वर्ष 1911 में
प्रकाशित हुई।

तत्पश्चात् द्विवेदी जी के सम्पर्क में आने से इनकी रचनाएँ 'सरस्वती' पत्रिका में प्रकाशित होने लगीं। इनके लेखन-कौशल से प्रभावित होकर द्विवेदी जी 'सरस्वती' पत्रिका का सम्पादन कार्य इनके हाथों में सौंपकर निश्चिन्त हो गए। बख्शी जी ने कई वर्षों तक 'सरस्वती' का सम्पादन बड़ी कुशलता के साथ किया। 'सरस्वती' का सम्पादन कार्य छोड़ने के उपरान्त ये खैरागढ़ चले गए और शिक्षण कार्य करने लगे। कुछ वर्षों तक इन्होंने 'छाया' मासिक पत्रिका का भी सम्पादन बड़ी कुशलता से किया। इन्हें हिन्दी साहित्य सम्मेलन द्वारा वर्ष 1949 में 'साहित्य वाचस्पति' की उपाधि से अलंकृत किया गया। इसी प्रकार निरन्तर साहित्य की सेवा करते हुए यह महान रचनाकार वर्ष 1971 में इस दुनिया को छोड़कर चले गए।

साहित्यिक परिचय

पदुमलाल पुन्नालाल बख्शी द्विवेदी युग के प्रसिद्ध रचनाकार थे। इन्होंने साहित्य की अनेक विधाओं में महत्त्वपूर्ण रचनाएँ कीं और एक महान साहित्यकार के रूप में प्रसिद्धि प्राप्त की। बख्शी जी ने उच्चकोटि के समीक्षात्मक, विचारात्मक व आलोचनात्मक निबन्ध लिखे। बख्शी जी ने अपने निबन्धों में भारतीय एवं पाश्चात्य विचारधारा का तुलनात्मक वर्णन भी विशेष ढंग से किया है। इन्होंने छात्रों के लिए उपयोगी निबन्ध और भावप्रधान व मर्मस्पर्शी कहानियाँ भी लिखीं हैं। ये एक सफल सम्पादक और कुशल अनुवादक थे। इन्होंने अंग्रेजी और बांग्ला के कई नाटकों का भावपूर्ण अनुवाद भी किया।

कृतियाँ

बख्शी जी की रचनाएँ मौलिक एवं गम्भीर हैं। इन्होंने साहित्य, काव्य, नाटक, कला, आलोचना आदि से सम्बन्धित विषयों पर रचनाएँ कीं। इनके ग्रन्थों में मौलिक और गम्भीर ज्ञान की झलक मिलती है। बख्शी जी मुख्य रूप से ललित निबन्धों के लिए याद किए जाते हैं।

इनकी प्रमुख कृतियाँ निम्न प्रकार हैं

1. **निबन्ध-संग्रह** 'पंचपात्र', 'पंचरात्र', 'प्रबन्ध-पारिजात', 'कुछ यात्री', 'कुछ बिखरे पन्ने', 'पद्मवन', 'मेरा देश' आदि।
2. **आलोचना** 'विश्व-साहित्य', 'हिन्दी-साहित्य-विमर्श', 'हिन्दी-उपन्यास-साहित्य', 'हिन्दी-कहानी-साहित्य', प्रदीप आदि।

3. **कहानी-संग्रह** 'झलमला', 'अंजलि'।
4. **प्रायश्चित अनूदित** अन्नपूर्णा का मन्दिर (मौरिस मैटरलिंक के नाटक 'सिस्टर बीट्रिस' का अनुवाद), उन्मुक्ति का बन्धन (मौरिस मैटरलिंक के नाटक 'दी यूजलेस डेलिवरेंस' का अनुवाद)
5. **काव्य** 'शतदल', 'अश्रुदल', 'पंचपात्र'।
6. **उपन्यास** कथाचक्र, भोला (बाल उपन्यास), वे दिन (बाल उपन्यास)।
7. **आत्मकथा** संस्मरण-मेरी अपनी कथा, जिन्हें नहीं भूलूँगा, अन्तिम अध्याय।
8. **साहित्य समग्र** बख्शी ग्रन्थावली (आठ खण्डों में)।

भाषा

बख्शी जी की भाषा में रूखापन एवं जटिलता बिल्कुल नहीं थी। इनकी भाषा में कहीं-कहीं उर्दू के शब्द भी मिलते हैं; जैसे—ख़ता, ज़ोर आदि तथा कहीं-कहीं अंग्रेजी के व्यावहारिक शब्दों का भी प्रयोग मिलता है; जैसे—हैट, डॉक्टर, सर्जरी आदि। इन्होंने मुख्यत: संस्कृत शब्दावली का अधिक प्रयोग किया है। इन शब्दों के माध्यम से इनकी भाषा में सरलता एवं प्रवाहमयता में वृद्धि हुई है। इनकी भाषा शुद्ध साहित्यिक खड़ीबोली है।

शैली

बख्शी जी की रचनाओं में भावात्मक शैली, व्याख्यात्मक शैली तथा विचारात्मक शैली का प्रयोग मिलता है, जिससे उनके निबन्धों में उत्कृष्टता का प्रतिपादन हुआ है।

हिंदी साहित्य में योगदान

साहित्य-साधना के पथ पर बख्शी जी मौन तपस्वी की तरह निरन्तर कार्यरत रहे। बख्शी जी एक सफल आलोचक, श्रेष्ठ कहानीकार और विशिष्ट निबन्धकार थे। इन्होंने अनेकानेक महत्त्वपूर्ण ग्रन्थों की रचनाएँ भी कीं। बख्शी जी की गणना एक शिष्ट हास्य-व्यंग्यकार और कुशल आलोचक के रूप में हमेशा होती रहेगी।

पदुमलाल पुन्नालाल बख्शी द्वारा लिखित निबंध

क्या लिखूँ?

मुझे आज लिखना ही पड़ेगा। अंग्रेजी के प्रसिद्ध निबन्ध लेखक ए.जी. गार्डिनर का कथन है कि लिखने की एक विशेष मानसिक स्थिति होती है। उस समय मन में कुछ ऐसी उमंग-सी उठती है, हृदय में कुछ ऐसी स्फूर्ति-सी आती है, मस्तिष्क में कुछ ऐसा आवेग-सा उत्पन्न होता है कि लेख लिखना ही पड़ता है। उस समय विषय की चिन्ता नहीं रहती। कोई भी विषय हो, उसमें हम अपने हृदय के आवेग को भर ही देते हैं। हैट टाँगने के लिए कोई भी खूँटी काम दे सकती है। उसी तरह अपने मनोभावों को व्यक्त करने के लिए कोई भी विषय उपयुक्त है। असली वस्तु है हैट, खूँटी नहीं। इसी तरह मन के भाव ही तो यथार्थ वस्तु हैं, विषय नहीं।

गार्डिनर साहब के इस कथन की यथार्थता में मुझे सन्देह नहीं, पर मेरे लिए कठिनता यह है कि मैंने उस मानसिक स्थिति का अनुभव ही नहीं किया है, जिसमें भाव अपने-आप उत्थित हो जाते हैं। मुझे तो सोचना पड़ता है, चिन्ता करनी पड़ती है, परिश्रम करना पड़ता है, तब कहीं मैं एक निबन्ध लिख सकता हूँ। आज तो मुझे विशेष परिश्रम करना पड़ेगा, क्योंकि मुझे कोई साधारण निबन्ध नहीं लिखना है। आज मुझे नमिता और अमिता के लिए आदर्श निबन्ध लिखना होगा। नमिता का आदेश है कि मैं "दूर के ढोल सुहावने होते हैं" इस विषय पर लिखूँ। अमिता का आग्रह है कि मैं 'समाज-सुधार' पर लिखूँ। ये दोनों ही विषय परीक्षा में आ चुके हैं और इन दोनों पर आदर्श निबन्ध लिखकर मुझे उन दोनों को निबन्ध-रचना का रहस्य समझाना पड़ेगा।

दूर के ढोल सुहावने अवश्य होते हैं, पर क्या वे इतने सुहावने होते हैं कि उन पर पाँच पेज लिखे जा सकें? इसी प्रकार समाज-सुधार की चर्चा अनादि काल से लेकर आज तक होती आ रही है और जिसके सम्बन्ध में बड़े-बड़े विज्ञों में भी विरोध है, उसको मैं पाँच पेज में कैसे लिख दूँ? मैंने सोचा कि सबसे पहले निबन्धशास्त्र के आचार्यों की सम्मति जान लूँ। पहले यह तो समझ लूँ कि आदर्श निबन्ध है क्या और वह कैसे लिखा जाता है; तब फिर मैं भविष्य की चिन्ता करूँगा। इसलिए मैंने निबन्धशास्त्र के कई आचार्यों की रचनाएँ देखीं।

एक विद्वान का कथन है कि निबन्ध छोटा होना चाहिए। छोटा निबन्ध बड़े की अपेक्षा अधिक अच्छा होता है, क्योंकि बड़े निबन्ध में रचना की सुन्दरता नहीं बनी रह सकती। इस कथन को मान लेने में ही मेरा लाभ है। मुझे छोटा ही निबन्ध लिखना है, बड़ा नहीं। पर लिखूँ कैसे? निबन्धशास्त्र के उन्हीं आचार्य महोदय का कथन है कि निबन्ध के दो प्रधान अंग हैं— सामग्री और शैली।

पहले तो मुझे सामग्री एकत्र करनी होगी, विचार-समूह संचित करना होगा। इसके लिए मुझे मनन करना चाहिए। यह तो सच है कि जिसने जिस विषय का अच्छा अध्ययन किया है, उसके मस्तिष्क में उस विषय के विचार आते हैं। पर यह कौन जानता था कि 'दूर के ढोल सुहावने' पर भी निबन्ध लिखने की आवश्यकता होगी। यदि यह बात पहले ज्ञात होती, तो पुस्तकालय में जाकर इस विषय का अनुसन्धान कर लेता, पर अब समय नहीं। मुझे तो यहीं बैठकर दो घण्टों में दो निबन्ध तैयार कर देने होंगे। यहाँ न तो विश्वकोश है और न कोई ऐसा ग्रन्थ, जिनमें इन विषयों की सामग्री उपलब्ध हो सके। अब तो मुझे अपने ही ज्ञान पर विश्वास करके लिखना होगा।

विज्ञों का कथन है कि निबन्ध लिखने के पहले उसकी रूपरेखा बना लेनी चाहिए। अतएव सबसे पहले मुझे 'दूर के ढोल सुहावने' की रूपरेखा बनानी है। मैं सोच ही नहीं सकता कि इस विषय की कैसी रूपरेखा है। निबन्ध लिख लेने के बाद मैं उसका सारांश कुछ ही वाक्यों में भले ही लिख दूँ, पर निबन्ध लिखने के पहले उसका सार दस-पाँच शब्दों में कैसे लिखा जाए? क्या सचमुच हिन्दी के सब विज्ञ लेखक पहले से अपने-अपने निबन्धों के लिए रूपरेखा तैयार कर लेते हैं? ए.जी. गार्डिनर को तो अपने लेखों का शीर्षक बनाने में ही सबसे अधिक कठिनाई होती है। उन्होंने लिखा है कि मैं लेख लिखता हूँ और शीर्षक देने का भार मैं अपने मित्र पर छोड़ देता हूँ। उन्होंने यह भी लिखा है कि शेक्सपीयर को भी नाटक लिखने में उतनी कठिनाई न हुई होगी, जितनी कठिनाई नाटकों के नामकरण में हुई होगी। तभी तो घबराकर नाम न रख सकने के कारण उन्होंने अपने एक नाटक का नाम रखा 'जैसा तुम चाहो'। इसलिए मुझसे तो यह रूपरेखा तैयार न होगी।

अब मुझे शैली निश्चित करनी है। आचार्य महोदय का कथन है कि भाषा में प्रवाह होना चाहिए। इसके लिए वाक्य छोटे-छोटे हों, पर एक-दूसरे से सम्बद्ध हों। यह तो बिल्कुल ठीक है। मैं छोटे-छोटे वाक्य अच्छी तरह लिख सकता हूँ। पर मैं हूँ मास्टर। कहीं नमिता और अमिता यह न समझ बैठें कि मैं यह निबन्ध बहुत मोटी अक्ल वालों के लिए लिख रहा हूँ। अपनी विद्वत्ता का प्रदर्शन करने के लिए, अपना गौरव स्थापित करने के लिए यह आवश्यक है कि वाक्य कम-से-कम आधे पृष्ठ में तो समाप्त हों। बाणभट्ट ने 'कादम्बरी' में ऐसे ही वाक्य लिखे हैं। वाक्यों में कुछ अस्पष्टता भी चाहिए, क्योंकि यह अस्पष्टता या दुर्बोधता गाम्भीर्य ला देती है। इसलिए संस्कृत के प्रसिद्ध कवि श्रीहर्ष ने जान-बूझकर अपने काव्य में ऐसी गुत्थियाँ डाल दी हैं, जो अज्ञों से न सुलझ सकें और सेनापति ने भी अपनी कविता मूढ़ों के लिए दुर्बोध कर दी है। तभी तो अलंकारों, मुहावरों और लोकोक्तियों का समावेश भी निबन्धों के लिए आवश्यक बताया जाता है। तब क्या किया जाए?

अंग्रेजी के निबन्धकारों ने एक दूसरी पद्धति को अपनाया है। उनके निबन्ध इन आचार्यों की कसौटी पर भले ही खरे सिद्ध न हों, पर अंग्रेजी साहित्य में उनका मान अवश्य है। उस पद्धति के जन्मदाता 'मानटेन' समझे जाते हैं। उन्होंने स्वयं जो कुछ देखा, सुना और अनुभव किया, उसी को अपने निबन्धों में लिपिबद्ध कर दिया। पाश्चात्य साहित्य में ऐसे निबन्धों का विकास आधुनिक युग में हुआ है। आख्यायिका की तरह यह निबन्ध कला आधुनिक युग की रचना है। ऐसे निबन्धों की सबसे बड़ी विशेषता यह है कि वे मन की स्वच्छन्द रचनाएँ हैं। उनमें न कवि की उदात्त कल्पना रहती है, न आख्यायिका-लेखक की सुक्ष्म दृष्टि और न विज्ञों की गम्भीर तर्कपूर्ण विवेचना। उनमें लेखक की सच्ची अनुभूति रहती है। उनमें उसके सच्चे भावों की सच्ची अभिव्यक्ति होती है, उनमें उसका उल्लास रहता है। कवि उच्च मार्ग से प्रेरित होकर काव्य की रचना करते हैं, विज्ञ ज्ञन की कसौटी पर सत्य की परीक्षा कर प्रबन्ध लिखते हैं। आख्यायिका लेखक कल्पना के द्वारा मनुष्य-जीवन का रहस्य प्रत्यक्ष कराने के लिए चरित्र-वैचित्र्य और घटना-वैचित्र्य की सृष्टि करते हैं। ये निबन्ध तो उस मानसिक स्थिति में लिखे जाते हैं, जिसमें न ज्ञान की गरिमा रहती है और न कल्पना की महिमा, जिसमें हम संसार को अपनी ही दृष्टि से देखते हैं और अपने ही भाव से ग्रहण करते हैं। तब इसी पद्धति का अनुसरण कर मैं भी क्यों न निबन्ध लिखूँ। पर मुझे तो दो निबन्ध लिखने होंगे।

मुझे अमीर खुसरो की एक कहानी याद आई। एक बार प्यास लगने पर वे एक कुएँ के पास पहुँचे। वहाँ चार औरतें पानी भर रही थीं। पानी माँगने पर पहले उनमें से एक ने खीर पर कविता सुनने की इच्छा प्रकट की, दूसरी ने चर्खे पर, तीसरी ने कुत्ते पर और चौथी ने ढोल पर। अमीर खुसरो प्रतिभावान थे, उन्होंने एक ही पद्य में चारों की इच्छाओं की पूर्ति कर दी।
उन्होंने कहा

खीर पकाई जतन से, चर्खा दिया चला।
आया कुत्ता खा गया, तू बैठी ढोल बजा।।

मुझमें खुसरो की प्रतिभा नहीं है, पर उनकी इस पद्धति को स्वीकार करने से मेरी कठिनाई आधी रह जाती है। मैं भी एक निबन्ध में इन दोनों विषयों का समावेश कर दूँगा। एक ही ढेले से दो चिड़ियाँ मार लूँगा।

दूर के ढोल सुहावने होते हैं, क्योंकि उनकी कर्कशता दूर तक नहीं पहुँचती। जब ढोल के पास बैठे हुए लोगों के कान के पर्दे फटते रहते हैं, तब दूर किसी नदी के तट पर सन्ध्या समय, किसी दूसरे के कान में वही शब्द मधुरता का संचार कर देते हैं। ढोल के उन्हीं शब्दों को सुनकर वह अपने हृदय में किसी के विवाहोत्सव का चित्र अंकित कर लेता है। कोलाहल से पूर्ण घर के एक कोने में बैठी हुई किसी लज्जाशीला नव-वधू की कल्पना वह अपने मन में कर लेता है। उस नव-वधू के प्रेम, उल्लास, संकोच,

आशंका और विषाद से युक्त हृदय के कम्पन ढोल की कर्कश ध्वनि को मधुर बना देते हैं। सच तो यह है कि ढोल की ध्वनि के साथ आनन्द का कलरव, उत्सव व प्रमोद और प्रेम का संगीत ये तीनों मिले रहते हैं। तभी उसकी कर्कशता समीपस्थ लोगों को भी कटु नहीं प्रतीत होती और दूरस्थ लोगों के लिए तो वह अत्यन्त मधुर बन जाती है।

जो तरुण संसार के जीवन-संग्राम से दूर हैं, उन्हें संसार का चित्र बड़ा ही मनमोहक प्रतीत होता है, जो वृद्ध हो गए हैं, जो अपनी बाल्यावस्था और तरुणावस्था से दूर हट आए हैं, उन्हें अपने अतीतकाल की स्मृति बड़ी सुखद लगती है। वे अतीत का ही स्वप्न देखते हैं। तरुणों के लिए जैसे भविष्य उज्ज्वल होता है, वैसे ही वृद्धों के लिए अतीत। वर्तमान से दोनों को असन्तोष होता है। तरुण भविष्य को वर्तमान में लाना चाहते हैं और वृद्ध अतीत को खींचकर वर्तमान में देखना चाहते हैं। तरुण क्रान्ति के समर्थक होते हैं और वृद्ध अतीत गौरव के संरक्षक। इन्हीं दोनों के कारण वर्तमान सदैव क्षुब्ध रहता है और इसी से वर्तमान काल सदैव सुधारों का काल बना रहता है।

मनुष्य जाति के इतिहास में कोई ऐसा काल ही नहीं हुआ, जब सुधारों की आवश्यकता न हुई हो। तभी तो आज तक कितने ही सुधारक हो गए हैं, पर सुधारों का अन्त कब हुआ ? भारत के इतिहास में बुद्धदेव, महावीर स्वामी, नागार्जुन, शंकराचार्य, कबीर, नानक, राजा राममोहन राय, स्वामी दयानन्द और महात्मा गाँधी में ही सुधारकों की गणना समाप्त नहीं होती। सुधारकों का दल नगर-नगर और गाँव-गाँव में होता है। यह सच है कि जीवन में नए-नए दोष उत्पन्न होते जाते हैं और नए-नए सुधार हो जाते हैं। न दोषों का अन्त है और न सुधारों का। जो कभी सुधार थे, वही आज दोष हो गए हैं और उन सुधारों का फिर नव सुधार किया जाता है। तभी तो यह जीवन प्रगतिशील माना गया है।

हिन्दी में प्रगतिशील साहित्य का निर्माण हो रहा है। उसके निर्माता यह समझ रहे हैं कि उनके साहित्य में भविष्य का गौरव निहित है। पर कुछ ही समय के बाद उनका यह साहित्य भी अतीत का स्मारक हो जाएगा और आज जो तरुण हैं, वही वृद्ध होकर अतीत के गौरव का स्वप्न देखेंगे। उनके स्थान में तरुणों का फिर दूसरा दल आ जाएगा, जो भविष्य का स्वप्न देखेगा। दोनों के ही स्वप्न सुखद होते हैं, क्योंकि दूर के ढोल सुहावने होते हैं।

जयप्रकाश भारती

जीवन परिचय

जयप्रकाश भारती जी का जन्म 2 जनवरी, 1936 में उत्तर प्रदेश के प्रमुख नगर मेरठ में हुआ था। इनके पिता श्री रघुनाथ सहाय मेरठ के प्रसिद्ध एडवोकेट तथा कांग्रेस के सक्रिय कार्यकर्ता थे। भारती जी ने मेरठ से ही बी. एस. सी. तक की शिक्षा ग्रहण की। छात्र-जीवन से ही इन्होंने अपने पिता को अनेक प्रकार की सामाजिक गतिविधियों में भागीदार बनते हुए देखा। अपने पिता से प्रभावित होकर साक्षरता के प्रसार में इन्होंने उल्लेखनीय योगदान दिया तथा अनेक वर्षों तक मेरठ में 'नि:शुल्क प्रौढ़ रात्रि पाठशाला' का संचालन किया। जयप्रकाश भारती लेखन एवं पत्रकारिता दोनों ही क्षेत्रों में विशिष्ट ख्याति अर्जित कर चुके थे। हिन्दी की साहित्यिक शैली में विविध वैज्ञानिक लेखों को प्रस्तुत करने में इन्हें विशिष्ट सफलता एवं यश की प्राप्ति हुई है। हिन्दी साहित्य का यह महान साहित्यकार 69 वर्ष की आयु में 5 फरवरी, 2005 को इस संसार से विदा हो गया।

साहित्यिक परिचय

भारती जी की विशेष रुचि सम्पादन कार्यों में थी। इन्होंने सम्पादन के क्षेत्र में 'सम्पादन कला विशारद' की उपाधि प्राप्त करके 'दैनिक प्रभात', जो मेरठ से प्रकाशित होता था तथा दिल्ली से प्रकाशित 'नवभारत टाइम्स' से पत्रकारिता का व्यावहारिक प्रशिक्षण प्राप्त किया। ये दिल्ली से प्रकाशित होने वाली 'साप्ताहिक हिन्दुस्तान' पत्रिका के सह-सम्पादक तथा प्रसिद्ध बाल-पत्रिका 'नन्दन' के अनेक वर्षों तक सम्पादक भी रहे। इन्होंने 'नन्दन' पत्रिका का सम्पादन कार्य वर्ष 2004 तक (31 वर्षों तक) किया। भारती जी ने सौ से अधिक पुस्तकों की रचना तथा सम्पादन किया है।

बालकों एवं किशोरों के ज्ञानवर्द्धन के लिए इन्होंने नैतिक, सामाजिक एवं वैज्ञानिक विषयों पर लेखनी चलाकर बाल-साहित्य को समृद्ध बनाया। इसीलिए इन्हें 'बाल-साहित्य रचनाकार' भी कहा जाता है। वस्तुत: इन्हें विज्ञान-विषयक साहित्य के प्रणेता के रूप में स्वीकार किया जाता है।

कृतियाँ

भारती जी की अनेकानेक पुस्तकें यूनेस्को एवं भारत सरकार के द्वारा पुरस्कृत की गई हैं। इनकी कृतियाँ इस प्रकार हैं

1. **मौलिक रचनाएँ** 'हिमालय की पुकार', 'अनन्त आकाश', 'अथाह सागर', 'विज्ञान की विभूतियाँ', 'देश हमारा-देश हमारा', 'चलो, चाँद पर चलें', 'सरदार भगत सिंह', 'हमारे गौरव के प्रतीक', 'अस्त्र-शस्त्र: आदिम युग से अणु युग तक', 'उनका बचपन यूँ बीता', 'ऐसे थे हमारे बापू', 'लोकमान्य तिलक', 'बर्फ की गुड़िया', 'संयुक्त राष्ट्र संघ', 'भारत का संविधान', 'दुनिया रंग-बिरंगी' आदि।
2. **सम्पादित रचनाएँ** 'भारत की प्रतिनिधि लोक कथाएँ' तथा किरणमाला (तीन भागों में) एवं 'नन्दन' (बाल-पत्रिका)।

भाषा

भारती जी की भाषा स्वाभाविक रूप से सरल है। इन्होंने अधिकांशत: बाल-साहित्य की रचना की है। अत: इनकी रचनाओं की भाषा सरल व बालोपयोगी है तथा इनकी शैली रमणीय है। आवश्यकता के अनुसार विज्ञान की पारिभाषिक शब्दावली का प्रयोग भी इनके लेखों में मिलता है। फिर भी इन्होंने अपनी भाषा में कहीं भी जटिलता का समावेश नहीं होने दिया।

शैली

जयप्रकाश भारती जी की लेखन शैली रोचक है। इन्होंने मुख्य रूप से अपनी रचनाओं में वर्णनात्मक शैली, चित्रात्मक शैली तथा भावात्मक शैली का प्रयोग किया है।

हिंदी साहित्य में स्थान

भारती जी विशेष रूप से बाल-साहित्य एवं वैज्ञानिक लेखों के क्षेत्र में प्रसिद्ध हुए हैं। वैज्ञानिक विषयों को इन्होंने हिन्दी में प्रस्तुत किया है तथा उन्हें सरल, रोचक एवं चित्रात्मक बनाया है। इसके अलावा इन्होंने लेख, कहानियाँ व रिपोर्ताज आदि क्षेत्रों में भी हिन्दी साहित्य को समृद्ध किया तथा हिन्दी साहित्यकारों का मार्गदर्शन किया। हिन्दी साहित्य सदैव इनका ऋणी रहेगा।

जयप्रकाश भारती द्वारा लिखित निबंध

पानी में चंदा और चाँद में आदमी

दुनिया के सभी भागों में स्त्री-पुरुष और बच्चे रेडियो से कान सटाए बैठे थे, जिनके पास टेलीविजन थे, वे उसके पर्दे पर आँखें गड़ाए थे। मानवता के सम्पूर्ण इतिहास की सर्वाधिक रोमांचक घटना के एक-एक क्षण के वे भागीदार बन रहे थे—उत्सुकता और कुतूहल के कारण अपने अस्तित्व से ही बिल्कुल बेखबर हो गए थे। युग—युग से किस देश और जाति ने चन्द्रमा पर पहुँचने के सपने नहीं सँजोए—आज इस धरा के ही दो मानव उन सपनों को सच कर दिखाने के लिए कृत-संकल्प थे।

सोमवार 21 जुलाई, 1969 को बहुत सबेरे ईगल नामक चन्द्रयान नील आर्मस्ट्रांग और एडविन एल्ड्रिन को लेकर चन्द्रतल पर उतर गया। चन्द्रयान धूल उड़ाता हुआ चन्द्रमा के जलविहीन 'शान्ति सागर' में उतरा। भारतीय समय के अनुसार एक बजकर, सैंतालीस मिनट पर किसी अन्य ग्रह पर मानव पहली बार पहुँचा। असीम अन्तरिक्ष को चीरते हुए पृथ्वी से चार लाख किलोमीटर दूर चन्द्रमा पर पहुँचने में मानव को 102 घण्टे, 45 मिनट और 42 सेकण्ड का समय लगा।

अपोलो-11 को केप केनेडी से बुधवार 16 जुलाई, 1969 को छोड़ा गया था। इसमें तीन यात्री थे—कमाण्डर नील आर्मस्ट्रांग, माइकल कालिन्स और एडविन एल्ड्रिन। चन्द्रमा की कक्षा में चन्द्रयान मूल यान कोलम्बिया से अलग हो गया और फिर चन्द्रतल पर उतर गया, उस समय माइकल कालिन्स मूल यान में 96 किलोमीटर की ऊँचाई पर निरन्तर चन्द्रमा की परिक्रमा कर रहे थे।

नील आर्मस्ट्रांग ने चन्द्रतल से पृथ्वी का वर्णन करते हुए कहा कि यह बहुत बड़ी चमकीली और सुन्दर (बिग ब्राइट एण्ड ब्यूटीफुल) दिखाई दे रही है। एल्ड्रिन ने भाव-विभोर होकर कहा—सुन्दर दृश्य है, सब कुछ सुन्दर है। उसने कहा कि जहाँ हम उतरे हैं, उससे कुछ ही दूरी पर हमने बैंगनी रंग की चट्टान देखी है। चन्द्रमा की मिट्टी और चट्टानें सूर्य की रोशनी में चमक रही हैं। यही एक भव्य एकान्त स्थान है।

चन्द्रयान ठीक स्थिति में है, यह निरीक्षण करके, कुछ खा-पीकर और सुस्ता लेने के बाद नील आर्मस्ट्रांग चन्द्रयान से बाहर निकले। चन्द्रयान की सीढ़ियों से धीरे-धीरे वह नीचे उतरे। उन्होंने अपना बायाँ पाँव चन्द्रतल पर रखा, जबकि दायाँ पाँव चन्द्रयान पर ही रहा। इस बीच आर्मस्ट्रांग दोनों हाथ से चन्द्रयान को अच्छी तरह पकड़े रहे। उन्हें यह तय कर लेना था कि वैज्ञानिक चन्द्रतल को जैसा समझते रहे हैं, वह उससे एकदम भिन्न तो नहीं है। आश्वस्त होने के बाद, वह यान के आस-पास ही कुछ कदम चले। चन्द्रतल पर पाँव रखते हुए उन्होंने कहा—''यद्यपि यह मानव का छोटा-सा कदम है, लेकिन मानवता के लिए बहुत ही ऊँची छलाँग है।''

अभी तक एल्ड्रिन भले ही भीतर बैठा हो, लेकिन वह निष्क्रिय नहीं था। उसने मूवी कैमरे से आर्मस्ट्रांग के चित्र लेने शुरू कर दिए थे। बीस मिनट बाद ही एडविन एल्ड्रिन भी चन्द्रयान से बाहर निकले। उन्होंने भी चन्द्रतल पर चलकर देखा। तब तक आर्मस्ट्रांग चन्द्रधूल का एक तात्कालिक नमूना जेब में रख चुके थे। अब उन्होंने टेलीविजन कैमरे को त्रिपाद पर जमा दिया।

अरबों डॉलर खर्च करके मानव चन्द्रतल पर पहुँचा था, उसे अपने सीमित समय में एक-एक क्षण का उपयोग करना था। दोनों चन्द्र-विजेताओं को चन्द्रमा की चट्टानों तथा मिट्टी के नमूने लेने थे। कई तरह के उपकरण भी वहाँ स्थापित करने थे, जो बाद में भी पृथ्वी पर वैज्ञानिक जानकारी भेजते रहे सकें।

इन चन्द्र-विजेताओं ने चन्द्रतल पर भूकम्पमापी यन्त्र स्थापित किया और लेसर परावर्तक रखा। इन्होंने एक धातु-फलक, जिन पर तीनों यात्रियों और अमेरिकी राष्ट्रपति निक्सन के हस्ताक्षर थे, वहाँ रखा। धातु-फलक पर खुदे शब्दों को आर्मस्ट्रांग ने जोर से पढ़ा—"जुलाई, 1969 में पृथ्वी ग्रह के मानव चन्द्रमा के इस स्थान पर उतरे। हम यहाँ सारी मानव जाति के लिए शान्ति की कामना लेकर आए।"

दोनों चन्द्र-यात्रियों ने अमेरिकी ध्वज चन्द्रतल पर फहरा दिया। वायु न होने के कारण इस ध्वज को इस तरह बनाया गया था कि स्प्रिंग की सहायता से यह फैला हुआ ही रहे। विभिन्न राष्ट्रध्वजों के सन्देशों की माइक्रो फिल्म भी उन्होंने चन्द्रतल पर छोड़ दी। दो रूसी अन्तरिक्ष यात्रियों (यूरी गागरिन और एम. के. मोरोव) को मरणोपरान्त दिए पदक और तीन अमेरिकी अन्तरिक्ष यात्रियों (ग्रिसम, ह्वाट और शैफी) को दिए गए पदकों की अनुकृतियाँ वहाँ रखीं।

अपने व्यस्त कार्यक्रम को पूरा करने में चन्द्र-यात्रियों को थकान हो जानी स्वाभाविक थी, लेकिन फिर भी वे बड़े प्रसन्न थे। आरम्भ में वे बड़ी सावधानी के साथ एक-एक कदम रख रहे थे, लेकिन बाद में वे कंगारुओं की तरह उछल-उछलकर चलते देखे गए।

मानव को चन्द्रमा पर उतारने का यह सर्वप्रथम प्रयास होते हुए भी असाधारण रूप से सफल रहा, यद्यपि हर क्षण, हर पग पर खतरे थे। चन्द्रतल पर मानव के पाँव के निशान, उसके द्वारा वैज्ञानिक तथा तकनीकी क्षेत्र में की गई असाधारण प्रगति के प्रतीक हैं। जिस क्षण डगमग-डगमग करते मानव के पग उस धूलि-धूसरित अनछुई सतह पर पड़े, तो मानो वह हजारों-लाखों साल से पालित-पोषित सैकड़ों अन्धविश्वासों तथा कपोल कल्पनाओं पर पद-प्रहार ही हुआ। कवियों की कल्पना के सलोने चाँद को वैज्ञानिकों ने बदसूरत और जीवनहीन करार दे दिया—भला अब चन्द्रमुखी कहलाना किसे रुचिकर लगेगा।

हमारे देश में ही नहीं, संसार की प्रत्येक जाति ने अपनी भाषा में चन्द्रमा के बारे में कहानियाँ गढ़ी हैं और कवियों ने कविताएँ रची हैं। किसी ने उसे रजनीपति माना, तो किसी ने उसे रात्रि की देवी कहकर पुकारा। किसी विरहिणी ने उसे अपना दूत बनाया, तो किसी ने उसके पीलेपन से क्षुब्ध होकर उसे बूढ़ा और बीमार ही समझ लिया। बालक श्रीराम चन्द्रमा को खिलौना समझकर उसके लिए मचलते हैं, तो सूर के श्रीकृष्ण भी उसके लिए हठ करते हैं। बालक को शान्त करने के लिए एक ही उपाय था—चन्द्रमा की छवि को पानी में दिखा देना, लेकिन मानव की प्रगति का चक्र कितना घूम गया है। इस लम्बी विकास-यात्रा को श्रीमती महादेवी वर्मा ने एक ही वाक्य में बाँध दिया है— "पहले पानी में चन्दा को उतारा जाता था और आज चाँद पर मानव पहुँच गया है।"

मानव मन सदा से ही अज्ञात के रहस्यों को खोलने और जानने-समझने को उत्सुक रहा है। जहाँ तक वह नहीं पहुँच सकता था, वहाँ वह कल्पना के पंखों पर उड़कर पहुँचा। उसकी अनगढ़ और अविश्वसनीय कथाएँ उसे सत्य के निकट पहुँचाने में प्रेरणा-शक्ति का काम करती रहीं।

अन्तरिक्ष युग का सूत्रपात 4 अक्टूबर, 1957 को हुआ था, जब सोवियत रूस ने अपना पहला स्पूतनिक छोड़ा। प्रथम अन्तरिक्ष यात्री बनने का गौरव यूरी गागरिन को प्राप्त हुआ। अन्तरिक्ष युग के आरम्भ के ठीक 11 वर्ष 9 मास 17 दिन बाद चन्द्रतल पर मानव उतर गया।

दिसम्बर, 1968 में पहली बार अपोलो-8 के तीनों अन्तरिक्ष-यात्री चन्द्रमा के पड़ोस तक पहुँचे थे। बीच की अवधि में रूस और अमेरिका दोनों ही देशों ने अनेक अन्तरिक्ष यान छोड़े। इनमें कुछ स-मानव यान थे और कुछ मानव-रहित। इसे मानव का साहस कहें या दुस्साहस कि उसने अन्तरिक्ष में पहुँचकर यान से बाहर निकल अनन्त अन्तरिक्ष में विचरण भी शुरू कर दिया। अन्तरिक्ष में परिक्रमा करते दो यानों को जोड़ने और एक यान से दूसरे यान में यात्रियों के चले जाने के चमत्कारी करतब भी किए गए। अपोलो-11 द्वारा चन्द्रविजय से पूर्व मानो—अपोलो-10 के द्वारा इस नाटक का पूर्वाभिनय ही किया गया था। इसके तीन यात्री अन्तरिक्ष यान को चन्द्रमा की कक्षा में ले गए थे। एक यात्री मूल यान को कक्षा में घुमा रहा था और अन्य दो यात्री चन्द्रयान में बैठकर उसे चन्द्रमा से केवल 9 मील की दूरी तक ले गए थे। इन्होंने चन्द्र-विजेताओं के उतरने के सम्भावित स्थल का अध्ययन किया और अनेक चित्र खींचे थे। चन्द्रयान को मूल यान से जोड़ा और फिर सकुशल पृथ्वी पर लौट आए।

मानव को चन्द्रतल तक ले जाने और लौटा लाने वाले यान के बारे में भला कौन नहीं जानना चाहेगा। अपोलो-यान-सैटर्न-5 राकेट से प्रक्षेपित किया जाता है। वह विश्व का सबसे शक्तिशाली वाहन है। अन्तरिक्ष यान के तीन भाग होते हैं या इन्हें तीन मॉड्यूल कह सकते हैं।

कमाण्ड मॉड्यूल का निर्माण इस दृष्टि से किया जाता है कि वापसी के समय पृथ्वी के वायुमण्डल में प्रवेश करते समय तीव्र ताप और दबावों को सहन कर सकें। नियन्त्रण कक्ष, शयनागार, भोजनकक्ष और प्रयोगशाला— इन सबका मिला-जुला रूप ही यह मॉड्यूल होता है। प्रक्षेपण के समय यदि कोई दुर्घटना हो जाए, तो यात्री अपने बचाव के लिए इसे शेष यान से पृथक् कर सकते हैं। पुन: प्रवेश के लिए बने कमाण्ड कैप्सूल का वजन 5500 किलोग्राम था। इसमें लगभग साढ़े पाँच घन मीटर खाली स्थान था, जहाँ कि तीनों यात्री अपने सामान्य कार्य सम्पन्न कर सकें। इस स्थान को हम औसत दर्जे की कार जितना मान सकते हैं। कैप्सूल जब तैयार होता है, उस समय इसमें पाँच विद्युत बैटरियाँ होती हैं और 12 राकेट इंजन जुड़े होते हैं। तीन आदमियों के लिए चौदह दिन की खाद्य सामग्री और पानी के भण्डार एवं मल के निष्कासन की व्यवस्था रहती है। इसमें पैराशूट भी रहते हैं। यात्रियों को बिना चोट पहुँचाए, यह कड़ी-से-कड़ी जमीन पर उतर सकता है। अन्तरिक्ष यान का दूसरा भाग होता है सर्विस मॉड्यूल—यह औसतन आकार के ट्रक जितना होता है। इसमें दस लाख किलोमीटर की यात्रा करने के लिए पर्याप्त ईंधन था और 14 दिन तक तीन यात्रियों के साँस लेने लायक प्राण-वायु की व्यवस्था थी। यान को चन्द्र कक्षा में स्थापित करने के लिए उसकी गति कम करनी पड़ती है और सर्विस मॉड्यूल के शक्तिशाली राकेट मोटर दागकर ही ऐसा किया जाता है।

चन्द्रयान यानी अपोलो-11 का ईगल अन्तरिक्ष यान का एक भाग होते हुए भी अपने में पूर्ण था। इसमें दो खण्ड थे—अवरोह भाग और आरोह भाग। अवरोह भाग में 8200 किलो प्राणोदक था, जिससे 4500 किलो प्रघात के इंजन को चलाया जा सके। चालकों के साँस लेने के लिए ऑक्सीजन गैस, पीने का पानी, चन्द्रतल पर यान को ठण्डा रखने की व्यवस्था की गई थी। चन्द्रयान की सभी टाँगें समतल पर टिकनी आवश्यक नहीं, यह आड़ा-तिरछा भी खड़ा हो सकता है। अवरोही भाग में चार रेडियो रिसीवर, ट्रांसमीटर, बैटरियाँ, मूल यान से और पृथ्वी से संचार-व्यवस्था कायम रखने के लिए सात एरियल लगे थे। ईगल के दोनों भाग किसी भी समय अलग किए जा सकते थे। चन्द्रतल से वापसी के समय चन्द्रयान का नीचे का भाग प्रक्षेपण यन्त्र का काम देता है और उसे चन्द्रतल पर ही छोड़ दिया गया।

नील आर्मस्ट्रांग और एडविन एल्ड्रिन ने चन्द्रतल पर 21 घण्टे, 36 मिनट बिताए। चन्द्रतल पर इन दो यात्रियों ने पाँवों के ऐसे निशान छोड़े जैसे कि किसी हल चलाए खेत में निशान पड़ जाते हैं। उन्होंने लाखों डॉलर का सामान भी वहीं छोड़ दिया।

दोनों चन्द्र-विजेताओं ने ऊपरी भाग में उड़ान भरकर चन्द्रकक्ष में परिक्रमा करते हुए मूल यान से अपने यान को जोड़ा। फिर वे दोनों यात्री अपने साथी माइकल कालिंस से आ मिले। अब चन्द्रयान को अलग कर दिया गया और उसके कक्ष में ही छोड़ दिया गया। इंजन दागकर यात्री वापसी के लिए पृथ्वी के मार्ग पर बढ़ चले। ये यात्री प्रशान्त महासागर में उतरे।

इन यात्रियों को सीधे चन्द्र प्रयोगशाला में ले जाया गया। कई सप्ताह किसी से मिलने-जुलने नहीं दिया गया। उनके अनुभव रिकॉर्ड किए गए। वैज्ञानिकों को यह भी जाँच करनी थी कि ये यात्री ऐसे कीटाणु तो अपने साथ नहीं ले आए, जो मानव जाति के लिए घातक हों। उन यात्रियों के द्वारा लाई गई धूल और चन्द्र-चट्टानों के नमूनों को अनुसन्धान और प्रयोग करने के लिए विभिन्न देशों के विशेषज्ञों को सौंप दिया गया।

अपोलो-11 की सफलता के पश्चात् अमेरिका ने अपोलो-12 में भी तीन यात्रियों को चन्द्रतल पर खोज करने के लिए भेजा। इसके बाद अपोलो-13 की यात्रा दुर्घटनावश बीच में ही स्थगित करनी पड़ी।

अभी चन्द्रमा के लिए अनेक उड़ानें होंगी। दूसरे ग्रहों के लिए मानवरहित यान छोड़े जा रहे हैं। अन्तरिक्ष में परिक्रमा करने वाला स्टेशन स्थापित करने की दिशा में तेजी से प्रयत्न किए जा रहे हैं। ऐसा स्टेशन बन जाने पर ब्रह्माण्ड के रहस्यों की पर्तें खोलने में काफी सहायता मिलेगी।

यह पृथ्वी मानव के लिए पालने के समान है। वह हमेशा-हमेशा के लिए इसकी परिधि में बँधा हुआ नहीं रह सकता। अज्ञात की खोज में वह कहाँ तक पहुँचेगा, कौन कह सकता है?

प्रतिदर्श प्रश्न-पत्र

प्रतिदर्श प्रश्न-पत्र 1

CBSE कक्षा 11 की परीक्षा के लिए नमूना प्रश्न-पत्र

हिंदी ऐच्छिक

1. प्रश्न–पत्र तीन खंडों–खंड क, ख और ग में होगा।
2. खंड–क में अपठित बोध पर आधारित प्रश्न पूछे जाएँगे। सभी प्रश्नों के उत्तर देने होंगे।
3. खंड–ख में अभिव्यक्ति और माध्यम पुस्तक के आधर पर प्रश्न पूछे जाएँगे। प्रश्नों में आंतरिक विकल्प भी दिए जाएँगे।
4. खंड–ग में अंतरा भाग-1 एवं अंतराल भाग-1 पाठ्य पुस्तकों के आधार पर प्रश्न पूछे जाएँगे। प्रश्नों में आंतरिक विकल्प भी दिए जाएँगे।

समय : 3 घंटे | *पूर्णांक : 80*

खंड 'क' अपठित बोध

1. निम्नलिखित गद्यांश को पढ़कर पूछे गए प्रश्नों के उत्तर दीजिए। (10)

भारतीय संस्कृति की सबसे बड़ी विशेषता रही है—'अनेकता में एकता।' यद्यपि ऊपरी तौर पर भारत के विभिन्न प्रदेशों में पर्याप्त भिन्नता दिखाई देती है, तथापि अपने आचार-विचारों की एकता के कारण यहाँ सदा सामासिक संस्कृति का रूप देखने को मिलता है। यही कारण है कि विभिन्नताओं के होते हुए भी भारत सदियों से एक भौगोलिक, राजनीतिक एवं सांस्कृतिक इकाई के रूप में विश्व में अपना स्थान बनाए हुए है। इसलिए भारत में अनेकता में एकता के सदैव दर्शन होते हैं। भारतीय संस्कृति में आध्यात्मिकता और भौतिकता दोनों का ही मिश्रण रहा है।

अत: इसकी प्राचीनता, इसकी गतिशीलता, इसका लचीलापन, इसकी ग्रहणशीलता, इसका सामाजिक स्वरूप और अनेकता के भीतर मौजूद एकता ही इसकी प्रमुख विशेषता है। इस विशेषता के कारण ही भारतीय संस्कृति विश्व में अपना एक विशिष्ट स्थान रखती है। भारतीय संस्कृति का इतिहास बहुत प्राचीन है। वास्तव में, संस्कृति का निर्माण एक लंबी परंपरा के बाद होता है। संस्कृति वस्तुत: विचार और आचरण के वे नियम और मूल्य हैं, जिन्हें कोई समाज अपने अतीत से प्राप्त करता है। इसलिए कहा जा सकता है कि इसे हम अपने अतीत से विरासत के रूप में प्राप्त करते हैं। दूसरे शब्दों में कहें तो संस्कृति एक विशिष्ट जीवन-शैली का नाम है। यह एक सामाजिक विरासत है, जो परंपरा से चली आती रही है।

प्राय: सभ्यता और संस्कृति को एक ही मान लिया जाता है, परंतु इसमें भेद है। सभ्यता में मनुष्य के जीवन का भौतिक पक्ष प्रधान होता है अर्थात् सभ्यता का अनुमान सुख-सुविधाओं से लगाया जा सकता है। इसके विपरीत संस्कृति में आचार और विचार पक्ष की प्रधानता होती है। इस प्रकार, 'सभ्यता' को शरीर माना जा सकता है तथा 'संस्कृति' को आत्मा, इसलिए इन दोनों को अलग-अलग करके नहीं देखा जा सकता। वास्तव में, दोनों एक-दूसरे के पूरक हैं।

बहुविकल्पीय प्रश्न

I. भारत में सामाजिक संस्कृति का क्या कारण है? (1)

(क) आचार-विचारों में भिन्नता
(ख) आचार-विचारों में एकता
(ग) भौगोलिक एकता
(घ) सांस्कृतिक विभिन्नता

II. संस्कृति का निर्माण किस प्रकार होता है? (1)

(क) धार्मिक विचारों से
(ख) देश के साहित्य से
(ग) लंबी परंपरा के बाद
(घ) सांस्कृतिक विभिन्नता से

III. **कथन** (A) संस्कृति वस्तुत: आचरण और विचार के वे नियम हैं, जिन्हें समाज अपने अतीत से प्राप्त करता है। (1)

कारण (R) संस्कृति एक सामाजिक विरासत नहीं है।

कूट

(क) कथन (A) और कारण (R) दोनों सही हैं तथा कारण (R) कथन (A) की सही व्याख्या करता है।
(ख) कथन (A) और कारण (R) दोनों सही हैं, परन्तु कारण (R) कथन (A) की सही व्याख्या नहीं करता है।
(ग) कथन (A) गलत है, किन्तु कारण (R) सही है।
(घ) कथन (A) सही है, किन्तु कारण (R) गलत है।

अतिलघूत्तरात्मक प्रश्न

IV. भारतीय संस्कृति में किसका मिश्रण है? (1)

लघूत्तरात्मक प्रश्न

V. भारतीय संस्कृति की सबसे बड़ी विशेषता क्या है? (2)

VI. भारतीय संस्कृति विश्व में अपना विशिष्ट स्थान कैसे बनाए हुए हैं? (2)

VII. सभ्यता व संस्कृति एक-दूसरे के पूरक है, कैसे? (2)

2. निम्नलिखित काव्यांश को पढ़कर पूछे गए प्रश्नों के उत्तर दीजिए। (8)

छोड़ो मत अपनी आन, सीस कट जाए,
मत झुको अनय पर, भले व्योम फट जाए।
दो बार नहीं यमराज कंठ धरता है,
मरता है जो, एक बार ही मरता है।
तुम स्वयं मरण के मुख पर चरण धरो रे।
जीना हो तो मरने से नहीं डरो रे।
स्वातंत्र्य जाति की लगन, व्यक्ति की धुन है,
बाहरी वस्तु यह नहीं, भीतरी गुण है।
नत हुए बिना जो अशनि-घात सहती है।
स्वाधीन जगत में वही जाति रहती है।
वीरत्व छोड़, मत पर का चरण गहो रे।
जो पड़े आन, खुद ही सब अग्न सहो रे।
दासत्व जहाँ है, वहीं स्तब्ध जीवन है,
स्वातंत्र्य निरंतर समर, सनातन रण है।
स्वातंत्र्य समस्या नहीं आज या कल की,
जागृति तीव्र यह घड़ी-घड़ी पल-पल की।
पहरे पर चारों ओर सतर्क लगो रे।
धर धनुष-बाण उद्यत दिन-रात जगो रे।

I. पद्यांश में स्वतंत्रता के बारे में क्या कहा गया है? (1)

(क) स्वतंत्रता मानव जाति की लगन होती है
(ख) स्वतंत्रता व्यक्ति का भीतरी गुण है
(ग) (क) और (ख) दोनों
(घ) स्वतंत्रता व्यक्ति को बाँधकर रखती है

II. 'मत झुको अनय पर, भले व्योम फट जाए'—पंक्ति से कवि का क्या आशय है? (1)

(क) मनुष्य को हमेशा सर झुकाकर चलना चाहिए
(ख) भले ही कितनी ही विपत्ति आ जाए, पर मनुष्य को अन्याय के सामने नहीं झुकना चाहिए
(ग) कठोरता के सामने सर झुक ही जाता है
(घ) आकाश के नीचे सर झुकाकर चलना चाहिए

III. 'छोड़ों मत अपनी आन' पंक्ति का भाव है। (1)

1. आत्मसम्मान को खोकर न जीना।
2. बुराई के सामने न झुकना।
3. अनीति के आगे न झुकना।

कूट

(क) केवल 1
(ख) 1 और 2
(ग) 2 और 3
(घ) ये सभी

अतिलघूत्तरात्मक प्रश्न

IV. व्यक्ति की धुन क्या है? (1)

लघूत्तरात्मक प्रश्न

V. देश की स्वतंत्रता बनाए रखने के लिए देशवासियों को क्या करना चाहिए? (2)

VI. कवि ने व्यक्ति को रात-दिन सतर्क रहने के लिए क्यों सावधान किया है? (2)

खंड 'ख' अभिव्यक्ति और माध्यम

3. निम्नलिखित प्रश्नों के उत्तर लगभग 30-40 शब्दों में दीजिए। (5)

I. संचार किसे कहते हैं? (1)

II. अंत:वैयक्तिक संचार किसे कहते हैं? (2)

III. जनसंचार की प्रमुख विशेषताओं को रेखांकित करें। (2)

4. नीचे दिए गए दृश्य को ध्यान से देखिए और दृश्य को आधार बनाकर वर्णन कीजिए अथवा कहानी लिखिए, जिसका सीधा व स्पष्ट सम्बन्ध दृश्य से होना चाहिए। (5)

अथवा (5)

5. एक दैनिक समाचार-पत्र को अपनी प्रसार संख्या बढ़ाने के लिए ग्रीष्मावकाश में घर-घर जाकर प्रचार करने वाले नवयुवकों/नवयुवतियों की आवश्यकता है। अपनी योग्यता, रुचि, अनुभव आदि का विवरण देते हुए दैनिक-पत्र के वाणिज्य प्रबंधक को आवेदन-पत्र लिखिए। (5)

अथवा

आपके जिले के जनगणना आयुक्त को वर्ष 2020-21 की जनगणना के लिए कुछ सहायकों की आवश्यकता है। अपनी योग्यता, रुचि आदि का विवरण देते हुए एक आवेदन-पत्र लिखिए।

6. सर्वोदय विद्यालय कार्यकारिणी समिति का नया शैक्षिक सत्र प्रारंभ होने से पूर्व की बैठक हेतु कार्यसूची तैयार कीजिए। (3)

अथवा

'नवजात शिशुओं में बढ़ता कुपोषण' विषय पर एक रिपोर्ट तैयार कीजिए। (3)

7. निम्न प्रश्नों के उत्तर लगभग 40 शब्दों में दीजिए। (2 × 2 = 4)

(क) पेज थ्री की पत्रकारिता क्या है? (ख) शब्दकोश क्या है?

व्याख्या सहित

खंड 'ग' अंतरा भाग 1 एवं अंतराल भाग-1

8. निम्नलिखित काव्यांश पर आधारित बहुविकल्पीय प्रश्नों के उत्तर चुनिए। (5)

सिमटा पंख साँझ की लाली
जा बैठी अब तरु शिखरों पर
ताम्रपर्ण पीपल से, शतमुख
झरते चंचल स्वर्णिम निर्झर!
ज्योति स्तंभ-सा धँस सरिता में
सूर्य क्षितिज पर होता ओझल,
बृहद् जिह्म विश्लथ केंचुल-सा
लगता चितकबरा गंगाजल!

धूपछाँह के रंग की रेती
अनिल ऊर्मियों से सर्पांकित
नील लहरियों में लोड़ित
पीला जल रजत जलद से बिंबित!
सिकता, सलिल, समीर सदा से
स्नेह पाश में बँधे समुज्ज्वल,
अनिल पिघलकर सलिल, सलिल
ज्यों गति द्रव खो बन गया लवोपल

I. पद्यांश के अनुसार, संध्या रूपी पक्षी पर फैला कर कहाँ चला गया है? (1)
(क) आसमान में विलीन हो गया है
(ख) पेड़ की ऊँची चोटियों पर जा बैठा है
(ग) रात्रि के आगमन के कारण सो गया है
(घ) भोजन की तलाश में चला गया है

II. नदी की ओर जाता सूर्य कैसा दिखाई दे रहा है? (1)
(क) मानो सूर्य नदी को निगलता जा रहा है।
(ख) मानो कोई प्रकाश-स्तंभ नदी में धीरे-धीरे प्रवेश कर रहा है।
(ग) मानो नदी और सूर्य की लालिमा एक हो गई हों।
(घ) मानो नदी सूर्य को निगलती जा रही है।

III. कवि ने गंगा के थके हुए जल को किसकी उपमा दी है? (1)
(क) केंचुली छोड़े हुए साँप की
(ख) एक बड़े विशाल साँप की
(ग) चितकबरे हिरण की
(घ) संध्या की सुनहरी चादर की

IV. पद्यांश के अनुसार, नदी का जल पीले रंग का क्यों दिखाई दे रहा है? (1)
(क) नदी के जल में पेड़ों के पीले पत्ते पड़े होने के कारण
(ख) उसमें पड़ने वाली पेड़ों की परछाई के कारण
(ग) आकाश में छाए बादलों की परछाई के कारण
(घ) सूर्य की परछाई के कारण

V. निम्नलिखित कथनों पर विचार कीजिए। (1)
1. नदी के जल में नीली लहरें उठ रही हैं
2. रेत, पानी और हवा सदा से ही सुंदर प्रेम संबंधों में बँधे रहते हैं
3. हवा चलने के कारण आग की ज्वाला फैलने लगती है
उपरोक्त कथनों में से कौन-सा/ कौन से कथन सही है/हैं?
(क) केवल 1
(ख) 1 और 2
(ग) केवल 2
(घ) 2 और 3

9. निम्नलिखित में से किन्हीं दो प्रश्नों के उत्तर लगभग 40 शब्दों में दीजिए। (2 × 2 = 4)
(क) 'मगध अब कहने को मगध है, रहने को नहीं'—के आधार पर मगध की स्थिति का अपने शब्दों में वर्णन कीजिए। (2)
(ख) कौन राह ह्वै जाई' प्रश्न कबीर के सामने भी था। क्या इस तरह का प्रश्न आज समाज में मौजूद है? उदाहरण सहित स्पष्ट कीजिए। (2)
(ग) वर्षा ऋतु में प्रियतम का मान प्राणों से प्यारा क्यों लगता है? (2)

10. निम्नलिखित काव्यांश की सप्रसंग व्याख्या लगभग 100 शब्दों में कीजिए। (6)

अमल धवल गिरि के शिखरों पर,
बादल को घिरते देखा है।
छोट-छोटे मोती जैसे
उसके शीतल तुहिन कणों को,
मानसरोवर के उन स्वर्णिम
कमलों पर गिरते देखा है।
बादल को घिरते देखा है।

व्याख्या सहित

अथवा

जाड़ों की सूनी द्वाभा में
झूल रही निशि छाया गहरी,
डूब रहे निष्प्रभ विषाद में
खेत, बाग, गृह, तरु, तट, लहरी!

बिरहा गाते गाड़ी वाले,
भूँक-भूँककर लड़ते कूकर,
हुआँ-हुआँ करते सियार
देते विषणव निशि बेला को स्वर!

11. निम्नलिखित गद्यांश पर आधारित बहुविकल्पीय प्रश्नों के उत्तर चुनिए। (5)

यह अप्रत्याशित नहीं है कि भारत के सामाजिक विकास और बदलाव के आंदोलन में जिन पाँच समाज-सुधारकों के नाम लिए जाते हैं, उनमें महात्मा ज्योतिबा फुले के नाम का शुमार नहीं है। इस सूची को बनाने वाले उच्चवर्णीय समाज के प्रतिनिधि हैं। ज्योतिबा फुले ब्राह्मण वर्चस्व और सामाजिक मूल्यों को कायम रखने वाली शिक्षा और सुधार के समर्थक नहीं थे। उन्होंने पूँजीवादी और पुरोहितवादी मानसिकता पर हल्ला बोल दिया। उनके द्वारा स्थापित 'सत्यशोधक समाज' और उनका क्रांतिकारी साहित्य इसका प्रमाण है। जब ब्राह्मणों ने कहा - 'विद्या शूद्रों के घर चली गई' तो फुले ने तत्काल उत्तर दिया - 'सच का सबेरा होते ही वेद डूब गए, विद्या शूद्रों के घर चली गई, भू-देव (ब्राह्मण) शरमा गए।'

I. पाँच समाज-सुधारकों में किनका नाम सम्मिलित नहीं है? (1)
(क) स्वामी दयानंद का (ख) राजाराम मोहन राय का (ग) स्वामी विवेकानंद का (घ) ज्योतिबा फुले का

II. समाज-सुधारकों की सूची बनाने वाले कौन हैं? (1)
(क) मध्यमवर्णीय समाज के लोग (ख) निम्नवर्णीय समाज के लोग
(ग) उच्चवर्णीय समाज के लोग (घ) इनमें से कोई नहीं

III. ज्योतिबा फुले ने किसका कभी समर्थन नहीं किया? (1)
(क) समाज में ब्राह्मणों का पूर्ण रूप से अधिकार होना (ख) सामाजिक मूल्यों को कायम रखने वाली शिक्षा तथा सुधार
(ग) (क) और (ख) दोनों (घ) इनमें से कोई नहीं

IV. ज्योतिबा फुले ने किस मानसिकता की आलोचना और कड़ा विरोध किया? (1)
(क) पूँजीवादी और पुरोहितवादी (ख) समाजवादी (ग) समन्वयवादी (घ) समानतावादी

V. निम्नलिखित कथन कारण को ध्यानपूर्वक पढ़िए उसके बाद दिए गए विकल्पों में से कोई एक सही विकल्प चुनकर लिखिए। (1)
कथन (A) ज्योतिबा फूले का नाम इतिहास के समाज सुधारकों में शामिल नहीं किया गया।
कारण (R) समाज सुधारकों की इस सूची को बनाने वाले उच्चवर्गीय समाज के प्रतिनिधि है।
कूट
(क) कथन (A) तथा कारण (R) दोनों सही हैं तथा कारण (R) कथन (A) की सही व्याख्या करता है
(ख) कथन (A) गलत है, लेकिन कारण (R) सही है
(ग) कथन (A) तथा कारण (R) दोनों गलत हैं
(घ) कथन (A) सही है, लेकिन कारण (R) उसकी गलत व्याख्या करता है

12. निम्नलिखित में से किन्हीं दो प्रश्नों के उत्तर लगभग 40 शब्दों में दीजिए। (2 × 2 = 4)

(क) 'मनुष्य की करुणा की भावना उसके भीतर गूँगेपन की प्रतिच्छाया है।' कहानी के इस कथन को वर्तमान सामाजिक परिवेश के संदर्भ में स्पष्ट कीजिए। (2)
(ख) आपके अनुसार सिद्धेश्वरी के झूठ, सौ सत्यों से भारी कैसे हैं? अपने शब्दों में उत्तर दीजिए। (2)
(ग) दोनों मित्रों ने एक ही दिशा में न जाने का निर्णय क्यों लिया? 'टॉर्च बेचनेवाले' पाठ के आधार पर लिखिए। (2)

13. निम्नलिखित गद्यांश की सप्रसंग व्याख्या लगभग 100 शब्दों में कीजिए। (6)

झींगुरों की झिन-झिन और बीच-बीच में सियारों की आवाज़ें रात के सन्नाटे में स्याहपन घोल रही थीं। थके-हारे मज़दूर नींद की गहरी खाइयों में लुढ़क गए थे। मानो के खयालों में अभी भी लाल-लाल ईंटें घूम रही थीं। इन ईंटों से बना हुआ एक छोटा-सा घर उसके ज़ेहन में बस गया था। यह खयाल जिस शिद्दत से पुख्ता हुआ था, नींद उतनी ही दूर चली गई थी।

अथवा

"स्वतंत्रता का अनुभव हम स्त्रियों को है ही नहीं। इस बात की आज शपथ लो कि स्त्री को उसका अधिकार दोगे और उसे अपनी स्वतंत्रता का अनुभव करने दोगे।" यह आकांक्षा सिर्फ वधू की ही नहीं, गुलामी से मुक्ति चाहने वाली हर स्त्री की थी। स्त्री के अधिकारों और स्वतंत्रता के लिए ज्योतिबा फुले ने हर संभव प्रयत्न किए।

14. निम्नलिखित प्रश्नों में से किन्हीं दो के उत्तर लगभग 100 शब्दों में दीजिए (10)

(क) क्या वर्तमान समय में शिक्षा के संदर्भ में अक्षय पंडित का व्यक्तित्व प्रासंगिक है? तर्कपूर्ण शैली में विचार लिखिए। (5)
(ख) मकबूल को उनकी मंज़िल तक पहुँचाने में आप उनके पिताजी का कितना योगदान मानते हैं? (5)
(ग) आप कैसे कह सकते हैं कि शरत् और धीरू सच्चे दोस्त थे? (5)

व्याख्या सहित उत्तर

1. I. (ख) आचार-विचारों में एकता

II. (ग) लंबी परंपरा के बाद

III. (ग) कथन (A) गलत है, किन्तु कारण (R) सही है।

IV. भारतीय संस्कृति में आध्यात्मिकता व भौतिकता का मिश्रण है।

V. भारतीय संस्कृति की सबसे बड़ी विशेषता अनेकता में एकता है, यद्यपि भारत के विभिन्न प्रदेशों में ऊपरी तौर पर पर्याप्त भिन्नता दिखाई देती है, परंतु उनके आचार-विचारों मे एकता के दर्शन होते हैं।

VI. भारतीय संस्कृति की प्रमुख विशेषता इसकी प्राचीनता, गतिशीलता, लचीलापन, ग्रहणशीलता तथा इसका सामाजिक स्वरूप व अनेकता में एकता है। अपनी इस विशेषता के कारण ही भारतीय संस्कृति विश्व में अपना एक विशिष्ट स्थान रखती है।

VII. सभ्यता व संस्कृति एक-दूसरे के पूरक है, क्योंकि सभ्यता में मनुष्य के जीवन के भौतिक पक्ष की प्रधानता होती है।

जबकि संस्कृति में आचार और विचार पक्ष की प्रधानता होती है। यदि सभ्यता 'शरीर' है, तो 'संस्कृति' इसकी आत्मा है। अतः ये एक-दूसरे से भिन्न नहीं है।

2. I. (ग) (क) और (ख) दोनों

II. (ख) भले ही कितनी ही विपत्ति आ जाए, पर मनुष्य को अन्याय के सामने नहीं झुकना चाहिए

III. (घ) ये सभी

IV. स्वातत्रय व्यक्ति की धुन है। यह जाति की लगन है। यह व्यक्ति का भीतरी गुण है न कि कोई बाहरी वस्तु।

V. देश की स्वतंत्रता बनाए रखने के लिए देशवासियों को वीरतापूर्वक रहना चाहिए। उन्हें दूसरों के सामने झुकना नहीं चाहिए। कठिन से कठिन विपत्ति आने पर भी उसका धैर्यपूर्वक सामना करना चाहिए। उन्हें अन्याय के सामने कदापि नहीं झुकना चाहिए।

VI. कवि ने व्यक्ति को रात-दिन सतर्क रहने के लिए इसलिए सावधान किया है, जिससे वह अपनी स्वतंत्रता को अक्षुण्य बनाए रख सके। स्वतंत्र रहने के लिए व्यक्ति को निरंतर संघर्षरत रहना पड़ता है, उसे सदैव जाग्रत रहना पड़ता है। स्वतंत्रता बनाए रखना एक शाश्वत समस्या है। यह केवल कुछ दिनों की समस्या नहीं है।

3. I. 'संचार' शब्द की उत्पत्ति 'चर' धातु से हुई है, जिसका अर्थ है—चलना या एक स्थान से दूसरे स्थान पर पहुँचना। सूचनाओं, विचारों एवं भावनाओं को मौखिक, लिखित या श्रव्य-दृश्य माध्यमों के द्वारा सफलतापूर्वक एक जगह से दूसरी जगह पहुँचाना ही संचार है।

II. वह संचार, जिसमें संचारक और प्राप्तकर्ता एक ही व्यक्ति होता है, उसे अंतःवैयक्तिक संचार कहते हैं; जैसे—पूजा करना, ध्यान लगाना आदि।

III. *जनसंचार की निम्नलिखित उल्लेखनीय विशेषताएँ हैं*

(*i*) जनसंचार माध्यमों के द्वारा प्रकाशित या प्रसारित संदेशों की प्रकृति सार्वजनिक होती है।

(*ii*) इसमें संचारक एवं प्राप्तकर्ता के बीच प्रत्यक्ष संबंध नहीं होता है।

(*iii*) जनसंचार माध्यम में द्वारपाल होते हैं, जो इन माध्यमों से प्रकाशित या प्रसारित होने वाली सामग्री को नियंत्रित एवं निर्धारित करते हैं।

4. प्रस्तुत दृश्य में एक बालक साइकिल चला रहा है और 8-10 बालक खुशी-खुशी चारों ओर से उसे घेरकर दौड़ रहे हैं। पीछे कुछ स्थानीय निवासी भी मौजूद हैं। सम्पूर्ण दृश्य पहाड़ी क्षेत्र का प्रतीत होता है। गर्मी का मौसम है और तेज़ धूप है। बालकों की परछाईं भी दिखाई दे रही है। एक घटनावश सभी बच्चे और बड़े प्रसन्नचित्त हैं।

साइकिल चलाने वाला बालक 15 वर्षीय राज है, जो इसी गाँव का निवासी है तथा पास के ही विद्यालय में दसवीं कक्षा का छात्र है।

अभी कुछ दिनों पहले सरकार ने एक प्रतियोगिता का आयोजन किया था, जिसमें जिले के उच्च विद्यालयों में अध्ययनरत बालकों को भाग लेने की अनुमति थी। यह 30 किमी लम्बी साइक्लिंग मैराथन प्रतियोगिता थी। इस प्रतियोगिता में भाग लेने हेतु गाँव के विद्यालय से राज का चयन किया गया था। यह प्रतियोगिता अत्यन्त कठिन व उतार-चढ़ाव भरी थी।

निर्धारित दिवस पर सभी प्रतियोगी समय से प्रतियोगिता-स्थल पर पहुँच गए। इस प्रतियोगिता में पूरे जिले के लगभग 100 प्रतिभागी हिस्सा लेने पहुँचे थे। प्रतियोगिता सम्पन्न कराने की ज़िम्मेदारी जिला-स्तर के खेल अधिकारी की थी। उनके नेतृत्व में आयोजक दल ने प्रतियोगिता का शुभारम्भ किया। आयोजक किसी अप्रिय घटना से बचने हेतु प्रतियोगियों पर नज़र रखे हुए थे। राज बचपन से ही साइकिल चलाने में तेज़ था। सभी को उसकी जीत पर विश्वास था। राज ने कठोर परिश्रम से यह प्रतियोगिता 30 सेकण्ड के अन्तर से जीती।

अन्ततः आयोजकों द्वारा राज को स्वर्ण पदक एवं प्रशस्ति-पत्र द्वारा पुरस्कृत किया गया। पूरा गाँव इस घटना से गौरवान्वित था। सभी बालक इस सफलता से गद्गद् थे और इसी उपलक्ष्य में गाँव पहुँचने पर सभी बालकों ने राज को घेर लिया।

वर्तमान समय में शिक्षा के साथ-साथ खेलों के महत्त्व में भी बढ़ोतरी हो रही है। आज खेलों को इतना ज़्यादा महत्त्व मिलने लगा है कि वो रोज़गारपरक हो गए हैं। खेल स्वास्थ्य के लिए भी लाभदायक होते हैं। अतः हमें बच्चों को खेलने के लिए भी प्रोत्साहित करना चाहिए।

अथवा

प्रस्तुत दृश्य किसी प्राथमिक विद्यालय का प्रतीत होता है, क्योंकि यहाँ 15-20 बच्चे अध्ययनरत हैं और एक छात्र हाथ में स्लेट लिए दिखाई दे रहा है। विद्यालय पूर्ण सुविधाओं से युक्त जान पड़ता है, क्योंकि उच्च स्तर का मज़बूत भवन, प्रांगण में छायादार वृक्ष, आकर्षक बगीचा

तथा पीने के पानी के लिए नल की व्यवस्था है। विद्यालय को भली-प्रकार व्यवस्थित किया गया है।

अध्यापिका महोदया पूर्ण तन्मयता से बच्चों के साथ अध्यापनरत हैं एवं बच्चे भी पूरी लगन के साथ अध्ययन कर रहे हैं। प्राथमिक स्तर के विद्यार्थी मासूम प्रवृत्ति के होते हैं और वे किसी भी विषय को कहानी-कथन पद्घति द्वारा तुरन्त आत्मसात् कर लेते हैं। आज वातावरण अनुकूल व सुहावना प्रतीत होता है, इसलिए अध्यापिका महोदया खुले आसमान के नीचे बच्चों को पढ़ा रही हैं। यह अध्यापन पद्धति बच्चों में इच्छाशक्ति का विकास करती है तथा वे प्रसन्नचित्त होकर विषय को आत्मसात् करते हैं।

ऐसा प्रतीत होता है कि आज विद्यार्थियों को पर्यावरण व प्रकृति के विषय में ज्ञान दिया जा रहा है। प्रकृति के सान्निध्य में बच्चे अत्यन्त रुचिपूर्ण तरीके से प्रकृति व वृक्षों के महत्त्व को समझ पाएँगे। आज का विषय वृक्ष है। बच्चों को ज्ञात हो पाएगा कि वृक्ष हमारे जीवन में कितने महत्त्वपूर्ण हैं। ये वातावरण को सन्तुलित करते हैं।

वर्षा की न्यूनता और अधिकता इन वृक्षों पर ही निर्भर है। वृक्षों से हमें छाया प्राप्त होती है तथा मीठे-मीठे फल भी वृक्षों से ही प्राप्त होते हैं। वृक्षों की महत्ता पर एक कवि ने उनकी उपमा आभूषण तक से कर दी। वे कहते हैं कि

''वृक्ष धरा का भूषण है, करता दूर प्रदूषण है।''

प्राथमिक शिक्षा विद्यार्थी जीवन की नींव है तथा इसकी श्रेष्ठता जीवन क्षेत्र में 'मील का पत्थर' साबित होती है। अतः सरकार को प्राथमिक शिक्षा पर विशेष ध्यान देना चाहिए, ताकि प्रत्येक नागरिक शिक्षित हो सके एवं अपने ज्ञान द्वारा देश को कामयाबी की बुलन्दियों तक पहुँचा सके।

यह हर्ष का विषय है कि सरकार ने शिक्षा के महत्त्व को प्रमुखता देते हुए 'शिक्षा का अधिकार' कानून पूरी तरह से लागू कर दिया है, परन्तु केवल यह पर्याप्त नहीं है।

सरकार को इस संकल्प को पूरी तरह कामयाब करने के लिए अत्यन्त सजगता का परिचय देना होगा तथा इस लक्ष्य में बाधा उत्पन्न करने वाली गतिविधियों पर विराम लगाना होगा; तभी देश का प्रत्येक वर्ग शिक्षित हो सकेगा एवं भारतवर्ष प्रगति के मार्ग पर अग्रसर हो सकेगा।

5. सेवा में,

वाणिज्य प्रबंधक,
प्रचंड भारत,
जी टी करनाल रोड,
दिल्ली-110009

दिनांक 18 मई, 20XX

विषय अंशकालिक नियुक्ति हेतु आवेदन-पत्र।

महोदय,

दिनांक 17 मई, 20XX के 'प्रचंड भारत' दैनिक समाचार-पत्र में प्रकाशित विज्ञापन के प्रत्युत्तर में, समाचार-पत्र की प्रसार संख्या बढ़ाने हेतु ग्रीष्मावकाश में कार्य करने के लिए मैं अपनी सेवाएँ प्रस्तुत करने के लिए आवेदन करना चाहता हूँ।

संबंधित विवरण निम्नलिखित हैं

नाम क. ख. ग.
पिता का नाम च. छ. ज.
शिक्षा दसवीं (परिणाम प्रतीक्षा में)
रुचि पढ़ना व घूमना
अनुभव नौवीं कक्षा के पश्चात् भी ग्रीष्मावकाश में दो महीने मैंने यह कार्य किया था।

मेरी हार्दिक इच्छा है कि मैं आपके समाचार-पत्र की प्रसार संख्या को पूर्व की भाँति बढ़ाने में योगदान देकर अपने समय का सदुपयोग कर सकूँ। मैं आपको विश्वास दिलाता हूँ कि मैं अपने परिश्रम, निष्ठा तथा सद्व्यवहार से सबको संतुष्ट रखूँगा।

धन्यवाद।

प्रार्थी
क.ख.ग.
गणेश नगर,
दिल्ली

अथवा

सेवा में,
जनगणना आयुक्त,
जनसंख्या विभाग,
दिल्ली सरकार, पुराना सचिवालय,
दिल्ली-110006

दिनांक 18 मई, 20XX

विषय जनगणना कार्य हेतु आवेदन-पत्र।

मान्यवर,

दिनांक 15 मई, 20XX के 'दैनिक जागरण' समाचार-पत्र में प्रकाशित विज्ञापन से पता चला है कि आपको ऐसे युवकों की आवश्यकता है, जो घर-घर जाकर जनगणना संबंधी कार्य कर सकें। इस संदर्भ में मैं अपना आवेदन-पत्र आपकी सेवा में प्रेषित कर रहा हूँ।

मेरी शैक्षणिक योग्यता तथा अन्य विवरण निम्नलिखित हैं

नाम क. ख. ग.
पिता का नाम च. छ. ज.
जन्म तिथि 12 जून, 19XX
पता 332, बी ब्लॉक शास्त्री नगर, दिल्ली
शैक्षणिक योग्यता बी.कॉम (प्रथम श्रेणी में उत्तीर्ण)

मैं हिंदी-अंग्रेजी में धाराप्रवाह बात कर सकता हूँ। कॉलेज में पढ़ते समय मैं भाषण व वाद-विवाद प्रतियोगिताओं में भाग लेता था तथा उनमें अनेक पुरस्कार भी प्राप्त किए हैं।

मुझे आशा है कि आप मुझे सेवा का अवसर अवश्य प्रदान करेंगे। मैं आपको विश्वास दिलाता हूँ कि यदि मुझे चयनित किया गया, तो मैं अपने कार्य, व्यवहार एवं निष्ठा से अधिकारियों को संतुष्ट रखूँगा।

धन्यवाद।

प्रार्थी
क.ख.ग.
ट्रांसपोर्ट नगर, मेरठ।

6. **बैठक की तिथि** 25 मार्च, 20 ...... सायं 3 बजे।
स्थान विद्यालय में प्रधानाचार्य कक्ष।

कार्यसूची

1. समिति के सदस्यों का स्वागत।
2. पिछली बैठक के कार्यवृत्त की संपुष्टि
3. एक अप्रैल से प्रारंभ होने वाले नए शिक्षा सत्र हेतु शिक्षण-शुल्क में 10% बढ़ोतरी का प्रस्ताव।
4. संगीत शिक्षक श्री अमर झा का त्यागपत्र।
5. नए संगीत शिक्षक हेतु चयन प्रक्रिया का निर्धारण।
6. नए वर्ष हेतु तैयार बजट पर चर्चा एवं अनुमोदन।
7. अध्यक्ष महोदय की अनुमति से अन्य विषयों पर चर्चा।
8. धन्यवाद ज्ञापन।

हस्ताक्षर
( )
प्रबंधक
विद्यालय कार्यकारिणी समिति

आनंद कुमार
3 अक्टूबर, 20XX
नई दिल्ली,

अथवा

भारत में लगभग 50% बच्चों को कम पोषण वाला आहार मिलता है, भोजन में आवश्यक पौष्टिक तत्त्वों की कमी के कारण यहाँ के बच्चों के शरीर पर कई प्रकार के दुष्प्रभाव पड़ते हैं। हमारे देश में प्रति वर्ष 5 वर्ष से कम आयु के लगभग 10 लाख बच्चे कुपोषण के कारण मृत्यु के शिकार हो जाते हैं। कुपोषण के मामले में यह देश दक्षिण एशिया का अग्रणी देश बन गया है। यहाँ के कई राज्यों; जैसे—मध्य प्रदेश, उत्तर प्रदेश, असम, राजस्थान, ओडिशा, छत्तीसगढ़ में कुपोषण की स्थिति अति दयनीय है।

भारतवर्ष में नवजात शिशुओं में कुपोषण की बढ़ती संख्या के पीछे सर्वाधिक प्रमुख कारण है-उच्च जन्म दर। इसके अतिरिक्त अशिक्षा, निर्धनता, बीमारियाँ, सरकारी सुविधाओं की कमी आदि के कारण भी यहाँ के शिशु बड़ी संख्या में कुपोषण के शिकार हो रहे हैं।

कुपोषण के शिकार नवजात शिशुओं में वजन एवं ऊँचाई में कमी, सुस्ती, चिड़चिड़ापन आदि समस्याएँ आम होती हैं। कुपोषित बच्चे कई प्रकार की सामान्य बीमारियों से हमेशा ग्रस्त रहते हैं। अत्यधिक कुपोषित होने पर नवजातों को घर पर रखना जोखिमभरा हो जाता है।

भारत जैसे विकासशील देशों में अनिश्चित व असंतुलित खाद्य सुरक्षा के बीच बच्चों को कुपोषण से बचाना एक बड़ी चुनौती है। इसके अतिरिक्त खाद्य-पदार्थों को बर्बाद होने से बचाकर, ज़रूरतमंदों में उनका समुचित वितरण कर, लोगों को स्वास्थ्य के प्रति जागरूक बनाकर और उच्च जन्म दर पर नियंत्रण कर हम यहाँ के नवजात शिशुओं की रक्षा कर सकते हैं, ताकि वे कुपोषण का शिकार न होने पाएँ। बस आवश्यकता है सरकार सहित प्रत्येक नागरिक को इस बारे में गंभीरतापूर्वक उचित योजना बनाकर उनको कार्यरूप देने की।

7. (क) पेज थ्री पत्रकरिता से तात्पर्य ऐसी पत्रकारिता से है, जिसमें फैशन, अमीरों की पार्टियों, महफिलों और जाने-माने लोगों के निजी जीवन के बारे में बताया जाता है। यह सामान्यतया समाचार-पत्रों की पृष्ठ संख्या तीन पर प्रकाशित होती है, इसलिए इसे पेज थ्री पत्रकरिता कहते हैं। आजकल इसकी पृष्ठ संख्या निश्चित नहीं है, लेकिन विषय सुनिश्चित हैं।

(ख) शब्दकोश के अंदर किसी एक भाषा में प्रयोग होने वाले सभी शब्दों को इकट्ठा करके प्रस्तुत किया जाता है। शब्दकोश में शब्दों की व्युत्पत्ति, स्रोत, लिंग के साथ-साथ उसके शब्द रूपों और विभिन्न संदर्भपरक अर्थों की जानकारी होती है। हिंदी शब्दकोश में शब्द हिंदी वर्णमाला के अनुसार दिए होते हैं। शब्दकोश का सबसे बड़ा लाभ यह है कि इसमें किसी भी प्रकार के शब्द का विस्तृत विश्लेषण आसानी से मिल जाता है।

8. I. (ख) पेड़ की ऊँची चोटियों पर जा बैठा है
II. (ख) मानो कोई प्रकाश-स्तंभ नदी में धीरे-धीरे प्रवेश कर रहा है।
III. (ग) आकाश में छाए बादलों की परछाई के कारण
IV. (क) केंचुली छोड़े हुए साँप की
V. (ख) 1 और 2

9. (क) 'मगध अब कहने को मगध है, रहने को नहीं' के माध्यम से कवि कहना चाहता है कि मगध में आदमी की मूल स्वतंत्रताएँ भी प्रतिबंधित हैं। वहाँ का जीवन नियमों में जकड़ गया है। प्रजा अपनी बात राजा के समक्ष रख नहीं सकती। उनकी आवाज़ों को दबा दिया जाता है। अत्याचारों को सहते-सहते उनकी सहनशीलता जवाब दे गई है। लोग अब निरंकुश शासन व्यवस्था के विरुद्ध दबी जबान में बोलने भी लगे हैं।

आम आदमी सत्ता को न सुझाव दे सकता है और न ही हस्तक्षेप कर सकता है। ऐसी दशाएँ आम आदमी के रहने के लिए उपयुक्त नहीं होतीं। यही कारण है कि अब कहा जाने लगा है 'मगध अब कहने को मगध है, रहने को नहीं।'

(ख) हिंदू और मुस्लिम समाज में व्याप्त बुराइयों ने कबीरदास को चिंतित किया था, क्योंकि वे जानते थे कि दोनों ही धर्म के अनुयायी सही राह पर नहीं चल रहे हैं। उन्हें दोनों धर्मों की कमियों के विषय में अच्छा ज्ञान था।

कबीर के समय का प्रश्न आज भी समाज में मौजूद है। आज भी हिंदू-मुस्लिम समाज में अंधविश्वास और कट्टरता है। दोनों ही अपने धर्म को श्रेष्ठ समझते हैं।

कवि कह रहे हैं कि इन दोनों धर्मों के लोगों को खुद परमात्मा तक जाने के लिए राह नहीं मिली है। संत और सज्जन किस राह को चुनें।

कबीर के तत्कालीन समाज में धर्म में व्याप्त बुराइयों का प्रश्न आज भी समाज में मौजूद है। धर्म के नाम पर आज भी समाज में छुआछूत की भावना आपसी भेदभाव, मांसाहार, सगे संबंधियों से विवाह आदि बुराइयाँ एवं कुप्रथाएँ प्रचलित हैं।

(ग) इस ऋतु में नायक यदि गर्व या अहंकार के कारण प्रेम कलह करता है तो भी ऋतु के उद्दीपनकारी स्वभाव के कारण नायिकाओं को अपना प्रियतम मनभावन लगता है, ऐसे सुहावने मौसम में अपने प्रिय से मिलने की आतुरता और भी बढ़ जाती है। इस समय प्रिय अथवा प्रेमिका रूठने का भाव दिखाते हैं, फिर भी वे मन और प्राण दोनों से एक-दूसरे को ही अच्छे लगते हैं। इसलिए कहा गया है कि इस ऋतु में प्रियतम का मान प्राणों से भी प्यारा लगता है।

10. **संदर्भ** प्रस्तुत काव्यांश हमारी पाठ्यपुस्तक 'अंतरा' (भाग-1) में संकलित कविता 'बादल को घिरते देखा है' नामक कविता से उद्धृत है। यह कविता प्रगतिशील एवं सामयिक बोध के कवि 'नागार्जुन' द्वारा रचित है।

प्रसंग प्रस्तुत पंक्तियों के माध्यम से कवि के प्रकृति के प्रति स्वच्छ, निश्छल प्रेम की अभिव्यक्ति हुई है।

व्याख्या हिमालय पर्वत की स्वच्छ श्वेत ऊँची चोटियों पर कवि ने बादल को घिरते देखा है। उन्होंने हिमालय पर स्थित मानसरोवर के सुनहरे कमलों पर ठंडे बर्फ के कणों के सदृश छोटे-छोटे मोती जैसे चमकते हुए जल की छोटी-छोटी बूँदों को गिरते हुए देखा है। कवि इन मोती जैसे जल की बूँदों को जो ठंडी बर्फ के कणों के सदृश हैं, देखकर, उसके सौंदर्य से अभिभूत हो जाते हैं।

हिमालय के शिखरों पर स्वच्छ श्वेत बर्फ जमे हुए हैं। उन चोटियों के ऊपर अति निकट ही आकाश में बादल घिर रहे हैं। इन्हें अपने पास से देखना रोमांचक है। प्रकृति के इस अछूते सौंदर्य को देखकर कवि गौरवान्वित है, इसलिए वे कह रहे हैं कि उन्होंने इस सुंदर दृश्य को अपनी आँखों से देखा है। ये बादल जल से कैसे निर्मित होते हैं, कैसे इनका आकार बनता है, कैसे ये आकाश में घिरते हैं और कैसे ये मानसरोवर के सुनहरे कमलों पर शीतल हिम-कणों सदृश मोती से चमकते हुए छोटी-छोटी बूँदों के रूप में गिरते हैं, इन प्राकृतिक घटनाओं को कवि ने अपनी आँखों से घटित होते हुए देखा है। कवि बादल का वर्णन एक मानव के रूप में कर रहे हैं।

विशेष

(*i*) हिमालय पर्वत पर उमड़ते-घुमड़ते बादलों का वर्णन किया गया है।

(*ii*) हिमालय पर्वतराज है, उसके कैलाश शिखर पर स्थित मानसरोवर झील के बादलों का सुंदर वर्णन है।

(*iii*) संस्कृत शब्दावली से युक्त सरल भाषा है।

(*iv*) बादल का मानववत् वर्णन होने के कारण मानवीकरण अलंकार है।

अथवा

संदर्भ प्रस्तुत पद हमारी पाठ्यपुस्तक 'अंतरा' (भाग-1) में संकलित कविता 'संध्या के बाद' से लिया गया है। इसके रचयिता प्रकृति के सुकुमार कवि 'सुमित्रानंदन पंतजी' हैं।

प्रसंग प्रस्तुत पंक्तियों में कवि ने सर्दी के मौसम की संध्या का वर्णन किया है। सर्दी के मौसम में जल्दी ही अँधेरा छा जाता है। रात्रि के इस सन्नाटे में गाड़ीवान को कुत्तों के भौंकने तथा सियारों के हुआँ-हुआँ की आवाज़ें सुनाई देती हैं।

व्याख्या सर्दी की सुनसान द्वाभा (जब न तो पूरी तरह से प्रकाश है और न ही पूरी तरह से अँधेरा छाया है) में रात्रि धीरे-धीरे आ रही है। इस समय खेत, बाग, घर, पेड़, नदी का तट, नदी में उठती हुई छोटी-छोटी लहरें इस अंधकार में डूब रहे हैं। रात्रि में गाड़ीवान अपनी गाड़ी में एक जगह से दूसरी जगह सामान भरकर ले जाते हैं और अपना सफर बिरहा नामक लोकगीत गाते हुए पूरा करते हैं। इस प्रकार बिरहा गीत गाने से उनकी यात्रा आराम से कट जाती है। इसी बीच उन्हें कभी-कभी कुत्तों के भौंकते हुए लड़ने तथा कभी सियारों के हुआँ-हुआँ करके रात्रि को और दुःखी बनाने के स्वर सुनाई देते हैं।

विशेष

(*i*) सर्दी की संध्या की नीरवता का वर्णन है।

(*ii*) संस्कृत की शब्दावली के नाम पर छायावादी कवि यदा-कदा ऐसे शब्दों का प्रयोग करते हैं जो अपना अर्थ नहीं रखते; जैसे—द्वाभा।

(*iii*) बिरहा एक प्रकार का वह गीत है जिसे गडरिये आदि गाते हैं।

(*iv*) भाषा तत्सम् शब्दावली युक्त खड़ी बोली है।

11. I. (घ) ज्योतिबा फुले का

II. (ग) उच्चवर्णीय समाज के लोग

III. (घ) इनमें से कोई नहीं

IV. (क) पूँजीवादी और पुरोहितवादी

V. (क) कथन (A) तथा कारण (R) दोनों सही हैं तथा कारण (R) कथन (A) की सही व्याख्या करता है।

12. (क) कहानी में एक स्थान पर कहा गया है—"मनुष्य की करुणा की भावना उसके भीतर गूँगेपन की प्रतिच्छाया है।'' आज जब मनुष्य के हृदय में किसी के लिए दया और करुणा उमड़ती है, तो वह उसकी मदद नहीं करता, बल्कि मात्र करुणा का भाव प्रकट करके रह जाता है। ऐसे व्यक्ति पर भी गूँगेपन की छाया का प्रभाव पड़ता है। यदि हमारे हृदय में किसी के प्रति करुणा उमड़े तो हमें उसके लिए कुछ करना भी चाहिए, गूँगे व्यक्तियों की तरह चुप नहीं रहना चाहिए।

(ख) सच और झूठ का अपना कोई अस्तित्व नहीं होता, बल्कि उसके बोलने के पीछे के कारण मुख्य होते हैं। सिद्धेश्वरी ने जो झूठ बोले उनके पीछे के कारण महान् थे, इसलिए सिद्धेश्वरी घर के हर सदस्य से एक-दूसरे के विषय में सत्य न बोलकर झूठ बोलती है। ऐसा करके वह अपने परिवार के सदस्यों को दुःखों का कम-से-कम अहसास कराना चाहती थी।

यदि वह एक भी सत्य बोल देती तो परिवार के दुःखी और परेशान सदस्य और अधिक दुःखी हो जाते। यही नहीं, कुछ झूठ तो उसने इसलिए बोले ताकि घर की शांति बनी रहे। यदि वह रामचंद्र से मोहन के विषय में सत्य बोलती तो दोनों भाइयों के बीच कलह हो जाती। यदि वह मुंशी जी से रामचंद्र के विषय में सत्य बोलती तो मुंशी जी और दुःखी हो जाते। इस प्रकार, घर में दुःख और कलह से बचने के लिए बोले गए सिद्धेश्वरी के झूठ सौ सत्यों से भारी है।

(ग) दोनों मित्रों ने पैसा कमाने के लिए काम-धंधा शुरू करने का सोचा और दोनों एक ही दिशा में जाने लगे तभी टॉर्च वाले के कहने पर कि ''नहीं! किस्मत आज़माने वालों की जितनी पुरानी कथाएँ मैंने पढ़ी हैं, सबमें वे अलग-अलग दिशा में जाते हैं। साथ जाने में किस्मतों के टकराकर टूटने का डर रहता है।'' इसलिए दोनों दोस्त एक दिशा में न जाकर अलग-अलग दिशाओं में जाने का निर्णय लेते हैं।

13. **संदर्भ** प्रस्तुत गद्यांश पाठ्यपुस्तक 'अंतरा' (भाग-1) में संकलित 'खानाबदोश' कहानी से उद्धृत है। यह सुप्रसिद्ध कहानीकार ओमप्रकाश वाल्मीकि' द्वारा रचित कहानी है।

प्रसंग प्रस्तुत पंक्तियों में लेखक ने रात के भयानक सन्नाटे में मानो के अंतर्द्वंद्व को प्रस्तुत किया है।

व्याख्या मज़दूर दिनभर भट्ठे पर काम करने के बाद अपनी-अपनी झोंपड़ियों में सो चुके थे। भट्ठा और मज़दूरों की दड़बेनुमा झोंपड़ियाँ जंगल में ही थीं। रात के समय अत्यंत सन्नाटे में केवल झींगुरों की झिन-झिन और बीच-बीच में सियारों की आवाज़ उस की भयानक स्थिति को और बढ़ा देती थी। सभी मज़दूर सो चुके थे।

मानो उनके मन में अभी भी वह लाल-लाल ईंटों का घर था, जो उसके अंतर्मन में बस चुका था। उसका विचार इतना मज़बूत हो चुका था कि उसकी नींद उससे कोसों दूर जा चुकी थी। अब मानो सिर्फ़ अपने छोटे-से घर के बारे में सोच रही थी इसलिए उसकी नींद उड़ चुकी थी। वह इसी अंतर्द्वंद्व में थी कि अपना छोटा-सा घर किस प्रकार बनाया जाए।

विशेष

(*i*) लेखक ने मानो के अंतर्द्वंद्व का स्वाभाविक चित्रण किया है।
(*ii*) मज़दूरों के नारकीय जीवन का चित्रण प्रस्तुत किया गया है।
(*iii*) उर्दू शब्दावली का प्रयोग है।
(*iv*) बिंबात्मक शैली का प्रयोग है।
(*v*) भाषा सहज व सरल है।

अथवा

संदर्भ प्रस्तुत गद्यांश 'अंतरा' (भाग-1) में संकलित 'ज्योतिबा फुले' से अवतरित है। यह सुप्रसिद्ध लेखिका 'सुधा अरोड़ा' द्वारा रचित जीवनी का एक अंश है।

प्रसंग प्रस्तुत पंक्तियों में लेखिका ने ज्योतिबा फुले द्वारा रचित विवाह-विधि में नए मंगलाष्टकों में व्यक्त वधू की आकांक्षा के माध्यम से समस्त स्त्रियों की अभिलाषा का मनोहारी चित्रण किया है।

व्याख्या लेखिका बताती है कि ज्योतिबा फुले ने विवाह-विधि संबंधी नवीन मंगलाष्टकों की रचना की, जिसमें पुरुष प्रधान संस्कृति के समर्थक और स्त्री की गुलामगिरी सिद्ध करने वाले मंत्र हटा कर ऐसे मंत्र रचे जाएँ, जिन्हें वर-वधू आसानी से समझ सकें। वधू वर से कहे कि हम स्त्रियों को उस स्वतंत्रता का आभास कभी नहीं हुआ, जो पुरुषों को जन्मजात ही मिली हुई है। आज शपथ लो कि स्त्री को वही स्वतंत्रता तुम दोगे तथा उसके अधिकार पूर्णरूप से देने में सहायता करोगे, उसे पूर्ण स्वतंत्रता का अनुभव करने दोगे। फुले स्पष्ट रूप से कहना चाहते हैं कि यह अधिकार व स्वतंत्रता की अभिलाषा केवल उस वधू की ही नहीं है, वरन् उन सभी स्त्रियों की है, जो सदियों से पुरुषों की दासता झेल रही हैं।

इस तरह अपनी नवीन चेतना के फलीभूत फुले ने समाज में स्त्रियों के अधिकारों तथा स्वतंत्रता के लिए सभी संभावित प्रयास किए।

विशेष

(*i*) लेखिका ने ज्योतिबा फुले द्वारा रचित नयी विवाह-विधि का उल्लेख किया है।
(*ii*) वधू की अभिलाषा से प्रत्येक स्त्री की स्वतंत्रता व अधिकार के लिए विद्रोह किया गया है।
(*iii*) तत्सम् शब्दावली का प्रयोग है।
(*iv*) वर्णनात्मक शैली है।
(*v*) भाषा सहज व सरल है।

14. (क) भागलपुर में पढ़ने के दौरान शरत् को अक्षय पंडित जैसे कड़े, अनुशासन वाले शिक्षक का साथ मिला। वे विद्यालय में पढ़ाने के बाद शरत् और उसके मामा मणींद्र को उनके घर आकर भी पढ़ाया करते थे। किंतु उनकी जीवन शैली और पढ़ाने के तौर-तरीके आज के संदर्भ में उपयुक्त नहीं कहे जा सकते। *मेरी दृष्टि में इसके निम्नलिखित कारण हो सकते हैं*

(*i*) अक्षय पंडित का मानना था कि डंडे में ज्ञान का वास होता है, जबकि सत्य यह है कि मार-पीटकर पढ़ाने के कारण बच्चों में पढ़ाई के प्रति डर एवं घृणा पैदा हो सकते हैं। संभव है बच्चे बीच में ही पढ़ाई को छोड़ कर अन्य कार्यों की ओर प्रवृत्त होने लगें। यही कारण है कि वर्तमान समय में शिक्षकों को बच्चों को मारने-पीटने की मनाही होती है।

(*ii*) अक्षय पंडित के अनुसार पढ़ाई का एकमात्र उद्देश्य था–ज्ञान में वृद्धि करना, जबकि ऐसा करने से शिक्षा का उद्देश्य ही पूर्ण नहीं हो पाता। शिक्षा से बच्चों का संपूर्ण विकास किया जाना चाहिए, ताकि जीवन में आगे आने वाली तरह-तरह की समस्याओं का उचित निराकरण किया जा सके। आज शिक्षा से बच्चे का सर्वांगीण विकास किया जाता है।

(*iii*) अक्षय पंडित बच्चों को कड़े अनुशासन में रखकर पढ़ाते थे, पर स्वयं विद्यालय में रहकर तंबाकू खाते थे। वर्तमान समय में शिक्षकों द्वारा ऐसा नहीं किया जाता। मेरे विचार से शिक्षकों का जीवन भी आदर्शपूर्ण होना चाहिए, जिसका अनुकरण कर बच्चे अच्छे आचरण वाले और चरित्रवान हो सकें।

इस प्रकार हम देखते हैं कि अक्षय पंडित के व्यक्तित्व को वर्तमान शिक्षा के संदर्भ में प्रासंगिक नहीं कहा जा सकता।

(ख) मकबूल एक परिश्रमी व लगनशील बालक था। इसी परिश्रम और लगनशीलता के कारण उसने सफलता की बुलंदियों को छुआ। परंतु इसमें उनके पिताजी के योगदान को नज़र अंदाज़ नहीं किया जा सकता। उन्होंने मकबूल को आरंभिक जीवन में ही समस्याओं का सामना करना सिखा दिया था। उन्होंने प्रत्येक कदम पर मकबूल का साथ दिया। उन्होंने मकबूल की

अभिरुचि को समझते हुए उसकी कद्र की तथा उसे अपनी प्रतिभा को निखारने के लिए प्रोत्साहित भी किया।

जब मकबूल ने पहली ऑयल पेंटिंग बनाई तब जहाँ एक ओर चाचा जी क्रोधित होकर उसे डाँटने लगे, वहीं दूसरी ओर पिताजी उसकी पेंटिंग देख बहुत खुश हुए और उसे गले से लगा लिया। बेंद्रे साहब के कहने पर मकबूल के लिए बंबई से पेंट और कागज़ मँगवाया। इन सभी तथ्यों के आधार पर कहा जाना चाहिए कि मकबूल को उनकी मंज़िल तक पहुँचाने में पिताजी का योगदान अमूल्य है।

(ग) धीरू शरत् की सहपाठिनी थी। विद्यालय के बाहर भी वह मछली पकड़ने, नाव पर सवार होकर घूमने, वन में भ्रमण करने, बाग से फल-फूल चुराने, पतंग का माँझा तैयार करने आदि कार्यों में शरत् का साथ देती थी। करौंदों के फल लगने पर वह उसकी माला तैयार कर बड़े प्रेम से उसे भेंट करती थी। शरत्, जब भोलू को चूने पर गिराकर विद्यालय से भाग चला था, तब वह उस आम के बाग में पहुँचकर उसे मूड़ी खिलाती है जहाँ वह सबसे दूर होकर अकेले छिपकर बैठा हुक्का पी रहा था। वहीं पानी लाने की बात पर शरत् उसकी पीठ पर एक घूँसा जमाता है और तब वह रोती हुई जाकर उसके हुक्का पीने की बात उसकी माँ को बता देती है, जिसके लिए माँ से शरत् को पिटाई भी खानी पड़ी। बाद में धीरू को फिर से पीट कर शरत् उससे बदला ले लेता है। बावजूद इसके दोनों के बीच मित्रता दिनों-दिन गहराती ही जाती है। हर दिन धूप में साथ-साथ घूमना-फिरना और संध्या को घर लौटकर मार खाना दोनों की दिनचर्या बन चुकी थी। इन्हीं बातों से पता चलता है कि दोनों सच्चे दोस्त थे। बाद में चलकर शरत् ने अपनी इसी बाल संगिनी का उल्लेख अपने कई उपन्यासों में किया है। देवदास की 'पारो,' श्रीकांत की 'राजलक्ष्मी' और बड़ी दीदी की 'माधवी' धीरू के ही विकसित और विराट् रूप हैं।

प्रतिदर्श प्रश्न-पत्र 2

CBSE कक्षा 11 की परीक्षा के लिए नमूना प्रश्न-पत्र

हिंदी ऐच्छिक

1. प्रश्न-पत्र तीन खंडों-खंड क, ख और ग में होगा।
2. खंड-क में अपठित बोध पर आधारित प्रश्न पूछे जाएँगे। सभी प्रश्नों के उत्तर देने होंगे।
3. खंड-ख में अभिव्यक्ति और माध्यम पुस्तक के आधर पर प्रश्न पूछे जाएँगे। प्रश्नों में आंतरिक विकल्प भी दिए जाएँगे।
4. खंड-ग में अंतरा भाग-1 एवं अंतराल भाग-1 पाठ्य पुस्तकों के आधार पर प्रश्न पूछे जाएँगे। प्रश्नों में आंतरिक विकल्प भी दिए जाएँगे।

समय : 3 घंटे | ***पूर्णांक : 80***

व्याख्या सहित

खंड 'क' अपठित बोध

1. निम्नलिखित गद्यांश को पढ़कर पूछे गए प्रश्नों के उत्तर दीजिए। (10)

कोई अपने दुर्भाग्य को कोस रहा है, कोई अपनी पारिवारिक दीनता को दोषी बता रहा है, कोई सहारे के अभाव को अपनी असफलता का आधार मान रहा है—बहुत से असफल व्यक्ति इसी तरह अनेक कारणों को अपनी असफलता का आधार मानते हैं, विभिन्न कारणों की कल्पना कर हाथ-पर-हाथ धरे बैठे रहते हैं। वे अपने जीवन में कुछ कर नहीं पाते। वे समाज के लिए, संसार के लिए कुछ नहीं कर पाते। ऐसे मनुष्यों को जीवन में कोई राह नहीं मिलती, कोई चारा नहीं दिखता। वे दूसरों से अपेक्षा करते हैं कि कोई उन्हें किसी लक्ष्य प्राप्ति का मार्ग दिखाए, सफलता की सीढ़ी बताए, जिससे वे उस पर आसानी से चढ़ सकें, किंतु ऐसे लोगों को यह भली-भाँति जानना चाहिए कि जहाँ चाह है, वहीं राह है। हमारी इच्छाशक्ति स्वयं हमारे लिए मार्ग बना देती है। अच्छे कार्य में धन की उतनी आवश्यकता नहीं होती, जितनी इच्छाशक्ति की होती है। एमर्सन ने ठीक ही कहा है कि इतिहास, पुराण सभी साक्षी हैं कि मनुष्य के दृढ़ संकल्प के आगे देव-दानव सभी पराजित होते रहे हैं। दृढ़ इच्छाशक्ति ने भगवान तक को घंटों कच्चे धागे से बाँधकर नचाया है।

हाँ, इतना ध्यान रखना होगा कि हमारी चाह बरसाती बादल का एक टुकड़ा न हो, जिसे हवा का एक झोंका जिधर चाहे उड़ाकर ले जाए। यदि हमारी इच्छाशक्ति क्षुद्र और दुर्बल होगी, तो हमारी मानसिक शक्तियों का कार्य भी वैसा ही होगा। स्वामी विवेकानंद का दिव्य वचन है कि पवित्र और दृढ़ इच्छा सर्वशक्तिमान है।

अत: यह नीति ठीक है कि हमारी चाह ही रास्ता बना जाती है। अंधकार से आच्छन्न मानव ने कभी इच्छा व्यक्त की थी कि प्रकाश हो और प्रकाश हो गया। मनुष्य की इस चाह, इस लगन, इस उत्कट इच्छा-चमत्कार की अनगिनत कहानियाँ हैं। जब आततायी रावण श्रीरामवल्लभा सीता को हरकर लंका ले गया, तब राम को पता चला कि मार्ग में समुद्र व्यवधान बनकर खड़ा है।

राम के अंतर्मन में सीता प्राप्ति की चाह ने सागर पर सेतु-निर्माण किया। चाणक्य के पास आखिर था क्या? किंतु नंद साम्राज्य के विनाश के उत्कट संकल्प ने उनके लिए मार्ग-निर्माण कर दिया था। हमारे आदर्श नेताजी सुभाषचंद्र बोस के पास क्या साधन था? किंतु अंग्रेज़ों को भगा देने की दृढ़ चाह ने उनसे इतनी बड़ी 'आज़ाद हिंद फ़ौज' की स्थापना करा दी थी। पं. मदनमोहन मालवीय के पास कौन-सा कुबेर कोष था? किंतु उन्होंने बनारस हिंदू विश्वविद्यालय की स्थापना की, उनकी इस लगन ने सारे विघ्नों को काटकर मार्ग बना दिया।

बहुविकल्पीय प्रश्न

I. निम्नलिखित कथनों पर विचार कीजिए। (1)

1. असफल व्यक्ति दूसरों से अपेक्षा करता है कि वे उन्हें लक्ष्य प्राप्ति का मार्ग दिखाए।
2. मनुष्य के दृढ़ संकल्प के आगे देव-दानव सभी पराजित होते रहे हैं।
3. दृढ़ संकल्प लेकर मनुष्य असफलता को प्राप्त करता है।

उपरोक्त कथनों में से कौन-सा/से कथन सत्य है/हैं?

(क) केवल 1 (ख) 2 और 3 (ग) 1 और 2 (घ) केवल 3

II. हमारी मानसिक शक्तियों का क्षीण या दुर्बल होना किस पर निर्भर करता है? (1)
(क) हृदय पर (ख) मस्तिष्क पर (ग) इच्छाशक्ति पर (घ) शारीरिक कारकों पर

III. प्रस्तुत गद्यांश किस विषय-वस्तु पर आधारित है? (1)
(क) धन प्राप्ति के साधन पर (ख) राम नाम की महिमा पर
(ग) शिक्षा के महत्त्व पर (घ) दृढ़ इच्छाशक्ति पर

अतिलघूत्तरात्मक प्रश्न

IV. दृढ़ संकल्प के विषय में एमर्सन का क्या कथन है? (1)

लघूत्तरात्मक प्रश्न

V. कैसे व्यक्ति स्वयं के लिए तथा समाज के लिए कुछ नहीं कर सकते? (2)

VI. पवित्र और दृढ़ इच्छा सर्वशक्तिमान कैसे है? (2)

VII. 'आजाद हिंद फौज' की स्थापना किसने तथा किस उद्देश्य से की थी? (2)

2. निम्नलिखित काव्यांश को पढ़कर पूछे गए प्रश्नों के उत्तर दीजिए। (8)

तूफानों की ओर घुमा दो नाविक निज पतवार
आज सिंधु ने विष उगला है
लहरों का यौवन मचला है
आज हृदय में और सिंधु में
साथ उठा है ज्वार।
यह असीम निज सीमा जाने
सागर भी तो यह पहचाने
मिट्‌टी के पुतले मानव ने
कभी न मानी हार।
लहरों के स्वर में कुछ बोलो
इस अंधड़, में साहस तोलो
कभी-कभी मिलता जीवन में
तूफानों का प्यार।
सागर की अपनी क्षमता है।
पर नाविक भी कब थकता है।
जब तक साँसों में स्पंदन है।
उसका हाथ नहीं रुकता है
इसके ही बल पर कर डाले सातों सागर पार
तूफानों की ओर घुमा दो नाविक निज पतवार।

I. 'कभी-कभी मिलता जीवन में तूफानों का प्यार' से क्या आशय है? (1)
(क) प्रेयसी का प्रेम मुसीबत में ही मिलता है (ख) चुनौतियों का सामना करने के अवसर कम मिलते हैं
(ग) तूफानों में ही सगे-संबंधियों की पहचान होती है (घ) जीवन में कभी-कभी मुसीबतें आती हैं

II. 'आज हृदय में और सिंधु में साथ उठा है ज्वार'-पंक्ति से कवि का क्या अभिप्राय है? (1)
(क) मनुष्य सागर की तरह तूफानों का सामना नहीं कर सकता
(ख) आज हर संघर्ष सागर में उठने वाले तूफान की तरह है
(ग) आज मनुष्य का मन सागर की तरह हर बाधाओं का सामना करने के लिए कर रहा है
(घ) आज मनुष्य ने सागर का सामना करने का मन बनाया है

III. **कथन** (A) कवि संघर्षरत रहते हुए आगे बढ़ने की प्रेरणा दे रहा है। (1)
कारण (R) मनुष्य का शरीर नाशवान है अर्थात् उसका क्षय होना तय है।
कूट
(क) कथन (A) और कारण (R) दोनों सही हैं तथा कारण (R) कथन (A) की सही व्याख्या करता है।
(ख) कथन (A) और कारण (R) दोनों सही हैं, परन्तु कारण (R) कथन (A) की सही व्याख्या नहीं करता है।
(ग) कथन (A) गलत है, किन्तु कारण (R) सही है।
(घ) कथन (A) सही है, किन्तु कारण (R) गलत है।

अतिलघूत्तरात्मक प्रश्न

IV. कवि ने नाविक से क्या अनुरोध किया? (1)

लघूत्तरात्मक प्रश्न

V. मानव कब तक हार नहीं मानता? (2)

VI. मनुष्य ने किस बल पर सातों समुद्र पार किए हैं? (2)

व्याख्या सहित

खंड 'ख' अभिव्यक्ति और माध्यम

3. निम्नलिखित प्रश्नों के उत्तर लगभग 30-40 शब्दों में दीजिए। (5)

I. पत्रकारिता के विभिन्न प्रकारों को बताइए। (1)

II. स्टिंग ऑपरेशन से क्या समझते हैं? (2)

III. आपसी व्यवहार या जानकारी को समाचार क्यों नहीं माना जाता है? (2)

4. नीचे दिए गए दृश्य को ध्यान से देखिए और दृश्य को आधार बनाकर वर्णन कीजिए अथवा कहानी लिखिए, जिसका सीधा व स्पष्ट सम्बन्ध दृश्य से होना चाहिए। (5)

अथवा

5. साक्षरता निकेतन, रामबाग, इलाहाबाद को एक सहायक अध्यापक के पद के लिए शैक्षणिक योग्यता कम-से-कम स्नातक तथा बी.एड. किए हुए एक व्यक्ति की आवश्यकता है। आप मोहिनी अग्रवाल की ओर से एक आवेदन-पत्र संस्था के निदेशक को लिखिए। (5)

अथवा

किसी प्रसिद्ध पब्लिकेशन हाउस में कंटेंट राइटर के पद के लिए आवश्यक स्ववृत्त का प्रारूप लिखिए। (5)

व्याख्या रहित

6. आपके गणित के शिक्षक दो दिन पहले ही सेवानिवृत्त हुए है। उनका विदाई समारोह छात्रों एवं अध्यापकों ने मिलकर मनाया। स्कूल के सचिव के रूप में इसकी एक रिपोर्ट लिखिए। (3)

अथवा

भारत सरकार के संचार मंत्रालय की ओर से कर्मचारियों के वेतन एवं भत्तों की शर्तों की प्रेस-विज्ञप्ति जारी कीजिए।

7. निम्न प्रश्नों के उत्तर लगभग 40 शब्दों में दीजिए।

(क) जनसंचार माध्यम के प्रमुख प्रकार बताइए। (2)

(ख) डिकोडिंग का अर्थ स्पष्ट कीजिए। (2)

खंड 'ग' अंतरा भाग 1 एवं अंतराल भाग-1

8. निम्नलिखित काव्यांश पर आधारित बहुविकल्पीय प्रश्नों के उत्तर चुनिए। (5)

चिर सजग आँखें उनींदी आज कैसा व्यस्त बाना!
जाग तुझको दूर जाना!
अचल हिमगिरि के हृदय में आज चाहे कंप हो ले,
या प्रलय के आँसुओं में मौन अलसित व्योम रो ले;
आज पी आलोक को डोले तिमिर की घोर छाया,
जागकर विद्युत-शिखाओं में निठुर तूफान बोले!
पर तुझे है नाश-पथ पर चिह्न अपने छोड़ आना!
जाग तुझको दूर जाना!

I. सदैव सजग रहने वाली आँखें आज कैसी हो रही हैं? (1)

(क) सपनों से सजी हुई (ख) नींद से भरी हुई
(ग) बुझी-बुझी सी (घ) ये सभी

II. 'जाग तुझको दूर जाना' से कवयित्री का क्या अभिप्राय है? (1)

(क) अभी तेरा लक्ष्य बहुत दूर है (ख) अँधेरा कब का जा चुका है, तुझे जागना होगा
(ग) विश्राम करने के लिए अभी बहुत समय है (घ) मनुष्य को हमेशा जागृत अवस्था में होना चाहिए

III. प्रस्तुत पद्यांश में क्या संदेश निहित है? (1)

(क) मनुष्य को अपना कार्य समय पर करना चाहिए।
(ख) मनुष्य को प्रत्येक बाधा में सोच-विचार कर कदम उठाना चाहिए।
(ग) मनुष्य को समय पर जाग जाना चाहिए।
(घ) मनुष्य को विपत्तियों से न घबराते हुए अपने लक्ष्य पर अडिग रहना चाहिए।

IV. 'नाश-पथ पर चिह्न छोड़ने से' क्या तात्पर्य है? (1)

(क) प्रत्येक विपत्ति का निडरता से सामना करना चाहिए
(ख) हमें प्रत्येक रास्ते पर अपने पैरों के चिह्न छोड़ने चाहिए
(ग) विनाश के पथ पर सावधानी के कदम रखने चाहिए
(घ) उपरोक्त में से कोई नहीं

V. निम्नलिखित कथनों पर विचार कीजिए। (1)

1. कवयित्री देशवासियों का आह्वान करती है
2, देशवासियों को लक्ष्य की प्राप्ति के लिए संघर्ष करना चाहिए
3. दूसरों की बुराइयों को ध्यान से सुनना चाहिए

उपरोक्त इन कथनों में से कौन-सा/कौन-से कथन सही है/हैं?

(क) केवल 1 (ख) 1 और 2
(ग) केवल 3 (घ) 3 और 2

व्याख्या सहित

9. निम्नलिखित में से किन्हीं दो प्रश्नों के उत्तर लगभग 40 शब्दों में दीजिए।

(क) 'घर में वापसी' कविता के आधार पर बताइए कि कवि के मन में अपने परिवार के सदस्यों के प्रति कैसे भाव हैं? (2)

(ख) खेल में कृष्ण के रूठने पर उनके साथियों ने उन्हें डाँटते हुए क्या-क्या तर्क दिए? (2)

(ग) 'जाग तुझको दूर जाना' कविता के माध्यम से कवयित्री ने क्या संदेश दिया है? (2)

10. निम्नलिखित में से किसी एक काव्यांश की सप्रसंग व्याख्या लगभग 100 शब्दों में कीजिए। (6)

साँसनि ही सौं समीर गयो अरु, आँसुन ही सबनीर गयो ढरि।
तेज गयो गुन लै अपनो, अरु भूमि गई तन की तनुता करि।।
'देव' जियै मिलिबेही की आस कि, आसहू पास अकास रह्यो भरि,
जा दिन तै मुख फेरि हरै हँसि, हेरि हियो जु लियो हरि जू हरि।।

अथवा

झहरि-झहरि झीनी बूँद हैं परति मानो,
घहरि-घहरि घटा घेरी है गगन में।
आनि कह्यो स्याम मो सौं 'चलौ झूलिबे को आज'
फूली न समानी भई ऐसी हौं मगन मैं।।
चाहत उठ्योई उठि गई सो निगोड़ी नींद,
सोए गए भाग मेरे जानि वा जगन में।
आँख खोलि देखौं तौ न घन हैं, न घनश्याम,
वेई छाई बूँदें मेरे आँसु ह्वै दृगन में।

11. निम्नलिखित गद्यांश पर आधारित बहुविकल्पीय प्रश्नों के उत्तर चुनिए। (5)

ईंटों को जोड़कर बनाए चूल्हे में जलती लकड़ियों की चिट-पिट जैसे मन में पसरी दुश्चिंताओं और तकलीफ़ों की प्रतिध्वनियाँ थीं जहाँ सब कुछ अनिश्चित था। मानो अभी तक इस भट्ठे की ज़िंदगी से तालमेल नहीं बैठा पाई थी। बस, सुकिया की ज़िद के सामने वह कमज़ोर पड़ गई थी। साँझ होते ही सारा माहौल भाँय-भाँय करने लगता था। दिन भर के थके-हारे मज़दूर अपने-अपने दड़बों में घुस जाते थे। साँप-बिच्छू का डर लगता रहता था। जैसे समूचा जंगल झोंपड़ी के दरवाज़े पर आकर खड़ा हो गया है।

I. चूल्हा कैसे बनाया गया था? (1)

(क) मिट्टी और गारे से (ख) लोहे से (ग) ईंटों को जोड़कर (घ) इनमें से कोई नहीं

II. सभी मजदूर अपनी झोंपड़ियों में कब आ जाते थे? (1)

(क) शाम होने के बाद (ख) रात होने के बाद (ग) दिन निकलने के बाद (घ) दोपहर होने के बाद

III. मानो कौन थी? (1)

(क) ईंट भट्ठे के मालिक की बेटी
(ख) भट्ठा मजदूर सुकिया की पत्नी
(ग) ईंट भट्ठे के मालिक की पत्नी
(घ) इनमें से कोई नहीं

IV. मानों किसके साथ तालमेल नहीं बैठा पाई थी? (1)

(क) भट्ठे की जिंदगी से (ख) सुकिया के साथ (ग) चूल्हे चौके के साथ (घ) मजदूरों के साथ

V. निम्नलिखित कथन कारण को ध्यानपूर्वक पढ़िए उसके बाद दिए गए विकल्पों में से कोई एक सही विकल्प चुनकर लिखिए। (1)

कथन (A) चूल्हा चौका कहने भर के लिए था।

कारण (R) रसोईघर में प्रयोग की जाने वाली कोई वस्तु नहीं थी।

कूट

(क) कथन (A) तथा कारण (R) दोनों सही हैं तथा कारण कथन की सही व्याख्या करता है
(ख) कथन (A) गलत है, लेकिन कारण (R) सही है
(ग) कथन (A) तथा कारण (R) दोनों गलत हैं
(घ) कथन (A) सही है, लेकिन कारण (R) उसकी गलत व्याख्या करता है

12. निम्नलिखित में से किन्हीं दो प्रश्नों के उत्तर लगभग 40 शब्दों में दीजिए।

(क) 'खानाबदोश' कहानी में आज के समाज की किन-किन समस्याओं को रेखांकित किया गया है? इन समस्याओं के प्रति कहानीकार के दृष्टिकोण को स्पष्ट कीजिए। (2)

(ख) 'ईदगाह' कहानी के माध्यम से लेखक ने समाज की किस विद्रूपता पर व्यंग्य किया है? (2)

(ग) गूँगे में चमेली के प्रति तिरस्कार का भाव क्यों उत्पन्न हो जाता है? स्पष्ट कीजिए। (2)

13. निम्नलिखित गद्यांश की सप्रसंग व्याख्या लगभग 100 शब्दों में कीजिए। (6)

'लोग ज्ञान न पा सकें, इसलिए इस सरकार ने हमारे पढ़ने-लिखने के साधनों को अज्ञान से भर रखा है। लोग वीर और स्वाधीन न हो सकें, इसलिए अपमानजनक और मनुष्यताहीन नीति-मर्दक कानून गढ़े हैं। गरीबों को चूसकर, सेना के नाम पर पले हुए पशुओं को शराब से, कबाब से, मोटा-ताजा रखती है यह सरकार। धीरे-धीरे जोंक की तरह हमारे धर्म, प्राण और धन चूसती चली जा रही है यह शासन- प्रणाली।'

अथवा

सारा घर मक्खियों से भनभन कर रहा था। आँगन की अलगनी पर एक गंदी साड़ी टँगी थी, जिसमें कई पैबंद लगे हुए थे। दोनों बड़े लड़कों का कहीं पता नहीं था। बाहर की कोठरी में मुंशी जी औंधे मुँह होकर निश्चिंतता के साथ सो रहे थे, जैसे डेढ़ महीने पूर्व मकान-किराया-नियंत्रण विभाग की क्लर्की से उनकी छँटनी न हुई हो और शाम को उनको काम की तलाश में कहीं जाना न हो!

14. निम्नलिखित प्रश्नों में से किहीं दो प्रश्नों के उत्तर लगभग 100 शब्दों में दीजिए (10)

(क) बालक शरत् को पशु-पक्षियों को पालने एवं उपवन लगाने का भी शौक था। जीवन मूल्य की दृष्टि से इस पर विचार कीजिए। (5)

(ख) मकबूल के पिताजी के चरित्र की किन विशेषताओं को आप अपनाना चाहेंगे? (5

(ग) राजू धूम्रपान, गाँजा और चरस की लत का शिकार था। बावजूद इसके शरत्, उसे अपना मित्र बना लेता है। क्या आप ऐसे व्यक्ति को अपना मित्र बनाना चाहेंगे? उचित तर्क के आधार पर उत्तर लिखिए। (5)

उत्तर

1. I. (ग) 1 और 2

II. (ख) मस्तिष्क पर

III. (घ) दृढ़ इच्छाशक्ति पर

IV. एमर्सन का कथन है कि इतिहास पुराण सभी साक्षी है कि मनुष्य के दृढ़ संकल्प के आगे देव - दानव सभी पराजित होते हैं।

V. ऐसे असफल व्यक्ति, जो अपनी असफलता के लिए स्वयं को नहीं अपितु दूसरों को दोषी ठहराते हैं, या फिर अपने भाग्य को दोषी ठहराते हैं स्वयं के लिए तथा समाज के लिए यहाँ तक कि संसार के लिए भी कुछ नहीं कर पाते। इस प्रकार के व्यक्ति को जीवन में कोई राह नहीं मिलती। वे अपनी सफलता प्राप्ति के लिए दूसरों का मुँह देखते हैं।

VI. पवित्र और दृढ़ इच्छा शक्ति ही हमारी सफलता के लिए मार्ग बनाती है तथा हमें अपने ध्येय तक पहुँचाती है। यदि हमारी इच्छा शक्ति क्षुद्र और दुर्बल होगी तो हमारी मानसिक शक्तियाँ भी दुर्बलता पूर्वक ही कार्य करेंगी तथा हम अपने उद्देश्यों में सफल नहीं हो पाएँगे।

VII. आजाद हिंद फौज की स्थापना नेताजी सुभाष चंद्र बोस ने अंग्रेजों को भारत से बाहर भगा देने के उद्देश्य से की थी। उनकी दृढ़ इच्छा थी कि वे अंग्रेजों को भारत से बाहर निकाल फेंके। इसी दृढ़ इच्छा ने उन्हें आजाद हिंद फौज बनाने हेतु प्रेरित किया था।

2. I. (ख) चुनौतियों का सामना करने के अवसर कम मिलते हैं

II. (ग) आज मनुष्य का मन सागर की तरह हर बाधाओं का सामना करने के लिए कर रहा है

III. (ख) कथन (A) और कारण (R) दोनों सही हैं, परन्तु कारण (R) कथन (A) की सही व्याख्या नहीं करता है।

IV. कवि ने नाविक से अनुरोध किया है कि वह अपनी नाव की पतवार को तूफानों की तरफ घुमा दे अर्थात् वह कठिनाइयों के सामने डटा रहे, उनसे वह घबराए नहीं।

V. मानव अपनी अंतिम साँस तक हार नहीं मानता है। मानव के शरीर में जब तक प्राण रहते हैं, वह कठिनाइयों से लड़ता ही रहता है। उनके समक्ष अडिग रहकर उनका सामना करता ही रहता है।

VI. मनुष्य ने अपने साहस व अथक परिश्रम के बल पर सातों समुद्र पार किए हैं अर्थात् उसने बड़ी से बड़ी कठिनाई को पार किया है। उसने विपरीत परिस्थितियों में कभी भी अपने धैर्य को नहीं खोया है, अपितु कठिन-से-कठिन परिस्थिति का भी डटकर सामना किया है। इसी कारण वह हर कठिनाई को पार कर सकने में समर्थ हुआ है।

8. I. (ख) नींद से भरी हुई

II. (क) अभी तेरा लक्ष्य बहुत दूर है

III. (घ) मनुष्य को विपत्तियों से न घबराते हुए अपने लक्ष्य पर अडिग रहना चाहिए।

IV. (क) प्रत्येक विपत्ति का निडरता से सामना करना चाहिए

V. (ख) 1 और 2

11. I. (ग) ईंटों को जोड़कर

II. (क) शाम होने के बाद

III. (घ) उपरोक्त में से कोई नहीं

IV. (क) भट्ठे की जिंदगी से

V. (क) कथन (A) तथा कारण (R) दोनों सही हैं तथा कारण (R) कथन (A) की सही व्याख्या करता है।

प्रतिदर्श प्रश्न-पत्र 3

CBSE कक्षा 11 की परीक्षा के लिए नमूना प्रश्न-पत्र

हिंदी ऐच्छिक

1. प्रश्न-पत्र तीन खंडों-खंड क, ख और ग में होगा।
2. खंड-क में अपठित बोध पर आधारित प्रश्न पूछे जाएँगे। सभी प्रश्नों के उत्तर देने होंगे।
3. खंड-ख में अभिव्यक्ति और माध्यम पुस्तक के आधर पर प्रश्न पूछे जाएँगे। प्रश्नों में आंतरिक विकल्प भी दिए जाएँगे।
4. खंड-ग में अंतरा भाग-1 एवं अंतराल भाग-1 पाठ्य पुस्तकों के आधार पर प्रश्न पूछे जाएँगे। प्रश्नों में आंतरिक विकल्प भी दिए जाएँगे।

समय : 3 घंटे ***पूर्णांक : 80***

खंड 'क' अपठित बोध

1. निम्नलिखित गद्यांश को पढ़कर पूछे गए प्रश्नों के उत्तर दीजिए। (10)

ईश्वर सच्चिदानंद स्वरूप है तथा उसकी सर्वोत्कृष्ट रचना है—मानव। कण-कण में व्याप्त होने के साथ ही वह सर्वाधिक निकट हमारे अंदर स्थित है, फिर भी मानव हताश, निराश, दुःखी तथा अशांत है। इसका कारण है ईश्वरीय ज्ञान का अभाव। प्रश्न है उसे कैसे जाना जाए? ईश्वर से मिलन का सीधा-सरल तरीका है—ध्यान। ध्यान है देखना, पर इन बाहरी आँखों से नहीं, अंतर्दृष्टि से देखना।

ध्यान के द्वारा मन को एकाग्र कर प्राण में, आत्मा में स्थिर किया जाता है। जैसे सूर्य की बिखरी किरणों को सूक्ष्मदर्शी यंत्र द्वारा एक बिंदु पर केंद्रित करने से अग्नि उत्पन्न होती है, वैसे ही ध्यान द्वारा चित्त की वृत्तियों के घनीभूत होने पर चैतन्य शक्ति का दिव्य प्रकाश, अमृतरस तथा अनहद संगीत के रूप में प्रकटीकरण होता है, जिसे आत्म-साक्षात्कार कहते हैं। ध्यान आत्मा का भोजन तथा मुक्ति का मार्ग है, जिससे परम तत्त्व परमात्मा के रहस्यों का उद्घाटन अंतरात्मा में होता है।

ध्यान सभी धर्मों का सार तथा सभी संतों एवं महापुरुषों द्वारा अपनाया गया मार्ग है। ध्यान के महत्त्व को समझे तथा किए बिना कोई भी व्यक्ति धार्मिक तथा अध्यात्मवादी नहीं हो सकता, क्योंकि ध्यान से चित्त का रूपांतरण होता है। पारलौकिक के साथ-साथ लौकिक रूप से भी ध्यान मानवोपयोगी है। मन के विकार शारीरिक व्याधियों के मूल हैं। इस साधना से श्वासों की गति नियमित होती है, जिससे व्याधिकारक चंचल मन शांत होता है और अनेक प्रकार की व्याधियों का शमन होता है।

ध्यान से मस्तिष्क की क्रियाशीलता बढ़ती है, बुद्धि कुशाग्र होती है तथा समय-समय पर आने वाले प्रश्नों की समस्याओं का समाधान आंतरिक शक्ति से होता है। साधना से निष्क्रिय दायाँ मस्तिष्क सक्रिय हो जाता है तथा मस्तिष्क की कार्यकुशलता और शक्ति दस गुना बढ़ जाती है। ध्यान परमानंद का झरना है। इस प्रक्रिया में आनंद की रिमझिम वर्षा होती है, क्योंकि साधक के ध्यानस्थ होने पर मस्तिष्क में तरंगें उत्पन्न होती हैं, जो शांति तथा आनंद का कारण होती हैं, किंतु इस हेतु मन का शांत होना आवश्यक है।

प्रसन्नता की प्राप्ति हेतु आनंद केंद्र पर ध्यान कर उसे जाग्रत किया जाता है, जिससे व्यक्ति कठिन-से-कठिन परिस्थिति में भी खिन्न व विचलित नहीं होता तथा सदैव प्रसन्न व तनावमुक्त जीवन व्यतीत करता है। ध्यान की प्रक्रिया सरल है, किंतु आवश्यकता है इसे जानने की। तत्त्वदृष्टा सद्गुरु से इसको जानकर इसका नित्य प्रति अभ्यास करना चाहिए। यह साधना शारीरिक, मानसिक एवं बौद्धिक विकारों को दूर कर सुख, समृद्धि, दीर्घायु तथा आनंद प्रदायक है। स्वयं के अतिरिक्त परिवार एवं विश्व में शांति व मंगल-भावना हेतु भी साधना आवश्यक है।

बहुविकल्पीय प्रश्न

I. मानव हताश, निराश और दुःखी क्यों रहता है? (1)

(क) स्वयं के कर्मों के कारण
(ख) ईश्वर का ज्ञान न होने के कारण
(ग) बुद्धि के अभाव के कारण
(घ) दूसरों के सुख के कारण

II. गद्यांश के अनुसार आत्म-साक्षात्कार से क्या तात्पर्य है? (1)

(क) स्वयं से परिचित होना
(ख) स्वयं को तनावमुक्त रखना
(ग) हृदय में अंतर्द्वंद्व चलना
(घ) ईश्वर प्राप्ति के लिए प्रेरित होना

III. **कथन** (A) मन के विकार शारीरिक व्याधियों के मूल हैं।
कारण (R) ध्यान सभी धर्मों का सार तथा सभी संतों द्वारा अपनाया गया मार्ग है। (1)
कूट
(क) कथन (A) और कारण (R) दोनों सही हैं तथा कारण (R) कथन (A) की सही व्याख्या करता है।
(ख) कथन (A) और कारण (R) दोनों सही हैं, परन्तु कारण (R) कथन (A) की सही व्याख्या नहीं करता है।
(ग) कथन (A) गलत है, किन्तु कारण (R) सही है।
(घ) कथन (A) सही है, किन्तु कारण (R) गलत है।

अतिलघूत्तरात्मक प्रश्न

IV. ईश्वर से मिलन का सीधा-सरल तरीका क्या है? (1)

लघूत्तरात्मक प्रश्न

V. परमतत्त्व परमात्मा के रहस्यों का उद्घाटन किसमें होता है? (2)
VI. परमानंद की प्राप्ति हेतु क्या आवश्यक है? (2)
VII. साधना क्यों आवश्यक है? (2)

2. निम्नलिखित काव्यांश को पढ़कर पूछे गए प्रश्नों के उत्तर दीजिए। (8)

एक बार मुझे आँकड़ों की उल्टियाँ होने लगीं
गिनते-गिनते जब संख्या
करोड़ों को पार करने लगी
मैं बेहोश हो गया
होश आया तो मैं अस्पताल में था
खून चढ़ाया जा रहा था
ऑक्सीजन दी जा रही थी
कि मैं चिल्लाया
डॉक्टर मुझे बुरी तरह हँसी आ रही
यह हँसाने वाली गैस है शायद
प्राण बचाने वाली नहीं
तुम मुझे हँसने पर मजबूर नहीं कर सकते
इस देश में हर एक को अफसोस के साथ जीने का
पैदाइशी हक है वरना
कोई माने नहीं रखते हमारी आजादी और प्रजातंत्र
बोलिए नहीं-नर्स ने कहा-बेहद कमजोर हैं आप
बड़ी मुश्किल से काबू में आया है रक्तचाप
डॉक्टर ने समझाया-आँकड़ों का वायरस
बुरी तरह फैल रहा आजकल
सीधे दिमाग पर असर करता
भाग्यवान हैं आप कि बच गए
कुछ भी हो सकता था आपको
सन्निपात कि आप बोलते ही चले जाते
या पक्षाघात कि हमेशा के लिए बंद हो जाता
आपका बोलना
मस्तिष्क की कोई भी नस फट सकती थी
इतनी बड़ी संख्या के दबाव से
हम सब एक नाजुक दौर से गुजर रहे
तादाद के मामले में उत्तेजना घातक हो सकती है
आँकड़ों पर कई दवा काम नहीं करती
शांति से काम लें
अगर बच गए आप तो करोड़ों में एक होंगे......
अचानक मुझे लगा
खतरों से सावधान कराते की संकेत-चिह्न में
बदल गई थी डॉक्टर की सूरत
और मैं आँकड़ों का काटा
चीख़ता चला जा रहा था
कि हम आँकड़े नहीं आदमी हैं।

बहुविकल्पीय प्रश्न

I. कविता का सटीक केंद्रीय भाव किसे कहा जा सकता है? (1)
(क) इंसान का अस्तित्व उसकी सोच व भावनाएँ अब एक आँकड़ा मात्र रह गई हैं
(ख) आँकड़े मानवता की बारीकियों व अन्य सामाजिक पहलुओं का समावेश नहीं हैं
(ग) अफसोस के साथ जीने का अधिकार जन्मसिद्ध है
(घ) इंसान के गुण, प्रतिभा व विशेषताएँ आज की स्थिति में गौण हो गए हैं

II. ''तादाद के मामले में उत्तेजना घातक हो सकती है,'' पंक्ति का सही भावार्थ हो सकती है (1)
(क) तादाद घातीय प्रकार से वृद्धि कर उत्तेजित कर सकती है
(ख) तादाद द्वारा जनित उत्तेजना प्राणनाशक हो सकती है
(ग) समझदार लोग तादाद की घात से प्रभावित नहीं होते हैं
(घ) उत्तेजना की तादाद मनुष्य के पतन का एक मुख्य कारण हो सकती है

III. अफसोस के साथ जीने का पैदाइशी हक संविधान में दिए गए किस अधिकार के अंतर्गत आएगा? (1)
(क) अभिव्यक्ति की स्वतंत्रता
(ख) शोषण के विरुद्ध
(ग) संवैधानिक उपचार
(घ) संस्कृति व शिक्षा

अतिलघूत्तरात्मक प्रश्न

IV. आँकड़े करोड़ों के पार होने पर कवि की क्या दशा हो गई? (1)

लघूत्तरात्मक प्रश्न

V. डॉक्टर ने कवि को आँकड़ों के वायरस के संबंध में क्या समझाया? (2)

VI. अस्पताल में कवि ने अपने आपको किस स्थिति में पाया? (2)

खंड 'ख' अभिव्यक्ति और माध्यम

3. निम्नलिखित प्रश्नों के उत्तर लगभग 30-40 शब्दों में दीजिए। (5)

I. सिनेमा की दुनिया में हुए परिवर्तन को स्पष्ट कीजिए। (1)

II. प्रतिपुष्टि या फीडबैक से क्या तात्पर्य है? (2)

III. मुद्रण माध्यम की कौन-सी विशेषता इलेक्ट्रॉनिक माध्यम में नहीं है? (2)

4. दिए गए दृश्य को ध्यानपूर्वक देखिए और दृश्य का वर्णन कीजिए या उसके आधार पर कोई कहानी लिखिए, जिसका सीधा व सपष्ट संबंध दृश्य से होना चाहिए। (5)

अथवा

5. दिल्ली विद्युत बोर्ड में कंप्यूटर ऑपरेटर के कुछ पद रिक्त हैं। अपनी योग्यताओं का उल्लेख करते हुए इस पद पर नियुक्ति के लिए आवेदन-पत्र लिखिए। (5)

अथवा

अमर उजाला समाचार पत्र में हिंदी टाइपिंग हेतु एक हिंदी टाइपिस्ट का पद रिक्त है। इस संबंध में अपनी योग्यताओं का विवरण देते हुए एक आवेदन-पत्र लिखिए।

6. भारत सरकार के मानव संसाधन मंत्रालय की ओर से संसाधनों के उचति प्रयोग के संबंध में प्रेस विज्ञप्ति जारी कीजिए। (5)

अथवा

दिल्ली विश्वविद्यालय में स्नातकोत्तर प्रवेश कार्यक्रम जारी होने संबंधी एक प्रतिवेदन तैयार कीजिए। (5)

व्याख्या सहित

7. निम्नलिखित प्रश्नों के उत्तर दीजिए। (4)

(क) विशेषीकृत पत्रकारिता को स्पष्ट कीजिए। (2)

(ख) स्तंभ लेखन से क्या तात्पर्य है? (2)

खंड 'ग' अंतरा भाग 1 एवं अंतराल भाग-1

8. निम्नलिखित काव्यांश पर आधारित बहुविकल्पीय प्रश्नों के उत्तर चुनिए। (1×5=5)

अमल धवल गिरि के शिखरों पर,
बादल को घिरते देखा है।
छोटे-छोटे मोती जैसे
उसके शीतल तुहिन कणों को,
मानसरोवर के उन स्वर्णिम
कमलों पर गिरते देखा है।
बादल को घिरते देखा है।

I. कवि ने हिमालय की चोटियों पर क्या देखा है? (1)
(क) बर्फ को गिरते हुए (ख) बादल को घिरते हुए (ग) देवदार के वृक्षों को (घ) कस्तूरी मृग को

II. ओस की बूँदें मोती के समान किस पर गिर रही थी? (1)
(क) स्वर्ण कमल के पुष्पों पर (ख) हिमालय पर (ग) वृक्षों पर (घ) मानसरोवर झील में

III. स्वर्ण कमल के पुष्प कहाँ खिल रहे थे? (1)
(क) हिमालय पर्वत पर (ख) नदी में (ग) मानसरोवर झील में (घ) तालाब में

IV. प्रस्तुत पद्यांश में कवि ने किसका वर्णन किया है? (1)
(क) हिमालय के प्राकृतिक सौंदर्य का (ख) मानसरोवर में खिले पुष्पों का
(ग) वर्षा ऋतु का (घ) पर्वतीय प्रदेश में बादलों के घिरने का

V. निम्नलिखित कथनों पर विचार कीजिए।
1. ओस की छोटी-छोटी बूँदे मोतियों के समान चमक रही थी 2. मोती जैसी ओस की बूँदे बादलों की देन है
3. बादलों के फटने व बिजली चमकने की आवाज हो रही थी
उपरोक्त कथनों में से कौन-सा/से कथन सही है/हैं?
(क) केवल 1 (ख) 1 और 2 (ग) केवल 3 (घ) 2 और 3

9. निम्नलिखित में से किन्हीं दो प्रश्नों के उत्तर लगभग 40 शब्दों में दीजिए। (4)

(क) 'हँसी की चोट' सवैये में कवि ने किन पंचतत्त्वों का वर्णन किया है तथा वियोग में वे किस प्रकार विदा होते हैं? (2)

(ख) 'रिश्ते हैं, लेकिन खुलते नहीं' कवि के सामने ऐसी कौन-सी विवशता है जिससे आपसी रिश्ते भी नहीं खुलते हैं? (2)

(ग) कवि किसका आह्वान कर रहा है और क्यों? 'कबीर वाणी' के आधार पर स्पष्ट कीजिए। (2)

10. निम्नलिखित काव्यांश की सप्रसंग व्याख्या लगभग 100 शब्दों में कीजिए। (6)

धूपछाँह के रंग की रेती
अनिल ऊर्मियों से सर्पांकित
नील लहरियों में लोड़ित
पीला जल रजत जलद से बिंबित !

सिकता, सलिल, समीर सदा से
स्नेह पाश में बँधे समुज्ज्वल,
अनिल पिघलकर सलिल, सलिल
ज्यों गति द्रव खो बन गया लवोपल।

अथवा

बाँध लेंगे क्या तुझे यह मोम के बंधन सजीले?
पंथ की बाधा बनेंगे तितलियों के पर रंगीले?
विश्व का क्रंदन भुला देगी मधुप की मधुर गुनगुन,

क्या डुबा देंगे तुझे यह फूल के दल ओस-गीले?
तू न अपनी छाँह को अपने लिए कारा बनाना!
जाग तुझको दूर जाना!

व्याख्या रहित

11. निम्नलिखित गद्यांश पर आधारित बहुविकल्पीय प्रश्नों के उत्तर चुनिए। (5)

"सात-आठ वर्ष हुए, लाल के पिता का देहांत हो गया। अब उस परिवार में वह और उसकी माता ही बचे हैं। उसका पिता जब तक जीवित रहा, बराबर मेरी जमींदारी का मुख्य मैनेजर रहा। उसका नाम रामनाथ था। वही मेरे पास कुछ हज़ार रुपये जमा कर गया था, जिससे अब तक उनका खर्चा चल रहा है। लड़का कॉलेज में पढ़ रहा है। जानकी को आशा है, वह साल-दो साल बाद कमाने और परिवार को सँभालने लगेगा। मगर क्षमा कीजिए, क्या मैं यह पूछ सकता हूँ कि आप उसके बारे में क्यों इतनी पूछताछ कर रहे हैं?"

I. लाल के परिवार की जानकारी लेने के लिए लेखक के पास कौन आए? (1)
(क) अंग्रेज सैनिक (ख) पुलिस सुपरिंटेंडेंट (ग) क्रांतिकारी (घ) कुछ लोग

II. लाल के पिता का देहांत कब हुआ था? (1)
(क) सात-आठ वर्ष पहले (ख) पाँच-छः वर्ष पहले (ग) सात-आठ महीने पहले (घ) तीन-चार वर्ष पहले

III. लाल के परिवार में अब कौन-कौन हैं? (1)
(क) उसकी माता व लाल (ख) उसकी बहन, माता व लाल
(ग) उसका भाई, बहन, माता व लाल (घ) उसका भाई, माता व लाल

IV. लाल के पिता क्या करते थे? (1)
(क) अंग्रेज़ अफसर थे (ख) पुलिस के एक सिपाही थे
(ग) लेखक की जमींदारी के मुख्य मैनेजर थे (घ) जमींदार थे

V. निम्नलिखित कथन कारण को ध्यानपूर्वक पढ़िए उसके बाद दिए गए विकल्पों में से कोई एक सही विकल्प चुनकर लिखिए। (1)

कथन (A) दोपहर के समय पुलिस सुपरिंटेंडेंट लेखक के पास आते हैं।
कारण (R) लाल के पिता का देहांत सात-आठ वर्ष पहले हो गया था।

कूट
(क) कथन (A) तथा कारण (R) दोनों सही हैं तथा कारण (R) कथन (A) की सही व्याख्या करता है।
(ख) कथन (A) गलत है, लेकिन कारण (R) सही है।
(ग) कथन (A) तथा कारण (R) दोनों गलत हैं।
(घ) कथन (A) सही है, लेकिन कारण (R) उसकी गलत व्याख्या करता है।

12. निम्नलिखित प्रश्नों में से किन्हीं दो प्रश्नों के उत्तर लगभग 40 शब्दों में दीजिए। (4)

(क) 'खानाबदोश' कहानी के शीर्षक की सार्थकता स्पष्ट कीजिए। (2)
(ख) 'ईदगाह' कहानी के उन प्रसंगों का उल्लेख कीजिए जिनसे ईद के अवसर पर ग्रामीण परिवेश का उल्लास प्रकट होता है। (2)
(ग) गूँगे के माध्यम से लेखक ने समाज की किस प्रवृत्ति की ओर संकेत किया है? (2)

13. निम्नलिखित गद्यांश की सप्रसंग व्याख्या लगभग 100 शब्दों में कीजिए। (6)

आजकल सब जगह अँधेरा छाया रहता है। रातें बेहद काली होती हैं। अपना ही हाथ नहीं सूझता। आदमी को रास्ता नहीं दिखता। वह भटक जाता है। उसके पाँव काँटों से बिंध जाते हैं, वह गिरता है और उसके घुटने लहूलुहान हो जाते हैं। उसके आसपास भयानक अँधेरा है। शेर और चीते चारों तरफ़ घूम रहे हैं, साँप ज़मीन पर रेंग रहे हैं। अँधेरा सबको निगल रहा है। अँधेरा घर में भी है।

अथवा

कड़ी मेहनत और दिन-रात भट्ठे में जलती आग के बाद जब भट्ठा खुलता था तो मज़दूर से लेकर मालिक तक की बेचैन साँसों को राहत मिलती थी। भट्ठे से पक्की ईंटों को बाहर निकालने का काम शुरू हो गया था। लाल-लाल पक्की ईंटों को देखकर सुकिया और मानो को खुशी की इंतहा नहीं थी।

खासकर मानो तो ईंटों को उलट-पुलटकर देख रही थी। खुद के हाथ की पथी ईंटों का रंग ही बदल गया था। उस दिन ईंटों को देखते-देखते ही मानो के मन में बिजली की तरह एक खयाल कौंधा था। इस खयाल के आते ही उसके भीतर जैसे एक साथ कई-कई भट्ठे जल रहे थे। उसने सुकिया से पूछा था, एक घर में कितनी ईंटें लग जाती हैं?

14. निम्नलिखित प्रश्नों में से किहीं दो प्रश्नों के उत्तर लगभग 100 शब्दों में दीजिए (10)

(क) राजू धूम्रपान, गाँजा और चरस की लत का शिकार था। बावजूद इसके शरत्, उसे अपना मित्र बना लेता है। क्या आप ऐसे व्यक्ति को अपना मित्र बनाना चाहेंगे? उचित तर्क के आधार पर उत्तर लिखिए। (5)

(ख) पाठ के आधार पर मकबूल की उन क्रियाओं का वर्णन कीजिए जो ड्रॉइंग व पेंटिंग के प्रति उनके स्नेह भाव को दर्शाती हों। (5)

(ग) शरत की माँ भुवन मोहिनी का आवारा मसीहा पाठ के आधार पर चरित्र चित्रण कीजिए। (5)

उत्तर

1. I. (ख) ईश्वर का ज्ञान न होने के कारण II. (क) स्वयं से परिचित होना III. (ख) कथन (A) और कारण (R) दोनों सही हैं, परन्तु कारण (R) कथन (A) की सही व्याख्या नहीं करता है।

IV. ईश्वर से मिलन का सीधा-सरल तरीका ध्यान है, परंतु ध्यान का अभिप्राय बाहरी दृष्टि से देखना नहीं है अपितु अंतर्दृष्टि से देखना है। अंतर्दृष्टि से मन को एकाग्रचित करके ही ईश्वर से साक्षात्कार किया जा सकता है।

V. परमतत्त्व परमात्मा के रहस्यों का उद्घाटन अंतरात्मा में होता है। आत्मा का भोजन ध्यान है, यही मुक्ति का मार्ग भी है। ध्यान को अंतरात्मा में केंद्रित करके आत्म-साक्षात्कार किया जा सकता है। जिस प्रकार सूर्य की बिखरी हुई किरणों को सूक्ष्मदर्शी यंत्र द्वारा एक बिंदु पर केंद्रित करने से अग्नि उत्पन्न होती है, उसी प्रकार ध्यान के माध्यम से चित्त की वृत्तियों को घनीभूत करके आत्म-साक्षात्कार किया जा सकता है। आत्म-साक्षात्कार होने पर ही अंतरात्मा में परमात्मा के रहस्यों का ज्ञान संभव होता है।

VI. परमानंद की प्राप्ति हेतु मन का शांत होना आवश्यक है। मन के शांत होने पर ही साधक ध्यानस्थ हो पाता है, जिससे मस्तिष्क में तरंगे उत्पन्न होती हैं। यही तरंगे शांति एवं आनंद का कारण होती हैं। व्यक्ति के ध्यानस्थ होने पर ही मस्तिष्क की क्रियाशीलता बढ़ती है तथा बुद्धि कुशाग्र होती है।

VII. ध्यान लगाने की प्रक्रिया साधना कहलाती है। व्यक्ति की स्वयं की, परिवार की तथा विश्व की शांति व मंगल - भावना हेतु साधना आवश्यक है। साधना का ज्ञान तत्वदृष्टा सद्गुरु से प्राप्त कर इसका नित्य प्रति अभ्यास करना चाहिए। साधना ही शारीरिक, मानसिक व बौद्धिक विकारों को दूर करती है तथा सुख, समृद्धि व शांति प्रदान करती है।

2. I. (ख) आँकड़े मानवता की बारीकियों व अन्य सामाजिक पहलुओं का समावेश नहीं है

II. (घ) उत्तेजना की तादाद मनुष्य के पतन का एक मुख्य कारण हो सकती है

III. (ख) शोषण के विरुद्ध

IV. आँकड़े गिनते-गिनते जब उनकी संख्या करोड़ों के पार पहुँच गई, तो कवि बेहोश हो गया, क्योंकि आँकड़ों में निहित निष्कर्ष अत्यंत खेदजनक व उपायहीन थे।

V. डॉक्टर ने कवि को समझाया कि आजकल आँकड़ों का वायरस बहुत खतरनाक है। यह सीधा मस्तिष्क पर प्रभाव डालता है। आँकड़ों को समझना मानव मस्तिष्क के लिए अत्यंत कठिन है। आँकड़ों की चपेट में आकर मनुष्य सन्निपात अथवा पक्षाघात से ग्रस्त हो सकता है या फिर आँकड़ों की इतनी बड़ी संख्या के उलझन में दिमाग की कोई नस भी फट सकती है। अतः आप इस आँकड़े के चक्रव्यूह में न फँसे।

VI. अस्पताल में कवि ने होश में आने पर पाया कि उसे खून चढ़ाया जा रहा है, ऑक्सीजन दी जा रही है, परंतु फिर भी कवि को तेजी से हँसी आ रही थी । कवि ने सोचा कि शायद उसे हँसने वाली गैस सुँघा दी गई है। अतः वह डॉक्टर पर चिल्लाया कि उसे हँसने पर मजबूर न किया जाए, क्योंकि हमारे देश में प्रजातंत्र है।

8. I. (ख) बादल को घिरते हुए
II. (क) स्वर्ण कमल के पुष्पों पर,
III. (ग) मानसरोवर झील में,
IV. (घ) पर्वतीय प्रदेश में बादलों के घिरने का
V. (ख) 1 और 2

11. I. (ख) पुलिस सुपरिंटेंडेंट
II. (ख) पाँच-छः वर्ष पहले
III. (क) उसकी माता व लाल
IV. (ग) लेखक की जमींदारी के मुख्य मैनेजर थे
V. (घ) कथन (A) सही है, लेकिन कारण (R) उसकी गलत व्याख्या करता है।

व्याख्या रहित